19－20世纪俄罗斯远东南部地区考古学

主要作者生平及著作目录索引

（俄）H.A.克柳耶夫　编著

宋玉彬　刘玉成　张桂兰　解峰　杨春　译

张桂兰　余静　冯恩学　李有骞　校

文物出版社

封面设计：周小玮
责任印制：张道奇
责任编辑：张广然

图书在版编目（CIP）数据

19－20世纪俄罗斯远东南部地区考古学：主要作者
生平及著作目录索引/（俄罗斯）克柳耶夫编著；宋玉
彬等译. —北京：文物出版社，2010.10
ISBN 978－7－5010－3043－9

Ⅰ.①1… Ⅱ.①克… ②宋… Ⅲ.①考古学家－
生平事迹－俄罗斯－19～20世纪②考古学－书目索引
－俄罗斯－19～20世纪 Ⅳ.①K835.125.81②Z89：
K885.12

中国版本图书馆CIP数据核字（2010）第196049号

19－20世纪俄罗斯远东南部地区考古学
主要作者生平及著作目录索引

（俄）H.A.克柳耶夫 编著

宋玉彬 刘玉成 张桂兰 解峰 杨春 译
张桂兰 余静 冯恩学 李有骞 校

*

文 物 出 版 社 出 版 发 行
（北京市东直门内北小街2号楼）

http://www.wenwu.com
E-mail：web@wenwu.com

北京达利天成印刷装订有限责任公司印刷
新 华 书 店 经 销
889×1194 1/16 印张：36
2010年10月第1版 2010年10月第1次印刷
ISBN 978－7－5010－3043－9 定价：180.00元

РОССИЙСКАЯ АКАДЕМИЯ НАУК
ДАЛЬНЕВОСТОЧНОЕ ОТДЕЛЕНИЕ

ИНСТИТУТ ИСТОРИИ, АРХЕОЛОГИИ И ЭТНОГРАФИИ
НАРОДОВ ДАЛЬНЕГО ВОСТОКА

Н.А. КЛЮЕВ

АРХЕОЛОГИЯ
ЮГА ДАЛЬНЕГО ВОСТОКА РОССИИ
В XIX – XX вв.

Биобиблиографический
указатель

Владивосток
Дальнаука
2003

УДК: 930.26 (571.6) + 016:92 «18/19»

Клюев Н.А. *Археология юга Дальнего Востока России в XIX – XX вв.: Биобиблиографический указатель* / Институт истории, археологии и этнографии народов Дальнего Востока ДВО РАН. Владивосток: Дальнаука, 2003. 459 с. ISBN 5-8044-0326-5.

В первой части указателя приведены биографические справки ведущих исследователей в области археологии Приморья и Приамурья, а также специалистов смежных дисциплин, работающих совместно с археологами.

Вторая часть работы представляет собой ретроспективный тематический библиографический указатель, отражающий литературу с 1851 по 2000 г. Кроме отечественных публикаций в библиографию вошли работы, изданные российскими исследователями за рубежом. Материал в указателе систематизирован в отдельные предметные рубрики и снабжен также несколькими вспомогательными указателями.

Издание рассчитано на археологов, этнографов, палеогеографов, а также специалистов других научных дисциплин, связанных с изучением древнего прошлого региона.

Ответственные редакторы:
Н.Н. Крадин, д-р ист. наук; *О.В. Бокий*

Рецензенты:
А.Н. Попов, канд. ист. наук; *Е.И. Гельман*, канд. ист. наук

Издано по решению ученого совета Института истории,
археологии и этнографии народов Дальнего Востока ДВО РАН

目　录

中译本序言

2003 年本书在符拉迪沃斯托克出版，它所服务的对象主要是俄罗斯从事远东南部考古学领域研究的学者。由于诸多客观原因，未能将中国、韩国、日本及其他国家学者有关滨海地区、阿穆尔河沿岸及毗邻地区考古学研究的著述收录其中。作为作者，我很清楚，这种缺憾降低了该书的重要性并导致其不完整。将本书翻译成中文，可以填补中国考古学者研究的疏漏，随着中文版本的出版，中国学者可以查询俄罗斯专家的著述。

需要指出的是，俄、中两国特别是其相邻地区间考古学家密切合作的必要性早已迫在眉睫。一系列的学术问题也只有借助协力合作方能得到有效解决，如旧石器时代晚期工业的构成、新石器时代生产经济的产生与传播、早期铁器时代文化间的联系，以及渤海国、金代历史的相关问题。在有待解决的课题中，包括以图书索引的形式创建统一的考古学问题的信息基础。

随着时间的推移，俄文版《19－20 世纪俄罗斯远东南部地区考古学：主要作者生平及著作目录索引》面世已经 5 年了。在这几年里发表了一系列新的著述，考古学者的骨干成分也发生了变化。一些著名专家已经辞世：如 A.P. 阿尔杰米耶夫（2005 年），A.И. 马津（2008 年），Ю.M. 瓦西里耶夫（2008 年）。一些有前途的青年研究者进入了考古学领域：如 C.B. 巴塔尔申夫，Я.E 比斯卡列娃，E.B. 阿斯塔申科娃。

最后，我想对宋玉彬致以真挚的谢意，感谢他为本书中文版的出版所付诸的耐心细致工作。我深知图书编撰工作的复杂，并且清楚，这也是他必须面对的问题。

同时希望，本书将对我的同行——中国考古学家的学术研究有所帮助。

敬礼!

H.A. 克柳耶夫

2008 年 11 月

第一部分　学者传记

编者的话

本书的第一部分著录了101位曾经或目前正致力于俄罗斯远东南部地区（滨海地区、阿穆尔河沿岸地区）考古学以及相关学科研究领域学者的生平履历，其位置的前后按姓氏字母顺序排列。

远东南部考古学研究的发展历程，可以明确的分为两个阶段：第一个阶段，19世纪下半期－20世纪中期；第二个阶段，20世纪中期－当代。客观上，第一阶段的特点，方志学研究占绝对优势。第二阶段的研究，已经创建了科学的考古学学科体系，该体系是以往研究的延续，并使其得到了质的拓展与深入。根据这种情况，本传记中，著录了第一阶段代表性的方志学研究者以及当代的大多数专业工作者。当代学者的入选，依据于一定的标准（从事研究工作不少于5年，依据田野工作许可证曾发表过独立完成的学术报告）。

在编写传记时，作者所利用的各种个人资料，无论是已经发表的还是未发表的，都依据于履历咨询表。因此，对入选学者学识的评价减少了笔者个人的主观因素。至于对先驱者贡献的分析，则力求遵循文献中最公认的评价。

遗憾的是，由于种种原因，很多研究者没有出现在本传记中。例如，20世纪20年代滨海地区代表性的考古学家之一阿·伊·拉津（А.И.Разин）的个人资料便寻觅无果。依据标准，当代的一些方志学者以及一些刚刚步入考古学治学之路的青年工作者没有列入传记之中。

笔者非常感谢自己的考古同事及相关学科的专业工作者对本书编著所给予的帮助，同时希望，本书著录的资料所提供的不仅仅是区域考古学的信息，而且包括在该学术领域工作的学者。

Алексеева Эрнестина Витальевна
阿列克谢耶娃·埃内斯季娜·维塔利耶夫娜

1928 年 8 月 4 日，埃·维·阿列克谢耶娃出生于伊热夫斯克市，1952 毕业于托木斯克国立大学生物－土壤系，专业的动物学学者。1954－1968 年就职于托木斯克国立大学，1968－1971 年就读于苏联社会科学院动物研究所研究生班。1971－1986 年，成为苏联科学院远东科学中心生物－土壤研究所的研究人员。1971 年，通过了题为《西西伯利亚东南部更新世的哺乳动物》的副博士学位论文答辩。

从 1973 年起，主持远东古代动物考古研究，发掘了滨海地区的一系列洞穴遗址 ［利西亚（Лисья），马柳特卡（Малютка），布利兹涅齐（Близнецы）等］。完成了滨海地区很多考古遗址出土的骨学资料的鉴定 ［鬼门洞洞穴（Чертовы Ворото）、青树林（Синий Гай）、赛加城址（Шайгинское городище）、迈斯科耶城址（Майское городище）、新戈尔杰耶夫卡城址（Новогордеевское городище）、康斯坦丁基诺夫斯科耶村 1 号遗址（Константиновское-Ⅰ селище）等等］。

研究领域：研究、分析旧石器时代－中世纪遗存哺乳动物种群成分。

Алкин Сергей Владимирович
阿尔金·谢尔盖·弗拉基米洛维奇

1963 年 12 月 25 日，谢·弗·阿尔金出生于赤塔市。1985 年毕业于新西伯利亚国立大学人文学系，专业的历史学者，大学外语教师。大学毕业后至今，就职于俄罗斯科学院西伯利亚分院考古与民族研究所，科学工作者（俄罗斯人文科学研究人员的职称分为五个级别：Младший научный сотрудник——初级科学工作者，Научный сотрудник——科学工作者，Старший научный сотрудник——一级科学工作者，Ведущий научный сотрудник——主管科学工作者，Главный научный сотрудник——总科学工作者。——译者注）。自 1995 年开始，兼职任教于新西伯利亚国立大学。2002 年通过了题为《满洲南部的新石器时代》的副博士学位论文答辩。

从 1993 年起，独立开展田野工作 ［叶夫列姆基诺墓群（могилник Ефремкино）、列斯普布利坎哈卡西亚墓群（могилник Республика Хакасия）］。多次参加滨海地区、阿穆尔河沿岸考古遗存的考察：乌斯季诺夫卡 3 号、4 号、6 号遗址（Устиновка-3、4、6），鲁德纳亚码头遗址（Рудная Пристань），乌斯季－塔拉坎遗址（Усть-Талакан），布金斯基克柳奇 1 号遗址（Букинский Ключ-Ⅰ）等。

研究领域：中国北部地区、俄罗斯西伯利亚相邻区域及远东的新石器时代和早期金属时代考古学；中亚和东亚地区的民族与文化的起源问题；东亚考古文化中宗教文化因素的构拟。俄罗斯时期中国东北古代研究的历史编纂学。

Андреев Гаральд Иванович
安德列耶夫·加拉利耶夫·伊万诺维奇
(1926－1970 年)

1926 年 10 月 2 日，加·伊·安德列耶夫出生于萨马拉市军人家庭，童年是在伏尔加、蒙古渡过的。伟大的卫国战争时期参加了红军：1943－1944 年，就读于伊尔库茨克航空动力学校，其后至 1947 年服役于航空部队。1948－1953 年就读于国立莫斯科大学历史系，毕业后加·伊·安德列耶夫进入物质文化史研究所攻读研究生，1957 年 11 月 1 日被该研究所新石器－青铜器时代研究部录用。1970 年 4 月 27 日，猝死于自己的工作岗位上。

1959 年，加·伊·安德列耶夫通过了题为《公元前 3 千纪至公元前 1 千纪时期的滨海地区南部沿海岸》的副博士学位论文答辩。这是第一篇根据田野考察结果撰写的区域考古学学位论文。

1954 年，加·伊·安德列耶夫作为由阿·巴·奥克拉德尼科夫领导的远东考古考察团成员，在滨海地区从事田野工作。最初几年，加·伊·安德列耶夫作为负责人独立开展了考察团沿海岸队的工作。在滨海地区，加·伊·安德列耶夫进行了 6 个季节的田野工作（1954、1955 年及 1958－1961 年），考察的区域包括滨海南部、东南部沿岸的哈桑至奥尔加地区。考察期间，他独自、并与扎·瓦·安德列耶娃共同发现了 96 处不同时代的遗存，其中包括滨海地区考古领域著名的青石崖村落遗址（Синие Скалы）、瓦连京地峡遗址（Валентин-перешеек），克拉斯基诺城址（Краскинское городище）等等。他所主持的最著名的发掘包括：瓦连京地峡遗址、扎伊桑诺夫卡 1 号遗址（Зайсановка-Ⅰ）、扎波维德诺耶 3 号遗址（Заповедное-3）、莫里亚克－雷巴洛夫遗址（Моряк-Рыболов）。

研究范围：滨海地区新石器时代、古金属时代考古文化研究。

Андреева Жанна Васильевна
安德列耶娃·扎娜·瓦西里耶夫娜

1930 年 7 月 3 日，扎·瓦·安德列耶娃出生于塔什干市。1953 年毕业于莫斯科国立大学历史系。大学毕业最初几年，扎·瓦·安德列耶娃就职于莫斯科国家历史博物馆。1957 年，考入苏联科学院远东分院物质文化史研究所定向培养的研究生班。1960 年，就职于苏联科学院西伯利亚分院远东分部的历史·考古·民族部，1971 年该机构更名为苏联科学院西伯利亚分院远东分部历史·考古·民族研究所，1973－1977 年任业务副所长。1977－1994 年任该所原始社会考古部主任，1994－1997 年主持理论问题研究室工作。1962 年通过了题为《滨海地区考古遗存的分期尝试（根据奥尔加地区、拉佐地区资料）》副博士论文的答辩。1980 年通过了题为《原始公社制时代·铁器时代的滨海地区（公元前 1 千纪－公元 8 世纪）》的博士论文答辩。2002 年，被授予"俄罗斯联邦功勋科学工作者"的荣誉称号。

在 1955－1987 年开展的滨海地区田野工作中，扎·瓦·安德列耶娃发现了数十处新的考古遗存，其中最为著名的是青石崖遗址、索科利奇遗址（Сокольчи）、叶夫斯塔菲 1 号遗址（Евстафий-1）等等。在多层堆积的青石崖遗址，进行了多年的考察。其发掘的客体包括：小枕头山遗址（Малая Подушечка）、夏伯阳农庄墓地（могильник у колхоз Чапаево）、阿努钦诺 1 号遗址（Анучино-1）、特罗伊茨克湾窑址（гончарные печи в бухте Троица）等等。

研究领域：滨海地区原始社会考古学研究：考古学文化的起源、分期、特征，尤其关注铁器时代的考古学研究。

Арсеньев Влдимир Клавдиевич

阿尔谢尼耶夫·弗拉基米尔·克拉夫季耶维奇

（1872－1930 年）

作为天才的研究者（地形学、民族学、考古学及其他学科领域）、远东地区方志学、科学的著名组织者，世界著名的作家——弗·克·阿尔谢尼耶夫的名字早已载入俄国科学、文学史的史册，但所有这一切远远未能充分的评价他的整个创作之路。

弗·克·阿尔谢尼耶夫出生于彼得堡一个铁路工人家庭，曾在彼得堡步兵士官学校接受过军事教育，1895 年毕业。从 1900 年起在远东地区服役，1917 年以中校职务退役。1910－1919 年、1924－1925 年，任哈巴罗夫斯克方志博物馆馆长。1921－1924 年，主持了阿穆尔边疆区研究会符拉迪沃斯托克博物馆民族部的工作。从 1924 年起，任俄罗斯地理学会远东分部副主席。从 1917 年起，弗·克·阿尔谢尼耶夫开始了积极的授课工作，给边疆区不同层次学校讲授民族学、原始文化史、考古学、人类学等等。1930 年弗·克·阿尔谢尼耶夫去世，葬于符拉迪沃斯托克市莫尔斯克耶墓地。

在弗·克·阿尔谢尼耶夫的学术活动中，考古学考察占据重要位置之一。通过大量考察，在远东南部地区发现了 200 余处考古遗存。他对一系列遗存进行了调查，其中最著名的是 1921 年对沙碛半岛（на п-ове Песчаном）的发掘。

弗·克·阿尔谢尼耶夫是古理论民族学向考古学发展的拥护者，其科学研究细致、认真，是滨海地区、阿穆尔河沿岸开拓型考古学家。

Артемьев Александр Рудольфович

阿尔杰米耶夫·亚历山大·鲁多利福维奇

1958 年 11 月 30 日，亚·鲁·阿尔杰米耶夫出生于爱沙尼亚塔尔图市。1981 年，毕业于列宁格勒国立大学历史系考古专业。从 1988 年起，就职于远东民族历史·考古·民族研究所。1993 年任远东中世纪晚期考古学研究室主任，2002 年任业务副所长。1988 年，通过了题为《13－15 世纪时期普斯科夫地区的城市》的副博士论文答辩，1997 年，通过了题为《17 世纪下半期至 18 世纪时期外贝加尔、阿穆尔河沿岸地区的城市与城堡（历史－考古学考察）》的博士论文答辩。自 1988 年起，兼职于远东国立大学，自 1999 年起，兼职于符拉迪沃斯托克国立经济与服务大学。

亚·鲁·阿尔杰米耶夫最初的田野工作始于 1971 年，1978 年开始在俄罗斯欧洲部分进行独立工作，1988 年至今工作于远东、东西伯利亚。主要发掘的客体：阿尔巴津尖柱寨堡、特尔斯科耶寺庙址（Тырские буддийсие храмы）、涅尔琴斯克尖柱寨堡（Нерчинский острог）、塔利齐玻璃工厂（Тальцинский стекольный завод）。

研究领域：远东（17 世纪下半纪－1860 年）、俄罗斯的美洲（18 世纪末－1867 年）开发史；10－15 世纪时期罗斯西北部地区的军事。

Артемьева Надежда Григорьевна
阿尔杰米耶娃·娜杰日达·格利高里耶夫娜

1956 年 12 月 20 日，娜·格·阿尔杰米耶娃出生于符拉迪沃斯托克市。1981 年毕业于远东国立大学历史系，自 1974 年起就职于俄罗斯科学院远东分院远东民族历史·考古·民族研究所。1999 年，任滨海地区中世纪（12－13 世纪）时期城址考古研究室主任。1987 年，通过了题为《滨海地区女真人的房屋建筑业（12－13 世纪初期）》的副博士论文答辩。

1972 年，开始参加滨海地区的考古发掘工作，1995 年开始独立工作［克拉斯诺雅罗夫斯科耶城址（Краснояровское городище）、赛加城址、南乌苏里斯克城址（Южно-Уссурийское городище）等等］。

研究领域：12－13 世纪滨海地区中世纪城址考古学（物质文化、断代问题、民用与宗教建筑）。

Беседнов Лев Николаевич
别谢德诺夫·列夫·尼古拉耶维奇

1932 年 11 月 17 日，列·尼·别谢德诺夫出生于乌克兰卢甘地区 8/9 矿井矿工区。1956 年，毕业于莫斯科国立大学生物土壤系，专业的鱼类动物学学者。1964－1969 年任教于国立远东大学，自 1969 年起，就职于远东国立渔业技术大学，副教授、生物学副博士（1967 年）。副博士论文：《通基诺湾的鱼类区系》。

从 1956 年起，着手研究第四纪时期俄罗斯的鱼类区系，1961 年开始研究彼得大帝湾的鱼类区系以及滨海地区淡水鱼类区系。其工作性质与考古工作者密切相关。

研究领域：第四纪时期远东地区的鱼类区系及该时期的渔业。

Болдин Владислав Инкокентьевич
博尔金·弗拉季斯拉夫·因古肯基耶维奇

1944 年 10 月 4 日，弗·因·博尔金出生于滨海边疆区斯帕斯克－达利尼市。1967 年，毕业于远东国立大学历史－法学系，专业的历史学者。自 1970 年起，就职于俄罗斯科学院远东分院远东民族历史·考古·民族研究所。1999 年任一级科学工作者。1986 年成为历史学副博士，副博士论文：《滨海地区渤海人、女真人的耕作业与畜牧业（根据考古学考察材料）》。

田野工作始于 1964 年，1972 年起开始独立工作（主要在滨海地区），主要发掘客体：克拉斯基诺城址、新戈尔杰耶夫卡城址、尼古拉耶夫斯克 2 号城址（Николаевское-2 городище-2）、康斯坦丁季诺夫斯科耶村落遗址等等。

研究领域：滨海地区原始社会及中世纪考古学，中国、朝鲜民族学。

Болотин Дмитрий Петрович
博洛京·德米特里·彼得罗维奇

1966 年 2 月 21 日，德·彼·博洛京出生于符拉迪沃斯托克市。1990 年毕业于布拉戈维申斯克国立师范学院历史与语言文学系，专业的历史教师。1990 年，任职于布拉戈维申斯克国立师范学院（现更名为布拉戈维申斯克国立师范大学），1999 年任历史与语言文学系主任。1995 年通过了题为《中世纪晚期（13－17 世纪）阿穆尔河上游地区的民族文化状态》副博士论文答辩。

1982 年首次参加阿穆尔河沿岸的考古工作。从 1988 年开始进行独立的田野考察工作。主要的发掘客体：弗拉季米洛夫斯克墓地（Владимировский могильник）、普里亚钦诺墓地及遗址（Прядчинские могильник и поеление）、帽儿山墓地（Шапочка）、利波维岗墓地（Липовый бугор）、阿列克谢耶夫斯克岗遗址（Алексеевский бугор）等等。

研究领域：阿穆尔河上、中游沿岸民族文化史；早期铁器时代、中世纪时期民族迁徙过程及其与考古学文化形成的关系。

Бровко Дмитрий Витальевич
布罗夫科·德米特里·维塔利耶维奇

1973 年月 4 月 28 日，德·维·布罗夫科出生于乌苏里斯克市。2000 年，毕业于远东国立大学历史－哲学系，专业的历史学者。1992 年起，就职于乌苏里斯克市儿童创作中心，任继续教育教师。

1990 年首次参加田野工作。从 1997 年开始独立进行研究工作（主要是滨海边疆区乌苏里斯克地区的考古调查）。主要发掘的客体：克罗乌诺夫卡 21 号、23 号遗址（Кроуновка-21、23）。

研究领域：远东新石器－古金属时代。

Бродянский Давид Лазаревич
布罗江斯基·达维德·拉扎列维奇

1936 年 10 月 24 日，达·拉·布罗江斯基出生于日托米尔市。1962 年，毕业于列宁格勒国立大学东方学系中国史专业。自 1962 年起，开始了在国立远东大学的任教生涯，1995 年被评为教授。1969 年，通过了题为《金属萌发时期的滨海地区南部（公元前 2 千纪至公元前 1 千纪）》的副博士论文答辩，1995 年，以《滨海南部地区的新石器时代、古金属时代》为题通过了博士论文答辩。

1958 年首次参加田野工作，1960 年起，作为远东考古考察团成员、俄罗斯科学院远东分院远东民族历史·考古·民族研究所以及远东国立大学考古队成员对俄罗斯远东南部的多处考古遗存进行了考察。参加了青树林 A、Б 遗址，奥列尼 A、Б、В、Г（Олений-А、Б、В、Г）遗址，克罗乌诺夫卡 1 号遗址，鲁达诺夫斯科耶城址（городище Рудановское）等项工作。

研究领域：滨海地区新石器时代－古金属时代问题，原始社会水产养殖，古代艺术与神话。

Буссе Федор Федорович
布谢·费奥多尔·费奥多罗维奇
(1838-1896 年)

费·费·布谢是 19 世纪末滨海地区的主要考古学家、方志学家之一，1838 年 11 月 23 日生于彼得堡市一个著名的教师家庭。中学毕业后，就学于彼得堡大学物理－数学系，在该校学习至 1861 年。同年，成为东西伯利亚总局的一名官吏。1882 年，被任命为南乌苏里斯克边疆区移民管理局局长。1892 年，费·费·布谢提交了离职辞呈，1896 年 12 月 23 日在彼得堡市逝世。

多方面的学术活动是费·费·布谢的特点，其最大贡献在于推动了远东地区考古学、民族学考察的发展。可以确认，他是远东最早的图书编目学家之一。目前得以保存下来的他的私人书稿中，其所收集的有关阿穆尔河沿岸考古学、民族学、历史学信息的很多内容，至今仍不失其意义。

费·费·布谢是一名孜孜不倦的研究者，同时，他又是一名天才的组织者。作为阿穆尔边疆区研究会的核心人物，他是研究会成立最初 5 年（1884-1888 年）的学会委员会主席。协调、组织阿穆尔边疆区的研究工作，是该学会活动的主要任务。

在滨海边疆区，费·费·布谢是有系统地组织考古调查、遗址发掘的第一人，同时他也是 20 世纪 50 年代中期以前考察活动最多的人 [乌苏里斯克地区、巴拉巴什界（улочище Барабаш）的中世纪时期墓地，帕尔季赞斯克地区的尼古拉耶夫斯克城址、克拉斯诺亚罗夫斯科耶城址，克拉斯内岬城址（мыс Красный）、伊万诺夫卡村落址（у д. Ивановка）等]。

阿穆尔边疆区研究学会高度地评价了费·费·布谢在发展方志学方面的贡献：1908 年创立了以布谢·费奥多尔·费奥多罗维奇命名的基金，授予在远东学术研究方面作出重大贡献的研究者。

Васильев Юрий Михайлоич
瓦西里耶夫·尤里·米哈依洛维奇

1939 年 1 月 2 日，尤·米·瓦西里耶夫出生于哈巴罗夫斯克市。1963 年，毕业于哈巴罗夫斯克国立师范学院历史－语言文学系。1970 年，就职于俄罗斯科学院远东分院远东历史·考古·民族研究所，1991 年被评为一级科学工作者。1986 年通过了题为《波克罗夫卡文化（9-12 世纪）的葬式》的副博士论文答辩。

1959 年，尤·米·瓦西里耶夫首次参加田野考察工作。1971 年起，独立开展研究工作（主要在阿穆尔河沿岸）。主要发掘的客体：卢达尼科沃山岗墓群（Луданниково сопка）、巴尔苏奇伊洞穴墓群（Барсучьиноры）、克拉斯诺雅罗夫卡墓群（Краснаяровский）、安尤伊斯克墓群（Анюйский）、尤克塔干 1 号墓群（юктакан-1）等。

研究领域：远东地区及亚洲邻近地区中世纪考古学；博物馆工作。

Васильева Татьяна Афанасьевна
瓦西里耶娃·塔季扬娜·阿法纳西耶夫娜

1949 年 5 月 19 日，塔·阿·瓦西里耶娃出生于滨海边疆区的霍罗利镇。1971 年，毕业于远东国立大学历史－法学系，专业的历史学者。1971 年，就职于俄罗斯科学院远东分院远东民族历史·考古·民族研究所，2000 年被评为科学工作者。

1970 年，开始参加滨海地区、阿穆尔河沿岸的田野考古考察工作。1994 年，开始在滨海地区独立开展中世纪的考古遗存工作。主要发掘的客体：戈尔诺胡托尔斯科耶城址（Горнохуторское городище），叶卡捷琳诺夫斯科耶城址（Екатериновское городище）。

研究领域：远东地区中世纪时期研究史；远东地区中世纪人类的物质文明、精神文明。

Васильевский Руслан Сергеевич
瓦西里耶夫斯基·鲁斯兰·谢尔盖耶维奇

1933 年 5 月 27 日，鲁·谢·瓦西里耶夫斯基出生于古比雪夫州科什基镇。1952－1957 年，在列宁格勒国立大学历史系接受高等教育。1957－1963 年，就职于马加丹市方志学博物馆。1967 年至今，就职于俄罗斯科学院西伯利亚分院历史·语文·哲学研究所（该所自 1991 年更名为考古与民族研究所）。1970－2001年，任田野考察（新石器时代）实验室主任。1979－1998 年任业务副所长。

1967 年通过了题为《鄂霍次克海沿岸的古代科里亚克人文化及其在东北亚文化史中的地位》的副博士论文的答辩，1975 年通过了题为《太平洋北部的古代文化：沿海文化的起源、适应、发展》的博士论文的答辩。1988 年被授予"教授"职称，1996 年被授予俄罗斯联邦功勋学术活动家称号，1999 年被评为总科学工作者。

鲁·谢·瓦西里耶夫斯基在远东、西伯利亚进行了大量的田野考察工作，20 世纪 80 年代在滨海地区进行了考察活动。主要发掘的客体：乌斯季诺夫卡 1 号遗址（Устиновка-1），苏沃罗沃 3 号、4 号遗址（Суворово-3、4）。

研究领域：太平洋北部的考古学；原始社会的艺术；远东地区的石器时代。

Верховская Наталья Борисовна
韦尔霍夫斯卡娅·娜塔丽娅·鲍丽索夫娜

1951 年 9 月 25 日，娜·鲍·韦尔霍夫斯卡娅出生于萨拉托夫州的罗斯塔什镇。1973 年，毕业于萨拉托夫国立大学地理系。1973－1979 年在阿纳德尔综合地质调查队从事孢粉、地质研究工作。1979－1982 年攻读俄罗斯科学院远东分院土壤生物研究所研究生，1982 年通过了题为《阿纳德尔地区更新世植被及孢粉 － 地层学》（古生物学及地层学专业）的副博士论文答辩。1982－1996 年，就职于俄罗斯科学院远东分院土壤生物研究所古植物学实验室。一级科学工作者。

从 1989 年起，开始开展滨海地区考古遗存孢粉学研究［乌斯季诺夫 3 号、6 号遗址，苏瓦罗瓦 4 号、6 号遗址，博伊斯曼 1 号、2 号遗址（Бойсмана-1、2），诺沃谢利谢 4 号遗址（Новоселище-4），格拉兹科夫卡 2 号遗址（Глазковка-2），佩斯恰内遗址（Песчаный）等等］。

研究领域：远东地区更新世及全新世时期的植被史；滨海地区植被形成时期的气候与人类；滨海地区环境的自然变化与古代人类文化传统更替的相互关系。

Волков Павел Владимрович
沃尔科夫·巴维尔·弗拉基米罗维奇

1956 年 1 月 4 日，巴·弗·沃尔科夫出生于新西伯利亚市。1982 年毕业于新西伯利亚国立大学人文科学系，专业的历史学者，同年就职于俄罗斯科学院西伯利亚分院历史·语文·哲学研究所（1991 年该所更名为考古与民族研究所）。1999 年，被评为一级科学工作者。1989 年通过了题为《格罗马图哈文化（громатухинская культура）居民的经济活动（阿穆尔河中游地区更新世至全新世交会期遗存劳动工具的功能与比较分析）》的副博士论文答辩，2000 年通过了题为《北亚、中央亚细亚、中亚地区旧石器时代痕迹学试验与工艺学研究》的博士论文答辩。

1982 - 1987 年，主持旧石器时代晚期谢列姆贾综合体（селемджинский комплекс）遗存考察。1988 - 1989 年，开展滨海地区旧石器时代遗存实验研究。

研究领域：北亚、中央亚细亚、中亚地区旧石器时代早期至中世纪早期时代的考古遗存材料的痕迹学研究及功能分析；远东地区旧石器时代晚期至新石器时代居民古代经济的复原；旧石器时代石头打击过程的工艺学研究；砾石的双面打击的工艺学复原；考古学的实验研究；旧石器时代至新石器时代人类的行为规范探寻；古代心理学研究；旧石器早期石头打击工艺的起源。

Воробьев Михаил Васильевич
沃罗比耶夫·米哈依尔·巴西里耶维奇
（1922 - 1995 年）

米·瓦·沃罗比耶夫是俄罗斯著名的东方学家、女真问题专家，伟大的卫国战争参加者。

1922 年 4 月 21 日，米·瓦·沃罗比耶夫出生于彼得格勒市。1950 年于列宁格勒国立大学东方系毕业后，攻读物质文化史研究所研究生，1953 年毕业并顺利地通过了题为《日本海沿岸国家的石器时代》的副博士论文答辩。1972 年，通过了题为《女真与金王朝（10 世纪 - 1234 年）》的博士论文的答辩。1953 - 1963 年，就职于苏联科学院考古研究所列宁格勒分所。1965 年，就职于苏联科学院东方研究所列宁格勒分所。1986 年，评为主管科学工作者。

20 世纪 50 年代，米·瓦·沃罗比耶夫作为远东考古考察团成员参加了滨海边疆区中世纪遗存的发掘工作，其中包括影响很大的克拉斯诺雅罗夫斯科耶城址发掘。

米·瓦·沃罗比耶夫的研究领域包括：日本、朝鲜、中国及俄罗斯远东地区古代、中世纪时代的历史、文化、制度，其中，女真史、女真人所建立的金王朝在他的研究中占有相当重要的地位。在一系列的著作、专著中，他分析研究了金王朝的政治——行政制度、社会经济结构、金王朝的民族成分以及一系列的其他问题。

Вострецов Юрий Евгеневич
沃斯特列佐夫·尤里·叶甫盖尼耶维奇

1954 年 5 月 26 日，尤·叶·沃斯特列佐夫出生于符拉迪沃斯托克市。1977 年，毕业于远东国立大学历史系。1978 年，就职于俄罗斯科学院远东分院历史·考古·民族研究所。1989－1992 年，任新建筑研究室主任。1994 年，任人类古代生态学实验室主任。1991 年，被评为一级科学工作者。1998－2002 年，在符拉迪沃斯托克国立经济与服务大学兼职任教。1987 年通过了题目为《苏联远东南部铁器时代的房址、遗址（根据克罗乌诺夫卡文化资料）》的副博士论文答辩。

1973 年，尤·叶·沃斯特列佐夫首次参与滨海地区的田野考察，1979 年开始进行独立的田野考察工作。主要发掘的客体：克罗乌诺夫卡 1 号遗址，谢米皮亚特诺瓦 1 号、3 号遗址（Семипятнова-1、3），佩斯洽内 1 号遗址，博伊斯曼 1 号遗址，扎伊桑诺夫卡 1 号、2 号、7 号遗址。

研究领域：文化人类学；人类的文化进程；人类生态学；文化生态学；日本海区域耕作适应的产生与形成；太平洋区域的海洋适应；东亚地区远古至种族时期人类对植物的利用；东亚地区最原始、传统的捕鱼及狩猎方式。

Галактионов Олег Сергеевич
加拉克季奥诺夫·奥列格·谢尔盖耶维奇

1938 年 5 月 2 日，奥·谢·加拉克季奥诺夫出生于伊尔库斯克州下乌金斯克市。1968 年毕业于远东国立大学历史－法学系，同年，就职于俄罗斯科学院远东分院远东民族历史·考古·民族研究所。

1963 年首次参加田野考察工作，参加考察的客体包括：赛加城址，阿纳耶夫卡城址（Ананьевскское городище）、拉佐城址（городище Лазо）、斯卡里斯特城址（Скалистое городище）以及滨海地区一些其他遗存。1972 年开始独立开展考古考察工作。

研究领域：远东地区中世纪时代的筑城设施、武器。

Гарковик Алла Викторовна
加尔科维克·阿拉·维克多罗夫娜

1940 年 7 月 10 日，阿·维·加尔科维克出生于伊尔库茨克市。1962 年毕业于远东国立大学历史 － 法学系（历史部），1964 年就职于苏联科学院远东分院历史·考古·民族部工作，1971 年就职于远东民族历史·考古·民族研究所。一级科学工作者。

1959 年，作为格·伊·安德列耶夫领导的远东考古考察团滨海考察队成员首次参加了滨海地区的考察工作。1966 年，开始进行独立的考察工作。规模最大的发掘包括：瓦连京地峡遗址，小野马遗址（Мустанг）、雷巴克 1 号遗址（Рыбак-1）、叶夫斯塔菲 1 号、4 号遗址（Евстафий-1、4），以及乌斯季诺夫卡 3 号、7 号遗址等等。

研究领域：滨海地区的石器时代及早期金属时代问题，古代陶器，原始艺术。

Гельман Евгения Ивановна
格尔曼·叶甫盖尼娅·伊万诺夫娜

1959 年 4 月 5 日，叶·伊·格尔曼出生于滨海边疆区的特鲁多沃耶镇。1982 年毕业于远东国立大学历史系。1979 年就职于俄罗斯科学院远东分院远东民族历史·考古·民族研究所。1996 年获得历史学副博士学位，论文题目为《滨海地区中世纪时代遗存的釉陶、瓷器》。1995 年起任教于远东国立大学，1999 年起任教于远东国立科技大学。

首次田野考察工作始于 1979 年，参与了一系列的滨海地区中世纪遗存的考察工作：赛加城址，克拉斯基诺城址，拉佐城址，切尔良基诺墓地（Чернятинский могильник），马蹄山寺庙址（Копытинский храм）等等。1997 年开始独立进行考察工作，发掘的客体有戈尔巴特卡城址（городище Горбатка）。

研究领域：滨海、远东地区中世纪遗存考古学；远东地区原始社会、中世纪时代的陶器生产。

Гладышев Сергей Анатольевич
格拉德舍夫·谢尔盖·安那托里耶维奇

1957 年 11 月 3 日，谢·安·格拉德舍夫出生于萨哈林州索科尔镇。1980 年毕业于新西伯利亚国立大学人文学系，专业的历史学者，1982 年就职于俄罗斯科学院西伯利亚分院历史·语文·哲学研究所（从 1991 年起该所更名为考古与民族研究所）。一级科学工作者，1990 年通过了题为《滨海东南部地区泽尔卡利纳亚河流域（р.Зеркальная）晚期旧石器时代遗存》的副博士论文答辩。

20 世纪 80 年代，谢·安·格拉德舍夫参加了滨海地区乌斯季诺夫卡 1 号，苏沃罗沃 3 号、4 号等旧石器时代遗存的田野考察工作，完成了滨海地区一系列的考古考察。

研究领域：滨海地区的晚期旧石器时代，欧亚大陆的早期旧石器时代；从阿舍利文化（Ашельская культула）向旧石器时代中期过渡问题。

Гребенщиков Александр Васильевич
格列比翁希科夫·亚历山大·瓦西里耶维奇
（1880－1941 年）

亚·瓦·格列比翁希科夫是俄罗斯著名的东方学者，在滨海地区的考古学研究推广过程中发挥了重要作用。

亚·瓦·格列比翁希科夫出生于喀山的一个手工业者家庭。为考取东方学院，1901 年来到远东，次年成为该院的旁听生，1906 年被直接录取为正式的大学四年级学生。1907 年亚·瓦·格列比翁希科夫以银质奖章成绩毕业于东方学院中国－满洲部。其后，赴彼得堡大学东方语言系深造，1911 年结业。同年，开始主持东方学院满洲文献教研室工作，并一直任职到 1931 年（开始在东方学院，后来在国立远东大学）。1920 年，获教授职称。1935 年来到列宁格勒，成为苏联科学院东方研究所的科学工作者（1935－1941 年）。1939 年被授予语言学博士（没有答辩），1941 年 10 月去世于列宁格勒被包围时期。

亚·瓦·格列比翁希科夫的研究领域包括：满洲民族的历史、语言与文献。他在自己的研究中，除了借助文献史料，尽量地引用考古资料。他积极倡导：发展历史方志学必须进行广泛的考古学研究。为此，在东方学院创建了考古教研室。苏联时期，他与列·尼·伊万耶夫（Л.Н.Иваньев）一起绘制了滨海地区的考古地图。

Гребенщиков Андрей Владимирович
格列比翁希科夫·安德列·弗拉季米罗维奇

1959 年 8 月 9 日，安·弗·格列比翁希科夫出生于新西伯利亚市。1981 年毕业于新西伯利亚国立大学人文学系，专业的历史学者，1981－1993 年就职于俄罗斯科学院西伯利亚分院历史·语文·哲学研究所工作（1991 年该所更名为考古与民族研究所）。1990 年通过了题为《阿穆尔河沿岸早期铁器时代部落的制陶业（乌里尔文化）》的副博士论文答辩。

田野考察工作始于 1975 年，1983－1991 年参加了阿穆尔沿岸巴尔卡斯纳亚岗遗址（Баркасная сопка），苏希耶河汊 1 号、2 号遗址（Сухие протоки-1、2），布金斯基克柳奇 2 号遗址（Букинский Ключ-2），大西米奇遗址（Большие Симичи）等考古遗存的发掘工作。

研究领域：阿穆河流域新石器－早期铁器时代的陶器生产。

Гуров Алексей Яковлевич
古罗夫·阿列克谢·雅科夫列维奇
（1872－1934 年）

阿·雅·古罗夫是第一位阿穆尔考古学者，毕业于伊尔库茨克中等师范学校，教师职业。1889－1932 年从事阿穆尔河沿岸考古遗存的研究工作，绘制出第一张阿穆尔河左岸考古地图。他总计考察了约 60 处遗存，并对其中一些不大的遗存进行了发掘：帽儿山城址（городище на горе Шапка）、杜博维梅斯墓地（Дубовый мыс）。1915－1916 年，参加了由著名人类学家、民族学家斯·米·什罗科戈罗夫（С.М.Широкогоров）领导的考察队对阿穆尔河沿岸的考察。

Гусева Лариса Николавич
古谢娃·拉丽萨·尼古拉耶夫那

1948 年 8 月 10 日，拉·尼·古谢娃出生于阿什哈巴德市，1972 年毕业于哈巴罗夫斯克国立师范学院造型艺术系。1974－1995 年就职于俄罗斯科学院远东分院远东民族历史·考古·民族研究所，初级科学工作者。

从 1974 年起，参加了滨海地区中世纪遗存的发掘工作：赛加城址、阿纳耶夫卡城址。

研究领域：女真的装饰艺术。

Деревяко Анатолий Пантелеевич
杰列维扬科·阿纳托里·班捷列耶维奇

1943 年 1 月 9 日，阿·班·杰列维扬科出生于阿穆尔州的坦博夫卡市。中学毕业后考入布拉戈维申克国立师范学院，1961 年作为大学生首次参加了由阿·巴·奥克拉德尼科夫领导的考察团。从此，阿·班·

杰列维扬科有针对性地积极开展考古学研究：1963 年跟随阿·巴·奥克拉德尼科夫学习研究生课程，1965 年毕业并通过了题为《阿穆尔河中游的古代文化（石器时代）》的副博士论文的答辩。

1966 年，阿·班·杰列维扬科就职于苏联科学院科学院西伯利亚分院历史·语文·哲学研究所。1968 – 1970 年主持该所西伯利亚民族文化史博物馆的工作，1970 – 1976 年被任命为苏联科学院科学院西伯利亚分院历史·语文·哲学研究所的副所长。1971 年，通过了题为《古代的阿穆尔河沿岸（公元纪以前）》的博士论文答辩。

1979 年，阿·班·杰列维扬科成为苏联科学院通讯院士。1981 – 1982 年，任新西伯利亚国立大学校长。1983 年 1 月，任苏联科学院西伯利亚分院历史·语文·哲学研究所（1991 年该所更名为俄罗斯科学院西伯利亚分院考古与民族研究所）所长。1987 年阿·班·杰列维扬科当选为苏联科学院院士，2002 年当选为俄罗斯科学院历史 – 语言分部院士秘书长。

20 世纪 60 – 80 年代，阿·班·杰列维扬科对阿穆尔河沿岸的原始遗存进行了大量的田野考察工作：谢列姆贾河流域（p.Селемдже）的旧石器时代遗址，格罗马图哈河流域（p.Громатуха）、新彼得罗夫卡村（Новопетровка）的新石器时代遗存、犹太自治州早期铁器时代遗址等一系列遗存。

研究领域：更新世时期的古代生态环境、古代气候，北亚、东亚、中央亚细亚（包括哈萨克斯坦、乌兹别克斯坦、吉尔吉斯斯坦及塔吉克斯坦）的旧石器时代；欧亚大陆古代生物种群的迁移。

Деревяко Евгения Ивановна
杰列维扬科·叶甫盖尼娅·伊万诺夫娜

1938 年 8 月 29 日，叶·伊·杰列维扬科出生于阿穆尔州普列奥布拉热诺夫卡镇。1960 年毕业于布拉戈维申斯克国立师范学院历史 – 语文系，1964 年就职于苏联科学院西伯利亚分院经济与工业生产组织研究所人文科学研究部，1966 年就职于苏联科学院西伯利亚分院历史·语文·哲学研究所，1976 – 1979 年就职于苏联科学院民族研究所，1979 年就职于俄罗斯科学院西伯利亚分院考古与民族研究所。目前，任西伯利亚青铜 – 铁器时代部副主任。

1974 年，叶·伊·杰列维扬科通过了题为《阿穆尔河中游沿岸的靺鞨墓地》的副博士论文答辩。1983 年通过了题为《公元 1 千纪时期阿穆尔河沿岸的部落（民族史与文化纲要）》的博士论文答辩。1975 年，被评为一级科学工作者。

1964 年叶·伊·杰列维扬科首次参加了远东考古考察团考察，1969 年成为田野考察队领队。在阿穆尔河流域，她进行了大量的田野考察工作：特罗伊茨基墓地（Троицкий могильник）、新彼得罗夫斯克墓地（Новопетровский могильник）、扎维塔亚河城址（p.Завитая）、帽儿山城址等等。

研究领域：远东中世纪文化。

Дерюгин Валерий Алексеевич
杰留金·瓦列里·阿列克谢耶维奇

1963 年 12 月 8 日，瓦·阿·杰留金出生于哈巴罗夫斯克市。1991 年毕业于远东国立大学历史系，1981 年就职于哈巴罗夫斯克方志博物馆，业务骨干。

田野考察工作始于 1982 年，1990 年开始在阿穆尔地区独立进行考察工作。发掘的主要客体：贝斯特拉亚 2 号遗址（Быстрая-2），波克罗夫卡 1 号遗址（Покровка-1），马尔梅日 1 号遗址（Малмыж-1）。

研究领域：早期铁器时代及中世纪时期岛屿与大陆的文化联系、迁移过程、对新的自然环境的适应问题。

Дьяков Владимир Иванович
季亚科夫·弗拉基米尔·伊万诺维奇

1950 年 3 月 20 日，弗·伊·季亚科夫出生于奥伦堡州奥尔斯克市。1972 年毕业于新西伯利亚国立大学人文学系，专业的考古学者。1972－1978 年就职于远东民族历史·考古·民族研究所，其后至 1989 年，就职于远东国立大学，任通史教研室主任。1989－2000 年，主持远东古代生态环境中心工作。2000 年，就职于符拉迪沃斯托克海关科学院。教授职称。1979 年通过了题为《青铜时代的锡霍特 － 阿林山脉（Сихотэ-Алинь）：利多夫卡文化（Лидовская культура）》的副博士论文答辩。1999 年通过了题为《滨海地区古代文化的分期（旧石器时代至青铜时代）》的博士论文答辩。

田野考察工作始于 1964 年，1973 年开始在滨海地区、阿穆尔河沿岸进行独立的考察工作。发掘的主要客体：利多夫卡 1 号遗址（Лидовка-1），布拉戈达特诺耶 3 号遗址（Благодатное-3），莫纳斯特尔卡 1号、3 号遗址（Монастырка-1、3），鲁德纳亚码头遗址（Рудная Пристань）、乌斯季诺夫卡 4 号遗址。

研究领域：东亚考古学问题，远东的旧石器时代、新石器时代、古金属时代。

Дьякова Ольга Всильевна
季亚科娃·奥莉加·瓦西里耶夫娜

1949 年 7 月 8 日，奥·瓦·季亚科娃出生于阿尔泰边疆区索洛涅什诺耶镇。1972 年毕业于新西伯利亚国立大学人文学系，专业的考古学、民族学学者，同年就职于俄罗斯科学院远东分院远东历史·考古·民族研究所。1994 年任阿穆尔河沿岸考古实验室主任，1991 年被评为一级科学工作者。1980 年通过了题为《作为历史资料的苏联远东地区中世纪早期陶器（4－10 世纪）》的副博士论文答辩，1991 年通过了题为《苏联远东地区中世纪文化的起源、形成与发展（根据陶器生产资料）》的博士论文答辩。1980 年起，在远东国立大学兼职任教，1991 年起，在远东国立科技大学兼职任教。2000 年获得教授职称。

考古田野考察工作始于 1964 年，1973 年开始在滨海地区、阿穆尔河沿岸进行独立的考察工作。发掘的主要客体：斯特拉斯山岬遗址（мыс Страшный），利多夫卡 1 号遗址，古纳列伊斯科耶城址（Куналейское городище），莫纳斯特尔卡 3 号墓地。

研究领域：东亚考古学问题：产生、起源、年代学、文化断代，陶器研究的理论与实践。

Ермаков Вячеслав Евгеньевич
叶尔马科夫·维亚切斯拉夫·叶甫盖尼耶维奇

1958 年 8 月 30 日，维·叶·叶尔马科夫出生于滨海边疆区霍罗利镇。1980 年毕业于远东国立大学历史系，1981－2002 年就职于俄罗斯科学院远东分院远东民族历史·考古·民族研究所，初级科学工作者。

1976 年开始参加滨海地区的考古工作，1983－1991 年进行了独立的考察工作。发掘的主要客体：新谢利谢 2 号遗址（Новоселище-2），库尔库尼哈 3 号遗址（Куркуниха-3），特罗伊茨基 5 号遗址。

研究领域：滨海地区的铁器时代，金属遗物的文化 － 年代、类型特征。

Жущиховская Ирина Сергеевна
茹希霍夫斯卡娅·伊丽娜·谢尔盖耶夫娜

1951 年 6 月 11 日，伊·谢·茹希霍夫斯卡娅出生于谢米巴拉金斯克市。1973 年毕业于远东国立大学历史 － 法学系，专业的历史学者，同年就职于远东民族历史·考古·民族研究所，1991 年被评为一级科学工作者。1998 年起，在符拉迪沃斯托克国立经济与服务大学兼职任教。1980 年通过了题为《滨海地区早期铁器时代的陶器》的副博士论文答辩，1996 年通过了题为《俄罗斯远东南部的古代制陶业（生产历史）》的博士论文答辩。

考古考察工作始于 1969 年，1975－1988 年对滨海地区的基辅卡遗址（Киевка），科尔萨科夫卡 2 号遗址（Корсаковское-2）等考古遗存进行了独立的田野考察工作。

研究领域：从古至今东亚的陶器考古学与陶器生产史，陶器考古学研究的方法论问题，制陶业领域的民族考古学研究。

Зайцев Николай Николаевич
扎伊采夫·尼古拉·尼古拉耶维奇

1950 年 8 月 20 日，尼·尼·扎伊采夫出生于阿穆尔州布拉戈维申斯克市。1971 年毕业于远东高等军官指挥学校，1989 年毕业于布拉戈维申斯克国立师范学院历史系，1997－2000 年就职于阿穆尔州历史与文化遗存保护利用中心。

1989 年，开始参加阿穆尔州田野考古考察工作。1997 年开始独立进行考察工作（主要是考古调查）。

研究领域：阿穆尔州河沿岸中世纪考古学，军事。

Залищак Борис Леонидович
扎利夏克·鲍利斯·列奥尼多维奇

1933 年 3 月 21 日，鲍·列·扎利夏克出生于奥廖尔州马尔丘吉镇。1955 年，毕业于切尔诺维茨科国立大学地理系，专业的地质工程师、勘探员、岩石学者。1958 年就职于俄罗斯科学院远东分院远东地理研究所，一级科学工作者，地理 － 矿产学副博士，1966 年通过了题为《远东的碱性花岗岩及其含矿性》的副博士论文答辩。

在几十年的工作中，鲍·列·扎利夏克从事陶器的岩石、矿物研究，与考古工作者保持了密切的联系。

研究领域：宝石学，地理学，矿物产地及非金属矿产的形成过程，火成岩的岩石学，考古学。

Зенин Василий Николаевич
泽宁·瓦西里·尼古拉耶维奇

1958 年 5 月 27 日，瓦·尼·泽宁出生于阿穆尔州沃兹扎耶夫卡镇。1979 年毕业于布拉戈维申斯克国立师范学院历史 – 语言文学系历史部，1979－1984 年就职于阿尔哈拉区学校、阿穆尔州别洛戈尔斯克市学校。1984 年就职于俄罗斯科学院西伯利亚分院考古与民族研究所，1998 年被评为一级科学工作者。1990 年通过了题为《乌利马河河口多层遗址与阿穆尔河上游晚期旧石器遗存的分期》的副博士论文答辩。

田野工作始于 1976 年，20 世纪 80 年代发掘了谢列姆贾河谷地的旧石器时代遗址：巴尔卡斯纳亚山Ⅱ号遗址（Баркасная Сопка-Ⅱ），兹梅伊纳亚遗址（Змеиная），乌利马河口 1－3 号遗址（Усть-Ульмы Ⅰ-Ⅲ）等等。1987 年开始担任领队，自 1990 年至今，致力于西西伯利亚［阿尔泰州、新西伯利亚州、克麦罗沃州、托木斯克州，克拉斯诺亚尔斯克边疆区（Красноярский край）］及哈萨克斯坦的旧石器时代客体研究。

研究领域：更新世时期古生态学，北亚、中央亚细亚、东亚旧石器时代。

Иваньев Леонид Никифорович
伊万耶夫·列奥尼特·尼基伏罗维奇
（1909－1986 年）

1908 年 12 月 4 日，列·尼·伊万耶夫出生于伊尔库茨克市的一个职员家庭，青年时代开始积极投身方志学工作，钻研博物馆事业。1925－1929 年，列·尼·伊万耶夫与马·马·格拉西莫维一起在布·弗·彼得利教授、雅·尼·哈杜金副教授的领导下，在伊尔库茨克近郊开展考古调查。1929 年列·尼·伊万耶夫来到符拉迪沃斯托克市，就职于方志博物馆，直至 1935 年。历任科技研究员、考古与民族部主任，业务副馆长。1930－1932 年，在博物馆工作的同时，被远东科学研究所历史部聘任为科学工作者。1932 年，被选举为全俄考古学大会滨海地区代表。1936 年 9 月 1 日，调入滨海州政府安全部工作，1943 年又被调入伊尔库茨克市政府国家安全人民委员会任职。

1946 年，列·尼·伊万耶夫就职于伊尔库茨克地质管理局，后就职于伊尔库茨克方志博物馆。1953－1977 年就职于地壳研究所，在古生物学的基础上从事外贝加尔西部第四纪沉积层的地层学研究。1954 年，发现了著名的别列加夫斯基三趾马动物群葬地。1965 年，由于工作出色被授予地质矿物学副博士。

在滨海地区方志博物馆考古藏品系统化以及远东考古学图书编目方面，列·尼·伊万耶夫进行了大量的工作。此外，他还从事考古调查工作。

Ивлиев Александр Львович
伊夫里耶夫·亚历山大·利沃维奇

1952 年 3 月 9 日，亚·利·伊夫里耶夫出生于莫斯科州阿舒基诺镇。1974 年毕业于远东国立大学东方系（国情学部），同年就职于俄罗斯科学院远东分院远东民族历史·考古·民族研究所，一级科学工作者。

1993 – 1998 年，任业务副所长。1995 年任中世纪考古部主任。1988 年。通过了题为《辽代契丹的经济与物质文化（根据考古学研究资料）》的副博士论文答辩。1997 年起，在远东国立科技大学兼职任教。

1964 年首次参加滨海地区的田野工作，1977 年开始独立开展考察工作（阿穆尔州调查）。1978、1981、1988 年对滨海地区的迈斯基城址（Майское городище）进行了发掘，长期从事中世纪遗存考古〔克拉斯基诺城址、新戈尔杰耶夫卡城址、西尼洛夫斯科耶城址（Синиловское городище）等等〕。

研究领域：远东南部及毗邻的亚洲地区中世纪时代民族的历史、文化、考古学（特别是辽代契丹的考古与文化），渤海、辽、金的历史地理，东亚中世纪时代的题铭学、古钱学，俄罗斯远东南部的东夏史。

Кафаров Петр Иванович（Архимандрит Палладий）
卡法罗夫·彼得·伊万诺维奇（阿尔希曼德利特·帕拉基）
（1847 – 1878 年）

彼·伊·卡法罗夫出生于喀山省奇斯托波尔县斯塔罗什施明斯克镇的一个牧师家庭，是俄罗斯 19 世纪时期杰出的东方学家之一。1832 – 1838 年，就读于喀山宗教学校。1839 年，被录用为北京教士团成员，成为传道士，取名帕拉基（智神星之意）。从此，彼·伊·卡法罗夫积极研学汉语（早期受到尼·雅·比丘林辅导），并显示出卓越的语言天赋。1848 年，成为北京教士团第 13 任团长。1860 年成为俄罗斯外交代表团驻罗马教会首席神甫，并任职到 1864 年，其后，重新主持了北京教士团工作。1878 年在回俄罗斯旅途中，逝世于马尔谢里。

满洲、滨海地区、阿穆尔河沿岸古代史是彼·伊·卡法罗夫研究的课题之一。在自己的研究中，他主要依据于文献史料，并尝试利用考古学资料。1870 – 1871 年彼·伊·卡法罗夫在南乌苏里边疆区完成了专业性的历史 – 民族学考察，在那里他获取了考古遗存的信息，并对一系列遗址进行了考察。彼·伊·卡法罗夫同时代的人注意到了他的考察对滨海地区方志学进展的重大影响，其有关滨海地区古代、中世纪史的论断对于滨海边疆区古代史研究者的影响也是深远的，他提出的构想在滨海地区考古学中长期起主导作用。

Клюев Николай Александрович
克柳耶夫·尼古拉·亚历山德罗维奇

1957 年 11 月 2 日，尼·亚·克柳耶夫出生于滨海边疆区纳霍德卡市。1979 年毕业于远东国立大学历史系，1983 年就职于俄罗斯科学院远东分院远东民族历史·考古·民族研究所，1999 年被评为一级科学工作者。从 2000 年起，在远东国立科技大学兼职任教。1987 年通过了题为《苏联远东南部原始社会考古学领域研究的发展（19 世纪下半叶至 20 世纪 80 年代）》的副博士论文答辩。

1975 年首次参加田野工作，1986 年开始独立进行滨海地区考古研究。主要的发掘客体：新谢利谢 4 号遗址，阿努钦诺 4 号、14 号遗址（Анучино-4、14），达里尼库特 15 号遗址（Дальний Кут-15），利撒沃耶 1 号遗址（Рисовое-1）。

研究领域：滨海地区石器时代、古金属时代考古学，俄罗斯远东考古学史。

Коломиец Сергей Артурович
科洛米耶茨·谢尔盖·阿尔杜罗维奇

1964 年 11 月 1 日，谢·阿·科洛米耶茨出生于滨海边疆区雅罗斯拉夫斯基镇。1987 年毕业于远东国立大学历史系，1994 年，就职于远东国立大学历史、民族博物馆，负责藏品工作。2001 年通过了题为《滨海地区的铁器发达时期（波尔采文化的同一性）》的副博士论文答辩。

1982 年首次参加滨海地区的考古学考察，1995 年开始进行独立的田野工作。考察了克罗乌诺夫卡河流域的史前巨石、格拉佐夫斯科耶古城（Глазовское）、列季霍夫卡－格奥洛基切斯卡亚遗址（Реттиховка-Геологическая）。

研究领域：滨海地区发达的铁器时代；俄罗斯远东南部早期中世纪时代。

Кононенко Нина Афанасьевна
科诺年科·尼娜·阿法娜西耶夫娜

1952 年 1 月 3 日，尼·阿·科诺年科出生于哈萨克斯坦塔尔迪库尔干市。1974 年毕业于远东国立大学历史－法学系（历史部），同年就职于远东民族历史·考古·民族研究所，1991 年被评为一级科学工作者。1994 年，任石器时代、古金属时代考古学实验室主任。1982 年通过了题为《公元前 3 千纪至公元前 2 千纪交会期滨海地区石制工具的工艺与部落经济》的副博士论文答辩。

1970 年首次参加考古工作，从 1994 年起开始在滨海地区进行独立的田野工作。发掘的主要客体：乌斯季诺夫卡 6 号遗址，苏霍伊洞穴遗址（пещер Сухой），扎良 1 号、3 号遗址（Заря-1、3）。

研究领域：滨海地区石器时代、早期金属时代考古学，经济文化综合体的形成，劳动工具的痕迹－试验研究。

Конопацкий Александр Кириллович
科诺帕茨基·亚历山大·基里洛维奇

1951 年 6 月 3 日，亚·基·科诺帕茨基出生于阿穆尔州坦波夫区拉扎列夫卡镇。1974 年毕业于克麦罗沃国立大学历史系。1972－1998 年就职于俄罗斯科学院远东分院远东民族历史·考古·民族研究所，历任博物馆主任、实验室主任及非构造组的领导人。1998 年亚·基·科诺帕茨基任新西伯利亚军事大学副教授。1979 年通过了题为《奥利洪岛屿（о.Ольхон）及奥利洪地区的古代遗存》副博士论文的答辩。

1983 年亚·基·科诺帕茨基在下阿穆尔河流域首次参加田野考古考察工作。在该地区他一直工作到 90 年代初，发掘出苏萨尼诺 4 号遗址（памятники Сусанино-4）、马拉雅加万遗址（памятники Малая Гавань）。

研究领域：下阿穆尔新石器时代；古代艺术；考古文化的分期；阿·巴·奥科拉德尼科夫的生命及创作命运。

Конькова Людмила Викторовна
科尼科娃·柳德米拉·维克多罗夫娜

1951 年 10 月 26 日，柳·维·科尼科娃出生于列宁格勒市。1975 年毕业于莫斯科国立大学历史系，专业的考古学者，1975 年就职于俄罗斯科学院远东分院远东民族历史·考古·民族研究所。1982 年通过了题为《苏联远东南部地区古代的有色金属加工》的副博士论文答辩，1996 年通过了题为《远东的青铜器与亚洲草原地区有色金属加工的传统》的博士论文答辩。

从 1971 年起，参加了莫斯科国立大学、俄罗斯科学院考古研究所考古考察队工作 [俄罗斯欧洲部分，克里木（Крым），摩尔达维亚（Молдавия）]。20 世纪 80 年代，参加了远东民族历史·考古·民族研究所在滨海地区的考察工作。

研究领域：远东、中央亚细亚及欧亚大陆的历史与考古；古代采矿业的历史与考古；冶金、金属加工史；古代手工业史。

Копытько Вячеслав Николаевич
科佩季科·瓦切斯拉夫·尼古拉耶维奇

1952 年 6 月 10 日，瓦·尼·科佩季科出生于中国大连市。1974 年毕业于哈巴罗夫斯克国立师范学院历史系，1983 年在本校任副教授，1988 年通过了题为《阿穆尔河下游地区早期铁器时代遗存》的副博士论文答辩。

田野考古始于 1970 年，1977 年开始独立进行考察工作。主要的考察客体：彼得罗巴甫洛夫卡遗址（Петропавловка）、莫斯科岬遗址（мыс Москва）、叶拉布加遗址（Елабуга）、雷巴内港口遗址（порт Рыбный）等。

研究领域：阿穆尔河沿岸及其毗邻地区的古金属时代遗存。

Короткий Алексей Михайлович
科罗特基·阿列克谢·米哈依洛维奇

1935 年 10 月 12 日，阿·米·科罗特基出生于克拉斯诺达尔边疆区红军城镇。1959 年，毕业于顿河罗斯托夫大学地质 – 地理系，专业的物理 – 地理学者。1961 – 1979 年就职于远东地质研究所，1979 年成为俄罗斯科学院远东分院太平洋地理研究所业务人员，任古代地理实验室主任。从 1973 年起，在远东国立大学兼职任教，1989 年被评为教授。1968 年获得地质 – 矿物学副博士学位，其论文题目是《现代地貌与沉积的相互关系》，1985 年通过了题为《山地国家古地貌学的主要问题》的博士论文答辩。2002 年，被授予"俄罗斯联邦功勋活动家"称号。

与考古工作者的合作始于 1974 年，参加了滨海地区许多考古遗存的古地理学考察，如地理协会洞穴（пещера Географического общества），乌斯季诺夫卡 3 号、6 – 7 号遗址，瓦连京地峡遗址，扎伊桑诺夫卡 1 号遗址等等。

研究领域：新生代晚期的古地理学，古景观、气候及自然环境的复原，滨海地区的地理考古学。

Крадин Николай Николаевна
克拉金·尼古拉·尼古拉耶维奇

1962 年 4 月 17 日，尼·尼·克拉金出生于亚美尼亚的翁霍伊·布利亚茨克镇。1985 年毕业于伊尔库茨克国立大学历史系，同年就职于俄罗斯科学院远东分院远东民族历史·考古·民族研究所。1990 年通过了题为《游牧民族的社会经济关系（问题的现状及其在远东中世纪研究中的角色)》的副博士论文答辩，1999 年通过了题为《匈奴帝国（社会与权力的结构)》的博士论文答辩。1997 年被评为一级科学工作者。

1995－1997 年在乌苏里斯克国立师范学院兼职任教，1997 年在远东国立科技大学兼职任教，2000 年在远东国立大学兼职任教，教授。

田野工作始于 1977 年，1994 年开始独立开展考察工作。发掘的主要客体：新巴克罗夫斯科耶 2 号城址（Новопокровское-2），木吉扎城址（Музиза，海滨地区北部）。

研究领域：欧亚大陆游牧人的历史学、考古学及社会人类学；国家的起源；经济人类学，滨海地区、阿穆尔河沿岸的中世纪考古学。

Краминцев Владимир Анатольевич
克拉明采夫·弗拉基米尔·阿那托里耶维奇

1955 年 1 月 11 日，弗·阿·克拉明采夫出生于克拉斯诺亚尔斯克边疆区希彼林斯克市。1981 年毕业于哈巴罗夫斯克国立师范学院历史系，成为俄罗斯科学院西伯利亚分院考古与民族研究所业务人员。1997 年，任职于哈巴罗夫斯克边疆区文化与历史遗存保护利用科学中心。1987 年，通过了题为《7－11 世纪阿穆尔河沿岸的金属加工手工业》的副博士论文答辩。

田野工作始于 1977 年，1983 年开始在阿穆尔河沿岸独立开展工作。发掘的主要客体：瓦西里耶夫卡 2 号遗址（Васильевска-2 городище），瓦西里耶夫斯科耶城址（Васильевское городище）。

研究领域：阿穆尔河沿岸古金属时代、中世纪考古学，古代金属的金相学。

Кривуля Юрий Васильевич
克里武利亚·尤里·瓦西里耶维奇

1965 年 4 月 21 日，尤·瓦·克里武利亚出生于滨海边疆区拉科夫卡镇。1987 年毕业于远东国立大学历史系，1989－1994 年在该校考古实验室工作。

田野工作始于 1983 年，20 世纪 80 年代末至 90 年代初开始在滨海地区西南部地区独立开展工作。发掘的主要客体：米哈依洛夫卡 2 号遗址（Михайловка-2），阿布拉莫夫卡 3 号遗址（Абрамовка-3）。

研究领域：滨海西南部地区陶器出现以前的遗存，中世纪早期时代。

Крупянко Александр Александрович
克鲁皮扬科·亚利山大·亚利山大罗维奇

1964 年 10 月 1 日，亚·亚·克鲁皮扬科出生于符拉迪沃斯托克市。1987 年毕业于远东国立大学历史系，同年留校任教（1996 年被评为考古、民族及世界文化史教研室副教授，2001 年任教研室主任）。1996 年通过了题为《古代生态系统中岩石资源的利用（滨海东部地区更新世晚期至全新世早期）》的副博士论文答辩。

田野工作始于 1979 年，1988 年开始在滨海地区独立开展工作。发掘的主要客体：苏沃罗沃Ⅵ、Ⅷ遗址，乌斯季诺夫卡 5 号遗址。

研究领域：石器时代考古学，古代生产的工艺学，实验考古学，东北亚石器时代、古金属时代的考古学文化。

Кузнецов Анатолий Михайлович
库兹涅佐夫·阿那托里·米哈依洛维奇

1952 年 12 月 13 日，阿·米·库兹涅佐夫生于阿尔汉格尔斯克州希耶斯镇。1974 年毕业于远东国立大学历史–法学系（历史部），1974－1977 年就职于远东民族历史·考古·民族研究所。1977－1997 年，在乌苏里斯克国立师范学院任教，1997 年在远东国立大学工作，1998 年，任符拉迪沃斯托克亚洲太平洋地区国际关系研究所社会人类学教研室主任。2001 年任远东国立大学社会人类学学院副院长，1998 年被评为教授。1981 年通过了题为《滨海西南部地区的石器时代》的副博士论文答辩。1997 年通过了题为《远东与西伯利亚地区石器时代的细石叶工业问题》的博士论文答辩。

田野工作始于 1970 年，1974 年开始独立开展工作。发掘的主要客体为滨海西南部地区的石器时代遗存：季莫菲耶夫卡 1 号遗址（Тимофеевка-1），戈尔巴特卡 3 号、5 号遗址（Горбатка-3、5），伊利斯塔亚 1 号、2 号遗址（Илистая-1、2）。

研究领域：考古学的理论问题，旧石器时代的考古学问题，北亚、东亚的旧石器时代，

Кузьмин Ярослав Всеволодович
库兹明·雅罗斯拉夫·弗谢沃洛德维奇

1958 年 7 月 25 日，雅·弗·库兹明出生于乌法市。1981 年毕业于莫斯科国立大学地理系，1989 年就职于俄罗斯科学院远东分院太平洋地理研究所，一级科学工作者。1991 年通过了题为《滨海地区古代遗址的古地理学（旧石器时代 － 新石器时代）》的副博士论文答辩。

1987 年，开始与远东考古工作者开展合作研究（古地理学、地理考古学研究，借助各种方法对遗存进行断代）。

研究领域：远东及东北亚的古地理学、地理考古学。

Лапшина Зоя Степановна
拉普希娜·卓娅·斯捷班诺夫娜

1956年8月13日，卓·斯·拉普希娜出生于哈巴罗夫斯克边疆区新伊利伊诺夫卡镇。1979年毕业于远东国立大学历史系，曾历任中学历史教师、阿穆尔共青城国立师范大学教师，1998年任通史教研室副教授。2002年调入哈巴罗夫斯克艺术·文化研究所，主持文化学教研室工作。1997年通过了题为《胡米遗址——下阿穆尔河流域的多层遗址》的副博士论文答辩。

田野工作始于1975年，1981年开始在滨海地区、哈巴罗夫斯克边疆区独立开展工作。发掘的主要客体：哈巴罗夫斯克边疆区共青城区的胡米多层遗址。

研究领域：阿穆尔河沿岸更新世末期 – 全新世初期；阿穆尔河沿岸新石器时代晚期遗存。

Ларичев Виталий Епифанович
拉里切夫·维塔利·叶彼法诺夫维奇

1932年12月12日，维·叶·拉里切夫出生于伏尔加格勒州大雷洽格农庄。在列宁格勒国立大学接受高等教育（1950－1955年就读于东方学系），专业的东方学、历史学学者。1956－1959年在物质文化史研究所列宁格勒分部攻读研究生。1960年通过了题为《中国东北的古代文化》的副博士论文答辩。1971年通过了题为《北亚、中央亚细亚、东亚古老的旧石器时代（当代关于亚洲旧石器时代认识基础的形成：1871－1960年）》的博士论文答辩。1972年，主持苏联科学院西伯利亚分院历史·语文·哲学研究所国外东方国家历史·考古部的工作（1991年该所改名为俄罗斯科学院西伯利亚分院考古与民族研究所）。1991当选俄罗斯科学院自然科学院士，被授予"俄罗斯联邦功勋科学工作者"称号。

田野工作始于1953年，作为阿·巴·奥克拉德尼科夫的学生，在奥克拉德尼科夫的带领下，对阿穆尔州、哈巴罗夫斯克边疆区、滨海边疆区进行了调查、发掘工作［奥西波夫卡遗址（Осиповка）、孔东遗址（Кондон）、鲁德纳亚码头遗址等等］。

研究领域：现在至旧石器时代的艺术（语义学标本），旧石器时代、青铜器时代、早期铁器时代、早期中世纪、晚期中世纪的时间计数法系统的复原（根据艺术创作资料），岩画，天文考古学，古代天文、古代日历学；西伯利亚、中国、朝鲜、日本及蒙古的石器时代与青铜器时代问题；特别关注考古学的普及。

Ласкин Артур Робертович
拉斯金·阿尔杜尔·罗别尔多维奇

1966年9月5日，阿·罗·拉斯金出生于乌克兰联盟共和国第聂伯罗彼得罗夫斯克州马尔加波士顿茨市。1993年毕业于哈巴罗夫斯克国立师范学院历史系，同年就职于哈巴罗夫斯克边疆区文化与历史遗存保护利用科学中心，考古部主任。

田野考古工作始于1989年，1993年开始在哈巴罗夫斯克边疆区独立开展工作。考察的主要客体：波克罗夫卡 1 号遗址、丘梅 – 杜阿遗址（Чумы-Дуа）。

研究领域：阿穆尔河沿岸早期铁器时代、早期中世纪时代。

Леньков Виталий Дмитриевич
连科夫·维塔利·德米特里耶维奇
（1938 – 1995 年）

维·德·连科夫的名字与当代滨海地区中世纪考古学的发展紧密相连，他曾进行了大量的田野考察工作，是最早致力于滨海地区中世纪时代居民黑色金属研究的学者之一。

1938 年 10 月 6 日，维·德·连科夫出生于海滨边疆区阿尔乔姆市。1961 年毕业于远东国立大学历史 – 法学系，历史学者，1964 年就职于苏联科学院西伯利亚分院远东分部历史部工作。后来就职于远东民族历史·考古·民族研究所，直至生命的结束。1975 – 1985 年领导了物理 – 技术方法研究实验室的工作，1985 – 1988 年任业务副所长，1988 – 1992 年任考古部主任，1992 年起主持中世纪国家考古部的工作。1979 年被评为一级科学工作者，1971 年通过了题为《12 世纪女真人的金属生产与制作（根据赛加城址考察资料）》的副博士论文答辩。

1995 年 8 月 16 日，维·德·连科夫辞世。

田野工作始于 1964 年，1974 年开始独立开展工作。考察的主要客体：滨海地区的拉佐城址、斯卡利斯托耶城址（Скалистое）、叶卡捷林诺夫斯科耶城址（Екатериновское）、科曼多尔群岛上的维杜斯别林格兵营（лагерь Витуса Беринга）。

研究领域：俄罗斯远东南部中世纪时代黑色冶金及金属加工。

Лещенко Нина Васильевна
列先科·尼娜·瓦西里耶夫娜

1956 年 12 月 11 日，尼·瓦·列先科出生于阿尔汉格尔斯克市。1982 年毕业于远东国立大学历史系，1977 年就职于俄罗斯科学院远东分院远东民族历史·考古·民族研究所，科学工作者。

1977 年，开始参与滨海地区中世纪遗存的发掘工作。考察的主要客体：赛加城址、克拉斯基诺城址、西尼洛夫斯科耶城址（Синиловское）等等。

研究领域：俄罗斯远东南部中世纪考古学、经济；中世纪居民的副业、家庭手工业。

Лопатин Иннокентий Александрович
洛巴金·伊诺肯基·亚历山德罗维奇
（1839 – 1909 年）

伊·亚·洛巴金是著名的地质学家、地理学家，1839 年出生于克拉斯诺雅尔斯克市。1860 年毕业于彼得堡矿业工程师中等武备学校，曾主持领导了维基姆考察队（1865 年）、杜鲁汉斯基考察队（1866 年）以及其他一些考察队的工作。应该指出的是，他的科学考察报告证明了萨哈林南部地区煤炭矿藏的工业意义。从1862年起，伊·亚·洛巴金在滨海地区工作，历时数年寻找煤、铅矿。但他的工作不仅仅局限于此，他是痴迷的考古学爱好者。伊·亚·洛巴金编写的远东地区考古考察成果《关于阿穆尔地区49处古迹的一些资料》，是远东地区历史上第一份关于考古遗存的报告，他的手稿收藏于圣彼得堡物质文化史研究所档案馆。伊·亚·洛巴金最早证明了滨海地区贝丘遗址的存在，并绘制了最早的考古遗物图。

1909年，伊·亚·洛巴金逝世于自己的家乡克拉斯诺亚尔斯克市。

Лосан Евгения Михайловна
洛桑·叶甫盖尼娅·米哈依洛夫娜

1955年，叶·米·洛桑出生于哈巴罗夫斯克边疆区拉扎列沃镇。1981年毕业于远东国立大学历史系，1982－1992年就职于哈巴罗夫斯克方志学博物馆。

1983－1991年，在下阿穆尔河流域独立开展田野工作。考察的主要客体：兹梅伊卡1号遗址（Змейка-1），斯塔拉雅卡科尔马遗址（Старая Какорма）。

研究领域：阿穆尔河下游地区古金属时代的考古学文化。

Лынша Валерий Алексеевич
伦沙·瓦列里·阿列克谢耶维奇

1952年4月24日，瓦·阿·伦沙出生于克拉斯诺雅尔斯克州阿尔马维尔市。1975年毕业于伊尔库茨克国立大学历史系，1980年在列宁格勒国立大学获得研究生学位，通过了题为《中西伯利亚南部的中石器时代》的副博士论文的答辩。从1981年开始，从事教学活动。1986年就职于乌苏里斯克国立师范学院，副教授。

田野考察工作始于1971年：勒拿河上游地区（Верхняя Лена）。1974年开始独立开展考察工作，1988年，开始研究滨海地区的考古遗存。考察的主要客体：伊利斯塔亚2号遗址（Илистая-2），谢尔盖耶夫卡1号、2号遗址（Сергеевка-1、2），阿尔马津卡遗址（Алмазинка）。

研究领域：滨海地区石器时代、青铜器时代研究，考古学、文化人类学的理论与方法。

Мазин Анатолий Иванович
马津·阿那托里·伊万诺维奇

1938年10月10日，阿·伊·马津出生于阿穆尔州马格达加奇市。1966年，毕业于布拉戈维申斯克国立师范学院历史－语文系，专业的历史教师。1969年，就职于俄罗斯科学院西伯利亚分院历史·语文·哲学研究所（1991年更名为俄罗斯科学院西伯利亚分院考古与民族研究所）。1973年通过了题为《上阿穆尔河流域的岩画》的副博士论文答辩，1989年通过了题为《上阿穆尔河流域、东外贝加尔地区原始森林地带的岩画》的博士论文答辩。

从大学时代起，阿·伊·马津参加了远东考察团在滨海地区、阿穆尔河沿岸的田野考察工作。1970－1980年，在阿穆尔州进行了独立的考察工作，特别注重岩画研究。

研究领域：西伯利亚、远东地区民族古代史，岩画，古代庙宇。

Маргаритов Василий Петрович
马尔加利托夫·瓦西里·彼得罗维奇
（1854－1916 年）

1854 年 1 月 16 日，瓦·彼·马尔加利托夫出生于顿斯科伊州奥斯特洛夫斯基镇的一个牧师家庭。1873 年考入彼得堡大学物理－数学系（自然科学部），大学毕业后被委以特殊使命官吏，1880 年迁入远东。1881 年在符拉迪沃斯托克男子中学担任物理、数学教学工作，1894 年被指任为阿穆尔边疆区学校巡视监察员。1897 年、1901 年两次当选符拉迪沃斯托克区法院名誉和平法官，1909－1915 年任符拉迪沃斯托克市市长。

瓦·彼·马尔加利托夫是阿穆尔边疆区研究会的奠基人之一，1888－1895 年任学会委员会主席，其主要科学功勋与远东考古学、民族学密不可分。19 世纪 80－90 年代，他经常与费·费·布谢合作开展考古学领域的田野考察工作，滨海地区中世纪遗存研究在其发掘的客体中占有更重要地位。

1916 年 10 月 12 日，瓦·彼·马尔加利托夫在基斯洛沃茨克市辞世。

Медмедев Виталий Егорович
麦德维杰夫·维塔利·叶格罗维奇

1941 年 11 月 6 日，维·叶·麦德维杰夫出生于新西伯利亚州博罗夫良卡镇。1968 年毕业于新西伯利亚国立大学人文学系，专业的历史学者，大学毕业后就职于历史·语文·哲学研究所（现名俄罗斯科学院西伯利亚分院考古与民族研究所）。1992－2001 年任阿穆尔河沿岸古代文化研究室主任，2001 年任新石器时代部主任，总科学工作者。1975 年通过了题为《10 世纪末至 11 世纪时期的阿穆尔女真文化（根据土坑墓资料）》的副博士论文答辩，1984 年通过了题为《公元 1 千纪末期至 2 千纪前四分之一期的阿穆尔河中、下游沿岸（女真时代）》的博士论文答辩。维·叶·梅德维捷夫被授予"俄罗斯联邦功勋科学工作者"称号。

田野考察工作始于 1964 年（西西伯利亚、阿尔泰地区），1969 年开始独立开展阿穆尔河沿岸、滨海地区工作，考察了新石器早期至中世纪晚期的数十个考古遗存〔遗址：加夏（Гася）、苏丘（Сучу）、孔东、谢尔盖耶夫卡（Сергеевка）、萨卡奇－阿梁（Сакачи-Алян）、佩列瓦尔（Перевал）；城址：扎利（Джари）、鲍利索夫卡（Борисовское）、基德罗夫卡（Кедровское）、堪德拉基耶夫卡（Кондратьевское）；墓群：博隆斯基（Болоньский）、奥利斯基（Ольский）、纳杰日金斯基（Надеждинский）、科尔萨科夫卡（Корсаковский）以及一系列的其他考古遗存〕。

研究领域：远东南部、中央亚细亚、满洲及朝鲜考古学（新石器时代至中世纪）。

Мезенцев Александр Леонидович
梅津采夫·亚历山大·列奥尼多维奇

1968 年 4 月 9 日，亚·列·梅津采夫出生于达吉斯坦基兹利亚尔市。未能完成大学学业，1988 年就职于乌苏里斯克儿童创作中心，从事教师工作。

在滨海地区首次参加田野工作始于 1988 年，1995 年开始独立开展考察工作。曾在滨海边疆区的乌苏里斯克地区、哈桑地区、红军地区进行考察，考察的主要客体：卓洛托伊克柳奇 1 号遗址（Золотой Ключ-1），鲍利索夫卡城址。

研究领域：乌苏里斯克区中世纪城址。

Микишин Юрий Анатольевич
米金什·尤里·阿纳托里耶维奇

1949 年 10 月 11 日，尤·阿·米金什出生于符拉迪沃斯托克市。1971 年毕业于远东国立大学地球物理系物理地理专业。1974 年就职于该大学佩列格威研究中心，后任该中心主任。1986 年取得地理学副博士学位，其论文题为《下阿穆尔河流域湖泊盆地地貌结构及发展》。

20 世纪 90 年代，在滨海地区进行地理考古工作（考古遗存的古地理、年代学）。

研究领域：远东南部全新世时期的地貌学、古地理学。

Морева Ольга Леонидовна
莫列娃·奥利加·列奥尼多夫娜

1962 年 3 月 17 日，奥·列·莫列娃出生于阿穆尔州新布列伊斯克镇。1986 年毕业于远东国立大学历史系，1988 年就职于远东国立大学，任考古、民族博物馆总保管员。

在滨海地区进行田野考古工作始于 1982 年，考察的主要客体：乌斯季诺夫卡 4 号遗址、鲁德纳亚码头遗址、米哈依洛夫卡 2 号遗址（Михайловка-2）、博伊斯曼 2 号遗址（Бойсмана-2）等等。

研究领域：俄罗斯远东南部地区新石器时代陶器综合体。

Мыльникова Людмила Николаевна
梅利尼科娃·柳德米拉·尼古拉耶夫娜

1957 年 3 月 9 日，柳·尼·梅利尼科娃出生于新西伯利亚州托古钦市。1974－1979 年就读于新西伯利亚国立师范学院历史教师专业，1979 年就职于俄罗斯科学院西伯利亚分院历史·语文·哲学研究所（后更名为考古与民族研究所）。1992 年通过了题为《阿穆尔河下游地区新石器时代部落的制陶业（根据孔东邮局遗址资料）》的副博士论文答辩，1999 年被评为一级科学工作者。

田野工作始于 1975 年（西西伯利亚地区、阿穆尔河沿岸：扎利城址、萨卡奇 – 阿梁遗址）。

研究领域：远东、西西伯利亚古代制陶业工艺。

Нестеров Сергей Павлович
涅斯捷罗夫·谢尔盖·巴甫洛维奇

1957 年 4 月 10 日，谢·巴·涅斯捷罗夫出生于新西伯利亚州奥亚什镇。1980 年毕业于新西伯利亚国立大学人文学系，专业的历史学者，同年就职于俄罗斯科学院西伯利亚分院历史·语文·哲学研究所（后更名为考古与民族研究所）。1986 年通过了题为《中世纪时代中央亚细亚突厥语系部落祭祀中的马》的副博士论文答辩，2001 年通过了题为《阿穆尔河沿岸早期中世纪时代民族的民族文化史》的博士论文答辩。

田野工作始于 1976 年，1982 年开始独立开展考察工作（主要是在阿穆尔河沿岸）。主要客体：苏希耶普罗托基 2 号遗址（Сухие Протоки-2），布金斯基克柳奇 1、2 号遗址（Букинский Ключ-1、2），乌斯基－塔拉坎遗址（Усть～Талакан），小库鲁克奇 1 号遗址（Малые Куруктачи-1），大西米奇遗址（Большие Симичи），小西米奇遗址（Малые Симичи），布列河流域别祖姆卡遗址（Безумка на р. Бурее），阿穆尔河流域的帽儿山遗址（Шапка на р.Амуре）等遗存。

研究领域：阿穆尔河沿岸早期铁器时代、中世纪时代民族文化的进程。

Никитин Юрий Геннадьевич
尼基京·尤里·格南基耶维奇

1955 年 3 月 26 日，尤·格·尼基京出生于（堪察加）彼得罗巴甫洛夫斯克市。1977 年毕业于远东国立大学历史系，1978 年就职于俄罗斯科学院远东分院远东民族历史·考古·民族研究所，科学工作者。

1968 年首次参加发掘工作，1982 年开始独立开展工作。考察的主要客体：波西耶茨基岩洞（Посьетский грот），奥西诺夫斯科耶遗址（Осиновское），罗欣斯基墓群（Рощинский），切尔良基诺墓群（Чернятинский），伊兹维茨克山岗城址（городище на Известковой сопке）。

研究领域：远东考古学，中世纪遗存，区域考古学，遗址，居民系统，考古学中的地理信息系统。

Новиков-Даурский （Новиков）Григорий Степанович
诺维科夫－达乌尔斯基（诺维科夫）·格利高里·斯捷潘诺维奇
（1881－1961 年）

格·斯·诺维科夫－达乌尔斯基是著名的阿穆尔方志学家、考古学家、记者。出生于涅尔琴斯克市，未接受过教育，自学成才。日俄战争参与者。自 1914 年起，生活在布拉戈维申斯克市，当过驻地记者，主持过儿童图书馆的工作。1927 年就职于布拉戈维申斯克市方志博物馆（后来的州方志博物馆），任职 30余年。

格·斯·诺维科夫－达乌尔斯基积极从事阿穆尔州历史学、考古学研究，1928 年开始进行考古工作，考察了 200 余处考古遗存，其研究主要属于调查性质。他极为重要的充实了博物馆的考古收藏品。他将自己的考察结果成系列地发表在定期刊物上，俄罗斯科学院考古研究所的档案馆中收藏有他的田野报告。

格·斯·诺维科夫－达乌尔斯基的手稿对于外贝加尔地区、阿穆尔河沿岸方言的鉴定，具有很大的价值。

1993 年，以格·斯·诺维科夫－达乌尔斯基的名字命名了阿穆尔州方志博物馆。

Окладников Алексей Павлович
奥科拉德尼科夫·阿列克谢·巴甫洛维奇
（1908－1981 年）

阿·巴·奥科拉德尼科夫是国内外闻名的杰出的考古学家。一系列的科学发现归功于他：苏联境内第一个尼安德特人墓葬（捷什克－塔什岩洞 грот Тешик～Таш）、著名的伊尔库茨克市郊外布列季早期旧石器时代遗址（стоянка Буреть）、杰别尔（土尔克梅尼亚）多层遗址〔стоянка Джебел（Туркмение）〕及诸多遗址的发现者。他的研究领域相当广泛：从旧石器时代遗存直至 17－18 世纪的俄罗斯居民遗迹。阿·巴·奥科拉德尼科夫是国内外许多考古考察队的领导，他发表过上百篇文章，其中包括十余部专题学术著作。

1908 年 10 月 3 日，阿·巴·奥科拉德尼科夫出生于伊尔库茨克省兹纳缅斯克乡康斯坦丁诺夫希纳村。1926 年中学毕业后考入伊尔库茨克师范技术学校，1929 年考入伊尔库茨克师范学院历史系，从此确定了学术研究领域，考古学成为其终生事业。在伊尔库茨克市，阿·巴·奥科拉德尼科夫曾在西伯利亚著名考古学家布·埃·别特利的领导下工作。1934 年考入国立物质文化史科学院研究生班（列宁格勒），并于 1938 年毕业。在佩·佩·叶费梅科指导下，通过了题为《安加拉河谷地新石器时代墓群》的副博士论文答辩。1938－1961 年成为俄罗斯科学院物质文化史研究所列宁格勒分部的研究人员，1949－1953 年任该部主任，其后几年，改任旧石器时代部主任。1947 年，因其所著《雅库特人历史概述——从旧石器时代直至并入俄罗斯国家》而被授予历史学博士。

1961 年阿·巴·奥科拉德尼科夫迁入新西伯利亚市，开始了新的生活。在这里，充分展示了他作为学者、学术带头人及教师的才华。1961－1966 年任苏联科学院西伯利亚分院工业生产机构、经济研究所副所长，同时兼任该研究所人文研究部主任。1962 年被授予考古学教授称号，成为新西伯利亚国立大学通史教研室主任。1964 年，当选苏联科学院通讯院士。1966 年 12 月，苏联科学院西伯利亚分院历史、语文、哲学研究所成立后，他被任命为所长，在此岗上工作至生命终结。1968 年，当选为苏联科学院院士。

1981 年 11 月 18 日，阿·巴·奥科拉德尼科夫辞世，留存下大量的具有创造性的文化遗产，同时培养出一大批学生，其中在俄罗斯远东地区工作的学生继承着他的事业。

阿·巴·奥科拉德尼科夫在俄罗斯远东南部所从事的考古学研究，在其学术活动中占有重要的地位，此项工作始于 1935 年。1953 年以后，阿·巴·奥科拉德尼科夫成为远东（北亚）考古考察团的常任领导人。在滨海地区、阿穆尔河沿岸，他发现并发掘了各种不同时代的遗存，其中许多遗存成为区分考古学文化的依据。其中，晚期旧石器时代遗址包括：费利莫什基旧石器时代地点（Филимошки），库马雷旧石器时代地点（Кумары），奥西诺夫卡遗址，乌斯季诺夫卡 1 号遗址；新石器时代遗址包括：具有本地区最古老陶器的加夏遗址，鲁德纳亚码头遗址，孔东遗址，苏丘遗址；青铜器时代遗址包括：哈林斯卡亚遗址（Харинская），基罗夫斯基遗址（Кировская）；早期铁器时代遗址包括：谢米皮亚特那亚遗址（Семипятная），库基列沃遗址（Кукелево），克罗乌诺夫卡遗址、沙碛半岛遗址等等。

阿·巴·奥科拉德尼科夫对滨海地区、阿穆尔河沿岸古代史进行了总的分期，并对各个主要的历史文化时期进行了界定，同时区分出该地区一系列新的区域考古学文化。

Орлова Любовь Александровна
奥尔洛娃·柳波夫·亚历山德罗夫娜

1944 年 10 月 2 日，柳·亚·奥尔洛娃出生于阿穆尔州赖奇欣斯克市。1968 年毕业于新西伯利亚国立大学地质系，次年就职于俄罗斯科学院西伯利亚分院地质研究所。1986 年通过了题为《巴拉巴全新世：地层学，碳同位素测年测年》的副博士论文答辩，获得地质－矿物学副博士。

从 1971 年开始与考古工作者合作，从事西伯利亚、远东地区考古遗存的碳同位素测年工作。

研究领域：年代学，放射性碳法测年，古地理学。

Певнов Александр Михайлович
彼夫诺夫·亚历山大·米哈依洛维奇

1949 年 5 月 26 日，亚·米·彼夫诺夫出生于克麦罗沃州别洛沃市。1971 年毕业于新西伯利亚国立大学人文学系，专业的（通古斯－满语）语言学者，1971－1990 年就职于远东民族历史·考古·民族研究所（1975 年之前在语文部，后转入中世纪国家考古部）。1980 年获得语文学副博士学位，其论文题目为《埃文基人语言中的副动词》。1990－1996 年就职于俄罗斯科学院西伯利亚分院语文学研究所（新西伯利亚市），1996 年调入俄罗斯科学院语言学研究所（圣彼得堡市）工作。一级科学工作者。

研究领域：女真语言、文字研究，乡土语言（文本纪事及阿穆尔河沿岸通古斯－满语研究）；通古斯－满语比较历史学研究，词源学问题。

Петров Владимир Геннадьевич
彼得罗夫·弗拉基米尔·根纳基耶维奇

1962 年 12 月 20 日，弗·根·彼得罗夫出生于布拉戈维申斯克市。1985 年毕业于新西伯利亚国立大学人文学系，专业的历史学者。1984－1994 年就职于俄罗斯科学院西伯利亚分院考古与民族研究所旧石器时代部。1994 年调入俄罗斯科学院西伯利亚分院布拉戈维申斯克考古研究所，科学工作者。

在阿穆尔河沿岸独立开展田野工作，发掘的主体客体：霍杜利赫旧石器时代遗存（Ходулиха）。

研究领域：阿穆尔河上、中游地区的旧石器时代。

Попов Александр Николаевич
波波夫·亚历山大·尼古拉耶维奇

1966 年 5 月 26 日，亚·尼·波波夫出生于滨海边疆区雅罗斯拉夫斯基镇。1988 年毕业于远东国立大学历史系，1996 年通过了题为《滨海地区南部的新石器时代（博伊斯曼考古学文化）》的副博士论文答辩。1994 年任远东国立大学考古·民族博物馆馆长，1996 年担任滨海边疆区文化局附属的滨海地区国立历史与文化遗存保护利用中心总专家（考古学）。

在滨海地区参加考古考察始于 1984 年，1991 年开始独立开展田野工作。发掘的主要客体：博伊斯曼 2 号遗址、墓群。

研究领域：滨海地区新石器时代，墓葬、贝丘研究。

Попов Владимир Константинович
波波夫·弗拉基米尔·康斯坦丁诺维奇

1950 年 6 月 8 日，弗·康·波波夫出生于伊尔库茨克州叶兰齐镇。1972 年毕业于伊尔库茨克国立大学地质专业，1975 年就职于远东地质研究所，火山构造岩石学实验室主任。1984 年通过了题为《东锡霍特 – 阿林山脉火山综合体的古第 3 纪至新第 3 纪岩石学》的副博士论文答辩。

自 1972 年起，在滨海地区进行地质考察工作，20 世纪 90 年代中期开始与考古工作者进行合作研究。

研究领域：火山岩的岩石学、地质化学，古代火山的构拟，包括黑曜石在内的火山玻璃的地质化学及岩石成因。

Раков Владимир Александрович
拉科夫·弗拉基米尔·亚历山德罗维奇

1948 年 12 月 18 日，弗·亚·拉科夫出生于符拉迪沃斯托克市。1972 年毕业于远东国立大学生物 – 土壤系，专业的生物 – 水生物学者。

1972 – 1988 年就职于太平洋渔业、海洋地理研究所（符拉迪沃斯托克市），实验室主任。1988 年成为远东国立大学（生态学、海洋生物、水产养殖科学院）研究人员，副教授。滨海边疆区沿海岸区域生物资源再生产与开发企业协会副主席。1984 年获得生物学副博士学位，其论文题目是《彼得大帝湾太平洋牡蛎培植的生物基础》。

从 1988 年开始，对滨海地区考古遗存（砂碛 1 号，博伊斯曼 1 号、2 号，扎伊萨诺夫卡 2 号、7 号等）中发掘出土的生物标本进行整理工作。

研究领域：远东地区的古代地理学、古代生物学、考古学、软体动物学、水域文化学问题研究。

Сакмаров Сергей Алексеевич
萨科马罗夫·谢尔盖·阿列克谢耶维奇

1962 年 8 月 16 日，谢·阿·萨科马罗夫出生于车里雅宾斯克州叶满热林斯克市。1989 年毕业于远东国立大学历史系，1994 年就职于俄罗斯科学院远东分院远东民族历史·考古·民族研究所，初级科学工作者。

1990 年开始参加田野考古工作，1991 年开始独立开展考察工作（滨海地区的考古考察）。

研究领域：远东地区原始社会、中世纪时代考古学，俄罗斯远东南部中世纪考古遗存的筑城学，远东古钱学。

Сапунов Борис Семенович
萨布诺夫·鲍利斯·谢米诺维奇

1937 年 7 月 26 日，鲍·谢·萨布诺夫出生于阿穆尔州叶卡捷琳诺夫卡镇。1964 年毕业于布拉戈维申斯克国立师范学院历史 – 语文系，专业的历史教师，同年留校（现更名为布拉戈维申斯克国立师范大学）工作。1971 年被评为教授，1971 年通过副博士论文答辩，题目是《阿穆尔州考古学》。

1961 年，鲍·谢·萨布诺夫首次参加阿穆尔河沿岸田野工作。参加发掘的考古遗存：新彼得罗夫卡遗址（Новопетровка）、奥西诺沃湖区域遗存（озеро Осиново）、格罗马图哈河流域遗存、孔东遗址、库克列沃 – 波利齐遗址（Кукелево-Польце），以及一系列的其他遗存。他曾在阿穆尔州进行了大量的考古调查，并在遗存的登记著录方面做了大量的工作。

研究领域：阿穆尔河沿岸的石器时代、古金属时代。

Семениченк Людмила Ефимовна
谢梅尼琴科·柳德米拉·叶费莫夫娜

1940 年 12 月 17 日，柳·叶·谢梅尼琴科生于阿穆尔州斯托伊巴镇。1965 年毕业于莫斯科国立大学历史系，1973 年就职于远东民族历史·考古·民族研究所。1982 年通过了题为《渤海国时期（8 – 10 世纪）滨海地区居民的物质文化》的副博士论文答辩。1983 年，调职于吉尔吉斯的比什凯克市历史研究所。

在大学时代，柳·叶·谢梅尼琴科就开始参加田野工作。1972 年，在滨海地区独立开展考察工作。发掘的主要客体：新戈尔杰耶夫卡城址（克鲁格拉亚索波卡）、旧列琴斯科耶城址（Ст이реченское）、新戈尔杰耶夫卡遗址。

研究领域：渤海国时期滨海地区居民的物质文化。

Сергушева Елена Альбертовна
谢尔古什娃·叶列娜·阿尔别尔多夫娜

1968 年 7 月 2 日，叶·阿·谢尔古什娃出生于哈巴罗夫斯克边疆区苏维埃港市。1991 年毕业于远东国立大学历史系，1988 年就职于俄罗斯科学院远东分院远东民族历史·考古·民族研究所，初级科学工作者。1984 年，开始参加滨海地区考古遗存的田野考察工作。

研究领域：古代民族植物学、果实学；作物的适应性；东亚农业的起源；采集经济；远东地区新石器时代、古金属时期、早期中世纪考古学。

Семин Петр Леондович
谢米·彼得·列奥尼多维奇

1957 年 8 月 1 日，彼·列·谢米出生于滨海边疆区切尔尼戈夫卡镇。1983 年毕业于远东国立大学历史系，1982－1999年就职于该大学考古·民族博物馆，考古部负责人、考古实验室主任。

1979年首次在滨海地区参加田野工作，1986－1994年开始独立开展田野工作。发掘的主要客体：卢扎诺夫斯基墓群（Лузановский）、莫纳斯特尔卡3号墓群（Монастырка-3）、米哈伊洛夫卡2号遗址。

研究领域：远东金属时代、中世纪时代。

Сидоренко Елена Валериевна
西多林卡·叶列娜·瓦列里耶夫娜

1962年4月3日，叶·瓦·西多林卡出生于符拉迪沃斯托克市。1984年毕业于远东国立大学历史系，1994年就职于俄罗斯科学院远东分院远东民族历史·考古·民族研究所，初级科学工作者。

1978年首次在滨海地区参加考古考察，1997年开始独立开展考察工作。发掘的主要客体：韦特罗杜伊遗址（Ветродуй）。

研究领域：远东古金属时代的文化，陶器生产。

Силантьев Геннадий Леонидович
西兰季耶夫·格纳基·列奥尼多维奇

1945年3月15日，格·列·西兰季耶夫出生于哈萨克斯坦的卡扎赫谢米巴拉金斯基镇。1976年毕业于远东国立大学历史 － 法学系，专业的历史学者，1973－1990年就职于俄罗斯科学院远东分院远东民族历史·考古·民族研究所。1987年通过了题为《苏联远东南部中世纪时代的玻璃加工生产》的副博士论文答辩。

从20世纪70年代起，在滨海地区参加中世纪遗存的发掘工作，与维·德·连科夫合作研究科曼多尔群岛维杜斯别林格营地（лагерь Витуса Беринга）。20世纪80年代，开始独立开展调查。

研究领域：远东古代、中世纪时代的玻璃及玻璃加工，俄罗斯人在东北亚的地理发现、第二次堪察加考察史，古代、中世纪时代滨海地区居民的海上航线与联系。

Спижевой Николай Евдокимович
斯彼热沃伊·尼古拉·叶福多基莫维奇

1947年5月9日，尼·叶·斯彼热沃伊生于阿穆尔－尼古拉耶夫斯克市。1977年毕业于哈巴罗夫斯克国立师范学院艺术 － 地理系，阿穆尔民族土著文化博物馆馆长（2002年以后成为远东艺术博物馆分馆）。

1993年开始在阿穆尔河下游地区独立开展田野工作，主要是考古调查。

研究领域：阿穆尔河口地区的新石器时代、早期铁器时代、中世纪研究，17－19世纪俄罗斯人文化遗存。

Степанов Валерий Петрович
斯捷帕诺夫·瓦列里·彼得罗维奇

1943 年 3 月 12 日，瓦·彼·斯捷帕诺夫出生于莫斯科市。1966 年毕业于莫斯科国立大学历史系，专业的考古学者。1970 年就职于莫斯科国立大学地理系，初级科学工作者。

1965 年开始参加俄罗斯欧洲区域的考古研究［石沟遗址（Каменная Балка）、孙吉利遗址（Сунгирь）、布托沃遗址（Бутово）等等］；20 世纪 70 年代在滨海地区对彼得大帝湾、滨海东南部沿岸的遗存进行了一系列的考古地理学工作。

研究领域：原始社会经济理论史。

Сухих Валерий Васильевич
苏希赫·瓦列里·瓦西里耶维奇

1943 年 2 月 26 日，瓦·瓦·苏希赫出生于阿穆尔州斯沃博德内市。1965－1969 年在布拉戈维申斯克国立师范学院历史 – 语文系接受高等教育，专业的历史教师。1971－1990 年就职于布拉戈维申斯克国立师范学院，1990 年开始从事商业活动。1980 年通过了题为《17 世纪时期俄罗斯人对阿穆尔河沿岸的经济开发［根据阿尔巴津城堡（Албазинская крепость）发掘资料］》副博士论文的答辩。

1965 年首次参加阿穆尔河沿岸田野工作。对阿尔巴津城堡、弗拉基米尔墓群进行了发掘，并对阿穆尔州的考古遗存进行了登记著录工作。

研究领域：俄罗斯人对阿穆尔河沿岸的开发史，阿穆尔州北部地区民族问题研究。

Табарев Андрей Владимирович
塔巴列夫·安德列·弗拉基米罗维奇

1963 年 4 月 11 日，安·弗·塔巴列夫出生于哈萨克苏维埃社会主义共和国红军城市。1981－1986 年在新西伯利亚国立大学人文学系历史专业接受高等教育，1986 年就职于俄罗斯科学院西伯利亚分院考古与民族研究所，1995 年被评为一级科学工作者。1998 年开始从事教学工作：在新西伯利亚国立大学讲授专业课。1990 年，通过了题为《滨海地区前陶期遗存石器工业的工艺学》的副博士论文答辩。

1976 年开始参加田野考古工作，1983 年起参加滨海地区、阿穆尔河沿岸的研究工作。在滨海地区，曾在以下地点开展工作：乌斯季诺夫卡 1 号、3 号、5－6 号遗址，苏沃罗沃 3－4 号遗址，博伊斯曼 2 号遗址等等；在阿穆尔河沿岸：马雷耶库鲁克干塔奇 1 号遗址。1993 年，开始独立开展调查性质的工作。

研究领域：俄罗斯远东南部地区的旧石器时代晚期至新石器时代早期；黑曜石研究；太平洋边缘的海洋早期适应阶段；古代猫科动物祭祀；哥伦布发现美洲以前时期的（Доколумбовой Америки）考古学（大学专业课稿）。

Тарасенко Владимир Николаевич
塔拉先科·弗拉基米尔·尼古拉耶维奇

1962 年 10 月 11，弗·尼·塔拉先科出生于滨海边疆区罗希诺镇。1987 年毕业于乌苏里斯克国立师范学院历史系，曾在罗希诺镇担任历史教师，2002 年就职于乌苏里斯克国立师范学院。

1980 年首次参加滨海地区田野考古工作，1997 年开始独立开展研究。发掘的主要客体：罗希诺 6 号遗址（Рощино-6）、梅里尼奇诺耶 1 号遗址（Мельничное-1）、琴奇古扎遗址（Чинчигуза）。

研究领域：滨海西北部地区的新石器时代、古金属时代。

Татарников Виктор Анатольевич
塔塔尔尼科夫·维克多·阿纳托里耶维奇

1948 年 8 月 3 日，维·阿·塔塔尔尼科夫出生于萨哈林州涅韦利斯克市。1976 年毕业于远东国立大学历史系。1971 - 1977 年就职于远东民族历史·考古·民族研究所。1987 - 1992 年任远东方志学博物馆馆长。

1965 年首次参加田野考古工作，1972 - 1999 年在滨海地区独立开展考察工作。发掘的主要客体：鬼门洞洞穴遗址（пещеро Чертовы Ворота）、沃多拉兹杰利纳亚遗址（Водораздельная），同时完成了大量的调查工作。

研究领域：滨海地区新石器时代至中世纪时代，洞穴考古遗存。

Тупикина Светлана Максимовна
图比季娜·斯维特兰娜·马克西莫夫娜

1938 年 10 月 11 日，斯·马·图比季娜出生于符拉迪沃斯托克市。1961 年毕业于远东国立大学历史 - 法学系，专业的历史学者。1970 年就职于俄罗斯科学院远东分院远东民族历史·考古·民族研究所，2000 年被评为一级科学工作者，1982 年通过了题为《滨海地区 12 - 13 世纪初期女真人的陶器》的副博士论文答辩。

自 1967 年起，长期参加滨海地区中世纪遗存的考古发掘工作（赛加城址、尼古拉耶夫斯克耶城址、克拉斯诺亚尔斯克城址）。

研究领域：俄罗斯远东南部及其毗邻的东亚地区中世纪时代的陶器生产。

Федоров Александр Зиновьевич
费多罗夫·亚历山大·季诺夫耶维奇
（1886 - 1945 年）

1886 年 2 月 10 日，亚·季·费多罗夫出生于雷宾斯克 - 鲍洛戈耶铁路舍斯季希诺小车站。1907 年毕业于圣彼得堡师范学院，被派往乌苏里斯克 - 尼科利斯克市教授数学、地理。1916 年，他成为俄罗斯地理协会阿穆尔河沿岸分部南 – 乌苏里斯克分会的创立者。1921 – 1932 年任该分会主席。1932 – 1934 年该分会重组后，亚·季·费多罗夫主持苏联科学院戈尔诺 – 塔耶口内所（局）的工作。1934 年因"阿尔谢耶夫事件"被捕，在监狱中服刑 18 个月。释放后，在哈巴罗夫斯克市生活、工作了一段时间。后来成为列宁格勒森林技术科学院的函授生，因战争爆发而未及毕业。战争期间，举家被疏散到阿尔泰边疆区，在那里度过了最后的岁月，1945 年 11 月 6 日辞世。

亚·季·费多罗夫在乌苏里斯克市及其近郊进行了自己的考古学研究工作，与弗·克·阿尔谢尼耶夫工作联系密切。1916 年成为由西·姆·希罗科沃罗夫领导的阿穆尔考古考察团成员，出版了关于乌苏里斯克考古遗存的第一本报告。他所收集的中世纪遗存资料中，有许多遗存已经被破坏，因此至今仍不失其意义。亚·季·费多罗夫是一个非凡的方志学运动的组织者，在他的倡导下，1921 年召开了第一届乌苏里边疆区"自然与历史关系"研究大会。

Ходзевич Любовь Павловна
哈德泽维奇·柳波夫·巴甫洛夫娜

1949 年 7 月 29 日，柳·巴·哈德泽维奇出生于滨海边疆区卢奇基镇。1983 年毕业于远东国立大学历史系，1971 年就职于俄罗斯科学院远东分院远东民族历史·考古·民族研究所，1994 年起主持研究所考古·民族博物馆藏品工作。

从 1972 年开始，长期参加滨海地区的考古考察（发掘的客体：青树林遗址、瓦连京地峡遗址、小枕头山遗址、赛加城址、叶卡捷琳诺夫斯克城址（Екатериновский），克拉斯诺亚尔斯克城址）。

研究领域：女真时代金属制品的艺术造型。

作为一名艺术家，柳·巴·哈德泽维奇多次为考古出版物配置插图。

Хорев Валерий Александрович
霍列夫·瓦列里·亚历山德罗维奇

1940 年 3 月 28 日，瓦·亚·霍列夫出生于梁赞州阿布什卡镇。1964 年毕业于远东国立大学历史 – 法学系，专业的历史学者。1972 年就职于俄罗斯科学院远东分院远东民族历史·考古·民族研究所，一级科学工者。

1960 年开始参加滨海地区田野工作（戈·伊·安德列耶夫领导的远东考古考察团沿海岸考察队），从 1963 年开始研究中世纪遗存（赛加城址、新戈尔杰耶夫卡城址、拉佐城址等等），1976 年开始独立开展研究。发掘的客体：阿纳耶夫卡城址、克拉斯诺亚尔斯克城址等等。

研究领域：滨海地区中世纪城市考古学；阿纳耶夫卡城址。

Шавкунов Владимир Эрнстович
沙弗库诺夫·弗拉基米尔·埃尔斯多维奇

1956 年 5 月 16 日，弗·埃·沙弗库诺夫出生于符拉迪沃斯托克市。1973 年考入远东国立大学历史 –

法学系，后到列宁格勒国立大学历史系继续深造，1979年毕业于该大学。1979年就职于俄罗斯科学院远东分院远东民族历史·考古·民族研究所，1986年通过了题为《滨海地区女真人的武器》的副博士论文答辩。

童年时代即参加滨海地区考古发掘工作，1987年开始独立开展田野工作。发掘的主要客体：奥罗夫卡城址（Ауровское）、斯莫利诺耶城址（Смольное）。

研究领域：滨海地区10－12世纪的考古遗存、远东中世纪的民族武装。

Шавкунов Эрнст Владимирович
沙弗库诺夫·埃尔斯特·弗拉基米罗维奇
（1930－2001年）

埃·弗·沙弗库诺夫是俄罗斯远东首席考古学家、中世纪史学家。

1930年3月23日，埃·弗·沙弗库诺夫出生于斯摩棱斯克市的一个军人家庭。1950年于青年工人夜校毕业后，埃·弗·沙弗库诺夫考入列宁格勒国立大学东方系，1955年毕业。同年，埃·弗·沙弗库诺夫来到滨海地区，成为苏联科学院远东分部历史·考古·民族部研究人员。1965年任考古实验室主任（1968年改为考古部），符拉迪沃斯托克市成立远东民族历史·考古·民族研究所后，1971－1992年任中世纪国家考古部主任，1994年兼任远东国立大学通史、考古、民族、世界文化史教研室的领导工作。1991年被评为教授，1962年通过了题为《渤海国及其滨海地区的文化遗存》的副博士论文答辩，1984年通过了题为《女真－兀的改文化与远东通古斯语族民族的起源问题》的博士论文答辩。

1953年，作为远东考古考察团成员，埃·弗·沙弗库诺夫开始在滨海地区、阿穆尔河沿岸进行田野考察工作，后来独立开展工作。滨海地区中世纪遗存成为他所研究的客体，从1963年开始，在30个田野季节里发掘了女真时代罕见的遗存——赛加城址。埃·弗·沙弗库诺夫因发掘尼古拉耶夫斯克城址、克罗乌诺夫卡河谷地佛教寺庙址而获得盛名。

研究领域：渤海人、女真人的物质文化与精神文化。

2001年10月28日，埃·弗·沙弗库诺夫辞世，身后留下了整个时代的远东中世纪考古学。

Шевкомуд Игорь Яковлевич
舍夫科穆德·伊戈尔·雅科夫列维奇

1963年7月30日，伊·雅·舍夫科穆德出生于克麦罗沃州基谢列夫斯克市。1986年毕业于新西伯利亚国立师范学院历史教育系，1989年就职于哈巴罗夫斯克方志学博物馆，任科研部主任。1999年取得历史学副博士学位，其论文题目是《阿穆尔河下游东北部地区的晚期新石器时代：施梳状篦点纹、曲线纹陶器的遗存》。

1990年开始对阿穆尔河流域考古遗存开展独立的田野工作：科利切姆2－3号遗址（Кольчем2-3），戈雷梅斯4－5号遗址（Голый мыс4-5），贡恰尔卡1号、3号遗址（Гончарка-1、3）等等。

研究领域：阿穆尔河下游地区石器时代、古金属时代遗存。

Янковский Михаил Иванович
扬科夫斯基·米哈依尔·伊万诺维奇
（1842－1912 年）

米·伊·扬科夫斯基是滨海地区旨在学术研究而开展考古发掘的第一人。

1842 年，米·伊·扬科夫斯基出生于波兰王朝时期的柳布林省的一个世袭贵族家庭。1863 年，因参加波兰革命，被沙皇政府流放到西伯利亚涅尔琴矿井服苦役。在提前解除"永久流放"之后，被派往奥列科姆河的金矿，渡过了 1868－1872 年的光阴。1872－1873 年受俄罗斯国家地理学会东西伯利亚分部的委托，米·伊·扬科夫斯基参加了对石勒喀、鄂嫩、阿姆贡地区征集各种藏品的科学考察。1874 年，米·伊·扬科夫斯基第一次来到滨海地区并在此安家。1874－1879 年，米·伊·扬科夫斯基曾任阿斯科利德岛金矿的主管，之后创建了企业：建马场、从事养鹿业、人参种植园及良种牲畜公司。

在米·伊·扬科夫斯基的一生中，科学活动占有重要的地位。他对滨海地区鸟类学、昆虫学的发展功不可灭：以他的名字命名了一种鸟、几个亚种鸟，他发现了很多蝴蝶。兴趣广泛的米·伊·扬科夫斯基还研究气象学、边疆区地理学，他的著作《阿斯科利德岛》获得了俄罗斯国家地理学会颁发的银奖。

米·伊·扬科夫斯基对边疆研究的意义，还表现在对滨海地区居民史的研究规划方面。1880 年，在现今以他的名字命名的半岛上，米·伊·扬科夫斯基对早期铁器时代遗存进行了考古发掘。1884 年，随着阿穆尔边疆区研究会在符拉迪沃斯托克市成立，米·伊·扬科夫斯基成为积极的参与者。他是阿穆尔边疆区研究会候补会员，协助弗·彼·马尔加利托夫进行田野工作。

1912 年 10 月 10 日，米·伊·扬科夫斯基在索契去世。

Яншина Оксана Вадимовна
扬希娜·奥克萨娜·瓦季莫夫娜

1968 年 5 月 23 日，奥·瓦·扬希娜出生于符拉迪沃斯托克市。1991 年毕业于远东国立大学历史系，1990－2001 年就职于俄罗斯科学院远东分院远东民族历史·考古·民族研究所。2001 年，成为陈列馆科学工作者。2001 年通过了题为《滨海地区新石器时代末期－青铜器时代：考古遗存的系统化》的副博士学位论文答辩。

从 1984 年开始参加滨海地区原始社会遗存的田野考察工作。

研究领域：远东新石器时代至古金属时代，考古学分期问题。

第二部分　著作目录索引（1851－2000 年）

编者的话

　　本书是有关滨海地区、阿穆尔河沿岸①考古学目录索引的专题回顾，与 1993 年出版的索引相比②，本书进行了拓展与扩充。

　　该目录索引收录的是我国考古工作者于 1851－2000 年间在国内外出版的著作，在期刊、汇编中发表的文章、报告的提纲以及其他的学术会议、讨论会、临时会议资料，交存资料，学位论文提要，预印本。除此之外，还收录了国外学者在俄罗斯出版的著述。本书中著录了没有发表的田野工作报告资料，这些资料收藏于俄罗斯科学院考古研究所（莫斯科）、俄罗斯科学院物质文化史研究所（圣彼得堡）档案馆，它们是考古工作者学术研究不可或缺的组成部分。

　　在编撰本书时，参考了我国已经出版的涉及远东考古学文献的通用、专业图书索引类著作。

　　首先，根据俄罗斯科学院物质文化史研究所学者意见，俄罗斯科学院图书馆业务人员编撰的系列著作成为本书的范例③。已经出版的 10 卷本的《苏联考古学文献》反映了 1918－1987 年俄语发表的俄罗斯远东考古学著述，该书的作者利用很大篇幅介绍文献，但遗憾的是，一系列已经发表的滨海地区、阿穆尔河沿岸考古学著述未能收录。

　　在所利用的图书索引类参考书中，还需要提及 Л.Н. 伊万耶夫（Л.Н.Иваньев）没有发表的《1750－1970 年远东考古学索引》，该资料现收藏于远东民族历史·考古·民族研究所学术档案室④。《1750－1970 年远东考古学索引》不仅仅是该作者于 20 世纪 50 年代发表的索引报告的延续⑤，而且解决了更广泛的年代范围的问题，包括一系列相关学科的著述，一些外文发表的著述，以及地理学、民族学辅助索引。与 1953 年相比，文献数量从 391 篇递增到 2001 篇。无疑，Л.Н. 伊万耶夫做了细致而耐心的工作，但无论是文献的编目，还是在范围程度上（一些重要的著述没有考虑到），存在一些无法避免的错误，《1750－1970 年远东考古学索引》不完全适合现时期索引的结构。

　　在编撰本书时，利用了以下图书索引类参考书：1947－1992 年苏联（俄罗斯）出版的《新苏联社会科学文献——历史学、考古学、民族学：现行索引》（苏联科学院社会科学学术情报研究所）、1993 年开始出版的《社会科学与人文科学新文献：历史学、考古学、民族学－图书索引通报》（俄罗斯科学院社会科学学术情报研究所）、《图书年鉴》、《杂志年鉴》、《评论年鉴》（苏联中央书库）。同时考虑到，在上述图书中不同的文献表达方式以及一系列限制⑥。

　　西伯利亚、远东出版的图书索引类参考书对于本书有很大的帮助：俄罗斯科学院国立科技图书馆 1966 年创办的信息通报《西伯利亚与远东的历史》，新西伯利亚、符拉迪沃斯托克科学院研究所、高校出版的书目等等。

在编撰本书时，还利用了其他的图书目录索引，文献书籍清单，考古工作者私人卡片。应该特别说明考古工作者的私人卡片，毫无疑问，如果没有来自作者同行——考古工作者的积极帮助，本书未必能够得以编撰。在很大程度上，由于他们的帮助使得远东专业工作者在国外发表的著述能够融入本书出版。

下面我们更详细地讨论本书体例的文献选择原则，正如上文已经指出的，本书收录了我国考古学者在国内外发表的著述[7]，但基本上没有考虑报纸资料。报纸类文章在 20 世纪中期以前的远东考古学中占有优势，并已在 Л.Н. 伊万耶夫的索引中得到体现。本书收录文章的选择原则界定于地理区域，在这种情况下，在独立的或概述性的著作中涉及滨海地区、阿穆尔河沿岸考古学的篇节，索引中进行了分析著录。在本书中体现了科普类著述，主要是考古学者撰写的反映具体的区域性质的学术信息。

在索引的第一部分，首先，收录了按照考古学者姓氏字母顺序及发表年代排列的田野报告[8]。其次，依据《苏联考古学文献：图书索引》体例著录了发表的文献。发表的文献分为两节：1. 第一节细分出小节：考古学史、考古考察机构、研究的理论与方法、考古学与毗邻学科、科普文献。2. 第二节包括顾及考古学分期的具体的滨海地区、阿穆尔河沿岸考古学。在第二节中，细分出小节的"专著、各个时期遗存报告"。关于专著，一方面是滨海地区、阿穆尔河沿岸境域内的问题研究，另一方面是一些历史文化时期分析类著作。在第二节中，包括多层遗存报告。

在各节、小节中，按照作者的姓氏字母顺序著录文献，但没有考虑合著者姓氏。单一作者的著述，按照发表时间排列。在诸多情况下，为了清楚地注明作者，必要地使用了括号。

在编撰本书时，不能不考虑到滨海地区、阿穆尔河沿岸考古学很多有争议的问题，首先是一系列考古学文化与遗存的分期、年代问题。在每一种具体情况下，笔者努力遵循最通行的观点。

图书著录依据于全苏国家标准 ГОСТ 7.1－84《图书著录文件》（莫斯科，1984 年）[9]，缩写依据于全苏国家标准 ГОСТа7.12－77《俄文单词、词组在图书著录中的缩写》（莫斯科，1982 年）。

本书附注有辅助索引：人名索引、地名索引、考古学文化与遗存索引、毗邻学科索引、专业的经济－技术史著述索引，以及缩写词组表。

笔者诚挚的感谢俄罗斯科学院考古研究所图书馆、档案馆，俄罗斯科学院物质文化史研究所图书馆，俄罗斯科学院西伯利亚分院考古与民族研究所，俄罗斯科学院远东分院图书馆科学中心，俄罗斯科学院远东分院远东民族历史·考古·民族研究所图书馆同事，以及自己所有的考古、毗邻学科的同行，没有他们的积极帮助无法保证本书的出版。

注　释

① 阿穆尔河沿岸：包括阿穆尔河中、下游流域的阿穆尔州、哈巴罗夫斯克边疆区。‖《苏联大百科全书》，再版，莫斯科，1955 年，第 34 卷，第 458 页。

② Н.А. 克柳耶夫：《滨海地区、阿穆尔河沿岸原始社会考古学：历史编纂学及图书简介（1861－1991 年）》，符拉迪沃斯托克，1993 年。

③ 《苏联考古学文献：图书目录学（1918－1940 年）》，莫斯科、列宁格勒，1965 年；《苏联考古学文献：图书目录学（1941－1957 年）》，莫斯科、列宁格勒，1959 年；《苏联考古学文献：图书目录学（1958－1962 年）》，列宁格勒，1969 年；《苏联考古学文献：图书目录学（1963－1967 年）》，列宁格勒，1975 年；《苏联考古学文献：图书目录学（1968－1972 年）》，列宁格勒，1980 年；《苏联考古学文献：图书目录学（1973－1975 年）》，列宁格勒，1983 年；《苏联考古学文献：图书索引（1976－1978 年）》，列宁格勒，1986 年；《苏联考古学文献：图书索引（1979－1981 年）》，列宁格勒，1989 年；《苏联考古学文献：图书索引（1982－1984 年）》，圣彼得堡，1997 年；

《苏联考古学文献：图书索引（1985－1987 年）》，圣彼得堡，1999 年。

④ Л.Н. 伊万耶夫：《1750－1970 年远东考古学索引》，Ф.1，оп.2，№37。

⑤ Л.Н. 伊万耶夫：《苏联远东考古学文献（图书索引）》‖《苏联考古学》，1953 年，第 18 卷，第 445－476 页。

⑥ 请参考：Е.Б. 伊耶尼什：《学术工作中的图书检索》，莫斯科，1982 年。

⑦ 编者认为，有必要将利用史料撰写的中世纪时代历史纲要类著述编入本书。

⑧ 按照档案卡片援引的报告名称，需要注意的是，这些报告的标题并不都是与原作者的题目相符。

⑨ 使用东方语言撰写的文章，由于缺少制版的技术可能，不得不违背了此类著述的图书著录要求，在著录时只是俄文翻译了著述的标题、出处（著名考古学杂志除外）。在著录时，保留了著者的拼写法（如对于同一遗存作者的异读：Сакачи-Алян＝Сикачи-Алян，Семипятная＝Семипятнова 等等）。明显的错误与误排，在本书中得以纠正。

一、田野考察报告
ОТЧЕТЫ О ПОЛЕВЫХ ИССЛЕДОВАНИЯХ

1. **А.В. 亚历山德罗夫**：《1985 年滨海边疆区什科托沃地区什科托夫卡河、斯捷克良努河谷地考古遗存调查报告》‖俄罗斯科学院考古研究所档案，Р-1，№10812，139 页。

Александров А.В. Отчет о разведке археологических памятников в долинах рек Шкотовки и Стеклянухи Шкотовского района [Приморского края]. 1985 г. // Архив ИА РАН. — Р-1, № 10812. — 139 л.

2. **А.В. 亚历山德罗夫**：《1986 年什科托沃地区斯捷克良努河－1 号城址考古发掘报告》‖俄罗斯科学院考古研究所档案，Р-1，№11747，151 页。

Александров А.В. Отчет об археологических раскопках на городище Стеклянуха-1 в Шкотовском районе. 1986 г. // Архив ИА РАН. — Р-1, № 11747. —151 л.

3. **А.В. 亚历山德罗夫**：《1987 年滨海边疆区什科托沃地区斯捷克良努河－1 号城址考古发掘报告》‖俄罗斯科学院考古研究所档案，Р-1，№12179，102 页。

Александров А.В. Отчет об археологических раскопках на городище Стеклянуха I в Шкотовском районе [Приморского края]. 1987 г. // Архив ИА РАН. — Р-1, № 12179. — 102 л.

4. **А.В. 亚历山德罗夫、С.В. 格拉西缅科**：《1988 年什科托沃地区斯捷克良努河－1 号城址考古发掘报告》//俄罗斯科学院考古研究所档案，Р-1，№13225，116 页。

Александров А.В., Герасименко С.В. Отчет об археологических раскопках на городище Стеклянуха I в Шкотовском районе. 1988 г. // Архив ИА РАН. — Р-1, № 13225. —116 л.

5. **А.Н. 阿列克谢耶夫**：《1982 年雅库茨克国立大学考古考察团奥廖克明斯克队在雅库茨克苏维埃社会主义自治共和国、赤塔州、阿穆尔州的工作报告》//俄罗斯科学院考古研究所档案，Р-1，№9153，27 页。

Алексеев А.Н. Отчет о работе Олекминского отряда археологической экспедиции Якутского государственного университета в Якутской АССР, Читинской, Амурской области. 1982 г. // Архив ИА РАН. — Р-1, № 9153. — 27 л.

6. **А.Н. 阿列克谢耶夫**：《1983 年雅库茨克国立大学考古考察团奥廖克明斯克队在赤塔州、阿穆尔州、雅库茨克苏维埃社会主义自治共和国的工作报告》//俄罗斯科学院考古研究所档案，Р-1，№9966，25 页。

Алексеев А.Н. Отчет о работе Олекминского отряда археологической экспедиции ЯГУ в Читинской, Амурской областях и Якутской АССР. 1983 г. // Архив ИА РАН. — Р-1, № 9966. — 25 л.

7. **А.Н. 阿列克谢耶夫**：《1984 年雅库茨克国立大学考古考察团奥廖克明斯克队在赤塔州、雅库茨克苏维埃社会主义自治共和国、阿穆尔州的工作报告》//俄罗斯科学院考古研究所档案，Р-1，№10294，13 页。

Алексеев А.Н. Отчет о работе Олекминского отряда археологической экспедиции ЯГУ в Читинской области, Якутской АССР и Амурской области. 1984 г. // Архив ИА РАН. — Р-1, № 10294. — 13 л.

8．**А.Н. 阿列克谢耶夫**：《1986年雅库茨克国立大学考古考察团调查队在阿穆尔州、赤塔州、雅库茨克苏维埃社会主义自治共和国的田野工作报告》//俄罗斯科学院考古研究所档案，Р－1，№11640，35页。

Алексеев А.Н. Отчет о полевых работах разведочного отряда археологической экспедиции Якутского государственного университета в пределах Амурской, Читинской областей, Якутской АССР. 1986 г. // Архив ИА РАН. — Р－1, № 11640. — 35 л.

9．**Э.В. 阿列克谢耶娃**：《1973年滨海边疆区帕尔季赞斯克地区昌答腊兹山脉"布利兹涅齐"洞穴试掘报告》//俄罗斯科学院考古研究所档案，Р－1，№5133，27页。

Алексеева Э.В. Отчет по шурфовке пещеры 《Близнецы》 хребта Чандалаз Партизанского района Приморского края. 1973 г. // Архив ИА РАН. — Р－1, № 5133. — 27 л.

10．**Э.В. 阿列克谢耶娃**：《1974年滨海边疆区帕尔季赞斯克地区昌答腊兹山脉"布利兹涅齐"洞穴试掘报告》//俄罗斯科学院考古研究所档案，Р－1，№5702，**Алексеева Э.В.** Отчет по шурфовке пещеры 《Близнецы》 хребта Чандалаз Партизанского района Приморского края. 1974 г. // Архив ИА РАН. — Р－1, № 5702. — 5 л.

11．**Э.В. 阿列克谢耶娃**：《1975年滨海边疆区帕尔季赞斯克地区"莫尔季斯卡亚"、"利布克涅和塔"、"利西亚"、"马柳特卡"、"别济米扬纳亚"洞穴洞口区域试掘报告》//俄罗斯科学院考古研究所档案，Р－1，№5904，5页。

Алексеева Э.В. Отчет по шурфовке привходной части пещер 《Молдинская》, 《Имени Либкнехта》, 《Лисья》, 《Малютка》, 《Безымянная》 ПартизанскогорайонаПриморскогокрая. 1975 г. // Архив ИА РАН. — Р－1, № 5904. — 5 л.

12．**Э.В. 阿列克谢耶娃**：《1979年"布利兹涅齐"洞穴发掘报告》//俄罗斯科学院考古研究所档案，Р－1，№15286，6页。

Алексеева Э.В. Отчет о раскопках в пещере 《Близнецы》 в 1979 г. // Архив ИА РАН. — Р－1, № 15286. — 6 л.

13．**Г.И. 安德列耶夫**：《1955年远东考古考察团沿海岸队在彼得大帝湾沿海岸调查成果报告》//俄罗斯科学院考古研究所档案，Р－1，№1440，61页；附件：16张图纸及图片册。

Андреев Г.И. Отчет о результатах разведок, произведенных Прибрежным отрядом Дальневосточной экспедиции на побережье залива Петра Великого. 1955 г. // Архив ИА РАН. — Р－1, № 1440. — 61 л. — Приложение: 16 чертежей и альбом.

14．**Г.И. 安德列耶夫、Ж.В. 安德列耶娃**：《1958年远东考古考察团沿海岸队在滨海边疆区拉佐、奥利加、哈桑地区考古考察报告》//俄罗斯科学院考古研究所档案，Р－1，№1777，－45页；№1777－a，报告图片册，26页。

Андреев Г.И., **Андреева Ж.В.** Отчет об археологических исследованиях Прибрежного отряда Дальневосточной экспедиции в Лазовском, Ольгинском и Хасанском районах Приморского края в 1958 г. // Архив ИА РАН. — Р－1, № 1777. — 45 л.; № 1777－a. — Альбом к отчету. — 26 л.

15．**Г.И. 安德列耶夫、Ж.В. 安德列耶娃**：《1959年远东考古考察团沿海岸队在滨海边疆区拉佐、奥利加、哈桑地区考古考察报告》//俄罗斯科学院考古研究所档案，Р－1，№1923，65页；№1923－a，报告图片册，24 页。

Андреев Г.И., **Андреева Ж.В.** Отчет об археологических исследованиях в Лазовском, Ольгинском, Хасанском районах Приморского края, произведенных Прибрежным отрядом Дальневосточной археологической экспедиции в 1959 г. // Архив ИА РАН. — Р–1, № 1923. — 65 л.; № 1923–а. — Альбом к отчету. — 24 л.

16. **Г.И. 安德列耶夫**：《1960 年远东考古考察团沿海岸队在滨海地区工作报告》//俄罗斯科学院考古研究所档案，Р–1，№2704，46 页；№2704–a，报告图片册，19 页。

Андреев Г.И. Отчет о работе в Приморье Прибрежного отряда Дальневосточной археологической экспедиции в 1960 г. // Архив ИА РАН. — Р–1, № 2074. – 46 л.; № 2704–а. — Альбом к отчету. — 19 л.

17. **Г.И. 安德列耶夫**：《1961 年沿海岸队在滨海地区发掘报告》//俄罗斯科学院考古研究所档案，Р–1，№2574，54 页。

Андреев Г.И. Отчет о раскопках Прибрежного отряда в Приморье в 1961 г. // Архив ИА РАН. — Р–1, № 2574. — 54 л.

18. **Ж.В. 安德列耶娃**：《1961 年滨海边疆区丘古耶夫卡地区、卡瓦列罗沃地区调查报告》//俄罗斯科学院考古研究所档案，Р–1，№2391，43 页；附件：42 张表格。

Андреева Ж.В. Отчет о разведках в Чугуевском и Кавалеровском районах Приморского края. 1961 г. // Архив ИА РАН. — Р–1, № 2391. — 43 л. — Приложение: 42 табл.

19. **Ж.В. 安德列耶娃**：《1962 年滨海地区东部考古工作报告》//俄罗斯科学院考古研究所档案，Р–1，№2492，24 页；№2492a，报告图片册，35 页。

Андреева Ж.В. Отчет о проведении археологических работ в Восточном Приморье. 1962 г. // Архив ИА РАН. — Р–1, № 2492. — 24 л.; № 2492–а. — Альбом к отчету. — 35 л.

20. **Ж.В. 安德列耶娃**：《1963 年滨海地区考古工作报告》//俄罗斯科学院考古研究所档案，Р–1，№2789，40 页；№2789a，报告图片册，58 页。

Андреева Ж.В. Отчет об археологических работах в Приморье. 1963 г. // Архив ИА РАН. — Р–1, № 2789. — 40 л.; № 2789–а. — Альбом к отчету. — 58 л.

21. **Ж.В. 安德列耶娃**：《1964 年小枕头山遗址发掘报告》//俄罗斯科学院考古研究所档案，Р–1，№2899，29 页。

Андреева Ж.В. Отчет о раскопках на поселении Малая Подушечка. 1964 г. // Архив ИА РАН. — Р–1, № 2899. — 29 л.

22. **Ж.В. 安德列耶娃**：《1965 年滨海边疆区奥利加地区青石崖遗址发掘报告》//俄罗斯科学院考古研究所档案，Р–1，№3102，94 页。

Андреева Ж.В. Отчет о раскопках на поселении Синие Скалы Ольгинского района Приморского края. 1965 г. // Архив ИА РАН. — Р–1, № 3102. — 94 л.

23. **Ж.В. 安德列耶娃**：《1966 年滨海地区考古工作报告》//俄罗斯科学院考古研究所档案，Р–1，№3288，88 页；附件：103 张表格。

Андреева Ж.В. Отчет об археологических работах в Приморье в 1966 г. // Архив ИА РАН. — Р–

1, № 3288. — 88 л. — Приложение. — 103 табл.

24. **Ж.В. 安德列耶娃**：《1967 年滨海地区考古工作报告》∥俄罗斯科学院考古研究所档案，P－1，№3594，122 页；№3594a，报告图片册，41 页。

Андреева Ж.В. Отчет об археологических работах в Приморье в 1967 г. ∥ Архив ИА РАН. — Р－1, № 3594. — 122 л.; № 3594-а. — Альбом к отчету. — 41 л.

25. **Ж.В. 安德列耶娃**：《1968 年滨海边疆区拉佐地区瓦连京湾发掘报告》∥俄罗斯科学院考古研究所档案，P－1，№3785，42 页。

Андреева Ж.В. Отчет о раскопках в бухте Валентин, Лазовский район, Приморский край. 1968 г. ∥ Архив ИА РАН. — Р－1, № 3785. — 42 л.

26. **Ж.В. 安德列耶娃**：《1969 年滨海地区小枕头山遗址考古发掘报告》∥俄罗斯科学院考古研究所档案，P－1，№3949，73 页。

Андреева Ж.В. Отчет об археологических раскопках на поселении Малая Подушечка в Приморье. 1969 г. ∥ Архив ИА РАН. — Р－1, № 3949. — 73 л.

27. **Ж.В. 安德列耶娃**：《1970 年滨海地区考古工作报告》∥俄罗斯科学院考古研究所档案，P－1，№4167，78 页。

Андреева Ж.В. Отчет об археологических работах в Приморье. 1970 г. ∥ Архив ИА РАН. — Р－1, № 4167. — 78 л.

28. **Ж.В. 安德列耶娃**：《1971 年滨海地区小枕头山遗址发掘报告》∥俄罗斯科学院考古研究所档案，P－1，№4539，95 页。

Андреева Ж.В. Отчет о раскопках на поселении Малая Подушечка в Приморье. 1971 г. ∥ Архив ИА РАН. — Р－1, № 4539. — 95 л.

29. **Ж.В. 安德列耶娃**：《1972 年青石崖遗址考古发掘成果报告》∥俄罗斯科学院考古研究所档案，P－1，№4968，69 页。

Андреева Ж.В. Отчет о результатах археологических раскопок на поселении Синие Скалы. 1972 г. ∥ Архив ИА РАН. — Р－1, № 4968. — 69 л.

30. **Ж.В. 安德列耶娃**：《1973 年滨海地区考古工作报告》∥俄罗斯科学院考古研究所档案，P－1，№5262，342 页。

Андреева Ж.В. Отчет об археологических работах в Приморье. 1973 г. ∥ Архив ИА РАН. — Р－1, № 5262. — 342 л.

31. **Ж.В. 安德列耶娃**：《1975 年滨海地区考古工作报告》∥俄罗斯科学院考古研究所档案，P－1，№5716，248 页。

Андреева Ж.В. Отчет об археологических работах в Приморье. 1975 г. ∥ Архив ИА РАН. — Р－1. № 5716. — 248 л.

32. **Ж.В. 安德列耶娃、И.С. 茹希霍夫斯卡娅、С.В. 特列季亚科娃**：《1976 年滨海边疆区考古工作、哈桑地区调查、纳杰日金斯科耶地区发掘报告》∥俄罗斯科学院考古研究所档案，P－1，№6244，208 页；附件：12 页。

Андреева Ж.В., Жущиховская И.С., Третьякова С.В. Отчет об археологических работах в

Приморском крае и разведке в Хасанском районе Приморского края. Раскопки в Надеждинском районе Приморского края. 1976 г. // Архив ИА РАН. — Р–1, № 6244. — 208 л. — Приложение: 12 л.

33．**Ж.В. 安德列耶娃**：《1977 年滨海地区青石崖遗址考古发掘报告》//俄罗斯科学院考古研究所档案，Р–1，№6756，54 页；№6756а，报告图片册，82 页。

Андреева Ж.В. Отчет об археологических раскопках на поселении Синие Скалы в Приморье. 1977 г. // Архив ИА РАН. — Р–1, № 6756. — 54 л.; № 6756–а. — Альбом к отчету. — 82 л.

34．**Ж.В. 安德列耶娃**：《1978 年滨海地区青石崖遗址发掘报告》//俄罗斯科学院考古研究所档案，Р–1，№7325，94 页。

Андреева Ж.В. Отчет о раскопках на поселении Синие Скалы в Приморье. 1978 г. // Архив ИА РАН. — Р–1, № 7325. — 94 л.

35．**Ж.В. 安德列耶娃**：《1979 年滨海边疆区哈桑地区特罗伊察湾考古发掘报告》//俄罗斯科学院考古研究所档案，Р–1，№7635，66 页。

Андреева Ж.В. Отчет об археологических раскопках в бухте Троица Хасанского района Приморского края. 1979 г. // Архив ИА РАН. — Р–1, № 7635. — 66 л.

36．**Ж.В. 安德列耶娃**：《1980 年滨海边疆区奥利加地区青石崖遗址发掘报告》//俄罗斯科学院考古研究所档案，Р–1，№8595，153 页。

Андреева Ж.В. Отчет о раскопках на поселении Синие Скалы в Ольгинском районе. Приморский край. 1980 г. // Архив ИА РАН. — Р–1, № 8595. — 153 л.

37．**Ж.В. 安德列耶娃**：《1981 年滨海地区考古考察报告》//俄罗斯科学院考古研究所档案，Р–1，№8720，175 页。

Андреева Ж.В. Отчет об археологических исследованиях в Приморье. 1981 г. // Архив ИА РАН. — Р–1, № 8720. — 175 л.

38．**Ж.В. 安德列耶娃**：《1983 年滨海地区青石崖遗址发掘报告》//俄罗斯科学院考古研究所档案，Р–1，№9732，83 页。

Андреева Ж.В. Отчет о раскопках на поселении Синие Скалы в Приморье. 1983 г. // Архив ИА РАН. — Р–1, № 9732. — 83 л.

39．**Ж.В. 安德列耶娃**：《1984 年滨海地区青石崖遗址考古发掘报告》//俄罗斯科学院考古研究所档案，Р–1，№10813，193 页。

Андреева Ж.В. Отчет об археологических раскопках на поселении Синие Скалы в Приморье. 1984 г. // Архив ИА РАН. — Р–1, № 10813. — 193 л.

40．**Ж.В. 安德列耶娃**：《1986 年滨海地区考古考察报告》//俄罗斯科学院考古研究所档案，Р–1，№11779，104 页。

Андреева Ж.В. Отчет об археологических исследованиях в Приморье. 1986 г. // Архив ИА РАН. — Р–1, № 11779. — 104 л.

41．**В.К. 阿尔谢尼耶夫**：《1921 年沙碛半岛考古发掘》//俄罗斯科学院物质文化史研究所档案，Ф.2，оп.1，1924，№190，第 6–25 页。

Арсеньев В.К. Археологические раскопки на полуострове Песчаном в 1921 г. // Архив ИИМК

РАН. — Ф. 2, оп. 1, 1924, № 190. — Л. 6－25.

42. **А.Р. 阿尔杰米耶夫**：《1988 年阿穆尔考古队在阿穆尔州希马诺夫斯克地区工作报告》// 俄罗斯科学院考古研究所档案，Р－1，№12764，26 页。

Артемьев А.Р. Отчет о работе Амурского отряда в Шимановском районе. Амурская область. 1988 г. // Архив ИА РАН. — Р－1, № 12764. — 26 л.

43. **А.Р. 阿尔杰米耶夫**：《1989 年阿穆尔州斯科沃罗季诺地区阿尔巴津尖柱寨堡发掘报告》// 俄罗斯科学院考古研究所档案，Р－1，№14656，43 页。

Артемьев А.Р. Отчет о раскопках Албазинского острога в Сковородинском районе Амурской области в 1989 г. // Архив ИА РАН.— Р－1, № 14656. — 43 л.

44. **А.Р. 阿尔杰米耶夫**：《1990 年阿穆尔考古队工作报告》// 俄罗斯科学院考古研究所档案，Р－1，№15542，51 页。

Артемьев А.Р. Отчет о работах Амурского археологического отряда в 1990 г. // Архив ИА РАН. — Р－1, № 15542. — 51 л.

45. **А.Р. 阿尔杰米耶夫**：《1991 年阿穆尔考古队工作报告》// 俄罗斯科学院考古研究所档案，Р－1，№16624，114 页。

Артемьев А.Р. Отчет о работах Амурского археологического отряда в 1991 г. // Архив ИА РАН. — Р－1, № 16624. — 114 л.

46. **А.Р. 阿尔杰米耶夫**：《1992 年阿穆尔考古队考古考察报告》// 俄罗斯科学院考古研究所档案，Р－1，№18189，100 页。

Артемьев А.Р. Отчет об археологических исследованиях Амурского археологического отряда в 1992 г. // Архив ИА РАН. — Р－1, № 18189. — 100 л.

47. **А.Р. 阿尔杰米耶夫**：《1993 年阿穆尔考古队工作报告》// 俄罗斯科学院考古研究所档案，Р－1，№18078，33 页。

Артемьев А.Р. Отчет о работах Амурского археологического отряда. 1993 г. // Архив ИА РАН. — Р－1, № 18078. — 33 л.

48. **А.Р. 阿尔杰米耶夫**：《1994 年阿穆尔考古队工作报告》// 俄罗斯科学院考古研究所档案，Р－1，№19019，96 页。

Артемьев А.Р. Отчет о работах Амурского археологического отряда в 1994 г. // Архив ИА РАН. — Р－1, № 19019. — 96 л.

49. **А.Р. 阿尔杰米耶夫**：《1995 年阿穆尔考古队考古考察报告》// 俄罗斯科学院考古研究所档案，Р－1，№19253，113 页。

Артемьев А.Р. Отчет об археологических исследованиях Амурского археологического отряда в 1995 г. // Архив ИА РАН. — Р－1, № 19253. — 113 л.

50. **А.Р. 阿尔杰米耶夫**：《以 "哈巴罗夫斯克边疆区乌里奇斯基地区特尔村中世纪寺庙址保护性考古发掘" 为题进行的保护性考古工作报告（1996 年）》// 俄罗斯科学院考古研究所档案，Р－1，№20570，110 页。

Артемьев А.Р. Отчет по договору на проведение охранных археологических работ по теме

《Археологические охранные раскопки средневекового храма в с. Тыр Ульчского района Хабаровского края》(1996 г.) // Архив ИА РАН. — Р–1, № 20570. — 110 л.

51．A.P. 阿尔杰米耶夫：《1996 年阿穆尔考古队工作报告》//俄罗斯科学院考古研究所档案，Р–1，№20437，166 页。

Артемьев А.Р. Отчет о работах Амурского археологического отряда в 1996 г. // Архив ИА РАН. — Р–1, № 20437. — 166 л.

52．A.P. 阿尔杰米耶夫：《1997 年阿穆尔考古考察团考察报告（阿穆尔州、赤塔州）》//俄罗斯科学院考古研究所档案，Р–1，№19746，80 页。

Артемьев А.Р. Отчет об исследованиях Амурской археологической экспедиции в 1997 г. (Амурская и Читинская области) // Архив ИА РАН. — Р–1, № 19746. — 80 л.

53．A.P. 阿尔杰米耶夫：1998 年阿穆尔考古考察团考察报告（哈巴罗夫斯克边疆区、伊尔库茨克州、阿穆尔州)》//俄罗斯科学院考古研究所档案，Р–1，№21415，159 页。

Артемьев А.Р. Отчет об исследованиях Амурской археологической экспедиции в 1998 г. (Хабаровский край, Иркутская и Амурская обл.) // Архив ИА РАН. — Р–1, № 21415. — 159 л.

54．Н.Г. 阿尔杰米耶娃、В.А. 霍列夫：《1995 年滨海边疆区乌苏里斯克地区克拉斯诺亚罗夫斯科耶城址考古考察报告》//俄罗斯科学院考古研究所档案，Р–1，№19343，187 页。

Артемьева Н.Г., Хорев В.А. Отчет об археологических исследованиях Краснояровского городища в Уссурийском районе Приморского края в 1995 году // Архив ИА РАН. — Р–1, № 19343. — 187 л.

55．Н.Г. 阿尔杰米耶娃、В.А. 霍列夫：《1996 年滨海边疆区克拉斯诺亚罗夫斯科耶城址考古考察报告》//俄罗斯科学院考古研究所档案，Р–1，№20581，179 页。

Артемьева Н.Г., Хорев В.А. Отчет об археологических исследованиях Краснояровского городища в Приморском крае в 1996 году // Архив ИА РАН. — Р–1, № 20581. — 179 л.

56．Н.Г. 阿尔杰米耶娃、В.А. 霍列夫：《1997 年滨海边疆区乌苏里斯克地区克拉斯诺亚罗夫斯科耶城址考古考察报告》//俄罗斯科学院考古研究所档案，Р–1，№21474，253 页。

Артемьева Н.Г., Хорев В.А. Отчет об археологических исследованиях Краснояровского городища в Уссурийском районе Приморского края в 1997 году // Архив ИА РАН. — Р–1, № 21474. — 253 л.

57．И.В. 阿谢耶夫：《1970 年结雅水电站淹没区发掘报告》//俄罗斯科学院考古研究所档案，Р–1，№4316，39 页。

Асеев И.В. Отчет о раскопках в районе затопления Зейской ГЭС. 1970 г. // Архив ИА РАН. — Р–1, № 4316. — 39 л.

58．В.И. 博尔金：《1972 年阿穆尔州境内考古调查报告》//俄罗斯科学院考古研究所档案，Р–1，№5202，65 页。

Болдин В.И. Отчет об археологической разведке на территории Амурской области в 1972 г.// Архив ИА РАН. — Р–1, № 5202. — 65 л.

59．В.И. 博尔金：《1975 年滨海边疆区尼古拉耶夫斯克 2 号城址考古考察》//俄罗斯科学院考古研究所档案，Р–1，№5646，121 页。

Болдин В.И. Об археологических исследованиях на Николаевском городище II в Приморском крае в

1975 году // Архив ИА РАН. — Р-1, № 5646. — 121 л.

60. **В.И. 博尔金**：《1976 年滨海边疆区米哈伊洛夫卡地区尼古拉耶夫斯克 2 号城址考古考察报告》//俄罗斯科学院考古研究所档案，Р-1，№6316，75 页。

Болдин В.И. Отчет об археологических исследованиях на городище Николаевское-II Михайловского района в Приморском крае. 1976 г. // Архив ИА РАН. — Р-1, № 6316. — 75 л.

61. **В.И. 博尔金**：《1977 年滨海边疆区米哈伊洛夫卡地区尼古拉耶夫斯克 1 号城址、尼古拉耶夫斯克 2 号城址考古考察报告》//俄罗斯科学院考古研究所档案，Р-1，№6748，177 页。

Болдин В.И. Отчет об археологических исследованиях на городище Николаевское I и Николаевское II в Михайловском районе Приморского края. 1977 г. // Архив ИА РАН. — Р-1, № 6748. — 177 л.

62. **В.И. 博尔金**：《1979 年滨海边疆区奥西诺夫斯科耶遗址考古考察报告》//俄罗斯科学院考古研究所档案，Р-1，№7766，36 页。

Болдин В.И. Отчет об археологических исследованиях на Осиновском поселении. Приморский край. 1979 г. // Архив ИА РАН. — Р-1, № 7766. — 36 л.

63. **В.И. 博尔金**：《1980 年滨海边疆区克拉斯基诺城址考古考察报告》//俄罗斯科学院考古研究所档案，Р-1，№7775，97 页。

Болдин В.И. Отчет об археологических исследованиях на Краскинском городище. Приморский край. 1980 г. // Архив ИА РАН. — Р-1, № 7775. — 97 л.

64. **В.И. 博尔金**：《1981 年滨海边疆区克拉斯基诺城址考古考察报告》//俄罗斯科学院考古研究所档案，Р-1，№8425，64 页。

Болдин В.И. Отчет об археологических исследованиях на Краскинском городище. Приморский край. 1981 г. // Архив ИА РАН. — Р-1, № 8425. — 64 л.

65. **В.И. 博尔金**：《1981 年滨海边疆区乌苏里斯克地区科尔萨科夫卡遗址考古考察报告》//俄罗斯科学院考古研究所档案，Р-1，№8560，50 页。

Болдин В.И. Отчет об археологических исследованиях на Корсаковском поселении в Уссурийском районе. Приморский край. 1981 г. // Архив ИА РАН. — Р-1, № 8560. — 50 л.

66. **В.И. 博尔金**：《1983 年滨海边疆区克拉斯基诺城址考古考察报告》//俄罗斯科学院考古研究所档案，Р-1，№9822，44 页。

Болдин В.И. Отчет об археологических исследованиях на Краскинском городище. Приморский край. 1983 г. // Архив ИА РАН. — Р-1, № 9822. — 44 л.

67. **В.И. 博尔金**：《1986 年滨海边疆区新戈尔杰耶夫卡城址考古考察报告》//俄罗斯科学院考古研究所档案，Р-1，№11515，228 页。

Болдин В.И. Отчет об археологических исследованиях на Новогордеевском городище в Приморском крае. 1986 г. // Архив ИА РАН. — Р-1, № 11515. — 228 л.

68. **В.И. 博尔金**：《1987 年滨海边疆区康斯坦丁诺夫斯科耶 1 号遗址、新戈尔杰耶夫卡城址发掘报告》//俄罗斯科学院考古研究所档案，Р-1，№12079，177 页。

Болдин В.И. Отчет о раскопках на Константиновском селище 1 и на Новогордеевском городище. Приморский край. 1987 г. // Архив ИА РАН. — Р-1, № 12079. — 177 л.

69. **В.И. 博尔金**：《1988 年滨海边疆区康斯坦丁诺夫斯科耶 1 号遗址发掘报告》//俄罗斯科学院考古研究所档案，Р－1，№12703，128 页。

Болдин В.И. Отчет о раскопках на селище Константиновское-1 в Приморском крае в 1988 г. // Архив ИА РАН. — Р－1, № 12703. — 128 л.

70. **В.И. 博尔金**：《1989 年滨海边疆区杏山寺庙址、遗址发掘报告》//俄罗斯科学院考古研究所档案，Р－1，№14744，52 页。

Болдин В.И. Отчет о раскопках на Абрикосовском храме и селище в Приморском крае в 1989 году // Архив ИА РАН. — Р－1, № 14744. — 52 л.

71. **В.И. 博尔金**：《1990 年滨海边疆区克拉斯基诺城址发掘报告》//俄罗斯科学院考古研究所档案，Р－1，№15503，41 页。

Болдин В.И. Отчет о раскопках на Краскинском городище в Приморском крае в 1990 году // Архив ИА РАН. — Р－1, № 15503. — 41 л.

72. **В.И. 博尔金**：《1991 年滨海边疆区康斯坦丁诺夫斯科耶 1 号遗址考察报告》//俄罗斯科学院考古研究所档案，Р－1，№16610，117 页。

Болдин В.И. Отчет об исследованиях на Константиновском-1 селище в 1991 г. Приморский край // Архив ИА РАН. — Р－1, № 16610. — 117 л.

73. **В.И. 博尔金**：《1992 年滨海边疆区十月地区康斯坦丁诺夫斯科耶 1 号遗址考察报告》//俄罗斯科学院考古研究所档案，Р－1，№17110，206 页。

Болдин В.И. Отчет о раскопках на Константиновском-1 селище в Октябрьском районе Приморского края в 1992 г. // Архив ИА РАН. — Р－1, № 17110. — 206 л.

74. **В.И. 博尔金**：《1993 年滨海边疆区哈桑地区克拉斯基诺墓地田野考察报告》//俄罗斯科学院考古研究所档案，Р－1，№18321，131 页。

Болдин В.И. Отчет о полевых исследованиях на Краскинском могильнике в Хасанском районе в 1993 г. Приморский край // Архив ИА РАН. — Р－1, № 18321. — 131 л.

75. **В.И. 博尔金**：《1994 年滨海地区克拉斯基诺城址田野考察成果报告》//俄罗斯科学院考古研究所档案，Р－1，№18020，173 页。

Болдин В.И. Отчет о результатах полевых исследований на Краскинском городище в Приморье в 1994 г. // Архив ИА РАН. — Р－1, № 18020. — 173 л.

76. **В.И. 博尔金**：《1995 年滨海地区克拉斯基诺城址田野考察成果报告》//俄罗斯科学院考古研究所档案，Р－1，№19492，60 页。

Болдин В.И. Отчет о результатах полевых исследований на Краскинском городище в Приморье в 1995 г. // Архив ИА РАН. — Р－1, № 19492. — 60 л.

77. **В.И. 博尔金、Ю.Г. 尼基京**：《1996 年滨海边疆区十月地区、乌苏里斯克地区、卡瓦列罗沃地区、丘古耶夫卡地区考古调查报告》//俄罗斯科学院考古研究所档案，Р－1，№20547，255 页。

Болдин В.И., Никитин Ю.Г. Отчет об археологических разведках в Октябрьском, Уссурийском, Кавалеровском и Чугуевском районах Приморского края в 1996 году // Архив ИА РАН. — Р－1, № 20547. — 255 л.

78. **В.И. 博尔金**：《1996 年克拉斯基诺城址田野考察成果报告》//俄罗斯科学院考古研究所档案，Р-1，№20579，108 页。

Болдин В.И. О результатах полевых исследований на Краскинском городище в 1996 году// Архив ИА РАН. — Р-1, № 20579. — 108 л.

79. **В.И. 博尔金**：《1997 年滨海边疆区克拉斯基诺城址、锡尼利尼科瓦 1 号城址以及阿努钦诺地区田野考察成果报告》//俄罗斯科学院考古研究所档案，Р-1，№21131，177 页。

Болдин В.И. О результатах полевых исследований на Краскинском городище, городище Синельниково 1 и в Анучинском районе Приморского края в 1997 году // Архив ИА РАН. — Р-1, № 21131. — 177 л.

80. **Д.П. 博洛京**：《1991 年（阿穆尔州）布拉戈维申斯克地区考古调查报告》//俄罗斯科学院考古研究所档案，Р-1，№16678，33 页。

Болотин Д.П. Отчет об археологической разведке в Благовещенском районе Амурской области в 1995 г. // Архив ИА РАН. — Р-1, № 19234. — 39 л.

81. **Д.П. 博洛京**：《1995 年阿穆尔州布拉戈维申斯克地区考古调查报告》//俄罗斯科学院考古研究所档案，Р-1，№19234，39 页。

Болотин Д.П. Отчет по результатам археологической разведки в Благовещенском районе [Амурской области] в 1991 г. // Архив ИА РАН. — Р-1, № 16678. — 33 л.

82. **Д.П. 博洛京**：《1995 年阿穆尔州马格达加奇地区、布拉戈维申斯克地区考古调查报告》//俄罗斯科学院考古研究所档案，Р-1，№20577，53 页。

Болотин Д.П. Отчет об археологической разведке в Магдагачинском и Благовещенском районах Амурской области в 1996 г. // Архив ИА РАН. — Р-1, № 20577. — 53 л.

83. **Д.П. 博洛京**：《1997 年阿穆尔州布拉戈维申斯克地区分布在谢尔盖耶夫卡镇附近阿列克谢耶夫卡丘陵、亚马湖区域遗址发掘报告》//俄罗斯科学院考古研究所档案，Р-1，№21367，42 页。

Болотин Д.П. Отчет о раскопках поселений на Алексеевском бугре и у оз. Яма, расположенных в окрестностях с. Сергеевка Благовещенского района Амурской области. 1997 г. // Архив ИА РАН. — Р-1, № 21367. — 42 л.

84. **Д.В. 布罗夫科**：《1997 年滨海边疆区乌苏里斯克地区、十月地区、米哈伊洛夫卡地区考古调查报告》//俄罗斯科学院考古研究所档案，Р-1，№21368，103 页。

Бровко Д.В. Отчет об археологической разведке в Уссурийском, Октябрьском и Михайловском районах Приморского края в 1997 году // Архив ИА РАН. — Р-1, № 21368. — 103 л.

85. **Д.Л. 布罗江斯基**：《1969 年滨海边疆区青树林村附近古代遗址调查工作报告》//俄罗斯科学院考古研究所档案，Р-1，№4103，15 页。

Бродянский Д.Л. Отчет о разведывательных работах на древнем поселении у села Синий Гай в Приморском крае. 1969 г. // Архив ИА РАН. — Р-1, № 4103. — 15 л.

86. **Ф.Ф. 布谢**：《皇家考古委员会》//俄罗斯科学院物质文化史研究所档案，Ф.1，1887，№50. 1-5 页。

Буссе Ф.Ф. В Императорскую Археологическую комиссию // Архив ИИМК РАН. — Ф. 1, 1887,

№ 50. — Л. 1－5л.

87. **Т.И. 沃尔科夫**：《1979 年滨海边疆区什科托沃地区考古调查报告》// 俄罗斯科学院考古研究所档案，Р－1，№7788，23 页。

Валькова Т.Н. Отчет об археологической разведке в Шкотовском районе Приморского края. 1979 г. // Архив ИА РАН. — Р－1, № 7788. — 23 л.

88. **Т.И. 沃尔科夫**：《1980 年（滨海边疆区）什科托沃地区考古调查报告》// 俄罗斯科学院考古研究所档案，Р－1，№8661，36 页。

Валькова Т.И. Отчет об археологической разведке в Шкотовском районе ［Приморского края］. 1980 г. // Архив ИА РАН. — Р－1, № 8661. — 36 л.

89. **Ю.М. 瓦西里耶夫**：《1972 年哈巴罗夫斯克边疆区哈巴罗夫斯克农业区考古调查报告》// 俄罗斯科学院考古研究所档案，Р－1，№4743，15 页。

Васильев Ю.М. Отчет об археологической разведке в Хабаровском сельском районе Хабаровского края. 1972 г. // Архив ИА РАН. — Р－1, № 4743. — 15 л.

90. **Ю.М. 瓦西里耶夫**：《1973 年哈巴罗夫斯克边疆区卢丹尼科瓦山岗墓地考古考察报告》// 俄罗斯科学院考古研究所档案，Р－1，№5237，73 页。

Васильев Ю.М. Отчет об археологических исследованиях на могильнике Луданникова Сопка. Хабаровский край. 1973 г. // Архив ИА РАН. — Р－1, № 5237. — 73 л.

91. **Ю.М. 瓦西里耶夫**：《1974 年哈巴罗夫斯克边疆区卢丹尼科瓦山岗墓地考古考察报告》// 俄罗斯科学院考古研究所档案，Р－1，№5564，85 页。

Васильев Ю.М. Отчет об археологических исследованиях на могильнике Луданникова Сопка в Хабаровском крае в 1974 г. // Архив ИА РАН. — Р－1, № 5564. — 85 л.

92. **Ю.М. 瓦西里耶夫**：《1975 年哈巴罗夫斯克边疆区卢丹尼科瓦山岗墓地考古考察报告》// 俄罗斯科学院考古研究所档案，Р－1，№5722，61 页。

Васильев Ю.М. Отчет об археологических исследованиях на могильнике Луданникова Сопка в Хабаровском крае. 1975 г. // Архив ИА РАН. — Р－1, № 5722. — 61 л.

93. **Ю.М. 瓦西里耶夫**：《1975 年哈巴罗夫斯克边疆区哈巴罗夫斯克农业区、斯米多维奇地区考古调查成果》// 俄罗斯科学院考古研究所档案，Р－1，№5692，43 页。

Васильев Ю.М., Васильева Т.А. Результаты археологических разведок в Хабаровском сельском и Смидовическом районах Хабаровского края. 1975 г. // Архив ИА РАН. — Р－1, № 5962. — 43 л.

94. **Ю.М. 瓦西里耶夫**：《1976 年哈巴罗夫斯克边疆区哈巴罗夫斯克地区、维亚泽姆斯基地区考古考察报告》// 俄罗斯科学院考古研究所档案，Р－1，№5963，40 页。

Васильев Ю.М. Отчет об археологических исследованиях в Хабаровском и Вяземском районах Хабаровского края. 1976 г. // Архив ИА РАН. — Р－1, № 5963. — 40 л.

95. **Ю.М. 瓦西里耶夫、Т.А. 瓦西里耶娃**：《1977 年哈巴罗夫斯克边疆区哈巴罗夫斯克地区、那乃地区考古考察报告》// 俄罗斯科学院考古研究所档案，Р－1，№6949，81 页。

Васильев Ю.М., Васильева Т.А. Отчет об археологических исследованиях в Хабаровском и Нанайском районах Хабаровского края. 1977 г. // Архив ИА РАН. — Р－1, № 6949. — 81 л.

96．Ю.М. 瓦西里耶夫：《1978 年哈巴罗夫斯克边疆区考古考察报告》//俄罗斯科学院考古研究所档案，Р－1，№7119，81 页。

Васильев Ю.М. Отчет об археологических исследаниях в Хабаровском крае. 1978 г. // Архив ИА РАН. — Р－1, № 7119. — 81 л.

97．Ю.М. 瓦西里耶夫：《1980 年哈巴罗夫斯克边疆区那乃地区波洛温卡区阿纽伊河考古考察报告》//俄罗斯科学院考古研究所档案，Р－1，№8292，76 页。

Васильев Ю.М. Отчет об археологических исследаниях на р. Анюй в местности Половинке Нанайского района. Хабаровский край. 1980 г. // Архив ИА РАН. — Р－1, № 8298. — 76 л.

98．Ю.М. 瓦西里耶夫：《1981 年哈巴罗夫斯克边疆区那乃地区、哈巴罗夫斯克地区考古考察报告》//俄罗斯科学院考古研究所档案，Р－1，№8549，115 页。

Васильев Ю.М. Отчет об археологических исследаниях в Нанайском и Хабаровском районах. Хабаровский край. 1981 г. // Архив ИА РАН. —Р－1, № 8549. — 115 л.

99．Ю.М. 瓦西里耶夫：《1982 年哈巴罗夫斯克边疆区那乃地区、哈巴罗夫斯克农业区发掘、调查报告》//俄罗斯科学院考古研究所档案，Р－1，№9272，192 页。

Васильев Ю.М. Отчет о раскопках и разведках в Нанайском и Хабаровском сельском районах. Хабаровский край. 1982 г. // Архив ИА РАН. — Р－1, № 9272. — 192 л.

100．Ю.М. 瓦西里耶夫：《1983 年哈巴罗夫斯克边疆区考古考查》//俄罗斯科学院考古研究所档案，Р－1，№9656，184 页。

Васильев Ю.М. Археологические исследования в Хабаровском крае. 1983 г. // Архив ИА РАН. — Р－1, № 9656. — 184 л.

101．Ю.М. 瓦西里耶夫：《1984 年哈巴罗夫斯克边疆区哈巴罗夫斯克农业区考古发掘报告》//俄罗斯科学院考古研究所档案，Р－1，№10370，113 页。

Васильев Ю.М. Отчет об археологических раскопках в Хабаровском сельском районе. Хабаровский край. 1984 г. // Архив ИА РАН. — Р－1, № 10370. — 113 л.

102．Ю.М. 瓦西里耶夫：《1986 年哈巴罗夫斯克边疆区考古发掘、调查报告》//俄罗斯科学院考古研究所档案，Р－1，№11631，84 页。

Васильев Ю.М. Отчет об археологических раскопках и разведках в Хабаровском крае. 1986 г. // Архив ИА РАН. — Р－1, № 11631. — 84 л.

103．Ю.М. 瓦西里耶夫：《1987 年哈巴罗夫斯克边疆区哈巴罗夫斯克农业区考古考察报告》//俄罗斯科学院考古研究所档案，Р－1，№12337，53 页。

Васильев Ю.М. Отчет об археологических исследаниях в Хабаровском сельском районе Хабаровского края. 1987 г. // Архив ИА РАН. — Р－1, № 12337. — 53 л.

104．Ю.М. 瓦西里耶夫：《1988 年哈巴罗夫斯克边疆区哈巴罗夫斯克农业区考古考察报告》//俄罗斯科学院考古研究所档案，Р－1，№13069，79 页。

Васильев Ю.М. Отчет об археологических исследаниях в Хабаровском сельском районе Хабаровского края. 1988 г. // Архив ИА РАН. — Р－1, № 13069. — 79 л.

105．Ю.М. 瓦西里耶夫：《1989 年哈巴罗夫斯克边疆区犹太自治州尤克塔干 1 号墓地发掘、海尔村区域调查报告》//俄罗斯科学院考古研究所档案，P-1，№13611，111 页。

Васильев Ю.М. Отчет о раскопках могильника Юктакан-1 и разведках в районе с. Хайл в Еврейской автономной области Хабаровского края. 1989 г. // Архив ИА РАН. — Р-1, № 13611. — 111 л.

106．**Ю.М. 瓦西里耶夫**：《1990 年哈巴罗夫斯克边疆区尤克塔干 1 号墓地发掘报告》//俄罗斯科学院考古研究所档案，P-1，№15641，45 页。

Васильев Ю.М. Отчет о раскопках могильника Юктакан-1 в 1990 г. Хабаровский край. // Архив ИА РАН. — Р-1, № 15641. — 45 л.

107．**Ю.М. 瓦西里耶夫**：《1994 年滨海边疆区帕尔季赞斯克地区谢尔盖耶夫卡村瓦窑址发掘报告》//俄罗斯科学院考古研究所档案，P-1，№20839，47 页。

Васильев Ю.М. Отчет. Раскопки печей для обжига черепицы в селе Сергеевка Партизанского района Приморского края в 1994 г. // Архив ИА РАН. — Р-1, № 20839. — 47 л.

108．**Ю.М. 瓦西里耶夫**：《1999 年哈巴罗夫斯克边疆区哈巴罗夫斯克农业区、拉佐地区考古调查》//俄罗斯科学院考古研究所档案，P-1，№20838，66 页。

Васильев Ю.М. Археологические разведки в Хабаровском сельском и им. С. Лазо районах Хабаровского края в 1999 г. // Архив ИА РАН. — Р-1, № 20838. — 66 л.

109．**Т.А. 瓦西里耶娃**：《1994 年滨海边疆区戈尔诺胡托尔斯科耶城址考古考察报告》//俄罗斯科学院考古研究所档案，P-1，№18762，61 页。

Васильева Т.А. Отчет об археологических исследованиях на Горнохуторском городище в Приморском крае в 1994 г. // Архив ИА РАН. — Р-1, № 18762. — 61 л.

110．**Т.А. 瓦西里耶娃**：《1996 年滨海边疆区戈尔诺胡托尔斯科耶城址考古考察报告》//俄罗斯科学院考古研究所档案，P-1，№20580，82 页。

Васильева Т.А. Отчет об археологических исследованиях на Горнохуторском городище в Приморском крае в 1996 году// Архив ИА РАН. — Р-1, № 20580. — 82 л.

111．**Т.А. 瓦西里耶娃**：《1997 年滨海边疆区戈尔诺胡托尔斯科耶城址考古考察报告》//俄罗斯科学院考古研究所档案，P-1，№21217，77 页。

Васильева Т.А. Отчет об археологических исследованиях на Горнохуторском городище в Приморском крае в 1997 году// Архив ИА РАН. — Р-1, № 21217. — 77 л.

112．**Р.С. 瓦西里耶夫斯基**：《1980 年滨海地区考古队工作报告》//俄罗斯科学院考古研究所档案，P-1，№8000，121 页。

Васильевский Р.С. Отчет о работе Приморского археологического отряда. 1980 г. // Архив ИА РАН. — Р-1, № 8000. —121 л.

113．**Р.С. 瓦西里耶夫斯基**：《1981 年滨海地区考古队卡瓦列罗沃地区乌斯季诺夫卡遗址考察、泽尔卡利纳亚河谷地调查报告》//俄罗斯科学院考古研究所档案，P-1，№8588，48 页。

Васильевский Р.С. Отчет Приморского археологического отряда об исследовании поселения Устиновка и разведке долины р. Зеркальной в Кавалеровском районе. 1981 г. // Архив ИА РАН. — Р-1, № 8588. — 48 л.

114．**Р.С. 瓦西里耶夫斯基**：《1982 年俄罗斯科学院西伯利亚分院历史·语文·哲学研究所北亚考察团滨海地区考古队工作报告》//俄罗斯科学院考古研究所档案，Р-1，№9120，47 页。

Васильевский Р.С. Отчет о работе Приморского археологического отряда Северо-Азиатской экспедиции Института истории, филологии и философии СО АН СССР. 1982 г. // Архив ИА РАН. — Р－1, № 9120. — 47 л.

115．**Р.С. 瓦西里耶夫斯基**：《1984 年滨海边疆区多层的乌斯季诺夫卡 1 号作坊址发掘报告》//俄罗斯科学院考古研究所档案，Р-1，№9492，101 页。

Васильевский Р.С. Отчет о раскопках многослойной стоянки-мастерской Устиновка-1. Приморский край. 1984 г. // Архив ИА РАН. — Р－1, № 9492. — 101 л.

116．**Р.С. 瓦西里耶夫斯基**：《1985 年北亚综合考察团滨海地区考古队苏沃罗沃 3 号遗址发掘报告》//俄罗斯科学院考古研究所档案，Р-1，№10956，61 页。

Васильевский Р.С. Отчет о раскопках стояАзиатской комплексной экспедиции. 1985 г. // Архив ИА РАН. — Р－1, № 10956. — 61 л.

117．**Р.С. 瓦西里耶夫斯基**：《1986 年滨海地区考古队滨海边疆区工作报告》//俄罗斯科学院考古研究所档案，Р-1，№11337，62 页。

Васильевский Р.С. Отчет о работах Приморского археологического отряда в Приморском крае. 1986 г. // Архив ИА РАН. — Р－1, № 11337. — 62 л.

118．**Р.С. 瓦西里耶夫斯基**：《1988 年北亚综合考察团滨海地区考古队（滨海边疆区）卡瓦列罗沃地区苏沃罗沃 4 号遗址发掘报告》//俄罗斯科学院考古研究所档案，Р-1，№13090，52 页。

Васильевский Р.С. Отчет о раскопках стоянки Суворово-IV Приморским отрядом Северо-Азиатской комплексной экспедиции в Кавалеровском районе [Приморского края]. 1988 г. // Архив ИА РАН. — Р－1, № 13090. — 52 л.

119．**Р.С. 瓦西里耶夫斯基**：《1990 年滨海地区考古队滨海边疆区苏沃罗沃 4 号遗址发掘报告》//俄罗斯科学院考古研究所档案，Р-1，№15689，78 页。

Васильевский Р.С. Отчет о раскопках стоянки Суворово IV Приморским археологическим отрядом в 1990 г. Приморский край // Архив ИА РАН. — Р－1, № 15689. — 78 л.

120．**М.В. 沃罗比耶夫**：《1960 年滨海边疆区乌苏里斯克市克拉斯诺亚罗夫斯卡亚山岗中世纪城堡发掘报告》//俄罗斯科学院考古研究所档案，Р-1，№2159，16 页；№2159－a，报告图片册，8 页。

Воробьев М.В. Отчет о раскопках средневековой крепости на Краснояровской сопке у г. Уссурийска. Приморский край. 1960 г. // Архив ИА РАН. — Р－1, № 2159. — 16 л.; № 2159－a. — Альбом к отчету. — 8 л.

121．**Ю.В. 沃斯特列佐夫**：《1979 年滨海边疆区红军地区调查工作报告》//俄罗斯科学院考古研究所档案，Р-1，№7765，30 页。

Вострецов Ю.Е. Отчет о разведочных работах в Красноармейском районе Приморского края. 1979 г. // Архив ИА РАН.— Р－1, № 7765. — 30 л.

122．**Ю.В. 沃斯特列佐夫**：《1980 年滨海边疆区哈桑地区调查工作报告》//俄罗斯科学院考古研究所档案，Р-1，№7774，35 页。

Вострецов Ю.Е. Отчет о разведочных работах в Ханкайском районе Приморского края. 1980 г. //

Архив ИА РАН. — Р-1, № 7774. — 35 л.

123．**Ю.В. 沃斯特列佐夫**：《1982 年滨海边疆区哈桑地区调查工作报告》// 俄罗斯科学院考古研究所档案，Р-1，№11587，31 页。

Вострецов Ю.Е. Отчет о разведочных работах в Ханкайском районе Приморского края. 1982 г. // Архив ИА РАН. — Р-1, № 11587. — 31 л.

124．**Ю.В. 沃斯特列佐夫**：《1983 年滨海边疆区拉佐地区调查工作、滨海地区谢米皮亚特诺瓦溪谷考古考查报告》// 俄罗斯科学院考古研究所档案，Р-1，№10166，134 页。

Вострецов Ю.Е. Отчет о разведочных работах в Лазовском районе Приморского края. Археологические исследования в пади Семипятнова в Приморье. 1983 г. // Архив ИА РАН. — Р-1, № 10166. — 134 л.

125．**Ю.В. 沃斯特列佐夫**：《1984 年（滨海边疆区）克罗乌诺夫卡 1 号遗址发掘报告》// 俄罗斯科学院考古研究所档案，Р-1，№10959，76 页。

Вострецов Ю.Е. Отчет о раскопках на поселении Кроуновка-1: ［Прим. край］. 1984 г. // Архив ИА РАН. — Р-1, № 10959. — 76 л.

126．**Ю.В. 沃斯特列佐夫**：《1987 年（滨海地区）砂碛 1 号遗址发掘报告》// 俄罗斯科学院考古研究所档案，Р-1，№11922，16 页。

Вострецов Ю.Е. Отчет о раскопках на поселении Песчаный-1 ［в Приморье］. 1987 г. // Архив ИА РАН. — Р-1, № 11922. —16 л.

127．**Ю.В. 沃斯特列佐夫**：《1988 年滨海地区砂碛 1 号遗址发掘报告》// 俄罗斯科学院考古研究所档案，Р-1，№12757，81 页。

Вострецов Ю.Е. Отчет о раскопках на поселении Песчаный-1 в Приморье. 1988 г. // Архив ИА РАН. — Р-1, № 12757. — 81 л.

128．**Ю.В. 沃斯特列佐夫**：《1989 年滨海边疆区拉佐地区考古考察报告》// 俄罗斯科学院考古研究所档案，Р-1，№14511，113 页。

Вострецов Ю.Е. Отчет об археологических исследованиях в Лазовском районе Приморского края в 1989 г. // Архив ИА РАН. — Р-1, № 14511. — 113 л.

129．**Ю.В. 沃斯特列佐夫**：《1987－1990 年滨海边疆区砂碛 1 号遗址发掘报告》// 俄罗斯科学院考古研究所档案，Р-1，№15624，214 页。

Вострецов Ю.Е. Отчет. Раскопки на поселении Песчаный-1 в 1987 - 90 гг. Приморский край. // Архив ИА РАН. — Р-1, № 15624. — 214 л.

130．**Ю.В. 沃斯特列佐夫**：《1998 年滨海边疆区哈桑地区考古调查》// 俄罗斯科学院考古研究所档案，Р-1，№21465，62 页。

Вострецов Ю.Е. Археологическая разведка в Хасанском районе Приморского края в 1998 г. // Архив ИА РАН. — Р-1, № 21465. — 62 л.

131．**Ю.В. 沃斯特列佐夫**：《1998 年滨海边疆区拉佐地区考古调查报告》// 俄罗斯科学院考古研究所档案，Р-1，№21466，24 页。

Вострецов Ю.Е. Отчет об археологической разведке в Лазовском районе Приморского края в 1998 г.

// Архив ИА РАН. — Р-1, № 21466. — 24 л.

132．**O.C. 加拉克季奥诺夫**：《1973 年滨海地区（滨海边疆区阿努钦诺地区、米哈伊洛夫地区、红军地区）考古调查报告》//俄罗斯科学院考古研究所档案，Р-1，№5141，25 页。

Галактионов О.С. Отчет об археологической разведке в Приморье（Анучинском, Михайловском и Красноармейском районах Приморского края）. 1973 г. // Архив ИА РАН. — Р-1, № 5141. — 25 л.

133．**O.C. 加拉克季奥诺夫**：《1983 年滨海边疆区考古调查报告》//俄罗斯科学院考古研究所档案，Р-1，№10177，85 页。

Галактионов О.С. Отчет об археологической разведке в Приморском крае. 1983 г. // Архив ИА РАН. — Р-1, № 10177. — 85 л.

134．**O.C. 加拉克季奥诺夫**：《1986 年滨海边疆区境内考古调查报告》//俄罗斯科学院考古研究所档案，Р-1，№11516，83 页。

Галактионов О.С. Отчет об археологических разведках на территории Приморского края. 1986 г. // Архив ИА РАН. — Р-1, № 11516. — 83 л.

135．**A.B. 加尔科维克**：《1967 年滨海边疆区红军地区、伊曼地区考古调查报告》//俄罗斯科学院考古研究所档案，Р-1，№3592，29 页。

Гарковик А.В. Отчет об археологических разведках в Красноармейском и Иманском районах Приморского края. 1967 г. // Архив ИА РАН. — Р-1, № 3592. — 29 л.

136．**A.B. 加尔科维克**：《1968 年滨海边疆区"小野马山"考古发掘报告》//俄罗斯科学院考古研究所档案，Р-1，№4071，62 页。

Гарковик А.В. Отчет об археологических раскопках на сопке《Мустанг》в Приморском крае. 1968 г. // Архив ИА РАН. — Р-1, № 4071. — 62 л.

137．**A.B. 加尔科维克**：《1971 年滨海边疆区"小野马山"遗址发掘报告》//俄罗斯科学院考古研究所档案，Р-1，№4556，66 页；附录：37 页。

Гарковик А.В. Отчет о раскопках поселения на сопке《Мустанг》. 1971 г. // Архив ИА РАН. — Р-1, № 4556. — 66 л. — Приложение: 37 л.

138．**A.B. 加尔科维克**：《1972 年瓦连京考古队滨海边疆区拉佐地区考古考察报告》//俄罗斯科学院考古研究所档案，Р-1，№4990，74 页。

Гарковик А.В. Отчет об археологических исследованиях Валентиновского отряда в Лазовском районе Приморского края. 1972 г. // Архив ИА РАН. — Р-1, № 4990. — 74 л.

139．**A.B. 加尔科维克**：《1974 年瓦连京地峡遗址考古考察报告》//俄罗斯科学院考古研究所档案，Р-1，№5386，121 页。

Гарковик А.В. Отчет об археологических исследованиях на поселении Валентин-перешеек в 1974 г. // Архив ИА РАН. — Р-1, № 5386. — 121 л.

140．**A.B. 加尔科维克**：《1976 年瓦连京地峡遗址考古工作报告》//俄罗斯科学院考古研究所档案，Р-1，№6106，99 页。

Гарковик А.В. Отчет об археологических работах на поселении Валентин-перешеек. 1976 г.// Архив ИА РАН. — Р-1, № 6106. — 99 л.

141．**A.B. 加尔科维克**：《1979 年（滨海边疆区拉佐地区）瓦连京地峡遗址考古考察报告》//俄罗斯科学院考古研究所档案，P－1，№7752，124 页。

Гарковик А.В. Отчет об археологических исследованиях на поселении Валентин-перешеек（Лазовский район Приморского края）. 1979 г. // Архив ИА РАН. — Р－1, № 7752. — 124 л.

142．**A.B. 加尔科维克**：《1981 年海洋考古队、瓦连京考古队滨海地区田野考察报告》//俄罗斯科学院考古研究所档案，P－1，№9076，151 页。

Гарковик А.В. Отчет о полевых исследованиях в Приморье. Работа Морского археологического отряда. Работа Валентиновского отряда. 1981 г. // Архив ИА РАН. — Р－1, № 9076. — 151 л.

143．**A.B. 加尔科维克**：《1983 年滨海地区叶夫斯塔菲 4 号（поселение Евстафи-4）遗址田野考察报告》//俄罗斯科学院考古研究所档案，P－1，№10485，63 页。

Гарковик А.В. Отчет о полевых исследованиях на поселении Евстафий-4 в Приморье. 1983 г. // Архив ИА РАН. — Р－1, № 10485. — 63 л.

144．**A.B. 加尔科维克**：《1985 年滨海边疆区雷巴克 1 号遗址工作报告》//俄罗斯科学院考古研究所档案，P－1，№11304，87 页。

Гарковик А.В. Отчет о работах на поселении Рыбак-1 в Приморском крае. 1985 г. // Архив ИА РАН. — Р－1, № 11304. — 87 л.

145．**A.B. 加尔科维克**：1987 年滨海地区小野马 1 号遗址考古考察报告//俄罗斯科学院考古研究所档案，P－1，№15321，95 页。

Гарковик А.В. Отчет об археологических исследованиях памятника Мустанг-1 в Приморье в 1987 г. // Архив ИА РАН. — Р－1, № 15321. — 95 л.

146．**A.B. 加尔科维克**：《1991 年（滨海地区）叶夫斯塔菲湾沿岸田野考察报告》//俄罗斯科学院考古研究所档案，P－1，№16687，44 页；№16688，报告图片册，10 页。

Гарковик А.В. Отчет о полевых исследованиях на побережье бухты Евстафия［в Приморье］в 1991 г. // Архив ИА РАН. — Р－1, № 16687. — 44 л.; № 16688. — Альбом к отчету. — 10 л.

147．**A.B. 加尔科维克、H.A. 科诺年科**：《1992 年滨海边疆区乌斯季诺夫卡 3 号遗址田野考察报告》//俄罗斯科学院考古研究所档案，P－1，№17068，67 页。

Гарковик А.В., Кононенко Н.А. Отчет о полевых исследованиях на памятнике Устиновка III в 1992 г. Приморский край // Архив ИА РАН. — Р－1, № 17068. — 67 л.

148．**A.B. 加尔科维克**：《1993 年滨海边疆区乌斯季诺夫卡 3 号遗址田野考察报告》//俄罗斯科学院考古研究所档案，P－1，№18304，62 页。

Гарковик А.В. Отчет о полевых исследованиях стоянки Устиновка 3 в 1993 г., Приморский край // Архив ИА РАН. — Р－1, № 18304. — 62 л.

149．**A.B. 加尔科维克**：《《1994 年滨海边疆区乌斯季诺夫卡 3 号遗址田野考察报告》//俄罗斯科学院考古研究所档案，P－1，№18650，127 页。

Гарковик А.В. Отчет о полевых исследованиях стоянки Устиновка 3 в 1994 г. // Архив ИА РАН. — Р－1, № 18650. — 127 л.

150．**A.B. 加尔科维克**：《1995 年滨海边疆区乌斯季诺夫卡 3 号遗址田野考察报告》//俄罗斯科学院考古研究所档案，P－1，№19283，78 页。

Гарковик А.В. Отчет о полевых исследованиях памятника Устиновка 3 в 1995 г. // Архив ИА РАН. — Р-1, № 19283. — 78 л.

151．**А.В. 加尔科维克**：《1996 年滨海边疆区乌斯季诺夫卡 3 号遗址田野考察报告》//俄罗斯科学院考古研究所档案，P－1，№20830，119 页。

Гарковик А.В. Отчет о полевых исследованиях памятника Устиновка 3 в 1996 г. // Архив ИА РАН. — Р-1, № 20830. — 119 л.

152．**Е.И. 格尔曼**：《1997 年滨海边疆区米哈伊洛夫卡地区考古调查报告》//俄罗斯科学院考古研究所档案，P－1，№21370，66 页。

Гельман Е.И. Отчет об археологической разведке в Михайловском районе Приморского края в 1997 году // Архив ИА РАН. — Р-1, № 21370. — 66 л.

153．**С. А. 格拉德舍夫**：《1983 年俄罗斯科学院西伯利亚分院历史·语文·哲学研究所北亚综合考察团滨海地区考古队工作报告》//俄罗斯科学院考古研究所档案，P－1，№9561，23 页。

Гладышев С.А. Отчет о работе Приморского археологического отряда Северо-Азиатской комплексной экспедиции ИИ-ФиФ СО АН СССР. 1983 г. // Архив ИА РАН. — Р-1, № 9561. — 23 л.

154．**С. А. 格拉德舍夫**：《1990 年田野季节滨海考古队在滨海边疆区卡瓦列罗沃地区、丘古耶夫卡地区的考古调查报告》//俄罗斯科学院考古研究所档案，P－1，№15587，76 页。

Гладышев С.А. Отчет об археологических разведках в Кавалеровском и Чугуевском районах Приморским отрядом в полевом сезоне 1990 г. Приморский край // Архив ИА РАН. — Р-1, 15587. — 76 л.

155．**С.В. 戈林斯基**：《1976 年（阿穆尔州）阿穆尔河上游调查学术报告》//俄罗斯科学院考古研究所档案，P－1，№7117，37 页。

Глинский С.В. Научный отчет о разведке на Верхнем Амуре（Амурская область）. 1976 г. // Архив ИА РАН. — Р-1, № 7117. — 37 л.

156．**Ан.В. 格列比翁希科夫**：《1988 年布列亚河下布列亚水电站淹没区考古考察报告》//俄罗斯科学院考古研究所档案，P－1，№13235，81 页。

Гребенщиков Ан.В. Отчет об археологических исследованиях в зоне затопления Нижне-Бурейской ГЭС на р. Бурее. 1988 г. // Архив ИА РАН. — Р-1, №13235. — 81 л.

157．**Ан.В. 格列比翁希科夫**：《1989 年俄罗斯科学院西伯利亚分院历史·语文·哲学研究所布列亚考察团下布列亚水电站淹没区考古考察报告》//俄罗斯科学院考古研究所档案，P－1，№13624，94 页。

Гребенщиков Ан.В. Отчет об археологических исследованиях Бурейской экспедиции ИИФиФ СО АН СССР в зоне затопления Нижне-Бурейской ГЭС. 1989 г. // Архив ИА РАН. — Р-1, № 13624. — 94 л.

158．**Ан.В. 格列比翁希科夫**：《1990 年阿穆尔州下布列亚水电站淹没区考古考察报告》//俄罗斯科学院考古研究所档案，P－1，№15594，73 页。

Гребенщиков Ан.В. Отчет об археологических исследованиях в зоне затопления Нижнебурейской ГЭС в 1990 г. Амурская область // Архив ИА РАН. — Р-1, № 15594. — 73 л.

159. **Ан.B. 格列比翁希科夫**：《1991 年下布列亚水电站淹没区考古考察报告》//俄罗斯科学院考古研究所档案，P－1，№19166，52 页。

Гребенщиков Ан.В. Отчет об археологических исследованиях в зоне затопления Нижнебурейской ГЭС в 1991 г. // Архив ИА РАН. — Р-1, № 19166. — 52 л.

160. **А.П. 杰列维扬科**：《1966 年（阿穆尔州）格罗马图哈河流域考古考察报告》//俄罗斯科学院考古研究所档案，P－1，№3539，71 页。

Деревянко А.П. Отчет об археологических исследованиях на р. Громатухе［в Амурской обл.］. 1966 г. // Архив ИА РАН. — Р-1, № 3539. — 71 л.

161. **А.П. 杰列维扬科**：《1966 年（哈巴罗夫斯克边疆区）库克列沃遗址发掘报告》//俄罗斯科学院考古研究所档案，P－1，№3391，165 页；№3391－a，报告图片册，26 页。

Деревянко А.П. Отчет о раскопках поселения у с. Кукелево［в Хабаровском крае］. 1966 г. // Архив ИА РАН. — Р-1, № 3391. — 165 л.; № 3391-а. — Альбом к отчету. — 26 л.

162. **А.П. 杰列维扬科**：《1967 年远东考古考察团波尔采遗址发掘报告》//俄罗斯科学院考古研究所档案，P－1，№3541，61 页。

Деревянко А.П. Отчет о раскопках поселения Польце, произведенных отрядом Дальневосточной археологической экспедиции. 1967 г. // Архив ИА РАН. — Р-1, № 3541. —61 л.

163. **А.П. 杰列维扬科**：《1968 年阿穆尔河流域发掘学术报告》//俄罗斯科学院考古研究所档案，P－1，№3702，180 页；№3702－a，报告图片册，30 页。

Деревянко А.П. Научный отчет о раскопках в бассейне Амура. 1968 г.// Архив ИА РАН. — Р-1, № 3702. — 180 л.; № 3702-а. — Альбом к отчету. — 30 л.

164. **А.П. 杰列维扬科、Е.И. 杰列维扬科**：《1969 年特罗伊茨基村靺鞨墓地发掘学术报告》//俄罗斯科学院考古研究所档案，P－1，№3940，113 页；№3940－a，报告图片册，70 页。

Деревянко А.П., Деревянко Е.И. Научный отчет о раскопках мохэского могильника у с. Троицкого в 1969 г. // Архив ИА РАН. — Р-1, № 3940. — 113 л.; № 3940-а. — Альбом к отчету. — 70 л.

165. **А.П. 杰列维扬科**：《1970 年田野考察报告——特罗伊茨基村靺鞨墓地发掘》//俄罗斯科学院考古研究所档案，P－1，№4304，73 页；№4304－a，报告图片册，42 页。

Деревянко А.П. Отчет о полевых исследованиях в 1970 году. Раскопки мохэского могильника у с. Троицкого // Архив ИА РАН. — Р-1, № 4304. — 73 л.; № 4304-а. — Альбом к отчету. — 42 л.

166. **А.П. 杰列维扬科、Е.И. 杰列维扬科**：《1971 年特罗伊茨基墓地发掘学术报告》//俄罗斯科学院考古研究所档案，P－1，№4515，55 页；№4515－a，发掘图片册，26 页。

Деревянко А.П., Деревянко Е.И. Научный отчет о раскопках Троицкого могильника. 1971 г. // Архив ИА РАН. — Р-1, № 4515. — 55 л.; № 4515-а. — Альбом к отчету. — 26 л.

167. **А.П. 杰列维扬科**：《1972 年阿穆尔州特罗伊茨基墓地发掘学术报告》//俄罗斯科学院考古研究所档案，P－1，№4767，81 页。

Деревянко А.П. Научный отчет о раскопках Троицкого могильника в Амурской области. 1972 г. // Архив ИА РАН. — Р-1, № 4767. — 81 л.

168. **А.П. 杰列维扬科**：《1973 年结雅水电站淹没区发掘学术报告（格拉德科夫卡湖边遗址)》//俄

罗斯科学院考古研究所档案，Р-1，№5055，72页。

Деревянко А.П. Научный отчет о раскопках в зоне затопления Зейской ГЭС. (Поселение у озера Гладковского). 1973 г. // Архив ИА РАН. — Р-1, № 5055. — 72 л.

169．А.П. 杰列维扬科：《1974年结雅水电站淹没区保护性发掘成果学术报告》//俄罗斯科学院考古研究所档案，Р-1，№5614，69页。

Деревянко А.П. Научный отчет о результатах охранных раскопок в зоне затопления Зейской ГЭС в 1974 г. // Архив ИА РАН. — Р-1, № 5614. — 69 л.

170．А.П. 杰列维扬科：《1981年达尔德坎水电站淹没区"养蜂场"遗址调查工作报告》//俄罗斯科学院考古研究所档案，Р-1，№8354，47页。

Деревянко А.П. Отчет о разведывательных работах на стоянке 《Пасека》 в зоне затопления Далдыканской ГЭС. 1981 г. // Архив ИА РАН. — Р-1, № 8354. — 47 л.

171．А.П. 杰列维扬科：《1982年谢列姆贾河流域考古工作报告》//俄罗斯科学院考古研究所档案，Р-1，№9047，139页。

Деревянко А.П. Отчет об археологических работах в бассейне реки Селемджи. 1982 г. // Архив ИА РАН. — Р-1, № 9047. — 139 л.

172．А.П. 杰列维扬科：《1983年阿穆尔州谢列姆贾河下游地带旧石器时代遗址群发掘报告》//俄罗斯科学院考古研究所档案，Р-1，№9250，Т-1，131页；№9251，Т-2，140页。

Деревянко А.П. Отчет о раскопках палеолитических памятников в низовье реки Селемджи. Амурская область. 1983 г. // Архив ИА РАН. — Р-1, № 9250. — Т.1. — 139 л.; № 9251. — Т.2. — 140 л.

173．А.П. 杰列维扬科：《1984年阿穆尔州谢列姆贾河下游地带韦佳金斯卡亚山岗遗址发掘报告》//俄罗斯科学院考古研究所档案，Р-1，№10208，45页。

Деревянко А.П. Отчет о раскопках стоянки Ведягинская сопка в низовье р. Селемджи. 1984 г. // Архив ИА РАН. — Р-1, № 10208. — 45 л.

174．А.П. 杰列维扬科：《1984年阿穆尔州谢列姆贾河下游地带的旧石器时代"蛇形"遗址发掘报告》//俄罗斯科学院考古研究所档案，Р-1，№10218，68页。

Деревянко А.П. Отчет о раскопках палеолитической стоянки 《Змеиная》 в низовьях реки Селемджи. Амурская область. 1984 г. // Архив ИА РАН. — Р-1, № 10218. — 68 л.

175．А.П. 杰列维扬科：《1984年阿穆尔州谢列姆贾河下游地带的旧石器时代"平缓形"遗址发掘报告》//俄罗斯科学院考古研究所档案，Р-1，№10219，50页。

Деревянко А.П. Отчет о раскопках палеолитической стоянки 《Пологая》 в низовьях реки Селемджи. Амурская область. 1984 г. // Архив ИА РАН. — Р-1, № 10219. — 50 л.

176．А.П. 杰列维扬科：《1984年阿穆尔州谢列姆贾河巴尔卡斯纳亚山岗2号旧石器时代遗址发掘报告》//俄罗斯科学院考古研究所档案，Р-1，№10277，46页。

Деревянко А.П. Отчет о раскопках палеолитической стоянки Баркасная Сопка - 2 на р. Селемдже. Амурская область. 1984 г. // Архив ИА РАН. — Р-1, № 10277. — 46 л.

177．А.П. 杰列维扬科：《1985年（阿穆尔州）伊万诺夫卡地区谢列姆贾河流域遗址发掘报告》//

俄罗斯科学院考古研究所档案，P－1，№10870，209 页。

Деревянко А.П. Отчет о раскопках стоянок в бассейне р. Селемджи в Ивановском районе［Амурской области］. 1985 г. // Архив ИА РАН. — Р－1, № 10870. — 209 л.

178. **А.П. 杰列维扬科**：《1986 年阿穆尔州谢列姆贾河下游地带的乌斯季 – 乌利马遗址考古考察学术报告》//俄罗斯科学院考古研究所档案，P－1，№11259，81 页。

Деревянко А.П. Научный отчет об археологических исследованиях в низовьях реки Селемджи (стоянка Усть-Ульма) в Амурской области. 1986 г. // Архив ИА РАН. — Р－1, № 11259. — 81 л.

179. **А.П. 杰列维扬科**：《1986 年阿穆尔州谢列姆贾河下游地带（"巴尔卡斯纳亚山岗"遗址）考古考察学术报告》//俄罗斯科学院考古研究所档案，P－1，№11261，62 页。

Деревянко А.П. Научный отчет об археологических исследованиях в низовьях р. Селемджи (стоянка 《Баркасная Сопка》) в Амурской области. 1986 г. // Архив ИА РАН. — Р－1, № 11261. — 62 л.

180. **А.П. 杰列维扬科**：《1986 年阿穆尔州谢列姆贾河下游地带（"韦佳金斯基克柳奇"遗址）考古考察学术报告》//俄罗斯科学院考古研究所档案，P－1，№11262，88 页。

Деревянко А.П. Научный отчет об археологических исследованиях в низовьях р. Селемджи (стоянка 《Ведягинский ключ》) в Амурской области. 1986 г. // Архив ИА РАН. — Р－1, № 11262. — 88 л.

181. **А.П. 杰列维扬科**：《1987 年（阿穆尔州）坦波夫卡地区新亚历山德罗夫卡村发掘报告》//俄罗斯科学院考古研究所档案，P－1，№12051，33 页。

Деревянко А.П. Отчет о раскопках в районе села Новоалександровка Тамбовского района［Амурской области］. 1987 г. // Архив ИА РАН. — Р－1, № 12051. — 33 л.

182. **А.П. 杰列维扬科**：《1988 年谢列姆贾河下游地带乌斯季－乌利马 1－3 号遗址考古考察学术报告》//俄罗斯科学院考古研究所档案，P－1，№12870，58 页。

Деревянко А.П. Научный отчет об археологических исследованиях в низовьях р. Селемджи (стоянки Усть-Ульма 1-Ш). 1988 г. // Архив ИА РАН. — Р－1, № 12870. — 58 л.

183. **Е.И. 杰列维扬科**：《1974 年阿穆尔州特罗伊茨基墓地发掘学术报告》//俄罗斯科学院考古研究所档案，P－1，№5341，128 页。

Деревянко Е.И. Научный отчет о раскопках Троицкого могильника в Амурской области в 1974 г. // Архив ИА РАН. — Р－1, № 5341. — 128 л.

184. **Е.И. 杰列维扬科**：《1977 年阿穆尔州布拉戈维申斯克地区、布列亚地区、阿尔哈拉地区靺鞨文化遗存阿穆尔考古队考古考察报告》//俄罗斯科学院考古研究所档案，P－1，№7390，74 页。

Деревянко Е.И. Отчет об археологических исследованиях Амурского отряда памятников мохэской культуры в Благовещенском, Бурейском и Архаринском районах Амурской области. 1977 г. // Архив ИА РАН. — Р－1, № 7390. — 74 л.

185. **Е.И. 杰列维扬科**：《1981 年阿穆尔州"帽儿山"田野考察报告》//俄罗斯科学院考古研究所档案，P－1，№10079，89 页。

Деревянко Е.И. Отчет о полевых исследованиях на горе Шапка. Амурская область. 1981 г. // Архив ИА РАН. — Р－1, № 10079. — 89 л.

186. **Е.И. 杰列维扬科**：《1983 年阿穆尔州"帽儿山"城址发掘报告》//俄罗斯科学院考古研究所档

案，Р-1，№9733，102 页。

Деревянко Е.И. Отчет о раскопках городища на горе Шапке. Амурская область. 1983 г. // Архив ИА РАН. — Р-1, № 9733. — 102 л.

187. В.А. 杰留金：《1990 年哈巴罗夫斯克边疆区瓦尼诺地区、苏维埃港地区调查工作报告》// 俄罗斯科学院考古研究所档案，Р-1，№15249，42 页。

Дерюгин В.А. Отчет о разведочных работах в Ванинском и Советско-Гаванском районах Хабаровского края в 1990 г. // Архив ИА РАН. — Р-1, № 15249. — 42 л.

188. В.А. 杰留金：《1991 年哈巴罗夫斯克边疆区瓦尼诺地区、苏维埃港地区考古考察报告》// 俄罗斯科学院考古研究所档案，Р-1，№16560，59 页。

Дерюгин В.А. Отчет об археологических исследованиях в Ванинском и Советско-Гаванском районах Хабаровского края в 1991 г. // Архив ИА РАН. — Р-1, № 16560. — 59 л.

189. В.А. 杰留金：《1992 年哈巴罗夫斯克边疆区瓦尼诺地区、苏维埃港地区、那乃地区调查工作》// 俄罗斯科学院考古研究所档案，Р-1，№17050，74 页。

Дерюгин В.А. Разведочные работы в Ванинском, Советско-Гаванском и Нанайском районах Хабаровского края в 1992 г. // Архив ИА РАН. — Р-1, № 17050. — 74 л.

190. В.А. 杰留金：《1992 年贝斯特拉亚土坑墓地考察》// 俄罗斯科学院考古研究所档案，Р-1，№17117，80 页。

Дерюгин В.А. Исследования фунтового могильника Быстрая в 1992 г. // Архив ИА РАН. — Р-1, № 17117. — 80 л.

191. В.А. 杰留金：《1992 年哈巴罗夫斯克边疆区马尔梅日 1 号遗址考察》// 俄罗斯科学院考古研究所档案，Р-1，№17118，87 页。

Дерюгин В.А. Исследования поселения Малмыж 1 в 1992 г. Хабаровский край // Архив ИА РАН. — Р-1, № 17118. — 87 л.

192. В.А. 杰留金：《1999 年哈巴罗夫斯克边疆区马尔梅日 1 号遗址考察》// 俄罗斯科学院考古研究所档案，Р-1，№18323，78 页。

Дерюгин В.А. Исследования на поселении Малмыж-1 в 1999 г. Хабаровский край // Архив ИА РАН. — Р-1, № 18323. — 78 л.

193. В.А. 杰留金：《1994 年哈巴罗夫斯克边疆区哈巴罗夫斯克市、比金地区调查工作》// 俄罗斯科学院考古研究所档案，Р-1，№18232，91 页。

Дерюгин В.А. Разведочные работы в г. Хабаровске и Бикинском районе Хабаровского края в 1994 г. // Архив ИА РАН. — Р-1, № 18232. — 91 л.

194. В.А. 杰留金：《1995 年哈巴罗夫斯克边疆区比金地区考古工作》// 俄罗斯科学院考古研究所档案，Р-1，№19128，154 页。

Дерюгин В.А. Археологические работы в Бикинском районе Хабаровского края в 1995 г. // Архив ИА РАН. — Р-1, № 19128. — 154 л.

195. В.А. 杰留金：《1996 年哈巴罗夫斯克边疆区大乌苏里斯克岛、塔拉巴尔维岛调查工作》// 俄罗斯科学院考古研究所档案，Р-1，№20137，32 页。

Дерюгин В. А. Разведочные работы на Большом Уссурийском и Тарабаровых островах в 1996 году: [Хабар. край] // Архив ИА РАН. — Р-1, № 20137. — 32 л.

196. **В.И. 季亚科夫**：《1973 年滨海边疆区达利涅戈尔斯克地区、捷尔涅伊地区石器、青铜时代遗存调查报告》//俄罗斯科学院考古研究所档案，Р-1，№4985，33 页。

Дьяков В.И. Отчет о разведке памятников каменного и бронзового веков в Дальнегорском и Тернейском районах Приморского края. 1973 г. // Архив ИА РАН. — Р-1, № 4985. — 33 л.

197. **В.И. 季亚科夫**：《1974 年滨海边疆区达利涅戈尔斯克地区、捷尔涅伊地区及哈巴罗夫斯克边疆区哈巴罗夫斯克地区考古考察报告》//俄罗斯科学院考古研究所档案，Р-1，№5274，81 页。

Дьяков В.И., Дьякова О.В. Отчет об археологических исследованиях в Дальнегорском, Тернейском районах Приморского края и Хабаровском районе Хабаровского края. 1974 г. // Архив ИА РАН. — Р-1, № 5274. — 81 л.

198. **В.И. 季亚科夫**：《1975 年滨海边疆区布拉戈达特诺耶 3 号遗址发掘报告》//俄罗斯科学院考古研究所档案，Р-1，№5337，66 页。

Дьяков В.И. Отчет о раскопках на поселении Благодат-ное-Ш в Приморском крае. 1975 г. // Архив ИА РАН. — Р-1, № 5337. — 66 л.

199. **В.И. 季亚科夫**：《1978 年滨海边疆区、哈巴罗夫斯克边疆区鞑靼海峡内地沿海岸的初期考古考察》//俄罗斯科学院考古研究所档案，Р-1，№7053，55 页。

Дьяков В.И. Первые археологические исследования на материковом побережье Татарского пролива. Приморский и Хабаровский края. 1978 г. // Архив ИА РАН. — Р-1, № 7053. — 55 л.

200. **В.И. 季亚科夫**：《1979 年滨海边疆区达利涅戈尔斯克地区利多夫卡 1 号遗址考古考察报告》//俄罗斯科学院考古研究所档案，Р-1，№7484，102 页。

Дьяков В.И. Отчет об археологических исследованиях на поселении Лидовка-1. Дальнегорский район. Приморский край. 1979 г. // Архив ИА РАН. — Р-1, № 7484. — 102 л.

201. **В.И. 季亚科夫**：《1980 年滨海边疆区布拉戈达特诺耶 3 号遗址发掘以及乌斯季诺夫卡遗址群勘查工作报告》//俄罗斯科学院考古研究所档案，Р-1，№8192，82 页。

Дьяков В.И. Отчет о раскопках поселения Благодатное-III и рекогносцировочных работах на Устиновских памятниках. Приморский край. 1980 г. // Архив ИА РАН. — Р-1, № 8192. — 82 л.

202. **В.И. 季亚科夫**：《1981 年滨海边疆区、哈巴罗夫斯克边疆区考古考察报告》//俄罗斯科学院考古研究所档案，Р-1，№8664，71 页。

Дьяков В.И. Отчет об археологических исследованиях в Приморском и Хабаровском краях. 1981 г. // Архив ИА РАН. — Р-1, № 8664. — 71 л.

203. **В.И. 季亚科夫**：《1982 年滨海边疆区乌斯季诺夫卡 4 号遗址考古发掘、泽尔卡利纳亚河和鲁德纳亚河谷地勘查工作报告》//俄罗斯科学院考古研究所档案，Р-1，№9372，52 页。

Дьяков В.И. Отчет об археологических раскопках памятника Устиновка-IV и рекогносцировочных работах в долинах рек Зеркальной и Рудной. Приморский край. 1982 г. // Архив ИА РАН. — Р-1, № 9372. — 52 л.

204. **В.И. 季亚科夫**：《1983 年滨海边疆区鲁德纳亚码头遗址、乌斯季诺夫卡 4 号遗址考古考察报告》∥俄罗斯科学院考古研究所档案，Р-1，№9631，100 页。

Дьяков В.И. Отчет об археологических исследованиях памятников Рудная Пристань и Устиновка-IV. Приморский край. 1983 г. // Архив ИА РАН. — Р-1, № 9631. — 100 л.

205．**В.И. 季亚科夫**：《1983 年滨海边疆区卡瓦列罗沃地区乌斯季诺夫卡 4 号遗址考古发掘报告》∥俄罗斯科学院考古研究所档案，Р-1，№14629，38 页。

Дьяков В.И. Отчет об археологических раскопках на памятнике Устиновка 4 в Кавалеровском районе Приморского края в 1983 г. // Архив ИА РАН. — Р-1, № 14629. — 38 л.

206．**В.И. 季亚科夫**：《1984 年滨海边疆区鲁德纳亚码头遗址、乌斯季诺夫卡 4 号遗址考古发掘报告》∥俄罗斯科学院考古研究所档案，Р-1，№10223，119 页。

Дьяков В.И. Отчет о раскопках памятников Рудная Пристань и Устиновка-IV. Приморский край. 1984 г. // Архив ИА РАН. — Р-1, № 10223. — 119 л.

207．**В.И. 季亚科夫**：《1985 年（滨海边疆区）达利涅戈尔斯克地区、卡瓦列罗沃地区发掘报告》∥俄罗斯科学院考古研究所档案，Р-1，№10931，159 页。

Дьяков В.И. Отчет о раскопках в Дальнегорском и Кавалеровском районах ［Приморского края］. 1985 г. // Архив ИА РАН. — Р-1, № 10931. — 159 л.

208．**В.И. 季亚科夫**：《1986 年滨海地区第一个靺鞨墓地——莫纳斯特尔卡 3 号遗址发掘报告》∥俄罗斯科学院考古研究所档案，Р-1，№13435，78 页。

Дьяков В.И. Отчет о раскопках памятника Монастырка-III — первого мохэского могильника в Приморье. 1986 г. // Архив ИА РАН. — Р-1, № 13435. — 78 л.

209．**В.И. 季亚科夫**：《1986 年滨海地区莫纳斯特尔卡 1 号遗址发掘报告》∥俄罗斯科学院考古研究所档案，Р-1，№13350，38 页。

Дьяков В.И. Отчет о раскопках памятника Монастырка-I (Приморский край). 1986 г. // Архив ИА РАН. — Р-1, № 13350. — 38 л.

210．**В.И. 季亚科夫**：《1986 年滨海边疆区达利涅戈尔斯克地区鲁德纳亚码头遗址周边发掘、调查勘查报告》∥俄罗斯科学院考古研究所档案，Р-1，№14759，63 页。

Дьяков В.И. Отчет о раскопках и разведочно-рекогносцировочных работах вблизи пос. Рудная Пристань в Дальнегорском районе Приморского края. 1986 г. // Архив ИА РАН.— Р-1, № 14759. — 63 л.

211．**В.И. 季亚科夫**：《1986 年滨海边疆区达利涅戈尔斯克地区鲁德纳亚码头遗址第五发掘区发掘报告》∥俄罗斯科学院考古研究所档案，Р-1，№14784，128 页。

Дьяков В.И. Отчет о раскопках поселения Рудная Пристань, раскоп 5 в Дальнегорском районе Приморского края в 1986 г. // Архив ИА РАН. — Р-1, № 14784. — 128 л.

212．**В.И. 季亚科夫**：《1990 年滨海地区北部调查、勘查工作报告》∥俄罗斯科学院考古研究所档案，Р-1，№15230，95 页。

Дьяков В.И. Отчет о разведочно-рекогносцировочных работах в Северном Приморье в 1990 г. // Архив ИА РАН. — Р-1, № 15230. — 95 л.

213．**В.И. 季亚科夫**：《1990 年滨海边疆区波格拉尼奇内地区田野考古工作报告》∥俄罗斯科学院考古研究所档案，Р－1，№15231，69 页。

Дьяков В.И. Отчет об археологических полевых работах в Пограничном районе Приморского края в 1990 г. // Архив ИА РАН. — Р－1, № 15231. — 69 л.

214. **В.И. 季亚科夫**：《1991 年哈巴罗夫斯克市至奈欣镇的阿穆尔河右岸地区遗存发现、调查、著录的综合工作报告》//俄罗斯科学院考古研究所档案，Р－1，№16533，258 页。

Дьяков В.И. Отчет о комплексных работах по выявлению, обследованию и фиксации памятников на правобережье р. Амур от г. Хабаровска до с. Найхин в 1991 г. // Архив ИА РАН. — Р－1, № 16533. — 258 л.

215. **В.И. 季亚科夫、О.В. 季亚科娃**：《1991 年滨海边疆区、哈巴罗夫斯克边疆区考古考察报告》//俄罗斯科学院考古研究所档案，Р－1，№16539，217 页。

Дьяков В.И., Дьякова О.В . Отчет об археологических исследованиях в Приморском и Хабаровском краях в 1991 г. // Архив ИА РАН, Р－1, № 16539. — 217 л.

216. **В.И. 季亚科夫**：《1993 年滨海边疆区、阿穆尔州考古工作》//俄罗斯科学院考古研究所档案，Р－1，№18197，158 页。

Дьяков В.И. Археологические работы в 1993 г. Приморский край, Амурская область // Архив ИА РАН. — Р－1, № 18197. —158 л.

217. **В.И. 季亚科夫**：1994 年（滨海边疆区）乌斯季诺夫卡 4 号遗址发掘报告//俄罗斯科学院考古研究所档案，Р－1，№20567，88 页。

Дьяков В.И. Отчет о раскопках памятника Устиновка-IV в 1994 году. (Приморский край) // Архив ИА РАН. — Р－1, № 20567. — 88 л.

218. **В.И. 季亚科夫**：《1997 年滨海边疆区考古工作》//俄罗斯科学院考古研究所档案，Р－1，№21690，69 页。

Дьяков В.И. Археологические работы в Приморском крае в 1997 г. // Архив ИА РАН. — Р－1, № 21690. — 69 л.

219. **В.И. 季亚科夫**：《1997 年符拉迪沃斯托克境内考古调查工作》//俄罗斯科学院考古研究所档案，Р－1，№21401，31 页。

Дьяков В.И. Археологические разведочные работы на территории Владивостока. 1997 г. // Архив ИА РАН. — Р－1, № 21401. — 31 л.

220. **В.И. 季亚科夫**：《1997 年滨海边疆区帕尔季赞斯克地区奥利加河上游至东方港 1419，45 页。

Дьяков В.И. Археологические разведочные работы от верхнего течения реки Ольга до порта Восточный и горы Арсения в Партизанском районе Приморского края в 1997 году. Научно-производственный отчет // Архив ИА РАН. — Р－1, № 21419. — 45 л.

221. **О.В. 季亚科娃**：《1974 年滨海边疆区达利涅戈尔斯克地区、捷尔涅伊地区考古调查报告》//俄罗斯科学院考古研究所档案，Р－1，№4384，39 页。

Дьякова О.В. Отчет об археологической разведке в Дальнегорском и Тернейском районах Приморского края. 1974 г. // Архив ИА РАН. — Р－1, № 4384. — 39 л.

222. **О.В. 季亚科娃**：《1975 年滨海边疆区利多夫卡 1 号遗址发掘报告》//俄罗斯科学院考古研究所

档案，Р－1，№6430，126 页。

Дьякова О.В., Дьяков В.И. Отчет о раскопках на поселении Лидовка-1 в Приморском крае. 1975 г. // Архив ИА РАН.— Р-1, № 6430. — 126 л.

223．О.В. 季亚科娃：《1992 年滨海边疆区考古考察报告》//俄罗斯科学院考古研究所档案，Р－1，№17039，120 页。

Дьякова О.В. Археологические исследования в Приморском крае. Отчет за 1992 год// Архив ИА РАН. — Р-1, № 17039. — 120 л.

224．О.В. 季亚科娃：《1993 年莫纳斯特尔卡 3 号早期中世纪墓地的发掘》//俄罗斯科学院考古研究所档案，Р－1，№18183，215 页。

Дьякова О.В. Раскопки раннесредневекового могильника Монастырка III в 1993 г. // Архив ИА РАН. — Р-1, № 18183. —215 л.

225．О.В. 季亚科娃：《1994 年滨海边疆区、阿穆尔州考古考察报告》//俄罗斯科学院考古研究所档案，Р－1，№18592，48 页。

Дьякова О.В. Отчет об археологических исследованиях в Приморском крае и Амурской области в 1994 г. // Архив ИА РАН. — Р-1, № 18592. — 48 л.

226．О.В. 季亚科娃：《1995 年阿穆尔 － 滨海考察团滨海边疆区考古考察》//俄罗斯科学院考古研究所档案，Р－1，№19113，260 页。

Дьякова О.В. Археологические исследования Амуро-Приморской экспедиции в Приморском крае в 1995 г. // Архив ИА РАН. — Р-1, № 19113. — 260 л.

227．О.В. 季亚科娃：《1996 年阿穆尔 － 滨海考古考察团田野考察报告》//俄罗斯科学院考古研究所档案，Р－1，№20065，68 页。

Дьякова О.В. Отчет о полевых исследованиях Амурско-Приморской археологической экспедиции в 1996 г. // Архив ИА РАН. — Р-1, № 20065. — 68 л.

228．О.В. 季亚科娃：《1997 年阿穆尔 － 滨海考察团滨海边疆区捷尔涅伊地区考察报告》//俄罗斯科学院考古研究所档案，Р－1，№21493，53 页。

Дьякова О.В. Отчет об исследованиях Амуро-Приморской археологической экспедиции в Тернейском районе Приморского края в 1997 году // Архив ИА РАН. — Р-1, № 21493. — 53 л.

229．О.В. 季亚科娃：《1998 年阿穆尔－滨海考察团吉吉特城址考察报告》//俄罗斯科学院考古研究所档案，Р－1，№21612，42 页。

Дьякова О.В. Отчет об исследованиях Амуро-Приморской археологической экспедиции на Джигитовском городище в 1998 году // Архив ИА РАН. — Р-1, № 21612. — 42 л.

230．В.Е. 叶尔马科夫：《1983 年滨海边疆区哈桑地区考古调查报告》//俄罗斯科学院考古研究所档案，Р－1，№9553，25 页。

Ермаков В.Е. Отчет об археологической разведке в Хасанском районе Приморского края. 1983 г. // Архив ИА РАН. — Р-1, № 9553. — 25 л.

231．В.Е. 叶尔马科夫：《1985 年滨海边疆区哈桑地区、卡瓦列罗沃地区、奥利加地区考古调查报告》//俄罗斯科学院考古研究所档案，Р－1，№11619，73 页。

Ермаков В.Е. Отчет об археологической разведке в Хасанском, Кавалеровском и Ольгинском районах Приморского края. 1985 г. // Архив ИА РАН. — Р-1, № 11619. — 73 л.

232．**В.Е. 叶尔马科夫**：《1988 年（滨海边疆区）哈桑地区考古调查报告》//俄罗斯科学院考古研究所档案，Р-1，№12594，63 页。

Ермаков В.Е. Отчет об археологической разведке в Ханкайском районе［Приморского края］. 1988 г. // Архив ИА РАН. — Р-1, № 12594. — 63 л.

233．**В.Е. 叶尔马科夫**：《1989 年滨海边疆区哈桑地区考古工作报告》//俄罗斯科学院考古研究所档案，Р-1，№15234，72 页。

Ермаков В.Е. Отчет об археологических работах в Ханкайском районе Приморского края в 1989 г. // Архив ИА РАН. — Р-1, № 15234. —72 л.

234．**И.С. 茹希霍夫斯卡娅**：《1976 年滨海边疆区拉佐地区基辅卡遗址考古工作报告》//俄罗斯科学院考古研究所档案，Р-1，№6318，47 页。

Жущиховская И.С. Отчет об археологических работах на поселении Киевка Лазовского района Приморского края. 1976 г. // Архив ИА РАН. — Р-1, № 6318. — 47 л.

235．**И.С. 茹希霍夫斯卡娅**：《1979 年（滨海边疆区拉佐地区）基辅卡遗址考古工作报告》//俄罗斯科学院考古研究所档案，Р-1，№7674，47 页。

Жущиховская И.С. Отчет об археологических работах на поселении Киевка (Лазовский район, Приморский край). 1979 г. // Архив ИА РАН. — Р-1, № 7674. — 47 л.

236．**И.С. 茹希霍夫斯卡娅**：《1980 年（滨海边疆区拉佐地区）基辅卡遗址考古工作报告》//俄罗斯科学院考古研究所档案，Р-1，№7675，83 页。

Жущиховская И.С. Отчет об археологических работах на поселении Киевка (Лазовскийрайон, Приморский край). 1980 г. // Архив ИА РАН. — Р-1, № 7675. — 83 л.

237．**И.С. 茹希霍夫斯卡娅**：《1981 年滨海边疆区基辅卡遗址考古工作》//俄罗斯科学院考古研究所档案，Р-1，№8406，104 页。

Жущиховская И.С. Археологические работы на поселении Киевка. Приморский край. 1981 г. // Архив ИА РАН. — Р-1, № 8406. — 104 л.

238．**И.С. 茹希霍夫斯卡娅**：《1984 年（滨海地区）科尔萨科夫卡 2 号遗址工作报告》//俄罗斯科学院考古研究所档案，Р-1，№10145，70 页。

Жущиховская И.С. Отчет о работе на поселении Корсаковское-2 ［в Приморье］. 1984 г. // Архив ИА РАН. — Р-1, № 10145. — 70 л.

239．**И.С. 茹希霍夫斯卡娅**：《1986 年滨海地区科尔萨科夫卡 2 号遗址考古工作报告》//俄罗斯科学院考古研究所档案，Р-1，№12039，83 页。

Жущиховская И.С. Отчет об археологических работах на поселении Корсаковское-2 в Приморье. 1986 г. // Архив ИА РАН. — Р-1, № 12039. — 83 л.

240．**И.С. 茹希霍夫斯卡娅**：《1988 年滨海边疆区什科托沃地区、乌苏里斯克地区考古工作报告》//俄罗斯科学院考古研究所档案，Р-1，№17219，128 页。

Жущиховская И.С. Отчет об археологических работах в Шкотовском и Уссурийском районах

Приморского края в 1988 г. // Архив ИА РАН. — Р-1, № 17219. — 128 л.

241．**Н.Н. 扎伊采夫**：《1997 年阿穆尔州布拉戈维申斯克地区考古调查报告》// 俄罗斯科学院考古研究所档案，Р-1，№21310，29 页。

Зайцев Н.Н. Отчет об археологической разведке в Благовещенском районе Амурской области в 1997 г. // Архив ИА РАН. — Р-1, № 21301. — 29 л.

242．**А. 佐洛塔列夫**：《1934 年阿穆尔考察报告》// 俄罗斯科学院物质文化史研究所档案，Ф.2，оп.1，1934，№123，18 页。

Золотарев А. Отчет об экспедиции на Амур в 1934 г. // Архив ИИМК РАН. — Ф.2, оп.1, 1934, № 123. — 18 л.

243．**А.Л. 伊夫里耶夫**：《1977 年阿穆尔州考古调查报告》// 俄罗斯科学院考古研究所档案，Р-1，№6711，77 页。

Ивлиев А.Л. Отчет об археологической разведке в Амурской области, 1977 г. // Архив ИА РАН. — Р-1, № 6711. — 77 л.

244．**А.Л. 伊夫里耶夫**：《1978 年滨海边疆区兴凯湖地区考古调查报告》// 俄罗斯科学院考古研究所档案，Р-1，№7478，170 页。

Ивлиев А.Л. Отчет об археологических исследованиях в Ханкайском районе Приморского края в 1978 году // Архив ИА РАН. — Р-1, № 7478. — 170 л.

245．**А.Л. 伊夫里耶夫**：《1981 年（滨海边疆区）兴凯湖地区迈斯基城址考古考察报告》// 俄罗斯科学院考古研究所档案，Р-1，№8594，108 页。

Ивлиев А.Л. Отчет об археологических исследованиях на Майском городище в Ханкайском районе [Приморского края]. 1981 г. // Архив ИА РАН. — Р-1, № 8594. — 108 л.

246．**В.Г. 克瓦什**：《1992 年（滨海边疆区）捷尔涅伊地区考古调查》// 俄罗斯科学院考古研究所档案，Р-1，№18262，94 页。

Квашин В.Г. Археологические разведки в Тернейском районе [Приморского края] в 1992 г. // Архив ИА РАН. — Р-1, № 18262. — 94 л.

247．**В.Г. 克瓦什**：《1994 年滨海边疆区哈桑地区考古调查成果报告》// 俄罗斯科学院考古研究所档案，Р-1，№20277，187 页。

Квашин В.Г. Отчет о результатах археологической разведки в Хасанском районе Приморского края в 1994 году // Архив ИА РАН. — Р-1, № 20277. — 187 л.

248．**С.П. 基斯德涅夫**：《1978 年田野季节苏联科学院西伯利亚分院雅库茨克分部勒拿河考古考察团东队南组工作报告（阿穆尔州工作）》// 俄罗斯科学院考古研究所档案，Р-1，№7109，55 页。

Кистенев С.П. Отчет о работе Южной группы Восточного отряда Приленской археологической экспедиции Якутского филиала СО АН СССР в полевой сезон 1978 года: [Работы в Амур, обл.] // Архив ИА РАН. — Р-1, № 7109. — 55 л.

249．**Н.А. 克柳耶夫**：《1986 年滨海边疆区什科托沃地区、帕尔季赞斯克地区考古调查报告》// 俄罗斯科学院考古研究所档案，Р-1，№11912，17 页。

Клюев Н.А. Отчет об археологической разведке в Шкотовском и Партизанском районах Приморского края. 1986 г. // Архив ИА РАН. — Р-1, № 11912. — 17 л.

250. **Н.А.克柳耶夫**：《1988 年滨海地区考古调查报告》// 俄罗斯科学院考古研究所档案，Р-1，№13033，65 页。

Клюев Н.А. Отчет об археологических разведках в Приморье. 1988 г. // Архив ИА РАН. — Р-1, № 13033. — 65 л.

251. **Н.А.克柳耶夫**：《1989 年滨海地区考古调查、发掘报告》// 俄罗斯科学院考古研究所档案，Р-1，№14184，161 页。

Клюев Н.А. Отчет об археологических разведках и раскопках в Приморье в 1989 г. // Архив ИА РАН. — Р-1, № 14184. — 161 л.

252. **Н.А.克柳耶夫**：《1990 年滨海边疆区兴凯湖地区新谢利谢 4 号多层遗址发掘报告》// 俄罗斯科学院考古研究所档案，Р-1，№15323，35 页。

Клюев Н.А. Отчет о раскопках многослойного поселения Новоселище 4 в Ханкайском районе Приморского края в 1990 г. // Архив ИА РАН. — Р-1, № 15323. — 35 л.

253. **Н.А.克柳耶夫**：《1991 年滨海地区考古工作报告》// 俄罗斯科学院考古研究所档案，Р-1，№16983，63 页。

Клюев Н.А. Отчет об археологических работах в Приморье в 1991 г. // Архив ИА РАН. — Р-1, № 16983. — 63 л.

254. **Н.А.克柳耶夫**：《1997 年滨海地区考古调查、发掘报告》// 俄罗斯科学院考古研究所档案，Р-1，№21589，141 页。

Клюев Н.А. Отчет об археологических разведках и раскопках в Приморье в 1997 г. // Архив ИА РАН. — Р-1, № 21589. — 141 л.

255. **С.А.科洛米耶茨**：《1990 年霍罗利地区调查报告》// 俄罗斯科学院考古研究所档案，Р-1，№15765，24 页。

Коломиец С.А. Отчет о разведках в Хорольском районе в 1990 г. // Архив ИА РАН. — Р-1, № 15765. — 24 л.

256. **С.А.科洛米耶茨**：《1995 年克罗乌诺夫卡史前巨石地点考察》// 俄罗斯科学院考古研究所档案，Р-1，№19561，14 页。

Коломиец С.А. Исследования местонахождения Кроуновка-мегалиты в 1995 г. // Архив ИА РАН. — Р-1, № 19561. —14 л.

257. **С.А.科洛米耶茨**：《1996 年滨海边疆区格拉佐夫卡城址遗存考察》// 俄罗斯科学院考古研究所档案，Р-1，№20301，27 页。

Коломиец С.А. Исследования памятника Глазовка-городище в Приморском крае в 1996 году// Архив ИА РАН. — Р-1, № 20301. — 27 л.

258. **П.В.康德拉切夫**：《1991 年（哈巴罗夫斯克边疆区）阿穆尔地区、比金地区田野考古考察报告》// 俄罗斯科学院考古研究所档案，Р-1，№16819，125 页。

Кондратьев П.В. Отчет о полевых археологических исследованиях в Амурском и Бикинском районах [Хабаровского края] в 1991 г. // Архив ИА РАН. — Р-1. № 16819. — 125 л.

259．**П.В. 康德拉切夫**：《1992 年哈巴罗夫斯克边疆区考古考察报告》//俄罗斯科学院考古研究所档案，Р-1，№18488，119 页。

Кондратьев П.В. Отчет об археологических исследованиях в 1992 г. Хабаровский край// Архив ИА РАН. — Р-1, № 18488. — 119 л.

260．**Н.А. 科诺年科**：《1993 年滨海地区考古调查报告》//俄罗斯科学院考古研究所档案，Р-1，№18446，49 页。

Кононенко Н.А. Отчет об археологических разведках в Приморье в 1993 г. // Архив ИА РАН. — Р-1, № 18446. — 49 л.

261．**Н.А. 科诺年科**：《1994 年滨海地区（卡瓦列罗沃地区、兴凯湖地区、波格拉尼奇内地区）考古调查报告》//俄罗斯科学院考古研究所档案，Р-1，№18956，116 页。

Кононенко Н.А. Отчет об археологических исследованиях в Приморье (Кавалеровский, Ханкайский, Пограничный районы). 1994 г. // Архив ИА РАН. — Р-1, № 18956. — 116 л.

262．**Н.А. 科诺年科**：《1995 年滨海边疆区卡瓦列罗沃地区乌斯季诺夫卡 6 号遗址考古发掘报告》//俄罗斯科学院考古研究所档案，Р-1，№19600，58 页。

Кононенко Н.А. Отчет об археологических раскопках стоянки Устиновка 6 в Кавалеровском районе Приморского края в 1995 г. // Архив ИА РАН. — Р-1, № 19600. — 58 л.

263．**Н.А. 科诺年科**：1996 年滨海卡瓦列罗沃地区乌斯季诺夫卡 6 号遗址考古发掘报告》//俄罗斯科学院考古研究所档案，Р-1，№19980，68 页。

Кононенко Н.А. Отчет об археологических раскопках стоянки Устиновка 6 в Приморье в 1996 г. (Кавалеровский район) // Архив ИА РАН. — Р-1, № 19980. — 68 л.

264．**Н.А. 科诺年科**：《1997 年滨海卡瓦列罗沃地区乌斯季诺夫卡 6 号遗址考古发掘报告》//俄罗斯科学院考古研究所档案，Р-1，№21289，76 页。

Кононенко Н.А. Отчет об археологических раскопках стоянки Устиновка 6 в Приморье в 1997 г. (Кавалеровский район) // Архив ИА РАН. — Р-1, № 21289. — 76 л.

265．**Н.А. 科诺年科**：《1998 年滨海卡瓦列罗沃地区乌斯季诺夫卡 6 号遗址考古发掘报告》//俄罗斯科学院考古研究所档案，Р-1，№21491，80 页。

Кононенко Н.А. Отчет об археологических раскопках стоянки Устиновка 6 в Приморье в 1998 г. (Кавалеровский район) // Архив ИА РАН. — Р-1, № 21491. — 80 л.

266．**А.К. 科诺巴茨基**：《1983 年哈巴罗夫斯克边疆区阿穆尔河下游区域调查报告》//俄罗斯科学院考古研究所档案，Р-1，№10112，60 页。

Конопацкий А.К. Отчет о разведке в нижнем течении р. Амур в Хабаровском крае. 1983 г. // Архив ИА РАН. — Р-1, № 10112. — 60 л.

267．**А.К. 科诺巴茨基**：《1984 年阿穆尔河下游考古队工作报告［苏萨尼诺 4 号遗存发掘］》//俄罗斯科学院考古研究所档案，Р-1，№10207，67 页。

Конопацкий А.К. Отчет о работах Нижнеамурского отряда: [Раскопки памятника Сусанино-4]. 1984 г. // Архив ИА РАН.— Р-1, № 10207. — 67 л.

268．**А.К. 科诺巴茨基**：《1985 年哈巴罗夫斯克边疆区小加万遗存（阿穆尔河下游）发掘报告》//俄罗斯科学院考古研究所档案，Р-1，№11216，88 页。

Қонопацкий А.Қ. Отчет о раскопках памятника Малая Гавань（Нижний Амур）в Хабаровском крае. 1985 г. // Архив ИА РАН. — Р-1, № 11216. — 88 л.

269．**А.Қ. 科诺巴茨基**：《1988 年哈巴罗夫斯克边疆区小港湾遗存发掘报告》//俄罗斯科学院考古研究所档案，Р-1，№18550，112 页。

Қонопацкий А.Қ. Отчет о раскопках памятника Малая Гавань в 1988 г. Хабаровский край// Архив ИА РАН. — Р-1, № 18550. — 112 л.

270．**В.Н. 科佩季科**：《1977 年哈巴罗夫斯克边疆区考古工作报告》//俄罗斯科学院考古研究所档案，Р-1，№6806，6 页；№6806а，报告图片册，12 页。

Қопытько В.Н. Отчет об археологических работах в Хабаровском районе. 1977 г. // Архив ИА РАН. — Р-1, № 6806. — 6 л.; № 6806-а. — Альбом к отчету. — 12 л.

271．**В.Н. 科佩季科**：《1982 年哈巴罗夫斯克边疆区 Н·奥西片科地区考古调查报告》//俄罗斯科学院考古研究所档案，Р-1，№9446，11 页；№9446а，报告图片册，19 页。

Қопытько В.Н. Отчет об археологической разведке в районе им. Н.Осипенко. Хабаровский край. 1982 г. // Архив ИА РАН. — Р-1, № 9446. — 11 л.; № 9446-а. — Альбом к отчету. — 19 л.

272．**В.Н. 科佩季科**：《1983 年哈巴罗夫斯克边疆区哈巴罗夫斯克地区考古调查报告》//俄罗斯科学院考古研究所档案，Р-1，№9636，9 页。

Қопытько В.Н. Отчет об археологических разведках в Хабаровском районе. Хабаровский край. 1983 г. // Архив ИА РАН. — Р-1, № 9636. — 9 л.

273．**В.Н. 科佩季科**：《1984 年哈巴罗夫斯克边疆区考古工作报告》//俄罗斯科学院考古研究所档案，Р-1，№10202，24 页。

Қопытько В.Н. Отчет об археологических работах в Хабаровском крае. 1984 г. // Архив ИА РАН. — Р-1, № 10202. — 24 л.

274．**В.Н. 科佩季科**：《1985 年哈巴罗夫斯克边疆区彼得罗巴甫洛夫卡村考古发掘报告》//俄罗斯科学院考古研究所档案，Р-1，№11112，41 页。

Қопытько В.Н. Отчет об археологических раскопках у с. Петропавловка в Хабаровском крае. 1985 г. // Архив ИА РАН. — Р-1, № 11112. — 41 л.

275．**В.Н. 科佩季科**：《1986 年哈巴罗夫斯克边疆区乌利奇斯基地区、尼古拉耶夫斯克地区考古调查报告》//俄罗斯科学院考古研究所档案，Р-1，№11509，19 页。

Қопытько В.Н. Отчет об археологической разведке в Ульчском и Николаевском районах Хабаровского края. 1986 г. // Архив ИА РАН. — Р-1, № 11509. — 19 л.

276．**В.Н. 科佩季科**：《1990 年哈巴罗夫斯克边疆区彼得罗巴甫洛夫卡村发掘报告》//俄罗斯科学院考古研究所档案，Р-1，№15874，36 页。

Қопытько В.Н. Отчет о раскопках у с. Петропавловка, Хабаровский край, 1990 г. // Архив ИА РАН. — Р-1, № 15874. — 36 л.

277．**Н.Н. 科奇马尔**：《1981 年雅库茨克国立大学考古·民族博物馆考古·民族考察团中世纪队雅库茨克苏维埃社会主义自治共和国、赤塔州、阿穆尔州工作报告》//俄罗斯科学院考古研究所档案，Р-1，

№8609，105 页。

Кочмар Н.Н. Отчет о работе Среднеленского отряда археолого-этнографической экспедиции музея археологии и этнографии ЯГУ. Якутская АССР, Читинская и Амурская области. 1981 г. // Архив ИА РАН. — Р-1, № 8609. — 105 л.

278．**Н.Н. 科奇马尔**：《1981 年雅库茨克国立大学考古·民族博物馆考古·民族考察团中世纪队赤塔州、阿穆尔州、雅库茨克苏维埃社会主义自治共和国工作报告》//俄罗斯科学院考古研究所档案，Р-1，№10267，111 页。

Кочмар Н.Н. Отчет о работе Среднеленского отряда археолого-этнографической экспедиции музея археологии и этнографии Якутского государственного университета. Читинская, Амурская области и Якутская АСССР. 1984 г. // Архив ИА РАН. — Р-1, № 10267. — 111 л.

279．**Н.Н. 克拉金**：《1994 年哈巴罗夫斯克边疆区 ЕАО 斯米多维奇地区考古考察报告》//俄罗斯科学院考古研究所档案，Р-1，№18742，22 页。

Крадин Н.Н. Отчет об археологических исследованиях в Смидовическом районе ЕАО Хабаровского края в 1994 г. // Архив ИА РАН. — Р-1, № 18742. — 22 л.

280．**Н.Н. 克拉金**：《1995 年滨海边疆区乌苏里斯克地区考古考察报告》//俄罗斯科学院考古研究所档案，Р-1，№19377，32 页。

Крадин Н.Н. Отчет об археологических исследованиях в Уссурийском районе Приморского края в 1995 г. // Архив ИА РАН. — Р-1, № 19377. — 32 л.

281．**Н.Н. 克拉金**：《1996 年滨海边疆区红军地区考古考察报告》//俄罗斯科学院考古研究所档案，Р-1，№21282，41 页。

Крадин Н.Н. Отчет об археологических исследованиях в Красноармейском районе Приморского края в 1996 году // Архив ИА РАН. — Р-1, № 21282. — 41 л.

282．**В.А. 克拉明采夫**：《1984 年阿穆尔－乌苏里队调查组工作报告》//俄罗斯科学院考古研究所档案，Р-1，№10152，34 页。

Краминцев В.А. Отчет о работе разведочной группы Амуро-Уссурийского отряда. 1984 г. // Архив ИА РАН. — Р-1, № 10152. — 34 л.

283．**В.А. 克拉明采夫**：《1985 年前苏联科学院西伯利亚分院历史·语文·哲学研究所北亚综合考察团阿穆尔－乌苏里队调查组哈巴罗夫斯克边疆区工作报告》//俄罗斯科学院考古研究所档案，Р-1，№11079，33 页。

Краминцев В.А. Отчет о работе разведочной группы Амуро-Уссурийского отряда Северо-Азиатской комплексной экспедиции ИИФиФ СО АН СССР в Ленинском районе Хабаровского края. 1985 г. // Архив ИА РАН. — Р-1, № 11079. — 33 л.

284．**В.А. 克拉明采夫**：《1988 年阿穆尔河中游考古队哈巴罗夫斯克边疆区列宁斯科耶地区、十月地区、奥布卢奇耶地区工作报告》//俄罗斯科学院考古研究所档案，Р-1，№13552，60 页。

Краминцев В.А. Отчет о работе Средне-Амурского археологического отряда в Ленинском, Октябрьском и Облученском районах Хабаровского края. 1988 г. // Архив ИА РАН. — Р-1, № 13552. — 60 л.

285．**В.А. 克拉明采夫**：《1991 年阿穆尔河中游考古队哈巴罗夫斯克边疆区工作报告》//俄罗斯科学院考古研究所档案，Р－1，№16067，88 页。

Краминцев В.А. Отчет о работе Средне-Амурского археологического отряда. 1991 г. Хабаровский край // Архив ИА РАН. — Р－1, № 16067. — 88 л.

286．**В.А. 克拉明采夫**：《1992 年阿穆尔河中游考古队工作报告》//俄罗斯科学院考古研究所档案，Р－1，№18506，67 页。

Краминцев В.А. Отчет о работе Средне-Амурского археологического отряда в 1992 г. // Архив ИА РАН. — Р－1, № 18506. — 67 л.

287．**В.А. 克拉明采夫**：《1997 年哈巴罗夫斯克边疆区、犹太自治州境内考古工作报告》//俄罗斯科学院考古研究所档案，Р－1，№21384，135 页。

Краминцев В.А. Отчет об археологических работах на территории Хабаровского края и Еврейской автономной области в 1997 году // Архив ИА РАН. — Р－1, № 21348. — 135 л.

288．**Ю.В. 克里武利亚**：《1988 年（滨海边疆区）乌苏里斯克地区、米哈伊洛夫卡地区考古调查报告》//俄罗斯科学院考古研究所档案，Р－1，№12863，66 页。

Кривуля Ю.В. Отчет об археологических разведках в Уссурийском и Михайловском районах (Приморского края]. 1988 г. // Архив ИА РАН. — Р－1, № 12863. — 66 л.

289．**Ю.В. 克里武利亚**：《1989 年（滨海边疆区）米哈伊洛夫卡地区、霍罗利地区考古调查报告》//俄罗斯科学院考古研究所档案，Р－1，№13464，49 页；№13465，报告附件：137 页。

Кривуля Ю.В. Отчет по археологическим разведкам в Михайловском и Хорольском районах [Приморского края]. 1989 г. // Архив ИА РАН. — Р－1, № 13464. — 49 л.; № 13465. — Приложение к отчету. —137 л.

290．**Ю.В. 克里武利亚**：《1990 年滨海边疆区米哈伊洛夫卡 2 号遗存发掘报告》//俄罗斯科学院考古研究所档案，Р－1，№15872，103 页。

Кривуля Ю.В. Отчет о раскопках памятника Михайловка-2. Приморский край. 1990 г. // Архив ИА РАН. — Р－1, № 15872. — 103 л.

291．**Ю.В. 克里武利亚**：《1990 年滨海边疆区阿布拉莫夫卡 3 号遗存考古发掘报告》//俄罗斯科学院考古研究所档案，Р－1，№16060，95 页。

Кривуля Ю.В. Отчет об археологических раскопках на памятнике Абрамовка-3. Приморский край. 1990 г. // Архив ИА РАН. — Р－1, № 16060. — 95 л.

292．**Ю.В. 克里武利亚**：《1991 年滨海边疆区阿布拉莫夫卡 3 号遗存考古发掘报告》//俄罗斯科学院考古研究所档案，Р－1，№16068，79 页。

Кривуля Ю.В. Отчет об археологических раскопках на памятнике Абрамовка-3. Приморский край. 1991 г. // Архив ИА РАН. — Р－1, № 16068. — 79 л.

293．**Ю.В. 克里武利亚**：《1992 年滨海边疆区堆罗利地区阿布拉莫夫卡 3 号遗存考古发掘报告》//俄罗斯科学院考古研究所档案，Р－1，№17420，57 页。

Кривуля Ю.В. Отчет об археологических раскопках на памятнике Абрамовка-3 (Хорольский район Приморского края) в 1992 г. // Архив ИА РАН. — Р－1, № 17420. —57 л.

294．**Ю.В. 克里武利亚**：《1992 年滨海边疆区米哈伊洛夫卡地区、霍罗利地区、乌苏里斯克地区考古调查报告》//俄罗斯科学院考古研究所档案，Р－1，№17421，49 页。

Кривуля Ю.В. Отчет по археологическим разведкам в Михайловском, Хорольском, Уссурийском районах Приморского края в 1992 г. // Архив ИА РАН. — Р－1, № 17421. — 49 л.

295．**А.А. 克鲁皮科**：《1988 年远东国立大学考古博物馆在（滨海边疆区）哈桑地区、达利涅戈尔斯克地区及红军地区的考古发掘报告》//俄罗斯科学院考古研究所档案，Р－1，№13258，51 页。

Крупянко А.А. Отчет об археологических раскопках музея археологии ДВГУ в Хасанском, Дальнегорском и Красноармейском районах〔Приморского края〕. 1988 г. // Архив ИА РАН. — Р－1, м 13258. — 51 л.

296．**А.А. 克鲁皮科**：《1989 年远东国立大学考古博物馆东北队调查工作报告》//俄罗斯科学院考古研究所档案，Р－1，№14621，45 页。

Крупянко А.А. Отчет о разведочных работах Северо-Восточного отряда музея археологии ДВГУ в 1989 г.〔в Приморье〕// Архив ИА РАН. — Р－1, № 14621. — 45 л.

297．**А.А. 克鲁皮科**：《1990 年（远东国立大学）东北队滨海边疆区调查工作报告》//俄罗斯科学院考古研究所档案，Р－1，№15824，48 页。

Крупянко А.А. Отчет о разведочных работах Северо-Восточного отряда〔ДВГУ〕. Приморский край, 1990 г. // Архив ИА РАН. — Р－1, № 15824. — 48 л.

298．**А.А. 克鲁皮科**：《1991 年（滨海地区）哈桑地区博伊斯曼 2 号遗存抢救性考古发掘报告》//俄罗斯科学院考古研究所档案，Р－1，№16058，129 页。

Крупянко А.А. Отчет о спасательных археологических раскопках на памятнике Бойсмана 2, Хасанский район（Приморье）. 1991 г. — Р－1, № 16058. — 129 л.

299．**А.А. 克鲁皮科**：《1992 年（滨海哈桑地区）博伊斯曼 2 号遗存抢救性考古发掘报告》//俄罗斯科学院考古研究所档案，Р－1，№17381，119 页。

Крупянко А.А. Отчет о спасательных археологических раскопках на памятнике Бойсмана-II（Хасанский район, Приморье）. 1992 г. //Архив ИА РАН. — Р－1, № 17381. — 119 л.

300．**А.А. 克鲁皮科**：《1992 年滨海边疆区苏沃罗沃 6 号遗址发掘报告》//俄罗斯科学院考古研究所档案，Р－1，№17409，67 页。

Крупянко А.А. Отчет о раскопках стоянки Суворово-VI в 1992 г. Приморский край // Архив ИА РАН. — Р－1, № 17409. — 67 л.

301．**А.А. 克鲁皮科**：《1993 年（滨海地区）苏沃罗沃 6 号遗址发掘报告》//俄罗斯科学院考古研究所档案，Р－1，№18582，53 页。

Крупянко А.А. Отчет о раскопках стоянки Суворово-VI（Приморье）в 1993 г. // Архив ИА РАН. — Р－1, № 18582. — 53 л.

302．**А.А. 克鲁皮科**：《1996 年（滨海边疆区卡瓦列罗沃地区）苏沃罗沃 6 号遗址发掘报告》//俄罗斯科学院考古研究所档案，Р－1，№21307，61 页。

Крупянко А.А. Отчет о раскопках стоянки Суворово-VI（Кавалеровский район, Приморский край）в 1996 году // Архив ИА РАН. — Р－1, № 21307. — 61 л.

303．**A.M. 库兹涅佐夫**：《1974 年滨海边疆区纳杰日金斯科耶地区考古调查报告》//俄罗斯科学院考古研究所档案，Р-1，№5590，32 页。

Кузнецов А.М. Отчет об археологической разведке в Надеждинском районе Приморского края. 1974 г. // Архив ИА РАН. — Р-1, № 5590. — 32 л.

304．**A.M. 库兹涅佐夫**：《1976 年滨海边疆区伊利斯塔亚河、波波夫卡河谷地石器时代遗存调查工作报告》//俄罗斯科学院考古研究所档案，Р-1，№6377，33 页。

Кузнецов А.М. Отчет о разведочных работах на памятниках камянного век долинрек Илистой и Поповки. Приморский край. 1976 г. // Архив ИА РАН. — Р-1, № 6377. — 33л.

305．**A.M. 库兹涅佐夫**：《1977 年伊利斯塔亚河中游地区、乌苏里斯克市周边调查》//俄罗斯科学院考古研究所档案，Р-1，№6816，24 页。

Кузнецов А.М. Разведка в среднем течении реки Илистой и в окрестностях города Уссурийска. 1977 г. // Архив ИА РАН. — Р-1, № 6816. — 24 л.

306．**A.M. 库兹涅佐夫**：《1978 年乌苏里斯克国立师范学院考古考察团在滨海边疆区乌苏里斯克地区的田野工作报告》//俄罗斯科学院考古研究所档案，Р-1，№7061，41 页。

Кузнецов А.М. Отчет о полевых работах археологической экспедиции УГПИ. Уссурийский район. Приморский край. 1978 г. // Архив ИА РАН. — Р-1, № 7061. — 41 л.

307．**A.M. 库兹涅佐夫**：《1979 年滨海地区西南部石器时代遗存考察报告》//俄罗斯科学院考古研究所档案，Р-1，№7423，43 页。

Кузнецов А.М. Отчет об исследовании памятников каменного века в Юго-Западном Приморье. 1979 г. // Архив ИА РАН. — Р-1, № 7423. — 43 л.

308．**A.M. 库兹涅佐夫**：《1980 年滨海边疆区乌苏里斯克国立师范学院考古考察团田野工作报告》//俄罗斯科学院考古研究所档案，Р-1，№8206，21 页。

Кузнецов А.М. Отчет о полевых работах археологической экспедиции Уссурийского государственного педагогического института. Приморский край. 1980 г. // Архив ИА РАН. — Р-1, № 8206. — 21 л.

309．**A.M. 库兹涅佐夫**：《1981 年滨海边疆区（帕尔季赞斯克地区）拉特宁斯科耶遗址、（纳杰日金斯科耶地区）季莫费耶夫卡 1 号遗址发掘及哈桑地区调查报告》//俄罗斯科学院考古研究所档案，Р-1，№8907，45 页。

Кузнецов А.М. Отчет о раскопках на Ратнинском поселении (Партизанский район), стоянки Тимофеевка-1 (Надеждинский район) и разведке в Хасанском районе Приморского края. 1981 г. // Архив ИА РАН. — Р-1, № 8907. — 45 л.

310．**A.M. 库兹涅佐夫**：《1982 年滨海地区西南部戈尔巴特卡 3 号多层遗址发掘报告》//俄罗斯科学院考古研究所档案，Р-1，№10488，28 页。

Кузнецов А.М. Отчет о раскопках многослойной стоянки Горбатка-3 в Юго-Западном Приморье. 1982 г. // Архив ИА РАН. — Р-1, № 10488. — 28 л.

311．**A.M. 库兹涅佐夫**：《1985 年滨海地区南部、西南部石器时代遗存发掘报告》//俄罗斯科学院考古研究所档案，Р-1，№11116，46 页。

Кузнецов А.М. Отчет о раскопках памятников каменного века в Южном и Юго-Западном Приморье.

1985 г. // Архив ИА РАН. — Р-1, № 11116. — 46 л.

312. **А.М. 库兹涅佐夫**：《1986年滨海地区西南部考古考察报告》//俄罗斯科学院考古研究所档案，Р-1，№11503，56页。

Кузнецов А.М. Отчет об археологических исследованиях в Юго-Западном Приморье. 1986 г. // Архив ИА РАН. — Р-1, № 11503. — 56 л.

313. **А.М. 库兹涅佐夫**：《1987年乌苏里斯克国立师范学院考古考察团在（滨海边疆区）米哈伊洛夫卡地区、切尔尼戈夫卡地区的工作报告》//俄罗斯科学院考古研究所档案，Р-1，№11955，68页。

Кузнецов А.М. Отчет о работах археологической экспедиции УГПИ в Михайловском и Черниговском районах [Приморского края]. 1987 г. // Архив ИА РАН. — Р-1, № 11955. — 68 л.

314. **А.М. 库兹涅佐夫**：《1988年乌苏里斯克国立师范学院考古考察团（滨海边疆区）米哈依洛夫卡地区（伊利斯塔亚1、2号遗址发掘）工作报告》//俄罗斯科学院考古研究所档案，Р-1，№13015，44页。

Кузнецов А.М. Отчет о работах археологической экспедиции УГПИ в Михайловском районе [Приморского края] (раскопки стоянок Илистая-1, 2). 1988 г. // Архив ИА РАН. — Р-1, № 13015. — 44 л.

315. **А.М. 库兹涅佐夫**：《1989年乌苏里斯克国立师范学院考古考察团伊利斯塔亚河谷地晚期旧石器时代遗存考察报告》//俄罗斯科学院考古研究所档案，Р-1，№21305，33页。

Кузнецов А.М. Исследование памятников позднего палеолита в долине р. Илистой. Отчет археологической экспедиции УГПИ за 1989 г. // Архив ИА РАН. — Р-1, № 21305. — 33 л.

316. **З.С. 拉普希娜**：《1986年哈巴罗夫斯克边疆区共青城地区，1981、1983年滨海边疆区捷尔涅伊地区考古考察报告》//俄罗斯科学院考古研究所档案，Р-1，№11644，23页。

Лапшина З.С. Отчет об археологических исследованиях в Комсомольском районе Хабаровского края 1986 года и в Тернейском районе Приморского края. 1981, 1983 гг. // Архив ИА РАН. — Р-1, № 11644. - 23 л.

317. **З.С. 拉普希娜**：《1985年列宁区阿穆尔共青城市新的旧石器时代地点报告》//俄罗斯科学院考古研究所档案，Р-1，№10775，10页。

Лапшина З.С. Отчет о новом палеолитическом местонахождении в Ленинском районе г. Комсомольска-на-Амуре. 1985 г. // Архив ИА РАН. — Р-1, № 10775. — 10 л.

318. **З.С. 拉普希娜**：《1986-1987年哈巴罗夫斯克边疆区共青城地区田野考古考察报告》//俄罗斯科学院考古研究所档案，Р-1，№13443，49页。

Лапшина З.С. Отчет о полевых археологических исследованиях в Комсомольском районе. Хабаровский край. 1986-1987 гг. // Архив ИА РАН. — Р-1, № 13443. — 49 л.

319. **З.С. 拉普希娜**：《1989年哈巴罗夫斯克边疆区共青城地区、乌利奇斯基地区田野考古考察报告》//俄罗斯科学院考古研究所档案，Р-1，№13963，51页。

Лапшина З.С. Отчет о полевых археологических исследованиях в Комсомольском и Ульчском районах Хабаровского края в 1989 г. // Архив ИА РАН. — Р-1, № 13963. — 51 л.

320. **З.С. 拉普希娜**：《1990年哈巴罗夫斯克边疆区共青城地区、索尔涅奇内地区考古考察报告》//

俄罗斯科学院考古研究所档案，P－1，№15298，85 页。

Лапшина З.С. Отчет об археологических исследованиях в Комсомольском и Солнечном районах Хабаровского края в 1990 г. // Архив ИА РАН. — Р-1, № 15298. — 85 л.

321．**З.С. 拉普希娜**：《1990 年哈巴罗夫斯克边疆区共青城地区、索尔涅奇内地区考察报告》//俄罗斯科学院考古研究所档案，P－1，№15744，89 页。

Лапшина З.С. Отчет об исследованиях в Комсомольском и Солнечном районах в 1990 г. Хабаровский край // Архив ИА РАН. — Р-1. № 15744. — 89 л.

322．**З.С. 拉普希娜**：《1991 年哈巴罗夫斯克边疆区哈巴罗夫斯克地区、那乃地区、共青城地区田野考察报告》//俄罗斯科学院考古研究所档案，P－1，№16106，52 页。

Лапшина З.С. Отчет о полевых исследованиях в Хабаровском, Нанайском, Комсомольском районах. Хабаровский край. 1991 г. // Архив ИА РАН. — Р-1, № 16106. — 52 л.

323．**З.С. 拉普希娜**：《（共青城地区）胡米湖附近索尔内什卡 1 号遗址发掘报告——1992 年哈巴罗夫斯克边疆区阿穆尔共青城市方志博物馆考古考察团工作》//俄罗斯科学院考古研究所档案，P－1，№17571，88 页。

Лапшина З.С. Отчет о раскопках стоянки Солнышко-1 вблизи озера Хумми (Комсомольский район). Работы археологической экспедиции Комсомольского-на-Амуре городского краеведческого музея. Хабаровский край. 1992 г. // Архив ИА РАН. — Р-1, № 17571. — 88 л.

324．**З.С. 拉普希娜**：《胡米湖附近胡米遗址发掘——1993 年哈巴罗夫斯克边疆区共青城地区方志博物馆考古考察团工作》//俄罗斯科学院考古研究所档案，P－1，№17860，70 页。

умми вблизи одноименного озера. Работы археологической экспедиции краеведческого музея в Комсомольском районе в 1993 г. Хабаровский край // Архив ИА РАН. — Р-1, № 17860. — 70 л.

325．**З.С. 拉普希娜**：《1995 年田野季节胡米遗址考古考察报告（哈巴罗夫斯克边疆区共青城地区）》//俄罗斯科学院考古研究所档案，P－1，№21634，61 页。

Лапшина З.С. Отчет об археологических исследованиях на поселении Хумми в полевом сезоне 1995 года (Комсомольский район Хабаровского края) // Архив ИА РАН. — Р-1, № 21634. — 61 л.

326．**А.Р. 拉斯金**：《1994 年哈巴罗夫斯克边疆区共青城地区、阿穆尔地区调查工作》//俄罗斯科学院考古研究所档案，P－1，№18766，43 页。

Ласкин А.Р. Разведочные работы в Комсомольском и Амурском районах Хабаровского края в 1994 г. // Архив ИА РАН.— Р-1, № 18766. — 43 л.

327．**А.Р. 拉斯金**：《1996 年哈巴罗夫斯克边疆区比金地区波克罗夫卡 1 号遗址抢救发掘》//俄罗斯科学院考古研究所档案，P－1，№20440，117 页。

Ласкин А.Р. Аварийные раскопки на поселении Покровка-1 в Бикинском районе Хабаровского края в 1996 году // Архив ИА РАН. — Р-1, № 20440. — 117 л.

328．**А.Р. 拉斯金**：《1997 年哈巴罗夫斯克边疆区比金地区波克罗夫卡 1 号遗址抢救发掘》//俄罗斯科学院考古研究所档案，P－1，№21052，103 页。

Ласкин А.Р. Аварийные раскопки на поселении Покровка-1 в Бикинском районе Хабаровского края в 1997 году // Архив ИА РАН. — Р-1, № 21052. — 103 л.

329．A.P. 拉斯金：《1998 年哈巴罗夫斯克边疆区瓦尼诺地区考古考察》// 俄罗斯科学院考古研究所档案，P-1，№21633，26 页。

Ласкин А.Р. Археологические исследования в Ванинском районе Хабаровского края в 1998 году // Архив ИА РАН. — Р-1, № 21633. — 26 л.

330．В.Д. 连科夫：《1973 年滨海边疆区斯卡利斯托耶城址考古考察报告》// 俄罗斯科学院考古研究所档案，P-1，№5171，35 页。

Леньков В.Д. Отчет об археологических исследованиях на городище Скалистом. Приморский край. 1973 г. // Архив ИА РАН. — Р-1, № 5171. — 35 л.

331．В.Д. 连科夫：《1974 年滨海边疆区拉佐城址考古考察报告》// 俄罗斯科学院考古研究所档案，P-1，№5298，53 页。

Леньков В.Д. Отчет об археологических исследованиях на Лазовском городище в Приморском крае в 1974 г. // Архив ИА РАН. — Р-1, № 5298. — 53 л.

332．В.Д. 连科夫、O.C. 加拉克季奥诺夫：《1975 年滨海边疆区境内拉佐城址、斯卡利斯托耶城址考古考察报告》// 俄罗斯科学院考古研究所档案，P-1，№5718，48 页。

Леньков В.Д., Галактионов О.С. Отчет об археологических исследованиях на Лазовском и Скалистом городищах на территории Приморского края. 1975 г. // Архив ИА РАН. — Р-1, № 5718. — 48 л.

333．В.Д. 连科夫：《1976 年滨海边疆区境内叶卡捷琳林诺夫斯科耶城址、斯卡利斯托耶城址考古考察报告》// 俄罗斯科学院考古研究所档案，P-1，№6087，68 页。

Леньков В.Д. Отчет об археологических исследованиях на Екатериновском и Скалистом городищах на территории Приморского края. 1976 г. // Архив ИА РАН. — Р-1, № 6087. — 68 л.

334．В.Д. 连科夫：《1977 年滨海边疆区叶卡捷琳林诺夫斯科耶城址考古考察报告》// 俄罗斯科学院考古研究所档案，P-1，№6250，60 页。

Леньков В.Д. Отчет об археологических исследованиях на Екатериновском городище в Приморском крае. 1977 г. // Архив ИА РАН. — Р-1, № 6250. — 60 л.

335．В.Д. 连科夫：《1978 年滨海边疆区拉佐城址考古考察报告》// 俄罗斯科学院考古研究所档案，P-1，№6968，64 页。

Леньков В.Д. Отчет об археологических исследованиях на Лазовском городище в Приморском крае. 1978 г. // Архив ИА РАН. — Р-1, № 6968. — 64 л.

336．В.Д. 连科夫：《1979 年滨海边疆区考古考察报告》// 俄罗斯科学院考古研究所档案，P-1，№7814，32 页。

Леньков В.Д. Отчет об археологических исследованиях в Приморском крае. 1979 г. // Архив ИА РАН. — Р-1, № 7814. — 32 л.

337．В.Д. 连科夫：《1980 年滨海边疆区叶卡捷琳诺夫斯科耶城址、斯卡利斯托耶城址考古考察报告》// 俄罗斯科学院考古研究所档案，P-1，№7627，104 页。

Леньков В.Д. Отчет об археологических исследованиях на Екатериновском и Скалистом городищах. Приморский край.1980г. // Архив ИА РАН. — Р-1, № 7627. — 104 л.

338．**В.Д. 连科夫**：《1981 年滨海边疆区奥利加地区斯卡利斯托耶城址考古考察报告》//俄罗斯科学院考古研究所档案，Р-1，№8444，46 页。

Леньков В.Д. Отчет об археологических исследованиях на Скалистом городище в Ольгинском районе. Приморский край. 1981 г. // Архив ИА РАН. — Р-1, № 8444. — 46 л.

339．**В.Д. 连科夫**：《1982 年滨海边疆区拉佐地区拉佐城址考古考察报告》//俄罗斯科学院考古研究所档案，Р-1，№8596，125 页。

Леньков В.Д. Отчет об археологических исследованиях на Лазовском городище в Лазовском районе. Приморский край. 1982 г. // Архив ИА РАН. — Р-1, № 8596. — 125 л.

340．**В.Д. 连科夫**：《1983 年滨海边疆区拉佐地区拉佐城址考古考察报告》//俄罗斯科学院考古研究所档案，Р-1，№8597，113 页。

Леньков В.Д. Отчет об археологических исследованиях на Лазовском городище в Лазовском районе. Приморский край. 1983 г. // Архив ИА РАН. — Р-1, № 8597. — 113 л.

341．**В.Д. 连科夫**：《1984 年滨海边疆区拉佐地区拉佐城址考古考察报告》//俄罗斯科学院考古研究所档案，Р-1，№10509，102 页。

Леньков В.Д. Отчет об археологических исследованиях на Лазовском городище в Лазовском районе. Приморский край. 1984 г. // Архив ИА РАН. — Р-1, № 10509. — 102 л.

342．**В.Д. 连科夫**：《1985 年滨海边疆区拉佐地区拉佐城址考古考察报告》//俄罗斯科学院考古研究所档案，Р-1，№10764，86 页。

Леньков В.Д. Отчет об археологических исследованиях на Лазовском городище в Лазовском районе. Приморский край.1985 г. // Архив ИА РАН. — Р-1, № 10764. — 86 л.

343．**В.Д. 连科夫**：《1986 年滨海边疆区拉佐地区拉佐城址考古考察报告》//俄罗斯科学院考古研究所档案，Р-1，№11800，125 页。

Леньков В.Д. Отчет об археологических исследованиях на Лазовском городище в Лазовском районе. Приморский край. 1986 г. // Архив ИА РАН. — Р-1, № 11800. — 125 л.

344．**В.Д. 连科夫**：《1987 年滨海边疆区拉佐地区拉佐城址考古考察报告》//俄罗斯科学院考古研究所档案，Р-1，№11888，48 页。

Леньков В.Д. Отчет об археологических исследованиях на Лазовском городище в Лазовском районе. Приморский край. 1987 г. // Архив ИА РАН. — Р-1, № 11888. — 48 л.

345．**В.Д. 连科夫**：《1988 年滨海边疆区拉佐地区拉佐城址考古考察报告》//俄罗斯科学院考古研究所档案，Р-1，№12579，80 页。

Леньков В.Д. Отчет об археологических исследованиях на Лазовском городище в Лазовском районе. Приморский край. 1988 г. // Архив ИА РАН. — Р-1, № 12579. — 80 л.

346．**Г.П. 利托夫琴科**：《1991 年阿穆尔考古队阿穆尔州工作报告》//俄罗斯科学院考古研究所档案，Р-1，№16174，90 页。

Литовченко Г.П. Отчет о работах Амурского отряда. 1991 г. Амурская область// Архив ИА РАН. — Р-1, № 16174. — 90 л.

347．**Г.П. 利托夫琴科**：《1998 年阿穆尔州布拉戈维申斯克地区米哈伊洛夫卡村区域考古调查报告》

// 俄罗斯科学院考古研究所档案，Р－1，№21519，17 页。

Литовченко Г.П. Отчет по археологической разведке в районе с. Михайловка Благовещенского района Амурской области в 1998 г. // Архив ИА РАН. — Р－1, № 21519. — 17 л.

348．**Ин.А. 洛巴金**：《关于阿穆尔地区 49 处古迹的一些资料》// 俄罗斯科学院物质文化史研究所档案，Ф.2，оп.1，1869，№34，36 页。

Лопатин Ин.А. Некоторые сведения о 49 древних урочищах в Амурской стране// Архив ИИМК РАН. — Ф. 1, оп. 1, 1869, № 34. — 36 л.

349．**Е.М. 洛桑**：《1983 年（哈巴罗夫斯克边疆区）尼古拉耶夫斯克地区考古调查报告》// 俄罗斯科学院考古研究所档案，Р－1，№9773，32 页。

Лосан Е.М. Отчет об археологической разведке в Николаевском районе［Хабаровского края］. 1983 г. // Архив ИА РАН. — Р－1, № 9773. — 32 л.

350．**Е.М. 洛桑**：《1984 年阿穆尔河三角湾沿岸、涅韦利斯科伊海峡考古调查报告》// 俄罗斯科学院考古研究所档案，Р－1，№10254，44 页。

Лосан Е.М. Отчет об археологической разведке на побережье лимана р. Амур и пролива Невельского в 1984 г. // Архив ИА РАН. — Р－1, № 10254. — 44 л.

351．**Е.М. 洛桑**：1985 年（哈巴罗夫斯克边疆区）尼古拉耶夫斯克地区考古调查报告// 俄罗斯科学院考古研究所档案，Р－1，№10782，68 页。

Лосан Е.М. Отчет об археологической разведке в Николаевском районе［Хабаровского края］. 1985 г. // Архив ИА РАН. — Р－1, № 10782. — 68 л.

352．**Е.М. 洛桑**：《1986 年（哈巴罗夫斯克边疆区）尼古拉耶夫斯克地区兹梅伊卡 1 号遗址发掘报告》// 俄罗斯科学院考古研究所档案，Р－1，№12333，124 页。

Лосан Е.М. Отчет о раскопках поселения Змейка-1 в Николаевском районе［Хабаровского края］. 1986 г. // Архив ИА РАН. — Р－1, № 12333. — 124 л.

353．**Е.М. 洛桑**：《1988 年（哈巴罗夫斯克边疆区）共青城地区奥列利湖沿岸遗存考古考察报告》// 俄罗斯科学院考古研究所档案，Р－1，№13085，72 页。

Лосан Е.М. Отчет об исследованиях археологических памятников на побережье озера Орель в Комсомольском районе［Хабаровского края］. 1988 г. // Архив ИА РАН. — Р－1, № 13085. —72 л.

354．**Е.М. 洛桑**：《1989 年哈巴罗夫斯克边疆区卡科尔马遗址发掘报告》// 俄罗斯科学院考古研究所档案，Р－1，№15752，74 页。

Лосан Е.М. Отчет о раскопках на поселении Какорма. 1989 г. Хабаровский край // Архив ИА РАН. — Р－1, 15752. — 74 л.

355．**Е.М. 洛桑**：《1991 年哈巴罗夫斯克边疆区旧卡科尔马遗址考古发掘报告》// 俄罗斯科学院考古研究所档案，Р－1，№16178，97 页。

Лосан Е.М. Отчет об археологических раскопках поселения Старая Какорма. Хабаровский край. 1991 г. // Архив ИА РАН. — Р－1, № 16178. — 97 л.

356．**В.А. 伦沙**：《1988 年滨海边疆区波格拉尼奇内地区涅斯捷罗夫卡河谷地考古调查成果报告》// 俄罗斯科学院考古研究所档案，Р－1，№14347，25 页。

Лынша В. А. Отчет о результатах археологической разведки в долине р. Нестеровки Пограничного района Приморского края в 1988 г. // Архив ИА РАН. — Р-1, № 14347. — 25 л.

357．**А.И. 马津**：《1978 年阿穆尔州达尔登坎斯卡亚水电站淹没区考古遗存调查报告》//俄罗斯科学院考古研究所档案，Р-1，№7841，44 页。

Мазин А.И. Отчет о разведке археологических памятников в зоне затопления Далдыканской ГЭС Амурской области. 1978 г. // Архив ИА РАН. — Р-1, № 7481. — 44 л.

358．**А.И. 马津**：《1982 年达尔登坎斯卡亚水电站淹没区"苏希耶支流"遗址发掘报告》//俄罗斯科学院考古研究所档案，Р-1，№9102，69 页。

Мазин А.И. Отчет о раскопках поселения 《Сухие протоки》 в зоне затопления Далдыканской ГЭС. 1982 г. // Архив ИА РАН. — Р-1, № 9102. — 69 л.

359．**А.В. 马利亚温**：《1995 年哈巴罗夫斯克边疆区拉佐地区、共青城地区、索尔涅奇内地区田野考古考察报告》//俄罗斯科学院考古研究所档案，Р-1，№20333，118 页。

Малявин А.В. Отчет о полевых археологических исследованиях в Лазовском, Комсомольском и Солнечном районах Хабаровского края в 1995 году // Архив ИА РАН. — Р-1, № 20333. —118 л.

360．**А.В. 马利亚温**：《1997 年哈巴罗夫斯克边疆区哈巴罗夫斯克地区田野考古考察报告》//俄罗斯科学院考古研究所档案，Р-1，№21295，79 页。

Малявин А.В. Отчет о полевых археологических исследованиях в Хабаровском районе Хабаровского края в 1997 году // Архив ИА РАН. — Р-1, № 21295. — 79 л.

361．**А.В. 马钦斯基**：《1940 年阿穆尔州伊万诺夫卡地区切列姆霍沃村发掘日记》//俄罗斯科学院物质文化史研究所档案，Ф.35，оп.1，1940，№13，66 页。

Мачинский А.В. Дневник раскопок у с. Черемхова Ивановского района Амурской области в 1940 г. // Архив ИИМК РАН. — Ф.35, оп.1, 1940, № 13. — 66 л.

362．**В.Е. 麦德维杰夫**：《1970 年阿穆尔下游队工作报告》//俄罗斯科学院考古研究所档案，Р-1，№4117，133 页。

Медведев В.Е. Отчет о работах Нижнеамурского отряда. 1970 г. // Архив ИА РАН. — Р-1, № 4117. — 133 л.

363．**В.Е. 麦德维杰夫**：《1972 年犹太自治州考古调查报告》//俄罗斯科学院考古研究所档案，Р-1，№4827，30 页。

Медведев В.Е. Отчет об археологической разведке в Еврейской автономной области. 1972 г. // Архив ИА РАН. — Р-1, № 4827. — 30 л.

364．**В.Е. 麦德维杰夫**：《1973 年犹太自治州考古考察报告》//俄罗斯科学院考古研究所档案，Р-1，№5110，119 页。

Медведев В.Е. Отчет об археологических исследованиях в Еврейской автономной области. 1973 г. // Архив ИА РАН. — Р-1, № 5110. — 119 л.

365．**В.Е. 麦德维杰夫**：《1974－1975 年哈巴罗夫斯克考古队工作报告》//俄罗斯科学院考古研究所档案，Р-1，№5929，86 页。

Медведев В.Е. Отчет о работах Хабаровского археологического отряда в 1974－75 гг. // Архив ИА

РАН. — Р-1, № 5929. — 86 л.

366．**В.Е. 麦德维杰夫**：《1976 年哈巴罗夫斯克考古队在哈巴罗夫斯克边疆区的工作报告》//俄罗斯科学院考古研究所档案，Р-1，№6240，145 页。

Медведев В.Е. Отчет о работах Хабаровского археологического отряда в Хабаровском крае. 1976 г. // Архив ИА РАН. — Р-1, № 6240. — 145 л.

367．**В.Е. 麦德维杰夫**：《1977 年哈巴罗夫斯克考古队工作学术报告》//俄罗斯科学院考古研究所档案，Р-1，№6577，216 页。

Медведев В.Е. Научный отчет о работах Хабаровского археологического отряда. 1977 г. // Архив ИА РАН. — Р-1, № 6577. — 216 л.

368．**В.Е. 麦德维杰夫**：《1978 年哈巴罗夫斯克边疆区哈巴罗夫斯克农业地区、那乃地区考古考察报告》//俄罗斯科学院考古研究所档案，Р-1，№7387，255 页；№7388，报告附录，12 页。

Медведев В.Е. Отчет об археологических исследованиях в Хабаровском сельском и Нанайском районах Хабаровского края. 1978 г. // Архив ИА РАН. — Р-1, № 7387. — 255 л.; № 7388. — Дополнение к отчету. — 12 л.

369．**В.Е. 麦德维杰夫**：《1979 年哈巴罗夫斯克边疆区（哈巴罗夫斯克地区）科尔萨科沃墓地发掘报告》//俄罗斯科学院考古研究所档案，Р-1，№7544，280 页。

Медведев В.Е. Отчет о раскопках Корсаковского могильника（Хабаровский район）. Хабаровский край. 1979 г. // Архив ИА РАН. — Р-1, № 7544. — 280 л.

370．**В.Е. 麦德维杰夫**：《1980 年阿穆尔－乌苏里考古队工作报告》//俄罗斯科学院考古研究所档案，Р-1，№8209，67 页。

Медведев В.Е. Отчет о работах Амуро-Уссурийского отряда. 1980 г. // Архив ИА РАН. — Р-1, № 8209. — 67 л.

371．**В.Е. 麦德维杰夫**：《1982 年阿穆尔－乌苏里考古队工作报告》//俄罗斯科学院考古研究所档案，Р-1，№8951，109 页。

Медведев В.Е. Отчет о работах Амуро-Уссурийского археологического отряда. 1982 г. // Архив ИА РАН. — Р-1, № 8951. — 109 л.

372．**В.Е. 麦德维杰夫**：《1983 年阿穆尔－乌苏里考古队工作报告》//俄罗斯科学院考古研究所档案，Р-1，№9626，133 页。

Медведев В.Е. Отчет о работах Амуро-Уссурийского археологического отряда. 1983 г. // Архив ИА РАН. — Р-1, № 9626. — 133 л.

373．**В.Е. 麦德维杰夫**：《1984 年阿穆尔－乌苏里考古队工作报告》//俄罗斯科学院考古研究所档案，Р-1，№10237，91 页。

Медведев В.Е. Отчет о работах Амуро-Уссурийского отряда. 1984 г. // Архив ИА РАН. — Р-1, № 10237. — 91 л.

374．**В.Е. 麦德维杰夫**：《1985 年阿穆尔－乌苏里考古队工作报告》//俄罗斯科学院考古研究所档案，Р-1，№10725，97 页。

Медведев В.Е. Отчет о работах Амуро-Уссурийского отряда. 1985 г. // Архив ИА РАН. — Р-1,

No 10725. — 97 л.

375．**В.Е. 麦德维杰夫**：《1986 年阿穆尔－乌苏里考古队工作报告》//俄罗斯科学院考古研究所档案，Р－1，№11648，151 页。

Медведев В.Е. Отчет о работе Амуро-Уссурийского археологического отряда в 1986 г. // Архив ИА РАН. — Р－1, № 11648. —151 л.

376．**В.Е. 麦德维杰夫**：《1987 年阿穆尔－乌苏里考古队工作报告》//俄罗斯科学院考古研究所档案，Р－1，№12120，168 页。

Медведев В.Е. Отчет о работе Амуро-Уссурийского археологического отряда. 1987 г. // Архив ИА РАН. — Р－1, № 12120. — 168 л.

377．**В.Е. 麦德维杰夫**：《1988 年阿穆尔－乌苏里考古队在哈巴罗夫斯克边疆区的工作报告》//俄罗斯科学院考古研究所档案，Р－1，№12856，93 页。

Медведев В.Е. Отчет о работе Амуро-Уссурийского археологического отряда в Хабаровском крае. 1988 г. // Архив ИА РАН. — Р－1, № 12856. —93 л.

378．**В.Е. 麦德维杰夫**：《1989 年阿穆尔－乌苏里考古队在哈巴罗夫斯克边疆区的工作报告》//俄罗斯科学院考古研究所档案，Р－1，№14649，68 页。

Медведев В.Е. Отчет о работе Амуро-Уссурийского отряда в Хабаровском крае в 1989 г. // Архив ИА РАН. — Р－1, № 14649. — 68 л.

379．**В.Е. 麦德维杰夫**：《1991 年阿穆尔－乌苏里考古队在哈巴罗夫斯克边疆区的工作报告》//俄罗斯科学院考古研究所档案，Р－1，№16181，93 页。

Медведев В.Е. Отчет о работе Амуро-Уссурийского отряда. Хабаровский край. 1991 г. // Архив ИА РАН. — Р－1, № 16181. — 93 л.

380．**В.Е. 麦德维杰夫**：《1993 年哈巴罗夫斯克边疆区马林斯科耶镇苏丘岛发掘报告》//俄罗斯科学院考古研究所档案，Р－1，№18534，110 页。

Медведев В.Е. Отчет о раскопках на острове Сучу у с. Мариинского в 1993 г. Хабаровский край // Архив ИА РАН. — Р－1, № 18534. — 110 л.

381．**В.Е. 麦德维杰夫**：《1994 年哈巴罗夫斯克边疆区马林斯科耶镇苏丘岛发掘报告》//俄罗斯科学院考古研究所档案，Р－1，№18915，70 页。

Медведев В.Е. Отчет о раскопках на острове Сучу у с. Мариинского в 1994 г. Хабаровский край // Архив ИА РАН. — Р－1, № 18915. — 70 л.

382．**В.Е. 麦德维杰夫**：《1995 年哈巴罗夫斯克边疆区苏丘岛发掘报告》//俄罗斯科学院考古研究所档案，Р－1，№19584，75 页。

Медведев В.Е. Отчет о работах на острове Сучу в 1995 г. Хабаровский край // Архив ИА РАН. — Р－1, № 19584. — 75 л.

383．**В.Е. 麦德维杰夫**：《1997 年哈巴罗夫斯克边疆区乌利奇斯基地区马林斯科耶镇苏丘岛工作报告》//俄罗斯科学院考古研究所档案，Р－1，№21199，64 页。

Медведев В.Е. Отчет о работах на острове Сучу у с. Мариинского в Ульчском районе Хабаровского края в 1997 г. // Архив ИА РАН. — Р－1, № 21199. — 64 л.

384. **А.Л. 梅津采夫**：《1995 年滨海边疆区乌苏里斯克地区考古调查报告》// 俄罗斯科学院考古研究所档案，Р-1，№19370，97 页。

Мезенцев А.Л. Отчет об археологической разведке в Уссурийском районе Приморского края в 1995 г. // Архив ИА РАН. — Р-1, № 19370. — 97 л.

385. **А.Л. 梅津采夫**：《1996 年滨海边疆区乌苏里斯克地区考古考察报告》// 俄罗斯科学院考古研究所档案，Р-1，№20504，67 页。

Мезенцев А.Л. Отчет об археологических исследованиях в Уссурийском районе Приморского края в 1996 г. // Архив ИА РАН. — Р-1, № 20504. — 67 л.

386. **А.Л. 梅津采夫**：《1997 年滨海边疆区乌苏里斯克地区、哈桑地区、红军地区考古考察报告》// 俄罗斯科学院考古研究所档案，Р-1，№21032，97 页。

Мезенцев А.Л. Отчет об археологических исследованиях в Уссурийском, Хасанском и Красноармейском районах Приморского края в 1997 году // Архив ИА РАН. — Р-1, № 21203. — 243 л.

387. **А.В. 梅尔兹利亚科夫**：《1983 年（滨海地区）拉兹多利纳亚河流域调查报告》// 俄罗斯科学院考古研究所档案，Р-1，№9487，30 页。

Мерзляков А.В. Отчет о разведке в бассейне р. Раздольной ［в Приморье］. 1983 г. // Архив ИА РАН. — Р-1, № 9487. — 30 л.

388. **С.П. 涅斯杰罗夫**：《1983 年（阿穆尔州）"帽儿山"墓地发掘报告》// 俄罗斯科学院考古研究所档案，Р-1，№9564，136 页。

Нестеров С.П. Отчет о раскопках могильника 《Шапка》：［Амур. обл.］. 1983 г. // Архив ИА РАН. — Р-1, № 9564. — 136 л.

389. **С.П. 涅斯杰罗夫、Ан.В. 格列比翁希科夫**：《1987 年阿穆尔州下布列亚水电站经济开发区考古考察报告》// 俄罗斯科学院考古研究所档案，Р-1，№11956，99 页。

Нестеров С.П., Гребенщиков Ан.В. Отчет об археологических исследованиях в зоне хозяйственного освоения Нижне-Бурейской ГЭС. Амурская область. 1987 г. // Архив ИА РАН. — Р-1, № 11956. — 99 л.

390. **С.П. 涅斯杰罗夫**：《1989 年布列亚河下布列亚水电站淹没区考古调查报告》// 俄罗斯科学院考古研究所档案，Р-1，№15581，93 页。

Нестеров С.П. Отчет об археологической разведке в зоне затопления Нижнебурейской ГЭС на р. Бурее. 1989 г. // Архив ИА РАН. — Р-1, № 15581. — 93 л.

391. **С.П. 涅斯杰罗夫**：《1992 年布列亚水电站淹没区考古调查报告》// 俄罗斯科学院考古研究所档案，Р-1，№17616，41 页。

Нестеров С.П. Отчет об археологической разведке в зоне затопления Бурейской ГЭС в 1992 г. // Архив ИА РАН. — Р-1. № 17616. — 41 л.

392. **С.П. 涅斯杰罗夫**：《1993 年布列亚水电站淹没区考古考察报告》// 俄罗斯科学院考古研究所档案，Р-1，№18015，66 页。

Нестеров С.П. Отчет об археологических исследованиях в зоне затопления Бурейской ГЭС в 1993 г.

// Архив ИА РАН. — Р-1, № 18015. — 66 л.

393．**С.П. 涅斯杰罗夫**：《1994 年布列亚水电站淹没区小库鲁克塔奇遗存考古发掘学术报告》//俄罗斯科学院考古研究所档案，Р-1，№18683，58 页。

Нестеров С.П. Научный отчет о проведении археологических раскопок памятника Малые Куруктачи в зоне затопления Бурейской ГЭС в 1994 г. // Архив ИА РАН. — Р-1, № 18683. — 58 л.

394．**С.П. 涅斯杰罗夫**：《1994 年阿穆尔州布利亚地区（布列亚和下布列亚水电站淹没区）乌斯季－塔拉坎遗存、小库鲁克塔奇遗存 2 号遗址、别祖姆卡遗存考古发掘学术报告》//俄罗斯科学院考古研究所档案，Р-1，№18684，97 页。

Нестеров С.П. Научный отчет о проведении археологических раскопок памятников Усть-Талакан, Малые Куруктачи-2 и Безумка в Бурейском районе Амурской области（в зоне затопления Бурейской и Нижнебурейской ГЭС）в 1994 г. // Архив ИА РАН. — Р-1, № 18684. — 97 л.

395．**С.П. 涅斯杰罗夫**：《1995 年布列亚水电站淹没区考古考察报告》//俄罗斯科学院考古研究所档案，Р-1，№19456，33 页。

Нестеров С.П. Отчет об археологических исследованиях в зоне затопления Бурейской ГЭС в 1995 г. // Архив ИА РАН. — Р-1, № 19456. — 33 л.

396．**С.П. 涅斯杰罗夫**：《1996 年布列亚水电站淹没区考古考察报告（乌斯季－塔拉坎遗址）》//俄罗斯科学院考古研究所档案，Р-1，№20678，103 页。

Нестеров С.П. Об археологических исследованиях в зоне затопления Бурейской ГЭС в 1996 г.（Стоянка Усть-Талакан）// Архив ИА РАН. — Р-1, № 20678. — 103 л.

397．**С.П. 涅斯杰罗夫**：《1996 年布列亚水电站淹没区旧石器时代梅雷耶库鲁克塔奇遗址考古考察报告》//俄罗斯科学院考古研究所档案，Р-1，№20679，69 页。

Нестеров С.П. Отчет об археологических исследованиях палеолитической стоянки Малые Куруктачи в зоне затопления Бурейской ГЭС в 1996 году // Архив ИА РАН. — Р-1, № 20679. — 69 л.

398．**С.П. 涅斯杰罗夫**：《1997 年下布列亚水电站淹没区［布金斯克克留奇 1 号遗存、别祖姆卡遗存］考古考察报告》//俄罗斯科学院考古研究所档案，Р-1，№20665，153 页。

Нестеров С.П. Отчет об археологических исследованиях в зоне затопления Нижнебурейской ГЭС в 1997 г.（памятники Букинский Ключ-1 и Безумка）// Архив ИА РАН. — Р-1, № 20665. — 153 л.

399．**Ю.Г. 尼基京**：《1982 年滨海边疆区捷尔涅依地区阿姆古镇附近城址考察成果报告》//俄罗斯科学院考古研究所档案，Р-1，№10101，51 页。

Никитин Ю.Г. Отчет о результатах обследования городища около поселка Амгу в Тернейском районе. Приморский край. 1982 г. // Архив ИА РАН. — Р-1, № 10101. — 51 л.

400．**Ю.Г. 尼基京**：《1987 年滨海边疆区米哈伊洛夫卡地区奥西诺夫卡中世纪遗址考古考察报告》//俄罗斯科学院考古研究所档案，Р-1，№12371，155 页。

Никитин Ю.Г. Отчет об археологических исследованиях на Осиновском средневековом поселении в Михайловском районе. Приморский край. 1987 г. // Архив ИА РАН. — Р-1, № 12371. — 155 л.

401．**Ю.Г. 尼基京**：《1990 年滨海边疆区红军地区、哈桑地区境内考古考察报告》//俄罗斯科学院考古研究所档案，Р-1，№15519，95 页；№15520：以图例说明的罗辛斯基墓地考察资料，86 页；

№15521：以图例说明的波西耶特洞穴考察资料，134 页。

Никитин Ю.Г. Отчет об археологических исследованиях на территории Красноармейского и Хасанского районов Приморского края в 1990 г. // Архив ИА РАН. — Р-1, № 15519. — 95 л.; № 15520 — Иллюстративный материал к исследованию Рощинского могильника. — 86 л.; № 15521. — Иллюстративный материал к исследованию в Посьетской пещере. — 134 л.

402．**Ю.Г. 尼基京**：《1990 年滨海边疆区什科托沃地区戈鲁比纳亚山岗考古考察报告》//俄罗斯科学院考古研究所档案，Р-1，№16240，43 页。

Никитин Ю.Г. Отчет об археологических исследованиях на сопке Голубиная в Шкотовском районе Приморского края в 1990 г. // Архив ИА РАН. — Р-1, № 16240. — 43 л.

403．**Ю.Г. 尼基京**：《1990 年乌苏里湾海岸维尔科沃岬区域考古考察报告》//俄罗斯科学院考古研究所档案，Р-1，№16234，41 页。

Никитин Ю.Г. Отчет об археологических исследованиях в районе мыса Вилкова на побережье Уссурийского залива в 1990 г. // Архив ИА РАН. — Р-1, № 16243. — 41 л.

404．**Ю.Г. 尼基京**：《1991 年（滨海边疆区哈桑地区）克拉别半岛考古考察报告》//俄罗斯科学院考古研究所档案，Р-1，№16241，90 页。

Никитин Ю.Г. Отчет об археологических исследованиях на полуострове Краббе [в Хасанском районе Приморского края] в 1991 г. // Архив ИА РАН. — Р-1, № 16241. — 90 л.

405．**Ю.Г. 尼基京**：《1991 年滨海边疆区乌苏里湾海岸满洲巴扎 3 号遗存发掘报告》//俄罗斯科学院考古研究所档案，Р-1，№16242，38 页。

Никитин Ю.Г. Отчет о раскопках памятника Манчжур-база-1 на берегу Уссурийского залива в Приморском крае в 1991 г. // Архив ИА РАН. — Р-1, № 16242. — 38 л.

406．**Ю.Г. 尼基京**：《1997 年滨海边疆区十月地区以及帕尔季赞斯克地区尼古拉耶夫斯克城址考古考察成果》//俄罗斯科学院考古研究所档案，Р-1，№21377，267 页。

Никитин Ю.Г. О результатах археологических исследований в Октябрьском районе и на Николаевском городище в Партизанском районе Приморского края в 1997 году // Архив ИА РАН. — Р-1, № 21377. — 267 л.

407．**Г.С. 诺维克夫**：《1949 年阿穆尔州考古调查报告》//俄罗斯科学院考古研究所档案，Р-1，№376，59 页。

Новиков Г.С. Отчет об археологическом обследовании Амурской области. 1949 г. // Архив ИА РАН. — Р-1, № 376. — 59 л.

408．**Г.С. 诺维克夫**：《1951 年结雅河下游地区考古考察报告》//俄罗斯科学院考古研究所档案，Р-1，№576，14 页。

Новиков Г.С. Отчет об археологических исследованиях в нижнем течении р. Зеи. 1951 г. // Архив ИА РАН. — Р-1, № 576. — 14 л.

409．**А.П. 奥克拉德尼科夫**：《1935 年夏季阿穆尔综合考察团考古队在阿穆尔河下游地区的工作报告》//俄罗斯科学院物质文化史研究所档案，Ф.2，оп.1，1935，№102，73 页。

Окладников А.П. Отчет о работах археологического отряда Амурской комплексной экспедиции в низовьях Амура летом 1935 года // Архив ИИМК РАН. — Ф.2, оп.1, 1935, № 102. — 73 л.

410．**А.П.奥克拉德尼科夫**：《1953 年远东考古考察报告》//俄罗斯科学院考古研究所档案，Р－1，№830，61 页。

Окладников А.П. Отчет об археологических исследованиях на Дальнем Востоке. 1953 г. // Архив ИА РАН. — Р－1, № 830. — 61 л.

411．**А.П.奥克拉德尼科夫**：《1954 年夏季远东考察团工作报告》//俄罗斯科学院考古研究所档案，Р－1，№1029，104 页。

Окладников А.П. Отчет о работе Дальневосточной экспедиции летом 1954 года // Архив ИА РАН. — Р－1, № 1029. —104 л.

412．**А.П.奥克拉德尼科夫**：《1955 年夏季滨海边疆区的考古考察报告》//俄罗斯科学院考古研究所档案，Р－1，№1189，49 页。

Окладников А.П. Отчет об археологических исследованиях летом 1955 года в Приморском крае // Архив ИА РАН. — Р－1, № 1189. — 49 л.

413．**А.П.奥克拉德尼科夫**：《1956 年远东考古考察团工作报告》//俄罗斯科学院考古研究所档案，Р－1，№1325，76 页。

Окладников А.П. Отчет о работах ДВАЭ 1956 года // Архив ИА РАН. — Р－1, № 1325. — 76 л.

414．**А.П.奥克拉德尼科夫**：《1957 年远东（滨海边疆区境内）考古考察报告》//俄罗斯科学院考古研究所档案，Р－1，№1614，26 页。

Окладников А.П. Отчет об археологических исследованиях на Дальнем Востоке (на территории Приморского края). 1957 г. // Архив ИА РАН. — Р－1, № 1614. — 26 л.

415．**А.П.奥克拉德尼科夫**：《1958 年远东考察团考古发掘报告》//俄罗斯科学院考古研究所档案，Р－1，№1808，75 页；№1808а，报告图片册，18 页；№1808б，报告图片册，15 页。

Окладников А.П. Отчет об археологических раскопках Дальневосточной экспедиции. 1958 г. // Архив ИА РАН. — Р－1, № 1808. — 75 л.; № 1808－а. — Альбом к отчету. — 18 л.; № 1808－б. — Альбом к отчету. — 15 л.

416．**А.П.奥克拉德尼科夫**：《1959 年远东考古考察团考古工作报告》//俄罗斯科学院考古研究所档案，Р－1，№2029，140 页；№2216，报告附件，9 页。

Окладников А.П. Отчет об археологических работах ДВАЭ. 1959 г. // Архив ИА РАН. — Р－1, № 2029. — 140 л.; № 2216. — Дополнение к отчету. — 9 л.

417．**А.П.奥克拉德尼科夫**：《1960 年远东考察团田野工作报告》//俄罗斯科学院考古研究所档案，Р－1，№2120，188 页；№2120а，报告图片册，18 页；№2120б，报告图片册，20 页；№2120b，报告图片册，19 页。

Окладников А.П. Отчет о полевых работах Дальневосточной экспедиции. 1960 г. // Архив ИА РАН. — Р－1, № 2120. — 188 л.; № 2120－а. — Альбом к отчету. — 18 л.; № 2120－б. — Альбом к отчету. — 20 л.; № 2120－в. — Альбом к отчету. — 19 л.

418．**А.П.奥克拉德尼科夫**：《1961 年结雅河、阿穆尔河中游考古调查报告》//俄罗斯科学院考古研究所档案，Р－1，№2240，99 页；№2240а，报告图片册，21 页。

Окладников А.П. Отчет об археологической разведке на р. Зее и Среднем Амуре в 1961 г. // Архив ИА РАН. — Р－1, № 2240. — 99 л.; № 2240－а. — Альбом к отчету. — 21 л.

419．**А.П.奥克拉德尼科夫：**《1962 年阿穆尔河流域考古考察报告》//俄罗斯科学院考古研究所档案，Р－1，№2439，88 页；№2439a，报告图片册，19 页。

Окладников А.П. Отчет об археологических исследованиях в бассейне р. Амура. 1962 г. // Архив ИА РАН. — Р－1, № 2439. — 88 л.; № 2439－а. — Альбом к отчету. — 19 л.

420．**А.П.奥克拉德尼科夫：**《1963 年（哈巴罗夫斯克边疆区）孔东遗址发掘报告》//俄罗斯科学院考古研究所档案，Р－1，№2705，54 页；№2705a，报告图片册，30 页。

Окладников А.П. Отчет о раскопках в с. Кондон (Хабаровский край). 1963 г. // Архив ИА РАН. — Р－1, № 2705. — 54 л.; № 2705－а. — Альбом к отчету. — 30 л.

421．**А.П.奥克拉德尼科夫：**《1963 年铁器时代库克列沃村附近遗址发掘报告》//俄罗斯科学院考古研究所档案，Р－1，№2706，37 页；№2706a，报告图片册，16 页。

Окладников А.П. Отчет о раскопках поселения железного века у с. Кукелево. 1963 г. // Архив ИА РАН. — Р－1, № 2706. — 37 л.; № 2706－а. — Альбом к отчету. — 16 л.

422．**А.П.奥克拉德尼科夫：**《1964 年远东考古发掘报告》//俄罗斯科学院考古研究所档案，Р－1，№2920，251 页；№2920a，报告图片册，27 页；№2920б，报告图片册，20 页。

Окладников А.П. Отчет об археологических раскопках на Дальнем Востоке. 1964 г. // Архив ИА РАН. — Р－1, № 2920. — 251 л.; № 2920－а. — Альбом к отчету. — 27 л.; № 2920－б. — Альбом к отчету. — 20 л.

423．**А.П.奥克拉德尼科夫：**《1965 年格罗马图哈河、奥西诺沃湖考古发掘报告》//俄罗斯科学院考古研究所档案，Р－1，№3044，51 页；№3044a，报告图片册，30 页。

Окладников А.П. Отчет об археологических раскопках на р. Громатухе и на оз. Осиновом. 1965 г. // Архив ИА РАН. —Р－1, № 3044. — 51 л.; № 3044－а. — Альбом к отчету. — 30 л.

424．**А.П.奥克拉德尼科夫：**《1966 年阿穆尔河流域沃兹涅谢诺夫卡村附近古代遗址发掘报告》//俄罗斯科学院考古研究所档案，Р－1，№3245，46 页。

Окладников А.П. Отчет о раскопках древнего поселения у с. Вознесеновского на Амуре. 1966 г. // Архив ИА РАН. — Р－1, № 3245. — 46 л.

425．**А.П.奥克拉德尼科夫：**《1966 年滨海边疆区"麦河"国营鹿场区域古代遗址发掘报告》//俄罗斯科学院考古研究所档案，Р－1，№3528，14 页；№3528a，报告图片册，37 页。

Окладников А.П. Отчет о раскопках древнего поселения в районе оленесовхоза《Майхэ》Приморского края. 1966 г. // Архив ИА РАН. — Р－1, № 3528. — 225 л.; № 3528－а. — Альбом к отчету. — 37 л.

426．**А.П.奥克拉德尼科夫：**《1966 年（阿穆尔州）远东考古考察团谢米奥泽尔卡村发掘报告》//俄罗斯科学院考古研究所档案，Р－1，№3538，13 页。

Окладников А.П., Сапунов Б.С. Отчет о раскопках у деревни Семиозерки ДВАЭ：［Амур. обл.］. 1966 г. // Архив ИА РАН. — Р－1, № 3538. — 13 л.

427．**А.П.奥克拉德尼科夫：**《1968 年（滨海边疆区）大柞树河乌斯季诺夫卡村附近作坊址发掘报告》//俄罗斯科学院考古研究所档案，P－1，№3721，49 页。

Окладников А.П. Отчет о раскопках поселения-мастерской на р. Тадуши у с. Устиновки (Приморский край). 1968 г. // Архив ИА РАН. — Р－1, № 3721. — 49 л.

428.**А.П.奥克拉德尼科夫**：《1969 年哈巴罗夫斯克边疆区塔赫塔镇发掘报告》//俄罗斯科学院考古研究所档案，P－1，№3938，40 页。

Окладников А.П., Медведев В.Е. Отчет о раскопках в поселке Тахта Хабаровского края. 1969 г. // Архив ИА РАН. — Р－1, № 3938. — 40 л.

429.**А.П.奥克拉德尼科夫**：《1969 年结雅水电站淹没区发掘报告》//俄罗斯科学院考古研究所档案，P－1，№3966，23 页；№3966a，报告图片册，15 页。

Окладников А.П. Отчет о раскопках в районе затопления Зейской ГЭС. 1969 г. // Архив ИА РАН. — Р－1, № 3966. — 23 л.; № 3966-а. — Альбом к отчету. — 15 л.

430.**А.П.奥克拉德尼科夫**：《1970 年苏城河谷地纳霍德卡市"面包店"古代遗址发掘报告》//俄罗斯科学院考古研究所档案，P－1，№4119，39 页。

Окладников А.П. Отчет о раскопках древнего поселения 《Булочка》 у г. Находки в Сучанской долине. 1970 г. // Архив ИА РАН. — Р－1, № 4119. — 39 л.

431.**А.П.奥克拉德尼科夫**：《1971 年哈巴罗夫斯克边疆区孔东新石器时代遗址发掘报告》//俄罗斯科学院考古研究所档案，P－1，№4538，83 页。

Окладников А.П. Отчет о раскопках неолитического поселения в с. Кондон Хабаровского края. 1971 г.// Архив ИА РАН. — Р－1, № 4538. — 83 л.

432.**А.П.奥克拉德尼科夫**：《1972 年哈巴罗夫斯克边疆区孔东新石器时**Окладников А.П.** Раскопки неолитического поселения в с. Кондон Хабаровского края. 1972 г.// Архив ИА РАН. — Р－1, № 4729. — 83 л.

433.**А.П.奥克拉德尼科夫**：《1972 年哈巴罗夫斯克边疆区新石器时代苏丘岛遗址发掘报告》//俄罗斯科学院考古研究所档案，P－1，№4800，63 页。

Окладников А.П. Отчет о раскопках неолитического поселения на о-ве Сучу Хабаровского края. 1972 г. // Архив ИА РАН. — Р－1, № 4800. — 63 л.

434.**А.П.奥克拉德尼科夫、В.Е.麦德维杰夫**：《1971－1972 年犹太自治州纳杰日金斯科耶村女真墓地发掘报告》//俄罗斯科学院考古研究所档案，P－1，№5195，219 页。

Окладников А.П., Медведев В.Е. Отчет о раскопках чжурчжэньского могильника у с. Надеждинского Еврейской автономной области. 1971－1972 гг. // Архив ИА РАН. — Р－1, № 5195. — 219 л.

435.**А.П.奥克拉德尼科夫**：《1973 年哈巴罗夫斯克边疆区新石器时代苏丘岛遗址发掘报告》//俄罗斯科学院考古研究所档案，P－1，№5072，34 页。

Окладников А.П. Отчет о раскопках неолитического поселения на о-ве Сучу Хабаровского края. 1973 г. // Архив ИА РАН. — Р－1, № 5072. — 34 л.

436.**А.П.奥克拉德尼科夫**：《1976 年滨海地区旧石器时代乌斯季－恰克图遗址考察报告、"椴树下"山岗新石器时代房址发掘报告》//俄罗斯科学院考古研究所档案，P－1，№6292，79 页。

Окладников А.П. Отчет об исследовании палеолитического поселения Усть-Кяхта. Отчет о раскопках неолитического жилища на сопке《Под липами》в Приморье. 1976 г. // Архив ИА РАН. — Р-1, № 6292. — 79 л.

437．А.П. 奥克拉德尼科夫：《1977 年马林斯科耶镇苏丘岛［休奇亚山］发掘报告》//俄罗斯科学院考古研究所档案，Р-1，№6645，50 页。

Окладников А.П. Отчет о раскопках на о-ве Сучу (Щучья гора) у с. Мариинского. 1977 г. // Архив ИА РАН. — Р-1, № 6645. — 50 л.

438．А.П. 奥克拉德尼科夫：《1978 年（滨海边疆区）弗拉基米罗－亚历山德罗夫斯科耶村附近"山隘"遗址发掘报告》//俄罗斯科学院考古研究所档案，Р-1，№8828，47 页。

Окладников А.П. Отчет о раскопках поселения на《Перевале》, неподалеку от с. Владимиро-Александровского:［Прим. край］. 1978 г. // Архив ИА РАН. — Р-1, № 8828. — 47 л.

439．А.П. 奥克拉德尼科夫：《1980 年萨卡奇－阿梁村加夏遗址发掘报告》//俄罗斯科学院考古研究所档案，Р-1，№8123，83 页。

Окладников А.П. Отчет о раскопках у с. Сакачи-Алян (в местности Гася). 1980 г. // Архив ИА РАН. — Р-1, № 8123. — 83 л.

440．А.П. 奥克拉德尼科夫、B.E. 麦德维杰夫：《1981 年哈巴罗夫斯克边疆区中世纪时代贾拉城址发掘报告、阿穆尔尼古拉耶夫斯克地区谢尔盖耶夫卡村古代遗址发掘报告》//俄罗斯科学院考古研究所档案，Р-1，№8479，86 页。

Окладников А.П., Медведев В.Е. Отчет о раскопках средневекового городища Джари. Отчет о раскопках древнего поселения у с. Сергеевка Николаевского-на-Амуре района. Хабаровский край. 1981 г. // Архив ИА РАН. — Р-1, № 8479. — 86 л.

441．В.В. 奥谢茨基：《1989 年远东国立大学考古部门在滨海边疆区达利涅戈尔斯克地区的调查报告》//俄罗斯科学院考古研究所档案，Р-1，№14337，31 页。

Осецкий В.В. Отчет о разведочных работах археологической службы ДВГУ в Дальнегорском районе Приморского края в 1989 г. // Архив ИА РАН. — Р-1, № 14337. — 31 л.

442．О.В. 波利亚科夫：《1993 年哈巴罗夫斯克边疆区哈巴罗夫斯克农业区、那乃地区田野考古考察报告》//俄罗斯科学院考古研究所档案，Р-1，№18136，39 页。

Поляков О.В. Отчет о полевых археологических исследованиях в Хабаровском сельском и Нанайском районах Хабаровского края в 1993 г. // Архив ИА РАН. — Р-1, № 18136. — 39 л.

443．О.В. 波利亚科夫：《1995 年哈巴罗夫斯克边疆区哈巴罗夫斯克地区田野考古考察报告》//俄罗斯科学院考古研究所档案，Р-1，№19355，36 页。

Поляков О.В. Отчет о полевых археологических исследованиях в Хабаровском районе Хабаровского края в 1995 г. // Архив ИА РАН. — Р-1, № 19355. — 36 л.

444．А.Н. 波波夫：《1992 年滨海边疆区哈桑地区调查工作》//俄罗斯科学院考古研究所档案，Р-1，№16966，14 页。

Попов А.Н. Разведочные работы в Хасанском районе Приморского края в 1992 г. // Архив ИА РАН. — Р-1, № 16966. — 14 л.

445．**А.Н. 波波夫**：《1993 年滨海边疆区哈桑地区田野考察报告》//俄罗斯科学院考古研究所档案，Р-1，№17895，84 页。

Попов А.Н. Отчет о полевых исследованиях в Хасанском районе в 1993 г. Приморский край // Архив ИА РАН. — Р-1, № 17895. — 84 л.

446．**А.И. 拉津**：《乌苏里斯克湾沿岸石器时代遗址的分布》//俄罗斯科学院物质文化史研究所档案，Ф.2，оп.1，1925，№189，19 页。

Разин А.И. Расположение стоянок каменного века на берегу Уссурийского залива// Архив ИИМК РАН. — Ф.2, оп.1, 1925, № 189. — 19 л.

447．**Н.Г. 鲁布连科**：《1985 年（滨海边疆区）拉佐地区考古调查报告》//俄罗斯科学院考古研究所档案，Р-1，№10671，48 页。

Рубленко Н.Г. Отчет об археологической разведке в Лазовском районе［Приморского края］. 1985 г. // Архив ИА РАН.—Р-1, № 10671. — 48 л.

448．**С.А. 萨科马罗夫**：《1991 年滨海边疆区纳杰日金斯科耶地区普查工作报告》//俄罗斯科学院考古研究所档案，Р-1，№16921，30 页。

Сакмаров С.А. Отчет о поисково-разведочных работах в Надеждинском районе. 1991 г. Приморский край // Архив ИА РАН. — Р-1, № 16192. — 30 л.

449．**С.А. 萨科马罗夫**：《1995 年滨海边疆区纳杰日金斯科耶地区普查工作》//俄罗斯科学院考古研究所档案，Р-1，№19316，30 页。

Сакмаров С.А. Поисково-разведочные работы в Надеждинском районе Приморского края в 1995 г. // Архив ИА РАН. — Р-1, № 19316. — 30 л.

450．**Б.С. 萨普诺夫**：《1989 年关于（阿穆尔州）考古遗存著录的田野报告》//俄罗斯科学院考古研究所档案，Р-1，№13600，63 页；№13601，报告附录，135 页。

Сапунов Б.С. Полевой отчет о паспортизации археологических памятников［в Амурской области］. 1989 г. // Архив ИА РАН. — Р-1, № 13600. — 63 л.; № 13601. — Приложение к отчету. —135 л.

451．**Б.С. 萨普诺夫**：《1990 年阿穆尔州康斯坦丁诺夫卡地区考古遗存纪录》//俄罗斯科学院考古研究所档案，Р-1，№15379，98 页。

Сапунов Б.С. Паспортизация археологических памятников в Константиновском районе Амурской области в 1990 г. // Архив ИА РАН. — Р-1, № 15379. — 98 л.

452．**Д.А. 萨普菲罗夫**：《1988 年（滨海边疆区）斯帕斯克地区调查报告》//俄罗斯科学院考古研究所档案，Р-1，№13086，17 页。

Сапфиров Д.А. Отчет о разведках в Спасском районе［Приморского края］. 1988 г. // Архив ИА РАН.— Р-1, № 13086. — 17 л.

453．**Д.А. 萨普菲罗夫**：《1989 年滨海边疆区哈桑地区考察报告》//俄罗斯科学院考古研究所档案，Р-1，№16402，50 页。

Сапфиров Д.А. Отчет об исследованиях в Хасанском районе в 1989 г. Приморский край // Архив ИА РАН. — Р-1, № 16402. — 50 л.

454．**Л.Е. 谢梅尼琴科**：《1972 年滨海边疆区阿努钦诺地区刀毕河谷地考古调查报告》//俄罗斯科学院考古研究所档案，P－1，№4843，41 页。

Семениченко Л.Е. Отчет об археологической разведке в долине р. Даубихэ в Анучинском районе. Приморский край. 1972 г. // Архив ИА РАН. — Р－1, № 4843. — 41 л.

455. Л.Е. 谢梅尼琴科：《1973 年滨海边疆区阿努钦诺地区圆丘遗址、新戈尔杰耶夫卡遗址考古考察报告》//俄罗斯科学院考古研究所档案，P－1，№5040，80 页。

Семениченко Л.Е. Отчет об археологических исследованиях на Круглой Сопке и Новогордеевском поселении в Анучинском районе Приморского края. 1973 г. // Архив ИА РАН. — Р－1, № 5040. — 80 л.

456. Л.Е. 谢梅尼琴科：《1974－1975 年滨海边疆区阿努钦诺地区、卡瓦列罗沃地区考古考察报告》//俄罗斯科学院考古研究所档案，P－1，№5762，38 页。

Семениченко Л.Е. Отчет об археологических исследованиях в Анучинском и Кавалеровском районах Приморского края в 1974 и 1975 гг. // Архив ИА РАН. — Р－1, № 5762. — 38 л.

457. Л.Е. 谢梅尼琴科：《1982 年滨海边疆区斯塔罗列切斯科耶城址考古考察报告》//俄罗斯科学院考古研究所档案，P－1，№10373，57 页。

Семениченко Л.Е. Отчет об археологических исследованиях на Старореченском городище. Приморский край. 1982 г. // Архив ИА РАН. — Р－1, № 10373. — 57 л.

458. П.Л. 谢米：《1985 年滨海边疆区卡瓦列罗沃地区调查工作报告》//俄罗斯科学院考古研究所档案，P－1，№11118，23 页。

Семин П.Л. Отчет о разведочных работах в Кавалеровском районе Приморского края. 1985 г. // Архив ИА РАН. — Р－1, № 11118. — 23 л.

459. П.Л. 谢米：《1985－1986 年滨海边疆区米哈伊洛夫卡地区米哈伊洛夫卡 2 号遗址发掘报告》//俄罗斯科学院考古研究所档案，P－1，№13436，42 页。

Семин П.Л. Отчет о раскопках поселения Михайловка-2 в Михайловском районе [Приморского края]. 1985－1986 гг. // Архив ИА РАН. — Р－1, № 13436. — 42 л.

460. П.Л. 谢米：《1986 年远东地区（滨海边疆区）莫纳斯特尔卡 3 号墓地考古发掘报告》//俄罗斯科学院考古研究所档案，P－1，№12488，53 页；№12488a，报告附录，91 页。

Семин П.Л. Отчет об археологических раскопках могильника Монастырка-III в Дальнегоском районе [Приморского края]. 1986 г.// Архив ИА РАН. — Р－1, №12488. — 53 л.; № 12488－а. — Приложение к отчету. — 91 л.

461. П.Л. 谢米：《1989 年滨海边疆区米哈伊洛夫卡地区阿布拉莫夫卡 2 号遗存考古发掘报告》//俄罗斯科学院考古研究所档案，P－1，№13887，120 页。

Семин П.Л. Отчет об археологических раскопках памятника Абрамовка-2 в Михайловском районе. Приморский край. 1989 г. // Архив ИА РАН. — Р－1, № 13887. — 120 л.

462. Е.В. 西多林科：《1997 年滨海边疆区捷尔涅伊地区、达利涅戈尔斯克地区调查工作报告》//俄罗斯科学院考古研究所档案，P－1，№21383，31 页。

Сидоренко Е.В. Отчет о разведочных работах в Тернейском и Дальнегорском районах Приморского края в 1997 году // Архив ИА РАН. — Р－1, № 21383. — 31 л.

463．**Г.Л. 西兰基耶夫**：《1980 年（滨海边疆区）卡瓦列罗沃地区、帕尔季赞斯克地区、什科托沃地区境内中世纪遗存考古调查报告》//俄罗斯科学院考古研究所档案，Р-1，№8331，86 页。

Силантьев Г.Л. Отчет об археологической разведке средневековых памятников на территории Кавалеровского, Партизанского и Шкотовского районов [Приморского края]. 1980 г. // Архив ИА РАН. — Р-1, № 8331. — 86 л.

464．**Г.Л. 西兰基耶夫**：《1988 年彼得大帝湾地区岛屿、沿海岸考古考察报告》//俄罗斯科学院考古研究所档案，Р-1，№12956，67 页。

Силантьев Г.Л. Археологический отчет об исследованиях на побережье и островной зоне залива Петра Великого. 1988 г. // Архив ИА РАН. — Р-1, № 12956. —67 л.

465．**Г.Л. 西兰基耶夫**：《1989 年彼得大帝湾地区岛屿、沿海岸考古考察报告》//俄罗斯科学院考古研究所档案，Р-1，№16357，97 页；№16358，报告图片册，193 页；№16359 报告图片册，93 页。

Силантьев Г.Л. Отчет об археологических исследованиях в островной и прибрежной зоне залива Петра Великого в 1989 г. // Архив ИА РАН. — Р-1, № 16357. — 97 л.; № 16358. — Альбом к отчету. — 193 л.; № 16359. — Альбом к отчету. — 93 л.

466．**Н.Е. 斯彼热沃伊**：《1993 年（哈巴罗夫斯克边疆区）尼古拉耶夫斯克地区、共青城地区、乌利奇斯基地区田野考古考察报告》//俄罗斯科学院考古研究所档案，Р-1，№18328，27 页。

Спижевой Н.Е. Отчет о полевых археологических исследованиях в Николаевском, Комсомольском и Ульчском районах [Хабаровского края] в 1993 г. // Архив ИА РАН. — Р-1, № 18328. —27 л.

467．**Н.Е. 斯彼热沃伊**：《1994 年哈巴罗夫斯克边疆区尼古拉耶夫斯克地区田野考古考察报告》//俄罗斯科学院考古研究所档案，Р-1，№18028，48 页。

Спижевой Н.Е. Отчет о полевых археологических исследованиях в Николаевском районе в 1994 г. Хабаровский край // Архив ИА РАН. — Р-1, № 18028. — 48 л.

468．**Н.Е. 斯彼热沃伊**：《1995 年哈巴罗夫斯克边疆区尼古拉耶夫斯克地区田野考古考察报告》//俄罗斯科学院考古研究所档案，Р-1，№19763，33 页。

Спижевой Н.Е. Отчет о полевых археологических исследованиях в Николаевском районе Хабаровского края в 1995 г. // Архив ИА РАН. — Р-1, № 19763. — 33 л.

469．**Н.Е. 斯彼热沃伊**：《1996 年哈巴罗夫斯克边疆区尼古拉耶夫斯克地区田野考古考察报告》//俄罗斯科学院考古研究所档案，Р-1，№20149，44 页。

Спижевой Н.Е. Отчет о полевых археологических исследованиях в Николаевском районе Хабаровского края в 1996 г. // Архив ИА РАН. — Р-1, № 20149. — 44 л.

470．**А.К. 斯塔纽科维奇**：《1980 年莫斯科市、莫斯科州、普斯科夫卡州、滨海边疆区考古——地球物理考察综合报告》//俄罗斯科学院考古研究所档案，Р-1，№8752，186 页。

Станюкович А.К. Отчет о комплексных археолого-геофизических исследованиях в г. Москве, Московской и Псковской областях, Приморском крае. 1980 г. // Архив ИА РАН. — Р-1, № 8752. — 186 л.

471．**В.В. 苏希赫**：《1988 年阿穆尔州布拉戈维申斯克地区弗拉基米罗夫卡村考古发掘》//俄罗斯科学院考古研究所档案，Р-1，№13251，62 页。

Сухих В.В. Археологические раскопки у с. Владимировка Благовещенского района. 1988 г. Амурская область // Архив ИА РАН. — Р-1, № 13251. — 62 л.

472．B.B. 苏希林：《1990 年阿穆尔州坦博夫卡地区考古遗存著录》// 俄罗斯科学院考古研究所档案，Р-1，№15388，67 页。

Сухих В.В. Паспортизация археологических памятников Тамбовского района Амурской области в 1990 г. // Архив ИА РАН.— Р-1, № 15388. — 67 л.

473．A.B. 塔巴列夫：《1993 年滨海边疆区卡瓦列罗沃地区考古调查报告》// 俄罗斯科学院考古研究所档案，Р-1，№17872，29 页。

Табарев А.В. Отчет об археологических разведках в Кавалеровском районе в 1993 г. Приморский край // Архив ИА РАН. — Р-1, № 17872. — 29 л.

474．A.B. 塔巴列夫：《1997 年滨海边疆区卡瓦列罗沃地区考古调查报告》// 俄罗斯科学院考古研究所档案，Р-1，№20862，56 页。

Табарев А.В. Отчет об археологических исследованиях в Кавалеровском районе Приморского края в 1997 году // Архив ИА РАН. — Р-1, № 20862. — 56 л.

475．B.H. 塔拉先科：《1997 年（滨海地区）阿尔穆河谷地调查工作》// 俄罗斯科学院考古研究所档案，Р-1，№21005，10 页。

Тарасенко В.Н. Разведочные работы в долине р. Арму [в Приморье]. 1997 г. // Архив ИА РАН. — Р-1, № 21005. — 10 л.

476．B.A. 塔塔尔尼科夫：《1972 年滨海边疆区达利涅戈尔斯克地区、帕尔季赞斯克地区洞穴考古调查报告》// 俄罗斯科学院考古研究所档案，Р-1，№4722，44 页。

Татарников В.А. Отчет об археологической разведке по пещерам Приморского края (Дальнегорский и Партизанский районы). 1972 г. // Архив ИА РАН. — Р-1, № 4722. — 44 л.

477．B.A. 塔塔尔尼科夫：《1973 年滨海边疆区哈桑地区、兴凯湖地区考古调查报告》// 俄罗斯科学院考古研究所档案，Р-1，№4996，37 页。

Татарников В.А. Отчет об археологической разведке в Хасанском и Ханкайском районах Приморского края. 1973 г. // Архив ИА РАН. — Р-1, № 4996. — 37 л.

478．B.A. 塔塔尔尼科夫：《1974 年滨海边疆区、哈巴罗夫斯克边疆区考古考察报告》// 俄罗斯科学院考古研究所档案，Р-1，№6100，48 页。

Татарников В.А. Отчет об археологических исследованиях в Приморском и Хабаровском краях. 1974 г. // Архив ИА РАН.— Р-1, № 6100. — 48 л.

479．B.A. 塔塔尔尼科夫：《1976 年滨海边疆区大乌苏尔卡河、帕尔季赞斯卡亚河、基辅卡河谷地调查工作报告》// 俄罗斯科学院考古研究所档案，Р-1，№6260，19 页。

Татарников В.А. Отчет о разведочных работах в Приморском крае в долинах рек Большой Уссурки, Партизанской и Киевки. 1976 г. // Архив ИА РАН. — Р-1, № 6260. — 19 л.

480．B.A. 塔塔尔尼科夫：《1978 年滨海地区东北部考古考察》// 俄罗斯科学院考古研究所档案，Р-1，№7095，54 页。

Татарников В.А. Археологические исследования в Северо-Восточном Приморье. 1978 г. // Архив

ИА РАН. — Р-1, № 7095. — 54 л.

481. **В.А. 塔塔尔尼科夫**：《1979 年滨海地区东北部考古考察报告》//俄罗斯科学院考古研究所档案，Р-1，№7472，44 页。

Татарников В.А. Отчет об археологических исследованиях в Северо-Восточном Приморье. 1979 г. // Архив ИА РАН. — Р-1, № 7472. — 44 л.

482. **В.А. 塔塔尔尼科夫**：《1980 年滨海地区东北部及滨海边疆区乌苏里江流域考古考察》//俄罗斯科学院考古研究所档案，Р-1，№8654，52 页。

Татарников В.А. Археологические исследования в Северо-Восточном Приморье и на р. Уссури. Приморский край. 1980 г. // Архив ИА РАН. — Р-1, № 8654. — 52 л.

483. **В.А. 塔塔尔尼科夫**：《1980 年滨海边疆区沃多拉兹杰利纳亚遗址发掘报告》//俄罗斯科学院考古研究所档案，Р-1，№9315，124 页。

Татарников В.А. Отчет о раскопках Водораздельной стоянки. Приморский край. 1980 г. // Архив ИА РАН. — Р-1, № 9315. — 124 л.

484. **В.А. 塔塔尔尼科夫**：《1984 年滨海地区东北部考古考察报告》//俄罗斯科学院考古研究所档案，Р-1，№10559，63 页。

Татарников В.А. Отчет об археологических исследованиях в Северо-Восточном Приморье. 1984 г. // Архив ИА РАН. — Р-1, № 10559. — 63 л.

485. **В.А. 塔塔尔尼科夫**：《1988 年滨海边疆区沿海岸（从奥利加镇至普列奥布拉热尼耶镇）（滨海边疆区捷尔涅伊地区、达利涅戈尔斯克地区、奥利加地区、拉佐地区）考古调查》//俄罗斯科学院考古研究所档案，Р-1，№14743，61 页。

Татарников В.А. Археологическая разведка по побережью Приморского края (от пос. Ольга до пос. Преображение) (Тернейский, Дальне горский, Ольгинский, Лазовский районы Приморского края) в 1988 г. // Архив ИА РАН. — Р-1, № 14743. — 61 л.

486. **Е.И. 季莫费耶夫**：《1959 年自比罗比詹市沿比拉河至其与阿尔穆河汇合点的考古调查报告》//俄罗斯科学院考古研究所档案，Р-1，№1983，34 页；№1983a，报告图片册，23 页；№1983б，报告图片册，23 页。

Тимофеев Е.И. Отчет об археологической разведке от г. Биробиджана по р. Бире до впадения ее в р. Амур. 1959 г. // Архив ИА РАН. — Р-1, № 1983. — 34 л.; № 1983-а. — Альбом к отчету. — 23 л.; № 1983 - б. — Альбом к отчету. — 23 л.

487. **В.Н. 伏尔列特**：《（1997 年）滨海边疆区波扎尔斯科耶地区调查报告》//俄罗斯科学院考古研究所档案，Р-1，№21133，26 页。

ФурлетВ.Н. Отчет о разведочных в Пожарском районе Приморского края (1997г) // Архив ИА РАН. — Р-1, № 21133. — 26 л.

488. **Н.Г. 哈尔拉莫夫**：《1928 年西伯利亚及远东考古旅行日记》//俄罗斯科学院物质文化史研究所档案，Ф.2，оп.1，1929，№135，95 页，1 张地图。

Харламов Н.Г. Дневник археологической поездки в Сибирь и на Дальний Восток в 1928 г. // Архив ИИМК РАН. — Ф.2, оп.1, 1929, № 135. — 95 л., 1 карта.

489．В.А. 霍列夫：《1975 年滨海边疆区拉佐地区、奥利加地区、米哈伊洛夫卡地区、十月地区考古调查报告》//俄罗斯科学院考古研究所档案，Р-1，№5738，38 页。

Хорев В.А. Отчет об археологической разведке в Лазовском, Ольгинском, Михайловском, Октябрьском районах Приморского края. 1975 г. // Архив ИА РАН. — Р-1, № 5738. — 38 л.

490．В.А. 霍列夫：《1976 年滨海边疆区纳杰日金斯科耶地区阿南尼因斯科耶城址考古考察报告》//俄罗斯科学院考古研究所档案，Р-1，№6272，45 页。

Хорев В.А. Отчет об археологических исследованиях на Ананьинском городище в Надеждинском районе Приморского края. 1976 г. // Архив ИА РАН. — Р-1, № 6272. — 45 л.

491．В.А. 霍列夫：《1977 年滨海边疆区纳杰日金斯科耶地区阿纳尼耶夫卡城址考古考察报告》//俄罗斯科学院考古研究所档案，Р-1，№6662，61 页。

Хорев В.А. Отчет об археологических исследованиях на Ананьевском городище. Приморский край. Надеждинский район. 1977 г. // Архив ИА РАН. — Р-1, № 6662. — 61 л.

492．В.А. 霍列夫：《1978 年滨海边疆区阿南因斯科耶城址考古考察报告》//俄罗斯科学院考古研究所档案，Р-1，№7269，72 页。

Хорев В.А. Отчет об археологических исследованиях на Ананьинском городище. Приморский край. 1978 г. // Архив ИА РАН. — Р-1, № 7269. — 72 л.

493．В.А. 霍列夫：《1979 年阿纳尼耶夫卡城址考古考察报告（滨海边疆区纳杰日金斯科耶地区）》//俄罗斯科学院考古研究所档案，Р-1，№7928，77 页。

Хорев В.А. Отчет об археологических исследованиях на Ананьевском городище (Надеждинский район Приморского края). 1979 г. // Архив ИА РАН. — Р-1, № 7928. — 77 л.

494．В.А. 霍列夫：《1980 年滨海边疆区阿纳尼耶夫卡城址考古考察报告》//俄罗斯科学院考古研究所档案，Р-1，№8117，74 页。

Хорев В.А. Отчет об археологических исследованиях на Ананьевском городище. Приморский край. 1980 г. // Архив ИА РАН.— Р-1, № 8117. — 74 л.

495．В.А. 霍列夫：《1981 年阿纳尼耶夫卡城址考古考察报告（滨海边疆区纳杰日金斯科耶地区）》//俄罗斯科学院考古研究所档案，Р-1，№8149，48 页。

Хорев В.А. Отчет об археологических исследованиях на Ананьевском городище (Надеждинский район Приморского края). 1981 г. // Архив ИА РАН.— Р-1, № 8149. — 48 л.

496．В.А. 霍列夫：《1982 年阿纳尼耶夫卡城址考古考察报告（滨海边疆区纳杰日金斯科耶地区）》//俄罗斯科学院考古研究所档案，Р-1，№9127，120 页。

Хорев В.А. Отчет об археологических исследованиях на Ананьевском городище (Надеждинский район Приморского края). 1982 г. // Архив ИА РАН. — Р-1, № 9127. — 120 л.

497．В.А. 霍列夫：《1983 年滨海边疆区克拉斯诺亚罗夫斯科耶城址、阿纳尼耶夫卡城址考古考察报告》//俄罗斯科学院考古研究所档案，Р-1，№10005，101 页。

Хорев В.А. Отчет об археологических исследованиях на Краснояровском и Ананьевском городищах. Приморский край. 1983 г. // Архив ИА РАН. — Р-1, № 10005. — 101 л.

498．В.А. 霍列夫：《1984 年滨海边疆区克拉斯诺亚罗夫斯科耶城址、阿纳尼耶夫卡城址考古考察报告》//俄罗斯科学院考古研究所档案，Р－1，№10426，119 页。

Хорев В. А. Отчет об археологических исследованиях на Краснояровском и Ананьевском городищах. Приморский край. 1984 г. // Архив ИА РАН. — Р－1, № 10426. — 119 л.

499．**В. А. 霍列夫**：《1985 年滨海边疆区克拉斯诺亚罗夫斯科耶城址、阿纳尼耶夫卡城址考古考察报告》//俄罗斯科学院考古研究所档案，Р－1，№11068，110 页。

Хорев В. А. Отчет об археологических исследованиях на Краснояровском и Ананьевском городищах в Приморском крае. 1985 г. // Архив ИА РАН. — Р－1, № 11068. —110 л.

500．**В. А. 霍列夫**：《1986 年滨海边疆区阿纳尼耶夫卡城址考古考察报告》//俄罗斯科学院考古研究所档案，Р－1，№11291，138 页。

Хорев В. А. Отчет об археологических исследованиях на Ананьевском городище в Приморском крае. 1986 г. // Архив ИА РАН. — Р－1, № 11291. — 138 л.

501．**В. А. 霍列夫**：《1987 年滨海边疆区阿纳尼耶夫卡城址考古考察报告》//俄罗斯科学院考古研究所档案，Р－1，№11866，102 页。

Хорев В. А. Отчет об археологических исследованиях на Ананьевском городище. Приморский край. 1987 г. // Архив ИА РАН. — Р－1, № 11866. — 102 л.

502．**В. А. 霍列夫**：《1988 年滨海边疆区阿纳尼耶夫卡城址考古考察报告》//俄罗斯科学院考古研究所档案，Р－1，№12592，199 页。

Хорев В. А. Отчет об археологических исследованиях на Ананьевском городище. Приморский край. 1988 г. // Архив ИА РАН. — Р－1, № 12592. — 199 л.

503．**В. А. 霍列夫**：《1990 年滨海边疆区阿纳尼耶夫卡城址考古考察报告》//俄罗斯科学院考古研究所档案，Р－1，№15322，124 页。

Хорев В. А. Отчет об археологических исследованиях на Ананьевском городище в Приморском крае в 1990 г. // Архив ИА РАН. — Р－1, № 15332. — 124 л.

504．**В. А. 霍列夫**：《1991 年滨海边疆区阿纳尼耶夫卡城址考古考察报告》//俄罗斯科学院考古研究所档案，Р－1，№16470，140 页。

Хорев В. А. Отчет об археологических исследованиях на Ананьевском городище в Приморском крае в 1991 г. // Архив ИА РАН. — Р－1, № 16470. — 140 л.

505．**В. А. 霍列夫**：《1992 年滨海边疆区阿纳尼耶夫卡城址考古考察报告》//俄罗斯科学院考古研究所档案，Р－1，№17350，105 页。

Хорев В. А. Отчет об археологических исследованиях на Ананьевском городище в Приморском крае в 1992 г. // Архив ИА РАН. — Р－1, № 17350. — 105 л.

506．**В. А. 霍列夫**：《1993 年滨海边疆区阿纳尼耶夫卡城址考古考察报告》//俄罗斯科学院考古研究所档案，Р－1，№17736，71 页。

Хорев В. А. Отчет об археологических исследованиях на Ананьевском городище в 1993 г. Приморский край // Архив ИА РАН. — Р－1, № 17736. — 71 л.

507．**Е. В. 丘巴希娜**：《1985 年滨海边疆区米哈伊洛夫卡地区调查工作报告》//俄罗斯科学院考古研究所档案，Р－1，№11205，22 页。

Чупахина Е.В. Отчет о разведочных работах в Михайловском районе Приморского края. 1985 г. // Архив ИА РАН. — Р-1, № 11205. — 22 л.

508．**В.Э. 沙弗库诺夫**：《1987 年（滨海边疆区）雅科夫列夫卡地区考古调查报告》//俄罗斯科学院考古研究所档案，Р-1，№11903，50 页。

Шавкунов В.Э. Отчет об археологической разведке в Яковлевском районе［Приморского края］. 1987 г. // Архив ИА РАН. — Р-1, № 11903. — 50 л.

509．**В.Э. 沙弗库诺夫**：《1988 年滨海边疆区什科托沃地区考古调查报告》//俄罗斯科学院考古研究所档案，Р-1，№15343，46 页。

Шавкунов В.Э. Отчет об археологической разведке в Шкотовском районе Приморского края в 1988 г. // Архив ИА РАН. — Р-1, № 15343. — 46 л.

510．**В.Э. 沙弗库诺夫**：《1991 年滨海边疆区乌苏里斯克市市郊多布罗波利斯科耶遗址考古调查工作报告》//俄罗斯科学院考古研究所档案，Р-1，№16492，40 页。

Шавкунов В.Э. Отчет об археологических разведочных работах на Доропольском поселении в пригороде г. Уссурийска в 1991 г. Приморский край // Архив ИА РАН. — Р-1, № 16492. — 40 л.

511．**В.Э. 沙弗库诺夫**：《1997 年滨海边疆区奥罗夫斯科耶城址发掘、帕尔季赞斯克地区考古调查报告》//俄罗斯科学院考古研究所档案，Р-1，№19756，55 页。

Шавкунов В.Э. Отчет о раскопках Ауровского городища и об археологической разведке в Партизанском районе Приморского края в 1997 году // Архив ИА РАН. — Р-1, № 19756. — 55 л.

512．**Э.В. 沙弗库诺夫**：《1955－1956 年滨海边疆区境内田野考察成果报告》//俄罗斯科学院考古研究所档案，Р-1，№1316，43 页。

Шавкунов Э.В. Отчет о результатах полевых исследований на территории Приморского края в 1955－1956 гг. // Архив ИА РАН. — Р-1, № 1316. — 43 л.

513．**Э.В. 沙弗库诺夫**：《1957 年阿穆尔河考古调查成果报告》//俄罗斯科学院考古研究所档案，Р-1，№1613，36 页。

Шавкунов Э.В. Отчет о результатах археологической разведки на Амуре в 1957 г. // Архив ИА РАН. — Р-1, № 1613. — 36 л.

514．**Э.В. 沙弗库诺夫**：《1958 年苏联科学院远东分部考古发掘报告》//俄罗斯科学院考古研究所档案，Р-1，№1719，44 页。

Шавкунов Э.В. Отчет об археологических раскопках Дальневосточного филиала СО АН СССР в 1958 г. // Архив ИА РАН. — Р-1, № 1719. — 44 л.515、

515．**Э.В. 沙弗库诺夫**：《1959 年苏联科学院西伯利亚分院远东分部历史·考古·民族部考古队夹皮沟河谷地渤海遗存发掘报告》//俄罗斯科学院考古研究所档案，Р-1，№1877，25 页。

Шавкунов Э.В. Отчет о раскопках бохайского памятника в долине р. Чапигоу, произведенных археологическим отрядом Отдела истории, археологии и этнографии ДВ филиала АН СССР в 1959 г. // Архив ИА РАН. — Р-1, № 1877. — 25 л.

516．**Э.В. 沙弗库诺夫**：《1960 年滨海地区夹皮沟河谷地考古发掘报告》//俄罗斯科学院考古研究所档案，Р-1，№2230，36 页。

Шавкунов Э.В. Отчет об археологических раскопках в долине р. Чапигоу в Приморье. 1960 г. // Архив ИА РАН. — Р-1, № 2230. — 36 л.

517. **Э.В. 沙弗库诺夫**：《1960 年尼古拉耶夫斯克城址正门发掘报告》//俄罗斯科学院考古研究所档案，Р-1，№2424，21 页。

Шавкунов Э.В. Отчет о раскопках парадной арки на территории Николаевского городища в 1960 г. // Архив ИА РАН. — Р-1, № 2424. —21 л.

518. **Э.В. 沙弗库诺夫**：《1962 年滨海边疆区苏城河谷地田野考古考察报告》//俄罗斯科学院考古研究所档案，Р-1，№2581，37 页。

Шавкунов Э.В. Отчет о полевых археологических исследованиях в долине р. Сучан в Приморском крае в 1962 г. // Архив ИА РАН. — Р-1, № 2581. — 37 л.

519. **Э.В. 沙弗库诺夫**：《1963 年滨海边疆区南部考古考察报告》//俄罗斯科学院考古研究所档案，Р-1，№2678，86 页。

Шавкунов Э.В. Отчет об археологических исследованиях на юге Приморского края в 1963 г. // Архив ИА РАН. — Р-1, № 2678. — 86 л.

520. **Э.В. 沙弗库诺夫**：《1964 年赛加城址考古发掘报告》//俄罗斯科学院考古研究所档案，Р-1，№2848，59 页。

Шавкунов Э.В. Отчет об археологических раскопках Шайгинского городища в 1964 г. // Архив ИА РАН. — Р-1, № 2848. — 59 л.

521. **Э.В. 沙弗库诺夫**：《1965 年滨海边疆区境内考古考察报告》//俄罗斯科学院考古研究所档案，Р-1，№3050，17 页。

Шавкунов Э.В. Об археологических исследованиях на территории Приморского края. 1965 г. // Архив ИА РАН. — Р-1, № 3050. — 17 л.

522. **Э.В. 沙弗库诺夫**：《1966 年滨海边疆区境内考古考察报告》//俄罗斯科学院考古研究所档案，Р-1，№3243，89 页。

Шавкунов Э.В. Об археологических исследованиях на территории Приморского края. 1966 г. // Архив ИА РАН. — Р-1, № 3243. — 89 л.

523. **Э.В. 沙弗库诺夫**：《1967 年滨海边疆区境内考古考察报告》//俄罗斯科学院考古研究所档案，Р-1，№3444，114 页。

Шавкунов Э.В. Об археологических исследованиях на территории Приморского края. 1967 г. // Архив ИА РАН. — Р-1, № 3444. — 114 л.

524. **Э.В. 沙弗库诺夫**：《1968 年滨海边疆区境内考古考察报告》//俄罗斯科学院考古研究所档案，Р-1，№3652，71 页。

Шавкунов Э.В. Об археологических исследованиях на территории Приморского края. 1968 г. // Архив ИА РАН. — Р-1, № 3652. — 71 л.

525. **Э.В. 沙弗库诺夫、В.Д. 连科夫、О.С. 加拉克季奥诺夫**：《1969 年滨海边疆区、哈巴罗夫斯克边疆区境内考古考察》//俄罗斯科学院考古研究所档案，Р-1，№3950，114 页。

Шавкунов Э.В., Леньков В.Д., Галактионов О.С. Археологические исследования на территории

Приморского и Хабаровского краев. 1969 г. // Архив ИА РАН. — Р-1, № 3950. — 114 л.

526．**Э.В. 沙弗库诺夫、В.Д. 连科夫**：《1970 年滨海边疆区境内考古考察报告》// 俄罗斯科学院考古研究所档案，Р-1，№4101，93 页。

Шавкунов Э.В., Леньков В.Д. Отчет об археологических исследованиях на территории Приморского края. 1970 г. // Архив ИА РАН. —Р-1, № 4101. — 93 л.

527．**Э.В. 沙弗库诺夫**：《1971 年滨海边疆区、哈巴罗夫斯克边疆区境内田野考察报告》// 俄罗斯科学院考古研究所档案，Р-1，№4537，235 页。

Шавкунов Э.В. Отчет о полевых исследованиях на территории Приморского и Хабаровского краев. 1971 г. // Архив ИА РАН.— Р-1, № 4537. — 235 л.

528．**Э.В. 沙弗库诺夫**：《1972 年滨海边疆区、哈巴罗夫斯克边疆区境内田野考古考察报告》// 俄罗斯科学院考古研究所档案，Р-1，№4785，239 页。

Шавкунов Э.В. Отчет о полевых археологических исследованиях на территории Приморского и Хабаровского краев. 1972 г. // Архив ИА РАН. — Р-1, № 4785. — 239 л.

529．**Э.В. 沙弗库诺夫**：《1973 年滨海边疆区赛加城址、阿纳尼耶夫卡城址考古考察报告》// 俄罗斯科学院考古研究所档案，Р-1，№5098，87 页。

Шавкунов Э.В. Отчет об археологических исследованиях на Шайгинском и Ананьевском городищах в Приморском крае. 1973 г. // Архив ИА РАН. — Р-1, № 5098. — 87 л.

530．**Э.В. 沙弗库诺夫**：《1974 年滨海边疆区赛加城址、阿纳尼耶夫卡城址考古考察报告》// 俄罗斯科学院考古研究所档案，Р-1，№5289，113 页。

Шавкунов Э.В. Отчет об археологических исследованиях на Шайгинском и Ананьевском городищах в Приморском крае. 1974 г. // Архив ИА РАН. — Р-1, № 5289. — 113 л.

531．**Э.В. 沙弗库诺夫、В.А. 霍列夫**：《1975 年滨海边疆区赛加城址、阿纳尼耶夫卡城址考古考察报告》// 俄罗斯科学院考古研究所档案，Р-1，№5741，93 页。

Шавкунов Э.В., Хорев В.А. Отчет об археологических исследованиях на Шайгинском и Ананьевском городищах в Приморском крае. 1975 г. // Архив ИА РАН. — Р-1, № 5741. — 93 л.

532．**Э.В. 沙弗库诺夫、В.А. 霍列夫**：《1976 年滨海边疆区赛加城址考古考察报告》// 俄罗斯科学院考古研究所档案，Р-1，№6170，89 页。

Шавкунов Э.В., Хорев В.А. Отчет об археологических исследованиях на Шайгинском городище в Приморском крае. 1976 г. // Архив ИА РАН. — Р-1, № 6170. — 89 л.

533．**Э.В. 沙弗库诺夫**：《1977 年滨海边疆区赛加城址考古考察报告》// 俄罗斯科学院考古研究所档案，Р-1，№6724，62 页。

Шавкунов Э.В. Отчет об археологических исследованиях на Шайгинском городище в Приморском крае. 1977 г. // Архив ИА РАН. — Р-1, № 6724. — 62 л.

534．**Э.В. 沙弗库诺夫**：《1978 年滨海边疆区赛加城址考古考察报告》// 俄罗斯科学院考古研究所档案，Р-1，№6966，130 页。

Шавкунов Э.В. Отчет об археологических исследованиях на Шайгинском городище в Приморском крае. 1978 г. // Архив ИА РАН. — Р-1, № 6966. — 130 л.

535．**Э.В. 沙弗库诺夫**：《1979 年赛加城址考古考察报告》//俄罗斯科学院考古研究所档案，Р－1，№7727，170 页。

Шавкунов Э.В. Отчет об археологических исследованиях на Шайгинском городище в 1979 году.// Архив ИА РАН. — Р－1, № 7727. — 170 л.

536．**Э.В. 沙弗库诺夫**：《1980 年滨海边疆区赛加城址考古考察报告》//俄罗斯科学院考古研究所档案，Р－1，№7728，103 页；№7728а，63 页。

Шавкунов Э.В. Отчет об археологичесследованиях на Шайгинском городище. Приморский край. 1980 г. // Архив ИА РАН. — Р－1, № 7728. — 103 л.; № 7728－а. — 63 л.

537．**Э.В. 沙弗库诺夫**：《1981 年滨海边疆区赛加城址考古考察报告》//俄罗斯科学院考古研究所档案，Р－1，№8134，113 页。

Шавкунов Э.В. Отчет об археологических исследованиях на Шайгинском городище в Приморском крае. 1981 г. // Архив ИА РАН. — Р－1, № 8134. — 113 л.

538．**Э.В. 沙弗库诺夫**：《1982 年滨海边疆区赛加城址考古考察报告》//俄罗斯科学院考古研究所档案，Р－1，№9524，200 页。

Шавкунов Э.В. Отчет об археологических исследованиях на Шайгинском городище в Приморском крае. 1982 г. // Архив ИА РАН. — Р－1, № 9254. — 200 л.

539．**Э.В. 沙弗库诺夫**：《1983 年滨海边疆区赛加城址考古考察》//俄罗斯科学院考古研究所档案，Р－1，№10093，185 页。

Шавкунов Э.В. Об археологических исследованиях на Шайгинском городище в Приморском крае. 1983 г. // Архив ИА РАН. — Р－1, № 10093. — 185 л.

540．**Э.В. 沙弗库诺夫**：《1984 年滨海边疆区赛加城址考古考察》//俄罗斯科学院考古研究所档案，Р－1，№9390，165 页。

Шавкунов Э.В. Об археологических исследованиях на Шайгинском городище в Приморском крае. 1984 г. // Архив ИА РАН. — Р－1, № 9390. — 165 л.

541．**Э.В. 沙弗库诺夫**：《1985 年滨海边疆区赛加城址考古考察》//俄罗斯科学院考古研究所档案，Р－1，№11131，155 页。

Шавкунов Э.В. Археологические исследования на Шайгинском городище в Приморском крае. 1985 г. // Архив ИА РАН. — Р－1, № 11131. — 155 л.

542．**Э.В. 沙弗库诺夫、В.Д. 连科夫**：《1987 年滨海边疆区帕尔季赞斯克地区赛加城址考古考察报告》//俄罗斯科学院考古研究所档案，Р－1，№11986，207 页。

Шавкунов Э.В., Леньков В.Д. Отчет об археологических исследованиях на Шайгинском городище в Партизанском районе Приморского крае в 1987 г. // Архив ИА РАН. — Р－1, № 11986. — 207 л.

543．**Э.В. 沙弗库诺夫、В.Д. 连科夫**：《1989 年滨海边疆区帕尔季赞斯克地区赛加城址考古考察报告》//俄罗斯科学院考古研究所档案，Р－1，№14091，141 页。

Шавкунов Э.В., Леньков В.Д. Отчет об археологических исследованиях на Шайгинском городище в Партизанском районе Приморского края в 1989 г. // Архив ИА РАН. — Р－1, № 14091. — 141 л.

544．**Э.В. 沙弗库诺夫、В.Д. 连科夫**：《1990 年滨海边疆区帕尔季赞斯克地区赛加城址考古考察报告》//俄罗斯科学院考古研究所档案，Р-1，№15407，123页。

Шавкунов Э.В., Леньков В.Д. Отчет об археологических исследованиях на Шайгинском городище в Партизанском районе Приморского края в 1990 г. // Архив ИА РАН. — Р-1, № 15407. — 123 л.

545．**Э.В. 沙弗库诺夫、В.Д. 连科夫**：《1991年滨海边疆区帕尔季赞斯克地区赛加城址考古考察报告》//俄罗斯科学院考古研究所档案，Р-1，№16495，132页。

Шавкунов Э.В., Леньков В.Д. Отчет об археологических исследованиях на Шайгинском городище в Партизанском районе. Приморский край. 1991 г. // Архив ИА РАН. — Р-1, № 16495. — 132 л.

546．**Э.В. 沙弗库诺夫、В.Д. 连科夫**：《1992年帕尔季赞斯克地区赛加城址考古考察总结》//俄罗斯科学院考古研究所档案，Р-1，№17450，75页。

Шавкунов Э.В., Леньков В.Д. Итоги археологических исследований на Шайгинском городище в Партизанском районе в 1992 г. Приморский край// Архив ИА РАН. — Р-1, № 17450. —75 л.

547．**Э.В. 沙弗库诺夫**：《1993年滨海边疆区乌苏里斯克地区考古考察报告》//俄罗斯科学院考古研究所档案，Р-1，№17763，192页。

Шавкунов Э.В. Отчет об археологических исследованиях в Уссурийском районе Приморского края в 1993 г. // Архив ИА РАН. — Р-1, № 17763. — 192 л.

548．**Э.В. 沙弗库诺夫**：《1994年滨海边疆区马蹄山发掘报告》//俄罗斯科学院考古研究所档案，Р-1，№18648，68页。

Шавкунов Э.В. Отчет о раскопках на сопке Копыто в Приморском крае в 1994 г. // Архив ИА РАН. — Р-1, № 18648. — 68 л.

549．**Э.В. 沙弗库诺夫**：《1995年滨海边疆区境内考古考察报告》//俄罗斯科学院考古研究所档案，Р-1，№19905，167页。

Шавкунов Э.В. Отчет об археологических исследованиях на территории Приморского края в 1995 г. // Архив ИА РАН. — Р-1, № 19905. — 167 л.

550．**Э.В. 沙弗库诺夫**：《1996年滨海边疆区杏山遗址考古发掘报告》//俄罗斯科学院考古研究所档案，Р-1，№20258，69页。

Шавкунов Э.В. Отчёт об археологических раскопках на Абрикосовском селище в Приморском крае в 1996 году // Архив ИА РАН. — Р-1, № 20258. — 69 л.

551．**Э.В. 沙弗库诺夫**：《1997年滨海边疆区乌苏里斯克地区、阿努钦诺地区考古考察报告》//俄罗斯科学院考古研究所档案，Р-1，№20840，65页。

Шавкунов Э.В. Отчет об археологических исследованиях в Уссурийском и Анучинском районах Приморского края в 1997 году // Архив ИА РАН. — Р-1, № 20840. — 65 л.

552．**И.Я. 舍夫科穆德**：《1990年哈巴罗夫斯克边疆区乌利奇斯基地区、波林娜·奥西片科地区田野考古考察报告》//俄罗斯科学院考古研究所档案，Р-1，№15363，228页。

Шевкомуд И.Я. Отчет о полевых археологических исследованиях в Ульчском и им. Полины Осипенко районах Хабаровского края в 1990 г. // Архив ИА РАН. — Р-1, № 15363. — 228 л.

553．**И.Я. 舍夫科穆德**：《1991年哈巴罗夫斯克边疆区乌利奇斯克地区田野考古考察报告》//俄罗斯科学院考古研究所档案，Р-1，№16756，177页。

Шевкомуд И.Я. Отчет о полевых археологических исследованиях в Ульчском районе в 1991 г. Хабаровский край // Архив ИА РАН. — Р-1, № 16756. — 177 л.

554. **И.Я. 舍夫科穆德**：《1992年哈巴罗夫斯克边疆区乌利奇斯基地区田野考察报告》//俄罗斯科学院考古研究所档案，Р-1，№17457，165页。

Шевкомуд И.Я. Отчет о полевых исследованиях в Ульчском районе в 1992 г. Хабаровский край // Архив ИА РАН. — Р-1, № 17457. — 165 л.

555. **И.Я. 舍夫科穆德**：《1993年哈巴罗夫斯克边疆区乌利奇斯基地区田野考古考察报告》//俄罗斯科学院考古研究所档案，Р-1，№17769，217页。

Шевкомуд И.Я. Отчет о полевых археологических исследованиях в Ульчском районе в 1993 г. Хабаровский край // Архив ИА РАН. — Р-1, № 17769. — 217 л.

556. **И.Я. 舍夫科穆德**：《1994年哈巴罗夫斯克边疆区乌利奇斯基地区田野考古考察报告》//俄罗斯科学院考古研究所档案，Р-1，№18644，151页。

Шевкомуд И.Я. Отчет о полевых археологических исследованиях в Ульчском районе Хабаровского края в 1994 г. // Архив ИА РАН. — Р-1, № 18644. — 151 л.

557. **И.Я. 舍夫科穆德**：《1995年哈巴罗夫斯克边疆区哈巴罗夫斯克农业区、乌利奇斯基地区田野考古考察报告》//俄罗斯科学院考古研究所档案，Р-1，№19512，117页。

Шевкомуд И.Я. Отчет о полевых археологических исследованиях в Хабаровском сельском и Ульчском районах Хабаровского края в 1995 г. // Архив ИА РАН. — Р-1, № 19512. — 117 л.

558. **И.Я. 舍夫科穆德**：《1996年哈巴罗夫斯克边疆区哈巴罗夫斯克地区田野考古考察报告》//俄罗斯科学院考古研究所档案，Р-1，№21178，162页。

Шевкомуд И.Я. Отчет о полевых археологических исследованиях в Хабаровском районе Хабаровского края в 1996 году //Архив ИА РАН. — Р-1, № 21178. — 162 л.

559. **И.Я. 舍夫科穆德**：《1998年哈巴罗夫斯克边疆区哈巴罗夫斯克地区、乌利奇斯基地区田野考古考察报告》//俄罗斯科学院考古研究所档案，Р-1，№21490，89页。

Шевкомуд И.Я. Отчет о полевых археологических исследованиях в Ульчском и Хабаровском районах Хабаровского края в 1998 году // Архив ИА РАН. — Р-1, № 21490. — 89 л.

560. **А.В. 舍斯塔科夫**：《1993年哈巴罗夫斯克边疆区比金地区比拉河谷地考古调查报告》//俄罗斯科学院考古研究所档案，Р-1，№17737，42页。

Шестаков А.В. Отчет об археологической разведке, проведенной в долине р. Бира Бикинского района в 1993 г., Хабаровский край // Архив ИА РАН. — Р-1, № 17737. — 42 л.

561. **Е.Р. 什涅伊杰尔**：《阿穆尔河流域调查报告》//俄罗斯科学院物质文化史研究所档案，Ф.2，оп.1，1927，№163，13页。

Шнейдер Е.Р. Отчет о разведке в бассейне р. Амур // Архив ИИМК РАН. — Ф. 2, оп. 1, 1927, № 163. — 13 л.

562. **В.О. 舒比**：《1972年萨哈林岛北部、阿穆尔河河口、千岛、滨海地区调查报告》//俄罗斯科学院考古研究所档案，Р-1，№4786，240页。

Шубин В.О. Отчет о разведках в северной части о-ва Сахалин и в устье р. Амура, на Курилах и в

Приморье. 1972 г. // Архив ИА РАН. — Р-1, № 4786. — 240 л.

二、文献
ЛИТЕРАТУРА

1. 通论
ОБЩИЙ ОТДЕЛ

(1) 考古学史、考古学研究机构
ИСТОРИЯ АРХЕОЛОГИИ
ОРГАНИЗАЦИЯ АРХЕОЛОГИЧЕСКИХ ИССЛЕДОВАНИЙ

563. **З.А. 阿布拉莫娃**：《纪念导师——А.П. 奥克拉德尼科夫诞辰 90 周年》//《考古学信息》，1999 年 6 期，第 498－502 页。

Абрамова З.А. Памяти учителя：（ К 90 - летию со дня рождения А.П. Окладникова ） // Археологические вести. — 1999. — № 6. — С. 498－502.

564.《阿纳托里·班捷列耶维奇·杰列维扬科院士：学术著作索引》// **Н.М. 沙赫马托娃**编；俄罗斯科学院西伯利亚分院考古与民族研究所，新西伯利亚，1993 年，78 页。

Академик Анатолий Пантелеевич Деревянко: Библиография науч. трудов / Сост. **Н.М. Шахматова**; РАН. СО. ИАЭ. — Новосибирск, 1993. — 78 с.

565. **М.Р. 阿库洛夫、А.И. 克鲁沙诺夫、С.В. 肖斯塔科维奇**：《西伯利亚和远东历史学术会议》//《历史问题》，1960 年 12 期，第 113－122 页。

Акулов М.Р., Крушанов А.И., Шостакович С.В. Научные конф. по истории Сибири и Дальнего Востока // ВИ. — 1960. — № 12. — С. 113－122.

566.《阿列克谢·巴甫洛维奇·奥科拉德尼科夫：著作索引》//《苏联学者索引资料·历史系列·第 13 卷》，**Г.И. 费纳夫什娜、Н.Г. 沃罗什洛娃**编，莫斯科，科学出版社，1981 年，185 页。

Алексей Павлович Окладников: ［Указ. тр.］/ Сост. **Г.Н. Финавшина, Н.Г. Ворошилова.** — М.: Наука, 1981. — 185 с. — (Материалы к биобиблиографии ученых СССР. Сер. истории; Вып. 13).

567.《安德列耶夫·加拉利德·伊万诺维奇（1926－1970）》//考古研究所：《历史与当代：学术索引汇编》，莫斯科，2000 年，第 33 页。

Андреев Гаральд Иванович (1926 — 1970) // Институт археологии: история и современность: Сб. науч. биографий. — М., 2000. — С. 33.

568. **Г.И. 安德列耶夫、Ю.С. 格里西**：《西伯利亚和远东历史学术会议》//《苏联考古学》，1961 年 1 期，第 312－316 页。

Андреев Г.И., Гришин Ю.С. Научная конф. по истории Сибири и Дальнего Востока // СА. — 1961. — № 1. — С. 312－316.

569. **Ж.В. 安德列耶娃**：《1958－1969 年（滨海地区）原始社会考古学领域的田野考察》//《苏联科学院远东科学中心著作·历史系列·第 8 卷〈远东历史学·社会学·语文学〉》，1971 年，第 69－72 页。

Андреева Ж.В. Полевые исследования в области первобытной археологии в 1958 — 1969 гг. ［в Приморье］// Тр. / АН СССР. ДВНЦ. Сер. ист. — 1971. — Т. 8.: История, социология и филология Дальнего Востока. — С. 69－72.

570. **Ж.В. 安德列耶娃、Э.В. 沙弗库诺夫**：《苏联远东考古学研究的总结、任务、远景》//《远东史资料》，符拉迪沃斯托克，1974 年，第 22－27 页。

Андреева Ж.В., Шавкунов Э.В. Итоги, задачи и перспективы археологических исследований на советском Дальнем Востоке // Материалы по истории Дальнего Востока. — Владивосток, 1974. — С. 22－27.

571. **Ж.В. 安德列耶娃**：《苏联远东原始社会考古学方面的主要研究方向》//《苏联远东南部及其毗邻地区古代、中世纪的考古学资料》，符拉迪沃斯托克，1983 年，第 3－5 页。

Андреева Ж.В. Основные направления исследований в области археологии первобытного общества на Дальнем Востоке СССР // Материалы по древней и средневековой археологии юга Дальнего Востока СССР и смежных территорий. — Владивосток, 1983. — С. 3－5.

572. **Ж.В. 安德列耶娃**：《苏联远东南部的铁器时代（某些问题的研究结果）》//《苏联远东考古学研究问题：第 13 届远东国内外历史编纂学问题学术会议资料》，符拉迪沃斯托克，1986 年，第28－38 页。

Андреева Ж.В. Железный век на юге Дальнего Востока СССР（к итогам разработок некоторых проблем）// Проблемы археологических исследований на Дальнем Востоке СССР: Материалы XIII Дальневост. науч. конф. по пробл. отеч. и зарубеж. историографии. — Владивосток, 1986. — С. 28－38.

573. 《远东考古学家历史学博士 Ж.В. 安德列耶娃访谈》//《俄罗斯科学院远东分院院刊》，1996 年 2 期，第 117－121 页（Г. 阿尔巴茨卡娅整理）。

［**Андреева Ж.В.**］ Интервью с исследователем археологии Дальнего Востока доктором исторических наук Андреевой Ж.В. / записала Арбатская Г. // Вестн. ДВО РАН. — 1996. — № 2. — С. 117－121.

574. **М.А. 安多诺娃**：《"叶卡捷琳诺夫卡山" 洞穴：它的过去、现在、未来》//《21 世纪的历史文化遗产：保护与利用的展望·2000 年 4 月 17－19 日国际遗存保护日会议报告集》，2000 年，符拉迪沃斯托克，第 3－10 页。

Антонова М.А. 《Екатериновский массив》［пещер］. Его прошлое, настоящее и будущее // Культурно-историческое наследие в XXI веке: перспективы сохранения и использования: Сб. докл. конф., посвящ. Междунар. дню охраны памятников 17－19 апр. 2000 г. — Владивосток, 2000. — С. 3－10.

575. **Ю.В. 阿尔古嘉耶娃**：《В.А. 阿尔谢尼耶夫有关日本海东海岸滨海地区中世纪遗存未公布的资料》//《第三次远东民族历史学、考古学、民族学学术会议》，符拉迪沃斯托克，1962 年，第 2 辑：《远东十月革命以前时期的历史学、考古学、民族学报告及议程》，第 13－15 页。

Аргудяева Ю.В. Сведения о средневековых памятниках Приморья вдоль восточного побережья Японского моря из неопубликованных материалов В.К. Арсеньева // Третья науч. конф. по истории, археологии и этнографии народов Дальнего Востока. — Владивосток, 1962. — Вып. 2: Докл. и сообщ.

по истории доокт. периода, археологии и этнографии Дальнего Востока. — С. 13－15.

576. **А.Р. 阿尔杰米耶夫**：《苏联历史编纂学中俄罗斯境内欧洲区域、西伯利亚、远东地区防御性建筑发展的继承性问题》//《国内外历史编纂学中的俄罗斯远东史问题》，符拉迪沃斯托克，1992 年，第 112－119 页。

Артемьев А.Р. Вопросы преемственности в развитии оборонного зодчества Европейской России, Сибири и Дальнего Востока в советской историографии // Вопросы истории Дальнего Востока России в отечественной и зарубежной историографии. — Владивосток, 1992. — С. 112－119.

577. **А.Р. 阿尔杰米耶夫**：《阿尔巴津研究史》//《与世留存……纪念 П.Е. 斯卡奇科夫诞辰 100 周年》，莫斯科，1993 年，第 91－99 页。

Артемьев А.Р. История изучения Албазина // И не распалась связь времен ⋯ К 100-летию со дня рождения П.Е. Скачкова. — М., 1993. — С. 91－99.

578. **А.Р. 阿尔杰米耶夫**：《远东 17－18 世纪遗存的考古学研究》//《17－19 世纪远东的俄罗斯开拓者（历史考古学考察）》，第 1 卷，第 39－53 页，符拉迪沃斯托克，1994 年。

Артемьев А.Р. Археологическое изучение памятников XVII — начала XVIII вв. на Дальнем Востоке // Русские первопроходцы на Дальнем Востоке в XVII — XIX вв. (ист.-археол. исследования). — Владивосток, 1994. — Т. 1. — С. 39－53.

579. **А.Р. 阿尔杰米耶夫**：《17－18 世纪远东的俄罗斯人开发史遗存：考古学研究的总结与前景》//《世界史背景中的俄罗斯远东：从过去到未来·国际学术会议报告纲要》，符拉迪沃斯托克，1996 年，第 100－101 页。

Артемьев А.Р. Памятники истории освоения русскими Дальнего Востока в XVII — XVIII вв.: итоги и перспективы археологического изучения // Дальний Восток России в контексте мировой истории: от прошлого к будущему: Тез. докл. междунар. науч. конф. — Владивосток, 1996. — С. 100－101.

580. **А.Р. 阿尔杰米耶夫**：《哥萨克新土地发现者——阿穆尔河沿岸、外贝加尔地区首次发现的独一无二的考古遗存》//《俄罗斯的哥萨克人的国家公务：从顿河到太平洋·全俄学术实践会议资料》，符拉迪沃斯托克，1998 年，第 14－15 页。

Артемьев А.Р. Казаки-землепроходцы — первооткрыватели уникальных памятников археологии в Приамурье и Забайкалье // Государственная служба российского казачества: от Тихого Дона до Тихого океана: Материалы Всерос. науч.-практ. конф. — Владивосток, 1998. — С. 14－15.

581. **А.Р. 阿尔杰米耶夫**：《埃尔斯特·弗拉基米洛维奇·沙弗库诺夫》//《俄罗斯科学院远东分院院刊》，1998 年 5 期，第 86－88 页。

Артемьев А.Р. Эрнст Владимирович Шавкунов // Вестн. ДВО РАН. — 1998. — № 5. — С. 86－88.

582. **А.Р. 阿尔杰米耶夫**：《"东亚古代、中世纪史国际学术会议：纪念渤海国建国 1300 周年"》（符拉迪沃斯托克·1998 年）《俄罗斯考古学》，2000 年 2 期，第 232－234 页。

Артемьев А.Р. Международная научная конференция《Древняя и средневековая история Восточной Азии. К 1300-летию образования государства Бохай》(Владивосток, 1998) // Рос. археология. — 2000. — № 2. — С. 232－234.

583. 苏联科学院西伯利亚分院历史·语文·哲学研究所：《西伯利亚、远东考古学指南》／苏联科学院西伯利亚分院历史·语文·哲学研究所。新西伯利亚，1985 年，96 页。

Археологи Сибири и Дальнего Востока: Справочник / АН СССР. СО. ИИФФ. — Новосибирск, 1985. — 96 с.

584.《考古学研究》//《俄罗斯地理学会符拉迪沃斯托克分会年报》，符拉迪沃斯托克，1926 年，第 6 页。

Археологические исследования // Годовой отчет ВОРГО. — Владивосток, 1926. — С. 6.

585. **С.В. 巴塔尔舍夫**：《大学生学术会议》//《俄罗斯与亚洲太平洋地区》，1999 年 3 期，第 129－131 页。

Батаршев С.В. Студенческая научная конференция // Россия и АТР. — 1999. — № 3. — С. 129－131.

586. 苏联科学院西伯利亚分院历史·语文·哲学研究所：《苏联科学院通讯院士 А.П. 奥克拉德尼科夫历史、考古著述索引》，**В.Е. 拉里切夫**编，新西伯利亚，1968 年，53 页。

Библиография научных трудов по археологии и истории чл.-кор. АН СССР А.П. Окладникова / Сост. **В.Е. Ларичев**; АН СССР. СО. ИИФФ. — Новосибирск, 1968. — 53 с.

587. **Д.П. 博洛京**：《俄罗斯、苏联历史学中有关达斡尔人及其在阿穆尔河沿岸出现的时间》//《方志学问题：纪念阿尔谢尼耶夫会议报告纲要》，乌苏里斯克，1989 年，第 8－11 页。

Болотин Д.П. Русская и советская историческая наука о даурах и времени их появления на Амуре // Проблемы краеведения: [Тез. докл. конф.] / Арсеньев. чтения. — Уссурийск, 1989.— С. 8－11.

588. **Д.П. 博洛京**：《阿穆尔河沿岸晚期中世纪时代考古遗存研究史》//《纪念阿穆尔州方志博物馆成立 100 周年学术汇报会报告纲要》，布拉戈维申斯克，1991 年，第 41－44 页。

Болотин Д.П. К истории исследований археологических памятников Приамурья эпохи позднего средневековья》// Тез. докл. науч.-практ. конф., посвящ. 100－летию Амур. обл. краевед. музея. — Благовещенск, 1991. — С. 41－44.

589. **Д.П. 博洛京**：《阿穆尔河中游地区早期铁器时代研究现状》//《纪念阿穆尔州暨布拉戈维申斯克市成立 140 周年学术实践会议报告纲要》，布拉戈维申斯克，1997 年，第 38－40 页。

Болотин Д.П. Современное состояние исследований раннего железного века на Среднем Амуре // Тез. докл. обл. науч. - практ. конф., посвящ. 140-летию образования Амур. области и г. Благовещенска. — Благовещенск, 1997. — С. 38－40.

590. **Д.П. 博洛京**：《国内学者关于达斡尔人民族起源的研究（郝庆云文章评述）》//《东亚的传统文化》，布拉戈维申斯克，1999 年，第 2 辑，第 212－214 页。

Болотин Д.П. Отечественные исследователи об этногенезе дауров (комментарий к статье Хао Циньюнь) // Традиционная культура востока Азии. — Благовещенск, 1999. — Вып. 2. — С. 212－214.

591. **П.И. 鲍里斯科夫斯基**：《阿列克谢·巴甫洛维奇·奥科拉德尼科夫（悼文）》//《苏联考古学》，1982 年 3 期，第 291－296 页。

Борисковский П.И. Алексей Павлович Окладников: [Некролог] // СА. — 1982. — № 3. — С. 291－296.

592. **Д.Л. 布罗江斯基**：《А.П. 奥克拉德尼科夫与远东新石器时期问题》// 《西伯利亚古代文化问题》，新西伯利亚，1985 年，第 34－37 页。

Бродянский Д.Л. А.П. Окладников и проблемы дальневосточного неолита // Проблемы древних культур Сибири. — Новосибирск, 1985. — С. 34－37.

593. **Д.Л. 布罗江斯基**：《滨海地区考古学的发端》// 《1985 年 10 月 17－19 日纪念阿尔谢尼耶夫关于历史学、考古学、民族学、方志学问题区域性会议报告纲要》，乌苏里斯克，1985 年，第 51－52 页。

Бродянский Д.Л. Начальный период археологии Приморья // Арсеньевские чтения: Тез. докл. регион. конф. по пробл. истории, археологии, этнографии и краеведения, 17－19 окт. 1985 г. — Уссурийск, 1985. — С. 51－52.

594. **Д.Л. 布罗江斯基、В.В. 维什尼亚科娃**：《远东考古学界的伟大的卫国战争参与者》// 《西伯利亚、远东考古学问题·1985 年 4 月 3－6 日第 25 次大学生区域考古会议报告纲要》，伊尔库茨克，1985 年，第 7－8 页。

Бродянский Д.Л., Вишнякова В.В. Участники Великой Отечественной войны в дальневосточной археологии // Проблемы археологии Сибири и Дальнего Востока: Тез. докл. к XXV археол. студ. конф., 3－6 апр. 1985 г. — Иркутск, 1985. — С. 7－8.

595. **Д.Л. 布罗江斯基、В.В. 维什尼亚科娃**：《Ю.П. 麦德维杰夫——符拉迪沃斯托克第一个职业考古工作者》// 《1985 年 10 月 17－19 日纪念阿尔谢尼耶夫：关于历史学、考古学、民族学、方志学问题区域性会议报告纲要》，乌苏里斯克，1985 年，第 53 页。

Бродянский Д.Л., Вишнякова В.В. Ю.П. Медведев — первый профессиональный археолог Владивостока // Арсеньевские чтения: Тез. докл. регион. конф. по пробл. истории, археологии и краеведения, 17－19 окт. 1985 г. — Уссурийск, 1985. — С. 53.

596. **Д.Л. 布罗江斯基**：《远东考古学的系统途径》// 《太平洋考古学概要》，符拉迪沃斯托克，1988 年，第 6－13 页。

Бродянский Д.Л. Системный подход в дальневосточной археологии // Очерки тихоокеанской археологии. — Владивосток, 1988. — С. 6－13.

597. **Д.Л. 布罗江斯基**：《滨海地区史前史的最新研究》，《东北亚的古代文化：起源与发展·第 11 届国际学术会议·伊里》，1992 年，第 87－88 页；第 89－90 页，朝文。

Brodianski D.L. Prehistory of Primorye Region. Current Researches // Ancient Cultures of North-East Asia: Their Origins and Development. The 11th International Academic Conference. — Iri, 1992. — P. 87－88; C. 89－90. — Кор. яз.

598. **Д.Л. 布罗江斯基**：《90 年代初期的滨海地区考古学》// 《北方文物》，1993 年 3 期，第 113－121 页，中文。

Бродянский Д.Л. Археология Приморья начала 90-х годов // Бэйфан вэньу. — 1993. — № 3. — С. 113－121. — Кит. яз.

599. **Д.Л. 布罗江斯基**：《考古学家——В.К. 阿尔谢尼耶夫》// 《17－19 世纪阿穆尔河沿岸及滨海地区发现、定居、开发的历史经验（纪念 В.Д. 波亚尔科夫开始进入阿穆尔河沿岸 350 周年）：国际学术会议报告及议程纲要》，符拉迪沃斯托克，1993 年，第 1 集，第 153 页。

Бродянский Д.Л. В.К. Арсеньев — археолог // // Исторический опыт открытия, заселения и освоения Приамурья и Приморья в XVII — XIX вв. (К 350-летию начала похода В.Д. Пояркова на Амур): Тез. докл. и сообщ. междунар. науч. конф. — Владивосток, 1993. — Ч. 1. — С. 153.

600. Д.Л. 布罗江斯基：《В.К. 阿尔谢尼耶夫学术遗产的出版》//《俄罗斯东部地区开发的历史经验·国际学术会议报告及议程纲要》，第 1 集，第 101－102 页，符拉迪沃斯托克，1993 年。

Бродянский Д.Л. К публикации научного наследия В.К. Арсеньева // Исторический опыт освоения восточных районов России: Тез. докл. и сообщ. междунар. науч. конф. — Владивосток, 1993. — Вып. 1. — С. 101－102.

601. Д.Л. 布罗江斯基：《俄罗斯东方参与过战争的考古学家（胜利 50 周年纪念）》//《第三次纪念米哈伊尔·彼得洛维奇·戈利亚兹诺夫报告会·全俄罗斯学术会议报告》，第 1 集，第 11－14 页，鄂木斯克，1995 年。

Бродянский Д.Л. Воевавшие археологи на востоке России (к 50-летию Победы) // Третьи исторические чтения памяти Михаила Петровича Грязнова: Докл. Всерос. науч. конф. — Омск, 1995. — Ч. 1. — С. 11－14.

602. Д.Л. 布罗江斯基：《脱离陈规的远东考古学》//《第三次纪念米哈伊尔·彼得洛维奇·戈利亚兹诺夫报告会·全俄罗斯学术会议报告》，第 1 集，第 15－18 页，鄂木斯克，1995 年。

Бродянский Д.Л. Уходящие стереотипы в дальневосточной археологии // Третьи исторические чтения памяти Михаила Петровича Грязнова: Докл. Всерос. науч. конф. — Омск, 1995. — Ч. 1. — С. 15－18.

603. Д.Л. 布罗江斯基：《太平洋沿岸考古地图中俄罗斯舰队军官的名字及战舰的名称》//《俄罗斯太平洋舰队：历史与现实·纪念俄罗斯舰队成立 300 周年太平洋会议资料》，第 3 册，第 142－144 页，符拉迪沃斯托克，1996 年。

Бродянский Д.Л. Имена офицеров и названия кораблей русского флота на археологических картах тихоокеанского побережья // Российский флот на Тихом океане: история и современность: Материалы Тихоокеан. конф., посвящ. 300-летию Российского флота. — Владивосток, 1996. — Вып. 3. — С. 142－144.

604. Д.Л. 布罗江斯基：《扬科夫斯基与扬科夫斯基考古学文化》//《1992、1994、1996 年纪念扬科夫斯基报告会会议资料》，符拉迪沃斯托克，1996 年，第 21－23 页。

Бродянский Д.Л. М.И. Янковский и янковская археологическая культура // Янковские чтения: Материалы конф. 1992, 1994, 1996 гг. — Владивосток, 1996. — С. 21－23.

605. Д.Л. 布罗江斯基、В.Е. 麦德维杰夫、В.А. 霍列夫：《纪念维塔利·德米特里耶维奇·连科夫（1938－1995 年）》//《俄罗斯考古学》，1996 年 2 期，第 252－253 页。

Бродянский Д.Л., Медведев В.Е., Хорев В.А. Памяти Виталия Дмитриевича Ленькова (1938 — 1995) // Рос. археология. — 1996. — № 2. — С. 252－253.

606. Д.Л. 布罗江斯基：《考古学家——Ф.Ф. 布谢》//《北太平洋的开发：纪念 Ф.Ф. 布谢——阿穆尔边疆区研究会第一任主席》，符拉迪沃斯托克，1996 年，第 5－33 页（《太平洋考古学》，第 8 集）。

Бродянский Д.Л. Ф.Ф. Буссе — археолог // Освоение Северной Пацифики: Посвящ. памяти Ф.Ф.

Буссе — первого Председателя О-ва изуч. Амур. края. — Владивосток, 1996. — С. 5 – 33. — (Тихоокеан. археология; Вып. 8）.

607．**Д.Л. 布罗江斯基**：《阿穆尔边疆区研究会史中的考古学》//《远东地理研究·纪念俄罗斯地理学会成立 150 周年学术会议资料》，符拉迪沃斯托克，1997 年，第 188 – 190 页。

Бродянский Д.Л. Археология в истории ОИАК // Географические исследования на Дальнем Востоке: Материалы науч. конф., посвящ. 150-летию образования Русского геогр. о-ва. — Владивосток, 1997. — С. 188 – 190.

608．**Д.Л. 布罗江斯基**：《B.K. 阿尔谢尼耶夫的主要发现（考古学家的远见）》//《21 世纪文化·会议资料》，符拉迪沃斯托克，1997 年，第 75 – 77 页。

Бродянский Д.Л. Главное открытие В.К. Арсеньева: (Прошлое о будущем глазами археолога) // Культура XXI в.: Материалы конф. — Владивосток, 1997. — С. 75 – 77.

609．**Д.Л. 布罗江斯基**：《А.П. 奥克拉德尼科夫之后的滨海地区考古学》//《世纪全景中的西伯利亚·国际讨论会资料》，第 1 卷，第 82 – 87 页，新西伯利亚，1998 年。

Бродянский Д.Л. Археология Приморья после А.П. Окладникова // Сибирь в панораме тысячелетий: (Материалы междунар. симп.). — Новосибирск, 1998. — Т. 1. — С. 82 – 87.

610．**Д.Л. 布罗江斯基**：《阿穆尔边疆区研究会史中的考古学》//《阿穆尔边疆区研究会会刊》，1999 年，118 卷，第 19 – 20 页。

Бродянский Д.Л. Археология в истории Общества изучения Амурского края // ЗОИАК. — 1999. — Т. XXXIII. — С. 19 – 20.

611．**Д.Л. 布罗江斯基**：《阿列克谢·巴甫洛维奇·奥科拉德尼科夫》//Д.Л. 布罗江斯基：《远东考古学史概要（附：B.K. 阿尔谢尼耶夫讲义)》（《太平洋考古学》，第 11 集），符拉迪沃斯托克，2000 年，第 83 – 93 页。

Бродянский Д.Л. Алексей Павлович Окладников // Д.Л. Бродянский. Очерки истории дальневосточной археологии: (С публикацией лекции В.К. Арсеньева). — Владивосток, 2000. — С. 83 – 93. — (Тихоокеан. археология; Вып. 11).

612．**Д.Л. 布罗江斯基**：《А.П. 奥克拉德尼科夫与远东新石器时代问题》//Д.Л. 布罗江斯基：《远东考古学史概要（附：B.K. 阿尔谢尼耶夫讲义)》（《太平洋考古学》，第 11 集），符拉迪沃斯托克，2000 年，第 79 – 82 页。

Бродянский Д.Л. А.П. Окладников и проблемы дальневосточного неолита // Д.Л. Бродянский. Очерки истории дальневосточной археологии: (С публикацией лекции В.К. Арсеньева). — Владивосток, 2000. — С. 79 – 82. — (Тихоокеан. археология; Вып. 11).

613．**Д.Л. 布罗江斯基**：《阿穆尔边疆区研究会史中的考古学》//Д.Л. 布罗江斯基：《远东考古学史概要（附：B.K. 阿尔谢尼耶夫讲义)》（《太平洋考古学》，第 11 集），符拉迪沃斯托克，2000 年，第 42 – 44 页。

Бродянский Д.Л. Археология в истории ОИАК // Д.Л. Бродянский. Очерки истории дальневосточной археологии: (С публикацией лекции В.К. Арсеньева). — Владивосток, 2000. — С. 42 – 44. — (Тихоокеан. археология; Вып. 11).

614. **Д.Л. 布罗江斯基**：《远东国立大学百年历史中的考古学》//Д.Л. 布罗江斯基：《远东考古学史概要（附：В.К. 阿尔谢尼耶夫讲义)》》（《太平洋考古学》，第 11 集），符拉迪沃斯托克，2000 年，第 134－151 页。

Бродянский Д.Л. Археология в столетней истории ДВГУ // Д.Л. Бродянский. Очерки истории дальневосточной археологии: (С публикацией лекции В.К. Арсеньева). — Владивосток, 2000. — С. 134－151. — (Тихоокеан. археология; Вып. 11).

615. **Д.Л. 布罗江斯基**：《考古学家、民族学家——В.К. 阿尔谢尼耶夫》//Д.Л. 布罗江斯基：《远东考古学史概要（附：В.К. 阿尔谢尼耶夫讲义)》》（《太平洋考古学》，第 11 集），符拉迪沃斯托克，2000 年，第 48－78 页。

Бродянский Д.Л. В.К. Арсеньев — археолог-этнолог // Д.Л. Бродянский. Очерки истории дальневосточной археологии: (С публикацией лекции В.К. Арсеньева). — Владивосток, 2000. — С. 48－78. — (Тихоокеан. археология; Вып. 11).

616. **Д.Л. 布罗江斯基**：《在俄罗斯东方参加过战争的考古学家（胜利 50 周年纪念）》//Д.Л. 布罗江斯基：《远东考古学史概要（附：В.К. 阿尔谢尼耶夫讲义)》》（《太平洋考古学》，第 11 集），符拉迪沃斯托克，2000 年，第 94－99 页。

Бродянский Д.Л. Воевавшие археологи на востоке России（к 50-летию Победы）// Д.Л. Бродянский. Очерки истории дальневосточной археологии: (С публикацией лекции В.К. Арсеньева). — Владивосток, 2000. — С. 94－99. — (Тихоокеан. археология; Вып. 11).

617. **Д.Л. 布罗江斯基**：《关于早逝朋友（В.Д. 连科夫）的回忆》//Д.Л. 布罗江斯基：《远东考古学史概要（附：В.К. 阿尔谢尼耶夫讲义)》》（《太平洋考古学》，第 11 集），符拉迪沃斯托克，2000 年，第 116－119 页。

Бродянский Д.Л. Воспоминания о рано ушедшем друге［В.Д. Ленькове］// Д.Л. Бродянский. Очерки истории дальневосточной археологии: (С публикацией лекции В.К. Арсеньева). — Владивосток, 2000. — С. 116－119. — (Тихоокеан. археология; Вып. 11).

618. **Д.Л. 布罗江斯基**：《В.К. 阿尔谢尼耶夫的主要发现（考古学家的远见)》//Д.Л. 布罗江斯基：《远东考古学史概要（附：В.К. 阿尔谢尼耶夫讲义)》》（《太平洋考古学》，第 11 集），符拉迪沃斯托克，2000 年，第 45－47 页。

Бродянский Д.Л. Главное открытие В.К. Арсеньева（Прошлое о будущем глазами археолога）// Д.Л. Бродянский. Очерки истории дальневосточной археологии: (С публикацией лекции В.К. Арсеньева). — Владивосток, 2000. — С. 45－47. — (Тихоокеан. археология; Вып. 11).

619. **Д.Л. 布罗江斯基**：《太平洋沿岸考古地图中俄罗斯舰队军官的名字及战舰的名称》//Д.Л. 布罗江斯基：《远东考古学史概要（附：В.К. 阿尔谢尼耶夫讲义)》》（《太平洋考古学》，第 11 集），符拉迪沃斯托克，2000 年，第 106－109 页。

Бродянский Д.Л. Имена офицеров и названия кораблей русского флота на археологических картах тихоокеанского побережья // Д.Л. Бродянский. Очерки истории дальневосточной археологии: (С публикацией лекции В.К. Арсеньева). — Владивосток, 2000. — С. 106－109. — (Тихоокеан. археология; Вып. 11).

620．**Д.Л. 布罗江斯基**：《博物馆陈列品（所反映出的）古代人的智力》//《21世纪历史文化遗产：保护与利用的展望·2000年4月17－19日国际遗存保护日会议报告集》，2000年，符拉迪沃斯托克，第23－24页。

Бродянский Д.Л. Интеллект древних в музейных экспозициях // Культурно-историческое наследие в XXI веке: перспективы сохранения и использования: Сб. докл. конф., посвящ. Междунар. дню охраны памятников 17－19 апр. 2000 г. — Владивосток, 2000. — С. 23－24.

621．**Д.Л. 布罗江斯基**：《М.И. 扬科夫斯基与扬科夫斯基考古学文化》//Д.Л. 布罗江斯基：《远东考古学史概要（附：В.К. 阿尔谢尼耶夫讲义）》（《太平洋考古学》，第11集），符拉迪沃斯托克，2000年，第19－22页。

Бродянский Д.Л. М.И. Янковский и янковская археологическая культура // Д.Л. Бродянский. Очерки истории дальневосточной археологии: (С публикацией лекции В.К. Арсеньева). — Владивосток, 2000. — С. 19－22. — (Тихоокеан. археология; Вып. 11).

622．**Д.Л. 布罗江斯基**：《М.И. 尼基季娜著述中的神话学、考古学》//《考古学、民族学研究的整体化·学术著述汇编》，符拉迪沃斯托克、鄂木斯克，2000年，第56－59页。

Бродянский Д.Л. Мифология и археология в трудах М.И. Никитиной // Интеграция археологических и этнографических исследований: Сб. науч. тр. — Владивосток; Омск, 2000. — С. 56－59.

623．**Д.Л. 布罗江斯基**：《关于远东"六个世纪"的系统》//《21世纪历史文化遗产：保护与利用的展望·2000年4月17－19日国际遗存保护日会议报告集》，2000年，符拉迪沃斯托克，第24－25页。

Бродянский Д.Л. О системе «шести веков» на Дальнем Востоке // Культурно-историческое наследие в XXI веке: перспективы сохранения и использования: Сб. докл. конф., посвящ. Междунар. дню охраны памятников 17－19 апр. 2000 г. — Владивосток, 2000. — С. 24－25.

624．**Д.Л. 布罗江斯基**：《远东考古学史概要（附：В.К. 阿尔谢尼耶夫讲义）》（《太平洋考古学》，第11集），符拉迪沃斯托克，远东国立大学出版社，2000年，160页。

Бродянский Д.Л. Очерки истории дальневосточной археологии: (С публикацией лекции В.К. Арсеньева). — Владивосток: Изд-во Дальневост. ун-та, 2000. — 160 с. — (Тихоокеан. археология; Вып. 11).

625．**Д.Л. 布罗江斯基**：《21世纪来临之际的滨海地区古代史考古学》//Д.Л. 布罗江斯基：《远东考古学史概要（附：В.К. 阿尔谢尼耶夫讲义）》（《太平洋考古学》，第11集），符拉迪沃斯托克，2000年，第125－133页。

Бродянский Д.Л. Палеоисторическая археология Приморья на пороге XXI века // Д.Л. Бродянский. Очерки истории дальневосточной археологии: (С публикацией лекции В.К. Арсеньева). — Владивосток, 2000. — С. 125－133. — (Тихоокеан. археология; Вып. 11).

626．**Д.Л. 布罗江斯基**：《摆脱陈规的远东考古学》//Д.Л. 布罗江斯基：《远东考古学史概要（附：В.К. 阿尔谢尼耶夫讲义）》（《太平洋考古学》，第11集），符拉迪沃斯托克，2000年，第120－124页。

Бродянский Д.Л. Уходящие стереотипы в дальневосточной археологии // Д.Л. Бродянский. Очерки истории дальневосточной археологии: (С публикацией лекции В.К. Арсеньева). — Владивосток,

2000．— С. 120－124．—（Тихоокеан. археология；Вып. 11）．

627. **Д.Л. 布罗江斯基**：《考古学家－Ф.Ф. 布谢》// Д.Л. 布罗江斯基：《远东考古学史概要（附：В.К. 阿尔谢尼耶夫讲义）》（《太平洋考古学》，第 11 集），符拉迪沃斯托克，2000 年，第 23－42 页。

Бродянский Д.Л. Ф.Ф. Буссе — археолог // Д.Л. Бродянский. Очерки истории дальневосточной археологии：（С публикацией лекции В.К. Арсеньева）．— Владивосток，2000．— С. 23－42．—（Тихоокеан. археология；Вып. 11）．

628. **Ю. 卢拉夫列夫、В. 拉里切夫、Ю. 萨佐诺夫、Э. 沙弗库诺夫、В. 什卡尔博年科**：《在西伯利亚、远东地区：远东考古考察团工作》//《列宁格勒国立大学学报》，1954 年 3 期，第 215－218 页。

В Сибири и на Дальнем Востоке：[О работах ДВАЭ] / **Ю. Журавлев, В. Ларичев, Ю. Сазонов, Э. Шавкунов, В. Шкарбоненко** // Вестн. ЛГУ．— 1954．— № 3．— С. 215－218.

629. **Ю.М. 瓦西里耶夫**：《В.К. 阿尔谢尼耶夫在阿穆尔铁路桥区域的工作》//《方志学通讯》，第 3 卷，符拉迪沃斯托克，1994 年，第 26－30 页。

Васильев Ю.М. Работы В.К. Арсеньева в районе Амурского железнодорожного моста // Краевед. вестн．— Владивосток，1994．— Вып. 3．— С. 26－30.

630. **Т.А. 瓦西里耶娃**：《革命前苏联远东南部地区中世纪遗存研究的主要阶段》//《苏联远东考古学问题》，符拉迪沃斯托克，1987 年，第 145－152 页。

Васильева Т.А. Основные этапы изучения средневековых памятников юга Дальнего Востока СССР в дореволюционный период // Вопросы археологии Дальнего Востока СССР．— Владивосток，1987．— С. 145－152.

631. **Т.А. 瓦西里耶娃**：《自然科学方法在滨海地区渤海遗存资料研究中的利用》//《远东考古学的新发现（中世纪资料）》，南萨哈林斯克，1989 年，第 22－26 页。

Васильева Т.А. Использование методов естественных наук при работе с материалами бохайских памятников Приморья // Новое в дальневосточной археологии：（Материалы медиевистов）．— Южно-Сахалинск，1989．— С. 22－26.

632. **Т.А. 瓦西里耶娃**：《60－80 年代滨海地区女真时期遗存研究》//《苏联远东中世纪研究新发现》，苏联科学院远东分院历史·考古·民族研究所，预印本，符拉迪沃斯托克，1989 年，第 3－8 页。

Васильева Т.А. Исследование памятников чжурчжэньского времени Приморья в 60 — 80－е годы // Новое в изучении эпохи средневековья Дальнего Востока СССР / АН СССР. ДВО. ИИАЭ．— Препр．— Владивосток，1989．— С. 3－8.

633. **Т.А. 瓦西里耶娃**：《国内文献中的滨海地区渤海遗存研究史》//《苏联远东中世纪考古学新资料》，符拉迪沃斯托克，1989 年，第 39－47 页。

Васильева Т.А. История изучения бохайских памятников Приморья в отечественной литературе // Новые материалы по средневековой археологии Дальнего Востока СССР．— Владивосток，1989．— С. 39－47.

634. **Т.А. 瓦西里耶娃**：《我国文献中的滨海地区女真遗存研究史》//《苏联远东中世纪考古学、历史学资料》，符拉迪沃斯托克，1990 年，第 5－17 页。

Васильева Т.А. История изучения чжурчжэньских памятников Приморья в отечественной литературе

// Материалы по средневековой археологии и истории Дальнего Востока СССР. — Владивосток, 1990. — С. 5 – 17.

635．**T.A. 瓦西里耶娃**：《60－80 年代滨海地区的渤海遗存研究》//《第 6 次纪念阿尔谢尼耶夫报告会·关于历史学、考古学、方志学问题区域学术会议报告纲要》，乌苏里斯克，1992 年，第 157－160 页。

Васильева Т.А. Исследование бохайских памятников в Приморье в 60 — 80 – е годы // VI Арсеньевские чтения: Тез. докл. регион. науч. конф. по пробл. истории, археологии и краеведения. — Уссурийск, 1992. — С. 157 – 160.

636．**T.A. 瓦西里耶娃**：《70－80 年代哈巴罗夫斯克边疆区的中世纪考古遗存研究史》//《俄罗斯远东及其毗邻地区考古学新资料·第 5 次远东考古学者学术问题会议报告》，符拉迪沃斯托克，1993 年，第 23－30 页。

Васильева Т.А. История изучения средневековых археологических памятников Хабаровского края в 70 — 80 – е годы // Новые материалы по археологии Дальнего Востока России и смежных территорий: (Докл. V сес. Науч. – пробл. совета археологов Дальнего Востока). — Владивосток, 1993. — С. 23 – 30.

637．**T.A. 瓦西里耶娃**：《关于滨海地区中世纪遗存考古学考察的最早信息》//《17－19 世纪阿穆尔河沿岸及滨海地区发现、定居、开发的历史经验·纪念 В.Д. 波亚尔科夫开始远征阿穆尔河沿岸 350 周年·国际学术会议报告、议程纲要》，符拉迪沃斯托克，1993 年，第 1 集，第 137－140 页。

Васильева Т.А. Первые сведения об археологических исследованиях средневековых памятников Приморья // Исторический опыт открытия, заселения и освоения Приамурья и Приморья в XVII — XIX вв. (К 350 – летию начала похода В.Д. Пояркова на Амур): Тез. докл. и сообщ. междунар. науч. конф. — Владивосток, 1993. — Ч. 1. — С. 137 – 140.

638．**T.A. 瓦西里耶娃**：《滨海地区渤海研究总结》//《世界史背景中的俄罗斯远东：从过去到未来·国际学术会议报告提纲》，符拉迪沃斯托克，1996 年，第 102－103 页。

Васильева Т.А. Итоги исследований Бохая в Приморье // Дальний Восток России в контексте мировой истории: от прошлого к будущему: Тез. докл. и сообщ. междунар. науч. конф. — Владивосток, 1996. — С. 102 – 103.

639．**T.A. 瓦西里耶娃**：《滨海地区史前史的最新研究》，《渤海文化第 1 次国际研讨会（渤海政权成立 1300 周年纪念文集）》，1992 年，第 87－88 页；第 89－90 页，朝文。

Vasilyeva T. The Main Results of Bohai Culture Sites Study in Primorye // The First International Symposium of Bohai Culture (To the 1300 Anniversary of the Foundation of Bohai State). — Vladivostok, 1996. — P. 1 – 2.

640．**T.A. 瓦西里耶娃**：《自然科学方法及其在滨海地区渤海考古资料研究中的应用》//《北方文物》，1997 年 2 期，第 99－100 页，中文。

Васильева Т.А. Методы естественных наук и их применение в исследовании бохайских археологических материалов в Приморье // Бэйфан вэньу. — 1997. — № 2. — С. 99 – 100. — Кит. яз.

641．**T.A. 瓦西里耶娃**：《我国文献中关于滨海地区渤海遗存的研究史》//《东北亚考古学译文集·渤海专号》，哈尔滨，1998 年，第 39－45 页，中文。

Васильева Т. А. История исследования памятников Бохая в Приморье в отечественной литературе // Собрание переводных работ по археологии Северо-Восточной Азии. Бохайский вып. — Харбин, 1998. — С. 39 - 45. — Кит. яз.

642. **Р. С. 瓦西里耶夫斯基、Б. А. 雷巴科夫**：《А. П. 奥克拉德尼科夫院士 70 周岁纪念》//《历史问题》，1978 年 9 期，第 130－133 页。

Васильевский Р. С., Рыбаков Б. А. 70 - летие акад. А. П. Окладникова // ВИ. — 1978. — № 9. — С. 130 - 133.

643. **Р. С. 瓦西里耶夫斯基**；《（А. П. 奥克拉德尼科夫）学术、教学、学术组织活动简述》//《阿列克谢·巴甫洛维奇·奥克拉德尼科夫》，莫斯科，1981 年，第 9－34 页。

Васильевский Р. С. Краткий очерк научной, педагогической и научно-организационной деятельности [А. П. Окладникова] // Алексей Павлович Окладников. — М., 1981. — С. 9 - 34.

644. **Р. С. 瓦西里耶夫斯基**：《А. П. 奥克拉德尼科夫——亚洲古代文化的研究者》//《西伯利亚人文科学研究：总结与展望》，新西伯利亚，1984 年，第 6－13 页。

Васильевский Р. С. А. П. Окладников — исследователь древних культур Азии // Гуманитарные исследования в Сибири: Итоги и перспективы. — Новосибирск, 1984. — С. 6 - 13.

645. **Р. С. 瓦西里耶夫斯基、А. П. 杰列维扬科**：《北亚考古学研究》//《西伯利亚人文科学研究：总结与展望》，新西伯利亚，1984 年，第 90－106 页。

Васильевский Р. С., Деревянко А. П. Археологические исследования Северной Азии // Гуманитарные исследования в Сибири: Итоги и перспективы. — Новосибирск, 1984. — С. 90 - 106.

646. **Р. С. 瓦西里耶夫斯基**：《阿列克谢·巴甫洛维奇·奥克拉德尼科夫》，《历史考古百科全书》，牛津，2000 年，第 567－580 页。

Vasilievsky R. S. Aleksei Pavlovich Okladnikov // Encyclopedia of the History of Archaeology. — Oxford, 2000. — Vol. II. — P. 567 - 580.

647. **К. 维先德**：《（美国与俄罗斯远东考古学者）合作研究展望》//《俄罗斯与亚洲太平洋地区》，1995 年 4 期，第 10－11 页，英文。

Висенд К. Перспективы совместных исследований [археологов США и Дальнего Востока России] // Россия и АТР. — 1995. — № 4. — С. 10 - 11. — Англ. яз.

648. **М. В. 沃罗比耶夫**：《苏联历史编纂学中的满洲中世纪》//《1966 年 12 月关于苏联历史编纂学中亚洲、非洲国家史问题高校校际学术会议·报告纲要》，莫斯科，1966 年，第 22－24 页。

Воробьев М. В. Маньчжурское средневековье в советской историографии // Межвузовская науч. конф. по вопросам истории стран Азии и Африки в советской историографии. Дек., 1966: Тез. докл. — М., 1966. — С. 22 - 24.

649. **А. В. 加尔科维克**：《扎伊桑诺夫卡文化研究的几个问题》//《苏联远东考古学研究问题：第 13 届远东国内外历史编纂学问题学术会议资料》，符拉迪沃斯托克，1986 年，第 115－120 页。

Гарковик А. В. Некоторые вопросы изучения зайсановской культуры // Проблемы археологических исследований на Дальнем Востоке СССР: Материалы XIII Дальневост. науч. конф. по пробл. отеч. и зарубеж. историографии. — Владивосток, 1986. — С. 115 - 120.

650．**А.В. 加尔科维克**：《史料基础的形成（以滨海地区考古遗存的研究为例）》//《远东原始社会考古学概要（考古学资料的历史诠释问题）》，莫斯科，1994年，第16－54页。

Гарковик А.В. Формирование источниковой базы（На примере изучения археологических памятников Приморья）// Очерки первобытной археологии Дальнего Востока（Пробл. ист. интерпретации археол. источников）. — М., 1994. — С.16－54.

651．**С.В. 贡恰洛娃**：《摘自哈巴罗夫斯克方志博物馆考古藏品史（1894－1917年)》//《"远东资深专家代表大会"·历史学、方志学学术实践会议·纪念哈巴罗夫斯克方志博物馆成立100周年会议资料》，哈巴罗夫斯克，1994年，第2卷，第33－35页。

Гончарова С.В. Из истории археологических коллекций Хабаровского краеведческого музея（1894 — 1917 гг.）//《Съезд сведущих людей Дальнего Востока》: Науч. - практ. ист. - краевед. конф., посвящ. 100－летию Хабаровского краевед. музея: Материалы конф. — Хабаровск, 1994. — Т.II. — С. 33－35.

652．**Н.Л. 戈尔卡文科**：《苏维埃政权初期的历史方志学：1917－1937年（远东资料)》，苏联科学院远东科学中心历史·考古·民族研究所，预印本，符拉迪沃斯托克，1983年，38页。

Горкавенко Н.Л. Историческое краеведение в первые годы Советской власти: 1917 — 1937 гг.（На материалах Дальнего Востока）/ АН СССР. ДВНЦ. ИИАЭ. — Препр. — Владивосток, 1983. — 38 с.

653．**Н.Л. 戈尔卡文科**：《革命前远东的历史方志学、方志工作机构》//《第15次远东学术会议："苏共第27次代表大会和苏联远东及亚洲国家发展问题"·报告及议程纲要》，第3卷，第34－36页，符拉迪沃斯托克，1986年。

Горкавенко Н.Л. Историческое краеведение, организация краеведческой работы на Дальнем Востоке в дореволюционный период // XV Дальневост. науч. конф.《XXVII съезд КПСС и проблемы развития Дальнего Востока СССР и зарубежных государств Азии》: Тез. докл. и сообщ. — Владивосток, 1986. — Вып. 3. — С. 34－36.

654．**Н.Л. 戈尔卡文科**：《革命前远东的历史方志学、方志工作机构》//《十月革命前（17－20世纪时期）的苏联远东文化史》，符拉迪沃斯托克，1989年，63－72页。

Горкавенко Н.Л. Историческое краеведение, организация краеведческой работы на Дальнем Востоке в дореволюционный период // История культуры Дальнего Востока СССР XVII－XX вв. Дооктябрьский период. — Владивосток, 1989. — С. 63－72.

655．**Н.Л. 戈尔卡文科**：《革命前远东的历史方志学、方志工作机构》//《1990年9月19－23日第2次纪念 Г.И. 涅维利斯基报告会报告纲要》，第1卷：《阿穆尔河沿岸史的某些问题》，第38－42页，哈巴罗夫斯克，1990年。

Горкавенко Н.Л. Историческое краеведение, организация краеведческой работы на Дальнем Востоке в дореволюционный период // Вторые чтения им. Г.И. Невельского, 19－23 сент. 1990 г.: Тез. докл. — Хабаровск, 1990. — Вып. 1: Некоторые вопросы истории Приамурья. — С. 38－42.

656．**Н.Л. 戈尔卡文科**：《革命前远东的历史方志学、方志工作机构》//苏联科学院远东分院历史·考古·民族研究所文件，预印本，符拉迪沃斯托克，1991年，19页。

Горкавенко Н.Л. Историческое краеведение, организация краеведческой работы на Дальнем Востоке в дореволюционный период / АН СССР. ДВО. ИИАЭ. — Препр. — Владивосток, 1991. — 19 с.

657. **Ал.В. 格列比翁希科夫**：《（考古学领域）方志学的首要任务》//《科学院万岁》：东方研究会大学生出版社，符拉迪沃斯托克，1915 年，第 38－41 页。

Гребенщиков Ал.В. Очередная задача краеведения［в области археологии］// Vivat Academia：Изд. студентов Вост. ин－та. — Владивосток，1915. — С. 38－41.

658. **Ал.В. 格列比翁希科夫**：《关于边疆区考古学资料收集的规划问题》//《阿穆尔州档案委员会通讯》，1922 年，第 1 卷第 1 册，第 15－23 页。

Гребенщиков Ал.В. Программные вопросы по собиранию археологического материала в крае // ИПОАК. — 1922. — Т. 1，вып. 1. — С. 15－23.

659. **Ю.С. 格里申、В.И. 马尔科温**：《Г.И. 安德列耶夫（1926－1970 年，悼词）》//《苏联考古学》，1970 年 4 期，第 326 页。

Гришин Ю.С.，Марковин В.И. Андреев Г.И.［1926－1970. Некролог］// СА. — 1970. — № 4. — С. 326.

660. **远东国立大学**：《历史与当代——1899－1999 年（考古学者工作所采用的数据）》//符拉迪沃斯托克，远东国立大学出版社，1999 年，704 页。

Дальневосточный государственный университет：История и современность. 1899 — 1999：［Приводятся данные о работе археологов］. — Владивосток：Изд－во Дальневост. ун－та，1999. — 704 с.

评论：И. 佩尔米亚科娃//《远东》，2000 年 5、6 期合刊，第 288－300 页。

Рец.：Пермякова И. // ДВ. — 2000. － № 5/6. — С. 288－300.

661. **А.П. 杰列维扬科、Б.С. 萨布诺夫**：《阿穆尔河中部流域考古研究史》//《阿穆尔边疆区研究会会刊》，1970 年，第 6 卷第 2 册，第 10－27 页。

Деревянко А.П.，Сапунов Б.С. История археологических исследований в бассейне Среднего Амура // ЗАОМК. — 1970. — Т. 6，вып. 2. — С. 10－27.

662. **А.П. 杰列维扬科**：《远东早期铁器时代（早期铁器时代遗存研究史、历史编纂学问题）·讲义》，第一部，198 页，新西伯利亚，1970 年。

Деревянко А.П. Ранний железный век Дальнего Востока：Курс лекций［по истории изучения памятников раннего железного века и историографии проблемы］. — Новосибирск，1970. — Ч. 1. — 198 с.

663. **А.П. 杰列维扬科**：《阿穆尔河沿岸石器时代历史编纂学》//《西伯利亚、远东考古学资料》，第一部，第 38－66 页，新西伯利亚，1972 年。

Деревянко А.П. Историография каменного века Приамурья // Материалы по археологии Сибири и Дальнего Востока. — Новосибирск，1972. — Ч. 1. — С. 38－66.

664. **А.П. 杰列维扬科、А.Ф. 费林戈尔、Ю.П. 霍留什金**：《西伯利亚考古干部的社会学分析》//《考古学、古生态学复原的方法论问题》，新西伯利亚，1989 年，第 33－43 页。

Деревянко А.П.，Фелингер А.Ф.，Холюшкин Ю.П. Социологический анализ кадров археологов Сибири // Методологические проблемы реконструкций в археологии и палеоэкологии. — Новосибирск，1989. — С. 33－43.

665．**А.П. 杰列维扬科、В.И. 莫洛金、И.Н. 格穆耶夫**：《俄罗斯科学院西伯利亚分院考古与民族研究所近十年工作的某些总结》//《西伯利亚及其毗邻地区考古学、民族学、人类学问题·1997 年 12 月俄罗斯科学院西伯利亚分院考古与民族研究所第 5 次总结年会暨纪念俄罗斯科学院西伯利亚分院成立 40周年、俄罗斯科学院西伯利亚分院历史·语文·哲学研究所成立 30 周年会议资料》，第 3 卷，第 4－12 页，新西伯利亚，1997 年。

Деревянко А.П., Молодин В.И., Гемуев И.Н. Институт археологии и этнографии СО РАН: некоторые итоги деятельности за последнее десятилетие // Проблемы археологии, этнографии, антропологии Сибири и сопредельных территорий: Материалы V Годовой итог. сес. Ин-та археологии и этнографии СО РАН, посвящ. 40-летию Сиб. отд – ния РАН и 30-летию Ин-та истории, филологии и философии СО РАН. Дек. 1997 г. — Новосибирск, 1997. — Т. III. — С. 4 – 12.

666．**Е.И. 杰列维扬科**：《阿穆尔河中游靺鞨文化遗存研究［根据 А.В. 马钦斯基在切列姆霍沃村发掘资料］》//《西伯利亚、远东的社会经济、文化生活史问题》，新西伯利亚，1968 年，第 1 卷，第 287－292 页。

Деревянко Е.И. К изучению памятников мохэской культуры на Среднем Амуре (по материалам раскопок А.В. Мачинского в с. Черемхово) // Вопросы истории социально-экономической и культурной жизни Сибири и Дальнего Востока. — Новосибирск, 1968. — Вып. 1. — С. 287 – 292.

667．**Е.И. 杰列维扬科**：《日本历史编纂学中有关靺鞨部落史的某些视角》//《西伯利亚古代文化与毗邻地区文化的相互关系》，新西伯利亚，1975 年，第 281－287 页。

Деревянко Е.И. Некоторые аспекты истории мохэских племен в японской историографии // Соотношение древних культур Сибири с культурами сопредельных территорий. — Новосибирск, 1975. — С. 281 – 287.

668．**Е.И. 杰列维扬科**：《论远东地区陶器研究的现状问题》//《作为历史资料的陶器》，新西伯利亚，1989 年，第 43－54 页。

Деревянко Е.И. К вопросу о состоянии исследований керамики в Дальневосточном регионе // Керамика как исторический источник. — Новосибирск, 1989. — С. 43 – 54.

669．**Е.И. 杰列维扬科**：《远东部落古代艺术研究史》//《古代形象的语义学》（原始社会艺术），新西伯利亚，1990 年，第 126－130 页。

Деревянко Е.И. Из истории изучения древнего искусства дальневосточных племен // Семантика древних образов. — Новосибирск, 1990. — С. 126 – 130. — (Первобыт. искусство).

670．**Е.И. 杰列维扬科、В.Е. 麦德维杰夫**：《阿穆尔河沿岸中世纪时代研究：某些总结与问题》//《17－19 世纪阿穆尔河沿岸及滨海地区发现、定居、开发的历史经验（纪念 В.Д. 波亚尔科夫开始进入阿穆尔河沿岸 350 周年）：国际学术会议报告及议程纲要》，符拉迪沃斯托克，1993 年，第 1 集，第 131－134 页。

Деревянко Е.И., Медведев В.Е. Изучение приамурского средневековья. Некоторые итоги и проблемы // Исторический опыт открытия, заселения и освоения Приамурья и Приморья в XVII — XIX вв. (К 350-летию начала похода В.Д. Пояркова на Амур): Тез. докл. и сообщ. междунар. науч. конф. — Владивосток, 1993. — Ч. 1. — С. 131 – 134.

671. **Е.И. 杰列维扬科**：《俄罗斯科学院西伯利亚分院考古与民族研究所关于 1990－1994 年古金属问题工作总结》//《俄罗斯考古学》，1996 年 3 期，第 241－246 页。

Деревянко Е.И. Итоги работы Института археологии и этнографии СО РАН по проблемам палеометалла в 1990 — 1994 гг. // Рос. археология. — 1996. — № 3. — С. 241–246.

672. **Е.И. 杰列维扬科**：《А.П. 奥克拉德尼科夫与阿穆尔河沿岸考古》//《世纪全景中的西伯利亚·国际讨论会资料》，新西伯利亚，1998 年，第 1 卷，第 171－179 页。

Деревянко Е.И. А.П. Окладников и археология Приамурья // Сибирь в панораме тысячелетий: (Материалы междунар. симп.). — Новосибирск, 1998. — Т. 1. — С. 171–179.

673. **В.И. 季亚科夫**：《滨海东北部地区考古遗存的研究与历史编纂学史》//《古代的西伯利亚》，新西伯利亚，1979 年，第 110－113 页。

Дьяков В.И. История исследования и историография археологических памятников Северо-Восточного Приморья // Сибирь в древности. — Новосибирск, 1979. — С. 110–113.

674. **В.И. 季亚科夫、О.В. 季亚科娃**：《В.К. 阿尔谢尼耶夫生平及著述中的考古学》//《纪念阿尔谢尼耶夫报告会·报告及议程纲要》，哈巴罗夫斯克，1984 年，第 25－28 页。

Дьяков В.И., Дьякова О.В. Археология в жизни и трудах В.К. Арсеньева // Арсеньевские чтения: Тез. докл. и сообщ. — Хабаровск, 1984. — С. 25–28.

675. **В.И. 季亚科夫**：《В.К. 阿尔谢尼耶夫与遗存保护问题》//《1985 年 10 月 17－19 日纪念阿尔谢尼耶夫报告会·关于历史学、考古学、民族学、方志学问题会议报告纲要》，乌苏里斯克，1985 年，第 57－59 页。

Дьяков В.И. Арсеньев В.К. и проблема охраны памятников // Арсеньевские чтения: Тез. докл. регион. конф. по пробл. истории, археологии, этнографии и краеведения, 17 – 19 окт. 1985 г. — Уссурийск, 1985. — С. 57–59.

676. **В.И. 季亚科夫**：《滨海地区的石器时代：研究的问题与现状》//《第 15 次远东学术会议："苏共第 27 次代表大会和苏联远东及亚洲国家发展问题"·报告及议程纲要》，第 4 卷，第 18－21 页，符拉迪沃斯托克，1986 年。

Дьяков В.И. Каменный век Приморья: проблемы и состояние изученности // XV Дальневост. науч. конф. «XXVII съезд КПСС и пробл. развития Дальнего Востока СССР и зарубеж. государств Азии»: Тез. докл. и сообщ. — Владивосток, 1986. — Вып. 4. — С. 18–21.

677. **В.И. 季亚科夫**：《附录：滨海边疆区旧石器时代研究的现状与问题》，《野尻湖博物馆通报》，长野，1994 年，第 2 期，第 82－83 页，日文。

Dyakov V.I. Appendix: Problems and the State of Studies on the Paleolithic Age in Primorye // Bulletin of the Nojiri – ko Museum. — Nagano, 1994. — No. 2. — P. 82–83. Яп. яз.

678. **В.И. 季亚科夫、С.А. 萨科马罗夫**：《В.К. 阿尔谢尼耶夫的考古调查：材料和手稿的命运》//《阿穆尔边疆区研究会会刊》，1996 年，第 29 卷，第 23－28 页。

Дьяков В.И., Сакмаров С.А. Археологические изыскания В.К. Арсеньева: судьба материалов и рукописей // ЗОИАК. — 1996. — Т. XXIX. — С. 23–28.

679. **О.В. 季亚科娃**：《关于苏联远东南部中世纪文化研究》//《东西伯利亚考古学、民族学研究 –

总结与展望·1986 年 5 月 13 – 15 日区域会议报告纲要》，伊尔库茨克，1986 年，第 120 – 122 页。

Дьякова О.В. Об исследовании средневековых культур юга Дальнего Востока СССР // Археологические и этнографические исследования в Восточной Сибири: Итоги и перспективы: Тез. докл. к регион. конф. 13 – 15 мая 1986 г. — Иркутск, 1986. — С. 120 – 122.

680．**O.B. 季亚科娃**：《［关于自己的考古学之路］——与俄罗斯科学院远东分院历史·考古·民族研究所科研工作者的座谈》，**T. 特列季亚科娃**编//《俄罗斯科学院远东分院院刊》，1992 年 1 – 2 期合刊，第 184 – 186 页。

Дьякова О.В. [о своем пути в археологию]. Беседа с научным сотрудником Института истории, археологии и этнографии народов Дальнего Востока ДВО РАН / Вела **Третьякова Т.** // Вестн. ДВО РАН. — 1992. — № 1 – 2. — С. 184 – 186.

681．**B.B. 叶夫休科夫、C.A. 科米萨罗夫、C.T. 科亚诺夫**：《苏联文献中女真人的历史与文化》//《亚洲、非洲的民族》，1990 年 1 期，第 169 – 177 页。

Евсюков В.В., Комиссаров С.А., Кожанов С.Т. История и культура чжурчжэней в советской литературе // Народы Азии и Африки. — 1990. – № 1. — С. 169 – 177.

682．**B.B. 叶夫休科夫、C.A. 科米萨罗夫、C.T. 科亚诺夫**：《苏联文献中女真人的历史与文化》//《北方文物》，1994 年 3 期，103 – 108 页，中文。

Евсюков В.В., Комиссаров С.А., Кожанов С.Т. Советская литература по истории и культуре чжурчжэней // Бэйфан вэньу. — 1994. – № 3. — С. 103 – 108. — Кит. яз.

683．**H.A. 克柳耶夫**：《扎娜·瓦西里耶夫娜·安德列耶娃：著述索引》，苏联科学院远东分院历史·考古·民族研究所，符拉迪沃斯托克，1990 年，15 页。

Жанна Васильевна Андреева: Библиогр. указ. трудов / Сост. Н.А. Клюев; АН СССР. ДВО. ИИАЭ. — Владивосток, 1990. — 15 с.

684．**И.С. 茹希霍夫斯卡娅**：《北太平洋考古学（大事记）》//《俄罗斯科学院远东分院院刊》，1993 年 3 期，第 122 – 124 页。

Жущиховская И.С. Археология Северной Пацифики (хроника) // Вестн. ДВО РАН. — 1993. — № 3. — С. 122 – 124.

685．**И.С. 茹希霍夫斯卡娅**：《考古学者研讨会》//《俄罗斯与亚洲太平洋地区》，1993 年 2 期，第 152 – 154 页。

Жущиховская И.С. Симпозиум археологов // Россия и АТР. — 1993. — № 2. — С. 152 – 154.

686．**B.Ф. 祖耶夫**：《参加 A.П. 奥克拉德尼科夫领导的孔东遗址研究考察团的青年方志学者》//《世纪之交的远东历史文化遗产、自然遗产：研究与保护问题·第 2 次纪念戈罗杰克夫斯基报告会材料·1999 年 4 月 29 – 30 日·哈巴罗夫斯克》，哈巴罗夫斯克，1999 年，第 344 – 346 页。

Зуев В.Ф. Участие молодых краеведов в экспедициях А.П. Окладникова с целью изучения поселения у с. Кондон // Историко-культурное и природное наследие Дальнего Востока на рубеже веков: проблемы изучения и сохранения: Материалы Вторых Гродековских чтений (Хабаровск, 29 – 30 апр. 1999 г.). — Хабаровск, 1999. — С. 344 – 346.

687．**Л.H. 伊万耶夫**：《苏联远东考古学文献》//《苏联考古学》，1953 年，第 18 卷，第

445－476 页。

Иваньев Л. Н. Литература по археологии советского Дальнего Востока // СА. — 1953. — Т. 18. — С. 445－476.

688. **А. Л. 伊夫里耶夫**：《（俄罗斯科学院远东分院远东民族历史·考古·民族研究所）考古学研究的有力贡献》//《俄罗斯与亚洲太平洋地区》，1996 年 2 期，第 25－31 页。

Ивлиев А. Л. Весомый вклад. Археологические исследования ［в Институте истории, археологии и этнографии народов Дальнего Востока ДВО РАН］ // Россия и АТР. — 1996. — №2. — С. 25－31.

689. **А. Л. 伊夫里耶夫**：《滨海地区中世纪研究的一些展望》//《世界史背景中的俄罗斯远东：从过去到未来·国际学术会议报告及议程提纲》，符拉迪沃斯托克，1996 年，第 107－108 页。

Ивлиев А. Л. Некоторые перспективы медиевистских исследований в Приморье // Дальний Восток России в контексте мировой истории: от прошлого к будущему: Тез. докл. и сообщ. междунар. науч. конф. — Владивосток, 1996. — С. 107－108.

690. **А. Л. 伊夫里耶夫**：《1994 年远东历史·考古·民族研究所进行的田野考古学研究》//北方欧亚学会：《时事通讯》第 8 期，东京，1996 年，第 9－11 页。

Ivliev A. L. Archaeological Field Researches of the Institute of History, Archaeology and Ethnography of People of the Far East in 1994 // The Society of North － Eurasian Studies. Newsletter No. 8. — Tokyo, 1996. — P. 9－11.

691. **А. Л. 伊夫里耶夫**：《俄罗斯远东南部第一个国家：国际学术会议》//《俄罗斯与亚洲太平洋地区》，1998 年 4 期，第 119－120 页。

Ивлиев А. Л. Первому государству на юге Дальнего Востока России посвящается: Международная конф. // Россия и АТР. — 1998. — № 4. — С. 119－120.

692. **А. Л. 伊夫里耶夫**：《俄罗斯滨海边疆区渤海遗址的考古调查》//《渤海国建国 1300 周年（968－1998）》首尔，1999 年，第 191－209 页，英文、朝文。

Ivliev A. L. Archaeological investigation of Bohai sites in Primorski Territory of Russia // 1300-летие основания государства Бохай (698 — 1998). — Сеул, 1999. — С. 191－209. — Англ. и кор. яз.

693. **Н. В. 伊沃奇基娜**：《П. И. 卡法罗夫有关远东古钱学札记》//《П. И. 卡法罗夫及其在我国东方学中的贡献·会议资料》，莫斯科，1979 年，第 3 卷，第 67－71 页。

Ивочкина Н. В. Заметки П. И. Кафарова по дальневосточной нумизматике // П. И. Кафаров и его вклад в отечественное востоковедение: Материалы конф. — М., 1979. — Ч. 3. — С. 67－71.

694. **Ж. В. 安德列耶娃、Ю. В. 阿尔古佳耶娃、Г. И. 博日科娃**：《苏联远东史（从原始社会时代至今）图书索引》，苏联科学院远东科学中心远东民族历史·考古·民族研究所，符拉迪沃斯托克，1980 年，242 页。

История Дальнего Востока СССР: (От эпохи первобытнообщинных отношений до наших дней): Библиогр. указ. / Сост. . В. Андреева, Ю. В. Аргудяева, Г. И. Божкова и др.; АН СССР. ДВНЦ. ИИАЭ. — Владивосток, 1980. — 242 с.

695. 《В. Е. 拉里切夫 60 周岁纪念》//《俄罗斯科学院西伯利亚分院历史·语文·哲学通讯》，1992 年 3 期，第 70－71 页。

К 60-летию В.Е. Ларичева // ИСОРАН. История, филология и философия. — 1992. — Вып. 3. — С. 70 – 71.

696. **А.А, 卡尔波夫**：《历史文化遗产保护领域的协调合作－历史遗存保护的问题与展望（滨海边疆区哈桑地区工作经验）》//《21 世纪的历史文化遗产：保护与利用的展望·2000 年 4 月 17 – 19 日国际遗存保护日会议报告集》，符拉迪沃斯托克，2000 年，第 35 – 40 页。

Карпов А.А. Межведомственное сотрудничество в сфере сохранения историко-культурного наследия. Проблемы и перспективы сохранения исторических памятников （из опыта работы в Хасанском районе ［Приморского края］） // Культурно-историческое наследие в XXI веке: перспективы сохранения и использования: Сб. докл. конф., посвящ. Междунар. дню охраны памятников 17 – 19 апр. 2000 г. — Владивосток, 2000. — С. 35 – 40.

697. **Д. 卡西基**：《沿海岸迁徙（太平洋海岸及其研究问题）》//《俄罗斯与亚洲太平洋地区》，1995 年 4 期，第 11 – 12 页，英文。

Кассиди Д. Прибрежные миграции ［на побережье Тихого океана и проблемы их изучения］ // Россия и АТР. — 1995. — № 4. — С. 11 – 12. — Англ. яз.

698. **Н.А. 克柳耶夫**：《远东南部考古学史新资料（关于革命前时期原始社会考古学的发展程度及研究机构的问题）》//《苏联远东南部及其毗邻地区古代和中世纪的考古学资料》，符拉迪沃斯托克，1983 年，第 34 – 40 页。

Клюев Н.А. Новые материалы к истории археологии юга Дальнего Востока （к вопросу об организации изучения и уровне развития археологии первобытного о-ва в дореволюционный период） // Материалы по древней и средневековой археологии юга Дальнего Востока СССР и смежных территорий. — Владивосток, 1983. — С. 34 – 40.

699. **Н.А. 克柳耶夫**：《В.К. 阿尔谢尼耶夫在滨海地区考古学发展中的贡献》//《纪念阿尔谢尼耶夫报告会·报告及议程纲要》，哈巴罗夫斯克，1984 年，第 28 – 29 页。

Клюев Н.А. Вклад В.К. Арсеньева в развитие археологии в Приморье // Арсеньевские чтения: Тез. докл. и сообщ. — Хабаровск, 1984. — С. 28 – 29.

700. **Н.А. 克柳耶夫**：《苏联远东南部原始社会考古学领域的研究机构（1917 – 1953 年）》，苏联科学院远东科学中心历史·考古·民族研究所，符拉迪沃斯托克，1983 年，18 页；苏联科学院社会科学学术信息研究所档案，15.02.84，№15687。

Клюев Н.А. Организация исследований в области первобытной археологии на юге советского Дальнего Востока （1917 – 1953 гг.） / АН СССР. ДВНЦ. ИИАЭ. — Владивосток, 1983. — 18 с. — Деп. в ИНИОН АН СССР, 15.02.84, № 15687.

701. **Н.А. 克柳耶夫**：《苏联远东南部原始社会考古学领域研究的发展（1917 – 1953 年）》//《1985 年 10 月 17 – 19 日纪念阿尔谢尼耶夫报告会·关于历史学、考古学、民族学、方志学问题会议报告纲要》，乌苏里斯克，1985 年，第 61 – 62 页。

Клюев Н.А. Развитие исследований в области археологии первобытного общества на юге советского Дальнего Востока （1917 – 1953 гг.） // Арсеньевские чтения: Тез. докл. регион. конф. по пробл. истории, археологии, этнографии и краеведения, 17 – 19 окт. 1985 г. — Уссурийск, 1985. — С. 61 – 62.

702．**Н.А. 克柳耶夫**：《关于苏联远东南部原始社会考古学研究的分期问题》//《苏联远东考古学研究问题：第 13 届远东国内外历史编纂学问题学术会议资料》，符拉迪沃斯托克，1986 年，第 148－159 页。

Клюев Н.А. К вопросу о периодизации изучения археологии первобытного общества на юге советского Дальнего Востока // Проблемы археологических исследований на Дальнем Востоке СССР: Материалы XI-II Дальневост. науч. конф. по пробл. отеч. и зарубеж. историографии. — Владивосток, 1986. — С. 148－159.

703．**Н.А. 克柳耶夫**：《俄罗斯、苏联考古学者著述中有关苏联远东南部原始公社制时代居民历史进程的见解》//《第 15 次远东学术会议："苏共第 27 次代表大会和苏联远东及亚洲国家发展问题"·报告及议程纲要》，第 4 卷，第 21－23 页，符拉迪沃斯托克，1986 年。

Клюев Н.А. Концепции исторического процесса в эпоху первобытнообщинного строя у населения юга Дальнего Востока СССР в трудах русских и советских археологов // XV Дальневост. науч. конф.《XXVII съезд КПСС и пробл. развития Дальнего Востока СССР и зарубеж. государств Азии》: Тез. докл. и сообщ. — Владивосток, 1986. — Вып. 4. — С. 21－23.

704．**Н.А. 克柳耶夫、И.С. 茹希霍夫斯卡娅**：《考古学研究——滨海地区历史方志学的组成部分》//《第一次全苏历史方志学学术会议 (1987 年 10 月·波尔塔瓦)：报告及议程纲要》，基辅，1987 年，第 47－48 页。

Клюев Н.А., Жущиховская И.С. Археологические исследования — составная часть исторического краеведения в Приморье // Первая Всесоюз. науч. конф. по ист. краеведению (г. Полтава, окт. 1987 г.): Тез. докл. и сообщ. — Киев, 1987. — С. 47－48.

705．**Н.А. 克柳耶夫**：《苏联远东南部原始社会考古学领域研究的发展 (19 世纪下半期至 20 世纪 80 年代)》，历史学副博士学位论文作者文摘，苏联科学院远东科学中心，苏联历史科学主席团，符拉迪沃斯托克，1987 年，18 页。

Клюев Н.А. Развитие исследований в области археологии первобытного общества на юге Дальнего Востока СССР (2－я половина XIX в. — 80-е гг. XX в.): Автореф. дис. ... канд. ист. наук / АН СССР. ДВНЦ. Президиум. Совет по ист. наукам. — Владивосток, 1987. — 18 с.

706．**Н.А. 克柳耶夫**：《Л.Н. 伊万耶夫在滨海地区的考古学活动》//《方志学问题·纪念阿尔谢尼耶夫报告会·会议报告纲要》，乌苏里斯克，1989 年，第 24－26 页。

Клюев Н.А. Археологическая деятельность Л.Н. Иваньева в Приморье // Проблемы краеведения: [Тез. докл. конф.] / Арсеньев. чтения. — Уссурийск, 1989. — С. 24－26.

707．**Н.А. 克柳耶夫、Н.Н. 克拉金**：《远东青年历史学者学会》//《俄罗斯科学院远东分院院刊》，1992 年 1－2 期合刊，第 67－68 页。

Клюев Н.А., Крадин Н.Н. Дальневосточная ассоциация молодых историков // Вестн. ДВО РАН. — 1992. － № 1－2. — С. 67－68.

708．**Н.А. 克柳耶夫**：《古代耕作业的远东发源地——问题的理论与历史编纂学视角》//《青年历史学者 (第 2 次远东) 会议》，符拉迪沃斯托克，1992 年，第 27－30 页。

Клюев Н.А. Дальневосточный очаг древнего земледелия: теоретический и историографический аспект проблемы // Вторая Дальневост. конф. молодых историков. — Владивосток, 1992. — С. 27 - 30.

709. **Н.А. 克柳耶夫**：《滨海地区、阿穆尔河沿岸的原始社会考古学——历史编纂学、图书简介（1861 - 1991 年）》//符拉迪沃斯托克，远东科学出版社，1993 年，187 页。

Клюев Н.А. Археология первобытного общества Приморья и Приамурья：Историогр. и библиогр. обзор (1861 — 1991). — Владивосток：Дальнаука, 1993. — 187 с.

710. **Н.А. 克柳耶夫**：《滨海地区、阿穆尔河沿岸的原始社会考古学（历史观念与观点）》//《远东原始社会考古学概要·考古学资料的历史阐释问题》，莫斯科，1994 年，第 55 - 85 页。

Клюев Н.А. Археология первобытного общества Приморья и Приамурья：（История идей и концепций) // Очерки первобытной археологии Дальнего Востока：(Пробл. ист. интерпретации археол. источников). — М.1994. — С. 55 - 85.

711. **Н.А. 克柳耶夫**：《滨海地区、阿穆尔河沿岸的考古学：发展的某些总结》//《俄罗斯科学院远东分院院刊》，1994 年 1 期，第 35 - 39 页。

Клюев Н.А. Археология Приморья и Приамурья：некоторые итоги развития // Вестн. ДВО РАН. — 1994. — № 1. — С. 35 - 39.

712. **Н.А. 克柳耶夫、И.С. 茹希霍夫斯卡娅**：《滨海地区的现代考古学》//《阳谷文化：史前历史研究所通报》，清州（韩国），1994 年，第 3 期，第 43 - 58 页。

Klyuev N.A., Zhushchikhovskaya I.S. On the Modern Archaeology of Primorie Region // Sunsa Munhwa：Bul. of the Inst. of Prehistory. — Cheongju, 1994. — No. 3. — P. 43 - 58.

713. **Н.А. 克柳耶夫**：《现阶段的俄罗斯远东南部考古学》//《北太平洋考古学》，符拉迪沃斯托克，1996 年，第 29 - 37 页。

Клюев Н.А. Археология юга Дальнего Востока России на современном этапе // Археология Северной Пасифики. — Владивосток, 1996. — С. 29 - 37.

714. **Н.А. 克柳耶夫**：《远东各民族古代史的研究家 - Ж.В. 安德列耶娃》//《东北亚考古资料译文集·俄罗斯专号》，哈尔滨，1996 年，第 66 - 68 页，中文。

Клюев Н.А. Исследователь древней истории народов Дальнего Востока — Ж.В. Андреева // Собрание переводных работ по археологии Северо-Восточной Азии. Рос. вып. — Харбин, 1996. — С. 66 - 68. — Кит. яз.

715. **Н.А. 克柳耶夫、И.С. 茹希霍夫斯卡娅**：《俄罗斯远东滨海地区现代考古学的主要趋势》，北方欧亚学会：《时事通讯》第 7 期，东京，1996 年，第 17 - 21 页。

Klyuev N.A., Zhushchikhovskaya I.S. On the Main Tendencies of Modern Archaeology of Primorie Region (Russian Far East) // The Society of North - Eurasian Studies. Newsletter No. 7. — Tokyo, 1996. — P. 17 - 21.

716. **Н.А. 克柳耶夫**：《远东第九届考古学、人类学会议》//《俄罗斯与亚洲太平洋地区》，1999 年 2 期，第 90 - 91 页。

Клюев Н.А. IX сессия археологов и антропологов Дальнего Востока // Россия и АТР. — 1999. — № 2. — С.90 - 91.

717. **Н.А. 克柳耶夫**：《安德列耶娃·扎娜·瓦西里耶夫娜 - 她学生眼里的考古学家形象》//《追溯

过去·纪念 Ж.В. 安德列耶娃 70 周岁》，符拉迪沃斯托克，2000 年，第 5－19 页。

Клюев Н.А. Жанна Васильевна Андреева: портрет археолога глазами ее ученика // Вперед … в прошлое: К 70-летию Ж.В. Андреевой. — Владивосток, 2000. — С. 5－19.

718. Н.А. 克柳耶夫：《我们祝贺的人：埃尔斯特·弗拉基米罗维奇·沙弗库诺夫》//《俄罗斯与亚洲太平洋地区》，2000 年 2 期，第 146－148 页。

Клюев Н.А. Наши юбиляры: Эрнст Владимирович Шавкунов // Россия и АТР. — 2000. — № 2. — С. 146－148.

719. Н.А. 克柳耶夫、Н.Н. 克拉基、Ю.Г. 尼基京：《滨海边疆区红军地区考古遗存资料的汇编工作》//《21 世纪的历史文化遗产：保护与利用的展望·2000 年 4 月 17－19 日国际遗存保护日会议报告集》，符拉迪沃斯托克，2000 年，第 51－62 页。

Клюев Н.А., Крадин Н.Н., Никитин Ю.Г. Работа над сводом археологических памятников Красноармейского района Приморского края // Культурно-историческое наследие в XXI веке: перспективы сохранения и использования: Сб. докл. конф., посвящ. Междунар. дню охраны памятников 17－19 апр. 2000 г. — Владивосток, 2000. — С. 51－62.

720. Н.А. 克柳耶夫：《埃尔斯特·弗拉基米罗维奇·沙弗库诺夫——理想完美地体现在现实中》//《远东的历史学与考古学·纪念 Э.В. 沙弗库诺夫 70 周岁》，符拉迪沃斯托克，2000 年，第 5－20 页。

Клюев Н.А. Эрнст Владимирович Шавкунов: мечта, воплощенная в реальность // История и археология Дальнего Востока. К 70-летию Э.В. Шавкунова. — Владивосток, 2000. — С. 5－20.

721. Н.А. 克柳耶夫：《扎娜·瓦西里耶夫娜·安德列耶娃：周年纪念日受到祝贺的学者》//《俄罗斯与亚洲太平洋地区》，2000 年 3 期，第 161－164 页。

Клюев Н.А. Юбилей ученого: Жанна Васильевна Андреева // Россия и АТР. — 2000. — № 3. — С. 161－164.

722. Е.А. 科维什尼科娃：《19 世纪末 － 20 世纪初的西伯利亚、远东考古学（19 世纪 80 年代－1909 年）》，历史学副博士学位论文作者文摘，克麦罗沃国立大学，克麦罗沃，1989 年，19 页。

Ковешникова Е.А. Археология Сибири и Дальнего Востока в конце XIX — начале XX века (80-е годы XIX в. — 900-е годы): Автореф. дис. … канд. ист. наук / Кемеров. гос. ун-т. — Кемерово, 1989. — 19 с.

723. Е.А. 科维什尼科娃：《19 世纪末西伯利亚、远东考古遗存的分期与年代学》//《西伯利亚考古的方法论与历史编纂学》，克麦罗沃，1994 年，第 99－106 页。

Ковешникова Е.А. Периодизация и хронология археологических памятников Сибири и Дальнего Востока в конце XIX века // Методология и историография археологии Сибири. — Кемерово, 1994. — С. 99－106.

724. С.А. 克米萨洛夫、С.В. 阿尔金：《中国学者（佟柱臣）关于乌苏里河流域的考古遗存》//《第 6 次纪念阿尔谢尼耶夫报告会·关于历史学、考古学、方志学问题区域学术会议报告纲要》，乌苏里斯克，1992 年，第 172－173 页。

Комиссаров С.А., Алкин С.В. Китайский ученый [Тун Чжучэнь] об археологических памятниках бассейна Уссури // VI Арсеньевские чтения: Тез. докл. регион. науч. конф. по пробл. истории, археологии и краеведения. — Уссурийск, 1992. — С. 172 – 173.

725．**Н.А. 科诺年科**：《一起走·滨海地区与国外学者之间的学术接触》//《俄罗斯与亚洲太平洋地区》，1992 年 1 期，第 32 – 39 页。

Кононенко Н.А. Идти вместе: научные контакты приморских и зарубежных ученых // Россия и АТР. — 1992. — № 1. — С. 32 – 39.

726．**Н.А. 科诺年科、А.В. 塔巴列夫**：《1993 年俄 – 日联合考古考察团在滨海地区的工作》//《西伯利亚人文科学》，1994 年 1 期：哲学、社会科学系列，第 75 – 76 页。

Кононенко Н.А., Табарев А.В. О работах совместной российско-японской археологической экспедиции в Приморье в 1993 г. // Гуманит. науки в Сибири. — 1994. — № 1: Сер.: Философия и социология. — С. 75 – 76.

727．**Н.А. 科诺年科、А.Б. 塔巴列夫、梶原洋**：《"东亚、北美的旧石器晚期 – 新石器早期：传承性与文化变异国际会议的首要问题"》//《俄罗斯与亚洲太平洋地区》，1994 年 2 期，第 120 – 122 页。

Кононенко Н.А., Табарев А.В., Кадзивара Х. Первая проблемная: Междунар. конф. 《Поздний палеолит — ранний неолит Восточной Азии и Северной Америки: преемственность и культурная трансформация》 // Россия и АТР. — 1994. — № 2. — С. 120 – 122.

728．**Н.А. 科诺年科、А.В. 塔巴列夫**：《滨海地区的俄 – 日考古考察团》//《俄罗斯科学院远东分院院刊》，1994 年 1 期，第 125 – 126 页。

Кононенко Н.А., Табарев А.В. Российско-японская археологическая экспедиция в Приморье // Вестн. ДВО РАН. — 1994. — № 1. — С. 125 – 126.

729．**Н.А. 科诺年科、А.В. 塔巴列夫**：《"东亚、美洲的旧石器晚期 – 新石器早期"国际考古会议》//《西伯利亚人文科学》，1995 年 3 期：考古学、民族学系列，第 105 – 106 页。

Кононенко Н.А., Табарев А.В. Международная археологическая конференция 《Поздний палеолит — ранний неолит Восточной Азии и Америки》 // Гуманит. науки в Сибири. — 1995. — № 3: Сер.: Археология и этнография. — С. 105 – 106.

730．**Н.А. 科诺年科、А.В. 卡尔科维克**：《滨海地区原始社会遗存研究的新视角》//《俄罗斯与亚洲太平洋地区》，1995 年 4 期，第 9 页。

Кононенко Н.А., Гарковик А.В. Новые аспекты в исследовании первобытных памятников Приморья // Россия и АТР. — 1995. — № 4. — С .9.

731．**Н.А. 科诺年科、Д. 卡西基**：《交流发现·第二次北太平洋考古讨论会加利福尼亚考古年会》//《俄罗斯与亚洲太平洋地区》，1997 年 3 期，第 146 – 149 页，俄文、英文。

Кононенко Н.А., Кассиди Д. Обмен открытиями: Второй международный симпозиум по археологии Северной Пасифики (севера Тихого океана) на ежегодном собрании археологов Калифорнии // Россия и АТР. — 1997. — № 3. — С. 146 – 149. — Рус. яз., англ. яз.

732．**А.К. 科诺巴茨基、Л.Н. 梅里尼科娃**：《阿穆尔河下游新石器研究的主要问题》//《"远东资深专家代表大会"·历史学、方志学学术实践会仪·纪念哈巴罗夫斯克方志博物馆成立 100 周年会议资料》，哈巴罗夫斯克，1994 年，第 2 卷，第 11 – 14 页。

Конопацкий А.К. Мыльникова Л.Н. Основные проблемы изучения неолита Нижнего Амура //

《Съезд сведущих людей Дальнего Востока》: Науч. － практ. ист. － краевед. конф., посвящ. 100-летию Хабаровского краевед. музея: Материалы конф. — Хабаровск, 1994. — Т. II. — С. 11 – 14.

733．Л.В. 克尼科娃：《远东青铜时代及古代金属研究问题》//《苏联远东考古学研究问题：第 13 届远东国内外历史编纂学问题学术会议资料》，符拉迪沃斯托克，1986 年，第 121 – 127 页。

Конькова Л.В. Дальневосточные бронзы и проблемы изучения древнейшего металла // Проблемы археологических исследований на Дальнем Востоке СССР: Материалы XIII Дальневост. науч. конф. по пробл. отеч. и зарубеж. историографии. — Владивосток, 1986. — С. 121 – 127.

734．М.Ф. 科萨列夫：《从 20 世纪考古发现看西伯利亚的青铜时代》//《俄罗斯考古学：20 世纪成就与 21 世纪展望·学术会议资料》，伊热夫斯克，2000 年，95 – 101 页。

Косарев М.Ф. Бронзовый век Сибири в свете археологических открытий XX столетия // Российская археология: достижения XX и перспективы XXI вв.: Материалы науч. конф. — Ижевск, 2000. — С. 95 – 101.

735．А.В. 克斯坚科：《新西伯利亚考古学者对滨海地区旧石器研究的贡献》//《西伯利亚新兴的考古学、理论民族学·第 39 次区域考古－理论民族学会议报告集》，赤塔，1999 年，第 1 卷，第 29 – 31 页。

Костенко А.В. Вклад новосибирских археологов в изучение палеолита Приморья // Молодая археология и этнология Сибири. XXXIX Регион. археол. － этнолог. конф.: Доклады. — Чита, 1999. — Ч. 1. — С. 29 – 31.

736．Н.Н. 克拉金：《（远东）考古学家委员会》//《苏联科学院远东分院院刊》，1990 年 2 期，第 62 – 63 页。

Крадин Н.Н. Совет археологов [Дальнего Востока] // Вестн. ДВО АН СССР. — 1990. — № 2. — С. 62 – 63.

737．Н.Н. 克拉金：《滨海地区渤海学术报告会》//《俄罗斯考古学》，1998 年 3 期，第 247 – 249 页。

Крадин Н.Н. Бохайский симпозиум в Приморье // Рос. археология. — 1998. — № 3. — С. 247 – 249.

738．Н.А. 克里维奇：《俄罗斯远东地区（古代）文化的历史编纂学》//《俄罗斯区域文化的起源》，圣彼得堡，2000 年，第 65 – 67 页。

Кривич Н.А. Историография культуры Дальневосточного региона России（древность）// Истоки региональных культур России. — СПб., 2000. — С. 65 – 79.

739．А.А. 克鲁皮科、О.Л. 莫列娃：《滨海地区考古遗存登记的经验与问题》//《西伯利亚、远东的考古学、民族学问题·纪念 Н.К. 奥埃尔巴哈诞辰 100 周年暨区域性大学生考古会议报告简介》，克拉斯诺亚尔斯克，1991 年，第 3 卷，第 105 – 110 页。

Крупянко А.А., **Морева О.Л.** Опыт и проблемы паспортизации археологических памятников Приморья // Проблемы археологии и этнографии Сибири и Дальнего Востока: Посвящ. 100-летию Н.К. Ауэрбаха: Крат. содерж. докл. РАСК. — Красноярск, 1991. — Т. 3. — С. 105 – 110.

740．А.И. 克鲁沙诺夫：《关于 1959 – 1960 年远东学者在本地区历史学方面的工作》//《历史问题》，1960 年 7 期，第 209 – 210 页。

Крушанов А.И. О работе ученых Дальнего Востока в 1959 – 1960 гг. по истории своего края // ВИ.

— 1960. — № 7. — C. 209－210.

741. **А.И. 克鲁沙诺夫、Ю.А. 谢姆、Ж.В. 安德列耶娃**：《（1954 －1962 年）苏联科学院西伯利亚分院远东分部历史·民族·考古实验室学术研究工作总结》//《苏联科学院西伯利亚分院以 В.Л. 卡马罗夫命名的远东分部成立 30 周年纪念日会议历史类报告纲要》，符拉迪沃斯托克，1962 年，第 15－19 页。

Крушанов А.И., Сем Ю.А., Андреева Ж.В. Итоги научно-исследовательской работы лабораторий истории, этнографии и археологии Дальневост. фил. Сиб. отд – ния Академии наук СССР (1954 — 1962 гг.) // Тез. докл. на юбил. сессии, посвящ. 30 – летию Дальневост. фил. им. В.Л. Комарова СО АН СССР. Сер. ист. — Владивосток, 1962. — C. 15－19.

742. **А.И. 克鲁沙诺夫**：《第 3 次远东历史学、考古学、民族学学术会议》//《苏联科学院西伯利亚分院远东分部通报》，1963 年 17 期，第 130－134 页。

Крушанов А.И. 3 – я дальневост. науч. конф. по истории, археологии и этнографии // Сообщ. / АН СССР. СО. ДВФ. — 1963. — Вып. 17. — C. 130-134.

743. **А.И. 克鲁沙诺夫、Ю.А. 谢姆、Э.В. 沙弗库诺夫**：《1964 年苏联科学院西伯利亚分院以 В.Л. 卡马罗夫命名的远东分部历史·考古·民族部研究、学术组织活动总结》//《苏联远东民族（从古至今）历史发展的普遍规律性、特点·苏联科学院西伯利亚分院远东分部人文科学组关于 1964 年研究、学术组织工作总结学术会议报告及议程纲要》，符拉迪沃斯托克，1965 年，第 3－4 页。

Крушанов А.И., Сем Ю.А., Шавкунов Э.В. Итоги исследовательской и научно-организационной деятельности отдела истории, археологии и этнографии ДВ филиала им. В.Л. Комарова СО АН СССР за 1964 г. // Общие закономерности и особенности исторического развития народов советского Дальнего Востока (с древнейших времен до наших дней): Тез. докл. и сообщ. на секции гуманит. наук совета ДВ фил. СО АН СССР по итогам исслед. и науч. – орг. работы за 1964 г. — Владивосток, 1965. — C. 3－4.

744. **А.И. 克鲁沙诺夫**：《苏联远东历史问题研究》//《苏联历史》，1967 年 4 期，第 208－212 页。

Крушанов А.И. Исследование проблем истории советского Дальнего Востока // История СССР. — 1967. — № 4. — C. 208－212.

745. **А.И. 克鲁沙诺夫、Ю.А. 谢姆、Э.В. 沙弗库诺夫**：《1965 年苏联科学院西伯利亚分院以 В.Л. 卡马罗夫命名的远东分部历史、考古、民族部研究、学术活动工作总结》//《苏联科学院西伯利亚分院远东分部历史类著述》，1967 年，第 7 卷：《远东历史学、考古学、民族学》，第 3－13 页。

Крушанов А.И., Сем Ю.А., Шавкунов Э.В. Итоги исследовательской и научно-организационной работы Отдела истории, археологии и этнографии Дальневост. фил. им. В.Л. Комарова СО АН СССР за 1965 г. // Тр. / АН СССР. СО. ДВФ. Сер. ист. — 1967. — Т. 7: История, археология и этнография Дальнего Востока. — C. 3－13.

746. **А.И. 克鲁沙诺夫、Ю.А. 谢姆、Э.В. 沙弗库诺夫**：《亚洲古代文化的著名研究者（А.П. 奥克拉德尼科夫）》//《苏联科学院西伯利亚分院远东分部历史类著述》，1968 年，第 6 卷：《苏联十月革命以前时期历史中的苏联远东民族》，第 3－6 页。

Крушанов А.И., Сем Ю.А., Шавкунов Э.В. Крупный исследователь древних культур Азии [А.П. Окладников] // Тр. / АН СССР. СО. ДВФ. Сер. ист. — 1968. — Т. 6: Народы советского Дальнего Востока в дооктябрьский период истории СССР. — C. 3－6.

747．**А.И. 克鲁沙诺夫**：《远东史问题学术会议》//《苏联科学院西伯利亚分院远东分部历史类著述》，1971 年，第 8 卷：《远东历史学、社会学、语文学》，第 207－219 页。

Крушанов А.И. Научные конференции по проблемам истории Дальнего Востока // Тр. / АН СССР. ДВНЦ. Сер. ист. — 1971. — Т. 8: История, социология и филология Дальнего Востока. — С. 207－219.

748．**А.И. 克鲁沙诺夫**：《关于远东历史研究的机构》//《历史问题》，1975 年 8 期，第 20－30 页。

Крушанов А.И. Об организации исторических исследований на Дальнем Востоке // ВИ. — 1975. — № 8. — С. 20－30.

749．**А.И. 克鲁沙诺夫**：《苏联社会主义社会发展时期（1959－1979 年）的远东历史科学》//《摘自苏联远东社会主义、共产主义建设史（1917－1975 年）》，符拉迪沃斯托克，1976 年，第 3－24 页。

Крушанов А.И. Историческая наука на Дальнем Востоке в период развитого социалистического общества в СССР (1959 — 1975 гг.) // Из истории социалистического и коммунистического строительства на Дальнем Востоке СССР (1917－1975 гг.). — Владивосток, 1976. — С. 3－24.

750．**А.И. 克鲁沙诺夫**：《苏联远东学者历史研究的主要方向》//《远东问题》，1976 年 4 期，第 96－111 页。

Крушанов А.И. Основные направления исторических исследований советских ученых－дальневосточников // Пробл. Дал. Востока. — 1976. — № 4. — С. 96－111.

751．**А.М. 库兹涅佐夫**：《滨海地区石器时代历史编纂学》//《乌苏里斯克国立师范学院学术方法会议报告纲要》，乌苏里斯克，1979 年，第 9－11 页。

Кузнецов А.М. Историография каменного века Приморья // Тез. докл. науч.－метод. конф. / УГПИ. — Уссурийск, 1979. — С. 9－11.

752．**А.М. 库兹涅佐夫**：《关于第 14 次太平洋学术会议考古讨论会工作》//《苏联考古学》，1981 年 3 期，第 309－311 页。

Кузнецов А.М. О работе археологического симпозиума XIV Тихоокеанского научного конгресса // СА. — 1981. — № 3. — С. 309－311.

753．**А.М. 库兹涅佐夫**、**А.В. 梅尔兹利亚科夫**：《乌苏里斯克国立师范学院的考古学研究》//《1985 年 10 月 17－19 日纪念阿尔谢尼耶夫：关于历史学、考古学、民族学、方志学问题区域会议报告纲要》，乌苏里斯克，1985 年，第 65－67 页。

Кузнецов А.М., Мерзляков А.В. Археологические исследования в УГПИ // Арсеньевские чтения: Тез. докл. регион. конф. по пробл. истории, археологии, этнографии и краеведения, 17－19 окт. 1985 г. — Уссурийск, 1985. — С. 65－67.

754．**А.М. 库兹涅佐夫**：《滨海地区科学的先驱者－А.З. 费多罗夫》//《俄罗斯科学院远东分院院刊》，1997 年 6 期，第 115－125 页。

Кузнецов А.М. Первопроходец приморской науки А.З. Федоров // Вестн. ДВО РАН. — 1997. — № 6. — С. 115－125.

755．**Я.В. 库兹明**：《俄罗斯远东南部（旧石器时代至中世纪）人类与自然界的相互关系：研究成果的历史编纂学评述》//《种族与自然界》，符拉迪沃斯托克，1997 年，第 24－33 页。

Кузьмин Я.В. Взаимодействие человека и природной среды на юге Дальнего Востока России (палеолит — средневековье): историографический обзор результатов исследований // Этнос и природная среда. — Владивосток, 1997. — С. 24 – 33.

756. **Е.И. 克恰诺夫**：《米哈依尔·巴西里耶维奇·沃罗比耶夫（1922 – 1995 年)》//《彼得堡东方学》，1996 年，第 8 卷，第 669 – 672 页。

Кычанов Е.И. Михаил Васильевич Воробьев (1922 — 1995) // Петербургское востоковедение. — 1996. — Вып. 8. — С. 669 – 672.

757. **В.Л. 拉林**：《论远东历史学科的发展》//《俄罗斯科学院远东分院院刊》，1993 年 3 期，第 105 – 108 页。

Ларин В.Л. О развитии исторической науки на Дальнем Востоке // Вестн. ДВО РАН. — 1993. — № 3. — С. 105 – 108.

758. **В.Л. 拉林**：《研究所的 25 周年》//《俄罗斯与亚洲太平洋地区》，1996 年 2 期，第 5 – 9 页。

Ларин В.Л. Институту истории — 25 лет // Россия и АТР. — 1996. – № 2. — С. 5 – 9.

759. **В.Л. 拉林**：《俄罗斯科学院远东分院远东民族历史·考古·民族研究所 25 周年》//《俄罗斯科学院远东分院院刊》，1996 年 2 期，第 7 – 11 页。

Ларин В.Л. Институту истории, археологии и этнографии народов Дальнего Востока ДВО РАН — 25 лет // Вестн. ДВО РАН. — 1996. – № 2. — С. 7 – 11.

760. **В.Л. 拉林**：《20 – 21 世纪之交的俄罗斯远东历史科学》//《新千年路上的俄罗斯远东档案·区域学术实践会资料》，符拉迪沃斯托克，1998 年，第 21 – 26 页。

Ларин В.Л. Историческая наука Дальнего Востока России на рубеже XX — XXI веков // Архивы Дальнего Востока России на пути в новое тысячелетие: Материалы регион. науч. – практ. конф. — Владивосток, 1998. — С. 21 – 26.

761. **В.Е. 拉里切夫**：《亚洲古代文化的研究者 – А.П. 奥克拉德尼科夫（50 周岁纪念)》，伊尔库茨克：州方志博物馆，苏维埃联邦社会主义共和国政治、学术普及学会（伊尔库茨克分会），1958 年，68 页。

Ларичев В.Е. А.П. Окладников — исследователь древних культур Азии: (К 50-летию со дня рождения). — Иркутск: Обл. краевед. музей, О – во по распространению полит. и науч. знаний РСФСР (Иркутское отд – ние), 1958. — 68 с.

762. **В.Е. 拉里切夫**：《帕拉基·卡法罗夫遗失的日记（俄罗斯远东考古学史新资料)》//《苏联科学院西伯利亚分院院刊》，1966 年 1 期：社会科学系列 1，第 114 – 122 页。

Ларичев В.Е. Потерянные дневники Палладия Кафарова. (Новые материалы к истории археологии русского Дальнего Востока) // ИСОАН СССР. — 1966. — № 1: Сер. обществ. наук, вып. 1. — С. 114 – 122.

763. **В.Е. 拉里切夫**：《奥克拉德尼科夫·阿列克赛·巴甫洛维奇》//《苏联历史百科全书》，1967 年，第 10 卷，圣彼得堡，第 489 – 490 页。

Ларичев В.Е. Окладников Алексей Павлович // СИЭ. — 1967. — Т. 10. — Стб. 489 – 490.

764. **В.Е. 拉里切夫**：《纪念 А.П. 奥克拉德尼科夫 60 周岁》//《苏联科学院西伯利亚分院院刊》，

1968 年 11 期：社会科学系列 3，第 146－147 页。

Ларичев В.Е. А.П. Окладникову 60 лет // ИСОАН СССР. — 1968. — № 11: Сер. обществ. наук, вып. 3. — С. 146–147.

765．**В.Е. 拉里切夫**：《Ф.Ф. 布谢逝后的礼物（远东考古学史新资料）》//《西伯利亚、远东的社会经济、文化生活史问题》，新西伯利亚，1968 年，第 1 卷，第 231－247 页。

Ларичев В.Е. Посмертный дар Ф.Ф. Буссе (Новые материалы к истории археологии Дальнего Востока) // Вопросы истории социально-экономической и культурной жизни Сибири и Дальнего Востока. — Новосибирск, 1968. — Вып. 1. — С. 231–247.

766．**В.Е. 拉里切夫**：《西伯利亚远古 40 年：А.П. 奥克拉德尼科夫院士履历资料·著述索引》，新西伯利亚，西西伯利亚图书出版社，1970 年，239 页。

Ларичев В.Е. Сорок лет среди сибирских древностей: Материалы к биографии академика А.П. Окладникова. Аннот. библиогр. — Новосибирск: Зап.-Сиб. кн. изд-во, 1970. — 239 с.

767．**В.Д. 连科夫**：《（关于远东第 4 届考古学家的工作）问答》//《太平洋版图》，1989 年，第 4 期，第 60－63 页。

Леньков В.Д. Спрашивают — отвечаем: [О работе IV сессии археологов Дал. Востока] // У карты Тихого океана. — 1989. — № 4. — С. 60–63.

768．**В.Д. 连科夫**：《远东、中央亚细亚民族历史、文化、艺术的研究者》//《埃尔斯特·弗拉基米罗维奇·沙弗库诺夫 60 周岁著述索引》，符拉迪沃斯托克，1990 年，第 3－7 页。

Леньков В.Д. Исследователь истории, культуры и искусства народов Дальнего Востока и Центральной Азии // Эрнст Владимирович Шавкунов: Библиогр. указ. тр. К 60-летию ученого. — Владивосток, 1990. — С. 3–7.

769．**В.Д. 连科夫**：《远东、中央亚细亚民族历史、文化、艺术的研究者：纪念历史学博士（Э.В. 沙弗库诺夫）60 周岁》//《东北亚考古（译著）集·俄罗斯专号》，哈尔滨，1996 年，第 63－65 页，中文。

Леньков В.Д. Исследователь истории, культуры и искусства народов Дальнего Востока и Центральной Азии: В честь 60-летия докт. ист. наук Э.В. Шавкунова // Собрание переводных работ по археологии Северо-Восточной Азии. Рос. вып. — Харбин, 1996. — С. 63–65. — Кит. яз.

770．**К.Ф. 利特克**：《（П.И. 卡法罗夫）阿穆尔边疆区、乌苏里斯克边疆区民族学考察团》//《1872 年俄罗斯地理学会通报·报告》，圣彼得堡，1873 年，第 31－32 页。

Литке К.Ф. Этнографическая экспедиция [П.И. Кафарова] в Амурский и Уссурийский края // Отчет ИРГО за 1872 год. — СПб., 1873. — С. 31–32.

771．**Г.П. 利托夫琴科**：《"教育考古学"的课程与问题的汇集》//《纪念阿穆尔州方志博物馆成立 100 周年学术实践会仪报告纲要》，布拉戈维申斯克，1991 年，第 60－61 页。

Литовченко Г.П. Предмет и проблематика «педагогической археологии» // Тез. докл. науч.-практ. конф., посвящ. 100-летию Амур. обл. краевед. музея. — Благовещенск, 1991. — С. 60–61.

772．**Г.П. 利托夫琴科**：《奥西波夫卡文化研究史问题》//《西伯利亚及其毗邻地区考古学、民族学、人类学问题·1999 年 12 月俄罗斯科学院西伯利亚分院考古与民族研究所第 7 次总结年会资料》，新西伯利亚，1999 年，第 5 卷，第 660－663 页。

Литовченко Г.П. К вопросу истории исследования осиповской культуры // Проблемы археологии, этнографии, антропологии Сибири и сопредельных территорий: Материалы VII Годовой итог. сес. Ин-та археологии и этнографии СО РАН. Дек. 1999 г. — Новосибирск, 1999. — Т. V. — С. 660－663.

773．**E.M. 洛桑**：《哈巴罗夫斯克方志博物馆的 B.K. 阿尔谢尼耶夫考古、民族收藏品目录》//《纪念阿尔谢尼耶夫报告会报告及议程纲要》，哈巴罗夫斯克，1984 年，第 60－63 页。

Лосан Е.М. Каталогизация археологических и этнографических коллекций В.К. Арсеньева в Хабаровском краеведческом музее // Арсеньевские чтения: Тез. докл. и сообщ. — Хабаровск, 1984. — С. 60－63.

774．**C.B. 马尔金**：《A.П. 奥克拉德尼科夫关于北亚、中央亚细亚旧石器研究观点的演化》//《北亚及其毗邻地区更新世古生态学、石器时代文化·国际会议资料》，新西伯利亚，1998 年，第 1 卷，第 16－32 页。

Маркин С.В. Эволюция взглядов А.П. Окладникова в палеолитоведении Северной и Центральной Азии // Палеоэкология плейстоцена и культуры каменного века Северной Азии и сопредельных территорий: (Материалы Междунар. симп.). — Новосибирск, 1998. — Т. 1. — С. 16－32.

775．**А.И. 马尔特诺夫**：《古代西伯利亚研究史》//《古代西伯利亚·1 卷本·西伯利亚史》，**Ж.B. 安德列耶娃、З.Я. 博亚尔希诺娃、Э.A. 万盖盖姆**等编，乌兰乌德，1964 年，第 9－33 页。

Мартынов А.И. История изучения древнейшего прошлого Сибири // Древняя Сибирь: (Макет 1 тома 《Истории Сибири》) / **Ж.В. Андреева, З.Я. Бояршинова, Э.А. Вангейгейм** и др. — Улан-Удэ, 1964. — С. 9－33.

776．**А.И. 马尔特诺夫、H.H. 斯杰帕诺夫**：《远古西伯利亚研究史》//《古今西伯利亚史》，5 卷本，Ж.B. 安德列耶娃、З.Я. 博亚尔希诺娃、Э.Б. 巴杰茨卡娅等编，列宁格勒，1968 年，第 1 卷：《古代西伯利亚》，第 13－34 页。

Мартынов А.И., Степанов Н.Н. История изучения древнейшего прошлого Сибири // История Сибири с древнейших времен до наших дней: В 5 т. / Ж.В. Андреева, З.Я. Бояршинова, Э.Б. Вадецкая и др. — Л., 1968. — Т. 1: Древняя Сибирь. — С. 13－34.

777．**B.M. 马松**：《古代文化的东方源头及其研究者》// A.П. 奥克拉德尼科夫、A.П. 杰列维扬科：《滨海地区、阿穆尔河沿岸遥远的过去》，符拉迪沃斯托克，1973 年，第 3－7 页。

Массон В.М. Дальневосточный очаг древних культур и его исследователи // А.П. Окладников, А.П. Деревянко. Далекое прошлое Приморья и Приамурья. — Владивосток, 1973. — С. 3－7.

778．**B.И. 马秋先科**：《1940-1950 年西伯利亚考古学·教学参考书》，鄂木斯克，鄂木斯克国立大学出版社，1994 年，101 页。

Матющенко В.И. Сибирская археология в 1940 — 1950-е годы: Учеб. пособие. — Омск: Издание ОмГУ, 1994. — 101 с.

779．**B.И. 马秋先科**：《1960 至 90 年代初期的西伯利亚考古学·问题总汇》，鄂木斯克，鄂木斯克国立大学出版社，1995 年，128 页。

Матющенко В.И. Археология Сибири 1960 — начала 1990-х гг. Проблематика. — Омск: Издание ОмГУ, 1995. — 128 с.

780. **В.И. 马秋先科**：《1960 至 90 年代初期的西伯利亚考古学：发展过程·教学参考书》，鄂木斯克，鄂木斯克国立大学出版社，1995 年，95 页。

Матющенко В.И. Археология Сибири 1960 — начала 1990-х гг. Процессы развития: Учеб. пособие. — Омск: Издание ОмГУ, 1995. — 95 с.

781. **В.Е. 麦德维杰夫**：《阿穆尔河下游考古学的一些总结与展望》//《西伯利亚考古学、民族学问题·1982 年 4 月 7－9 日区域会议报告纲要》，伊尔库茨克，1982 年，第 79－80 页。

Медведев В.Е. Некоторые итоги и перспективы археологии Нижнего Приамурья // Проблемы археологии и этнографии Сибири: Тез. докл. к регион. конф., 7－9 апр. 1982 г. — Иркутск, 1982. — С. 79－80.

782. **В.Е. 麦德维杰夫**：《论蒙古中世纪民族问题》//《西伯利亚南部、远东考古学》，新西伯利亚，1984 年，第 162－166 页。

Медведев В.Е. К вопросу о средневековой народности Мэнгу // Археология юга Сибири и Дальнего Востока. — Новосибирск, 1984. — С. 162－166.

783. **В.Е. 麦德维杰夫**：《阿穆尔河沿岸中世纪遗存研究简述》//《辽金契丹女真史译文集》第一集，长春，1990 年，第 157－198 页，中文。

Медведев В.Е. Краткий очерк изучения средневековых памятников Приамурья // Сборник переводов по истории Ляо, Цзинь, киданей и чжурчжэней. — Чанчунь, 1990. — Вып. 1. — С. 157－198. — Кит. яз.

784. **В.Е. 麦德维杰夫**：《А.П. 奥克拉德尼科夫著述中的女真》//《千年全景中的西伯利亚·国际讨论会资料》，新西伯利亚，1998 年，第 1 卷，第 391－395 页。

Медведев В.Е. Чжурчжэни в исследованиях А.П. Окладникова // Сибирь в панораме тысячелетий: (Материалы междунар. симп.). — Новосибирск, 1998. — Т. 1. — С. 391－395.

785. **С.Д. 米利班特**：《苏联东方学者传记辞典》，莫斯科，科学出版社，1975 年，732 页。

Милибанд С.Д. Биобиблиографический словарь советских востоковедов. — М.: Наука, 1975 — 732 с.

786. **С.Д. 米利班特**：《苏联东方学者传记辞典》，莫斯科，科学出版社，1977 年，765 页。

Милибанд С.Д. Биобиблиографический словарь советских востоковедов. — М.: Наука, 1977. — 765 с.

787. **С.Д. 米利班特**：《国内东方学者传记辞典》，第 2 版，莫斯科，科学出版社，1995 年，第 1 卷，701 页，第 2 卷，763 页。

Милибанд С.Д. Биобиблиографический словарь отечественных востоковедов: В 2 т. — М.: Наука, 1995. — Т. 1. — 701 с.; Т. 2. — 763 с.

788. **В. 莫洛基**：《（А.П. 杰列维扬科）学术活动、学术机构活动、社会活动简述》//《阿纳托里·班捷列耶维奇·杰列维扬科院士学术著述索引》，新西伯利亚，1993 年，第 4－18 页。

Молодин В. Краткий очерк научной, научно-организационной и общественной деятельности [А.П. Деревянко] // Академик Анатолий Пантелеевич Деревянко: Библиография науч. тр. — Новосибирск, 1993. — С. 4－18.

789. **В.И. 莫洛基、А.В. 诺维科夫**：《俄罗斯人开发西伯利亚遗迹的考古学研究展望》//《17－19

世纪远东的俄罗斯开拓者（历史考古学考察）》，符拉迪沃斯托克，1994 年，第 1 卷，第 30－38 页。

Молодин В.И., Новиков А.В. Перспективы археологического изучения памятников русского освоения Сибири // Русские первопроходцы на Дальнем Востоке в XVII — XIX вв. (ист. – археол. исследования). — Владивосток, 1994. — Т. 1. — С. 30–38.

790．А.В. 米亚尔克：《关于滨海地区国立历史·文化遗存保护与利用中心的工作》//《21 世纪历史文化遗产：保护与利用的展望·2000 年 4 月 17－19 日世界遗存保护日会议报告集》，符拉迪沃斯托克，2000 年，第 88－93 页。

Мялк А.В. О работе Приморского государственного центра по охране и использованию памятников истории и культуры // Культурно-историческое наследие в XXI веке: перспективы сохранения и использования: Сб. докл. конф., посвящ. Междунар. дню охраны памятников 17–19 апр. 2000 г. — Владивосток, 2000. — С. 88–93.

791．А.В. 米亚尔克、А.Н. 波波夫、В.В. 瓦西连科：《（为了保护历史文化遗产）利用地方自治法的经验》//《21 世纪历史文化遗产：保护与利用的展望·2000 年 4 月 17－19 日世界遗存保护日会议报告集》，符拉迪沃斯托克，2000 年，第 94－97 页。

Мялк А.В., Попов А.Н., Василенко В.В. Опыт использования законодательства о местном самоуправлении [для сохранения историко-культурного наследия] // Культурно-историческое наследие в XXI веке: перспективы сохранения и использования: Сб. докл. конф., посвящ. Междунар. дню охраны памятников 17–19 апр. 2000 г. — Владивосток, 2000. — С. 94–97.

792．《阿穆尔学术考察团（关于 С.М. 希罗科戈罗夫考古考察团的机构）》//《亚洲学报》，1916 年 38－39 期合刊，2－3 册，第 152 页。

Научная экспедиция на Амур: [Об организации археол. экспедиции С.М. Широкогорова] // Вестн. Азии. — 1916. — № 38–39, кн. 2–3. — С. 152.

793．С.П. 涅斯杰罗夫：《阿穆尔河流域早期中世纪时代民族文化进程研究的现状》//《远东的历史学与考古学·纪念沙弗库诺夫 70 周岁》，符拉迪沃斯托克，2000 年，第 127－139 页。

Нестеров С.П. Современное состояние изучения раннесредневековых этнокультурных процессов в бассейне реки Амур // История и археология Дальнего Востока. К 70-летию Э.В. Шавкунова. — Владивосток, 2000. — С. 127–139.

794．А.П. 奥克拉德尼科夫：《阿穆尔河下游考古遗存的最早信息——纪念特尔遗存发现 300 周年（1655－1955 年）》//《全苏地理学会通报》，1955 年，第 87 卷，第 4 期，第 335－344 页。

Окладников А.П. Первые известия об археологических памятниках Нижнего Амура: К 300-летию открытия Тырских памятников (1655 — 1955) // ИВГО. — 1955. — Т. 87, вып. 4. — С. 335–344.

795．А.П. 奥克拉德尼科夫：《西伯利亚考古学的 300 年及其今天》//《西伯利亚和远东历史学术会议报告纲要》，莫斯科，1960 年，第 9 页。

Окладников А.П. 300 лет сибирской археологии и ее сегодняшний день: Тез. докл. [на научной конференции по истории Сибири и Дальнего Востока]. — М., 1960. — 9 с.

796．А.П. 奥克拉德尼科夫：《西伯利亚考古学的 300 年及其今天》//《西伯利亚、远东史问题·西伯利亚、远东史会议文集·苏维埃政权成立以前的历史学、考古学、民族学会议资料·1960 年 3 月》，新西伯利亚，1961 年，第 15－22 页。

Окладников А.П. 300 лет сибирской археологии и ее сегодняшний день // Вопросы истории Сибири и Дальнего Востока: Тр. конф. по истории Сибири и Дальнего Востока. Материалы пленар. заседания в секции истории досовет. периода, археологии и этнографии, март 1960 г. — Новосибирск, 1961. — С. 15－22.

797．**А.П. 奥克拉德尼科夫**：《Л.Я. 什德尔恩别尔格著作对于远东考古学的意义》//《以 Н.Н. 米克鲁哈·马克拉娅命名的民族研究所文集·新系列》，1963 年，第 85 卷 2 期，第 259－267 页。

Окладников А.П. Значение работ Л.Я. Штернберга для археологии Дальнего Востока // ТИЭ. Нов. сер. — 1963. — Т. 85, вып. 2. — С. 259－267.

798．**А.П. 奥克拉德尼科夫**：《远古滨海研究史》//《西伯利亚史资料·古代的西伯利亚》第 1 卷，《远东的考古学与民族学》，新西伯利亚，1964 年，第 9－48 页。

Окладников А.П. Из истории изучения древнейшего прошлого Приморья // Материалы по истории Сибири. Древняя Сибирь. — Новосибирск, 1964. — Вып. 1: Археология и этнография Дальнего Востока. — С. 9－48.

799．**А.П. 奥克拉德尼科夫、В.Е. 拉里切夫**：《西伯利亚考古学者的发现》//《俄罗斯科学院学报》，1964 年 6 期，第 71－78 页。

Окладников А.П., Ларичев В.Е. Открытия сибирских археологов // ВАН. — 1964. — № 6. — С. 71－78.

800．**А.П. 奥克拉德尼科夫**：《西伯利亚考古学（包括远东地区）》//《俄罗斯科学院学报》，1968 年 6 期，第 66－80 页。

Окладников А.П. Археология Сибири [включая Дальний Восток] // ВАН. — 1968. — № 6. — С. 66－80.

801．**А.П. 奥克拉德尼科夫**：《西伯利亚考古学的昨天、今天、明天》//《历史问题》，1968 年 5 期，第 158－174 页。

Окладников А.П. Археология Сибири — вчера, сегодня, завтра // ВИ. — 1968. — № 5. — С. 158－174.

802．**А.П. 奥克拉德尼科夫**：《苏联科学院西伯利亚分院的历史学（及考古学）研究》//《历史问题》，1975 年 6 期，第 37－61 页。

Окладников А.П. Изучение истории [и археологии] в Сибирском отделении АН СССР // ВИ. — 1975. — № 6. — С. 37－61.

803．**А.П. 奥克拉德尼科夫、В.И. 莫洛金**：《西伯利亚考古学研究》//《科学院与西伯利亚·1917－1957 年》，新西伯利亚，1977 年，第 99－106 页。

Окладников А.П., Молодин В.И. Археологические исследования в Сибири // Академия наук и Сибирь, 1917－1957. — Новосибирск, 1977. — С. 99－106.

804．**А.П. 奥克拉德尼科夫**：《Л.Я. 什德尔恩别尔格在阿穆尔河下游地区的考古收集品》//《苏联科学院西伯利亚分院院刊》，1979 年 6 期，社会科学系列 2，第 70－76 页。

Окладников А.П. Археологические коллекции Л.Я. Штернберга с Нижнего Амура // ИСОАН

CCCP. — 1979. — № 6: Сер. обществ. наук, вып. 2. — С. 70 – 76.

805. **А.П. 奥克拉德尼科夫**：《当代西伯利亚考古学》//《西伯利亚、远东考古学新发现》，新西伯利亚，1979 年，第 5 – 29 页。

Окладников А.П. Сибирская археология на современном этапе // Новое в археологии Сибири и Дальнего Востока. — Новосибирск, 1979. — С. 5 – 29.

806. **А.П. 奥克拉德尼科夫**：《西伯利亚的起源（远东南部考古学研究总结）》//《社会科学》，1979 年 6 期，第 107 – 126 页。

Окладников А.П. У истоков Сибири: ［Итоги археол. исслед. на юге Дальнего Востока］// Общественные науки. — 1979. — № 6. — С. 107 – 126.

807. **А.П. 奥克拉德尼科夫**：《考古学（西伯利亚历史探源）》//《黑龙江文物丛刊》，1983 年 1 期，第 113 – 121 页，中文。

Окладников А.П. Археология （у истоков истории Сибири）// Хэйлунцзян вэньу цункань. — Харбин, 1983. – № 1. — С. 113 – 121. — Кит. яз.

808. **А.П. 奥克拉德尼科夫**：《古代的西伯利亚 – 总结与问题》//Swiatowit. – Warzawa, 1994 年，第 37 卷，第 37 – 55 页，波兰文。

Окладников А.П. Древняя Сибирь: итоги и проблемы // Swiatowit. — Warszawa, 1994. — Т. 37. — С. 37 – 55. — Пол. яз.

809.《1915 年俄罗斯地理学会阿穆尔分部考古·历史·民族部报告》//《1915 年俄罗斯地理学会阿穆尔分部活动报告》，哈巴罗夫斯克，1916 年，第 59 – 62 页。

Отчет Отделения археологии, истории и этнографии Приамурского отдела ИРГО за 1915 год // Отчет о деятельности Приамур. отд. ИРГО за 1915 год. — Хабаровск, 1916. — С. 59 – 62.

810.《纪念阿列克赛·巴甫洛维奇·奥克拉德尼科夫院士》//《苏联史》，1982 年 2 期，第 215 – 219 页。

Памяти академика Алексея Павловича Окладникова // История СССР. — 1982. — № 2. — С. 215 – 219.

811.《纪念维塔利·德米特里耶维奇·连科夫》//《西伯利亚人文科学》，1996 年 3 期：考古学、民族学系列，第 129 页。

Памяти Виталия Дмитриевича Ленькова // Гуманит. науки в Сибири. — 1996. — № 3: Сер.: Археология и этнография. — С. 129.

812.《纪念同事（В.Д. 连科夫）》//《俄罗斯与亚洲太平洋地区》，1995 年 4 期，第 123 – 124 页。

Памяти коллеги ［В.Д. Ленькова］// Россия и АТР. — 1995. — № 4. — С. 123 – 124.

813.《纪念 М.В. 沃罗比耶夫（1922 – 1995 年）》//《俄罗斯地理学会通报》，1997 年，第 2 卷，第 90 – 91 页。

Памяти М.В. Воробьева （1922 — 1995）// ИРГО. — 1997. — Вып. 2. — С. 90 – 91.

814.《纪念米哈伊尔·瓦西里耶维奇·沃罗比耶夫》//《西伯利亚人文科学》，1996 年 3 期，第 127 页。

Памяти Михаила Васильевича Воробьева // Гуманит. науки в Сибири. — 1996. — № 3: Сер.: Археология и этнография. — С. 127.

815. **М.А. 佩列舍伊娜、А.В. 塔巴列夫**：《太平洋地区早期文化的联系：问题总汇与研究展望》//

《考古学、民族学研究的一体化》，莫斯科、鄂木斯克，1999 年，第 231－232 页。

Перешеина М.А., **Табарев А.В.** Ранние культурные контакты в Пасифике: проблематика и перспектива исследований // Интеграция археологических и этнографических исследований. — М.; Омск, 1999. — С. 231－232.

816. **В.Г. 彼得罗夫**：《奥西波夫卡文化研究史》//《阿穆尔州方志博物馆、方志学会论丛》，1999 年，第 9 卷，第 158－161 页。

Петров В.Г. История исследования осиповской культуры // ЗАОКМОК. — 1999. — Вып. 9. — С. 158－161.

817. **О.В. 波利亚科夫**：《阿穆尔河沿岸考古学：旧石器至早期铁器时代，历史编纂学札记》，哈巴罗夫斯克，1993 年，62 页。

Поляков О.В. Археология Приамурья: палеолит — ранний железный век. Историографические заметки. — Хабаровск, 1993. — 62 с.

818. **В.М. 波波夫**：《1926－1929 年阿穆尔博物馆、阿穆尔地理学会学术考察工作》//《苏联方志学》，1930 年 1－2 期合刊，第 56－59 页。

Попов В.М. Научно-исследовательская работа Амурского музея и Амурского географического общества за 1926 — 1929 гг. // Сов. краеведение. — 1930. — № 1－2. — С. 56－59.

819. **А.Д. 普利亚欣**：《非凡的人——А.П. 杰列维扬科》// **А.Д. 普利亚欣**：《上一世纪的考古学家》，沃罗涅日，1999 年，第 146－161 页。

Пряхин А.Д. Феномен А.П. Деревянко (не юбилейные размышления) // **В.Д. Пряхин**. Археологи уходящего века. — Воронеж, 1999. — С. 146－161.

820. **А.Д. 普利亚欣**：《非凡的人——А.П. 杰列维扬科》//《沃罗涅日国立大学历史学报》，1999 年，第 4 辑，第 178－188 页。

Пряхин А.Д. Феномен А.П. Деревянко (не юбилейные размышления) // Ист. зап. / Воронеж. гос. ун-т. — 1999. — Вып. 4. — С. 178－188.

821. **О.Н. 普济列夫斯卡娅**：《（滨海边疆区）帕尔季赞斯克地区谢尔盖耶夫卡村考古遗存及其博物馆化问题》//《21 世纪历史文化遗产：保护与利用的展望·2000 年 4 月 17－19 日世界遗存保护日会议报告集》，符拉迪沃斯托克，2000 年，第 86－88 页。

Пузыревская О.Н. Археологические памятники с. Сергеевка Партизанского района [Приморского края] и проблемы их музеефикации // Культурно-историческое наследие в XXI веке: перспективы сохранения и использования: Сб. докл. конф., посвящ. Междунар. дню охраны памятников 17 － 19 апр. 2000 г. — Владивосток, 2000. — С. 86－88.

822. **А.М. 列舍托夫**：《С.М. 希罗科戈罗夫与考古学》//《考古学、民族学研究的一体化·学术著述汇编》，符拉迪沃斯托克、鄂木斯克，2000 年，第 18－21 页。

Решетов А.М. С.М. Широкогоров и археология // Интеграция археологических и этнографических исследований: Сб. науч. тр. — Владивосток; Омск, 2000. — С. 18－21.

823. **А.Д. 罗恩切夫斯基**：《Ф.Ф. 布谢小传》//《阿穆尔边疆区研究会会刊》，1908 年，第 12 卷，第 7－16 页。

Рончевский А.Д. Краткая биография Ф.Ф. Буссе // ЗОИАК. — 1908. — Т. XII. — С. 7 - 16.

824．**Н.И. 鲁班**：《哈巴罗夫斯克边疆区考古博物馆：现实性与必要性》//《纪念戈罗杰科夫斯基报告会·1996 年 12 月 19 - 20 日哈巴罗夫斯克学术汇报会纲要》，哈巴罗夫斯克，1996 年，第 3 卷，第 9 - 12 页。

Рубан Н.И. Музей археологии в Хабаровском крае — реальная действительность и настоятельная необходимость // Гродековские чтения：(Тез. науч. - практ. конф. 19 - 20 дек. 1996 г. г. Хабаровск). — Хабаровск, 1996. — Ч. III. — С. 9 - 12.

825．**Б.С. 萨普诺夫**：《阿穆尔州境内考古学研究史》//《方志学问题·纪念阿尔谢尼耶夫会议报告纲要》，乌苏里斯克，1989 年，56 - 57 页。

Сапунов Б.С. История археологических исследований на территории Амурской области // Проблемы краеведения：[Тез. докл. конф.] / Арсеньев. чтения. — Уссурийск, 1989. — С. 56 - 57.

826．**Б.С. 萨普诺夫**：《阿穆尔州考古遗存的保护状况》//《阿穆尔方志学》，布拉戈维申斯克，1992 年 3 期，第 36 - 37 页。

Сапунов Б.С. О состоянии охраны памятников археологии Амурской области // Амур. краевед. — Благовещенск, 1992. — No 3. — С. 36 - 37.

827．**Д.А. 萨普菲罗夫、В. 富尔列特**：《阿尔乔姆市第二中学青年考古学者小组工作总结》//《滨海方志学问题·1987 年 3 月 23 - 27 日学术汇报会报告纲要》，乌苏里斯克，1987 年，第 76 - 77 页。

Сапфиров Д.А.，Фурлет В. Итоги работы кружка юных археологов СШ № 2 г. Артема // Проблемы краеведения Приморья：Тез. докл. науч. - практ. конф. 23 - 27 марта 1987 г. — Уссурийск, 1987. — С. 76 - 77.

828．**Д.А. 萨普菲罗夫**：《鲁特纳亚码头遗址研究史（1952 - 1955 年）》//《西伯利亚、远东的考古学、民族学问题·纪念 Н.К. 奥埃尔巴哈诞辰 100 周年暨区域性大学生考古会议报告简介》，克拉斯诺亚尔斯克。1991 年，第 1 卷，第 61 - 63 页。

Сапфиров Д.А. История исследования поселения Рудная Пристань（1952 —1955 гг.）// Проблемы археологии и этнографии Сибири и Дальнего Востока：Посвящ. 100-летию Н.К. Ауэрбаха：Крат. содерж. докл. [регион. археол. студ. конф.]. — Красноярск, 1991. — Т. 1. — С. 61 - 63.

829．**Ю.А. 谢姆**：《俄罗斯东方学者 - 远东少数民族历史与文化的研究者》//《远东史资料》，符拉迪沃斯托克，1974 年，第 148 - 162 页。

Сем Ю.А. Русские востоковеды — исследователи истории и культуры малых народов Дальнего Востока // Материалы по истории Дальнего Востока. — Владивосток, 1974. — С. 148 - 162.

830．**О.И. 谢尔盖耶夫**：《1993 年俄罗斯科学院远东分院远东民族历史·考古·民族研究所学术与学术机构工作的主要成果》//《俄罗斯与亚洲太平洋地区》，1994 年 1 期，173 - 176 页。

Сергеев О.И. Основные результаты научной и научно-организационной работы Института истории, археологии и этнографии народов Дальнего Востока ДВО РАН в 1993 г. // Россия и АТР. — 1994. - No 1. — С. 173 - 176.

831．**О.И. 谢尔盖耶夫**：《1994 年俄罗斯科学院远东分院远东民族历史·考古·民族研究所学术与学术机构工作的最重要成果》//《俄罗斯与亚洲太平洋地区》，1995 年 2 期，第 112 - 113 页。

Сергеев О.И. Важнейшие результаты научной и научно-организационной работы Института истории, археологии и этнографии народов Дальнего Востока ДВО РАН за 1994 г. // Россия и АТР. 1995. － № 2. － С. 112－113.

832．**О.И. 谢尔盖耶夫**：《1995 年俄罗斯科学院远东分院远东民族历史·考古·民族研究所学术与学术机构工作的最重要成果》//《俄罗斯与亚洲太平洋地区》，1996 年 1 期，113－115 页。

Сергеев О.И. Важнейшие результаты научной и научно-организационной работы Института истории, археологии и этнографии народов Дальнего Востока ДВО РАН в 1995 г. // Россия и АТР. — 1996. － № 1. — С. 113－115.

833．**О.И. 谢尔盖耶夫**：《历史·考古·民族研究所第 25 次年会》//《俄罗斯科学院远东分院院刊》，1996 年 2 期，第 130 页。

Сергеев О.И. XXV годичная сессия в ИИАЭ // Вестн. ДВО РАН. — 1996. － № 2. — С. 130.

834．**О.И. 谢尔盖耶夫**：《1996 年俄罗斯科学院远东分院远东民族历史·考古·民族研究所学术与学术机构工作的最重要成果》//《俄罗斯与亚洲太平洋地区》，1997 年 1 期，第 101－103 页。

Сергеев О.И. Важнейшие результаты научной и научно-организационной работы Института истории, археологии и этнографии народов Дальнего Востока ДВО РАН в 1996 г. // Россия и АТР. — 1997. － № 1. — С. 101－103.

835．**А.В. 斯佳日基娜**：《俄罗斯、美国考古工作者在滨海地区的考察》//《太平洋沿岸的俄罗斯与美国：两个世纪的邻居与合作·2000 年 5 月 24－25 日学术会议资料》，哈巴罗夫斯克，2000 年，第 83－86 页。

Стяжкина А.В. Российско-американские археологические исследования в Приморье // Россия и США на берегах Тихого океана: два века соседства и сотрудничества: Материалы науч. конф. 24－25 мая 2000 г. — Хабаровск, 2000. — С. 83－86.

836．**А.В. 塔巴列夫**：《俄罗斯远东南部的石器时代文化考察：90 年代中期的最初发现》//《西伯利亚考古学、民族学的最新发现·1996 年 12 月俄罗斯科学院西伯利亚分院考古与民族研究所第四次总结年会资料》，新西伯利亚，1996 年，第 229－231 页。

Табарев А.В. Исследование культур каменного века Юга Дальнего Востока России: приоритеты середины 90-х // Новейшие археологические и этнографические открытия в Сибири: Материалы IV Годовой итог. сес. Ин-та археологии и этнографии СО РАН. Дек. 1996 г. — Новосибирск, 1996. — С. 229－231.

837．**А.В. 塔巴列夫**：《20 世纪末期的远东石器时代考古学——趋势与展望》//《人文科学研究——最近几年的总结·纪念新西伯利亚国立大学人文学系成立 35 周年学术会议纲要汇编》，新西伯利亚，1997 年，第 17－19 页。

Табарев А.В. Археология каменного века Дальнего Востока конца XX века — тенденции и перспективы // Гуманитарные исследования: итоги последних лет: Сб. тез. науч. конф., посвящ. 35－летию гуманит. факультета НГУ. — Новосибирск, 1997. — С. 17－19.

838．**А.В. 塔巴列夫**：《俄罗斯远东地区的田野工作：远东田野考古学校》，《东亚考古网公告》，1998 年，第 26 期，第 10－11 页。

Tabarev A.V. Fieldwork in the Russian Far East: Far-Eastern Archaeological Fieldschool // East Asian Archaeological Network (EAAN) Announcements. — 1998. — No. 26. — P. 10-11.

839．В.А. 塔塔尔尼科夫：《滨海地区洞穴的考古学研究史》//《苏联远东的最新考古学研究》，符拉迪沃斯托克，1976 年，第 32－37 页。

Татарников В.А. История археологического изучения пещер Приморья // Новейшие археологические исследования на Дальнем Востоке СССР. — Владивосток, 1976. — С. 32-37.

840．В.Я. 托尔马切夫：《东方考古学（远东考古工作简述）》//《满洲里学报》，1934 年，第 10 卷，第 141－143 页。

Толмачев В.Я. Археология Востока: [Обзор работ по археологии Дальнего Востока] // Вестн. Маньчжурии. — 1934. — Вып. 10. — С. 141-143.

841．В.В. 托马舍夫斯基：《1953－1956 年远东考古考察》//《远东国立大学学报》，1957 年，第 1 卷，第 33－46 页。

Томашевский В.В. Археологические исследования на Дальнем Востоке в 1953 — 1956 гг. // Учен. зап. / ДВГУ. — 1957. — Вып. 1. — С. 33-46.

842．В.В. 托马舍夫斯基：《苏联远东的历史科学》//《远东科学（纪念伟大的十月社会主义革命 40 周年、远东苏维埃政权 35 周年）》，符拉迪沃斯托克，第 89－111 页。

Томашевский В.В. Историческая наука на советском Дальнем Востоке // Наука на Дальнем Востоке. (К 40-летию Вел. Окт. соц. революции и 35 - летию Советской власти на Дальнем Востоке). — Владивосток, 1957. — С. 89-111.

843．В.В. 托马舍夫斯基：《1955 年苏联科学院远东分部历史·考古部工作》//《苏联科学院远东分部通讯》，1958 年，第 9 卷，第 156－159 页。

Томашевский В.В. Работы Отдела истории и археологии ДВФАН в 1955 г. // Сообщ. / АН СССР. ДВФ. — 1958. — Вып. 9. — С. 156-159.

844．А.И. 菲洛年科：《阿穆尔方志学家 Г.С. 诺维科夫 - 达翰尔斯基（1881－1961 年）》//《弗拉基米尔·克拉夫季耶维奇·阿尔谢尼耶夫及其遗产：В.К. 阿尔谢尼耶夫诞辰 125 周年国际学术汇报会资料》，符拉迪沃斯托克，1997 年，第 154－156 页。

Филоненко А.И. Амурский краевед Г.С. Новиков - Даурский (1881 — 1961) // Владимир Клавдиевич Арсеньев и его наследие: Материалы Междунар. науч.-практ. конф., посвящ. 125-летию со дня рожд. В.К. Арсеньева. — Владивосток, 1997. — С. 154-156.

845．В.Н. 富尔列特：《远东旧石器——史料学视角》//《西伯利亚新兴的考古学、理论民族学·第 39 次区域考古—理论民族学会议报告集》，赤塔，1999 年，第 1 卷，第 32－34 页。

Фурлет В.Н. Палеолит Дальнего Востока: источниковедческий аспект // Молодая археология и этнология Сибири. XXXIX Регион. археолого-этнологическая конф.: Доклады. — Чита, 1999. — Ч. 1. — С. 32-34.

846．Ю.П. 霍留什金、В.Т. 沃罗宁、А.М. 斯科平：《西伯利亚考古学、民族学智力资源研究（问题与解决办法）》//《欧亚大陆中世纪时代历史的电子图书馆及数据库》，莫斯科，1994 年，第 7 集，第 257－266 页。

Холюшкин Ю.П., **Воронин В.Т.**, **Скопин А.М.** Исследования интеллектуальных ресурсов сибирской археологии и этнографии（проблемы и решения）// Электронные библиотеки и базы данных по истории Евразии в средние века. — М., 1999. — Вып. 7. — С. 257–266.

847. **В.А. 霍列夫**：《А.З. 费多罗夫田野日记资料中有关滨海地区中世纪考古遗存的新信息》//《苏联远东的最新考古学研究》，符拉迪沃斯托克，1976 年，第 139–143 页。

Хорев В.А. Новые сведения о средневековых археологических памятниках Приморья по материалам полевого дневника А.З. Федорова // Новейшие археологические исследования на Дальнем Востоке СССР. — Владивосток, 1976. — С. 139–143.

848. **А.Н. 霍赫洛夫**：《关于 1870-1871 年 П.И. 卡法罗夫远东旅行的新资料》//《П.И. 卡法罗夫及其在我国东方学中的贡献·会议资料》，莫斯科，1979 年，第 3 集，第 101–159 页。

Хохлов А.Н. Новые материалы о путешествиях Кафарова П.И. по Дальнему Востоку в 1870 — 1871 гг. // П.И. Кафаров и его вклад в отечественное востоковедение: Материалы конф. — М., 1979. — Ч. 3. — С. 101–159.

849. **В.В. 赫里普钦科**：《滨海地区遗存保护事业历程》//《21 世纪历史文化遗产：保护与利用的展望·2000 年 4 月 17–19 日世界遗存保护日会议报告集》，符拉迪沃斯托克，2000 年，第 74–76 页。

Хрипченко В.В. История становления дела охраны памятников в Приморье // Культурно-историческое наследие в XXI веке: перспективы сохранения и использования: Сб. докл. конф., посвящ. Междунар. дню охраны памятников 17–19 апр. 2000 г. — Владивосток, 2000. — С. 74–76.

850. **М. 切列姆内赫**：《（1935 年 А.П. 奥克拉德尼科夫领导的）阿穆尔考察团》//《知识学报》，1936 年 7 期，第 523–526 页。

Черемных М. Амурская экспедиция [А.П. Окладникова в 1935 г.] // Вестн. знания. — 1936. — № 7. — С. 523–526.

851. **Е.В. 丘巴希娜**：《关于符拉迪沃斯托克少年宫考古学小组工作》//《滨海地区方志学问题·1987 年 3 月 23–27 日学术汇报会报告纲要》，乌苏里斯克，1987 年，第 74–75 页。

Чупахина Е.В. О работе кружка археологии Владивостокского Дворца пионеров и школьников // Проблемы краеведения Приморья: Тез. докл. науч. - практ. конф., 23 – 27 марта 1987 г. — Уссурийск, 1987. — С. 74–75.

852. **Э.В. 沙弗库诺夫**：《阿穆尔边疆区研究会与远东考古考察》//《苏联地理学会滨海分会通讯》，1966 年，第 25 卷，第 29–34 页。

Шавкунов Э.В. Общество изучения Амурского края и археологические исследования на Дальнем Востоке // ЗПФГО. — 1966. — Т. 25. — С. 29–34.

853. **Э.В. 沙弗库诺夫**：《俄罗斯、国外研究者阐述女真的历史与文化及其主要地位的评述》//《远东史问题》，符拉迪沃斯托克，1969 年，第 111–127 页。

Шавкунов Э.В. История и культура чжурчжэней в освещении русских и зарубежных исследователей и критика их основных положений // Проблемы истории Дальнего Востока. — Владивосток, 1969. — С. 111–127.

854. **Э.В. 沙弗库诺夫**：《苏联学者论女真》//《远东问题》，1973 年 3 期，第 135–146 页。

Шавкунов Э.В. Советские ученые о чжурчжэнях // Пробл. Дал. Востока. — 1973. — № 3. — С. 135 – 146.

855. **Э.В. 沙弗库诺夫**：《苏联学者论女真》//《苏联考古文选》，北京，1980 年，第 344 – 363 页，中文。

Шавкунов Э.В. Советские ученые о чжурчжэнях // Избранные советские труды по археологии. — Пекин, 1980. — С. 344 – 363. — Кит. яз.

856. **Э.В. 沙弗库诺夫**：《苏联远东中世纪研究的主要成果、任务、展望》//《第 15 次远东学术会议："苏联远东、亚洲国家发展问题第 27 次代表大会"·报告及议程纲要》，第 4 卷，第 7 – 12 页，符拉迪沃斯托克，1986 年。

Шавкунов Э.В. Основные итоги, задачи и перспективы медиевистских исследований на Дальнем Востоке СССР // XV Дальневост. науч. конф. 《XXVII съезд и проблемы развития Дальнего Востока СССР и зарубежных государств Азии》: Тез. докл. и сообщ. — Владивосток, 1986. — Вып. 4. — С. 7 – 12.

857. **Э.В. 沙弗库诺夫**：《客观的态度——韩国研究者著作中的渤海国》（根据宋基豪出版的资料，韩国）//《俄罗斯与亚洲太平洋地区》，1992 年 2 期，第 70 – 80 页。

Шавкунов Э.В. С объективных позиций: Бохай в трудах корейских исследователей (по публикациям Сон Ки Хо, Республика Корея) // Россия и АТР. — 1992. — № 2. — С. 70 – 80.

858. **Э.В. 沙弗库诺夫**：《南、北朝鲜的渤海研究问题》//《北朝鲜研究》，1992 年，第 3 册，第 4 期，第 10 辑，第 197 – 207 页，朝文。

Шавкунов Э.В. Проблемы изучения Бохая в Южной и Северной Корее // Исследования Северной Кореи. — 1992. — Кн. 3, № 4, вып. 10. — С. 197 – 207. — Кор. яз.

859. **Э.В. 沙弗库诺夫**：《俄罗斯渤海研究史》//《渤海民族的形成及其研究史》，首尔，1993 年，第 15 – 27、29 – 46 页，朝文、俄文。

Шавкунов Э.В. Из истории изучения Бохая в России // Образование бохайской народности и история ее изучения. — Сеул, 1993. — С. 15 – 27, 29 – 46. — Кор. и рус. яз.

860. **Э.В. 沙弗库诺夫**：《关于渤海史的国外观点》//《俄罗斯科学院远东分院院刊》，1993 年 1 期，第 88 – 94 页。

Шавкунов Э.В. О зарубежных концепциях истории Бохая // Вестн. ДВО РАН. — 1993. — № 1. — С. 88 – 94.

861. **Э.В. 沙弗库诺夫**：《当代俄罗斯渤海学的任务与成果》//《古代、中世纪时代的滨海地区·区域考古会议资料》，乌苏里斯克，1996 年，第 23 – 27 页。

Шавкунов Э.В. Задачи и итоги бохаеведения в России на современном этапе // Приморье в древности и средневековье: (Материалы регион. археол. конф.). — Уссурийск, 1996. — С. 23 – 27.

862. **Э.В. 沙弗库诺夫**：《俄罗斯的渤海研究》//北方欧亚学会：《时事通讯》第 7 期，东京，1996 年，第 6 – 9 页，日文。

Шавкунов Э.В. Изучение Бохая в России // The Society of North – Eurasian Studies. Newsletter No. 7. — Tokyo, 1996. — P. 6 – 9. — Яп. яз.

863．**Э.В. 沙弗库诺夫**：《俄罗斯的渤海研究：7－10 世纪的东北亚王国》//《亚洲研究动态》，1996 年，第 6 期第，97－105 页。

Shavkunov E.V. Russian Studies on Bohai：7th — 10th Century Kingdom in Northeast Asia // Asian Research Trends. — 1996. — No. 6. — P. 97－105.

864．**Э.В. 沙弗库诺夫**：《客观的态度——韩国研究者著作中的渤海国》//《东北亚考古资料译文集·渤海专号》，哈尔滨，1998 年，第 33－38 页，中文。

Шавкунов Э.В. Объективный подход. Государство Бохай в трудах южнокорейских исследователей // Собрание переводных работ по археологии Северо-Восточной Азии. Бохайский вып. — Харбин, 1998. — С. 33－38. — Кит. яз.

865．**Э.В. 沙弗库诺夫、А.Л. 伊夫里耶夫、Т.А. 瓦西里耶娃**：《渤海文化研究概述》//《东北亚考古资料译文集·渤海专号》，哈尔滨，1998 年，第 1－17 页，中文。

Шавкунов Э.В., Ивлиев А.Л., Васильева Т.А. Очерк исследования истории Бохая // Собрание переводных работ по археологии Северо-Восточной Азии. Бохайский вып. — Харбин, 1998. — С. 1－17. — Кит. яз.

866．**А.Г. 沙罗夫**：《纪念阿穆尔河首次发现新石器遗存 100 周年》//《苏联远东史问题·第 4 次远东学术会议考古学、十月革命以前时期的历史学、民族学、语文学会议报告及议程纲要》，符拉迪沃斯托克，1965 年，第 2 集，第 6－7 页。

Шаров А.Г. К столетию первого открытия неолитических памятников на Амуре // Вопросы истории советского Дальнего Востока: Тез. докл. и сообщ. на 4－й Дальневост. науч. конф. Секция археологии, истории доокт. периода, этнографии и филологии. — Владивосток, 1965. — Вып. 2. — С. 6－7.

867．**А.Г. 沙罗夫**：《阿穆尔河新石器遗存研究史》//《西伯利亚史资料·古代的西伯利亚》，新西伯利亚，1970 年，第 3 集：《古代的西伯利亚及其毗邻地区》，第 210－218 页。

Шаров А.Г. К истории изучения неолитических памятников на Амуре // Материалы по истории Сибири. Древняя Сибирь. — Новосибирск, 1970. — Вып. 3: Сибирь и ее соседи в древности. — С. 210－218.

868．**А.Г. 沙罗夫**：《阿穆尔河流域新石器遗存研究史》//《西伯利亚东北部考古学》，东京，1975 年，第 1 集，第 174－184 页，日文。

Шаров А.Г. История исследований неолитических памятников в бассейне Амура // Археология Северо-Востока Сибири. — Токио, 1975. — Т. 1. — С. 174－184. — Яп. яз.

869．**Т.С. 舒利吉娜**：《В.П. 马尔加利托夫在远东的学术活动》//《苏联科学院远东科学中心历史·考古·民族研究所报告文摘》，符拉迪沃斯托克，1973 年，第 1 集，第 184－189 页。

Шульгина Т.С. Научная деятельность В.П. Маргаритова на Дальнем Востоке // Реф. докл. и сообщ. / АН СССР. ДВНЦ. ИИАЭ. — Владивосток, 1973. — Вып. 1. — С. 184－189.

870．**Т.С. 舒利吉娜**：《Ф.Ф. 布谢在远东的学术活动、社会活动》//《十月革命前的 17－20 世纪时期的苏联远东文化史》，符拉迪沃斯托克，1989 年，第 122－137 页。

Шульгина Т.С. Научная и общественная деятельность Ф.Ф. Буссе на Дальнем Востоке // История культуры Дальнего Востока СССР XVII－XX вв. Дооктябрьский период. — Владивосток, 1989. — С.

122 - 137.

871．**Т.С. 舒利吉娜**：《（19 世纪末 - 20 世纪初）阿穆尔、萨哈林地区少数民族文化、生活习俗的俄罗斯研究者》，符拉迪沃斯托克，远东大学出版社，1989 年，184 页。

Шульгина Т.С. Русские исследователи культуры и быта малых народов Амура и Сахалина（конец XIX — начало XX в.）. — Владивосток: Изд - во Дальневост. ун-та, 1989. — 184 с.

872．**林树山**：《中国的苏联远东考古研究》//《苏联科学院西伯利亚分院历史·语文·哲学通讯》，1991 年，第 3 集，第 63 - 65 页。

Шушань Линь. Исследования по археологии советского Дальнего Востока в Китае：[Об истории переводов на кит. яз. работ дальневост. археологов] // ИСОАН СССР. История, философия, филология. — 1991. — Вып. 3. — С. 63 - 65.

873．《沙弗库诺夫·埃尔斯特·弗拉基米罗维奇著述索引——学者 60 周岁纪念》，苏联科学院远东分院历史·考古·民族研究所，符拉迪沃斯托克，1990 年，24 页。

Эрнст Владимирович Шавкунов. Библиогр. указ. трудов. К 60-летию ученого / АН СССР. ДВО. ИИАЭ. — Владивосток, 1990. — 24 с.

874．**Д.В. 扬切夫**：《远东第五届青年历史学者会议》//《俄罗斯科学院远东分院院刊》，1998 年 3 期，第 134 - 135 页。

Янчев Д.В. Пятая Дальневосточная конференция молодых историков // Вестн. ДВО РАН. — 1998. — № 3. — С. 134 - 135.

（2）考古学及其毗邻学科——研究的理论与方法
ТЕОРИЯ И МЕТОДЫ ИССЛЕДОВАНИЙ
АРХЕОЛОГИЯ И СМЕЖНЫЕ ДИСЦИПЛИЫ

875．**阿夫瓦库姆**：《关于阿穆尔河入海口不远处河岸上的石刻》//《俄罗斯地理学会西伯利亚分会会刊》，1856 年，第 2 册，第 78 - 79 页。

Аввакум. О надписи на каменном памятнике, находящемся на берегу реки Амура, недалеко от впадения ее в море // ЗСОРГО. — 1856. — Кн. 2. — С. 78 - 79.

876．**В.П. 阿列克谢耶夫**：《靺鞨人的颅骨学资料》//《西伯利亚古人类学》，莫斯科，1980 年，第 106 - 130 页。

Алексеев В.П. Материалы по краниологии мохэ // Палеоантропология Сибири. — М., 1980. — С. 106 - 130.

877．**В.П. 阿列克谢耶夫、И.И. 戈希曼**：《苏联亚洲地区人类学》，莫斯科，科学出版社，1984 年，208 页。

Алексеев В.П., Гохман И.И. Антропология Азиатской части СССР. — М.: Наука, 1984. — 208 с.

878．**В.П. 阿列克谢耶夫**：《滨海地区新石器居民古人类学》//《远东南部新石器时代——鬼门洞洞穴古代遗址》，莫斯科，1991 年，第 215 - 218 页。

Алексеев В.П. К палеоантропологии неолитического населения Приморья // Неолит юга Дальнего Востока: Древнее поселение в пещере Чертовы Ворота. — М., 1991. — С. 215 - 218.

879. **М.Н. 阿列克谢耶夫、Л.В. 戈卢别娃**：《滨海南部地区更新世地层学新资料（旧石器遗存的地质特点)》//《欧亚大陆第四纪的岩石成因、地层学、古地理学》，莫斯科，1973 年，第 12－34 页。

Алексеев М.Н., Голубева Л.В. Новые данные по стратиграфии плейстоцена Южного Приморья: [Геол. характеристика палеолит. памятников] // Стратиграфия, палеогеография и литогенез антропогена Евразии. — М., 1973. — С. 12－34.

880. **М.Н. 阿列克谢耶夫**：《东亚的第四纪》，莫斯科，科学出版社，1978 年，208 页。

Алексеев М.Н. Антропоген Восточной Азии. — М.: Наука, 1978. — 208 с.

881. **М.Н. 阿列克谢耶夫、Ю.Ф. 切梅科夫**：《远东》//《苏联第四纪系地层学》，莫斯科，1984 年，后半部，第 414－432 页。

Алексеев М.Н., Чемеков Ю.Ф. Дальний Восток // Стратиграфия СССР. Четвертичная система. — М., 1984. — Полутом 2. — С. 414－432.

882. **Э.В. 阿列克谢耶娃、В.А. 塔塔尔尼科夫**：《鬼门洞洞穴、布利兹涅齐洞穴的动物区系》，//《喀斯特洞穴》，苏联科学院远东科学中心太平洋地理研究所、苏联地理学会滨海分部，预印本，符拉迪沃斯托克，1979 年，第 33－34 页。

Алексеева Э.В., Татарников В.А. Фауна пещер Чертовы Ворота и Близнецы // Карстовые пещеры / АН СССР. ДВНЦ. ТИГ. Прим. фил. геогр. о-ва СССР. — Препр. — Владивосток, 1979. — С. 33－34.

883. **Э.В. 阿列克谢耶娃**：《西伯利亚、远东石器时代的狩猎》//《国际第四纪时期研究协会第 11 次会议·莫斯科·1982 年 8 月·报告纲要》，莫斯科，1982 年 8 月，第 3 集，第 11－12 页，俄文、英文。

Алексеева Э.В. Охота Сибири и Дальнего Востока в каменном веке // XI конгр. ИНКВА (Москва, авг. 1982 г.): Тез. докл. — М., 1982. — Т. 3. — С. 11－12. — Рус. яз., англ. яз..

884. **Э.В. 阿列克谢耶娃、Э.В. 沙弗库诺夫**：《赛加城址的野生、家养动物》//《苏联远东南部及其毗邻地区古代和中世纪的考古学资料》，符拉迪沃斯托克，1983 年，第 70－79 页。

Алексеева Э.В., Шавкунов Э.В. Дикие и домашние животные Шайгинского городища // Материалы по древней и средневековой археологии юга Дальнего Востока СССР и смежных территорий. — Владивосток, 1983. — С. 70－79.

885. **Э.В. 阿列克谢耶娃、Н.И. 布尔恰克－阿布拉莫维奇、В.А. 涅恰耶夫**：《远东南部全新世时代非雀形目鸟类动物区系（根据考古学资料)》//《远东南部鸟类动物区系学、生物学》，符拉迪沃斯托克，1984 年，第 53－59 页。

Алексеева Э.В., Бурчак－Абрамович Н.И., Нечаев В.А. К фауне неворобьиных птиц голоцена юга Дальнего Востока [по археологическим данным] // Фаунистика и биология птиц юга Дальнего Востока. — Владивосток, 1984. — С. 53－59.

886. **Э.В. 阿列克谢耶娃**：《滨海边疆区南部中世纪城址的野生、家养动物》//《第 15 次远东学术会议："苏共第 27 次代表大会和苏联远东及亚洲国家发展问题"·报告及议程纲要》，第 4 卷，第 46－47 页，符拉迪沃斯托克，1986 年。

Алексеева Э.В. Дикие и домашние животные средневековых городищ юга Приморского края // XV Дальневост. науч. конф. 《XXVII съезд КПСС и пробл. развития Дальнего Востока СССР и зарубеж.

государств Азии》): Тез. докл. и сообщ. — Владивосток, 1986. — Вып. 4. — С. 46 – 47.

887．**Э.В. 阿列克谢耶娃**：《在古生物学研究基础上的远东南部喀斯特－洞穴的区域划分》//《因国土开发的喀斯特地图的绘制与区域划分》(1986 年 4 月 15－18 日第 4 次全苏喀斯特洞穴学家会议报告纲要》)，符拉迪沃斯托克，1986 年，第 161－162 页。

Алексеева Э.В. К спелео-карстологическому районированию юга Дальнего Востока на основе палеонтологических исследований // Картографирование и районирование карста в связи с освоением территорий: (Тез. докл. IV Всесоюз. карст. – спелеолог. совещ., 15 – 18 апр. 1986 г.) . — Владивосток, 1986. — С. 161 – 162.

888．**Э.В. 阿列克谢耶娃、В.И. 博尔金**：《(滨海地区) 尼古拉耶夫斯克 2 号城址渤海居民的狩猎与畜牧业资料》//《苏联远东古代生产考古学研究中的自然科学方法》，符拉迪沃斯托克，1986 年，第 77－85 页。

Алексеева Э.В.，Болдин В.И. Материалы об охоте и животноводстве у населения бохайского городища Николаевское II (Приморье) // Методы естественных наук в археологическом изучении древних производств на Дальнем Востоке СССР. — Владивосток, 1986. — С. 77 – 85.

889．**Э.В. 阿列克谢耶娃**：《兴凯湖沿岸 (青树林遗址) 斑海豹骨骼化石的发现》//《海洋生物学》，1986 年 3 期，第 68－69 页。

Алексеева Э.В. Находка ископаемой кости ларги на берегу озера Ханка [на поселении Синий Гай] // Биология моря. — 1986. — № 3. — С. 68 – 69.

890．**Э.В. 阿列克谢耶娃、Н.И. 布尔恰克－阿布拉莫维奇**：《兴凯湖 (青树林遗址) 的粉红色鹈鹕与卷毛鹈鹕》//《鸟类学》，1986 年，第 21 集，第 145－146 页。

Алексеева Э.В.，Бурчак – Абрамович Н.И. Розовый и кудрявый пеликаны на оз. Ханка [из поселения Синий Гай] // Орнитология. — 1986. — Вып. 21. — С. 145 – 146.

891．**Э.В. 阿列克谢耶娃**：《滨海地区海狸化石的发现》//《苏联海狸的状况、经济利用前景及繁殖·第 7 次全苏海狸学术会议报告纲要》，沃罗涅日，1989 年，第 78－79 页。

Алексеева Э.В. Находки ископаемых бобров в Приморье // Состояние, перспективы хозяйственного использования и разведения бобра в СССР: VII Всесоюз. науч. – произв. конф. по бобру: [Тез. докл.] . — Воронеж, 1989. — С. 78 – 79.

892．**Э.В. 阿列克谢耶娃、В.И. 博尔金**：《新戈尔杰耶夫卡遗址、城址中世纪地层出土的动物骨骼》//《苏联远东中世纪考古学新资料》，符拉迪沃斯托克，1989 年，第 80－85 页。

Алексеева Э.В.，Болдин В.И. Остатки животных из средневековых слоев Новогордеевского селища и городища // Новые материалы по средневековой археологии Дальнего Востока СССР. — Владивосток, 1989. — С. 80 – 85.

893．**Э.В. 阿列克谢耶娃、Н.И. 布尔恰克－阿布拉莫维奇、В. А. 涅恰耶夫**：《鬼门洞洞穴的鸡形目动物骨骼》//《远东南部鸟类生态学与分布》，符拉迪沃斯托克，1990 年，第 121－122 页。

Алексеева Э.В.，Бурчак – Абрамович Н.И.，Нечаев В.А. Остатки куриных в пещере Чертовы Ворота // Экология и распространение птиц юга Дальнего Востока. — Владивосток, 1990. — С. 121 – 122.

894．**Э.В. 阿列克谢耶娃**：《鬼门洞洞穴出土的动物骨骼》//《远东南部新石器时代——鬼门洞洞穴古代遗址》，莫斯科，1991 年，第 205－212 页。

Алексеева Э.В. Остатки животных из грота Чертовы Ворота // Неолит юга Дальнего Востока: Древнее поселение в пещере Чертовы Ворота. — М., 1991. — С. 205－212.

895．**Э.В. 阿列克谢耶娃**：《康斯坦丁诺夫卡 1 号中世纪时代遗址发掘出土的动物区系》//《俄罗斯远东及其毗邻地区考古学新资料·远东第 5 次考古学者学术问题会议报告》，符拉迪沃斯托克，1993 年，第 77－80 页。

Алексеева Э.В., Болдин В.И. Фауна из раскопок средневекового селища Константиновское I // Новые материалы по археологии Дальнего Востока России и смежных территорий：(Докл. V сес. Науч.－пробл. совета археологов Дальнего Востока) . — Владивосток, 1993. — С. 77－80.

896．**Э.В. 阿列克谢耶娃、В.И. 博尔金**：《康斯坦丁诺夫卡 1 号中世纪时代遗址出土的动物骨骼》//《俄罗斯远东中世纪研究》，符拉迪沃斯托克，1994 年，第 37－47 页。

Алексеева Э.В., Болдин В.И. Остатки животных из средневекового селища Константиновское I // Медиевистские исследования на Дальнем Востоке России. — Владивосток, 1994. — С. 37－47.

897．**Э.В. 阿列克谢耶娃、Л.Н. 别谢德诺夫、А.Л. 伊夫里耶夫**：《迈斯基城址居民的经济（根据动物遗骸资料）》//《北太平洋考古学》，符拉迪沃斯托克，1996 年，第 168－179 页。

Алексеева Э.В., Беседнов Л.Н., Ивлиев А.Л. Хозяйство населения Майского городища（по остаткам животных）// Археология Северной Пасифики. — Владивосток, 1996. — С. 168－179.

898．**Э.В. 阿列克谢耶娃、В.М. 奇希克瓦德泽**：《(远东全新世时代）布利兹涅齐洞穴爬行动物区系研究的初步成果》//《第四纪研究的最重要成果与 21 世纪研究的主要方向·全俄大会报告纲要》，圣彼得堡，1998 年，第 220 页。

Алексеева Э.В., Чхиквадзе В.М. Предварительные результаты изучения герпетофауны пещеры Близнец（Дальний Восток, голоцен）// Главнейшие итоги в изучении четвертичного периода и основные направления исслед. в XXI веке: Тез. докл. Всерос. совещ. — СПб., 1998. — С. 220.

899．**Э.В. 阿列克谢耶娃**：《我们与自然（滨海地区考古遗存中的古生物学发现）》//《石器时代古地理学——北亚及其毗邻地区旧石器时代自然事件与考古学文化的相互联系国际会议资料》，克拉斯诺亚尔斯克，2000 年，第 11－12 页。

Алексеева Э.В. Мы и природа：［О палеонтол. находках на археол. памятниках Приморья］// Палеогеография каменного века. Корреляция природных событий и археологических культур палеолита Северной Азии и сопредельных территорий: Материалы Междунар. конф. — Красноярск, 2000. — С. 11－12.

900．**В.Н. 阿林**：《宋代（960－1126 年）铜钱》//《哈尔滨自然科学家、民族学家学会通讯》，哈尔滨，1950 年 8 期，第 1－10 页。

Алин В.Н. Монеты династии Сун 960-1126 гг. // Зап. Харбинского о-ва естествоиспытателей и этнографов. — Харбин, 1950. — № 8, ч. 1. — С. 1－10.

901．**Ж.В. 安德列耶娃、И.С. 茹希霍夫斯卡娅、Н.А. 科诺年科**：《关于考古学文化的划分标准（问题的确立）》//《考古学文化与文化的变异·苏联科学院考古研究所列宁格勒分部方法论进修班资料》

列宁格勒，1991 年，第 112－116 页。

Андреева Ж.В.，Жущиховская И.С.，Кононенко Н.А. Об уровнях признаков при выделении археологических культур（к постановке проблемы）// Археологические культуры и культурная трансформация: Материалы методолог. семинара ЛОИА АН СССР. — Л., 1991. — С. 112－116.

902．**Н.Г. 阿尔杰米耶娃、А.Л. 伊夫里耶夫**：《乌苏里斯克市新的碑刻发现》//《俄罗斯考古学》，2000 年 2 期，第 165－172 页。

Артемьева Н.Г.，Ивлиев А.Л. Новые эпиграфические находки из Уссурийска // Рос. археология. — 2000. — № 2. — С. 165－172.

903．《考古发现（乌苏里斯克近郊出土的中世纪铜钱）》//《东方学会阿穆尔分部通讯》，1916 年，第 3 集，第 217－218 页。

Археологические находки［средневековых монет в окрестностях г. Уссурийска］// ЗПООВ. — 1916. — Вып. 3. — С. 217－218.

904．**Ю.Г. 尼基京、Я.В. 克柳耶夫、А.А. 库兹明、А.Н. 波波夫**：《滨海地区考古遗存——地理信息系统创建原则与电子地图》//《俄罗斯与亚洲太平洋地区》，2000 年 2 期，第 81－89 页。

Археологические памятники Приморья: геоинформационная система. Принципы создания и электронное картографирование / **Ю.Г. Никитин, Н.А. Клюев, Я.В. Кузьмин, А.А. Мурзин, А.Н. Попов** // Россия и АТР. — 2000. — № 1. — С. 81－89.

905．**Т.С. 巴鲁耶娃**：《（滨海地区）鬼门洞洞穴新石器地层的颅骨资料》//《人类学问题》，1978 年，第 58 集，第 184－186 页。

Балуева Т.С. Краниологический материал неолитического слоя пещеры Чертовы Ворота（Приморье）// Вопр. антропологии. — 1978. — Вып. 58. — С. 184－186.

906．**С.В. 巴塔尔舍夫、Ю.А. 米基申、А.Н. 波波夫**：《全新世时期自然变化对滨海地区南部考古学文化发展的影响（根据博伊斯曼 2 号遗址资料）》//《北亚、中央亚细亚古代文化、传统文化遗产·2000 年 2 月 1－6 日新西伯利亚第 40 次大学生区域考古学、民族学会议资料》，新西伯利亚，2000 年，第 3 集，第 6－14 页。

Батаршев С.В.，Микишин Ю.А.，Попов А.Н. Влияние природных изменений голоцена на развитие археологических культур южного Приморья（по материалам памятника Бойсмана－2）// Наследие древних и традиционных культур Северной и Центральной Азии: Материалы 40-й Регион. археол. - этногр. студ. конф. Новосибирск, 1－6 февр. 2000 г. — Новосибирск, 2000. — Т. III. — С. 6－14.

907．**С.В. 巴塔尔舍夫**：《博伊斯曼 2 号遗址新石器时代自然变化与居民文化的相互关系》//《北亚、中央亚细亚古代文化、传统文化遗产·大学生第 40 次区域考古学、民族学会议资料》，新西伯利亚，2000 年，第 1 集，第 43－45 页。

Батаршев С.В. Корреляция природных изменений и культуры неолитических обитателей памятника Бойсмана－2 // Наследие древних и традиционных культур Северной и Центральной Азии: Материалы 40-й Регион. археол. - этногр. студ. конф. — Новосибирск, 2000. — Т. 1. — С. 43－45.

908．**В.Д. 别达、Н.В. 奥夫相尼科夫**：《贝丘文化岩石制品岩石种类的岩石学》//《苏联地理学会滨海分会通讯》，1966 年，第 25 卷，第 145－146 页。

Беда В.Д., Овсянников Н.В. Петрография горных пород каменных изделий культуры раковинных куч // ЗПФГО. — 1966. — Т. 25. — С. 145 – 146.

909. **C.B. 别列兹尼茨基**：《论远东通古斯－满族的民族起源》//《西伯利亚：古代民族及其文化》，圣彼得堡，1996 年，第 146 – 163 页。

Березницкий С.В. Об этногенезе тунгусо-маньчжуров Дальнего Востока // Сибирь: древние этносы и их культуры. — СПб., 1996. — С. 146 – 163.

910. **C.B. 别列兹尼茨基**：《阿穆尔河下游民族的山崖祭祀（关于民族学、考古学研究的一体化问题)》//《考古学、民族学研究的一体化·学术著述汇编》，符拉迪沃斯托克，鄂木斯克，2000 年，第 204 – 205 页。

Березницкий С.В. Культ скал народов Нижнего Амура (к вопросу интеграции этнографических и археологических исследований) // Интеграция археологических и этнографических исследований: Сб. науч. тр. — Владивосток; Омск, 2000. — С. 204 – 205.

911. **Л.Н. 别谢德诺夫**：《彼得大帝湾沿岸青铜时代鱼类区系资料》//《苏联科学院海洋研究所著作集》，1963 年，第 62 卷，第 192 – 210 页。

Беседнов Л.Н. Материалы по ихтиофауне эпохи бронзы побережья залива Петра Великого // Тр. Ин-та океанологии АН СССР. — 1963. — Т. 62. — С. 192 – 210.

912. **Л.Н. 别谢德诺夫**：《关于锡杰米文化贝丘遗址中出土的鱼骨（公元前 7 世纪)》//《远东国立大学第 13 次学术会议资料》，符拉迪沃斯托克，1968 年，第 3 集，第 98 – 102 页。

Беседнов Л.Н. О костях рыб, найденных в кухонных остатках культуры Сидими (VII в. до н.э.) // Материалы 13 – й науч. конф. / ДВГУ. — Владивосток, 1968. — Ч. 3. — С. 98 – 102.

913. **Л.Н. 别谢德诺夫**：《全新世中期（彼得大帝湾）锡杰米湾的捕鱼业》//《渔类学问题》，1973 年，第 13 卷，第 1 集，第 38 – 42 页。

Беседнов Л.Н. Промысловые рыбы бухты Сидими (залив Петра Великого) в среднем голоцене // Вопр. ихтиологии. — 1973. — Т. 13, вып. 1. — С. 38 – 42.

914. **Л.Н. 别谢德诺夫**：《全新世中期彼得大帝湾渔猎的鱼类区系研究》//《海洋渔业经济研究·周年纪念学术会议资料》，符拉迪沃斯托克，1996 年，第 132 – 133 页。

Беседнов Л.Н. Об исследованиях среднеголоценовой промысловой ихтиофауны залива Петра Великого // Рыбохозяйственные исследования океана: Материалы юбилейной науч. конф. — Владивосток, 1996. — С. 132 – 133.

915. **Л.Н. 别谢德诺夫**：《（滨海地区）博伊斯曼文化新石器时代原始村落渔猎的鱼类区系》//《远东渔业高等技术学校学术著作集》，符拉迪沃斯托克，1996 年，第 8 集，第 13 – 17 页。

Беседнов Л.Н. Промысловая ихтиофауна неолитических стоянок бойсманской культуры (Приморье) // Науч. тр. Дальрыбвтуза. — Владивосток, 1996. — Вып. 8. — С. 13 – 17.

916. **Л.Н. 别谢德诺夫、A.B. 克里沃舍耶夫**：《（滨海地区）新石器时代博伊斯曼 1 号遗址渔猎的鱼类区系》//《海洋渔业经济研究·周年纪念学术会议资料》，符拉迪沃斯托克，1996 年，第 2 卷，第 131 – 132 页。

Беседнов Л.Н., Кривошеева А.В. Промысловая ихтиофауна неолитической стоянки Бойсмана – 1

（Приморье） // Рыбохозяйственные исследования океана: Материалы юбилейной науч. конф. — Владивосток, 1996. — Т. 2. — С. 131–132.

917. **Л.Н. 别谢德诺夫、Ю.Е. 沃斯特列佐夫、А.В. 克里沃舍耶夫**：《日本海区域全新世中期捕鱼业背景下的博伊斯曼文化的捕鱼业》//《世界史背景下的俄罗斯远东：从过去到未来·国际学术会议报告、议程纲要》，符拉迪沃斯托克，1996 年，第 94–95 页。

Беседнов Л.Н., Вострецов Ю.Е., Кривошеева А.В. Рыболовство бойсмановской культуры в контексте среднего голоценового рыболовства в бассейне Японского моря // Дальний Восток России в контексте мировой истории: от прошлого к будущему: Тез. докл. и сообщ. междунар. науч. конф. — Владивосток, 1996. — С. 94–95.

918. **Л.Н. 别谢德诺夫、Ю.Е. 沃斯特列佐夫**：《日本海区域全新世早、中期的鱼类、哺乳动物的海洋捕猎业》//《太平洋渔业经济、海洋学研究所通报》，1997 年，第 122 集，第 117–130 页。

Беседнов Л.Н., Вострецов Ю.Е. Морской промысел рыб и млекопитающих в раннем и среднем голоцене в бассейне Японского моря // Изв.ТИНРО. — 1997. — Т. 122. — С. 117–130.

919. **Л.Н. 别谢德诺夫**：《全新世中期彼得大帝湾渔猎的鱼类区系》//《俄罗斯第一次鱼类学家会议报告纲要·阿斯特拉罕·1997 年 9 月》，莫斯科，1997 年，第 10–11 页。

Беседнов Л.Н. Среднеголоценовая промысловая ихтиофауна залива Петра Великого // Первый конгресс ихтиологов России: Тез. докл. (Астрахань, сент. 1997 г.). — М., 1997. — С. 10–11.

920. **Л.Н. 别谢德诺夫**：《（彼得大帝湾）博伊斯曼湾"贝丘"出土的鱼骨残骸》//《海洋生物学》，1998 年，第 24 卷，第 3 期，第 191–193 页。

Беседнов Л.Н. Костные остатки рыб, найденные в《раковинной куче》в бухте Бойсмана（залив Петра Великого）// Биология моря. — 1998. — Т. 24, № 3. — С. 191–193.

921. **Л.Н. 别谢德诺夫**：《关于（滨海地区南部）彼得大帝湾海岸贝丘板腮类鱼的最初发现》//《太平洋渔业经济·海洋学研究所通报》，符拉迪沃斯托克，1998 年，第 124 集，第 2 册，第 438–443 页。

Беседнов Л.Н. О первых находках пластиножаберных рыб в раковинных кучах на побережье залива Петра Великого（Южное Приморье）// Изв. ТИНРО. — Владивосток, 1998. — Т. 124., ч. 2. — С. 438–443.

922. **Л.Н. 别谢德诺夫**：《滨海地区东部（日本海）海岸乔尔纳亚山 1 号岩穴遗址居民猎获的鱼的种类构成》//《世界海洋的渔业经济研究·国际学术会议文集》，符拉迪沃斯托克，1999 年，第 102–104 页。

Беседнов Л.Н. Видовой состав рыб, добывавшихся обитателями поселения Черная 1（грот）на побережье Восточного Приморья（Японское море）// Рыбохозяйственные исследования мирового океана: Тр. Междунар. науч. конф. — Владивосток, 1999. — С. 102–104.

923. **Э.В. 阿列克谢耶娃、Л.Н. 别谢德诺夫、Д.Л. 布罗江茨基、В.А. 拉科夫**：《滨海地区新石器、古金属时代的生物地层学》//《俄罗斯科学院远东分院院刊》，1999 年 3 期，第 40–47 页。

Биостратиграфия неолита и палеометалла Приморья / **Э.В. Алексеева, Л.Н. Беседнов, Д.Л. Бродянский, В.А.Раков** // Вестн. ДВО РАН. — 1999. — № 3. — С. 40–47.

924. **Н.Я. 比丘林（伊阿金夫）**：《古代居住在中亚的民族资料汇编》，莫斯科、列宁格勒，1950 年，第 1 卷，382 页。

Бичурин Н.Я. （Иакинф）. Собрание сведений о народах, обитавших в Средней Азии в древние времена. — М.; Л, 1950. — Т. 1. — 382 с.

925．**Н.Я. 比丘林（伊阿金夫）**：《东亚、中亚历史地理资料汇编》，Л.Н. 古米列夫、М.Ф. 赫万编，切博克萨雷：楚瓦什共和国国家出版社，1960 年，758 页。

Бичурин Н.Я. （Иакинф）. Собрание сведений по исторической географии Восточной и Срединной Азии / Сост. Л.Н. Гумилев, М.Ф. Хван. — Чебоксары: Чувашгссиздат, 1960. — 758 с.

926．**И.В. 博格达诺娃－别列佐夫斯卡娅、Б.Б. 金茨布尔格、Д.В. 纳乌莫夫**：《沙碛半岛遗址出土的铁质曲柄斧》//《苏联考古学资料与研究》，1963 年 112 期，第 352－354 页。

Богданова - Березовская И.В., Гинцбург Б.Б., Наумов Д.В. Железные кельты из поселения на полуострове Песчаном // МИА. — 1963. — № 112. — С. 352－354.

927．**Д.П. 博洛京**：《关于 8－13 世纪阿穆尔河沿岸物质文化体现者种族隶属的确定方法问题》//《西伯利亚古代理论民族学·1990 年 3 月 29－31 日第 30 次大学生区域考古学会议报告纲要》，伊尔库茨克，1990 年，第 192－193 页。

Болотин Д.П. К вопросу о методе определения этнической принадлежности носителей материальной культуры Приамурья VIII — XIII веков // Палеоэтнология Сибири: Тез. докл. к XXX регион. археол. студ. конф. 29－31 мар. 1990 г. — Иркутск, 1990. — С. 192－193.

928．**И.А. 博洛季娜**：《中国中世纪编年史中的室韦与蒙古部落》//《远东及其毗邻地区方志学问题·大学生区域学术会议与会者报告纲要·1990 年 2 月 21－22 日·布拉戈维申斯克》，布拉戈维申斯克，1990 年，第 7－9 页。

Болотина И.А. Китайские средневековые хроники о племенах шивэй и мэнгу // Проблемы краеведения Дальнего Востока и сопредельных территорий: Тез. докл. участников регион. науч. студ. конф. （Благовещенск, 21－22 февр. 1990 г.）. Благовещенск, 1990. — С. 7－9.

929．**Ю.П. 博洛茨基、Б.В. 科列斯尼科夫、Б.С. 萨普诺夫**：《关于阿穆尔河上游发现的猛犸象》//《亚洲、太平洋地区第四纪地层的地层学和相互关系·国际会议纲要·1988 年 10 月 9－16 日·纳霍德卡》，符拉迪沃斯托克，1988 年，第 1 卷，第 93 页。

Болотский Ю.П., Колесников Б.В., Сапунов Б.С. О находках мамонтов в Верхнем Приамурье // Стратиграфия и корреляция четвертичных отложений Азии и Тихоокеанского региона: Тез. междунар. симп. （9－16 окт. 1988 г., Находка）. — Владивосток, 1988. — Т. 1. — С. 93.

930．**А.Д. 博罗夫斯基、Б.И. 巴夫柳特金**：《滨海地区西部地质学资料与考古学资料的相互关系问题》//《太平洋考古学问题》，符拉迪沃斯托克，1985 年，第 163－179 页。

Боровский А.Д, Павлюткин Б.И. Вопросы корреляции геологических и археологических данных Западного Приморья // Проблемы тихоокеанской археологии. — Владивосток, 1985. — С. 163－179.

931．**А.А. 布拉乌涅尔**：《阿穆尔河石器时代的犬科动物》//《地质委员会文集·新系列》，1923 年，第 160 集，第 1－24 页。

Браунер А.А. Собаки каменного века р. Амура // Тр. геол. комитета. Нов. сер. — 1923. — Вып. 160. — С. 1－24.

932．**П.Ф. 布罗夫科、Г.А. 德容斯、Я.В. 库兹明**：《（日本海）彼得大帝湾海岸全新世时期最适度的自然环境》//《北太平洋：水文气象学、周围环境保护、地理学·国际会议纲要》，符拉迪沃斯托克，1994 年，第 20-21 页。

Бровко П.Ф.，Джонс Г.А.，Кузьмин Я.В. Природная среда оптимума голоцена побережья залива Петра Великого（Японское море）// Северная Пацифика：гидрометеорология，охрана окружающей среды，география：Тез. междунар. конф. — Владивосток，1994. — С. 20-21.

933．**Д.Л. 布罗江斯基**：《考古学中"边远地区"的概念》//《欧亚大陆石器时代问题与研究：纪念叶尼塞旧石器发现 100 周年·会议报告纲要》，克拉斯诺亚尔斯克，1984 年，第 75-77 页。

Бродянский Д.Л. Понятие《провинция》в археологии // Проблемы и исследования каменного века Евразии：（К 100-летию открытия палеолита на Енисее）：Тез. докл. конф. — Красноярск，1984. — С. 75-77.

934．**Д.Л. 布罗江斯基**：《方法问题：地层学、类型学、系统化、考古学分期》//《太平洋考古学问题》，符拉迪沃斯托克，1985 年，第 125-144 页。

Бродянский Д.Л. Вопросы методики：стратиграфия，типология，систематизация，археологическая периодизация // Проблемы тихоокеанской археологии. — Владивосток，1985. — С. 125-144.

935．**Д.Л. 布罗江斯基**：《滨海地区南部全新世考古地层学》//《亚洲、太平洋地区第四纪地层的地层学和相互关系·国际会议纲要·1988 年 10 月 9-16 日·纳霍德卡》，符拉迪沃斯托克，1988 年，第 1 卷，第 111 页。

Бродянский Д.Л. Археологическая стратиграфия голоцена в Южном Приморье // Стратиграфия и корреляция четвертичных отложений Азии и Тихоокеанского региона：Тез. междунар. симп.（9-16 окт. 1988 г.，Находка）. — Владивосток，1988. — Т. 1. — С. 111.

936．**Д.Л. 布罗江斯基、В.А. 巴科夫**：《滨海地区南部贝丘的海洋动物区系学综合体》//《亚洲、太平洋地区第四纪地层的地层学和相互关系·国际会议纲要·1988 年 10 月 9-16 日·纳霍德卡》，符拉迪沃斯托克，1988 年，第 1 卷，第 112-113 页。

Бродянский Д.Л.，Раков В.А. Морские фаунистические комплексы в раковинных кучах Южного Приморья // Стратиграфия и корреляция четвертичных отложений Азии и Тихоокеанского региона：Тез. междунар. симп.（9-16 окт. 1988 г.，Находка）. — Владивосток，1988. — Т. 1. — С. 112-113.

937．**Д.Л. 布罗江斯基**：《远东文化环境创建进程中的考古学》//《俄罗斯东部地区开发的历史经验·国际学术会议报告、议程纲要》，符拉迪沃斯托克，1993 年，第 1 集，第 95-97 页。

Бродянский Д.Л. Археология в процессе создания культурной среды на Дальнем Востоке // Исторический опыт освоения восточных районов России：Тез. докл. и сообщ. междунар. науч. конф. — Владивосток，1993. — Вып. 1. — С. 95-97.

938．**Д.Л. 布罗江斯基**：《不过时的价值》//《俄罗斯与亚洲太平洋地区》，1996 年 1 期，第 50-55 页。

Бродянский Д.Л. Неустаревшие ценности // Россия и АТР. — 1996. — № 1. — С. 50-55.

939．**Д.Л. 布罗江斯基、В.А. 巴科夫**：《博伊斯曼 2 号遗址下层软体动物区系研究的初步成果（关于水产养殖问题）》//《北太平洋考古学》，符拉迪沃斯托克，1996 年，第 217-279 页。

Бродянский Д.Л.，Раков В.А. Предварительные итоги изучения малакофауны нижнего слоя

Бойсмана － II（к проблеме аквакультуры）// Археология Северной Пасифики. — Владивосток, 1996. — С. 271 - 279.

940. К.С. 布拉科夫、Е.И. 纳恰索娃、Я.В. 库兹明：《滨海地区某些古代文化陶器的古代地理磁场强度的考古研究》//《物质文化与考古学构拟问题》，新西伯利亚，1991 年，第 169－173 页。

Бураков К.С., Начасова Е.И., Кузьмин Я.В. Археомагнитное изучение интенсивности древнего геомагнитного поля керамики некоторых древних культур Приморья // Материальная культура и проблемы археологической реконструкции. — Новосибирск, 1991. — С. 169 - 173.

941. Н.И. 布尔恰克－阿布拉莫维奇、В.И. 察尔金：《论滨海边疆区鸟类区系史（根据考古发掘出土的骨学资料)》//《莫斯科自然界试验者学会生物学分部通报》1985 年，第 90 卷 1 期，第 10－16 页。

Бурчак － Абрамович Н.И., Цалкин В.И. К истории орнитофауны Приморского края（по костным материалам из археологических раскопок）// Бюл. Московского о-ва испытателей природы. Отд. биологии. — 1985. — Т. 90, вып. 1. — С. 10 - 16.

942. Н.И. 布尔恰克－阿布拉莫维奇、Л.Н. 布尔恰克：《西伯利亚东南部（布里亚特苏维埃社会主义自治共和国、贝加尔湖、滨海边疆区）鸟类化石、半鸟类石化研究》//《第四纪地质学与西伯利亚南部原始社会考古学·全苏会议报告纲要》，乌兰乌德，1986 年，第 2 集，第 14－16 页。

Бурчак － Абрамович Н.И., Бурчак Л.Н. К изучению ископаемых и полуископаемых птиц Юго-Восточной Сибири（Бурятская АССР, Прибайкалье, Приморский край）// Четвертичная геология и первобытная археология Южной Сибири: Тез. докл. Всесоюз. конф. — Улан-Удэ, 1986. — Ч. 2. — С. 14 - 16.

943. А.А. 布雷金：《女真小字的一般特征》//《文明的发展与美洲新大陆：首次纪念克诺罗佐夫报告会》，莫斯科，1999 年，第 78－81 页。

Бурыкин А.А. Общая характеристика малого чжурчжэньского письма // Развитие цивилизации и Новый свет: Первые Кнорозовские чтения. — М., 1999. — С. 78 - 81.

944. А.А. 布雷金：《女真文字形态学的方方面面》//《阿尔泰世界论著·东方史料研究》，赫尔辛基（芬兰首都），1999 年，第 87 卷，第 29－39 页。

Burykin A.A. Morphological Aspects of the Language of the Jurchen Script // Writing in the Altaic World. Studia Orientalia. — Helsinki, 1999. — Vol. 87. — P. 29 - 39.

945. Т.П. 布特丽娜：《滨海地区南部古代居民石器制作业的某些观点》//《1979 年 8 月哈巴罗夫斯克苏联第 14 次太平洋学术会议·社会主义、人文科学 L 委员会第 3、第 4 组报告纲要》，莫斯科，1979 年，第 2 集，第 223－225 页。

Бутылина Т.П. Некоторые аспекты изучения каменной индустрии древних обитателей Южного Приморья // XIV Тихоокеан. науч. конгр. СССР, Хабаровск, авг. 1979. Ком.L. Социал. и гуманит. науки. Секция III. Секция IV: Тез. докл. — М., 1979. — Т. 2. — С. 223 - 225.

946. В.П. 瓦西里耶夫：《阿穆尔河河口附近特尔山遗存上发现的题铭记录》//《科学院通讯》，1896 年，第五部第 4 卷第 4 期，第 365－367 页。

Васильев В.П. Записка о надписях, открытых на памятниках, стоящих на скале Тыр, близ устья Амура // Изв. Академии наук. — 1896. — Сер. 5, т. 4, вып. 4. — С. 365 - 367.

947．**С.А. 瓦西里耶夫**：《放射性同位素测定北亚旧石器时代年代的争议问题》//《第四纪研究的最重要成果与 21 世纪研究的主要方向·全俄会议报告纲要》，圣彼得堡，1998 年，第 253 页。

Васильев С.А. Дискуссионные проблемы радиоуглеродной хронологии палеолита Северной Азии // Главнейшие итоги в изучении четвертичного периода и основные направления исследований в XXI веке: Тез. докл. Всерос. совещ. — СПб., 1998. — С. 253.

948．**Ю.В. 瓦西里耶夫、О.В. 季亚科娃**：《从编年史资料、民族学资料看波克罗夫卡文化的葬式》//《苏联远东考古学问题》，符拉迪沃斯托克，1987 年，第 67－79 页。

Васильев Ю.М., **Дьякова О.В.** Погребальный обряд покровской культуры в свете летописных и этнографических данных // Вопросы археологии Дальнего Востока СССР. — Владивосток, 1987. — С. 67－79.

949．**Т.А. 瓦西里耶娃**：《文献史籍中关于阶级社会出现以前时期女真人的宗教观念》//《第 15 次远东学术会议："苏共第 27 次代表大会和苏联远东及亚洲国家发展问题"·报告及议程纲要》，第 4 卷，第 43－44 页，符拉迪沃斯托克，1986 年。

Васильева Т.А. Письменные источники о религиозных представлениях чжурчжэней доклассового общества // XV Дальневост. науч. конф. 《XXVII съезд КПСС и пробл. развития Дальнего Востока СССР и зарубеж. государств Азии》: Тез. докл. и сообщ. — Владивосток, 1986. — Вып. 4. — С. 43－44.

950．**Р.С. 瓦西里耶夫斯基**：《考古学的某些方法论问题》//《当代科学的方法论问题》，莫斯科，1979 年，第 177－187 页。

Васильевский Р.С. Некоторые методологические вопросы археологии // Методологические проблемы современной науки. — М., 1979. — С. 177－187.

951．**Р.С. 瓦西里耶夫斯基**：《论考古学断代的某些新方法》//《关于在研究西西伯利亚古代史时自然科学、精密科学方法的运用·学术会议报告、议程纲要》，巴尔瑙尔，1983 年，第 84－86 页。

Васильевский Р.С. О некоторых новых методах датирования в археологии // Использование методов естественных и точных наук при изучении древней истории Западной Сибири: Тез. докл. и сообщ. науч. конф. — Барнаул, 1983. — С. 84－86.

952．**Р.С. 瓦西里耶夫斯基**：《滨海地区更新世末期至全新世时期自然环境与人类的相互关系》//《地层学与亚洲、太平洋地区第四纪地层的相互关系·国际会议纲要·1988 年 10 月 9－16 日·纳霍德卡》，符拉迪沃斯托克，1988 年，第 1 卷，第 113－115 页。

Васильевский Р.С. Взаимоотношение природной среды и человека в позднем плейстоцене — голоцене Приморья // Стратиграфия и корреляция четвертичных отложений Азии и Тихоокеанского региона: Тез. междунар. симп. (9－16 окт. 1988 г., Находка) . — Владивосток, 1988. — Т. 1. — С. 113－115.

953．**Р.С. 瓦西里耶夫斯基**：《民族学资料作为类比材料在北亚考古学中的运用》//《考古学、民族学研究的一体化·全俄第 3 次学术讨论会暨纪念 С.И. 鲁坚科诞辰 110 周年会议资料》，鄂木斯克，1995 年，第 1 集，第 7－10 页。

Васильевский Р.С. Привлечение этнографических данных в качестве аналогий в археологии Северной Азии // Интеграция археологических и этнографических исследований: Материалы III Всерос. науч. семинара, посвящ. 110-летию со дня рождения С.И. Руденко. — Омск, 1995. — Ч. 1. — С. 7－10.

954. Н.К. 韦列夏金：《乌苏里斯克边疆区哺乳动物区系史片断》//《第 4 次高校动物地理学会议报告纲要》，敖德萨国立大学，敖德萨，1966 年，第 41－42 页。

Верещагин Н.К. Фрагменты истории териофауны Уссурийского края // Тез. докл. 4 – й межвуз. зоогеогр. конф. / Одесский гос. ун-т. — Одесса, 1966. — С. 41–42.

955. Н.К. 韦列夏金：《滨海地区古生物学研究与人类纪哺乳动物区系研究问题》//《（苏联科学院动物学研究所）纪念苏维埃政权 50 周年学术会议报告纲要》，列宁格勒，1967 年，第 11－12 页。

Верещагин Н.К. Палеонтологические исследования в Приморье и вопросы изучения антропогенной териофауны // Научная сессия, посвящ. 50-летию Советской власти (Зоол. ин-т АН СССР): Тез. докл. — Л., 1967. — С. 11–12.

956. Н.Б. 韦尔霍夫斯卡娅：《关于中世纪时代锡霍特－阿林山脉南部的植被》//《植物学杂志》，1990 年第 75 卷第 11 期，第 1555－1564 页。

Верховская Н.Б. О растительности южного Сихотэ – Алиня в средневековье // Ботанический журнал, 1990. — Т. 75, № 11. — С. 1555–1564.

957. Н.Б. 韦尔霍夫斯卡娅、Л.П. 叶希品科：《关于 Ambrosia artemisiifolia（Asteraceae）在俄罗斯远东南部出现的时间》//《植物学杂志》，1993 年，第 78 卷，第 2 期，第 94－101 页。

Верховская Н.Б., Есипенко Л.П. О времени появления Ambrosia artemisiifolia (Asteraceae) на юге российского Дальнего Востока // Ботанический журнал. — 1993. — Т.78, № 2. — С. 94–101.

958. Н.Б. 韦尔霍夫斯卡娅、А.С. 昆德舍夫：《滨海地区南部新石器、早期铁器时期的自然环境》//《俄罗斯科学院远东分院院刊》1993 年 1 期，第 18－26 页。

Верховская Н.Б., Кундышев А.С. Природная среда южного Приморья в период неолита и раннего железного века // Вестн. ДВО РАН. — 1993. — № 1. — С. 18–26.

959. Н.Б. 韦尔霍夫斯卡娅：《乌斯季诺夫卡 3 号遗址古生物学研究成果》//《滨海地区前陶期遗址 – 乌斯季诺夫卡 3 号遗址研究》，Н.А. 科诺年科、Х. 加尔科维克、梶原洋著，俄罗斯科学院远东分院历史·考古·民族研究所，预印本，符拉迪沃斯托克，1993 年，第 29－35 页。

Верховская Н.Б. Результаты палинологического изучения памятника Устиновка 3 // Н.А. Кононенко, А.В. Гарковик, Х. Кадзивара. Исследование докерамической стоянки Устиновка – 3 в Приморье / РАН. ДВО. ИИАЭ. — Препр. — Владивосток, 1993. — С. 29–35.

960. Н.Б. 韦尔霍夫斯卡娅：《俄罗斯远东地区伊曼河流域青铜时代－早期铁器时代的自然环境》，《地质考古学》，1994 年，第 9 卷，第 6 期，第 503－513 页。

Verkhovskaia N.B., Kundyshev A.S., Kliuev N.A. Bronze — Early Iron Age Environment of the Iman River Basin, Russian Far East // Geoarchaeology. — 1994. — Vol. 9, No. 6. — P. 503–513.

961. Н.Б. 韦尔霍夫斯卡娅、А.С. 昆德舍夫：《彼得大帝湾海岸全新世最适宜期的植被》//《（日本海）彼得大帝湾沿岸全新世地层剖面的综合研究》，符拉迪沃斯托克，1995 年，第 8－17 页。

Верховская Н.Б., Кундышев А.С. Растительность побережья залива Петра Великого в оптимальную фазу голоцена // Комплексное изучение разрезов голоценовых отложений залива Петра Великого (Японское море). — Владивосток, 1995. — С. 8–17.

962. Н.Б. 韦尔霍夫斯卡娅、А.С. 昆德舍夫、А.Н. 波波夫：《气候节律与博伊斯曼 2 号遗址的地层》//《北太平洋考古学》，符拉迪沃斯托克，1996 年，第 279－285 页。

Верховская Н.Б., Кундышев А.С., Попов А.Н. Климатические ритмы и стратиграфия памятника Бойсман-2 // Археология Северной Пасифики. — Владивосток, 1996. — С. 279－285.

963. Н.Б. 韦尔霍夫斯卡娅、A.C. 昆德舍夫：《泽尔卡利纳亚河流域考古遗存的古生物学特征与文化层断代问题》//《东亚、北美的旧石器晚期至新石器早期·国际会议资料》，符拉迪沃斯托克，1996 年，第 49－57 页。

Верховская Н.Б., Кундышев А.С. Палинологическая характеристика и проблема датирования культурных слоев археологических памятников бассейна реки Зеркальной // Поздний палеолит — ранний неолит Восточной Азии и Северной Америки (материалы междунар. конф.). — Владивосток, 1996. — С. 49－57.

964. Н.Б. 韦尔霍夫斯卡娅：《滨海地区考古学研究中的孢粉学方法》//《北太平洋考古学》，符拉迪沃斯托克，1996 年，第 55－59 页。

Верховская Н.Б. Палинологический метод в археологических исследованиях Приморья // Археология Северной Пасифики. — Владивосток, 1996. — С. 55－59.

965. Н.Б. 韦尔霍夫斯卡娅：《俄罗斯远东南部博伊斯曼 1 号考古遗存区域内孢粉地层学的相互关系》//《东亚、北美的旧石器晚期至新石器早期·国际会议资料》，符拉迪沃斯托克，1996 年，第 39－48 页。

Верховская Н.Б. Палиностратиграфическая корреляция отложений в пределах археологического памятника Бойсмана 1, юг Российского Дальнего Востока // Поздний палеолит — ранний неолит Восточной Азии и Северной Америки (материалы междунар. конф.). — Владивосток, 1996. — С. 39－48.

966. Г.М. 弗拉索夫：《第四纪时期彼得大帝湾海岸线的变迁》//《远东地理问题》，哈巴罗夫斯克，1957 年，汇编 3，第 102－115 页。

Власов Г.М. Движение береговой линии залива Петра Великого в четвертичное время // Вопросы географии Дальнего Востока. — Хабаровск, 1957. — Сб. 3. — С. 102－115.

967. П.В. 沃尔科夫：《乌斯季－谢列姆贾队试验微痕组工作》//《西伯利亚、远东古代文化遗存研究》，新西伯利亚，1987 年，第 169 页。

Волков П.В. Работы экспериментально-трасологической группы Усть－Селемджинского отряда // Исследования памятников древних культур Сибири и Дальнего Востока. — Новосибирск, 1987. — С. 169.

968. П.В. 沃尔科夫：《建立一套简洁的微痕学标准的尝试》//《原始公社制时代技术、社会的进步（信息、资料）》，斯维尔德洛夫斯克，1989 年，第 26－29 页。

Волков П.В. Опыт формирования компактных наборов трасологических эталонов // Технический и социальный прогресс в эпоху первобытно-общинного строя (Информ. материалы). — Свердловск, 1989. — С. 26－29.

969. П.В. 沃尔科夫：《石质工具磨耗痕迹的仿制方法》//《古代生产的工艺学问题》，新西伯利亚，1990 年，第 57－60 页。

Волков П.В. Методы копирования следов изношенности на каменных орудиях // Проблемы технологии древних производств. — Новосибирск, 1990. — С. 57－60.

970．П.В. 沃尔科夫、Е.Ю. 吉里亚：《削片工艺研究尝试》//《古代生产的工艺学问题》，新西伯利亚，1990 年，第 38－56 页。

Волков П.В., Гиря Е.Ю. Опыт исследования техники скола // Проблемы технологии древних производств. — Новосибирск, 1990. — С. 38－56.

971．П.В. 沃尔科夫：《中石器时代石器功能的鉴定》，《盐》，乌普萨拉（瑞典），1990 年，第 14 期，第 163－166 页。

Volkov P. Functual Determination of Mesolithic Stone Tools //Aun. — Uppsala, 1990. — No. 14. — P. 163－166.

972．П.В. 沃尔科夫：《石器加工场的复原尝试》//《物质文化与考古学重建问题》，新西伯利亚，1991 年，69－88 页。

Волков П.В. Опыт реконструкции мастерских по расщеплению камня // Материальная культура и проблемы археологической реконструкции. — Новосибирск, 1991. — С. 69－88.

973．П.В. 沃尔科夫：《关于石叶修理的尝试》//《物质文化与考古学构拟问题》，新西伯利亚，1991 年，第 89－92 页。

Волков П.В. Опыты по ретушированию каменных пластин // Материальная культура и проблемы археологической реконструкции. — Новосибирск, 1991. — С. 89－92.

974．П.В. 沃尔科夫：《雕刻技术的实验研究》//《旧石器工艺研究 25 年·胡安莱潘第 11 次考古、历史国际学术论坛》，1991 年，第 379－390 页。

Volkov P.V., Guiria E.Iou. Rechrche Expérimentale sur une Technique de Débitage // 25 Ans D'Ĝtudes en Prйhistorie: XI eRencontres Internationales d'Archéologie et d'Historie d'Antibes. – Juan－les－Pins, 1991. – P.379－390.

975．П.В. 沃尔科夫：《人工制品分布情况的实验研究》//《韩国上古史学报》，首尔，1991 年，第 12 期，第 33－49 页。

Volkov P. The Distribution the Artifacts of the Experimental Work－Shop // Journal of Korean Ancient Historical Society. — Seoul, 1991. — No. 12. — P. 33－49.

976．П.В. 沃尔科夫：《成批加工鱼类的工具（试验微痕研究）》//《实验考古学》，托博尔斯克，1992 年，第 2 集，第 42－52 页。

Волков П.В. Орудия для массовой обработки рыбы (экспериментально-трасологические исследования) // Экспериментальная археология. — Тобольск, 1992. — Вып. 2. — С. 42－52.

977．П.В. 沃尔科夫：《大柞树河谷地的原料产地》//《第 6 次纪念阿尔谢尼耶夫报告会·关于历史学、考古学、方志学问题区域学术会议报告纲要》，乌苏里斯克，1992 年，第 160－161 页。

Волков П.В. Сырьевые источники в долине реки Тадуши // VI Арсеньевские чтения: Тез. докл. регион. науч. конф. по пробл. истории, археологии и краеведения. — Уссурийск, 1992. — С. 160－161.

978．П.В. 沃尔科夫、李宪宗：《北亚地区地面遗迹的最新调查》//《韩国上古史学报》，首尔，1992 年，第 12 期，第 231－272 页。

Volkov P., Lee Heon－John. The Recent Traceological Investigation in Northern Asia // Journal of Korean Ancient Historical Society. — Seoul, 1992. — No. 12. — P. 231－272.

979．**П.В. 沃尔科夫**：《痕迹学分析对考古遗物保存的最简单要求》//《俄罗斯东部地区开发的历史经验·国际学术会议报告、议程纲要》，符拉迪沃斯托克，1993 年，第 1 集，第 48－50 页。

Волков П.В. Простейшие требования к сохранению археологических коллекций для трасологического анализа // Исторический опыт освоения восточных районов России: Тез. докл. и сообщ. междунар. науч. конф. — Владивосток, 1993. — Вып. 1. — С. 48－50.

980．**П.В. 沃尔科夫、李宪宗**：《石器功能的分析》//《韩国上古史学报》，首尔，1993 年，第 9 期，第 375－394 页，朝文。

Volkov P., Lee Heon－John. On the Functional Analysis of Stone Tools // Journal of Korean Ancient Historical Society. — Seoul, 1993. — No. 9. — P. 375－394. — Кор. яз.

981．**П.В. 沃尔科夫**：《旧石器时代早期主要工具的标准示意图》//《实验考古学》，托博尔斯克，1994 年，第 3 集：《考古学器物与某些史料学问题》，第 105－108 页。

Волков П.В. Стандартные схемы работы основными орудиями верхнего палеолита // Экспериментальная археология. — Тобольск, 1994. — Вып. 3: Археологические вещи и некоторые вопросы источниковедения. — С. 105－118.

982．**П.В. 沃尔科夫、李宪宗**：《旧石器时代早期主要工具的功能与工作标准》//《俄罗斯考古——为了今后对西伯利亚和远东地区的调查而开展的对俄罗斯考古研究的现状及存在问题的讨论》，首尔，1994 年，第 771－802 页，朝文。

Волков П.В., Ли Хонджон. Функции и рабочие стандарты основных орудий верхнего палеолита // Archaeology of Russia — Current Status of Archaeological Research and Problems for Future Investigation of Siberia and Far East Area. — Seoul, 1994. — P. 771－802. — Кор. яз.

983．**П.В. 沃尔科夫、李宪宗**：《石质工具分析的目的与对象》//《俄罗斯考古——为了今后对西伯利亚和远东地区的调查而开展的对俄罗斯考古研究的现状和存在问题的讨论》，首尔，1994 年，第 771－802 页，朝文。

Волков П.В., Ли Хонджон. Цели и объекты анализа каменных орудий // Archaeology of Russia — Current Status of Archaeological Research and Problems for Future Investigation of Siberia and Far East Area. — Seoul, 1994. — P. 747－770. — Кор. яз.

984．**П.В. 沃尔科夫**：《古代取暖篝火的试验研究》//《考古学构拟的方法论与工作方法》，新西伯利亚，第 104－112 页。

Волков П.В. Экспериментальные исследования отопительных костров древности // Методология и методика археологических реконструкций. — Новосибирск, 1994. — С. 104－112.

985．**П.В. 沃尔科夫**：《旧石器时代晚期主要器物的功能和通用标准》//《韩国上古史学报》，首尔，1994 年 15 期，第 425－454 页，朝文。

Volkov P. Function and Working Standard of Important Artifact During the Late Paleolithic // Journal of Korean Ancient Historical Society. — Seoul, 1994. — No. 15. — P. 425－454. — Кор. яз.

986．**П.В. 沃尔科夫、李宪宗**：《近来北亚地区的遗迹调查》//《俄罗斯考古——为了今后对西伯利亚和远东地区的调查而开展的对俄罗斯考古研究的现状和存在问题的讨论》，首尔，1994 年，第 695－746 页。

Volkov P., Lee Heon－John. The Recent Traceological Investigation in Northern Asia // Archaeology of Russia — Current Status of Archaeological Research and Problems for Future Investigation of Siberia and Far East Area. — Seoul, 1994. — P. 695－746.

987. **П.В. 沃尔科夫**：《人工制品分布情况的实验研究》//《俄罗斯考古——为了今后对西伯利亚和远东地区的调查而开展的对俄罗斯考古研究的现状和存在问题的讨论》，首尔，1994 年，第 677－694 页。

Volkov P. The Distribution the Artifacts of the Experimental Work－Shop // Archaeology of Russia — Current Status of Archaeological Research and Problems for Future Investigation of Siberia and Far East Area. — Seoul, 1994. — P. 677－694.

988. **П.В. 沃尔科夫**：《痕迹学资料的计算机编码》//《考古复原中的自然科学方法》，新西伯利亚，1995 年，第 2 集，第 191－194 页。

Волков П.В. Компьютерное кодирование трасологических данных // Методы естественных наук в археологических реконструкциях. — Новосибирск, 1995. — Ч. II. — С. 191－194.

989. **П.В. 沃尔科夫**：《古代灶址的实验性考察》//《韩国上古史学报》，首尔，1995 年 20 期，第 173－191 页。

Volkov P. The Ancient Hearths: An Experimental Investigation // Journal of Korean Ancient Historical Society. — Seoul, 1995. — No. 20. — P. 173－191.

990. **П.В. 沃尔科夫**：《相近类型的旧石器时代遗址的器物组合的分类》//《"远东历史、自然遗产的研究与保护问题"暨阿穆尔州方志博物馆成立 105 周年学术汇报会报告纲要》，布拉戈维申斯克，1996 年，第 1 卷，第 25－28 页。

Волков П.В. Классификация инструментария при характеристике палеолитических памятников близких типов // Проблемы изучения и сохранения культурно-исторического и природного наследия Дальнего Востока: Тез. докл. науч.－практ. конф., посвящ. 105－летию Амур. обл. краевед. музея. — Благовещенск, 1996. — С. 25－28.

991. **П.В. 沃尔科夫**：《利用痕迹学研究北亚考古学标本过程中的抽样问题》//《西伯利亚及其毗邻地区考古学、民族学、人类学问题·1997 年 12 月俄罗斯科学院西伯利亚分院考古与民族研究所第 5 次总结年会暨纪念俄罗斯科学院西伯利亚分院成立 40 周年、俄罗斯科学院西伯利亚分院历史·语文·哲学研究所成立 30 周年会议资料》，新西伯利亚，1997 年，第 3 卷，第 428－433 页。

Волков П.В. Проблема выборки при трасологических исследованиях археологических коллекций Северной Азии // Проблемы археологии, этнографии, антропологии Сибири и сопредельных территорий: Материалы V Годовой итог. сес. Ин-та археологии и этнографии СО РАН, посвящ. 40-летию Сиб. отд－ния РАН и 30-летию Ин-та истории, филологии и философии СО РАН. Дек. 1997 г. — Новосибирск, 1997. — Т. III. — С. 428－433.

992. **П.В. 沃尔科夫**：《远东中石器时代石器功能的鉴定》//《中国古物学报》，台南，1998 年 4 期，第 82－84 页，中文。

Volkov P. The Functional Determination of Mesolithic Stone Tools from Far East // Journal of Chinese Antiquity. — Тайань, 1998. – № 4. — С. 82－84. — Кит. яз.

993. **П.В. 沃尔科夫**：《旧石器时代砾石劈裂技术研究的新方法》//《欧亚大陆：古代文明的文化遗

产》，新西伯利亚，1999 年，第 2 集：《欧亚大陆广阔的活动范围》，第 123 - 128 页。

Волков П.В. Новые пути исследований галечной технологии расщепления камня в палеолите // Евразия: культурное наследие древних цивилизаций. — Новосибирск, 1999. — Вып. 2: Горизонты Евразии. — С. 123 - 128.

994. **П.В. 沃尔科夫**：《"Baton de Commandement" 工艺学试验》//《东亚的传统文化》，布拉戈维申斯克，1999 年，第 2 集，第 39 - 42 页。

Волков П.В. Технологический эксперимент с 《Baton de Commandement》 // Традиционная культура востока Азии. — Благовещенск, 1999. — Вып. 2. — С. 39 - 42.

995. **П.В. 沃尔科夫**：《北亚考古学的痕迹学研究》，新西伯利亚，俄罗斯科学院西伯利亚分院考古与民族研究所出版社，192 页。

Волков П.В. Трасологические исследования в археологии Северной Азии. — Новосибирск: Изд - во Ин-та археологии и этнографии СО РАН, 1999. — 192 с.

996. **П.В. 沃尔科夫**：《旧石器时代实验考古学与比较心理学》//《西伯利亚及其毗邻地区考古学、民族学、人类学问题·1999 年 12 月俄罗斯科学院西伯利亚分院考古与民族研究所第 7 次总结年会资料》，新西伯利亚，1999 年，第 5 卷，第 22 - 30 页。

Волков П.В. Экспериментальная археология палеолита и сравнительная психология // Проблемы археологии, этнографии, антропологии Сибири и сопредельных территорий: Материалы VII Годовой итог. сес. Ин-та археологии и этнографии СО РАН. Дек. 1999 г. — Новосибирск, 1999. — Т. V. — С. 22 - 30.

997. **П.В. 沃尔科夫**：《人类活动行为准则的实验研究》//《考古学中的现代痕迹试验、技术工艺研究：首次谢缅诺娃纪念会·2000 年 1 月 30-2 月 5 日纪念 С.А. 谢缅诺娃诞辰 100 周年国际学术会议报告纲要·圣彼得堡》，圣彼得堡，1999 年，第 117 - 119 页。

Волков П.В. Экспериментальные исследования стереотипов движений человека // Современные экспериментально-трасологические и технико-технологические разработки в археологии: Первые Семеновские чтения: Тез. докл. междунар. науч. конф., посвящ. 100-летию со дня рождения С.А. Семенова, 30 янв. — 5 февр. 2000 г., Санкт - Петербург. — СПб., 1999. — С. 117 - 119.

998. **П.В. 沃尔科夫**：《（俄罗斯科学院西伯利亚分院考古与民族研究所）实验考古学研究的新方向》//《中央亚细亚游牧文明的历史与文化·国际学术会议资料》，乌兰乌德，2000 年，第 1 集：考古学、理论民族学，第 39 - 44 页。

Волков П.В. Новое направление исследований [Института археологии и этнографии СО РАН] в экспериментальной археологии // Проблемы истории и культуры кочевых цивилизаций Центральной Азии: Материалы Междунар. науч. конф. — Улан-Удэ, 2000. — Т. 1: Археология. Этнология. — С. 39 - 44.

999. **П.В. 沃尔科夫**：《旧石器时代试验考古学研究的新视角》//《欧亚大陆考古学、民族学、人类学》，2000 年 4 期，第 30 - 37 页。

Волков П.В. Новые аспекты исследований в экспериментальной археологии палеолита // Археология, этнография и антропология Евразии. — 2000. — No 4. — С. 30 - 37.

1000．**П.В. 沃尔科夫**：《旧石器时代人类智商的确定前景》//《西伯利亚及其毗邻地区考古学、民族学、人类学问题·2000 年 12 月俄罗斯科学院西伯利亚分院考古与民族研究所周年纪念年会资料》，新西伯利亚，2000 年，第 6 卷，第 546－552 页。

Волков П.В. Перспективы определения коэффициента интеллектуальности человека эпохи палеолита // Проблемы археологии, этнографии, антропологии Сибири и сопредельных территорий: Материалы Годовой юбилейной сес. Ин-та археологии и этнографии СО РАН, дек. 2000 г. — Новосибирск, 2000. — Т. VI. — С. 546－552.

1001．**П.В. 沃尔科夫**：《北亚、中央亚细亚、中亚地区旧石器时代痕迹学试验与工艺学研究》，作为学术报告的历史学博士论文，俄罗斯科学院西伯利亚分院考古与民族研究所，新西伯利亚，2000 年，58 页。

Волков П.В. Экспериментально-трасологические и технологические исследования палеолита Северной, Центральной и Средней Азии: Дис. ... д – ра ист. наук в виде науч. докл. / РАН. СО. ИАЭ. — Новосибирск, 2000. — 58 с.

1002．**П.В. 沃尔科夫**：《旧石器实验考古学研究的新视角》//《欧亚大陆的考古学、民族学、人类学》，2000 年 4 期，第 30－37 页。

Volkov P.V. New Aspects of Research in Experimental Paleolithic Archaeology // Archaeology, Ethnology and Anthropology of Eurasia. — 2000. — No. 4. — P. 30－37.

1003．**М.В. 沃罗比耶夫**：《关于满洲、滨海地区古代至蒙古入侵前期的货币流通问题》//《东方铭文学》，1956 年，第 11 集，第 83－94 页。

Воробьев М.В. К вопросу о денежном обращении в Маньчжурии и в Приморье в древности до монгольского нашествия // Эпиграфика Востока. — 1956. — Вып. 11. — С. 83－94.

1004．**М.В. 沃罗比耶夫**：《关于 1954 年滨海地区发现的中国铜钱》//《东方铭文学》，1958 年，第 12 集，第 71－77 页。

Воробьев М.В. О некоторых находках китайских монет в Приморье в 1954 г. // Эпиграфика Востока. — 1958. — Вып. 12. — С. 71－77.

1005．**М.В. 沃罗比耶夫**：《哈巴罗夫斯克博物馆收藏的中国古代铜钱》//《苏联考古学》，1959 年 3 期，第 194－205 页。

Воробьев М.В. Старинные китайские монеты из собрания Хабаровского музея // СА. — 1959. — № 3. — С. 194－205.

1006．**М.В. 沃罗比耶夫**：《关于符拉迪沃斯托克博物馆中的一枚中国古代铜钱》//《东方铭文学》，1960 年，第 13 集，第 100－104 页。

Воробьев М.В. Об одной старинной китайской монете из Владивостокского музея // Эпиграфика Востока. — 1960. — Вып. 13. — С.100－104.

1007．**М.В. 沃罗比耶夫**：《伊尔库茨克博物馆收藏的远东铜钱》//《东方铭文学》，1961 年，第 14 集，第 90－113 页。

Воробьев М.В. Дальневосточные монеты из собрания Иркутского музея // Эпиграфика Востока. — 1961. — Вып. 14. — С. 90－113.

1008．**М.В. 沃罗比耶夫**：《关于中国古代铜钱"开元通宝"的鉴定问题》//《东方铭文学》，1963

年，第 15 集，第 123－146 页。

Воробьев М.В. К вопросу определения старинных китайских монет《кайюань тунбао》// Эпиграфика Востока. — 1963. — Вып. 15. — С. 123－146.

1009．**М.В. 沃罗比耶夫**：《作为民族学史料的女真语言的词汇成分》//《苏联地理学会报告》1968 年，第 6 集：民族学，第 97－107 页。

Воробьев М.В. Словарный состав чжурчжэньского языка как этнографический источник // Докл. Геогр. о-ва СССР. — 1968. — Вып. 5: Этнография. — С. 97－107.

1010．**М.В. 沃罗比耶夫**：《滨海地区出土的女真窖藏铜钱》//《东方的国家与民族》，莫斯科，1968 年，第 6 集，第 108－114 页。

Воробьев М.В. Чжурчжэньский клад монет из Приморья // Страны и народы Востока. — М., 1968. — Вып. 6. — С. 108－114.

1011．**М.В. 沃罗比耶夫**：《女真的语言与文字（历史文化评述）》//《苏联地理学会报告》1968 年，第 6 集：民族学，第 85－96 页。

Воробьев М.В. Язык и письменность чжурчжэней (культурно-историческая характеристика) // Докл. Геогр. о-ва СССР. — 1968. — Вып. 5: Этнография. — С. 85－96.

1012．**М.В. 沃罗比耶夫**：《女真（金代）的货币制度》//《东方的国家与民族》，莫斯科，1969 年，第 8 集，第 99－113 页。

Воробьев М.В. Денежная система чжурчжэней (Династия Цзинь) // Страны и народы Востока. — 1969. — Вып. 8. — С. 99－113.

1013．**М.В. 沃罗比耶夫**：《女真人金朝（1115－1234 年）的历史编纂学》//《东方民族的文化文字遗存与历史问题》，莫斯科，1970 年，第 41－43 页。

Воробьев М.В. Историография в чжурчжэньском государстве Цзинь (1115 － 1234) // Письменные памятники и проблемы истории культуры народов Востока. — М., 1970. — С. 41－43.

1014．**М.В. 沃罗比耶夫**：《关于金朝宣布成立以前女真首领的称谓》//《苏联科学院远东科学中心历史·考古·民族研究所文集》，1973 年，第 9 卷：远东历史资料（历史学、考古学、民族学、哲学），第 156－159 页。

Воробьев М.В. О титулатуре чжурчжэньских вождей до провозглашения государства Цзинь // Тр. / АН СССР. ДВНЦ. ИИАЭ. — 1973. — Т. 9: Материалы по истории Дальнего Востока (история, археология, этнография, филология). — С. 156－159.

1015．**Ю.Е. 沃斯特列佐夫、И.С. 茹希霍夫斯卡娅**：《滨海地区古代文化的古代生态学研究尝试》//《古代、中世纪时代人类与周围环境》，莫斯科，1985 年，第 71－77 页。

Вострецов Ю.Е., **Жущиховская И.С.** Опыт палеоэкологического исследования древних культур Приморья // Человек и окружающая среда в древности и средневековье. — М., 1985. — С. 71－77.

1016．**Ю.Е. 沃斯特列佐夫**：《地形分析的方法——以滨海地区铁器时代克罗乌诺夫卡文化遗址为例》//《苏联远东考古学研究问题：第 13 届远东关于国内外历史编纂学问题学术会议资料》，符拉迪沃斯托克，1986 年，第 135－147 页。

Вострецов Ю.Е. Метод ландшафтного анализа (на примере поселений кроуновской культуры железного века в Приморье) // Проблемы археологических исследований на Дальнем Востоке СССР: Материалы XIII Дальневост. науч. конф. по пробл. отеч. и зарубеж. историографии. — Владивосток, 1986. — С. 135－147.

1017．**Ю.Е. 沃斯特列佐夫**：《地形的人口分布系统与人口容量》//《社会生态学问题·1986年10月1－3日第1次全苏会议报告纲要》，利沃夫，1986年，第2集，66－67页。

Вострецов Ю.Е. Система расселения и демографическая емкость ландшафта // Проблемы социальной экологии: Тез. докл. первой Всесоюз. конф. (г. Львов, 1－3 окт. 1986 г.). — Львов, 1986. — Ч. 2. — С. 66－67.

1018．**Ю.Е. 沃斯特列佐夫、С.В. 马卡罗娃**：《滨海地区基辅卡遗址植物遗存研究》//《具有历史意义的纪念——М.П. 格里亚兹诺夫报告会·州学术会议报告纲要》，鄂木斯克，1987年，第2集，第17－19页。

Вострецов Ю.Е., Макарова С.В. Исследование ботанических остатков на поселении Киевка в Приморье // Исторические чтения памяти М.П. Грязнова: Тез. докл. обл. науч. конф. — Омск, 1987. — Ч. 2. — С. 17－19.

1019．**Ю.Е. 沃斯特列佐夫、И.С. 茹希霍夫斯卡娅**：《铁器时代滨海地区生态学因素与住满人》//《考古学中的自然科学方法》，莫斯科，1987年，第23－29页。

Вострецов Ю.Е., Жущиховская И.С. Экологический фактор и заселение Приморья в железном веке // Методы естественных наук в археологии. — М., 1987. — С. 23－29.

1020．**Ю.Е. 沃斯特列佐夫**：《（公元前1千纪）远东南部地区地形的人口容量与人口分布系统》//《考古学史料研究的综合方法·1989年11月21－23日第5次会议资料》，莫斯科，1989年，第2集，第8－9页。

Вострецов Ю.Е. Демографическая емкость ландшафта и системы расселения на юге Дальнего Востока: [I тыс. до н.э.] // Комплексные методы исследования археологических источников: Материалы к V совещ. 21－23 нояб. 1989 г. — М., 1989. — [Ч. II]. — С. 8－9.

1021．**Ю.Е. 沃斯特列佐夫**：《地形人口分布系统与人口容量（依据考古学资料）》//《社会与自然界相互作用的历史：实际与理论·会议报告纲要·莫斯科·1990年12月》，莫斯科，1990年，第2－3集合刊，第72－73页。

Вострецов Ю.Е. Система расселения и демографическая емкость ландшафта: [С привлечением археол. данных] // История взаимодействия общества и природы: факты и концепции: Тез. докл. конф. (Москва, дек., 1990 г.). — М., 1990. — Ч. 2－3. — С. 72－73.

1022．**Ю.Е. 沃斯特列佐夫**：《日本海地区的海洋适应》//《公元1600年的北太平洋》，北太平洋研究中心，波特兰（美国俄勒冈州），1991年，第1卷，第37－42页。

Vostretsov Yu. Maritime Adaptation in Japan Sea Region // The North Pacific to 1600. North Pacific Studies Center. — Portland, 1991. — Vol. 1. — P. 37－42.

1023．**Ю.Е. 沃斯特列佐夫**：《滨海地区南部海洋适应的研究问题》//《关于日本海区域古代文化的联系·俄罗斯、日本合作研究》，东京，1994年3期，第1－5页，日文。

Вострецов Ю.Е. Проблемы изучения морской адаптации на юге Приморья // О древних культурных контактах в бассейне Японского моря. Совместные российско-японские исследования. — Токио, 1994. —

No 3. — C. 1 – 5. — Яп. яз.

1024. Ю.E. 沃斯特列佐夫：《日本海域海洋适应和农业适应的相互作用》//《第三届世界考古学大会（语言、人类学和考古学）文集》，新德里，1994 年，第 51 – 52 页。

Vostretsov Yu. Interaction of Maritime and Agricultural Adaptation // Japan Sea Basin. World Archaeological Congress — 3. — N. Delhi, 1994. — P. 51 – 52.

1025. Ю.E. 沃斯特列佐夫：《日本海区域海洋适应与耕作适应的相互作用》//《古代、中世纪时代的滨海·区域考古学会议资料》，乌苏里斯克，1996 年，第 17 – 23 页。

Вострецов Ю.E. Взаимодействие морских и земледельческих адаптаций в бассейне Японского моря // Приморье в древности и средневековье: Материалы регион. археол. конф. — Уссурийск, 1996. — C. 17 – 23.

1026. Ю.E. 沃斯特列佐夫：《日本海西部全新世中期地理环境的变迁和海洋资源的勘探》，《第八届关于狩猎采集社会，采集社会和后采集社会：历史、政治和未来的国际会议摘要·1998 年 10 月 26 – 30 日·大阪；10 月 21 – 25 日·青森；10 月 30-31 日·北海道》，第一章，第 117 页。

Vostretsov Yu.E. Changing of Geographic Environment and Marine Resources Exploration of Middle Holocene in the Western Part of the Sea of Japan // 8th International Conference on Hunting and Gathering Societies. Foraging and Post – Foraging Societies: History, Politics, and Future. Osaka, October 26 – 30, Aomori, October 21 – 25, Hokkaido, October 30-31: Abstracts. — S. l., 1998. — P. 117.

1027. Ю.E. 沃斯特列佐夫：《贝冢研究的三个比较分析方法》//《加利福利亚考古学会第 32 次年会论文集·大众考古学：迈向新世纪》，圣迭戈，1998 年，第 90 – 91 页。

Vostretsov Yu.E. Three Methods for Studying Shell Middens: a Comparative Analysis // Public Archaeology: Footsteps toward the New Millennium: Proceedings of 32nd Annual Meeting of Society for California Archaeology. — San Diego, 1998. — P. 90 – 91.

1028. Ю.E. 沃斯特列佐夫：《日本海域海洋适应和农业适应的相互作用》//《饮食的史前史：食欲的改变》伦敦；纽约，1999 年，第 322 – 332 页。

Vostretsov Yu.E. Interaction of Maritime and Agricultural Adaptations in the Japan Sea Basin // The Prehistory of Food: Appetites for Change. — London; New York, 1999. — P. 322 – 332.

1029. Ю.E. 沃斯特列佐夫、B.A. 巴科夫：《扎伊桑诺夫卡 2 号扬科夫斯基文化遗址的地层与软体动物区系》//《追溯过去·纪念 Ж.B. 安德列耶娃 70 周岁》，符拉迪沃斯托克，2000 年，第 43 – 102 页。

Вострецов Ю.E., Раков В.А. Стратиграфия и малакофауна поселения янковской культуры Зайсановка – 2 // Вперед … в прошлое: К 70-летию Ж.В. Андреевой. — Владивосток, 2000. — C. 43 – 102.

1030. A.A. 瓦西里耶夫斯基、M.Д. 格拉斯克克、C.B. 戈尔布诺夫、B.И. 扎伊采夫、Я.B. 库兹明、B.К. 波波夫、佐藤宏之、A.B. 塔巴列夫、M.C. 舍克里、O.A 舒比娜：《俄罗斯远东火山玻璃：地质学与考古学视角》，符拉迪沃斯托克，俄罗斯科学院远东分院远东地质研究所，2000 年，第 168 页。

Вулканические стекла Дальнего Востока России: геологические и археологические аспекты / **A.A. Василевский, М.Д. Гласкок, С.В. Горбунов, В.И. Зайцев, Я.В. Кузьмин, В.К. Попов, Х. Сато, А.В. Табарев, М.С. Шекли, О.А. Шубина.** — Владивосток: ДВГИ ДВО РАН, 2000. — 168 c.

1031．**В.А. 加利宾、В.А. 克拉明采夫**：《从光谱分析数据看科尔萨科沃墓地有色金属的化学成分》//《古代生产的工艺学问题》，新西伯利亚，1990 年，第 187－205 页。

Галибин В.А., Краминцев В.А. Химический состав цветного металла Корсаковского могильника по данным спектрального анализа // Проблемы технологии древних производств. — Новосибирск, 1990. — С. 187－205.

1032．**Г.С. 加涅申、А.П. 奥克拉德尼科夫**：《关于滨海地区的某些考古遗存及其地质学意义》//《全苏地质学研究所资料·地质学与有用矿物系列》，1956 年，第 1 集，第 50－57 页。

Ганешин Г.С., Окладников А.П. О некоторых археологических памятниках Приморья и их геологическом значении // Материалы ВСЕГЕИ. — Сер. геология и полез. ископаемые. — 1956. — Вып. 1. — С. 50－57.

1033．**Г.С. 加涅申**：《关于阿穆尔湾海岸线的海退速度》//《《全苏地质学研究所汇编信息》，1956 年 3 期，第 18－20 页。

Ганешин Г.С. О скорости регрессий береговой линии Амурского залива // Информ. сб. ВСЕГЕИ. — 1956. — № 3. — С. 18－20.

1034．**Г.С. 加涅申**：《滨海边疆区、锡霍特山脉第四纪地层的地层学图解》//《远东标准化图解制作的实施·报告纲要》，哈巴罗夫斯克，1956 年，第 89－90 页。

Ганешин Г.С. Схема стратиграфии четвертичных отложений Приморского края и Сихотэ－Алиня // Совещание по разработке унифицированных схем Дальнего Востока: Тез. докл. — Хабаровск, 1956. — С. 89－90.

1035．**Г.С. 加涅申**：《远东南部地区第三纪早期、第四纪地层研究的主要问题》//《苏联地质学》，1957 年，汇编 55，第 173－189 页。

Ганешин Г.С. Основные вопросы изучения верхнетретичных и четвертичных отложений южной части Дальнего Востока // Советская геология. — 1957. — Сб. 55. — С. 173－189.

1036．**Г.С. 加涅申、А.М. 斯米尔诺夫**：《滨海边疆区及其毗邻地区第四纪地层的地层学》//《地质学与地球物理学》，1960 年 5 期，第 28－39 页。

Ганешин Г.С., Смирнов А.М. К стратиграфии четвертичных отложений Приморского края и прилежащих территорий // Геология и геофизика. — 1960. — № 5. — С. 28－39.

1037．**В.В. 加波诺夫**：《独特的文化因素：乌苏里江发源地区域的独特文化因素形成的地理前提》//《俄罗斯与亚洲太平洋地区》，2000 年 3 期，第 62－73 页。

Гапонов В.В. Элементы самобытных культур: географические посылки их формирования в бассейне истоков реки Уссури // Россия и АТР. — 2000. — № 3. — С. 62－73.

1038．**А.В. 加尔科维克**：《关于滨海地区公元前 3 千纪至公元前 2 千纪时期考古学文化的区分（论问题的提法）》//《苏联远东的最新考古学研究》，符拉迪沃斯托克，1976 年，第 22－26 页。

Гарковик А.В. О выделении археологических культур III — II тыс. до н.э. в Приморье（к постановке вопроса） // Новейшие археологические исследования на Дальнем Востоке СССР. — Владивосток, 1976. — С. 22－26.

1039．**А.В. 加尔科维克、Н.А. 科诺年科**：《瓦连京地峡遗址综合研究》//《第四纪地质学与西伯利亚南部原始社会考古学·全苏会议报告纲要》，乌兰乌德，1986 年，第 2 集，第 50－52 页。

Гарковик А.В., Кононенко Н.А. Комплексное исследование поселения Валентин-перешеек // Четвертичная геология и первобытная археология Южной Сибири: Тез. докл. Всесоюз. конф. — Улан-Удэ, 1986. — Ч. 2. — С. 50－52.

1040．А.В. 加尔科维克：《瓦连京地峡遗址的地层学及其与滨海地区第四纪地层的关系》//《苏联远东古代生产考古学研究中的自然科学方法》，符拉迪沃斯托克，1986 年，第 43－48 页。

Гарковик А.В. Стратиграфия поселения Валентин-перешеек и ее связь с четвертичными отложениями Приморья // Методы естественных наук в археологическом изучении древних производств на Дальнем Востоке СССР. — Владивосток, 1986. — С. 43－48.

1041．Е.И. 格尔曼、И.С. 茹希霍夫斯卡娅、Б.Л. 扎利夏克：《中世纪釉陶的研究方法（根据滨海地区资料)》//《北太平洋考古学》，符拉迪沃斯托克，1996 年，第 161－168 页。

Гельман Е.И., Жущиховская И.С., Залищак Б.Л. К методике изучения средневековых глазурей (по материалам памятников Приморья) // Археология Северной Пасифики. — Владивосток, 1996. — С. 161－168.

1042．Е.И. 格尔曼、В.И. 博尔金、Б.Л. 扎利夏克：《展望未来的方法论——克拉斯基诺城址出土的瓦的岩相学研究》//《俄罗斯与亚洲太平洋地区》，1998 年 3 期，第 103－106 页。

Гельман Е.И., Болдин В.И., Залищак Б.Л. Перспективный метод. Петрографические исследования черепицы из Краскинского городища // Россия и АТР. — 1998. — № 3. — С. 103－106.

1043．Я.В. 库兹明、А.В. 塔巴列夫、В.К. 波波夫、М.Д. 格拉斯科克、М.С. 舍克里：《古代（俄罗斯远东）滨海地区黑曜岩的特点及原料来源》//《景观的地球化学、人类与民族起源的古生态学·1999 年 9 月 6－11 日国际学术会议纲要》，乌兰乌德，1999 年，第 464－465 页，俄文、英文。

Геохимическая характеристика обсидиана Приморья (Дальний Восток России) и источники сырья в древности / Я.В. Кузьмин, А.В. Табарев, В.К. Попов, М.Д. Гласкок, М.С. Шекли // Геохимия ландшафтов, палеоэкология человека и этногенез: Тез. междунар. симп., 6－11 сент. 1999 г. — Улан-Удэ, 1999. — С. 464－465. — Рус. яз., англ. яз.

1044．Л.В. 戈卢别娃、Л.П. 卡拉乌洛娃：《苏联远东南部更新世、全新世的植被与气候志》，莫斯科，科学出版社，1983 年，144 页。

Голубева Л.В., Караулова Л.П. Растительность и климатография плейстоцена и голоцена юга Дальнего Востока СССР. — М.: Наука, 1983. — 144 с.

1045．Ан.В. 格列比翁希科夫：《乌里尔文化陶工制陶的成型配方》//《古代生产的工艺学问题》，新西伯利亚，1990 年，第 120－138 页。

Гребенщиков Ан.В. Рецептуры формовочных масс в практике керамистов урильской культуры // Проблемы технологии древних производств. — Новосибирск, 1990. — С. 120－138.

1046．Ан.В. 格列比翁希科夫：《阿穆尔河沿岸古代制陶业的地质考古学研究尝试》//《第 6 次纪念阿尔谢尼耶夫报告会·关于历史学、考古学、方志学问题区域学术会议报告纲要》，乌苏里斯克，1992 年，第 165－167 页。

Гребенщиков Ан.В. Опыт геоархеологического изучения древнего гончарства Приамурья // VI

Арсеньевские чтения: Тез. докл. регион. науч. конф. по пробл. истории, археологии и краеведения. — Уссурийск, 1992. — С. 165 – 167.

1047. Ан.В. 格列比翁希科夫：《关于舍列梅奇耶夫卡出土的陶质圆柱体的功能考证》// 《实验考古学》，托博尔斯克，1994 年，第 3 集：《考古学器物与某些史料学问题》，第 52 – 56 页。

Гребенщиков Ан.В. О функциональной атрибуции глиняного цилиндра из Шереметьевского // Экспериментальная археология. — Тобольск, 1994. — Вып. 3: Археологические вещи и некоторые вопросы источниковедения. — С. 52 – 56.

1048. Ан.В. 格列比翁希科夫、И.Г. 格卢什科夫、И.С. 茹希霍夫斯卡娅：《考古学陶器的岩相学：问题、可能性、远景》// 《古代制陶业研究的现实问题》，萨马拉，1999 年，第 150 – 167 页。

Гребенщиков Ан.В., Глушков И.Г., Жущиховская И.С. Петрография археологической керамики: проблемы, возможности, перспективы // Актуальные проблемы изучения древнего гончарства. — Самара, 1999. — С. 150 – 167.

1049. Л.Н. 古谢娃：《女真艺术的研究方法》// 《考古学资料研究的综合方法·1989 年 11 月 21 – 23 日第 5 次会议资料》，莫斯科，1989 年，第 1 集，第 12 页。

Гусева Л.Н. К методике исследования искусства чжурчжэней // Комплексные методы исследования археологических источников: Материалы к V совещ. 21 – 23 нояб. 1989 г. — М., 1989. — [Ч. I] . — С. 12.

1050. А.П. 杰列维扬科：《石核——工具，工具——石核》// 《考古学者、民族学者区域会议资料·报告议程、纲要》，托木斯克，1972 年，第 4 – 5 页。

Деревянко А.П. Нуклеус — орудие. Орудие — нуклеус // Материалы зонального совещания археологов и этнографов: Тез. докл. и сообщ. — Томск, 1972. — С. 4 – 5.

1051. А.П. 杰列维扬科：《关于北亚新石器时代民族文化区划分的原则》// 《中亚、哈萨克斯坦的石器时代会议·报告纲要》，塔什干，1972 年，第 68 – 71 页。

Деревянко А.П. О принципах выделения этнокультурных областей в неолите Северной Азии // Каменный век Средней Азии и Казахстана: Тез. докл. совещ. — Ташкент, 1972. — С. 68 – 71.

1052. А.П. 杰列维扬科、А.Л. 希马诺夫：《考古学研究的方法论问题》// 《历史学的方法论、哲学问题》，新西伯利亚，1983 年，第 251 – 260 页。

Деревянко А.П., Симанов А.Л. Методологические проблемы археологических исследований // Методологические и философские проблемы истории. — Новосибирск, 1983. — С. 251 – 260.

1053. А.П. 杰列维扬科、А.Ф. 费林格尔、Ю.П. 霍柳什金：《石器时代考古学的信息学方法》，新西伯利亚，西伯利亚科学出版社，1989 年，272 页。

Деревянко А.П., Фелингер А.Ф., Холюшкин Ю.П. Методы информатики в археологии каменного века. — Новосибирск: Наука. Сиб. отд - ние, 1989. — 272 с.

1054. А.П. 杰列维扬科、李宪宗、Е.В. 雷比娜：《借助计算机研究旧石器时代晚期谢列姆贾组合的石器工业》// 《“历史学与计算机”学会信息通报》，莫斯科，1996 年 17 期，第 41 – 43 页。

Деревянко А.П., Ли Хонджон, Рыбина Е.В. Изучение каменных индустрий позднепалеолитического комплекса Селемджа с помощью компьютера // Информационный бюллетень ассоциации《История и компьютер》. — М., 1996. — № 17. — С. 41－43.

1055. **А.П. 杰列维扬科、Ю.П. 霍柳什金、П.С. 罗斯托夫采夫**：《远东旧石器时代晚期遗存遗物分布结构的统计学分析》//《人文科学研究中的信息工艺学》，新西伯利亚，1998 年，第 1 集，第 91－96 页。

Деревянко А.П., **Холюшкин Ю.П.,** **Ростовцев П.С.** Статистический анализ структуры распределения находок на памятниках позднего палеолита Дальнего Востока // Информационные технологии в гуманитарных исследованиях. — Новосибирск, 1998. — Вып. 1. — С. 91－96.

1056. **Е.И. 杰列维扬科、Г.С. 勒博夫、Е.В. 雷比娜**：《新石器、早期青铜时代墓葬遗存资料的计算机分析系统》//《基础研究的一体化程序》，新西伯利亚，1998 年，第 135－143 页。

Деревянко Е.И., **Лбов Г.С.,** **Рыбина Е.В.** Компьютерная система анализа данных погребальных памятников эпохи неолита и ранней бронзы // Интеграционные программы фундаментальных исследований. — Новосибирск, 1998. — С. 135－143.

1057. **В.А. 杰留金、Э.В. 阿尔谢尼耶娃**：《波克罗夫卡 1 号遗址 A 地点出土的骨学资料与骨制品》//北方欧亚学会：《时事通讯》第 9 期，东京，1997 年，第 2－4 页，日文。

Дерюгин В.А., **Алексеева Э.В.** Остеологические материалы и изделия из кости, найденные в пункте А поселения Покровка－1 // The Society of North－Eurasian Studies. Newsletter No. 9. — Tokyo, 1997. — P. 2－4. — Яп. яз.

1058. **Э.Дж.Т. 驹奥、Я.В. 库兹明、И.Я. 舍夫科穆德**：《用 AMS 方法断代（阿穆尔河下游）孔恰尔卡 1 号遗址的新数据》//《世纪之交的远东历史文化遗产、自然遗产：研究与保护问题·第 2 次纪念格罗杰科夫斯基报告会·1999 年 4 月 29－30 日·哈巴罗夫斯克》，哈巴罗夫斯克，1999 年，第 163－165 页。

Джалл Э.Дж.Т., **Кузьмин Я.В.,** **Шевкомуд И.Я.** Новые данные по датированию методом AMS стоянки Гончарка－1 (Нижний Амур) // Историко-культурное и природное наследие Дальнего Востока на рубеже веков: проблемы изучения и сохранения: Материалы Вторых Гродековских чтений (Хабаровск, 29－30 апр. 1999 г.). — Хабаровск, 1999. — С. 163－165.

1059. **Г.А. 琼斯、Я.В. 库兹明**：《彼得大帝湾海岸"温水"软体动物贝壳的放射性碳测定年代》//《（日本海）彼得大帝湾沿岸全新世地层剖面的综合研究》，符拉迪沃斯托克，1995 年，第 34－38 页。

Джонс Г.А., **Кузьмин Я.В.** Радиоуглеродное датирование раковин《тепловодных》моллюскосное изучение разрезов голоценовых отложений залива Петра Великого (Японское море). — Владивосток, 1995. — С. 34－38.

1060. **П.М. 多卢哈诺夫**：《关于沃兹涅谢诺夫卡遗址埋藏条件的地貌学简报》//《西伯利亚、远东考古学资料》，新西伯利亚，1972 年，第 1 集，第 36－37 页。

Долуханов П.М. Краткий геоморфологический отчет об условиях залегания стоянки Вознесеновской // Материалы по археологии Сибири и Дальнего Востока. — Новосибирск, 1972. — Ч. 1. — С. 36－37.

1061. **О.Н. 多罗费耶夫**：《阿穆尔河沿岸民族文化的史前阶段》，哈巴罗夫斯克文化研究所，哈巴罗夫斯克，1985 年，12 页；苏联科学院社会科学学术信息研究所档案：9.12.85，№23284。

Дорофеев О.Н. Доисторические ступени культуры народов Приамурья / Хабаровский ин-т культуры. — Хабаровск, 1985. — 12 с. — Деп. в ИНИОН АН СССР, 9.12.85, № 23284.

1062．**Н.А. 杜万斯卡娅、А.В. 克里沃舍耶娃、В.А. 拉科夫**：《远东南部泻湖、河口湾软体动物区系的起源、发展、古生态学》//《远东生态学和自然资源合理利用问题·远东青年学者区域会议》，符拉迪沃斯托克，1998 年，第 44－46 页。

Дуванская Н.А., Кривошеева А.В., Раков В.А. Происхождение, развитие и палеоэкология малакофауны лагун и эстуариев юга Дальнего Востока // Проблемы экологии и рационального природопользования Дальнего Востока: Дальневост. регион. конф. молодых ученых. — Владивосток, 1998. — С. 44－46.

1063．**В.И季亚科夫**：《阿穆尔河中游（出土的）杵的痕迹学研究》//《新西伯利亚国立大学大学生第 10 次历史学、语文学学术会议报告纲要》，新西伯利亚，1972 年，第 71－73 页。

Дьяков В.И. Трасологическое изучение пестов Среднего Амура // Тез. докл. 10-й науч. студ. конф. История. Филология / НГУ. — Новосибирск, 1972. — С. 71－73.

1064．**В.И季亚科夫**：《远东考古遗存的放射性碳法断代》//《西西伯利亚古代史研究中自然科学、精密科学方法的运用·1983 年 4 月 6－8 日学术会议·报告、议程纲要》，巴尔瑙尔，1983 年，第 20－23 页。

Дьяков В.И. Радиоуглеродное датирование археологических памятников на Дальнем Востоке // Использование методов естественных и точных наук при изучении древней истории Западной Сибири: Тез. докл. и сообщ. к науч. конф. (6－8 апр. 1983 г.). — Барнаул, 1983. — С. 20－23.

1065．**В.И季亚科夫**：《更新世晚期和全新世时期滨海地区的人类经济开发阶段（古地理学视角）》//《远东地区人类与自然·学术汇报会报告纲要》，符拉迪沃斯托克，1984 年，第 13－14 页。

Дьяков В.И. Этапы хозяйственного освоения Приморья человеком в позднем плейстоцене и голоцене (палеогеографические аспекты) // Человек и природа на Дальнем Востоке: Тез. докл. науч. - практ. конф. — Владивосток, 1984. — С. 13－14.

1066．**В.И季亚科夫、Е.В. 丘巴希娜**：《（滨海地区）前陶期综合体乌斯季诺夫卡 4 号遗址研究中运用拼合方法的尝试》//《苏联远东古代生产考古学研究中的自然科学方法》，符拉迪沃斯托克，1986 年，第 33－42 页。

Дьяков В.И., Чупахина Е.В. Опыт применения аппликативного метода при изучении докерамического комплекса поселения Устиновка－Ⅳ（Приморье）// Методы естественных наук в археологическом изучении древних производств на Дальнем Востоке СССР. — Владивосток, 1986. — С. 33－42.

1067．**В.И季亚科夫**：《阿穆尔河、滨海地区人类与自然界相互关系的古生态学视角》//《民族共同体与自然界》，符拉迪沃斯托克，1997 年，第 6－23 页。

Дьяков В.И. Палеоэкологические аспекты взаимодействия человека и природы в Амуро-Приморском регионе // Этнос и природная среда. — Владивосток, 1997. — С. 6－23.

1068．**Н.М. 叶尔莫洛娃**：《沙碛半岛贝丘中出土的哺乳动物遗骸》//《苏联考古学资料与研究》，1963 年 112 期，第 344－348 页。

Ермолова Н.М. Остатки млекопитающих из раковинных куч полуострова Песчаного // МИА. — 1963. — № 112. — С. 344－348.

1069．**И.С. 茹希霍夫斯卡娅**：《滨海地区古代陶器的岩相学研究与光谱化学研究》//《古代生产研究中的考古学与自然科学》，莫斯科，1982 年，第 99－106 页。

Жущиховская И.С. Петрографические и спектрохимические исследования древней керамики Приморья // Естественные науки и археология в изучении древних производств. — М., 1982. — С. 99－106.

1070．**И.С. 茹希霍夫斯卡娅、Б.Л. 扎利夏克**：《关于滨海地区早期铁器时代陶器生产的原料基地》// 《苏联远东南部及其毗邻地区古代和中世纪的考古学资料》，符拉迪沃斯托克，1983 年，第 25－33 页。

Жущиховская И.С., Залищак Б.Л. О сырьевой базе керамического производства в период раннего железного века в Приморье // Материалы по древней и средневековой археологии юга Дальнего Востока СССР и смежных территорий. — Владивосток, 1983. — С. 25－33.

1071．**И.С. 茹希霍夫斯卡娅、Б.Л. 扎利夏克**：《古代陶器研究中的岩相学方法（根据滨海地区新石器时代至中世纪文化资料》//《苏联远东古代生产考古学研究中的自然科学方法》，符拉迪沃斯托克，1986 年，第 55－67 页。

Жущиховская И.С., Залищак Б.Л. Петрографический метод в изучении древней керамики（на материале неолитических — средневековых культур Приморья）// Методы естественных наук в археологическом изучении древних производств на Дальнем Востоке СССР. — Владивосток, 1986. — С. 55－67.

1072．**И.С. 茹希霍夫斯卡娅、Б.Л. 扎利夏克**：《远东南部古代文化陶器研究中的岩相学方法》// 《具有历史意义的纪念——М.П. 格里亚兹诺夫报告会·州学术会议报告纲要》，鄂木斯克，1987 年，第 2 集，第 26－33 页。

Жущиховская И.С., Залищак Б.Л. Петрографический метод в изучении керамики древних культур юга Дальнего Востока // Исторические чтения памяти М.П. Грязнова: Тез. докл. обл. науч. конф. — Омск, 1987. — Ч. 2. — С. 26－33.

1073．**И.С. 茹希霍夫斯卡娅**：《远东南部古代文化陶器生产的原料因素与传统》//《地层学与亚洲、太平洋地区第四纪地层的相互关系·1988 年 10 月 9－16 日纳霍德卡国际会议纲要》，符拉迪沃斯托克，1988 年，第 1 卷，第 119－120 页。

Жущиховская И.С. Сырьевой фактор и традиции керамического производства древних культур юга Дальнего Востока // Стратиграфия и корреляция четвертичных отложений Азии и Тихоокеанского региона: Тез. междунар. симп.（9－16 окт. 1988 г., Находка）. — Владивосток, 1988. — Т. 1. — С. 119－120.

1074．**И.С. 茹希霍夫斯卡娅、Б.Л. 扎利夏克**：《远东南部古代陶器陶土原料的研究问题》//《西伯利亚古代陶器：类型学、工艺学、语义学》，新西伯利亚，1990 年，第 144－157 页。

Жущиховская И.С., Залищак Б.Л. Вопросы изучения сырья формовочной массы древней керамики юга Дальнего Востока // Древняя керамика Сибири: типология, технология, семантика. — Новосибирск, 1990. — С. 144－157.

1075．**И.С. 茹希霍夫斯卡娅**：《远东南部原始社会文化陶器成分研究中的显微镜学方法》//《实验考古学·托波尔斯克师范学院考古学实验室通讯》，托波尔斯克，1991 年，第 34－48 页。

Жущиховская И.С. Методы микроскопии в изучении состава керамики первобытных культур юга

Дальнего Востока // Экспериментальная археология: Известия лаб. эксперимент. археологии Тобольского пединститута. — Тобольск, 1991. — С. 34 – 48.

1076. И.С. 茹希霍夫斯卡娅、Н.А. 克柳耶夫、Ю.Г. 尼基京：《英俄、俄英考古学字典：2000 个单词与词组》，符拉迪沃斯托克，远东科学出版社，1994 年，135 页。

Жущиховская И.С.，Клюев Н.А.，Никитин Ю.Г. Англо-русский, русско-английский археологический словарь: 2000 слов и словосочетаний. — Владивосток: Дальнаука, 1994. — 135 с.

1077. И.С. 茹希霍夫斯卡娅、В.А. 拉科夫：《含有贝壳掺入物的古代陶器：新的分析方法》//《自然科学方法在考古学中的运用国际学术会议报告纲要》，圣彼得堡，1994 年，第 2 卷，第 132 – 133 页。

Жущиховская И.С., Раков В.А. Древняя керамика с примесью раковины: новые методы анализа // Междунар. конф. по применению методов естественных наук в археологии: Тез. докл. — СПб., 1994. — Ч. II. — С. 132 – 133.

1078. И.С. 茹希霍夫斯卡娅、В.А. 拉科夫：《关于远东古代陶器陶土中软体动物贝壳成分的测定结果》//《方志学通报》，南萨哈林斯克，1994 年 4 期，第 112 – 120 页。

Жущиховская И.С., Раков В.А. О результатах определений раковин моллюсков в формовочной массе древней керамики Дальнего Востока // Краевед. бюл. — Южно-Сахалинск, 1994. — № 4. — С. 112 – 120.

1079. И.С. 茹希霍夫斯卡娅：《古代陶器的实验岩相学》//《自然科学方法在考古学中的运用国际会议报告纲要》，圣彼得堡，1994 年，第 2 卷，第 130 页。

Жущиховская И.С. Экспериментальная петрография древней керамики // Междунар. конф. по применению методов естественных наук в археологии: Тез. докл. — СПб., 1994. — Ч. II. — С. 130.

1080. И.С. 茹希霍夫斯卡娅：《古代远东陶器制作贴片技术之研究：方法论方面》//《韩国古物学会学报》，1994 年 12 期，第 457 – 472 页。

Zhushchikhovskaya I., Zalishchak B. On the Research of Ceramic Paste Technology in Ancient Far Eastern Pottery – making: Methodological Aspect // The Journal of Korean Antiquity Society. — 1994. — No. 12. — P. 457 – 472.

1081. И.С. 茹希霍夫斯卡娅：《作为民族文化标识的考古学陶器：方法论视角》//《世界史背景下的俄罗斯远东：从过去到未来·国际学术会议报告、议程纲要》，符拉迪沃斯托克，1996 年，第 96 – 97 页。

Жущиховская И.С. Археологическая керамика как этнокультурный индикатор: методический аспект // Дальний Восток России в контексте мировой истории: от прошлого к будущему: Тез. докл. и сообщ. междунар. науч. конф. — Владивосток, 1996. — С. 96 – 97.

1082. И.С. 茹希霍夫斯卡娅：《古代陶器研究的系统办法》//《作为历史资料的陶器·报告纲要与会议资料》，托波尔斯克，1996 年，第 9 – 11 页。

Жущиховская И.С. Системный подход к изучению древнего гончарства // Керамика как исторический источник: Тез. докл. и материалы конф. — Тобольск, 1996. — С. 9 – 11.

1083. И.С. 茹希霍夫斯卡娅：《贴片技术：分析方法（基于日本海北部区域的考古资料）》//《第十三届国际史前和原始时期科学大会摘要·弗利·意大利，1996 年 9 月 8 – 14 日》，弗利，1996 年，第 2 卷，第 215 – 216 页。

Zhushchikhovskaya I.S. Ceramic Paste Technology: Analytical Approaches (on the Archaeological Data of the Japan Sea Basin's Northern Part // XIII International Congress of Prehistoric and Protohistoric Sciences. Forli — Italia — 8/14 Sept. 1996: Abstracts. — Forli, 1996. — Vol. 2. — P. 215－216.

1084. **И.С. 茹希霍夫斯卡娅**：《古代远东地区陶器制作的实验研究》//《西北美洲与东北亚太平洋沿岸原本居民之间的历史文化联系·纪念德茹泽波夫斯基北太平洋考察100周年国际学术会议资料·符拉迪沃斯托克·1998年4月1－5日》，符拉迪沃斯托克，1998年，第179－190页（《太平洋考古学》，第10集）。

Zhushchikhovskaya I.S. Experiment in the Studying of Ancient Far Eastern Pottery－Making // Историко-культурные связи между коренным населением тихоокеанского побережья Северо-Западной Америки и Северо-Восточной Азии: К 100-летию Джузеповской Северо-Тихоокеанской экспедиции: Материалы междунар. науч. конф. (Владивосток, 1－5 апр. 1998 г.). — Владивосток, 1998. — С. 179－190.

1085. **И.С. 茹希霍夫斯卡娅、В.Г. 扎利夏克**：《俄罗斯远东晚更新世和早全新世石器组合的原料研究：分析方法》//《更新世最新研究》，科瓦利斯，1998年，第15卷，第91－93页。

Zhushchikhovskaya I., Zalishchak B., Pakhomova V. Stone Raw Materials of Late－Pleistocene and Early－Holocene Russian Far Eastern Assemblages: Analytical Approach // Current Research in the Pleistocene. — Corvallis, 1998. — Vol. 15. — P. 91－93.

1086. **В.Г. 扎利夏克**：《（滨海地区境内）贝丘墓葬研究中测电学运用的尝试》//《远东、中央亚细亚的考古学与理论民族学》，符拉迪沃斯托克，1998年，第22－24页。

Залищак В.Б. Опыт применения электрометрии при изучении погребенных раковинных куч [на территории Приморья] // Археология и этнология Дальнего Востока и Центральной Азии. — Владивосток, 1998. — С. 22－24.

1087. **В.Н. 泽宁**：《乌利马河河口旧石器遗存的地貌学、地层学》//《东亚、北美的旧石器晚期至新石器早期·国际会议资料》，符拉迪沃斯托克，1996年，第83－87页。

Зенин В.Н. Геоморфология и стратиграфия палеолитических памятников в устье реки Ульмы // Поздний палеолит — ранний неолит Восточной Азии и Северной Америки (материалы междунар. конф.). — Владивосток, 1996. — С. 83－87.

1088. **А.М. 佐罗塔耶夫**：《氏族制度与乌尔奇人宗教（关于阿穆尔考古遗存的绪论）》，哈巴罗夫斯克，远东国立出版社，1939年，207页。

Золотарев А.М. Родовой строй и религия ульчей: [Во введении об археол. памятниках Амура]. — Хабаровск: Дальгиз, 1939. — 207 с.

1089. **伊阿金夫 (Н.Я. 比丘林)**：《古代亚洲民族资料汇编》，第3卷，圣彼得堡，1851年。

Иакинф [Бичурин Н.Я.]. Собрание сведений о народах, обитавших в древние времена в Азии: В 3 ч. — СПб., 1851.

1090. **С.В. 伊万诺夫**：《作为历史资料的西伯利亚民族的图案装饰（根据19世纪至20世纪初期资料）》//《以Н.Н. 米克鲁哈·马克拉娅命名的民族研究所文集·新系列》，1963年，第81卷，500页。

Иванов С.В. Орнамент народов Сибири как исторический источник (По материалам XIX — нач. XX в.) // ТИЭ. Нов. сер. — 1963. — Т. 81. — 500 с.

评论：**С.И. 瓦因什杰因**，刊于《苏联民族学》，1966 年 2 期，第 162－165 页。

Рец.: **Вайнштейн С.И.** // СЭ. — 1966. — № 2. — С. 162－165.

1091．**А.Л. 伊夫里耶夫**：《关于金代铜镜镜缘题铭的释读》//《中国的社会与国家·第 9 次学术会议报告纲要》，莫斯科，1978 年，第 1 卷，第 208－214 页。

Ивлиев А.Л. О дешифровке надписей на бортиках бронзовых зеркал империи Цзинь // Общество и государство в Китае: Девятая науч. конф.: Тез. и докл. — М., 1978. — Ч. 1. — С. 208－214.

1092．**А.Л. 伊夫里耶夫**：《关于中世纪铜镜镜缘的题铭》//《苏联远东古代史的考古学资料》，符拉迪沃斯托克，1978 年，第 104－117 页。

Ивлиев А.Л. О надписях на бортиках средневековых бронзовых зеркал // Археологические материалы по древней истории Дальнего Востока СССР. — Владивосток, 1978. — С. 104－117.

1093．**А.Л. 伊夫里耶夫**：《（阿穆尔州）尼古拉耶夫卡村附近出土的窖藏铜钱》//《远东及其毗邻地区方志学问题·大学生区域学术会议与会者报告纲要·1990 年 2 月 21－22 日·布拉戈维申斯克》，布拉戈维申斯克，1990 年，第 17－21 页。

Ивлиев А.Л. Клад монет у с. Николаевки [в Амурской области] // Проблемы краеведения Дальнего Востока и сопредельных территорий: Тез. докл. участников регион. науч. студ. конф. (Благовещенск, 21－22 февр. 1990 г.). — Благовещенск, 1990. — С. 17－21.

1094．**А.Л. 伊夫里耶夫**：《关于中世纪铜镜边沿上的题铭》//《北方文物》，1996 年 4 期，第 106－109 页，中文。

Ивлиев А.Л. О надписях на бортиках бронзовых средневековых зеркал // Бэйфан вэньу. — 1996. — №4. — С. 106－109. — Кит. яз.

1095．**А.Л. 伊夫里耶夫**：《关于滨海地区公元 1 千纪中期至 2 千纪初期的文献史料》//《古代、中世纪时代的滨海地区·区域考古会议资料》，乌苏里斯克，1996 年，第 30－34 页。

Ивлиев А.Л. Письменные источники об истории Приморья середины I — начала II тысячелетий н.э. // Приморье в древности и средневековье: (Материалы регион. археол. конф.). — Уссурийск, 1996. — С. 30－34.

1096．**Н.В. 伊沃奇基娜**：《女真国货币流通中的白银》//《1966 年苏联科学院考古研究所全体会议"古钱学"会议报告纲要》，莫斯科，1966 年，第 1－2 页。

Ивочкина Н.В. Серебро в денежном обращении Чжурчжэньского государства // Тез. докл. Пленума Ин-та археологии АН СССР 1966 г. Секция «Нумизматика». — М., 1966. — С. 1－2.

1097．**Н.В. 伊沃奇基娜**：《女真国（1115－1234 年）货币经济的形成》//《国立埃尔米塔什博物馆1965 年工作总结学术会议报告纲要》，列宁格勒、莫斯科，1966 年，第 36－37 页。

Ивочкина Н.В. Становление денежного хозяйства в Чжурчжэньском государстве (1115－1234 гг.) // Тез. докл. науч. сессии, посвящ. итогам работы Гос. Эрмитажа за 1965 г. — Л.; М., 1966. — С. 36－37.

1098．**Н.В. 伊沃奇基娜**：《女真国（1115－1234 年）的纸币》//《国立埃尔米塔什博物馆 1966 年工作总结学术会议报告纲要》，列宁格勒，1967 年，第 26－28 页。

Ивочкина Н.В. Ассигнации чжурчжэньского государства（1115 － 1234 гг.）// Тез. докл. науч. сессии, посвящ. итогам работ Гос. Эрмитажа за 1966 г. — Л., 1967. — С. 26－28.

1099. **Н.В. 伊沃奇基娜**：《女真国钱币发行的开端》//《国立埃尔米塔什博物馆通报》，1968 年，第 29 集，第 54－55 页。

Ивочкина Н.В. Начало выпуска денег в чжурчжэньском государстве // Сообщ. Гос. Эрмитажа. — 1968. — Вып. 29. — С. 54－55.

1100. **Н.В. 伊沃奇基娜**：《女真国货币流通中的白银》//《古钱学与铭文学》，列宁格勒，1970 年，第 8 集，第 48－52 页。

Ивочкина Н.В. Серебро в денежном обращении чжурчжэньского государства // Нумизматика и эпиграфика. — Л., 1970. — Вып. 8. — С. 48－52.

1101. **Н.В. 伊沃奇基娜**：《女真国金（1115－1234 年）货币流通中的铜》//《国立埃尔米塔什博物馆文集》，1971 年，第 12 卷，第 37－48 页。

Ивочкина Н.В. Медь в денежном обращении чжурчжэньского государства Цзинь（1115 － 1234 гг.）// ТГЭ. — 1971. — Т. 12. — С. 37－48.

1102. **Н.В. 伊沃奇基娜**：《女真国金朝钱币业机构》//《中国的社会与国家·第 6 次学术会议报告纲要》，莫斯科，1975 年，第 92－98 页。

Ивочкина Н.В. Организация монетного дела в чжурчжэньском государстве Цзинь // Общество и государство в Китае: Тез. докл. 6－й науч. конф. — М., 1975. — С. 92－98.

1103. **Н.Н. 费费洛夫、Л.В. 科尼科娃、Н.В. 扎鲁德涅娃、С.Б. 布拉德、П.И. 洛格文切夫**：《古代远东青铜铅的成分及可能的来源》//《第 12 次全苏地球化学中稳定同位素研讨会，1989 年 4 月 17－19 日莫斯科（报告纲要）》，莫斯科，1989 年，第 350－351 页。

Изотопный состав свинца и возможные источники древних дальневосточных бронз / **Н.Н. Фефелов, Л.В. Конькова, Н.В. Заруднева, С.Б. Брандт, П.И. Логвенчев** // Двенадцатый Всесоюз. симп. по стабильным изотопам в геохимии, 17－19 апр. 1989 г., Москва: [Тез. докл.]. — М., 1989. — С. 350－351.

1104. **Г.М. 罗佐娃译（А.Г. 马利亚夫基娜注）**：《金史》，新西伯利亚，苏联科学院西伯利亚分院考古与民族研究所出版社，1998 年，288 页。

История Золотой империи / Пер. **Г.М. Розова**, коммент. **А.Г. Малявкина**. — Новосибирск: Изд－во Ин-та археологии и этнографии СО РАН, 1998. — 288 с.

1105. **Л.В. 菲尔索夫、В.А. 巴内切夫、Л.А. 奥尔洛娃**：《放射性碳素测年的年代目录（含远东地区）》，新西伯利亚，苏联科学院西伯利亚分院地质与地球物理研究所，1985 年，88 页。

Каталог радиоуглеродных дат [включая Дальний Восток] / Сост. **Л.В. Фирсов, В.А. Панычев, Л.А. Орлова**. — Новосибирск: Ин-т геологии и геофизики СО АН СССР, 1985. — 88 с.

1106. **Г.М. 科夫努尔克**：《关于沙碛半岛古代居民制作劳动工具所利用的各种岩石》//《苏联考古学资料与研究》，1963 年 112 期，第 349－351 页。

Ковнурко Г.М. О горных породах, использованных древними обитателями полуострова Песчаного для изготовления орудий труда // МИА. — 1963. — № 112. — С. 349－351.

1107．**П.М. 科任、O.B. 吉亚科娃**：《史前、中世纪考古学中的景观与民族文化》//《考古学、民族学研究的一体化》，符拉迪沃斯托克、鄂木斯克，2000 年，第 65－66 页。

Қожин П.М.，Дьякова О.В. Ландшафт и этническая культура в доисторической и средневековой археологии // Интеграция археологических и этнографических исследований. — Владивосток；Омск，2000. — С. 65－66.

1108．**Б.П. 科列斯尼科夫、Ю.A. 利维罗夫斯基、B.B. 尼科利斯卡娅**：《苏联远东及其毗邻地区大草原的自然景观》//《苏联科学院学报·地理系列》，1961 年 1 期，第 13－23 页。

Колесников Б.П.，Ливеровский Ю.А.，Никольская В.В. Природные ландшафты прерий советского Дальнего Востока и их происхождение // Изв. АН СССР. Сер. географии. — 1961. – № 1. — С. 13－23.

1109．**A.H. 孔达科夫**：《哈巴罗夫斯克方志博物馆的中国铜钱藏品》//《远东地理问题》，哈巴罗夫斯克，1960 年 4 期，第 391－394 页。

Кондаков А.Н. Коллекция китайских монет Хабаровского краеведческого музея // Вопросы географии Дальнего Востока. — Хабаровск，1960. — Вып. 4. — С. 391－394.

1110．**A.B. 科诺年科、H.A. 科诺年科、梶原洋**：《俄罗斯远东地区泽尔卡里纳亚河流域石器原料处理实验的启示》，《加利福利亚考古学会会刊》，圣迭戈，1998 年，第 11 卷，第 19－25 页。

Kononenko A.，Kononenko N.，Kajiwara H. Implications of the Treatment Experiments on Lithic Materials from Zerkalnaya Basin in the Russian Far East // Proceedings of the Society for California Archaeology. — San Diego，1998. — Vol. 11. — P. 19－25.

1111．**H.A. 科诺年科**：《劳动工具生产中原料产地的意义》//《马列哲学与历史学、考古学方法论问题学术会议纲要》，阿什哈巴德，1981 年，第 61－67 页。

Кононенко Н.А. Значение сырьевой базы в производстве орудий труда // Марксистско-ленинская философия и вопросы методологии истории и археологии：Тез. науч. конф. — Ашхабад，1981. — С. 61－67.

1112．**H.A. 科诺年科**：《依据于痕迹实验学研究的砾石工具分类法》//《1985 年 10 月 17－19 日纪念阿尔谢尼耶夫报告会·关于历史学、考古学、民族学、方志学问题区域会议报告纲要》，乌苏里斯克，1985 年，第 59－61 页。

Кононенко Н.А. Классификация галечных орудий в свете экспериментально-трасологических исследований // Арсеньевские чтения：Тез. докл. регион. конф. по пробл. истории，археологии，этнографии и краеведения，17－19 окт. 1985 г. — Уссурийск，1985. — С. 59－61.

1113．**H.A. 科诺年科**：《考古学中的痕迹实验学研究方法》//《苏联远东考古学研究问题：第 13 届远东国内外历史编纂学问题学术会议资料》，符拉迪沃斯托克，1986 年，第 128－134 页。

Кононенко Н.А. Экспериментально-трасологический метод исследования в археологии // Проблемы археологических исследований на Дальнем Востоке СССР：Материалы XIII Дальневост. науч. конф. по пробл. отеч. и зарубеж. историографии. — Владивосток，1986. — С. 128－134.

1114．**H.A. 科诺年科**：《滨海地区石质工具实验研究》//《苏联远东古代生产考古学研究中的自然科学方法》，符拉迪沃斯托克，1986 年，第 5－22 页。

Кононенко Н.А. Экспериментальное исследование каменных орудий Приморья // Методы естественных наук в археологическом изучении древних производств на Дальнем Востоке СССР. — Владивосток, 1986. — С. 5－22.

1115. Н.А. 科诺年科：《依据于痕迹学研究的非露天类型新石器综合体的石器（滨海地区鬼门洞洞穴出土遗物）》//《具有历史意义的纪念——М.П. 格里亚兹诺夫报告会·州学术会议报告纲要》，鄂木斯克，1987 年，第 2 集，第 36－39 页。

Кононенко Н.А. Каменный инвентарь неолитического комплекса закрытого типа в свете трасологических исследований [находок из пещеры Чертовы Ворота в Приморье] // Исторические чтения памяти М.П. Грязнова: Тез. докл. обл. науч. конф. — Омск, 1987. — Ч. 2. — С. 36－39.

1116. Н.А. 科诺年科：《基于痕迹学研究的滨海地区新石器时代的石器（根据瓦连京地峡遗址资料）》//《石器时代的北亚》，新西伯利亚，1987 年，第 160－176 页。

Кононенко Н.А. Неолитический каменный инвентарь Приморья в свете экспериментально-трасологических исследований: [По материалам поселения Валентин-перешеек] // Северная Азия в эпоху камня. — Новосибирск, 1987. — С. 160-176.

1117. Н.А. 科诺年科：《滨海地区石器时代原料产地的开发》//《地层学与亚洲、太平洋地区第四纪地层的相互关系·国际会议纲要·1988 年 10 月 9－16 日·纳霍德卡》，符拉迪沃斯托克，1988 年，第 1 卷，第 120－122 页。

Кононенко Н.А. Освоение сырьевых источников в каменном веке Приморья // Стратиграфия и корреляция четвертичных отложений Азии и Тихоокеанского региона: Тез. междунар. симп. (9－16 окт. 1988 г., Находка). — Владивосток, 1988. — Т. 1. — С. 120－122.

1118. Н.А. 科诺年科：《从痕迹学研究角度看滨海地区早期全新世综合体》//《原始公社制时代的技术、社会进步：资料信息》，斯维尔德洛夫斯克，1989 年，第 33－35 页。

Кононенко Н.А. Раннеголоценовые комплексы Приморья в свете трасологических исследований // Технический и социальный прогресс в эпоху первобытно-общинного строя: (Информ. материалы). — Свердловск, 1989. — С. 33－35.

1119. Н.А. 科诺年科：《滨海地区考古工作者的实验工作》//《苏联科学院远东分院院刊》，1999 年 2 期，第 133－137 页。

Кононенко Н.А. Экспериментальные работы археологов в Приморье // Вестн. ДВО АН СССР. — 1990. — No 2. — С. 133－137.

1120. Н.А. 科诺年科、梶原洋、Д．卡西基：《俄罗斯远东地区泽尔卡里纳亚河流域史前文化的古生态学与生计活动》//《考古学的现代痕迹学试验研究和技术工艺研究：首次谢梅诺夫纪念会·2000 年 1 月 30 日－2 月 5 日纪念 С.А. 谢梅诺夫诞辰 100 周年国际学术会议报告纲要·圣彼得堡》，圣彼得堡，第 87－88 页。

Kononenko N.A., Kajiwara H., Cassidy J. Paleoecology and Subsistence Activity of the Prehistoric Cultures within Zerkalnaya River Basin (Russian Far East) // Современные экспериментально-трасологические и технико-технологические разработки в археологии: Первые Семеновские чтения: Тез. докл. междунар. науч. конф., посвящ. 100-летию со дня рожд. С.А. Семенова, 30 янв. — 5 февр. 2000 г., Санкт－

Петербург. — СПб., 1999. — С. 87－88.

1121. **Л.В. 科尼科娃**：《光谱、金相学分析在远东青铜器研究中的运用》//《古代生产研究中的自然科学与考古学·会议资料》，莫斯科，1982 年，第 42－50 页。

Ҟонькова Л.В. Спектральный и металлографический анализ в приложении к изучению дальневосточных бронз // Естественные науки и археология в изучении древних производств: Материалы совещ. — М., 1982. — С. 42－50.

1122. **Л.В. 科尼科娃**：《远东中世纪的青铜器（根据光谱、金相学分析结果）》//《远东民族的考古学与民族学》，符拉迪沃斯托克，1984 年，第 51－54 页。

Ҟонькова Л.В. Дальневосточные средневековые бронзы: (По результатам спектрального и металлографического анализов) // Археология и этнография народов Дальнего Востока. — Владивосток, 1984. — С. 51－54.

1123. **Л.В. 科尼科娃**：《赛加城址青铜器的金相学研究》//《从古至今历史研究中的综合方法会议报告、议程纲要》，莫斯科，1984 年，第 61－62 页。

Ҟонькова Л.В. Металлографическое исследование бронзовых сосудов Шайгинского городища // Комплексные методы в изучении истории с древнейших времен до наших дней: Тез. докл. и сообщ. конф. — М., 1984. — С. 61－62.

1124. **Л.В. 科尼科娃**：《中世纪远东青铜器的光谱、金相学研究》//《苏联远东古代生产考古学研究中的自然科学方法》，符拉迪沃斯托克，1986 年，第 101－115 页。

Ҟонькова Л.В. Спектральное и металлографическое исследование средневековых дальневосточных бронз // Методы естественных наук в археологическом изучении древних производств на Дальнем Востоке СССР. — Владивосток, 1986. — С. 101－115.

1125. **Л.В. 科尼科娃**：《滨海地区渤海遗存出土的青铜器的工艺学研究》//《第 15 次远东学术会议："苏共第 27 次代表大会和苏联远东及亚洲国家发展问题"·报告及议程纲要》，第 4 卷，第 40－41 页，符拉迪沃斯托克，1986 年。

Ҟонькова Л.В. Технологическое исследование бронзовых изделий из бохайских памятников Приморья // XV Дальневост. науч. конф. 《XXVII съезд КПСС и пробл. развития Дальнего Востока СССР и зарубеж. государств Азии》: Тез. докл. и сообщ. — Владивосток, 1986. — Вып. 4. — С. 40－41.

1126. **Л.В. 科尼科娃**：《关于阿穆尔河中世纪青铜器的成分》//《远东古代生产的工艺学》，苏联科学院远东分院历史·考古·民族研究所，预印本，符拉迪沃斯托克，1988 年，第 18－21 页。

Ҟонькова Л.В. О составе средневековых бронз Амура // Технология древних производств Дальнего Востока / АН СССР. ДВО. ИИАЭ. — Препр. — Владивосток, 1988. — С. 18－21.

1127. **Л.В. 科尼科娃、Н.Н. 费费洛夫、Н.В. 扎鲁德涅娃**：《苏联远东南部地区考古遗址出土青铜器所包含的铅同位素成分》，《金属博物馆通报》，仙台，1990 年，第 15 卷，第 41－45 页。

Kon'kova L.V., Fefelov N.N., Zarudneva N.V. The Isotope Composition of Lead in the Bronzes from Archaeological Sites in the South of the Soviet Far East // Bulletin of the Metals Museum. — Sendai, 1990. — Vol. 15. — P. 41－44.

1128. **Л.В. 科尼科娃**：《远东青铜器，成分与工艺，制作传统》//《自然科学方法在考古学中的运用国际会议报告纲要》，圣彼得堡，1994 年，第 80 页。

Конькова Л.В. Дальневосточные бронзы. Состав и технология. Традиции в обработке // Международная конференция по применению методов естественных наук в археологии: Тез. докл. — СПб., 1994. — С. 80.

1129.**Л.В. 科尼科娃**：《欧亚大陆古代、中世纪青铜器的制作传统，数据库的创建问题》//《古代、中世纪时期东方的精神文化、物质文化、文献文化遗存（数据库的创建）国际会议报告纲要》，莫斯科，1995 年，第 36－38 页。

Конькова Л.В. Традиции в обработке древних и средневековых бронз в Евразии. Проблемы создания базы данных // Памятники духовной, материальной и письменной культуры древнего и средневекового Востока (создание баз данных): Тез. докл. междунар. конф. — М., 1995. — С. 36－38.

1130.**Л.В. 科尼科娃**：《远东青铜器以及亚洲草原地区有色金属加工的传统》，历史学博士论文作者文摘，俄罗斯科学院考古研究所，莫斯科，1996 年，43 页。

Конькова Л.В. Дальневосточные бронзы и традиции цветной металлообработки в степной Азии: Автореф. дис. ·· д-ра ист. наук / РАН. Ин-т археологии. — М., 1996. — 43 с.

1131.**Л.В. 科尼科娃**：《苏联远东地区早期青铜制品》//《金属博物馆通报》，仙台，1996 年，第 26 卷，第 1－20 页。

Kon'kova L.V. The Earliest Bronze Artifacts from the Soviet Far East // Bulletin of the Metals Museum. — Sendai, 1996. — Vol. 26. — P. 1－20.

1132.**Л.В. 科尼科娃**：《12－13 世纪的远东发簪：制作和镀金技术》//《创始人，锻工和镀金工·关于早期金属成形和抛光技术的国际研讨会·牛津·1999 年 9 月 20-24 日》，牛津，1999 年，第 16－17 页。

Kon'kova L.V. Far Eastern Hairpins of the 12th — 13th Centuries: Technology of Production and Plating //《Founders, Smiths and Platters》: An International Conference on Metal Forming and Finishing from the Earliest Times. Oxford, 20th — 24th Sept., 1999. — Oxford, 1999. — P. 16－17.

1133.**Л.В. 科尼科娃**：《考古学中的分析方法》//《物质与材料的化学分析全俄会议报告纲要》，2000 年，莫斯科，第 153－154 页。

Конькова Л.В. Аналитические методы в археологии // Химический анализ веществ и материалов: Тез. докл. Всерос. конф. — М., 2000. — С. 153－154.

1134.**Л.В. 科尼科娃**：《古代远东青铜器的化学、同位素成分研究及其在解决民族文化问题中的意义》//《物质与材料的化学分析全俄会议报告纲要》，2000 年，莫斯科，第 154 页。

Конькова Л.В. Исследование химического и изотопного состава древних дальневосточных бронз и его значение в решении этнокультурных проблем // Химический анализ веществ и материалов: Тез. докл. Всерос. конф. — М., 2000. — С. 154.

1135.**А.Б. 克索拉波夫、Л.Л. 鲁坚科**：《沿着滨海地区原始森林…（考古遗存旅游指南）》符拉迪沃斯托克，远东国立经济与管理学院，1998 年，171 页。

Косолапов А.Б., Руденко Л.Л. По таежному Приморью: [Есть описание археол. памятников как объектов туризма]. — Владивосток: Дальневост. гос. акад. экономики и управления, 1998. — 171 с.

1136.**Н.Н. 克拉金、Ю.Г. 尼基京**：《滨海地区渤海遗存空间分析的尝试》//《第 6 次纪念阿尔谢尼耶夫报告会·关于历史学、考古学、方志学问题区域学术会议报告纲要》，乌苏里斯克，1992 年，第 178－180 页。

Крадин Н.Н.，Никитин Ю.Г. Опыт пространственного анализа бохайских памятников Приморья // VI Арсеньевские чтения: Тез. докл. регион. науч. конф. по пробл. истории, археологии и краеведения. — Уссурийск, 1992. — С. 178－180.

1137．**В.А. 克拉明采夫**：《关于阿穆尔女真黑色金属的制作工艺问题（根据科尔萨科沃墓地资料）》// 《西伯利亚开发的历史经验·1986 年 10 月 14－16 日新西伯利亚“西伯利亚研究与开发的历史经验”全苏学术会议报告纲要》，新西伯利亚，1986 年，第 1 集，第 41－43 页。

Краминцев В.А. К вопросу о технологии обработки черных металлов амурских чжурчжэней（по материалам Корсаковского могильника）// Исторический опыт освоения Сибири: Тез. докл. Всесоюз. науч. конф. 《Исторический опыт изучения и освоения Сибири》, Новосибирск, 14－16 окт. 1986 г. — Новосибирск, 1986. — Вып. 1. — С. 41－43.

1138．**В.А. 克拉明采夫**：《关于阿穆尔女真黑色金属的制作工艺问题》//《阿穆尔河中游金属时代新遗存》，新西伯利亚，1987 年，第 164－173 页。

Краминцев В.А. К вопросу о технологии обработки черных металлов амурских чжурчжэней // Новые памятники эпохи металла на Среднем Амуре. — Новосибирск, 1987. — С. 164－173.

1139．**В.А. 克拉明采夫**：《7－11 世纪阿穆尔河沿岸的金属加工手工业》，历史学副博士论文作者文摘，苏联科学院西伯利亚分院历史·语文·哲学研究所，新西伯利亚，1987 年，20 页。

Краминцев В.А. Металлообрабатывающие ремесла Приамурья в VII — XI вв.: Автореф. дис. … канд. ист. наук / АН СССР. СО. ИИФФ. — Новосибирск, 1987. — 20 с.

1140．**В.А. 克拉明采夫**：《关于波尔采遗址箭头制作的工艺问题》//《俄罗斯远东考古学研究》，俄罗斯科学院远东分院历史·考古·民族研究所，预印本，符拉迪沃斯托克，1993 年，第 52－57 页。

Краминцев В.А. К вопросу о технологии изготовления наконечников стрел с поселения Польце // Археологические исследования на Дальнем Востоке России / РАН. ДВО. ИИАЭ. — Препр. — Владивосток, 1993. — С. 52－57.

1141．**В.А. 克拉明采夫**：《奈费尔德墓地出土铁器的金相学分析》//《奈费尔德墓地》，**А.П. 杰列维扬科、Е.С. 博格达诺夫、С.П. 涅斯捷罗夫**著，新西伯利亚，1999 年，第 89－93 页。

Краминцев В.А. Металлографический анализ железных предметов из могильника Найфельд // **А.П. Деревянко, Е.С. Богданов, С.П. Нестеров.** Могильник Найфельд. — Новосибирск, 1999. — С. 89－93.

1142．**Е.В. 克拉斯诺夫、Э.В. 沙弗库诺夫**：《古代人类生活中的海洋生物——第 14 次太平洋会议展览简介·1979 年·苏联·哈巴罗夫斯克》，莫斯科，科学出版社，1979 年，4 页。

Краснов Е.В.，Шавкунов Э.В. Морские организмы в жизни древнего человека:（Проспект выставки XIV Тихоокеанского конгр., СССР, Хабаровск, 1979）. — М.: Наука, 1979. — 4 с.

1143．**Н.А. 克里维奇**：《根据我国现阶段（1990－1997 年）资料——滨海边疆区艺术文化的一体化研究》//《文化学研究：方向·学派·问题》，圣彼得堡，1998 年，第 240－244 页。

Кривич Н.А. Интегративное изучение художественной культуры Приморского края по материалам отечественной периодики（1990-1997 гг.）// Культурологические исследования: Направления, школы, проблемы. — СПб., 1998. — С. 240－244.

1144．Н.А. 克里维奇：《滨海边疆区的艺术文化：研究问题》//《文化与教育——第 5 次"现代世界的儿童：儿童法"国际会议报告、议程纲要》（1998 年 5 月 27－29 日），圣彼得堡，1998 年，第 26－28 页。

Кривич Н.А. Художественная культура Приморского края: к проблеме изучения // Культура и образование: Тез. докл. и сообщ. V Междунар. конф. «Ребенок в современном мире: права ребенка»（27－29 мая 1998 г.）. — СПб., 1998. — С. 26－28.

1145．Н.А. 克里维奇：《作为滨海地区中世纪文化形成因素的相互关系》》//《对话：跨学科研究问题》，圣彼得堡，2000 年，第 82－85 页。

Кривич Н.А. Взаимодействие как фактор формирования средневековых культур Приморья // Диалог: Проблемы междисциплинарных исследований. — СПб., 2000. — С. 82－85.

1146．А.А. 克鲁皮扬科、Н.А. 科诺年科：《细石叶综合体的形态－功能特征》//《北太平洋考古学》，符拉迪沃斯托克，1996 年，第 304－312 页。

Крупянко А.А., Кононенко Н.А. Морфо-функциональные особенности предметов микропластинчатого комплекса // Археология Северной Пасифики. — Владивосток, 1996. — С. 304－312.

1147．А.М. 库兹涅佐夫：《历史－类型学方法与考古学》//《东西伯利亚的考古学与民族学·1978 年 4 月 5－7 日区域会议报告纲要》，伊尔库茨克，1978 年，第 91－93 页。

Кузнецов А.М. Историко-типологический метод и археология // Археология и этнография Восточной Сибири: Тез. докл. к регион. конф., 5－7 апр. 1978 г. — Иркутск, 1978. — С. 91－93.

1148．А.М. 库兹涅佐夫：《关于石器工业的系统研究问题》//《西伯利亚、中央亚细亚考古学与民族学问题·1980 年 3 月 25－27 日区域会议报告纲要》，伊尔库茨克，1980 年，第 70－71 页。

Кузнецов А.М. К проблеме системного изучения каменной индустрии // Проблемы археологии и этнографии Сибири и Центральной Азии: Тез. докл. к регион. конф., 25－27 марта 1980 г. — Иркутск, 1980. — С. 70－71.

1149．А.М. 库兹涅佐夫：《根据活动理论看旧石器资料研究的某些问题》//《西伯利亚考古学、民族学问题·1982 年 4 月 7－9 日区域会议报告纲要》，伊尔库茨克，1982 年，第 14－15 页。

Кузнецов А.М. Некоторые проблемы изучения материала палеолита в свете теории деятельности // Проблемы археологии и этнографии Сибири: Тез. докл. к регион. конф., 7－9 апр. 1982 г. — Иркутск, 1982. — С. 14－15.

1150．А.М. 库兹涅佐夫：《论（滨海地区）获取镶嵌细石叶的技术》//《苏联考古学》，1983 年 3 期，第 82－89 页。

Кузнецов А.М. К технике получения микропластин-вкладышей（Приморье）// СА. — 1983. — No 3. — С. 82－89.

1151．А.М. 库兹涅佐夫：《旧石器学中资料分析的某些问题及阐释》//《第 7 次纪念阿尔谢尼耶夫报告会·关于历史学、考古学、民族学问题区域学术会议报告纲要》，乌苏里斯克，1994 年，第 250－253

页。

Кузнецов А.М. Некоторые проблемы анализа и интерпретации источников в палеолитоведении // VII Арсеньевские чтения: Тез. докл. регион. науч. конф. по пробл. ист., археол. и краеведения. — Уссурийск, 1994. — С. 250-253.

1152. **Я.В. 库兹明、В.П. 斯捷巴诺夫**：《古代陶片研究对于确定全新世晚期日本海海平面涨落的意义》//《莫斯科国立大学学报》系列 5：《地理学》，1981 年 4 期，第 75-79 页。

Кузьмин Я.В., Степанов В.П. Значение изучения фрагментов древней керамики для определения колебаний уровня Японского моря в позднем голоцене // Вестн. МГУ. Сер. 5: География. — 1981. — № 4. — С. 75-79.

1153. **Я.В. 库兹明、В.П. 斯捷巴诺夫**：《根据考古学资料全新世晚期日本海海平面的涨落（以滨海地区南部遗存为例）》//《莫斯科国立大学学报》系列 5：《地理学》，1982 年 3 期，第 69-74 页。

Кузьмин Я.В., Степанов В.П. Позднеголоценовые колебания уровня Японского моря по археологическим данным（на примере памятников Южного Приморья）// Вестн. МГУ. Сер. 5: География. — 1982. — № 3. — С. 69-74.

1154. **Я.В. 库兹明、В.П. 斯捷巴诺夫**：《根据地理考古学资料看苏联远东海岸区域的发展史》//《太平洋：地质学、地貌学、地磁学·会议报告纲要》，符拉迪沃斯托克，1983 年，第 79-81 页。

Кузьмин Я.В., Степанов В.П. История развития береговой зоны дальневосточных морей СССР в свете геоархеологических данных // Тихий океан. Геология, геоморфология, магнетизм: (Тез. докл. конф.). — Владивосток, 1983. — С. 79-81.

1155. **Я.В. 库兹明**：《运用远东考古遗存绝对年代学来看全新世时期海平面涨落的作用》//《莫斯科 "第四纪时期的地质年代" 全苏会议·1985 年 11 月 18 日》，塔林，1985 年，第 19 页。

Кузьмин Я.В. Использование абсолютной хронологии археологических памятников Дальнего Востока для корреляции голоценовых колебаний уровня моря // Тез. докл. Всесоюз. конф. 《Геохронология четверт. периода》, 18 нояб. 1985 г., Москва. — Таллин, 1985. — С. 19.

1156. **Я.В. 库兹明**：《远东南部全新世时期的自然环境与古代人类：年代学的观点》//《西伯利亚开发历史经验研究的历史编纂学、史料·第 1 集：苏联以前时期·1988 年 11 月 15-17 日全苏学术会报告、议程纲要》，新西伯利亚，1988 年，第 4-6 页。

Кузьмин Я.В. Природная среда голоцена и древний человек на юге Дальнего Востока: Хронологический аспект // Историография и источники изучения исторического опыта освоения Сибири. Вып.1: Досоветский период: Тез. докл. и сообщ. Всесоюз. науч. конф. (15-17 нояб. 1988 г.). — Новосибирск, 1988. — С. 4-6.

1157. **Я.В. 库兹明、Н.Н. 科沃柳赫、А.А. 莉娃**：《滨海地区中世纪考古遗存新的碳同位素测年断代》//《方志学问题·会议报告纲要·纪念阿尔谢耶夫报告会》，乌苏里斯克，1989 年，第 34-35 页。

Кузьмин Я.В., Ковалюх Н.Н., Лийва А.А. Новые радиоуглеродные датировки средневековых археологических памятников Приморья // Проблемы краеведения [Тез. докл. конф.] / Арсеньев. чтения. — Уссурийск, 1989. — С. 34-35.

1158. **Я.В. 库兹明、Г.М. 舒莫娃**：《滨海地区扬科夫斯基文化存在的古地理条件（早期铁器时代）》

// 《考古学资料研究的综合方法·1989 年 11 月 21－23 日第 5 次会议资料》，莫斯科，1989 年，第 2 集，第 15－16 页。

Кузьмин Я.В., Шумова Г.М. Палеогеографические условия существования янковской культуры в Приморье（ранний железный век）// Комплексные методы исследования археологических источников: Материалы к V совещ. 21－23 нояб. 1989 г. — М., 1989. — [Ч. II]. — С. 15－16.

1159. **Я.В. 库兹明：**《滨海地区考古遗存的碳同位素测年断代（根据 1987 年工作成果）》//《苏联远东的古代文化（考古探查）》苏联科学院远东分院历史·考古·民族研究所，预印本，符拉迪沃斯托克，1989 年，第 15－17 页。

Кузьмин Я.В. Радиоуглеродные датировки археологических памятников Приморья（по результатам работ 1987 г.）// Древние культуры Дальнего Востока СССР（Археологический поиск）/ АН СССР. ДВО. ИИАЭ. — Препр. — Владивосток, 1989. — С. 15－17.

1160. **Я.В. 库兹明：**《自然环境在阿穆尔河流域东部地区原始居民中的作用》//《阿穆尔河流域的地质学与生态学·苏中学术讨论会报告纲要》，布拉戈维申斯克，1989 年，第 3 集（1），第 104 页。

Кузьмин Я.В. Роль природной среды в первичном заселении восточной части бассейна Амура // Геология и экология бассейна реки Амур: Тез. докл. сов. - кит. симп. — Благовещенск, 1989. — Ч. 3 (1). — С. 104.

1161. **Я.В. 库兹明：**《更新世晚期至全新世时期滨海地区古代文化的古地理学》//《第四纪：研究方法、生态学与地层学·第 7 次全苏会议纲要》，塔林。1990 年，第 2 卷，第 106－107 页。

Кузьмин Я.В. Палеогеография древних культур Приморья в позднем плейстоцене — голоцене // Четвертичный период: методы исследования, стратиграфия и экология: Тез. VII Всесоюз. совещ. — Таллин, 1990. — Т. 2. — С. 106－107.

1162. **Я.В. 库兹明、A.B. 切尔纽克：**《滨海地区旧石器时代、中石器时代的古环境与年代学》//《欧亚大陆、太平洋地区的第四纪时期事件与地层学·国际会议报告提要》，雅库茨克，1990 年，第 1 卷，第 118－119 页。

Кузьмин Я.В., Чернюк А.В. Палеосреда и хронология палеолита и мезолита Приморья // Четвертичные события и стратиграфия Евразии и Тихоокеанского региона: Тез. докл. междунар. симп. — Якутск, 1990. — Ч. 1. — С.118－119.

1163. **Я.В. 库兹明：**《苏联远东南部考古遗存的碳同位素测年年代学》//《北亚、中央亚细亚、东亚、美洲旧石器时代的年代地层学·国际研讨会报告》，新西伯利亚，1990 年，第 204－209 页。

Кузьмин Я.В. Радиоуглеродная хронология археологических памятников юга Дальнего Востока СССР // Хроностратиграфия палеолита Северной, Центральной и Восточной Азии и Америки:（Докл. междунар. симп.）. — Новосибирск, 1990. — С. 204－209.

1164. **Я.В. 库兹明：**《历史学、考古学、碳同位素测年：苏联远东南部断代结果的比照》//《远东青年社会学者学术研究的现状与发展展望·1991 年 11 月 11－15 日远东青年社会学者学术会议报告纲要》，远东青年社会学者学会，预印本，符拉迪沃斯托克，1991 年，第 82－84 页。

Кузьмин Я.В. История, археология и радиоуглерод: сопоставление результатов датирования по югу Дальнего Востока СССР // Современное состояние и перспективы развития научных исследований молодых обществоведов Дальнего Востока: Тез. докл. науч. конф. молодых обществоведов Дальнего Востока, сост. 11 – 15 нояб. 1991 г. / Дальневост. ассоц. молодых обществоведов. — Препр. — Владивосток, 1991. — С. 82 – 84.

1165. **Я.В.库兹明**：《滨海地区古代遗址的古地理学（旧石器时代 – 新石器时代）》，地质学副博士论文作者文摘，苏联科学院西伯利亚分院地质与地球物理研究所，新西伯利亚，1991 年，17 页。

Кузьмин Я.В. Палеогеография древних поселений Приморья (палеолит — неолит): Автореф. дис. ... канд. геогр. наук / АН СССР. СО. Ин-т геологии и геофизики. — Новосибирск, 1991. — 17 с.

1166. **Я.В. 库兹明**：《滨海地区古代人类与自然景观相互关系的孢粉学证据》//《景观的历史地理学：理论问题与区域研究·1991 年 9 月 2 – 7 日第 1 次全苏学术汇报会报告纲要》，彼得罗查沃德斯克，1991 年，第 144 – 146 页。

Кузьмин Я.В. Палинологические свидетельства взаимодействия естественных ландшафтов и древнего человека в Приморье // Историческая география ландшафтов: Теоретические проблемы и региональные исследования: Тез. докл. 1 Всесоюз. науч. - практ. конф. 2 – 7 сент. 1991 г. — Петрозаводск, 1991. — С. 144 – 146.

1167. **Я.В. 库兹明、Т.Н. 沃斯克列谢斯卡娅**：《石器时代的滨海（古地理学、年代学观点）》//《远东第 1 次青年历史学者会议》，符拉迪沃斯托克，1991 年，第 13 – 15 页。

Кузьмин Я.В., Воскресенская Т.Н. Приморье в эпоху камня (палеогеографический и хронологический аспекты) // Первая дальневост. конф. молодых историков. — Владивосток, 1991. — С. 13 – 15.

1168. **Я.В. 库兹明**：《滨海地区石器时代古代文化年代学（学说的原理、结果）》//《南西伯利亚考古遗存的年代学与分期问题·全苏学术会议报告纲要》，巴尔瑙尔，1991 年，第 16 – 19 页。

Кузьмин Я.В. Хронология древних культур эпохи камня Приморья (принципы построения, результаты) // Проблемы хронологии и периодизации археологических памятников Южной Сибири: Тез. докл. к Всесоюз. науч. конф. — Барнаул, 1991. — С. 16 – 19.

1169. **Я.В. 库兹明**：《前苏联远东地区晚更新世和全新世时期古文化的环境》//《国际第四纪研究联合会第十三届大会摘要·北京·中国，1991 年 8 月 2 – 9 日》，北京，1991 年，第 181 页。

Kuzmin Y.V. Paleoenvironment of the Ancient Cultures of the USSR Far East in Late Pleistocene and Holocene // Abstracts of INQUA XIIIth Congress, Beijing, China, 2 – 9 August, 1991. — Beijing, 1991. — P. 181.

1170. **Я.В. 库兹明**：《滨海地区波谢特湾沿岸的古代人类（古地理学视角）》//《青年历史学者第 2 次远东会议报告纲要》，符拉迪沃斯托克，1992 年，第 22 – 23 页。

Кузьмин Я.В. Древний человек на побережье залива Посьета в Приморье (палеогеографический аспект) // Вторая Дальневост. конф. молодых историков: Тез. докл. — Владивосток, 1992. — С. 22 – 23.

1171. **Я.В. 库兹明**：《关于潮湿带森林草原地区自然环境与古代人类相互关系研究的方法论（以滨海南部地区为例）》//《森林草原地区考古遗存研究的理论与方法论学术会议报告纲要》，利彼茨克，1992 年，第 18 – 20 页。

Кузьмин Я.В. К методике изучения взаимодействия древнего человека и природной среды в лесостепных районах гумидной зоны (на примере Южного Приморья) // Теория и методика исследований археологических памятников лесостепной зоны: Тез. докл. науч. конф. — Липецк, 1992. — С. 18－20.

1172．**Я.В. 库兹明**：《滨海地区石器时代文化的古地理学与年代学》//《地质学与地球物理学》，1992 年 6 期，第 126－131 页。

Кузьмин Я.В. Палеогеография и хронология древних культур эпохи камня Приморья // Геология и геофизика. — 1992. — № 6. — С. 126－131.

1173．**Я.В. 库兹明**：《俄罗斯远东南部石器时代文化的碳同位素测年年代学》//《第 6 次纪念阿尔谢尼耶夫报告会·关于历史学、考古学、方志学问题区域学术会议报告、议程纲要》，乌苏里斯克，1992 年，第 189－192 页。

Кузьмин Я.В. Радиоуглеродная хронология древних культур эпохи камня юга Дальнего Востока России // VI Арсеньевские чтения: Тез. докл. и сообщ. регион. науч. конф. по пробл. истории, археологии и краеведения. — Уссурийск, 1992. — С. 189－192.

1174．**Я.В. 库兹明、Т.Н. 沃斯克列谢斯卡娅、А.В. 切尔纽克**：《拉兹多利纳亚河、伊利斯塔亚河谷地旧石器时代晚期季莫菲耶夫卡 1 号遗址、戈尔巴特卡 3 号遗址、伊利斯塔亚 1 号遗址的年代学与古地理学》//**А.М. 库兹涅佐夫**：《滨海地区的旧石器时代晚期·附录》，符拉迪沃斯托克，1992 年，第 227－236 页。

Кузьмин Я.В., Воскресенская Т.Н., Чернюк А.В. Хронология и палеогеография позднепалеолитических поселений Тимофеевка 1, Горбатка 3, Илистая 1 долин рек Илистая и Раздольная //**А.М. Кузнецов.** Поздний палеолит Приморья. — Владивосток, 1992. — С. 227－236. — Прил.

1175．**Я.В. 库兹明**：《俄罗斯远东滨海地区旧石器晚期遗址的地质考古学研究》//《第四纪研究》，1992 年，第 31 卷，第 4 期，第 243－254 页。

Kuzmin Y.V. Geoarchaeological Study of the Late Paleolithic Sites in Primorye, the Far East Russia // The Quaternary Research (Dayonki Kenkyu) . — 1992. — Vol. 31, No. 4. — P. 243－254.

1176．**Я.В. 库兹明**：《古代人类对景观的影响（苏联远东地区）》//《第八届国际孢粉大会纲要·外省艾克斯·法国，1992 年 9 月 6－12 日》，外省艾克斯，1992 年，第 81 页。

Kuzmin Y.V. Human Impact on Landscapes in Past (the Far East USSR) // 8th International Palynological Congress, Aix－en－Provence, France, September 6－12, 1992. Program and Abstracts. — Aix－en－Provence, 1992. — P. 81.

1177．**Я.В. 库兹明**：《苏联远东滨海地区晚更新世－早全新世的环境变化与人类居址》//《第 29 届国际地质学大会摘要·京都，日本，1992 年 8 月 24－9 月 3 日》，京都，1992 年，第 408 页。

Kuzmin Y.V. The Late Pleistocene — Early Holocene Environment Changes and Settling of Man in Primorye (Far East USSR) // 29th International Geological Congress Abstracts, Kyoto, Japan, August 24 — September 3, 1992. — Kyoto, 1992. — P. 408.

1178．**Я.В. 库兹明**：《俄罗斯远东地区旧石器时代的古生态学》//《北亚、美洲的古生态学与古代人类居民点·国际会议报告摘要》，克拉斯诺亚尔斯克，1992 年，第 286－289 页。

Kuzmin Y.V. Paleoecology of the Paleolithic of Far Eastern Russia // Палеоэкология и расселение древнего человека в Северной Азии и Америке: Крат. содерж. докл. междунар. конф. — Красноярск, 1992. —С. 286－289.

1179. **Я.В. 库兹明**:《俄罗斯远东地区旧石器时代的古生态学》//《阳谷文化：史前历史研究所通报》，清州（韩国），1992 年 1 期，第 143－159 页。

Kuzmin Y. Paleoecology of the Paleolithic of the Russian Far East // Sunsa Munhwa: Bul. of the Inst. of Prehistory. — Cheongju, 1992. — No. 1. — P. 143－159.

1180. **Я.В. 库兹明**:《前苏联滨海地区旧石器时代晚期的古环境》//《人与环境》，1992 年，第 17 卷，第 2 期，第 11－20 页。

Kuzmin Y.V. Paleoenvironment of the Late Paleolithic of Primorye (the Former USSR) // Man and Environment. — 1992. — Vol. 17, No. 2. — P. 11－20.

1181. **Я.В. 库兹明**:《滨海地区石器时代文化的古地理学和年代学研究》//《俄罗斯的地质学和地球物理学》，1992 年，第 33 卷，第 6 期，第 120－124 页。

Kuzmin Y.V. Paleogeography and Chronology of Ancient Cultures of Stone Age in Primorye // Russian Geology and Geophysics. — 1992. — Vol. 33, No. 6. — P. 120－124.

1182. **Я.В. 库兹明**:《俄罗斯远东地区旧石器时代至中世纪时代的人与环境：年代学，古地理学及相互影响》//《第 27 届国际地理学大会摘要·华盛顿，1992 年 8 月 9－14 日》，华盛顿，1992 年，第 334－335 页。

Kuzmin Y.V. People and Environment in the Russian Far East from Paleolithic to Middle Ages: Chronology, Paleogeography, Interaction // 27th International Geographical Congress Abstracts. Washington, D.C., August 9－14. — Washington, 1992. — P. 334－335.

1183. **Я.В. 库兹明**:《苏联远东、东北地区最早的人类：研究的成果与存在的问题》//《第 29 届国际地理学大会摘要·京都·日本，1992 年 8 月 24－9 月 3 日》，京都，1992 年，第 2 卷，第 339 页。

Kuzmin Y.V. The Peopling of the Far East and Northeast USSR: the Results of Studies and Problems // 29th International Geological Congress Abstracts, Kyoto, Japan, August 24 — September 3, 1992. — Kyoto, 1992. — Vol. 2. — P. 399.

1184. **Я.В. 库兹明**:《流逝的新石器时代至中世纪时代人类对滨海地区南部自然环境的作用》//《地理学与自然资源》，1993 年 3 期，第 16－20 页。

Кузьмин Я.В. , Чернюк А.В. Антропогенное воздействие на природную среду Южного Приморья в прошлом (неолит — средневековье) // География и природные ресурсы. — 1993. — № 3. — С. 16－20.

1185. **Я.В. 库兹明**:《碳同位素测年断代的校正（关于古代遗址碳同位素测年年代与历法年代的关系）》//《俄罗斯东部地区开发的历史经验·国际学术会议报告、报告纲要》，符拉迪沃斯托克，1993 年，第 1 集，第 47－48 页。

Кузьмин Я.В. Калибровка радиоуглеродных датировок (о соотношении радиоуглеродной и календарной хронологий древних поселений) // Исторический опыт освоения восточных районов России: Тез. докл. и сообщ. междунар. науч. конф. — Владивосток, 1993. — Вып. 1. — С. 47－48.

1186. **Я.В. 库兹明、A.B. 切尔纽克**:《滨海地区石器时代的自然界与人类（古地理学视角）》//《俄罗斯远东考古学研究》，俄罗斯科学院远东分院历史·考古·民族研究所，预印本，符拉迪沃斯托克，

1993 年，第 37－42 页。

Кузьмин Я.В., Чернюк А.В. Природа и человек в каменном веке Приморья (палеогеографический аспект) // Археологические исследования на Дальнем Востоке России / РАН. ДВО. ИИАЭ. — Препр. — Владивосток, 1993. — С. 37－42.

1187.**Я.В. 库兹明**：《俄罗斯远东南部中世纪遗存的年代学比较》//《俄罗斯考古学》，1993 年 2 期，第 189－192 页。

Кузьмин Я.В. Сопоставление хронологий средневековых памятников юга Дальнего Востока России // Рос. археология. — 1993. — № 2. — С. 189－192.

1188.**Я.В. 库兹明**：《俄罗斯远东旧石器至中世纪时代的人类与自然环境：年代学、古地理学、相互关系》//《地理学与自然资源》，1993 年 4 期，第 137－139 页。

Кузьмин Я.В. Человек и природная среда на Дальнем Востоке России от палеолита до средневековья: хронология, палеогеография, взаимодействие // География и природные ресурсы. — 1993. — № 4. — С. 137－139.

1189.**Я.В. 库兹明**：《关于俄罗斯远东南部农耕、冶金生产的产生时间：课题的确立、解决的途径》//《青年历史学者第 3 次远东会议报告纲要》，符拉迪沃斯托克，1994 年，第 17－19 页。

Кузьмин Я.В. О времени возникновения земледелия и металлургического производства на юге Дальнего Востока России: постановка задач, поиск путей решения // Третья Дальневост. конф. молодых историков: Тез. докл. — Владивосток, 1994. — С. 17－19.

1190.**Я.В. 库兹明**：《（俄罗斯远东）石器时代滨海地区古代文化的古地理学》，符拉迪沃斯托克，远东科学出版社，1994 年，156 页。

Кузьмин Я.В. Палеогеография древних культур Приморья в эпоху камня (Дальний Восток России). — Владивосток: Дальнаука, 1994. — 156 с.

评论：**Д.Л. 布罗江斯基**，刊于《俄罗斯科学院远东分院院刊》，1995 年 3 期，第 112－118 页。

Рец.: Бродянский Д.Л. // Вестн. ДВО РАН. — 1995. — № 3. — С. 112－118.

1191.**Я.В. 库兹明、А.В. 切尔纽克**：《（俄罗斯远东）布列亚河谷地早期铁器时代、中世纪时代古代居民的古地理学、年代学》//《第 7 次纪念阿尔谢尼耶夫报告会·关于历史学、考古学、方志学问题区域学术会议报告纲要》，乌苏里斯克，1994 年，第 253－255 页。

Кузьмин Я.В., Чернюк А.В. Палеогеография и хронология древних поселений раннего железного века и средневековья долины р. Буреи (Дальний Восток России) // VII Арсеньевские чтения: Тез. докл. регион. науч. конф. по пробл. ист., археол. и краеведения. — Уссурийск, 1994. — С. 253－255.

1192.**Я.В. 库兹明**：《滨海地区古代人类的古生态学及其与自然环境的相互关系》//《全俄第四纪研究会议报告纲要》，莫斯科，1994 年，第 132 页。

Кузьмин Я.В. Палеоэкология древнего человека в Приморье и его взаимодействие с природной средой // Всероссийское совещание по изучению четвертичного периода: Тез. докл. — М., 1994. — С. 132.

1193.**Я.В. 库兹明**：《俄罗斯远东滨海地区石器时代文化的古地理学研究》//《俄罗斯考古——为了今后对西伯利亚和远东地区的调查而开展的对俄罗斯考古研究的现状和存在问题的讨论》，首尔，1994 年，第 229－356 页。

Kuzmin Y. V. Paleogeography of the Stone Age Cultures of Primorye（Far Eastern Russia）// Archaeology of Russia － Current Status of Archaeological Research and Problems for Future Investigation of Siberia and East Area. — Seoul, 1994. — P. 299 － 356.

1194. **Я. В. 库兹明**：《俄罗斯远东滨海地区石器时代文化的古地理学研究》//《韩国上古史学报》，首尔，1994 年 15 期，第 379 － 424 页。

Kuzmin Y. V. Paleogeography of the Stone Age Cultures of Primorye（Far Eastern Russia）// Journal of Korean Ancient Historical Society. — Seoul, 1994. — No. 15. — P. 379 － 424.

1195. **Я. В. 库兹明**：《俄罗斯远东地区石器时代和青铜时代文化的碳 14 年代学测定》//《第十五届国际放射性碳素会议摘要·格拉斯哥·苏格兰，1994 年 8 月 15 － 19 日》，格拉斯哥，1994 年，第 14 页。

Kuzmin Y. V. Radiocarbon Chronology of the Stone and Bronze Age Cultures of Russian Far East // 15th International Radiocarbon Conference, Glasgow, Scotland, 15 － 19 August, 1994: Book of Abstracts. — Glasgow, 1994. — P. 14.

1196. **Я. В. 库兹明**：《俄罗斯远东南部石器时代古代文化的地质－考古学研究（方法论、结果、问题）》//《考古复原的自然科学方法》，新西伯利亚，1995 年，第 1 集，第 83 － 87 页。

Кузьмин Я. В. Геоархеологические исследования древних культур эпохи камня юга Дальнего Востока России（методические подходы, результаты, проблемы）// Методы естественных наук в археологических реконструкциях. — Новосибирск, 1995. — Ч. I. — С. 83 － 87.

1197. **Я. В. 库兹明**：《全新世最适宜期（距今 5000-8000 年）彼得大帝湾沿岸古地理学》//《（日本海）彼得大帝湾沿岸全新世地层剖面的综合研究》，符拉迪沃斯托克，1995 年，第 44 － 70 页。

Кузьмин Я. В. Палеогеография побережья залива Петра Великого в оптимум голоцена（5000 — 8000 л.н.）// Комплексное изучение разрезов голоценовых отложений залива Петра Великого（Японское море）. — Владивосток, 1995. — С. 44 － 70.

1198. **Я. В. 库兹明**：《流逝的过去（至 1860 年）俄罗斯远东南部的经济文化类型、人类与自然界的相互作用》//《东亚的传统文化：考古学与文化人类学》，布拉戈维申斯克，1995 年，第 95 － 101 页。

Кузьмин Я. В. Хозяйственно-культурные типы и взаимодействие человека и природы на юге Дальнего Востока России в прошлом（до 1860-х гг.）// Традиционная культура востока Азии: археология и культурная антропология. — Благовещенск, 1995. — С. 95 － 101.

1199. **Я. В. 库兹明**：《俄罗斯远东旧石器时代至中世纪时期的人类与自然环境：年代学、古地理学、相互关系》//《景观的历史地理学：趋势与展望》，圣彼得堡，1995 年，第 25 － 30 页。

Кузьмин Я. В. Человек и природная среда на Дальнем Востоке России от палеолита до средневековья: хронология, палеогеография, взаимодействие // Историческая география ландшафтов: тенденции и перспективы. — СПб., 1995. — С. 25 － 30.

1200. **Я. В. 库兹明**：《人类对东北亚环境的影响及全新世气候的变化》//《全球的变化和地理学·国际地理联合会大会摘要·莫斯科·俄罗斯，1995 年 8 月 14 － 18 日》，莫斯科，1995 年，第 202 页。

Kuzmin Y. V. Human Impact on Environment in Northeast Asia and Climatic Changes in the Holocene // Global Changes and Geography. The IGU Conference, Moscow, Russia, August 14 － 18, 1995: Abstracts. — Moscow, 1995. — P. 202.

1201. **Я.В. 库兹明**：《俄罗斯远东滨海地区新石器时代至青铜时代人类对环境的影响》//《全新世》，1995 年，第 5 卷，第 4 期，第 479‑484 页。

Kuzmin Y.V., Chernuk A.V. Human Impact on Environment in the Neolithic — Bronze Age in Primorye (Far Eastern Russia) // The Holocene. — 1995. — Vol. 5, No. 4. — P. 479‑484.

1202. **Я.В. 库兹明**：《俄罗斯远东地区晚更新世至全新世人与环境的相互影响》//《国际第四纪研究联合会第十四届大会摘要·柏林·德国，1995 年 8 月 3‑10 日》，柏林，1995 年，第 151 页。

Kuzmin Y.V. Human‑Environment Interaction in the Late Pleistocene — Holocene on the Russian Far East // XIVth INQUA Congress, August 3‑10, 1995, Berlin, Germany: Abstracts. — Berlin, 1995. — P. 151.

1203. **Я.В. 库兹明**：《俄罗斯远东地区旧石器时代至中世纪的人与环境：年代学，古地理学及其相互影响》//《地理学报》，1995 年，第 35 卷，第 1 期，第 79‑83 页。

Kuzmin Y.V. People and Environment in the Russian Far East from Paleolithic to Middle Ages: Chronology, Paleogeography, Interaction // GeoJournal. — 1995. — Vol. 35, No. 1. — P. 79‑83.

1204. **Я.В. 库兹明**：《俄罗斯远东地区石器时代文化的碳 14 年代学测定》//《环日本海区域的比较史学研究》，新泻（日本），1995 年，第 53‑59 页。

Kuzmin Y.V. Radiocarbon Chronology of the Stone Age Cultures of the Russian Far East // The Studies in Comparative History of Circum‑Japan‑Sea Areas. — Niigata. — 1995. — P. 53‑59.

1205. **Я.В. 库兹明**：俄罗斯远东地区沼泽地带的遗址：关于环境，年代学和古经济学的评论》//《隐藏的空间：湿地考古的文化重要性·国际会议摘要·不列颠哥伦比亚大学·温哥华·加拿大，1995 年 4 月 27‑30 日》，温哥华，1995 年，第 48‑49 页。

Kuzmin Y.V. Wetland‑Associated Sites on the Russian Far East: A Review of Environment, Chronology and Paleoeconomy // Hidden Dimensions: The Cultural Significance of Wetland Archaeology: Abstracts of Internat. Conf., University of British Columbia, Vancouver, B.C., Canada, April 27‑30, 1995. — Vancouver, 1995. — P. 48‑49.

1206. **Я.В. 库兹明**：《自然‑人为系统：俄罗斯远东南部形成的历史学视角》//《构造与地壳演化的规律性·第 3 次国际跨学科学术会议资料》，哈巴罗夫斯克、符拉迪沃斯托克，1996 年，第 2 集，第 139‑140 页。

Кузьмин Я.В. Природно‑антропогенные системы: исторический аспект формирования на юге Дальнего Востока России // Закономерности строения и эволюции геосфер: Материалы третьего междунар. междисциплинарного науч. симп. — Хабаровск; Владивосток, 1996. — Ч. II. — С. 139‑140.

1207. **Я.В. 库兹明、A.B. 切尔纽克、C.П. 涅斯捷罗夫**：《(阿穆尔河中游) 布列亚河流域全新世中晚期自然环境的发展》//《地理学与自然资源》，1996 年 3 期，第 87‑92 页。

Кузьмин Я.В., Чернюк А.В., Нестеров С.П. Развитие природной среды в среднем — позднем голоцене в бассейне реки Буреи (Среднее Приамурье) // География и природные ресурсы. — 1996. — No 3. — С. 87‑92.

1208. **Я.В. 库兹明**：《俄罗斯远东地区旧石器时代的古生态学》，《美洲的开端：白令地区的史前史与古生态学》，芝加哥；伦敦，1996 年，第 136‑146 页。

Kuzmin Y.V. Paleoecology of the Paleolithic of the Russian Far East // American Beginnings: The Prehistory and Paleoecology of Beringia. — Chicago; London, 1996. — P. 136－146.

1209. **Я.В. 库兹明、Л.А. 奥尔洛娃、Л.Д. 苏列尔瑞茨基**：《俄罗斯远东南部地区石器时代文化的碳 14 年代学与古环境》//《地球力学与地球的演化·重大研究俄罗斯基金学术会议资料》，新西伯利亚，1996 年，第 228 页。

Kuzmin Y.V., Orlova L.A., Sulerzhitsky L.D. Radiocarbon Chronology and Paleoenvironment of the Stone Age Cultures from Southern Part of the Russian Far East // Геодинамика и эволюция Земли: Материалы к науч. конф. РФФИ. — Новосибирск, 1996. — С. 228.

1210. **Я.В. 库兹明**：《俄罗斯远东地区史前文化的碳 14 测年：30 年的研究》//《考古测量学国际研讨会纲要·伊利诺大学香槟分校·美国·1996 年 5 月 20－24 日》，1996 年，第 62 页。

Kuzmin Y.V. Radiocarbon Dating of the Russian Far East Prehistoric Cultures: Thirty Years of Research // International Symposium on Archaeometry. May 20－24, Urbana－Champaign, IL, USA: Program and Abstracts. — Urbana, 1996. — P. 62.

1211. **Я.В. 库兹明**：《全新世时期东北亚古代耕作的传播及其对周边环境的相互作用》//《石器时代考古学问题》，乌苏里斯克，1997 年，第 98－106 页。

Кузьмин Я.В. Распространение древнего земледелия в Северо-Восточной Азии и его взаимодействие на окружающую среду в голоцене // Проблемы археологии каменного века. — Уссурийск, 1997. — С. 98－106.

1212. **Я.В. 库兹明、Э.Дж.Т. 驹奥**：《俄罗斯远东地区旧石器到新石器时代过渡阶段的碳 14 测年》//《更新世最新研究》，科瓦利斯（美国），1997 年，第 14 卷，第 46－48 页。

Kuzmin Y.V., Jull A.J.T. AMS Radiocarbon Dating of the Paleolithic — Neolithic Transition in the Russian Far East // Current Research in the Pleistocene. — Corvallis, 1997. — Vol. 14. — P. 46－48.

1213. **Я.В. 库兹明**：《俄罗斯西伯利亚、远东地区旧石器时代年表》//《考古学评论》，1997 年，第 18 卷，第 2 期，第 33－39 页。

Kuzmin Y.V. Chronology of Palaeolithic of Siberia and the Russian Far East // The Review of Archaeology. — 1997. — Vol. 18, No. 2. — P. 33－39.

1214. **Я.В. 库兹明**：《俄罗斯远东地区更新世地质考古学：最新成果》//《人类学》，布尔诺（捷克），1997 年，第 35 卷，第 2 期，第 131－136 页。

Kuzmin Y.V. Pleistocene Geoarchaeology of the Russian Far East: Updated Results // Anthropologie. — Brno, 1997. — Vol. 35, No. 2. — P. 131－136.

1215. **Я.В. 库兹明、Л.А. 奥尔洛娃**：《东亚旧石器向新石器时代的过渡：时间与环境》//《美国考古学会第 62 次年会摘要·纳什维尔·田纳西州·美国·1997 年 4 月 2－6 日》，华盛顿，1997 年，第 167 页。

Kuzmin Y.V., Orlova L.A. The Paleolithic / Neolithic Transition in East Asia: Timing and Environment // Abstracts of the 62nd Annual Meeting of Society for American Archaeology, Nashville, TN, USA, April 2－6, 1997. — Washington, 1997. — P. 167.

1216. **Я.В. 库兹明**：《俄罗斯远东滨海地区史前及中世纪时代居址里发现的脊椎动物遗存》//《国际骨质考古学杂志》，1997 年，第 17 卷，第 172－180 页。

Kuzmin Y. V. Vertebrate Animal Remains from Prehistoric and Medieval Settlements in Primorye (Russian Far East) // International Journal of Osteoarchaeology. — 1997. — Vol. 7. — P. 172 – 180.

1217. **Я.В. 库兹明**：《俄罗斯远东滨海地区史前及中世纪时代的动物考古学》//《动物考古学》，1997 年，第 8 卷，第 71 – 81 页。

Kuzmin Y. V. Zooarchaeology of the Prehistoric and Medieval Cultures in Primorye (Russian Far East) // Zoo – Archaeology (Dobutsu Kokogaku). — 1997. — Vol. 8. — P. 71 – 81.

1218. **Я.В. 库兹明**：《俄罗斯远东南部的地理考古学：1980 年至 90 年代工作结果》//《第四纪研究的最重要结果与 21 世纪研究的主要方向·全俄会议报告纲要》，圣彼得堡，1998 年，第 262 页。

Кузьмин Я.В. Геоархеология каменного века юга Дальнего Востока России: результаты работ 1980 — 90-х гг. // Главнейшие итоги в изучении четвертичного периода и основные направления исследований в XXI веке: Тез. докл. Всерос. совещ. — СПб., 1998. — С. 262.

1219. **Я.В. 库兹明**：《俄罗斯远东南部旧石器、新石器时代的地理考古学：现状与前景》//《北亚及其毗邻地区更新世古生态学、石器时代文化·国际会议资料》，新西伯利亚，1998 年，第 2 卷，第 86 – 93 页。

Кузьмин Я.В. Геоархеология палеолита и неолита юга Дальнего Востока России: современное состояние и перспективы // Палеоэкология плейстоцена и культуры каменного века Северной Азии и сопредельных территорий (Материалы междунар. симп.). — Новосибирск, 1998. — Т. 2. — С. 86 – 93.

1220. **Я.В. 库兹明、В.А. 拉科夫**：《全新世时期（日本海）彼得大帝湾软体动物区系的年代学、古地理学》//《1998 年 10 月 2 – 3 日符拉迪沃斯托克市青年学者、研究生、本科生关于海洋生物学、生态学实际问题区域学术会议报告纲要》，符拉迪沃斯托克，1998 年，第 70 – 71 页。

Кузьмин Я.В., Раков В.А. Хронология и палеогеография малакофауны залива Петра Великого (Японское море) в голоцене // Региональная конференция по актуальным проблемам морской биологии и экологии студентов, аспирантов и молодых ученых 2 – 3 окт. 1998 г., г. Владивосток: Тез. докл. — Владивосток, 1998. — С. 70-71.

1221. **Я.В. 库兹明、Э.Дж.Т. 驹奥、Г.А. 德容斯**：《俄罗斯远东滨海地区的早期农业：新石器晚期遗址新测定的碳 14 和孢粉分析数据》//《考古科学杂志》，伦敦，1998 年，第 25 卷，第 8 期，第 813 – 816 页。

Kuzmin Y. V., Jull A. J. T., Jones G. A. Early Agriculture in Primorye, Russian Far East: New Radiocarbon and Pollen Data from Late Neolithic Sites // Journal of Archaeological Science. — London, 1998. — Vol. 25, No. 8. — P. 813 – 816.

1222. **Я.В. 库兹明、Л.А. 奥尔洛娃**：《西伯利亚旧石器时代的碳 14 测年》//《世界史前史学报》，1998 年，第 12 卷，第 1 期，第 1 – 53 页。

Kuzmin Y. V., Orlova L. A. Radiocarbon Chronology of the Siberian Paleolithic // Journal of World Prehistory. — 1998. — Vol. 12, No. 1. — P. 1 – 53.

1223. **Я.В. 库兹明**：《俄罗斯远东地区新石器早期文化的碳同位素测年：陶器中有机羼和物加速质谱法测年的初步结果》//《韩国文物》，首尔，1998 年 52 期，第 123 – 133 页。

Kuzmin Y. V. Radiocarbon Dating of the Earliest Neolithic Cultures from the Russian Far East: Initial Results Based on Accelerator Mass Spectrometric (AMS) Dating of Organic Temper in Pottery // Korean Antiquity. — Seoul, 1998. — No. 52. — P. 123 – 133.

1224. **Я.В. 库兹明**：《俄罗斯远东地区沼泽地带的遗址：关于环境，年代学和古经济学的评论》//《隐藏的空间：湿地考古的文化重要性》，温哥华，1998 年，第 56 – 63 页。

Kuzmin Y. V. Wetland – associated Sites in the Russian Far East: A Review of Environment, Chronology and Paleoeconomy // Hidden Dimensions: The Cultural Significance of Wetland Archaeology. — Vancouver, 1998. — P. 56 – 63.

1225. **Я.В. 库兹明、米田穰**：《（俄罗斯远东）滨海地区新石器时代居民饮食结构的同位素 – 地球化学研究》//《景观的地球化学、人类的古生态学与民族起源·1999 年 9 月 6 – 11 日国际学术会议纲要》，乌兰乌德，1999 年，第 460 – 461 页，俄文、英文。

Кузьмин Я.В., Йонеда М. Изотопно-геохимическое изучение структуры питания неолитичесси) // Геохимия ландшафтов, палеоэкология человека и этногенез: Тез. междунар. симп. 6 – 11 сент. 1999 г. — Улан-Удэ, 1999. — С. 460 – 461. — Рус. яз., англ. яз.

1226. **Я.В. 库兹明、А.В. 切尔纽克、В.К. 利霍拉特**：《（俄罗斯远东）阿穆尔河下游新石器时代古环境与年代学》//《景观的地球化学、人类的古生态学与民族起源·1999 年 9 月 6 – 11 日国际会议纲要》，乌兰乌德，1999 年，第 466 – 467 页，俄文、英文。

Кузьмин Я.В., Чернюк А.В., Лихолат В.К. Палеосреда и хронология неолита Нижнего Приамурья (Дальний Восток России) // Геохимия ландшафтов, палеоэкология человека и этногенез: Тез. междунар. симп. 6 – 11 сент. 1999 г. — Улан-Удэ, 1999. — С. 466 – 467. — Рус. яз., англ. яз.

1227. **Я.В. 库兹明、А.В. 切尔纽克、В.К. 利霍拉特**：《（俄罗斯远东）阿穆尔河下游新石器时代古生态学》//《古代、当今社会的生态学·1999 年 11 月 18 – 19 日纪念俄罗斯科学院成立 275 年会议报告纲要》，秋明，1999 年，第 38 – 40 页。

Кузьмин Я.В., Чернюк А.В., Лихолат В.К. Палеоэкология неолита Нижнего Приамурья (Дальний Восток России) // Экология древних и современных обществ: Тез. докл. конф., посвящ. 275 – летию РАН 18 – 19 нояб. 1999 г. — Тюмень, 1999. — С. 38 – 40.

1228. **Я.В. 库兹明、К.Е. 巴克、С.П. 涅斯捷罗夫**：《阿穆尔河沿岸古金属时代、中世纪时代文化的分期：别伊耶西安斯克统计学在碳同位素测年中的运用》//《西伯利亚及其毗邻地区考古学、民族学、人类学问题 – 1999 年 12 月俄罗斯科学院西伯利亚分院考古与民族研究所第 7 次总结年会资料》，新西伯利亚，1999 年，第 5 卷，第 416 – 419 页。

Кузьмин Я.В., Бак К.Е., Нестеров С.П. Периодизация культур палеометалла и средневековья Приамурья: применение бейесианской статистики к радиоуглеродным датам // Проблемы археологии, этнографии, антропологии Сибири и сопредельных территорий: Материалы VII Годовой итог. сес. Ин-та археологии и этнографии СО РАН. Дек. 1999 г. — Новосибирск, 1999. — Т. V. — С. 416 – 419.

1229. **Я.В. 库兹明、А.В. 切尔纽克、В.К. 利霍拉特**：《依据于孢粉学资料的阿穆尔河下游石器时代文化的自然环境》//《公元第三个千年期孢粉学的现实问题·第 9 次全俄孢粉学会议报告纲要》，莫斯科，1999 年，第 151 – 153 页。

Кузьмин Я.В., Чернюк А.В., Лихолат В.К. Природная среда древних культур каменного века Нижнего Приамурья по палинологическим данным // Актуальные проблемы палинологии на рубеже третьего тысячелетия: Тез. докл. IX Всерос. палинологической конф. — М., 1999. — С. 151 – 153.

1230. **Я.В. 库兹明**、**G.S. 布尔**、**Э.Дж.Т. 驹奥**：《加速器质谱仪¹⁴C 测年对俄罗斯远东地区史前年代学和地质考古学的影响，1993 – 1999 年：经验总结》//《第八届加速器质谱分析法国际会议文集·奥尔斯佩格宫·维也纳·奥地利·1999 年 9 月 6 – 10 日》，维也纳，1999 年，第 168 – 169 页。

Kuzmin Y.V., Burr G.S., Jull A.J.T. The Impact of AMS ¹⁴C Dating on Prehistoric Chronology and Geoarchaeology of the Russian Far East, 1993 – 1999: Lessons Learned // AMS – 8: 8th International Conference on Accelerator Mass Spectrometry, Palais Auersperg, Vienna, Austria, 6 – 10 Sept. 1999. — Vienna, 1999. — P. 168 – 169.

1231. **Я.В. 库兹明**、**И.Я. 舍夫科穆德**、**Э.Дж.Т. 驹奥**：《采用加速质量光谱测定方法对阿穆尔河下游更新世末期至全新世初期遗址进行碳同位素测年断代的新资料》//《格罗杰科沃博物馆馆刊》，哈巴罗夫斯克，2000 年，第 1 集，第 72 – 75 页。

Кузьмин Я.В., Шевкомуд И.Я., Джалл Э.Дж.Т. Новые данные по радиоуглеродному датированию методом ускорительной масс – спектрометрии стоянок финала плейстоцена — начала голоцена на Нижнем Амуре // Зап. Гродековского музея. — Хабаровск, 2000. — Вып. 1. — С. 72 – 75.

1232. **Я.В. 库兹明**：《（俄罗斯远东石器时代）自然－人为的古地理系统：概念与运用》//《陆圈的构成与演化规律·第 5 次国际跨学科会议资料》，符拉迪沃斯托克，2000 年，第 308 – 309 页，俄文、英文。

Кузьмин Я.В. Природно-антропогенные палеогеосистемы: концепция и приложение (каменный век Дальнего Востока России) // Закономерности строения и эволюции геосфер: Материалы V междунар. междисциплинарного симп. — Владивосток, 2000. — С. 308 – 309. — Рус. яз., англ. яз.

1233. **Я.В. 库兹明**、**Л.А. 奥尔洛娃**：《西伯利亚旧石器时代放射线碳法年代学：主要的分界点》//《石器时代古地理学，北亚及其毗邻地区旧石器时代自然事件与考古学文化的相互关系国际会议资料》，克拉斯诺亚尔斯克，2000 年，第 76 – 77 页。

Кузьмин Я.В., Орлова Л.А. Радиоуглеродная хронология палеолита Сибири: основные рубежи // Палеогеография каменного века. Корреляция природных событий и археологических культур палеолита Северной Азии и сопредельных территорий: Материалы Междунар. конф. — Красноярск, 2000. — С. 76 – 77.

1234. **Я.В. 库兹明**：《俄罗斯远东旧石器时代的年代学与古环境》//《石器时代古地理学，北亚及其毗邻地区旧石器时代自然事件与考古学文化的相互关系国际会议资料》，克拉斯诺亚尔斯克，2000 年，第 74 – 75 页。

Кузьмин Я.В. Хронология и палеосреда палеолита Дальнего Востока России // Палеогеография каменного века. Корреляция природных событий и археологических культур палеолита Северной Азии и сопредельных территорий: Материалы Междунар. конф. — Красноярск, 2000. — С. 74 – 75.

1235. **Я.В. 库兹明**：《依据碳同位素测年资料的东亚新石器时代初期的年代学》//《石器时代古地理学，北亚及其毗邻地区旧石器时代自然事件与考古学文化的相互关系·国际会议资料》，克拉斯诺亚尔斯克，2000 年，第 75 – 76 页。

Кузьмин Я.В. Хронология начального неолита Восточной Азии по радиоуглеродным данным // Палеогеография каменного века. Корреляция природных событий и археологических культур палеолита

Северной Азии и сопредельных территорий: Материалы Междунар. конф. — Красноярск, 2000. — С. 75－76.

1236. **Я.В. 库兹明、C.T. 基尔利**：《东亚新石器早期文化的^{14}C 年代学：数据更新》//《第 17 届国际放射性碳素会议纲要·朱迪亚丘陵，以色列，2000 年 6 月 18－23 日》，[雷霍沃特]，2000 年，第 175 页。

Kuzmin Y.V., Keally C.T. ^{14}C Chronology of the Earliest Neolithic Cultures in East Asia: Situation Updates // 17th International Radiocarbon Conference (Judean Hills, Israel, June 18－23, 2000): Program and Abstracts. — [Rehovot], 2000. — P. 175.

1237. **Я.В. 库兹明**：《西伯利亚旧石器时代早期、中期和晚期早段的地质考古学：关于最新发现的评论》//《考古学评论》，塞伦，2000 年，第 21 卷，第 1 期，第 32－40 页。

Kuzmin Y.V. Geoarchaeology of the Lower, Middle, and Early Upper Palaeolithic of Siberia: a Review of Current Evidence // The Review of Archaeology. — Salem, 2000. — Vol. 21, No. 1. — P. 32－40.

1238. **Я.В. 库兹明、Л.А. 奥尔洛娃**：《俄罗斯西伯利亚、远东地区新石器时代的到来：碳同位素测定证据》//《古物》，2000 年，第 74 卷，第 284 期，第 356－364 页。

Kuzmin Y.V., Orlova L.A. The Neolithization of Siberia and the Russian Far East: Radiocarbon Evidence // Antiquity. — 2000. — Vol. 74, No. 284. — P. 356－364.

1239. **Я.В. 库兹明、米田穰、M.P. 理查兹**：《俄罗斯远东滨海地区全新世早期人类的饮食：人骨胶原稳定氮同位素数据》//《更新世最新研究》，科瓦利斯，2000 年，第 17 卷，第 128－133 页。

Kuzmin Y.V., Yoneda M., Richards M.P. Paleodiet of the Early－Holocene Population in Primorye, Russian Far East: Stable and Nitrogen Isotope Data of Human Bone Collagen // Current Research in the Pleistocene. — Corvallis, 2000. — Vol. 17. — P. 128－133.

1240. **Н.Н. 库兹米娜、В.П. 斯捷巴诺夫**：《论全新世时期日本海沿海岸区域发展的某些特征》//《远东地区人类与自然·学术汇报会报告纲要》，符拉迪沃斯托克，1984 年，第 19－21 页。

Кузьмина Н.Н., Степанов В.П. О некоторых особенностях развития прибрежной зоны Японского моря в голоцене // Человек и природа на Дальнем Востоке: Тез. докл. науч. － практ. конф. — Владивосток, 1984. — С. 19－21.

1241. **Е.И. 柯恰诺夫**：《关于 12 世纪女真人、蒙古人、塔塔尔人的史料》//《西伯利亚和远东历史学术会议·考古学、民族学、人类学分会报告、议程纲要》，伊尔库茨克，1960 年，第 27－30 页。

Кычанов Е.И. Сведения источников XII в. о чжурчжэнях, монголах и татарах // Научная конференция по истории Сибири и Дальнего Востока. Подсекция археологии, этнографии, антропологии: Тез. докл. и сообщ. — Иркутск, 1960. — С. 27－30.

1242. **Н.В. 丘涅尔**：《中国物质文化、精神文化基础发展的历史概要，阐明精神文化在远东其他民族生活中的作用》，符拉迪沃斯托克，1909 年，249 页。

Кюнер Н.В. Исторический очерк развития основ китайской материальной и духовной культуры, в связи с выяснением роли последней в жизни других народов на Дальнем Востоке. — Владивосток, 1909. — 249 с.

1243. **Н.В. 丘涅尔**：《关于北方民族的中国史料》//《列宁格勒国立大学学报》，1949 年 98 期，东方学系列 1，第 92－102 页。

Кюнер Н.В. Китайские исторические данные о народах Севера // Учен. зап. ЛГУ. — 1949. — No 98: Сер. востоковедных наук, вып. 1. — С. 92－102.

1244．**Н.В. 丘涅尔**：《关于南西伯利亚、中央亚细亚、远东民族的中国资料》，莫斯科，科学出版社，东方文学主编，1961 年，392 页。

Кюнер Н.В. Китайские известия о народах Южной Сибири, Центральной Азии и Дальнего Востока. — М.: Наука. Гл. редакция вост. лит., 1961. — 392 с.

1245．**В.Е. 拉里切夫**：《（滨海地区）苏城出土铜镜的中文题铭》//《东方铭文学》，1958 年 12 期，第 82－89 页。

Ларичев В.Е. Китайская надпись на бронзовом зеркале из Сучана（Приморье）// Эпиграфика Востока. — 1958. — Вып. 12. — С. 82－89.

1246．**В.Е. 拉里切夫**：《滨海地区的金代早期部落（根据〈金史〉资料）》//《第 3 次远东民族历史学、考古学、民族学学术会议》，符拉迪沃斯托克，1962 年，第 2 集：《远东十月革命以前时期的历史学、考古学、民族学会议报告、议程》，第 8－12 页。

Ларичев В.Е. Племена Приморья в ранний период истории Цзинь（по сведениям из《Цзинь ши》）// Третья науч. конф. по истории, археологии и этнографии народов Дальнего Востока. — Владивосток, 1962. — Вып. 2: Докл. и сообщ. по истории доокт. периода, археологии и этнографии Дальнего Востока. — С. 8－12.

1247．**В.Е. 拉里切夫**：《关于挹娄、肃慎的中国史料》//《第 3 次远东民族历史学、考古学、民族学学术会议报告、议程》，符拉迪沃斯托克，1963 年，第 3－5 页。

Ларичев В.Е. Китайские известия о племенах илоу и сушень // Докл. и сообщ. III науч. конф. по истории, археологии и этнографии Дальнего Востока. — Владивосток, 1963. — С. 3－5.

1248．**В.Е. 拉里切夫**：《关于古代通古斯－满族部落肃慎－挹娄的文献史料》//《苏联科学院西伯利亚分院院刊》，1964 年 9 期，《社会科学系列》第 3 集，第 119－129 页。

Ларичев В.Е. Летописные известия о древних тунгусо-маньчжурских племенах сушень－илоу // ИСОАН СССР. — 1964. — No 9: Сер. обществ. наук, вып. 3. — С. 119－129.

1249．**В.Е. 拉里切夫**：《关于阿穆尔河下游及其毗邻地区早期中世纪部落的文献史料》//《中世纪时期的东亚及其毗邻地区》，新西伯利亚，1986 年，第 10－12 页。

Ларичев В.Е. Письменные источники о племенах Нижнего Амура и прилегающих к нему территорий в эпоху раннего средневековья // Восточная Азия и соседние территории в средние века. — Новосибирск, 1986. — С. 10－12.

1250．**М.Г. 列温**：《西伯利亚、远东的人类学类型：北亚民族起源问题》//《苏联考古学》，1950 年 2 期，第 53－64 页。

Левин М.Г. Антропологические типы Сибири и Дальнего Востока:（К пробл. этногенеза Сев. Азии）// СЭ. — 1950. — No 2. — С. 53－64.

1251．**М.Г. 列温**：《从人类学资料看北亚人类的古代迁徙：以远东为界》//《以 Н.Н. 米克鲁哈·马克拉娅命名的民族研究所文集·新系列》，1951 年，第 16 卷，第 469－496 页。

Левин М.Г. Древние переселения человека в северной Азии по данным антропологии:［Есть разделы по Дальнему Востоку] // ТИЭ. Нов. сер. — 1951. — Т. 16. — С. 469 – 496.

1252. **М.Г. 列温**：《远东民族人类学与民族起源问题》，历史学博士论文作者文摘，苏联科学院物质文化史研究所，列宁格勒，1957 年，16 页。

Левин М.Г. Этническая антропология и проблемы этногенеза народов Дальнего Востока: Автореф. дис. ··· д-ра ист. наук / АН СССР. ИИМК. — Л., 1957. — 16 с.

1253. **М.Г. 列温**：《远东民族人类学与民族起源问题》//《以 Н.Н. 米克鲁哈·马克拉娅命名的民族研究所文集·新系列》，1958 年，第 36 卷，360 页。

Левин М.Г. Этническая антропология и проблемы этногенеза народов Дальнего Востока // ТИЭ. Нов. сер. — 1958. — Т. 36. — 360 с.

评论：**В.Г. 拉里金**、**Ю.А. 谢姆**，刊于《苏联科学院西伯利亚分院远东分部文集·历史系列》，1963 年，第 5 卷，第 167 – 169 页；**А.П. 奥克拉德尼科夫**，刊于《苏联考古学》，1961 年 1 期，第 295 – 298 页；**Я.Я. 罗金斯基**，刊于《苏联民族学》，1959 年 1 期，第 153 – 156 页。

Рец.: Ларькин В.Г., Сем Ю.А. // Тр. / АН СССР. СО. ДВФ. Сер. ист. – 1963. – Т. 5. – С. 167 – 169; Окладников А.П. // СА. – 1961. – № 1. – С. 295 – 298; Рогинский Я.Я. // СЭ. – 1959. – № 1. – С. 153 – 156.

1254. **М.Е. 列温托夫**：《关于（阿穆尔河下游沿岸地区）锡卡奇 – 阿梁地区带有“蜂眼”的玄武岩砾石产地的古地理学视角》//《莫斯科国立大学学报》系列 5：《地理学》，1973 年 4 期，第 115 – 116 页。

Левинтов М.Е. О палеогеографическом аспекте происхождения базальтовых валунов с《личинами》в Сикачи – Аляне（Нижнее Приамурье）// Вестн. МГУ. Сер.5: География. — 1973. — № 4. — С. 115 – 116.

1255. **М.Е. 列温托夫**：《锡卡奇 – 阿梁多层遗址地层形成的过程与古地理学条件》//《地貌学问题》，莫斯科，1975 年，第 74 – 75 页。

Левинтов М.Е. Генезис и палеогеографические условия формирования отложений многослойной стоянки Сикачи – Алян // Вопросы геоморфологии. — М., 1975. — С. 74 – 75.

1256. **В.Д. 连科夫**、**Н.В. 奥夫相尼科夫**：《关于对赛加城址熔炼作坊出土的砖、造型黏土分析的结果》//《苏联考古学》，1972 年 2 期，第 149 – 158 页。

Леньков В.Д., Овсянников Н.В. О результатах анализов кирпичей и формовочной глины из плавильных мастерских Шайгинского городища // СА. — 1972. — № 2. — С. 149 – 158.

1257. **В.Д. 连科夫**：《关于 12 世纪女真人的材料获得与加工工艺》//《苏联科学院远东科学中心历史·考古·民族研究所文集》，1973 年，第 9 卷：《远东史（历史学、考古学、民族学、语文学）资料》，第 90 – 107 页。

Леньков В.Д. О технологии получения и обработке материала у чжурчжэней в XII в. // Тр. / АН СССР. ДВНЦ. ИИАЭ. — 1973. — Т. 9: Материалы по истории Дальнего Востока（история, археология, этнография, филология）. — С. 90 – 107.

1258. **В.Д. 连科夫**、**С.А. 谢卡**：《根据物理 – 化学分析资料揭示女真冶金工业原料基地的阐明尝试》//《苏联考古学》，1982 年 1 期，第 195 – 203 页。

Леньков В.Д., Щека С.А. Опыт выявления сырьевой базы чжурчжэньской металлургии по данным физико-химических анализов // CA. — 1982. — № 1. — C. 195－203.

1259. **В.Д. 连科夫、О.К. 哈尔钦科、В.А. 霍列夫**：《阿纳尼耶夫卡城址的黑色金属（光谱、金相学研究尝试)》//《苏联远东古代生产考古学研究中的自然科学方法》，符拉迪沃斯托克，1986 年，第 86－100 页。

Леньков В.Д., Харченко О.К., Хорев В.А. Черный металл Ананьевского городища：（Опыт спектрального и металлографического изучения）// Методы естественных наук в археологическом изучении древних производств на Дальнем Востоке СССР. — Владивосток, 1986. — C. 86－100.

1260. **В.Д. 连科夫、С.Д. 什列姆钦科、О.К. 哈尔钦科**：《采用多种计量统计学方法研究女真黑色金属》//《苏联远东考古学问题》，符拉迪沃斯托克，1987 年，第 96－107 页。

Леньков В.Д., Шлемченко С.Д., Харченко О.К. Изучение черного металла чжурчжэней методами многомерной статистики // Вопросы археологии Дальнего Востока СССР. — Владивосток, 1987. — C. 96－107.

1261. **В.К. 利霍拉特、А.В. 切尔纽克**：《新石器遗址全新世地层的孢粉学》//《公元第三个千年期孢粉学的现实问题·第 9 次全俄孢粉学会议报告纲要》，莫斯科，1999 年，第 165－166 页。

Лихолат В.К., Чернюк А.В. Палинология голоценовых отложений стоянок неолита // Актуальные проблемы палинологии на рубеже третьего тысячелетия：Тез. докл. IX Всерос. палинологической конф. — М., 1999. — C. 165－166.

1262. **李宪宗**：《关于远东及其毗邻地区新石器时代过渡期问题的新方法》//《东亚、北美的旧石器晚期至新石器早期·国际会议资料》，符拉迪沃斯托克，1996 年，第 155－158 页；第 159－161 页，英文。

Ли Хонджон. Новый подход к проблеме переходного периода к неолиту на Дальнем Востоке и сопредельных территориях // Поздний палеолит — ранний неолит Восточной Азии и Северной Америки （материалы междунар. конф.）. — Владивосток, 1996. — C. 155－158；C. 159－161. — Англ. яз.

1263. **А.В. 利霍拉特、В.П. 巴里**：《第四纪前期地层的放射线碳法断代尝试（其中包括远东考古遗存)》，苏联科学院远东科学中心东北综合研究所，预印本，马加丹，1985 年，43 页。

Ложкин А.В., Парий В.П. Опыт радиоуглеродного датирования верхнечетвертичных отложений [в том числе и археологических памятников Дальнего Востока] / АН СССР. ДВНЦ. СВКНИИ. — Препр. — Магадан, 1985. — 43 c.

1264. **В.А. 伦沙**：《依据考古资料看滨海地区南部森林中斗菜的地层学和年代》//《土壤低温的理论·第 5 次全苏会议报告纲要》，普希诺，1989 年，第 49－50 页。

Лынша В.А. Стратиграфия и возраст лесных подбелов Южного Приморья по археологическим данным // Теория почвенного криогенеза：Тез. докл. V Всесоюз. конф. — Пущино, 1989. — C. 49－50.

1265. **В.А. 伦沙**：《当代考古学的中石器时代概念》//《物质文化与考古复原问题》，新西伯利亚，1991 年，第 3－20 页。

Лынша В.А. Понятие мезолита в современной археологии // Материальная культура и проблемы археологической реконструкции. — Новосибирск, 1991. — C. 3－20.

1266. **В.А. 伦沙**：《奥西诺夫卡地层学新观点》//《第 6 次纪念阿尔谢尼耶夫报告会·关于历史学、考古学、方志学问题区域学术会议报告、议程纲要》，乌苏里斯克，1992 年，第 187－189 页。

Лынша В.А. Новый взгляд на стратиграфию Осиновки // VI Арсеньевские чтения: Тез. докл. и сообщ. регион. науч. конф. по пробл. истории, археологии и краеведения. — Уссурийск, 1992. — С. 187－189.

1267. **В.А. 伦沙**：《萨尔坦初期的工艺学革命：旧石器晚期阶段还是中石器时代阶段?》//《匈奴考古学 100 年，游牧生活：全球背景下的过去与现代及历史展望——匈奴现象·国际会议报告纲要》，乌兰乌德，1996 年，第 2 集，第 37－39 页。

Лынша В.А. Технологическая революция в начале Сартана: стадия позднего палеолита или мезолита? // 100 лет гуннской археологии. Номадизм: прошлое, настоящее в глобальном контексте и исторической перспективе. Гуннский феномен: Тез. докл. междунар. конф. — Улан-Удэ, 1996. — Ч. II. — С. 37－39.

1268. **В.А. 伦沙**：《萨尔坦间冰期初期的技术革命：旧石器时代晚期或中石器时代的新阶段?》//《匈奴考古学 100 年，游牧生活：全球背景下的过去与现代及历史展望——匈奴现象·国际会议报告纲要》，乌兰乌德，1996 年，第 2 集，第 72－73 页。

Lynsha V.A. Technological Revolution in the Begining of the Sartan: the New Stage of the Late Paleolithic or the Mesolithic? // 100 лет гуннской археологии. Номадизм: прошлое, настоящее в глобальном контексте и исторической перспективе. Гуннский феномен: Тез. докл. междунар. конф. — Улан-Удэ, 1996. — Ч. II. — С. 72－73.

1269. **В.Н. 雷索夫**：《滨海边疆区环境中的粟与黍（关于在考古遗存中发现的谷物）》//《西伯利亚史资料·古代的西伯利亚》，新西伯利亚，1966 年，第 2 集：《西伯利亚考古汇编》，第 148－150 页。

Лысов В.Н. Чумиза и просо в условиях Приморского края: [О находках зерен злаков на археол. памятниках] // Материалы по истории Сибири. Древняя Сибирь. — Новосибирск, 1966. — Вып. 2: Сибирский археологический сборник. — С. 148－150.

1270. **В.Н. 雷索夫**：《滨海边疆区环境中的粟与黍》//《西伯利亚与远东考古学》，东京，1982 年，第 2 卷：《滨海地区》，第 262－265 页，日文。

Лысов В.Н. Чумиза и просо в условиях Приморского края // Археология Сибири и Дальнего Востока. — Токио, 1982. — Т. 2: Приморье. — С. 262－265. — Яп. яз.

1271. **С.А. 利亚申科、О.В. 卢别涅茨、В.А. 巴科夫**：《波西耶特湾小水湾新石器晚期至早期铁器时代的软体动物区系》//《1998 年 10 月 2－3 日符拉迪沃斯托克市青年学者、研究生、本科生关于海洋生物学、生态学的实际问题区域学术会议报告纲要》，符拉迪沃斯托克，1998 年，第 80－81 页。

Ляшенко С.А., **Лубенец О.В.**, **Раков В.А.** Малакофауна мелководных бухт залива Посьета позднего неолита и раннего железного века // Региональная конференция по актуальным проблемам морской биологии и экологии студентов, аспирантов и молодых ученых 2－3 окт. 1998 г., г. Владивосток: Тез. докл. — Владивосток, 1998. — С. 80－81.

1272. **И. 马耶达、Н.Е. 斯皮热沃伊**：《关于阿穆尔河河口地区铁器时代遗存的放射线碳法断代问题》//《世纪之交的远东历史文化遗产、自然遗产：研究与保护问题·第 2 次纪念戈罗杰克夫斯基报告会资料·（1999 年 4 月 29－30 日·哈巴罗夫斯克）》，1999 年，第 161－163 页。

Маеда И., **Спижевой Н.Е.** К вопросу о радиоуглеродном датировании памятников железного века в устьевой зоне р. Амур // Историко-культурное и природное наследие Дальнего Востока на рубеже веков: проблемы изучения и сохранения: Материалы Вторых Гродековских чтений, Хабаровск, 29 – 30 апр. 1999 г. — Хабаровск, 1999. — С. 161 – 163.

1273. **Л.А. 奥尔洛娃、Я.В. 库兹明、B.C. 沃尔科娃、И.Д. 佐利尼科夫**：《西伯利亚的猛犸象与古代人类：依据放射线碳法资料的种群分布区分析》//《西伯利亚更新世、全新世时期气候与自然环境的构拟问题》，新西伯利亚，2000 年，第 2 集，第 383 – 412 页。

Мамонт (Mamuthus primigenius Blum.) и древний человек в Сибири: сопряженный анализ ареалов популяций на основе радиоуглеродных данных / **Л.А. Орлова, Я.В. Кузьмин, B.C. Волкова, И.Д. Зольников** // Проблемы реконструкции климата и природной среды голоцена и плейстоцена Сибири. — Новосибирск, 2000. — Вып. 2. — С. 383 – 412.

1274. **A.H. 马西诺夫**：《第四纪末期阿穆尔河谷地的形成与考古本体的保存条件》//《"远东专业学者代表大会"·历史学、方志学学术汇报会·纪念哈巴罗夫斯克方志博物馆成立 100 周年会议资料》，哈巴罗夫斯克，1994 年，第二卷，第 22 – 23 页。

Махинов А.Н. Формирование долины Амура в конце четвертичного периода и условия сохранности археологических объектов //《Съезд сведущих людей Дальнего Востока》: Науч. – практ. ист. – краевед. конф., посвящ. 100-летию Хабаровского краевед. музея: Материалы конф. — Хабаровск, 1994. — Т. II. — С. 22 – 23.

1275. **A.B. 梅尔兹利亚科夫**：《阿穆尔古代民族宗教 – 神话观念观点的再现尝试（根据岩画资料）》//《西伯利亚、远东考古学问题与古代文化研究展望·会议报告纲要》，雅库茨克，1982 年，第 116 – 117 页。

Мерзляков А.В. Опыт реконструкции некоторых аспектов религиозно-мифологических представлений древних народов Амура: [По материалам петроглифов] // Проблемы археологии и перспективы изучения древних культур Сибири и Дальнего Востока: Тез. докл. [конф.]. — Якутск, 1982. — С. 116 – 117.

1276. **Л.И. 梅尔库舍夫**：《论阿穆尔、萨哈林岛某些民族起源的本地说问题》//《西西伯利亚古代史研究中自然科学、精密科学方法的运用·学术会议报告、议程纲要》，巴尔瑙尔，1983 年，第 114 – 115 页。

Меркушев Л.И. К вопросу об автохтонной теории происхождения некоторых народов Амура и о. Сахалин // Использование методов естественных и точных наук при изучении древней истории Западной Сибири: Тез. докл. и сообщ. науч. конф. — Барнаул, 1983. — С. 114 – 115.

1277. **И.М. 梅谢里科娃**：《沙碛半岛贝丘研究结果的初步资料》//《苏联考古学资料与研究》，1963 年 112 期，第 339 – 343 页。

Мещерикова И.М. Предварительные данные о результатах исследования раковинных куч на полуострове Песчаном // МИА. — 1963. — № 112. — С. 339 – 343.

1278. **Б.П. 莫莫特**：《远东中世纪遗存铜钱的鉴定》//《东亚的历史与文化》，新西伯利亚，1975 年，第 3 卷，第 148 – 155 页。

Момот Б.П. Определение монет средневековых памятников Дальнего Востока // История и культура Востока Азии. — Новосибирск, 1975. — Т. 3. — С. 148 – 155.

1279. **E.B. 克拉斯诺夫、Г.А. 叶甫谢耶夫、B.A. 塔塔尔尼科夫、Э.B. 沙弗库诺夫、Л.H. 别谢德诺夫、O.B. 季亚科娃**：《古代人类生活中的海洋生物》//《海洋生物学》，1977 年 1 期，第 81 – 90 页。

Морские организмы в жизни древнего человека / Е.В. Краснов, Г.А. Евсеев, В.А. Татарников, Э.В. Шавкунов, Л.Н. Беседнов, О.В. Дьякова // Биология моря. — 1977. — № 1. — С. 81 - 90.

1280. И.В. 莫斯卡连科：《中世纪时代河流对地理环境的影响》//《现代建筑与环境工程的现实问题·国际会议报告纲要》，布拉戈维申斯克，1999 年，第 54 页。

Москаленко И.В. Влияние рек на географическую среду в эпоху средневековья // Актуальные проблемы современного строительства и природообустройства: Тез. докл. междунар. науч. - техн. конф. — Благовещенск, 1999. — С. 54.

1281. О.А. 穆德拉克：《论女真语音学问题》//《亚洲、非洲语言（语音学、语汇学、语法学）》，莫斯科，1985 年，第 131 - 140 页。

Мудрак О.А. К вопросу о чжурчжэньской фонетике // Языки Азии и Африки (Фонетика. Лексикология. Грамматика). — М., 1985. — С. 131 - 140.

1282. О.А. 穆德拉克：《女真文字的标志》//《语言学研究中的共时性与历时性》，莫斯科，1988 年，第 1 卷，第 185 - 210 页。

Мудрак О.А. Знаки чжурчжэньского письма // Синхрония и диахрония в лингвистических исследованиях. — М., 1988. — Ч. 1. — С. 185 - 210.

1283. В.П. 梅利尼科夫：《论阿穆尔河下游新石器时代部落文化经济综合体构拟的方法论问题》//《考古学构拟的方法论与工作方法》，新西伯利亚，1994 年，第 112 - 118 页。

Мыльников В.П. К вопросу о методике реконструкции культурно-хозяйственного комплекса неолитических племен Нижнего Амура // Методология и методика археологических реконструкций. — Новосибирск, 1994. — С. 112 - 118.

1284. Л.Н. 梅利尼科娃：《（阿穆尔河下游新石器时代）古代陶器的原子吸收、中子激活分析》//《古代生产的工艺学问题》，新西伯利亚，1990 年，第 81 - 89 页。

Мыльникова Л.Н. Атомно-абсорбционный и нейтронно-активационный анализы древней керамики [неолита Нижнего Амура] // Проблемы технологии древних производств. — Новосибирск, 1990. — С. 81 - 89.

1285. В.Г. 梅斯尼克：《女真：历史 - 民族联系》//《考古学、民族学研究的一体化·纪念 Д.Н. 阿努奇诞辰 155 周年国际学术讨论会资料》，鄂木斯克，1998 年，第 2 卷，第 26 页。

Мысник В.Г. Чжурчжэни: историко-этнографические связи // Интеграция археологических и этнографических исследований: материалы Междунар. науч. семинара, посвящ. 155 - летию со дня рожд. Д.Н. Анучина. — Омск, 1998. — Ч. 2. — С. 26.

1286. А.А. 纳扎连科：《关于滨海地区南部鬼门洞洞穴出土的松鸡科山鹑、雷鸟骨骼（根据 Э.В. 阿列克谢耶娃等人 1984 年、1990 年发表的资料）》//《远东南部的鸟类生态学与分布》，符拉迪沃斯托克，1990 年，第 123 - 126 页。

Назаренко А.А. Об ископаемых остатках куропаток родов Lagopusи Perdixиз пещеры Чертовы Ворота, Южное Приморье (в связи с публикациями Э.В. Алексеевой с соавторами, 1984, 1990) // Экология и распространение птиц юга Дальнего Востока. — Владивосток, 1990. — С. 123 - 126.

1287. С.П. 涅斯捷罗夫、Ю.С. 胡佳科夫：《关于古代、中世纪时期布列亚河的水灾资料（基于考古学资料北亚境内自然灾害史资料数据的确立基础)》//《中世纪时代欧亚大陆史电子图书馆与数据库》，莫斯科，1997 年，第 6 集，第 48－53 页。

Нестеров С.П., Худяков Ю.С. Материалы о катастрофических наводнениях на р. Бурее в периоды древности и средневековья（для создания базы данных по истории природных катастроф на территории Северной Азии по археологическим источникам）// Электронные библиотеки и базы данных по истории Евразии в средние века. — М., 1997. — Вып. 6. — С. 48－53.

1288. **С.П.** 涅斯捷罗夫、**Я.В.** 库兹明、**Л.А.** 奥尔洛娃：《阿穆尔河沿岸早期铁器时代、中世纪文化的年代学》//《西伯利亚人文科学》，1998 年 3 期：《考古学·民族学系列》，第 19－25 页。

Нестеров С.П., Кузьмин Я.В. Орлова Л.А. Хронология культур раннего железного века и средневековья Приамурья // Гуманит. науки в Сибири. — 1998. —№ 3: Сер.: Археология и этнография. — С. 19－25.

1289. **С.П.** 涅斯捷罗夫、**Я.В.** 库兹明、**Л.А.** 奥尔洛娃：《阿穆尔河沿岸早期铁器时代、中世纪文化的年代学》//《北方文物》，1999 年 3 期，第 104－109 页，中文。

Нестеров С.П., Кузьмин Я.В., Орлова Л.А. Хронология культур раннего железного века и средневековья Приамурья // Бэйфан вэньу. — 1999. — № 3. — С. 104－109. — Кит. яз.

1290. **В.В.** 尼科利斯卡娅：《阿穆尔河新波克罗夫卡遗址（Новопокровская стоянка）的古地理学资料》//《苏联科学院学报·地理学系列》，1954 年 5 期，第 73－77 页。

Никольская В.В. Палеогеографические материалы из Новопокровской стоянки на Амуре // Изв. АН СССР. Сер. геогр. — 1954. — № 5. — С. 73－77.

1291. **В.В.** 尼科利斯卡娅：《关于（滨海边疆区）奥西诺夫卡河台地古代人类遗址自然条件的古地理学资料》//《西伯利亚史资料·古代的西伯利亚》，新西伯利亚，1970 年，第 3 集：《古代的西伯利亚及其毗邻地区》，第 60－62 页。

Никольская В.В. Палеогеографические данные о природных условиях древних поселений человека на террасе р. Осиновки（Приморский край）// Материалы по истории Сибири. Древняя Сибирь. — Новосибирск, 1970. — Вып. 3: Сибирь и ее соседи в древности. — С. 60－62.

1292. **В.В.** 尼科利斯卡娅、**Р.В.** 费多罗娃：《人类在景观改变中的作用（根据文化埋藏平面与当代土壤中的孢粉学资料)》//《高级学校学术报告·生物学》，1971 年，第 11 集，第 66－72 页。

Никольская В.В., Федорова Р.В. О роли человека в изменении ландшафтов（по палинологическим материалам из погребенных культурных горизонтов и современных почв）// Научные доклады высшей школы. Биологические науки. — 1971. — Вып. 11. — С. 66－72.

1293. **В.В.** 尼科利斯卡娅、**Р.В.** 费多罗娃：《人类在景观改变中的作用》//《第 3 次国际孢粉学会议·报告纲要》，新西伯利亚，1971 年，第 57 页。

Никольская В.В., Федорова Р.В. О роли человека в изменении природных ландшафтов // Тез. докл. III Междунар. палинологической конф. — Новосибирск, 1971. — С. 57.

1294. **В.В.** 尼科利斯卡娅：《关于（滨海边疆区）奥西诺夫卡河台地古代人类遗址自然条件的古地理学资料》//《西伯利亚、远东考古学》，东京，1982 年，第 2 卷：《滨海地区》，第 100－103 页，日文。

Никольская В.В. Палеогеографические данные о природных условиях древних поселений человека на террасе р. Осиновки (Приморский край) // Археология Сибири и Дальнего Востока. — Токио, 1982. — Т. 2: Приморье. — С. 100 – 103. — Яп. яз.

1295. **Г.В. 尼科利斯基、В.Д. 列别捷夫**：《论阿穆尔河流域鱼类动物区系史》//《阿穆尔河鱼类考察团文集》，莫斯科，1951 年，第 2 卷，第 263 – 269 页。

Никольский Г.В., Лебедев В.Д. К истории ихтиофауны бассейна Амура // Тр. Амурской ихтиологической экспедиции. — М., 1951. — Т. 2. — С. 263 – 269.

1296. **Э.Дж.Т. 驹奥、А.А. 克鲁皮扬科、Я.В. 库兹明、А.В. 塔巴列夫**：《滨海地区东部考古学综合体新的碳同位素测年断代》//《西伯利亚及其毗邻地区考古学、民族学、人类学问题·2000 年 12 月俄罗斯科学院西伯利亚分院考古与民族研究所周年纪念年会资料》，新西伯利亚，2000 年，第 6 卷，第 553 – 554 页。

Новые радиоуглеродные датировки по археологическим комплексам Восточного Приморья / **Э.Дж.Т. Джалл, А.А. Крупянко, Я.В. Кузьмин, А.В. Табарев** // Проблемы археологии, этнографии, антропологии Сибири и сопредельных территорий: Материалы Годовой юбилейной сес. Ин-та археологии и этнографии СО РАН. Дек. 2000 г. — Новосибирск, 2000. — Т. 6. — С. 553 – 554.

1297. **В.И. 布达诺夫、А.Т. 弗拉基米罗夫、А.С. 伊奥宁、П.А. 卡普林、В.С. 麦德维杰夫**：《关于远东海岸当代垂直变动的特点》//《全苏第四纪研究会议资料》，莫斯科，1961 年，第 1 卷，第 143 – 159 页。

О признаках современных вертикальных движений берегов дальневосточных морей / **В.И. Буданов, А.Т. Владимиров, А.С. Ионин, П.А. Каплин, В.С. Медведев** // Материалы Всесоюзного совещания по изучению четвертичного периода. — М., 1961. — Т. 1. — С. 143 – 159.

1298. **В.Е. 麦德维杰夫、В.В. 马拉霍夫、А.А. 弗拉索夫、Н.Н. 波尔德列娃、Л.П. 昆多、И.А. 奥夫相尼科娃、Г.К. 列武茨卡娅**：《关于阿穆尔河沿岸女真文化遗存出土的金属制品的化学成分》//《西伯利亚人文科学》，1997 年 3 期：考古学、民族学系列，第19 – 26 页。

О химическом составе металлических изделий из памятников чжурчжэньской культуры Приамурья / **В.Е. Медведев, В.В. Малахов, А.А. Власов, Н.Н. Болдырева, Л.П. Кундо, И.А. Овсянникова, Г.К. Ревуцкая** / Гуманит. науки в Сибири. — 1997. — № 3: Сер.: Археология и этнография. — С. 19 – 26.

1299. **Н.Д. 奥沃多夫**：《乌苏里斯克边疆区南部第四纪晚期哺乳纲动物区系（根据考古学资料)》//《苏联科学院西伯利亚分院生物学研究所文集》，1977 年，第 31 集，第 157 – 178 页。

Оводов Н.Д. Позднеантропогеновая фауна млекопитающих (Mammalia) юга Уссурийского края [по археологическим данным] // Тр. Биол. ин-та / АН СССР. СО. — 1977. — Вып. 31. — С. 157 – 178.

1300. **Н.Д. 奥沃多夫**：《西伯利亚、远东哺乳纲动物残骸的洞穴地点：（简述)》//《远东、西伯利亚的喀斯特》，符拉迪沃斯托克，1980 年，154 – 163 页。

Оводов Н.Д. Пещерные местонахождения остатков млекопитающих Сибири и Дальнего Востока: (Крат. обзор) // Карст Дальнего Востока и Сибири. — Владивосток, 1980. — С. 154 – 163.

1301. **Н.В. 奥夫相尼科夫、С.М. 图比季娜**：《赛加城址陶器研究的初步结果》//《苏联科学院远东科学中心文集·历史系列》，1971 年，第 8 卷：《远东历史学、社会学、语文学》，第 84 – 86 页。

Овсянников Н.В., **Тупикина С.М.** Предваритто городища // Тр. / АН СССР. ДВНЦ. Сер. ист. — 1971. — Т. 8: История, социология и филология Дальнего Востока. — С. 84－86.

1302. **А.П. 奥克拉德尼科夫**：《旅游与文化遗迹：远东考古遗存及其旅游利用》//《苏联旅游业发展问题》，新西伯利亚，1970 年，第 93－105 页。

Окладников А.П. Туризм и памятники культуры: [Археол. памятники Дальнего Востока и их использование в целях туризма] // Проблемы развития индустрии туризма в СССР. — Новосибирск, 1970. — С. 93－105.

1303. **С.Б. 布兰德特**、**Н.В. 扎鲁德涅娃**、**Л.В. 科尼科娃**、**Н.Н. 费费洛夫**：《远东古代、中世纪时代青铜器中铅的同位素成分研究试验》//《考古资料研究的综合方法·1989 年 11 月 21－23 日第 5 次会议资料》，莫斯科，1989 年，第 1 集，第 26－27 页。

Опыт изучения изотопного состава свинца в древних и средневековых бронзах Дальнего Востока / **С.Б. Брандт, Н.В. Заруднева, Л.В. Конькова, Н.Н. Фефелов** // Комплексные методы исследования археологических источников: Материалы к V совещ. 21－23 нояб. 1989 г. — М., 1989. — [Ч. I] . — С. 26－27.

1304. **Л.А. 奥尔洛娃**：《西伯利亚、远东考古遗存的碳同位素测年断代》//《北亚、美洲的古生态学与古代人类居民点·国际会议报告摘要》，克拉斯诺亚尔斯克，1992 年，第 200－202 页。

Орлова Л.А. Радиоуглеродное датирование археологических памятников Сибири и Дальнего Востока // Палеоэкология и расселение древнего человека в Северной Азии и Америке: Крат. содерж. докл. междунар. симп. — Красноярск, 1992. — С. 200－202.

1305. **Л.А. 奥尔洛娃**：《西伯利亚、远东考古遗存的碳同位素测年断代》//《考古复原的自然科学方法》，新西伯利亚，1995 年，第 2 集，第 207－232 页。

Орлова Л.А. Радиоуглеродное датирование археологических памятников Сибири и Дальнего Востока // Методы естественных наук в археологических реконструкциях. — Новосибирск, 1995. — Ч. II. — С. 207－232.

1306. **Л.А. 奥尔洛娃**：《考古学中的碳同位素测年断代》//《考古复原的自然科学方法》，新西伯利亚，1995 年，第 1 集，第 87－97 页。

Орлова Л.А. Радиоуглеродный метод датирования в археологии // Методы естественных наук в археологических реконструкциях. — Новосибирск, 1995. — Ч. I. — С. 87－97.

1307. **Л.А. 奥尔洛娃**、**Я.В. 库兹明**、**Л.Д. 苏列尔瑞茨基**：《俄罗斯远东滨海地区新石器时代及青铜时代的 14 C 测年年表》//《北太平洋考古学》，符拉迪沃斯托克，1996 年，第 401－405 页。

Orlova L.A., **Kuzmin Y.V.**, **Sulerzhitsky L.D.** Radiocarbon Chronology of the Neolithic and Bronze Age of Primorye, Russian Far East // Археология Северной Пасифики. — Владивосток, 1996. — С. 401－405.

1308. **Л.А. 奥尔洛娃**：《西伯利亚、远东考古遗存的碳同位素测年断代 II》//《北亚旧石晚期综合体的统计学分析》，新西伯利亚，1998 年，第 74－88 页。

Орлова Л.А. Радиоуглеродное датирование археологических памятников Сибири и Дальнего Востока. II. // Статистический анализ позднепалеолитических комплексов Северной Азии / А.П. Деревянко, Ю.П. Холюшкин, П.С. Ростовцев, В.Т. Воронин. — Новосибирск, 1998. — С. 74－88.

1309. **Л.А. 奥尔洛娃、Я.В. 库兹明**：《俄罗斯西伯利亚、远东地区从莫斯特文化到旧石器时代晚期这一过渡时期的 14 C 研究》//《第 3 届国际^{14}C 和考古学研讨会摘要·里昂·法国，1998 年 4 月 6-10日》，里昂，1998 年，第 155 页。

Orlova L.A., Kuzmin Y.V. ^{14}C Study of the Timing of Mousterian — Upper Paleolithic Transition in Siberia and the Russian Far East // 3rd International Symposium "^{14}C and Archaeology". Lyon, 6-10 April 1998：[Abstracts]. — Lyon, 1998. — P. 155.

1310. **Л.А. 奥尔洛娃、Я.В. 库兹明、И.Д. 佐利尼科夫**：《关于地理信息系统的发展（自然环境的设定和西伯利亚古代人类的生活条件)》//《第 3 届国际^{14}C 和考古学研讨会摘要·里昂（法国)·1998 年4 月 6-10 日》，里昂，1998 年，第 156 页。

Orlova L.A., Kuzmin Y.V., Zolnikov I.D. On the Development of Geoinformational System "Natural Environment Settings and Conditions of the Ancient Man Life in Siberia" // 3rd International Symposium "^{14}C and Archaeology". Lyon, 6-10 April 1998：[Abstracts]. — Lyon, 1998. — P. 156.

1311. **Л.А. 奥尔洛娃、Я.В. 库兹明、И.Д. 佐利尼科夫**：《西伯利亚猛犸象种群史的时空框架视角与古代人类（根据碳同位素测年资料)》//《欧亚大陆的考古学、民族学、人类学》，2000 年 3 期，第31-41 页。

Орлова Л.А., Кузьмин Я.В., Зольников И.Д. Пространственно-временные аспекты истории популяции мамонта Mammuthus primigenius Blum.) и древний человек в Сибири（по радиоуглеродным данным) // Археология, этнография и антропология Евразии. — 2000. – № 3. — С. 31-41.

1312. **Ю.В. 巴甫连科**：《远东原始社会经济发展的途径（方法论问题)》//《远东第 1 次青年历史学者会议》，符拉迪沃斯托克，1991 年，第 4-7 页。

Павленко Ю.В. Пути хозяйственного развития первобытных обществ Дальнего Востока（методологический аспект) // Первая дальневост. конф. молодых историков. — Владивосток, 1991. — С. 4-7.

1313. **А.М. 伊夫列夫、М.Е. 列温托夫、А.П. 奥克拉德尼科夫、Э.Н. 索希娜**：《在阿穆尔河下游沿岸萨卡奇 - 阿梁多层遗址获取的古地理学结论》//《苏联科学院西伯利亚分院院刊》，1974 年，社会科学系列 1，第 96-100 页。

Палеогеографические выводы, полученные при изучении многослойной стоянки Сакачи - Алян в Нижнем Приамурье / **А.М. Ивлев, М.Е. Левинтов, А.П. Окладников, Э.Н. Сохина** // ИСОАН СССР. — 1974. — Сер. обществ. наук, вып. 1. — С. 96-100.

1314. **Э.Дж.Т. 驹奥、Я.В. 库兹明、С.П. 涅斯捷罗夫、Л.А. 奥尔洛娃、А.В. 塔巴列夫、А.В. 切尔纽克、М.В. 切列巴诺娃**：《（俄罗斯远东）布列亚河谷地小库鲁克塔奇旧石器遗址的古地理学与碳同位素测年年代学》//《东亚的传统文化》，布拉戈维申斯克，1999 年，第 2 集，第 43-47 页。

Палеогеография и радиоуглеродная хронология палеолитической стоянки Малые Куруктачи в долине р. Буреи（Дальний Восток России) / **Э.Дж.Т. Джалл, Я.В. Кузьмин, С.П. Нестеров, Л.А. Орлова, А.В. Табарев, А.В. Чернюк, М.В. Черепанова** // Традиционная культура востока Азии. — Благовещенск, 1999. — Вып. 2. — С. 43-47.

1315. **И.Г. 格沃兹杰娃、С.А. 戈尔巴连科、В.А. 拉科夫、К.А. 卢塔延科、Е.И. 绍尔尼科夫、**

Ю. А. 米基申：《根据什克托沃剖面综合资料看全新世中晚期滨海地区的古环境》，俄罗斯科学院远东分院太平洋海洋研究所，预印本，符拉迪沃斯托克，1997 年，33 页。

Палеосреда Приморья в среднем и позднем голоцене по комплексным данным разреза Шкотово /**И. Г. Гвоздева, С. А. Горбаренко, В. А. Раков, К. А. Лутаенко, Е. И. Шорников, Ю. А. Микишин.** / РАН. ДВО. ТОИ. — Препр. —Владивосток, 1997. — 33 с.

1316. **А. В. 潘捷列耶夫、Э. В. 阿列谢耶娃**：《（锡霍特 – 阿林山脉南部）布利兹涅奇洞穴出土的鸟类化石及其它们在全新世时期栖息的景观 – 气候条件》//《俄罗斯鸟类学杂志》，1993 年第 2 集 2 期，第 133 – 148 页。

Пантелеев А. В., Алексеева Э. В. Ископаемые птицы из пещеры Близнец（Южный Сихотэ – Алинь）и ландшафтно-климатические условия их обитания в голоцене // Русский орнитологический журнал. — 1993. — Вып. 2, № 2. — С. 133 – 148.

1317. **А. В. 潘捷列耶夫**：《滨海地区南部全新世时期鸟类的新资料》//《俄罗斯鸟类学杂志》，1995 年，第 4 集 3、4 期合刊，第 148 – 149 页。

Пантелеев А. В. Новые материалы по голоценовым птицам южного Приморья // Русский орнитологический журнал. — 1995. — Вып. 4, №3/4. — С. 148 – 149.

1318. **А. В. 潘捷列耶夫**：《俄罗斯境内的亚洲地区与蒙古国第四纪时期鸟类的研究史》//《俄罗斯鸟类学杂志》，1999 年，特集 72，第 3 – 17 页。

Пантелеев А. В. История изучения четвертичных птиц азиатской части России и Монголии // Русский орнитологический журнал. — 1999. — Экспресс – вып. 72. — С. 3 – 17.

1319. **А. М. 彼夫诺夫**：《语言年代学与通古斯 – 满族问题》//《远东民族的考古学与民族学》，符拉迪沃斯托克，1984 年，第 31 – 37 页。

Певнов А. М. Глоттохронология и тунгусо-маньчжурская проблема // Археология и этнография народов Дальнего Востока. — Владивосток, 1984. — С. 31 – 37.

1320. **А. М. 彼夫诺夫**：《世界各国的女真名称》//《纪念阿尔谢尼耶夫报告会——关于历史学、考古学、民族学、方志学问题区域学术会议报告纲要》，乌苏里斯克，1985 年，第 106 – 108 页。

Певнов А. М. Чжуржэньские названия стран света // Арсеньевские чтения: Тез. докл. регион. конф. по пробл. истории, археологии, этнографии и краеведения. — Уссурийск, 1985. — С. 106 – 108.

1321. **А. М. 彼夫诺夫**：《语言学与通古斯 – 满族问题》//《第 15 次远东学术会议："苏共第 27 次代表大会和苏联远东及亚洲国家发展问题"·报告及议程纲要》，符拉迪沃斯托克，1986 年，第 4 集，第 38 – 39 页。

Певнов А. М. Лингвистика и тунгусо-маньчжурская проблема // XV Дальневост. науч. конф. 《XXVII съезд КПСС и проблемы развития Дальнего Востока СССР и зарубеж. государств Азии》: Тез. докл. и сообщ. — Владивосток, 1986. — Вып. 4. — С. 38 – 39.

1322. **А. М. 彼夫诺夫**：《论女真的语言与文字》//《苏联远东考古学研究问题：第 13 届远东国内外历史编纂学问题学术会议资料》，符拉迪沃斯托克，1986 年，第 63 – 78 页。

Певнов А. М. О языке и письменности чжурчжэней // Проблемы археологических исследований на Дальнем Востоке СССР: Материалы XIII Дальневост. науч. конф. по пробл. отеч. и зарубеж.

историографии. — Владивосток, 1986. — C. 63 - 78.

1323. **A.M. 彼夫诺夫**：《论女真语言的构拟（辅音结尾）》//《苏联远东考古学问题》，符拉迪沃斯托克，1987 年，第 134 - 144 页。

Певнов А.М. К реконструкции чжурчжэньского языка（конечные согласные）// Вопросы археологии Дальнего Востока СССР. — Владивосток, 1987. — C. 134 - 144.

1324. **A.M. 彼夫诺夫**：《女真语中外来语词汇的民族文化阐释》//《关于远东中世纪民族文化与经济的新资料》，苏联科学院远东分院历史·考古·民族研究所，预印本，符拉迪沃斯托克，1987 年，第 34 - 41 页。

Певнов А.М. Этнокультурная интерпретация лексических заимствований в чжурчжэньском языке // Новые данные о культуре и хозяйстве средневековых народов Дальнего Востока / АН СССР. ДВО. ИИАЭ. — Препр. — Владивосток, 1987. — C. 34 - 41.

1325. **A.M. 彼夫诺夫**：《女真语中元音的和声》//《通古斯 - 满族语言的历史 - 类型学研究》，新西伯利亚，1988 年，第 10 - 34 页。

Певнов А.М. Гармония гласных в чжурчжэньском языке // Историко-типологические исследования по тунгусо-маньчжурским языкам. — Новосибирск, 1988. — C. 10 - 34.

1326. **A.M. 彼夫诺夫**：《女真语言的音律》，苏联科学院远东分院历史·考古·民族研究所，预印本，符拉迪沃斯托克，1988 年，99 页。

Певнов А.М. Звуковой строй чжурчжэньского языка / АН СССР. ДВО. ИИАЭ. — Препр. — Владивосток, 1988. — 99 с.

1327. **A.M. 彼夫诺夫**：《滨海边疆区赛加城址、新戈尔杰耶夫卡城址出土陶片上的女真文字符号》//《苏联远东中世纪考古学新资料》，符拉迪沃斯托克，1989 年，第 92 - 98 页。

Певнов А.М. Знак чжурчжэньского письма на фрагментах керамических сосудов с Шайгинского и Новогордеевского городищ Приморского края // Новые материалы по средневековой археологии Дальнего Востока СССР. — Владивосток, 1989. — C. 92 - 98.

1328. **A.M. 彼夫诺夫**：《关于滨海边疆区赛加城址出土银质令牌上的女真文字题铭》//《远东考古学新发现（中世纪资料）》，南萨哈林斯克，1989 年，第 60 - 68 页。

Певнов А.М. О чжурчжэньской надписи на серебряной пайцзе с Шайгинского городища в Приморском крае // Новое в дальневосточной археологии：（Материалы медиевистов）. — Южно-Сахалинск, 1989. — C. 60 - 68.

1329. **A.M. 彼夫诺夫**：《女真文字字位的词源学》//《苏联远东中世纪研究的新发现》，苏联科学院远东分院历史·考古·民族研究所，预印本，符拉迪沃斯托克，1989 年，第 33 - 45 页。

Певнов А.М. Этимология графем чжурчжэньской письменности（графемные гнезда）// Новое в изучении эпохи средневековья Дальнего Востока СССР / АН СССР. ДВО. ИИАЭ. — Препр. — Владивосток, 1989. — C. 33 - 45.

1330. **A.M. 彼夫诺夫**：《女真文字、语言的某些特征》//《苏联科学院远东分院院刊》，1990 年 6 期，第 111 - 122 页。

Певнов А.М. Некоторые особенности письменности и языка чжурчжэней // Вестн. ДВО АН СССР.

— 1990. — № 6. — С. 111–122.

1331. **A.M. 彼夫诺夫**：《女真语言》//《世界语、蒙古语、通古斯－满语、日语、朝语》，莫斯科，1997年，第260–267页。

Певнов А.М. Чжурчжэньский язык // Языки мира. Монгольские языки. Тунгусо-маньчжурские языки. Японский язык. Корейский язык. — М., 1997. — С. 260–267.

1332. **A.M. 彼夫诺夫**：《论女真语、满语来自朝语的语词以及不确定词源的词汇》//《朝鲜语言与文化中心通讯》，圣彼得堡，1999年，第3–4集，第16–27页。

Певнов А.М. О кореизмах и неэтимологизируемой лексике чжурчжэньского и маньчжурского языков // Вестн. Центра корейского языка и культуры. — СПб., 1999. — Вып. 3–4. — С. 16–27.

1333. **A.M. 彼夫诺夫**：《女真文字的特点及其释读》//《波兹南语言学与东方学研究》，波兹南，1999年，第4卷，第25–30页。

Певнов А.М. Специфика чжурчжэньской письменности и ее дешифровки // Linguistic and Oriental Studies from Poznań. — Poznań, 1999. — Vol. 4. — P. 25–30.

1334. **A.M. 彼夫诺夫**：《女真语中来自突厥语的语词》//《远东历史学与考古学·纪念Э.В. 沙弗库诺夫70周岁》，符拉迪沃斯托克，2000年，第104–106页。

Певнов А.М. Тюркизмы в чжурчжэньском языке // История и археология Дальнего Востока. К 70-летию Э.В. Шавкунова. — Владивосток, 2000. — С. 104–106.

1335. **B.A. 拉科夫、Д.Л. 布罗江斯基、В.И. 拉佐夫、Г.Г. 拉佐娃**：《原始社会水产养殖》//《太平洋考古学问题》，符拉迪沃斯托克，1985年，第145–162页。

Первобытная аквакультура /В.А. Раков, Д.Л. Бродянский, В.И. Разов, Г.Г. Разова // Проблемы тихоокеанской археологии. — Владивосток, 1985. — С. 145–162.

1336. **В.Г. 彼得罗夫、Б.С. 萨普诺夫**：《针对远东南部旧石器综合体断代而开展的灰蓝色粘土研究尝试》//《第6次纪念阿尔谢尼耶夫报告会·关于历史学、考古学、方志学问题区域学术会议报告、议程纲要》，乌苏里斯克，1992年，第197–199页。

Петров В.Г., Сапунов Б.С. К опыту исследования серо-голубых глин для датировки палеолитических комплексов юга Дальнего Востока // VI Арсеньевские чтения: Тез. докл. и сообщ. регион. науч. конф. по пробл. истории, археологии и краеведения. — Уссурийск, 1992. — С. 197–199.

1337. **В.Г. 彼得罗夫、С.Г. 克鲁格洛夫**：《阿穆尔河下游区域地质－地貌对于寻找旧石器地点的展望》//《远东及其毗邻地区的民族文化史问题》，布拉戈维申斯克，1993年，第5–11页。

Петров В.Г., Круглов С.Г. Перспективные в геолого-геоморфологическом отношении участки Нижнего Амура для нахождения палеолитических местонахождений // Проблемы этнокультурной истории Дальнего Востока и сопредельных территорий. — Благовещенск, 1993. — С. 5–11.

1338. **В.Ф. 彼得伦**：《论滨海地区南部河流台地形成的时间问题（日本海沿岸石质工具的发现）》//《全苏地质学研究所资料·地质学与矿产系列》，1956年，第1集，第58–73页。

Петрунь В.Ф. К вопросу о возрасте речных террас Южного Приморья: (Находка камен. орудий на побережье Яп. моря) // Материалы ВСЕГЕИ. — Сер. геология и полез. ископаемые. — 1956. — Вып. 1. — С. 58–73.

1339．**В.В. 波德马斯金**：《乌德盖人的民族起源问题》//《远东民族历史－文化关系问题》，符拉迪沃斯托克，1989 年，第 72－79 页。

Подмаскин В.В. Проблема этногенеза удэгейцев // Проблемы историко-культурных связей народов Дальнего Востока. — Владивосток, 1989. — С. 72－79.

1340．**Л. 波利休克、Н. 玛卡罗娃**：《陶器成分的光谱鉴定（出自阿穆尔州考古遗存资料）》//《大学生学术会议报告纲要·布拉戈维申斯克国立师范学院》，布拉戈维申斯克，1989 年，第 82－83 页。

Полищук Л.，**Макарова Н.** Спектральное определение состава керамических образцов［из археологических памятников Амурской области］// Тез. докл. студ. науч. конф. / Благовещ. гос. пед. ин-т. — Благовещенск, 1989. — С. 82－83.

1341．**А.Н. 波波夫、В.А. 拉科夫**：《全新世气候适宜期博伊斯曼湾的软体动物区系（根据贝丘发掘资料）》//《远东软体动物学会通报》，符拉迪沃斯托克，2000 年，第 4 集，第 95－96 页。

Попов А.Н.，**Раков В.А.** Малакофауна бухты Бойсмана в период климатического оптимума голоцена (по материалам раскопок《раковинных куч》) // Бюл. Дальневост. малакологического о-ва. — Владивосток, 2000. — Вып. 4. — С. 95－96.

1342．**А.Н. 波波夫、М.С. 舍克利**：《滨海地区的黑曜岩：考古－地质学相互关系的首批成果》//《俄罗斯科学院远东分院院刊》，1997 年 3 期，第 77－85 页。

Попов В.К.，**Шекли М.С.** Обсидиан Приморья: первые результаты археолого-геологической корреляции // Вестн. ДВО РАН. — 1997. — № 3. — С. 77－85.

1343．**В.А. 拉科夫、Я.В. 库兹明、Л.А. 奥尔洛娃、Э.Дж.Т. 驹奥**：《滨海地区南部海岸全新世时期软体动物贝壳碳同位素测年断代的"贮存器效应"的修正》//《远东软体动物学会通报》，符拉迪沃斯托克，2000 年，第 4 集，第 97－99 页，俄文、英文。

Поправка на《эффект резервуара》при радиоуглеродном датировании раковин голоценовых морских моллюсков побережья Южного Приморья / В.А. Раков, Я.В. Кузьмин, Л.А. Орлова, Э.Дж.Т. Джалл // Бюл. Дальневост. малакологического о-ва. — Владивосток, 2000. — Вып. 4. — С. 97－99. — Рус. яз., англ. яз.

1344．**А.В. 波洛托夫、В.П. 斯捷巴诺夫**：《利用考古学资料进行全新世时期滨海地区海岸发展史研究的尝试》，М.В. 罗蒙诺索夫莫斯科国立大学，莫斯科，1979 年，13 页，全苏学术与技术信息研究所档案，5.11.1979，№3801－79.

Поротов А.В.，**Степанов В.П.** Опыт использования археологических материалов при изучении истории развития побережья Приморья в голоцене / МГУ им. М.В. Ломоносова. — М., 1979. — 13 с. — Деп. в ВИНИТИ, 5.11.1979, № 3801－79.

1345．**Э.Дж.Т. 驹奥、Ж.М. 奥马尔利、Д.Л. 比德杜利夫、А.П. 杰列维扬科、Я.В. 库兹明、В.Е. 麦德维杰夫、А.В. 塔巴列夫、В.Н. 泽宁、В.М. 维特罗夫、З.С. 拉普希纳、А.В. 加尔科维克、И.С. 茹希霍夫斯卡娅**：《俄罗斯远东南部、外贝加尔地区最早新石器文化碳同位素测年年代学：依据加速器质谱仪方法的陶器直接断代结果》//《北亚及其毗邻地区更新世古生态学、石器时代文化·国际会议资料》，新西伯利亚，1998 年，第 2 卷，第 63－68 页。

Радиоуглеродная хронология древнейших неолитических культур юга Дальнего Востока России и

Забайкалья по результатам прямого датирования керамики методом ускорительной масс – спектрометрии / Э.Дж.Т. Джалл, Ж.М. О'Малли, Д.Л. Биддульф, А.П. Деревянко, Я.В. Кузьмин, В.Е. Медведев, А.В. Табарев, В.Н. Зенин, В.М. Ветров, З.С. Лапшина, А.В. Гарковик, И.С. Жущиховская // Палеоэкология плейстоцена и культуры каменного века Северной Азии и сопредельных территорий (Материалы междунар. симп.). — Новосибирск, 1998. — Т. 2. — С. 63 – 68.

1346. **Я.В.库兹明**、**С.В. 阿尔金**、小野昭、佐藤宏之、**Т. 萨卡基**、松本、折茂克哉、伊藤慎二：《东北亚石器时代古文化的碳同位素测年年代学》，符拉迪沃斯托克，俄罗斯科学院远东分院太平洋地理研究所，1998 年，127 页。

Радиоуглеродная хронология древних культур каменного века Северо-Восточной Азии / **Я.В. Кузьмин, С.В. Алкин, А. Оно, Х. Сато, Т. Сакаки, Ш. Матсумото, К. Оримо, Ш. Ито.** — Владивосток: ТИГ ДВО РАН, 1998. — 127 с.

1347. **Я.В. 库兹明**、**Л.А. 奥尔洛娃**、**Л.Д. 苏列尔瑞茨基**、**Э.Дж.Т. 驹奥**：《（俄罗斯远东）滨海地区石器、青铜时代古文化的碳同位素测年年代学》//《俄罗斯考古学》1995 年 3 期，第 5 – 12 页。

Радиоуглеродная хронология древних культур эпохи камня и бронзы Приморья (Дальний Восток России) / **Я.В. Кузьмин, Л.А. Орлова, Л.Д. Сулержицкий, Э.Дж. Джалл** // Рос. археология. — 1995. — № 3. — С. 5 – 12.

1348. **Я.В. 库兹明**：《苏联远东文化的碳同位素测年年代学：断代目录》，苏联科学院远东分院太平洋地理研究所，预印本，符拉迪沃斯托克，1989 年，32 页。

Радиоуглеродная хронология культур Дальнего Востока СССР: Каталог датировок / **Сост. Я.В.** Кузьмин; АН СССР. ДВО. ТИГ. — Препр. — Владивосток, 1989. — 32 с.

1349. **Я.В. 库兹明**、**В.Б. 巴扎罗夫**、**Т.С. 林涅**、**В.В. 斯克里普金**：《滨海地区考古遗存碳同位素测年断代（根据 1987 年工作结果）》//《方志学问题·纪念阿尔谢尼耶夫报告会·会议报告纲要》，乌苏里斯克，1989 年，第 35 – 37 页。

Радиоуглеродное датирование археологических памятников Приморья (по результатам работ 1987 г.) / **Я.В. Кузьмин, В.Б. Базарова, Т.С. Ринне, В.В. Скрипкин** // Проблемы краеведения: [Тез. докл. конф.] / Арсеньев. чтения. — Уссурийск, 1989. — С. 35 – 37.

1350. **Я.В. 库兹明**、**В.М. 维特罗夫**、**Э.Дж.Т. 驹奥**、**Ж.М. 奥马尔利**：《卡棱加河口文化陶器的碳同位素测年断代与东亚新石器初期的年代学》//《古代的贝加尔西伯利亚》，伊尔库茨克，2000 年，第 2 集 1 卷，第 181 – 188 页。

Радиоуглеродное датирование керамики усть – каренгской культуры Верхнего Витима и хронология начального неолита Восточной Азии / **Я.В. Кузьмин, В.М. Ветров, Э.Дж.Т. Джалл, Ж.М.О'Малли** // Байкальская Сибирь в древности. — Иркутск, 2000. — Вып. 2, ч. 1. — С. 181 – 188.

1351. **В.П. 斯捷巴诺夫**、**О.В. 巴鲁宁**、**Т.А. 季马什科娃**、**А.И. 什柳科夫**：《原始社会遗址的碳同位素测年断代与滨海边疆区考古学的某些问题》//《生物学、地质学、考古学中的同位素方法、地球化学方法·区域会议报告纲要》，塔尔图，1981 年，第 154 – 157 页。

Радиоуглеродное датирование первобытных стоянок и некоторые вопросы археологии Приморского края / **В.П. Степанов, О.В. Парунин, Т.А. Тимашкова, А.И. Шлюков** // Изотопные и геохимические методы в биологии, геологии и археологии: Тез. докл. регион. совещ. — Тарту, 1981. — С. 154 – 157.

1352. **Э.Дж.Т. 驹奥、Л.А. 奥尔洛娃、С.П. 涅斯捷罗夫、Я.В. 库兹明**：《陶器上食物积淀的碳同位素测年断代》// 《西伯利亚人文科学》，1996 年 3 期：考古学、民族学系列，第 30 – 32 页。

Радиоуглеродное датирование пищевого нагара на керамике / **Э.Дж.Т. Джалл, Л.А. Орлова, С.П. Нестеров, Я.В. Кузьмин** // Гуманит. науки в Сибири. — 1996. — № 3: Сер.: Археология и этнография. — С. 30 – 32.

1353. **Я.В. 库兹明、В.А. 拉科夫、Ю.А. 米基申、Л.А. 奥尔洛娃、Э.Дж.Т. 驹奥**：《滨海地区沿海岸全新世时期海洋软体动物贝壳的碳同位素测年断代：结果与问题》// 《远东软体动物学会通报》，符拉迪沃斯托克，2000 年，第 4 集，第 84 – 86 页。

Радиоуглеродное датирование раковин голоценовых морских моллюсков побережья Приморья: результаты и проблемы / **Я.В. Кузьмин, В.А. Раков, Ю.А. Микишин, Л.А. Орлова, Э.Дж.Т. Джалл** // Бюл. Дальневосточ. малакологического о-ва. — Владивосток, 2000. — Вып. 4. — С. 84 – 86.

1354. **Я.В. 库兹明、Б.С. 萨普诺夫、Ю.Л. 波洛特斯基、Й.ван дер Плихт、Л.А. 奥尔洛娃**：《阿穆尔河沿岸旧石器、古生物学地点出土的猛犸象的碳同位素测年年龄：初步结果》// 《西伯利亚及其毗邻地区考古学、民族学、人类学问题·1999 年 12 月俄罗斯科学院西伯利亚分院考古与民族研究所第 7 次总结年会资料》，新西伯利亚，1999 年，第 5 卷，第 420 – 422 页。

Радиоуглеродный возраст мамонтов из палеолитических и палеонтологических местонахождений Приамурья: первые результаты / **Я.В. Кузьмин, Б.С. Сапунов, Ю.Л. Болотский, Й. ван дер Плихт, Л.А. Орлова** // Проблемы археологии, этнографии, антропологии Сибири и сопредельных территорий: Материалы VII Годовой итог. сес. Ин-та археологии и этнографии СО РАН. Дек. 1999 г. — Новосибирск, 1999. — Т. V. — С. 420 – 422.

1355. **В.В. 阿尔杰米耶夫、С.В. 布托莫、В.М. 德罗日任、Е.Н. 罗马诺娃、С.И. 鲁坚科**：《确定绝对年代的碳同位素测年方法（其中包括滨海地区考古遗存）》// 《苏联科学院考古研究所试验室文集》，莫斯科，1961 年，第 20 – 22 页。

Радиоуглеродный метод определения абсолютного возраста [в том числе и археол. памятников Приморья] / **В.В. Артемьев, С.В. Бутомо, В.М. Дрожжин, Е.Н. Романова, С.И. Руденко** // Работы лаборатории Института археологии Академии Наук СССР. — М., 1961. — С. 20 – 22.

1356. **Ю.А. 米基申、А.Н. 波波夫、Т.И. 彼得连科、В.А. 拉科夫、Л.А. 奥尔洛娃、Э.Дж.Т. 驹奥**：《全新世时期博伊斯曼湾海岸的自然发展》// 《远东总体变化研究国际现场会报告·1999 年 9 月 7 – 9 日·符拉迪沃斯托克》，符拉迪沃斯托克，1999 年，第 1 卷，第 58 – 71 页，俄文、英文。

Развитие природы побережья бухты Бойсмана в голоцене / **Ю.А. Микишин, А.Н. Попов, Т.И. Петренко, В.А. Раков, Л.А. Орлова, А.Д.Т. Джалл** // Доклады международного рабочего совещания по изучению глобальных изменений на Дальнем Востоке, Владивосток, 7 – 9 сент. 1999 г. — Владивосток, 1999. — Т. 1. — С. 58 – 71. — Рус. яз., англ. яз.

1357. **А.И. 拉津**：《彼得大帝湾某些渔猎的软体动物资料》// 《俄罗斯地理学会符拉迪沃斯托克分部会刊》，1928 年，第 1 卷（18），第 49 – 78 页。

Разин А.И. Материалы о некоторых промысловых моллюсках залива Петра Великого // ЗВОРГО.

— 1928. — Т.1 (18). — С. 49－78.

1358. **В.А. 拉科夫、В.В. 托尔斯托诺戈娃**：《彼得大帝湾沙碛半岛扬科夫斯基文化贝丘的软体动物区系》//《远东青年社会学者学术研究的现状与发展前景·1991 年 11 月 11－15 日远东青年社会学者学术会议报告纲要》，远东青年社会学者学会，预印本，符拉迪沃斯托克，1991 年，第 85－88 页。

Раков В.А., Толстоногова В.В. Малакофауна раковинной кучи янковской культуры на полуострове Песчаный в заливе Петра Великого // Современное состояние и перспективы развития научных исследований молодых обществоведов Дальнего Востока: Тез. докл. науч. конф. молодых обществоведов Дальнего Востока, сост. 11－15 нояб. 1991 г. /Дальневост. ассоц. молодых обществоведов. — Препр. — Владивосток, 1991. — С. 85－88.

1359. **В.А. 拉科夫**：《彼得大帝湾沿岸新石器时代"贝丘"的软体动物区系》//《（日本海）彼得大帝湾沿岸全新世地层剖面的综合研究》，莫斯科，1995 年，第 38－44 页。

Раков В.А. Малакофауна неолитических《раковинных куч》побережья залива Петра Великого // Комплексное изучение разрезов голоценовых отложений побережья залива Петра Великого (Японское море). — М., 1995. — С. 38－44.

1360. **В.А. 拉科夫、Ю.Е. 沃斯特列佐夫、А.А. 波波夫**：《博伊斯曼 1．2 号新石器时代遗址的软体动物区系》//《东亚、北美的旧石器晚期至新石器早期·国际会议资料》，符拉迪沃斯托克，1996 年，第 196－199 页。

Раков В.А., Вострецов Ю.Е., Попов А.Н. Малакофауна неолитических памятников Бойсмана－1, 2 // Поздний палеолит — ранний неолит Восточной Азии и Северной Америки (материалы междунар. конф.). — Владивосток, 1996. — С. 196－199.

1361. **В.А. 拉科夫、В.В. 托尔斯托诺戈娃**：《彼得大帝湾沙碛半岛扬科夫斯基文化贝丘的软体动物区系》//《北太平洋的开发：纪念 Ф.Ф. 布谢——阿穆尔边疆区研究会第一任主席》，符拉迪沃斯托克，1996 年，第 135－154 页（《太平洋考古学》，第 8 集）。

Раков В.А., Толстоногова В.В. Малакофауна раковинных куч янковской культуры на полуострове Песчаном в заливе Петра Великого // Освоение Северной Пацифики: Посвящ. памяти Ф.Ф. Буссе — первого Председателя О－ва изуч. Амур. края. — Владивосток, 1996. — С. 135－154. — (Тихоокеан. археология; Вып. 8).

1362. **В.А. 拉科夫、А.А. 波波夫、К.А. 卢塔延科**：《滨海地区、北海道新石器遗址出土软体动物综合体的比较分析（初步报告）》//《东亚、北美的旧石器晚期至新石器早期·国际会议资料》，符拉迪沃斯托克，1996 年，第 200－203 页。

Раков В.А., Попов А.Н., Лутаенко К.А. Сравнительный анализ комплексов моллюсков из неолитических стоянок Приморья и Хоккайдо (предварительное сообщение) // Поздний палеолит — ранний неолит Восточной Азии и Северной Америки (материалы междунар. конф.). — Владивосток, 1996. — С. 200－203.

1363. **В.А. 拉科夫**：《彼得大帝湾牡蛎礁的起源、分布和生态环境》//《俄罗斯远东地区海岸生态系统的可持续发展国际会议摘要》，符拉迪沃斯托克，1996 年，第 61－62 页。

Rakov V.A. The Origin, Distribution and Ecology of Oyster Reefs in Peter the Great Bay // International

Conference on the Sustainability of Coastal Ecosystems in the Russian Far East: Abstracts. — Vladivostok, 1996. — P. 61 – 62.

1364．**В.А. 拉科夫**：《重建过去一万年滨海泻湖区（日本海）的自然环境》//《俄罗斯远东地区的全球变化研究：研讨会摘要》，符拉迪沃斯托克，1996 年，第 32 页。

Rakov V.A. Reconstruction of the Environment in Lagoons of the Primorye (Sea of Japan) during the Last 10.000 Years // Global Change Studies at the Russian Far East: Abstracts of Workshop. — Vladivostok, 1996. — P. 32.

1365．**В.А. 拉科夫、К.А. 卢塔延科**：《《彼得大帝湾海岸沿线（日本海）贝冢中发现的全新世软体动物群：古环境和生物地理学的重要性》//《西方软体动物学会年度报告》，圣迭戈，1997 年，第 29 卷，第 18 – 23 页。

Rakov V.A., Lutaenko K.A. The Holocene Molluscan Fauna from Shell Middens on the Coast of Peter the Great Bay (Sea of Japan): Paleoenvironmental and Biogeographical Significance // The Western Society of Malacologists. Annual Report. — San Diego, 1997. — Vol. 29. — P. 18 – 23.

1366．**В.А. 拉科夫**：《日本海西北部海岸考古遗存中猎取的无脊椎动物》//《远东、中央亚细亚的考古学与理论民族学》，符拉迪沃斯托克，1998 年，第 25 – 31 页。

Раков В.А. Промысловые беспозвоночные животные из археологических памятников северо-западного побережья Японского моря // Археология и этнология Дальнего Востока и Центральной Азии. — Владивосток, 1998. — С. 25 – 31.

1367．**В.А. 拉科夫**：《日本海彼得大帝湾的脉红螺（腹足纲，荔螺科）》//《远东软体动物学会通报》，符拉迪沃斯托克，1998 年，第 2 集，第 81 – 101 页。

Раков В.А. Рапана Rapana venosa (Valenciennes): (Gastropoda, Thaididae) в заливе Петра Великого Японского моря // Бюл. Дальневост малакологического о-ва. — Владивосток, 1998. — Вып. 2. — С. 81 – 101.

1368．**В.А. 拉科夫**：《1995 年马里亚诺夫卡城址发掘出土的软体动物贝壳》//《俄罗斯滨海边疆区考古考察简报》，首尔，1999 年，第 357 – 359、266 – 267 页，朝文。

Раков В.А. Раковины моллюсков из Марьяновского городища, раскопки 1995 года // Краткий отчет об археологических исследованиях в Приморском крае России. — Сеул, 1999. — С. 357 – 359; С. 266 – 267. — Кор. яз.

1369．**米田穣、Я.В. 库兹明、森田昌敏、А.Н. 波波夫、Т.А. 奇基希娃、柴田裕実、Е.Г. 什帕科娃**：《根据（滨海地区）博伊斯曼 2 号新石器时代墓地出土人骨胶原中碳、氮的稳定性同位素古代饮食构拟》//《西伯利亚人文科学》，1998 年 3 期：考古学、民族学系列，第 9 – 13 页。

Реконструкция палеодиеты по стабильным изотопам углерода и азота в коллагене костей из неолитического могильника Бойсмана – 2 (Приморье) / М. Йонеда, Я.В. Кузьмин, М. Морита, А.Н. Попов, Т.А. Чикишева, Я. Шибата, Е.Г. Шпакова // Гуманит. науки в Сибири. — 1998. — № 3: Сер.: Археология и этнография. — С. 9 – 13.

1370．**В.И. 罗斯利科娃**：《锡卡奇 – 阿梁考古遗址土壤的特点》//《世纪之交的远东历史文化遗产、自然遗产：研究与保护问题·第 2 次纪念戈罗杰克夫斯基报告会（1999 年 4 月 29 – 30 日·哈巴罗夫斯克)》，哈巴罗夫斯克，1999 年，第 264－266 页。

Росликова В.И. Особенности почв археологической стоянки Сикачи－Алян // Историко-культурное и природное наследие Дальнего Востока на рубеже веков: проблемы изучения и сохранения: Материалы Вторых Гродековских чтений (Хабаровск, 29－30 апр. 1999 г.). — Хабаровск, 1999. — С. 264－266.

1371．**А.А. 雷扎亚**：《论石器时代文化的阐释问题》//《西伯利亚、中央亚细亚的考古学、民族学问题：1980 年 3 月 25－27 日区域会议报告纲要》，伊尔库茨克，1980 年，第 68－70 页。

Рыжая А.А. К проблеме интерпретации культуры каменного века // Проблемы археологии и этнографии Сибири и Центральной Азии: Тез. докл. к регион. конф., 25－27 марта 1980 г. — Иркутск, 1980. — С. 68－70.

1372．**Ф.Н. 良斯基**：《地理环境研究的历史学方法（根据阿穆尔州资料）》//《方志学问题·纪念阿尔谢尼耶夫报告会·会议报告纲要》，乌苏里斯克，1989 年，第 51－53 页。

Рянский Ф.Н. Исторический подход к изучению географической среды: ［По материалам Амурской области］ // Проблемы краеведения: ［Тез. докл. конф.］ / Арсеньев. чтения. — Уссурийск, 1989. — С. 51－53.

1373．**Ф.Н. 良斯基**、：《历史时期阿穆尔河沿岸中上游地区社会与景观的同步进化》//《纪念阿穆尔州方志博物馆成立 100 周年学术汇报会报告纲要》，布拉戈维申斯克，1991 年，第 95－98 页。

Рянский Ф.Н. Коэволюция ландшафтов и общества в Верхнем и Среднем Приамурье за историческое время // Тез. докл. науч.－практ. конф., посвящ. 100-летию Амур. обл. краевед. музея. — Благовещенск. 1991. — С. 95－98.

1374．**Э.В. 萨伊科**、**И.S. 茹希霍夫斯卡娅**：《古代陶器研究的显微镜学方法（工作方法问题与实践》，苏联科学院远东分院历史·考古·民族研究所，预印本，符拉迪沃斯托克，1990 年，52 页。

Сайко Э.В., Жущиховская И.С. Методы микроскопии в исследовании древней керамики （Методические аспекты и практика) / АН СССР. ДВО. ИИАЭ. — Препр. — Владивосток, 1990. — 52 с.

1375．**Б.С. 萨布诺夫**：《考古遗存工作方法的建议》，布拉戈维申斯克国立师范学院，预印本，布拉戈维申斯克，1982 年，25 页。

Сапунов Б.С. Методические рекомендации по работе с памятниками археологии / Благовещ. гос. пед. ин-т. — Препр. — Благовещенск, 1982. — 25 с.

1376．**Б.С. 萨布诺夫**、**Д.П. 博洛京**、**А.Г. 雷巴尔科**：《作为阿穆尔州境内考古遗存研究的帮助：工作方法的建议》，布拉戈维申斯克国立师范学院，布拉戈维申斯克，1989 年，58 页。

Сапунов Б.С., Болотин Д.П., Рыбалко А.Г. В помощь по изучению археологических памятников на территории Амурской области: Метод. рекомендации / Благовещ. гос. пед. ин-т. — Благовещенск, 1989. — 58 с.

1377．**Б.С. 萨布诺夫**、**Д.П. 博洛京**：《论具有社会－历史、自然意义的保护区制度的创建问题》//《阿穆尔河流域的地质学与生态学·苏中研讨会报告纲要》，布拉戈维申斯克，1989 年，第 3 卷（2），第 59－60 页。

Сапунов Б.С., Болотин Д.П. К вопросу о создании систем охраняемых территорий, имеющих социально-историческую и природную значимость // Геология и экология бассейна р. Амур: Тез. докл.

сов. - кит. симп. — Благовещенск, 1989. — Ч. 3 (2) . — С. 59－60.

1378. **Б.С. 萨布诺夫**：《布谢的阿穆尔河上游晚期旧石器地点地质学、地貌学、地层学》//《北亚、中央亚细亚、东亚、美洲旧石器时代的年代地层学·国际研讨会报告》，新西伯利亚，1990 年，第 273－274 页。

Сапунов Б.С. Геология, геоморфология, стратиграфия верхнепалеолитического местонахождения Буссе на Верхнем Амуре // Хроностратиграфия палеолита Северной, Центральной и Восточной Азии и Америки: (Докл. междунар. симп.) . — Новосибирск, 1990. — С. 273－274.

1379. **Б.С. 萨布诺夫**：《考古遗存工作方法的建议》，布拉戈维申斯克，1992 年，22 页。

Сапунов Б.С. Методические рекомендации по работе с памятниками археологии. — Благовещенск, 1992. — 22 с.

1380. **Б.С. 萨布诺夫、Д.П. 博洛京**：《罕见的 17 世纪铜钱——"雅克萨阿尔腾"（一些研究者认为是赝品——编者注）》//《第 3 次全俄古钱学会议报告纲要》，莫斯科，1995 年，第 65－69 页。

Сапунов Б.С. , Болотин Д.П. Уникальная монета XVII века —《Албазинский алтын》: ［По мнению других исследователей подделка］ // Третья Всерос. нумизматическая конференция: Тез. докл. — М., 1995. — С. 65－69.

1381. **Б.С. 萨布诺夫、Д.П. 博洛京**：《"雅克萨阿尔腾"——罕见的 17 世纪铜钱》//《阿穆尔州方志博物馆、方志学会论丛》，1996 年，第 8 集，第 22－26 页。

Сапунов Б.С. , Болотин Д.П. 《Албазинский алтын》 — уникальная монета XVII в. // ЗАОКМОК. — 1996. — Вып. 8. — С. 22－26.

1382. **А.О. 谢利瓦诺夫、В.П. 斯捷帕诺夫**：《日本海海平面的变化与全新世时期滨海地区的湿润气候：考古学视角》//《海洋学》，1981 年，第 21 卷，第 4 集，第 673－677 页。

Селиванов А.О. , Степанов В.П. Изменения уровня Японского моря и влажности климата Приморья в голоцене. Археологический подход // Океанология. — 1981. — Т. 21, вып. 4. — С. 673－677.

1383. **А.О. 谢利瓦诺夫、В.П. 斯捷帕诺夫**：《沿海一带的地理考古学考察尝试（以苏联滨海地区为例）》//《海平面的变化》，莫斯科，1982 年，第 115－133 页。

Селиванов А.О. , Степанов В.П. Опыт геоархеологических исследований на морском побережье (на примере советского Приморья) // Изменения уровня моря. — М., 1982. — С. 115－133.

1384. **А.О. 谢利瓦诺夫**：《根据考古学资料看沿海一带人类与自然界的相互作用（以苏联远东南部为例）》//《生物圈中的人类·青年生态学者科技会议报告纲要》，莫斯科，1988 年，第 71 页。

Селиванов А.О. Взаимодействие человека и природы на морских побережьях по археологическим данным (на примере юга советского Дальнего Востока) // Человек в биосфере: Научно-техн. конф. молодых экологов: Тез. докл. — М., 1988. — С. 71.

1385. **Т.Ю. 谢姆**：《比较类型学视角下的南部通古斯 - 满族人的葬式问题》//《远东民族文化中的民族传统》，符拉迪沃斯托克，1987 年，第 40－50 页。

Сем Т.Ю. Проблемы погребальной обрядности южных тунгусо-маньчжуров в сравнительно-типологическом аспекте // Национальные традиции в культуре народов Дальнего Востока. — Владивосток, 1987. — С. 40－50.

1386．**T.Ю. 谢姆**：《19 世纪末至 20 世纪初远东南部通古斯语系民族生活本源的语义学范例及其中世纪时期的类似现象》//《古代信仰的构拟：史料、方法、目的·1990 年 4 月 2－6 日·ЛОИА СССР 、ГМИР 学术会议报告纲要》，列宁格勒，1990 年，第 114－117 页。

Сем Т.Ю. Семантика образов первоисточника жизни у тунгусо-язычных народов юга Дальнего Востока конца XIX — начала XX века и их средневековые параллели // Реконструкция древних верований: источники, метод, цель: Тез. докл. науч. конф. ЛОИА АН СССР и ГМИР 2－6 апр. 1990 г. — Л., 1990. — С. 114－117.

1387．**T.Ю. 谢姆**：《19 世纪末至 20 世纪初远东南部通古斯语系民族生活本源的语义学范例以及中世纪时期的相同现象》//《古代信仰的构拟：史料、方法、目的·学术著述汇编》，圣彼得堡，1991 年，第 179－192 页。

Сем Т.Ю. Семантика образов первоисточника жизни у тунгусо-язычных народов юга Дальнего Востока конца XIX — начала XX века и их средневековые параллели // Реконструкция древних верований: источники, метод, цель: Сб. науч. тр. — СПб., 1991. — С. 179－192.

1388．**T.Ю. 谢姆**：《苏联远东南部少数民族的起源》//《1957 年苏联科学院远东分部学术考察总结会议报告纲要》，符拉迪沃斯托克，1958 年，第 72－73 页。

Сем Ю.А. Происхождение малых народностей южной части советского Дальнего Востока // Тез. докл. на сес. Дальневост. фил. АН СССР по итогам науч. исслед. за 1957 г. — Владивосток, 1958. — С. 72－73.

1389．**T.Ю. 谢姆**：《16 世纪末至 17 世纪初滨海地区的朝鲜族居民》//《远东的历史学、哲学、地理学、经济学问题·第 9 次青年学者会议资料》，符拉迪沃斯托克，1968 年，第 254－266 页。

Сем Ю.А. Коренное население Приморья в конце XVI — начале XVII вв. // Вопросы истории, философии, географии и экономики Дальнего Востока: (Материалы IX конф. молодых ученых). Владивосток, 1968. — С. 254－266.

1390．**T.Ю. 谢姆**、**Э.В. 沙弗库诺夫**：《苏联远东南部民族的标记以及民族起源关系的某些问题（12－19 世纪）》//《西伯利亚历史资料·古代西伯利亚》，新西伯利亚，1974 年，第 4 集：《西伯利亚的青铜时代、铁器时代》，第 196－204 页。

Сем Ю.А., Шавкунов Э.В. Тамги народов южной части советского Дальнего Востока и некоторые проблемы этногенетических связей (XII－XIX вв.) // Материалы по истории Сибири. Древняя Сибирь. — Новосибирск, 1974. — Вып. 4: Бронзовый и железный век в Сибири. — С. 196－204.

1391．**E.A. 谢尔古舍娃**：《滨海地区的古代民族植物学研究（根据克罗乌诺夫卡文化资料）》//《考古学资料研究的综合方法·1989 年 11 月 21－23 日第 5 次会议资料》，莫斯科，1989 年，第 2 卷，第 20 页。

Сергушева Е.А. Палеоэтноботанические исследования в Приморье: [По материалам кроуновской культуры] // Комплексные методы исследования археологических источников: Материалы к V совещ. 21－23 нояб. 1989 г. — М., 1989. — [Ч. II]. — С. 20.

1392．**E.A. 谢尔古舍娃**：《阿纳尼耶夫卡城址出土的农作物种子研究》//《远东青年社会学者学会的现状与发展前景·1991 年 11 月 11－15 日远东青年社会学者学术会议报告纲要》，远东青年社会学者学会，预印本，符拉迪沃斯托克，1991 年，第 88－91 页。

Сергушева Е.А. Изучение семян культурных растений с Ананьевского городища // Современное состояние и перспективы развития исследований молодых обществоведов Дальнего Востока: Тез. докл. науч. конф. молодых обществоведов Дальнего Востока, сост. 11－15 нояб. 1991 г. / Дальневост. ассоц. молодых обществоведов. — Препр. — Владивосток, 1991. — С. 88－91.

1393．**Е.А. 谢尔古舍娃**：《关于滨海地区一些遗址中杂生、野生植物种子的发现问题》//《远东第 2 次青年历史学者会议》，符拉迪沃斯托克，1992 年，第 30－32 页。

Сергушева Е.А. К вопросу о находках семян сорных и дикорастущих растений на некоторых памятниках Приморья // Вторая Дальневост. конф. молодых историков. — Владивосток, 1992. — С. 30－32.

1394．**Г.Л. 西兰基耶夫**：《女真人玻璃制品的制作技术与化学成分》//《古代生产研究中的自然科学、考古学（会议资料）》，莫斯科，1982 年，第 91－99 页。

Силантьев Г.Л. Техника изготовления и химический состав стеклянных изделий чжурчжэней // Естественные науки и археология в изучении древних производств: (Материалы совещ.). — М., 1982. — С. 91－99.

1395．**Г.Л. 西兰基耶夫**：《5－14 世纪远东南部中世纪玻璃制品的化学－工艺学特征》//《从古至今历史研究中的综合方法会议报告、议程纲要》，莫斯科，1984 年，第 69－72 页。

Силантьев Г.Л. Химико-технологическая характеристика средневековых стеклянных изделий юга Дальнего Востока V－XIV вв. // Комплексные методы в изучении истории с древнейших времен до наших дней: Тез. докл. и сообщ. конф. — М., 1984. — С. 69－72.

1396．**Г.Л. 西兰基耶夫**：《苏联远东南部中世纪时期玻璃串珠制作的工艺》//《苏联远东古代生产考古学研究中的自然科学方法》，符拉迪沃斯托克，1986 年，第 116－129 页。

Силантьев Г.Л. Технология изготовления стеклянных бус на юге Дальнего Востока СССР в средневековый период // Методы естественных наук в археологическом изучении древних производств на Дальнем Востоке СССР. — Владивосток, 1986. — С. 116－129.

1397．**Г.Л. 西兰基耶夫**：《基于组合标准的考古客体分类的迭代法》//《历史 － 类型学研究中的数学方法与计算机》，莫斯科，1989 年，第 247－250 页。

Силантьев Г.Л. Итерационный метод группирования археологических объектов на основе критерия связанности // Математические методы и ЭВМ в историко-типологических исследованиях. — М., 1989. — С. 247－250.

1398．**Г.Л. 西兰基耶夫**：《生物圈、遗存学与旅游》//《远东地区入境、国内旅游的发展·1999 年 9 月 14－15 日区域学术汇报会资料》，符拉迪沃斯托克，2000 年，第 250－252 页。

Силантьев Г.Л. Биосфера, памятниковедение и туризм // Развитие въездного и внутреннего туризма на Дальнем Востоке: (Материалы регион. науч. － практ. конф. 14－15 сент. 1999 г.). — Владивосток, 2000. — С. 250－252.

1399．**Г.Л. 西兰基耶夫**：《论克罗乌诺夫卡历史 － 文化区的形成问题》//《远东地区入境、国内旅游的发展·1999 年 9 月 14－15 日区域学术汇报会资料》，符拉迪沃斯托克，2000 年，第 252－255 页。

Силантьев Г.Л. К вопросу о создании кроуновской историко-культурной зоны // Развитие въездного и внутреннего туризма на Дальнем Востоке: (Материалы регион. науч. – практ. конф. 14 – 15 сент. 1999 г.). — Владивосток, 2000. — С. 252 – 255.

1400．**А.В. 斯莫利亚克**：《阿穆尔河沿岸、滨海地区部族古代史的某些问题（民族学资料）》//《苏联民族学》，1959 年 1 期，第 29 – 37 页。

Смоляк А.В. Некоторые вопросы древней истории народностей Приамурья и Приморья: (Этногр. данные) // СЭ. — 1959. — № 1. — С. 29 – 37.

1401．**А.В. 斯莫利亚克**：《阿穆尔河下游地区民族起源的某些问题》//《西伯利亚和远东历史学术会议·考古学、民族学、人类学分会报告、议程纲要》，伊尔库茨克，1960 年，第 47 – 48 页。

Смоляк А.В. Некоторые вопросы происхождения народов Нижнего Амура // Научная конференция по истории Сибири и Дальнего Востока. Подсекция археологии, этнографии, антропологии: Тез. докл. и сообщ. — Иркутск, 1960. — С. 47 – 48.

1402．**А.В. 斯莫利亚克**：《阿穆尔河下游地区民族起源的某些问题》//《西伯利亚、远东史问题》，新西伯利亚，1961 年，第 337 – 344 页。

Смоляк А.В. Некоторые вопросы происхождения народов Нижнего Амура // Вопросы истории Сибири и Дальнего Востока. — Новосибирск, 1961. — С. 337 – 344.

1403．**А.В. 斯莫利亚克**：《阿穆尔河下游地区民族文化中的西方（中央亚细亚）因素（依据考古学资料)》//《苏联科学院远东科学中心历史·考古·民族研究所报告文摘》，符拉迪沃斯托克，1973 年，第 1 集，第 165 – 172 页。

Смоляк А.В. Западные (центральноазиатские) элементы в культуре народов Нижнего Амура: [Привлекаются археол. данные] // Рефераты докл. и сообщ. / АН СССР. ДВНЦ. ИИАЭ. — Владивосток, 1973. — Вып. 1. — С. 165 – 172.

1404．**А.В. 斯莫利亚克**：《阿穆尔河下游地区、萨哈林岛通古斯语系民族的民族起源问题》//《北方民族的民族起源》，莫斯科，1980 年，第 177 – 195 页。

Смоляк А.В. Проблемы этногенеза тунгусоязычных народов Нижнего Амура и Сахалина // Этногенез народов Севера. — М., 1980. — С. 177 – 195.

1405．**А.В. 斯莫利亚克**：《阿穆尔河下游地区、萨哈林岛民族的传统经济与物质文化：民族起源视角》，莫斯科，科学出版社，1984 年，245 页。

Смоляк А.В. Традиционное хозяйство и материальная культура народов Нижнего Амура и Сахалина: Этногенетический аспект. — М.: Наука, 1984. — 245 с.

1406．**А.В. 斯莫利亚克**：《论阿穆尔河下游地区民族的民族起源问题》//《西伯利亚土著民族的民族起源问题与民族历史》，克麦罗沃，1986 年，第 130 – 139 页。

Смоляк А.В. К вопросу об этногенезе народов Нижнего Амура // Проблемы этногенеза и этнической истории аборигенов Сибири. — Кемерово, 1986. — С. 130 – 139.

1407．**А.В. 斯莫利亚克**：《阿穆尔河下游地区、萨哈林岛民族的民族起源与种族史问题》，历史学博士学位论文，苏联科学院以 Н.Н. 米克鲁哈·马克拉娅命名的民族研究所，莫斯科，1990 年，47 页。

Смоляк А.В. Проблемы этнической истории и этногенеза народов Нижнего Амура и Сахалина: Дис.

... д－ра ист. наук в форме докл. / АН СССР. Ин-т этнографии им. Н.Н. Миклухо-Маклая. — М.,
1990. — 47 с.

1408. Ф.В. 索洛维耶夫：《关于滨海地区地名的早期资料》//《远东的历史学、哲学、地理学、经
济学问题》，符拉迪沃斯托克，1968 年，第 228－234 页。

Соловьев Ф.В. Первые сведения о топонимах Приморья // Вопросы истории, философии, географии и
экономики Дальнего Востока. — Владивосток, 1968. — С. 228－234.

1409. Ф.В. 索洛维耶夫：《远东的地名与历史问题》//《苏联科学院远东科学中心文集·历史系列》，
1971 年，第 8 卷：《远东历史学·社会学·语文学》，第 135－137 页。

Соловьев Ф.В. Топонимика и вопросы истории Дальнего Востока // Тр. / АН СССР. ДВНЦ. Сер.
ист. — 1971. — Т. 8: История, социология и филология Дальнего Востока. — С. 135－137.

1410. Ф.В. 索洛维耶夫：《关于滨海地区地名的早期资料》//《远东民族的历史与文化资料》，符拉
迪沃斯托克，1973 年，第 1 集，第 94－102 页。

Соловьев Ф.В. Первые сведения о топонимике Приморья // Материалы по истории и культуре
народов Дальнего Востока. — Владивосток, 1973. — Вып. 1. — С. 94－102.

1411. А.Б. 斯佩瓦科夫斯基：《阿伊努人的起源问题以及阿伊努人元素在远东通古斯－满洲种族民
族史中的角色》//《西伯利亚土著民族的起源与种族历史问题》，克麦罗沃，1986 年，第 140－148 页。

Спеваковский А.Б. Проблема происхождения айнов и роль айнских компонентов в этнической истории
тунгусо-маньчжурских народностей Дальнего Востока // Проблемы этногенеза и этнической истории
аборигенов Сибири. — Кемерово, 1986. — С. 140－148.

**1412. Э.Дж.Т. 驹奥、Я.В. 库兹明、К.А. 卢塔延科、Л.А. 奥尔洛娃、А.Н. 波波夫、В.А. 拉
科夫、Л.Д. 苏列尔瑞茨基**：《（海滨地区）博伊斯曼 2 号新石器遗址的全新世中期的软体动物区系：种
类、年龄、生长条件》//《科学院报告》，1994 年，第 339 卷，第 5 期，第 697－700 页。

Среднеголоценовая малакофауна неолитической стоянки Бойсмана－2 (Приморье): состав, возраст,
условия обитания / Э.Дж.Т. Джалл, Я.В. Кузьмин, К.А. Лутаенко, Л.А. Орлова, А.Н. Попов,
В.А. Раков, Л.Д. Сулержицкий // Докл. Акад. наук. — 1994. — Т. 339, № 5. — С. 697－700.

1413. В.С. 斯塔里科夫：《东亚森林草原地区的农耕工具：远东的农耕史问题》，历史学副博士论文
作者文摘，苏联科学院以 Н.Н. 米克鲁哈·马克拉娅命名的民族研究所，列宁格勒，1966 年，17 页。

Стариков В.С. Земледельческие орудия лесостепных районов Восточной Азии: (К истории земледелия
на Дальнем Востоке): Автореф. дис. ... канд. ист. наук / АН СССР. Ин-т этнографии им. Н.Н.
Миклухо-Маклая. — Л., 1966. — 17 с.

1414. В.С. 斯塔里科夫：《女真文字的书写单位系统化的尝试：书写单位目录的准备阶段》//《苏联
科学院民族研究所纪念科学院第一个民族学、人类学中心成立 100 周年会议报告摘要》，列宁格勒，1980
年，第 92－93 页。

Стариков В.С. Опыт систематизации графем чжурчжэньского письма: (Этапы подготовки каталога
графем) // Краткое содержание докладов сессии Ин-та этнографии АН СССР, посвящ. 100-летию
создания первого акад. этнографическо-антропологического центра. — Л., 1980. — С. 92－93.

1415. А.Ф. 斯塔尔采夫：《阿穆尔河沿岸、东南亚民族中虎崇拜的表象（新石器时代－中世纪－20

世纪)》//《考古学、民族学研究的一体化·学术著述汇编》，符拉迪沃斯托克、鄂木斯克，2000 年，第 206－207 页。

Старцев А.Ф. Отражение культа тигра у народов Приамурья и Юго-Восточной Азии (эпоха неолита — средние века — XX столетие) // Интеграция археологических и этнографических исследований: Сб. науч. тр. — Владивосток; Омск, 2000. — С. 206－207.

1416. **А.П. 杰列维扬科、Ю.П. 霍柳什金、П.С. 罗斯托夫采夫、В.Т. 沃罗宁**：《北亚旧石器晚期综合体的分析》，新西伯利亚，1998 年，89 页。

Статистический анализ позднепалеолитических комплексов Северной Азии / **А.П. Деревянко, Ю.П. Холюшкин, П.С. Ростовцев, В.Т. Воронин.** — Новосибирск, 1998. — 89 с.

1417. **В.П. 斯捷帕诺夫**：《苏联境内旧石器时代早期的自然环境与原始社会经济的地带性》//《物理地理学与古地理学的共同点问题》，莫斯科，1976 年，第 300－322 页。

Степанов В.П. Природная среда и зональность первобытного хозяйства в эпоху верхнего палеолита на территории СССР // Проблемы общей физической географии и палеогеографии. — М., 1976. — С. 300－322.

1418. **В.П. 斯捷帕诺夫**：《日本海、海洋沿岸的原始社会人类》//《第 2 次海洋学全苏会议报告纲要》，塞瓦斯托波尔，1982 年，第 4 集 2 卷，第 130－131 页。

Степанов В.П. Первобытный человек на побережье морей [Японского] и океанов // 2 - й Всесоюз. съезд океанологов: Тез. докл. — Севастополь, 1982. — Вып. 4, ч. 2. — С. 130-131.

1419. **В.П. 斯捷帕诺夫**：《根据日本海海平面变化看滨海地区中部、南部沿岸古代人类的经济活动》//《陆架：自然资源的利用与周围环境保护问题·第 4 次全苏会议报告纲要》，符拉迪沃斯托克，1982 年，第 49 页。

Степанов В.П. Хозяйственная деятельность древнего человека на побережье Среднего и Южного Приморья в свете изменений уровня Японского моря // Шельфы: проблемы природопользования и охраны окружающей среды: Тез. докл. IV Всесоюз. конф. — Владивосток, 1982. — С. 49.

1420. **В.П. 斯捷帕诺夫**：《远东原始社会经济类型的自然环境与地理》//《远东的人类与自然·学术汇报会报告纲要》，符拉迪沃斯托克，1984 年，第 28－30 页。

Степанов В.П. Природная среда и география типов первобытного хозяйства на Дальнем Востоке // Человек и природа на Дальнем Востоке: Тез. докл. науч. - практ. конф. — Владивосток, 1984. — С. 28－30.

1421. **В.П. 斯捷帕诺夫、Я.В. 库兹明**：《苏联远东全新世海平面的波动问题与利用考古学方法解答这一问题的可能性》//《更新世时期古地理学与一般物理地理学的问题》，以 М.В. 罗蒙诺索夫命名的莫斯科国立大学，莫斯科，1986 年，第 2 集，第 26－39 页。全苏学术与技术信息研究所档案，28.04.86，№3151－в.

Степанов В.П., Кузьмин Я.В. Проблемы голоценовых колебаний уровня дальневосточных морей СССР и возможность применения археологического метода для ее решения // Вопросы палеогеографии плейстоцена и общей физической географии / МГУ им. М.В. Ломоносова. — М., 1986. — Ч. 2. — С. 26－39. — Деп. в ВИНИТИ 28.04.86, № 3151－в.

1422．**В.П. 斯捷帕诺夫、Г.М. 舒莫娃、Я.В. 库兹明**：《全新世时期远东南部古代遗址的古地理学》//《西伯利亚南部第四纪地质学与原始社会考古学·全苏会议报告纲要》，乌兰乌德。1986 年，第 1 集，第 45－48 页。

Степанов В.П., Шумова Г.М., Кузьмин Я.В. Палеогеография древних поселений юга Дальнего Востока в голоцене // Четвертичная геология и первобытная археология Южной Сибири: Тез. докл. Всесоюз. конф. — Улан-Удэ, 1986. — Ч. 1. — С. 45－48.

1423．**В.П. 斯捷帕诺夫、Я.В. 库兹明**：《更新世晚期至全新世苏联远东古代文化发展与古地理学事件的相互关系（根据碳同位素测年资料)》//《亚洲及太平洋地区地层学与第四纪地层的相互关系·国际会议纲要·1988 年 10 月 9－16 日·纳霍德卡》，符拉迪沃斯托克，1988 年，第 1 卷，第 129－131 页。

Степанов В.П., Кузьмин Я.В. Корреляция развития древних культур и палеогеографических событий позднего плейстоцена — голоцена Дальнего Востока СССР (по радиоуглеродным данным) // Стратиграфия и корреляция четвертичных отложений Азии и Тихоокеанского региона: Тез. междунар. симп. (9－16 окт. 1988 г., Находка). — Владивосток, 1988. — Т. 1. — С. 129－131.

1424．**В.П. 斯捷帕诺夫、Я.В. 库兹明**：《滨海地区古代文化的碳同位素测年年代学（结果、问题)》//《第四纪时期地质年代学·1989 年 11 月 14－16 日莫斯科全苏会议报告纲要》，塔林，1989 年，第 119 页。

Степанов В.П., Кузьмин Я.В. Радиоуглеродная хронология древних культур Приморья (результаты, проблемы) // Геохронология четвертичного периода: Тез. докл. Всесоюз. совещ. 14－16 нояб. 1989 г., Москва. — Таллин, 1989. — С. 119.

1425．**А.В. 斯佳日基娜**：《层析 X 射线照相分析法在滨海地区南部石器时代遗存中的利用问题》//《北亚、中央亚细亚的古代、传统文化遗产·第 40 次大学生区域考古学－民族学会议资料》，新西伯利亚，2000 年，第 1 卷，第 101－102 页。

Стяжкина А.В. К проблеме использования метода планиграфического анализа на памятниках каменного века юга Приморья // Наследие древних и традиционных культур Северной и Центральной Азии: Материалы 40-й Регион. археол. - этнограф. студ. конф. — Новосибирск, 2000. — Т. 1. — С. 101－102.

1426．**А.В. 塔巴列夫**：《作为社会进程认识方法论的历史唯物主义（以考古学为例)》//《第 17 次全苏大学生学术会议资料·马克思、列宁主义哲学与共产主义》，新西伯利亚，1984 年，第 33 页。

Табарев А.В. Исторический материализм как методология познания общественных процессов (на примере археологии) // Материалы XXII Всесоюз. науч. студ. конф. Марксистско-ленинская философия и коммунизм. — Новосибирск, 1984. — С. 33.

1427．**А.В. 塔巴列夫**：《完全被忽略的黑曜岩：一个疑难的历史（乌斯季诺夫卡的旧石器晚期工业》//《远东青年社会学者学术研究的现状与发展展望·1991 年 11 月 11－15 日远东青年社会学者学术会议报告纲要》，远东青年社会学者学会，预印本，符拉迪沃斯托克，1991 年，第 73－76 页。

Табарев А.В. Трижды забытый камень Обсидия (история одной загадки) [устиновской позднепалеолитической индустрии] // Современное состояние и перспективы развития научных исследований молодых обществоведов Дальнего Востока: Тез. докл. науч. конф. молодых обществоведов Дальнего Востока, сост. 11－15 нояб. 1991 г. / Дальневост. ассоц. молодых обществоведов. — Препр.

— Владивосток, 1991. — С. 73－76.

1428. **А.В. 塔巴列夫**：《石质工具的生命过程与"丝屑痕"现象》//《实验考古学》，托博尔斯克，1992 年，第 2 集，第 46－54 页。

Табарев А.В. Функциональная жизнь каменных орудий и явление 《 Фризон-эффекта 》 // Экспериментальная археология. — Тобольск, 1992. — Вып. 2. — С. 46－54.

1429. **А.В. 塔巴列夫**：《有关再修理技术类型学研究的几点认识》//《俄罗斯考古——为了今后对西伯利亚和远东地区的调查而开展的对俄罗斯考古研究的现状和存在问题的讨论》，首尔，1994 年。第 803－816 页。

Tabarev A.V. Some Technico－Typological Aspects of Secondary Trimming // Archaeology of Russia — Current Status of Archaeological Research and Problems for Future Investigation of Siberia and Far East Area. — Seoul, 1994. — P. 803－816.

1430. **А.В. 塔巴列夫**：《有关再修理技术类型学研究的几点认识》//《韩国上古史学报》，首尔，1994 年，第 15 卷，第 1 期，第 357－367 页。

Tabarev A.V. Some Technico－Typological Aspects of Secondary Trimming // Journal of Korean Ancient Historical Society. — Seoul, 1994. — Vol. 15, No. 1. — P. 357－367.

1431. **А.В. 塔巴列夫**：《石质工具的工艺处理分析：术语、样品、实验、功能的相互关系》//《太平洋沿岸的石器时代——献给 П.И. 博里斯科夫斯基的崇高纪念》符拉迪沃斯托克，1996 年，第 68－82 页（《太平洋考古学》，第 7 集）。

Табарев А.В. Анализ обработки каменных орудий（термины, модели, эксперименты, соотношение функций）// Каменный век тихоокеанских побережий: Светлой памяти П.И. Борисковского посвящ. — Владивосток, 1996. — С. 68－82. — (Тихоокеан. археология; Вып. 7).

1432. **А.В. 塔巴列夫**：《旧石器时代的楔形细石核与便携式装置的制作实验》//《石器技术》，1997 年，第 22 卷，第 139－149 页。

Tabarev A.V. Paleolithic Wedge－Shaped Microcores and Experiments with Pocket Devices // Lithic Technology. — 1997. — Vol. 22. — P. 139－149.

1433. **Ч.М. 塔克萨米**：《阿穆尔河下游地区及萨哈林岛捕鱼者文化的形成》//《西伯利亚、远东民族的民族起源问题·全苏会议报告纲要》，符拉迪沃斯托克，1973 年，第 107－110 页。

Таксами Ч.М. Формирование культуры рыболовов в бассейне Нижнего Амура и на Сахалине // Проблемы этногенеза народов Сибири и Дальнего Востока: Тез. докл. Всесоюз. конф. — Владивосток, 1973. — С. 107－110.

1434. **Ч.М. 塔克萨米**：《尼夫赫人的民族起源问题》//《北方民族的民族起源》，莫斯科，1980 年，第 196－210 页。

Таксами Ч.М. Проблемы этногенеза нивхов // Этногенез народов Севера. — М., 1980. — С. 196－210.

1435. **А.Я. 塔拉涅茨**：《关于挹娄部落厨房遗迹出土的鱼骨》//《苏联科学院远东分部学报》，1936 年 18 期，第 125－131 页。

Таранец А.Я. О костях рыб, найденных в кухонных остатках племени илоу // Вестн. ДВФАН. —

1936. — № 18. — С. 125 – 131.

1436. В.В. 托尔斯托戈娃：《（滨海地区）沙碛遗址出土的软体动物分析》//《苏联远东考古学、历史学研究》，苏联科学院远东分院历史·考古·民族研究所，预印本，符拉迪沃斯托克，1989 年，第 35 – 37 页。

Толстоногова В.В. Анализ моллюсков с поселения Песчаный I [в Приморье] // Археологические и исторические исследования на Дальнем Востоке СССР / АН СССР. ДВО. ИИАЭ. — Препр. — Владивосток, 1989. — С. 35 – 37.

1437. В.В. 托尔斯托戈娃：《论贝丘季节的判断方法》//《考古学资料研究的综合方法·1989 年 11 月 21 – 23 日第 5 次会议资料》，莫斯科，1989 年，第 2 集，第 22 页。

Толстоногова В.В. О методе определения сезонности раковинных куч // Комплексные методы исследования археологических источников: Материалы к V совещ. 21 – 23 нояб. 1989 г. — М., 1989. — [Ч. II]. — С. 22.

1438. В.В. 托尔斯托戈娃、В.А. 拉科夫：《沙碛半岛扬科夫斯基文化遗址出土的软体动物综合体》//《第 6 次纪念阿尔谢尼耶夫报告会·关于历史学、考古学、方志学问题区域学术会议报告纲要》，乌苏里斯克，1992 年，第 208 – 210 页。

Толстоногова В.В., Раков В.А. Малакологические комплексы из поселений янковской культуры на полуострове Песчаном // VI Арсеньевские чтения: Тез. докл. регион. науч. конф. по пробл. истории, археологии и краеведения. — Уссурийск, 1992. — С. 208 – 210.

1439. С.М. 图比季娜：《赛加城址陶器生产的工艺研究》//《苏联远东古代生产考古学研究中的自然科学方法》，符拉迪沃斯托克，1986 年，第 142 – 147 页。

Тупикина С.М. К изучению технологии производства керамики на Шайгинском городище // Методы естественных наук в археологическом изучении древних производств на Дальнем Востоке СССР. — Владивосток, 1986. — С. 142 – 147.

1440. В.А. 图拉耶夫：《远东南部地区传统自然资源的利用（根据考古学、民族学资料）》//《考古学、民族学研究的一体化》，符拉迪沃斯托克、鄂木斯克，2000 年，第 137 – 140 页。

Тураев В.А. Традиционное природопользование на юге Дальнего Востока (по данным археологических и этнографических источников) // Интеграция археологических и этнографических исследований. — Владивосток; Омск, 2000. — С. 137 – 140.

1441. Р.В. 费多罗夫：《对森林植被及草原植被的人为影响在远东地貌发展方面的反映》//《远东气候形态全球因素研究》，符拉迪沃斯托克，1979 年，第 88 – 93 页。

Федорова Р.В. Отражение в развитии рельефа Дальнего Востока антропогенных влияний на лесную и степную растительность // Исследования глобальных факторов климоморфогенеза Дальнего Востока. — Владивосток, 1979. — С. 88 – 93.

1442. Н.Н. 费费洛夫、Л.В. 科尼科娃、Н.В. 扎鲁德涅娃：《苏联远东南部最古老青铜器中铅的同位素成分及可能来源》//《苏联科学院报告》，1989 年，第 308 卷 1 期，第 172 – 175 页。

Фефелов Н.Н., Конькова Л.В., Заруднева Н.В. Изотопный состав свинца и возможные источники древнейших бронз юга Дальнего Востока СССР // Докл. АН СССР. — 1989. — Т. 308, № 1. — С.

172－175.

1443. **Т.М. 哈尼娜**：《民族文化学实习课（阿穆尔河沿岸民族文化研究实践）》//《长期师范教育》，圣彼得堡，1993 年，第 27－30 页。

Ханина Т.М. Этнокультурологический практикум（На опыте изучения культуры народов Приамурья）// Непрерывное педагогическое образование. — СПб., 1993. — С. 27－30.

1444. **Т.М. 哈尼娜**：《阿穆尔河岩画可作为世界新石器时代模式因素》//《艺术遗存的艺术文化》，圣彼得堡，1994 年，第 12 页。

Ханина Т.М. Петроглифы Амура как элемент неолитической модели мира // Художественная культура в памятниках искусства. — СПб., 1994. — С. 12.

1445. **Т.М. 哈尼娜**：《艺术文化中的世界模式（阿穆尔河新石器时代）》，历史学副博士论文作者文摘，以格尔采娜命名的俄罗斯国立师范大学，圣彼得堡，1995 年，17 页。

Ханина Т.М. Модель мира в художественной культуре（неолит Приамурья）: Автореф. дис. … канд. ист. наук / Рос. гос. пед. ун-т им. Герцена. — СПб., 1995. — 17 с.

1446. **Т.М. 哈尼娜**：《古代阿穆尔河沿岸的岩画假象》//《遗迹中的世界艺术文化》，圣彼得堡，1997 年，第 31－36 页。

Ханина Т.М. Петроглифические личины древнего Приамурья // Мировая художественная культура в памятниках. — СПб., 1997. — С. 31－36.

1447. **В.Е. 麦德维杰夫、В.В. 马拉霍夫、А.А. 弗拉索夫、Л.П. 孔多、И.Л. 科拉耶夫斯卡娅、В.А. 克拉明采夫、И.А. 奥夫相尼科娃**：《科尔萨科夫卡青铜器的化学成分》//《西伯利亚人文科学》，1998 年 3 期，《考古学·民族学系列》，第 38－43 页。

Химический состав корсаковских бронз / В.Е. Медведев, В.В. Малахов, А.А. Власов, Л.П. Кундо, И.Л. Краевская, В.А. Краминцев, И.А. Овсянникова // Гуманит. науки в Сибири. — 1998. — No 3: Сер.: Археология и этнография. — С. 38－43.

1448. **В.Е. 麦德维杰夫、В.В. 马拉霍夫、А.А. 弗拉索夫、Л.П. 孔多、И.Л. 科拉耶夫斯卡娅、В.А. 克拉明采夫、И.А. 奥夫相尼科娃**：《科尔萨科夫卡青铜器的化学成分》//《1994－1996 年西伯利亚、远东考古学者、民族学者田野、实验室考察结果述评》，新西伯利亚，2000 年，第 166－169 页。

Химический состав корсаковских бронз / В.Е. Медведев, В.В. Малахов, А.А. Власов, И.Л. Краевская, Л.П. Кундо, В.А. Краминцев, И.А. Овсянникова // Обозрение результатов полевых и лабораторных исследований археологов и этнографов Сибири и Дальнего Востока в 1994 — 1996 годах. — Новосибирск, 2000. — С. 166－169.

1449. **Я.В. 库兹明、Л.А. 奥尔洛娃、Л.Д. 苏列尔瑞茨基、Э.Дж.Т. 驹奥**：《俄罗斯远东南部石器时代的年代－文化交界点（根据放射性碳法断代资料）》//《人文科学研究：近年来的总结·纪念新西伯利亚国立大学人文学系成立 35 周年学术会议报告纲要汇编》，新西伯利亚，1997 年，第 19－22 页。

Хроно-культурные рубежи каменного века юга Дальнего Востока России（по данным радиоуглеродного датирования）/ **Я.В. Кузьмин, Л.А. Орлова, Л.Д. Сулержицкий, Э.Дж.Т. Джалл** // Гуманитарные исследования: итоги последних лет: Сб. тез. науч. конф., посвящ. 35－летию гуманит. фак. НГУ. — Новосибирск, 1997. — С. 19－22.

1450．**Е.И. 杰列维扬科、С.П. 涅斯捷罗夫、Л.А. 奥尔洛娃、Л.Д. 苏列尔瑞茨基、Я.В. 库兹明**：《阿穆尔河沿岸早期中世纪遗存的年代学（初步结果）》//《西伯利亚人文科学》，1995 年 3 期，第 93－94 页。

Хронология раннесредневековых памятников Приамурья (предварительные результаты) / **Е.И. Деревянко, С.П. Нестеров, Л.А. Орлова, Л.Д. Сулержицкий, Я.В. Кузьмин** // Гуманит. науки в Сибири. — 1995. — № 3. — С. 93－94.

1451．**В.Д. 胡季克**：《鬼门洞新石器时代遗址出土的软体动物的系统成分及古生态学分析结果》//《远东南部的新石器时代——鬼门洞洞穴古代遗址》，莫斯科，1991 年，第 212－214 页。

Худик В.Д. Систематический состав и результаты палеоэкологического анализа моллюсков из неолитического поселения Чертовы Ворота // Неолит юга Дальнего Востока: Древнее поселение в пещере Чертовы Ворота. — М., 1991. — С.212－214.

1452．**С.М. 采伊特林**：《西伯利亚旧石器时代的人类与环境》//《欧亚大陆的地层学、古地理学与岩石成因》，莫斯科，1973 年，第 298－306 页。

Цейтлин С.М. Человек и среда палеолита Сгенез Евразии. — М., 1973. — С. 298－306.

1453．**С.М. 采伊特林**：《北亚旧石器时代地质分期线路图》//《西伯利亚古代文化与毗邻地区文化的相互关系》新西伯利亚，1975 年，第 31－34 页。

Цейтлин С.М. Схема геологической периодизации палеолита Северной Азии // Соотношение древних культур Сибири с культурами сопредельных территорий. — Новосибирск, 1975. — С. 31－34.

1454．**С.М. 采伊特林**：《北亚旧石器时代地质学》，莫斯科，科学出版社，1979 年，286 页。

Цейтлин С.М. Геология палеолита Северной Азии. — М.: Наука, 1979. — 286 с.

1455．**С.М. 采伊特林**：《北亚旧石器时代地质学》，地质矿物学博士论文作者文摘，苏联科学院地质研究所，莫斯科，1979 年，31 页。

Цейтлин С.М. Геология палеолита Северной Азии: Автореф. дис. ... д－ра геол.－минерал. наук / АН СССР. Геол. ин-т. — М., 1979. — 31 с.

1456．**Е.В. 采普金**：《沙碛半岛考古发掘出土的鱼骨》//《苏联考古学资料与研究》，1963 年 112 期，第 336－338 页。

Цепкин Е.А. Остатки рыб из археологических раскопок на полуострове Песчаном // МИА. — 1963. — № 112. — С. 336－338.

1457．**Е.В. 采普金**：《公元前 2 千纪至公元前 1 千纪滨海地区沙碛半岛遗址中出土的鱼骨》//《生物学高等学校学术报告》，1964 年 2 期，第 35－38 页。

Цепкин Е.А. Остатки рыб из поселения II — I тыс. до н.э. на полуострове Песчаном в Приморье // Научные докл. высш. шк. Биол. науки. — 1964. — № 2. — С. 35－38.

1458．**Е.В. 采普金**：《苏联境内亚洲部分全新世时期鱼的区系（根据考古学资料）》，生物学副博士论文作者文摘，以 М.В. 罗莫诺索夫命名的莫斯科国立大学，莫斯科，1966 年，16 页。

Цепкин Е.А. Фауна рыб голоцена азиатской части СССР (по археологическим материалам): Автореф. дис. ... канд. биол. наук / МГУ им. М.В. Ломоносова. — М., 1966. — 16 с.

1459．**Н.Н. 切博克萨罗夫**：《远东民族人类学的主要问题》//《苏联远东史问题·第 4 次远东历史学、考古学、民族学、人类学问题学术会议全体会仪报告纲要》，符拉迪沃斯托克，1965 年，第 1 集，第 37 - 50 页。

Чебоксаров Н.Н. Основные проблемы этнической антропологии Дальнего Востока // Вопросы истории советского Дальнего Востока: Тез. докл. на пленар. заседании 4 - й Дальневост. науч. конф. по вопр. истории, археологии, этнографии и антропологии. — Владивосток, 1965. — Вып. 1. — С. 37 - 50.

1460. **Ю.Ф. 切梅科夫**：《考古发现对于阿穆尔河沿岸、锡霍特 - 阿林山脉地区全新世地层学的意义》// 《全苏地质学研究所·新系列文集》，1964 年，第 104 卷，第 95 - 99 页。

Чемеков Ю.Ф. Значение археологических находок для стратиграфии голоцена Приамурья и Сихотэ - Алиня // Тр. ВСЕГЕИ. Нов. сер. — 1964. — Т. 104. — С. 95 - 99.

1461. **А.В. 切尔纽克、В.К. 利霍拉特、Я.В. 库兹明**：《阿穆尔河沿岸下游新石器时代文化层的孢粉学研究（13000 - 3000 年前》// 《公元 1 千纪三分之一期孢粉学的实际问题·学术著述汇编》，莫斯科，1999 年，第 279 - 283 页。

Чернюк А.В., Лихолат В.К., Кузьмин Я.В. Палинологическое изучение культурных слоев неолита Нижнего Приамурья（13000 — 3000 лет назад）// Актуальные проблемы палинологии на рубеже третьего тысячелетия: Сб. науч. тр. — М., 1999. — С. 279 - 283.

1462. **Г. 切尔纽克、В. 洛基诺娃**：《加夏遗址孢粉学计算分析结果》// 《捷尔诺波尔国立师范大学学报》，《地理学系列》，1998 年 1 期，第 13 - 16 页。

Чернюк Г., Логінова В. Результати палінологічного аналізу вікладів стоянки 《Гася》 // Наукові записки Тернопільского державного педагогічного університету. Серія: Географія. — 1998. — № 1. — С. 13 - 16.

1463. **Т.А. 奇基舍娃、Е.Г. 什帕科娃**：《论滨海地区新石器时代居民人类学类型问题》// 《西伯利亚人文科学》，1995 年 3 期，第 30 - 37 页。

Чикишева Т.А., Шпакова Е.Г. К вопросу об антропологическом типе неолитического населения Приморья // Гуманит. науки в Сибири. — 1995. — № 3. — С. 30 - 37.

1464. **Т.А. 奇基舍娃、С.П. 涅斯捷罗夫**：《帽儿山墓地人类学研究的某些结果》// 《西伯利亚及其毗邻地区考古学、民族学、人类学问题·2000 年 12 月俄罗斯科学院西伯利亚分院考古与民族研究所周年纪念年会资料》，新西伯利亚，2000 年，第 6 卷，第 458 - 462 页。

Чикишева Т.А., Нестеров С.П. Некоторые результаты антропологического исследования могильника Шапка // Проблемы археологии, этнографии, антропологии Сибири и сопредельных территорий: Материалы Годовой юбилейной сес. Ин-та археологии и этнографии СО РАН, дек. 2000 г. — Новосибирск, 2000. — Т. VI. — С. 458 - 462.

1465. **Э.В. 沙弗库诺夫**：《滨海边疆区中世纪铜钱的新发现》// 《东方铭文学》，1955 年，第 10 集，第 95 - 97 页。

Шавкунов Э.В. Новые находки средневековых монет в Приморском крае // Эпиграфика Востока. — 1955. — Вып. 10. — С. 95 - 97.

1466. **Э.В. 沙弗库诺夫**：《论渤海人的文字问题》// 《苏联东方学》，1958 年 6 期，第 82 - 84 页。

Шавкунов Э.В. К вопросу о письменности бохайцев // Сов. востоковедение. — 1958. — № 6. — С.

82－84．

1467．**Э.В. 沙弗库诺夫**：《贝加尔湖一带、滨海边疆区新发现的铜钱》// 《东方铭文学》，1958 年，第 12 集，第 78－81 页。

Шавкунов Э.В. Новые нумизматические находки в Прибайкалье и Приморском крае // Эпиграфика Востока. — 1958. — Вып. 12. — С. 78－81.

1468．**Э.В. 沙弗库诺夫、Ю.В. 谢姆**：《靺鞨的氏族部落名称以及它们与 17－20 世纪族名的关系》// 《第 2 次远东历史学·考古学·民族学学术会议报告报告纲要》，符拉迪沃斯托克，1960 年，第 50－51 页。

Шавкунов Э.В., Сем Ю.А. Мохэские родоплеменные названия и их связь с этнонимами XVII — XX вв. // Вторая научная конференция по истории, археологии и этнографии Дальнего Востока: Тез. докл. и сообщ. — Владивосток, 1960. — С. 50－51.

1469．**Э.В. 沙弗库诺夫**：《1956－1959 年远东地区发现的铜钱》//《苏联考古学资料与研究》，1960 年 86 期，第 238－243 页。

Шавкунов Э.В. Нумизматические находки на Дальнем Востоке в 1956 — 1958 гг. // МИА. — 1960. — № 86. — С. 238－243.

1470．**Э.В. 沙弗库诺夫**：《论契丹小字－女真文字的释读问题》//《东方铭文学》，1963 年，第 15 集，第 149－153 页。

Шавкунов Э.В. К вопросу о расшифровке малой кидань － чжурчжэньской письменности // Эпиграфика Востока. — 1963. — Вып. 15. — С. 149－153.

1471．**Э.В. 沙弗库诺夫**：《15 世纪女真文字遗存文本初步分析的某些结果》//《苏联科学院西伯利亚分院院刊》，1968 年 1 期：社会科学系列 1，第 78－86 页。

Шавкунов Э.В. О некоторых итогах предварительного анализа текстов чжурчжэньских письменных памятников XV столетия // ИСОАН СССР. — 1968. — № 1: Сер. обществ. наук, вып. 1. — С. 78－86.

1472．**Э.В. 沙弗库诺夫**：《象形文字记载的古代民族名称的再现尝试》//《苏联远东的最新考古学研究》，符拉迪沃斯托克，1976 年，第 52－70 页。

Шавкунов Э.В. Опыт реконструкции древних этнонимов в иероглифической записи // Новейшие археологические исследования на Дальнем Востоке СССР. — Владивосток, 1976. — С. 52－70.

1473．**Э.В. 沙弗库诺夫**：《滨海边疆区新发现的中世纪铜钱》//《西伯利亚、远东考古学》，东京，1982 年，第 2 卷：《滨海地区》，第 368－370 页，日文。

Шавкунов Э.В. Новые находки средневековых монет в Приморском крае // Археология Сибири и Дальнего Востока. — Токио, 1982. — Т. 2: Приморье. — С. 368－370. — Яп. яз.

1474．**Э.В. 沙弗库诺夫**：《贝加尔湖一带、滨海边疆区新发现的铜钱》//《西伯利亚、远东考古学》，东京，1982 年，第 2 卷：《滨海地区》，第 363－366 页，日文。

Шавкунов Э.В. Новые нумизматические находки в Прибайкалье и Приморском крае // Археология Сибири и Дальнего Востока. — Токио, 1982. — Т. 2: Приморье. — С. 363－366. — Яп. яз.

1475．**Э.В. 沙弗库诺夫**：《滨海地区的渤海地理专名、水体名称及其与现代地理名称的识别》//《历史名称－文化遗存·第 2 次滨海地区方志学学术汇报会·3 月 26－27 日》，符拉迪沃斯托克，1993 年，第 74 - 78 页。

Шавкунов Э.В. Бохайские топонимы и гидронимы Приморья и их идентификация с современными географическими названиями // Исторические названия — памятники культуры: Вторая Прим. краев. науч. - практ. конф., 26 - 27 мар. — Владивосток, 1993. — С. 74 - 78.

1476. **Э.В. 沙弗库诺夫**：《渤海人是否存在结绳记事?》//《俄罗斯远东中世纪研究》，符拉迪沃斯托克，1994 年，第 110 - 114 页。

Шавкунов Э.В. Было ли у бохайцев узелковое письмо? // Медиевистские исследования на Дальнем Востоке России. — Владивосток, 1994. — С. 110 - 114.

1477. **В.А. 希什基娜**：《对阿穆尔几组岩画的风格分析尝试》//《讲授艺术图解课程的理论、历史、方法问题》，哈巴罗夫斯克，1975 年，第 3 集，第 30 - 37 页。

Шишкина В.А. Опыт стилистического анализа некоторых групп петроглифов Амура // Вопросы теории, истории и методики преподавания художественно-графических дисциплин. — Хабаровск, 1975. — Вып. 3. — С. 30 - 37.

1478. **В.А. 希什基娜**：《阿穆尔岩画的分类尝试（假面具 - 假象）》//《空间、艺术形象知觉的发展》，哈巴罗夫斯克，1978 年，第 40 - 50 页。

Шишкина В.А. Опыт классификации петроглифов Амура (Маски - личины) // Развитие пространственного и художественно-образного восприятия. — Хабаровск, 1978. — С. 40 - 50.

1479. **Е.Г. 什帕科娃**：《滨海地区南部新石器文化颅骨的人为变形特征》//《西伯利亚土著：消失的语言与文化的研究问题·国际学术会议报告纲要》，新西伯利亚，1995 年，第 2 卷：《考古学与民族学》，第 61 - 64 页。

Шпакова Е.Г. Особенности искусственной деформации черепов неолитической культуры Южного Приморья // Аборигены Сибири: проблемы изучения исчезающих языков и культур: Тез. докл. междунар. науч. конф. — Новосибирск, 1995. — Т. 2: Археология и этнография. — С. 61 - 64.

1480. **Е.Г. 什帕科娃**：《（博伊斯曼 2 号墓地出土的颅骨）点状变形及其表现的特征》//《西伯利亚考古学、民族学的最新发现·俄罗斯科学院西伯利亚分院考古与民族研究所第 4 次总结年会资料》，新西伯利亚，1996 年 12 月，第 257 - 260 页。

Шпакова Е.Г. Точечная деформация и особенности ее проявления [на черепах из могильника Бойсмана -2] // Новейшие археологические и этнографические открытия в Сибири: Материалы IV Годовой итог. сес. Ин-та археологии и этнографии СО РАН. Дек. 1996 г. — Новосибирск, 1996. — С. 257 - 260.

1481. **М.Г. 什图采夫**：《论石质工具功能类型区分的功能推测方法（根据滨海地区扬科夫斯基文化资料）》//《远东第 1 次青年历史学者会议》，符拉迪沃斯托克，1991 年，第 15 - 17 页。

Штуцев М.Г. О предположительно-функциональном методе выделения функциональных типов каменных орудий: [По материалам янковской культуры Приморья] // Первая дальневост. конф. молодых историков. — Владивосток, 1991. — С. 15 - 17.

1482. **В.Е. 麦德维杰夫、В.В. 马拉霍夫、А.А. 弗拉索夫、Л.П. 孔多、И.Л. 科拉耶夫斯卡娅、И.А. 奥夫相尼科娃、Г.К. 列武茨卡娅**：《从科尔萨科夫卡墓地鎏金青铜器中发现的成分》《西伯利亚及其毗邻地区考古学、民族学、人类学问题·俄罗斯科学院西伯利亚分院考古与民族研究所第 5 次总结年会

暨纪念俄罗斯科学院西伯利亚分院成立 40 周年、俄罗斯科学院西伯利亚分院历史·语文·哲学研究所成立
30 周年会议资料》，新西伯利亚，1997 年 12 月，第 3 卷，第 222－225 页。

Элементный состав находок из позолоченной бронзы Корсаковского могильника / В.Е. Медведев,
В.В. Малахов, А.А. Власов, Л.П. Кундо, И.Л. Краевская, И.А. Овсянникова, Г.К. Ревуцкая //
Проблемы археологии, этнографии, антропологии Сибири и сопредельных территорий: Материалы V
Годовой итог. сес. Ин-та археологии и этнографии СО РАН, посвящ. 40-летию Сиб. отд – ния РАН и 30-
летию Ин-та истории, филологии и философии СО РАН. Дек. 1997 г. — Новосибирск, 1997. — Т. III.
— С. 222 – 225.

1483. З.В. 扬乌舍维奇、Н.Н. 库兹米诺娃、Ю.Е. 沃斯特列佐夫：《古代遗址出土的植物学遗存研
究（方法论与实践)》，苏联科学院远东分院历史·考古·民族研究所，预印本，符拉迪沃斯托克，1989 年，
36 页。

Янушевич З.В., Кузьминова Н.Н., Вострецов Ю.Е. Исследование ботанических остатков из
древних поселений（методические аспекты и практика）/ АН СССР. ДВО. ИИАЭ. — Препр. —
Владивосток, 1989. — 36 с.

1484. З.В. 扬乌舍维奇、Ю.Е. 沃斯特列佐夫、С.В. 马卡洛娃：《滨海地区的古代民族植物的发
现》，苏联科学院远东分院历史·考古·民族研究所，预印本，符拉迪沃斯托克，1990 年，25 页。

Янушевич З.В., Вострецов Ю.Е., Макарова С.В. Палеоэтноботанические находки в Приморье / АН
СССР. ДВО. ИИАЭ. — Препр. — Владивосток, 1990. — 25 с.

1485. Я.В. 库兹明、Э.Дж.Т. 驹奥、Ж.М. 奥马尔利、D.J. 唐纳黑右、G.S. 布尔：《采用加速器
质谱仪分析的东北亚阿穆尔河流域新石器早期文化（距今 13300－9800 年）的碳十四年代》//《第八届国
际加速器质谱学大会文集·奥尔斯佩格宫·维也纳·奥地利·1999 年 9 月 6－10 日》，维也纳，1999 年，第
167－168 页。

AMS ^{14}C Chronology of the Initial and Early Neolithic Cultures (ca. 13, 300-9, 800 BP) in the Amur
River Basin, Northeast Asia / Y.V. Kuzmin, A.J.T. Jull, J.M. O'Malley, D.J. Donahue, G.S. Burr //
AMS – 8: 8th International Conference on Accelerator Mass Spectrometry, Palais Auersperg, Vienna, Austria,
6 – 10 Sept. 1999. — Vienna, 1999. — P. 167 – 168.

1486. М.Е. 霍尔、О.Л. 莫列娃、А. Н. 波波夫、Я.В. 库兹明：《俄罗斯远东滨海边疆区博伊斯曼
2 号遗址出土陶器的化学分析》//《东北亚研究》，仙台，1999 年，第 4 卷，第 247－261 页。

Chemical Analyses of Pottery from the Boisman 2 Site, Primorye (Russian Far East) / M.E. Hall, O.L.
Moreva, A.N. Popov, Y.V. Kuzmin // Northeast Asian Studies. — Sendai, 1999. — Vol. 4. — P.
247 – 261.

1487. Я.В. 库兹明、Ж.М. 奥马尔利、G.S. 布尔、D.J. 唐纳黑右、Э.Дж.Т. 驹奥：《俄罗斯远东
阿穆尔河中游地区新、旧石器文化综合体的年代学参数》//《第 17 届国际放射性碳素会议纲要·朱迪亚丘
陵·以色列·2000 年 6 月 18－23 日》，[雷霍沃特]，2000 年，第 176 页。

Chronological Parameters of the Paleolithic and Neolithic Cultural Complexes of the Middle Amur River
Basin, Russian Far East / Y.V. Kuzmin, J.M. O'Malley, G.S. Burr, D.J. Donahue, A.J.T. Jull // 17th
International Radiocarbon Conference (Judean Hills, Israel, June 18 – 23, 2000): Program and Abstracts. —

[Rehovot]，2000. — P. 176.

1488. **Г.А. 德容斯、K.L. 额尔德尔、Я.B. 库兹明、B.A. 拉科夫**：《日本海彼得大帝湾全新世气候最佳时的年代表和古环境》//《北美与俄罗斯远东之间的科学桥梁·第45届北极科学会议摘要》，符拉迪沃斯托克，1994年，第63页。

Chronology and Paleoenvironment of the Holocene Climatic Optimum in Peter the Great Gulf, Sea of Japan / **G.A. Jones., K.L. Elder., Y.V. Kuzmin., V.A. Rakov** // Bridges of the Science between North America and the Russian Far East: 45th Arctic Science Conference: Abstracts. — Vladivostok, 1994. — Bk. 2. — P. 63.

1489. **Э.Дж.Т. 驹奥、Я.B. 库兹明、K.A. 卢塔延科、Л.A. 奥尔洛娃、A.H. 波波夫、B.A. 拉科夫、Л.Д. 苏列尔瑞茨基**：《滨海边疆区博伊斯曼2号新石器时代遗址的构成、年代和生存环境》//《多克雷蒂生物科学》，1994年，第339卷，第620－623页。

Composition, Age and Habitat of the Boisman 2 Neolithic Site in the Maritime Territory / **A.J.T. Jull, Y.V. Kuzmin, K.A. Lutaenko, L.A. Orlova, A.N. Popov, V.A. Rakov, L.D. Sulerzhitsky** // Doklady Biological Sciences. — 1994. — Vol. 339. — P. 620－623.

1490. **Ж.М. 奥马尔利、Я.B. 库兹明、D.J. 唐纳黑右、Э.Дж.Т. 驹奥**：《俄罗斯远东、外贝加尔地区早期陶器的直接碳同位素质谱检测》//《第三届国际^{14}C和考古学研讨会摘要·里昂（法国）·1998年4月6－10日》，里昂，1998年，第74页。

Direct Radiocarbon AMS Dating of the Earliest Pottery from the Russian Far East and Transbaikal / **J.M. O'Malley, Y.V. Kuzmin, D.J. Donahue, A.J.T. Jull** // 3rd International Symposium "^{14}C and Archaeology". Lyon, 6－10 April 1998: [Abstracts.] . — Lyon, 1998. — P. 74.

1491. **Ж.М. 奥马尔利、Я.B. 库兹明、D.J. 唐纳黑右、Э.Дж.Т. 驹奥**：《俄罗斯远东、外贝加尔地区早期陶器的直接碳同位素质谱检测》，……《第三届国际^{14}C和考古学研讨会文集·里昂（法国）·1998年4月6－10日》，系列1，1999年，第26卷，第19－24页。

Direct Radiocarbon AMS Dating of the Earlist Pottery from the Russian Far and Transbaikal / **J.M. O'Malley, Y.V. Kuzmin, D.J. Donahue, A.J.T. Jull** // Mйmoires de la Sociйtй Prйhistorique Franзaise: (Proceedings of tne 3rd International Conferen 《^{14}C and Archaeology》, Luon, France, 6 － 10 April, 1998). —S.1., 1999.—Vol.26.—P.19－24.

1492. **M.C. 舍克里、М.Д. 格拉斯科克、A.B. 塔巴列夫、Я.B. 库兹明**：《俄罗斯远东地区出土黑曜石的地球化学特性：试验性研究》//《国际黑曜石研究联合会公报》，1996年17期，第16－19页。

Geochemical . Characterization of Archaeological Obsidian from the Russian Far East: A Pilot Study / **M.S. Shakley, M.D. Glascock, A.V. Tabarev, Y.V. Kuzmin** // International Association for Obsidian Studies Bulletin. — 1996. — No. 17. — P. 16－19.

1493. **M.C. 舍克里、М.Д. 格拉斯科克、A.B. 塔巴列夫、Я.B. 库兹明**：《俄罗斯远东地区出土黑曜石的地球化学特性：试验性研究》//《国际考古测量学研讨会纲要·伊利诺大学香槟分校·美国·1996年5月20－24日》，1996年，第95－96页。

Geochemical Characterization of Archeological Obsidian from the Russian Far East: A Pilot Study /**M.S. Shakley, M.D. Glascock, A.V. Tabarev, Y.V. Kuzmin** // International Symposium on Archaeometry. May

20－24, Urbana－Champaign, IL, USA: Program and Abstracts. — Urbana, 1996. — P. 95－96.

1494. **М.Д. 格拉斯科克、А.А. 克鲁皮扬克 Я.В. 库兹明、М.С. 舍克里，А.В. 塔巴列夫**：《俄罗斯远东地区出土黑曜石的地球化学特性：初步研究》//《北太平洋考古学》，符拉迪沃斯托克，1996年，第406－410页。

Geochemical Characterization of Obsidian Artifacts from Prehistoric Sites in the Russian Far East: Initial Study / M.D. **Glascock**, A.A. **Krupianko**, Y.V. **Kuzmin**, M.S. **Shackley**, A.V. **Tabarev** // Археология Северной Пасифики. — Владивосток, 1996. — С. 406－410.

1495. **Я.В. 库兹明、А.В. 塔巴列夫、В.К. 波波夫、М.Д. 格拉斯科克、М.С. 舍克里**：《俄罗斯远东滨海地区考古出土黑曜石来源的地球化学分析》//《更新世最新研究》，科瓦利斯，1999年，第16卷，第97－99页。

Geochemical Source Analysis of Archaeological Obsidian in Primorye (Russian Far East) / Y.V. **Kuzmin**, A.V. **Tabarev**, V.K. **Popov**, M.D. **Glascock**, M.S. **Shackley** // Current Research in the Pleistocene. — Corvallis, 1999. — Vol. 16. — P. 97－99.

1496. **Н.Н. 费费洛夫、Л.В. 科尼科娃、Н.В. 扎鲁德涅娃、С.Б. 布兰德特**：《考古学中铅的同位素成分：苏联远东地区考古发现的青铜器》//《自然界中的同位素·第5次工作会议》，莱比锡（德国），1989年，第130－132页。

Isotopic Composition of Pb in Archaeology: Finds of Bronze in the Far East of the USSR / N.N. **Fefelov**, L.V. **Konkova**, N.V. **Zarudneva**, S.B. **Brandt** // Isotopes in Nature: 5th Working Meeting. — Leipzig, 1989. — P. 130－132.

1497. **Г.А. 德容斯、Я.В. 库兹明、В.А. 拉科夫**：《俄罗斯远东彼得大帝湾的喜暖软体动物贝壳的碳同位素质谱检测》//《放射性碳素》，1996年，第38卷，第1期，第58－59页。

Jones G.A., **Kuzmin** Y.V., **Rakov** V.A. Radiocarbon AMS Dating of the Thermophilous Mollusc Shells from Peter the Great Gulf Coast, Russian Far East // Radiocarbon. — 1996. — Vol. 38, No. 1. — P. 58－59.

1498. **Е.В. 克拉斯诺夫、Г.А. 叶甫谢耶夫、В.А. 塔塔尔尼科夫、Э.В. 沙弗库诺夫、Л.Н. 别谢德诺夫、О.В. 季亚科娃**：《远古时期的海洋生物》//《古生态学和考古学》，纽约，1997年，第64－72页。

Marine Organisms in the Life of Ancient Man / E.V. **Krasnov**, G.A. **Evseev**, V.A. **Tatarnikov**, E.V. **Shavkunov**, L.N. **Besednov**, O.V. **Dyakova** // Paleoecology and Archaeology. — New York, 1977. — P. 64－72.

1499. **Ю.А. 米基申、А.Н. 波波夫、Т.И. 彼得连科、Л.А. 奥尔洛娃**：《滨海边疆区南部博伊斯曼湾海岸的生物进化》//《远东变化的全面研究·工人会议报告纲要》，符拉迪沃斯托克，1999年，第33－34页。

Natural Evolution of the Coast of Boisman Bay (Southern Primorye) / Y.A. **Mikishin**, A.N. **Popov**, T.I. **Petrenko**, L.A. **Orlova** // Изучение глобальных изменений на Дальнем Востоке: Тез. докл. рабочего совещ. — Владивосток, 1999. — С. 33－34.

1500. **И.Г. 格沃兹杰娃、С.А. 戈尔巴连科、В.А. 拉科夫、К.А. 卢塔延科、Е.И. 绍尔尼科夫、**

Ю.А. 米基申：《全新世中晚期滨海地区南部古环境的变化－什科托沃地区古生物学和地球化学研究成果的证据》//《远东全球变化研究研讨会摘要·符拉迪沃斯托克·俄罗斯·1999 年 9 月 7－9 日》，符拉迪沃斯托克，1999 年，第 19－20 页。

Paleoenironmental Changes of Southern Primorye in the Middle and Late Holocene: Evidences from Paleontological and Geochemical Results of Study of Shkotovo Region / **I.G. Gvozdeva, S.A. Gorbarenko, V.A. Rakov, K.A. Lutaenko, E.I. Shornikov, Y.A. Mikishin** // Global Change Studies in the Far East: Abstracts of Workshop. Sept. 7－9, Vladivostok, Russia. — Vladivostok, 1999. — P. 19－20.

1501.　**Я.В. 库兹明、D.J. 唐纳黑右、Э.Дж.Т. 驹奥、Ж.М. 奥马尔利、Л.Д. 苏列尔瑞茨基、Л.А. 奥尔洛娃**：《东北亚旧石器－新石器的转变：俄罗斯远东和外贝加尔地区最新^{14}C 数据》//《第三届国际^{14}C 和考古学研讨会摘要》，里昂，1998 年 4 月 6－10 日，第 139 页。

Paleolithic — Neolithic Transition in Northeast Asia: New ^{14}C Data from the Russian Far East and Transbaikal / **Y.V. Kuzmin, D.J. Donahue, A.J.T. Jull, J.M. O'Malley, L.D. Sulerzhitsky, L.A. Orlova** // 3rd International Symposium "^{14}C and Archaeology". Lyon, 6－10 April 1998: [Abstracts.]. — Lyon, 1998. — P. 139.

1502.　**米田穰、Я.В. 库兹明、柴田裕実、B.K. 波波夫、T.A. 奇基希娃、E.Г. 什帕科娃、森田昌敏**：《在新兴工业化经济实体－土地上骨骼标本的制备和测年：俄罗斯博伊斯曼 2 号遗址出土人骨的个案研究》//《加速器质谱前沿国际研讨会论文集》，筑波、樱花，1999 年，第 259－265 页。

Preparation and Dating of Bone Samples at NIES－TERRA — A Case Study of Human Bones from the Boisman II Site, Russia / **M. Yoneda, Y.V. Kuzmin, Y. Shibata, A.N. Popov, T. A. Chikisheva, E.G. Shpakova, M. Morita** // Proceedings of the International Workshop on Frontiers in Accelerator Mass Spectrometry. — Tsukuba; Sakura, 1999. — P. 259－265.

1503.　**Э.Дж.Т. 驹奥、R. 麦德达克、A. 浪、Я.В. 库兹明**：《俄罗斯远东滨海地区古遗址的碳同位素质谱检测》，1996 年，第 387－390 页。

Radiocarbon AMS Dating of the Ancient Sites in Primorye, Russian Far East / **A.J.T. Jull, R. Maddock, A. Long, Y.V. Kuzmin** // Археология Северной Пасифики. — Владивосток, 1996. — C. 387－390.

1504.　**Я.В. 库兹明、Э.Дж.Т. 驹奥、З.С. 拉普希纳、В.Е. 麦德维杰夫**：《俄罗斯远东地区出土早期陶器的古遗址的碳同位素质谱检测》//《第 7 届国际加速器质谱分析会议论文集·图森·亚利桑那州·美国·1996 年 5 月 20－24 日》，《物理学研究 B 部分的核仪器与方法：光束与材料及原子的相互作用》，塞拉利昂，1997 年，第 123 卷，第 496－497 页。

Radiocarbon AMS Dating of the Ancient Sites with Earliest Pottery from the Russian Far East / **Y.V. Kuzmin, A.J.T. Jull, Z.S. Lapshina, V.E. Medvedev** // Proceedings of the 7th International Conference on Accelerator Mass Spectrometry, Tuscon, AZ, USA, May 20-24, 1996.《Nuclear Instruments and Methods in Physics Research. Section B. Beam Interactions with Materials and Atoms》. — S.l., 1997. — Vol. 123. — P. 496－497.

1505.　**Я.В. 库兹明、Э.Дж.Т. 驹奥、З.С. 拉普希纳、В.Е. 麦德维杰夫**：《俄罗斯远东地区出土早期陶器的古遗址的碳同位素质谱检测》//《第 7 届国际加速器质谱分析会议摘要·图森·亚利桑那州·美国·1996 年 5 月 20-24 日》，《放射性碳素》，1996 年，第 38 卷，第 1 期，第 74－75 页。。

Radiocarbon AMS Dating of the Sites with Early Pottery from the Russian Far East / **Y. V. Kuzmin, A. J. T. Jull, Z. S. Lapshina, V. E. Medvedev** // Abstracts of the 7th International Conference on Accelerator Mass Spectrometry, Tucson, AZ, USA, May 20-24, 1996. // Radiocarbon. — 1996. — Vol. 38, No. 1. — P. 74 – 75.

1506. **Я. B. 库兹明、Э. Дж. T. 驹奥、Л. A. 奥尔洛娃、Л. Д. 苏列尔瑞茨基**：《俄罗斯远东地区石器时代文化的放射性碳法测年及其与东北亚邻近地区的相互关系》//《第 3 届国际^{14}C 和考古学研讨会摘要》，里昂，1998 年 4 月 6 – 10 日，第 140 页。

Radiocarbon Chronology of the Stone Age Cultures of the Russian Far East and Their Correlation with Adjacent Areas in Northeast Asia / **Y. V. Kuzmin, A. J. T. Jull, L. A. Orlova, L. D. Sulerzhitsky** // 3rd International Symposium "^{14}C and Archaeology". Lyon, 6 – 10 April 1998：[Abstracts]. — Lyon, 1998. — P. 140.

1507. **Я. B. 库兹明、Э. Дж. T. 驹奥、Л. A. 奥尔洛娃、Л. Д. 苏列尔瑞茨基**：《俄罗斯远东地区石器时代文化的放射性碳法测年》//《放射性碳素》，1998 年，第 40 卷，第 1 期，第 675 – 686 页。

Radiocarbon Chronology of the Stone Age Cultures, Russian Far East / **Y. V. Kuzmin, A. J. T. Jull, L. A. Orlova, L. D. Sulerzhitsky** // Radiocarbon. — 1998. — Vol. 40, No. 1. — P. 675 – 686.

1508. **Я. B. 库兹明、G. S. 布尔、Ж. M. 奥马尔利、Э. Дж. T. 驹奥**：《冰河时代晚期及全新世时期俄罗斯远东地区气候与文化变化的碳同位素测年》//《第 7 届五米戈尔德施密特年会摘要》，休斯敦，1997 年，第 121 页。

Radiocarbon Dating of Climatic and Cultural Changes on the Russian Far East during the Late Glacial and the Holocene / **Y. V. Kuzmin, G. S. Burr, J. M. O'Malley, A. J. T. Jull** // VIIth Annual V. M. Goldschmidt Conference Abstracts. — Houston, 1997. — P. 121.

1509. **Я. B. 库兹明、Г. A. 德容斯、Э. Дж. T. 驹奥、Л. A. 奥尔洛娃、Л. Д. 苏列尔瑞茨基**：《利用喜暖的双壳软体动物、两栖里次克蚶和布吕吉埃异壳牡蛎开展对俄罗斯远东滨海地区全新世气候最佳时期的放射性碳法测年》//《第 15 届国际放射性碳素会议摘要文集》，格拉斯哥，苏格兰，1994 年 8 月 15 – 19 日，第 33 页。

Radiocarbon Dating of the Holocene Climatic Optimum in Primorye（Russian Far East）Using Thermophilous Bivalve Molluscs *Anadara subcrenata* Lischke and A. *inaequivalvis* Bruguiere / **Y. V. Kuzmin, G. A. Jones, A. J. T. Jull, L. A. Orlova, L. D. Sulerzhitsky** // 15th International Radiocarbon Conference, Glasgow, Scotland, 15 – 19 August, 1994：Book of Abstracts. — Glasgow, 1994. — P. 33.

1510. **Я. B. 库兹明、Э. Дж. T. 驹奥、Л. A. 奥尔洛娃、Л. Д. 苏列尔瑞茨基**：《俄罗斯远东地区石器时代、青铜时代文化的放射性碳法测年：对文化临界断代的评介》//《第 16 届国际放射性碳法会议摘要文集》，1997 年 6 月 16 – 20 日，格罗宁根，1997 年，第 110 页。

Radiocarbon Dating of the Stone and Bronze Age Cultures in the Russian Far East：an Assesment of Chrono-cultural Boudaries / **Y. V. Kuzmin, A. J. T. Jull, L. A. Orlova, L. D. Sulerzhitsky** // 16th International Radiocarbon Conference, June 16 – 20, 1997：Book of Abstracts. — Groningen, 1997. — P. 110.

1511. **Я. B. 库兹明、Л. A. 奥尔洛娃、Л. Д. 苏列尔瑞茨基、Э. Дж. T. 驹奥**：《俄罗斯远东滨海地区石器时代、青铜时代遗址的放射性碳法测年》//《放射性碳素》，1994 年，第 36 卷，第 3 期，第

359－366 页。

Radiocarbon Dating of the Stone and Bronze Age Sites in Primorye（Russian Far East）/ **Y.V. Kuzmin,** **L.A. Orlova, L.D. Sulerzhitsky, A.J.T. Jull** // Radiocarbon. — 1994. — Vol. 36, No. 3. — P. 359－366.

1512. **Н.Г. 拉兹奇加耶娃、Я.В. 库兹明**：《俄罗斯远东滨海边疆区南部科尔萨科夫卡、马蹄山、杏山渤海寺庙址文化层中的火山灰》//《俄罗斯滨海边疆区渤海遗址发掘报告》，首尔，1994 年，第 434－436 页。

Razjigaeva N.G., Kuzmin Y.V. Pyroclastic Material from the Cultural Layers of the Bohai State Temples Korsakovskaya, Kopitinskaya and Abrikosovskaya（Southern Primorye, Russian Far East）// Excavation Report of the Bohai Sites of Primorsky Territory in Russia. — Seoul, 1994. — P. 434－436.

1513. **Р. 劳雷康威、Ю. 沃斯特列佐夫**：《俄罗斯远东彼得大帝湾出土的动物骨骼》//《东亚考古网公告》，1997 年 23 期，第 4－6 页。

Rowley－Conwy P., Vostretsov Y. Animal Bones from Peschany 1, Peter the Great Bay, Russian Far East // East Asian Archaeological Network（EAAN）Announcements. — 1997. — No. 23. — P. 4－6.

1514. **К.В. 坦克斯雷、Я.В. 库兹明**：《东西伯利亚石器时代遗址考古数据库》//《更新世最新研究》，科瓦利斯，1996 年，第 13 卷，第 81－83 页。

Tankersley K.B., Kuzmin Y.V. An Archaeological Database for Stone Age Sites in Eastern Siberia // Current Research in the Pleistocene. — Corvallis, 1996. — Vol. 13. — P. 81－83.

（3）科普文献
НАУЧНО ПОПУЛЯРНАЯ ЛИТЕРАТУРА

1515. **Ж.В. 安德列耶娃**：《（滨海地区）古代的海洋与人类》，《海洋与人类·1982 年》，符拉迪沃斯托克，1982 年，第 46－53 页。

Андреева Ж.В. Море и человек в древности［в Приморье］// Океан и человек. 1982. — Владивосток, 1982. — С. 46－53.

1516. **Д.П. 博洛京、Б.С. 萨普诺夫**：《阿穆尔河沿岸的古代文化》，布拉戈维申斯克，16 页。

Болотин Д.П., Сапунов Б.С. Древние культуры Приамурья. — Благовещенск, Б. г. — 16 с.

1517. **Д.Л. 布罗江斯基**：《造假者的伪装：对中国考古工作者著述的批判》//《远东》，1973 年 9 期，第 128－131 页。

Бродянский Д.Л. Бижутерия фальсификаторов：［Критика работ кит. археологов］// ДВ. — 1973. — № 9. — С. 128－131.

1518. **Д.Л. 布罗江斯基**：《回忆老师：А.П. 奥克拉德尼科夫》//《自然》，1983 年 8 期，第 89－93 页。

Бродянский Д.Л. Воспоминания об учителе［А.П.Окладникове］// Природа. — 1983. — № 8. — С. 89－93.

1519. **Д.Л. 布罗江斯基、В.А. 拉科夫**：《原始社会的水产养殖遗存》//《自然》，1986 年 5 期，第 43－45 页。

Бродянский Д.Л., Раков В.А. Памятники первобытной аквакультуры // Природа. — 1986. — № 5. — С. 43 – 45.

1520. **Д.Л. 布罗江斯基**：《往返于中世纪》//《阿穆尔边疆区研究会会刊》，2000 年，第 34 卷，第 118 – 120 页。

Бродянский Д.Л. В средние века и обратно // ЗОИАК. — 2000. — Т. XXXIV. — С. 118 – 120.

1521. **М. 布罗恩什捷因**：《沿着"穿鱼皮的人"的足迹：关于阿穆尔河沿岸的古代居民》//《知识就是力量》，2000 年 7 期，第 36 – 51 页。

Бронштейн М. По следам 《одетых в рыбью кожу》: [О древнем населении Приамурья] // Знание — сила. — 2000. – № 7. — С. 36 – 51.

1522. **Ю.М. 瓦西里耶夫**：《石头的纪年》//《俄罗斯东方·2001 年商业活动指南》，符拉迪沃斯托克，2000 年，第 93 – 94 页。

Васильев Ю.М. Каменная летопись // Восток России: Бизнес – путеводитель 2001. — Владивосток, 2000. — С. 93 – 94.

1523. **Р.С. 瓦西里耶夫斯基**：《论东北亚早期的人类居住地》//《北方编年史》，1985 年 11 期，第 139 – 147 页。

Васильевский Р.С. О первоначальном заселении человеком Северо-Восточной Азии // Летопись Севера. — 1985. — № 11. — С. 139 – 147.

1524. **А.Г. 韦利扎宁**：《岩画上的阿穆尔河沿岸动物区系风貌》//《自然》，1985 年 1 期，第 90 – 93 页。

Велижанин А.Г. Облик фауны Приамурья в наскальных рисунках // Природа. — 1985. — № 1. — С. 90 – 93.

1525. **Н.К. 韦列夏金、Н.Д. 奥沃多夫**：《滨海地区动物区系史》//《自然》，1968 年 9 期，第 42 – 49 页。

Верещагин Н.К., Оводов Н.Д. История фауны Приморья // Природа. — 1968. — № 9. — С. 42 – 49.

1526. **Н.К. 韦列夏金**：《古生物学家札记：沿着先辈的足迹》，列宁格勒，科学出版社，1981 年，第 3 章：《在乌拉尔、滨海地区的洞穴里》，第 80 – 103 页。

Верещагин Н.К. Записки палеонтолога. По следам предков. — Л.: Наука, 1981. — Гл. III: В пещерах Урала и Приморья. — С. 80 – 103.

1527. **Ю.Е. 沃斯特列佐夫、Н.А. 科诺年科**：《古代的滨海地区》//《滨海边疆区地图集》，符拉迪沃斯托克，1998 年，第 7 页。

Вострецов Ю.Е., Кононенко Н.А. Приморье в древности // Атлас Приморского края. — Владивосток, 1998. — С. 7.

1528. **Ан.В. 格列比翁希科夫**：《阿穆尔河的古代捕鱼业》//《自然》，1991 年 2 期，第 49 – 51 页。

Гребенщиков Ан.В. Древнее рыболовство на Амуре // Природа. — 1991. — № 2. — С. 49 – 51.

1529. **Л.Н. 古谢娃**：《女真的镜子》//《远东》，1977 年 6 期，第 159 页。

Гусева Л.Н. Чжурчжэньское зеркало // ДВ. — 1977. — № 6. — С. 159.

1530．**Л.Н. 古谢娃**：《女真人如何穿着?》//《远东》，1978 年 8 期，第 159 页。

Гусева Л.Н. Как одевались чжурчжэни // ДВ. — 1978. — № 8. — С. 159.

1531．**Л.Н. 古谢娃**：《女真人的艺术简介》//《自然》，符拉迪沃斯托克，1984 年，第 246－271 页。

Гусева Л.Н. Заметки об искусстве чжурчжэней // Природа. — Владивосток, 1984. — С. 246－271.

1532．**А.П. 杰列维扬科**：《古代河流的农耕者、铁匠——一个部落的悲剧·苏联科学院西伯利亚分院在阿穆尔河的考古考察》//《远东》，1969 年 1 期，第 123－129 页。

Деревянко А.П. Земледельцы и кузнецы древней реки. Трагедия одного племени: Археол. экспедиция СО АН СССР на Амуре // ДВ. — 1969. — № 1. — С. 123－129.

1533．**А.П. 杰列维扬科**：《 "古代阿穆尔神像" 述说……》//《西伯利亚火焰》，1969 年 7 期，第 185－187 页。

Деревянко А.П.《Лики древнего Амура》рассказывают ... // Сиб. огни. — 1969. — № 7. — С. 185－187.

1534．**А.П. 杰列维扬科**：《朝着远祖旅行》//《乌拉尔历史事件考察者》，1969 年 10 期，第 58－61 页。

Деревянко А.П. Путешествие к пращурам // Урал. следопыт. — 1969. — № 10. — С. 58－61.

1535．**А.П. 杰列维扬科**：《三个太阳之地：考古工作者讲述阿穆尔河沿岸古代习俗的故事》，哈巴罗夫斯克，图书出版社，1970 年，143 页。

Деревянко А.П. В стране трех солнц: Рассказы археолога о древностях Приамурья. — Хабаровск: Кн. изд－во, 1970. — 143 с.

1536．**А.П. 杰列维扬科**：《石头变软的时候：关于萨卡奇－阿梁岩画》//《环球》，1970 年 8 期，第 31－33 页。

Деревянко А.П. Когда камни были мягкими: [О петроглифах Сакачи－Аляна] // Вокруг света. — 1970. — № 8. — С. 31－33.

1537．**А.П. 杰列维扬科**：《寻找金角鹿：（关于 А.П. 奥克拉德尼科夫）纪实文学》//《十月》，1978 年第 8 期，第 12－170 页；第 12 期，第 154－201 页。

Деревянко А.П. В поисках Оленя Золотые Роккове] // Октябрь. — 1978. — № 8. — С. 12－170; № 12. — С. 154－201.

1538．**А.П. 杰列维扬科**：《寻找金角鹿》，布拉戈维申斯克，哈巴罗夫斯克图书出版社，1978 年，253 页，《先锋》。

Деревянко А. В поисках Оленя Золотые Рога. — Благовещенск: Хабар. кн. изд－во, 1978. — 253 с. — (Первопроходцы).

评论：**Е. 库德里亚科娃**，刊于《青年近卫军》，1980 年 2 期，第 308－310 页。

Рец.: Кудрякова Е. // Мол. гвардия. — 1980. — № 7. — С. 308－310.

1539．**А.П. 杰列维扬科**：《寻找金角鹿》，莫斯科，俄罗斯联盟，1980 年，413 页，《俄罗斯联盟人》。

Деревянко А.П. В поисках Оленя Золотые Рога. — М.: Сов. Россия, 1980. — 413 с. — (Люди Сов. России).

1540．**А.П.杰列维扬科**：《三个太阳之地》，布达佩斯，1980 年，180 页，匈牙利文。

Деревянко А.П. В стане трех солнц. — Будапешт, 1980. — 180 с. — Венг. яз.

1541．**А.П.杰列维扬科**：《阿列克谢·巴甫洛维奇·奥克拉德尼科夫》//《先锋》，莫斯科，1983 年，第 294－351 页。

адников // Первопроходцы. — М., 1983. — С. 294－351.

1542．**А.П.杰列维扬科**：《生命在于探索：回忆 А.П. 奥克拉德尼科夫》//《自然》，1983 年 8 期，第 82－88 页。

Деревянко А.П. Жизнь — поиски：［Воспоминания об А.П. Окладникове］// Природа. — 1983. — № 8. — С. 82－88.

1543．**А.П.杰列维扬科**：《守护古代人的篝火》//《科普随笔》，莫斯科，1985 年，第 62－65 页。

Деревянко А.П. За кострами древнего человека // История. Науч.－попул. очерки. — М., 1985. — С. 62－65.

1544．**А.П.杰列维扬科**：《古人走过的道路》，布拉格，1986 年，198 页，捷克文。

Деревянко А.П. Дорогами древних. — Прага, 1986. — 198 с. — Чеш. яз.

1545．**А.П.杰列维扬科**：《石头变软的时候》//《人类开发的土地》，莫斯科，1986 年，第 64－69 页。

Деревянко А.П. Когда камни были мягкими // Человек открывает землю. — М., 1986. — С. 64－69.

1546．**А.П.杰列维扬科**：《古代的复兴》，新西伯利亚，西伯利亚科学出版社，1986 年，240 页。

Деревянко А.П. Ожившие древности. — Новосибирск: Наука. Сиб. отд－ние, 1986. — 240 с.

1547．**А.П.杰列维扬科**：《古代的复兴：考古工作者的讲述》，莫斯科，《青年近卫军》，1986 年，240 页。

Деревянко А.П. Ожившие древности: Рассказы археолога. — М.: Мол. гвардия, 1986. — 240 с. — （Эврика）.

评论：**А.瓦舒林**，刊于《西伯利亚火焰》，1987 年 5 期，第 175－176 页。

Рец.: Вашурин А. // Сиб. огни. — 1987. — № 5. — С. 175－176.

1548．**А.П.杰列维扬科**：《透过千年迷雾：来自西伯利亚的考古信函》//《苏联科学》，1986 年 3 期，第 118－127 页。

Деревянко А.П. Сквозь пелену тысячелетий: Археологические письма из Сибири // Наука в СССР. — 1986. — № 3. — С. 118－127.

1549．**А.П.杰列维扬科**：《寻找金角鹿》—Tallin: Valgus, 1988. —205lk. —Эстон. яз. 爱沙尼亚文。

Derevjanko A. Päikespõtra otsimas.—Tallin: Valgus, 1988. —205lk. —Эстон. яз.

1550．**А.П.杰列维扬科**：《追忆过去·考古学家的故事》，华沙，1989 年，308 页，波兰文。

Деревянко А.П. Sladami Przeszosci / Opowiesci archeologa. — Warszawa, 1989. — 308 p. — Пол. яз.

1551．《滨海边疆区的古迹：拉佐城址发掘》//《科学与人类》，莫斯科，1984 年，第 373－374 页。

Древности Приморского края: ［Раскопки Лазовского городища］// Наука и человечество. — М., 1984. — С. 373－374.

1552．**В.И.季亚科夫**：《锡霍特－阿林山脉的古代艺术家》//《远东》，1978 年 6 期，第 125－130 页。

Дьяков В.И. Древние художники Сихотэ-Алиня // ДВ. — 1978. — № 6. — С. 125–130.

1553. **В.И. 季亚科夫**：《远东是否存在青铜时代?》//《自然》，1979 年 10 期，第 82–87 页。

Дьяков В.И. Был ли на Дальнем Востоке бронзовый век? // Природа. — 1979. — № 10. — С. 82–87.

1554. **В.И. 季亚科夫**：《(滨海地区青铜时代利多夫卡文化) 泥 "镜"》//《科学与生活》，1986 年 3 期，第 20 页。

Дьяков В.И. 《Зеркало》 из глины: [Эпоха бронзы Приморья. Лидовская культура] // Наука и жизнь. — 1986. — № 3. — С. 20.

1555. **А.Л. 伊夫里耶夫、Ю.М. 瓦西里耶夫、Ю.Г. 尼基京**：《中世纪的滨海地区》//《滨海边疆区地图集》，符拉迪沃斯托克，1998 年，第 8 页。

Ивлиев А.Л., Васильев Ю.М., Никитин Ю.Г. Приморье в средние века // Атлас Приморского края. — Владивосток, 1998. — С. 8.

1556. **А.С. 克里亚达、А.М. 库兹涅佐夫**：《尼科利斯克-乌苏里斯基：肖像细节》，乌苏里斯克，1991 年，第 6–23 页：在时间和交叉点。

Коляда А.С., Кузнецов А.М. Никольск-Уссурийский: штрихи к портрету. — Уссурийск, 1997. — [Гл.]: На перекрестке времен. — С. 6–23.

1557. **Н.А. 科诺年科**：《滨海地区古代的矿工》//《自然》，1985 年 10 期，第 47–49 页。

Кононенко Н.А. Древние рудокопы Приморья // Природа. — 1985. — № 10. — С. 47–49.

1558. **А. 科诺帕茨基**：《了解时间关系：回忆 А.П. 奥克拉德尼科夫院士》//《西伯利亚火焰》，1999 年 4 期，第 171–182 页、5–6 期，第 189–204 页。

Конопацкий А. Постигая связь времен (страницы воспоминаний об академике А.П. Окладникове) // Сиб. огни. — 1999. – № 4. — С. 171–182; № 5–6. — С. 189–204.

1559. **Л.В. 科尼科娃**：《寻找青铜时代，石头还是金属?》//《冶金学家》，1993 年 6 期，第 33–36 页。

Конькова Л.В. В поисках бронзового века. Камень или металл? // Металлург. — 1993. – № 6. — С. 33–36.

1560. **А. 克鲁沙诺夫、Э. 沙弗库诺夫、В. 季亚科夫**：《永远的寻找：А.П. 奥克拉德尼科夫院士 70 岁纪念》//《远东》，1978 年 10 期，第 128–133 页。

Крушанов А., Шавкунов Э., Дьяков В. Всегда в поиске: К 70-летию акад. А.П. Окладникова // ДВ. — 1978. — № 10. — С. 128–133.

1561. **В.Е. 拉里切夫**：《孔东玉器：考古学家的观感》//《远东》，1964 年 4 期，第 167–171 页。

Ларичев В.Е. Кондонская Нефертити: Заметки археолога // ДВ. — 1964. — № 4. — С. 167–171.

1562. **В.Е. 拉里切夫**：《石龟的秘密》//《远东》，1966 年 2 期，第 126–131 页。

Ларичев В.Е. Тайна каменной черепахи // ДВ. — 1966. — № 2. — С. 126–131.

1563. **В.Е. 拉里切夫**：《石龟的秘密》，新西伯利亚，西西伯利亚图书出版社，1966 年，254 页。

Ларичев В.Е. Тайна каменной черепахи. — Новосибирск: Зап.-Сиб. кн. изд-во, 1966. — 254 с.

评论：**Н.А. 索科诺娃**，刊于《乌拉尔历史事件考察者》，1968 年 2 期，第 78 页。

Рец.: Соколова Н.А. // Урал. следопыт. — 1968. — № 2. — С. 78.

1564．**В.Е. 拉里切夫**：《在世纪深处旅行：关于远东的古代民族》//《西伯利亚火焰》，1970 年 5 期，第 146－157 页。

Ларичев В.Е. Путешествие в глубь веков: [О древних народах Дальнего Востока] // Сиб. огни. — 1970. — № 5. — С. 146－157.

1565．**В.Е. 拉里切夫**：《去东方国家旅行》，新西伯利亚，西伯利亚科学出版社，1973 年，340 页。

Ларичев В.Е. Путешествие в страну восточных иноземцев. — Новосибирск: Наука. Сиб отд－ние, 1973. — 340 с.

评论：**А.Н. 阿列克谢耶夫**，刊于《贝加尔》，1974 年 4 期，第 154－155 页。

Рец.: Алексеев А.Н. // Байкал. — 1974. — № 4. — С. 154－155.

1566．**Е.Г. 列绍克**：《来自于远古时代：考古学者札记》//《远东》，1966 年 1 期，第 146－149 页。

Лешок Е.Г. Из глубины веков. Заметки археолога // ДВ. — 1966. — № 1. — С. 146－149.

1567．**Е.Г. 列绍克**：《锡霍特－阿林山脉洞穴的秘密：方志学者札记》，符拉迪沃斯托克，远东图书出版社，1971 年，72 页。

Лешок Е.Г. Тайны пещер Сихотэ－Алиня: Зап. краеведа. — Владивосток: Дальневост. кн. изд－во, 1971. — 72 с.

1568．**Е.Г. 列绍克**：《锡霍特－阿林山脉洞穴的秘密：方志学者札记》，符拉迪沃斯托克，远东图书出版社，1978 年，143 页。

Лешок Е.Г. Тайны пещер Сихотэ－Алиня: Зап. краеведа. — Владивосток: Дальневост. кн. изд－во, 1978. — 143 с.

1569．**Л. 米罗什尼科夫**：《远东的贝丘》//《土地与人：地理学日历》，莫斯科，1968 年，210－211 页。

Мирошников Л. Дальневосточные кьеккенмединги // Земля и люди: Геогр. календарь. — М., 1968. — С. 210－211.

1570．**И. 莫热伊科**：《奇异的赛加》//《今天的亚洲与非洲》，1971 年 8 期，第 30－33 页。

Можейко И. Фантастическая Шайга // Азия и Африка сегодня. — 1971. — № 8. — С.30－33.

1571．**И.В. 莫热伊科**：《奇异的赛加》//《远东的历史学与考古学·纪念 Э.В. 沙弗库诺夫 70 周岁》，符拉迪沃斯托克，2000 年，第 20－24 页。

Можейко И.В. Фантастическая Шайга // История и археология Дальнего Востока: К 70-летию Э.В. Шавкунова. — Владивосток, 2000. — С. 20－24.

1572．**А.А. 纳德托克、Ф.П. 特里古布**：《（滨海边疆区）斯帕斯克地区最古老的历史》，斯帕斯克－达利尼，1999 年，71 页。

Надток А.А., Тригуб Ф.П. Древнейшая история Спасского района [Приморского края]. — Спасск－Дальний, 1999. — 71 с.

1573．**Г.С. 诺维科夫－达乌尔斯基**：《历史学－考古学概要：文章：回忆录》，布拉戈维申斯克，阿穆尔图书出版社，1961 年，190 页。

Новиков－Даурский Г.С. Историко-археологические очерки: Статьи: Воспоминания. —

Благовещенск：Амур. кн. изд－во，1961. — 190 с.

1574．**А.П. 奥克拉德尼科夫**：《石器时代旅行（根据远东考古考察团资料）》//《科学与生活》，1958 年 4 期，第 35－40 页。

Окладников А.П. Путешествие в каменный век：［По материалам Дальневост. археол. экспедиции］// Наука и жизнь. — 1958. — № 4. — С. 35－40.

1575．**А.П. 奥克拉德尼科夫**：《金角鹿：岩画中有关狩猎的故事》，列宁格勒，艺术出版社，1964 年，239 页。

Окладников А.П. Олень Золотые Рога：Рассказы об охоте за наскальными рисунками. — Л.：Искусство，1964. — 239 с.

评论：**Ю. 波斯特诺夫**，刊于《西伯利亚火焰》，1965 年 2 期，第 180－182 页。

Рец.：**Постнов Ю.** // Сиб. огни. — 1965. — № 2. — С. 180－182.

1576．**А.П. 奥克拉德尼科夫**：《苏城洞穴之谜》//《乌拉尔历史事件考察者》，1966 年 12 期，第 49－55 页。

Окладников А.П. Загадки Сучанских пещер // Урал. следопыт. — 1966. — № 12. — С. 49－55.

1577．**А.П. 奥克拉德尼科夫**：《窥视消逝的世界：关于阿穆尔岩画》//《苏维埃联盟》，1966 年 11 期，第 36－38 页。

Окладников А.П. Окно в исчезнувший мир：［О петроглифах Амура］// Сов. Союз. — 1966. — № 11. — С. 36－38.

1578．**А.П. 奥克拉德尼科夫**：《苏城洞穴之谜》//《双桅帆船：有关旅行、探索、发现故事汇编》，莫斯科，1967 年，第 87－99 页。

Окладников А.П. Загадки Сучанских пещер // Бригантина：Сб. рассказов о путешествиях，поисках，открытиях. — М.，1967. — С. 87－99.

1579．**А.П. 奥克拉德尼科夫**：《阿穆尔河考古发掘》//《小路》，新西伯利亚，1968 年，第 2 集，第 91－95 页。

Окладников А.П. ［Об археологических раскопках на Амуре］// Тропинка. — Новосибирск，1968. — Вып. 2. — С. 91－95.

1580．**А.П. 奥克拉德尼科夫**：《金角鹿》，东京，1968 年，330 页，日文。

Окладников А.П. Олень Золотые Рога. — Токио，1968. — 330 с. — Яп. яз.

1581．**А.П. 奥克拉德尼科夫**：《（在西伯利亚、远东）考古学者的新发现》//《科学与人类：国际年鉴·1969 年》，莫斯科，1969 年，第 121－145 页。

Окладников А.П. Новые находки археологов［в Сибири и на Дальнем Востоке］// Наука и человечество：Междунар. ежегодник，1969. — М.，1969. — С. 121－145.

1582．**А.П. 奥克拉德尼科夫**：《考古学者的新发现》//《科学思想：消息报通讯社公报》，1969 年，第 8 集，第 1－15 页。

Окладников А.П. Новые находки археологов // Научная мысль：Вестн. Агентства печати 《Новости》. — 1969. — Вып. 8. — С. 1－15.

1583．**А.П. 奥克拉德尼科夫**：《金角鹿》，维尔纽斯：《杠杆》，1969 年，274 页，立陶宛文。

Окладников А.П. Олень Золотые Рога. — Вильнюс: Вага, 1969. — 274 с. — Лит. яз.

1584．**А.П. 奥克拉德尼科夫**：《苏城洞穴之谜》//《苏联文学》，1969 年 6 期，第 75－86 页。

Okladnikov A.P. Die Rätsel der Sutschan－Höhlen // Sowjetliteratur. — 1969. — No. 6. — S. 75－86.

1585．**А.П. 奥克拉德尼科夫**：《古代文明的摇篮》//《阿穆尔河——一条功勋河：以艺术记录的形式讲述了阿穆尔河沿岸的土地及其开拓者、守卫者、改造者》，哈巴罗夫斯克，1970 年，第 122－160 页。

Окладников А.П. Колыбель древних цивилизаций // Амур — река подвигов: Худож.－докум. повествование о Приамур. земле, ее первопроходцах, защитниках и преобразователях. — Хабаровск, 1970. — С. 122－160.

1586．**А.П. 奥克拉德尼科夫**：《古代文明的摇篮》//《阿穆尔河——一条功勋河》，再版，补充、修订本，哈巴罗夫斯克，1971 年，第 120－156 页。

Окладников А.П. Колыбель древних цивилизаций // Амур — река подвигов. — 2－е изд., доп. и перераб. — Хабаровск, 1971. — С. 120－156.

1587．**А.П. 奥克拉德尼科夫**：《阿穆尔河沿岸古代遗存在述说什么》//《新时代》，1972 年 25 期，第 30－32 页。

Окладников А.П. О чем рассказывают древние памятники Приамурья // Новое время. — 1972. — № 25. — С. 30－32.

1588．**А.П. 奥克拉德尼科夫**：《金角鹿：史前西伯利亚之石》，威斯巴登，1972 年，183 页，法文。

Okladnikov A.P. Der Hirsch mit dem goldenen Geweih: Vorgeschichtliche Felsbilder Sibiriens. — Wiesbaden: F.A. Brockhaus, 1972. — 183 S.

Rec.: **H. K.** // Jahrbuch für pr~historische und ethnographische Kunst. Jg. 1970/1973. — Berlin; New York, 1973. — Bd. 23. — S. 219－220; **Jettmar K.** // Praehistorische Zeitschrift. — 1976. — Bd. 51, H 1. — S. 112－113; **Laet S. J. de** // Helinium. — 1973. — Vol. 13, [No. 1] . — P. 101－102.

1589．**А.П. 奥克拉德尼科夫、А.П. 杰列维扬科**：《跨越千年的桥》//《科学与生活》，1975 年 12 期，第 33－36 页。

Окладников А.П., Деревянко А.П. Мост через тысячелетия // Наука и жизнь. — 1975. — № 12. — С. 33－36.

1590．**А.П. 奥克拉德尼科夫、А.П. 杰列维扬科**：《先辈走过的路：关于阿穆尔河沿岸考古考察》//《环球》，1976 年 1 期，第 36－41 页。

Окладников А.П., Деревянко А.П. Дорогами предков: [Об археол. исслед. в Приамурье] // Вокруг света. — 1976. — № 1. — С. 36－41.

1591．**А.П. 奥克拉德尼科夫、А.П. 杰列维扬科**：《被遗忘的道路》//《贝加尔－阿穆尔（铁路）干线：问题与展望》，莫斯科，1976 年，第 6－22 页。

Окладников А.П., Деревянко А.П. Затерянными тропами // БАМ: проблемы, перспективы ... — М., 1976. — С. 6－22.

1592．**А.П. 奥克拉德尼科夫**：《苏联远东（滨海地区、阿穆尔河沿岸）早期历史的中心问题》//《远东》，1976 年 9 期，第 122－126 页。

Окладников А.П. Узловые вопросы ранней истории советского Дальнего Востока (Приморье и Приамурье) // ДВ. — 1976. — № 9. — С. 122－126.

1593. **А.П.** 奥克拉德尼科夫：《西伯利亚的发现》，莫斯科，《青年近卫军》，1979 年，223 页。

Окладников А.П. Открытие Сибири. — М.: Мол. гвардия, 1979. — 223 с. — (Эврика).

评论：**М.** 安德日耶夫，刊于《新世界》，1981 年 1 期，第 269－270 页；**B.** 戈普曼，刊于《知识就是力量》，1981 年 11 期，第 19 页；**А.** 克拉斯诺夫，刊于《北极星》，1983 年 4 期，第 108－111 页；**B.** 列别杰夫、**А.** 斯米尔诺夫，刊于《我们同时代的人》，1982 年 8 期，第 169－171 页；**H.** 帕弗连科，刊于《西伯利亚火焰》，1981 年 1 期，第 272 页；**М.** 斯韦塔切夫，《远东》，1980 年 9 期，第 150－151 页。

Рец.: **Анджиев М.** // Новый мир. — 1981. — № 1. — С. 269－270; **Гопман В.** // Знание－сила. — 1981. — № 11. — С. 19; **Краснов А.** // Полярная звезда. — 1983. — № 4. — С. 108－111; **Лебедев В., Смирнов А**. // Наш современник. — 1982.— № 8. — С. 169－171; **Павленко Н.** // Сиб. огни. — 1981. — № 1. — С. 272; **Светачев М.** // ДВ. — 1980. — № 9. — С. 150－151.

1594. **А.П.** 奥克拉德尼科夫：《西伯利亚的发现》，再版，莫斯科，《青年近卫军》，1981 年，223 页。

Окладников А.П. Открытие Сибири. — 2－е изд. — М.: Мол. гвардия, 1981. — 223 с. — (Эврика).

1595. **А.П.** 奥克拉德尼科夫：《阿穆尔地区的古代艺术：岩画、雕塑与陶器》//《曙光》，列宁格勒，1981 年，第 160 页。

Okladnikov A.P. Ancient Art of the Amur Region: Rock Drawings, Sculpture, Pottery. — Leningrad: Aurora, 1981. — 160 с.

评论：**B.E.** 麦德韦杰夫，刊于《书的世界》，1983 年 8 期，第 75－76 页。

Рец.: **Медведев В.Е**. // В мире книг. — 1983. — № 8. — С. 75－76.

1596. **А.П.** 奥克拉德尼科夫：《西伯利亚的发现》，新西伯利亚，西西伯利亚图书出版社，1982 年，208 页。

Окладников А.П. Открытие Сибири. — Новосибирск: Зап.－Сиб. кн. изд－во, 1982. — 208 с.

评论：**А.** 克拉斯诺夫，刊于《阿尔泰》，1983 年 2 期，第 86－90 页。

Рец.: **Краснов А.** // Алтай. — 1983. — № 2. — С. 86－90.

1597. **А.П.** 奥克拉德尼科夫：《锡霍特－阿林山脉早期矿工，三个太阳之地（《摘自西伯利亚的发现》一书的章节)》//《远东史文选读本》，符拉迪沃斯托克，1982 年，第 1 部，第 24－48 页。

Окладников А.П. Первые рудокопы Сихотэ－Алиня. В стране трех солнц (главы из книги 《Открытие Сибири》) // Хрестоматия по истории Дальнего Востока. — Владивосток, 1982. — Кн. 1. — С. 24－48.

1598. **А.П.** 奥克拉德尼科夫、**E.A.** 奥克拉德尼科娃：《人类居住的土地》，莫斯科，教育出版社，1984 年，112 页（儿童百科全书丛书《初学者指南》)

Окладников А.П., Окладникова Е.А. Заселение Земли человеком. — М.: Педагогика, 1984. — 112 с. — (Б－чка Детской энциклопедии 《Ученые — школьнику》).

1599. **А.П.** 奥克拉德尼科夫：《金角鹿：岩画中有关狩猎的故事》，哈巴罗夫斯克，图书出版社，1989 年，208 页。

Окладников А.П. Олень золотые рога: Рассказы об охоте за наскальными рисунками. — Хабаровск: Кн. изд - во, 1989. — 208 с.

1600. **А.П. 奥克拉德尼科夫、В.Е. 拉里切夫**：《1954 年阿穆尔河流域考古考察》//《东亚的传统文化》，布拉戈维申斯克，1999 年，第 2 集，第 4 - 29 页。

Окладников А.П., Ларичев В.Е. Археологические исследования в бассейне Амура в 1954 году // Традиционная культура востока Азии. — Благовещенск, 1999. — Вып. 2. — С. 4 - 29.

1601. **Е.А. 奥克拉德尼科娃**：《萨卡奇 – 阿梁的颅骨形面具》//《自然》，1980 年 8 期，第 96 - 101 页。

Окладникова Е.А. Череповидные маски Сакачи - Аляна // Природа. — 1980. — № 8. — С. 96 - 101.

1602. **Г. 别尔米亚科夫**：《远东最古老的冶金专家》//《远东》，1966 年 4 期，第 191 页。

Пермяков Г. Древнейший металлург Дальнего Востока // ДВ. — 1966. — № 4. — С. 191.

1603. **Г. 别尔米亚科夫**：《蛙形幸运护身符》//《远东》，1968 年 2 期，第 191 页。

Пермяков Г. Амулет счастливой лягушки // ДВ. — 1968. — № 2. — С. 191.

1604. **Г. 别尔米亚科夫**：《"古人的厂标"：女真标记》//《远东》，1969 年 3 期，第 159 页。

Пермяков Г. «Фабричная марка древних»: [Тамги чжурчжэней] // ДВ. — 1969. — № 3. — С. 159.

1605. **В.А. 拉科夫**：《在海洋水产养殖的发源地》//《海洋与人类》，符拉迪沃斯托克，1989 年，第 44 - 65 页。

Раков В.А. У истоков морской аквакультуры // Океан и человек. — Владивосток, 1989. — С. 44 - 65.

1606. **С.А. 萨科马罗夫**：《沃利诺 – 纳杰日金斯科耶：历史之页（包括考古学）》，阿穆尔边疆区研究会沃利诺 – 纳杰日金斯科耶镇管理机关，符拉迪沃斯托克，1999 年，35 页。

Сакмаров С.А. Вольно-Надеждинское. Страницы истории [включая археологию] / Администрация с. Вольно-Надеждинское. О - во изуч. Амур. края. — Владивосток, 1999. — 35 с.

1607. **Б.С. 萨普诺夫**：《在我生活中的 Г.С. 诺维科夫——达乌尔斯基的著述》//《阿穆尔方志学》，布拉戈维申斯克，1991 年 2 期，第 9 - 12 页。

Сапунов Б.С. Труды Г.С. Новикова - Даурского в моей жизни // Амур. краевед. — Благовещенск, 1991. — № 2. — С. 9 - 12.

1608. **Б.С. 萨普诺夫、Н.Н. 扎伊采夫**：《考古学地图》//《阿穆尔州地图集》，布拉戈维申斯克，2000 年，第 40 页。

Сапунов Б.С., Зайцев Н.Н. Археологическая карта // Атлас Амурской области. — Б. м., 2000. — С. 40.

1609. **Ю.В. 谢姆**：《锡卡奇 – 阿梁的神像》//《远东》，1973 年 9 期，第 150 - 158 页。

Сем Ю.А. Сикачи - Алянский бурхан // ДВ. — 1973. — № 9. — С. 157 - 158.

1610. **В.В. 托马舍夫斯基**：《到遥远的过去旅行：考古学者札记（关于远东的考古工作）》//《远东》，1958 年 4 期，第 150 - 158 页。

Томашевский В.В. Путешествие в далекое прошлое: Заметки археолога [о работах на Дальнем Востоке] // ДВ. — 1958. — № 4. — С. 150 - 158.

1611. **Ф.П. 特里古布**：《（滨海边疆区）切尔尼戈夫卡地区最古老的历史》，切尔尼戈夫卡地区国民教育局，符拉迪沃斯托克，1992 年，54 页。

Тригуб Ф.П. Древнейшая история Черниговского района ［Приморского края］ / Отдел нар. образования Черниговского р－на. — Владивосток, 1992. — 54 с.

1612. **В. 图拉耶夫**：《在远古时代旅行》//《滨海地区》，符拉迪沃斯托克，1985 年，第 58－72 页。

Тураев В. Путешествие в глубь веков // Приморье. — Владивосток, 1985. — С.58－72.

1613. **Б.П. 福明**：《沃兹涅谢斯科耶 － 最古老的村落》//《俄罗斯远东及亚太地区国家民族的文化、科学与教育·1995 年 10 月 2－5 日哈巴罗夫斯克国际学术汇报会资料》第 6 集，哈巴罗夫斯克，1996 年，第 4 集，第 7－8 页。

Фомин Б.П. Вознесенское — старейшее село // Культура, наука и образование народов Дальнего Востока России и стран Азиатско-Тихоокеанского региона: Материалы междунар. науч. － практ. конф. Хабаровск. 2－5 окт. 1995 года: В 6 вып. — Хабаровск, 1996. — Вып. 4. — С. 7－8.

1614. **Э. 沙弗库诺夫、Г. 别尔米亚科夫**：《关于女真人的新发现》//《远东》，1967 年 1 期，第 139－142 页。

Шавкунов Э., Пермяков Г. Новое о чжурчжэнях // ДВ. — 1967. — № 1. — С. 139－142.

1615. **Э.В. 沙弗库诺夫**：《在湮没帝国的城市：女真人过去的议程》//《知识就是力量》，1971 年 5 期，第 38－40 页。

Шавкунов Э.В. По городам погибшей империи: Репортаж из прошлого ［чжурчжэней］ // Знание — сила. — 1971. — № 5. — С. 38－40.

1616. **Э.В. 沙弗库诺夫**：《再说 "睡美人"》//《远东》，1973 年 12 期，第 117－119 页。

Шавкунов Э.В. Еще о 《Спящей красавице》 // ДВ. — 1973. — № 12. — С. 117－119.

1617. **Э.В. 沙弗库诺夫**：《古代航海者的国家：历史之页（关于滨海地区中世纪居民的生活）》//《太平洋地图》，1988 年 12 期，第 52－59 页。

Шавкунов Э.В. Страна древних мореходов: Страницы истории: (О жизни населения средневекового Приморья) // У карты Тихого океана. — 1988. — № 12. — С. 52－59.

1618. **Э.В. 沙弗库诺夫**：《心灵的镜子》//《青年技术》，1991 年 10 期，第 36－39 页。

Шавкунов Э.В. Зеркало души // Техника молодежи. — 1991. — № 10. — С. 36－39.

1619. **Э.В. 沙弗库诺夫**：《貂皮之路与丝绸之路》//《远东全景》，1991 年，第 1 集，第 16－20 页。

Шавкунов Э.В. Соболья дорога и Великий шелковый путь // Дальневосточная панорама. — 1991. — Вып. 1. — С. 16－20.

1620. **Э.В. 沙弗库诺夫**：《如此消逝的地上的荣耀……纪念渤海国成立 1300 周年》//《海洋消息》，1997 年 7 期，第 25 页。

Шавкунов Э.В. Так проходит земная слава… К 1300-летию образования государства Бохай // Океан. вести. — 1997. — № 7. — С. 25.

1621. **Л. 沙罗夫**：《罕见的发现（泰巴赫村附近出土的蛙形塑像）》//《远东》，1971 年 4 期，第 159－160 页。

Шаров Л. Редкая находка ［фигурки лягушки у с. Тэбах］ // ДВ. — 1971. — № 4. — С. 159－160.

2. 滨海地区、阿穆尔河沿岸考古学
АРХЕОЛОГИЯ ПРИМОРЬЯ И ПРИАМУРЬЯ

(1) 专著与多层遗址报告
СВОДНЫЕ ТРУДЫ
И РАБОТЫ О МНОГОСЛОЙНЫХ ПАМЯТНИКАХ

1622. **З.А. 阿布拉莫娃**：《苏联亚洲部分的晚期旧石器时代》//《苏联旧石器时代》，**З.А. 阿布拉莫娃**、**М.В. 阿尼科维奇**、**Н.О. 巴杰尔**等著，莫斯科，1984 年，第302－346 页（《远古时代至中世纪的苏联考古学》）。

Абрамова З.А. Поздний палеолит Азиатской части СССР // Палеолит СССР / **З.А. Абрамова, М.В. Аникович, Н.О. Бадер** и др. — М., 1984. — С. 302－346. — （Археология СССР с древнейших времен до средневековья）.

1623. **М.К. 阿扎多夫斯基**：《阿穆尔河沿岸的考古遗迹》//《考古委员会通报》，1914 年，第56 集（增刊），第2 卷，第124－127 页。

Азадовский М.К. Археологические древности по р. Амуру // ИАК. — 1914. — Вып.56 （Прибавление）, ч. 2. — С. 124－127.

1624. **С.В. 阿尔金**：《"孔东"文化的共性：新资料与研究展望》//《第6 次纪念阿尔谢尼耶夫报告会·关于历史学、考古学、方志学问题区域学术会议报告纲要》，乌苏里斯克，1992 年，第150－153 页。

Алкин С.В.《Кондонская》 культурная общность: новые материалы и перспективы исследования // VI Арсеньевские чтения: Тез. докл. регион. науч. конф. по пробл. истории, археологии и краеведения. — Уссурийск, 1992. — С. 150－153.

1625. **С.В. 阿尔金**：《对应的东亚子午弧》//《西伯利亚考古学、民族学的最新发现·1996 年12 月考古与民族研究所第4 次总结年会资料》，新西伯利亚，1996 年，第8－10 页。

Алкин С.В. Восточноазиатская меридиональная дуга соответствий // Новейшие археологические и этнографические открытия в Сибири: Материалы IV Годовой итог. сес. Ин-та археологии и этнографии. Дек. 1996 г. — Новосибирск, 1996. — С. 8－10.

1626. **С.В. 阿尔金**：《中国东北新石器文化早期演化的两个问题》//《第30 次"中国的社会与国家"学术会议》，莫斯科，2000 年，第6－14 页。

Алкин С.В. Две проблемы ранней эволюции неолитических культур Северо-Восточного Китая // Тридцатая науч. конф.《Общество и государство в Китае》. — М., 2000. — С. 6－14.

1627. **С.В. 阿尔金**：《俄罗斯远东及中国周边地区早期农业社会的起源》//《东亚农业社会和文明的形成·第三届日本史国际研讨会摘要》，樱花，2000 年，第50－52 页，英文、日文。

Alkin S.V. The Origins of Early Farming Society in Russian Far East and in around China // The formation of Agricultural Societies and Civilization in East Asia. The 3rd Rekihaku International Symposium: Abstracts. — Sakura, 2000. — P.50－52. — Англ. яз., яп.яз.

1628. **H. 阿利弗坦**：《乌苏里河、比金河沿岸岩画札记》//《阿穆尔河沿岸公报》，1895 年 66 期，第 1－10 页。

Альфтан Н. Заметки о рисунках на скалах по р. Уссури и Бикину // Приамур. ведомости. — 1895. — № 66. — С. 1－10.

1629. **А.Г. 阿布拉耶夫、Д.П. 博洛京、М.А. 布里亚等**：《阿穆尔州·百科全书词典的尝试（包括考古学）》，布拉戈维申斯克、哈巴罗夫斯克图书出版社，1989 年，416 页。

Амурская область: Опыт энциклопедического словаря [в том числе и по археологии] / А.Г. Аблаев, Д.П. Болотин, М.А. Буря и др. — Благовещенск: Хаб. кн. изд－во, 1989. — 416 с.

1630. **Г.И. 安德列耶夫**：《彼得大帝湾沿岸及岛屿发现的公元前 2 千纪至公元前 1 千纪的考古遗迹》//《考古学报》，1958 年 4 期，第 27－42 页，中文。

Андреев Г.И. Археологические памятники II — I тыс. до н.э. на побережье и островах залива Петра Великого // Каогу Сюэбао. — 1958. — № 4. — С. 27－42. — Кит. яз.

1631. **Г.И. 安德列耶夫**：《公元前 3 千纪至公元前 1 千纪时期的滨海地区南部沿海岸》，历史学副博士论文作者文摘，苏联科学院物质文化史研究所，莫斯科，1959 年，16 页。

Андреев Г.И. Побережье Южного Приморья в III — I тысячелетиях до нашей эры: Автореф. дис. ... канд. ист. наук / АН СССР. ИИМК. — М., 1959. — 16 с.

1632. **Г.И. 安德列耶夫**：《公元前 3 千纪至公元前 1 千纪滨海地区南部文化的某些问题》//《苏联考古学资料与研究》，1960 年 86 期，第 136－161 页。

Андреев Г.И. Некоторые вопросы культур Южного Приморья III — I тыс. до н.э. // МИА. — 1960. — № 86. — С. 136－161.

1633. **Г.И. 安德列耶夫、Ж.В. 安德列耶娃**：《1959 年远东考察团沿海岸队在滨海地区的工作》//《苏联科学院考古研究所简报》，1962 年，第 88 集，第 93－101 页。

Андреев Г.И., Андреева Ж.В. Работы Прибрежного отряда Дальневосточной экспедиции в Приморье в 1959 г. // КСИА. — 1962. — Вып. 88. — С. 93－101.

1634. **Г.И. 安德列耶夫**：《滨海地区沿海岸出土的纺轮》//《苏联考古学资料与研究》，1965 年 130 期，第 186－190 页。

Андреев Г.И. Пряслица с побережья Приморья // МИА. — 1965. — № 130. — С. 186－190.

1635. **Г.И. 安德列耶夫**：《1960 年滨海地区南、东海岸考古学考察》//《西伯利亚、远东考古学》，东京，1982 年，第 2 卷：《滨海地区》，第 88－99 页，日文。

Андреев Г.И. Археологические исследования на южном и восточном побережье Приморья в 1960 году // Археология Сибири и Дальнего Востока. — Токио, 1982. — Т. 2: Приморье. — С. 88－99. — Яп. яз.

1636. **Ж.В. 安德列耶娃**：《滨海地区考古遗存的分期尝试（根据奥利加地区、拉佐夫地区资料）》，历史学副博士论文作者文摘，М.В. 罗莫诺索夫莫斯科国立大学，莫斯科，1962 年，17 页。

Андреева Ж.В. Опыт периодизации археологических памятников Приморья (по материалам Ольгинского и Лазовского районов): Автореф. дис. ... канд. ист. наук / МГУ им. М.В. Ломоносова. — М., 1962. — 17 с.

1637. **Ж.В. 安德列耶娃**：《滨海地区境内的原始公社制时代》//《苏联滨海地区历史概要（从原始

公社制时代至今）·教学参考书》，Ж.В. 安德列耶娃、В.М. 维什涅夫斯基、И.М. 贡恰连科等著，符拉迪沃斯托克，1963 年，第 7－12 页。

Андреева Ж.В. Первобытнообщинный строй на территории Приморья // Очерки истории советского Приморья：（от эпохи первобытнообщинного строя до настоящего времени）：Учеб. пособие / Ж.В. Андреева, В.М. Вишневский, И.М. Гончаренко и др. — Владивосток, 1963. — С. 7－12.

1638．Ж.В. 安德列耶娃、Г.И. 安德列耶夫：《1959 年滨海边疆区远东考察团沿海分队的田野工作》// 《北极人类学》，1965 年，第 3 卷，第 1 期，第 129－135 页。

Andreeva J.V., Andreev G.I. 1959 Field Work of the Coastal Section of the Far Eastern Expedition in the Maritime Territory // Arctic Anthropology. — 1965. — Vol. 3, No. 1. — P. 129－135.

1639．Ж.В. 安德列耶娃：《远东境内的原始公社制时代》// 《苏联远东史纲要》第 2 卷，符拉迪沃斯托克，1967 年，第 4－8 页。

Андреева Ж.В. Первобытнообщинный строй на территории Дальнего Востока // История советского Дальнего Востока：Проспект：В 2 т. — Владивосток, 1967. — С. 4－8.

1640．Ж.В. 安德列耶娃、Г.И. 普罗尼娜：《早期铁器时代的远东》// 《古今西伯利亚史》，5 卷本，Ж.В. 安德列耶娃、З.Я. 博亚尔希诺娃、Э.Б. 瓦杰茨卡娅等著，列宁格勒，1968 年，第 1 卷：《古代的西伯利亚》，第 261－265 页。

Андреева Ж.В., Пронина Г.И. Дальний Восток в раннем железном веке // История Сибири с древнейших времен до наших дней：В 5 т. / Ж.В. Андреева, З.Я. Бояршинова, Э.Б. Вадецкая и др. — Л., 1968. — Т. 1：Древняя Сибирь. — С. 261－265.

1641．Ж.В. 安德列耶娃：《滨海边疆区境内的原始公社制时代》// 《苏联滨海地区史·滨海边疆区学校 7－10 年级学生教学参考书》，Ж.В. 安德列耶娃、А.В. 博利布赫、В.М. 维什涅夫斯基等著，符拉迪沃斯托克，1970 年，第 5－12 页。

Андреева Ж.В. Первобытнообщинный строй на территории Приморского края // История советского Приморья：Учеб. пособие для учащихся VII — X кл. школ Прим. края / Ж.В. Андреева, А.В. Больбух, В.М. Вишневский и др. — Владивосток, 1970. — С. 5－12.

1642．Ж.В. 安德列耶娃：《滨海地区青石崖遗址发掘》// 《1970 年考古发现》，莫斯科，1971 年，第 207－208 页。

Андреева Ж.В. Раскопки на поселении Синие Скалы в Приморье // АО, 1970. — М., 1971. — С. 207－208.

1643．Ж.В. 安德列耶娃、А.В. 加尔科维克：《滨海边疆区考察》// 《1972 年考古发现》，莫斯科，1973 年，第 197－198 页。

Андреева Ж.В., Гарковик А.В. Исследования в Приморском крае // АО, 1972. — М., 1973. — С. 197－198.

1644．Ж.В. 安德列耶娃：《青石崖遗址的地层学与断代问题》// 《苏联科学院远东科学中心历史·考古·民族研究所文集》，1973 年，第 9 卷： 《远东史资料（历史学、考古学、民族学、语文学）》，第 61－71 页。

Андреева Ж.В. К вопросу о стратиграфии и датировке поселения Синие Скалы // Тр. / АН СССР.

ДВНЦ. ИИАЭ. — 1973. — Т. 9: Материалы по истории Дальнего Востока (история, археология, этнография, филология). — С. 61 – 71.

1645．Ж.В. 安德列耶娃：《古代时的我们边疆区》//《苏联滨海地区历史：滨海边疆区学校 7 – 10 年级学生教学参考书》，**Ж.В. 安德列耶娃、А.И. 克鲁沙诺夫、Г.С. 库茨**等著，再版，修订本，符拉迪沃斯托克，1976 年，第 5 – 10 页。

Андреева Ж.В. Наш край в древности // История советского Приморья: Учеб. пособие для учащихся VII – X кл. школ Прим. края / **Ж.В. Андреева, А.И. Крушанов, Г.С. Куцый** и др. — 2 – е изд., перераб. и доп. — Владивосток, 1976. — С. 5 – 10.

1646．Ж.В. 安德列耶娃：《苏联远东原始社会史概要：纲要》，苏联科学院远东科学中心历史·考古·民族研究所，符拉迪沃斯托克，1976 年，20 页。

Андреева Ж.В. Очерки истории первобытного общества на Дальнем Востоке СССР: Проспект / АН СССР. ДВНЦ. ИИАЭ. — Владивосток, 1976. — 20 с.

1647．Ж.В. 安德列耶娃：《青石崖》//《历史问题》，1976 年 11 期，第 129 – 137 页。

Андреева Ж.В. Синие Скалы // ВИ. — 1976. — № 11. — С. 129 – 137.

1648．Ж.В. 安德列耶娃、Л.В. 科尼科娃：《滨海地区青石崖遗址的第 10 个田野季节》//《1977 年考古发现》，莫斯科，1978 年，第 204 – 205 页。

Андреева Ж.В., Конькова Л.В. Десятый полевой сезон на поселении Синие Скалы в Приморье // АО, 1977. — М., 1978. — С. 204 – 205.

1649．Ж.В. 安德列耶娃、Г.И. 安德列耶夫：《1959 年远东考察团沿海岸队在滨海地区的工作》//《西伯利亚、远东考古学》，东京，1982 年，第 2 卷：《滨海地区》，第 76 – 87 页，日文。

Андреева Ж.В., Андреев Г.И. Работы прибрежного отряда Дальневосточной экспедиции в Приморье в 1959 году // Археология Сибири и Дальнего Востока. — Токио, 1982. — Т. 2. Приморье. — С. 76 – 87. — Яп. яз.

1650．Ж.В. 安德列耶娃：《滨海地区青石崖遗址发掘》//《西伯利亚、远东考古学》，东京，1982 年，第 2 卷：《滨海地区》，第 407 – 408 页，日文。

Андреева Ж.В. Раскопки на поселении Синие Скалы в Приморье // Археология Сибири и Дальнего Востока. — Токио, 1982. — Т. 2. Приморье. — С. 407 – 408. — Яп. яз.

1651．Ж.В. 安德列耶娃：《古代时的我们边疆区》//《苏联滨海地区史·滨海边疆区学校 7 – 10 年级学生教学参考书》，**Ж.В. 安德列耶娃、Ал.П. 杰列维扬科、А.И. 克鲁沙诺夫**等著，符拉迪沃斯托克，1984 年，第 5 – 11 页。

Андреева Ж.В. Наш край в древности // История советского Приморья: Учеб. пособие для учащихся 7 — 10 кл. школ Прим. края / **Ж.В. Андреева, Ал.П. Деревянко, А.И. Крушанов** и др. — Владивосток, 1984. — С. 5 – 11.

1652．Ж.В. 安德列耶娃、Н.А. 科诺年科：《1983 – 1984 年滨海地区青石崖遗址考察》//《西伯利亚、远东古代文化遗存》，新西伯利亚，1986 年，第 174 – 177 页。

Андреева Ж.В., Кононенко Н.А. Исследования на поселении Синие Скалы в Приморье в 1983 — 1984 гг. // Памятники древних культур Сибири и Дальнего Востока. — Новосибирск, 1986. — С. 174 – 177.

1653. **Ж.В. 安德列耶娃**、**С.В. 斯图德济茨卡娅**：《远东的青铜时代》//《苏联森林地带的青铜时代》，**Ж.В. 安德列耶娃**、**И.И. 阿尔杰缅科**、**О.Н. 巴杰尔** 等著，莫斯科，1987 年，第 351－363 页（《古代至中世纪时代的苏联考古学》）。

Андреева Ж.В., Студзицкая С.В. Бронзовый век Дальнего Востока // Эпоха бронзы лесной полосы СССР / **Ж.В. Андреева, И.И. Артеменко, О.Н. Бадер** и др. — М., 1987. — С. 351－363. — (Археология СССР с древнейших времен до средневековья).

1654. **Ж.В. 安德列耶娃**：《公元前 2 千纪至公元前 1 千纪远东南部、欧亚大陆草原地区的生物群落》//《俄罗斯科学院远东分院院刊》，1994 年 5－6 期合刊，第 202－209 页。

Андреева Ж.В. Сообщества юга Дальнего Востока и степного мира Евразии во II — I тысячелетии до н.э // Вестн. ДВО РАН. — 1994. — № 5－6. — С. 202－209.

1655. **Ж.В. 安德列耶娃**：《俄罗斯远东南部国家产生的先决条件》//《早期国家必择其一的途径·国际研讨会》，符拉迪沃斯托克，1995 年，第 165－175 页。

Андреева Ж.В. Предпосылки происхождения государства на юге российского Дальнего Востока // Альтернативные пути к ранней государственности: Междунар. симп. — Владивосток, 1995. — С. 165－175.

1656. **Ж.В. 安德列耶娃**：《俄罗斯远东南部地区国家起源的基础》//《早期建国必择其一的途径·国际研讨会》，符拉迪沃斯托克，1995 年，第 118－127 页，英文。

Andreeva J.V. Pre－conditions of the Origin of State in the South of the Russian Far East // Alternative Pathways to Early State: International Symposium. — Vladivostok, 1995. — P. 118－127.

1657. **В.К. 阿尔谢尼耶夫**：《乌苏里斯克边疆区远古史研究资料》//《东方学会阿穆尔分部通讯》，1912 年，第 1 集，第 15－66 页。

Арсеньев В.К. Материалы по изучению древнейшей истории Уссурийского края // ЗПООВ. — 1912. — Вып. 1. — С. 15－66.

1658. **В.К. 阿尔谢尼耶夫**：《基于西伯利亚、远东研究的考古学（方针概要）》//《以乌申斯基命名的国立师范学院 1921－1922 年年鉴》，符拉迪沃斯托克，1922 年，第 88－89 页。

Арсеньев В.К. Археология в связи с изучением Сибири и Дальнего Востока: (крат. программа курса) // Ежегодник Гос. пед. ин-та им. Ушинского за 1921－1922 гг. — Владивосток, 1922. — С. 88－89.

1659. **В.К. 阿尔谢尼耶夫**：《乌苏里斯克边疆区在考古学、古文献学方面的考察》//《俄罗斯地理学会阿穆尔河沿岸分部南乌苏里斯克分会通报》，1922 年，第 4 集，第 55－56 页。

Арсеньев В.К. Обследование Уссурийского края в археологическом и археографическом отношениях // ИЮж－УсОПОРГО. — 1922. — Вып. 4. — С. 55－56.

1660. **В.К. 阿尔谢尼耶夫**：《冰川时代与东西伯利亚原始社会居民》//《俄罗斯地理学会符拉迪沃斯托克分部会刊》，1929 年，第 3 卷（20），第 2 集，第 273－296 页。

Арсеньев В.К. Ледниковый период и первобытное население Восточной Сибири // ЗВОРГО. — 1929. — Т. 3 (20), вып. 2. — С. 273－296.

1661. **В.К. 阿尔谢尼耶夫**：《乌苏里斯克边疆区远古史研究资料》//《著作（6）》，符拉迪沃斯托克，1947 年，第 4 卷，第 269－312 页。

Арсеньев В.К. Материалы по изучению древнейшей истории Уссурийского края // Соч.: В 6 т. — Владивосток, 1947. — Т. 4. — С. 269–312.

1662．**В.К. 阿尔谢尼耶夫**：《乌苏里斯克边疆区、满洲的古代遗存》//《著作（6）》，符拉迪沃斯托克，1947 年，第 4 卷，第 313–318 页。

Арсеньев В.К. Памятники старины в Уссурийском крае и Маньчжурии // Соч.: В 6 т. — Владивосток, 1947. — Т. 4. — С. 313–318.

1663．**В.К. 阿尔谢尼耶夫**：《冰川时代与东西伯利亚原始社会居民》//《著作（6）》，符拉迪沃斯托克，1948 年，第 5 卷，第 111–136 页。

Арсеньев В.К. Ледниковый период и первобытное население Восточной Сибири // Соч.: В 6 т. — Владивосток, 1948. — Т. 5. — С. 111–136.

1664．**В.К. 阿尔谢尼耶夫**：《作为一门学科－考古学在远东边疆区古代遗存研究中的作用》，Д.Л. 布罗江斯基：《远东考古学史纲要（附：阿尔谢尼耶夫讲义)》，符拉迪沃斯托克，2000 年，第 6–18 页（《太平洋考古学》，第 11 集）。

Арсеньев В.К. Археология как наука и роль ее в изучении памятников старины Дальневосточного края // Д.Л. Бродянский. Очерки истории дальневосточной археологии (С публикацией лекции В.К. Арсеньева). — Владивосток, 2000. — С. 6–18. — (Тихоокеан. археология; Вып. 11).

1665．**А.Р. 阿尔杰米耶夫**：《16–17 世纪西伯利亚、远东城堡建筑的某些特点》//《远东、外贝加尔中世纪考古学资料》，符拉迪沃斯托克，1989 年，第 50–53 页。

Артемьев А.Р. О некоторых особенностях строительства крепостей XVI — XVII вв. в Сибири и на Дальнем Востоке // Материалы по средневековой археологии Дальнего Востока и Забайкалья. — Владивосток, 1989. — С. 50–53.

1666．**А.Р. 阿尔杰米耶夫**：《16–17 世纪西伯利亚、远东防御建筑的发展途径》//《第 6 次纪念阿尔谢尼耶夫报告会·关于历史学、考古学、方志学问题区域学术会议报告纲要》，乌苏里斯克，1992 年，第 5–7 页。

Артемьев А.Р. Пути развития оборонного зодчества XVI — XVII вв. в Сибири и на Дальнем Востоке // VI Арсеньевские чтения: Тез. докл. регион. науч. конф. по пробл. истории, археологии и краеведения. — Уссурийск, 1992. — С. 5–7.

1667．**А.Р. 阿尔杰米耶夫**：《论西伯利亚"冬季"类型防御工事的起源问题》//《俄罗斯远东及其毗邻地区考古学新资料·远东考古学会第 5 次学术问题会议报告》，符拉迪沃斯托克，1993 年，第 75–77 页。

Артемьев А.Р. К вопросу о происхождении сибирских укреплений типа 《зимовье》 // Новые материалы по археологии Дальнего Востока России и смежных территорий: Докл. на V сес. Науч.-пробл. совета археологов Дальнего Востока. — Владивосток, 1993. — С. 75–77.

1668．**А.Р. 阿尔杰米耶夫**：《1689 年签订〈尼布楚条约〉前夕有关俄－清纠纷的新资料》//《中国、中国的文明与世界－历史、现在、远景·第 4 次国际学术会议报告纲要》，莫斯科，1993 年，第 1 卷，第 230–233 页。

Артемьев А.Р. Новые материалы о русско-маньчжурском конфликте накануне подписания

Нерчинского договора 1689 г. // Китай, китайская цивилизация и мир. История, современность, перспективы: Тез. докл. IV Междунар. науч. конф. — М., 1993. — Ч. 1. — С. 230－233.

1669. **А.Р. 阿尔杰米耶夫**：《正教教会在俄罗斯人开发远东进程中的作用》//《第 33 次科技纪念会》，远东国立技术大学，符拉迪沃斯托克，1993 年，第 1 卷，第 21－23 页。

Артемьев А.Р. О роли православной церкви в процессе освоения русскими людьми Дальнего Востока // 33－я Юбилейная науч. －техн. конф. / ДВГТУ. — Владивосток, 1993. — Кн. 1. — С. 21－23.

1670. **А.Р. 阿尔杰米耶夫**：《17－18 世纪贝加尔湖附近、外贝加尔、阿穆尔河沿岸地区俄罗斯土地发现者考古遗存的新考察》//《纪念哈巴罗夫斯克方志博物馆成立 100 周年学术汇报会资料》，哈巴罗夫斯克，1994 年，第 2－4 页。

Артемьев А.Р. Новые исследования археологических памятников русских землепроходцев XVII — XVIII вв. в Прибайкалье, Забайкалье и Приамурье // Материалы науч. －практ. конф., посвящ. 100-летию Хабаровского краевед. музея. — Хабаровск, 1994. — С. 2－4.

1671. **А.Р. 阿尔杰米耶夫**：《17 世纪下半期至 18 世纪外贝加尔、阿穆尔河沿岸地区城市、尖柱寨堡的考古学考察》//《考古学、民族学研究的一体化·纪念 С.И. 鲁坚科诞辰 110 周年第 3 次全俄学习班资料》，鄂木斯克，1995 年，第 2 卷，第 3－12 页。

Артемьев А.Р. Археологические исследования городов и острогов второй половины XVII — XVIII вв. в Забайкалье и Приамурье // Интеграция археологических и этнографических исследований: Материалы III Всерос. семинара, посвящ. 110-летию со дня рожд. С.И. Руденко. — Омск, 1995. — Ч. 2. — С. 3－12.

1672. **А.Р. 阿尔杰米耶夫**：《17－18 世纪沙俄地缘政治下的外贝加尔、阿穆尔河沿岸地区》//《在地缘政治、文明进程下的俄罗斯区域结构·国际学术会议报告》，叶卡捷琳堡，1995 年，第 97－102 页。

Артемьев А.Р. Забайкалье и Приамурье в геополитике царской России XVII — XVIII вв. // Региональная структура России в геополитической и цивилизационной динамике: Междунар. науч. конф.: Докл. — Екатеринбург, 1995. — С. 97－102.

1673. **А.Р. 阿尔杰米耶夫、А.Ю. 库德林、С.В. 瓦西连科**：《阿穆尔考古队考察》//《1994 年考古发现》，莫斯科，1995 年，第 250 页。

Артемьев А.Р., Кудрин А.Ю., Василенко С.В. Исследования Амурского археологического отряда // АО, 1994. — М., 1995. — С. 250.

1674. **А.Р. 阿尔杰米耶夫**：《阿穆尔考古队考察》//《1995 年考古发现》，莫斯科，1996 年，第 309－311 页。

Артемьев А.Р. Исследования Амурского отряда // АО, 1995. — М., 1996. — С. 309－311.

1675. **А.Р. 阿尔杰米耶夫**：《外贝加尔、阿穆尔河沿岸俄罗斯人开发时期的历史、文化遗存（17 世纪下半期至 18 世纪）》//《远东国立技术大学第 35 次学术汇报会报告纲要》，符拉迪沃斯托克，1995 年，第 1 卷，第 15－17 页。

Артемьев А.Р. Памятники истории и культуры периода освоения русскими Забайкалья и Приамурья （вторая половина XVII — XVIII вв.） // XXXV научно-практическая конф. Дальневост. гос. техн. ун-та: Тез. докл. — Владивосток, 1995. — Ч. 1. — С. 15－17.

1676．**А.Р.** 阿尔杰米耶夫：《俄罗斯中世纪晚期的建筑学及其在西伯利亚、远东的发展途径》//《北太平洋开发》，符拉迪沃斯托克，1996 年，第 185－211 页。

Артемьев А.Р. Русское позднесредневековое зодчество и пути его развития в Сибири и на Дальнем Востоке // Освоение Северной Пацифики. — Владивосток, 1996. — С. 185－211.

1677．**А.Р.** 阿尔杰米耶夫：《17 世纪下半期至 18 世纪外贝加尔、阿穆尔河沿岸地区的城市与城堡（历史 － 考古学研究）》，历史学博士论文作者文摘，俄罗斯科学院远东分院历史·考古·民族研究所，符拉迪沃斯托克，1997 年，59 页。

Артемьев А.Р. Города и остроги Забайкалья и Приамурья во второй половине XVII — XVIII вв. (ист. － археол. исследования): Автореф. дис. ⋯ д－ра ист. наук / РАН. ДВО. ИИАЭ. — Владивосток, 1997. — 59 с.

1678．**А.Р.** 阿尔杰米耶夫：《17 世纪中期外贝加尔、阿穆尔河沿岸地区的发现以及并入俄国的开始》//《17－18 世纪远东的俄罗斯先驱者（历史考古学研究)》，符拉迪沃斯托克，1998 年，第 3 卷，第 6－44 页。

Артемьев А.Р. Открытие и начало присоединения Забайкалья и Приамурья к Российскому государству в середине XVII в. // Русские первопроходцы на Дальнем Востоке в XVII — XIX вв. (ист. － археол. исследования). — Владивосток, 1998. — Т. 3. — С. 6－44.

1679．**А.Р.** 阿尔杰米耶夫：《1689 年〈尼布楚条约〉签订前后的俄中边界》//《中国、中国文明与世界。历史、现在、未来·第 9 次国际学术会议报告纲要》，莫斯科，1993 年，第 1 卷，第 209－211 页。

Артемьев А.Р. Русско-китайская граница накануне и после подписания Нерчинского договора 1689 г. // Китай, китайская цивилизация и мир. История, современность, перспективы: Тез. докл. IX Междунар. науч. конф. — М., 1998. — Ч. 1. — С. 209－211.

1680．**А.Р.** 阿尔杰米耶夫：《17 世纪下半期至 18 世纪外贝加尔、阿穆尔河沿岸地区的城市、城堡的建筑以及防御工事的类型》//《国家历史》，1998 年 5 期，第 140－147 页。

Артемьев А.Р. Строительство городов и острогов Забайкалья и Приамурья во второй половине XVII — XVIII веке и типы оборонительных сооружений // Отечественная история. — 1998. — № 5. — С. 140－147.

1681．**А.Р.** 阿尔杰米耶夫：《17 世纪下半期至 18 世纪外贝加尔、阿穆尔河沿岸地区的城市与城堡》，符拉迪沃斯托克，1999 年，336 页。

Артемьев А.Р. Города и остроги Забайкалья и Приамурья во второй половине XVII — XVIII вв. — Владивосток, 1999. — 336 с.

评论：**Б.П.** 波列沃伊，刊于《俄罗斯科学院远东分院院刊》，2000 年 6 期，第 169－170 页。

Рец.: Полевой Б.П. // Вестн. ДВО РАН. — 2000. — № 6. — С. 169－170.

1682．**А.Р.** 阿尔杰米耶夫：《17 世纪下半期至 18 世纪外贝加尔、阿穆尔河沿岸地区的俄罗斯东正教教堂》//《俄罗斯科学院远东分院院刊》，2000 年 2 期，第 31－39 页。

Артемьев А.Р. Русская православная церковь в Забайкалье и Приамурье во второй половине XVII — XVIII вв. // Вестн. ДВО РАН. — 2000. － № 2. — С. 31－39.

1683．**А.Р.** 阿尔杰米耶夫：《17 世纪下半期至 18 世纪外贝加尔、阿穆尔河沿岸地区俄罗斯居民的捕鱼业》//《生活保障的传统系统与区域政治》，新西伯利亚，2000 年，第 1 集，第 7－13 页。

Артемьев А.Р. Рыбный промысел у русского населения Забайкалья и Приамурья во второй половине XVII — XVIII веке // Традиционные системы жизнеобеспечения и региональная политика. — Новосибирск, 2000. — Вып. 1. — С. 7－13.

1684. **Н.Г. 阿尔杰米耶娃**：《滨海边疆区调查工作》//《1985 年考古发现》，莫斯科，1987 年，第 223 页。

Артемьева Н.Г. Разведочные работы в Приморском крае // АО, 1985. — М., 1987. — С. 223.

1685. **Н.Г. 阿尔杰米耶娃**：《论滨海地区境内住房的演变》//《俄罗斯远东中世纪研究》，符拉迪沃斯托克，1994 年，第 4－21 页。

Артемьева Н.Г. К эволюции жилищ на территории Приморья // Медиевистские исследования на Дальнем Востоке России. — Владивосток, 1994. — С. 4－21.

1686. **Н.Г. 阿尔杰米耶娃**：《论炕类型供暖系统的起源与发展》//《北太平洋考古学》，符拉迪沃斯托克，1996 年，第 98－104 页。

Артемьева Н.Г. О происхождении и развитии отопительной системы типа кан // Археология Северной Пасифики. — Владивосток, 1996. — С. 98－104.

1687. **А.П. 杰列维扬科、Д.П. 博洛京、В.Г. 彼得罗夫、Б.С. 萨普诺夫、Г.П. 利托夫琴科**：《1999 年阿穆尔州境内考古学研究》//《阿穆尔国立大学学报》，2000 年，第 9 集，第 41－46 页。

Археологические исследования на территории Амурской области в 1999 г. / **А.П. Деревянко, Д.П. Болотин, В.Г. Петров, Б.С. Сапунов, Г.П. Литовченко** // Вестн. АмГУ. — 2000. — Вып. 9. — С. 41－46.

1688. **В.И. 博尔金、В.Д. 连科夫、В.А. 霍列夫、Э.В. 沙弗库诺夫、Н.А. 科诺年科**：《1989 年考古考察苏联科学院远东分院远东民族历史·考古·民族研究所》//《苏联科学院远东分院院刊》，1990 年 1 期，第 84－86 页。

Археологические экспедиции 1989 года [Института истории, археологии и этнографии народов Дальнего Востока ДВО АН СССР] / **В.И. Болдин, В.Д. Леньков, В.А. Хорев, Э.В. Шавкунов, Н.А. Кононенко** // Вестн. ДВО АН СССР. — 1990. — № 1. — С. 84－86.

1689. **Н.Г. 阿尔杰米耶娃、В.И. 博尔金、Т.А. 瓦西里耶娃、В.И. 季亚科夫、О.В. 季亚科娃、В.Д. 连科夫、В.А. 霍列夫**：《1992 年考古季节》//《俄罗斯科学院远东分院院刊》，1992 年 5－6 期，第 159－166 页。

Археологический сезон 1992 года / **Н.Г. Артемьева, В.И. Болдин, Т.А. Васильева, В.И. Дьяков, О.В. Дьякова, В.Д. Леньков, В.А. Хорев** // Вестн. ДВО РАН. — 1992. — № 5－6. — С. 159－166.

1690. **Н.Б. 阿尤申、Д.Л. 布罗江斯基、В.А. 拉科夫**：《（滨海地区）波西耶特湾舍列哈岬的古迹》//《太平洋考古学概要》，符拉迪沃斯托克，1988 年，第 101－116 页。

Аюшин Н.Б., Бродянский Д.Л., Раков В.А. Древности мыса Шелеха в Посьете [в Приморье] // Очерки тихоокеанской археологии. — Владивосток, 1988. — С. 101－116.

1691. **Н.А. 别列戈瓦娅**：《苏联的旧石器地点》//《苏联考古学资料与研究》，1960 年 81 期，第 218 页。

Береговая Н.А. Палеолитические местонахождения СССР // МИА. — 1960. — № 81. — 218 с.

1692. **Н.А. 别列戈瓦娅**：《苏联的旧石器地点（1958－1970年）》，列宁格勒，科学出版社，1984年，172页。

Береговая Н.А. Палеолитические местонахождения СССР (1958 — 1970 гг.). — Л.: Наука, 1984. — 172 с.

1693. **Е. 博格达诺夫**：《（滨海边疆区）红军地区的一些遗存》//《方志学问题·纪念阿尔谢尼耶夫报告会·会议报告纲要》，乌苏里斯克，1989年，第7－8页。

Богданов Е. Некоторые памятники Красноармейского района［Приморского края］// Проблемы краеведения:［Тез. докл. конф.］/ Арсеньев. чтения. — Уссурийск, 1989. — С. 7－8.

1694. **Е.С. 博格达诺夫、С.В. 阿尔金、С.П. 涅斯捷罗夫**：《1996年乌斯季－塔拉坎遗址研究》//《西伯利亚考古学、民族学的最新发现·1996年12月俄罗斯科学院西伯利亚分院考古与民族研究所第4次总结年会资料》，新西伯利亚，1996年，第23－25页。

Богданов Е.С., Алкин С.В., Нестеров С.П. Исследования на стоянке Усть－Талакан в 1996 г. // Новейшие археологические и этнографические открытия в Сибири: Материалы IV Годовой итог. сес. Ин-та археологии и этнографии СО РАН. Дек. 1996 г. — Новосибирск, 1996. — С. 23－25.

1695. **В.И. 博尔金、Ю.Е. 沃斯特列佐夫、И.С. 茹希霍夫斯卡娅**：《公元前1千纪至公元1千纪滨海地区遗址的经济与地理》//《从古至今历史研究的综合方法会议报告纲要》，莫斯科，1984年，第84－87页。

Болдин В.И., Вострецов Ю.Е., Жущиховская И.С. Хозяйство и география поселений Приморья I тыс. до н.э. — I тыс. н.э. // Комплексные методы в изучении истории с древнейших времен до наших дней: Тез. докл. совещ. — М., 1984. — С. 84－87.

1696. **В.И. 博尔金**：《1986年（滨海地区）新戈尔杰耶夫卡城址发掘》//《关于远东中世纪民族文化与经济的新资料》，苏联科学院远东分院历史·考古·民族研究所，预印本，符拉迪沃斯托克，1987年，第17－21页。

Болдин В.И. Раскопки на Новогордеевском городище в 1986 г.:［Приморье］// Новые данные о культуре и хозяйстве средневековых народов Дальнего Востока / АН СССР. ДВО. ИИАЭ. — Препр. — Владивосток, 1987. — С. 17－21.

1697. **В.И. 博尔金、О.В. 季亚科娃、Е.В. 希多连科**：《作为滨海地区文化分期资料的新戈尔杰耶夫卡城址》//《远东中世纪考古学问题：文化的起源、分期、断代》，符拉迪沃斯托克，1990年，第19－50页。

Болдин В.И., Дьякова О.В., Сидоренко Е.В. Новогордеевское городище как источник для периодизации культур Приморья // Проблемы средневековой археологии Дальнего Востока: происхождение, периодизация, датировка культур. — Владивосток, 1990. — С. 19－50.

1698. **В.И. 博尔金、А.Л. 伊夫里耶夫**：《渤海的京城》//《俄罗斯与亚洲太平洋地区》，1997年3期，第77－98页。

Болдин В.И., Ивлиев А.Л. Столичные города Бохая // Россия и АТР. — 1997. — № 3. — С. 77－98.

1699．**В.И. 博尔金、О.В. 季亚科娃、Е.В. 希多连科**：《作为滨海边疆区考古文化分期资料的新戈尔杰耶夫卡古城》//《东北亚考古资料译文集·渤海专号》，哈尔滨，1998 年，第 46－71 页，中文。

Болдин В.И., Дьякова О.В., Сидоренко Е.В. Новогордеевское городище как источник по периодизации археологических культур Приморского края // Собрание переводных работ по археологии Северо-Восточной Азии. Бохайский вып. — Харбин, 1998. — С. 46－71. — Кит. яз.

1700．**Д.П. 博洛京、И.А. 基谢列娃**：《作为北亚考古学因素的鳞状图案》//《北亚考古学问题·纪念 А.П. 奥克拉德尼科夫院士诞辰 80 周年·1988 年 3 月 28－30 日·第 28 次大学生区域考古会议报告纲要》，赤塔，1988 年，第 143－144 页。

Болотин Д.П., Киселева И.А. Чешуйчатый орнамент как элемент археологии Северной Азии // Проблемы археологии Северной Азии: (К 80-летию академика А.П. Окладникова): Тез. докл. XXVIII Регион. археол. студ. конф. (28－30 марта 1988 г.). — Чита, 1988. — С. 143－144.

1701．**Д.П. 博洛京、Г.П. 利托夫琴科**：《1991 年阿穆尔州布拉戈维申斯克地区境内考古学研究》//《阿穆尔方志学》，布拉戈维申斯克，1992 年 2 期，第 12－15 页。

Болотин Д.П., Литовченко Г.П. Археологические исследования на территории Благовещенского района Амурской области в 1991 году // Амур. краевед. — Благовещенск, 1992. — № 2. — С. 12－15.

1702．**К.Г. 博尔坚科**：《在贝加尔 － 阿穆尔干线上的工作：工作报告》//《国立物质文化史科学院通报》，1935 年，第 110 集，第 80－90 页。

Болтенко К.Г. Работы на Байкало-Амурской магистрали: Отчет о работах // ИГАИМК. — 1935. — Вып. 110. — С. 80－90.

1703．**С.Н. 布拉伊诺夫斯基**：《1896 年苏城出差报告（关于考古遗存发掘、不同时期遗物的发现）》//《阿穆尔边疆区研究会会刊》，1899 年，第 7 卷，第 2 集，第 25－37 页。

Браиловский С.Н. Отчет о командировке на Сучан в 1896 г.: [О раскопках археол. памятников, находках разновременных вещей] // ЗОИАК. — 1899. — Т. 7, вып. 2. — С. 25－37.

1704．**Д.Л. 布罗江斯基、А.В. 埃达科夫**：《1966 年普提雅廷岛考古调查》//《第 8 次学术会议资料》，远东国立大学，符拉迪沃斯托克，1968 年，第 1 卷，第 95－97 页。

Бродянский Д.Л., Эдаков А.В. Археологические разведки на острове Путятин в 1966 г. // Материалы VIII науч. конф. / ДВГУ. — Владивосток, 1968. — Ч. 1. — С. 95－97.

1705．**Д.Л. 布罗江斯基**：《滨海地区青树林村发掘》//《1971 年考古发现》，莫斯科，1972 年，第 270－271 页。

Бродянский Д.Л. Раскопки у с. Синий Гай в Приморье // АО, 1971. — М., 1972. — С. 270－271.

1706．**Д.Л. 布罗江斯基**：《论全新世时期滨海地区南部的居住及经济开发史》//《原始社会的人类及其在更新世、全新世时期的物质文化与自然环境（旧石器时代、新石器时代）：全苏研讨会报告纲要》，莫斯科，1973 年，第 116－118 页。

Бродянский Д.Л. К истории заселения и хозяйственного освоения Южного Приморья в голоцене // Первобытный человек, его материальная культура и природная среда в плейстоцене и голоцене (палеолит и неолит): Тез. докл. Всесоюз. симп. — М., 1973. — С. 116－118.

1707．**Д.Л. 布罗江斯基**：《追溯滨海地区的新石器时代、青铜时代》//《西伯利亚、远东民族的民族起源问题·全苏会议报告纲要》，新西伯利亚，第 43－45 页。

Бродянский Д.Л. Неолит и бронзовый век Приморья в свете ретроспективного метода // Проблемы этногенеза народов Сибири и Дальнего Востока: Тез. докл. Всесоюз. конф. — Новосибирск, 1973. — С. 43－45.

1708．**Д.Л. 布罗江斯基**：《滨海南部地区全新世时期定居与经济适应的历史》//《更新世、全新世时期史前人类及其产业、环境·全苏研讨会论文集·苏联科学院地理研究所、第四纪研究委员会》，第 2 部分，莫斯科，1973 年，第 60－61 页。

Brodianski D.L. On the History of Colonization and Economic Adaptation of Southern Primorye in the Holocene // Prehistoric Man, His Industry and the Environment in the Pleistocene and Holocene: Proceedings of All－Union Symposium Organized by the Institute of Geography of the USSR Academy of Sciences and Commission on the Study of Quaternary Period of the USSR Academy of Sciences. Pt. 2. — M., 1973. — P. 60－61.

1709．**Д.Л. 布罗江斯基**：《全新世时期滨海地区南部的居住史、经济开发史》//《原始社会的人类与自然环境·全苏会议资料》，莫斯科，1974 年，第 295－299 页。

Бродянский Д.Л. К истории заселения и хозяйственного освоения Южного Приморья в голоцене // Первобытный человек и природная среда: Материалы Всесоюз. симп. — M., 1974. — С. 295－299.

1710．**Д.Л. 布罗江斯基**：《阿穆尔河沿岸、滨海地区民族住房史的考古学资料》//《史料学、历史编纂学问题》，远东国立大学，符拉迪沃斯托克，1975 年，第 4 集，第 65－80 页。

Бродянский Д.Л. Археологические источники по истории жилищ народов Приамурья и Приморья // Вопросы источниковедения и историографии / ДВГУ. — Владивосток, 1975. — Вып. 4. — С. 65－80.

1711．**Д.Л. 布罗江斯基**：《公元前 4 千纪至公元前 1 千纪时期的阿穆尔河沿岸——满洲考古省份》//《西伯利亚古代文化与毗邻地区文化的相互关系》，新西伯利亚，1975 年，第 179－185 页。

Бродянский Д.Л. Приамурско-маньчжурская археологическая провинция в IV－I тыс. до н.э. // Соотношение древних культур Сибири с культурами сопредельных территорий. — Новосибирск, 1975. — С. 179－185.

1712．**Д.Л.** 布罗江斯基：《石器时代·教学参考书》，符拉迪沃斯托克，1977 年：《远东旧石器时代》，第 44－45 页。

Бродянский Д.Л. Каменный век: Учеб. пособие. — Владивосток, 1977. — Мезолит Дальнего Востока. — С. 44－45.

1713．**Д.Л. 布罗江斯基**：《石器时代·教学参考书》，符拉迪沃斯托克，1977 年：《远东旧石器时代》，第 34－35 页。

Бродянский Д.Л. Каменный век: Учеб. пособие. — Владивосток, 1977. — Палеолит Дальнего Востока. — С. 34－35.

1714．**Д.Л. 布罗江斯基**：《远东洞穴考古遗存及其保护》//《喀斯特洞穴》，苏联科学院远东科学中心太平洋地理研究所、苏联地理学会滨海分部，预印本，符拉迪沃斯托克，1979 年，第 26－27 页。

Бродянский Д.Л. Археологические памятники в дальневосточных пещерах и их охрана // Карстовые пещеры / АН СССР. ДВНЦ. ТИГ; Прим. фил. геогр. о-ва СССР. — Препр. — Владивосток, 1979. — С. 26－27.

1715．**Д.Л. 布罗江斯基**：《远东与斯基泰－西伯利亚历史－文化的一致性》//《斯基泰－西伯利亚历史－文化的一致性问题·1979 年 11 月 14－17 日全苏考古学会议报告纲要》，克麦罗沃，1979 年，第 80－83 页。

Бродянский Д.Л. Дальний Восток и скифо-сибирское культурно-историческое единство // Проблемы скифо-сибирского культурно-исторического единства: Тез. докл. Всесоюз. археол. конф. 14－17 нояб. 1979 г. — Кемерово, 1979. — С. 80－83.

1716．**Д.Л. 布罗江斯基**：《远东南部区域考古学资料的历史分期尝试》//《西伯利亚、中央亚细亚考古学、民族学问题·1980 年 3 月 25－27 日区域会议报告纲要》，伊尔库茨克，1980 年，第 75－77 页。

Бродянский Д.Л. Опыт исторической периодизации археологических источников юга Дальневосточного региона // Проблемы археологии и этнографии Сибири и Центральной Азии: Тез. докл. к регион. конф., 25－27 марта 1980 г. — Иркутск, 1980. — С. 75－77.

1717．**Д.Л. 布罗江斯基**：《日本海区域的狩猎与水产生物资源的利用（更新世、全新世时期）》//《国际第四纪时期研究协会第 11 次会议报告纲要·莫斯科·1982 年 8 月》，莫斯科，1982 年，第 3 卷，第 29－30 页。

Бродянский Д.Л. Охота и эксплуатация гидробиологических ресурсов в бассейне Японского моря (плейстоцен, голоцен) // XI конгр. ИНКВА (Москва, авг. 1982 г.): Тез. докл. — М., 1982. — Т. 3. — С. 29－30.

1718．**Д.Л. 布罗江斯基**：《滨海地区青树林村发掘》//《西伯利亚、远东考古学》，东京，1982 年，第 2 卷：《滨海地区》，第 398－399 页，日文。

Бродянский Д.Л. Раскопки у с. Синий Гай в Приморье // Археология Сибири и Дальнего Востока. — Токио, 1982. — Т. 2: Приморье. — С. 398－399. — Яп. яз.

1719．**Д.Л. 布罗江斯基**：《日本海域水生生物资源的捕猎与勘探》//《第 11 届国际第四纪研究联合会大会摘要》，莫斯科，1982 年，第 2 卷，第 30－31 页。

Brodianski D.L. Hunting and Exploration of Hydrobiological Resources the Sea of Japan Basin // XI IN-QUA Congress: [Abstracts] . — M., 1982. — Vol. II. — P. 30－31.

1720．**Д.Л. 布罗江斯基**：《远东原始社会文化艺术、祭祀中的鹿、野猪》//《斯基泰－西伯利亚世界：艺术、意识形态·会议报告纲要》，克麦罗沃，1984 年，第 95－97 页。

Бродянский Д.Л. Олень и кабан в искусстве и культе первобытных культур Дальнего Востока // Скифо-сибирский мир: (Искусство и идеология): Тез. докл. конф. — Кемерово, 1984. — С. 95－97.

1721．**Д.Л. 布罗江斯基**：《日本海区域原始社会经济中的水生动物区系》//《苏联科学院考古研究所简报》，1985 年，第 181 集，第 57－60 页。

Бродянский Д.Л. Водная фауна бассейна Японского моря в первобытной экономике // КСИА. — 1985. — Вып. 181. — С. 57－60.

1722．**Д.Л. 布罗江斯基**：《远东的楚琳加（чуринга：澳洲某些民族的一种类似护符的图腾，译者注）》//《依据于考古学、民族学资料的西西伯利亚民族的世界观·会议报告纲要》，托木斯克，1985 年，第 35－36 页。

Бродянский Д.Л. Дальневосточные чуринги // Мировоззрение народов Западной Сибири по археологическим и этнографическим данным: Тез. докл. конф. — Томск, 1985. — С. 35－36.

1723. Д.Л. 布罗江斯基、B.A. 拉科夫：《从沿岸地区的采集经济到水产养殖》//《第 15 次远东学术会议："苏共第 27 次代表大会和苏联远东及亚洲国家发展问题"·报告及议程纲要》，符拉迪沃斯托克，1986 年，第 4 集，第 30－31 页。

Бродянский Д.Л., Раков В.А. От прибрежного собирательства к аквакультуре // XV Дальневост. науч. конф. 《XXVII съезд КПСС и пробл. развития Дальнего Востока СССР и зарубеж. государств Азии》: Тез. докл. и сообщ. — Владивосток, 1986. — Вып. 4. — С. 30－31.

1724. Д.Л. 布罗江斯基：《区域类型、阶段类型及文化类型（根据远东新石器、古金属时代资料）》//《东西伯利亚考古学、民族学研究：总结与展望·1986 年 5 月 13－15 日区域会议报告纲要》，伊尔库茨克，1986 年，第 43－44 页。

Бродянский Д.Л. Типы региональные, стадиальные, культурные (по материалам неолита и палеометалла Дальнего Востока) // Археологические и этнографические исследования Восточной Сибири: Итоги и перспективы: Тез. докл. к регион. конф. 13－15 мая 1986 года. — Иркутск, 1986. — С. 43－44.

1725. Д.Л. 布罗江斯基：《乌苏里斯克边疆区的古代经济（生态 － 经济学的回顾）》//《西伯利亚古代经济》，新西伯利亚，1986 年，第 28－40 页。

Бродянский Д.Л. Хозяйство древних в Уссурийском крае: (Экол. － экон. ретроспектива) // Палеоэкономика Сибири. — Новосибирск, 1986. — С. 28－40.

1726、Д.Л. 布罗江斯基：《远东新石器时代、古金属时代图像系统中拟人化的神话形象》//《拟人化形象》，新西伯利亚，1987 年，第 58－72 页（原始社会艺术）。

Бродянский Д.Л. Антропоморфные мифологические образы в системе артефактов неолита и палеометалла Дальнего Востока // Антропоморфные изображения. — Новосибирск, 1987. — С. 58－72. — (Первобыт. искусство).

1727. Д.Л. 布罗江斯基：《远东考古学概要》，符拉迪沃斯托克，远东国立大学出版社，1987 年，276 页。

Бродянский Д.Л. Введение в дальневосточную археологию. — Владивосток: Изд － во Дальневост. ун-та, 1987. — 276 с.

1728. Д.Л. 布罗江斯基：《滨海地区南部的新石器时代、古金属时代》，历史学博士论文作者文摘，苏联科学院西伯利亚分院历史·语文·哲学研究所，新西伯利亚，1987 年，32 页。

Бродянский Д.Л. Неолит и палеометалл Южного Приморья: Автореф. дис. ... д － ра ист. наук / АН СССР. СО. ИИФФ. — Новосибирск, 1987. — 32 с.

1729. Д.Л. 布罗江斯基：《远东考古学概要：简介》//《历史与考古信息·东北亚》，长春，1992 年 1 期，第 101 页，中文。

Бродянский Д.Л. Введение в дальневосточную археологию: аннотация // Новая информация по археологии Северо-Восточного Китая. — Чанчунь, 1992. — № 1. — С. 101. — Кит. яз.

1730．**Д.Л. 布罗江斯基**：《上古史：神话的来源》//《北美与俄罗斯远东之间的科学桥梁·第 45 届北极科学会议摘要》，符拉迪沃斯托克，1994 年，第 141 页。

Brodianski D.L. Paleohistory: the Sources of Myths // Bridges of the Science between North America and the Russian Far East: 45th Arctic Science Conf.: Abstracts. — Vladivostok, 1994. — Bk. 2. — P. 141.

1731．**Д.Л. 布罗江斯基**：《古代耕作业的远东起源地——经历了四分之一世纪的问题》//《俄罗斯科学院远东分院院刊》，1995 年 5 期，第 105－115 页。

Бродянский Д.Л. Дальневосточный очаг древнего земледелия: проблема спустя четверть века // Вестн. ДВО РАН. — 1995. — No 5. — С. 105－115.

1732．**Д.Л. 布罗江斯基**：《远东古代石刻、金属浮雕上的历法》//《俄罗斯科学院远东分院院刊》，1995 年 2 期，第 96－102 页。

Бродянский Д.Л. Календари в графике и торевтике дальневосточных древностей // Вестн. ДВО РАН. — 1995. — No 2. — С. 96－102.

1733．**Д.Л. 布罗江斯基**：《滨海地区南部的新石器时代、古金属时代》，历史学博士论文作者文摘，俄罗斯科学院西伯利亚分院考古与民族研究所，新西伯利亚，1995 年，49 页。

Бродянский Д.Л. Неолит и палеометалл Южного Приморья: Дис. ... д－ра ист. наук в виде науч. докл. / РАН. СО. ИАЭ. — Новосибирск, 1995. — 49 с.

1734．**Д.Л. 布罗江斯基**：《太平洋地区中石器时代问题》//《纪念黄龙浑教授汇编》，首尔，1995 年，第 589－599 页，朝文、俄文。

Бродянский Д.Л. Проблемы тихоокеанского мезолита // Сборник в честь профессора Хвана. — Сеул, 1995. — С. 589－599. — Кор. яз., рус. яз.

1735．**Д.Л. 布罗江斯基**：《人·文化·社会：从出生到跨入文明门槛，针对中学生、本科生、学员以及所有渴求人文科学知识之人入门讲座》，符拉迪沃斯托克，远东国立大学出版社，1995 年，192 页。

Бродянский Д.Л. Человек. Культура. Общество: от рождения до порога цивилизаций: Вводный цикл лекций для школьников, студентов, курсантов, для всех, кто стремится получить гуманит. знания. — Владивосток: Изд－во Дальневост. ун-та, 1995. — 192 с.

评论：**В.А. 伦沙**，刊于《国史、通史问题》，乌苏里斯克，1996 年，第 234－256 页。

Рец.：Лынша В.А. // Проблемы отечественной и всеобщей истории. — Уссурийск, 1996. — С. 234－256.

1736．**Д.Л. 布罗江斯基**：《滨海地区考古学》，首尔，1996 年，494 页，朝文。

Бродянский Д.Л. Археология Приморья. — Сеул: Хакён, 1996. — 494 с. — Кор. яз.

1737．**Д.Л. 布罗江斯基**：《远东新石器时代、古金属时代的天文知识》//《太平洋文化的古代艺术》，符拉迪沃斯托克，1996 年，第 73－99 页（《太平洋考古学》，第 9 集）。

Бродянский Д.Л. Космограммы дальневосточного неолита и палеометалла // Древнее искусство тихоокеанских культур. — Владивосток, 1996. — С. 73－99. — (Тихоокеан. археология; Вып. 9).

1738．**Д.Л. 布罗江斯基**：《滨海地区新石器时代、古金属时代文化的多层性》//《太平洋沿岸的石器时代——献给 П.И. 博里斯科夫斯基的崇高纪念》，符拉迪沃斯托克，1996 年，第 170－173 页（《太平洋考古学》，第 7 集）。

Бродянский Д.Л. Культурная многолинейность в неолите и палеометалле Приморья // Каменный век тихоокеанских побережий: Светлой памяти П.И. Борисковского посвящ. — Владивосток, 1996. — С. 170－173. — (Тихоокеан. археология; Вып. 7）.

1739. **Д.Л. Брродянски**：《文化的多层性与年代的平行性（根据滨海地区考古学资料)》//《阿穆尔边疆区研究会会刊》，1996 年，第 29 卷，第 12－22 页。

Бродянский Д.Л. Культурная многолинейность и хронологические параллели （по материалам археологии Приморья) // ЗОИАК. — 1996. — Т. XXIX. — С. 12－22.

1740. **Д.Л. Брродянски**：《太平洋地区的中石器时代问题》//《太平洋沿岸的石器时代——献给 П.И. 博里斯科夫斯基的崇高纪念》，符拉迪沃斯托克，1996 年，第 55－67 页（《太平洋考古学》，第 7 集）。

Бродянский Д.Л. Проблемы тихоокеанского мезолита // Каменный век тихоокеанских побережий: Светлой памяти П.И. Борисковского посвящ. — Владивосток, 1996. — С. 55－67. — (Тихоокеан. археология; Вып. 7）.

1741. **Д.Л. Брродянски**：《古代历法的多样性》//《俄罗斯科学院远东分院院刊》，1997 年 1 期，第 61－70 页。

Бродянский Д.Л. Многообразие древних кал.

1742. **Д.Л. Брродянски**：《远东古代艺术中的欧亚大陆神话》//《拉多加与海盗时代·第 4 次纪念 А. 玛琴斯卡娅报告会·拉多加站·1998 年 12 月 21－23 日》，圣彼得堡，1998 年，第 101－103 页。

Бродянский Д.Л. Евразийская мифология в древнем искусстве Дальнего Востока // Ладога и эпоха викингов: 4－е чтения памяти А. Мачинской, Ст. Ладога, 21－23 дек. 1998 г. — СПб., 1998. — С. 101－103.

1743. **Д.Л. Брродянски**：《远东出土的艺术与神话》//《几千年全景下的西伯利亚·国际讨论会资料》，新西伯利亚，1998 年，第 1 卷，第 88－92 页。

Бродянский Д.Л. Ископаемое искусство и мифология на Дальнем Востоке // Сибирь в панораме тысячелетий: (Материалы междунар. симп.). — Новосибирск, 1998. — Т. 1. — С. 88－92.

1744. **Д.Л. Брродянски**：《考古学前提下的可移动的岩画与物象标志》//《原始社会艺术国际会议报告纲要》，克麦罗沃，1998 年，第 76－77 页。

Бродянский Д.Л. Мобильные петроглифы и предметы знаки в археологическом контексте // Международная конф. по первобытному искусству: Тез. докл. — Кемерово, 1998. — С. 76－77.

1745. **Д.Л. Брродянски**：《依据日本海沿岸的发现看爱斯基摩人的海洋适应性及其起源问题》//《美洲西北部太平洋沿岸与亚洲东北部原住居民之间的历史文化联系·纪念德茹泽波夫斯基北太平洋考察 100 周年国际学术会议资料·符拉迪沃斯托克·1998 年 4 月 1－5 日》，符拉迪沃斯托克，1998 年，第 115－120 页。

Бродянский Д.Л. Морская адаптация и проблема происхождения эскимосов в свете открытий на побережье Японского моря // Историко-культурные связи между коренным населением тихоокеанского побережья Северо-Западной Америки и Северо-Восточной Азии: К 100-летию Джузеповской Северо-Тихоокеанской экспедиции: Материалы междунар. науч. конф. (Владивосток, 1－5 апр. 1998 г.). — Владивосток, 1998. — С. 115－120.

1746．**Д.Л. 布罗江斯基**：《普霍沃出土的斧钺以及阿尔谢尼耶夫市博物馆的其他发现（对 A.C. 库兹涅佐夫文章的评注与补充)》//《远东古代映像的世界·纪念 A.П. 奥克拉德尼科夫诞辰 90 周年》，符拉迪沃斯托克，1998 年，第 144－150 页（《太平洋考古学》，第 10 集）。

Бродянский Д.Л. Чекан из Пухово и другие находки в музее города Арсеньева（Коммент. и доп. к статье А.С. Кузнецова）// Мир древних образов на Дальнем Востоке: Девяностолетию светлой памяти А.П. Окладникова посвящ. — Владивосток, 1998. — С. 144－150. — (Тихоокеан. археология; Вып. 10).

1747．**Д.Л. 布罗江斯基**：《远东地区的古代艺术》//《原始社会艺术国际会议文集》，克麦罗沃，1999 年，第 1 卷，第 36－41 页。

Бродянский Д.Л. Дальневосточная провинция древнего искусства // Международная конф. по первобытному искусству: Труды. — Кемерово, 1999. — Т. I. — С. 36－41.

1748．**Д.Л. 布罗江斯基**：《远东文明的古史起源》//《东亚历史教育问题：大学教师与学者的对话· 国际学术会议资料》，符拉迪沃斯托克，1999 年，第 141 页。

Бродянский Д.Л. Палеоисторические истоки дальневосточных цивилизаций // Проблемы исторического образования в Восточной Азии: диалог преподавателей и ученых: Материалы междунар. науч. конф. — Владивосток, 1999. — С. 141.

1749．**Д.Л. 布罗江斯基**：《滨海地区、朝鲜的考古学：接触范围》//《远东国立大学朝鲜研究中心通报》，符拉迪沃斯托克，2000 年，第 71－73 页。

Бродянский Д.Л. Археология Приморья и Кореи: область контактов // Вестн. центра корееведческих исслед. Дальневост. ун-та. — Владивосток, 2000. — С. 71－73.

1750．**Д.Л. 布罗江斯基**：《石器时代的面具》//《通过心理学、文化学看面具·2000 年 3 月 23－24 日远东学术汇报会资料》，符拉迪沃斯托克，2000 年，第 21－22 页。

Бродянский Д.Л. Личины - маски каменного века // Маска сквозь призму психологии и культурологии: Материалы Дальневост. науч.-практ. конф., 23－24 марта 2000 г. — Владивосток, 2000. — С. 21－22.

1751．**Д.Л. 布罗江斯基**：《盘状石——便于携带的岩画》//《历史、语文、文化问题》，莫斯科、马格尼托哥尔斯克，2000 年，第 8 集，第 16－23 页。

Бродянский Д.Л. Чашечные камни — портативные петроглифы // Проблемы истории, филологии, культуры. — М.; Магнитогорск, 2000. — Вып. VIII. — С. 16－23.

1752．**Ф.Ф. 布谢**：《勒富河、刀毕河、乌拉河谷地的古代遗存》//《阿穆尔边疆区研究会会刊》，符拉迪沃斯托克，1888 年，第 1 卷，第 1－28 页。

Буссе Ф.Ф. Остатки древностей в долинах рек Лефу, Даубихэ и Улахэ // ЗОИАК. — 1888. — Т. 1. — С. 1－28.

评论：刊于《俄罗斯考古学会东方分会会刊》，1890 年，第 5 卷，第 323 页。

Рец.: Зап. Вост. отд-ния Рус. археол. о-ва. — 1890. — Т. 5. — С. 323.

1753．**Ф.Ф. 布谢、Л.А. 克拉波特金**：《阿穆尔边疆区的古代遗迹》//《阿穆尔边疆区研究会会刊》，1908 年，第 12 卷，第 1－66 页。

Буссе Ф.Ф., Крапоткин Л.А. Остатки древностей в Амурском крае // ЗОИАК. — 1908. — Т. 12.

— С. 1 - 66.

1754. **С.А. 瓦西里耶夫**：《北亚旧石器研究的新进展》// 《人类学》，巴黎，1996 年 1 期，第 156 - 178 页，法文。

Vasil'ev S.A. Propos des Rècents Progrès des ètudes Palèolithiques en Asia du Nord // Anthropologie. — Paris, 1996. — T. 100, № 1. — P. 156 - 178.

1755. **Р.С. 瓦西里耶夫斯基**：《论北太平洋海洋渔猎者古代文化的起源问题》，莫斯科，科学出版社，1973 年，16 页（1973 年 9 月芝加哥第 9 次国际人类学、民族学会议－苏联代表团报告）。

Васильевский Р.С. О проблеме происхождения древних культур морских охотников тихоокеанского севера. — М.: Наука, 1973. — 16 с. — (IX Междунар. конгр. антропол. и этногр. наук (Чикаго, сент., 1973). Доклады советской делегации).

1756. **Р.С. 瓦西里耶夫斯基**：《北太平洋石器工业中的勒瓦娄哇特征》// 《1979 年 8 月哈巴罗夫斯克苏联第 14 次太平洋学术会议·社会主义、人文科学 L 委员会第 3、第 4 组报告纲要》，莫斯科，1979 年，第 2 卷，第 187 - 189 页。

Васильевский Р.С. Леваллуазские черты в каменных индустриях Северной Пасифики // XIV Тихоокеан. науч. конгр. СССР. Хабаровск, авг. 1979. Комитет L. Социал. и гуманит. науки. Секция III. Секция IV: Тез. докл. — М., 1979. — Т. 2. — С. 187 - 189.

1757. **Р.С. 瓦西里耶夫斯基**：《太平洋区域新石器时代部落的意识形态观念（根据阿穆尔河下游、滨海地区、日本北方的考古学资料)》// 《"古代社会的意识形态观念"会议报告纲要》，莫斯科，1980 年，第 58 - 61 页。

Васильевский Р.С. Идеологические представления неолитических племен Тихоокеанского региона (по археологическим материалам Нижнего Амура, Приморья, Северной Японии) // Конференция 《Идеол. представления древнейших обществ》: Тез. докл. — М., 1980. — С. 58 - 61.

1758. **Р.С. 瓦西里耶夫斯基、А.П. 奥克拉德尼科夫**：《北亚新石器时代艺术中熊的形象》// 《石兽（原始社会的艺术)》，新西伯利亚，1980 年，第 230 - 238 页。

Васильевский Р.С., Окладников А.П. Изображения медведей в неолитическом искусстве Северной Азии // Звери в камне: (Первобыт. искусство). — Новосибирск, 1980. — С. 230 - 238.

1759. **Р.С. 瓦西里耶夫斯基**：《北太平洋海洋经济的形成与发展》// 《国际第四纪时期研究协会会议·莫斯科·1982 年 8 月·报告纲要》，莫斯科，1982 年，第 3 卷，第 67 - 68 页，俄文、英文。

Васильевский Р.С. Становление и развитие приморского хозяйства северной части Тихого океана // Конгр. ИНКВА (Москва, авг. 1982 г.): Тез. докл. — М., 1982. — Т. 3. — С. 67 - 68. — Рус. яз., англ. яз.

1760. **Р.С. 瓦西里耶夫斯基**：《北亚、北美石器工业中的勒瓦娄哇传统》// 《更新世晚期、全新世早期亚洲与美洲的文化联系》，新西伯利亚，1983 年，第 27 - 36 页。

Васильевский Р.С. Леваллуазские традиции в каменных индустриях Северной Азии и Северной Америки // Позднеплейстоценовые и раннеголоценовые культурные связи Азии и Америки. — Новосибирск, 1983. — С. 27 - 36.

1761. **Р.С. 瓦西里耶夫斯基**：《环境作用对原始社会发展的影响》// 《西伯利亚开发的历史经验·

1986 年 10 月 14－16 日新西伯利亚"西伯利亚研究与开发的历史经验"全苏学术会议报告纲要》，新西伯利亚，1986 年，第 1 集，第 3－4 页。

Васильевский Р.С. Воздействие окружающей среды на развитие первобытного общества // Исторический опыт освоения Сибири: Тез. докл. Всесоюз. науч. конф. 《Ист. опыт изучения и освоения Сибири》, Новосибирск, 14－16 окт. 1986 г. — Новосибирск, 1986. — Вып. I. — С. 3－4.

1762．Р.С. 瓦西里耶夫斯基：《滨海地区的经济体系：起源与进化》//《西伯利亚古代经济》，新西伯利亚，1986 年，第 12－18 页。

Васильевский Р.С. Приморская система хозяйства: генезис и эволюция // Палеоэкономика Сибири. — Новосибирск, 1986. — С. 12－18.

1763．Р.С. 瓦西里耶夫斯基：《北太平洋古代社会的文化结构与经济结构的发展》//《北亚、美洲的古生态学与古代人类居民点·国际会议报告摘要》，克拉斯诺亚尔斯克，1992 年，第 34－36 页。

Васильевский Р.С. Развитие культурных и экономических структур древних обществ в Северной Пасифике // Палеоэкология и расселение древнего человека в Северной Азии и Америке: Крат. содерж. докл. междунар. симп. — Красноярск, 1992. — С. 34－36.

1764．Р.С. 瓦西里耶夫斯基：《北太平洋地区的生态系统：对于史前史的一些启示》//《第 1 届北极社会科学国际大会文集》，魁北克，1992 年，第 3 页，单行本。

Vasilievsky R.S. Ecological Systems of the Northern Pacific: Some Implications for Prehistory // 1st International Congress of Arctic Social Sciences. — Quebec, 1992. — 3 p. —Отд. отт.

1765．Р.С. 瓦西里耶夫斯基：《更新世时期东北亚地区的自然环境与旧石器时代的人类》//《早全新世》蒙特利尔；魁北克，1993 年，第 5 页。

Vasilievsky R.S. Environmental Conditions and Paleolithic Man in Northeast Asia during the Pleistocene — Early Holocene. — Montreal; Quebec, 1993. — 5 p.

1766．Р.С. 瓦西里耶夫斯基：《西伯利亚考古议题》，埃德蒙顿，1993 年，14 页。

Vasilievsky R.S. Issues of Siberian Archaeology. — Edmonton, 1993. — 14 p.

1767．Р.С. 瓦西里耶夫斯基：《东北亚海洋文化》//《国际史前文化的起源、发展及传播研讨会文集》，火鲁奴奴，1993 年，第 8 页，单行本。

Vasilievsky R.S. Northeastern Asian Maritime Cultures // International Seminar on the Origin, Development and Spread of Prehistoric Cultures. — Honolulu, 1993. — 8 p. —Отд. отт.

1768．Р.С. 瓦西里耶夫斯基：《东北亚的史前史与人种史学（讲稿）》，埃德蒙顿，1993 年，176 页。

Vasilievsky R.S. Prehistory and Ethnohistory of Northeast Asia (Course of Lectures). — Edmonton, 1993. — 176 p.

1769．Р.С. 瓦西里耶夫斯基：《更新世晚期至全新世时期东北亚沿海岸经济的专门化与定居生活方式》//《西伯利亚人文科学》，1994 年 3 期，第 9－13 页。

Васильевский Р.С. Хозяйственная специализация и оседлость в постплейстоцене — голоцене на побережье Северо-Восточной Азии // Гуманит. науки в Сибири. — 1994. — № 3. — С. 9－13.

1770．Р.С. 瓦西里耶夫斯基：《东北亚海岸海洋适应的史前史》//《北美与俄罗斯远东之间的科学桥梁：第 45 届北极科学会议摘要》，符拉迪沃斯托克，1994 年，第 152 页。

Vasilevsky R.S. Prehistory of Maritime Adaptation on the Coast of Northeastern Asia // Bridges of the Science between North America and the Russian Far East：45th Arctic Science Conference：Abstracts．— Vladivostok，1994．— Bk．2．— P．152．

1771．**Р.С. 瓦西里耶夫斯基**：《更新世晚期至全新世东北亚沿海岸渔业的发展：经济的专门化与定居生活方式》//《亚洲的古代文化》，首尔，1995 年，第 565－586 页，俄文、朝文。

Васильевский Р.С. Развитие рыболовства в позднем плейстоцене－голоцене на побережье Северо-Восточной Азии：хозяйственная специализация и оседлость // Древние культуры Азии．— Сеул，1995．— С．565－586．— Рус. яз.，кор. яз.

1772．**Р.С. 瓦西里耶夫斯基**：《东北亚民族生活的传统制度及其起源》//《西伯利亚、美洲民族的文化传统：继承性与生态学（综合研究的视野）·会议资料》，赤塔，1995 年，第 76－77 页。

Васильевский Р.С. Традиционные системы существования народов Северо-Восточной Азии и их истоки // Культурные традиции народов Сибири и Америки：преемственность и экология（горизонты комплексного изуч.）：Материалы［конф.］— Чита，1995．— С．76－77．

1773．**Р.С. 瓦西里耶夫斯基**：《新石器时代向青铜时代过渡期的东北亚》//《韩国上古史学报》，首尔，1995 年 19 期，第 491－532 页。

Vasilievsky R.S. North－East Asia in the Transitional Period from Neolithic to Paleometal Age // Journal of Korean Ancient Historical Society．— Seoul，1995．— No．19．— P．491－532．

1774．**Р.С. 瓦西里耶夫斯基**：《太平洋北岸的更新世晚期适应与文化变化》//《东亚、北美的旧石器晚期至新石器早期·国际会议资料》，符拉迪沃斯托克，1996 年，第 31－32 页。

Васильевский Р.С. Постплейстоценовая адаптация и культурная трансформация на северном побережье Тихого океана // Поздний палеолит — ранний неолит Восточной Азии и Северной Америки（материалы междунар. конф.）．— Владивосток，1996．— С．31－32．

1775．**Р.С. 瓦西里耶夫斯基**：《引言》//《美洲的开端：白令地区的史前史与古生态学》，芝加哥、伦敦，1996 年。第 5 章：《南部滨海边疆区》，第 251－255 页。

Vasilievsky R.S. Introduction // American Beginnings：The Prehistory and Paleoecology of Beringia．— Chicago；London，1996．— Chapter 5：Southern Primorye．— P．251－255．

1776．**Р.С. 瓦西里耶夫斯基**：《迁徙以及迁徙在北亚早期居住地中的作用》//《亚萨瓦大学学报》，1998 年 1 期，第 76－80 页。

Васильевский Р.С. Миграции и их роль в первоначальном заселении Северной Азии // Вестн. Ун-та Ясави．— 1998．– No 1．— С．76－80．

1777．**Р.С. 瓦西里耶夫斯基**：《论东北古亚细亚人、爱斯基摩人的民族起源问题》//《西伯利亚及其毗邻地区的考古学、民族学、人类学问题·1998 年 12 月俄罗斯科学院西伯利亚分院考古与民族研究所第 6 次总结年会资料》，新西伯利亚，1998 年，第 4 卷，第 219－225 页。

Васильевский Р.С. О проблеме этногенеза северо-восточных палеоазиатов и эскимосов // Проблемы археологии，этнографии，антропологии Сибири и сопредельных территорий：Материалы VI Годовой итог. сес. Ин-та археологии и этнографии СО РАН. Дек. 1998 г．— Новосибирск，1998．— Т．IV．— С．219－225．

1778．**Р.С. 瓦西里耶夫斯基**：《考古学前提下的经济文化类型（论东北亚考古学 － 民族学的构拟问题)》//《考古学、民族学考察的一体化·纪念 Д.Н. 阿努奇诞辰 155 周年国际学术讨论会》，鄂木斯克，1998 年，第 1 卷，第 36－38 页。

Васильевский Р.С. Хозяйственно-культурные типы в археологическом контексте：（К вопросу об археолого-этнографических реконструкциях в Северо-Восточной Азии) // Интеграция археологических и этнографических исследований：Материалы VI Междунар. науч. семинара, посвящ. 155 － летию со дня рождения Д.Н. Анучина. — Омск, 1998. — Ч. 1. — С. 36－38.

1779．**Р.С. 瓦西里耶夫斯基**：《东北亚太平洋沿岸作为海洋适应早期形式的渔业》//《北极人类学》，1998 年，第 35 卷，第 1 期，第 281－295 页。

Vasil'evsky R.S. Fishing as an Early Form of Maritime Adaptation on the Pacific Coast of Northeast Asia // Arctic Anthropology. — 1998. — Vol. 35, No. 1. — P. 281－295.

1780．**Л.Л. 维克托洛娃**：《论公元前 4 世纪至公元 12 世纪时期远东蒙古部落居民点问题》//《列宁格勒国立大学学报》，1958 年 256 期：《东方学系列·第 7 集》，第 41－67 页。

Викторова Л.Л. К вопросу расселения монгольских племен на Дальнем Востоке в IV в. до н.э. — XII в. н.э. // Учен. зап. ЛГУ. — 1958. — № 256：Сер. востоковед. наук, вып. 7. — С. 41－67.

1781．**М.В. 沃罗比耶夫**：《日本海国家的石器时代（包括滨海地区)》，历史学副博士论文作者文摘，苏联科学院物质文化史研究所列宁格勒分部，列宁格勒，1953 年，18 页。

Воробьев М.В. Каменный век стран Японского моря［включая Приморье］：Автореф. дис. . . . канд. ист. наук / АН СССР. ИИМК. Ленинградское отд－ние. — Л., 1953. — 18 с.

1782．**М.В. 沃罗比耶夫**：《女真五京制》//《苏联地理学会报告》，1968 年，第 5 集：《民族学》，第 78－84 页。

Воробьев М.В. Система пяти столиц чжурчжэней // Докл. Геогр. о-ва СССР. — 1968. — Вып. 5：Этнография. — С. 78－84.

1783．**М.В. 沃罗比耶夫**：《金朝的民族与女真的民族政策》//《东方民族的文字遗存与文化史》，列宁格勒，1969 年，第 42－45 页。

Воробьев М.В. Народы империи Цзинь и национальная политика чжурчжэней // Письменные памятники и проблемы истории культуры народов Востока. — Л., 1969. — С. 42－45.

1784．**М.В. 沃罗比耶夫**：《从民族地理学方面看 10－12 世纪朝鲜－女真关系》//《苏联地理学会报告》，1970 年，第 15 集：《民族学》，第 60－71 页。

Воробьев М.В. Корейско-чжурчжэньские отношения в X — XII вв. в свете этнической географии // Докл. Геогр. о-ва СССР. — 1970. — Вып. 15：Этнография. — С. 60－71.

1785．**М.В. 沃罗比耶夫**：《金朝（1115－1234 年）的印章》//《东亚、南亚的铭文学》，莫斯科，1972 年，第 81－98 页。

Воробьев М.В. Печати государства Цзинь．（1115 — 1234) // Эпиграфика Восточной и Южной Азии. — М., 1972. — С. 81－98.

1786．**М.В. 沃罗比耶夫**：《女真与金王朝（10 世纪－1234 年)》，历史学博士论文作者文摘，列宁格勒国立大学，列宁格勒，1971 年，36 页。

Воробьев М.В. Чжурчжэни и государство Цзинь（Ⅹ в. — 1234 г.）: Автореф. дис. … д - ра ист. наук / ЛГУ. — Л., 1972. — 36 с.

1787. **М.В. 沃罗比耶夫**：《女真与金王朝（10 世纪－1234 年）：历史纲要》，莫斯科，科学出版社，1975 年，448 页。

Воробьев М.В. Чжурчжэни и государство Цзинь（Ⅹ в. — 1234 г.）: Ист. очерк. — М.: Наука, 1975. — 448 с.

评论：**Л.С. 别列洛莫夫**，刊于《远东问题》，1997 年 1 期，第 171－174 页。

Рец.: Переломов Л.С. // Пробл. Дал. Востока. — 1977. — № 1. — С. 171－174.

1788. **М.В. 沃罗比耶夫**：《女真文化与金王朝（10 世纪－1234 年）》，莫斯科，科学出版社，1983 年，368 页。

Воробьев М.В. Культура чжурчжэней и государства Цзинь（Ⅹ в. — 1234 г.）. — М.: Наука, 1983. — 368 с.

评论：**В.Е. 麦德维杰夫**，刊于《苏联科学院西伯利亚分院院刊》，1988 年 1 期：《历史、语文、哲学系列》，第 63－64 页；B. 别切里察，刊于《远东》，1984 年 11 期，第 157－158 页。

Рец.: Медведев В.Е. // ИСОАН СССР. — 1988. — № 1: Сер. ист., филол. и филос. — С. 63－64; Печерица В. // ДВ. — 1984. — № 11. — С. 157－158.

1789. **М.В. 沃罗比耶夫**：《满洲与内蒙古东部（从古代至 9 世纪）》，符拉迪沃斯托克，远东科学出版社，1994 年，410 页。

Воробьев М.В. Маньчжурия и Восточная Внутренняя Монголия（с древнейших времен до Ⅸ в. включительно）. — Владивосток: Дальнаука, 1994. — 410 с.

1790. **Ю.Е. 沃斯特列佐夫、И.С. 茹希霍夫斯卡娅**：《滨海地区基辅卡多层遗址》// 《1979 年考古发现》，莫斯科，1980 年，第 197－198 页。

Вострецов Ю.Е., Жущиховская И.С. Многослойный памятник Киевка в Приморье // АО, 1979. — М., 1980. — С. 197－198.

1791. **Ю.Е. 沃斯特列佐夫**：《滨海地区、阿穆尔河沿岸古代的本地民族对柞木的利用》// 《考古学、民族学研究的一体化·学术著述汇编》，符拉迪沃斯托克、鄂木斯克，2000 年，第 176－177 页。

Вострецов Ю.Е. Использование дуба древними и коренными народами Приморья и Приамурья // Интеграция археологических и этнографических исследований: Сб. науч. тр. — Владивосток; Омск, 2000. — С. 176－177.

1792. **Ю.Е. 沃斯特列佐夫**：《中全新世时期日本海东北海岸沿线的海洋适应》，《加州考古学会第 34 次年会摘要》，加州大学河边分校，2000 年，第 75 页。

Vostretsov Yu. Middle Holocene Maritime Adaptation along the Northwestern Coast of Sea of Japan // Society for California Archaeology. 34th Annual Meeting: Abstracts. — Riverside, 2000. — P. 75.

1793. **В.П. 弗拉季**：《布拉戈维申斯克博物馆藏品（包括考古收藏品）的说明与早期目录》，布拉戈维申斯克，1900 年，34 页。

Врадий В.П. Описание и первый каталог коллекции［включая археологическую］Благовещенского музея. — Благовещенск, 1900. — 34 с.

1794．**O.C. 加拉克季奥诺夫、A.B. 加尔科维克、B.A. 霍列夫**：《考古遗存》//《滨海边疆区历史、文化遗存：资料汇编》，布拉戈维申斯克博物馆，1991 年，第 221－268 页。

Галактионов О.С., Гарковик А.В., Хорев В.А. Археологические памятники // Памятники истории и культуры Приморского края: Материалы к своду. — Б. м., 1991. — С. 221－268.

1795．**A.B. 加尔科维克**：《青石崖遗址》//《第 8 次全苏大学生－考古学者会议报告纲要》，列宁格勒，1962 年，第 20－21 页。

Гарковик А.В. Поселение Синие Скалы // Тез. докл. на 8 － й Всесоюз. конф. студентов － археологов. — Л., 1962. — С. 20－21.

1796．**A.B. 加尔科维克**：《（滨海地区）"小野马"山岗遗址》//《苏联科学院远东科学中心文集·历史系列》，1971 年，第 8 卷：《远东历史学、社会学、语文学》，第 72－73 页。

Гарковик А.В. Поселение на сопке《Мустанг》[в Приморье] // Тр. / АН СССР. ДВНЦ. Сер. ист. — 1971. — Т. 8: История, социология и филология Дальнего Востока. — С. 72－73.

1797．**A.B. 加尔科维克**：《滨海地区新石器时代、早期铁器时代研究的新资料》//《远东南部原始社会考古学新资料》，苏联科学院远东分院历史·考古·民族研究所，预印本，符拉迪沃斯托克，1987 年，第 15－19 页。

Гарковик А.В. Новые материалы к изучению неолита и раннего железного века в Приморье // Новые материалы по первобытной археологии юга Дальнего Востока / АН СССР. ДВО. ИИАЭ. — Препр. — Владивосток, 1987. — С. 15－19.

1798．**A.B. 加尔科维克**：《在（滨海边疆区哈桑地区）雷巴克 1 号遗址的工作》//《1985 年考古发现》，莫斯科，1987 年，第 234－235 页。

Гарковик А.В. Работы на поселении Рыбак I [в Хасанском районе Приморского края] // АО, 1985. — М., 1987. — С. 234－235.

1799．**A.B. 加尔科维克**：《（滨海地区）国家海洋禁渔区的考古遗存》//《苏联远东南部原始社会时代遗存的最新研究》，苏联科学院远东分院历史·考古·民族研究所，预印本，符拉迪沃斯托克，1988 年，第 13－22 页。

Гарковик А.В. Археологические памятники Государственного морского заповедника [в Приморье] // Новейшие исследования памятников первобытной эпохи на юге Дальнего Востока СССР / АН СССР. ДВО. ИИАЭ. — Препр. — Владивосток, 1988. — С. 13－22.

1800．**A.B. 加尔科维克、B.E. 叶尔马科夫、H.A. 克柳耶夫**：《国家海洋禁渔区的考古遗存》，苏联科学院远东分院历史·考古·民族研究所，预印本，符拉迪沃斯托克，1989 年，第 62 页。

Гарковик А.В., Ермаков В.Е., Клюев Н.А. Археологические памятники Государственного морского заповедника / АН СССР. ДВО. ИИАЭ. — Препр. — Владивосток, 1989. — 62 с.

1801．**A.B. 加尔科维克**：《古代滨海地区的居住地（石器时代）》//《俄罗斯东部地区开发的历史经验·国际会议报告、议程纲要》，符拉迪沃斯托克，1993 年，第 1 集，第 89－92 页。

Гарковик А.В. Заселение Приморья в древности: (Эпоха камня) // Исторический опыт освоения восточных районов России: Тез. докл. и сообщ. междунар. конф. — Владивосток, 1993. — Вып. 1. — С.89－92.

1802．**A.B. 加尔科维克**：《1987 年 "小野马" 1 号遗址发掘成果》//《俄罗斯远东考古学研究》，苏联科学院远东分院历史·考古·民族研究所，预印本，符拉迪沃斯托克，1993 年，第 3－6、82－83 页。

Гарковик А.В. Результаты раскопок на поселении Мустанг－1 в 1987 г. // Археологические исследования на Дальнем Востоке России / РАН. ДВО. ИИАЭ. — Препр. — Владивосток, 1993. — С. 3－6, 82－83 [ил.].

1803．**A.B. 加尔科维克、Я.B. 库兹明**：《（滨海地区东部）叶夫斯塔菲港湾古代的居住地时期》//《北太平洋考古学》，符拉迪沃斯托克，1996 年，第 322－328 页。

Гарковик А.В., Кузьмин Я.В. Этапы заселения в древности бухты Евстафия（Восточное Приморье）// Археология Северной Пасифики. — Владивосток, 1996. — С. 322－328.

1804．**A.B. 加尔科维克**：《原始社会时代滨海地区民族中的医学知识因素》//《从萨满铃鼓到激光射线（滨海地区医学史纲要）》，符拉迪沃斯托克，1997 年，第 1 卷，第 7－28 页。

Гарковик А.В. Элементы медицинских знаний у народов Приморья в эпоху первобытности // От шаманского бубна до луча лазера.（Очерки по истории медицины Приморья）. — Владивосток, 1997. — Ч. 1. — С. 7－28.

1805．**A.B. 加尔科维克**：《滨海地区古代史资料（旧石器晚期至发达铁器时代)》//《东亚历史教育问题：大学教师与学者的对话·国际学术会议资料》，符拉迪沃斯托克，1999 年，第 142－143 页。

Гарковик А.В. Источники по древней истории Приморья（поздний палеолит — эпоха развитого железа）// Проблемы исторического образования в Восточной Азии: диалог преподавателей и ученых: Материалы междунар. науч. конф. — Владивосток, 1999. — С. 142－143.

1806．**A.B. 加尔科维克**：《滨海边疆区遗址出土的原始古陶器》//《1999 年关于古代釉陶、瓷器国际科技大会文集》，上海，1999 年，第 286－293 页，英文、中文。

Garkovik A. Original Ancient Ceramic Artifacts from Sites of Primorski Territory // Собрание работ международного научно-технического симпозиума по древней керамике и фарфору 1999（ISAC' 99）. — Шанхай, 1999. — С. 286－293. — Англ. яз., кит. яз.

1807．［**A.П. 格里梅尔先**］《关于南乌苏里斯克边疆区古代遗存状况的报告》//《俄罗斯地理学会会刊》，1869 年，第 5 卷 8 期，第 309－312 页。

［**Гельмерсен П.А.**］Сообщение о состоянии памятников древности в Южноуссурийском крае // ИРГО. — 1869. — Т. 5, № 8. — С. 309－312.

1808．**M.M. 格尔西莫夫**：《哈巴罗夫斯克市郊石器时期史前人类的新遗址》//《俄罗斯地理学会东西伯利亚分部会刊》，1928 年，第 53 卷，第 135－140 页。

Герасимов М.М. Новые стоянки доисторического человека каменного периода в окрестностях г. Хабаровска // ИВСОРГО. — 1928. — Т. 53. — С. 135－140.

1809．**T.A. 格鲁斯**：《阿穆尔河下游古代文化研究》//《萨哈林州考古学研究》，符拉迪沃斯托克，1977 年，第 38－53 页。

Герус Т.А. Исследование древних культур Нижнего Амура // Исследования по археологии Сахалинской области. — Владивосток, 1977. — С. 38－53.

1810．**C.A. 格拉德舍夫**：《（滨海地区南部）泽尔卡利纳亚河谷地考古调查》//《北亚、东亚考古学问题》，新西伯利亚，1986 年，第 88－99 页。

Гладышев С.А. Археологические разведки в долине р. Зеркальной（Южное Приморье）// Проблемы археологии Северной и Восточной Азии. — Новосибирск, 1986. — С. 88－99.

1811. **С.А. 格拉德舍夫**：《（滨海地区南部）泽尔卡利纳亚河谷地考古调查》//《西伯利亚、远东古代文化遗存研究》，新西伯利亚，1987 年，第 182－183 页。

Гладышев С.А. Археологические разведки в долине реки Зеркальной（Южное Приморье）// Исследования памятников древних культур Сибири и Дальнего Востока. — Новосибирск, 1987. — С. 182－183.

1812. **В.Е. 格卢兹多夫斯基**：《阿穆尔边疆区、乌苏里斯克边疆区的古迹：阿穆尔边疆区研究会博物馆目录》//《阿穆尔边疆区研究会会刊》，1907 年，第 11 卷，第 1 册，第 109－122 页。

Глуздовский В.Е. Древности Амурского и Уссурийского края: Каталог музея О－ва изуч. Амурского края // ЗОИАК. — 1907. — Т. 11, ч. 1. — С. 109－122.

1813. **В.Е. 格卢兹多夫斯基**：《滨海地区的发现与兼并》//《滨海地区及其自然与经济》，符拉迪沃斯托克，1923 年，第 10－17 页。

Глуздовский В.Е. Открытие и присоединение Приморья // Приморье, его природа и хозяйство. — Владивосток, 1923. — С. 10－17.

1814. **С.В. 贡恰罗娃**：《哈巴罗夫斯克方志博物馆收藏的 В.К. 阿尔谢尼耶夫的考古搜集品》//《远东、中央亚细亚的考古学与民族学》，符拉迪沃斯托克，1998 年，第 190－192 页。

Гончарова С.В. Археологические коллекции В.К. Арсеньева из фондов Хабаровского краеведческого музея // Археология и этнология Дальнего Востока и Центральной Азии. — Владивосток, 1998. — С. 190-192.

1815. **И.С. 格尔什科娃**：《作为历史资料的装饰品》//《苏联远东考古学、历史学研究》，苏联科学院远东分院历史·考古·民族研究所，预印本，符拉迪沃斯托克，1989 年，第 25－30 页。

Горшкова И.С. Украшения как исторический источник // Археологические и исторические исследования на Дальнем Востоке СССР / АН СССР. ДВО. ИИАЭ. — Препр. — Владивосток, 1989. — С. 25－30.

1816. **Ал.В. 格列比翁希科夫**：《依据于考古学资料的阿穆尔边疆区历史研究》//《25 周年纪念汇编·阿穆尔边疆区研究会博物馆成立 25 周年》，符拉迪沃斯托克，1916 年，第 50－75 页。

Гребенщиков Ал.В. К изучению истории Амурского края по данным археологии // Юбилейный сборник, XXV: Музей ОИАК за первые 25 лет его существования. — Владивосток, 1916. — С. 50－75.

1817. **Ал.В. 格列比翁希科夫**：《远东－历史纲要》//《北亚》，1926 年，5－6 期合刊，第 100－111 页。

Гребенщиков Ал.В. Дальний Восток. Исторический очерк // Сев. Азия. — 1926. — Кн. 5－6. — С. 100－111.

1818. **Ал.В. 格列比翁希科夫**：《我们边疆区的历史纲要》//《整体符拉迪沃斯托克：指南》，符拉迪沃斯托克，1926 年，第 113－121 页。

Гребенщиков Ал.В. Исторический очерк нашего края // Весь Владивосток: Справочник. —

Владивосток，1926． — С. 113－121．

1819．Ан.В. 格列比翁希科夫、С.П. 涅斯捷罗夫：《布列亚河谷地两个遗存（苏希耶河汉 1 号、2 号遗址）研究的初步结果》//《阿穆尔河中游金属时代新遗存》，新西伯利亚，1987 年，第 72－98 页。

Гребенщиков Ан.В.，Нестеров С.П. Предварительные итоги изучения двух памятников［Сухие протоки － 1，2］в долине р. Буреи // Новые памятники эпохи металла на Среднем Амуре． — Новосибирск，1987． — С. 72－98．

1820．Ан.В. 格列比翁希科夫：《一种制陶传统的历史（关于古代远东南部的跨文化进程）》//《东亚的传统文化：考古学与文化人类学》，布拉戈维申斯克，1995 年，第 142－155 页。

Гребенщиков Ан.В. История одной гончарной традиции（о кросскультурных процессах на юге древнего Дальнего Востока） // Традиционная культура востока Азии. Археология и культурная антропология． — Благовещенск，1995． — С. 142－155．

1821．Б.Г. 格里格连科：《日本岛屿、大陆的最古老文化》//《北亚民族的起源·会议资料》，新西伯利亚，1969 年，第 1 集，第 44－47 页。

Григоренко Б.Г. Древнейшие культуры Японских островов и материк // Этногенез народов Северной Азии：Материалы конф． — Новосибирск，1969． — Вып. 1． — С. 44－47．

1822．Л.С. 格尔格洛娃、Е.П. 梅利尼钦科：《哈巴罗夫斯克的历史遗存与遗存地点》，哈巴罗夫斯克，图书出版社，1958 年，44 页。

Григорова Л.С.，Мельниченко Е.П. Исторические памятники и памятные места Хабаровска． — Хабаровск：Кн. изд － во，1958． — 44 с.

1823．Л.С. 格尔格洛娃、В.И. 卡尔格波洛娃：《哈巴罗夫斯克边疆区的遗存地点》，哈巴罗夫斯克，图书出版社，1968 年，126 页。

Григорова Л.С.，Каргополова В.И. Памятные места Хабаровского края． — Хабаровск：Кн. изд － во， 1968． — 126 с.

1824．М.П. 格里亚兹诺夫、А.П. 奥克拉德尼科夫：《公元前 1 千纪西伯利亚、远东的部落》//《苏联历史纲要：苏联境内的原始公社制时代及最古老的国家》，莫斯科，1956 年，第 388－412 页。

Грязнов М.П.，Окладников А.П. Племена Сибири и Дальнего Востока в I тысячелетии до н.э. // Очерки истории СССР：Первобытнообщинный строй и древнейшие государства на территории СССР． — М.，1956． — С. 388－412．

1825．О.Ю. 杰佳欣：《7－14 世纪萨哈林民族的对外联系》//《考古学、编年史资料概述》，萨哈林国立大学，2000 年，第 1 集，第 13－23 页。

Дедяхин О.Ю. Внешние связи народов Сахалина в VII — XIV вв.（обзор археологических и летописных материалов） // Учен. зап. / Сахал. гос. ун-т． — 2000． — Вып. 1． — С. 13－23．

1826．Е.П. 杰尼索夫：《滨海地区东南部古代遗址的一些新发现》//《苏联科学院西伯利亚分院远东分部文集·历史类著述》，1963 年，第 5 卷，第 143－148 页。

Денисов Е.П. Некоторые новые находки древних поселений в Юго-Восточном Приморье //Тр. / АН СССР. СО. ДВФ. Сер. ист． — 1963． — Т. 5． — С. 143－148．

1827．А.П. 杰列维扬科：《阿穆尔河中游考古学新资料》//《苏联科学院西伯利亚分院院刊》，1964

年 9 期：社会科学系列 3，第 130－138 页。

Деревянко А.П. Новые данные об археологии Среднего Амура // ИСОАН СССР. — 1964. — № 9: Сер. обществ. наук, вып. 3. — С. 130－138.

1828．А.П. 杰列维扬科：《阿穆尔河中游的古代文化（石器时代）》，历史学副博士论文作者文摘，新西伯利亚国立大学，列宁格勒，1965 年，17 页。

Деревянко А.П. Древние культуры Среднего Амура: (Каменный век): Автореф. дис. ... канд. ист. наук / НГУ. — Л., 1965. — 17 с.

1829．А.П. 杰列维扬科：《阿穆尔河中游最新考古资料》//《北极人类学》，1965 年，第 3 卷第 1 期，第 136－141 页。

Derev'anko A.P. New Data of the Archaeology of the Middle Amur // Arctic Anthropology. — 1965. — Vol. 3, No. 1. — P. 136－141.

1830．А.П. 杰列维扬科、Е.И. 杰列维扬科：《阿穆尔河沿岸新石器时代、铁器时代遗址》//《1966 年考古发现》，莫斯科，1967 年，第 173－175 页。

Деревянко А.П., Деревянко Е.И. Поселения неолита и железного века в Приамурье // АО, 1966. — М., 1967. — С. 173－175.

1831．А.П. 杰列维扬科：《阿穆尔河中游流域的石器时代》//《西伯利亚、远东的社会经济历史及文化生活问题》，新西伯利亚，1968 年，第 1 集，第 262－275 页。

Деревянко А.П. Каменный век в бассейне Среднего Амура // Вопросы истории социально-экономической и культурной жизни Сибири и Дальнего Востока. — Новосибирск, 1968. — Вып. 1. — С. 262－275.

1832．А.П. 杰列维扬科：《（公元前）古代的阿穆尔河沿岸》，历史学博士论文作者文摘，苏联科学院西伯利亚分院历史·语文·哲学学科学术委员会联合会，新西伯利亚，1971 年，63 页。

Деревянко А.П. Приамурье в древности (до начала нашей эры): Автореф. дис. ... д－ра ист. наук / АН СССР. СО. Объед. ученый совет по ист.－филол. и филос. наукам. — Новосибирск, 1971. — 63 с.

1833．А.П. 杰列维扬科：《论阿穆尔河沿岸、外贝加尔、蒙古东部新石器时代部落的历史文化联系》//《外贝加尔摆脱白卫军以及外国武装干涉者解放 50 年》，赤塔，1972 年，第 72－80 页。

Деревянко А.П. О культурно-историче связях неолитических племен Приамурья, Забайкалья и Восточной Монголии // 50 лет освобождения Забайкалья от белогвардейцев и иностранных интервентов. — Чита, 1972. — С. 72－80.

1834．А.П. 杰列维扬科：《论远东地区及现代朝鲜族的居住问题》//《苏联科学院西伯利亚分院院刊》，1973 年 11 期：《社会科学系列》第 3 集，第 114－121 页。

Деревянко А.П. К вопросу о заселении Дальнего Востока и Кореи человеком современного типа // ИСОАН СССР. — 1973. — № 11: Сер. обществ. наук, вып. 3. — С. 114－121.

1835．А.П. 杰列维扬科：《北亚旧石器早期遗存的相互关系》//《西伯利亚、远东考古学资料》，新西伯利亚，1973 年，第 2 卷，第 55－96 页。

Деревянко А.П. Корреляция верхнепалеолитических памятников Северной Азии // Материалы по археологии Сибири и Дальнего Востока. — Новосибирск, 1973. — Ч. 2. — С. 55－96.

1836．**А.П. 杰列维扬科**：《远东旧石器时代：（年代学、地层学与地点，东亚、中央亚细亚、北亚综合体）》//《远东民族的历史学、考古学、民族学》，符拉迪沃斯托克，1973年，第1集，第135－137页。

Деревянко А.П. Палеолит Дальнего Востока：（Хронология，стратиграфия，место среди палеолит. комплексов Восточ.，Центр. и Сев. Азии）// История，археология и этнография народов Дальнего Востока. — Владивосток，1973. — Вып. 1. — С. 135－137.

1837．**А.П. 杰列维扬科**：《阿穆尔河沿岸民族的起源问题》//《西伯利亚、远东民族的民族起源问题·全苏会议报告纲要》，新西伯利亚，1973年，第34－36页。

Деревянко А.П. Проблемы этногенеза Приамурья // Проблемы этногенеза народов Сибири и Дальнего Востока：Тез. докл. Всесоюз. конф. — Новосибирск，1973. — С. 34－36.

1838．**А.П. 杰列维扬科**：《虾夷文化及其与大陆文化的联系》//《北亚、中央亚细亚的考古学》，新西伯利亚，1975年，第138－149页。

Деревянко А.П. Культура яей и ее связи с материковыми культурами // Археология Северной и Центральной Азии. — Новосибирск，1975. — С. 138－149.

1839．**А.П. 杰列维扬科**：《阿穆尔河中游新的考古学资料》//《西伯利亚东北部的考古学》，东京，1975年，第1集，第189－198页，日文。

Деревянко А.П. Новые археологические материалы Среднего Амура // Археология Северо-Востока Сибири. — Токио，1975. — Т. 1. — С. 189－198. — Яп. яз.

1840．**А.П. 杰列维扬科**：《阿穆尔河中游新的考古发现》//《西伯利亚东北部的考古学》，东京，1975年，第1集，第185－188页，日文。

Деревянко А.П. Новые археологические открытия на Среднем Амуре // Археология Северо-Востока Сибири. — Токио，1975. — Т. 1. — С. 185－188. — Яп. яз.

1841．**А.П. 杰列维扬科**：《远东旧石器综合体的分期、相互关系问题》//《西伯利亚古代文化与毗邻地区文化的相互关系》，新西伯利亚，1975年，第87－99页。

Деревянко А.П. Проблемы периодизации и корреляции палеолитических комплексов Дальнего Востока // Соотношение древних культур Сибири с культурами сопредельных территорий. — Новосибирск，1975. — С. 87－99.

1842．**А.П. 杰列维扬科**：《远东、朝鲜的旧石器时代》，新西伯利亚，西伯利亚科学出版社，1983年，216页。

Деревянко А.П. Палеолит Дальнего Востока и Кореи. — Новосибирск：Наука. Сиб. отд－ние，1983. — 216 с.

评论：**Г.М. 邦加尔德－列温、Д.Л. 布罗江斯基**，刊于《历史问题》，1985年12期，第121－124页。

Рец.：Бонгард－Левин Г.М.，Бродянский Д.Л. // ВИ. — 1985. — № 12. — С. 121－124.

1843．**А.П. 杰列维扬科**：《苏联远东》//《东亚、中央亚细亚民族史》，莫斯科，1986年，第1卷：《古代》，第98－105页。

Деревянко А.П. Советский Дальний Восток // История народов Восточной и Центральной Азии. — М.，1986. — Ч. 1：Древность. — С. 98－105.

1844．**А.П. 杰列维扬科**：《太平洋流域旧石器时代》//《国际关系学术资料汇编》，东京，1988年

129 期，第 4 - 26 页。

Деревянко А.П. Палеолит Тихоокеанского бассейна // Собрание материалов о науч. междунар. связях. — Токио, 1988. — № 129. — С. 4 - 26.

1845．**А.П. 杰列维扬科、В.Е. 麦德维杰夫**：《阿穆尔－乌苏里考古队的发掘》//《1986 年考古发现》，莫斯科，1988 年，第 229 - 230 页。

Деревянко А.П., Медведев В.Е. Раскопки Амуро-Уссурийского отряда // АО, 1986. — М., 1988. — С. 229 - 230.

1846．**А.П. 杰列维扬科**：《北亚、中亚的考古新发现及早期人类迁徙的相关问题》//《太平洋沿岸地区的旧石器文化》，仙台，1988 年，第 6 - 25 页。

Derev'anko A.P. New Archaeological Discoveries in North and Central Asia and the Problem of Early Man Migration // Палеолитические культуры в прибрежных районах Тихого океана. —Сендай, 1988. —С. 6 - 25.

1847．**А.П. 杰列维扬科**：《北亚、中亚的考古新发现及早期人类迁徙的相关问题》//《更新世中晚期东亚地区的人类与周围环境·会议报告纲要》，仙台，1988 年，第 4 - 7 页。

Derev'anko A.P. New Archaeological Discoveries in North and Central Asia and the Problem of Early Man Migration // Человек и окружающая среда среднего и позднего плейстоцена в Восточной Азии: [Тез. докл. конф.]. —Сендай, 1988. —С. 4 - 7.

1848．**А.П. 杰列维扬科**：《北亚的旧石器时代及古代移民的相关问题（正式材料）》，苏联科学院西伯利亚分院历史·语文·哲学研究所，新西伯利亚，1990 年，第 123 页。

Derev'anko A.P. Paleolithic of North Asia and the Problem of Ancient Migrations (Inform - operative Material) /Academy of Sciences of the USSR. Siberian Division. Inst. Of History, Philology and Philosophy. — Novosibirsk, 1990. — 123 p.

1849．**А.П. 杰列维扬科、В.Е. 麦德维杰夫**：《加夏遗址研究（概述，1975 年的初步成果）》，苏联科学院西伯利亚分院历史·语言·哲学研究所，预印本，新西伯利亚，1992 年，29 页。

Деревянко А.П., Медведев В.Е. Исследование поселения Гася (общие сведения, предварительные результаты 1975 г.) / АН СССР. СО. ИИФФ. — Препр. — Новосибирск, 1992. — 29 с.

1850．**А.П. 杰列维扬科、В.Е. 麦德维杰夫**：《加夏遗址研究（1976 年的初步成果）》，苏联科学院西伯利亚分院历史·语言·哲学研究所，预印本，新西伯利亚，1992 年，38 页。

Деревянко А.П., Медведев В.Е. Исследование поселения Гася (предварительные результаты, 1976 г.) / АН СССР. СО. ИИФФ. — Препр. — Новосибирск, 1992. — 38 с.

1851．**А.П. 杰列维扬科、В.Е. 麦德维杰夫**：《论萨卡奇－阿梁－马雷舍沃遗存综合体的研究》//《考古遗存的保护、利用与研究问题·会议资料》，戈尔诺－阿尔泰斯克，1992 年，第 30 - 31、101 页。

Деревянко А.П., Медведев В.Е. К изучению Сакачи - Алянско-Малышевского комплекса памятников // Проблемы сохранения, использования и изучения памятников археологии: (Материалы конф.). — Горно-Алтайск, 1992. — С. 30 - 31, 101.

1852．**А.П. 杰列维扬科、В.Е. 麦德维杰夫**：《加夏遗址研究（1980 年的初步成果）》，俄罗斯科学院西伯利亚分院考古与民族研究所，新西伯利亚，1993 年，109 页。

Деревянко А.П., Медведев В.Е. Исследование поселения Гася (предварительные результаты, 1980 г.）／ РАН. СО. ИАЭ. — Новосибирск, 1993. — 109 с.

1853. **А.П. 杰列维扬科、В.Е. 麦德维杰夫**：《加夏遗址研究（1989－1990 年的初步成果)》，俄罗斯科学院西伯利亚分院考古与民族研究所，新西伯利亚，1995 年，64 页。

Деревянко А.П.，Медведев В.Е. Исследование поселения Гася (предварительные результаты, 1989 － 1990 гг.）／ РАН. СО. ИАЭ. — Новосибирск, 1995. — 64 с.

1854. **А.П. 杰列维扬科、В.Е. 麦德维杰夫**：《加夏遗址研究》∥《东北亚考古资料译文集·俄罗斯专号》，哈尔滨，1996 年，第 1－15 页，中文。

Деревянко А.П.，Медведев В.Е. Исследование памятника Гася ∥ Собрание переводных работ по археологии Северо-Восточной Азии. Рос. вып. — Харбин, 1996. — С. 1－15. — Кит. яз.

1855. **А.П. 杰列维扬科**：《阿穆尔地区古人类的经济发展进程（从旧石器晚期至新石器时代)》∥《第 2 届国际研讨会：垂杨介（韩国著名旧石器时代遗址－译者）及她的邻居们》，清州，1997 年，第 231－240 页。

Derev'anko A.P.，Volkov P.V. The Evolution of the Paleoeconomy of the Ancient Population of the Amur Region (from Upper Paleolithic to Neolithic) ∥ The 2nd International Symposium: Suyanggae and Her Neighbors. — Chungju, 1997. — P. 231－240.

1856. **А.П. 杰列维扬科**：《西伯利亚的旧石器时代·考古新发现与诠释》，厄班纳，芝加哥伊利诺大学出版社，1998 年，第 406 页。

Derev'anko A.P.，Shimkin D.B.，Powers W.R. The Paleolithic of Siberia. New Discoveries and Interpretations. — Urbana; Chicago: University of Illinois Press, 1998. — 406 p.

1857. **Е.И. 杰列维扬科**：《阿穆尔河沿岸部落住房的发展史》∥《南西伯利亚考古学》，克麦罗沃，1979 年，第 14－28 页。

Деревянко Е.И. История развития жилища у амурских племен ∥ Археология Южной Сибири. — Кемерово, 1979. — С. 14－28.

1858. **Е.И. 杰列维扬科**：《根据阿穆尔河资料论带有炕的住房的历史》∥《西伯利亚南部、远东考古学》，新西伯利亚，1984 年，第 152－161 页。

Деревянко Е.И. К истории жилища с каном по амурским материалам ∥ Археология юга Сибири и Дальнего Востока. — Новосибирск, 1984. — С. 152－161.

1859. **Е.И. 杰列维扬科**：《关于远东部落蛇祭祀的一种表现》∥《苏联科学院西伯利亚分院院刊》，1985 年 9 期：《历史、语文、哲学系列》，第 2 集，第 47－52 页。

Деревянко Е.И. Об одном проявлении культа змеи у дальневосточных племен ∥ ИСОАН СССР. — 1985. — № 9: Сер. истории, филологии и философии, вып. 2. — С. 47－52.

1860. **Е.И. 杰列维扬科**：《苏联远东》∥《东亚、中央亚细亚民族史》，莫斯科，1986 年，第 2 卷：《中世纪时代》，第 287－294 页。

Деревянко Е.И. Советский Дальний Восток ∥ История народов Восточной и Центральной Азии. — М., 1986. — Ч. 2: Средневековье. — С. 287－294.

1861. **Е.И. 杰列维扬科**：《阿穆尔河沿岸的古代住房》，新西伯利亚，西伯利亚科学出版社，1991 年，158 页。

Деревянко Е.И. Древние жилища Приамурья. — Новосибирск: Наука. Сиб. отд‐ние, 1991. — 158 с.

1862. **Е.И. 杰列维扬科**：《日本、阿穆尔河沿岸古代住房的一些特征》//《苏联科学院西伯利亚分院院刊》，历史、语文、哲学系列，1991 年 1 期，第 50－54 页。

Деревянко Е.И. Некоторые особенности древних жилищ Японии и Приамурья // ИСОАН СССР. История, филология и философия. — 1991. — Вып. 1. — С. 50－54.

1863. **Е.И. 杰列维扬科**：《远东地区古代的文化交流以及考古学文化的发展》//《俄罗斯考古——为了今后对西伯利亚和远东地区的调查而开展的对俄罗斯考古研究的现状和存在问题的讨论》，首尔，1994 年，第 107－123 页。

Derevianko E.I. Cultural Ties in the Past and the Development of the Archaeological Culture in the Far Eastern Area // Archaeology of Russia — Current Status of Archaeological Research and Problems for Future Investigation of Siberia and Far East Area. — Seoul, 1994. — P. 107－123.

1864. **Е.И. 杰列维扬科**：《远东地区古代的文化交流以及考古学文化的发展》//《韩国上古史学报》，首尔，1994 年 16 期，第 127－140 页。

Derevianko E.I. Cultural Ties in the Past and the Development of the Archaeological Culture in the Far Eastern Area // Journal of Korean Ancient Historical Society. — Seoul, 1994. — No. 16. — P. 127－140.

1865. **Е.И. 杰列维扬科**：《阿穆尔河沿岸冶金生产发展史的考古学资料》//《东亚的传统文化：考古学、文化人类学》，布拉戈维申斯克，1995 年，第 4－17 页。

Деревянко Е.И. Археологические источники по истории развития металлургического производства в Приамурье // Традиционная культура востока Азии. Археология и культурная антропология. — Благовещенск, 1995. — С. 4－17.

1866. **Е.И. 杰列维扬科**：《阿穆尔河沿岸地区的古代住所：（导论）》//《北方文物》，1995 年 2 期，第 108－116 页，中文。

Деревянко Е.И. Древнейшие жилища Приамурья: [Введение] // Бэйфан вэньу. — 1995. — № 2. — С. 108－116. — Кит. яз.

1867. **Е.И. 杰列维扬科、Я. 毛申**：《阿穆尔河沿岸的古代住房》//《东北亚考古资料译文集·俄罗斯专号》，哈尔滨，1996 年，第 40－56 页，中文。

Деревянко Е.И., Маошэн Я. Древние жилища Приамурья // Собрание переводных работ по археологии Северо-Восточной Азии. Рос. вып. — Харбин, 1996. — С. 40－56. — Кит. яз

1868. **Е.И. 杰列维扬科**：《阿穆尔河沿岸冶金工业的发展》//《亚洲的古代文化》，首尔，1995 年，第 621－635 页，朝文。

Деревянко Е.И. Развитие металлургии в Приамурье // Древние культуры Азии. — Сеул, 1995. — С. 621－635. — Кор. яз.

1869. **Е.И. 杰列维扬科**：《中国东北的鞑靼史资料》//《西伯利亚及其毗邻地区考古学、民族学、人类学问题·俄罗斯科学院西伯利亚分院考古与民族研究所第五次总结年会暨俄罗斯科学院西伯利亚分院成立 40 周年、俄罗斯科学院西伯利亚分院历史·语文·哲学研究所成立 30 周年会议资料》，1997 年 12 月，新西伯利亚，第 3 卷，第 192－195 页，1997 年。

Деревянко Е.И. Материалы по истории мохэ в Северо-Восточном Китае // Проблемы археологии, этнографии, антропологии Сибири и сопредельных территорий: Материалы V Годовой итог. сес. Ин-та археологии и этнографии СО РАН, посвящ. 40-летию Сиб. отд－ния РАН и 30-летию Ин-та истории, филологии и философии СО РАН. Дек. 1997 г. — Новосибирск, 1997. — Т. III. — С. 192－195.

1870. **Е.И. 杰列维扬科**：《阿穆尔区古代民居的演变》//《韩国上古史学报》，首尔，1997 年 5 期，第 251－267 页，朝文。

Derevianko E.I. The Evolution of Ancient Dwellings in the Priamurye // Journal of the Korean Ancient Historical Society. — Seoul, 1997. — No. 5. — P. 251－267.

1871. **Е.И. 杰列维扬科**：《突厥语系游牧人与远东农耕者的相互关系》//《西伯利亚及其毗邻地区突厥民族的种族史》，鄂木斯克，1998 年，第 94－99 页。

Деревянко Е.И. Отношения тюркоязычных кочевников и дальневосточных земледельцев // Этническая история тюркских народов Сибири и сопредельных территорий. — Омск, 1998. — С. 94－99.

1872. **Е.И. 杰列维扬科**：《黑龙江的东兴遗址与阿穆尔河的波尔采文化》//《西伯利亚及其毗邻地区考古学、民族学、人类学问题·俄罗斯科学院西伯利亚分院考古与民族研究所第 6 次总结年会资料》，1998 年 12 月，新西伯利亚，1998 年，第 4 卷，第 235－239 页。

Деревянко Е.И. Стоянка Дунсин в Хэйлунцзяне и польцевская культура на Амуре // Проблемы археологии, этнографии, антропологии Сибири и сопредельных территорий: Материалы VI Годовой итог. сес. Ин-та археологии и этнографии СО РАН. Дек. 1998 г. — Новосибирск, 1998. — Т. IV. — С. 235－239.

1873. **Е.И. 杰列维扬科**：《日本与俄罗斯：古代的交往》//《东北亚研究》，仙台，1998 年，系列 2，第 15－28 页。

Derevianko E.I. Japan and Russia: Contacts in the Antiquity // Northeast Asian Study. — Sendai, 1998. — Ser. 2. — P. 15－28.

1874. **Е.И. 杰列维扬科**：《阿穆尔河沿岸居民与草原部落的交往》//《西伯利亚及其毗邻地区考古学、民族学、人类学问题·1999 年 12 月俄罗斯科学院西伯利亚分院考古与民族研究所第 7 次总结年会资料》，新西伯利亚，1999 年，第 5 卷，第 360－365 页。

Деревянко Е.И. Контакты приамурского населения со степными племенами // Проблемы археологии, этнографии, антропологии Сибири и сопредельных территорий: Материалы VII Годовой итог. сес. Ин-та археологии и этнографии СО РАН. Дек. 1999 г. — Новосибирск, 1999. — Т. V. — С. 360－365.

1875. **Е.И. 杰列维扬科**：《鞨鞨、朝族人在精神文化方面的共同点》//《东亚的传统文化》，布拉戈维申斯克，1999 年，第 2 集，第 201－206 页。

Деревянко Е.И. Общее в духовной культуре мохэ и корейцев // Традиционная культура востока Азии. — Благовещенск, 1999. — Вып. 2. — С. 201－206.

1876. **В.А. 杰留金**：《1990－1993 年哈巴罗夫斯克边疆区考古研究》//北方欧亚学会：《时事通讯》第 4 期，东京，1994 年，第 1－2 页，日文。

Дерюгин В.А. Археологические исследования в Хабаровском крае в 1990-1993 гг. // The Society of North－Eurasian Studies. Newsletter No. 4. — Tokyo, 1994. — P. 1－2. —Яп. яз.

1877．В.А. 杰留金：《（哈巴罗夫斯克边疆区）波克罗夫卡 1 号遗址发掘的初步成果》//《1995 年 11 月俄罗斯科学院西伯利亚分院考古与民族研究所第 3 次总结年会报告纲要》，新西伯利亚，1995 年，第 53－54 页。

Дерюгин В.А. Предварительные результаты раскопок на поселении Покровка－1 [в Хабаровском крае] // III годовая итог. сес. Ин-та археологии и этнографии СО РАН, нояб. 1995 г.: Тез. докл. — Новосибирск, 1995. — С. 53－54.

1878．В.А. 杰留金：《（哈巴罗夫斯克边疆区）大乌苏里岛、塔拉巴洛沃岛研究》//《1996 年考古发现》，莫斯科，1997 年，第 315－316 页。

Дерюгин В.А. Исследования на Большом Уссурийском и Тарабаровых островах [в Хабаровском крае] // АО, 1996. — М., 1997. — С. 315－316.

1879．В.А. 杰留金：《哈巴罗夫斯克边疆区考古遗存》//《东北亚新石器文化的多样性、变化性研究》，楚库巴，1998 年，第 62－65 页。

Дерюгин В.А. Археологические памятники в Хабаровском крае // Исследования многообразия и изменения неолитических культур Северо-Восточной Азии). — Цукуба, 1998. — С. 62－65.

1880．В.А. 杰留金：《论鞑靼海峡大陆海岸遗存的分期及其与萨哈林遗存的关系问题》//《方志学通报》，南萨哈林斯克，1999 年 4 期，第 55－68 页。

Дерюгин В.А. К вопросу о периодизации памятников материкового побережья Татарского пролива и их взаимосвязи с памятниками Сахалина // Краевед. бюл. — Южно-Сахалинск, 1999. — № 4. — С. 55－68.

1881．В.А. 杰留金：《考古遗存》//《哈巴罗夫斯克的别墅运动：萌芽、形成、问题》，哈巴罗夫斯克，2000 年，第 224－227 页。

Дерюгин В.А. Археологические памятники // Дачное движение в Хабаровске. Зарождение, становление, проблемы. — Хабаровск, 2000. — С. 224－227.

1882．В.А. 杰留金：《鞑靼（马来亚）海峡遗存》//《贝丘》，2000 年 55 期，13－26 页。日文。

Дерюгин В.А. Памятники Татарского (Мамия) пролива // Раковинные кучи. — 2000. — № 55. — С. 13－26. — Яп. яз.

1883．С.П. 涅斯捷罗夫、Ан.В. 格列比翁希科夫、С.В. 阿尔金、Д.П. 博洛京、П.В. 沃尔科夫、Н.А. 科诺年科、Я.В. 库兹明、Л.Н. 梅利尼科娃、А.В. 塔巴列夫、А.В. 切尔纽克：《布列亚的古迹》，新西伯利亚，俄罗斯科学院西伯利亚分院考古与民族研究所出版社，2000 年，352 页。

Древности Буреи / С.П. Нестеров, Ан.В. Гребенщиков, С.В. Алкин, Д.П. Болотин, П.В. Волков, Н.А. Кононенко, Я.В. Кузьмин, Л.Н. Мыльникова, А.В. Табарев, А.В. Чернюк. — Новосибирск: Изд-во Ин-та археологии и этнографии СО РАН, 2000. — 352 с.

1884．В.П. 阿列克谢耶夫、Р.С. 瓦西里耶夫斯基、А.П. 杰列维扬科、Е.И. 杰列维扬科、А.К. 科诺帕茨基、В.Е. 拉里切夫、В.И. 莫洛金、В.Т. 彼特林、Ю.П. 霍柳什金、Ю.С. 胡佳科夫：《西伯利亚、远东古代史（纲要）》，新西伯利亚，1986 年，24 页。

Древняя история Сибири и Дальнего Востока (проспект) / В.П. Алексеев, Р.С. Васильевский, А.П. Деревянко, Е.И. Деревянко, А.К. Конопацкий, В.Е. Ларичев, В.И. Молодин, В.Т. Петрин,

Ю.П. Холюшкин, Ю.С. Худяков. — Новосибирск, 1986. — 24 с.

1885. В.И. 季亚科夫、О.В. 季亚科娃：《滨海地区北部的调查工作》//《1973 年考古发现》，莫斯科，1974 年，第 201 页。

Дьяков В.И., Дьякова О.В. Разведочные работы в Северном Приморье // АО, 1973. — М., 1974. — С. 201.

1886. В.И. 季亚科夫、О.В. 季亚科娃：《滨海地区北部、阿穆尔河下游调查》//《1974 年考古发现》，莫斯科，1975 年，第 204 - 205 页，

Дьяков В.И., Дьякова О.В. Разведка в Северном Приморье и на Нижнем Амуре // АО, 1974. — М., 1975. — С. 204 - 205.

1887. В.И. 季亚科夫：《1972 - 1976 年锡霍特 - 阿林中部山脉的考古考察》//《西伯利亚、远东考古学新发现》，新西伯利亚，1979 年，第 161 - 174 页。

Дьяков В.И. Археологические исследования на Среднем Сихотэ - Алине в 1972 — 1976 гг. // Новое в археологии Сибири и Дальнего Востока. — Новосибирск, 1979. — С. 161 - 174.

1888. В.И. 季亚科夫、О.В. 季亚科娃：《鞑靼海峡西岸考察》//《1978 年考古发现》，莫斯科，1979 年，第 225 页。

Дьяков В.И., Дьякова О.В. Исследования на западном побережье Татарского пролива // АО, 1978. — М., 1979. — С. 225.

1889. В.И. 季亚科夫：《（滨海地区北部）萨马尔加河谷地首次考古发现》//《苏联科学院考古研究所简报》，1980 年，第 161 集，第 112 - 117 页。

Дьяков В.И. Первые археологические находки в долине р. Самарги [в Северном Приморье] // КСИА. — 1980. — Вып. 161. — С. 112 - 117.

1890. В.И. 季亚科夫：《作为古代人类栖息地的滨海地区喀斯特洞穴》//《远东喀斯特：喀斯特研究的学术与实际意义》，符拉迪沃斯托克，1981 年，第 64 - 66 页。

Дьяков В.И. Карстовые полости Приморья как места обитания древнего человека // Карст Дальнего Востока: Науч. и практ. значение карстологических исслед. — Владивосток, 1981. — С. 64 - 66.

1891. В.И. 季亚科夫、О.В. 季亚科娃：《鞑靼海峡西岸的考古工作》//《更新世晚期、全新世早期亚洲与美洲的文化联系》，新西伯利亚，1983 年，第 127 - 141 页。

Дьяков В.И., Дьякова О.В. Археологические работы на западном побережье Татарского пролива // Позднеплейстоценовые и раннеголоценовые культурные связи Азии и Америки. — Новосибирск, 1983. — С. 127 - 141.

1892. В.И. 季亚科夫：《日本海、鞑靼海峡西岸石器时代居住地的考古学景象》//《欧亚大陆石器时代研究问题：纪念叶尼塞的旧石器时代遗存发现 100 周年·会议报告纲要》，克拉斯诺亚尔斯克，1983 年，第 104 - 106 页。

Дьяков В.И. Археологическая картина заселения западного побережья Японского моря и Татарского пролива в каменном веке // Проблемы исследования каменного века Евразии: (К столетию открытия палеолита на Енисее): Тез. докл. конф. — Красноярск, 1984. — С. 104 - 106.

1893. В.И. 季亚科夫、П.Л. 谢明：《泽尔卡利纳亚河谷地的考古遗存》//《东西伯利亚的考古学、

民族学研究：总结与展望·1986 年 5 月 13－15 日区域会议报告纲要》，伊尔库茨克，1986 年，第 104－106 页。

Дьяков В.И., Семин П.Л. Археологические памятники долины реки Зеркальной // Археологические и этнографические исслед. Восточной Сибири: Итоги и перспективы: Тез. докл. к регион. конф. 13－15 мая 1986 года. — Иркутск, 1986. — С. 104－106.

1894．**В.И. 季亚科夫**：《锡霍特－阿林山脉东部的最古老文化》//《1984 年考古发现》，莫斯科，1986 年，第 174－175 页。

Дьяков В.И. Древнейшие культуры Восточного Сихотэ－Алиня // АО, 1984. — М., 1986. — С. 174－175.

1895．**В.И. 季亚科夫**：《1984 年锡霍特－阿林山脉考古队的田野考察》//《西伯利亚、远东的古代文化遗存》，新西伯利亚，1986 年，第 171－173 页。

Дьяков В.И. Полевые исследования Сихотэ－Алиньской археологической экспедиции в 1984 г. // Памятники древних культур Сибири и Дальнего Востока. — Новосибирск, 1986. — С. 171－173.

1896．**В.И. 季亚科夫、П.Л. 谢明**：《乌斯季－泽尔卡利纳亚 4 号遗址试掘》//《西伯利亚、远东的古代文化遗存》，新西伯利亚，1986 年，第 192－194 页。

Дьяков В.И., Семин П.Л. Разведочные раскопки памятника Усть－Зеркальная－IV // Памятники древних культур Сибири и Дальнего Востока. — Новосибирск, 1986. — С. 192－194.

1897．**В.И. 季亚科夫**：《1983 年鲁特纳亚码头多层遗址发掘》//《北亚、东亚考古学问题》，新西伯利亚，1986 年，第 25－50 页。

Дьяков В.И. Раскопки многослойного памятника Рудная Пристань в 1983 г. // Проблемы археологии Северной и Восточной Азии. — Новосибирск, 1986. — С. 25－50.

1898．**В.И. 季亚科夫**：《乌斯季诺夫卡 4 号、鲁特纳亚码头遗址发掘》//《西伯利亚、远东古代文化遗存研究》，新西伯利亚，1987 年，第 184－185 页。

Дьяков В.И. Раскопки памятников Устиновка－IV и Рудная Пристань // Исследования памятников древних культур Сибири и Дальнего Востока. — Новосибирск, 1987. — С. 184－185.

1899．**В.И. 季亚科夫、Л.Н. 布林克瓦、А.Н. 波波夫**：《滨海地区的古代房舍（根据鲁特纳亚码头遗存资料)》//《北亚考古学问题·纪念 А.П. 奥克拉德尼科夫院士诞辰 80 周年·1988 年 3 月 28－30 日第 28 次大学生区域考古学会议报告纲要》，赤塔，1988 年，第 130－132 页。

Дьяков В.И., Блинкова Л.Н., Попов А.Н. Древние жилища Приморья (по материалам памятника Рудная Пристань) // Проблемы археологии Северной Азии: (К 80-летию акад. А.П. Окладникова): Тез. докл. XXVIII Регион. археол. студ. конф. (28－30 марта 1988 г.). — Чита, 1988. — С. 130－132.

1900．**В.И. 季亚科夫、О.В. 季亚科娃**：《阿穆尔－滨海地区考古考察》//《1993 年考古发现》，莫斯科，1994 年，第 167－168 页。

Дьяков В.И., Дьякова О.В. Археологические исследования в Амуро-Приморском регионе // АО, 1993. — М., 1994. — С. 167－168.

1901．**В.И. 季亚科夫、В.А. 塔塔尔尼科夫**：《滨海地区北部最古老的遗存》//《北方文物》，1993

年 2 期，第 107－109 页，中文。

Дьяков В.И.，Татарников В.А. Древние памятники Северного Приморья // Бэйфан вэньу. — 1993. — № 2. — С. 107－109. — Кит. яз

1902．**В.И. 季亚科夫**：《有关俄罗斯远东南部地区文化起源的一些问题》，《野尻湖博物馆通报》，长野，1994 年 2 期，第 77－81 页，日文。

Dyakov V. I. Some Problems of the Origin of Cultures in the Southern Far East of Russia // Bulletin of the Nojiri－ko Museum. — Nagano, 1994. — No. 2. — P. 77－81. —Яп. яз.

1903．**В.И. 季亚科夫**：《阿穆尔－滨海考古队考察》//《1994 年考古发现》，莫斯科，1995 年，第 268－269 页。

Дьяков В.И. Исследования Амуро-Приморской экспедиции // АО, 1994. — М., 1995. — С. 268－269.

1904．**В.И. 季亚科夫**：《1993 年有关滨海地区古代文化分期方面的田野考察》//《1993 年西伯利亚、远东考古学者、民族学者、人类学者的田野、实验室研究成果评述》，新西伯利亚，1995 年，第 238－239 页。

Дьяков В.И. Полевые исследования в области периодизации древних культур Приморья в 1993 году // Обозрение результатов полевых и лабораторных исслед. археологов, этнографов и антропологов Сибири и Дальнего Востока в 1993 году. — Новосибирск, 1995. — С. 238－239.

1905．**В.И. 季亚科夫**：《（滨海地区）萨马尔加河谷地的考古学概述》//《锡霍特－阿林山脉：独特的生态系统的保存与稳定发展·1997 年 9 月 4－8 日国际学术汇报会资料》，符拉迪沃斯托克，1997 年，第 54－56 页。

Дьяков В.И. Археологический очерк долины р. Самарги［в Приморье］ // Сихотэ － Алинь: сохранение и устойчивое развитие уникальной экосистемы: Материалы междунар. науч. － практ. конф. 4 －8 сент. 1997 г. — Владивосток, 1997. — С. 54－56.

1906．**В.И. 季亚科夫**：《滨海地区古代文化的分期（旧石器时代至青铜时代)》，作为学术报告的历史学博士论文，以 М.В. 罗莫诺索夫命名的莫斯科国立大学，莫斯科，1999 年，47 页。

Дьяков В.И. Периодизация древних культур Приморья (палеолит — эпоха бронзы): Дис. … д－ра ист. наук в виде науч. докл. / МГУ им. М.В. Ломоносова. — М., 1999. — 47 с.

1907．**В.И. 季亚科夫、О.В. 季亚科娃**：《远东南部地区古代、现代居民民族文化的"中心"与迁徙路线：问题与解决途径》//《考古学、民族学研究的一体化》，符拉迪沃斯托克，鄂木斯克，2000 年，第 113－116 页。

Дьяков В.И.，Дьякова О.В. Этнокультурные《центры》и пути миграций населения юга Дальнего Востока в древности и этнографической современности: проблема и пути решения // Интеграция археологических и этнографических исследований. — Владивосток; Омск, 2000. — С. 113－116.

1908．**О.В. 季亚科娃**：《萨哈林、北海道北部鄂霍次克文化中的靺鞨成分》//《西伯利亚的考古学、民族学问题·区域会议报告纲要》，伊尔库茨克，1982 年，第 115－117 页。

Дьякова О.В. Мохэский компонент в охотской культуре Сахалина и Северного Хоккайдо // Проблемы археологии и этнографии Сибири: Тез. докл. регион. конф. — Иркутск, 1982. — С.

115 – 117.

1909. **O.B. 季亚科娃**：《关于苏联远东居民模式化纹饰图案起源的一些想法》//《民族学中的构拟问题》新西伯利亚，1984 年，第 104 – 113 页。

Дьякова О.В. Некоторые аспекты происхождения штампованного орнамента населения Дальнего Востока СССР // Проблемы реконструкций в этнографии. — Новосибирск, 1984. — С. 104 – 113.

1910. **O.B. 季亚科娃**：《关于北亚通古斯 – 满族、古亚细亚民族陶器的考古学、民族学、民俗》//《乌拉尔 – 阿尔泰学、考古学、民族学、语言》，新西伯利亚，1985 年，第 102 – 106 页。

Дьякова О.В. Археология, этнография и фольклор о керамике тунгусо-маньчжурских и палеоазиатских народов Северной Азии // Урало-Алтаистика. Археология. Этнография. Язык. — Новосибирск, 1985. — С. 102 – 106.

1911. **O.B. 季亚科娃**：《苏联远东地区中世纪文化的起源、形成与发展（根据陶器生产资料》，历史学博士论文作者文摘，苏联科学院考古研究所，莫斯科，1990 年，35 页。

Дьякова О.В. Происхождение, формирование и развитие средневековых культур Дальнего Востока СССР (по материалам керамического производства): Автореф. дис. ... д – ра ист. наук / АН СССР. Ин-т археологии. — М., 1990. — 35 с.

1912. **O.B. 季亚科娃**：《中国东北、滨海地区、阿穆尔河沿岸的中世纪时代文化（根据陶器生产资料）》//《中国的社会与国家·第 21 次学术会议报告纲要》，莫斯科，1990 年，第 2 卷，第 12 – 16 页。

Дьякова О.В. Средневековые культуры Северо-Восточного Китая, Приморья и Приамурья: соотношение и формирование (по материалам керамического производства) // Общество и государство в Китае: Тез. докл. XXI науч. конф. — М., 1990. — Ч. 2. — С. 12 – 16.

1913. **O.B. 季亚科娃**：《苏联远东地区中世纪文化的起源、形成与发展（根据陶器生产资料》，符拉迪沃斯托克，远东科学出版社，1993 年，第 1 卷，176 页；第 2 卷，289 页；第 3 卷，408 页。

Дьякова О.В. Происхождение, формирование и развитие средневековых культур Дальнего Востока (по материалам керамического производства). — Владивосток: Дальнаука, 1993. — Ч. 1. — 176 с.; Ч. 2. — 289 с.; Ч. 3. — 408 с.

1914. **O.B. 季亚科娃**：《关于通古斯 – 满族同一性形成的时间与地域（根据考古学资料）》//《世界史背景下的俄罗斯远东：从过去到未来·国际学术会议报告、议程纲要》，符拉迪沃斯托克，1996 年，第 105 – 106 页。

Дьякова О.В. О времени и территории формирования тунгуссо-маньчжурской общности (по данным археологии) // Дальний Восток России в контексте мировой истории: от прошлого к будущему: Тез. докл. и сообщ. междунар. науч. конф. — Владивосток, 1996. — С. 105 – 106.

1915. **O.B. 季亚科娃**：《滨海地区捷尔涅伊区的城址》//《1996 年考古发现》，莫斯科，1997 年，第 321 – 322 页。

Дьякова О.В. Городища Тернейского района Приморья // АО, 1996. — М., 1997. — С. 321 – 322.

1916. **O.B. 季亚科娃**：《从编年史、考古学资料的角度看公元 1 千纪的中国与原始通古斯人》//《临近 21 世纪时期的中国与亚洲太平洋地区·第 9 次国际学术会议报告纲要》，莫斯科，1998 年，第 2 卷，第 173 – 176 页。

Дьякова О.В. Китай и прототунгусы в I тыс. н.э. в свете летописных и археологических источников // Китай и АТР на пороге XXI века: Тез. докл. IX Междунар. науч. конф. — М., 1998. — Ч. 2. — С. 173 - 176.

1917. **О.В. 季亚科娃**：《滨海地区东夏国军事遗址文化的中国传统》//《现代化与改革道路上的中国·第 10 次国际学术会议报告纲要》，莫斯科，1999 年，第 2 卷，第 147 - 150 页。

Дьякова О.В. Китайские традиции в культуре военных поселений государства Восточное Ся в Приморье // Китай на пути модернизации и реформ: Тез. докл. X Междунар. науч. конф. — М., 1999. — Ч. 2. — С. 147 - 150.

1918. **О.В. 季亚科娃、В.И. 季亚科夫**：《萨马尔加河谷地新的研究》//《俄罗斯与亚洲太平洋地区》，2000 年 2 期，第 27 - 34 页。

Дьякова О.В., Дьяков В.И. Новые исследования в долине реки Самарга // Россия и АТР. — 2000. — No 2. — С. 27 - 34.

1919. **Е.Г. 代弗列特**：《X 射线风格的拟人岩画与萨满教中的神话题材》//《欧亚大陆的考古学、民族学、人类学》，2000 年 2 期，第 88 - 95 页，俄文、英文。

Дэвлет Е.Г. Антропоморфные наскальные изображения в рентгеновском стиле и мифологический сюжет об обретении шаманского дара // Археология, этнография и антропология Евразии. — 2000. — No 2. — С. 88 - 95. — Рус. яз., англ. яз.

1920. **М.А. 代弗列特**：《关于中央亚细亚、远东古代居民的文化联系问题》//《苏联远东古代史的考古学资料》，符拉迪沃斯托克，1978 年，第 29 - 30 页。

Дэвлет М.А. К вопросу о культурных связях древнего населения Центральной Азии и Дальнего Востока // Археологические материалы по древней истории Дальнего Востока СССР. — Владивосток, 1978. — С. 29 - 30.

1921. **В.С. 叶甫多基莫夫**：《关于（阿穆尔州）结雅地区的某些考古遗存》//《阿穆尔州方志博物馆论丛》，1961 年，第 5 卷，第 73 - 77 页。

Евдокимов В.С. О некоторых археологических памятниках Зейского района [Амурской области] // ЗАОМК. — 1961. — Т. 5. — С. 73 - 77.

1922. **Б.П. 安德里耶夫斯基、Г.Л. 安托诺娃、В.А. 阿赫马杜林**：《犹太自治州·百科词典》，哈巴罗夫斯克，《РИОТИП》出版社，边疆区印刷厂，1999 年，368 页。

Еврейская автономная область: энциклопедический словарь /Б.П. Андриевский, Г.Л. Антонова, В.А. Ахмадулин и др. — Хабаровск: Изд - во《РИОТИП》краевой типографии, 1999. — 368 с.

1923. **В.В. 叶甫休科夫**：《论女真的民族史》//《中世纪时期的远东及其毗邻地区》，新西伯利亚，1980 年，第 149 - 150 页。

Евсюков В.В. К этнической истории чжурчжэней // Дальний Восток и соседние территории в средние века. — Новосибирск, 1980. — С. 149 - 150

1924. **В.В. 叶甫休科夫**：《女真人及其与明朝的关系（15 世纪）》//《中世纪时代的东亚及其毗邻地区》，新西伯利亚，1986 年，第 64 - 79 页。

Евсюков В.В. Чжурчжэни и их отношения с Мин (XV в.) // Восточная Азия и соседние территории в средние века. — Новосибирск, 1986. — С. 64 - 79.

1925. **А.В. 叶利谢耶夫**：《关于南乌苏里斯克边疆区的史前居民》//《俄罗斯自然科学家、医生第 8 次会议文集》，圣彼得堡，1890 年，第 8 部，第 6 页。

Елисеев А.В. О доисторических обитателях Южноуссурийского края // Тр. VIII съезда русских естествоиспытателей и врачей. — СПб., 189.

1926. **А.В. 叶利谢耶夫**：《远东旅行报告》//《俄罗斯地理学会学报》，1890 年，第 26 卷，第 333 - 379 页。

Елисеев А.В. Отчет о поездке на Дальний Восток // ИРГО. — 1890. — Т. 26. — С. 333 - 379.

1927. **В.И. 扎尔科夫斯基**：《古代阿穆尔岩画》//《第 2 次大学生学术会议纲要·新西伯利亚国立大学》，新西伯利亚，1964 年，第 8 - 9 页。

Жалковский В.И. Древнеамурские петроглифы // Тез. 2 - й науч. студ. конф. / НГУ. — Новосибирск, 1964. — С. 8 - 9.

1928. **А.Д. 茹拉夫列娃**：《匈奴陶器与远东南部文化的相互关系（公元前 1 千纪）》//《公元 1 至 2 千纪南西伯利亚、中央亚细亚的民族文化进程》，克麦罗沃，1994 年，第 10 - 27 页。

Журавлева А.Д. Соотношение керамических комплексов сюнну и культур юга Дальнего Востока（I тыс. до н.э.）// Этнокультурные процессы в Южной Сибири и Центральной Азии в I — II тысячелетии н.э. — Кемерово, 1994. — С. 10 - 27.

1929. **И.С. 茹希霍夫斯卡娅**：《基辅卡遗址发掘》//《1981 年考古发现》，莫斯科，1983 年，第 197 - 198 页。

Жущиховская И.С. Раскопки поселения Киевка // АО, 1981. — М., 1983. — С. 197 - 198.

1930. **И.С. 茹希霍夫斯卡娅**：《论远东南部古代陶器烧制的特点》//《远东古代生产工艺》，苏联科学院远东分院历史·考古·民族研究所，预印本，符拉迪沃斯托克，1988 年，第 3 - 9 页。

Жущиховская И.С. К характеристике обжига древней керамики юга Дальнего Востока // Технология древних производств Дальнего Востока / АН СССР. ДВО. ИИАЭ. — Препр. — Владивосток, 1988. — С. 3 - 9.

1931. **И.С. 茹希霍夫斯卡娅**：《关于制陶业与石器加工及冶金学的工艺学关系（根据远东南部原始社会文化资料）》//《原始公社制时代的技术、社会进程：信息资料》，斯维尔德洛夫斯克，1989 年，第 35 - 39 页。

Жущиховская И.С. О технологических связях гончарства с камнеобработкой и металлургией（по материалам первобытных культур юга Дальнего Востока）// Технический и социальный прогресс в эпоху первобытно-общинного строя：（Информ. материалы）. — Свердловск, 1989. — С. 35 - 39.

1932. **И.С. 茹希霍夫斯卡娅**：《远东南部原始社会文化制陶业的地域传统、时间传统、文化传统》//《考古学资料研究的综合方法·1989 年 11 月 21 - 23 日第 5 次会议资料》，莫斯科，1989 年，第 1 部，第 31 - 33 页。

Жущиховская И.С. Региональные, временные и культурные традиции в гончарстве первобытных культур юга Дальнего Востока // Комплексные методы исследования археологических источников: Материалы к V совещ. 21 - 23 нояб. 1989 г. — М., 1989. — [Ч. I] . — С. 31 - 33.

1933．**И.С. 茹希霍夫斯卡娅**：《作为社会－经济现象的苏联远东（南部）古代文化的制陶业（学术研究的某些视角）》，苏联科学院远东分院历史·考古·民族研究所，预印本，符拉迪沃斯托克，1990 年，52 页。

Жущиховская И.С. Гончарство древних культур юга Дальнего Востока СССР как социально-экономическое явление（некоторые аспекты изучения）/ АН СССР. ДВО. ИИАЭ. — Препр. — Владивосток, 1990. — 52 с.

1934．**И.С. 茹希霍夫斯卡娅、Н.А. 科诺年科**：《关于陶器生产与石器加工的某些技术方法的相互关系》//《古代生产的工艺学问题》，新西伯利亚，1990 年，第 90－101 页。

Жущиховская И.С., Кононенко Н.А. О корреляции некоторых технических приемов керамического производства и камнеобработки // Проблемы технологии древних производств. — Новосибирск, 1990. — С. 90－101.

1935．**И.С. 茹希霍夫斯卡娅**：《作为社会－经济现象的远东南部原始文化的制陶业（学术研究的某些视角）》//《作为历史资料的陶器·全苏考古学会议报告纲要》，古比雪夫，1991 年，第 73－75 页。

Жущиховская И.С. Гончарство первобытных культур юга Дальнего Востока как социально-экономическое явление（некоторые аспекты изучения）// Керамика как исторический источник: Тез. докл. всесоюз. археол. конф. — Куйбышев, 1991. — С. 73－75.

1936．**И.С. 茹希霍夫斯卡娅**：《远东南部遗存中含有机物的新石器时代陶器》//《方志学通报》，南萨哈林斯克，1991 年 2 期，第 150－155 页。

Жущиховская И.С. Неолитическая керамика с органической примесью на памятниках юга Дальнего Востока // Краевед. бюл. — Южно-Сахалинск, 1991. —Вып. 2.— С. 150－155.

1937．**И.С. 茹希霍夫斯卡娅**：《作为古代经济现象的远东南部原始社会文化的制陶业》//《远东原始社会考古学概要（考古学资料的历史阐释问题）》，莫斯科，1994 年，第 148－204 页。

Жущиховская И.С. Гончарство первобытных культур юга Дальнего Востока как палеоэкономическое явление // Очерки первобытной археологии Дальнего Востока:（Пробл. ист. интерпретации археол. источников）. — М., 1994. — С. 148－204.

1938．**И.С. 茹希霍夫斯卡娅**：《日本海海岸周边地区陶器制作起源的相关问题》//《东亚与远东制陶术的起源·国际研讨会摘要·1995 年·东北福祉大学》，仙台，1995 年，第 55－60 页。英文、日文。

Zhushchikhovskaya I.S. On the Problems of the Origin of Pottery－Making around the Seaboards of the Japan Sea // The Origins of Ceramics in the East Asia and Far East: Abstracts of Intern. Symp., 1995, Tohoku Fukushi Univ. — Sendai, 1995. — P. 55－60. —Англ.яз., яп.яз.

1939．**И.С. 茹希霍夫斯卡娅**：《古代的制陶业与编织物：生产关系问题（根据远东南部文化资料）》//《太平洋沿岸的石器时代——献给 П.И. 博里斯科夫斯基的崇高纪念》，符拉迪沃斯托克，1996 年，第 149－158 页（《太平洋考古学》，第 7 集）。

Жущиховская И.С. Древнее гончарство и плетение: проблема производственных связей（по материалам культур юга Дальнего Востока）// Каменный век тихоокеанских побережий: Светлой памяти П.И. Борисковского посвящ. — Владивосток, 1996. — С. 149－158. —（Тихоокеан. археология; Вып. 7）.

1940．**И.С. 茹希霍夫斯卡娅**：《俄罗斯远东南部的古代制陶业（生产历史）》，历史学博士论文作者文摘，俄罗斯科学院物质文化史研究所，圣彼得堡，1996 年，42 页。

Жущиховская И.С. Древнее гончарство юга Дальнего Востока России（история производства）: Автореф. дис. ... д-ра ист. наук / РАН. ИИМК. — СПб., 1996. — 42 с.

1941．**И.С. 茹希霍夫斯卡娅**：《古代制陶业的工艺合理性因素（以滨海地区为例）》//《古代、中世纪时代的滨海地区（区域考古会议资料）》，乌苏里斯克，1996 年，第 9－13 页。

Жущиховская И.С. Фактор технологической целесообразности в древнем гончарстве（на примере Приморья）// Приморье в древности и средневековье:（Материалы регион. археол. конф.）. — Уссурийск, 1996. — С. 9－13.

1942．**И.С. 茹希霍夫斯卡娅**：《生产传统背景下的古代迁徙与文化接触》//《俄罗斯科学院远东分院院刊》，1997 年 1 期，第 48－53 页。

Жущиховская И.С. Миграции и культурные контакты в древности в контексте традиций производства // Вестн. ДВО РАН. — 1997. — № 1. — С. 48－53.

1943．**И.С. 茹希霍夫斯卡娅**：《日本海区域的史前陶器制作》//《考古科学·97 摘要》，达勒姆（美国），1997 年 9 月 2－4 日，第 26 页。

Zhushchikhovskaya I.S. Prehistoric Pottery－making of Japan Sea Basin（Space－temporal context）// Archaeological Sciences' 97. Durham, 2nd — 4th Sept. 1997:（Abstracts）. — Durham, 1997. — P. 26.

1944．**И.С. 茹希霍夫斯卡娅**：《为适应东亚地区环境而产生的最早的陶器》//《两次代表大会论文集摘要》，1998 年。约翰内斯堡（南非），1998 年，第 45－46 页。

Zhushchikhovskaya I. Earliest Ceramics of Eastern Asia as a Phenomenon of Adaptation // The Abstracts of Contributions to Dual Congress.1998. — Johannesburg, 1998. — P. 45－46.

1945．**И.С. 茹希霍夫斯卡娅**：《东亚陶器艺术中心：历史文化插笔》//《现代文明的社会经济、法律、文化进程·国际区域学术汇报会资料》，符拉迪沃斯托克，1999 年，第 171－176 页。

Жущиховская И.С. Восточно-Азиатский центр искусства керамики: историко-культурный экскурс // Социально-экономические, правовые и культурные процессы современной цивилизации: Материалы межрегион. науч.-практ. конф. — Владивосток, 1999. — С. 171－176.

1946．**И.С. 茹希霍夫斯卡娅**：《俄罗斯远东地区史前陶器制作的诱因》//《1999（ISAC'99）年关于古代釉陶、瓷器国际科技大会文集》，上海，1999 年，第 471－484 页，英文、中文。

Zhushchikhovskaya I. Dynamics of Prehistoric Pottery－Making of Russian Far East // Собрание работ международного научно-технического симпозиума по древней керамике и фарфору 1999（ISAC' 99）. — Шанхай, 1999. — С. 471－484. — Англ. яз., кит. яз.

1947．**И.С. 茹希霍夫斯卡娅、И.Ю. 蓬克拉托娃**：《古代制陶业的原料基地、气候与传统（根据东亚、东北亚文化资料）》//《追溯过去·纪念 Ж.В. 安德列耶娃 70 周岁》，符拉迪沃斯托克，2000 年，第 103－149 页。

Жущиховская И.С., Понкратова И.Ю. Сырьевая база, климат и традиции древнего гончарства（по материалам культур Восточной и Северо-Восточной Азии）// Вперед ⋯ в прошлое: К 70-летию Ж.В. Андреевой. — Владивосток, 2000. — С. 103－149.

1948．**И.С. 茹希霍夫斯卡娅**：《日本海北部地区最原始的陶器制作技术：泥片贴筑技术的发展演变》，《考古科学·97 论文集》，达勒姆，2000 年，第 31－46 页。

Zhushchikhovskaya I.S. Primitive and Ancient Pottery－making of Northern Japan Sea Basin：Ceramic Pastes Technology in Space－temporal Dynamics // Proceedings of Archaeological Sciences － 97．— Durham，2000．— P. 31－46.

1949．**Н.Н. 扎别利娜**：《远东与外贝加尔古代联系的新资料（3－4 世纪）》//《远东地理问题》，哈巴罗夫斯克，1963 年，第 6 卷，第 283－286 页。

Забелина Н.Н. Новые данные о древних связях Дальнего Востока с Забайкальем（III — IV вв.）// Вопросы географии Дальнего Востока．— Хабаровск，1963．— Т. 6．— С. 283－286.

1950．**Е.М. 扎维尔特基娜、А.В. 塔巴列夫**：《关于对矿物和宝石崇拜起源的考古学资料》//《历史学与矿物哲学·会议报告纲要》，瑟克特夫卡尔，1999 年，第 115－116 页。

Заверткина Е.М.，**Табарев А.В.** Археологические данные об истоках культа минералов и полудрагоценных камней // История и философия минералогии：Тез. докл. конф. — Сыктывкар，1999．— С. 115－116.

1951．**А.М. 佐洛塔列夫**：《阿穆尔民族史》//《历史学杂志》，1937 年 7 期，第 27－40 页。

Золотарев А.М. Из истории народов Амура // Исторический журнал．— 1937．— № 7．— С. 27－40.

1952．**А.Л. 伊夫里耶夫**：《远东的契丹》//《中世纪时期的东亚及其毗邻地区》，新西伯利亚，1986 年，第 21－24 页。

Ивлиев А.Л. Кидани на Дальнем Востоке // Восточная Азия и соседние территории в средние века． — Новосибирск，1986．— С. 21－24.

1953．**А.Л. 伊夫里耶夫、О.В. 季亚科娃**：《关于苏联远东中世纪文化中分瓣纹饰的起源》//《1984 年纪念列里哈报告会：Н.К. 列里哈 100 周年、С.Н. 列里哈 80 周年·会议资料》，新西伯利亚，1986 年，第 250－256 页。

Ивлиев А.Л.，**Дьякова О.В.** О происхождении дольчатого декора в средневековых культурах Дальнего Востока СССР // Рериховские чтения 1984 г.：К 100-летию Н.К. Рериха и 80-летию С.Н. Рериха：Материалы конф.． — Новосибирск，1986．— С. 250－256.

1954．**А.Л. 伊夫里耶夫**：《中世纪时代满洲东部、滨海地区的契丹人与居民（接触问题）》//《中世纪时代远东民族的民族文化关系资料》，符拉迪沃斯托克，1988 年，第 6－15 页。

Ивлиев А.Л. Кидани и население Восточной Манчжурии и Приморья в средние века（к проблеме контактов）// Материалы по этнокультурным связям народов Дальнего Востока в средние века． — Владивосток，1988．— С. 6－15.

1955．**А.Л. 伊夫里耶夫**：《中世纪时代东亚地区民族间的接触》//《俄罗斯科学院远东分院院刊》，1997 年 1 期，第 53－60 页。

Ивлиев А.Л. Межэтнические контакты в средние века на востоке Азии // Вестн. ДВО РАН． — 1997．— № 1．— С. 53－60.

1956．**А.Р. 阿尔杰米耶夫、Л.И. 加尔利亚莫娃、Л.Я. 伊万先科**：《封建社会、资本主义时代的远东史（17 世纪至 1917 年 2 月）》莫斯科，科学出版社，1991 年，第 2 卷，470 页。

История Дальнего Востока в эпоху феодализма и капитализма（XVII в. — февраль 1917 г.）/ А.Р. Артемьев, Л.И. Галлямова, Л.Я. Иващенко и др. — М.: Наука, 1991. — Т. 2. — 470 с.

1957. **А.П. 奥克拉德尼科夫、Ж.В. 安德列耶娃、Д.Л. 布罗江斯基、Н.Н. 季科夫、А.П. 杰列维扬科、Р.С. 瓦西里耶夫斯基、Р.В. 科济列娃、Э.В. 沙弗库诺夫：《苏联远东史：从原始社会至今》**（4 卷本），符拉迪沃斯托克，1974 年，第 1 卷第 1 册，《苏联远东境内的原始社会》，168 页。

История Дальнего Востока СССР: От эпохи первобытнообщинных отношений до наших дней: Макет: В 4 т. — Владивосток, 1974. — Т. 1, кн. 1: Первобытное общество на территории Дальнего Востока СССР / А.П. Окладников, Ж.В. Андреева, Д.Л. Бродянский, Н.Н. Диков, А.П. Деревянко, Р.С. Васильевский, Р.В. Козырева, Э.В. Шавкунов. — 168 с.

1958. **Ж.В. 安德列耶娃、Н.Г. 阿尔杰米耶娃、Д.Л. 布罗江斯基、Ю.М. 瓦西里耶夫、Т.А. 瓦西里耶娃、Р.С. 瓦西里耶夫斯基、В.А. 戈卢别夫、А.П. 杰列维扬科、Е.И. 杰列维扬科、Н.Н. 季科夫、И.С. 茹希霍夫斯卡娅、Р.В. 科济列娃、А.И. 克鲁沙诺夫、В.Д. 列尼科夫、Н.В. 列先科、А.П. 奥克拉德尼科夫、Л.Е. 谢梅尼琴科、О.И. 谢尔盖耶夫、С.М. 图比季娜、В.Н. 切尔纳夫斯卡娅、Э.В. 沙弗库诺夫、С.А. 什科利亚尔：《苏联远东史：从古代至 17 世纪》，莫斯科，科学出版社，1989 年，376 页。**

История Дальнего Востока СССР с древнейших времен до XVII века / Ж.В. Андреева, Н.Г. Артемьева, Д.Л. Бродянский, Ю.М. Васильев, Т.А. Васильева, Р.С. Васильевский, В.А. Голубев, А.П. Деревянко, Е.И. Деревянко, Н.Н. Диков, И.С. Жущиховская, Р.В. Козырева, А.И. Крушанов, В.Д. Леньков, Н.В. Лещенко, А.П. Окладников, Л.Е. Семениченко, О.И. Сергеев, С.М. Тупикина, В.Н. Чернавская, Э.В. Шавкунов, С.А. Школяр. — М.: Наука, 1989. — 376 с.

评论：**С.В. 戈尔布诺夫、М.М. 普罗科菲耶夫**，刊于《方志学通报》，南哈萨林斯克，1990 年 1 期，第 150－157 页；**О.А. 舒比娜**，刊于《方志学通报》，南萨哈林斯克，1990 年 1 期，第 147－150 页。

Рец.: Горбунов С.В., Прокофьев М.М. // Краевед. бюл. — Южно-Сахалинск, 1990. — № 1. — С. 150－157; Шубина О.А. // Краевед. бюл. — Южно-Сахалинск, 1990. — № 1. — С. 147－150.

1959.《苏联远东史：从古代至 17 世纪》，中译本，哈尔滨，哈尔滨出版社，1993 年，464 页，中文。

История Дальнего Востока с древнейших времен до XVII века: Пер. с рус. — Харбин: Хаэрбинь чубаньшэ, 1993. — 464 с. — Кит. яз.

评论：**孙进己**，刊于《北方文物》，1997 年 3 期，第 94－96 页，中文。

Рец.: Сунь Цзиньцзи // Бэйфан вэньу. — 1997. — № 3. — С. 94－96. — Кит. яз.

1960. **Ю.М. 瓦西里耶夫、Т.А. 瓦西里耶娃、А.В. 加尔科维克、А.Л. 伊夫里耶夫：《远东民族的历史与文化：俄罗斯科学院远东分院藏品展览简介》**，札幌，1994 年，72 页，俄文、英文。

История и культура народов Дальнего Востока: Проспект выставки коллекций Дальневост. отд - ния РАН / Ю.М. Васильев, Т.А. Васильева, А.В. Гарковик, А.Л. Ивлиев. — Саппоро, 1994. — 72 с. — Рус. яз., англ. яз.

1961. **Ж.В. 安德列耶娃、А.М. 贡恰连科、И.М. 贡恰连科：《苏联远东史：从原始社会时代至今》**（2 卷本纲要），符拉迪沃斯托克，1967 年，100 页。

История советского Дальнего Востока:（от эпохи первобытнообщинных отношений до наших дней）:

Проспект: В 2 т. / **Ж.В. Андреева, А.М. Гончаренко, И.М. Гончаренко и др.** — Владивосток, 1967. — 100 с.

1962.《西伯利亚消逝的文明：关于远东古代民族》//《知识》，1874 年 7 期，第 1－5 页。

Исчезнувшая цивилизация в Сибири: ［О древних народах Дальнего Востока］ // Знание. — 1874. — № 7. — С. 1－5.

1963.**B.A. 卡利宁**：《尼科里－乌苏里斯克市简史》，尼科里斯克－乌苏里斯克，1913 年，22 页。

Калинин В.А. Краткий исторический очерк г. Никольска－Уссурийского — Никольск－Уссурийск, 1913. — 22 с.

1964.**加藤博文、И.Я. 舍夫科穆德**：《1998 年阿穆尔河下游地区的考古学研究》//《世纪之交的远东历史文化遗产、自然遗产：研究与保护问题·第 2 次纪念戈罗杰克夫斯基报告会资料（1999 年 4 月 29－30 日·哈巴罗夫斯克）》，1999 年，第 159－161 页。

Като Х., Шевкомуд И.Я. Археологические исследования на Нижнем Амуре в 1998 г. // Историко-культурное и природное наследие Дальнего Востока на рубеже веков: проблемы изучения и сохранения: Материалы Вторых Гродековских чтений (Хабаровск, 29－30 апр. 1999 г.). — Хабаровск, 1999. — С. 159－161.

1965.**加藤博文、И.Я. 舍夫科穆德**：《1998 年（阿穆尔河下游）乌德利湖科利且姆 3 号遗址现代研究报告》//《阿穆尔项目》，筑波，1999 年，第 3－20、27－35 页，俄文、日文。

Като Х., Шевкомуд И.Я. Отчет о совместных исследованиях поселения Кольчем－3 на озере Удыль (Нижний Амур) в 1998 г. // Project Amur. — Tsukuba, 1999. — P. 3－20, 27－35. — Рус. яз., яп. яз.

1966.**П. 卡法罗夫**：《南乌苏里斯克边疆区民族学考察（卡法罗夫关于滨海地区、阿穆尔河沿岸考古工作的信函）》//《俄罗斯地理学会学报》，1871 年，第 7 卷 2 期，第 91－97 页；3 期，第 123－124 页；6 期，第 325－327 页；7 期，第 364－366 页。

Кафаров П. Этнографическая экспедиция в Южно-Уссурийский край: ［Письма Кафарова об археол. работах в Приморье и Приамурье］ // ИРГО. — 1871. — Т. 7, № 2. — С. 91－97; № 3. — С. 123－124; № 6. — С. 325－327; № 7. — С. 364－366.

1967.**А. 基里尔洛夫**：《阿穆尔州、滨海州（包括某些毗邻国家地点）的地理统计学词典（收录很多考古学遗存资料）》，布拉戈维申斯克，1894 年，541 页。

Кириллов А. Географическо-статистический словарь Амурской и Приморской областей, с включением некоторых пунктов сопредельных с ними стран: ［Много сведений об археол. памятниках］. — Благовещенск, 1894. — 541 с.

1968.**Н.А. 克柳耶夫、Ю.Г. 尼基京**：《1988 年滨海边疆区红军地区考古学考察》//《苏联远东古代文化（考古学普查）》，苏联科学院远东分院历史·考古·民族研究所，预印本，符拉迪沃斯托克，1989 年，3－8 页。

Клюев Н.А., Никитин Ю.Г. Археологические исследования в Красноармейском районе Приморского края в 1988 г. // Древние культуры Дальнего Востока СССР (Археологический поиск) / АН СССР. ДВО. ИИАЭ. — Препр. — Владивосток, 1989. — С. 3－8.

1969.**Н.А. 克柳耶夫**：《塔约日内－克柳奇 1 号遗址——滨海地区北部新的多层遗址》//《远东第 1

次青年历史学者会议》，符拉迪沃斯托克，1991 年，第 21－23 页。

Клюев Н.А. Поселение Таежный ключ－1 — новый многослойный памятник Северного Приморья // Первая дальневост. конф. молодых историков. — Владивосток, 1991. — С. 21－23.

1970. Н.А. 克柳耶夫、И.С. 茹希霍夫斯卡娅：《关于公元前 2 千纪至 1 千纪滨海地区的开发问题（根据新谢利谢 4 号遗址资料）》// 《俄罗斯东部地区开发的历史经验·国际学术会议报告、议程纲要》，符拉迪沃斯托克，1993 年，第 1 集，第 30－33 页。

Клюев Н.А., Жущиховская И.С. К вопросу об освоении Приморья во II — I тыс. до н.э. (по материалам поселения Новоселище－4) // Исторический опыт освоения восточных районов России: Тез. докл. и сообщ. междунар. науч. конф. — Владивосток, 1993. — Вып. 1. — С. 30－33.

1971. Н.А. 克柳耶夫、Н.Н. 克拉金、А.Л. 伊夫里耶夫：《古代的滨海地区》// 《俄罗斯滨海地区史：各种类型普通教育制 8－9 年级教学参考书》，Ю.В. 阿尔古佳耶娃、А.Р. 阿尔杰米耶夫、Н.А. 别利亚耶娃等编著，符拉迪沃斯托克，1998 年，第 5－20 页。

Клюев Н.А., Крадин Н.Н., Ивлиев А.Л. Приморье в древности // История российского Приморья: Учеб. пособие для 8 — 9 кл. общеобразовательных учреждений всех типов / Ю.В. Аргудяева, А.Р. Артемьев, Н.А. Беляева и др. — Владивосток, 1998. — С. 5－20.

1972. Н.А. 克柳耶夫：《滨海中部、西部、北部地区的调查与发掘》// 《1997 年考古发现》，莫斯科，1999 年，第 280－281 页。

Клюев Н.А. Разведки и раскопки в Центральном, Западном и Северном Приморье // АО, 1997. — М., 1999. — С. 280－281.

1973. Н.А. 克柳耶夫：《1999 年滨海地区中部考古调查的一些总结》// 《俄罗斯与亚洲太平洋地区》，2000 年 1 期，第 89－92 页。

Клюев Н.А. Некоторые итоги археологической разведки в Центральном Приморье в 1999 г. // Россия и АТР. — 2000. — № 1. — С. 89－92.

1974. Н.А. 克柳耶夫：《1997－1999 年滨海边疆区阿努钦诺地区考古学考察的主要结果》// 《21 世纪的历史文化遗产：保护与利用的展望·2000 年 4 月 17－19 日国际遗存保护日会议报告集》，符拉迪沃斯托克，2000 年，第 47－50 页。

Клюев Н.А. Основные итоги археологических исследований в Анучинском районе Приморского края в 1997 — 1999 гг. // Культурно-историческое наследие в XXI веке: перспективы сохранения и использования: Сб. докл. конф., посвящ. Междунар. дню охраны памятников 17－19 апр. 2000 г. — Владивосток, 2000. — С. 47－50.

1975. Н.А. 克柳耶夫：《滨海地区工作》// 《1998 年考古发现》，莫斯科，2000 年，第 299－301 页。

Клюев Н.А. Работы в Приморье // АО, 1998. — М., 2000. — С. 299－301.

1976. С.А. 科洛米耶茨：《格雷佐夫卡要塞考古调查的初步报告》// 《阿穆尔项目》，筑波，1999 年，第 88－89 页，日文。

Kolomyets S.A. Pleminary Reports of Archaeological Investigation of Glazovka Citadel // Project Amur. — Tsukuba, 1999. — P. 88－90. — Яп. яз.

1977. С.А. 科洛米耶茨：《（滨海地区）先基纳"帽儿山"多层遗址的陶器综合体》// 《远东历史学

与考古学·纪念 Э.В. 沙弗库诺夫 70 周岁》，符拉迪沃斯托克，2000 年，第 49－52 页。

Коломиец С.А. Керамический комплекс многослойного памятника Сенькина Шапка［в Приморье］// История и археология Дальнего Востока. К 70-летию Э.В. Шавкунова. — Владивосток, 2000. — С. 49 －52.

1978. **С.А. 科洛米耶茨、Н.А. 多罗费耶娃、П.Я. 阿夫列莫夫**：《（滨海地区）格拉佐夫卡城址遗存考察的初步成果》//《1998 年考古发现》，莫斯科，2000 年，第 304－305 页。

Коломиец С.А. , **Дорофеева Н.А.** , **Афремов П.Я.** Предварительные результаты исследований памятника Глазовка－городище［в Приморье］// АО, 1998. — М., 2000. — С. 304－305.

1979. **Л.В. 科利佐夫、Г.И. 麦德维杰夫**：《西伯利亚南部、远东的中石器时代》//《苏联中石器时代》，**Н.О. 巴杰尔、Н.Н. 古丽娜、П.М. 多卢哈诺夫**等编著，莫斯科，1989 年，第 174－186 页（《从古至中世纪的苏联考古学》）。

Кольцов Л.В. , **Медведев Г.И.** Мезолит юга Сибири и Дальнего Востока // Мезолит СССР / **Н.О. Бадер, Н.Н. Гурина, П.М. Долуханов** и др. — М., 1989. — С. 174－186. — (Археология СССР с древнейших времен до средневековья).

1980. **Н.А. 科诺年科**：《论研磨石的用途问题（根据公元前 3 千纪至公元前 1 千纪滨海地区遗存资料）》//《苏联考古学》，1982 年 2 期，第 214－218 页。

Кононенко Н.А. К вопросу о назначении терочников (по материалам памятников Приморья III — I тыс. до н.э.) // СА. — 1982. — № 2. — С. 214－218.

1981. **Н.А. 科诺年科**：《滨海地区原始社会部落的家庭手工业》//《滨海地区方志学问题·1987 年 3 月 23－27 日学术汇报会报告纲要》，乌苏里斯克，1987 年，第 71－74 页。

Кононенко Н.А. Домашние промыслы первобытных племен Приморья // Проблемы краеведения Приморья: Тез. докл. науч. - практ. конф., 23－27 марта 1987 г. — Уссурийск, 1987. — С. 71－74.

1982. **Н.А. 科诺年科**：《论滨海地区原始社会部落经济中骨、角的利用问题》//《北亚考古学问题：纪念 А.П. 奥克拉德尼科夫院士诞辰 80 周年·1988 年 3 月 28－30 日第 28 次大学生区域考古会议报告纲要》，赤塔，1988 年，第 133－134 页。

Кононенко Н.А. К вопросу об использовании кости и рога в хозяйстве первобытных племен Приморья // Проблемы археологии Северной Азии: (К 80-летию академика А.П. Окладникова): Тез. докл. XXVI-II Регион. археол. студ. конф. (28－30 марта 1988 г.) . — Чита, 1988. — С. 133－134.

1983. **Н.А. 科诺年科**：《论远东南部地区石器时代木材、角、骨的加工工艺》//《远东古代生产工艺》，苏联科学院远东分院历史·考古·民族研究所，预印本，符拉迪沃斯托克，1988 年，第 26－32 页。

Кононенко Н.А. К технологии обработки дерева, рога, кости в эпоху камня на юге Дальнего Востока // Технология древних производств Дальнего Востока / АН СССР. ДВО. ИИАЭ. — Препр. — Владивосток, 1988. — С. 26－32.

1984. **Н.А. 科诺年科**：《石器时代滨海地区的经济开发》//《太平洋地区欧亚大陆的第 4 纪事件与地层学·国际会议》报告纲要，雅库茨克，1990 年，第 1 卷，第 103－105 页。

Кононенко Н.А. Хозяйственное освоение Приморья в каменном веке // Четвертичные события и стратиграфия Евразии Тихоокеанского региона: Тез. докл. Междунар. симп. — Якутск, 1990. — Ч. 1.

— C. 103 – 105.

1985．**H.A. 科诺年科**：《旧石器时代萨哈林、滨海地区居民的经济活动动态》//《方志学通报》，南萨哈林斯克，1992 年 1 期，第 3 – 21 页。

Кононенко Н.А. Динамика хозяйственной деятельности населения Сахалина и Приморья в эпоху палеолита // Краевед. бюл. — Южно-Сахалинск, 1992. — № 1. — С. 3 – 21.

1986．**H.A. 科诺年科**：《石器时代萨哈林、滨海地区居民的经济文化联系与接触》//《Б.О. 皮尔苏茨基：萨哈林民族的研究者·1991 年 11 月 31 – 11 月 2 日国际会议资料》，南萨哈林斯克，1992 年，第 2 卷，第 133 – 139 页。

Кононенко Н.А. Культурно-хозяйственные связи и контакты населения Сахалина и Приморья в эпоху камня // Б.О. Пилсудский — исследователь народов Сахалина: Материалы междунар. конф., 31 окт. – 2 нояб. 1991 г. — Южно-Сахалинск, 1992. — Т. 2. — С. 133 – 139.

1987．**H.A. 科诺年科**：《石器时代的古生态学与多部门经济的形成》//《北方文物》，1993 年 4 期，第 90 – 92 页，中文。

Кононенко Н.А. Палеоэкология каменного века и формирование комплексной экономики // Бэйфан вэньу. — 1993. — № 4. — С. 90 – 92. — Кит. яз.

1988．**H.A. 科诺年科**：《滨海地区原始社会遗存石器加工中的传统与革新》//《俄罗斯远东地区考古学研究》，苏联科学院远东分院历史·考古·民族研究所，预印本，符拉迪沃斯托克，1993 年，第 42 – 47、94 页。

Кононенко Н.А. Традиции и инновации в камнеобработке первобытных памятников Приморья // Археологические исследования на Дальнем Востоке России / РАН. ДВО. ИИАЭ. — Препр. — Владивосток, 1993. — С. 42 – 47, 94 [ил.].

1989．**H.A. 科诺年科**：《滨海地区旧石器时代晚期、新石器时代：古代文化起源与文化交流等问题》//《史前史与古代史》，首尔，1993 年，第 4 卷，第 153 – 166 页。

Kononenko N.A. Late Paleolithic and Neolithic Periods in Primorye: Problems of Origin and Intercommunication of Ancient Cultures // Prehistory and Ancient History. — Seoul, 1993. — Vol. 4. — P. 153 – 166.

1990．**H.A. 科诺年科**：《滨海地区陶器出现前期及新石器时代的综合体（形成与发展的某些视角）》//《远东原始社会考古学概要（考古学资料的历史阐释问题）》，莫斯科，1994 年，第 108 – 147 页。

Кононенко Н.А. Докерамические и неолитические комплексы Приморья: (некоторые аспекты формирования и развития) // Очерки первобытной археологии Дальнего Востока: (Пробл. ист. интерпретации археол. источников). — М., 1994. — С. 108 – 147.

1991．**H.A. 科诺年科**：《俄罗斯远东南部地区石器时代文化的传承和演变》//《北美与俄罗斯远东之间的科学桥梁·第 45 届北极科学会议摘要》，符拉迪沃斯托克，1994 年，第 170 – 171 页。

Kononenko N.A. Succession and Transformation of the Stone Age Cultures in the South of Russian Far East // Bridges of the Science between North America and the Russian Far East: 45th Arctic Science Conference: Abstracts. — Vladivostok, 1994. — Bk. 2. — P. 170 – 171.

1992．**H.A. 科诺年科**：《远东南部前陶期、新石器时代的综合体：起源与相互关系问题》//《北太平洋考古学》，符拉迪沃斯托克，1996 年，第 207 – 214 页。

Кононенко Н.А. Докерамические и неолитические комплексы юга Дальнего Востока: проблемы генезиса и взаимосвязей // Археология Северной Пасифики. — Владивосток, 1996. — С. 207 - 214.

1993. **Н.А. 科诺年科、А.В. 加尔科维克**：《东亚地区石器时代古人类的环境适应与文化交往》，《东亚评论·年刊》，大阪，1997 年，第 1 卷，第 1 期，第 77 - 78 页。

Kononenko N.A., Garkovik A.V. The Adaptation and Cultural Relations of the Ancient Populations of East Asia in the Stone Age // East Asian Review. An Annual Journal. — Osaka, 1997. — Vol. 1, No. 1. — P. 77 - 88.

1994. **Н.А. 科诺年科**：《石器时代东亚居民的古代经济与工艺学》//《太平洋亚洲背景下的日本民族与文化·国际学术会议》，京都，1998 年，第 18 页，日文。

Кононенко Н.А. Палеоэкономика и технология населения Восточной Азии в каменном веке // Японский народ и культура в контексте Тихоокеанской Азии: Междунар. симп. — Киото, 1998. — С. 18. — Яп. яз.

1995. **Н.А. 科诺年科**：《俄罗斯远东滨海地区史前时期的海洋资源》//《加州考古学会论文集》，圣迭戈，1998 年，第 11 卷，第 12 - 18 页。

Kononenko N. Marine Resources among Prehistoric Cultures of the Primorye Region of the Russian Far East // Proceedings of the Society for California Archaeology. — San Diego, 1998. — Vol. 11. — P. 12 - 18.

1996. **Н.А. 科诺年科**：《从更新世晚期至全新世早期过渡阶段东亚的石器工艺》//《Доекоко》，1999 年 23 期，第 137 - 156 页，日文。

Кононенко Н.А. Технология камня в переходный период от позднего плейстоцена к раннему голоцену в Восточной Азии // Доекоко. — 1999. — № 23. — С. 137 - 156. — Яп. яз.

1997. **Н.А. 科诺年科、Д. 卡西基**：《俄罗斯远东地区泽尔卡利纳亚河流域更新世 - 全新世时期环境变化下的生计活动》//《加州考古学会公报》，弗雷斯诺，1999 年，第 12 卷，第 57 - 61 页。

Kononenko N., Cassidy J. Subsistence Activity in the Context of Changing Environments during the Pleistocene - Holocene Boundary in the Zerkalnaya River Valley of the Russian Far East // Proceedings of the Society for California Archaeology. — Fresno, 1999. — Vol. 12. — P. 57 - 61.

1998. **Н.А. 科诺年科**：《全新世早中期滨海内部地区的文化进程》//《加州考古学会第 34 次年会摘要》，加州大学滨河校区，2000 年，第 55 页。

Kononenko N. Cultural Processes in the Interior Region of Primorye during the Early and Middle Holocene Periods // Society for California Archaeology. 34th Annual Meeting: Abstracts. — Riverside, 2000. — P. 55.

1999. **А.К. 科纳帕茨基**：《阿穆尔河下游地区调查工作》//《北亚、东亚考古学问题》，新西伯利亚，1986 年，第 50 - 83 页。

Конопацкий А.К. Разведочные работы на Нижнем Амуре // Проблемы археологии Северной и Восточной Азии. — Новосибирск, 1986. — С. 50 - 83.

2000. **А.К. 科纳帕茨基**：《阿穆尔河下游地区勘查工作》//《西伯利亚、远东古代文化遗存研究》，新西伯利亚，1987 年，第 173 - 174 页。

Конопацкий А.К. Разведывательные работы на Нижнем Амуре // Исследования памятников древних культур Сибири и Дальнего Востока. — Новосибирск, 1987. — С. 173 - 174.

2001．**Л.В. 科尼科娃**：《苏联远东南部地区古代的有色金属加工》，历史学副博士论文作者文摘，莫斯科国立大学，1982 年，24 页。

Конькова Л.В. Цветная металлообработка на юге Дальнего Востока СССР в древности: Автореф. дис. ... канд. ист. наук / МГУ им. М.В. Ломоносова. — М., 1982. — 24 с.

2002．**Л.В. 科尼科娃**：《滨海地区、远东古代有色金属工艺学研究》//《滨海地区方志学问题·1987 年 3 月 23－27 日学术汇报会·报告纲要》，乌苏里斯克，1987 年，第 58－61 页。

Конькова Л.В. Изучение древней цветной металлургии Приморья и Дальнего Востока // Проблемы краеведения Приморья: Тез. докл. науч.－практ. конф., 23－27 марта 1987 г. — Уссурийск, 1987. — С. 58－61.

2003．**Л.В. 科尼科娃**：《苏联远东南部地区的青铜铸造生产（公元前 2 千纪与公元前 1 千纪之交－公元 8 世纪）》，列宁格勒，科学出版社，1989 年，124 页。

Конькова Л.В. Бронзолитейное производство на юге Дальнего Востока СССР (рубеж II－I тыс. до н.э. — XIII век н.э.). — Л.: Наука, 1989. — 124 с.

评论：**С.В. 库兹米内赫**，刊于《苏联科学院远东分院院刊》，1990 年 4 期，第 127－130 页。

Рец.: **Кузьминых С.В.** // Вестн. ДВО АН СССР. — 1990. — № 4. — С. 127－130.

2004．**Л.В. 科尼科娃**：《关于古代、中世纪时期苏联远东南部一些地区炼取金属的可能性》//《苏联远东中世纪研究的新发现》，苏联科学院远东分院历史·考古·民族研究所，预印本，符拉迪沃斯托克，1989 年，第 9－12 页。

Конькова Л.В. О возможности получения металла в южных районах Дальнего Востока СССР в древности и средневековье // Новое в изучении эпохи средневековья Дальнего Востока СССР / АН СССР. ДВО. ИИАЭ. — Препр. — Владивосток, 1989. — С. 9－12.

2005．**Л.В. 科尼科娃**：《丝绸之路与远东的黄铜》//《古代、中世纪时代中央亚细亚地区丝绸之路路线的形成与发展（联合国教科文组织国际会议报告纲要·1990 年 10 月 1－6 日·撒马尔罕）》，塔什干，1990 年，第 155－157 页。

Конькова Л.В. Великий шелковый путь и латунь на Дальнем Востоке // Формирование и развитие трасс Великого шелкового пути в Центральной Азии в древности и средневековье: (Тез. докл. междунар. семинара ЮНЕСКО), Самарканд, 1－6 окт. 1990 г. — Ташкент, 1990. — С.155－157.

2006．**Л.В. 科尼科娃**：《东北亚地区黄铜的出现问题》//《1999 年 12 月 20－24 日"莫斯科国立大学考古教研室 60 周年"会议》，莫斯科，1999 年，第 202－204 页。

Конькова Л.В. Проблема появления латуней в Северо-Восточной Азии // Конференция 《60 лет кафедре археологии МГУ им. М.В. Ломоносова》, 20－24 дек. 1999. — М., 1999. — С. 202－204.

2007．**В.Н. 科佩季科**：《阿穆尔河下游地区调查》//《1977 年考古发现》，莫斯科，1978 年，第 239 页。

Копытько В.Н. Разведка на Нижнем Амуре // АО, 1977. — М., 1978. — С. 239.

2008．**В.Н. 科佩季科**：《（哈巴罗夫斯克边疆区）阿姆贡地区考古调查的一些成果》//《西伯利亚南部及远东考古学》，新西伯利亚，1984 年，第 167－172 页。

Копытько В.Н. Некоторые результаты археологической разведки на Амгуни [в Хабаровском крае] //

Археология юга Сибири и Дальнего Востока. — Новосибирск, 1984. — С. 167－172.

2009．В.Н. 科佩季科：《阿姆贡地区调查》//《1982 年考古发现》，莫斯科，1984 年，第 208 页。

Копытько В.Н. Разведка на Амгуни // АО, 1982. — М., 1984. — С. 208.

2010．В.Н. 科佩季科：《阿穆尔河下游地区勘查工作》//《西伯利亚、远东古代文化遗存研究》，新西伯利亚，1987 年，第 177－178 页。

Копытько В.Н. Разведывательные работы на Нижнем Амуре // Исследования памятников древних культур Сибири и Дальнего Востока. — Новосибирск, 1987. — С. 177－178.

2011．Н.Н. 克拉金：《远东的野蛮帝国时期》//《远东、外贝加尔地区中世纪考古学资料》，苏联科学院远东分院历史·考古·民族研究所，预印本，符拉迪沃斯托克，1989 年，第 62－63 页。

Крадин Н.Н. Варварские империи на Дальнем Востоке // Материалы по средневековой археологии Дальнего Востока и Забайкалья / АН СССР. ДВО. ИИАЭ. — Препр. — Владивосток, 1989. — С. 62－63.

2012．Н.Н. 克拉金：《库莫奚的社会结构》//《远东、外贝加尔地区中世纪考古学资料》，苏联科学院远东分院历史·考古·民族研究所，预印本，符拉迪沃斯托克，1989 年，第 58－61 页。

Крадин Н.Н. Общественная структура кумоси // Материалы по средневековой археологии Дальнего Востока и Забайкалья / АН СССР. ДВО. ИИАЭ. — Препр. — Владивосток, 1989. — С. 58－61.

2013．Н.Н. 克拉金：《公元 1 千纪时期远东民族的社会制度》，苏联科学院远东分院历史·考古·民族研究所，预印本，符拉迪沃斯托克，1989 年，44 页。

Крадин Н.Н. Социальный строй народов Дальнего Востока СССР I тыс. н.э. / АН СССР. ДВО. ИИАЭ. — Препр. — Владивосток, 1989. — 44 с.

2014．Н.Н. 克拉金：《关于渤海国形成的自然条件》//《苏联远东中世纪考古学、历史学资料》，符拉迪沃斯托克，1990 年，第 18－27 页。

Крадин Н.Н. О формационной природе бохайского государства // Материалы по средневековой археологии и истории Дальнего Востока СССР. — Владивосток, 1990. — С. 18－27.

2015．Н.Н. 克拉金：《游牧民族的社会经济关系（问题的现状及其在远东中世纪研究中的角色)》，历史学副博士论文作者文摘，俄罗斯科学院远东分院历史·考古·民族研究所，符拉迪沃斯托克，1990 年，18 页。

Крадин Н.Н. Социально-экономические отношения у кочевников (Современное состояние проблемы и ее роль в изучении средневекового Дальнего Востока): Автореф. дис. ··· канд. ист. наук / РАН. ДВО. ИИАЭ. — Владивосток, 1990. — 18 с.

2016．Н.Н. 克拉金：《关于苏联远东南部地区政治制度起源的次生性》//《远东第 1 次青年历史学者会议》，符拉迪沃斯托克，第 7－9 页。

Крадин Н.Н. О вторичном характере политогенеза на юге Дальнего Востока СССР // Первая дальневост. конф. молодых историков. — Владивосток, 1991. — С. 7－9.

2017．Н.Н. 克拉金：《关于北亚民族的国家起源》//《日本海区域古代文化交流会议报告提要汇编》，东京，1994 年，第 10－16 页，日文。

Крадин Н.Н. О происхождении государства у народов Северной Азии // Сборник краткого содержания докладов совещания по культурному обмену в древности в бассейне Японского моря. — Токио,

1994. — С. 10 – 16. — Яп. яз.

2018. **Н.Н. 克拉金**：《博克利汗国（Боклийский каганат）专论》//《东亚的传统文化：考古学、文化人类学》，布拉戈维申斯克，1995 年，第 88 – 94 页。

Крадин Н.Н. Этюд о Боклийском каганате // Традиционная культура востока Азии. Археология и культурная антропология. — Благовещенск, 1995. — С. 88 – 94.

2019. **Н.Н. 克拉金**：《远东地区国家体制产生过程的外在因素》//《古代、中世纪时代的滨海地区·区域考古会议资料》，乌苏里斯克，1996 年，第 34 – 38 页。

Крадин Н.Н. Внешний фактор в процессе происхождения государственности на Дальнем Востоке // Приморье в древности и средневековье: (Материалы регион. археол. конф.). — Уссурийск, 1996. — С. 34 – 38.

2020. **Н.Н. 克拉金**：《远东民族早期国家体制的模式》//《北太平洋考古学》，符拉迪沃斯托克，1996 年，第 40 – 47 页。

Крадин Н.Н. Формы ранней государственности у народов Дальнего Востока // Археология Северной Пасифики. — Владивосток, 1996. — С. 40 – 47.

2021. **Н.Н. 克拉金、Н.А. 克柳耶夫、Ю.Г. 尼基京**：《伊曼河流域古代居民分布系统研究的初步结果》//《远东考古学、历史学、民族学问题》，符拉迪沃斯托克，1997 年，第 3 – 17 页。

Крадин Н.Н., Клюев Н.А., Никитин Ю.Г. Предварительные результаты изучения системы расселения древнего населения в бассейне реки Иман // Вопросы археологии, истории и этнологии Дальнего Востока. — Владивосток, 1997. — С. 3 – 17.

2022. **Н.Н. 克拉金**：《论渤海国社会结构的特点》//《东北亚考古资料译文集·渤海专号》，哈尔滨，1998 年，第 159 – 165 页，中文。

Крадин Н.Н. Об особенностях общественного устройства государства Бохай // Собрание переводных работ по археологии Северо-Восточной Азии. Бохайский вып. — Харбин, 1998. — С. 159 – 165. — Кит. яз.

2023. **Н.Н. 克拉金、Ю.Г. 尼基京、Н.А. 克柳耶夫**：《俄罗斯滨海地区北部五千年来的狩猎、渔业与早期农业》//《第八届关于狩猎采集社会，采集社会和后采集社会：历史、政治和未来的国际会议摘要·1998 年 10 月 26 – 30 日·大阪· 10 月 21 – 25 日·青森· 10 月 30-31 日·北海道》，第一章，第 80 页。

Kradin N.N., Nikitin Yu.G., Kliuev N.A. Hunting, Fishing and Early Agriculture in Northern Primorye Region of Russia through Five Millennia // 8th International Conference on Hunting and Gathering Societies. Foraging and Post – Foraging Societies: History, Politics, and Future. Osaka, October 26 – 30, Aomori, October 21 – 25, Hokkaido, October 30-31: Abstracts. — S. l., 1998. — P. 80.

2024. **B.A. 克拉明采夫**：《（犹太自治州）比占河流域调查》//《西伯利亚、远东古代文化遗存》，新西伯利亚，1986 年，第 156 – 158 页。

Краминцев В.А. Разведка по Биджану: [Еврейская автономная область] // Памятники древних культур Сибири и Дальнего Востока. — Новосибирск, 1986. — С. 156 – 158.

2025. **B.A. 克拉明采夫**：《（滨海地区）多布罗耶村附近出土的遗物》//《西伯利亚、远东古代文化遗存研究》，新西伯利亚，1987 年，第 178 – 180 页。

Краминцев В.А. Находки в окрестностях села Доброе [в Приамурье] // Исследования памятников древних культур Сибири и Дальнего Востока. — Новосибирск, 1987. — С. 178－180.

2026. **Ю. А. 克拉斯诺夫**：《远东地区生产经济的产生与早期发展阶段》//《从古代到伟大的十月社会主义革命前的苏联农民史》(5 卷本)，莫斯科，1987 年，第 1 卷：《形成农民阶级的先决条件，奴隶社会、早期封建社会的农民（公元前 6－5 千纪至公元 1 千纪）》，第 162－164 页。

Краснов Ю. А. Возникновение и ранние этапы развития производящего хозяйства на Дальнем Востоке // История крестьянства СССР с древнейших времен до Великой Октябрьской социалистической революции: В 5 т. — М., 1987. — Т. 1: Предпосылки становления крестьянства. Крестьянство рабовладельческих и раннефеодальных обществ (VI－V тысячелетия до н.э. — I тысячелетие н.э.). — С. 162－164.

2027. **А. А. 克鲁皮扬科**：《1988 年滨海边疆区哈桑地区考古调查》//《方志学问题·纪念阿尔谢尼耶夫报告会会议报告纲要》，乌苏里斯克，1989 年，第 28－29 页。

Крупянко А. А. Археологические разведки в Хасанском районе Приморского края в 1988 году // Проблемы краеведения: [Тез. докл. конф.] / Арсеньев. чтения. — Уссурийск, 1989. — С. 28－29.

2028. **А. А. 克鲁皮扬科**：《1988 年远东国立大学在滨海边疆区达利涅格尔斯克地区的考古调查工作》//《远东及其毗邻地区的方志学问题·大学生区域学术会议与会者报告纲要·布拉戈维申斯克（1990 年 2 月 21－22 日）》，布拉戈维申斯克，1990 年，第 27－29 页。

Крупянко А. А. Разведочные работы археологической службы ДВГУ в Дальнегорском районе Приморского края в 1988 г. // Проблемы краеведения Дальнего Востока и сопредельных территорий: Тез. докл. участников регион. науч. студ. конф. (Благовещенск, 21－22 февр. 1990 г.). — Благовещенск, 1990. — С. 27－29.

2029. **А. А. 克鲁皮扬科、А. В. 塔巴列夫**：《苏沃罗沃村附近的考古遗存：考古－生态系统的尝试》//《太平洋沿岸的石器时代——献给 П. И. 博里斯科夫斯基的崇高纪念》，符拉迪沃斯托克，1996 年，第 159－169 页（《太平洋考古学》，第 7 集）。

Крупянко А. А., Табарев А. В. Археологические памятники у с. Суворово: опыт выделения архео-экологической системы // Каменный век тихоокеанских побережий: Светлой памяти П. И. Борисковского посвящ. — Владивосток, 1996. — С. 159－169. — (Тихоокеан. археология; Вып. 7).

2030. **А. А. 克鲁皮扬科、А. В. 塔巴列夫**：《远东石器时代艺术中的线条画与雕塑》//《西伯利亚人文科学》，1996 年 3 期：《考古学、民族学系列》，第 68－72 页。

Крупянко А. А., Табарев А. В. Графика и пластика в искусстве каменного века Дальнего Востока // Гуманит. науки в Сибири. — 1996. — № 3: Сер.: Археология и этнография. — С. 68－72.

2031. **А. А. 克鲁皮扬科**：《乌苏里斯克边疆区的古迹》//《滨海地区历史纲要》，符拉迪沃斯托克，1996 年，第 3－13 页。

Крупянко А. А. Древности Уссурийского края // Очерки истории Приморья. — Владивосток, 1996. — С. 3－13.

2032. **А. А. 克鲁皮扬科、Н. Б. 韦尔霍夫斯卡娅**：《苏沃罗沃 4 号遗址：研究的总结与展望》//《北太平洋考古学》，符拉迪沃斯托克，1996 年，第 266－270 页。

Крупянко А. А., Верховская Н. Б. Суворово VI: итоги и перспективы исследования // Археология

Северной Пасифики. — Владивосток, 1996. — С. 266 – 270.

2033．**А.А. 克鲁皮扬科**：《人与石头：相互关系的演化》//《太平洋文化的古老艺术》，符拉迪沃斯托克，1996 年，第 5 – 10 页（《太平洋考古学》，第 9 集）。

Крупянко А.А. Человек и камень: эволюция взаимоотношений // Древнее искусство тихоокеанских культур. — Владивосток, 1996. — С. 5 – 10. — (Тихоокеан. археология; Вып. 9) .

2034．**А.А. 克鲁皮扬科、А.В. 塔巴列夫**：《滨海地区泽尔卡利纳亚河谷地考察》//《1998 年考古发现》，莫斯科，2000 年，第 310 – 311 页。

Крупянко А.А., Табарев А.В. Исследования в долине р. Зеркальной в Приморье // АО, 1998. — М., 2000. — С. 310 – 311.

2035．**А.И. 克鲁沙诺夫、Э.В. 沙弗库诺夫**：《苏联远东及东亚毗邻地区的中世纪国家历史纲要（7 – 13 世纪）》（3 卷本大纲），符拉迪沃斯托克，1976 年，31 页。

Крушанов А.И., Шавкунов Э.В. Очерки истории средневековых государств народов Дальнего Востока СССР и смежных территорий Восточной Азии (VII — XIII вв.): В 3 т.: Проспект. — Владивосток, 1976. — 31 с.

2036．**А.Ю. 库德林**：《有关 17 – 18 世纪外贝加尔、滨海地区俄罗斯居民捕捞业发展的新资料》//《17 – 19 世纪远东地区的俄罗斯探索者（历史考古学考察）》，符拉迪沃斯托克，1995 年，第 2 卷，第 118 – 123 页。

Кудрин А.Ю. Новые материалы о развитии рыболовного промысла у русского населения Забайкалья и Приамурья в XVII — XVIII вв. // Русские первопроходцы на Дальнем Востоке в XVII — XIX вв. (ист. – археол. исследования) . — Владивосток, 1995. — Т. 2. — С. 118 – 123.

2037．**А.М. 库兹涅佐夫**：《（滨海地区）伊利斯塔亚河流域调查》//《1977 年考古发现》，莫斯科，1978 年，第 245 – 246 页。

Кузнецов А.М. Разведка в бассейне р. Илистой [в Приморье] // АО, 1977. — М., 1978. — С. 245 – 246.

2038．**А.М. 库兹涅佐夫**：《伊利斯塔亚 1 号遗址发掘》//《1978 年考古发现》，莫斯科，1979 年，第 239 页。

Кузнецов А.М. Раскопки стоянки Илистая – 1 // АО, 1978. — М., 1979. — С. 239.

2039．**А.М. 库兹涅佐夫**：《滨海地区石器时代遗存考察》//《1979 年考古发现》，莫斯科，1980 年，第 213 – 215 页。

Кузнецов А.М. Исследования памятников каменного века в Приморье // АО, 1979. — М., 1980. — С. 213 – 215.

2040．**А.М. 库兹涅佐夫**：《滨海西南部地区的石器时代》，历史学副博士论文作者文摘，苏联科学院考古研究所列宁格勒分部，列宁格勒，1981 年，19 页。

Кузнецов А.М. Каменный век Юго-Западного Приморья: Автореф. дис. ... канд. ист. наук / АН СССР. Ин-т археологии. Ленингр. отд – ние. — Л., 1981. — 19 с.

2041．**А.М. 库兹涅佐夫**：《远东石器时代的渔猎业与海洋业》//《国际第 4 纪时期研究协会第 11 次会议（莫斯科·1982 年 8 月）报告纲要》，莫斯科，1982 年，第 3 卷，第 186 – 187 页，俄文、英文。

Кузнецов А.М. Рыболовство и морской промысел в каменном веке Дальнего Востока // XI конгр. ИНКВА (Москва, авг. 1982 г.): Тез. докл. — М., 1982. — Т. 3. — С. 186 - 187. — Рус. яз., англ. яз.

2042. **А.М. 库兹涅佐夫**：《滨海南部地区考察》//《1981 年考古发现》，莫斯科，1983 年，第 205 - 206 页。

Кузнецов А.М. Исследования в Южном Приморье // АО, 1981. — М., 1983. — С. 205 - 206.

2043. **А.М. 库兹涅佐夫**：《远东及其毗邻地区旧石器晚期石叶技术的地方性变体》//《欧亚大陆石器时代研究的问题：叶尼塞旧石器发现 100 周年纪念·会议报告纲要》，克拉斯诺亚尔斯克，1984 年，第 72 - 75 页。

Кузнецов А.М. Локальные варианты микропластинчатой техники позднего палеолита Дальнего Востока и сопредельных территорий // Проблемы исследования каменного века Евразии: (К 100-летию открытия палеолита на Енисее): Тез. докл конф. — Красноярск, 1984. — С. 72 - 75.

2044. **А.М. 库兹涅佐夫**：《更新世、全新世之交的远东考古学的某些问题》//《1985 年 10 月 17 - 19 日纪念阿尔谢尼耶夫报告会·关于历史学、考古学、民族学、方志学问题会议报告纲要》，乌苏里斯克，1985 年，第 63 - 65 页。

Кузнецов А.М. Некоторые проблемы археологии Дальнего Востока на рубеже плейстоцена и голоцена // Арсеньевские чтения: Тез. докл. регион. конф. по пробл. истории, археологии, этнографии и краеведения, 17 - 19 окт. 1985 г. — Уссурийск, 1985. — С. 63 - 65.

2045. **А.М. 库兹涅佐夫**：《远东石器时代的石叶技术》//《第 15 次远东学术会议："苏共第 27 次代表大会和苏联远东及亚洲国家发展问题"·报告及议程纲要》，第 4 卷，第 23 - 24 页，符拉迪沃斯托克，1986 年。

Кузнецов А.М. Микропластинчатая техника в каменном веке Дальнего Востока // XV Дальневост. науч. конф. 《XXVII съезд КПСС и пробл. развития Дальнего Востока и зарубеж. государств Азии》: Тез. докл. и сообщ. — Владивосток, 1986. — Вып. 4. — С. 23 - 24.

2046. **А.М. 库兹涅佐夫**：《远东石器时代的小棱柱状石核技术》//《东西伯利亚的考古学、民族学研究：总结与展望·1986 年 5 月 13 - 15 日区域会议报告纲要》，伊尔库茨克，1986 年，第 93 - 94 页。

Кузнецов А.М. Микропризматическая техника в каменном веке Дальнего Востока // Археологические и этнографические исследования Восточной Сибири: Итоги и перспективы: Тез. докл. к регион. конф. 13 - 15 мая 1986 года. — Иркутск, 1986. — С. 93 - 94.

2047. **А.М. 库兹涅佐夫**：《滨海地区西南部石器时代遗存考察》//《1985 年考古发现》，莫斯科，1987 年，第 251 - 252 页。

Кузнецов А.М. Исследования памятников каменного века в Юго-Западном Приморье // АО, 1985. — М., 1987. — С. 251 - 252.

2048. **А.М. 库兹涅佐夫**：《远东旧石器时代的发展途径：地域历史文化联系问题》//《北亚、中央亚细亚、东亚、美洲旧石器时代的年代地层学（国际研讨会报告)》，新西伯利亚，1990 年，第 199 - 203 页。

Кузнецов А.М. Пути развития палеолита Дальнего Востока: (К проблеме культурно-исторических связей региона) // Хроностратиграфия палеолита Северной, Центральной и Восточной Азии и Америки: (Докл. междунар. симп.). — Новосибирск, 1990. — С. 199 - 203.

2049. **А.М. 库兹涅佐夫**：《远东及其邻近地区旧石器时代晚期的细石叶组合及文化联系等问题》//
《古生态学与北亚、美洲古代人类的居民点·国际学术会议报告内容简介》，克拉斯诺亚尔斯克，1992 年，
第 290－292 页。

Kuznetsov A.M. Microblade Technocomplexes and the Problem of Cultural Relationships in the Late Pale-
olithic of the Far East and Some Adjacent Regions // Палеоэкология и расселение древнего человека в
Северной Азии и Америке: Крат. содерж. докл. междунар. симп. — Красноярск, 1992. — С. 290－292

2050. **А.М. 库兹涅佐夫**：《北亚及北美旧石器时代的细石叶工业》//《北美与俄罗斯远东之间的科
学桥梁·第 45 届北极科学会议摘要》，符拉迪沃斯托克，1994 年，第 140 页。

Kuznetsov A.M. Microblade Industries in the Paleolithic of North Asia and North America // Bridges of
the Science between North America and the Russian Far East: 45th Arctic Science Conference: Abstracts. —
Vladivostok, 1994. — Bk. 2. — P. 140.

2051. **А.М. 库兹涅佐夫**：《俄罗斯远东地区的旧石器时代：一个地质考古学方面的问题》//《更新
世最新研究》，科瓦利斯，1994 年，第 11 卷，第 140－144 页。

Kuznetsov A.M. Paleolithic of the Russian Far East: A Geoarchaeological Aspect of the Problem // Cur-
rent Research in Pleistocene. — Corvallis, 1994. — Vol. 11. — P. 140－144.

2052. **А.М. 库兹涅佐夫**：《远东及西伯利亚地区细石叶工业及其向新石器时代的过渡》//《韩国上
古史学报》，首尔，1995 年，第 18 卷，第 5 期，第 396－485 页。

Kuznetsov A.M. Microblade Industries and Transition to Neolithic Age in the Far East and Siberia //
Journal of Korean Ancient Historical Society. — Seoul, 1995. — Vol. 18, No. 5. — P. 396－485.

2053. **А.М. 库兹涅佐夫**：《滨海地区石器时代考古学的主要问题》//《古代、中世纪时代的滨海地
区·区域考古会议资料》，乌苏里斯克，1996 年，第 2－8 页。

Кузнецов А.М. Основные проблемы археологии каменного века в Приморье // Приморье в древности
и средневековье: (Материалы регион. археол. конф.). — Уссурийск, 1996. — С. 2－8.

2054. **А.М. 库兹涅佐夫**：《远东与西伯利亚地区石器时代的细石叶工业问题》，历史学博士论文作者
文摘，俄罗斯科学院物质文化史研究所，圣彼得堡，1997 年，30 页。

Кузнецов А.М. Проблема микропластинчатых индустрий в каменном веке Дальнего Востока и
Сибири: Автореф. дис. ... д-ра ист. наук / РАН. ИИМК. — СПб., 1997. — 30 с.

2055. **А.С. 库兹涅佐夫**：《（滨海地区）考古遗存普查时博物馆藏品的利用》//《远东古代映像的世
界·纪念 А.П. 奥克拉德尼科夫诞辰 90 周年》，符拉迪沃斯托克，1998 年，第 141－143 页（《太平洋考古
学》，第 10 集）。

Кузнецов А.С. Использование музейных коллекций в поиске археологических памятников [в
Приморье] // Мир древних образов на Дальнем Востоке: Девяностолетию светлой памяти А.П.
Окладникова посвящ. — Владивосток, 1998. — С. 141－143. — (Тихоокеан. археология; Вып. 10).

2056. **В.С. 库兹涅佐夫**：《16 世纪至 17 世纪初期中国与女真的相互关系》//《苏联科学院远东分院
远东民族历史·考古·民族研究所文集》，1973 年，第 9 卷：《远东史资料（历史学、考古学、民族学、语
文学）》，第 143－155 页。

Кузнецов В.С. Из истории взаимоотношений Китая с чжурчжэнями в XVI — начале XVII в. // Тр.

/ АН СССР. ДВНЦ. ИИАЭ. — 1973. — Т. 9: Материалы по истории Дальнего Востока（история, археология, этнография, филология）. — С. 143 – 155.

2057. **B.C. 库兹涅佐夫**：《女真、满族国家与朝鲜的相互关系（15 世纪后半期至 17 世纪前四分之一纪）》//《中世纪时期的东亚及其毗邻地区》，新西伯利亚，1986 年，第 79 – 85 页。

Кузнецов В.С. Взаимоотношения чжурчжэней и Маньчжурского государства с Кореей（вторая половина XV — первая четверть XVII в.）// Восточная Азия и соседние территории в средние века. — Новосибирск, 1986. — С. 79 – 85.

2058. **H.A. 库兹涅佐娃**：《作为阿尔谢尼耶夫卡河谷地遥远过去史料的阿尔谢尼耶夫市历史博物馆的考古藏品》//《方志学通讯》，符拉迪沃斯托克，1994 年，第 3 集，第 181 – 184 页。

Кузнецова Н.А. Археологическая коллекция музея истории г. Арсеньева как источник сведений о далеком прошлом долины р. Арсеньевки // Краевед. вестн. — Владивосток, 1994. — Вып. III. — С. 181 – 184.

2059. **Е.И. 克恰诺夫**：《11 世纪的女真》//《西伯利亚历史资料·古代的西伯利亚》，新西伯利亚，1966 年，第 2 集：《西伯利亚考古学汇编》，第 269 – 281 页。

Кычанов Е.И. Чжурчжэни в XI веке // Материалы по истории Сибири. Древняя Сибирь. — Новосибирск, 1966. — Вып. 2: Сибирский археологический сборник. — С. 269 – 281.

2060. **Е.И. 克恰诺夫**：《论女真人的早期国家体制问题》//《苏联科学院西伯利亚分院远东分部文集·历史学系列》，1968 年，第 6 卷：《十月革命前苏联历史中的苏联远东民族》，第 179 – 185 页。

Кычанов Е.И. К вопросу о ранней государственности у чжурчжэней // Тр. / АН СССР. СО. ДВФ. Сер. ист. — 1968. — Т. 6: Народы советского Дальнего Востока в дооктябрьский период истории СССР. — С. 179 – 185.

2061. **Е.И. 克恰诺夫**：《从匈奴到满族的游牧民族国家》，莫斯科，东方文学出版社，1997 年，319 页。

Кычанов Е.И. Кочевые государства от гуннов до маньчжуров. — М.: Изд. фирма《Вост. лит.》 РАН, 1997. — 319 с.

2062. **З.С. 拉普希娜、C.B. 戈尔布诺夫**：《阿穆尔河下游流域新的考古遗存》//《苏联远东的古代文化（考古学普查）》，苏联科学院远东分院历史·考古·民族研究所，预印本，符拉迪沃斯托克，1989 年，第 17 – 19 页。

Лапшина З.С., **Горбунов С.В.** Новые археологические памятники в бассейне Нижнего Амура // Древние культуры Дальнего Востока СССР（Археологический поиск）/ АН СССР. ДВО. ИИАЭ. — Препр. — Владивосток, 1989. — С. 17 – 19.

2063. **З.С. 拉普希娜**：《论阿穆尔河下游地区原始社会文化的艺术问题》//《远东民族的图案艺术·1995 年 10 月 17 – 19 日区域学术汇报会报告、议程纲要》，阿穆尔共青城，1995 年，第 44 – 52 页。

Лапшина З.С. К проблеме искусства первобытных культур Нижнего Приамурья // Орнаментальное искусство народов Дальнего Востока: Сб. докл. и сообщ. регион. науч. - практ. конф. 17 – 19 окт. 1995 г. — Комсомольск - на - Амуре, 1995. — С. 44 – 52.

2064. **З.С. 拉普希娜**：《阿穆尔河右岸胡米遗址》//《西伯利亚人文科学》，1996 年 3 期：考古学、民族学系列，第 119－120 页。

Лапшина З.С. Поселение Хумми на правом берегу Амура // Гуманит. науки в Сибири. — 1996. — No 3: Сер.: Археология и этнография. — С. 119－120.

2065．**З.С. 拉普希娜**：《胡米遗址——下阿穆尔河流域的多层遗址》，历史学副博士作者文摘，苏联科学院西伯利亚分院考古与民族研究所，新西伯利亚，1997 年，20 页。

Лапшина З.С. Поселение Хумми — многослойный памятник в Нижнем Приамурье: Автореф. дис. ... канд. ист. наук / РАН. СО ИАЭ. — Новосибирск, 1997. — 20 с.

2066．**З.С. 拉普希娜**：《基于考古学研究的阿穆尔河下游地区的开发问题》//《俄罗斯阿穆尔河沿岸：历史与现实·纪念 Е.П. 哈巴罗夫远征 250 周年学术会议报告资料》，哈巴罗夫斯克，1999 年，第 48－56 页。

Лапшина З.С. Проблема освоения низовьев Амура в свете археологических изысканий // Российское Приамурье: история и современность: Материалы докл. науч. семинара, посвящ. 250-летию похода Е.П. Хабарова. — Хабаровск, 1999. — С. 48－56.

2067．**В.Е. 拉里切夫**：《女真史（11－12 世纪）》//《古代的西伯利亚（1 卷本〈西伯利亚史〉）》，**Ж.В. 安德列耶娃、З.Я. 博亚尔希诺娃、Э.А. 万盖盖姆**等编著，乌兰乌德，1964 年，第 579－637 页。

Ларичев В.Е. История чжурчжэней (XI — XII вв.) // Древняя Сибирь: (Макет 1 тома《Истории Сибири》) / **Ж.В. Андреева, З.Я. Бояршинова, Э.А. Вангейгейм** и др. — Улан-Удэ, 1964. — С. 579－637.

2068．**В.Е. 拉里切夫**：《金朝》（女真）//《古今西伯利亚史》（5 卷本），**Ж.В. 安德列耶娃、З.Я. 博亚尔希诺娃、Э.Б. 瓦杰茨卡娅**等编著，列宁格勒，1968 年，第 1 卷：《古代的西伯利亚》，第 320－343 页。

Ларичев В.Е. Золотая империя (чжурчжени) // История Сибири с древнейших времен до наших дней: В 5 т. / **Ж.В. Андреева, З.Я. Бояршинова, Э.Б. Вадецкая** и др. — Л., 1968. — Т. 1: Древняя Сибирь. — С. 320－343.

2069．**В.Е. 拉里切夫**：《古代、中世纪时代的远东民族以及他们在东亚文化、政治史中的作用》//《中世纪时期的远东及其毗邻地区》，新西伯利亚，1980 年，第 8－38 页。

Ларичев В.Е. Народы Дальнего Востока в древности и средние века и их роль в культурной и политической истории Восточной Азии // Дальний Восток и соседние территории в средние века. — Новосибирск, 1980. — С. 8－38.

2070．**В.Е. 拉里切夫**：《北亚旧石器时代晚期：成果、存在的问题与展望 III·西伯利亚东北部、俄罗斯远东地区》//《世界史前史学报》，纽约、伦敦，1992 年，第 6 卷，第 4 期，第 4 页、第 441－476 页。

Larichev V., Khol'ushkin U., Laricheva I. The Upper Paleolithic of Northern Asia: Achievements, Problems and Perspectives. III. Northeastern Siberia and the Russian Far East // Journal of World Prehistory. — New York, London, 1992. — Vol. 6., No. 4. — P. 441－476.

2071．**В.Е. 拉里切夫**：《金朝建立前的女真史概要》//《金史》，Г.М. 罗佐娃译、А.Г. 马里亚夫基娜注释，新西伯利亚，1998 年，第 34－87 页。

Ларичев В.Е. Краткий очерк истории чжурчжэней до образования Золотой империи // История

Золотой империи / Пер. Г.М. Розова, коммент. А.Г. Малявкина. — Новосибирск, 1998. — С. 34－87.

2072. **Д.П. 博洛京、Е.К. 维托希娜、Э.В. 吉列娃**：《阿穆尔州编年史：从古代至 1917 年 10 月大事记》，布拉戈维申斯克，1998 年，第 1 卷，94 页。

Летопись Амурской области（Хроника событий с древнейших событий до октября 1917 г.）/ **Сост. Д.П. Болотин, Е.К. Ветохина, Э.В. Гилева и др.** — Благовещенск, 1998. — Т. 1. — 94 с.

2073. **Ив.А. 洛巴京**：《滨海地区民族学：关于滨海地区的古代居民及其相关的考古遗存》//《滨海地区的自然与经济》，符拉迪沃斯托克，1923 年，第 141－145 页。

Лопатин Ив.А. Этнография Приморья：［О древнем населении Приморья и связанных с ним археологических памятниках］// Приморье, его природа и хозяйство. — Владивосток, 1923. — С. 141－145.

2074. **Ин.А. 洛巴京**：《东西伯利亚滨海州南部地区绥芬河流域概述（包括考古遗存）》//《俄罗斯地理学会西伯利亚分会会刊》，1864 年，第 7 卷，第 1 部，第 166－206 页。

Лопатин Ин.А. Обзор южной части Приморской области Восточной Сибири за рекой Суйфуном ［включая археологические памятники］// ЗСОРГО. — 1864. — Кн. 7, отд. 1. — С. 166－206.

2075. **Е.М. 洛桑**：《哈巴罗夫斯克边疆区尼古拉耶夫斯克地区研究》//《1983 年考古发现》，莫斯科，1985 年，第 223 页。

Лосан Е.М. Исследования в Николаевском районе Хабаровского края // АО, 1983. — М., 1985. — С. 223.

2076. **Е.М. 洛桑**：《尼古拉耶夫斯克地区的考古遗存》//《萨哈林、库里尔群岛考古学考察 II·第 2 次纪念 Р.В. 科济列娃考古报告会讲演纲要·1989 年 12 月 8－9 日》，南萨哈林斯克，1989 年，第 42－45 页。

Лосан Е.М. Археологические памятники Николаевского района // Исследования по археологии Сахалина и Курильских островов. II: Тез. выступлений на II археол. чтениях, посвящ. памяти Р.В. Козыревой, 8－9 дек. 1989 г. — Южно-Сахалинск, 1989. — С. 42－45.

2077. **Е.М. 洛桑**：《阿穆尔河沿岸奇利亚湖、奥列利湖区域考古勘察总结》//《苏联远东的古代文化（考古普查）》，苏联科学院远东分院历史·考古·民族研究所，预印本，符拉迪沃斯托克，1989 年，第 19－25 页。

Лосан Е.М. Итоги археологических изысканий на побережье озер Чля и Орель в Приамурье // Древние культуры Дальнего Востока СССР（Археологический поиск）/ АН СССР. ДВО. ИИАЭ. — Препр. — Владивосток, 1989. — С. 19－25.

2078. **Е.М. 洛桑**：《哈巴罗夫斯克边疆区尼古拉耶夫斯克地区斯塔拉雅卡科尔马遗址研究》//《方志学通报》，南萨哈林斯克，1991 年，第 2 集，第 73－83 页。

Лосан Е.М. Исследования на поселении Старая Какорма в Николаевском районе Хабаровского края // Краевед. бюл. — Южно-Сахалинск, 1991. — Вып. 2. — С.73－83.

2079. **Е.М. 洛桑**：《关于斯塔拉雅卡科尔马遗址考古发掘》//《"远东专业学者代表大会"·历史学、方志学学术汇报会·纪念哈巴罗夫斯克方志博物馆成立 100 周年会议资料》，哈巴罗夫斯克，1994 年，第二卷，第 15－17 页。

Лосан Е.М. Об археологических раскопках на поселении Старая Какорма //《Съезд сведущих людей

Дальнего Востока》: Науч. － практ. ист. － краевед. конф., посвящ. 100-летию Хабаровского краевед. музея: Материалы конф. — Хабаровск, 1994. — Т. II. — С. 15 – 17.

2080. **В.А. 伦沙**、**Е.Д. 古布科**:《关于伊利斯塔亚 2 号双层遗址田野工作结果》//《方志学问题·纪念阿尔谢尼耶夫报告会·会议报告纲要》, 乌苏里斯克, 1989 年, 第 44 – 46 页。

Лынша В.А., Губко Е.Д. О результатах полевых работ на двухслойном местонахождении Илистая －2 // Проблемы краеведения: [Тез. докл. конф.] / Арсеньев. чтения. — Уссурийск, 1989. — С. 44 – 46.

2081. **Р. 马阿克**:《乌苏里河谷地旅行（文献中第 1 次提及乌苏里河沿岸岩画）》, 圣彼得堡, 1861 年, 第 1 部, 203 页。

Маак Р. Путешествие по долине реки Уссури: [Первое упоминание в литературе о петроглифах на р. Уссури]. — СПб., 1861. — Ч. 1. — 203 с.

2082. **А.И. 马津**:《上阿穆尔河流域的岩画》, 历史学副博士论文作者文摘, 苏联科学院西伯利亚分院历史·语文·哲学学术委员会联合会, 新西伯利亚, 1973 年, 22 页。

Мазин А.И. Наскальные рисунки Верхнего Приамурья: Автореф. дис. ... канд. ист. наук / АН СССР. СО. Объед. учен. совет по ист. － филол. и филос. наукам. — Новосибирск, 1973. — 22 с.

2083. **А.И. 马津**:《阿穆尔河上游原始森林地区岩画的民族属性》//《西伯利亚、远东民族的民族起源问题·全苏会议报告纲要》, 新西伯利亚, 1973 年, 第 65 – 66 页。

Мазин А.И. Этническая принадлежность наскальных рисунков тайги Верхнего Приамурья // Проблемы этногенеза народов Сибири и Дальнего Востока: Тез. докл. Всесоюз. конф. — Новосибирск, 1973. — С. 65 – 66.

2084. **А.И. 马津**:《阿穆尔河沿岸原始森林岩画》, 新西伯利亚, 西伯利亚科学出版社, 1985 年, 260 页。

Мазин А.И. Таежные писаницы Приамурья. — Новосибирск: Наука. Сиб. отд－ние, 1986. — 260 с.

2085. **А.И. 马津**:《上阿穆尔河流域、东外贝加尔地区原始森林地带的岩画》, 历史学博士论文作者文摘, 苏联科学院西伯利亚分院历史·语文·哲学研究所, 新西伯利亚, 1988 年, 39 页。

Мазин А.И. Петроглифы таежной зоны Приамурья и Восточного Забайкалья: Автореф. дис. ... д－ра ист. наук // АН СССР. СО. ИИФФ. — Новосибирск, 1988. — 39 с.

2086. **А.И. 马津**:《』阿穆尔河沿岸古代的庙宇》, 新西伯利亚, 西伯利亚科学出版社, 1994 年, 241 页。

Мазин А.И. Древние святилища Приамурья. — Новосибирск: Наука. Сиб. отд－ние, 1994. — 241 с.

2087. **А.В. 马里亚温**:《杰维亚特卡河沿岸考古遗存的整体格局》//《西伯利亚考古学、民族学的最新发现·1996 年 12 月俄罗斯科学院西伯利亚分院考古与民族研究所第 4 次总结年会资料》, 新西伯利亚, 1996 年, 167 – 170 页。

Малявин А.В. Ансамбль археологических памятников на р. Девятке // Новейшие археологические и этнографические открытия в Сибири: Материалы IV Годовой итог. сес. Ин-та археологии и этнографии СО РАН. Дек. 1996 г. — Новосибирск, 1996. — С. 167 – 170.

2088. **А.В. 马里亚温**:《考古学的地域性（根据杰维亚特卡河古代遗存资料）》//《世纪之交的远东

历史文化遗产、自然遗产：研究与保护问题·第 2 次纪念戈罗杰克夫斯基报告会资料（1999 年 4 月 29－30 日·哈巴罗夫斯克）》，1999 年，第 165－170 页。

Малявин А.В. Археологическая локалия（На материалах древних памятников р. Девятки）// Историко-культурное и природное наследие Дальнего Востока на рубеже веков: проблемы изучения и сохранения: Материалы Вторых Гродековских чтений（Хабаровск, 29－30 апр. 1999 г.）. — Хабаровск, 1999. — С. 165－170.

2089. А.В. 马里亚温：《杰维亚特河的古代遗存——考古学的地域性现象》//《阿穆尔项目》，筑波，1999 年，第 53－75 章。

Малявин А.В. Древние памятники р. Девятки: явление археологической локалии // Project Amur. — Tsukuba, 1999. — С. 53－75.

2090. И. 马里科夫斯基：《关于边疆区考古学的一些资料》//《1919 年远东台历指南》，符拉迪沃斯托克，1919 年，第 48－50 页。

Мариковский И. Некоторые сведения о краевой археологии // Настольный календарь - справочник по Дальнему Востоку на 1919 г. — Владивосток, 1919. — С. 48－50.

2091. И. 马里科夫斯基：《边疆区考古》//《银幕 "太平洋之星"》，1928 年 49 期，第 7－8 页。

Мариковский И. Из археологии края // Экран《Тихоокеанской звезды》. — 1928. — № 49. — С. 7－8.

2092. И.Е. 马里科夫斯基：《乌苏里江河口的古迹》//《科学与技术》，1930 年 40 期，第 17－18 页。

Мариковский И.Е. Древности устья реки Уссури // Наука и техника. — 1930. — № 40. — С. 17－18.

2093. И. 马里科夫斯基：《远东地区的古迹》//《科学与技术》，1933 年 5 期，第 12 页。

Мариковский И. Древности Дальневосточной области // Наука и техника. — 1933. — № 5. — С. 12.

2094. А.И. 马尔特诺夫：《苏联考古学·教学参考书（含有远东章节）》，莫斯科，高校出版社，1973 年，296 页。

Мартынов А.И. Археология СССР: Учеб. пособие:［Есть разделы по Дальнему Востоку］. — М.: Высшая школа, 1973. — 296 с.

2095. А.И. 马尔特诺夫：《苏联考古学·教学参考书》，再版修订本，莫斯科，高校出版社，1982 年，272 页。

Мартынов А.И. Археология СССР: Учеб. пособие. — 2－е изд., перераб. и доп. — М.: Высшая школа, 1982. — 272 с.

2096. А.И. 马尔特诺夫：《苏联考古学·教学参考书》，莫斯科，教育出版社，1983 年，120 页。

Мартынов А.И. Археология СССР: Учеб. пособие. — М.: Просвещение, 1983. — 120 с.

2097. А.И. 马尔特诺夫：《考古学·教科书（含有远东章节）》，第 4 次出版，修订补版，莫斯科，高校出版社，2000 年，439 页。

Мартынов А.И. Археология: Учебник:［Есть разделы по Дальнему Востоку］. — 4－е изд., испр. и доп. — М.: Высшая школа, 2000. — 439 с

2098. З.Н. 马特维耶夫：《滨海地区的早期居民》//《苏联滨海地区》，1925 年 10 期，第 78－83 页。

Матвеев З.Н. Первые обитатели Приморья // Сов. Приморье. — 1925. — № 10. — С. 78 – 83.

2099．**З.Н.** 马特维耶夫：《渤海（源自 7 – 10 世纪的东亚史）》，符拉迪沃斯托克，1929 年，35 页（《远东国立大学文集》，第 6 集，第 8 期）。

Матвеев З.Н. Бохай: (Из истории Восточной Азии VIII — X вв.) . — Владивосток, 1929. — 35 с. — (Тр. ДВГУ. Сер. 6. – № 8)

2100．**З.Н.** 马特维耶夫：《远东边疆区史（概要）》//《俄罗斯考古学会符拉迪沃斯托克分部会刊》，1929 年，第 3 卷，第 2 期，第 341 – 377 页。

Матвеев З.Н. История Дальневосточного края: (Крат. очерк) // ЗВОРГО. — 1929. — Т. 3, вып. 2. — С. 341 – 377.

2101．**В.И.** 马秋先科：《西伯利亚古代史·教学参考书》，鄂木斯克，鄂木斯克国立大学出版社，1999 年，232 页。

Матющенко В.И. Древняя история Сибири: Учеб. пособие. — Омск: Издание ОмГУ, 1999. — 232 с.

2102．**В.Е.** 麦德维杰夫：《公元 1 千纪末至 2 千纪初阿穆尔河沿岸中下游居民的文化联系》//《西伯利亚、远东考古学问题与古代文化研究展望：会议报告纲要》，雅库茨克，1982 年，第 114 – 115 页。

Медведев В.Е. Культурные связи населения Среднего и Нижнего Приамурья в конце I — начале II тыс. н. э. // Проблемы археологии и перспективы изучения древних культур Сибири и Дальнего Востока: Тез. докл. [конф.] — Якутск, 1982. — С. 114 – 115.

2103．**В.Е.** 麦德维杰夫：《基亚河、霍尔河沿岸的古迹》//《崇高的名字——拉佐夫奇》，哈巴罗夫斯克，1985 年，第 207 – 211 页。

Медведев В.Е. Древности берегов Кии и Хора // Гордое имя — лазовцы. — Хабаровск, 1985. — С. 207 – 211.

2104．**В.Е.** 麦德维杰夫：《阿穆尔河下游、乌苏里河考察》//《西伯利亚、远东的古代文化遗存》，新西伯利亚，1986 年，第 159 – 164 页。

Медведев В.Е. Исследования на Нижнем Амуре и Уссури // Памятники древних культур Сибири и Дальнего Востока. — Новосибирск, 1986. — С. 159 – 164.

2105．**В.Е.** 麦德维杰夫：《阿穆尔河中游平原地区城址的文化－年代关系》//《远东中世纪考古学问题：文化的起源、分期、断代》，符拉迪沃斯托克，1990 年，第 73 – 78 页。

Медведев В.Е. Культурно-хронологическое соотношение городищ Среднеамурской равнины // Проблемы средневековой археологии Дальнего Востока: происхождение, периодизация, датировка культур. — Владивосток, 1990. — С. 73 – 78.

2106．**В.Е.** 麦德维杰夫：《作为文化－年代学标识的阿穆尔类型牌饰的新资料（根据中国考古学资料）》//《西伯利亚考古学、民族学的最新发现·1996 年 12 月俄罗斯科学院西伯利亚分院考古与民族研究所第四次总结年会资料》，新西伯利亚，1996 年，第 171 – 175 页。

Медведев В.Е. Новое о бляшках и поясах амурского типа как культурно-хронологических индикаторах (по китайским археологическим материалам) // Новейшие археологические и этнографические открытия в Сибири: Материалы IV Годовой итог. сес. Ин-та археологии и этнографии СО РАН. Дек. 1996 г. — Новосибирск, 1996. — С. 171 – 175.

2107．**В.Е. 麦德维杰夫**：《根据新的研究，关于阿穆尔河下游地区、日本更新世晚期至全新世早期考古学的某些可对照的现象》//《人文研究：最近几年的总结·纪念新西伯利亚国立大学人文学系成立 35 周年学术会议纲要汇编》，新西伯利亚，1997 年，第 12－14 页。

Медведев В.Е. О некоторых параллелях в археологии позднего плейстоцена — раннего голоцена Нижнего Амура и Японии в свете новых исследований // Гуманитарные исслед.: итоги последних лет: Сб. тез. науч. конф., посвящ. 35－летию гуманит. фак. НГУ. — Новосибирск, 1997. — С. 12－14.

2108．**В.Е. 麦德维杰夫**：《关于 1990 年马雷舍沃村附近早期铁器时代、中世纪遗存的发现》//《西伯利亚及其毗邻地区的考古学、民族学、人类学问题·1998 年 12 月俄罗斯科学院西伯利亚分院考古与民族研究所第 6 次总结年会资料》，新西伯利亚，1998 年，第 4 卷，第 276－281 页。

Медведев В.Е. О находках эпохи раннего железа и средневековья в с. Малышево в 1990 г. // Проблемы археологии, этнографии, антропологии Сибири и сопредельных территории: Материалы VI Годовой итог. сес. Ин-та археологии и этнографии СО РАН. Дек. 1998 г. — Новосибирск, 1998. — Т. IV. — С. 276－281.

2109．**В.Е. 麦德维杰夫**：《滨海地区南部佩列瓦尔遗址》//《远东的历史学与考古学·纪念 Э.В. 沙弗库诺夫 70 周岁》，符拉迪沃斯托克，2000 年，第 40－48 页。

Медведев В.Е. Поселение Перевал на юге Приморья // История и археология Дальнего Востока. К 70-летию Э.В. Шавкунова. — Владивосток, 2000. — С. 40－48.

2110．**А.Л. 梅津采夫、Д.В. 布罗夫科**：《乌苏里斯克市近郊调查》//《1995 年考古发现》，莫斯科，1996 年，第 351－352 页。

Мезенцев А.Л., Бровко Д.В. Разведки в окрестностях г. Уссурийска // АО, 1995. — М., 1996. — С. 351－352.

2111．**А.Л. 梅津采夫、Д.В. 布罗夫科**：《滨海边疆区调查》//《1997 年考古发现》，莫斯科，1999 年，第 289－291 页。

Мезенцев А.Л., Бровко Д.В. Разведки в Приморском крае // АО, 1997. — М., 1999. — С. 289－291.

2112．**А.В. 梅尔兹利亚科夫**：《大乌苏里江流域新的考古遗存》//《方志学问题·纪念阿尔谢尼耶夫报告会·会议报告纲要》，乌苏里斯克，1989 年，第 46－47 页。

Мерзляков А.В. Новые археологические памятники р. Большая Уссурка // Проблемы краеведения: [Тез. докл. конф.] / Арсеньев. чтения. — Уссурийск, 1989. — С. 46－47.

2113．**В.И. 莫洛金**：《论古代陶器纹饰的施纹工具（根据东欧、远东资料）》//《西伯利亚古代陶器：类型学、工艺学、语义学》，新西伯利亚，1990 年，第 76－80 页。

Молодин В.И. К вопросу о штампах для орнаментации древней керамики: [По материалам Вост. Европы и Дал. Востока] // Древняя керамика Сибири: типология, технология, семантика. — Новосибирск, 1990. — С. 76－80.

2114．**В.И. 莫洛金、Е.А. 索洛维耶娃**：《欧亚大陆、美洲文化背景下的特殊现象（关于问题的确立）》//《西伯利亚及其毗邻地区考古学、民族学、人类学问题·1997 年 12 月俄罗斯科学院西伯利亚分院考古与民族研究所第 5 次总结年会暨纪念俄罗斯科学院西伯利亚分院成立 40 周年、俄罗斯科学院西伯利亚分院历史·语文·哲学研究所成立 30 周年大会资料》，第 3 卷，第 239－246 页，新西伯利亚，1997 年。

Молодин В.И., **Соловьева Е.А.** Феномен догу в контексте культур Евразии и Америки（к постановке проблемы）// Проблемы археологии, этнографии, антропологии Сибири и сопредельных территорий: Материалы V Годовой итог. сес. Ин-та археологии и этнографии СО РАН, посвящ. 40-летию Сиб. отд－ния РАН и 30-летию Ин-та истории, филологии и философии СО РАН. Дек. 1997 г. — Новосибирск, 1997. — Т. III. — С. 239－246.

2115. **Ю.А. 莫恰诺夫**：《阿姆古尼河、丘克恰吉尔斯科耶湖考古调查》//《追寻雅库特古代文化》，雅库茨克，1970 年，第 154－182 页。

Мочанов Ю.А. Археологическая разведка по реке Амгуни и Чукчагирскому озеру // По следам древних культур Якутии. — Якутск, 1970. — С. 154－182.

2116. **Л.Н. 梅利尼科娃**：《制陶业："西伯利亚考古学"课程教学指南》，新西伯利亚，新西伯利亚国立大学，1997 年，44 页。

Мыльникова Л.Н. Гончарство: Методические указания к курсу《Археология Сибири》. — Новосибирск: НГУ, 1997. — 44 с.

2117. **В.Г. 梅斯尼克**：《关于中国、女真民族共同体的共存》//《考古学、民族学研究的一体化》，鄂木斯克，1999 年，第 158 页。

Мысник В.Г. О сосуществовании китайского и чжурчжэньского этносов // Интеграция археологических и этнографических исследований. — Омск, 1999. — С. 158.

2118. **И.П. 纳达罗夫**：《北乌苏里斯克边疆区（包含考古遗存的叙述）》//《俄罗斯地理学会会刊·公共地理学》，1887 年，第 17 卷 1 期，第 169 页。

Надаров И.П. Северноуссурийский край［включая описание археологических памятников］// ЗРГО по общей географии. — 1887. — Т. 17, № 1. — 169 с.

2119. **С.П. 涅斯捷连科、С. 罗日科夫、С. 巴托格**：《列索扎沃茨克市最古老的过去》//《方志学问题·纪念阿尔谢尼耶夫报告会·会议报告纲要》，乌苏里斯克，1989 年，第 48－49 页。

Нестеренко С.П., **Рожков С.**, **Батог С.** Древнейшее прошлое города Лесозаводска // Проблемы краеведения:［Тез. докл. конф.］/ Арсеньев. чтения. — Уссурийск, 1989. — С. 48-49.

2120. **С.П. 涅斯捷罗夫**：《1992－1995 年布列亚河考察团考察》//《1995 年 11 月俄罗斯科学院西伯利亚分院考古与民族研究所第 3 次总结年会报告纲要》，新西伯利亚，1995 年，第 92－94 页。

Нестеров С.П. Исследования Бурейской экспедиции в 1992－1995 гг. // III годовая итог. сес. Ин-та археологии и этнографии СО РАН, нояб. 1995 г.: Тез. докл. — Новосибирск, 1995. — С. 92－94.

2121. **С.П. 涅斯捷罗夫、С.В. 阿尔金、Е.С. 博格达诺夫**：《（阿穆尔州布列亚河）布金斯基克柳奇 1 号遗址、别祖姆卡遗址考察》//《西伯利亚及其毗邻地区考古学、民族学、人类学问题·1997 年 12 月俄罗斯科学院西伯利亚分院考古与民族研究所第 5 次总结年会暨俄罗斯科学院西伯利亚分院成立 40 周年、俄罗斯科学院西伯利亚分院历史·语文·哲学研究所成立 30 周年会议资料》，第三卷，第 258－264 页，新西伯利亚，1997 年。

Нестеров С.П., **Алкин С.В.**, **Богданов Е.С.** Исследования на памятниках Букинский ключ－1 и Безумка［на р. Бурее в Амурской области］// Проблемы археологии, этнографии, антропологии Сибири и сопредельных территорий: Материалы V Годовой итог. сес. Ин-та археологии и этнографии СО РАН, посвящ. 40-летию Сиб. отд－ния РАН и 30-летию Ин-та истории, филологии и философии СО РАН. Дек. 1997 г. — Новосибирск, 1997. — Т. III. — С. 258－264.

2122. **С.П. 涅斯捷罗夫**：《布列亚河谷地文化－年代学标尺》//《几千年的西伯利亚·国际研讨会资料》，新西伯利亚，1998年，第1卷，第445－452页。

Нестеров С.П. Культурно-хронологическая шкала долины реки Буреи // Сибирь в панораме тысячелетий: (Материалы междунар. симп.). — Новосибирск, 1998. — Т. 1. — С. 445－452.

2123. **С.П. 涅斯捷罗夫、С.В. 阿尔金**：《1999年布列亚河谷地布金斯基克柳奇1号遗址考察》//《西伯利亚及其毗邻地区考古学、民族学、人类学问题·1999年12月俄罗斯科学院西伯利亚分院考古与民族研究所第7次总结年会资料》，新西伯利亚，1999年，第5卷，第478－482页。

Нестеров С.П., Алкин С.В. Исследования в долине реки Буреи на памятнике Букинский Ключ－1 в 1999 году // Проблемы археологии, этнографии, антропологии Сибири и сопредельных территорий: Материалы VII Годовой итог. сес. Ин-та археологии и этнографии СО РАН. Дек. 1999 г. — Новосибирск, 1999. — Т. V. — С. 478－482.

2124. **С.П. 涅斯捷罗夫、С.В. 阿尔金、Е.С. 博格达诺夫**：《在布金斯基克柳奇1号遗址和别祖姆卡遗址的考察》//《北方文物》，1999年1期，第105－108页，中文。

Нестеров С.П., Алкин С.В., Богданов Е.С. Исследования на памятниках Букинский ключ－1 и Безумка // Бэйфан вэньу. — 1999. — № 1. — С. 105－108. — Кит. яз.

2125. **С.П. 涅斯捷罗夫、Я.В. 库兹明**：《阿穆尔河沿岸早期铁器时代、中世纪时代文化的分期》//《东亚的传统文化》，布拉戈维申斯克，1999年，第2集，第140－152页。

Нестеров С.П., Кузьмин Я.В. Периодизация культур раннего железного века и средневековья Приамурья // Традиционная культура востока Азии. — Благовещенск, 1999. — Вып. 2. — С. 140－152.

2126. **С.П. 涅斯捷罗夫、С.В. 阿尔金**：《第二松花江流域查理巴早期中世纪时期墓地》//《东亚的传统文化》，布拉戈维申斯克，1999年，第2集，第153－176页。

Нестеров С.П., Алкин С.В. Раннесредневековый могильник Чалиба на р. 2－я Сунгари // Традиционная культура востока Азии. — Благовещенск, 1999. — Вып. 2. — С. 153－176.

2127. **С.П. 涅斯捷罗夫、Е.С. 博格达诺夫、С.В. 阿尔金**：《乌斯季－塔拉坎遗址保护性发掘》//《1994－1996年西伯利亚、远东考古学者、民族学者田野、实验室考察结果述评》，新西伯利亚，2000年，第170－173页。

Нестеров С.П., Богданов Е.С., Алкин С.В. Охранные раскопки на стоянке Усть－Талакан // Обозрение результатов полевых и лабораторных исследований археологов и этнографов Сибири и Дальнего Востока в 1994 — 1996 годах. — Новосибирск, 2000. — С. 170－173.

2128. **Ю.Г. 尼基京**：《公元1千至2千纪时期绥芬河流域的居民点系统》//《古代、中世纪时代的滨海地区·区域考古会议资料》，乌苏里斯克，1996年，第38－40页。

Никитин Ю.Г. Система расселения в бассейне р. Суйфун в I－II тыс. н.э. // Приморье в древности и средневековье: (Материалы регион. археол. конф). — Уссурийск, 1996. — С. 38－40.

2129. **Ю.Г. 尼基京**：《波谢特湾洞穴遗址研究的一些成果》//北方欧亚学会：《时事通讯》第 12 期，东京，1998 年，第 1－8 页。

Nikitin Y.G. Some Results of Research of Possiet Grotto // The Society of North－Eurasian Studies. Newsletter No. 12. — Tokyo, 1998. — P. 1－8.

2130. **Ю.Г. 尼基京、В.И. 博尔金**：《滨海边疆区十月地区、帕尔季赞斯克地区考察》//《1997 年考古发现》，莫斯科，1999 年，第 295－297 页。

Никитин Ю.Г., Болдин В.И. Исследования в Октябрьском и Партизанском районах Приморского края // АО, 1997. — М., 1999. — С. 295－297.

2131. **Ю.Г. 尼基京**：《绥芬河谷地国家出现以前时期的居民》//《远东的历史学与考古学·Э.В. 沙弗库诺夫 70 周岁纪念》，符拉迪沃斯托克，2000 年，第 147－153 页。

Никитин Ю.Г. Население долины р. Суйфун в предгосударственный период // История и археология Дальнего Востока. К 70-летию Э.В. Шавкунова. — Владивосток, 2000. — С. 147－153.

2132. **Ю.Г. 尼基京、В.И. 博尔金**：《绥芬河流域传统的自然资源利用的演化》//《考古学、民族学研究的一体化》，符拉迪沃斯托克、鄂木斯克，2000 年，第 140－142 页，

Никитин Ю.Г., Болдин В.И. Эволюция традиционного природопользования в бассейне реки Суйфун // Интеграция археологических и этнографических исследований. — Владивосток; Омск, 2000. — С. 140－142.

2133. **С.Н. 尼古拉耶夫**：《滨海地区的遗存（包括古代遗存）与遗存的位置：简述与历史》，符拉迪沃斯托克，1951 年，88 页。

Николаев С.Н. Памятники [включая древние] и памятные места в Приморье: (Крат. описание и история). — Владивосток: Примиздат, 1951. — 88 с.

2134. **С.Н. 尼古拉耶夫**：《滨海地区的遗存与遗存的位置》，符拉迪沃斯托克，滨海图书出版社，1958 年，96 页。

Николаев С.Н. Памятники и памятные места в Приморье. — Владивосток: Прим. кн. изд－во, 1958. — 96 с.

2135. **Г.С. 诺维科夫－达乌尔斯克**：《阿穆尔州布拉戈维申斯克市阿穆尔－结雅地区伊格纳季耶夫卡、马尔科沃、叶卡捷琳诺夫卡村附近考古调查》//《阿穆尔州博物馆论丛》，1930 年，第 1 集，第 26－33 页。

Новиков－Даурский Г.С. Археологические разведки в окрестностях сел Игнатьевки, Марково, Екатериновки Амуро-Зейского района Амурского округа г. Благовещенска // ЗАОМ. — 1930. — Вып. 1. — С. 26－33.

2136. **Г.С. 诺维科夫－达乌尔斯克**：《古代的阿穆尔河沿岸》//《阿穆尔州方志博物馆论丛》，1953 年，第 2 卷，第 3－25 页。

Новиков－Даурский Г.С. Приамурье в древности // ЗАОМК. — 1953. — Т. 2. — С. 3－25

评论：**А.П. 奥克拉德尼科夫**，刊于《苏联考古学》，1955 年，第 22 卷，第 254－256 页。

Рец.: Окладников А.П. // СА. — 1955. — Т. 22. — С. 254－256.

2137. **Г.С. 诺维科夫－达乌尔斯克**：《阿穆尔州考古地图资料》//《阿穆尔州方志博物馆论丛》，

1955 年，第 3 卷，第 10－46 页。

Новиков－Даурский Г.С. Материалы к археологической карте Амурской области // ЗАОМК. — 1955. — Т. 3. — С. 10－46.

2138.《关于俄罗斯达斡尔人的古代居民》//《俄罗斯地理学会西伯利亚分会会刊》，1877 年，第 8 卷，第 3－4 期合刊，第 108－111 页。

О древних обитателях русской Даурии // ИСОРГО. — 1877. — Т. 8, № 3－4. — С. 108－111.

2139.**А.П. 奥克拉德尼科夫**：《阿穆尔河下游地区的古代遗存（1935 年考察）·报告纲要》，列宁格勒，1936 年，5 页（苏联科学院人类学·考古学·民族学研究所考古报告会）。

Окладников А.П. Древние памятники в низовьях Амура: (Исслед. 1935 г.): Тез. докл. — Л., 1936. — 5 с. — (Отчетная археологическая сессия Ин-та антропологии, археологии и этнографии АН СССР).

2140.**А.П. 奥克拉德尼科夫**：《关于 1935 年阿穆尔河考古考察》//《苏联考古学》，1936 年，第 1 卷，第 275－277 页。

Окладников А.П. К археологическим исследованиям в 1935 г. на Амуре // СА. — 1936. — Т. I. — С. 275－277.

2141.**А.П. 奥克拉德尼科夫**：《西伯利亚、远东的新石器时代》//《从古代至古俄罗斯国家形成时期的苏联史·样本》，莫斯科、列宁格勒，1939 年，第 1－2 卷合刊，第 72－80 页。

Окладников А.П. Неолит Сибири и Дальнего Востока // История СССР с древнейших времен до образования Древнерусского государства: Макет. — М.; Л., 1939. — Ч. 1/2. — С. 72－80.

2142.**А.П. 奥克拉德尼科夫**：《作为西伯利亚、远东民族学史料的新石器遗存》//《苏联科学院物质文化史研究所简报》，1941 年，第 9 集，第 5－14 页。

Окладников А.П. Неолитические памятники как источники по этногонии Сибири и Дальнего Востока // КСИИМК. — 1941. — Вып. 9. — С. 5－14.

2143.**А.П. 奥克拉德尼科夫**：《阿穆尔河大杜拉尔山谷的古代遗址：初步报告》//《苏联考古学》，1951 年，第 15 卷。第 290－301 页。

Окладников А.П. Древние поселения в пади Большой Дурал на Амуре: (Предварит. сообщ.) // СА. — 1951. — Т. 15. — С. 290－301.

2144.**А.П. 奥克拉德尼科夫**：《远东考古学考察》//《1953 年考古学、民族学考察总结·历史学分会会议、物质文化史研究所全体会议报告纲要》，莫斯科，1954 年，第 26－27 页。

Окладников А.П. Археологические исследования на Дальнем Востоке // Тез. докл. на сес. Отд－ния ист. наук и пленуме Ин-та истории материальной культуры, посвящ. итогам археол. и этногр. исслед. 1953 г. — М., 1954. — С. 26－27.

2145.**А.П. 奥克拉德尼科夫**：《西伯利亚、中央亚细亚、远东的民族》//《苏联史纲要：9－15 世纪封建制时期》（2 卷本），莫斯科，1953 年，第 2 卷，第 462－474 页。

Окладников А.П. Народы Сибири, Центральной Азии и Дальнего Востока // Очерки истории СССР. Период феодализма IX — XV вв.: В 2 ч. — М., 1953. — Ч. 2. — С. 462－474.

2146.**А.П. 奥克拉德尼科夫**：《滨海地区古代文化遗存》//《苏联滨海地区》，1954 年 17 期，第

300 － 306 页。

Окладников А.П.，Ларичев В.Е. Памятники древней культуры Приморья // Сов. Приморье. — 1954. — № 17. — C. 300 － 306.

2147．А.П. 奥克拉德尼科夫：《远东各族文化的渊源》//《古代文化寻踪：从伏尔加到太平洋》，莫斯科，1954 年，第 225 － 260 页。

Окладников А.П. У истоков культуры народов Дальнего Востока // По следам древних культур: От Волги до Тихого океана. — М., 1954. — C. 225 － 260.

2148．А.П. 奥克拉德尼科夫：《1953 年滨海地区考古考察》//《苏联科学院西伯利亚分院远东分部通讯》，1955 年，第 8 集，第 3 － 13 页。

Окладников А.П. Археологические исследования в Приморье в 1953 г. // Сообщ. ДВФ СО АН СССР. — 1955. — Вып. 8. — C. 3 － 13.

2149．А.П. 奥克拉德尼科夫：《1954 年远东考古工作》//《1954 年考古学、民族学考察总结·历史学分会会议、物质文化史研究所全体会议、以 Н.Н. 米克卢哈 － 马克拉娅命名的民族研究所学术代表会议报告纲要》，莫斯科，1955 年，第 23 － 26 页。

Окладников А.П. Археологические работы на Дальнем Востоке в 1954 г. // Тез. докл. на сес. Отд － ния ист. наук, на пленуме ИИМК и сессии учен. совета Ин-та этнографии им. Н.Н. Миклухо-Маклая, посвящ. итогам археол. и этногр. исслед. 1954 г. — М., 1955. — C. 23 － 26.

2150．А.П. 奥克拉德尼科夫：《1955 年安加拉河谷地、远东地区考古考察》//《1955 年考古考察总结·历史学分会、物质文化史研究所全体会议报告纲要》，莫斯科、列宁格勒，1956 年，第 46 － 48 页。

Окладников А.П. Археологические исследования в долине Ангары и на Дальнем Востоке в 1955 г. // Тез. докл. на сес. Отд － ния ист. наук и пленуме ИИМК, посвящ. итогам археол. исслед. 1955 г. — М.; Л., 1956. — C. 46 － 48.

2151．А.П. 奥克拉德尼科夫：《西伯利亚（包含远东地区）的古代居民及其文化》//《西伯利亚民族》，莫斯科、列宁格勒，1956 年，第 21 － 107 页（世界民族·民族学纲要）。

Окладников А.П. Древнее население Сибири［и Дальнего Востока］и его культура // Народы Сибири. — М.; Л., 1956. — C. 21 － 107. — (Народы мира. Этногр. очерки)．

2152．А.П. 奥克拉德尼科夫：《西伯利亚和远东的部落》//《苏联史纲要：苏联境内的原始公社制、最古老的一些国家》，莫斯科，1956 年，第 114 － 124 页。

Окладников А.П. Племена Сибири и Дальнего Востока // Очерки истории СССР: Первобытнообщинный строй и древнейшие государства на территории СССР. — М., 1956. — C. 114 － 124.

2153．А.П. 奥克拉德尼科夫：《1955 年远东地区考古考察》//《苏联科学院物质文化史研究所简报》，1958 年，第 71 集，第 109 － 118 页。

Окладников А.П. Археологические исследования в 1955 г. на Дальнем Востоке // КСИИМК. — 1958. — Вып. 71. — C. 109 － 118.

2154．А.П. 奥克拉德尼科夫：《从 1953 － 1956 年的考察看滨海地区最古老的文化》//《远东历史学汇编》，莫斯科，1958 年，第 5 － 80 页。

Окладников А.П. Древнейшие культуры Приморья в свете исследований 1953 – 1956 гг. // Сборник ст. по истории Дальнего Востока. — М., 1958. — С. 5 – 80.

2155. **А.П. 奥克拉德尼科夫：**《北亚太平洋沿岸的古文化以及文化与种族的关系》//《第 32 届国际研美学者大会论文集·哥本哈根·1956 年 8 月 8 – 14 日》，哥本哈根，1958 年，第 545 – 556 页。

Okladnikov A.P. Ancient Cultures and Cultural and Ethnic Relations on the Pacific Coast of North Asia // Proceedings of the thirty – second International Congress of Americanists. Copenhagen, 8 – 14 Aug. 1956. — Copenhagen, 1958. — P. 545 – 556.

2156. **А.П. 奥克拉德尼科夫：**《远东民族的文化起源》//《远古文化遗迹：从伏尔加河到太平洋》，华沙，1958 年，第 301 – 351 页，波兰文。

Okladnikov A.P. U《ródeL kultury ludów Dalekiego Wschodu // Sladami dawnych kultur: Od WoLgi do Oceanu Spokojnego. — Warszawa, 1958. — S. 301 – 351. — Пол. яз.

2157. **А.П. 奥克拉德尼科夫：**《滨海遥远的过去（滨海边疆区古代、中世纪史纲要）》，符拉迪沃斯托克，滨海图书出版社，1959 年，292 页。

Окладников А.П. Далекое прошлое Приморья: (Очерки по древ. и средневековой истории Прим. края). — Владивосток: Прим. кн. изд – во, 1959. — 292 с.

评论：**В.Е. 拉里切夫**、**Е.С. 克恰诺夫**，刊于《苏联科学院西伯利亚分院院刊》，1962 年 1 期，第 105 – 107 页；**Н.И. 里亚博夫**、**М.Г. 什捷因**，刊于《远东》，1959 年 5 期，第 187 – 188 页；**Н.И. 里亚博夫**、**М.Г. 什捷因**，刊于《苏联史》，1962 年 1 期，第 188 – 189 页。

Рец.: Ларичев В.Е., Кычанов Е.И. // ИСОАН СССР. — 1962. — № 1. — С. 105 – 107; **Гябов Н.И.**, **Штейн М.Г.** // ДВ. — 1959. — № 5. — С. 187 – 188; **Рябов Н.И.**, **Штейн М.Г.** // История СССР. — 1962. — № 1. — С. 188 – 189.

2158. **А.П. 奥克拉德尼科夫：**《古代阿穆尔岩画与阿穆尔河沿岸民族现代装饰物》//《苏联民族学》，1959 年 2 期，第 38 – 46 页。

Окладников А.П. Древние амурские петроглифы и современная орнаментика народов Приамурья // СЭ. — 1959. — № 2. — С. 38 – 46.

2159. **А.П. 奥克拉德尼科夫：**《1956 年在远东地区的工作》//《苏联科学院物质文化史研究所简报》，1959 年，第 73 集，第 107 – 114 页。

Окладников А.П. Работы на Дальнем Востоке в 1956 г. // КСИИМК. — 1959. — Вып. 73. — С. 107 – 114.

2160. **А.П. 奥克拉德尼科夫：**《西伯利亚古代的人类及其文化》，剑桥：大众皮博迪博物馆，1959 年，第 96 页（皮博迪博物馆俄罗斯考古学、民族学报告系列。哈佛大学，第 1 卷，第 1 期。录制：H.N. 迈克尔）。

Okladnikov A.P. Ancient Population of Siberia and Its Cultures. — Cambridge: Mass. Publ. Peabody Museum, 1959. — 96 p. — (Russian Trans. Series of the Peabody Museum of Archaeol. and Ethnology. Harvard Univ. — Vol. I, No. 1).

评论：**Michael H.N.**：《美国人类学》，1960 年，第 62 卷，第 4 期，第 721 – 722 页；**ch.s. 卡德**：《科学》，1959 年，第 130 卷，第 3387 期，第 1467 – 1468 页。

Rec.：Michael H.N. // Amer. Anthropology. — 1960. — Vol. 62, No. 4. — P. 721－722；**Chard Ch.S**. // Science. — 1959. — Vol. 130, No. 3387. — P. 1467－1468.

2161．**А.П. 奥克拉德尼科夫**：《基于最新考察的苏联远东（滨海地区）古代文化》，莫斯科，东方文学出版社，1960 年，9 页（第 25 次东方学国际代表大会苏联代表团报告·阿尔泰斯季卡第 2 组）。

Окладников А.П. Древние культуры Дальнего Востока СССР（Приморье）в свете новейших исследований. — М.：Изд－во вост. лит., 1960. — 9 с. —（XXV Междунар. конгр. востоковедов. Докл. делегации СССР. Секция II. Алтаистика）.

2162．**А.П. 奥克拉德尼科夫**：《俄罗斯滨海地区古代文化的新研究》//《日本民族学报》，1960 年，第 24 卷，第 1－2 期合刊，第 369－386 页，日文。

Okladnikov A.P. Die alten Kulturen der russischer Seeprovinz im Lichte neuer Forschungen // The Japanese Journal of Ethnology. — 1960. — Vol. 24, No. 1/2. — P. 369－386. — Нем.яз., яп.яз.

2163．**А.П. 奥克拉德尼科夫**：《苏联远东地区史前文化的最新研究》，东方文学出版社，1960 年，第 15 页（第 25 届国际大会苏联代表团提交的东方研究论文，第 37 号）。

Okladnikov A.P. Prehistoric Cultures of the Soviet Far East in the Light of Recent Research. — M.：Orient Lit. Publ. House, 1960. — 15 p. —（XXV Intern. Congr. of Orient. Papers Presented by the USSR Delegation. No. 37）.

2164．**А.П. 奥克拉德尼科夫**：《苏联远东、西伯利亚地区的新石器时代》//《世界历史学刊》，1961 年，第 6 辑，第 3 期，第 476－502 页。

Okladnikov A.P. Le Néolithique Dans les Territoires De la Sibérie et bes Provinces Extrêmes-Orientales de L'URSS//Cahiers d'histoire mondiale.—1961.—Vol.6, No.3.—P.476－502.

2165．**А.П. 奥克拉德尼科夫**：《论贝加尔、蒙古境内耕作业的发端》//《古代的世界：纪念 B.B. 斯特鲁沃院士文集》，莫斯科，1962 年，第 418－431 页。

Окладников А.П. О начале земледелия за Байкалом и в Монголии // Древний мир: Сб. ст., посвящ. акад. В.В. Струве. — М., 1962. — С. 418－431.

2166．**А.П. 奥克拉德尼科夫**：《远东古代史主要问题》//《关于历史学、考古学、民族学第 3 次远东会议报告纲要》，阿穆尔共青城，1962 年，第 1 卷，第 3－11 页。

Окладников А.П. Основные проблемы древней истории Дальнего Востока // Тез. докл. и сообщ. Третьей Дальневост. конф. по истории, археологии и этнографии. — Комсомольск－на－Амуре, 1962. — Т. 1. — С. 3－11.

2167．**А.П. 奥克拉德尼科夫**：《阿穆尔地区古代岩画与现代装饰艺术》//《西伯利亚民族研究》多伦多，1962 年，第 54－61 页。

Okladnikov A.P. Ancient Petroglyphs and Modern Decorative Art in the Amur Region // Studies in Siberian Ethnogenesis. — Toronto, 1962. — P. 54－61.

2168．**А.П. 奥克拉德尼科夫**：《哈巴罗夫斯克地区考古发掘》//《远东地理问题》，哈巴罗夫斯克，1963 年，第 6 卷，第 255－282 页。

Окладников А.П. Археологические раскопки в районе Хабаровска // Вопросы географии Дальнего Востока. — Хабаровск, 1963. — Т. 6. — С. 255－282.

2169．**А.П. 奥克拉德尼科夫**：《西伯利亚、远东的新石器时代部落（公元前 4000 年至公元前 2000年）》//《苏联史》（12 卷本），莫斯科，1963 年，第 1 卷第 1 部：《原始公社制、奴隶制、早期封建国家》，第 106－129 页。

Окладников А.П. Неолитические племена Сибири и Дальнего Востока（IV－II тыс. до н.э.）// История СССР: Проект: В 12 т. — М., 1963. — Т. 1, ч. 1: Первобытнообщинный строй. Рабовладельческий строй. Первые феодальные государства. — С. 106－129.

2170．**А.П. 奥克拉德尼科夫**：《苏联北极、远东地区铁器介绍》//《民俗》，哥本哈根，1963 年，第 5 卷，第 249－255 页。

Okladnikov A.P. The Introduction of Iron in the Soviet Arctic and Far East // Folk. — Kobenhavn, 1963. — Vol. 5. — P. 249－255.

2171．**А.П. 奥克拉德尼科夫**：《（滨海地区）普松湾的古代遗址》//《西伯利亚史资料·古代的西伯利亚》，新西伯利亚，1964 年，第 1 集：《远东的考古学与民族学》，第 73－83 页。

Окладников А.П. Древнее поселение в бухте Пхусун［в Приморье］// Материалы по истории Сибири. Древняя Сибирь. — Новосибирск, 1964. — Вып. 1: Археология и этнография Дальнего Востока. — С. 73－83.

2172．**А.П. 奥克拉德尼科夫**：《古老石器时代的西伯利亚》//《古代的西伯利亚（1 卷本〈西伯利亚史〉）》，**Ж.В. 安德列耶娃**、**З.Я. 博亚尔希诺娃**、**Э.А. 万盖盖姆**等编著，乌兰乌德，1964 年，第 51－128 页。

Окладников А.П. Сибирь в древнекаменном веке // Древняя Сибирь（Макет 1 тома《Истории Сибири》）/**Ж.В. Андреева, З.Я. Бояршинова, Э.А. Вангейгейм** и др. — Улан-Удэ, 1964. — С. 51－128.

2173．**А.П. 奥克拉德尼科夫**：《苏联远东最新的考古学成果》//《历史问题》，1964 年 1 期，第 44－57 页。

Окладников А.П. Советский Дальний Восток в свете новейших достижений археологии // ВИ. — 1964. — № 1. — С. 44－57.

2174．**А.П. 奥克拉德尼科夫**：《西伯利亚古代的人类及其文化》//《西伯利亚人》，芝加哥；伦敦，1964 年，第 13－98 页。

Okladnikov A.P. Ancient Population of Siberia and Its Culture // The Peoples of Siberia. — Chicago; London, 1964. — P. 13－98.

2175．**А.П. 奥克拉德尼科夫**：《结雅河谷地、阿穆尔河中游的考古学》//《苏联考古学》，1965 年 1 期，第 32－41 页。

Окладников А.П. Археология долины реки Зеи и Среднего Амура // СА. — 1965. — № 1. — С. 32－41.

2176．**А.П. 奥克拉德尼科夫**：《西伯利亚的旧石器时代、中石器时代》//《日本考古学》，东京，1965 年，第 1 卷，第 351－374 页，日文。

Окладников А.П. Палеолит и мезолит Сибири // Археология Японии. — Токио, 1965. — Т. 1. — С. 351－374. — Яп. яз.

2177．**А.П. 奥克拉德尼科夫**：《萨卡奇－阿梁岩画》//《苏联远东历史问题·关于历史学、考古学、民族学、人类学问题远东学术会议第 4 次全会报告纲要》，符拉迪沃斯托克，1965 年，第 1 集，第 15－21 页。

Окладников А.П. Петроглифы Сакачи － Аляна // Вопросы истории советского Дальнего Востока: Тез. докл. на пленар. заседании 4 － й Дальневост. науч. конф. по вопр. истории, археологии, этнографии и антропологии. — Владивосток, 1965. — Вып. 1. — С. 15－21.

2178．**А.П. 奥克拉德尼科夫**：《皮科胡森海湾的一个古代居址》//《北极人类学》，1965 年，第 3 卷，第 1 期，第 69－76 页。

Okladnikov A.P. An Ancient Settlement in Pkhusun Bay // Arctic Anthropology. — 1965. — Vol. 3, No. 1. — P. 69－76.

2179．**А.П. 奥克拉德尼科夫**：《古代的苏联远东地区：苏联沿海地区的考古学与历史学研究》（多伦多：多伦多大学出版社，1965 年，第 280 页。记录：CH.S. 查德）。

Okladnikov A.P. The Soviet Far East in Antiquity: an Archaeological and Historical Study of the Maritime Region of the USSR. — Toronto: Univ. Toronto Press, 1965. — 280 p.

评论：**ch.s. 卡德**：《考古》，1967 年，第 20 卷，第 3 期，第 232－233 页；**D. 威力曼**：《地理学报》，1967 年，第 133 卷，第 2 部分，第 222－223 页。

Rec.: **Chard Ch.S.** // Archaeology. — 1967. — Vol. 20, No. 3. — P. 232－233; **Wileman D.** // Geographical Journal. — 1967. — Vol. 133, Pt. 2. — P. 222－223.

2180．**А.П. 奥克拉德尼科夫、А.П. 杰列维扬科**：《祖国边疆区的考古学研究》//《北方学校老师的助手》，莫斯科，列宁格勒，1966 年，第 14 集，第 61－74 页。

Окладников А.П., Деревянко А.П. Изучаем археологию родного края // В помощь учителю школ Севера. — М.; Л., 1966. — Вып. 14. — С. 61－74.

2181．**А.П. 奥克拉德尼科夫**：《贝加尔湖地区、东西伯利亚、远东的新石器时代部落》//《从古至今的苏联史》，莫斯科，1966 年，第 1 卷：《原始公社制、外高加索、中亚的最古老的一些国家、古代的罗斯（公元 13 世纪以前）》，第 55－64 页。

Окладников А.П. Неолитические племена Прибайкалья, Восточной Сибири и Дальнего Востока // История СССР: С древнейших времен до наших дней. — М., 1966. — Т. 1: Первобытнообщинный строй. Древнейшие государства Закавказья и Средней Азии. Древняя Русь (до начала XIII в.) . — С. 55 －64.

2182．**А.П. 奥克拉德尼科夫、Н.Н. 季科夫、Р.В. 科济列娃**：《青铜时代的远东》//《古今西伯利亚史》（5 卷本），**Ж.В. 安德列耶娃、З.Я. 博亚尔希诺娃、Э.Б. 瓦杰茨卡娅**等编著，列宁格勒，1968 年，第 1 卷：《古代的西伯利亚》，第 218－223 页。

Окладников А.П., Диков Н.Н., Козырева Р.В. Дальний Восток в эпоху бронзы // История Сибири с древнейших времен до наших дней: В 5 т. / **Ж.В. Андреева, З.Я. Бояршинова, Э.Б. Вадецкая** и др. — Л., 1968. — Т. 1: Древняя Сибирь. — С. 218－223.

2183．**А.П. 奥克拉德尼科夫**：《古代阿穆尔的圣像：萨卡奇－阿梁岩画》，新西伯利亚，西西伯利亚图书出版社，1968 年，238 页。

Окладников А.П. Лики Древнего Амура: Петроглифы Сакачи - Аляна. — Новосибирск: Зап. - Сиб. кн. изд - во, 1968. — 238 с.

评论：**А.П. 杰列维扬科**，刊于《西伯利亚火焰》，1969 年 7 期，第 185 - 187 页；**Ю.А. 谢姆**，刊于《远东》，1969 年 12 期，第 137 - 139 页。

Рец.：**Деревянко А.П.** // Сиб. огни. — 1969. — № 7. — С. 185 - 187; Сем Ю.А. // ДВ. — 1969. — № 12. — С. 137 - 139

评论：**Filter I**，刊于《史前与人类学的艺术年鉴》，1970/1973 年，柏林、纽约，1973 年，第 218 - 219 页。

Rec.：Filter I. // Jahrbuch fur prahistorische und ethnographische Kunst. Jg. 1970/1973. — Berlin; New York, 1973. — Bd. 23. — S. 218 - 219.

2184. **А.П. 奥克拉德尼科夫、Д.Л. 布罗江斯基**：《滨海地区麦河 1 号多层遗址》//《1967 年考古发现》，莫斯科，1968 年，第 155 - 157 页。

Окладников А.П., Бродянский Д.Л. Многослойное поселение Майхэ - I в Приморье // АО, 1967. — М., 1968. — С. 155 - 157.

2185. **А.П. 奥克拉德尼科夫、А.П. 杰列维扬科**：《远东的旧石器时代：类型学、地层学》//《第四纪时期的研究问题·会议报告纲要》，哈巴罗夫斯克，1968 年，第 122 - 123 页。

Окладников А.П., Деревянко А.П. Палеолит Дальнего Востока: (Типология и стратиграфия) // Проблемы изучения четвертичного периода: Тез. докл. совещ. — Хабаровск, 1968. — С. 122 - 123.

2186. **А.П. 奥克拉德尼科夫**：《古老石器时代的西伯利亚·旧石器时代》//《古今西伯利亚史》（5 卷本），Ж.В. 安德列耶娃、З.Я. 博亚尔希诺娃、Э.Б. 瓦杰茨卡娅等编著，列宁格勒，1968 年，第 1 卷：《古代的西伯利亚》，第 37 - 93 页。

Окладников А.П. Сибирь в древнекаменном веке. Эпоха палеолита // История Сибири с древнейших времен до наших дней: В 5 т. / Ж.В. Андреева, З.Я. Бояршинова, Э.Б. Вадецкая и др. — Л., 1968. — Т. 1: Древняя Сибирь. — С. 37 - 93.

2187. **А.П. 奥克拉德尼科夫**：《通古斯 - 满族问题与考古学》//《苏联史》，1968 年 6 期，第 25 - 42 页。

Окладников А.П. Тунгусо-маньчжурская проблема и археология // История СССР. — 1968. — № 6. — С. 25 - 42.

2188. **А.П. 奥克拉德尼科夫、Д.Л. 布罗江斯基**：《古代耕作业的远东发源地》//《苏联民族学》，1969 年 2 期，第 3 - 14 页。

Окладников А.П., Бродянский Д.Л. Дальневосточный очаг древнего земледелия // СЭ. — 1969. — № 2. — С. 3 - 14.

2189. **А.П. 奥克拉德尼科夫**：《作为北亚民族史资料的西伯利亚、远东岩画：方法论与某些共同结论》//《"北亚民族的民族起源"会议资料》，新西伯利亚，1969 年，第 1 集，第 3 - 27 页。

Окладников А.П. Петроглифы Сибири и Дальнего Востока как источник по этнической истории Северной Азии: (Методология и некоторые общ. выводы) // Материалы конф. 《Этногенез народов Северной Азии》. — Новосибирск, 1969. — Вып. 1. — С. 3 - 27.

2190．**A.П. 奥克拉德尼科夫、Д.Л. 布罗江斯基**：《滨海地区克罗乌诺夫卡村附近的多层遗址发掘》//《1968 年考古发现》，莫斯科，1969 年，第 208－210 页。

Окладников А.П.，Бродянский Д.Л. Раскопки многослойного поселения у с. Кроуновка в Приморье // АО, 1968. — М., 1969. — С. 208－210.

2191．**A.П. 奥克拉德尼科夫**：《西伯利亚岩画》，《美国科学》，1969 年，第 221 卷，第 2 期，第 74－82 页。

Okladnikov A.P. The Petroglyphs of Siberia // Sciences America — 1969. — Vol. 221, No. 2. — P. 74－82.

2192．**A.П. 奥克拉德尼科夫**：《西伯利亚、远东的新石器时代》//《苏联考古学资料与研究》，1970 年 166 期，第 172－193 页。

Окладников А.П. Неолит Сибири и Дальнего Востока // МИА. — 1970. — № 166. — С. 172－193.

2193．**A.П. 奥克拉德尼科夫**：《西伯利亚新石器时代部落的艺术》//《苏联民族艺术史》（9 卷本），莫斯科，1971 年，第 1 卷：《苏联境内原始社会、最古老一些国家的艺术》，第 86－96 页。

Окладников А.П. Искусство неолитических племен Сибири // История искусств народов СССР: В 9 т. — М., 1971. — Т. 1: Искусство первобытного общества и древнейших государств на территории СССР. — С. 86－96.

2194．**A.П. 奥克拉德尼科夫**：《关于西伯利亚新石器时代部落艺术中的旧石器时代传统》//《原始社会艺术》，新西伯利亚，1971 年，第 3－21 页。

Окладников А.П. О палеолитической традиции в искусстве неолитических племен Сибири // Первобытное искусство. — Новосибирск, 1971. — С. 3－21.

评论：**C.B. 伊万诺夫**，刊于《苏联考古学》，1973 年 6 期，第 167－169 页。

Рец.：**Иванов С.В.** // СЭ. — 1973. — № 6. — С. 167－169.

2195．**A.П. 奥克拉德尼科夫**：《阿穆尔河下游的岩画》，列宁格勒，科学出版社列宁格勒分社，1971 年，336 页。

Окладников А.П. Петроглифы Нижнего Амура. — Л.: Наука. Ленингр. отд-ние, 1971. — 336 с.

评论：刊于《科学与人类：国际年鉴·1973 年》，莫斯科，知识出版社，1973 年，第 383－388 页；**Д.A. 谢尔盖耶夫、Ч.M. 塔克萨米**，刊于《全苏地理学会通报》，1974 年，第 106 卷，第 2 集，第 171－172 页；**Ч.M. 塔克萨米**，刊于《远东》，1973 年 12 期，第 144－146 页。

Рец.：Наука и человечество: Междунар. ежегодник, 1973. — М.: Знание, 1973. — С. 383－388；**Сергеев Д.А.，Таксами Ч.М.** // ИВГО. — 1974. — Т. 106, вып. 2. — С. 171－172；**Таксами Ч.М.** // ДВ. — 1973. — № 12. — С. 144－146.

2196．**A.П. 奥克拉德尼科夫**：《萨卡奇－阿梁发掘》//《1970 年考古发现》，莫斯科，1971 年，第 191－192 页。

Окладников А.П. Раскопки в Сакачи-Аляне // АО, 1970, — М., 1971. — С. 191－192.

2197．**A.П. 奥克拉德尼科夫**：《远东考古学新资料》//《远东问题》，1972 年 3 期，第 97－113 页。

Окладников А.П. Новое в археологии Дальнего Востока // Пробл. Дал. Востока. — 1972. — № 3.

— С. 97－113.

2198. **А.П. 奥克拉德尼科夫、С.В. 格林斯基、В.Е. 麦德维杰夫**：《苏城河谷地纳霍德卡市附近布洛奇卡古代遗址发掘》// 《苏联科学院西伯利亚分院院刊》，1972年6期：《社会科学系列》，第2集，第66－72页。

Окладников А.П. , Глинский С.В. , Медведев В.Е. Раскопки древнего поселения Булочка у города Находка в Сучанской долине // ИСОАН СССР. — 1972. — № 6. Сер. обществ. наук, вып. 2. — С. 66－72.

2199. **А.П. 奥克拉德尼科夫**：《苏联远东考古学与东方学》// 《远东民族的历史与文化资料》，第1集（报告、议程、简讯）：《关于"远东地区我国东方学的历史与传统"问题的会议资料·符拉迪沃斯托克，1969年3月》，符拉迪沃斯托克，1973年，第3－9页。

Окладников А.П. Археология советского Дальнего Востока и востоковедение // Материалы по истории и культуре народов Дальнего Востока. Вып. 1 (докл. , сообщ. , заметки)：Материалы симп. по пробл. 《История и традиции отеч. востоковедения на Дальнем Востоке》(Владивосток, март 1969 г.) . — Владивосток, 1973. — С. 3－9.

2200. **А.П. 奥克拉德尼科夫、А.П. 杰列维扬科**：《滨海地区、阿穆尔河沿岸遥远的过去》，符拉迪沃斯托克，远东图书出版社，1973年，440页。

Окладников А.П. , Деревянко А.П. Далекое прошлое Приморья и Приамурья. — Владивосток：Дальневост. кн. изд－во, 1973. — 440 с.

2201. **А.П. 奥克拉德尼科夫、З.А. 阿布拉莫娃**：《西伯利亚、远东旧石器时代人类的最初开发》// 《"原始社会人类以及更新世、全新世时期的物质文化与自然环境（旧石器、新石器时代）"全苏会议报告纲要·莫斯科·1973年》，莫斯科，1973年，第62－64页。

Окладников А.П. , Абрамова З.А. Первоначальное освоение палеолитическим человеком Сибири и Дальнего Востока // Всесоюз. симп. 《Первобыт. человек, его материальная культура и природная среда в плейстоцене и голоцене (палеолит и неолит)》, Москва, 1973：Тез. докл. — М. , 1973. — С. 62－64.

2202. **А.П. 奥克拉德尼科夫**：《乌苏里江、阿穆尔河的岩画》// 《史前与人类学的艺术年鉴》，1970/1973年，柏林、纽约，1973年，第85－105页。

Okladnikov A.P. Die Felsbilder am Amur und Ussuri // Jahrbuch fur prahistorische und ethnographische Kunst. Jg. 1970/1973. — Berlin; New York, 1973. — Bd. 23. — S. 95－105.

2203. **А.П. 奥克拉德尼科夫、З.А. 阿布拉莫娃**：《西伯利亚、远东地区旧石器时代人类的早期活动》，《更新世及全新世时期史前人类及其石器工业与环境·全苏研讨会公报》，苏联科学院地理研究所、第四纪研究委员会，第2部分，1973年，第32－33页。

Okladnikov A.P. , Abramova Z.A. The Primary Colonization of Siberia and the Far East by Paleolithic Man // Prehistoric Man, His Industry and the Environment in the Pleistocene and Holocene：Proceedings of All － Union Symposium Organized by the Institute of Geography of the USSR Academy of Sciences and Commission on the Study of Quarternary Period of the USSR Academy of Sciences. Pt. 2. — M. , 1973. — P. 32－33.

2204. **А.П. 奥克拉德尼科夫**：《西伯利亚的古代文化》，东京，1974年，236页，日文。

Окладников А.П. Древние культуры Сибири. — Токио: Коданца, 1974. — 236 с. — Яп. яз.

2205. **А.П. 奥克拉德尼科夫、З.А. 阿布拉莫娃**：《西伯利亚、远东旧石器时代人类的最初开发》//《原始社会人类以及更新世、全新世时期的物质文化与自然环境·苏联科学院地理研究所、苏联科学院第四纪研究委员会全苏会议资料·1973 年 3 月》，莫斯科，1974 年，第 1 卷，第 184－189 页。

Окладников А.П., Абрамова З.А. Первоначальное освоение палеолитическим человеком Сибири и Дальнего Востока // Первобытный человек, его материальная культура и природная среда в плейстоцене и голоцене: Материалы Всесоюз. симп., орг. Ин-том географии АН СССР и Комис. по изуч. четверт. периода АН СССР в марте 1973 г. — М., 1974. — Ч. 1. — С. 184－189.

2206. **А.П. 奥克拉德尼科夫、В.Е. 麦德维杰夫**：《古代的哈巴罗夫斯克边疆区》//《历史方志学、文献方志学的教学法建议·教师用书》，哈巴罗夫斯克，1974 年，第 3－11 页。

Окладников А.П., Медведев В.Е. Хабаровский край в древности // Методические рекомендации по историческому и литературному краеведению: В помощь учителю. — Хабаровск, 1974. — С. 3－11.

2207. **А.П. 奥克拉德尼科夫**：《(阿穆尔州) 阿尔拉哈地区岩画》//《西伯利亚社会经济史与文化生活史问题》，新西伯利亚，1975 年，第 38－51 页。

Окладников А.П. Архаринская писаница [в Амурской области] // Вопросы истории социально-экономической и культурной жизни Сибири. — Новосибирск, 1975. — С. 38－51.

2208. **А.П. 奥克拉德尼科夫**：《结雅河、阿穆尔河中游的考古学》//《西伯利亚东北部考古学》，东京，1975 年，第 1 卷，第 199－212 页，日文。

Окладников А.П. Археология Зеи и Среднего Амура // Археология Северо-Востока Сибири. — Токио, 1975. — Т. 1. — С. 199－212. — Яп. яз.

2209. **А.П. 奥克拉德尼科夫、А.И. 马津**：《奥列克马河、阿穆尔河上游的岩画》，新西伯利亚，科学出版社西伯利亚分社，1976 年，189 页。

Окладников А.П., Мазин А.И. Писаницы реки Олекмы и Верхнего Приамурья. — Новосибирск: Наука. Сиб. отд-ние, 1976. — 189 с.

2210. **А.П. 奥克拉德尼科夫**：《太平洋古代文化的相互作用 (基于岩画资料)》//《欧亚大陆、北美的考古学问题》，莫斯科，1977 年，第 41－49 页。

Окладников А.П. Взаимодействие древних культур Тихого океана (на материалах петроглифов) // Проблемы археологии Евразии и Северной Америки. — М., 1977. — С. 41－49.

2211. **А.П. 奥克拉德尼科夫、Е.А. 奥克拉德尼科娃**：《两个大陆的神秘面具与乌拉尔岩画》//《第 6 次乌拉尔考古会议报告纲要》，莫斯科，1977 年，第 20－22 页。

Окладников А.П., Окладникова Е.А. Загадочные личины двух материков и петроглифы Урала // Тез. докл. 6-го Урал. археол. совещ. — М., 1977. — С. 20－22.

2212. **А.П. 奥克拉德尼科夫**：《考古学》//《阿穆尔河下游最新的地层剖面》，莫斯科，1978 年，第 78－81 页。

Окладников А.П. Археология // Разрез новейших отложений Нижнего Приамурья. — М., 1978. — С. 78－81.

2213. **А.П. 奥克拉德尼科夫、Б.А. 弗罗洛夫**：《西伯利亚的古迹：岩画、图案装饰、神话》//《科学与人类：国际年鉴·1977 年》，莫斯科，1978 年，第 67－81 页。

Окладников А.П., Фролов Б.А. Древности Сибири: петроглифы, орнаменты, мифы // Наука и человечество: Междунар. ежегодник, 1977. — М., 1978. — С. 67－81.

2214. **А.П. 奥克拉德尼科夫、Н.Д. 奥沃多夫**：《西伯利亚、远东洞穴考古学、古动物学研究的总结与展望》//《作为旅游景点的喀斯特洞穴研究·1978 年 11 月 17－23 日全苏会议报告纲要·苏呼米》，第比利斯，1978 年，第 218－221 页。

Окладников А.П., Оводов Н.Д. Итоги и перспективы археолого-палеозоологических исследований пещер Сибири и Дальнего Востока // Исследование карстовых пещер в целях использования их в качестве экскурсионных объектов: Всесоюз. совещ., 17－23 нояб. 1978 г., Сухуми: Тез. докл. — Тбилиси, 1978. — С. 218－221.

2215. **А.П. 奥克拉德尼科夫、Д.Л. 布罗江斯基**：《（滨海地区）彼得罗沃岛的古代遗址》//《南西伯利亚考古学·高校校际学术著述汇编》，克麦罗沃，1979 年，第 3－13 页。

Окладников А.П., Бродянский Д.Л. Древние поселения на острове Петрова ［в Приморье］ // Археология Южной Сибири: Межвуз. сб. науч. тр. — Кемерово, 1979. — С. 3－13.

2216. **А.П. 奥克拉德尼科夫**：《远东的旧石器时代》//《第 14 次太平洋学术会议·Ком.L 社会与人文科学第 3、4 组报告纲要·苏联，哈巴罗夫斯克·1979 年 8 月》，莫斯科，1979 年，第 2 卷，第 206－208 页。

Окладников А.П. Палеолит Дальнего Востока // XIV Тихоокеан. науч. конгр., СССР, Хабаровск, авг. 1979. Ком. L. Социал. и гуманит. науки. Секция III. Секция IV: Тез. докл. — М., 1979. — Т. 2. — С. 206－208.

2217. **А.П. 奥克拉德尼科夫、Д.Л. 布罗江斯基**：《（滨海地区）鲁达诺夫斯科耶城址》//《1978 年考古发现》，莫斯科，1979 年，第 260－261 页。

Окладников А.П., Бродянский Д.Л. Рудановское городище ［в Приморье］ // АО, 1978. — М., 1979. — С. 260-261.

2218. **А.П. 奥克拉德尼科夫、Б.А. 弗罗洛夫**：《北亚的最古老艺术：岩画、图案装饰、神话》//《社会主义国家的科学：70 年代》，莫斯科，1980 年，第 338－353 页。

Окладников А.П., Фролов Б.А. Древнейшее искусство Северной Азии: петроглифы, орнаменты, мифы // Наука стран социализма: Семидесятые годы. — М., 1980. — С. 338－353.

2219. **А.П. 奥克拉德尼科夫**：《关于 1935 年阿穆尔综合考察团考古队在阿穆尔河下游的工作》//《北亚考古学史料（1935－1976 年）》，新西伯利亚，1980 年，第 3－52 页。

Окладников А.П. О работах археологического отряда Амурской комплексной экспедиции в низовьях Амура в 1935 г. // Источники по археологии Северной Азии (1935－1976 гг.). — Новосибирск, 1980. — С. 3－52.

2220. **А.П. 奥克拉德尼科夫、Р.С. 瓦西里耶夫斯基**：《历史初期的北亚》，新西伯利亚，科学出版社西伯利亚分社，1980 年，160 页，（国家与民族）。

Окладников А.П., Васильевский Р.С. Северная Азия на заре истории. — Новосибирск: Наука. Сиб. отд-ние, 1980. — 160 с. — (Страны и народы).

2221．**А.П. 奥克拉德尼科夫**：《阿穆尔河下游卡利诺夫卡村附近的岩画》//《北方民族的语言与民俗》，新西伯利亚，1981年，第12－18页。

Окладников А.П. Петроглифы у села Калиновки на Нижнем Амуре // Языки и фольклор народов Севера. — Новосибирск, 1981. — С. 12－18.

2222．**А.П. 奥克拉德尼科夫、В.Е. 麦德维杰夫**：《萨卡奇 － 阿梁发掘》，《1980年考古发现》，莫斯科，1981年，第201－203页。

Окладников А.П., Медведев В.Е. Раскопки в Сакачи － Аляне // АО, 1980. — М., 1981. — С. 201－203.

2223．**А.П. 奥克拉德尼科夫**：《普松湾的古代遗址》//《西伯利亚、远东考古学》，东京，1982年，第2卷：《滨海地区》，第132－146页，日文。

Окладников А.П. Древнее поселение в бухте Пхусун // Археология Сибири и Дальнего Востока. — Токио, 1982. — Т. 2: Приморье. — С. 132－146. — Яп. яз.

2224．**А.П. 奥克拉德尼科夫、Д.Л. 布罗江斯基**：《滨海地区麦河1号多层遗址》//《西伯利亚、远东考古学》，东京，1982年，第2卷：《滨海地区》，第406－407页，日文。

Окладников А.П., [Бродянский Д.Л.]. Многослойное поселение Майхэ 1 в Приморье // Археология Сибири и Дальнего Востока. — Токио, 1982. — Т. 2: Приморье. — С. 406－407. — Яп. яз.

2225．**А.П. 奥克拉德尼科夫、С.В. 格林斯基、В.Е. 麦德维杰夫**：《纳霍德卡市附近苏城河谷地布洛奇卡古代遗址发掘》//《西伯利亚、远东考古学》，东京，1982年，第2卷：《滨海地区》，第285－295页，日文。

Окладников А.П., Глинский С.В., Медведев В.Е. Раскопки древнего поселения Булочка в долине р. Сучан у Находки // Археология Сибири и Дальнего Востока. — Токио, 1982. — Т. 2: Приморье. — С. 285－295. — Яп. яз.

2226．**А.П. 奥克拉德尼科夫、Д.Л. 布罗江斯基**：《滨海地区克罗乌诺夫卡村附近多层遗址发掘》//《西伯利亚、远东考古学》，东京，1982年，第2卷：《滨海地区》，第400－401页，日文。

Окладников А.П., [Бродянский Д.Л.]. Раскопки многослойного поселения у с. Кроуновка в Приморье // Археология Сибири и Дальнего Востока. — Токио, 1982. — Т. 2: Приморье. — С. 400－401. — Яп. яз

2227．**А.П. 奥克拉德尼科夫**：《苏联远东最新的考古发现资料》//《西伯利亚、远东考古学》，东京，1982年，第2卷：《滨海地区》，第57－75页，日文。

Окладников А.П. Советский Дальний Восток по материалам последних археологических открытий // Археология Сибири и Дальнего Востока. — Токио, 1982. — Т. 2: Приморье. — С. 57－75. — Яп. яз.

2228．**А.П. 奥克拉德尼科夫、В.Е. 麦德维杰夫**：《阿穆尔河下游地区加夏多层遗址考察》//《苏联科学院西伯利亚分院院刊》，1983年1期：《社会科学系列》，第1集，第93－97页。

Окладников А.П., Медведев В.Е. Исследование многослойного поселения Гася на Нижнем Амуре // ИСОАН СССР. — 1983. — № 1: Сер. обществ. наук, вып. 1. — С. 93－97.

2229．**А.П. 奥克拉德尼科夫、В.Е. 麦德维杰夫**：《阿穆尔河下游地区加夏遗址考察》//《1987年札幌大学考古考察报告》，札幌，1987年，第176－190页，日文。

Окладников А.П.，Медведев В.Е. Исследования поселения Гася на Нижнем Амуре // Доклады археологических исслед. университета г. Саппоро за 1987 г. — Саппоро, 1987. — С. 176 – 190. — Яп. яз.

2230． **А.П. 奥克拉德尼科夫**：《作为西伯利亚、远东民族学史料的新石器时代遗存》//《苏联考古学选集》，莫斯科，1995年，第2卷，第197－202页。

Окладников А.П. Неолитические памятники как источники по этногонии Сибири и Дальнего Востока // Антология советской археологии. — М., 1995. — Т. 2. — С. 197 –202.

2231． **Е.А. 奥克拉德尼科娃**：《阿穆尔与加拿大的岩画：亚洲、美洲古代联系的证明》//《西伯利亚社会经济、文化生活纲要》，新西伯利亚，1972年，第1卷，第5－15页。

Окладникова Е.А. Петроглифы Амура и Канады: свидетельство древних контактов Азии с Америкой // Очерки социально-экономической и культурной жизни Сибири. — Новосибирск, 1972. — Ч. 1. — С. 5 – 15.

2232． **Е.А. 奥克拉德尼科娃**：《两个大陆的神秘面具与乌拉尔岩画》//《阿尔泰、西西伯利亚的古代文化》，新西伯利亚，1978年，第74－85页。

Окладникова Е.А. Загадочные личины двух материков и петроглифы Урала // Древние культуры Алтая и Западной Сибири. — Новосибирск, 1978. — С. 74 – 85.

2233． **Е.А. 奥克拉德尼科娃**：《古代远东的文化》//《俄罗斯区域文化的起源》，圣彼得堡，2000年，第112－142页。

Окладникова Е.А. Культура древнего Дальнего Востока // Истоки региональных культур России. — СПб., 2000. — С. 112 – 142.

2234． **Р.В. 奥斯坦采娃**：《阿穆尔州考古遗存的新考察》//《阿穆尔州方志博物馆论丛》，1961年，第5卷，第108－118页。

Останцева Р.В. Новые обследования археологических памятников Амурской области // ЗАОМК. — 1961. — Т. 5. — С. 108 – 118.

2235． **臼杵勋、熊木俊朗、В. 杰留金、Н. 斯皮热沃伊**等：《1998年（尼古拉耶夫斯克地区）阿穆尔河河口考古调查报告》//《北海道考古学》，1999年35期，第33－46页，日文。

Отчет об археологической разведке в 1998 году в устье Амура (Николаевский район) / И. Усуки, Т. Кумаки, В. Дерюгин, Н. Спижевой // Археология Хоккайдо. — 1999. — № 35. — С. 33 – 46. — Яп. яз.

2236． **Ж.В. 安德烈耶娃、А.В. 加尔科维克、Т.Н. 格卢什科娃、И.С. 茹希霍夫斯卡娅、Н.А. 克柳耶夫、Н.А. 科诺年科、Ю.Л. 夏波娃**：《远东原始社会考古学概要（考古学资料的历史学诠释问题）》，莫斯科，科学出版社，1994年，214页。

Очерки первобытной археологии Дальнего Востока（Проблемы исторической интерпретации археологических источников）/ **Ж.В. Андреева, А.В. Гарковик, Т.Н. Глушкова, И.С. Жущиховская, Н.А. Клюев, Н.А. Кононенко, Ю.Л. Щапова.** — М.: Наука, 1994. — 214 с.

2237． **帕拉季**：《与满洲史有关的乌苏里斯克边疆区历史概要》//《俄罗斯地理学会会刊·公共地理学》，1879 年，第 8 卷，第 1 集，第 221－228 页。

Палладий. Исторический очерк Уссурийского края в связи с историей Маньчжурии // ЗРГО по общей географии. — 1879. — Т. 8, вып. 1. — С. 221－228

2238．**Н.Л. 戈尔卡文科、Л.П. 热列夫丘克、Г.Г. 克雷科夫**：《阿穆尔州历史文化遗存（简介目录）》，布拉戈维申斯克，1991 年，136 页。

Памятники истории и культуры Амурской области: Аннот. список / **Н.Л. Горкавенко, Л.П. Жеревчук, Г.Г. Клыков** и др. — Благовещенск, 1991. — 136 с.

2239．**А.М. 帕尼切夫、В.И. 季亚科夫**：《古代史》//**А.М. 帕尼切夫**：《撒马尔加：过去、现在与未来》，符拉迪沃斯托克，1998 年，第 12－17、168－171 页。

Паничев А.М., Дьяков В.И. Древняя история // А.М. Паничев. Самарга: прошлое, настоящее, будущее. — Владивосток, 1998. — С. 12－17, 168－171.

2240．**Л.Н. 别谢德诺夫、Ю.Е. 沃斯特列佐夫、И.С. 茹希霍夫斯卡娅、А.В. 扎戈鲁利科、Н.А. 科诺年科、А.М. 克罗特基、В.А. 拉科夫、Т.Тоизуми**：《彼得大帝湾最早的捕鱼者，博伊斯曼湾的自然条件与古代人类》，符拉迪沃斯托克，俄罗斯科学院远东分院，1998 年，390 页。

Первые рыболовы в заливе Петра Великого. Природа и древний человек в бухте Бойсмана /**Л.Н. Беседнов, Ю.Е. Вострецов, И.С. Жущиховская, А.В. Загорулько, Н.А. Кононенко, А.М. Коротский, В.А. Раков, Т. Тоизуми.** — Владивосток: ДВО РАН, 1998. — 390 с

评论：**С.В. 古谢夫**，刊于《考古学信息》，圣彼得堡，2000 年 7 期，第 329－334 页；**С.В. 古谢夫**，刊于《俄罗斯考古学》，2000 年 3 期，第 203－208 页。

Рец.: Гусев С.В. // Археологические вести. — СПб., 2000. — № 7. — С. 329－334; Гусев С.В. // Рос. археология. — 2000. — № 3. — С. 203－208.

2241．**И.С. 波利亚科夫**：《关于萨哈林岛、南乌苏里斯克边疆区、日本的考察报告（包含考古学）》//《科学院院刊》，1884 年 6 期，第 1－61 页。

Поляков И.С. Отчет об исследованиях [в том числе археологических] на острове Сахалине, в Южно-Уссурийском крае и в Японии // Зап. Акад. наук. — 1884. — № 6: Прил. к 48 т. — С. 1－61.

2242．**А.Н, 波波夫、А.А. 克鲁皮扬科、О.Л. 莫列娃**：《1991 年远东国立大学考古实验室田野考察团的某些总结》//《远东第 2 次青年历史学者会议报告纲要》，符拉迪沃斯托克，1992 年，第 43－45 页。

Попов А.Н., Крупянко А.А., Морева О.Л. Некоторые итоги полевых исследований экспедиции лаборатории археологии ДВГУ в 1991 г. // Вторая Дальневост. конф. молодых историков: Тез. докл. — Владивосток, 1992. — С. 43－45.

2243．**Н.И. 波波夫**：《关于西伯利亚北部、东部地区石器时代的工具》//《俄罗斯地理学会东西伯利亚分会通报》，1878 年，第 9 卷，第 1－2 期合刊，第 56－62 页。

Попов Н.И. Об орудиях каменного века на севере и востоке Сибири // ИВСОРГО. — 1878. — Т. 9., № 1－2. — С. 56－62.

2244．**А.Т. 波波娃**：《МАЭ 考古藏品中的 А.П. 奥克拉德尼科夫的搜集品》//《西伯利亚古代文化问题》，新西伯利亚，1985 年，第 38－54 页。

Попова А.Т. Коллекции А.П. Окладникова в археологическом собрании МАЭ // Проблемы древних культур Сибири. — Новосибирск, 1985. — С. 38 – 45.

2245. **Е.А. 波波娃**：《1999 年（滨海地区）苏沃罗沃 8 号遗址考察的某些成果》//《北亚、中央亚细亚古代文化、传统文化遗产·第 40 次区域考古学、民族学大学生会议资料》，新西伯利亚，2000 年，第 1 卷，第 98 – 99 页。

Попова Е.А. Некоторые результаты исследования памятника Суворово VIII в 1999 году：[Приморье] // Наследие древних и традиционных культур Северной и Центральной Азии: Материалы 40-й Регион. археол. – этногр. студ. конф. — Новосибирск, 2000. — Т. 1. — С. 98 – 99.

2246. **Н. 波希瓦洛夫**：《阿穆尔河考古考察》//《阿穆尔经济学会通报》，1923 年，第 3 集，第 112 页。

Пошивалов Н. Археологические исследования на Амуре // Изв. Амур. науч. – экон. о-ва. — 1923. — Вып. 3. — С.112.

2247. **В.Д. 加利茨基、С.В. 卡拉什尼科夫、Н.А. 克柳耶夫、Н.Н. 克拉金、В.А. 伦沙、И.В. 诺沃格拉茨基、Ю.Г. 尼基京、В.Н. 塔拉先科**：《比金河流域考古考察的初步成果》//《远东、中央亚细亚的考古学与理论民族学》，符拉迪沃斯托克，1998 年，第 3 – 11 页。

Предварительные результаты археологического обследования бассейна реки Бикин / **В.Д. Галицкий, С.В. Калашников, Н.А. Клюев, Н.Н. Крадин, В.А. Лынша, И.В. Новоградский, Ю.Г. Никитин, В.Н. Тарасенко** // Археология и этнология Дальнего Востока и Центральной Азии. — Владивосток, 1998. — С. 3 – 11.

2248. 《滨海地区国立 В.С. 阿尔谢尼耶夫博物馆·指南》，符拉迪沃斯托克，《红旗》出版社，1990 年，57 页。

Приморский государственный музей имени В.К. Арсеньева: Путеводитель. — Владивосток: Изд – во 《Красное знамя》, 1990. — 57 с.

2249. **С.А. 阿维洛夫、Л.И. 阿列克谢耶娃、Ж.В. 安德列耶娃**：《滨海边疆区：简明百科指南（包含考古学）》，符拉迪沃斯托克，远东国立大学出版社，1997 年，596 页。

Приморский край: Краткий энцикл. справ. [в том числе и по археологии] / **С.А. Авилов, Л.И. Алексеева, Ж.В. Андреева и др.** — Владивосток: Изд – во Дальневост. ун-та, 1997. — 596 с.

评论：**Л.С. 特瓦尔科夫斯基**，刊于《方志学通报》，南萨哈林斯克，1999 年 4 期，第 135 – 137 页。

Рец.: Тварковский Л.С. // Краевед. бюл. — Южно-Сахалинск, 1999. — № 4. — С. 135 – 137.

2250. **В.И. 博尔金、Ю.М. 瓦西里耶夫、О.С. 加拉克季奥诺夫、И.С. 茹希霍夫斯卡娅、В.Д. 连科夫、В.А. 霍列夫**：《（在滨海地区和阿穆尔地区）远东民族历史·考古·民族研究所工作》，《1986 年考古发现》，莫斯科，1988 年，第 223 – 227 页。

Работы Института истории, археологии и этнографии народов Дальнего Востока [в Приморье и Приамурье] / **В.И. Болдин, Ю.М. Васильев, О.С. Галактионов, И.С. Жущиховская, В.Д. Леньков, В.А. Хорев** // АО, 1986. — М., 1988. — С. 223 – 227.

2251. **А.И. 拉津**：《考古学（对于远东边疆区）的实际意义》//《俄罗斯地理学会符拉迪沃斯托克分部南部方志学小组工作》，符拉迪沃斯托克，1927 年，第 1 集，第 17 – 20 页。

Разин А.И. Практическая роль археологии（для Дальневосточного края）// Работы кружка юных краеведов при Владивостокском отделе РГО. — Владивосток, 1927. — Вып. 1. — С. 17–20.

2252．**А.И. 拉津**：《中学提高班的方志学小组的工作》（关于地滨海地区哈桑、什科托沃地区的考古遗存）//《俄罗斯地理学会符拉迪沃斯托克分部南部方志学小组工作》，符拉迪沃斯托克，1929 年，第 3 集，第 17－21 页。

Разин А.И. Работа краеведческих кружков в школах повышенного типа：［Об археол. памятниках Хасан. и Шкот. р–нов Прим. края］// Работы кружка юных краеведов при Владивостокском отделе РГО. — Владивосток, 1929. — Вып. 3. — С. 17–21.

2253．**В.И. 季亚科夫、О.В. 季亚科娃、П.Л. 谢明、Е.В. 丘帕希娜**：《滨海地区发掘》//《1986 年考古发现》，莫斯科，1988 年，第 230－231 页。

Раскопки в Приморье / **В.И. Дьяков, О.В. Дьякова, П.Л. Семин, Е.В. Чупахина** // АО, 1986. — М., 1988. — С. 230–231.

2254．**Н.Г. 鲁布连科**：《论中国取暖设施"炕"的起源》//《中国的社会与国家·第 16 次学术会议报告纲要》，莫斯科，1985 年，第 2 卷，第 51－52 页。

Рубленко Н.Г. Об истоках отопительной системы типа《кан》в Китае // Общество и государство в Китае：Тез. докл. 16–й науч. конф. — М., 1985. — Ч. 2. — С. 51–52.

2255．**А.Г. 雷巴尔科、А.В. 贡恰鲁克**：《论远东地区陶器的出现问题》//《西伯利亚古代理论民族学·1990 年 3 月 29－31 日第 30 次大学生区域考古学会议报告纲要》，伊尔库茨克，1990 年，第 189－190 页。

Рыбалко А.Г., Гончарук А.В. К вопросу о появлении керамики в дальневосточном регионе // Палеоэтнология Сибири：Тез. докл. к XXX регион. археол. студ. конф. 29–31 марта 1990 г. — Иркутск, 1990. — С. 189–190.

2256．**Н.И. 里亚博夫、М.Г. 什捷因**：《俄罗斯远东历史纲要（17 世纪－20 世纪）》，哈巴罗夫斯克，图书出版社，1958 年，176 页。

Рябов Н.И., Штейн М.Г. Очерки истории русского Дальнего Востока（XVII — начало XX века）. — Хабаровск：Кн. изд–во, 1958. — 176 с

2257．**И.Д. 萨纳切夫**：《远东史·人文学系学生授课讲义》，符拉迪沃斯托克，远东国立大学出版社，1997 年，第 1 卷，132 页。

Саначев И.Д. История Дальнего Востока：Курс лекций для студентов гуманит. факультетов. — Владивосток：Изд–во Дальневост. ун-та, 1997. — Ч. 1. — 132 с

评论：**А. 克鲁皮扬科、Е. 雷科娃**，刊于《俄罗斯与亚洲太平洋地区》，1998 年 2 期，第 126－130 页。

Рец.：**Крупянко А., Лыкова Е.** // Россия и АТР. — 1998. — No 2. — С. 126–130.

2258．**Б.С. 萨布诺夫**：《（阿穆尔州）历史遗存》，布拉戈维申斯克，哈巴罗夫斯克图书出版社，1967 年，16 页。

Сапунов Б.С. Исторические памятники［в Амурской области］. — Благовещенск：Хабар. кн. изд–во, 1967. — 16 с.

2259．**Б.С. 萨布诺夫**：《结雅河中、下游流域调查》//《1968 年考古发现》，莫斯科，1969 年，第 202－203 页。

Сапунов Б.С. Разведка в среднем и нижнем течении Зеи // АО, 1968. — М., 1969. — С. 202－203.

2260．**Б.С. 萨布诺夫**：《1968 年结雅河中、下游流域考古调查》//《阿穆尔方志博物馆论丛》，1970 年，第 6 卷，第 2 集，第 8－9 页。

Сапунов Б.С. Археологическая разведка 1968 г. в среднем и нижнем течении р. Зеи // ЗАОМК. — 1970. — Т. 6, вып. 2. — С. 8－9.

2261．**Б.С. 萨布诺夫**：《阿穆尔州考古学》，历史学副博士论文作者文摘，新西伯利亚国立大学，新西伯利亚，1971 年，20 页。

Сапунов Б.С. Археология Амурской области: Автореф. дис. ... канд. ист. наук / НГУ. — Новосибирск, 1971. — 20 с.

2262．**Б.С. 萨布诺夫**：《（阿穆尔州）阿尔哈拉地区境内新的考古遗存》//《阿穆尔州历史问题》，布拉戈维申斯克，1981 年，第 18－20 页。

Сапунов Б.С. Новые памятники археологии на территории Архаринского района [Амур. обл.] // Вопросы истории Амурской области. — Благовещенск, 1981. — С. 18－20.

2263．**Б.С. 萨布诺夫、Д.П. 博洛京、А.Д. 克罗列维茨基**：《（阿穆尔州）符拉基米罗夫卡 6 号铁器时代多层遗址》//《远东及其毗邻地区方志学问题·大学生区域学术会议与会者报告纲要·布拉戈维申斯克·1990 年 2 月 21－22 日》，布拉戈维申斯克，1990 年，第 48－50 页。

Сапунов Б.С., Болотин Д.П., Кролевецкий А.Д. Многослойный памятник железного века Владимировка 6 [в Амурской области] // Проблемы краеведения Дальнего Востока и сопредельных территории: Тез. докл. участников регион. науч. студ. конф. (Благовещенск, 21－22 февр. 1990 г.). — Благовещенск, 1990. — С. 48－50.

2264．**Б.С. 萨布诺夫、Д.П. 博洛京、Н.Н. 扎伊采夫**：《阿穆尔州境内田野考察的某些总结》//《1994－1996 年西伯利亚、远东考古学者、民族学者田野、实验室研究成果述评》，新西伯利亚，2000 年，第 174－177 页。

Сапунов Б.С., Болотин Д.П., Зайцев Н.Н. Некоторые итоги полевых исследований на территории Амурской области // Обозрение результатов полевых и лабораторных исследований археологов и этнографов Сибири и Дальнего Востока в 1994－1996 годах. — Новосибирск, 2000. — С. 174－177.

2265．**И.Б. 萨布诺夫**：《关于阿穆尔州转动型鱼镖头的分布问题》//《西伯利亚、远东的考古学、民族学问题·纪念 Н.К. 奥埃尔巴哈诞辰 100 周年暨区域性大学生考古会议报告简介》，克拉斯诺亚尔斯克，1991 年，第 3 卷，第 5－7 页。

Сапунов И.Б. К вопросу о нахождении наконечников гарпунов поворотного типа в Амурской области // Проблемы археологии и этнографии Сибири и Дальнего Востока: Посвящ. 100-летию Н.К. Ауэрбаха: Крат. содерж. докл. РАСК. — Красноярск, 1991. — Т. 3. — С. 5－7.

2266．**Д.А. 萨普菲罗夫**：《阿尔乔姆市地区考古遗存研究》//《滨海地区方志学问题·1987 年 3 月 23－27 日学术汇报会报告纲要》，乌苏里斯克，1987 年，第 69－71 页。

Сапфиров Д.А. Изучение археологических памятников в районе г. Артема // Проблемы краеведения Приморья: Тез. докл. науч.－практ. конф., 23－27 марта 1987 г. — Уссурийск, 1987. — С. 69－71.

2267. **Д.А. 萨普菲罗夫、С.П. 涅斯杰连科**：《乌苏里江新的遗存》//《滨海地区方志学问题·1987 年 3 月 23－27 日学术汇报会报告纲要》，乌苏里斯克，1987 年，第 62－63 页。

Сапфиров Д.А., Нестеренко С.П. Новые памятники р. Уссури // Проблемы краеведения Приморья: Тез. докл. науч.－практ. конф., 23－27 марта 1987 г. — Уссурийск, 1987. — С. 62－63.

2268. **Д.А. 萨普菲罗夫**：《（滨海地区）切尔尼戈夫卡 1 号遗址的类型学综合体》//《苏联远东的古代文化（考古普查）》，苏联科学院远东分院历史·考古·民族研究所，预印本，符拉迪沃斯托克，1989 年，第 11－15 页。

Сапфиров Д.А. Типологические комплексы стоянки Черниговка 1 [в Приморье] // Древние культуры Дальнего Востока СССР (Археологический поиск) / АН СССР. ДВО. ИИАЭ. — Препр. — Владивосток, 1989. — С. 11－15.

2269. **Д.А. 萨普菲罗夫**：《远东论辩（阐释问题）》//《第 6 次纪念阿尔谢尼耶夫报告会·关于历史学、考古学、方志学问题区域学术会议报告纲要》，乌苏里斯克，1992 年，第 203－206 页。

Сапфиров Д.А. Реплики Дальнего Востока (проблемы интерпретации) // VI Арсеньевские чтения: Тез. докл. и сообщ. регион. науч. конф. по пробл. истории, археологии и краеведения. — Уссурийск, 1992. — С. 203－206.

2270. **П.Л. 谢明**：《滨海边疆区卡瓦列罗沃地区的调查工作》//《方志学问题·纪念阿尔谢尼耶夫报告会·会议报告纲要》，乌苏里斯克，1989 年，第 58－59 页。

Семин П.Л. Разведочные работы в Кавалеровском районе Приморского края // Проблемы краеведения: [Тез. докл. конф.] / Арсеньев. чтения. — Уссурийск, 1989. — С. 58－59.

2271. **А.Л. 谢尔盖耶夫、А.В. 亚历山德罗夫**：《古代、中世纪时代苏联远东南部地区的民族交往与经济文化适应（关于问题的确立）》//《阿尔泰语系同一性民族的历史文化交往·第 29 次国际阿尔泰会议报告纲要》，莫斯科，1986 年，第 1 卷，第 64－66 页。

Сергеев А.Л., Александров А.В. Этнические контакты и процессы хозяйственно-культурной адаптации на юге Дальнего Востока СССР в древности и средние века: (К постановке вопроса) // Историко-культурные контакты народов алтайской языковой общности: Тез. докл. XXIX сес. постоян. междунар. алтайск. конф. — М., 1986. — Ч. 1. — С. 64－66.

2272. **Г.Л. 西兰季耶夫**：《关于滨海地区古代石铲的用途问题》//《苏联远东的最新的考古学研究》，符拉迪沃斯托克，1976 年，第 48－51 页。

Силантьев Г.Л. К вопросу о назначении древних каменных мотыг Приморья // Новейшие археологические исследования на Дальнем Востоке СССР. — Владивосток, 1976. — С. 48－51.

2273.《来自古老遗存地点的信息》//《俄罗斯地理学会符拉迪沃斯托克分部南部方志学小组工作》，符拉迪沃斯托克，1928 年，第 2 集，第 29－30 页。

Сообщения с мест о памятниках старины // Работы кружка юных краеведов при Владивостокском отделе РГО. — Владивосток, 1928. — Вып. 2. — С. 29－30.

2274. **А.Б. 斯佩瓦科夫斯基**：《关于阿穆尔河沿岸 － 滨海地区、日本列岛新石器文化的相互关系问题》//《西伯利亚古代文化与其毗邻地区文化的关系》，新西伯利亚，1975 年，第 172－178 页。

Спеваковский А.Б. К вопросу о взаимоотношении неолитических культур Приамурья – Приморья и Японских островов // Соотношение древних культур Сибири с культурами сопредельных территорий. — Новосибирск, 1975. — С. 172－178.

2275. **Н.Е. 斯比热沃伊**：《关于阿穆尔河下游地区具有阿尔丹－勒拿风貌陶器遗存的新资料》//《1993 年考古发现》，莫斯科，1994 年，第 185 页。

Спижевой Н.Е. О новом памятнике с керамикой Алданско-Ленского облика на Нижнем Амуре // АО, 1993. — М., 1994. — С. 185.

2276. **Н.Е. 斯比热沃伊**：《关于阿穆尔河下游地区具有阿尔丹－勒拿风貌陶器遗存的新资料》//《"远东专业学者代表大会"·历史学、方志学学术汇报会·纪念哈巴罗夫斯克方志博物馆成立 100 周年会议资料》，哈巴罗夫斯克，1994 年，第 2 卷，第 25－28 页。

Спижевой Н.Е. О новом памятнике с керамикой алданско-ленского облика на Нижнем Амуре // 《Съезд сведущих людей Дальнего Востока》: Науч. – практ. ист. – краевед. конф., посвящ. 100-летию Хабаровского краевед. музея: Материалы конф. — Хабаровск, 1994. — Т. II. — С. 25－28.

2277. **Н.Е. 斯比热沃伊**：《哈巴罗夫斯克边疆区尼古拉耶夫斯克地区新的考古遗存》//《萨哈林州方志博物馆通报》，1999 年 6 期，第 219－226 页。

Спижевой Н.Е. Новые археологические памятники в Николаевском районе Хабаровского края // Вестн. / Сахал. обл. краевед музей. — 1999. — № 6. — С. 219－226.

2278. **С.В. 斯图济茨卡娅**：《滨海地区、东西伯利亚陶器上人的图画》//《西西伯利亚民族文化现象》，托木斯克，1978 年，第 97－104 页。

Студзицкая С.В. Изображения человека на сосудах из Приморья и Восточной Сибири // Этнокультурные явления в Западной Сибири. — Томск, 1978. — С. 97－104.

2279. **孙进已、艾生武、庄严**：《渤海人的民族起源》//《远东的历史学与考古学·纪念 Э.В. 沙弗库诺夫 70 周岁》，符拉迪沃斯托克，2000 年，第 107－115 页。

Сунь Цзиньцзи, Ай Шэньу, Чжуан Янь. Этническое происхождение бохайцев // История и археология Дальнего Востока. К 70-летию Э.В. Шавкунова. — Владивосток, 2000. — С. 107－115.

2280. **Е.П. 瑟切夫斯基、Б.С. 萨布诺夫**：《历史概要》//《阿穆尔州（自然、经济、文化、历史）》，布拉戈维申斯克，1974 年，第 357－459 页。

Сычевский Е.П., Сапунов Б.С. Исторический очерк // Амурская область (природа, экономика, культура, история). — Благовещенск, 1974. — С. 357－459.

2281. **А.В. 塔巴列夫**：《石器时代的燧石片与装饰石、矿物的开发问题》//《第 6 次纪念阿尔谢尼耶夫报告会·历史学、考古学、方志学问题区域性学术会议报告、议程纲要》，乌苏里斯克，1992 年，第 206－208 页。

Табарев А.В. Кремневая пластика и проблема освоения декоративных пород и минералов в каменном веке // VI Арсеньевские чтения: Тез. докл. и сообщ. регион. науч. конф. по пробл. истории, археологии и краеведения. — Уссурийск, 1992. — С. 206－208.

2282. **А.В. 塔巴列夫**：《古代宝石雕刻的虎形象与远东原始森林地区虎祭祀的起源》//《文化起源

问题与文化遗产·会议报告纲要》，圣彼得堡，1993 年，第 2 卷，第 67－72 页。

Табарев А.В. Образ тигра в палеоглиптике и истоки его культа в таежной зоне Дальнего Востока // Проблемы культурогенеза и культурное наследие: Тез. докл. конф. — СПб, 1993. — Ч. 2. — С. 67－72.

2283．А.В. 塔巴列夫：《远东地区新石器时代的宝石雕刻术与海豹——圣母的神话》//《远东第 3 次青年历史学者会议》，符拉迪沃斯托克，1994 年，第 9－11 页。

Табарев А.В. Палеоглиптика неолита и миф о нерпе — владычище моря на Дальнем Востоке // Третья Дальневост. конф. молодых историков. — Владивосток, 1994. — С. 9－11.

2284．А.В. 塔巴列夫：《滨海地区东部调查》//《1993 年考古发现》，莫斯科，1994 年，第 186－187 页。

Табарев А.В. Разведки в Восточном Приморье // АО, 1993. — М., 1994. — С. 186－187.

2285．А.В. 塔巴列夫：《远东最古老的动物雕塑与民族神奇故事中的角色》//《西伯利亚的土著：消逝的语言与文化的研究问题国际学术会议纲要》，新西伯利亚，1995 年，第 2 卷：《考古学、民族学》，第 49－51 页。

Табарев А.В. Древнейшие скульптуры животных и персонажи волшебных сказок народов Дальнего Востока // Аборигены Сибири: проблемы изучения исчезающих языков и культур: Тез. междунар. науч. конф. — Новосибирск, 1995. — Т. 2: Археология. Этнография. — С.49－51.

2286．А.В. 塔巴列夫：《远东地区新石器时代的宝石雕刻术与海豹——圣母的神话》//《西伯利亚、美洲民族的文化传统：继承性与生态学（综合研究的视野）》，赤塔，1995 年，第 112－113 页。

Табарев А.В. Палеоглиптика неолита и миф о Нерпе － владычище моря на Дальнем Востоке // Культурные традиции народов Сибири и Америки: преемственность и экология (горизонты комплексного изучения). — Чита, 1995. — С. 112－113.

2287．А.В. 塔巴列夫：《远东早期全新世时期工业的装饰性元素：阐释问题》//《东亚、北美洲的旧石器晚期至新石器早期·国际会议资料》，符拉迪沃斯托克，1996 年，第 213－218 页。

Табарев А.В. Декоративные элементы в раннеголоценовых индустриях Дальнего Востока: проблема интерпретации // Поздний палеолит — ранний неолит Восточной Азии и Северной Америки (материалы междунар. конф.). — Владивосток, 1996. — С. 213－218.

2288．А.В. 塔巴列夫：《追寻玉髓虎（考古学专论）》//《太平洋文化的古代艺术》，符拉迪沃斯托克，1996 年，第 51－72 页（《太平洋考古学》，第 9 集）。

Табарев А.В. По следу халцедонового тигра (археологический этюд) // Древнее искусство тихоокеанских культур. — Владивосток, 1996. — С. 51－72. — (Тихоокеан. археология; Вып. 9).

2289．А.В. 塔巴列夫：《远东地区的虎祭祀》//《1997 年社会文化考察》，新西伯利亚，1997 年，第 96－106 页。

Табарев А.В. Культ тигра на Дальнем Востоке // Социокультурные исследования 1997. — Новосибирск, 1997. — С. 96－106.

2290．А.В. 塔巴列夫：《古代滨海地区黑曜石之路》//《西伯利亚及其毗邻地区考古学、民族学、人类学问题·1997 年 12 月俄罗斯科学院西伯利亚分院考古与民族研究所第 5 次总结年会暨纪念俄罗斯科学院西伯利亚分院成立 40 周年、俄罗斯科学院西伯利亚分院历史·语文·哲学研究所成立 30 周年会议资料》，新西伯利亚，1997 年，第 3 卷，第 128－131 页。

Табарев А.В. Обсидиановые пути древнего Приморья // Проблемы археологии, этнографии, антропологии Сибири и сопредельных территорий: Материалы V Годовой итог. сес. Ин-та археологии и этнографии СО РАН, посвящ. 40-летию Сиб. отд－ния РАН и 30-летию Ин-та истории, филологии и философии СО РАН. Дек. 1997 г. — Новосибирск, 1997. — Т. III. — С. 128－131.

2291．**A.B. 塔巴列夫**：《俄罗斯远东、太平洋地区区域考古学相互关系的远景》//《北亚及其毗邻地区境内更新世时期的古生态学、石器时代文化·国际会议资料》，新西伯利亚，1998 年，第 2 卷，第 189－194 页。

Табарев А.В. Дальний Восток России и перспективы региональных археологических корреляций в Пасифике // Палеоэкология плейстоцена и культуры каменного века Северной Азии и сопредельных территорий (Материалы междунар. симп.). — Новосибирск, 1998. — Т. 2. — С. 189－194.

2292．**A.B. 塔巴列夫、A.A. 克鲁皮扬科、C.B. 罗日科夫**：《1999 年滨海地区东部沿海岸区域考古考察》//《西伯利亚及其毗邻地区考古学、民族学、人类学问题·俄罗斯科学院西伯利亚分院考古与民族研究所第 7 次总结年会报告·1999 年 12 月》，新西伯利亚，1999 年，第 5 卷，第 199－202 页。

Табарев А.В.，Крупянко А.А.，Рожков С.В. Археологические исследования в прибрежной части Восточного Приморья в 1999 г. // Проблемы археологии, этнографии, антропологии Сибири и сопредельных территорий: Материалы VII Годовой итог. сес. Ин-та археологии и этнографии СО РАН. Дек. 1999 г. — Новосибирск, 1999. — Т. V. — С. 199－202.

2293．**A.B. 塔巴列夫、A.A. 克鲁皮扬科、A.H. 波波夫**：《处于过渡状态时期的太平洋：更新世末期至全新世早期生态环境的开发问题》//《古代、当今社会的生态学·1999 年 11 月 18－19 日纪念俄罗斯科学院成立 275 周年会议报告纲要》，1999 年，秋明，第 98－100 页。

Табарев А.В.，Крупянко А.А.，Попов А.Н. Маргинальная Пасифика: проблема освоения экологических ниш в финальном плейстоцене — раннем голоцене // Экология древних и современных обществ: Тез. докл. конф., посвящ. 275－летию РАН 18－19 нояб. 1999 г. — Тюмень, 1999. — С. 98－100.

2294．**A.B. 塔巴列夫**：《猫科猛兽神话创作中的矿物》//《历史学与矿物哲学·会议报告纲要》，瑟克特夫卡尔，1999 年，第 119 页。

Табарев А.В. Минералы в мифологической атрибутике кошачьих хищников // История и философия минералогии: Тез. докл. конф. — Сыктывкар, 1999. — С. 119.

2295．**A.B. 塔巴列夫、A.A. 克鲁皮扬科、C.B. 罗日科夫**：《2000 年滨海地区东部石器时代、古金属时代遗存考察》//《西伯利亚及其毗邻地区考古学、民族学、人类学问题·2000 年 12 月俄罗斯科学院西伯利亚分院考古与民族研究所周年纪念年会资料》，新西伯利亚，2000 年，第 6 卷，第 197－199 页。

Табарев А.В.，Крупянко А.А.，Рожков С.В. Исследования памятников каменного века и палеометалла в Восточном Приморье в 2000 г. // Проблемы археологии, этнографии, антропологии Сибири и сопредельных территорий: Материалы Годовой юбилейной сес. Ин-та археологии и этнографии СО РАН, дек. 2000 г. — Новосибирск, 2000. — Т. VI. — С.197－199.

2296．**A.B. 塔巴列夫**：《关于北太平洋古老渔猎祭祀的起源》//《考古学、民族学研究的一体化》，符拉迪沃斯托克、鄂木斯克，2000 年，第 201－202 页。

Табарев А.В. О происхождении древнейших промысловых культов Северной Пасифики // Интеграция археологических и этнографических исследований. — Владивосток; Омск, 2000. — С. 201－202.

2297．**A.B. 塔巴列夫**：《关于欧亚大陆、北美地区熊祭祀的早期证据》//《西伯利亚民族：历史与文化，西伯利亚古代、现代文化中的熊》，新西伯利亚，2000 年，第 10－14 页。

Табарев А.В. О ранних свидетельствах существования культа медведя в Евразии и Северной Америке // Народы Сибири: история и культура. Медведь в древних и современных культурах Сибири. — Новосибирск, 2000. — С. 10－14.

2298．**B.A. 塔塔尔尼科夫**：《兴凯湖西南部沿岸地区的考古遗存》//《苏联远东的最新的考古学研究》，符拉迪沃斯托克，1976 年，第 38－44 页。

Татарников В.А. Археологические памятники юго-западного побережья оз. Ханка // Новейшие археологические исследования на Дальнем Востоке СССР. — Владивосток, 1976. — С. 38－44.

2299．**B.A. 塔塔尔尼科夫**：《滨海地区东北部新的遗存》//《1978 年考古发现》，莫斯科，1979 年，第 275－276 页。

Татарников В.А. Новые памятники Северо-Восточного Приморья // АО, 1978. — М., 1979. — С. 275－276.

2300．**B.A. 塔塔尔尼科夫**：《滨海地区东北部遗存考察》//《1979 年考古发现》，莫斯科，1980 年，第 238 页。

Татарников В.А. Исследование памятников Северо-Восточного Приморья // АО, 1979. — М., 1980. — С. 238.

2301．**B.A. 塔塔尔尼科夫**：《滨海地区的洞穴考古遗存》//《远东、西伯利亚的喀斯特》，符拉迪沃斯托克，1980 年，第 146－153 页。

Татарников В.А. Пещерные археологические памятники Приморья // Карст Дальнего Востока и Сибири. — Владивосток, 1980. — С. 146－153.

2302．**B.A. 塔塔尔尼科夫**：《（滨海地区）波西耶特洞穴、鬼门洞洞穴的考古发现》//《洞穴》，彼尔姆，1981 年，第 18 集，第 104－108 页。

Татарников В.А. Археологические находки в пещерах Посьетская и Чертовы Ворота ［в Приморье］ // Пещеры. — (Пермь), 1981. — ［Вып. 18］. — С. 104－108.

2303．**B.A. 塔塔尔尼科夫**：《滨海地区东北部、乌苏里江流域考察》//《1980 年考古发现》，莫斯科，1981 年，第 215－216 页。

Татарников В.А. Исследования в Северо-Восточном Приморье и на р. Уссури // АО, 1980. — М., 1981. — С. 215－216.

2304．**B.A. 塔塔尔尼科夫**：《沃多拉兹杰利纳亚遗址－滨海地区东北部新的考古遗存》//《苏联远东考古学资料》，符拉迪沃斯托克，1981 年，第 43－50 页。

Татарников В.А. Стоянка Водораздельная — новый археологический памятник Северо-Восточного

Приморья // Материалы по археологии Дальнего Востока СССР. — Владивосток, 1981. — C. 43 – 50.

2305．В.А. 塔塔尔尼科夫：《滨海地区东北部的考古遗存（根据 1984 年调查成果》//《1985 年 10 月 17－19 日纪念阿尔谢尼耶夫报告会·关于历史学、考古学、民族学、方志学问题区域会议报告纲要》，乌苏里斯克，1985 年，第 73－75 页。

Татарников В.А. Археологические памятники Северо-Восточного Приморья（по результатам разведки 1984 г.）// Арсеньевские чтения: Тез. докл. регион. конф. по пробл. истории, археологии, этнографии и краеведения, 17－19 окт. 1985 г. — Уссурийск, 1985. — C. 73－75.

2306．В.А. 塔塔尔尼科夫：《（滨海地区）阿姆古河的古代矿井》//《1985 年 10 月 17－19 日纪念阿尔谢尼耶夫报告会·关于历史学、考古学、民族学、方志学问题区域会议报告纲要》，乌苏里斯克，1985 年，第 91－93 页。

Татарников В.А. Древние шахты р. Амгу [в Приморье] // Арсеньевские чтения: Тез. докл. регион конф. по пробл. истории, археологии, этнографии и краеведения, 17－19 окт. 1985 г. — Уссурийск, 1985. — C. 91－93.

2307．В.А. 塔塔尔尼科夫：《远东洞穴的考古考察及其自然保护区划》//《与地域开发相联的喀斯特分级统计图的绘制与区域划分·1986 年 4 月 15－18 日第 4 次全苏喀斯特洞穴学者会议报告纲要》，符拉迪沃斯托克，1986 年，第 162－163 页。

Татарников В.А. Археологические исследования в пещерах Дальнего Востока и их природоохранное районирование // Картографирование и районирование карста в связи с освоением территорий: (Тез. докл. IV Всесоюз. карст.－спелеолог. совещ. 15－18 апр. 1986 г.). — Владивосток, 1986. — C. 162－163.

2308．В.А. 塔塔尔尼科夫：《滨海地区沿海岸的考古遗存（根据远东方志博物馆考察团成果)》//《俄罗斯远东地区考古考察》，俄罗斯科学院远东分院历史·考古·民族研究所，预印本，符拉迪沃斯托克，1993 年，第 6－8 页。

Татарников В.А. Археологические памятники морского побережья Приморья（по результатам экспедиций Дальнегорского краевед. музея）// Археологические исследования на Дальнем Востоке России / РАН. ДВО. ИИАЭ. — Препр. — Владивосток, 1993. — C. 6－8.

2309．Е.И. 季莫费耶夫：《1959－1960 年犹太自治州境内考古遗存考察的某些总结》//《哈巴罗夫斯克国立师范学院第 8 次学术会议·内容简介、报告纲要》，哈巴罗夫斯克，1961 年，第 62－64 页。

Тимофеев Е.И. Некоторые итоги исследований археологических памятников на территории Еврейской автономной области в 1959－1960 гг. // 8－я науч. конф. / Хабар. гос. пед. ин-т: Крат. содерж. и тез. докл. — Хабаровск, 1961. — C. 62－64.

2310．В.И. 图托卢科夫：《阿穆尔州奥念小溪岩画》//《苏联科学院民族研究所简讯》，1959 年，第 93 集，第 123－124 页。

Туголуков В.И. Писаницы с ключа Онен Амурской области // КСИЭ. — 1959. — Вып. 93. — C. 123－124

2311．В. 图托卢科夫：《（阿穆尔州）杰尔图拉克地区岩画》//《苏联科学院民族研究所简讯》，1963 年，第 38 集，第 82－89 页。

Туголуков В. Джелтулакские писаницы [в Амурской области] // КСИЭ. — 1963. — Вып. 38. —

C. 82 – 89.

2312. **А.З. 费多罗夫**：《绥芬河沿岸"熊脸"洞穴里的浮雕》// 《俄罗斯地理学会阿穆尔河沿岸分会南乌苏里斯克分部通报》，1928 年 14 期，第 2 – 4 页。

Федоров А.З. Горельефы в пещере 《Медвежьих щек》 по реке Суйфун // ИЮж – УсПОРГО. — 1928. — № 14. — С. 2 – 4.

2313. **郝庆云**：《靺鞨及其物质文化的地方性变体》// 《东亚的传统文化：考古学与文化人类学》，布拉戈维申斯克，1995 年，第 101 – 105、241 – 243 页。

Хао Циньюнь. Мохэ и локальные варианты их материальной культуры // Традиционная культура востока Азии. Археология и культурная антропология. — Благовещенск, 1995. — С. 101 – 105, 241 – 243 [ил.].

2314. 《哈巴罗夫斯克博物馆·指南》，哈巴罗夫斯克，1928 年，31 页。

Хабаровский музей: [Путеводитель]. — Хабаровск, 1928. — 31 с.

2315. 《哈巴罗夫斯克方志博物馆·指南》，哈巴罗夫斯克，图书出版社，1960 年，52 页。

Хабаровский краеведческий музей: [Путеводитель]. — Хабаровск: Кн. изд – во, 1960. — 52 с.

2316. **Н.Г. 哈尔拉莫夫**：《"加利布"废墟：萨卡奇 – 阿梁岩画，不同时代遗物的发现》// 《物质文化史问题》，1933 年 1 – 2 期合刊，第 42 – 44 页。

Харламов Н.Г. Руины 《Гальбу》: [Петроглифы Сакачи – Аляна, находки разновременных вещей] // ПИМК. — 1933. — № 1 – 2. — С. 42 – 44.

2317. **Н.Н. 克拉金、Н.А. 克柳耶夫、Ю.Г. 尼基京、В.А. 图拉耶夫**：《滨海地区北部居民经济的历史回顾》// 《考古学、民族学研究的一体化》，鄂木斯克，1999 年，第 181 – 185 页。

Хозяйство населения Северного Приморья в исторической ретроспективе / **Н.Н. Крадин, Н.А. Клюев, Ю.Г. Никитин, В.А. Тураев** // Интеграция археологических и этнографических исследований. — Омск, 1999. — С. 181 – 185.

2318. **В.А. 霍列夫**：《滨海边疆区考古遗存》，符拉迪沃斯托克，远东图书出版社，1978 年，72 页。

Хорев В.А. Археологические памятники Приморского края. — Владивосток: Дальневост. кн. изд – во, 1978. — 72 с.

2319. **В.А. 霍列夫**：《考古遗存》// 《滨海边疆区历史、文化遗存》，符拉迪沃斯托克，1982 年，第 183 – 244 页，

Хорев В.А. Памятники археологии // Памятники истории и культуры Приморского края: (Аннот. список). — Владивосток, 1982. — С. 183 – 244.

2320. **张钧**：《渤海文化发展的特点》// 《俄罗斯远东地区中世纪研究》，符拉迪沃斯托克，1994 年，第 57 – 68 页。

Чжань Цзюнь. Особенности развития культуры Бохая // Медиевистские исследования на Дальнем Востоке России. — Владивосток, 1994. — С. 57 – 68.

2321. **郑英德**：《室韦地理的新考察》// 《俄罗斯远东地区中世纪研究》，符拉迪沃斯托克，1994 年，第 115 – 128 页。

Чжэн Индэ. Новые исследования географии шивей // Медиевистские исследования на Дальнем

Востоке России. — Владивосток, 1994. — С. 115 – 128.

2322．Е.В. 丘帕希娜、Ю.В. 克鲁武利亚：《（滨海边疆区）米哈伊洛夫卡地区新的考古遗存》//《滨海地区方志学问题·1987 年 3 月 23 – 27 日学术汇报会报告纲要》，乌苏里斯克，1987 年，第 64 – 66 页。

Чупахина Е.В., Кривуля Ю.В. Новые археологические памятники Михайловского района [Приморского края] // Проблемы краеведения Приморья: Тез. докл. науч. – практ. конф., 23 – 27 марта 1987 г. — Уссурийск, 1987. — С. 64 – 66.

2323．Э.В. 沙弗库诺夫：《古代、中世纪时代》//《滨海边疆区》，К.А. 阿达姆奇克、Д.Г. 阿尼斯特拉坚科、П.А. 安托欣等编著，符拉迪沃斯托克，1958 年，第 65 – 67 页。

Шавкунов Э.В. Древний период и средневековье // Приморский край / К.А. Адамчик, Д.Г. Анистратенко, П.А. Антохин и др. — Владивосток, 1958. — С. 65 – 67.

2324．Э.В. 沙弗库诺夫：《公元 1 – 3 世纪时期的滨海地区及其毗邻的东北、北朝鲜地区》//《苏联科学院西伯利亚分院远东分部历史类著述》，1959 年，第 1 卷，第 37 – 74 页。

Шавкунов Э.В. Приморье и соседние с ним районы Дунбэя и Северной Кореи в I – III вв. н.э. // Тр. / АН СССР. СО. ДВФ. Сер. ист. — 1959. — Т. 1. — С. 37 – 74.

2325．Э.В. 沙弗库诺夫：《1 – 11 世纪的滨海地区及其毗邻的远东地区》//《苏联科学院西伯利亚分院远东分部 1960 年学术研究总结会议报告纲要》，符拉迪沃斯托克，1961 年，第 46 – 47 页。

Шавкунов Э.В. Приморье и смежные с ним районы Дальнего Востока в I – XI вв. // Тез. докл. на сес. совета Дальневост. фил. СО АН СССР по итогам науч. исслед. 1960 г. — Владивосток, 1961. — С. 46 – 47.

2326．Э.В. 沙弗库诺夫：《渤海国及其在滨海地区的文化遗存》，历史学副博士论文作者文摘，新西伯利亚国立大学，新西伯利亚，1962 年，18 页。

Шавкунов Э.В. Государство Бохай и памятники его культуры в Приморье: Автореф. дис. ... канд. ист. наук / НГУ. — Новосибирск, 1962. — 18 с.

2327．Э.В. 沙弗库诺夫、А.П. 杰列维扬科：《公元 1 千纪后半期（渤海国成立以前）苏联远东的民族》//《古代的西伯利亚（1 卷本〈西伯利亚史〉）》，Ж.В. 安德列耶娃、З.Я. 博亚尔希诺娃、Э.А. 万盖盖姆等编，乌兰乌德，1964 年，第 553 – 565 页。

Шавкунов Э.В., Деревянко А.П. Народы советского Дальнего Востока во второй половине I тысячелетия н.э. (до образования государства Бохай) // Древняя Сибирь: (Макет 1 тома «Истории Сибири») / Ж.В. Андреева, З.Я. Бояршинова, Э.А. Вангейгейм и др. — Улан-Удэ, 1964. — С. 553 – 565.

2328．Э.В. 沙弗库诺夫：《渤海国及其在滨海地区的文化遗存》，列宁格勒，科学出版社，1968 年，128 页。

Шавкунов Э.В. Государство Бохай и памятники его культуры в Приморье. — Л.: Наука, 1968. — 128 с.

2329．Э.В. 沙弗库诺夫、А.П. 杰列维扬科：《渤海国成立以前的靺鞨部落》//《古今西伯利亚史》（5 卷本），Ж.В. 安德列耶娃、З.Я. 博亚尔希诺娃、Э.Б. 瓦列茨卡娅等编著，列宁格勒，1968 年，第 1

卷:《古代的西伯利亚》，第 307－313 页。

Шавкунов Э.В., Деревянко А.П. Мохэские племена до образования государства Бохай // История Сибири с древнейших времен до наших дней: В 5 т. /**Ж.В. Андреева, З.Я. Бояршинова, Э.Б. Вадецкая** и др. — Л., 1968. — Т. 1: Древняя Сибирь. — С. 307－313.

2330．**Э.В. 沙弗库诺夫**：《女真－兀的改文化与远东通古斯语民族的起源问题》，历史学博士作者文摘，苏联科学院远东科学中心主席团专家委员会，符拉迪沃斯托克，1984 年，46 页。

Шавкунов Э.В. Культура чжурчжэней － удигэ и проблема происхождения тунгусоязычных народов Дальнего Востока: Автореф. дис. ··· д-ра ист. наук / АН СССР. ДВНЦ. Президиум. Спец. совет. — Владивосток, 1984. — 46 с.

2331．**Э.В. 沙弗库诺夫**：《渤海国及其在滨海边疆区的文化遗存》//《民族史译文集》，1985 年 13 期，第 9－100 页，中文。

Шавкунов Э.В. Государство Бохай и памятники его культуры в Приморском крае // Сборник переводных работ по истории этносов. — Б.м., 1985. — № 13. — С. 9－100. — Кит. яз.

2332．**Э.В. 沙弗库诺夫**：《日本奈茨盖（нэцкэ——日本的一种传统坠饰，译者）的西伯利亚根源》//《1984 年纪念列里哈报告会·Н.К. 列里哈 100 周年、С.Н. 列里哈 80 周年·会议资料》，新西伯利亚，1986 年，第 272－278 页。

Шавкунов Э.В. Сибирские корни японских нэцке // Рериховские чтения 1984 г.: К 100-летию Н.К. Рериха и 80-летию С.Н. Рериха: Материалы конф. — Новосибирск, 1985. — С. 272－278.

2333．**Э.В. 沙弗库诺夫**：《斯基泰、印度－伊朗镜子上的女神以及远东的相同现象》//《"原始社会的宗教观念"会议报告纲要》，莫斯科，1987 年，第 212－215 页。

Шавкунов Э.В. Скифские и индоиранские богини с зеркалами и их дальневосточные параллели // Конференция «Религиозные представления в первобытном обществе»: Тез. докл. — М., 1987. — С. 212－215.

2334．**Э.В. 沙弗库诺夫**：《丝绸之路与索格狄亚那人的貂皮之路》//《古代、中世纪时代丝绸之路路线在中央亚细亚地区的形成与发展·联合国教科文组织国际会议报告纲要·1990 年 10 月 1－6 日·撒马尔罕》，塔什干，1990 年，第 73－76 页。

Шавкунов Э.В. Великий шелковый путь и Соболья дорога согдийцев // Формирование и развитие трасс Великого шелкового пути в Центральной Азии в древности и средневековье: Тез. докл. междунар. семинара ЮНЕСКО, Самарканд, 1－6 окт. 1990 г. — Ташкент, 1990. — С. 73－76.

2335．**Э.В. 沙弗库诺夫**：《古代的金属镜：术语、利用、分类与断代问题》//《远东中世纪考古学问题：文化的起源、分期、断代》，符拉迪沃斯托克，1990 年，第 92－108 页。

Шавкунов Э.В. Древние металлические зеркала: терминология, использование, классификация и проблема датировки // Проблемы средневековой археологии Дальнего Востока: Происхождение, периодизация, датировка культур. — Владивосток, 1990. — С. 92－108

2336．**Э.В. 沙弗库诺夫**：《古代、中世纪时代宗教魔法仪式中的镜子》，俄罗斯科学院远东分院历史·考古·民族研究所，预印本，符拉迪沃斯托克，1990 年，38 页。

Шавкунов Э.В. Зеркала в магико-религиозных обрядах в древности и средневековье / АН СССР.

ДВО. ИИАЭ. — Препр. — Владивосток, 1990. — 38 с.

2337. **Э.В. 沙弗库诺夫**：《金代城址出土的镜子》//《俄罗斯科学院远东分院院刊》，1990 年 1 期，第 156－158 页。

Шавкунов Э.В. Зеркала из Золотого города // Вестн. ДВО АН СССР. — 1990. — No 1. — С. 156－158.

2338. **Э.В. 沙弗库诺夫**：《12－13 世纪女真－兀的改文化及其远东通古斯民族的起源问题》，莫斯科，科学出版社，1990 年，282 页。

Шавкунов Э.В. Культура чжурчжэней － удигэ XII — XIII вв. и проблема происхождения тунгусских народов Дальнего Востока. — М.: Наука. Гл. ред. вост. лит., 1990. — 282 с.

2339. **Э.В. 沙弗库诺夫**：《奈茨盖：从斯基泰到太平洋》//《俄罗斯科学院远东分院院刊》，1990 年 4 期，第 157－159 页。

Шавкунов Э.В. Нэцкэ — от Скифии до Тихого океана // Вестн. ДВО АН СССР. — 1990. — No 4. — С. 157－159.

2340. **Э.В. 沙弗库诺夫**：《肃慎－最初的虾夷人：问题的提出》，俄罗斯科学院远东分院历史·考古·民族研究所，预印本，符拉迪沃斯托克，1990 年，26 页。

Шавкунов Э.В. Сушэни — праайны: (К постановке проблемы) / АН СССР. ДВО. ИИАЭ. — Препр. — Владивосток, 1990. — 26 с.

2341. **Э.В. 沙弗库诺夫**：《貂皮之路——东北亚地区的贸易之路》//《从北部——黑龙江省、滨海边疆区、萨哈林、北海道探寻文化之路》，札幌，1991 年，第 33 页，日文。

Шавкунов Э.В. Соболья дорога — торговая трасса на северо-востоке Азии // Поиски пути культур с севера — провинция Хэйлунцзян, Приморский край, Сахалин, Хоккайдо. — Саппоро, 1991. — С. 33. — Яп. яз.

2342. **Э.В. 沙弗库诺夫**：《索格狄亚那人的貂皮之路》//《俄罗斯与亚洲太平洋地区》，1992 年，第 60－66 页。

Шавкунов Э.В. Соболья дорога согдийцев // Россия и АТР. — 1992. — С. 60－66.

2343. **Э.В. 沙弗库诺夫**：《12 世纪、13 世纪前三十余年中亚与滨海地区民族之间沿着貂皮之路进行商贸交流的新资料》//《关于 1991 年 "北部历史和文化交流研究项目" 的初步报告》，札幌，1992 年，第 51－60 页。

Shavkunov E.V. New Data to Commercial and Business Intercourse between Peoples of Middle Asia and Peoples of Primorye Area along the Sable Road during the Twelfth Century and the First Third of the Thirteenth Century // Preliminary Reports on 《Research Project of the Historical and Cultural Exchange of the North》 in 1991. — Sapporo, 1992. — P. 51－60.

2344. **Э.В. 沙弗库诺夫**：《古代镜子的奥秘》，符拉迪沃斯托克：远东快报，1993 年，52 页。

Шавкунов Э.В. Тайны древних зеркал. — Владивосток: Дальпресс, 1993. — 52 с.

2345. **Э.В. 沙弗库诺夫**：《东北亚人历史中的粟特人貂皮之路》//《关于 1992 年 "北部历史和文化交流研究项目" 的初步报告》，札幌，1993 年，第 93－100 页，日文。

Shavkunov E.V. The Sogdian Sable Road in the History of the North － Eastern Asian People // Preliminary Reports on 《Research Project of the Historical and Cultural Exchange of the North》 in 1992. — Sapporo, 1993. — P. 93 – 100. —Яп. яз.

2346. **Э.В. 沙弗库诺夫**：《粟特人的貂皮之路》//《俄罗斯与太平洋：文摘》，符拉迪沃斯托克，1994 年，第 78－84 页。

Shavkunov E.V. The Sogdians' Sable Way // Russia and the Pacific: Digest. — Vladivostok, 1994. — P. 78 – 84.

2347. **Э.В. 沙弗库诺夫**：《东亚民族史中的渤海》//《俄罗斯科学院远东分院院刊》，1995 年 4 期，第 115－124 页。

Шавкунов Э.В. Бохай в судьбах народов Восточной Азии // Вестн. ДВО РАН. — 1995. — № 4. — C. 115 – 124.

2348. **Э.В. 沙弗库诺夫**：《论貂皮之路的东北支线问题》//《俄罗斯科学院远东分院院刊》，1995 年 4 期，第 124－127 页。

Шавкунов Э.В. К вопросу о северо-восточном ответвлении Соболией дороги // Вестн. ДВО РАН. — 1995. — № 4. — C. 124 – 127.

2349. **Э.В. 沙弗库诺夫**：《渤海国与中世纪的朝鲜》//《俄罗斯与亚洲太平洋地区》，1997 年 2 期，第 44－48 页。

Шавкунов Э.В. Государство Бохай и средневековая Корея // Россия и АТР. — 1997. — № 2. — C. 44 – 48.

2350. **Э.В. 沙弗库诺夫**：《民族史中的索格狄亚那人貂皮之路》//《东亚的古代文化》，东京，1998 年，第 139－149 页，日文。

Шавкунов Э.В. Соболья дорога согдийцев в истории народов // Древние культуры Восточной Азии. — Токио, 1998. — C. 139 – 149. — Яп. яз.

2351. **И.Я. 舍夫库穆德**：《1990 年哈巴罗夫斯克边疆区乌利奇斯基地区考古调查总结》//《西伯利亚、远东的考古学、民族学问题·纪念 Н.К. 奥埃尔巴哈诞辰 100 周年暨区域性大学生考古会议报告简介》，克拉斯诺亚尔斯克，1991 年，第 1 卷，第 81－85 页。

Шевкомуд И.Я. Итоги археологической разведки в Ульчском районе Хабаровского края в 1990 г. // Проблемы археологии и этнографии Сибири и Дальнего Востока: Посвящ. 100-летию Н.К. Ауэрбаха: Крат. содерж. докл. РАСК. — Красноярск, 1991. — Т. 3. — C. 81 – 85.

2352. **И.Я. 舍夫库穆德**：《（哈巴罗夫斯克边疆区）阿姆古尼河地区新石器时代、古金属时代遗址地形学的某些观察》//《远东第 1 次青年历史学者会议》，符拉迪沃斯托克，1991 年，第 19－20 页。

Шевкомуд И.Я. Некоторые наблюдения по топографии поселений эпохи неолита и палеометалла на р. Амгуни (Хабаровский край) // Первая дальневост. конф. молодых историков. — Владивосток, 1991. — C. 19 – 20.

2353. **И.Я. 舍夫库穆德**：《科利切姆 3 号遗址——阿穆尔河下游新的多层遗址》//《远东及其毗邻地区的民族文化史问题》，布拉戈维申斯克，1993 年，第 12－23 页。

Шевкомуд И.Я. Кольчем – 3 — новый многослойный памятник Нижнего Амура // Проблемы этнокультурной истории Дальнего Востока и сопредельных территорий. — Благовещенск, 1993. — C.

12－23.

2354. **И.Я. 舍夫库穆德**：《阿姆古尼河地区新的遗存》//《俄罗斯远东考古考察》，俄罗斯科学院远东分院历史·考古·民族研究所，预印本，符拉迪沃斯托克，1993 年，第 14－20、88 页。

Шевкомуд И.Я. Новые памятники на р. Амгуни // Археологические исследования на Дальнем Востоке России / РАН. ДВО. ИИАЭ. — Препр. — Владивосток, 1993. — С. 14－20, 88 ［ил.］.

2355. **И.Я. 舍夫库穆德**：《阿穆尔河下游地区考察》//《1995 年考古发现》，莫斯科，1996 年，第 378－379 页。

Шевкомуд И.Я. Исследования на Нижнем Амуре // АО, 1995. — М., 1996. — С. 378－379.

2356. **И.Я. 舍夫库穆德**：《阿穆尔河下游地区考察》//《1998 年考古发现》，莫斯科，2000 年，第 355－356 页。

Шевкомуд И.Я. Исследования на Нижнем Амуре // АО, 1998. — М., 2000. — С. 355－356.

2357. **А.В. 舍斯塔科夫**：《比拉河谷地考古调查》//《"远东专业学者代表大会"·历史学、方志学学术汇报会·纪念哈巴罗夫斯克方志博物馆成立 100 周年会议资料》，哈巴罗夫斯克，1994 年，第 2 卷，第 31－32 页。

Шестаков А.В. Археологическая разведка в долине р. Бира // 《Съезд сведущих людей Дальнего Востока》: Науч. － практ. ист. － краевед. конф., посвящ. 100-летию Хабаровского краевед. музея: Материалы конф. — Хабаровск, 1994. — Т. II. — С. 31－32.

2358. **А.В. 舍斯塔科夫**：《哈巴罗夫斯克边疆区方志博物馆在哈巴罗夫斯克边疆区比金地区的调查》//《1993 年考古发现》，莫斯科，1994 年，第 193－194 页。

Шестаков А.В. Разведка Хабаровского краевого краеведческого музея в Бикинском районе Хабаровского края // АО, 1993. — М., 1994. — С. 193－194.

2359. **А.В. 舍斯塔科夫**：《哈巴罗夫斯克边疆区比金地区调查》//《1994 年考古发现》，莫斯科，1995 年，第 316 页。

Шестаков А.В. Разведка в Бикинском районе Хабаровского края // АО, 1994. — М., 1995. — С. 316.

2360. **П.В. 什库尔金**：《俄罗斯东方学家学会关于 В.К. 阿尔谢尼耶夫 "考古学：乌苏里斯克边疆区、满洲的古老遗存" 报告公开会议的记录》//《亚洲学报》，1916 年 38－39 期合刊，第 2－3 册，第 340－343 页。

Шкуркин П.В. Протокол публичного заседания Общества русских ориенталистов о сообщении В.К. Арсеньева 《Археология: Памятники старины в Уссурийском крае и Маньчжурии》 // Вестн. Азии. — 1916. — № 38－39, кн. 2－3. — С. 340－343.

2361. **С.И. 埃维列斯托夫**：《西伯利亚、远东地区石器时代、早期青铜时代鱼钩的类型学、分类研究尝试》//《西伯利亚、远东考古学问题与古代文化研究的展望·会议报告纲要》，雅库茨克，1982 年，第 70－73 页。

Эверестов С.И. Опыт типологии и классификации рыболовных крючков каменного века и раннего бронзового века Сибири и Дальнего Востока // Проблемы археологии и перспективы изучения древних культур Сибири и Дальнего Востока: Тез. докл. ［конф.］. — Якутск, 1982. — С. 70－73.

2362. **О.В. 扬希娜**：《滨海地区基辅卡遗址的早期陶器综合体》//《西伯利亚古代理论民族学·1990年 3 月 29－31 日第 30 次大学生区域考古学会议报告纲要》，伊尔库茨克，1990 年，第 195－197 页。

Яншина О.В. Ранний керамический комплекс поселения Киевка в Приморье // Палеоэтнология Сибири: Тез. докл. к XXX регион. археол. студ. конф. 29－31 марта 1990 г. — Иркутск, 1990. — С. 195－197.

2363. **О.В. 扬希娜**：《滨海地区基辅卡遗址早期地层的陶器》//《远东第 4 次青年历史学者会议报告纲要》，符拉迪沃斯托克，1996 年，第 23－31 页。

Яншина О.В. Керамика раннего слоя поселения Киевка в Приморье // Четвертая Дальневост. конф. молодых историков: Докл. и тез. — Владивосток, 1996. — С. 23－31.

2364. **Д. 卡西基、Н. 科诺年科、Ю. 沃斯特列佐夫**：《对俄罗斯远东地区海洋文化演变的调查》，《加州考古学会第 34 次年会摘要》，加州大学滨河分校，2000 年，第 36 页。

Cassidy J., Kononenko N.A., Vostretsov Yu. Investigations into the Evolution of Maritime Cultures in the Russian Far East // Society for California Archaeology. 34th Annual Meeting: Abstracts. — Riverside, 2000. — P. 36.

2365. **弗奥克**：《阿穆尔河下游的勘察》//《美国人类学家》，1906 年，第 8 卷，第 2 期，第 276－297 页。

Fowke. Exploration of Lower Amur Valley: [Итоги работ амер. археол.экспедиции] // American Anthropologist. — 1906. — Vol. VIII, No. 2. — P. 276－297.

2366. **石井淳**：《1998 年科尔沁第 3 号遗址出土陶器》//《阿穆尔项目》，筑波，1999 年，第 21－23 页。

Ishii J. Pottery from Kol'chem 3 Site in 1998 Season // Project Amur. — Tsukuba, 1999. — P. 21－23.

2367. **梶原洋、横山裕平**：《日本海海岸周边地区更新世晚期向全新世早期过渡时期的文化传统》//《东亚、北美的旧石器晚期－新石器早期时代·国际会议资料》，符拉迪沃斯托克，1996 年，第 99－100 页，英文。

Kajiwara H., Yokoyama Y. On the Cultural Tradition at the Transitional Period between the Closing Stage of the Pleistocene and the Opening Stage of the Holocene around the Seaboards of the Japan Sea // Поздний палеолит —ранний неолит Восточной Азии и Северной Америки (материалы междунар.конф.). —Владивосток, 1996. —С. 99－100. —Англ. яз.

2368. **梶原洋、А.В. 科诺年科**：《环境变化下的东北亚早期陶器起源》//《加州考古学会公报》，弗雷斯诺，1999 年，第 12 卷，第 64－79 页，英文。

Kajiwara H., Kononenko A.V. The Origin of Early Pottery in Northeast Asia in the Context of Environmental Change // Proceeding of the Society for California Archaeology. — Fresno, 1999. — Vol. 12. — P. 64－79.

2369. **В. 劳弗**：《阿穆尔岩画》//《美国人类学家》，1899 年，第 1 卷，第 749－750 页。

Laufer B. Petrogliphs on the Amur // American Anthropologist. — 1899. — Vol. 1. — P. 749－750.

2370. **大贯静夫**：《东北亚供暖系统与地面建筑的发展》//《第一届渤海文化国际研讨会文集·纪念渤海建国 1300 周年》，符拉迪沃斯托克，1996 年，第 55－59 页。

Onuki S. The Development of the Heating System and above Ground Dwelling in the North East Asia // The First International Symposium of Bohai Culture（To the 1300 Anniversary of the Foundation of Bohai State）. — Vladivostok, 1996. — P. 55-59.

（2）旧石器时代及其向新石器时代过渡时期
ЭПОХА ПАЛЕОЛИТА И
ПЕРЕХОДНОГО ПЕРИОДА К НЕОЛИТУ

2371. **Ж.В. 安德列耶娃、Г.И. 胡佳科夫**：《泽尔卡利纳亚河流域的旧石器遗存》（滨海地区乌斯季诺夫卡村附近）//《苏联科学院远东科学中心历史·考古·民族研究所文集》1973年，第9卷：《远东史资料·历史学、考古学、民族学、语文学》，第15-32页。

Андреева Ж.В., Худяков Г.И. Палеолитический памятник на реке Зеркальной［в Приморье у д. Устиновки］// Тр. / АН СССР. ДВНЦ. ИИАЭ. — 1973. — Т. 9: Материалы по истории Дальнего Востока（история, археология, этнография, филология）. — С. 15-32.

2372. **А.Н. 巴比奇**：《滨海地区旧石器时代的幌加技术》//《西伯利亚、远东的考古学、民族学问题·纪念 Н.К. 奥埃尔巴哈诞辰100周年暨区域性大学生考古会议报告简介》，克拉斯诺亚尔斯克。1991年，第1卷，第94-95页。

Бабич А.Н. Техника хорока в палеолите Приморья // Проблемы археологии и этнографии Сибири и Дальнего Востока: Посвящ. 100-летию Н.К. Ауэрбаха: Крат. содерж. докл.［регион. археол. студ. конф.］. — Красноярск, 1991. — Т. 1. — С. 94-95.

2373. **Д.Л. 布罗江斯基**：《远东地区中石器时代划分的标准》//《具有历史意义的纪念——М.П. 格里亚兹诺夫报告会·州学术会议报告纲要》，鄂木斯克，1987年，第2卷，第39-41页。

Бродянский Д.Л. Критерии выделения мезолита на Дальнем Востоке // Исторические чтения памяти М.П. Грязнова: Тез. докл. обл. науч. конф. — Омск, 1987. — Ч. 2. — С. 39-41.

2374. **Д.Л. 布罗江斯基、А.В. 加尔科维克、А.А. 克鲁皮扬科**：《滨海地区、阿穆尔河沿岸最古老的艺术品》//《远东古代映像的世界·纪念 А.П. 奥克拉德尼科夫诞辰90周年》，符拉迪沃斯托克，1998年，第5-18页（《太平洋考古学》，第10集）。

Бродянский Д.Л., Гарковик А.В., Крупянко А.А. Древнейшие произведения искусства в Приморье и Приамурье // Мир древних образов на Дальнем Востоке: Девяностолетию светлой памяти А.П. Окладникова посвящ. — Владивосток, 1998. — С. 5-18. —（Тихоокеан. археология; Вып. 10）.

2375. **Р.С. 瓦西里耶夫斯基、В.А. 卡申**：《1980年乌斯季诺夫卡1号多层遗址发掘》//《西伯利亚旧石器时代》，新西伯利亚，1983年，第44-66页。

Васильевский Р.С., Кашин В.А. Раскопки многослойного поселения Устиновка 1 в 1980 г. // Палеолит Сибири. — Новосибирск, 1983. — С. 44-66.

2376. **Р.С. 瓦西里耶夫斯基**：《苏沃罗沃3号遗址及其在远东石器时代的地位》//《北亚、中亚、东亚的石器时代》，新西伯利亚，1985年，第86-95页。

Васильевский Р.С. Стоянка Суворово III и ее место в каменном веке Дальнего Востока // Каменный век Северной, Средней и Восточной Азии. — Новосибирск, 1985. — С. 86-95.

2377．**Р.С. 瓦西里耶夫斯基、С.А. 格拉德舍夫**：《滨海地区南部作坊遗址（乌斯季诺夫卡 1 号遗址）发掘》//《1984 年考古发现》，莫斯科，1986 年，第 163 页。

Васильевский Р.С., Гладышев С.А. Раскопки поселения – мастерской［Устиновки 1］в Южном Приморье // АО, 1984. — М., 1986. — С. 163.

2378．**Р.С. 瓦西里耶夫斯基**：《滨海地区东南部的晚期旧石器文化》//《西伯利亚、远东的古迹》，新西伯利亚，1987 年，第 103－106 页。

Васильевский Р.С. Верхнепалеолитические культуры Юго-Восточного Приморья // Древности Сибири и Дальнего Востока. — Новосибирск, 1987. — С. 103－106.

2379．**Р.С. 瓦西里耶夫斯基、С.А. 格拉德舍夫**：《滨海地区南部晚期旧石器时代》，新西伯利亚，科学出版社西伯利亚分社，1989 年，184 页。

Васильевский Р.С., Гладышев С.А. Верхний палеолит Южного Приморья. — Новосибирск: Наука. Сиб. отд－ние, 1989. — 184 с.

2380．**Р.С. 瓦西里耶夫斯基、С.А. 格拉德舍夫**：《滨海地区乌斯季诺夫卡 1 号遗址的地层学、年代学》//《北亚、中央亚细亚、东亚、美洲旧石器时代的年代地层学·国际研讨会报告》，新西伯利亚，1990 年，第 71－75 页。

Васильевский Р.С., Гладышев С.А. Стратиграфия и хронология стоянки Устиновка－1 в Приморье // Хроностратиграфия палеолита Северной, Центральной и Восточной Азии и Америки: (Докл. междунар. симп.). — Новосибирск, 1990. — С. 71－75.

2381．**Р.С. 瓦西里耶夫斯基、С.А. 格拉德舍夫、А.В. 塔巴列夫**：《滨海地区苏沃罗沃 4 号遗址技术－类型学背景下的特点》//《苏联科学院西伯利亚分院院刊》，1992 年 1 期，《历史、语文、哲学系列》，第 20－26 页。

Васильевский Р.С., Гладышев С.А., Табарев А.В. Особенности технико-типологического контекста стоянки Суворово IV в Приморье // ИСОАН СССР. — 1992. — № 1: Сер. ист., филол., филос. — С. 20－26.

2382．**Р.С. 瓦西里耶夫斯基**：《俄罗斯滨海地区苏沃罗沃 4 号遗址的考古学研究》//《阿拉斯加人类学协会第 19 次年会会刊》，费尔班克斯，1992 年，第 3 页，单行本。

Vasilievsky R.S. Archaeological Research of the Site Suvorovo IV in the Primorye, Russia // 19 Annual Meeting of Alaska Anthropological Association. — Fairbanks, 1992. — 3 p. — Отд. отт.

2383．**Р.С. 瓦西里耶夫斯基**：《俄罗斯远东地区晚更新世至早全新世时期的遗址》//《韩国上古史学报》，首尔，1994 年，第 17 期，第 261－294 页。

Vasilievsky R.S. Sites of the Late Pleistocene — Early Holocene of the Russian Far East // Journal of Korean Historical Society. — Seoul, 1994. — No. 17. — P. 261－294.

2384．**Р.С. 瓦西里耶夫斯基**：《乌斯季诺夫卡 1 号遗址》//《美国的开端：伯利几亚的史前史与古生态学》，芝加哥、伦敦，1996 年，第 255－267 页。

Vasilievsky R.S. Ustinovka 1 // American Beginnings: The Prehistory and Palaeoecology of Beringia. — Chicago; London, 1996. — P. 255－267.

2385．**Р.С. 瓦西里耶夫斯基、А.А. 克鲁皮扬科、А.В. 塔巴列夫**：《俄罗斯远东南部新石器时代的形成过程（石器工业与早期定居生活方式问题）》，符拉迪沃斯托克，远东国立大学出版社，1997年，155页。

Васильевский Р.С., Крупянко А.А., Табарев А.В. Генезис неолита на юге Дальнего Востока России （каменная индустрия и проблема ранней оседлости）. — Владивосток: Изд-во Дальневост. ун-та, 1997. — 155 с.

2386. **П.В. 沃尔科夫**：《（阿穆尔河沿岸）"巴尔卡斯纳亚谢列姆德扎1号"旧石器遗址》//《西伯利亚、远东古代文化遗存研究》，新西伯利亚，1987年，第167－168页。

Волков П.В. Палеолитическая стоянка 《Баркасная Селемджа 1》［в Приамурье］// Исследования памятников древних культур Сибири и Дальнего Востока. — Новосибирск, 1987. — С. 167－168.

2387. **П.В. 沃尔科夫、С.А. 格拉德舍夫**：《（滨海地区）苏沃罗沃3号遗址出土的石质工具的特点》//《西伯利亚、远东的古迹》，新西伯利亚，1987年，第85－89页。

Волков П.В., Гладышев С.А. Характеристика каменных орудий со стоянки Суворово III ［в Приморье］// Древности Сибири и Дальнего Востока. — Новосибирск, 1987. — С. 85－89.

2388. **П.В. 沃尔科夫**：《奥西波夫卡中石器时代文化的经济》//《西伯利亚开发历史经验研究的历史编纂学、史料·第1集·苏联以前时期·1988年11月15－17日全苏学术会报告、议程纲要》，新西伯利亚，1988年，第22－23页。

Волков П.В. Хозяйство осиповской мезолитической культуры // Историография и источники изучения исторического опыта освоения Сибири. Вып. 1: Досоветский период: Тез. докл. и сообщ. Всесоюз. науч. конф. （15－17 нояб. 1988 г.）. — Новосибирск, 1988. — С. 22－23.

2389. **П.В. 沃尔科夫**：《奥西波夫卡文化的锛形——边刮器形工具》//《古代生产的工艺学问题》，新西伯利亚，1990年，第21－37页。

Волков П.В. Тесловидно-скребловидные орудия осиповской культуры // Проблемы технологии древних производств. — Новосибирск, 1990. — С. 21－37.

2390. **А.В. 加尔科维克**：《大柞树河谷地的石质工具作坊（滨海地区乌苏季诺夫卡村附近）》//《苏联远东史问题·第4次远东学术会议考古学、十月革命以前的历史学、民族学、语文学会议报告、议程纲要》，符拉迪沃斯托克，1965年，第2集，第9－11页。

Гарковик А.В. Мастерская каменных орудий в долине реки Тадуши ［у д. Устиновки в Приморье］// Вопросы истории советского Дальнего Востока: （Тез. докл. и сообщ. на IV Дальневост. науч. конф. Секция археологии, истории доокт. периода, этнографии и филологии）. — Владивосток, 1965. — Вып. 2. — С. 9－11.

2391. **А.В. 加尔科维克**：《大柞树河谷地的石质工具作坊》//《苏联科学院西伯利亚分院远东分部历史类著述》，1968年，第6卷：《苏联史中十月革命以前时期的苏联远东民族》，第138－141页。

Гарковик А.В. Мастерская каменных орудий в долине реки Тадуши // Тр. / АН СССР. СО. ДВФ. Сер. ист. — 1968. — Т. 6: Народы советского Дальнего Востока в дооктябрьский период истории СССР. — С. 138－141.

2392. **А.В. 加尔科维克**：《泽尔卡利纳亚河谷地的遗址》//《苏联远东考古学资料》，符拉迪沃斯托克，1981年，第12－19页。

Гарковик А.В. Поселение в долине р. Зеркальной // Материалы по археологии Дальнего Востока СССР. — Владивосток, 1981. — С. 12 – 19.

2393．**А.В. 加尔科维克、Н.А. 科诺年科**：《滨海地区乌斯季诺夫卡 3 号遗址：论石器加工中石叶传统的发展问题》//《古代生产的工艺学问题》，新西伯利亚，1990 年，第 61 – 80 页。

Гарковик А.В., Кононенко Н.А. Стоянка Устиновка III в Приморье：（К проблеме развития пластинчатой традиции обработки камня）// Проблемы технологии древних производств. — Новосибирск, 1990. — С. 61 – 80.

2394．**А.В. 加尔科维克**：《滨海地区乌斯季诺夫卡 3 号遗址考察》//《1994 年考古发现》，莫斯科，1995 年，第 261 – 262 页。

Гарковик А.В. Исследование на памятнике Устиновка 3 в Приморье // АО, 1994. — М., 1995. — С. 261 – 262.

2395．**А.В. 加尔科维克、И.С. 茹希霍夫斯卡娅**：《滨海地区最早的陶器群》//《东亚、远东地区陶器的起源·国际研讨会摘要·1995 年·东北福祉大学》，仙台，1995 年，第 51 – 53 页，英文、日文。

Garkovik A.V., Zhushchikhovskaya I.S. The Earliest Ceramic Assemblage in the Primorye Region // The Origins of Ceramics in the East Asia and Far East: Abstracts of Intern. Symp., 1995, Tohoku Fukushi U-niv. — Sendai, 1995. — P. 51 – 53. — Англ. яз., яп. яз.

2396．**А.В. 加尔科维克**：《滨海地区乌斯季诺夫卡 3 号遗址考察的某些总结》//《东亚、北美的旧石器晚期－新石器早期·国际会议资料》，符拉迪沃斯托克，1996 年，第 58 – 67 页。

Гарковик А.В. Некоторые итоги исследования стоянки Устиновка – 3 в Приморье // Поздний палеолит — ранний неолит Восточной Азии и Северной Америки（материалы междунар. конф.）. — Владивосток, 1996. — С. 58 – 67.

2397．**А.В. 加尔科维克、И.С. 茹希霍夫斯卡娅**：《滨海地区最古老的陶器综合体（根据乌斯季诺夫卡 3 号遗址资料）》//《远东北部及其毗邻地区考古学研究资料》，马加丹，1997 年，第 190 – 198 页。

Гарковик А.В., Жущиховская И.С. Древнейший керамический комплекс Приморья（по материалам памятника Устиновка – 3）// Материалы и исследования по археологии Севера Дальнего Востока и сопредельных территорий. — Магадан, 1997. — С. 190 – 198.

2398．**А.В. 加尔科维克**：《乌斯季诺夫卡 3 号遗址考察》//《1996 年考古发现》，莫斯科，1997 年，第 308 – 310 页。

Гарковик А.В. Иследование памятника Устиновка 3 // АО, 1996. — М., 1997. — С. 308 – 310.

2399．**А.В. 加尔科维克、Н.А. 科诺年科、梶原洋**：《（俄罗斯远东）滨海地区莫洛焦日纳亚 1 号遗址石叶综合体的初步研究》//《北亚及其毗邻地区更新世古生态学、石器时代文化·国际会议资料》，新西伯利亚，1998 年，第 2 卷，第 55 – 62 页。

Гарковик А.В., Кононенко Н.А., Кадзивара Х. Предварительные исследования микропластинчатого комплекса Молодежная – 1 в Приморье（Российский Дальний Восток）// Палеоэкология плейстоцена и культуры каменного века Северной Азии и сопредельных территорий（Материалы междунар. симп.）. — Новосибирск, 1998. — Т. 2. — С. 55 – 62.

2400．**А.В. 加尔科维克**：《乌斯季诺夫卡 3 号遗址：过渡时期的遗址》//《西北美洲与东北亚太平洋沿岸土著居民之间的历史文化联系·纪念德茹泽波夫斯基北太平洋考察 100 周年国际学术会议资料·符拉迪沃斯托克·1998 年 4 月 1－5 日》，符拉迪沃斯托克，1998 年，第 171－178 页。

Гарковик А.В. Устиновка 3: памятник на стыке эпох // Историко-культурные связи между коренным населением тихоокеанского побережья Северо-Западной Америки и Северо-Восточной Азии: К 100-летию Джузеповской Северо-Тихоокеанской экспедиции: Материалы междунар. науч. конф. (Владивосток, 1－5 апр. 1998 г.). — Владивосток, 1998. — С. 171－178.

2401. А.В. 加尔科维克：《（滨海地区）乌斯季诺夫卡 3 号、7 号遗址的工作结果》//《1997 年考古发现》，莫斯科，1999 年，第 265－266 页。

Гарковик А.В. Результаты работ на памятниках Устиновка－3 и Устиновка－7 (Приморье) // АО, 1997. — М., 1999. — С. 265－266.

2402. А.В. 加尔科维克：《滨海地区古老的陶器综合体》//《追溯过去·纪念 Ж.В. 安德列耶娃 70 周岁》，符拉迪沃斯托克，2000 年，第 252－271 页。

Гарковик А.В. Архаичные керамические комплексы Приморья // Вперед … в прошлое: К 70-летию Ж.В. Андреевой. — Владивосток, 2000. — С. 252－271.

2403. А.В. 加尔科维克：《滨海地区西南部、东部考察》//《1998 年考古发现》，莫斯科，2000 年，第 283－285 页。

Гарковик А.В. Исследования в Юго-Западном и Восточном Приморье // АО, 1998. — М., 2000. — С. 283－285.

2404. С.А. 格拉德舍夫：《乌斯季诺夫卡 1 号遗址出土石核的工艺学》//《西伯利亚的古代文化问题》，新西伯利亚，1985 年，第 74－86 页。

Гладышев С.А. Технология нуклеусов со стоянки Устиновка 1 // Проблемы древних культур Сибири. — Новосибирск, 1985. — С. 74－86.

2405. С.А. 格拉德舍夫：《苏沃罗沃 3 号遗址旧石器时代晚期的石核》//《石器时代的北亚》，新西伯利亚，1987 年，第 71－85 页。

Гладышев С.А. Верхнепалеолитические нуклеусы стоянки Суворово III // Северная Азия в эпоху камня. — Новосибирск, 1987. — С. 71－85.

2406. С.А. 格拉德舍夫、Н.А. 科诺年科：《苏沃罗沃 3 号遗址的工具》//《苏联境内亚洲部分的石器时代、古金属时代》，新西伯利亚，1988 年，第 36－45 页。

Гладышев С.А., Кононенко Н.А. Орудия стоянки Суворово III // Эпоха камня и палеометалла Азиатской части СССР. — Новосибирск, 1988. — С. 36－45.

2407. С.А. 格拉德舍夫：《（滨海地区东南部）泽尔卡利纳亚河流域的旧石器晚期综合体》，历史学副博士论文作者文摘，苏联科学院西伯利亚分院历史·语文·哲学研究所，新西伯利亚，1989 年，18 页。

Гладышев С.А. Верхнепалеолитические комплексы бассейна р. Зеркальной (Юго-Восточное Приморье): Автореф. дис. ... канд. ист. наук / АН СССР. СО. ИИФФ. — Новосибирск, 1989. — 18 с.

2408. С.А. 格拉德舍夫、А.В. 塔巴列夫：《滨海地区苏沃罗沃 4 号遗址的石器遗物》//《西伯利亚、远东的考古遗存》，新西伯利亚，1989 年，第 5－31 页。

Гладышев С.А., Табарев А.В. Каменный инвентарь стоянки Суворово IV в Приморье // Археологические памятники Сибири и Дальнего Востока. — Новосибирск, 1989. — С. 5 – 31.

2409. **С.А. 格拉德舍夫**：《滨海地区东南部石器时代一些新遗存的劈裂原料的特点》//《第 7 次纪念阿尔谢尼耶夫报告会·关于历史学、考古学、方志学问题区域学术会议报告纲要》，乌苏里斯克，1994 年，第 245 – 248 页。

Гладышев С.А. Особенности расщепления сырья на новых памятниках каменного века Юго-Восточного Приморья // VII Арсеньевские чтения: Тез. докл. регион. науч. конф. по пробл. ист., археол. и краеведения. — Уссурийск, 1994. — С. 245 – 248.

2410. **А.В. 贡恰鲁克、А.Г. 雷巴尔科**：《（阿穆尔州）布谢村附近的考古遗存》//《远东及其毗邻地区的方志学问题·大学生区域学术会议与会者报告纲要·布拉戈维申斯克·1990 年 2 月 21 – 22 日》，布拉戈维申斯克，1990 年，第 9 – 11 页。

Гончарук А.В., Рыбалко А.Г. Археологический памятник у с. Буссе：[Амур. обл.] // Проблемы краеведения Дальнего Востока и сопредельных территорий: Тез. докл. участников регион. науч. студ. конф. (Благовещенск, 21 – 22 февр. 1990 г.). — Благовещенск, 1990. — С. 9 – 11.

2411. **В.В. 格里戈里耶夫**：《滨海地区的中石器时代（根据大柞树河流域乌斯季诺夫卡村附近作坊遗址发掘资料）》//《大学生学术会议报告纲要·历史学、语文学、经济学》，新西伯利亚国立大学，新西伯利亚，1966 年，第 6 – 8 页。

Григорьев В.В. Мезолит Приморья (по материалам раскопок поселения – мастерской у д. Устиновки на р. Тадуши) // Тез. докл. науч. студ. конф. История, филология, экономика / НГУ. — Новосибирск, 1966. — С. 6 – 8.

2412. **Ю.В. 格里昌**：《关于乌利明考古队工作总结的初步信息（乌利马河汇入谢列姆贾河区域遗址）》//《西伯利亚、远东古代文化遗存研究》，新西伯利亚，1987 年，第 165 – 167 页。

Гричан Ю.В. Предварительное сообщение об итогах работы Ульминского отряда: [Стоянка в месте впадения р. Ульмы в р. Селемджу] // Исследования памятников древних культур Сибири и Дальнего Востока. — Новосибирск, 1987. — С. 165 – 167.

2413. **А.П. 杰列维扬科**：《远东旧石器时代、阿穆尔河谷地石器时代的考古学传统》//《纪念巴赫鲁申报告会·纪念巴赫鲁申院士会议报告纲要》，新西伯利亚，1965 年，第 13 – 14 页。

Деревянко А.П. Палеолит Дальнего Востока и архаические традиции в каменном веке долины Амура // Бахрушинские чтения: Тез. докл. к конф., посвящ. памяти акад. С.В. Бахрушина. — Новосибирск, 1965. — С. 13 – 14.

2414. **А.П. 杰列维扬科**：《远东人类古代居住地的历史》//《第 8 次人类学、民族学国际会议·东京·1968 年 9 月》，莫斯科，1968 年，第 12 页。

Деревянко А.П. История древнего заселения человеком Дальнего Востока // 8 – й Междунар. конгресс антропологии и этнографии, Токио, сент., 1968. — М., 1968. — 12 с. — Отд. отт.

2415. **А.П. 杰列维扬科**：《远东地区古代人类的聚落史》//《第 8 届国际人类学及民族科学大会摘要·1968 年 9 月 3 – 10 日·东京、京都》。东京，1968 年，第 205 页。

Derevyanko A.P. The History of the Ancient Settlement of Man in the Far East // VIIIth International

Congress of Anthropological and Ethnological Sciences. Sept. 3rd — 10th, 1968. Tokyo — Kyoto: Abstracts. — Tokyo, 1968. — P. 205.

2416. **А.П. 杰列维扬科**：《苏联远东南部的早期旧石器问题》，莫斯科，科学出版社，1973 年，16 页（第 9 次 MKAЭH 苏联代表团报告）。

Деревянко А.П. Проблема нижнего палеолита на юге советского Дальнего Востока. — М: Наука, 1973. — 16 с. — (IX МКАЭН, Докл. сов. делегации).

2417. **А.П. 杰列维扬科**：《北亚、东亚、中央亚细亚的石器时代·讲义》，新西伯利亚，1975 年，《远东南部旧石器时代》，第 131－164 页。

Деревянко А.П. Каменный век Северной, Восточной и Центральной Азии: Курс лекций. — Новосибирск, 1975. — Палеолит южной части Дальнего Востока. — С. 131－164.

2418. **А.П. 杰列维扬科**：《苏联远东南部地区旧石器时代早期的相关问题》//《南亚、东亚的早期旧石器时代》，剑桥，1978 年，第 303－316 页。

Derev'anko A.P. The Problem of the Lower Paleolithic in the South of the Soviet Far East // Early Paleolithic in South and East Asia. — Cambridge, 1978. — P. 303－316.

2419. **А.П. 杰列维扬科、А.И. 马津**：《谢列姆贾河流域旧石器的发现》//《1982 年考古发现》，莫斯科，1984 年，第 196－197 页。

Деревянко А.П., Мазин А.И. Открытие палеолита на р. Селемдже // АО, 1982. — М., 1984. — С. 196－197.

2420. **А.П. 杰列维扬科、П.В. 沃尔科夫、Ан.В. 格列比翁希科夫**：《谢列姆贾河巴尔卡斯纳亚岗旧石器综合体》//《西伯利亚、远东的古迹》，新西伯利亚，1987 年，第 73－82 页。

Деревянко А.П., Волков П.В., Гребенщиков Ан.В. Палеолитические комплексы Баркасной Сопки на р. Селемдже // Древности Сибири и Дальнего Востока. — Новосибирск, 1987. — С. 73－82.

2421. **А.П. 杰列维扬科**：《俄罗斯远东南部地区的旧石器时代》//《韩国上古史学报》，首尔，1992 年，第 9 卷，第 49－74 页。

Derev'anko A.P. Paleolithic of the South of the Russian Far East // Journal of Korean Ancient Historical Society. — Seoul, 1992. — Vol. 9. — P. 49－74.

2422. **А.П. 杰列维扬科**：《俄罗斯远东东南部地区细石叶工业的形成与发展》//《欧亚大陆北部细石叶工艺的起源与传播》，札幌，1993 年，第 19－37 页。

Derev'anko A.P. Formation and Development of Microblade Industries in Southeastern Part of Far East // The Origin and Dispersal of the Microblade Technique in Northern Eurasia. — Sapporo, 1993. — P. 19－37

2423. **А.П. 杰列维扬科**：《俄罗斯远东南部地区的旧石器时代》//《俄罗斯考古——为了今后对西伯利亚、远东地区的调查而开展的对俄罗斯考古研究现状及存在问题的讨论》，首尔，1994 年，第 145－172 页。

Derev'anko A.P. Paleolithic of the South of the Russian Far East // Archaeology of Russia — Current Status of Archaeological Research and Problems for Future Investigation of Siberia and Far East Area. — Seoul, 1994. — P. 145－172.

2424. **А.П. 杰列维扬科、В.Н. 泽宁**：《谢列姆贾河的旧石器（根据乌斯季－乌利马 1－3 号遗址资料）》，新西伯利亚，俄罗斯科学院西伯利亚分院考古与民族研究所出版社，1995 年，160 页。

Деревянко А.П., Зенин В.Н. Палеолит Селемджи (по материалам стоянок Усть－Ульма Ⅰ－Ⅲ)．— Новосибирск: Изд－во Ин-та археологии и этнографии СО РАН, 1995. — 160 с.

2425．А.П. 杰列维扬科、李宪宗：《巴尔卡斯纳亚苏普卡 2 号遗址出土的鱼雕像及其意义》//《阿什克文化》，首尔，1995 年，第 425－434 页。

Derev'anko A.P., Lee Heon－John. Fish Figurine from the Barkasnaya Sopka－2 Site and It's Significance // Aseakomunkhua. — Seoul, 1995. — P. 425－434.

2426．А.П. 杰列维扬科、B.E. 麦德维杰夫：《作为远东地区最早陶器中心的阿穆尔河流域》，《东亚、远东地区陶器的起源·国际研讨会摘要·1995 年·东北福祉大学》，仙台，1995 年，第 11－25 页，英文、日文。

Derevianko A.P., Medvedev V.E. The Amur River Basin as One of the Earliest Centers of Ceramics in the Far East // The Origins of Ceramics in the East Asia and Far East: Abstracts of Intern. Symp., 1995, Tohoku Fukushi Univ. — Sendai, 1995. — P. 11－25. — Англ. яз., яп. яз.

2427．А.П. 杰列维扬科、B.H. 泽宁：《谢列姆贾河的旧石器时代及其向新石器时代的过渡问题》//《东亚、北美的旧石器晚期－新石器早期·国际会议资料》，符拉迪沃斯托克，1996 年，第 78－82 页。

Деревянко А.П., Зенин В.Н. Палеолит Селемджи и проблема перехода к неолиту // Поздний палеолит — ранний неолит Восточной Азии и Северной Америки (материалы междунар. конф.)．— Владивосток, 1996. — С. 78－82.

2428．А.П. 杰列维扬科：《塞伦加河流域的晚更新世遗址》//《美国的开端：伯利几亚的史前史和古生态学》，芝加哥、伦敦，1996 年，第 282－289 页。

Derevianko A.P. Late Pleistocene Sites of the Selemdga River Basin // American Beginnings: The Prehistory and Palaeoecology of Beringia. — Chicago; London, 1996. — P. 282－289.

2429．А.П. 杰列维扬科、П.B. 沃尔科夫、李宪宗：《谢列姆贾河的旧石器晚期文化》，新西伯利亚，俄罗斯科学院西伯利亚分院考古与民族研究所出版社，1998 年，335 页。

Деревянко А.П., Волков П.В., Ли Хонджон. Селемджинская верхнепалеолитическая культура. — Новосибирск: Изд－во Ин-та археологии и этнографии СО РАН, 1998. — 335 с.

评论：E.И. 沃罗别伊，刊于《远东北部地区的历史研究》，马加丹，2000 年，第 186－194 页。

Рец.: Воробей Е.И. // Исторические исследования на севере Дальнего Востока. — Магадан, 2000. — С. 186－194.

2430．О.B. 多夫贝什：《1990 年伊利斯塔亚 2 号遗址发掘》//《第 6 次纪念阿尔谢尼耶夫报告会·关于历史学、考古学、方志学问题区域学术会议报告纲要》，乌苏里斯克，1992 年，第 167－168 页。

Довбыш О.В. Раскопки стоянки Илистая－2 в 1990 г. // VI Арсеньевские чтения: Тез. докл. и сообщ. регион. науч. конф. по проблемам истории, археологии и краеведения. — Уссурийск, 1992. — С. 167－168.

2431．梶原洋、横山裕平、H.A. 科诺年科、A.B. 加尔科维克、И.Я. 舍夫科穆德：《俄日联合考察乌斯季诺夫卡遗址群的第 6 个田野季节报告》//《东北旧石器文化问题第 11 次会议》，札幌，1998 年，第 105－108 页，日文。

Доклад о 6 — м полевом сезоне совместных российско-японских исследованиях на Устиновских стоянках /Х. Кадзивара, Ю. Ёкояма, Н.А. Кононенко, А.В. Гарковик, И.Я. Шевкомуд // 11 – я конф. по проблемам палеолитических культур Тохоку. — Саппоро, 1998. — С. 105 – 108. — Яп. яз.

2432. А.В. 加尔科维克、Н.А. 科诺年科、梶原洋、横山裕平：《1998 年乌斯季诺夫卡遗址群联合考察成果报告》//《东北旧石器文化问题第 12 次会议》，仙台，1999 年，第 104 – 107 页，日文。

Доклад о результатах совместных исследований на устиновских стоянках 1998 г. / А.В. Гарковик, Н.А. Кононенко, Х. Кадзивара, Ю. Ёкояма // 12 – я конф. по проблемам палеолитических культур Тохоку. — Сендай, 1999. — С.104 – 107. – Яп. яз.

2433. В.И. 季亚科夫：《滨海地区（乌斯季诺夫卡村附近旧石器遗址）发掘与调查》//《1980 年考古发现》，莫斯科，1981 年，第 179 页。

Дьяков В.И. Раскопки и разведки в Приморье [на палеолитическом памятнике у д. Устиновки] // АО, 1980. — М., 1981. — С. 179.

2434. В.И. 季亚科夫：《乌斯季诺夫卡 4 号遗址 – 远东新的旧石器遗存》//《西伯利亚的考古学、民族学问题·1982 年 4 月 7 – 9 日区域会议报告纲要》，伊尔库茨克，1982 年，第 32 – 33 页。

Дьяков В.И. Устиновка IV — новый палеолитический памятник Дальнего Востока // Проблемы археологии и этнографии Сибири: Тез. докл. к регион. конф., 7 – 9 апр. 1982 г. — Иркутск, 1982. — С. 32 – 33.

2435. В.И. 季亚科夫：《日本海西海岸最古老的居址》//《更新世最新研究》，科瓦利斯，1997 年，第 14 卷，第 20 – 22 页。

Dyakov V.I. The Oldest Habitation Site on the West Coast of the Sea of Japan // Current Research in the Pleistocene. — Corvallis, 1997. — Vol. 14. — P. 20 – 22.

2436. В.И. 季亚科夫：《滨海地区的旧石器时代、中石器时代》//《石器时代的地域性差异·纪念 С.Н. 扎米亚特宁诞辰 100 周年国际学术会议报告纲要》，圣彼得堡，1999 年，第 135 – 137 页。

Дьяков В.И. Палеолит и мезолит Приморья // Локальные различия в каменном веке: Тез. докл. на Междунар. конф., посвящ. 100-летию со дня рожд. С.Н. Замятнина. — СПб., 1999. — С. 135 – 137.

2437. В.И. 季亚科夫：《滨海地区早期全新世时代（乌斯季诺夫卡 4 号中石器时代遗址）》，符拉迪沃斯托克，远东科学出版社，2000 年，228 页。

Дьяков В.И. Приморье в раннем голоцене (мезолитическое поселение Устиновка – IV). — Владивосток: Дальнаука, 2000. — 228 с.

2438. И.С. 茹希霍夫斯卡娅：《论俄罗斯远东南部地区的早期制陶业》//北方欧亚学会：《时事通讯》第 6 期，东京，1995 年，第 8 – 15 页，日文。

Жущиховская И.С. О раннем гончарстве в южной части Дальнего Востока России // The Society of North – Eurasian Studies. Newsletter No. 6 — Tokyo, 1995. — P. 8 – 15. — Яп.яз.

2439. И.С. 茹希霍夫斯卡娅：《关于俄罗斯远东滨海地区早期陶器的最新资料》//《韩国古物学会学报》，1996 年 4 期，第 301 – 302 页。

Zhushchikhovskaya I.S. Current Data on the Early Pottery of Primorie Region, Russian Far East // The Journal of Korean Antiquity Society. — 1996. — No. 4. — P.301 – 312.

2440．**И.С. 茹希霍夫斯卡娅**：《日本海区域原始陶器的制作：时空动态分析层面》//《第 13 届国际史前及原始科学大会摘要·弗利·意大利·1996 年 9 月 8－14》，弗利，1996 年，第 1 卷，第 496 页。

Zhushchikhovskaya I.S. The Primitive Pottery－making of Japan Sea Basin: Some Aspects of Time－spatial Dynamics // XIII International Congress of Prehistoric and Protohistoric Sciences. Forli — Italy — 8/14 Sept. 1996: Abstracts. — Forli, 1996. — Vol. 1. — P. 496.

2441．**И.С. 茹希霍夫斯卡娅**：《俄罗斯远东地区晚更新世－早全新世时期陶器的新资料》//《更新世最新研究》，科瓦利斯，1997 年，第 14 卷，第 89－91 页。

Zhushchikhovskaya I.S. Current Data on Late－Pleistocene / Early－Holocene Ceramics in Russian Far East // Current Research in the Pleistocene. — Corvallis, 1997. — Vol. 14. — P. 89－91.

2442．**И.С. 茹希霍夫斯卡娅**：《关于俄罗斯远东地区早期陶器的最新资料》//北方欧亚学会：《时事通讯》第 9 期，东京，1997 年，第 5－6 页。

Zhushchikhovskaya I.S. New Data on the Earliest Ceramics in Primorie Region, Russian Far East // The Society of North－Eurasian Studies. Newsletter No. 9. — Tokyo, 1997. — P. 5－6.

2443．**И.С. 茹希霍夫斯卡娅**：《俄罗斯远东地区早期的陶器制作》//《东亚展望》，1997 年，第 36 卷，第 2 期，第 159－174 页。

Zhushchikhovskaya I.S. On Early Pottery－Making in the Russian Far East // Asian Perspectives. — 1997. — Vol. 36, No. 2. — P. 159－174.

2444．**И.С. 茹希霍夫斯卡娅**：《关于远东南部地区早期的陶器制作》//《韩国文物》，1997 年 50 期，第 331－344 页。

Zhushchikhovskaya I.S. On the Early Pottery－Making of Southern Far East // Korean Antiquity. — 1997. — No. 50. — P. 331－344.

2445．**А.Н. 泽宁**：《谢列姆贾河流域的旧石器遗址》//《西伯利亚、远东古代文化遗存研究》，新西伯利亚，1987 年，第 170－171 页。

Зенин А.Н. Палеолитическая стоянка на реке Селемдже // Исследования памятников древних культур Сибири и Дальнего Востока. — Новосибирск, 1987. — С. 170－171.

2446．**В.Н. 泽宁**：《旧石器时代晚期人类经济活动的传统方法的利用（根据阿穆尔河沿岸乌利马河河口遗址资料）》//《西伯利亚开发的历史经验·1986 年 10 月 14－16 日新西伯利亚"西伯利亚开发与研究的历史经验"全苏学术会议报告纲要》，新西伯利亚，1986 年，第 1 集，第 16－18 页。

Зенин В.Н. Использование традиционных методов для определения хозяйственной деятельности людей позднепалеолитического времени（по материалам стоянки Усть－Ульма в Приамурье）// Исторический опыт освоения Сибири: Тез. докл. Всесоюз. науч. конф. 《Ист. опыт изуч. и освоения Сибири》, 14－16 окт. 1986 г. — Новосибирск, 1986. — Вып. 1. — С. 16－18.

2447．**В.Н. 泽宁**：《关于阿穆尔河沿岸乌利马河河口旧石器地点的断代问题》//《西伯利亚开发历史经验的历史编纂学与史料研究·第 1 集·苏联以前时期·1988 年 11 月 15－17 日全苏学术会议议程、报告纲要》，新西伯利亚，1988 年，第 13－14 页。

Зенин В.Н. К вопросу о датировке палеолитического местонахождения Усть－Ульма в Приамурье // Историография и источники изучения исторического опыта освоения Сибири. Вып. 1: Досоветский период:

Тез. докл. и сообщ. Всесоюз. науч. конф. (15 – 17 нояб. 1988 г.). — Новосибирск, 1988. — С. 13 – 14.

2448. **B.H. 泽宁**：《乌利马河河口多层遗址与阿穆尔河上游晚期旧石器时代遗存的分期》, 历史学副博士论文作者文摘, 苏联科学院西伯利亚分院历史·语文·哲学研究所, 新西伯利亚, 1989 年, 20 页。

Зенин В.Н. Многослойные стоянки в устье реки Ульмы и периодизация позднего палеолита Верхнего Приамурья: Автореф. дис. ... канд. ист. наук / АН СССР. СО. ИИФФ. — Новосибирск, 1989. — 20 с.

2449. **B.H. 泽宁、B.Г. 彼得罗夫**：《关于谢列姆贾河流域旧石器遗存的砾石技术问题》// 《物质文化与考古学构拟问题》, 新西伯利亚, 1991 年, 第 21 – 26 页。

Зенин В.Н., Петров В.Г. К вопросу о галечной технике на палеолитических стоянках реки Селемджи // Материальная культура и проблемы археологической реконструкции, — Новосибирск, 1991. — С. 21 – 26.

2450. **B.H. 泽宁**：《阿穆尔河沿岸乌利马河河口 1 – 3 号遗址石器工业的年代与发展阶段》// 《北亚、美洲的古生态学与古代人类居民点·国际学术会议报告内容摘要》, 克拉斯诺亚尔斯克, 1992 年, 第 99 – 102 页。

Зенин В.Н. Возраст и этапы развития каменной индустрии памятников Усть – Ульма – I – III в Приамурье // Палеоэкология и расселение древнего человека в Северной Азии и Америке: Крат. содерж. докл. междунар. симп. — Красноярск, 1992. — С. 99 – 102.

2451. **П.А. 科瓦列夫**：《（滨海地区）拉兹多利纳亚河流域石器时代遗存》// 《北亚考古学问题·纪念 А.П. 奥克拉德尼科夫院士诞辰 80 周年·1988 年 3 月 28 – 30 日第 28 次大学生区域考古会议报告纲要》, 赤塔, 1988 年, 第 153 – 154 页。

Ковалев П.А. Памятники каменного века реки Раздольной [в Приморье] // Проблемы археологии Северной Азии: (К 80-летию акад. А.П. Окладникова): Тез. докл. XXVIII Регион. археол. студ. конф. (28 – 30 марта 1988 г.). — Чита, 1988. — С. 153 – 154.

2452. **Н.А. 科诺年科、А.B. 加尔科维克、梶原洋**：《滨海地区陶器出现以前时期乌斯季诺夫卡 3 号遗址的研究》, 俄罗斯科学院西伯利亚分院历史·考古·民族研究所, 预印本, 符拉迪沃斯托克, 1993 年, 92 页。

Кононенко Н.А., Гарковик А.В., Кадзивара Х. Исследование докерамической стоянки Устиновка – 3 в Приморье / РАН. ДВО. ИИАЭ. — Препр. — Владивосток, 1993. — 92 с.

评论：**Я.B. 库兹明**, 刊于《俄罗斯与亚洲太平洋地区》, 符拉迪沃斯托克, 1994 年 2 期, 第 135 – 137 页。

Рец.: **Кузьмин Я.В.** // Россия и АТР. — Владивосток, 1994. — №2. — С. 135 – 137.

2453. **Н.А. 科诺年科**：《滨海地区的早期全新世：继承性与文化变异》// 《俄罗斯东部地区开发的历史经验·国际会议报告、议程纲要》, 符拉迪沃斯托克, 1993 年, 第 1 集, 第 9 – 12 页。

Кононенко Н.А. Ранний голоцен Приморья: преемственность и культурная трансформация // Исторический опыт освоения восточных районов России: Тез. докл. и сообщ. междунар. конф. — Владивосток, 1993. — Вып. 1. — С. 9 – 12.

2454. **H.A. 科诺年科**：《滨海地区晚更新世及早全新世时期的古代文化（起源及适应性）》//《弥生社会论文集》，东京，1993 年，第 12 页。

Kononenko N.A. Ancient Cultures of the Primorye in the Late Pleistocene and Early Holocene（Origins and Adaptations）// Proceedings of the Yayoi Society. — Tokyo, 1993. — 12 p.

2455. **H.A. 科诺年科、H.A. 克柳耶夫**：《滨海西部地区旧石器时代遗址的考古新发现》//《阳谷文化：史前历史研究所公报》，清州，1994 年 3 期，第 59－88 页。

Kononenko N.A., Kluyev N.A. New Discovery of Paleolithic Sites in Western Primorie Region // Sunsa Munhwa: Bul. of the Inst. of Prehistory. — Cheongju, 1994. — No. 3. — P. 59－88.

2456. **H.A. 科诺年科、梶原洋**：《滨海地区考古发现》//《俄罗斯与亚洲太平洋地区》，1995 年 1 期，第 106－108 页。

Кононенко Н.А., Кадзивара Х. Археологические открытия в Приморье // Россия и АТР. — 1995. — № 1. — С. 106－108.

2457. **H.A. 科诺年科**：《滨海地区新的旧石器晚期遗存》//《1994 年考古发现》，莫斯科，1995 年，第 276－277 页。

Кононенко Н.А. Новые памятники верхнего палеолита в Приморье // АО, 1994. — М., 1995. — С. 276－277.

2458. **H.A. 科诺年科、A.B. 塔巴列夫**：《俄罗斯远东滨海地区过渡时期的石器技术传统》//《东亚、远东地区陶器的起源·国际研讨会摘要·1995 年·东北福祉大学》，仙台，1995 年，第 47－49 页，英文、日文。

Kononenko N.A., Tabarev A.V. Lithic Technology Traditions during the Transitional Period in the Maritime Region, Russian Far East // The Origins of Ceramics in the East Asia and Far East: Abstracts of Intern. Symp., 1995, Tohoku Fukushi Univ. — Sendai, 1995. — P. 47－49. — Англ. яз., яп. яз.

2459. **H.A. 科诺年科、A.A. 克鲁皮扬科、A.B. 塔巴列夫**：《乌斯季诺夫卡 6 号遗址：俄罗斯远东沿海地区细石叶（旧石器时代和中石器时代用燧石芯制的）工业的最新调查》//《怀俄明（美国州名）考古学家》，1995 年，第 39 卷，第 1－2 期合刊，第 1－5 页。

Kononenko N.A., Krupianko A.A., Tabarev A.V. Ustinovka－V1 Site: Recent Investigations of the Microblade Industries in the Maritime Region, Russian Far East // The Wyoming Archaeologist. — 1995. — Vol. 39, No. 1－2. — P. 1－5.

2460. **H.A. 科诺年科、B.B. 马穆宁**：《滨海地区新（发现）的细石叶综合体》//《东亚、北美的旧石器晚期至新石器早期·国际会议资料》，符拉迪沃斯托克，1996 年，第 137－145 页。

Кононенко Н.А., Мамунин В.В. Новые микропластинчатые комплексы в Приморье // Поздний палеолит — ранний неолит Восточной Азии и Северной Америки（материалы междунар. конф.）. — Владивосток, 1996. — С. 137－145.

2461. **H.A. 科诺年科**：《滨海地区乌斯季诺夫卡 3 号遗址与旧石器向新石器过渡期问题》//《东亚、北美的旧石器晚期至新石器早期·国际会议资料》，符拉迪沃斯托克，1996 年，第 117－136 页。

Кононенко Н.А. Стоянка Устиновка 3 и проблемы перехода от палеолита к неолиту Приморья // Поздний палеолит — ранний неолит Восточной Азии и Северной Америки（материалы междунар. конф.）.

— Владивосток, 1996. — С. 117－136.

2462. **Н.А. 科诺年科、А.В. 加尔科维克**：《更新世、全新世交替之际远东南部的石器加工工艺与古代经济》//《世界历史背景下的俄罗斯远东：从过去到未来·国际会议资料》，符拉迪沃斯托克，1996 年，第 308－313 页。

Кононенко Н.А., Гарковик А.В. Технология камнеобработки и палеоэкономика юга Дальнего Востока на рубеже плейстоцена — голоцена // Дальний Восток России в контексте мировой истории: от прошлого к будущему (материалы междунар. конф.). — Владивосток, 1996. — С. 308－313.

2463. **Н.А. 科诺年科、А.В. 加尔科维克**：《更新世、全新世交替之际远东南部的石器加工工艺与古代经济》//《世界历史背景下的俄罗斯远东：从过去到未来·国际学术会议报告、议程纲要》，符拉迪沃斯托克，1996 年，第 98－99 页。

Кононенко Н.А., Гарковик А.В. Технология камнеобработки и палеоэкономика юга Дальнего Востока на рубеже плейстоцена — голоцена // Дальний Восток России в контексте мировой истории: от прошлого к будущему: Тез. докл. и сообщ. междунар. науч. конф. — Владивосток, 1996. — С. 98－99.

2464. **Н.А. 科诺年科**：《滨海地区新发现的处于东亚细石叶传统背景下的旧石器时代遗址》//《第 1 届国际研讨会·垂杨介及她的邻居们》，忠北大学博物馆，韩国，第 1 章，1996 年，英文，朝文。

Kononenko N.A. New Paleolithic Sites in Primorye within Context of Microblade Tradition of East Asia // The 1st International Symposium Suyangge and her Neighbors. Chungbuk National University Museum. Korea. — S. l., 1996. — P. 25－41. — Англ. яз., кор. яз.

2465. **Н.А. 科诺年科**：《俄罗斯远东地区晚更新世至早全新世时期河滨环境适应下的石器技术的转变》//《加州考古学会第 30 次年会计划和摘要·1996 年 4 月 3－6 日·贝克斯菲尔德，加利福利亚》，圣迭戈，1996 年，第 51 页。

Kononenko N. The Transformation of Lithic Technology from the Late Pleistocene to the Early Holocene within Riverine Adaptations of the Russian Far East // // Society for California Archaeology. 30th Annual Meeting: Program [and Abstracts]. April 3－6, 1996, Bakersfield, California. — San Diego, 1996. — P. 51.

2466. **Н.А. 科诺年科**：《滨海地区乌斯季诺夫卡 6 号旧石器遗址考察》//《1996 年考古发现》，莫斯科，1997 年，第 330－331 页。

Кононенко Н.А. Исследование палеолитической стоянки Устиновка 6 в Приморье // АО, 1996. — М., 1997. — С. 330－331.

2467. **Н.А. 科诺年科**：《有关东亚晚更新世－早全新世时期文化交流的一些问题》//《第 2 届国际研讨会·垂杨介及她的邻居们》，第 1 章，清州，1997 年，第 59－73 页。

Kononenko N.A. Some Problems of Cultural Contact in the Late Pleistocene — Early Holocene of Eastern Asia // The 2nd International Symposium: Suyanggae and Her Neighbors. — S. l., 1997. — P. 59－73.

2468. **Н.А. 科诺年科**：《俄罗斯远东地区晚更新世至早全新世时期河滨环境适应下的石器技术的转变》//《加州考古学会论文集》，圣迭戈，1997 年，第 10 卷，第 74－87 页。

Kononenko N.A. The Transformation of Lithic Technology in Riverine Adaptation from the Late Pleistocene to Early Holocene in Russian Far East // Proceedings of the Society for California Archaeology. — San Diego, 1997. — Vol. 10. — P. 74－87.

2469. **Н.А. 科诺年科、Н.А. 克柳耶夫**：《滨海地区新发现的陶器出现以前时期的综合体（关于石器时代文化联系问题)》//《西北美洲与东北亚太平洋沿岸土著居民之间的历史文化联系·纪念德茹泽波夫斯基北太平洋考察 100 周年国际学术会议资料·符拉迪沃斯托克·1998 年 4 月 1－5 日》，符拉迪沃斯托克，1998 年，第 162－170 页。

Кононенко Н.А., Клюев Н.А. Новые докерамические комплексы в Приморье（к проблеме культурных связей в эпоху камня）// Историко-культурные связи между коренным населением тихоокеанского побережья Северо-Западной Америки и Северо-Восточной Азии: К 100-летию Джузеповской Северо-Тихоокеанской экспедиции: Материалы междунар. науч. конф.（Владивосток, 1－5 апр. 1998 г.）. — Владивосток, 1998. — С. 162－170.

2470. **Н.А. 科诺年科**：《滨海地区乌斯季诺夫卡 6 号遗址工作》//《1997 年考古发现》，莫斯科，1997 年，第 283 页。

Кононенко Н.А. Работы на стоянке Устиновка 6 в Приморье // АО, 1997. — М., 1999. — С. 283.

2471. **Н.А. 科诺年科**：《俄罗斯远东滨海地区新发现的旧石器时代的综合体－苏卡亚洞穴》//《从索朱代到卡米塔卡莫里：关于日本旧石器时代早中期的世界观点·庆祝科苏克塞利扎娃教授诞辰 80 周年论文集》，仙台，1999 年，第 141－147 页。

Кононенко N.A. Cave Sukhaya — New Paleolithic Complex of Primorye（Russian Far East）// A Symposium to Commemorate the 80th Birthday Celebrations of Professor Chosuke Serizava《From Sozudai to Kamitakamori. World Views on the Early and Middle Palaeolithic in Japan》. — [Sendai], 1999. — P. 141－147.

2472. **Н.А. 科诺年科**：《俄罗斯远东地区更新世－全新世过渡时期的文化演变》//《美国考古学会第 64 次年会摘要·芝加哥·伊利诺州·1999 年 3 月 24－28 日》，第 1 章，第 165 页。

Кононенко N.A. Cultural Transformations during the Pleistocene－Holocene Transition in the Russian Far East // Society for American Archaeology: Abstracts of the 64th Annual Meeting. Chicago, Illinois, March 24－28, 1999. — S. l., S. a. — P. 165.

2473. **Н.А. 科诺年科、Д. 卡西基**：《俄罗斯远东地区石器时代文化演变的动力》//《东亚历史教育问题：大学教师与学者的对话·国际学术会议资料》，符拉迪沃斯托克，1999 年，第 143－144 页。

Кононенко N.A., Cassidy J. Dynamic of Cultural Transformations in Stone Age of Russian Far East // Проблемы исторического образования в Восточной Азии: диалог преподавателей и ученых: Материалы междунар. науч. конф. — Владивосток, 1999. — С. 143－144.

2474. **Н.А. 科诺年科**：《滨海地区乌斯季诺夫卡 6 号遗址发掘》//《1998 年考古发现》，莫斯科，2000 年，第 306－307 页。

Кононенко Н.А. Раскопки стоянки Устиновка 6 в Приморье // АО, 1998. — М., 2000. — С. 306－307.

2475. **Н.А. 科诺年科**：《滨海地区乌斯季诺夫卡 6 号晚期旧石器遗址的功用视角》//《追溯过去·纪念 Ж.В. 安德列耶娃 70 周岁》，符拉迪沃斯托克，2000 年，第 211－230 页。

Кононенко Н.А. Функциональный аспект позднепалеолитической стоянки Устиновка－6 в Приморье

// Вперед … в прошлое: К 70-летию Ж.В. Андреевой. — Владивосток, 2000. — С. 211－230.

2476. Н.А. 科诺年科、Д. 卡西基：《俄罗斯远东地区更新世－全新世过渡时期的文化演变》//《加州考古学会公报》，弗雷斯诺，2000 年，第 13 卷，第 202－210 页。

Kononenko N., Cassidy J. Cultural Transformation during the Pleistocene－Holocene Transition in the Russian Far East // Proceedings of the Society for California Archaeology. — Fresno, 2000. — Vol. 13. — P. 202－210.

2477. А.В. 克斯坚科：《滨海地区旧石器晚期的砾石原料加工技术（根据戈尔巴特卡 3 号遗址资料》//《西伯利亚、远东的考古学、民族学问题·纪念 Н.К. 奥埃尔巴哈诞辰 100 周年暨区域性大学生考古会议报告简介》，克拉斯诺亚尔斯克。1991 年，第 1 卷，第 97－98 页。

Костенко А.В. Техника обработки галечного сырья в позднем палеолите Приморья (по материалам Горбатки－3) // Проблемы археологии и этнографии Сибири и Дальнего Востока: Посвящ. 100-летию Н.К. Ауэрбаха: Крат. содерж. докл. [регион. археол. студ. конф.]. — Красноярск, 1991. — Т. 1. — С. 97－98.

2478. А.В. 克斯坚科：《远东旧石器晚期时代的砾石工业问题》//《青年探索·副博士研究生学术论文汇编》，乌苏里斯克，1998 年，第 63－70 页。

Костенко А.В. Проблема галечной индустрии в палеолите Дальнего Востока // Поиск молодых: Сб. науч. ст. аспирантов. — Уссурийск, 1998. — С. 63－70.

2479. А.В. 克斯坚科：《关于滨海地区旧石器时代的砾石传统问题》//《北亚、中央亚细亚的古代、传统文化遗产·第 40 次大学生区域考古学－民族学会议资料》，新西伯利亚，2000 年，第 1 卷，第 69－71 页。

Костенко А.В. К вопросу о галечной традиции в палеолите Приморья // Наследие древних и традиционных культур Северной и Центральной Азии: Материалы 40-й Регион. археолого-этнографической студ. конф. — Новосибирск, 2000. — Т. 1. — С. 69－71.

2480. Ю.В. 克里武利亚：《滨海地区西南部陶器出现以前时期的综合体》//《苏联远东南部原始社会时代遗存的最新研究》，苏联科学院西伯利亚分院历史·考古·民族研究所，预印本，符拉迪沃斯托克，1988 年，第 10－13 页。

Кривуля Ю.В. Докерамические комплексы Юго-Западного Приморья // Новейшие исследования памятников первобытной эпохи на юге Дальнего Востока СССР / АН СССР. ДВО. ИИАЭ. — Препр. — Владивосток, 1988. — С. 10－13.

2481. Ю.В. 克里武利亚：《达尼洛夫卡 2 号——滨海地区旧石器时代晚期遗址》//《太平洋沿岸的石器时代——献给 П.И. 博里斯科夫斯基的崇高纪念》，符拉迪沃斯托克，1996 年，第 102－120 页（《太平洋考古学》，第 7 集）。

Кривуля Ю.В. Даниловка 2 — позднепалеолитический памятник Приморья // Каменный век тихоокеанских побережий: Светлой памяти П.И. Борисковского посвящ. — Владивосток, 1996. — С. 102－120. — (Тихоокеан. археология; Вып. 7)

2482. А.А. 克鲁皮扬科：《旧石器时代晚期的乌斯季诺夫卡 4 号遗址中的雕刻器》//《西伯利亚、远东考古学问题·1985 年 4 月 3－6 日第 25 次大学生区域考古会议报告纲要》，伊尔库茨克，1985 年，第

8－10 页。

Крупянко А.А. Резцы позднепалеолитического памятника Устиновка 4 // Проблемы археологии Сибири и Дальнего Востока：Тез. докл. к XXV Регион. археол. студ. конф.，3 － 6 апр. 1985 г. — Иркутск, 1985. — С. 8 － 10.

2483. **А.А. 克鲁皮扬科**：《（滨海地区）乌斯季诺夫卡 4 号遗址陶器出现以前时期综合体出土的带有研磨痕迹的人工制品》//《北亚考古学问题·纪念 А.П. 奥克拉德尼科夫院士诞辰 80 周年·1988 年 3 月 28 － 30 日第 28 次大学生区域考古会议报告纲要》，赤塔，1988 年，第 163 － 164 页。

Крупянко А.А. Артефакты со следами шлифовки из докерамического комплекса памятника Устиновка － IV（Приморье）// Проблемы археологии Северной Азии（К 80-летию акад. А.П. Окладникова）：Тез. докл. XXVIII Регион. археол. студ. конф.（28 － 30 марта 1988 г.）. — Чита, 1988. — С. 163 － 164.

2484. **А.А. 克鲁皮扬科**：《滨海地区陶器出现以前时期遗存的研磨技术利用》//《物质文化与考古学构拟问题》，新西伯利亚，1991 年，第 52 － 57 页。

Крупянко А.А. Использование абразивной техники на докерамических памятниках Приморья // Материальная культура и проблемы археологической реконструкции. — Новосибирск, 1991. — С. 52 － 57.

2485. **А.А. 克鲁皮扬科、О.В. 扬希娜**：《滨海地区旧石器晚期遗存的陶器发现问题：关于陶器残片年代的确立问题》//《西伯利亚、远东的考古学、民族学问题·纪念 Н.К. 奥埃尔巴哈诞辰 100 周年暨区域性大学生考古会议报告简介》，克拉斯诺亚尔斯克，1991 年，第 1 卷，第 58 － 59 页。

Крупянко А.А.，Яншина О.В. К вопросу о находках керамики на позднепалеолитических памятниках Приморья：［Вопрос о возрасте керамики оставлен открытым］// Проблемы археологии и этнографии Сибири и Дальнего Востока：Посвящ. 100-летию Н.К. Ауэрбаха：Крат. содерж. докл. ［регион. археол. студ. конф.］. — Красноярск, 1991. — Т. 1. — С. 58 － 59.

2486. **А.А. 克鲁皮扬科**：《（滨海地区）乌斯季诺夫卡 4 号遗址出土的藏品中细石叶组合与带雕刻器削片的产品》//《物质文化与考古学构拟问题》，新西伯利亚，1991 年，第 27 － 51 页。

Крупянко А.А. Микропластинчатый комплекс и изделия с резцовым сколом из коллекции Устиновки － IV（Приморье）// Материальная культура и проблемы археологической реконструкции. — Новосибирск, 1991. — С. 27 － 51.

2487. **А.А. 克鲁皮扬科**：《1991 年苏沃罗沃 6 号遗址考察总结》//《西伯利亚、远东考古学新资料》，托木斯克，1992 年，第 37 － 38 页。

Крупянко А.А. Итоги исследования стоянки Суворово-VI в 1991 г. // Новое в археологии Сибири и Дальнего Востока. — Томск, 1992. — С. 37 － 38.

2488. **А.А. 克鲁皮扬科**：《流纹岩综合体——滨海地区旧石器时代新的奥秘》//《远东第 2 次青年历史学者会议报告纲要》，符拉迪沃斯托克，1992 年，第 36 － 38 页。

Крупянко А.А. Липаритовые комплексы — новая загадка палеолита Приморья // Вторая Дальневост. конф. молодых историков：Тез. докл. — Владивосток, 1992. — С. 36 － 38.

2489. **А.А. 克鲁皮扬科**：《滨海地区东部考古学新资料》//《太平洋沿岸的石器时代——献给 П.И. 博里斯科夫斯基的崇高纪念》符拉迪沃斯托克，1996 年，第 121 － 128 页（《太平洋考古学》，第 7 集）。

Крупянко А.А. Новое в археологии Восточного Приморья // Каменный век тихоокеанских побережий: Светлой памяти П.И. Борисковского посвящ. — Владивосток, 1996. — С. 121－128. — (Тихоокеан. археология; Вып. 7).

2490．**A.A. 克鲁皮扬科、A.B. 塔巴列夫**：《石器工业的原料基地：考古学、地质学综合体》//《东亚、北美的旧石器晚期至新石器早期·国际会议资料》，符拉迪沃斯托克，1996 年，第 149－154 页。

Крупянко А.А., Табарев А.В. Сырьевая база каменной индустрии: комплекс археологических и геологических данных // Поздний палеолит — ранний неолит Восточной Азии и Северной Америки (материалы междунар. конф.). — Владивосток, 1996. — С. 149－154.

2491．**A.A. 克鲁皮扬科**：《古代生态系统中岩石资源的利用（滨海东部地区更新世晚期－全新世早期)》，历史学副博士论文作者文摘，俄罗斯科学院西伯利亚分院考古与民族研究所，新西伯利亚，1996 年，23 页。

Крупянко А.А. Эксплуатация литоресурсов в палеоэкологической системе (поздний плейстоцен — ранний голоцен Восточного Приморья): Автореф. дис. ... канд. ист. наук / РАН. СО. ИАЭ. — Новосибирск, 1996. — 23 с.

2492．**A.A. 克鲁皮扬科、A.B. 塔巴列夫**：《俄罗斯远东滨海沿岸地区的适应策略》//《加州考古学会第 30 次年会纲要·1996 年 4 月 3－6 日·贝克斯菲尔德·加利福尼亚》，圣迭戈，1996 年，第 51 页。

Krup'anko A.A., Tabarev A.V. Adaptive Strategies in the Coastal Zone of the Maritime Region of the Russian Far East // Society for California Archaeology. 30th Annual Meeting: Program [and Abstracts]. April 3－6, 1996, Bakersfield, California. — San Diego, 1996. — P. 51.

2493．**A.M. 库兹涅佐夫、Э.B. 沙弗库诺夫**：《(滨海地区) 季莫费耶夫卡村附近的中石器时代遗存》//《1972 年考古发现》，莫斯科，1973 年，第 221－222 页。

Кузнецов А.М., Шавкунов Э.В. Мезолитическая стоянка близ с. Тимофеевки [в Приморье] // АО, 1972. — М., 1973. — С. 221－222.

2494．**A.M. 库兹涅佐夫**：《(滨海地区) 伊利斯塔亚河流域的石器时代遗存》//《学术理论会议报告纲要·伊尔库茨克国立大学·考古学会议》，伊尔库茨克，1977 年，第 60－63 页。

Кузнецов А.М. Памятники каменного века р. Илистой [в Приморье] // Тез. докл. науч.－теор. конф. / Иркут. гос. ун-т. Секция археологии. — Иркутск, 1977. — С. 60－63.

2495．**A.M. 库兹涅佐夫**：《滨海地区季莫费耶夫卡村附近的石器时代地点》//《苏联科学院西伯利亚分院院刊》，1980 年 11 期：社会科学系列 3，第 71－76 页。

Кузнецов А.М. Местонахождение каменного века у с. Тимофеевки в Приморье // ИСОАН СССР. — 1980. — № 11: Сер. обществ. наук, вып. 3. — С. 71－76.

2496．**A.M. 库兹涅佐夫**：《滨海地区石器时代的新资料》//《旧石器时代、新石器时代》，列宁格勒，1986 年，第 138－142 页。

Кузнецов А.М. Новые данные по каменному веку Приморья // Палеолит и неолит. — Л., 1986. — С. 138－142.

2497．**A.M. 库兹涅佐夫**：《滨海地区的旧石器时代、中石器时代：问题的现状》//《亚洲、太平洋地区地层学与第四纪地层的相互关系·国际会议纲要·1988 年 10 月 9－16 日·纳霍德卡》，符拉迪沃斯托克，1988 年，第 1 卷，第 122－123 页。

Кузнецов А.М. Палеолит и мезолит Приморья: Современное состояние проблемы // Стратиграфия и корреляция четвертичных отложений Азии и Тихоокеанского региона: Тез. междунар. симп. (9－16 окт. 1988 г., Находка). — Владивосток, 1988. — Т. 1. — С. 122－123.

2498．**А.М. 库兹涅佐夫、Ф.П. 特吉古布**：《伊利斯塔亚河流域旧石器时代晚期遗存：滨海地区考古地图资料》//《方志学问题·纪念阿尔谢尼耶夫报告会会议报告纲要》，乌苏里斯克，1989 年，第 31－34 页。

Кузнецов А.М., Тригуб Ф.П. Памятники позднего палеолита в бассейне реки Илистой: (Материалы к археологической карте Приморья) // Проблемы краеведения: [Тез. докл. конф.] / Арсеньев. чтения. — Уссурийск, 1989. — С. 31－34.

2499．**А.М. 库兹涅佐夫**：《滨海地区晚期旧石器时代》，符拉迪沃斯托克，远东国立大学出版社，1992 年，240 页。

Кузнецов А.М. Поздний палеолит Приморья. — Владивосток: Изд－во Дальневост. ун-та, 1992. — 240 с.

2500．**А.М. 库兹涅佐夫**：《俄罗斯滨海边疆区旧石器时代晚期遗址》//《美国的开端：伯利几亚的史前史和古生态学》，芝加哥；伦敦，1996 年，第 267－282 页。

Kuznetsov A.M. Late Palaeolithic Sites of the Russian Maritime Province Primorye // American Beginnings: The Prehistory and Palaeoecology of Beringia. — Chicago; London, 1996. — P. 267－282.

2501．**А.М. 库兹涅佐夫**：《北亚、东亚地区的细石叶技术组合》//《更新世最新研究》，科瓦利斯，2000 年，第 17 卷，第 51－53 页。

Kuznetsov A.M. Microblade Technocomlexes in North and East Asia // Current Research in Pleistocene. — Corvallis, 2000. — Vol. 17. — P. 51－53.

2502．**З.С. 拉普希娜、С.В. 戈尔布诺夫**：《阿穆尔河下游新的中石器时代遗存》//《萨哈林、库里尔群岛考古学考察 II·1989 年 12 月 8－9 日第 2 次纪念 Р.В. 科济列娃考古报告会讲演纲要》，南萨哈林斯克，1989 年，第 38－39 页。

Лапшина З.С., Горбунов С.В. Новые мезолитические памятники Нижнего Амура // Исследования по археологии Сахалина и Курильских островов, II: Тез. выступлений на II археол. чтениях, посвящ. памяти Р.В. Козыревой, 8－9 дек. 1989 г. — Южно-Сахалинск, 1989. — С. 38－39.

2503．**З.С. 拉普希娜**：《奥西波夫卡中石器文化研究》//《纪念阿穆尔州方志博物馆成立 100 周年学术汇报会报告纲要》，布拉戈维申斯克，1991 年，第 55－59 页。

Лапшина З.С. К изучению осиповской мезолитической культуры // Тез. докл. науч.－практ. конф., посвящ. 100-летию Амур. обл. краевед. музея. — Благовещенск, 1991. — С. 55－59.

2504．**З.С. 拉普希娜**：《俄罗斯远东地区晚更新世－早全新世时期古代文化研究的相关问题》，《北美与俄罗斯远东之间的科学桥梁·第 45 届北极科学会议摘要》，符拉迪沃斯托克，1994 年，第 153 页。

Lapshina Z.S. Problems of Study of the Late Pleistocene — Early Holocene Ancient Cultures of the Russian Far East // Bridges of the Science between North America and the Russian Far East: 45th Arctic Science Conference: Abstracts. — Vladivostok, 1994. — Bk. 2. — P. 153.

2505．**З.С. 拉普希娜**：《阿穆尔河沿岸原始社会艺术中鸟的形象》//《文化背景下的文学·1994 年 10 月 26－28 日学术汇报会资料·人类、文学、社会组》，阿穆尔共青城，1995 年，第 4－11 页。

Лапшина З.С. Образ птицы в первобытном искусстве Приамурья // Литература в контексте культуры: Материалы науч. – практ. конф. 26 – 28 окт. 1994 г. Секция Человек. Литература. Общество. — Комсомольск – на – Амуре, 1995. — С. 4 – 11.

2506．**З.С. 拉普希娜**：《（阿穆尔河下游）胡米遗址的早期陶器》//《俄罗斯科学院远东分院院刊》，1995 年 6 期，第 104－106 页。

Лапшина З.С. Ранняя керамика на поселении Хумми (Нижний Амур) // Вестн. ДВО РАН. — 1995. — № 6. — С. 104 – 106.

2507．**З.С. 拉普希娜**：《胡米遗址石器工业的切削工具与切削技术》//《东亚的传统文化·考古学、文化人类学》，布拉戈维申斯克，1995 年，第 81－87 页。

Лапшина З.С. Резцы и резцовая техника в каменной индустрии поселения Хумми // Традиционная культура востока Азии. Археология и культурная антропология. — Благовещенск, 1995. — С. 81 – 87.

2508．**З.С. 拉普希娜**：《阿穆尔河下游地区最古老的房舍》//《俄罗斯远东、亚洲太平洋地区国家的民族文化、科学、教育：历史、经验、发展·1995 年 10 月 2－5 日国际学术汇报会资料》，哈巴罗夫斯克，1996 年，第 4 集，第 9 页。

Лапшина З.С. Древнейшее жилище в Нижнем Приамурье // Культура, наука и образование народов Дальнего Востока России и стран Азиатско-Тихоокеанского региона: история, опыт, развитие: Материалы междунар. науч. – практ. конф. 2 – 5 окт. 1995 г. — Хабаровск, 1996. — Вып. 4. — С. 9.

2509．**З.С. 拉普希娜**：《阿穆尔河下游沿岸早期全新世的研究问题》//《北太平洋考古学》，符拉迪沃斯托克，1996 年，第 383－387 页。

Лапшина З.С. Проблемы изучения раннего голоцена Нижнего Приамурья // Археология Северной Пасифики. — Владивосток, 1996. — С. 383 – 387.

2510．**З.С. 拉普希娜**：《阿穆尔河下游地区胡米遗址的早期陶器》//北方欧亚学会：《时事通讯》第 8 期，东京，1996 年，第 16－17 页，日文。

Лапшина З.С. Ранняя керамика поселения Хумми на Нижнем Амуре // The Society of North – Eurasian Studies. Newsletter No. 8. — Tokyo, 1996. — P. 16 – 17. — Яп. яз.

2511．**З.С. 拉普希娜**：《阿穆尔河下游地区胡米遗址早期层面的陶器》//《西北美洲与东北亚太平洋沿岸土著居民之间的历史文化联系·纪念德茹泽波夫斯基北太平洋考察 100 周年国际学术会议资料·符拉迪沃斯托克·1998 年 4 月 1－5 日）》，符拉迪沃斯托克，1998 年，第 191－200 页。

Лапшина З.С. Керамика раннего горизонта поселения Хумми в Нижнем Приамурье // Историко-культурные связи между коренным населением тихоокеанского побережья Северо-Западной Америки и Северо-Восточной Азии: К 100-летию Джузеповской Северо-Тихоокеанской экспедиции: Материалы междунар. науч. конф. (Владивосток, 1 – 5 апр. 1998 г.). — Владивосток, 1998. — С. 191 – 200.

2512．**З.С. 拉普希娜**：《胡米遗址（阿穆尔河下游）发现的晚更新世－早全新世时期的古代遗存》//北方欧亚学会：《时事通讯》第 11 期，东京，1998 年，第 1－9 页。

Lapshina Z.S. The Ancient Items of the Final of Pleistocene — the Beginning of Holocene from the Khummi Site（Lower Amur River Basin）// The Society of North－Eurasian Studies. Newsletter No. 11. — Tokyo, 1998. — P. 1－9.

2513．**З.С. 拉普希娜**：《胡米湖的古迹》，哈巴罗夫斯克，没有出版社，1999 年，206 页。

Лапшина З.С. Древности озера Хумми. — Хабаровск: Б. и., 1999. — 206 с.

2514．**З.С. 拉普希娜**：《阿穆尔河更新世末期－全新世初期的古迹》//《古代的贝加尔西伯利亚》，伊尔库茨克，2000 年，第 2 集，第 1 卷，第 189－202 页。

Лапшина З.С. Древности финала плейстоцена — начала голоцена на Амуре // Байкальская Сибирь в древности. — Иркутск, 2000. — Вып. 2, ч. 1. — С. 189－202.

2515．**李宪宗**：《俄罗斯远东南部及其毗邻地区的旧石器晚期综合体（根据谢列姆贾河考古遗存资料》，历史学博士论文作者文摘，俄罗斯科学院西伯利亚分院考古与民族研究所，新西伯利亚，1995 年，45 页。

Ли Хонджон. Позднепалеолитические комплексы Юга Российского Дальнего Востока и сопредельных территорий（на основе материалов археологических памятников Селемджи）: Автореф. дис. ... д－ра ист. наук / РАН. СО. ИАЭ. — Новосибирск, 1995. — 45 с.

2516．**В.А. 伦沙**：《根据滨海地区西南部中石器时代最新研究的乌斯季诺夫卡文化的年代问题》//《远东、西伯利亚石器时代、古金属时代遗存的研究问题》，苏联科学院远东分院历史·考古·民族研究所，预印本，符拉迪沃斯托克，1989 年，第 3－7 页。

Лынша В.А. Проблемы возраста устиновской культуры в свете новейших исследований мезолита в Юго-Западном Приморье // Проблемы изучения памятников каменного века и палеометалла Дальнего Востока и Сибири / АН СССР. ДВО. ИИАЭ. — Препр. — Владивосток, 1989. — С. 3－7.

2517．**В.А. 伦沙**：《滨海地区北部旧石器时代的发现》//《北亚、美洲的古生态学与古代人类居住点·国际学术会议报告内容摘要》，克拉斯诺亚尔斯克，1992 年，第 168－171 页。

Лынша В.А. Открытие палеолита на севере Приморья // Палеоэкология и расселение древнего человека в Северной Азии и Америке: Крат. содерж. докл. междунар. симп. — Красноярск, 1992. — С. 168－171.

2518．**А.И. 马津**：《（谢列姆贾河右岸）"蛇"多层遗址发掘》//《西伯利亚、远东古代文化遗存研究》，新西伯利亚，1987 年，第 164－165 页。

Мазин А.И. Раскопки многослойной стоянки《Змеиная》[на правом берегу р. Селемджи] // Исследования памятников древних культур Сибири и Дальнего Востока. — Новосибирск, 1987. — С. 164－165.

2519．**А.В. 马利亚温**：《奥西诺夫卡遗址的石核》//《远东第 3 次青年历史学者会议报告纲要》，符拉迪沃斯托克，1994 年，第 5－7 页。

Малявин А.В. Нуклеусы стоянки Осиповка // Третья Дальневост. конф. молодых историков: Тез. докл. — Владивосток, 1994. — С. 5－7.

2520．**А.В. 马利亚温**：《奥西诺夫卡传统的遗存：哈巴罗夫斯克组》//《 "远东专业学者代表大会" ·历史学、方志学学术汇报会·纪念哈巴罗夫斯克方志博物馆成立 100 周年会议资料》，哈巴罗夫斯克，1994 年，第 2 卷，第 18－21 页。

Малявин А.В. Памятники осиповской традиции: хабаровская группа // 《Съезд сведущих людей Дальнего Востока》: Науч. – практ. ист. – краевед. конф., посвящ. 100-летию Хабаровского краевед. музея: Материалы конф. — Хабаровск, 1994. — Т. II. — С. 18－21.

2521. **А.В. 马利亚温**：《奥西诺夫卡工业中的第一次剥裂技术》//《东亚的传统文化：考古学、文化人类学》，布拉戈维申斯克，1995 年，第 75－81 页。

Малявин А.В. Техника первичного расщепления в осиповской индустрии // Традиционная культура востока Азии. Археология и культурная антропология. — Благовещенск, 1995. — С. 75－81.

2522. **А.В. 马利亚温、И.Я. 舍夫科穆德**：《阿穆尔河沿岸新的含有最古老陶器类遗存研究的初步结果：贡恰尔卡 3 号遗址、新特罗伊茨科耶 3 号遗址》//《阿穆尔项目》，筑波，1999 年，第 36－53 页。

Малявин А.В., Шевкомуд И.Я. Предварительное сообщение об исследованиях новых стоянок с древнейшей керамикой в Приамурье: Гончарка－3 и Новотроицкое－3 // Project Amur. — Tsukuba, 1999. — С. 36－53.

2523. **А.В. 马利亚温、И.Я. 舍夫科穆德**：《阿穆尔河下游地区新的遗存：新的含有最古老陶器类遗存的研究》//《俄罗斯与亚洲太平洋地区》，2000 年 3 期，第 52－61 页。

Малявин А.В., Шевкомуд И.Я. Новые стоянки на Нижнем Приамурье: исследования новых стоянок с древнейшей керамикой // Россия и АТР. — 2000. — № 3. — С. 52－61.

2524. **В.Е. 麦德维杰夫**：《关于加斯亚遗址及俄罗斯远东地区早期陶器问题综述》，《日本海地区早期陶器的传播·日本考古学会研讨会论文集·新泻（日本）·1993 年 10 月 16－17 日》，1993 年，新泻，第 1－11 页，日文。

Medvedev V.E. About the Problems of Early Pottery on the Gasya Site and on the Russian Far East in general // The Spread of the Earliest Pottery in the Sea of Japan Area: Papers of the Japanese Archaeology Society, Symposium, Niigata, Oct. 16－17, 1993. — Niigata, 1993. — P. 1－11. — Яп. яз.

2525. **В.Е. 麦德维杰夫**：《关于俄罗斯境内亚洲东部地区及加夏遗址陶器的发现问题》//《日本海沿海岸区域陶器的发现》，新泻，1994 年，第 9－20 页，日文。

Медведев В.Е. К вопросу об открытии керамики в восточных районах азиатской части России и на поселении Гася // Открытие керамики в прибрежных районах Японского моря. — Ниигата, 1994. — С. 9－20. — Яп. яз.

2526. **А.В. 梅尔兹利亚科夫**：《（滨海地区）伊利斯塔亚 1 号早期新石器时代遗址石制工具的分类尝试》//《西伯利亚、中央亚细亚的考古学、民族学问题·1980 年 3 月 25－27 日区域会议报告纲要》，伊尔库茨克，1980 年，第 64－66 页。

Мерзляков А.В. Опыт классификации каменных орудий стоянки раннего неолита Илистая－1 (Приморье) // Проблемы археологии и этнографии Сибири и Центральной Азии: Тез. докл. к регион. конф., 25－27 марта 1980 г. — Иркутск, 1980. — С. 64－66.

2527. **А.Г. 米哈伊连科**：《1963 年滨海地区大柞树河流域中石器时代作坊遗址发掘》//《第 2 次大学生学术会议纲要·新西伯利亚国立大学》，新西伯利亚，1964 年，第 27－28 页。

Михайленко А.Г. Раскопки мезолитической мастерской на р. Тадуши в Приморье в 1963 г. // Тез. 2－й науч. студ. конф. / НГУ. — Новосибирск, 1964. — С. 27－28.

2528．**И.В. 诺沃格拉德茨基**：《关于（滨海地区）伊利斯塔亚 1 号新石器早期遗址石核的劈裂方式》//《西伯利亚、中央亚细亚的考古学、民族学问题·1980 年 3 月 25－27 日区域会议报告纲要》，伊尔库茨克，1980 年，第 63－64 页。

Новоградский И.В. О приемах расщепления нуклеусов стоянки раннего неолита Илистая － 1 (Приморье) // Проблемы археологии и этнографии Сибири и Центральной Азии: Тез. докл. к регион. конф., 25－27 марта 1980 г. — Иркутск, 1980. — С. 63－64.

2529．**Б.С. 萨普诺夫、В.Г. 彼得罗夫、Д.П. 博洛京、Н.Н. 扎伊采夫**：《关于阿穆尔河上游地区"石屋"洞穴区域的考古调查结果》//《纪念阿穆尔州方志博物馆成立 100 周年学术汇报会报告纲要》，布拉戈维申斯克，1991 年，第 44－51 页。

О результатах археологической разведки в районе пещеры《Каменный дом》на Верхнем Амуре / Б.С. Сапунов, В.Г. Петров, Д.П. Болотин, Н.Н. Зайцев // Тез. докл. науч－практ. конф., посвящ. 100-летию Амур. обл. краевед. музея.— Благовещенск, 1991. — С. 44－51.

2530．**А.П. 奥克拉德尼科夫**：《远东的最古老的文化》//《古代的西伯利亚（1 卷本〈西伯利亚史〉）》，**Ж.В. 安德列耶娃、З.Я. 博亚尔希诺娃、Э.А. 万盖盖姆**等编著，乌兰乌德，1964 年，第 112－121 页。

Окладников А.П. Древнейшие культуры Дальнего Востока // Древняя Сибирь: (Макет 1 тома《Истории Сибири》) / Ж.В. Андреева, З.Я. Бояршинова, Э.А. Вангейгейм и др. — Улан-Удэ, 1964. — С. 112－121.

2531．**А.П. 奥克拉德尼科夫**：《远东的中石器时代》//《古代的西伯利亚（1 卷本〈西伯利亚史〉）》，**Ж.В. 安德列耶娃、З.Я. 布亚尔希诺娃、Э.А. 万格伊格伊姆**等编著，乌兰乌德，1964 年，第 121－128 页。

Окладников А.П. Мезолит Дальнего Востока // Древняя Сибирь: (Макет 1 тома《Истории Сибири》) / Ж.В. Андреева, З.Я. Бояршинова, Э.А. Вангейгейм и др. — Улан-Удэ, 1964. — С. 121－128.

2532．**А.П. 奥克拉德尼科夫**：《关于西伯利亚早期人类居住点、结雅河流域旧石器遗存的新发现》，莫斯科，科学出版社，1964 年，10 页（《第 7 次人类学、民族学国际会议》）。

Окладников А.П. О первоначальном заселении человеком Сибири и новых находках палеолита на реке Зее. — М.: Наука, 1964. — 10 с. — (VII Междунар. конгр. антропол. и этногр. наук).

2533．**А.П. 奥克拉德尼科夫**：《西伯利亚的早期人类与结雅河旧石器时代的新发现》，纳乌卡，1964 年，第 9 页（《第 7 次人类学、民族学国际大会》）。

Okladnikov A.P. The Peopling of Siberia and New Paleolithic Finds at the Zea River. — M.: Nauka, 1964. — 9 p. — (VII Intern. Congr. of Anthropol. and Ethnolog. Sciences).

2534．**А.П. 奥克拉德尼科夫**：《（1953－1963 年）滨海地区拉兹多利纳亚村附近中石器遗存的发现》//《苏联考古学资料与研究》，1965 年 130 期，第 62－65 页。

Окладников А.П. Мезолитические находки у села Раздольного в Приморье (1953－1963) // МИА. — 1965. — № 130. — С. 62－65.

2535．**А.П. 奥克拉德尼科夫**：《大柞树河流域乌斯季诺夫卡村附近的古代遗址及远东的中石器时代问题（基于 1964 年发掘）》//《西伯利亚的第四纪》，莫斯科，1966 年，第 352－372 页。

Окладников А.П. Древнее поселение на р. Тадуши у дер. Устиновки и проблема дальневосточного мезолита（в связи с раскопками 1964 г.）// Четвертичный период Сибири. — М., 1966. — С. 352－372.

2536．**А.П. 奥克拉德尼科夫、Н.К. 韦列夏金、Н.Д. 奥沃多夫**：《滨海地区旧石器时代洞穴的发现》//《俄罗斯科学院院刊》，1968 年 10 期，第 54－62 页。

Окладников А.П., Верещагин Н.К., Оводов Н.Д. Открытие пещерного палеолита в Приморье // ВАН. — 1968. — № 10. — С. 54－62.

2537．**А.П. 奥克拉德尼科夫、А.П. 杰列维扬科**：《阿穆尔河的旧石器时代》//《苏联科学院西伯利亚分院院刊》，1969 年 1 期：《社会科学系列》，第 1 集，第 114 页。

Окладников А.П., Деревянко А.П. Палеолит Амура // ИСОАН СССР. — 1969. — № 1：Сер. обществ. наук, вып. 1. — С. 114.

2538．**А.П. 奥克拉德尼科夫**：《大柞树河流域乌斯季诺夫卡村附近的发掘》//《1968 年考古发现》，莫斯科，1969 年，第 215－217 页。

Окладников А.П. Раскопки у с. Устиновки на р. Тадуши // АО, 1968. — М., 1969. — С. 215－217.

2539．**А.П. 奥克拉德尼科夫**：《乌斯季诺夫卡地区塔杜沙河边的一个古代居址及远东地区中石器时代的相关问题（据 1964 年的发掘)》//《北极人类学》，1969 年，第 6 卷，第 1 期，第 134－149 页。

Okladnikov A.P. An Ancient Settlement on the Tadusha River at Ustinovka and the Problem of the Far Eastern Mesolithic：(In Light of the 1964 Excavations) // Arctic Anthropology. — 1969. — Vol. 6, No. 1. — P. 134－149.

2540．**А.П. 奥克拉德尼科夫**：《西伯利亚的早期人类与结雅河旧石器时代的新发现》//《第 7 次人类学、民族学国际会议·莫斯科·1964 年》，莫斯科，1970 年，第 10 卷，第 251－256 页。

Okladnikov A.P. The Peopling of Siberia and New Paleolithic Finds at the Zea River // VII Междунар. конгр. антропологических и этнографических наук. Москва, 1964 г. — М., 1970. — Т. 10. — С. 251－256.

2541．**А.П. 奥克拉德尼科夫、А.П. 杰列维扬科**：《阿穆尔河的旧石器时代》//《苏联成立以前时期的西伯利亚史问题·纪念巴赫鲁申报告会·1969 年》，新西伯利亚，1973 年，第 3－28 页。

Окладников А.П., Деревянко А.П. Палеолит Амура // Вопросы истории Сибири досоветского периода：(Бахрушинские чтения, 1969). — Новосибирск, 1973. — С. 3－28.

2542．**А.П. 奥克拉德尼科夫、А.П. 杰列维扬科**：《阿穆尔河的旧石器时代》//《西伯利亚东北部的考古学》，东京，1975 年，第 1 卷，第 14－16 页，日文。

Окладников А.П., Деревянко А.П. Палеолит Амура // Археология Северо-Востока Сибири. — Токио, 1975. — Т. 1. — С. 14－16. — Яп. яз.

2543．**А.П. 奥克拉德尼科夫**：《远东的中石器时代（陶器出现以前时期遗存)》//《苏联科学院考古研究所简报》，1977 年，第 115－120、149 页。

Окладников А.П. Мезолит Дальнего Востока（докерамические памятники）// КСИА. — 1977. — Вып. 149. — С. 115－120.

2544．**А.П. 奥克拉德尼科夫**：《阿尔杰莫夫卡 1 号遗址——滨海地区的中石器时代遗存》//《西伯利亚经济、文化、社会发展的历史学视角》，新西伯利亚，1978 年，第 1 部，第 3－20 页。

Окладников А.П. Артемовка－1 — мезолитический памятник в Приморье // Исторические аспекты экономического, культурного и социального развития Сибири. — Новосибирск, 1978. — Ч. 1. — С. 3－20.

2545．**А.П. 奥克拉德尼科夫**：《关于苏联远东人类的早期居民点问题以及哈巴罗夫斯克边疆区乌里奇斯基地区博戈罗茨科耶村区域阿舍利石斧的发现》//《西伯利亚、太平洋区域的古代文化》，新西伯利亚，1979 年，第 6－20 页。

Окладников А.П. К вопросу о первоначальном заселении человеком советского Дальнего Востока и находка ашельского рубила в районе с. Богородского Ульчского района Хабаровского края // Древние культуры Сибири и Тихоокеанского бассейна. — Новосибирск, 1979. — С. 6－20.

2546．**А.П. 奥克拉德尼科夫**：《远东的旧石器时代》，《第 14 届太平洋科学大会文集摘要》，莫斯科，1997 年，第 2 卷，第 209－211 页。

Okladnikov A.P. The Paleolithic of the Far East // XIV Pacific Science Congress . USSR, Khabarovsk, August 1979. Committee L. Social Sciences and Humanities. Section LIII. Ethno－Cultural Problems in the Pacific Research. Section LIV. Languages of Pacific Region: Abstracts of Papers. — M., 1979. — Vol. 2. — P. 209－211.

2547．**А.П. 奥克拉德尼科夫**：《滨海地区、阿穆尔河沿岸的旧石器时代》//《太平洋考古学》，符拉迪沃斯托克，1980 年，第 6－27 页。

Окладников А.П. Палеолит Приморья и Приамурья // Тихоокеанская археология. — Владивосток, 1980. — С. 6－27.

2548．**А.П. 奥克拉德尼科夫**：《大柞树河流域乌斯季诺夫卡村附近发掘》//《西伯利亚、远东考古学》，东京，1982 年，第 2 卷：《滨海地区》，第 395－396 页，日文。

Окладников А.П. Раскопки у с. Устиновки на р. Тадуши // Археология Сибири и Дальнего Востока. — Токио, 1982. — Т. 2: Приморье. — С. 395－396. — Яп. яз.

2549．**А.П. 奥克拉德尼科夫**：《大柞树河流域乌斯季诺夫卡遗址以及远东中石器时代的某些问题（基于 1964 年发掘）》//《西伯利亚、远东考古学》，东京，1982 年，第 2 卷：《滨海地区》，第 104－131 页，日文。

Окладников А.П. Стоянка Устиновка на реке Тадуши и некоторые вопросы мезолита Дальнего Востока (в связи с раскопками 1964 года) // Археология Сибири и Дальнего Востока. — Токио, 1982. — Т. 2: Приморье. — С. 104－131. — Яп. яз.

2550．**А.П. 奥克拉德尼科夫**：《阿尔杰莫夫卡 1 号遗址——滨海地区的中石器时代遗存》//《苏联中石器时代、新石器时代考察》，列宁格勒，1983 年，第 5－14 页。

Окладников А.П. Артемовка－1 — мезолитический памятник в Приморье // Изыскания по мезолиту и неолиту СССР. — Л., 1983. — С. 5－14.

2551．**А.В. 加尔科维克、Н.А. 科诺年科、梶原洋、横山裕平**：《1994－1997 年（滨海边疆区）乌斯季诺夫卡 3 号遗址考察的主要成果》//《1994－1996 年西伯利亚、远东考古学者、民族学者田野、实验室考察结果评述》，新西伯利亚，2000 年，第 153－158 页。

Основные результаты исследования памятника Устиновка – 3 (Приморский край) в 1994 — 1997 годах / А.В. Гарковик, Н.А. Кононенко, Х. Кадзивара, Ю. Ёкояма // Обозрение результатов полевых и лабораторных исследований археологов и этнографов Сибири и Дальнего Востока в 1994 — 1996 годах. — Новосибирск, 2000. — С. 153 – 158.

2552. 梶原洋、横山裕平、Н.А. 科诺年科、А.В. 加尔科维克、И.Я. 舍夫科穆德、中沢研、相沢正信、А.В. 科诺年科：《日俄联合考察乌斯季诺夫卡遗址的第 5 个季节的报告》//《第 10 次日本东北地区旧石器文化问题会议》，仙台，1996 年，第 135 – 147 页，日文。

Отчет о 5 – ом сезоне совместных российско-японских исследований на стоянке Устиновка /Х. Кадзивара, Ю. Ёкояма, Н.А. Кононенко, А.В. Гарковик, И.Я. Шевкомуд, К. Накадзава, М. Айзава, А.В. Кононенко // 10-я конф. по вопросам палеолитических культур Тохоку. — Сендай, 1996. — С. 135 – 147. — Яп. яз.

2553. И.А. 帕尔舒科夫：《伊利斯塔亚 1 号遗址、戈尔巴特卡 3 号遗址劈裂黑曜岩的砸击技术（两极法）》//《第 6 次纪念阿尔谢尼耶夫报告会·关于历史、考古、方志问题区域性学术会议报告纲要》，乌苏里斯克，1992 年，第 196 – 197 页。

Паршуков И.А. Контрударная (биполярная) техника расщепления обсидиана на стоянках Илистая 1, Горбатка 3 // VI Арсеньевские чтения: Тез. докл. и сообщ. регион. науч. конф. по пробл. истории, археологии и краеведения. — Уссурийск, 1992. — С. 196 – 197.

2554. В. 彼得罗夫、И. 米科卢茨基：《（阿穆尔州）坦博夫卡村附近的旧石器晚期遗址》//《大学生学术会议报告纲要·布拉戈维申斯克国立师范学院》，布拉戈维申斯克，1989 年，第 38 – 40 页。

Петров В., Миколуцкий И. Верхнепалеолитический памятник у с. Тамбовка [в Амурской области] // Тез. докл. студ. науч. конф. / Благовещ. гос. пед. ин-т. — Благовещенск, 1989. — С. 38 – 40.

2555. В.Г. 彼得罗夫、И.Б. 萨普诺夫：《米哈伊洛夫卡 1 号遗址、米哈伊洛夫卡露天采掘场综合体在石器时代阿穆尔河沿岸工业中的地位》//《东亚的传统文化》，布拉戈维申斯克，1999 年，第 2 集，第 66 – 70 页。

Петров В.Г., Сапунов И.Б. Место комплексов Михайловка – 1 и Михайловка – карьер среди приамурских индустрий каменного века // Традиционная культура востока Азии. — Благовещенск, 1999. — Вып. 2. — С. 66 – 70.

2556. В.Г. 彼得罗夫、Б.С. 萨普诺夫、Г.П. 利托夫琴科：《霍杜利哈早期综合体在阿穆尔河上游旧石器工业中的地位》//《东亚的传统文化》，布拉戈维申斯克，1999 年，第 2 集，第 30 – 38 页。

Петров В.Г., Сапунов Б.С., Литовченко Г.П. Место раннего комплекса Ходулиха среди верхнеамурских палеолитических индустрий // Традиционная культура востока Азии. — Благовещенск, 1999. — Вып. 2. — С. 30 – 38.

2557. В.Г. 彼得罗夫、Б.С. 萨普诺夫、И.Б. 萨普诺夫：《米哈伊洛夫卡露天采掘场遗存工作的初步结果》//《东亚的传统文化》，布拉戈维申斯克，1999 年，第 2 集，第 60 – 65 页。

Петров В.Г., Сапунов Б.С., Сапунов И.Б. Предварительные результаты работы на памятнике Михайловка – карьер // Традиционная культура востока Азии. — Благовещенск, 1999. — Вып. 2. — С. 60 – 65.

2558．**В.Г. 彼得罗夫**：《（阿穆尔州）霍杜利哈 2 号旧石器晚期综合体的石核石器》//《西伯利亚及其毗邻地区考古学、民族学、人类学问题·1999 年 12 月俄罗斯科学院西伯利亚分院考古与民族研究所第 7 次总结年会报告》，新西伯利亚，1999 年，第 5 卷，第 193－194 页。

Петров В.Г. Ядрища позднепалеолитического комплекса Ходулиха－2［в Амурской области］// Проблемы археологии, этнографии, антропологии Сибири и сопредельных территорий：Материалы VII Годовой итог. сес. Ин-та археологии и этнографии СО РАН. Дек. 1999 г. — Новосибирск, 1999. — Т. V. — С. 193－194.

2559．**А.Г. 雷巴尔科**：《谢列姆贾河流域乌斯季－乌利马考古遗存考察》//《北亚考古学问题·纪念 А.П. 奥克拉德尼科夫院士诞辰 80 周年·1988 年 3 月 28－30 日第 28 次大学生区域考古会议报告纲要》，赤塔，1988 年，第 140－141 页。

Рыбалко А.Г. Исследование археологического памятника Усть－Ульма на реке Селемдже // Проблемы археологии Северной Азии：（К 80-летию акад. А.П. Окладникова）：Тез. докл. XXVIII Регион. археол. студ. конф. （28－30 марта 1988 г.）. — Чита, 1988. — С. 140－141.

2560．**А.Г. 雷巴尔科**：《谢列姆贾河乌斯季—乌利马考古遗存研究的某些总结》//《大学生学术会议报告纲要·布拉戈维申斯克国立师范学院》，布拉戈维申斯克，1989 年，第 40－41 页。

Рыбалко А. Некоторые итоги в изучении археологического памятника р. Селемджи Усть－Ульма // Тез. докл. студ. науч. конф. / Благовещ. гос. пед. ин-т. — Благовещенск, 1989. — С. 40－41.

2561．**А.Г. 雷巴尔科**：《谢列姆贾河谷地新的遗存－阿拜坎 1 号遗址》//《远东及其毗邻地区·大学生区域学术会议与会者报告纲要·1990 年 2 月 21－22 日·布拉戈维申斯克》，布拉戈维申斯克，1990 年，第 44－45 页。

Рыбалко А.Г. Новый памятник долины р. Селемджи Абайкан-1 // Проблемы краеведения Дальнего Востока и сопредельных территорий：Тез. докл. участников регион. науч. студ. конф. （Благовещенск, 21－22 февр. 1990 г.）. — Благовещенск, 1990. — С.44－45.

2562．**А.Г. 雷巴尔科**：《论谢列姆贾河流域旧石器晚期遗存的某些原创性器物问题》//《远东青年社会学者学术研究发展的现状与发展前景·远东青年社会学者学术会议报告纲要·1991 年 11 月 11－15 日》，远东青年社会学者学会，预印本，符拉迪沃斯托克，1991 年，第 71－73 页。

Рыбалко А.Г. К вопросу о некоторых оригинальных изделиях верхнепалеолитических памятников р. Селемджи // Современное состояние и перспективы развития научных исследований молодых обществоведов Дальнего Востока：Тез. докл. науч. конф. молодых обществоведов Дальнего Востока, сост. 11－15 нояб. 1991 г. / Дальневост. ассоц. молодых обществоведов. — Препр. — Владивосток, 1991. — С. 71－73.

2563．**Н. 萨卡纳西**：《滨海地区莫洛杰日纳亚 1 号遗址细石叶的工艺学》//《远东、中央亚细亚的考古学与理论民族学》，符拉迪沃斯托克，1998 年，第 43－47 页。

Саканаси Н. Микропластинчатая технология стоянки Молодежная－1 в Приморье // Археология и этнология Дальнего Востока и Центральной Азии. — Владивосток, 1998. — С. 43－47.

2564．**Б.С. 萨普诺夫**：《阿穆尔河中游奥西诺夫卡文化的发现》//《第 4 次大学生历史学·语文学·经济学学术会议报告纲要·新西伯利亚国立大学》，新西伯利亚，1966 年，第 41－42 页。

Сапунов Б.С. Открытие осиновской культуры на Среднем Амуре // Тез. докл. 4 – й науч. студ. конф. История, филология, экономика / НГУ. — Новосибирск, 1966. — С. 41 – 42.

2565. **Б.С. 萨普诺夫、Н.Н. 扎伊采夫、В.Г. 彼得罗夫**：《阿穆尔河上游的旧石器时代遗址——彼得罗巴甫洛夫卡》//《东亚的传统文化·考古学、文化人类学》，布拉戈维申斯克，1995 年，第 43 – 48 页。

Сапунов Б.С., Зайцев Н.Н., Петров В.Г. Петропавловка — палеолитический памятник на Верхнем Амуре // Традиционная культура востока Азии. Археология и культурная антропология. — Благовещенск, 1995. — С. 43 – 48.

2566. **Б.С. 萨普诺夫、Г.П. 利托夫琴科、В.Г. 彼得罗夫**：《新的旧石器晚期地点——霍杜利哈》//《"远东历史、自然遗产的研究与保护问题"暨阿穆尔州方志博物馆成立 105 周年学术汇报会报告纲要》，布拉戈维申斯克，1996 年，第 1 卷，第 18 – 22 页。

Сапунов Б.С., Литовченко Г.П., Петров В.Г. Новое верхнепалеолитическое местонахождение Ходулиха // Тез. докл. науч. – практ. конф. 《Проблемы изучения и сохранения исторического и природного наследия Дальнего Востока》, посвящ. 105 – летию Амур. обл. краевед. музея. — Благовещенск, 1996. — Ч. 1. — С. 18 – 22.

2567. **Б.С. 萨普诺夫、Д.П. 博洛京**：《阿穆尔河上游的早期旧石器时代：探索展望》//《"远东历史、自然遗产的研究与保护问题"暨阿穆尔州方志博物馆成立 105 周年学术汇报会报告纲要》，布拉戈维申斯克，1996 年，第 1 卷，第 4 – 7 页。

Сапунов Б.С., Болотин Д.П. Ранний палеолит Верхнего Амура: перспективы поиска // Тез. докл. науч. – практ. конф. 《Проблемы изучения и сохранения исторического и природного наследия Дальнего Востока》, посвящ. 105 – летию Амур. обл. краевед. музея. — Благовещенск, 1996. — Ч. 1. — С. 4 – 7.

2568. **Б.С. 萨普诺夫、В.Г. 彼得罗夫、И.Б. 萨普诺夫**：《更新世晚期向全新世早期过渡阶段新的遗址——米哈伊洛夫卡 1 号遗址》//《东亚的传统文化》，布拉戈维申斯克，1999 年，第 2 集，第 48 – 59 页。

Сапунов Б.С., Петров В.Г., Сапунов И.Б. Михайловка – 1 — новый памятник переходного периода от позднего плейстоцена к раннему голоцену // Традиционная культура востока Азии. — Благовещенск, 1999. — Вып. 2. — С. 48 – 59.

2569. **Б.С. 萨普诺夫、В.Г. 彼得罗夫、И.Б. 萨普诺夫**：《阿穆尔州的石器时代遗存》，俄罗斯联邦教育部阿穆尔国立大学，预印本，布拉戈维申斯克，2000 年，75 页。

Сапунов Б.С., Петров В.Г., Сапунов И.Б. Памятники каменного века в Амурской области / М – во образования РФ. АмГУ. — Препр. — Благовещенск, 2000. — 75 с.

2570. **П.Л. 谢明、А.Н. 波波夫、А.А. 克鲁皮扬科**：《（滨海地区）卢扎诺夫斯基墓地遗存中的早期全新世时期综合体》，《远东及其毗邻地区方志学问题·大学生区域学术会议与会者报告纲要·1990 年 2 月 21 – 22 日布拉戈维申斯克》，布拉戈维申斯克，1990 年，第 50 – 51 页。

Семин П.Л. Попов А.Н., Крупянко А.А. Раннеголоценовый комплекс на памятнике Лузановский могильник [в Приморье] // Проблемы краеведения Дальнего Востока и сопредельных территорий: Тез. докл. участников регион. науч. студ. конф. (Благовещенск, 21 – 22 февр. 1990 г.). — Благовещенск,

1990. — С. 50 - 51.

2571.梶原洋、横山裕平、Ф.Сейдзи、Н.А.科诺年科、А.В.加尔克维克：《俄罗斯滨海边疆区乌斯季诺夫卡3号遗址》//《第8次日本旧石器文化问题讨论会》，山形（日本），1994年，第3集，第30－33页，日文。

Стоянка Устиновка - 3 в Приморском крае. Россия / Х. Кадзивара, Ю. Ёкояма, Ф. Сейдзи, Н.А. Кононенко, А.В. Гарковик // VIII встреча по обсуждению проблем палеолитических культур Японии. — Ямагата, 1994. — Вып. 3. — С. 30-33. — Яп. яз.

2572.梶原洋、横山裕平、Ф.Сейдзи、Н.А.科诺年科、А.В.加尔克维克：《俄罗斯滨海地区乌斯季诺夫卡3号遗址》//《日本考古学会第61次会议纲要》，没有出版地，1995年，第82－86页，日文。

Стоянка Устиновка - 3. Приморье, Россия / Х. Кадзивара, Ю. Ёкояма, Ф. Сейдзи, Н.А. Кононенко, А.В. Гарковик // 61 - е заседание японского археол. о-ва: Тез. — Б. м., 1995. — С. 82 - 86. — Яп. яз.

2573.梶原洋、横山裕平、Н.А.科诺年科、А.В.加尔克维克：《俄罗斯远东乌斯季诺夫卡3号、6号遗址》//《第9次日本东北地区旧石器时代讨论会·青森县》，没有出版地，1995年，第12集，第50－57页，日文。

Стоянки Устиновка 3 и 6 на Дальнем Востоке России / Х. Кадзивара, Ю. Ёкояма, Н.А. Кононенко, А.В. Гарковик // 9 - я встреча по обсуждению палеолита района Тохоку. Префектура Оомори. — Б. м., 1995. — Вып. 12. — С. 50-57. — Яп. яз.

2574.А.М.库兹涅佐夫、В.А.伦沙、В.А.帕内切夫、Н.Н.科瓦柳赫、Я.В.库兹明：《滨海地区西南部陶器出现以前时期遗存的地层学、年代学》//《地层学与亚洲、太平洋地区第四纪时期地层的相互关系·国际会议纲要·1988年10月9-16日·纳霍德卡》，符拉迪沃斯托克，1988年，第1卷，第123－125页。

Стратиграфия и хронология докерамических памятников Юго-Западного Приморья / А.М. Кузнецов, В.А. Лынша, В.А. Панычев, Н.Н. Ковалюх, Я.В. Кузьмин // Стратиграфия и корреляция четвертичных отложений Азии и Тихоокеанского региона: Тез. междунар. симп. (9 - 16 окт. 1988 г., Находка). — Владивосток, 1988. — Т. 1. — С. 123 - 125.

2575.А.В.塔巴列夫：《论滨海地区旧石器晚期的工艺学问题（根据乌斯季诺夫卡、苏沃罗沃遗存资料）》//《第22次全苏大学生历史学学术会议资料》，新西伯利亚，1984年，第3－7页。

Табарев А.В. К вопросу о технологии позднего палеолита Приморья: (По материалам памятников Устиновка и Суворово) // Материалы XXII Всесоюз. науч. студ. конф. История. — Новосибирск, 1984. — С. 3-7.

2576.А.В.塔巴列夫：《滨海地区石器工业的工艺学问题》//《第23次全苏大学生历史学学术会议资料》，新西伯利亚，1985年，第3－4页。

Табарев А.В. Вопросы технологии каменных индустрий Приморья // Материалы XXIII Всесоюз. науч. студ. конф. История. — Новосибирск, 1985. — С. 3-4.

2577.А.В.塔巴列夫：《滨海地区石器工业的工艺学问题》//《西伯利亚、远东考古学问题·1985年4月3-6日第25次大学生区域考古会议报告纲要》，伊尔库茨克，1985年，第29－31页。

Табарев А.В. Вопросы технологии каменных индустрий Приморья // Проблемы археологии Сибири и Дальнего Востока: Тез. докл. к XXV археол. студ. конф. 3-6 апр. 1985 г. — Иркутск, 1985. — С. 29-31.

2578. A.B. 塔巴列夫：《滨海地区乌斯季诺夫卡1号遗址石叶分析与分类问题》//《北亚、东亚考古学问题》，新西伯利亚，1986年，第132-138页。

Табарев А.В. Вопросы анализа и классификации пластин памятника Устиновка-1 в Приморье // Проблемы археологии Северной и Восточной Азии. — Новосибирск, 1986. — С. 132-138.

2579. A.B. 塔巴列夫：《滨海地区的雕刻器技术：锡霍特-阿林山脉东部末期旧石器时代》//《第24次全苏大学生历史学学术会议资料》，新西伯利亚，1986年，第3-5页。

Табарев А.В. Резцовая техника Приморья: (Финальный палеолит Восточного Сихотэ-Алиня) // Материалы XXIV Всесоюз. науч. студ. конф. История. — Новосибирск, 1986. — С. 3-5.

2580. A.B. 塔巴列夫：《滨海地区前陶期遗存中的刀形制品》//《西伯利亚古代理论民族学·1990年3月29-31日第30次大学生区域考古会议报告纲要》，伊尔库茨克，1990年，第56-57页。

Табарев А.В. Ножевидные изделия в докерамических комплексах Приморья // Палеоэтнология Сибири: Тез. докл. к XXX регион. археол. студ. конф. 29-31 марта 1990 г. — Иркутск, 1990. — С. 56-57.

2581. A.B. 塔巴列夫：《滨海地区前陶期综合体石器工业的工艺学》，历史学副博士论文作者文摘，苏联科学院西伯利亚分院历史·语文·哲学研究所，新西伯利亚，1990年，16页。

Табарев А.В. Технология каменных индустрий докерамических комплексов Приморья: Автореф. дис. ... канд. ист. наук / АН СССР. СО. ИИФФ. — Новосибирск, 1990. — 16 с.

2582. A.B. 塔巴列夫：《论原料基地对技术背景下前陶器期工业的影响（以滨海地区遗存为例）》//《西伯利亚、远东的考古学、民族学问题·纪念H.K. 奥埃尔巴哈诞辰100周年暨区域性大学生考古会议报告简介》，克拉斯诺亚尔斯克，1991年，第1卷，第26-27页。

Табарев А.В. О влиянии сырьевой базы на технико-типологический контекст докерамических индустрий: [На примере памятников Приморья] // Проблемы археологии и этнографии Сибири и Дальнего Востока: Посвящ. 100-летию Н.К. Ауэрбаха: Крат. содерж. докл. [регион. археол. студ. конф.]. — Красноярск, 1991. — Т. 1. — С. 26-27.

2583. A.B. 塔巴列夫：《滨海地区前陶期综合体中雕刻器技术的技术类型阐释》//《物质文化与考古学构拟问题》，新西伯利亚，1991年，第58-68页。

Табарев А.В. Технико-типологическая интерпретация резцового скалывания в докерамических комплексах Приморья // Материальная культура и проблемы археологической реконструкции. — Новосибирск, 1991. — С. 58-68.

2584. A.B. 塔巴列夫：《关于滨海地区旧石器时代末期的两个构想》//《北亚、美洲的古生态学与古代人类居住点·国际会议报告内容摘要》，克拉斯诺亚尔斯克，1992年，第231-234页。

Табарев А.В. Две концепции финального палеолита Приморья // Палеоэкология и расселение древнего человека в Северной Азии и Америке: Крат. содерж. докл. междунар. симп. — Красноярск, 1992. — С. 231-234.

2585. **А.В. 塔巴列夫**：《奥西诺夫卡"文化"——"熟悉的陌生人"的见解》//《П.А.克拉帕特金——学者、人文主义者、革命者·会议报告纲要》，赤塔，1992年，第85－87页。

Табарев А.В. Осиповская 《культура》 — парадокс 《знакомого незнакомца》 // П.А. Кропоткин — ученый, гуманист, революционер: Тез. докл. конф. — Чита, 1992. — С. 85－87.

2586. **А.В. 塔巴列夫**：《俄罗斯远东滨海地区前陶时代的工业》//《韩国上古史学报》，首尔，1993年，第14卷，第261－294页。

Tabarev A.V. Preceramic Industries of the Russian Far East, the Maritime Region // Journal of Korean Ancient Historical Society. — Seoul, 1993. — Vol. 14. — P. 261－294.

2587. **А.В. 塔巴列夫**：《俄罗斯远东滨海地区石器时代遗址的考古新发现》//《东亚考古网公告》，剑桥，1993年，第9期，第7－8页。

Tabarev A.V. Recent Archaeological Discoveries on the Stone Age Sites in the Russian Far East, the Maritime Region // EAANouncement. — Cambridge, 1993. — No. 9. — P. 7－8.

2588. **А.В. 塔巴列夫**：《关于阿穆尔河下游博戈罗茨克耶村新发现的石质神器》//《第7次纪念阿尔谢尼耶夫报告会·关于历史学、考古学、方志学问题区域学术会议报告纲要》，乌苏里斯克，1994年，第261－263页。

Табарев А.В. О новых находках каменных артефактов у с. Богородское на Нижнем Амуре // VII Арсеньевские чтения: Тез. докл. регион. науч. конф. по пробл. ист., археол. и краеведения. — Уссурийск, 1994. — С. 261－263.

2589. **А.В. 塔巴列夫**：《俄罗斯远东滨海地区新旧石器过渡时期的石器工业》//《俄罗斯考古——为了今后对西伯利亚和远东地区的调查而开展的对俄罗斯考古研究的现状和存在问题的讨论》，首尔，1994年，第229－266页。

Tabarev A.V. Stone Industries of the Transitional Period, Russian Far East, the Maritime Region // Archaeology of Russia — Current Status of Archaeological Research and Problems for Future Investigation of Siberia and Far East Area. — Seoul, 1994. — P. 229－266.

2590. **А.В. 塔巴列夫**：《俄罗斯远东地区石器时代的乌斯季诺夫卡工业：四十年的考古发现》//《石器技术》，1994年，第19（1）卷，第21－34页。

Tabarev A.V. The Ustinovka Industry in the Stone Age of the Russian Far East: 40 Years of Discoveries // Lithic Technology. — 1994. — Vol. 19 (1) . — P. 21－34.

2591. **А.В. 塔巴列夫**：《阿穆尔州小库鲁克塔奇旧石器遗址考察》//《东亚的传统文化·考古学与文化人类学》，布拉戈维申斯克，1995年，第70－75，232－236页（带插图）。

Табарев А.В. Исследование палеолитического памятника Малые Куруктачи в Амурской области // Традиционная культура востока Азии. Археология и культурная антропология. — Благовещенск, 1995. — С. 70－75, 232－236 [ил.] .

2592. **А.В. 塔巴列夫**：《滨海地区东部石器时代遗存探索的成果与展望（根据1993年调查资料）》//《1993年西伯利亚、远东考古学者、民族学者、人类学学者田野、实验室研究成果评述》，新西伯利亚，1995年，第222－224页。

Табарев А.В. Результаты и перспективы поисков памятников каменного века в Восточном Приморье (по разведкам 1993 г.) // Обозрение результатов полевых и лабораторных исследований археологов, этнографов и антропологов Сибири и Дальнего Востока в 1993 году. — Новосибирск, 1995. — С. 222－224.

2593. **А.В. 塔巴列夫**：《陶器、黑曜岩在俄罗斯远东南部旧石器时代末期文化中的角色》//《作为历史资料的陶器·会议资料与报告纲要》，托博尔斯克，1996年，第59－61页。

Табарев А.В. Роль керамики и обсидиана в финальнопалеолитических культурах юга Дальнего Востока России // Керамика как исторический источник: Тез. докл. и материалы конф. — Тобольск, 1996. — С. 59－61.

2594. **А.В. 塔巴列夫**：《滨海地区菲尔萨诺瓦山岗遗址资料——论石器时代黑曜岩的使用问题》//《石器时代考古学问题》，乌苏里斯克，1997年，第126－236页。

Табарев А.В. Материалы памятника Фирсанова сопка в Приморье（к проблеме эксплуатации обсидиана в каменном веке）// Проблемы археологии каменного века. — Уссурийск, 1997. — С. 126－136.

2595. **А.В. 塔巴列夫**：《远东石器时代的乌斯季诺夫卡工业》//《埼玉考古》，1997年33期，第181－200页，日文。

Табарев А.В. Устиновская индустрия в каменном веке Дальнего Востока // Сайтама Коко. — 1997. — No 33. — С. 181－200. — Яп. яз.

2596. **А.В. 塔巴列夫、А.А. 克鲁皮扬科**：《1998年滨海地区苏沃罗沃3号、4号遗址再研究》//《西伯利亚及其毗邻地区的考古学、民族学、人类学问题·1998年12月俄罗斯科学院西伯利亚分院考古与民族研究所第6次总结年会资料》，新西伯利亚，1998年，第4卷，第155－160页。

Табарев А.В., Крупянко А.А. Продолжение исследований стоянок Суворово-III и Суворово IV в Приморье в 1998 г. // Проблемы археологии, этнографии, антропологии Сибири и сопредельных территорий: Материалы VI Годовой итог. сес. Ин-та археологии и этнографии СО РАН. Дек. 1998 г. — Новосибирск, 1998. — Т. IV. — С. 155－160.

2597. **В.Н. 塔拉先科**：《论滨海地区的中石器时代问题》//《纪念阿尔谢尼耶夫报告会——关于历史学、考古学、民族学、方志学问题会议报告纲要·1985年10月17－19日》，乌苏里斯克，1985年，第72－73页。

Тарасенко В.Н. К проблеме мезолита Приморья // Арсеньевские чтения: Тез. докл. регион. конф. по пробл. истории, археологии, этнографии и краеведения, 17－19 окт. 1985 г. — Уссурийск, 1985. — С. 72－73.

2598. **В.Н. 塔拉先科**：《滨海地区最古老的遗存》//《滨海地区方志学问题·1987年3月23－27日学术汇报会报告纲要》，乌苏里斯克，1987年，第57－58页。

Тарасенко В.Н. Древнейшие памятники Приморья // Проблемы краеведения Приморья: Тез. докл. науч.－практ. конф., 23－27 марта 1987 г. — Уссурийск, 1987. — С. 57－58.

2599. **В.А. 富尔列特、В.Н. 富尔列特**：《伊利斯塔亚1号遗址4号、5号发掘区综合体，资料的比较鉴定：论遗址的布局问题》//《西伯利亚、远东的考古学、民族学问题·纪念Н.К. 奥埃尔巴哈诞辰100周年暨区域性大学生考古会议报告简介》，克拉斯诺亚尔斯克，1991年，第1卷，第95－97页。

Фурлет В.А.，Фурлет В.Н. Комплексы раскопов № 4 и № 5 стоянки Илистая 1，сравнительная характеристика материалов：（К проблеме планиграфии памятника）// Проблемы археологии и этнографии Сибири и Дальнего Востока：Посвящ. 100-летию Н.К. Ауэрбаха：Крат. содерж. докл. ［регион. археол. студ. конф.］．— Красноярск，1991．— Т. 1．— С. 95－97.

2600．**В.Н. 富尔列特**：《滨海地区旧石器时代遗存研究的某些视角》//《北亚、中央亚细亚的古代、传统文化遗产·第 40 次大学生区域考古学－民族学会议资料》，新西伯利亚，2000 年，第 1 卷，第 105－106 页。

Фурлет В.Н. Некоторые аспекты исследования палеолитических памятников Приморья // Наследие древних и традиционных культур Северной и Центральной Азии：Материалы 40-й Регион. археол. － этногр. студ. конф. — Новосибирск，2000．— Т. 1．— С. 105－106.

2601．**Е.В. 丘帕希娜**：《乌斯季诺夫卡 4 号地点的石核》//《西伯利亚、远东考古学问题与古代文化研究前景·会议报告纲要》，雅库茨克，1982 年，第 53 页。

Чупахина Е.В. Нуклеусы местонахождения Устиновка IV // Проблемы археологии и перспективы изучения древних культур Сибири и Дальнего Востока：Тез. докл. ［конф.］．— Якутск，1982．— С. 53.

2602．**И.Я. 舍夫科穆德**：《关于阿穆尔河下游的旧石器时代的发现》//《1993 年考古发现》，莫斯科，1994 年，第 192－193 页。

Шевкомуд И.Я. О находках палеолита на Нижнем Амуре // АО，1993．— М.，1994．— С. 192－193.

2603．**И.Я. 舍夫科穆德**：《（阿穆尔河下游）戈雷梅斯 4 号旧石器遗址的初步议程》//《"远东专业学者代表大会"·历史学、方志学学术汇报会·纪念哈巴罗夫斯克方志博物馆成立 100 周年会议资料》，哈巴罗夫斯克，1994 年，第 2 卷，第 29－30 页。

Шевкомуд И.Я. Палеолитическая стоянка Голый мыс － 4 ［на Нижнем Амуре］（предварительное сообщение）//《Съезд сведущих людей Дальнего Востока》：Науч. － практ. ист. － краевед. конф.，посвящ. 100-летию Хабаровского краевед. музея：Материалы конф. — Хабаровск，1994．— Т. II．— С. 29－30.

2604．**И.Я. 舍夫科穆德**：《论（阿穆尔河沿岸）奥西诺夫卡文化的墓葬》//《纪念戈罗杰科夫斯基报告会·哈巴罗夫斯克学术汇报会纲要·1996 年 12 月 19－20 日》，哈巴罗夫斯克，1996 年，第 3 卷，第 9－12 页。

Шевкомуд И.Я. О погребениях осиповской культуры（Приамурье）// Гродековские чтения：（Тез. науч. － практ. конф.. 19－20 дек. 1996 г. г. Хабаровск）．— Хабаровск，1996．— Ч. III．— С. 9－12

2605．**И.Я. 舍夫科穆德**：《关于最古老墓葬的发现以及奥西诺夫卡文化的某些问题（阿穆尔河沿岸）》//《西伯利亚考古学、民族学的最新发现·1996 年 12 月俄罗斯科学院西伯利亚分院考古与民族研究所第 4 次总结年会资料》，新西伯利亚，1996 年，第 253－256 页。

Шевкомуд И.Я. Об открытии древнейших погребений и некоторых проблемах осиповской культуры（Приамурье）// Новейшие археологические и этнографические открытия в Сибири：Материалы IV Годовой итог. сес. Ин-та археологии и этнографии СО РАН. Дек. 1996 г. — Новосибирск，1996．— С. 253－256.

2606. **И.Я. 舍夫科穆德**：《阿穆尔河下游贡恰尔卡 1 号遗址与中石器－新石器时代综合体的某些问题》//《东亚、北美的旧石器晚期至新石器早期·国际会议资料》，符拉迪沃斯托克，1996 年，第 237－248 页。

Шевкомуд И.Я. Стоянка Гончарка 1 и некоторые проблемы мезо-неолитических комплексов на Нижнем Амуре // Поздний палеолит — ранний неолит Восточной Азии и Северной Америки (материалы междунар. конф.). — Владивосток, 1996. — С. 237－248.

2607. **И.Я. 舍夫科穆德**：《阿穆尔河沿岸最古老墓葬的发现与奥西诺夫卡文化的某些问题》//《北方文物》，1998 年 2 期，第 105－106 页，中文。

Шевкомуд И.Я. Находка древнейшего погребения в Приамурье и некоторые вопросы осиповской культуры // Бэйфан вэньу. — 1998. — № 2. — С. 105－106. — Кит. яз.

2608. **И.Я. 舍夫科穆德**：《阿穆尔河流域奥西诺夫卡文化的新研究》，《考古学研究季刊》1997 年，第 44 卷，第 3 期，第 102－109 页，日文；第 117 页，英文。

Shevkomud I.Ya. New Research Concerning the Osipovskaya Culture in the Amur River Basin // Quarterly of Archaeological Studies. — 1997. — Vol. 44, No. 3. — P. 102－109. — Яп. яз.; P. 117. — Англ. яз.

评论：**梶原洋**，刊于《考古学研究季刊》1997 年，第 44 卷，第 3 期，第 109－116 页，日文。

Comments: **Kajiwara H**. // Ibid. — P. 109－116. — Яп. яз.

2609. **梶原洋**：《关于俄罗斯远东南部地区陶器起源的新视角》//《东亚、北美的旧石器晚期至新石器早期·国际会议资料》，符拉迪沃斯托克，1996 年，第 92－98 页。

Kajiwara H. New Perspectives on the Origin of Pottery in the Southern Part of the Russian Far East // Поздний палеолит — ранний неолит Восточной Азии и Северной Америки (материалы междунар. конф.). — Владивосток, 1996. — С. 92－98.

2610. **А.В. 塔巴列夫、А.А. 克鲁皮扬科、L.B. 尼文、С.М. 李**：《俄罗斯远东滨海地区苏沃罗沃 3 号、4 号旧石器晚期遗址》//《更新世最新研究》，科瓦利斯，1999 年，第 16 卷，第 73－75 页。

The Final－Paleolithic Sites of Suvorovo III and Suvorovo IV in Maritime Region, Russian Far East / **A.V. Tabarev, A.A. Krup'anko, L.B. Niven, C.M. Lee** // Current Research in the Pleistocene. — Corvallis, 1999. — Vol. 16. — P. 73－75

另请参考以下著述：735、772、774、816、836、837、845、947、959、1032、1055、1058、1066、1085、1087、1110、1120、1146、1162、1174、1175、1177、1180、1208、1219、1223、1231、1234、1262、1314、1337、1338、1378、1485、1487、1490、1491、1622、1691、1692、1712、1713、1734、1740、1754、1756、1765、1834－1836、1841、1842、1844、1848、1856、1898、1906、1943、1944、1979、1985、1989、1990、1992、1996、2032、2043－2052、2054、2070、2080、2107、2176、2185、2186、2201、2203、2205、2216、2245、2293、2367、2368。

См. также № 735, 772, 774, 816, 836, 837, 845, 947, 959, 1032, 1055, 1058, 1066, 1085, 1087, 1110, 1120, 1146, 1162, 1174, 1175, 1177, 1180, 1208, 1219, 1223, 1231, 1234, 1262, 1314, 1337, 1338, 1378, 1485, 1487, 1490, 1491, 1622, 1691, 1692, 1712, 1713, 1734, 1740, 1754, 1756, 1765, 1834－1836, 1841, 1842, 1844, 1848, 1856, 1898, 1906, 1943, 1944, 1979, 1985, 1989, 1990, 1992,

1996，2032，2043－2052，2054，2070，2080，2107，2176，2185，2186，2201，2203，2205，2216，2245，
2293，2367，2368．

（3）新石器时代
ЭПОХА НЕОЛИТА

2611．**Б.А. 阿布拉莫夫、Д.Ю. 别列津、С.В. 格林斯基**：《（阿穆尔河下游）苏丘岛新石器遗址出
土陶器球形装饰图案的含义》//《苏联科学院西伯利亚分院院刊》，1984 年 3 期，《历史、语文、哲学系
列》，第 1 集，第 63－67 页。

Абрамов Б.А.，Березин Д.Ю.，Глинский С.В. Назначение керамических орнаментированных шаров
с неолитического поселения на о-ве Сучу（Нижний Амур）// ИСОАН СССР．— 1984．— № 3：Сер.
ист.，филол. и филос.，вып. 1．— С. 63－67．

2612．**Г.И. 安德列耶夫**：《滨海地区扎伊桑诺夫卡 1 号遗址》//《苏联考古学》，1957 年 2 期，第
121－145 页。

Андреев Г.И. Поселение Зайсановка 1 в Приморье // СА．— 1957．— № 2．— С. 121－145．

2613．**Г.И. 安德列耶夫**：《（滨海地区）瓦连京湾考察》//《苏联科学院考古研究所简报》，1964 年，
第 97 集，第 98－103 页。

Андреев Г.И. Исследования в бухте Валентин［в Приморье］// КСИА．— 1964．— Вып. 97．— С.
98－103．

2614．**Г.И. 安德列耶夫**：《（滨海边疆区哈桑地区）克拉斯基诺镇附近的考古发现》//《苏联科学院
考古研究所简报》，1966 年，第 106 集，第 111－114 页。

Андреев Г.И. Археологические находки около поселка Краскино［Хасанского района Приморского
края］// КСИА．— 1966．— Вып. 106．— С. 111－114．

2615．**Г.И. 安德列耶夫**：《克拉斯基诺镇周边地区的考古遗存》//《西伯利亚、远东考古学》，东
京，1982 年，第 2 卷：《滨海地区》，第 147－150 页，日文。

Андреев Г.И. Археологические памятники в окрестностях поселка Краскино // Археология Сибири и
Дальнего Востока．— Токио，1982．— Т. 2：Приморье．— С. 147－150．— Яп. яз.

2616．**Г.И. 安德列耶夫**：《瓦连京湾考察》//《西伯利亚、远东考古学》，东京，1982 年，第 2 卷：
《滨海地区》，第 188－195 页，日文。

Андреев Г.И. Исследования в бухте Валентин // Археология Сибири и Дальнего Востока．— Токио，
1982．— Т. 2：Приморье．— С. 188－195．— Яп. яз.

2617．**Г.И. 安德列耶夫**：《滨海地区扎伊桑诺夫卡 1 号遗址》//《西伯利亚、远东考古学》，东京，
1982 年，第 2 卷：《滨海地区》，第 151－187 页，日文。

Андреев Г.И. Поселение Зайсановка－1 в Приморье // Археология Сибири и Дальнего Востока．—
Токио，1982．— Т. 2：Приморье．— С. 151－187．— Яп. яз.

2618．**Ж.В. 安德列耶娃、В.А. 塔塔尔尼科夫**：《滨海地区"鬼门洞"洞穴》//《1973 年考古发
现》，莫斯科，1974 年，第 180－181 页。

Андреева Ж.В.，Татарников В.А. Пещера《Чертовы Ворота》в Приморье // АО, 1973．— М.，

1974． — C. 180 – 181．

2619．**Ж.В. 安德列耶娃**：《分期问题（以新石器时期为例）》//《远东原始社会考古学概要（考古学资料的历史学阐释问题）》，莫斯科，1994 年，第 86 – 107 页。

Андреева Ж.В. Проблемы периодизации (На примере неолитического периода) // Очерки первобытной археологии Дальнего Востока (Проблемы исторической интерпретации археологических источников) . — М., 1994. — C. 86 – 107.

2620．**А.Р. 阿尔杰米耶夫**：《阿穆尔河下游 15 世纪佛教寺庙址文化层中的新石器时代艺术遗存》//《远东古代映像的世界·纪念 А.П. 奥克拉德尼科夫诞辰 90 周年》，符拉迪沃斯托克，1998 年，第 102 – 105 页（《太平洋考古学》，第 10 集）。

Артемьев А.Р. Памятники неолитического искусства в культурном слое буддийского храма XV в. на Нижнем Амуре // Мир древних образов на Дальнем Востоке: Девяностолетию светлой памяти А.П. Окладникова посвящ. — Владивосток, 1998. — C. 102 – 105. — (Тихоокеан. археология; Вып. 10) .

2621．**Д.Л. 布罗江斯基**：《石器时代：教学参考书》//《滨海地区、阿穆尔河沿岸的新石器时代》，符拉迪沃斯托克，1997 年，第 61 – 72 页。

Бродянский Д.Л. Каменный век: Учеб. пособие. — Владивосток, 1977. — Неолит Приморья и Приамурья. — C. 61 – 72.

2622．**Д.Л. 布罗江斯基**：《远东还有一个新石器时代的艺术领域》//《创作源泉》，新西伯利亚，1978 年，第 133 – 141 页（原始社会艺术）。

Бродянский Д.Л. Еще одна область неолитического искусства на Дальнем Востоке // У истоков творчества. — Новосибирск, 1978. — C. 133 – 141. — (Первобыт. искусство) .

2623．**Д.Л. 布罗江斯基**：《滨海地区新石器时代的分期与年代学问题》//《西伯利亚、太平洋区域的古代文化》，新西伯利亚，1979 年，第 110 – 116 页。

Бродянский Д.Л. Проблемы периодизации и хронологии неолита Приморья // Древние культуры Сибири и Тихоокеанского бассейна. — Новосибирск, 1979. — C. 110 – 116.

2624．**Д.Л. 布罗江斯基**：《滨海地区的新石器时代》//《太平洋考古学·教学参考书》，符拉迪沃斯托克，1980 年，第 28 – 50 页。

Бродянский Д.Л. Неолит Приморья // Тихоокеанская археология: Учеб. пособие. — Владивосток, 1980. — C. 28 – 50.

2625．**Д.Л. 布罗江斯基**：《新石器时代雕刻品中的猎神与女神天照：神话与考古学资料结合的两个尝试》//《苏联民族学》，1985 年 2 期，第 116 – 121 页。

Бродянский Д.Л. Стрелок Кадо и богиня Аматэрасу в произведениях неолитических скульпторов: (Два опыта соединения мифологических и археологических текстов) // СЭ. — 1985. — № 2. — C. 116 – 121.

2626．**Д.Л. 布罗江斯基**：《古代太平洋水手的塑像、面具、标记》//《俄罗斯科学院远东分院院刊》，1993 年 4 – 5 期，第 140 – 147 页。

Бродянский Д.Л. Фигурки, личины и знаки древних тихоокеанцев // Вестн. ДВО РАН. — 1993. — № 4 – 5. — C. 140 – 147.

2627. **Д.Л. 布罗江斯基**：《滨海地区的古代太平洋文化》//《韩国上古史学报》，首尔，1993 年 4 期，第 179－185 页。

Brodiansky D.L. The Ancient Pacific Culture in Primorye Region // Journal of Korean Ancient Historical Society. — Seoul, 1993. — No. 4. — P. 179－185.

2628. **Д.Л. 布罗江斯基、L. 杜比科夫斯基**：《滨海地区的古代太平洋文化》//《俄罗斯考古——为了今后对西伯利亚和远东地区的调查而开展的对俄罗斯考古研究的现状和存在问题的讨论》，首尔，1994 年，第 443－451 页。

Brodiansky D.L., Dubikovsky L. The Ancient Pacific Culture in Primorye Region // Archaeology of Russia — Current Status of Archaeological Research and Problems for Future Investigation of Siberia and Far East Area. — Seoul, 1994. — P. 443－451.

2629. **Д.Л. 布罗江斯基**：《博伊斯曼 2 号遗址的便携式岩画》// 北方欧亚学会：《时事通讯》第 6 期，东京，1995 年，第 5－6 页，日文。

Бродянский Д.Л. Портативные петроглифы Бойсмана II // The Society of North－Eurasian Studies. Newsletter No. 6. — Tokyo, 1995. — P. 5－6. — Яп. яз.

2630. **Д.Л. 布罗江斯基**：《远东的便携式岩画》//《亚洲的岩画艺术·国际学术会议报告纲要》，克麦罗沃，1995 年，第 51－52 页。

Бродянский Д.Л. Портативные петроглифы на Дальнем Востоке // Наскальное искусство Азии: Тез. докл. междунар. науч. конф. — Кемерово, 1995. — С. 51－52.

2631. **Д.Л. 布罗江斯基、А.А. 克鲁皮扬科、В.А. 拉科夫**：《博伊斯曼湾的贝丘——早期新石器时代遗存》//《俄罗斯科学院远东分院院刊》，1995 年 4 期，第 128－132 页。

Бродянский Д.Л., Крупянко А.А., Раков В.А. Раковинная куча в бухте Бойсмана — памятник раннего неолита // Вестн. ДВО РАН. — 1995. —№ 4. — С. 128－132.

2632. **Д.Л. 布罗江斯基**：《石头上的眼睛》//《太平洋文化的古代艺术》，符拉迪沃斯托克，1996 年，第 11－38 页（《太平洋考古学》，第 9 集）。

Бродянский Д.Л. Глаза на камне // Древнее искусство тихоокеанских культур. — Владивосток, 1996. — С. 11－38. — (Тихоокеан. археология; Вып. 9).

2633. **Д.Л. 布罗江斯基**：《欧亚大陆交流背景下的远东文化古代艺术》//《匈奴考古学 100 年，游牧生活：全球背景下的过去与现代及历史展望——匈奴现象·国际会议报告纲要》，乌兰乌德，1996 年，第 2 集，第 84－86 页。

Бродянский Д.Л. Древнее искусство дальневосточных культур в контексте Евразийских связей // 100 лет гуннской археологии. Номадизм: прошлое, настоящее в глобальном контексте и исторической перспективе. Гуннский феномен: Тез. докл. междунар. конф. — Улан-Удэ, 1996. — Ч. II. — С. 84－86.

2634. **Д.Л. 布罗江斯基**：《远东新石器时代的艺术：滨海地区遗物的初步系统化尝试》//《太平洋文化的古代艺术》，符拉迪沃斯托克，1996 年，第 109－120 页（《太平洋考古学》，第 9 集）。

Бродянский Д.Л. Искусство дальневосточного неолита: опыт предварительной систематизации находок в Приморье // Древнее искусство тихоокеанских культур. — Владивосток, 1996. — С. 109－

120. —（Тихоокеан. археология；Вып. 9）.

2635. **Д.Л. 布罗江斯基、В.А. 拉科夫**：《滨海地区沿海岸新石器时代居民的海洋适应与生产经济》 //《俄罗斯科学院远东分院院刊》，1996 年 1 期，第 124－130 页。

Бродянский Д.Л.，Раков В.А. Морская адаптация населения и производящая экономика в неолите побережья Приморья // Вестн. ДВО РАН. — 1996. — № 1. — С. 124－130.

2636. **Д.Л. 布罗江斯基**：《博伊斯曼 2 号遗址下层的艺术品及其器物特征》//《北太平洋考古学》，符拉迪沃斯托克，1996 年，第 395－400 页。

Бродянский Д.Л. Произведения искусства и предметы－знаки в нижнем слое Бойсмана－II // Археология Северной Пасифики. — Владивосток，1996. — С. 395－400.

2637. **Д.Л. 布罗江斯基**：《北太平洋背景下的滨海地区早期新石器时代艺术》//《东亚、北美的旧石器晚期至新石器早期·国际会议资料》，符拉迪沃斯托克，1996 年，第 16－25 页。

Бродянский Д.Л. Ранненеолитическое искусство Приморья в контексте Северной Пацифики // Поздний палеолит — ранний неолит Восточной Азии и Северной Америки（материалы междунар. конф.）. — Владивосток，1996. — С. 16－25.

2638. **Д.Л. 布罗江斯基**：《欧亚交流背景下远东文化中的古代艺术》//《匈奴考古学 100 年，游牧生活：全球背景下的过去与现代及历史展望——匈奴现象·国际会议报告纲要》，乌兰乌德，1996 年，第 2 集，第 108－110 页。

Brodyansky D.L. Ancient Art of the Far－Eastern Cultures in the Context of the Eurasian Relations // 100 лет гуннской археологии. Номадизм прошлое，настоящее в глобальном контексте и исторической перспективе. Гуннский феномен：Тез. докл. междунар. конф. — Улан-Удэ，1996. — Ч. II. — С. 108－110.

2639. **Д.Л. 布罗江斯基**：《博伊斯曼文化》//《襄阳鳌山里在东亚新石器时代中的位置》，首尔，1996 年，第 57－82 页，英、朝文。

Бродянский Д.Л. Boisman Culture // Место неолита Осанни Янъян в Восточной Азии. — Сеул，1996. — С. 57－82. — Англ. яз.，кор. яз.

2640. **Д.Л. 布罗江斯基、В.А. 拉科夫**：《滨海地区新石器时代的水产养殖》//北方欧亚学会：《时事通讯》第 9 期，东京，1997 年，第 1 页，日文。

Бродянский Д.Л.，Раков В.А. Неолитическая аквакультура в Приморье // The Society of North－Eurasian Studies. Newsletter No. 9. — Tokyo，1997. — P. 1. — Яп. яз

2641. **Д.Л. 布罗江斯基**：《博伊斯曼的塑像》//《远东古代映像的世界·纪念 А.П. 奥克拉德尼科夫诞辰 90 周年》，符拉迪沃斯托克，1998 年，第 92－101 页（《太平洋考古学》，第 10 集）。

Бродянский Д.Л. Бойсманские фигурки // Мир древних образов на Дальнем Востоке：Девяностолетию светлой памяти А.П. Окладникова посвящ. — Владивосток，1998. — С. 92－101. — （Тихоокеан. археология；Вып. 10）.

2642. **Д.Л. 布罗江斯基**：《青树林遗址出土的石龟以及以往遗物的新视角》//《远东古代映像的世界·纪念 А.П. 奥克拉德尼科夫诞辰 90 周年》，符拉迪沃斯托克，1998 年，第 34－48 页（《太平洋考古学》，第 10 集）。

Бродянский Д.Л. Каменная черепаха из Синего Гая и новые ракурсы старых находок // Мир древних образов на Дальнем Востоке: Девяностолетию светлой памяти А.П. Окладникова посвящ. — Владивосток, 1998. — С. 34－48. — (Тихоокеан. археология; Вып. 10).

2643. **Д.Л. 布罗江斯基**：《博伊斯曼历法》//《西伯利亚新兴的考古学、理论民族学·第 39 次区域考古－理论民族学会议报告集》，赤塔，1999 年，第 1 卷，第 94－96 页。

Бродянский Д.Л. Бойсманские календари // Молодая археология и этнология Сибири. XXXIX Регион. археолого-этнологическая конф.: Доклады. — Чита, 1999. — Ч. 1. — С. 94－96.

2644. **Д.Л. 布罗江斯基**：《鲸的肋骨制作的"美女"以及博伊斯曼雕刻家的其他作品》//《俄罗斯科学院远东分院院刊》，1999 年 2 期，第 103－110 页。

Бродянский Д.Л. Красавица ларга из ребра кита и другие произведения бойсманских ваятелей // Вестн. ДВО РАН. — 1999. — № 2. — С. 103－110.

2645. **Д.Л. 布罗江斯基**：《16 件博伊斯曼历法遗物》//《俄罗斯科学院远东分院院刊》，1999 年 6 期，第 86－93 页。

Бродянский Д.Л. Шестнадцать бойсманских календарей // Вестн. ДВО РАН. — 1999. — № 6. — С. 86－93.

2646. **Д.Л. 布罗江斯基**：《北方民族先人神话中的鹿－鸟、扇贝船》//《俄罗斯科学院远东分院院刊》，2000 年 6 期，第 130－138 页。

Бродянский Д.Л. Олень－птица и гребешок－корабль в мифах предков северных народов // Вестн. ДВО РАН. — 2000. — № 6. — С. 130－138.

2647. **В.В. 布里洛夫**：《（阿穆尔河下游流域）孔东村石器遗址新发掘》//《第 2 次大学生学术会议纲要·新西伯利亚国立大学》，新西伯利亚，1964 年，第 4－7 页。

Бурилов В.В. Раскопки неолитического поселения в с. Кондон (бассейн Нижнего Амура) // Тез. 2-й науч. студ. конф. / НГУ. — Новосибирск, 1964. — С. 4－7.

2648. **В.В. 布里洛夫**：《（结雅河谷地）格罗马图哈河河口的古代遗址》//《第 4 次大学生历史学·语文学·经济学学术会议报告纲要·新西伯利亚国立大学》，新西伯利亚，1966 年，第 21－23 页。

Бурилов В.В. Древнее поселение в устье р. Громатухи (долина р. Зеи) // Тез. докл. 4-й науч. студ. конф. История, филология, экономика / НГУ. — Новосибирск, 1966. — С. 21－23.

2649. **М.В. 贝奇科娃**：《论新彼得罗夫卡文化遗物的特征》//《西伯利亚、中央亚细亚考古学与民族学问题·区域会议报告纲要·1980 年 3 月 25－26 日》，伊尔库茨克，1980 年，第 67－68 页。

Бычкова М.В. К характеристике инвентаря новопетровской культуры // Проблемы археологии и этнографии Сибири и Центральной Азии: Тез. докл. к регион. конф., 25－26 марта 1980 г. — Иркутск, 1980. — С. 67－68.

2650. **Ж.В. 安德列耶娃、А.В. 加尔科维克、И.С. 茹希霍夫斯卡娅、Н.А. 科诺年科**：《瓦连京地峡——古代矿工的居住区》，莫斯科，科学出版社，1987 年，248 页。

Валентин－перешеек — поселок древних рудокопов / **Ж.В. Андреева, А.В. Гарковик, И.С. Жущиховская, Н.А. Кононенко.** — М.: Наука, 1987. — 248 с.

2651. **Ю.М. 瓦西里耶夫**：《基亚河岩画》//《民族艺术》，2000 年，第 71－78 页，日文。

Васильев Ю.М. Петроглифы Кии // Ethno-Arts. — Osaka, 2000. — C. 71-78. — Яп. яз.

2652．**Р.С. 瓦西里耶夫斯基**：《远东新石器时代的起源问题》//《1995 年 11 月俄罗斯科学院西伯利亚分院考古与民族研究所第 3 次总结年会报告纲要》，新西伯利亚，1995 年，第 36-37 页。

Васильевский Р.С. Проблемы генезиса неолита Дальнего Востока // III годовая итог. сес. Ин-та археологии и этнографии СО РАН, нояб. 1995 г.: Тез. докл. — Новосибирск, 1995. — C. 36-37

2653．**Р.С. 瓦西里耶夫斯基**：《滨海地区东南部新石器时代肇始期的发展趋势》//《西伯利亚考古学、民族学的最新发现·俄罗斯科学院西伯利亚分院考古与民族研究所第 4 次总结年会资料·1996 年 12 月》，新西伯利亚，1996 年，第 38-40 页。

Васильевский Р.С. Тенденции развития начального и раннего неолита Юго-Восточного Приморья // Новейшие археологические и этнографические открытия в Сибири: Материалы IV Годовой итог. сес. Ин-та археологии и этнографии СО РАН. Дек. 1996 г. — Новосибирск, 1996. — C. 38-40.

2654．**Р.С. 瓦西里耶夫斯基**：《远东新石器时代起源、进化的某些问题》//《世纪全景中的西伯利亚·国际讨论会资料》，第 1 卷，新西伯利亚，1998 年，第 1 卷，第 107-116 页。

Васильевский Р.С. Некоторые вопросы генезиса и эволюции дальневосточного неолита // Сибирь в панораме тысячелетий: (Материалы междунар. симп.). — Новосибирск, 1998. — Т. 1. — C. 107-116.

2655．**П. 彼得利钦**：《（阿穆尔河沿岸）马雷舍沃村附近古代戈尔德人遗存简论》//《阿穆尔河沿岸公报》，1895 年 56 期，第 17-18 页。

Ветлицин П. Заметка о древних гольдских памятниках близ селения Малышевского [в Приамурье] // Приамур. ведомости. — 1895. — № 56. — C. 17-18.

2656．**П.В. 沃尔科夫**：《（阿穆尔河中游）格罗马图哈遗址遗物中的刀》//《北亚、东亚考古学问题》，新西伯利亚，1986 年，第 169-184 页。

Волков П.В. Ножи в коллекции поселения Громатуха: [Средний Амур] // Проблемы археологии Северной и Восточной Азии. — Новосибирск, 1986. — C. 169-184.

2657．**П.В. 沃尔科夫**：《阿穆尔河中游格罗马图哈文化的经济》//《西伯利亚开发的历史经验·1986 年 10 月 14-16 日新西伯利亚"西伯利亚研究与开发的历史经验"全苏学术会议报告纲要》，新西伯利亚，1986 年，第 1 集，第 18-21 页。

Волков П.В. Хозяйство громатухинской культуры Среднего Амура // Исторический опыт освоения Сибири: Тез. докл. Всесоюз. науч. конф. 《Ист. опыт изуч. и освоения Сибири》, Новосибирск, 14-16 окт. 1986 г. — Новосибирск, 1986. — Вып. I. — C. 18-21.

2658．**П.В. 沃尔科夫**：《格罗马图哈遗址出土的桂叶形剑》//《石器时代的北亚》，新西伯利亚，1987 年，第 177-181 页。

Волков П.В. Лавролистные клинки из коллекции поселения Громатуха // Северная Азия в эпоху камня. — Новосибирск, 1987. — C. 177-181

2659．**П.В. 沃尔科夫**：《格罗马图哈文化的小端刮器与端刮器》//《石器时代的北亚》，新西伯利亚，1987 年，第 152-159 页。

Волков П.В. Микроскребки и скребки громатухинской культуры // Северная Азия в эпоху камня. —

Новосибирск, 1987. — С. 152－159.

2660．**П.В. 沃尔科夫**：《格罗马图哈文化的锛形——边刮器》//《西伯利亚、远东的古迹》，新西伯利亚，1987 年，第 82－85 页。

Волков П.В. Тесловидно-скребловидные орудия громатухинской культуры // Древности Сибири и Дальнего Востока. — Новосибирск, 1987. — С. 82－85.

2661．**П.В. 沃尔科夫**：《格罗马图哈文化居民的经济活动（根据阿穆尔河中游地区更新世与全新世交会期遗存劳动工具的功能分析)》，历史学副博士论文作者文摘，苏联科学院西伯利亚分院历史·语文·哲学研究所，新西伯利亚，1989 年，16 页。

Волков П.В. Хозяйственная деятельность носителей громатухинской культуры（по данным функционального анализа орудий труда памятников рубежа плейстоцена — голоцена на Среднем Амуре）: Автореф. дис. . . . канд. ист. наук / АН СССР. СО. ИИФФ. — Новосибирск, 1989. — 16 с.

2662．**А.В. 加尔科维克**：《（滨海边疆区卡瓦列罗沃地区）泽尔卡利诺耶湖沿岸的古代遗址》//《远东青年学者第 8 次会议·社会科学会议报告、议程纲要》，符拉迪沃斯托克，1965 年，第 60－62 页。

Гарковик А.В. Древнее поселение на берегу оз. Зеркального [в Кавалеровском районе Приморского края] // Восьмая конф. молодых ученых Дальнего Востока: Тез. докл. и сообщ. на секции обществ. наук. — Владивосток, 1965. — С. 60－62.

2663．**А.В. 加尔科维克**：《（滨海边疆区拉佐地区）瓦连京地峡遗址工作》//《1974 年考古发现》，莫斯科，1975 年，第 196 页。

Гарковик А.В. Работы на поселении Валентин-перешеек: [Лазовский район Приморского края] // АО, 1974. — М., 1975. — С. 196.

2664．**А.В. 加尔科维克**：《瓦连京地峡遗址工作》//《1979 年考古发现》，莫斯科，1980 年，第 198－199 页。

Гарковик А.В. Работы на поселении Валентин-перешеек // АО, 1979. — М., 1980. — С. 198－199.

2665．**А.В. 加尔科维克**：《滨海地区（瓦连京地峡遗址）考察》//《1981 年考古发现》，莫斯科，1983 年，第 194 页。

Гарковик А.В. Исследования в Приморье [на поселении Валентин-перешеек] // АО, 1981. — М., 1983. — С. 194.

2666．**А.В. 加尔科维克**：《滨海地区叶夫斯塔菲湾考察》//《1983 年考古发现》，莫斯科，1985 年，第 195－196 页。

Гарковик А.В. Исследования в бухте Евстафия в Приморье // АО, 1983. — М., 1985. — С. 195－196.

2667．**А.В. 加尔科维克**：《滨海地区叶夫斯塔菲湾 4 号遗址》//《第 15 次远东学术会议："苏共第 27 次代表大会和苏联远东及亚洲国家发展问题"·报告及议程纲要》，第 4 卷，符拉迪沃斯托克，1986 年，第 24－25 页。

Гарковик А.В. Поселение Евстафий－4 в Приморье // XV Дальневост. конф. 《XXVII съезд КПСС и пробл. развития Дальнего Востока СССР и зарубеж. государств Азии》: тез. докл. и сообщ. —

Владивосток, 1986. — Вып. 4. — С. 24－25.

2668.　А.В. 加尔科维克：《叶夫斯塔菲湾 4 号遗址》//《西伯利亚、远东古代文化遗存研究》，新西伯利亚，1987 年，第 185－186 页。

Гарковик А.В. Поселение Евстафий － IV // Исследования памятников древних культур Сибири и Дальнего Востока. — Новосибирск, 1987. — С. 185－186.

2669.　А.В. 加尔科维克：《扎伊桑诺夫卡考古学文化的新资料》//《北亚考古学问题·纪念 А.П. 奥克拉德尼科夫院士诞辰 80 周年·1988 年 3 月 28－30 日第 28 次大学生区域考古会议报告纲要》，赤塔，1988 年，第 135－137 页。

Гарковик А.В. Новые материалы по зайсановской археологической культуре // Проблемы археологии Северной Азии：（К 80-летию акад. А.П. Окладникова）：Тез. докл. XXVIII Регион. археол. студ. конф.（28－30 марта 1988 г.）. — Чита, 1988. — С. 135－137.

2670.　А.В. 加尔科维克：《（滨海地区）新的新石器时代遗址——博戈柳博夫卡 1 号遗址》//《苏联远东古代文化（考古普查）》，苏联科学院远东分院历史·考古·民族研究所，预印本，符拉迪沃斯托克，1989 年，第 8－10 页。

Гарковик А.В. Новый неолитический памятник Боголюбовка 1［в Приморье］// Древние культуры Дальнего Востока СССР（Археологический поиск）/ АН СССР. ДВО. ИИАЭ. — Препр. — Владивосток, 1989. — С. 8－10.

2671.　А.В. 加尔科维克：《从新石器时代遗存叶夫斯塔菲港湾 4 号遗址出土的小石叶》//《方志学通讯》，1993 年，第 1 卷，符拉迪沃斯托克，第 102－107 页。

Гарковик А.В. Находки мелкой пластики с неолитического памятника Евстафий － 4 // Краевед. вестн. — Владивосток, 1993. — Вып. 1. — С. 102－107.

2672.　А.В. 加尔科维克：《俄罗斯远东南部的新石器时代》//《第 4 次"东亚社会与经济（距今 5000 年）国际会议》，大阪，1995 年，第 11－12 页，日文。

Гарковик А.В. Неолит на юге Дальнего Востока России // IV Междунар. симп.《Общество и экономика в Восточной Азии（5 тыс. л.н.）》. — Осака, 1995. — С. 11－12. — Яп. яз.

2673.　А.В. 加尔科维克、Н.Н. 科诺年科：《滨海地区叶夫斯塔菲湾的石制工具毛坯宝物》//《太平洋沿岸的石器时代——献给 П.И. 博里斯科夫斯基的崇高纪念》，符拉迪沃斯托克，1996 年，第 136－148 页（《太平洋考古学》，第 7 集）。

Гарковик А.В., Кононенко Н.А. Клад заготовок каменных орудий в бухте Евстафия в Приморье // Каменный век тихоокеанских побережий: Светлой памяти П.И. Борисковского посвящ. — Владивосток, 1996. — С. 136－148. —（Тихоокеан. археология; Вып. 7）.

2674.　А.В. 加尔科维克：《关于穆斯坦克 1 号遗址出土的一种人工制品》//《太平洋文化的古代艺术》，符拉迪沃斯托克，1996 年，第 39－50 页（《太平洋考古学》，第 7 集）。

Гарковик А.В. Об одном виде артефактов из поселения Мустанг － 1 // Древнее искусство тихоокеанских культур. — Владивосток, 1996. — С. 39－50. —（Тихоокеан. археология; Вып. 9）.

2675.　А.В. 加尔科维克：《（滨海地区）作为反映古代社会精神生活某些方面的小雕塑品》//《远东古代映像的世界·纪念 А.П. 奥克拉德尼科夫诞辰 90 周年》，符拉迪沃斯托克，1998 年，第 49－59 页

（《太平洋考古学》，第 10 集）。

Гарковик А.В. Предметы мелкой пластики как отражение некоторых сторон духовной жизни древних обществ［в Приморье］// Мир древних образов на Дальнем Востоке: Девяностолетию светлой памяти А.П. Окладникова посвящ. — Владивосток, 1998. — С. 49－59. — (Тихоокеан. археология; Вып. 10).

2676.　**А.В. 加尔科维克、В.А. 霍列夫、О.С. 加拉克季奥诺夫**：《阿纳尼耶夫卡城址的早期新石器时代综合体》//《追溯过去·纪念 Ж.В. 安德列耶娃 70 周岁》，符拉迪沃斯托克，2000 年，第 231－238 页。

Гарковик А.В., Хорев В.А., Галактионов О.С. Ранненеолитический комплекс Ананьевского городища // Вперед … в прошлое: К 70-летию Ж. В. Андреевой. — Владивосток, 2000. — С. 231－238.

2677.　**А.В. 加尔科维克**：《俄罗斯远东滨海地区新石器遗址出土的非实用性陶器》//《加州考古学会第 34 次年会摘要》，河边，2000 年，第 43 页。

Garkovik Alla. Non－Utilitarian Ceramic Artifacts from Neolithic Sites in the Maritime Region of the Russian Far East // Society for California Archaeology. 34th Annual Meeting: Abstracts. — Riverside, 2000. — P. 43.

2678.　**Т.Н. 格卢什科娃**：《鬼门洞遗址的纺织品资料》//《远东原始社会考古学概述（考古学资料的历史阐释问题)》，莫斯科，1994 年，第 205－213 页。

Глушкова Т.Н. Текстильные материалы поселения Чертовы Ворота // Очерки первобытной археологии Дальнего Востока (Проблемы исторической интерпретации археологических источников) . — М., 1994. — С. 205－213.

2679.　**Ан.В. 格列比翁希科夫**：《阿穆尔州"巴尔卡斯纳亚谢列姆贾 2 号"新石器时代作坊发掘》//《西伯利亚、远东古代文化遗存研究》，新西伯利亚，1987 年，第 172－173 页。

Гребенщиков Ан.В. Раскопки неолитической мастерской 《Баркасная Селемджа－II》 в Амурской области // Исследования памятников древних культур Сибири и Дальнего Востока. — Новосибирск, 1987. — С. 172－173.

2680.　**Ан.В. 格列比翁希科夫、А.В. 塔巴列夫、С.В. 阿尔金**：《阿穆尔河中游的新石器时代：新的发现》//《П.А. 克罗伯特金——人文学者、学者、革命者·学术会议报告纲要》，赤塔，1992 年，第 87－90 页。

Гребенщиков Ан.В., Табарев А.В., Алкин С.В. Ранний неолит Среднего Амура: новые подходы // П.А. Кропоткин — гуманист, ученый, революционер: Тез. докл. науч. конф. — Чита, 1992. — С. 87－90.

2681.　**А.П. 杰列维扬科**：《论阿穆尔河中游新石器文化的起源问题》//《第 2 次大学生学术会议纲要·新西伯利亚国立大学》，新西伯利亚，1964 年，第 32－36 页。

Деревянко А.П. К вопросу об истоках неолитической культуры на Среднем Амуре // Тез. 2－й науч. студ. конф. / НГУ. — Новосибирск, 1964. — С. 32－36.

2682.　**А.П. 杰列维扬科**：《阿穆尔河中游的新石器时代》//《古代的西伯利亚（1 卷本〈西伯利亚史〉)》，**Ж.В. 安德列耶娃、З.Я. 博亚尔希诺娃、Э.А. 万盖盖姆**等编，乌兰乌德，1964 年，第 649－657 页。

Деревянко А.П. Неолит Среднего Амура // Древняя Сибирь: (Макет 1 тома《Истории Сибири》) / **Ж.В. Андреева, З.Я. Бояршинова, Э.А. Вангейгейм** и др. — Улан-Удэ, 1964. — С. 649－657.

2683. **А.П. 杰列维扬科**：《论阿穆尔河中游石片文化的起源与断代问题》//《1965 年新西伯利亚市青年学者、专家人文科学会议报告纲要》，新西伯利亚，1965 年，第 13－15 页。

Деревянко А.П. К вопросу об истоках и датировке среднеамурской культуры пластин // Новосибирская гор. конф. молодых ученых и специалистов, 1965: Гуманит. науки: Тез. докл. — Новосибирск, 1965. — С. 13－15.

2684. **А.П. 杰列维扬科**：《阿穆尔河中游的新彼得罗夫卡文化（石片文化）》//《苏联考古学》，1965 年 3 期，第 114－123 页。

Деревянко А.П. Новопетровская культура (культура пластин) на Среднем Амуре // СА. — 1965. — No 3. — С. 114－123.

2685. **А.П. 杰列维扬科**：《阿穆尔河中游新的考古发现（1964 年新彼得罗夫卡村附近）》//《苏联科学院西伯利亚分院院刊》，1965 年 1 期：《社会科学系列》，第 1 集，第 113－119 页。

Деревянко А.П. Новые археологические открытия на Среднем Амуре [у с. Новопетровки в 1964 г.] // ИСОАН СССР. — 1965. — № 1: Сер. обществ. наук, вып. 1. — С. 113－119.

2686. **А.П. 杰列维扬科**：《阿穆尔河中游流域的早期新石器时代》//《第四纪时期的研究问题·会议纲要》，哈巴罗夫斯克，1968 年，第 110－111 页。

Деревянко А.П. Ранний неолит в бассейне Среднего Амура // Проблемы изучения четвертичного периода: Тез. [совещ.]. — Хабаровск, 1968. — С. 110－111.

2687. **А.П. 杰列维扬科**：《早期新石器时代阿穆尔河中游部落的经济与生活方式》//《1966 年纪念巴赫鲁申报告会》，新西伯利亚，1968 年，第 1 集，第 158－172 页。

Деревянко А.П. Хозяйство и быт племен Среднего Амура в ранненеолитическую эпоху // Бахрушинские чтения, 1966. — Новосибирск, 1968. — Вып. 1. — С. 158－172.

2688. **А.П. 杰列维扬科**：《阿穆尔中部地区诺沃派特洛夫斯卡加石叶文化》//《北极人类学》，1969 年 3 期，第 114－123 页。

Derevjanko A.P. Novopetrovskaja Blade Culture on the Middle Amur // Arctic Anthropology. — 1969. — No. 3. — P. 114－123.

2689. **А.П. 杰列维扬科**：《格罗马图哈文化》//《西伯利亚史资料·古代的西伯利亚》，新西伯利亚，1970 年，第 3 集：《古代的西伯利亚及其毗邻地区》，第 195－209 页。

Деревянко А.П. Громатухинская культура // Материалы по истории Сибири. Древняя Сибирь. — Новосибирск, 1970. — Вып. 3: Сибирь и ее соседи в древности. — С. 195－209.

2690. **А.П. 杰列维扬科**：《阿穆尔河中游的新彼得罗夫卡文化》，新西伯利亚，科学出版社西伯利亚分社，1970 年，204 页。

Деревянко А.П. Новопетровская культура Среднего Амура. — Новосибирск: Наука. Сиб. отд－ние, 1970. — 204 с.

评论：**В.В. 西多罗夫**，刊于《苏联考古学》，1972 年 3 期，第 382－385 页。

Рец.: Сидоров В.В. // СА. — 1972. — № 3. — С. 382－385.

2691．**А.П.杰列维扬科**：《格罗马图哈文化》//《西伯利亚东北部的考古学》，东京，1975 年，第 1 卷，第 245－263 页，日文。

Деревянко А.П. Громатухинская культура // Археология Северо-Востока Сибири. — Токио, 1975. — Т. 1. — С. 245－263. — Яп. яз.

2692．**А.П.杰列维扬科**：《阿穆尔河中游的新彼得罗夫卡文化（刀形石片文化）》//《西伯利亚东北部的考古学》，东京，1975 年，第 1 卷，第 213－227 页，日文。

Деревянко А.П. Новопетровская культура Среднего Амура（культура ножевидных пластин）// Археология Северо-Востока Сибири. — Токио, 1975. — Т. 1. — С. 213－227. — Яп. яз.

2693．**А.П.杰列维扬科**：《格罗马图哈文化》//《北方文物》，1985 年 2 期，第 92－99 页，中文。

Деревянко А.П. Громатухинская культура // Бэйфан вэньу. — 1985. — № 2. — С. 92－99. — Кит. яз.

2694．**А.П.杰列维扬科、В.Е.麦德维杰夫**：《苏丘岛偶像崇拜者的庙宇——远东新的遗存类型》//《1993 年西伯利亚、远东考古学者、民族学者、人类学者的田野、实验室研究成果评述》，新西伯利亚，1995 年，第 225－227 页。

Деревянко А.П., Медведев В.Е. Святилище идолопоклонников на острове Сучу — новый тип памятников на Дальнем Востоке // Обозрение результатов полевых и лаб. исслед. археологов, этнографов и антропологов Сибири и Дальнего Востока в 1993 году. — Новосибирск, 1995. — С. 225－227.

2695．**А.П.杰列维扬科、В.Т.彼特林**：《俄罗斯远东南部地区新石器时代的分期》//《东亚、远东地区陶器的起源·国际研讨会摘要·1995 年·东北福祉大学》，仙台，1995 年，第 5－39 页，英文、日文。

Derevianko A.P., Petrin V.T. The Neolithic of the Southern Russian Far East: A Division into Periods // The Origins of Ceramics in the East Asia and Far East: Abstracts of Intern. Symp., 1995, Tohoku Fukushi Univ. — Sendai, 1995. — P. 5－9. — Англ. яз., яп. яз.

2696．**А.П.杰列维扬科、В.Т.彼特林**：《阿穆尔河流域、滨海地区早期新石器文化的起源及分期》，俄罗斯科学院西伯利亚分院考古与民族研究所，预印本，新西伯利亚，1995 年，第 21 页。

Derevianko A.P., Petrin V.T. The Roots and Division into Periods of the Early Neolithic Cultures of the Amur Basin and the Maritime Region / Russian Academy of Sciences. Siberian Division. Institute of Archaeology and Ethnography. — Preprint. — Novosibirsk, 1995. — 21 p.

2697．**А.П.杰列维扬科、В.Е.麦德维杰夫**：《苏丘岛——远东独一无二的考古遗存》//《北太平洋考古学》，符拉迪沃斯托克，1996 年，第 214－221 页。

Деревянко А.П., Медведев В.Е. Остров Сучу — уникальный памятник археологии Дальнего Востока // Археология Северной Пасифики. — Владивосток, 1996. — С. 214－221.

2698．**А.П.杰列维扬科**：《阿穆尔河中游的新彼得罗夫卡文化》//《东北亚考古资料译文集·俄罗斯专号》，1996 年，哈尔滨，第 31－39 页，中文。

Деревянко А.П. Новопетровская культура Среднего Амура // Собрание переводных работ по археологии Северо-Восточной Азии. Рос. вып. — Харбин, 1996. — С. 31－39. — Кит. яз

2699．**А.П.杰列维扬科、В.Е.麦德维杰夫**：《1995、1997 年苏丘岛发掘总结》//《西伯利亚及其毗邻地区考古学、民族学、人类学问题 － ·1997 年 12 月俄罗斯科学院西伯利亚分院考古与民族研究所第

5 次总结年会暨俄罗斯科学院西伯利亚分院成立 40 周年、俄罗斯科学院西伯利亚分院历史·语文·哲学研究所成立 30 周年会议资料》，第 3 卷，第 52－57 页，新西伯利亚，1997 年。

Деревянко А.П., Медведев В.Е. К итогам раскопок на о. Сучу в 1995 и 1997 гг. // Проблемы археологии, этнографии, антропологии Сибири и сопредельных территорий: Материалы V Годовой итог. сес. Ин-та археологии и этнографии СО РАН, посвящ. 40-летию Сиб. отд－ния РАН и 30-летию Ин-та истории, филологии и философии СО РАН. Дек. 1997 г. — Новосибирск, 1997. — Т.III. — С. 52－57.

2700. В.И. 季亚科夫：《鬼门洞洞穴与滨海地区孔东阿穆尔河下游文化遗存问题》//《喀斯特洞穴》，苏联科学院远东科学中心太平洋地理研究所、苏联地理学会滨海分会，预印本，符拉迪沃斯托克，1979 年，第 32－33 页。

Дьяков В.И. Пещера Чертовы Ворота и вопрос о памятниках кондонской (нижнеамурской) культуры в Приморье // Карстовые пещеры / АН СССР. ДВНЦ. ТИГ. Прим. фил. Геогр. о-ва СССР. — Препр. — Владивосток, 1979. — С. 32－33.

2701. В.И. 季亚科夫：《滨海地区的新石器时代：实例与猜想》//《西伯利亚、中央亚细亚考古学与民族学问题·区域会议报告纲要·1980 年 3 月 25－27 日》，伊尔库茨克，1980 年，第 77－79 页。

Дьяков В.И. Неолит Приморья: (Факты и гипотезы) // Проблемы археологии и этнографии Сибири и Центральной Азии: Тез. докл. к регион. конф., 25－27 марта 1980 г. — Иркутск, 1980. — С. 77－79.

2702. В.И. 季亚科夫：《苏联远东南部（新石器时代）文化起源的某些视角》//《东亚、东南亚的历史与文化》，莫斯科，1986 年，第 1 卷，第 3－11 页。

Дьяков В.И. Некоторые аспекты культурогенеза на юге Дальнего Востока СССР (эпоха неолита) // История и культура Восточной и Юго-Восточной Азии. — М., 1986. — Ч. 1. — С. 3－11.

2703. В.И. 季亚科夫：《关于扎伊桑诺夫卡文化在滨海地区考古学分期中的地位》//《斯基泰——西伯利亚世界的考古学问题：社会结构与社会关系·全苏考古学会议纲要》，克麦罗沃，1989 年，第 2 卷，第 15－17 页。

Дьяков В.И. О месте зайсановской культуры в археологической периодизации Приморья // Проблемы археологии скифо-сибирского мира: (социальная структура и общественные отношения): Тез. Всесоюз. археол. конф. — Кемерово, 1989. — Ч. II. — С. 15－17.

2704. В.И. 季亚科夫：《鲁特纳亚码头多层遗址与滨海地区新石器文化的分期》，符拉迪沃斯托克，远东科学出版社，1992 年，140 页。

Дьяков В.И. Многослойное поселение Рудная Пристань и периодизация неолитических культур Приморья. — Владивосток: Дальнаука, 1992. — 140 с.

2705. В.И. 季亚科夫：《鲁特纳亚码头多层遗址与滨海地区新石器文化的分期》//《东北亚考古资料译文集·俄罗斯专号》，哈尔滨，1996 年，第 16－30 页，中文。

Дьяков В.И. Многослойный памятник Рудная Пристань и периодизация неолитических культур Приморья // Собрание переводных работ по археологии Северо-Восточной Азии. Рос. вып. — Харбин, 1996. — С. 16－30. — Кит. яз.

2706. И.С. 茹希霍夫斯卡娅：《滨海地区新石器晚期陶器传统中的安德罗诺沃文化成分：问题的确

立》//《古代欧亚大陆体系中的亚速海东北部（铜石并用时代－青铜时代）·国际会议资料》，顿涅茨克，
1996 年，第 2 卷，第 64－66 页。

Жущиховская И.С. Андроновский компонент в керамической традиции позднего неолита Приморья
（к постановке проблемы） // Северо-Восточное Приазовье в системе евразийских древностей（энеолит —
бронзовый век）: Материалы междунар. конф. — Донецк, 1996. — Ч. 2. — С. 64－66.

2707．**М.И.** 伊万诺夫：《格罗马图哈文化石制工具的技术－类型分析》//《考古学问题与西伯利
亚、远东古代文化研究展望·会议报告纲要》，雅库茨克，1982 年，第 38－40 页。

Иванов М.И. Технико-типологический анализ каменного инвентаря громатухинской культуры //
Проблемы археологии и перспективы изучения древних культур Сибири и Дальнего Востока: Тез. докл.
［конф.］. — Якутск, 1982. — С. 38－40.

2708．**А.П.** 杰列维扬科、赵由典、**В.Е.** 麦德维杰夫、尹根一、洪亨雨、郑熠培、**В.А.** 克拉明采
夫、**А.Р.** 拉斯金、姜仁旭、**И.В.** 菲拉托娃：《2000 年俄、韩联合考古考察团在阿穆尔河的第一次考察》
//《西伯利亚及其毗邻地区考古学、民族学、人类学问题·2000 年 12 月俄罗斯科学院西伯利亚分院考古
与民族研究所周年纪念年会资料》，新西伯利亚，2000 年，第 6 卷，第 105－111 页。

Исследования 1－й совместной российско-корейской археологической экспедиции на Амуре в 2000 г. /
А.П. Деревянко, Ю－Чжон Чо, В.Е. Медведев, Кын-Ил Юн, Хён-У Хон, Сук－Бэ Чжун, В.А.
Краминцев, А.Р. Ласкин, Ин-Ук Кан, И.В. Филатова // Проблемы археологии, этнографии,
антропологии Сибири и сопредельных территорий: Материалы Годовой юбилейной сес. Ин-та археологии и
этнографии СО РАН, дек. 2000 г. — Новосибирск, 2000. — Т. VI. — С. 105－111.

2709．**Н.А.** 克柳耶夫：《滨海地区又发现一件面具（新谢利谢 4 号遗址）》//《第 6 次纪念阿尔谢尼
耶夫报告会·关于历史学、考古学、方志学问题区域学术会议报告纲要》，乌苏里斯克，1992 年，第
170－172 页。

Клюев Н.А. Находка ещё одной личины в Приморье［на поселении Новоселище－4］// VI
Арсеньевские чтения: Тез. докл. регион. науч. конф. по пробл. истории, археологии и краеведения. —
Уссурийск, 1992. — С. 170－172.

2710．**Н.А.** 克柳耶夫：《滨海地区出土的奇特泥质面具》//北方欧亚学会：《时事通讯》第 10 期，
东京，1998 年，第 19－22 页。

Kluyev N.A. Unique Clay Mask from Primorye Region // The Society of North－Eurasian Studies.
Newsletter No. 10. — Tokyo, 1998. — P. 19－22.

2711．**Н.А.** 克柳耶夫：《滨海地区出土的新石器晚期时代小型雕塑面具》//《心理学、文化学视角
下的面具·2000 年 3 月 23－24 日远东学术汇报会资料》，符拉迪沃斯托克，2000 年，第 37－38 页。

Клюев Н.А. Миниатюрная маска－личина эпохи позднего неолита из Приморья // Маска сквозь
призму психологии и культурологии: Материалы Дальневост. науч.－практ. конф., 23－24 марта 2000
г. — Владивосток, 2000. — С. 37－38.

2712．**С.А.** 科洛米耶茨：《鲁德纳亚码头遗址下层的陶器》//《西伯利亚、远东考古学问题·1985 年
4 月 3－6 日第 25 次大学生区域考古会议报告纲要》，伊尔库茨克，1985 年，第 12－13 页。

Коломиец С.А. Керамика нижнего слоя поселения Рудная Пристань // Проблемы археологии Сибири и Дальнего Востока: Тез. докл. к XXV археол. студ. конф., 3－6 апр. 1985 г. — Иркутск, 1985. — С. 12－13.

2713. **C.A. 科洛米耶茨、B.B. 奥谢茨基**：《论苏联远东南部的新石器时代问题》//《北亚考古学问题·纪念 А.П. 奥克拉德尼科夫院士诞辰 80 周年·1988 年 3 月 28－30 日第 28 次大学生区域考古会议报告纲要》，赤塔，1988 年，第 155－156 页。

Коломиец С.А., Осецкий В.В. К проблеме неолита юга Дальнего Востока СССР // Проблемы археологии Северной Азии (К 80-летию акад. А.П. Окладникова): Тез. докл. XXVIII Регион. археол. студ. конф. (28－30 марта 1988 г.). — Чита, 1988. — С. 155－156.

2714. **H.A. 科诺年科**：《滨海地区的古代采矿业工具》，苏联科学院远东科学中心历史·考古·民族研究所，符拉迪沃斯托克，1981 年，30 页，苏联科学院社会科学学术信息研究所档案：15.04.81，№7429.

Кононенко Н.А. Древние орудия горного дела в Приморье / АН СССР. ДВНЦ. ИИАЭ. — Владивосток, 1981. — 30 с. — Деп. в ИНИОН АН СССР, 15.04.81, № 7429.

2715. **H.A. 科诺年科**：《瓦连京地峡遗址的磨制砍砸工具》//《苏联远东考古学资料》，符拉迪沃斯托克，1981 年，第 20－25 页。

Кононенко Н.А. Рубящие шлифованные орудия поселения Валентин-перешеек // Материалы по археологии Дальнего Востока СССР. — Владивосток, 1981. — С. 20－25.

2716. **H.A. 科诺年科**：《公元前 3 千纪－公元前 2 千纪交会期滨海地区石制工具的工艺与部落经济》，历史学副博士论文作者文摘，苏联科学院考古研究所列宁格勒分部，列宁格勒，1982 年，16 页。

Кононенко Н.А. Технология каменных орудий и хозяйство племен Приморья рубежа III — II тыс. до н.э.: Автореф. дис. ... канд. ист. наук / АН СССР. Ин-т археологии. Ленингр. отд-ние. — Л., 1982. — 16 с.

2717. **H.A. 科诺年科**：《公元前 3 千纪－公元前 2 千纪滨海地区部落的经济（根据东南部沿岸遗存的资料）》//《远东民族考古学、民族学》，符拉迪沃斯托克，1984 年，第 67－71 页。

Кононенко Н.А. Хозяйство племен Приморья в III — II тыс. до н.э. (по материалам памятников юго-восточного побережья) // Археология и этнография народов Дальнего Востока. — Владивосток, 1984. — С. 67－71.

2718. **H.A. 科诺年科**：《古代经济的某些视角（根据滨海地区瓦连京地峡遗址资料）》//《社会生态学问题·1986 年 10 月 1－3 日第 1 次全苏会议报告纲要》，利沃夫，1986 年，第 2 集，第 63－64 页。

Кононенко Н.А. Некоторые аспекты палеоэкономики (по материалам поселения Валентин-перешеек в Приморье) // Проблемы социальной экологии: Тез. докл. первой Всесоюз. конф. (г. Львов, 1－3 окт. 1986 г.). — Львов, 1986. — Ч. 2. — С. 63－64.

2719. **H.A. 科诺年科**：《滨海地区最古老的石铲（根据鬼门洞洞穴遗址资料）》//《苏联远东考古学问题》，符拉迪沃斯托克，1987 年，第 157－160 页。

Кононенко Н.А. Древнейшие каменные мотыги Приморья: [По материалам стоянки в пещере Чертовы Ворота] // Вопросы археологии Дальнего Востока СССР. — Владивосток, 1987. — С. 157－160.

2720．Н.А. 科诺年科：《论滨海地区捕鱼业、海洋捕鱼业出现的问题》//《萨哈林、库里尔群岛考古学考察 II·第 2 次纪念 Р.В. 科济列娃考古报告会讲演纲要·1989 年 12 月 8－9 日》，南萨哈林斯克，1989 年，第 36－37 页。

Кононенко Н.А. К проблеме появления рыболовства и морского промысла в Приморье // Исследования по археологии Сахалина и Курильских островов. II: Тез. выступлений на II археол. чтениях, посвящ. памяти Р.В. Козыревой, 8－9 дек. 1989 г. — Южно-Сахалинск, 1989. — С. 36－37.

2721．Н.А. 科诺年科：《论滨海地区新石器时代石器加工传统的形成问题》//《远东、西伯利亚石器时代、古金属时代遗存的研究问题》，苏联科学院远东分院历史·考古·民族研究所，预印本，符拉迪沃斯托克，1989 年，第 14－20 页。

Кононенко Н.А. К проблеме формирования неолитической традиции обработки камня в Приморье // Проблемы изучения памятников каменного века и палеометалла Дальнего Востока и Сибири / АН СССР. ДВО. ИИАЭ. — Препр. — Владивосток, 1989. — С. 14－20.

2722．А.К. 科诺帕茨基：《阿穆尔河下游考察（新石器时代遗址）》//《1983 年考古发现》，莫斯科，1985 年，第 209－210 页。

Конопацкий А.К. Обследование на Нижнем Амуре [памятников неолита] // АО, 1983. — М., 1985. — С. 209－210.

2723．А.К. 科诺帕茨基：《阿穆尔河下游工作》//《1984 年考古发现》，莫斯科，1986 年，第 178－179 页。

Конопацкий А.К. Работы на Нижнем Амуре // АО, 1984. — М., 1986. — С. 178－179.

2724．А.К. 科诺帕茨基：《新石器时代阿穆尔河下游地区的经济开发》//《西伯利亚开发的历史经验·1986 年 10 月 14－16 日新西伯利亚"西伯利亚研究与开发的历史经验"全苏学术会议报告纲要》，新西伯利亚，1986 年，第 1 集，第 21－23 页。

Конопацкий А.К. Хозяйственное освоение Нижнего Амура в эпоху неолита // Исторический опыт освоения Сибири: Тез. докл. Всесоюз. науч. конф. «Ист. опыт изучения и освоения Сибири», Новосибирск, 14－16 окт. 1986 г. — Новосибирск, 1986. — Вып. 1. — С. 21－23.

2725．А.К. 科诺帕茨基：《阿穆尔河下游新石器遗存中的系绳陶器》//《作为历史资料的陶器》，新西伯利亚，1989 年，第 92－103 页。

Конопацкий А.К., Милютин К.И. Шнуровая керамика в неолитических памятниках Нижнего Амура // Керамика как исторический источник. — Новосибирск, 1989. — С. 92－103.

2726．А.К. 科诺帕茨基：《（阿穆尔河下游）苏萨尼诺 4 号遗址的新石器时代陶器》//《西伯利亚的古代陶器：类型学、工艺学、语义学》，新西伯利亚，1990 年，第 9－18 页。

Конопацкий А.К. Керамика эпохи неолита в памятнике Сусанино-4 (Нижний Амур) // Древняя керамика Сибири: типология, технология, семантика. — Новосибирск, 1990. — С. 9－18.

2727．А.К. 科诺帕茨基：《阿穆尔河下游小加万遗址新石器时代独一无二的艺术品》//《古代制品的语义学》，新西伯利亚，1990 年，第 21－34 页（原始社会艺术）。

Конопацкий А.К. Уникальное произведение искусства эпохи неолита на Нижнем Амуре: [Посел. Малая Гавань] // Семантика древних образов. — Новосибирск, 1990. — С. 21－34. — (Первобыт.

искусство）．

2728．**А.К. 科诺帕茨基**：《根据最新研究看小加万遗址及阿穆尔河下游的新石器时代问题：初步报告》//《俄罗斯远东考古学考察》，俄罗斯科学院远东分院历史·考古·民族研究所，预印本，符拉迪沃斯托克，1993 年，第 47－52 页。

Конопацкий А.К. Памятник Малая Гавань и проблемы неолита Нижнего Амура в свете современных исследований（предварительное сообщение）// Археологические исследования на Дальнем Востоке России / РАН. ДВО. ИИАЭ. — Препр. — Владивосток, 1993. — С. 47－52.

2729．**А.К. 科诺帕茨基**：《马来亚海港多元文化居址及阿穆尔下游地区新石器时代的相关问题》//《韩国上古史学报》，首尔，1993 年，第 14 期，第 295－328 页。

Konopatski A.K. Malaya Gavan — Multicultural Settlement and the Problems of Neolithic Period of the Lower Amur Region // Journal of Korean Ancient Historical Society. — Seoul. — 1993. — No. 14. — P. 295－328.

2730．**А.К. 科诺帕茨基**：《马来亚海港多元文化居址及阿穆尔下游地区新石器时代的相关问题》//《俄罗斯考古——为了今后对西伯利亚和远东地区的调查而开展的对俄罗斯考古研究的现状和存在问题的讨论》，首尔，1994 年，第 357－395 页。

Konopatski A.K. Malaya Gavan：Multicultural Settlement and the Problems of Neolithic Period of the Lower Amur Region // Archaeology of Russia — Current Status of Archaeological Research and Problems for Future Investigation of Siberia and Far East Area. — Seoul, 1994. — P. 357－395.

2731．**А.К. 科诺帕茨基**：《根据新的发现看阿穆尔河下游地区的新石器时代艺术》//《西伯利亚人文科学》，1996 年 3 期：《考古学与民族学系列》，第 72－79 页。

Конопацкий А.К. Неолитическое искусство Нижнего Амура в свете новых находок // Гуманит. науки в Сибири. — 1996. — № 3：Сер.：Археология и этнография. — С. 72－79.

2732．**А.К. 科诺帕茨基**：《阿穆尔河下游地区新石器时代艺术的主要内涵》//《东亚、北美的旧石器晚期至新石器早期·国际会议资料》，符拉迪沃斯托克，1996 年，第 146－148 页。

Конопацкий А.К. Основное содержание неолитического искусства Нижнего Амура // Поздний палеолит — ранний неолит Восточной Азии и Северной Америки（материалы междунар. конф.）. — Владивосток, 1996. — С.146－148.

2733．**А.И. 克里沃沙普金**：《远东（结雅河地区）"第三铁匠"遗址》//《西伯利亚、远东的考古学、民族学问题·纪念 Н.К. 奥埃尔巴哈诞辰 100 周年暨区域性大学生考古会议报告简介》，克拉斯诺亚尔斯克，1991 年，第 1 卷，第 75－76 页。

Кривошапкин А.И. Памятник 《Третьей Ковали》 на Дальнем Востоке：［На р. Зее］ // Проблемы археологии и этнографии Сибири и Дальнего Востока：Посвящ. 100-летию Н.К. Ауэрбаха：Крат. содерж. докл.［регион. археол. студ. конф.］. — Красноярск, 1991. — Т. 1. — С. 75－76.

2734．**Ю.В. 克里武利亚**：《滨海地区新石器时代的新资料》//《西伯利亚古代理论民族学·1990 年 3 月 29－31 日第 30 次大学生区域考古会议报告纲要》，伊尔库茨克，1990 年，第 198－200 页。

Кривуля Ю.В. Новые материалы по неолиту Приморья // Палеоэтнология Сибири：Тез. докл. к XXX регион. археол. студ. конф. 29－31 марта 1990 г. — Иркутск, 1990. — С. 198－200.

2735．**А.А. 克鲁皮扬科、Н.А. 科诺年科**：《（滨海地区）鲁德纳亚码头遗址早期新石器综合体中出土的独创性的器物》//《西伯利亚古代理论民族学·1990 年 3 月 29－31 日第 30 次大学生区域考古会议报告纲要》，伊尔库茨克，1990 年，第 197－1988 页。

Крупянко А.А., Кононенко Н.А. Оригинальные изделия из ранненеолитического комплекса поселения Рудная Пристань (Приморье) // Палеоэтнология Сибири: Тез. докл. к XXX регион. археол. студ. конф. 29－31 марта 1990 г. — Иркутск, 1990. — С. 197－198.

2736．**А.А. 克鲁皮扬科**：《博伊斯曼 2 号遗址：1991 年发掘区清理的墓葬》//《第 6 次纪念阿尔谢尼耶夫报告会·关于历史学、考古学、方志学问题区域学术会议报告纲要》，乌苏里斯克，1992 年，第 180－183 页。

Крупянко А.А. Бойсмана － II: погребальный комплекс из раскопок 1991 г. // VI Арсеньевские чтения: Тез. докл. и сообщ. регион. науч. конф. по пробл. истории, археологии и краеведения. — Уссурийск, 1992. — С. 180－183.

2737．**А.М. 库兹涅佐夫**：《论滨海地区的早期新石器时代问题》//《考古学、民族学、史料学：会议报告纲要》，伊尔库茨克，1979 年，第 35－36 页。

Кузнецов А.М. К вопросу о раннем неолите Приморья // Археология. Этнография. Источниковедение: Тез. докл. конф. — Иркутск, 1979. — С. 35－36.

2738．**А.М. 库兹涅佐夫**：《滨海地区新石器时代的新文化（布谢文化，没有得到承认）》//《西伯利亚、中央亚细亚考古学与民族学问题·区域会议报告纲要·1980 年 3 月 25－27 日》，伊尔库茨克，1980 年，第 61－63 页。

Кузнецов А.М. Новая культура приморского неолита: ［Культура Буссе. Признания не получила.］ // Проблемы археологии и этнографии Сибири и Центральной Азии: Тез. докл. к регион. конф., 25－27 марта 1980 г. — Иркутск, 1980. — С. 61－63.

2739．**Н.Б. 基亚克什托**：《（阿穆尔州）萨满石岩画》//《国立物质文化史科学院通报》，1931 年 7 期，第 29－30 页。

Кякшто Н.Б. Писаница Шаман-камня: ［Амур. обл.］ // СГАИМК. — 1931. — № 7. — С. 29－30.

2740．**З.С. 拉普希娜**：《胡米遗址上层遗存》//《"远东专业学者代表大会"·纪念哈巴罗夫斯克边疆区方志博物馆成立 100 周年学术会议资料》，哈巴罗夫斯克，1994 年，第 3 卷，第 27－28 页。

Лапшина З.С. Комплекс с Венерой на поселении Хумми //《Съезд сведущих людей》: Материалы науч. － практ. конф., посвящ. 100-летию Хабаровского краевого краевед. музея. — Хабаровск, 1994. — Т. 3. — С. 27－28.

2741．**В.Е. 拉里切夫**：《乌苏里河下游地区（卡扎凯维奇村）的新石器遗址》//《西伯利亚、远东的历史问题》，新西伯利亚，1961 年，第 255－268 页。

Ларичев В.Е. Неолитические поселения в низовьях р. Уссури (с. Казакевичи) // Вопросы истории Сибири и Дальнего Востока. — Новосибирск, 1961. — С. 255－268.

2742．**В.Е. 拉里切夫**：《乌苏里江下游地区新石器时代的聚落》//《北极人类学》，1965 年，第 3 卷，第 1 期，第 98－106 页。

Larichev V.E. Neolithic Settlements on the Lower Reaches of the Ussuri River // Arctic Anthropology. — 1965. — Vol. 3, No. 1. — P. 98 - 106.

2743. **Н. 列尔赫**：《阿穆尔河河口附近发现的石制工具》（根据《东部滨海地区》杂志）//《俄罗斯考古学会通报》，1868 年，第 6 卷，第 10 集，第 2 册，第 209 - 211 页。

Лерх Н. Находка каменных орудий близ устья Амура：(По поводу изв. газ.《Вост. Поморье》) // ИРАО. — 1868. — Т. 6, вып. 10, отд. 2. — С. 209 - 211.

2744. **В.А. 伦沙**：《谢尔盖耶夫卡 1 号遗址——滨海地区南部新的新石器时代遗址》//《方志学问题·纪念阿尔谢尼耶夫报告会会议报告纲要》，乌苏里斯克，1989 年，第 41 - 43 页。

Лынша В.А. Сергеевка - 1 — новая неолитическая стоянка на юге Приморья // Проблемы краеведения：[Тез. докл. конф.] / Арсеньев. чтения. — Уссурийск, 1989. — С. 41 - 43.

2745. **В.А. 伦沙、И.С. 茹希霍夫斯卡娅**：《根据新的资料看阿尔马津卡遗址在滨海地区石器时代中的位置》//《古代、中世纪时代的滨海地区·区域考古会议资料》，乌苏里斯克，1996 年，第 13 - 17 页。

Лынша В.А., Жущиховская И.С. Место стоянки Алмазинка в каменном веке Приморья в свете новых данных // Приморье в древности и средневековье：(Материалы регион. археол. конф.). — Уссурийск, 1996. — С. 13 - 17.

2746. **А.И. 马津**：《(阿穆尔河沿岸) 奥尼奥纳河上游地区的岩画》//《苏联科学院西伯利亚分院远东分部历史类著述》，1968 年，第 6 卷：《苏联十月革命以前时期历史中的苏联远东民族》，第 159 - 165 页。

Мазин А.И. Наскальные рисунки в верховьях р. Онёна：[Приамурье] // Тр. / АН СССР. СО. ДВФ. Сер. ист. — 1968. — Т. 6：Народы советского Дальнего Востока в дооктябрьский период истории СССР. — С. 159 - 165.

2747. **А.И. 马津**：《奥尼奥纳河河口的岩画》//《1968 年考古发现》，莫斯科，1969 年，第 211 - 212 页。

Мазин А.И. Рисунки на скалах в устье р. Онёни // АО, 1968. — М., 1969. — С. 211 - 212.

2748. **А.И. 马津**：《阿穆尔河上游原始森林地带古代的养鹿业与岩画的民族属性问题》//《北亚、中央亚细亚的考古学》，新西伯利亚，1975 年，第 204 - 208 页。

Мазин А.И. Древнее оленеводство и проблема этнической принадлежности петроглифов таежной зоны Верхнего Приамурья // Археология Северной и Центральной Азии. — Новосибирск, 1975. — С. 204 - 208.

2749. **А.И. 马津**：《阿穆尔河上游原始森林地带公元前 4 千纪至公元前 3 千纪时期的岩画》//《原始社会艺术》，新西伯利亚，1976 年，第 97 - 110 页。

Мазин А.И. Наскальные рисунки IV — III тыс. до н.э. таежной зоны Верхнего Приамурья // Первобытное искусство. — Новосибирск, 1976. — С. 97 - 110.

2750. **А.В. 马利亚温**：《阿穆尔河下游地区新发现的石制塑像》//《太平洋文化的古代艺术》，符拉迪沃斯托克，1996 年，第 105 - 108 页 (《太平洋考古学》，第 9 集)。

Малявин А.В. Новая находка каменной скульптуры на Нижнем Амуре // Древнее искусство тихоокеанских культур. — Владивосток, 1996. — С. 105 - 108. — (Тихоокеан. археология；Вып. 9).

2751．**В.Е. 麦德维杰夫**：《阿穆尔河下游的早期新石器时代》//《东亚的新石器文化》，首尔，1993年，第 109－112 页，英文、朝文。

Медведев В.Е. Ранний неолит Нижнего Амура // Неолитические культуры Восточной Азии. — Сеул, 1993. — С. 109－112. — Англ. яз., кор. яз.

2752．**В.Е. 麦德维杰夫、Л.Н. 梅利尼科娃**：《阿穆尔河下游新石器遗址出土的陶器施纹模具》//《俄罗斯远东考古学考察》，俄罗斯科学院远东分院历史·考古·民族研究所，预印本，符拉迪沃斯托克，1993年，第 63－68 页、95－98 页（插图）。

Медведев В.Е., Мыльникова Л.Н. Штампы для орнаментации керамических сосудов из неолитических поселений Нижнего Амура // Археологические исследования на Дальнем Востоке России / РАН. ДВО. ИИАЭ. — Препр. — Владивосток, 1993. — С. 63－68, 95－98 [ил.] .

2753．**В.Е. 麦德维杰夫**：《阿穆尔河（苏丘岛）的新石器时代庙宇》//《1993 年考古发现》，莫斯科，1994年，第 177－178 页。

Медведев В.Е. Неолитическое святилище на Амуре [на острове Сучу] // АО, 1993. — М., 1994. — С. 177－178.

2754．**В.Е. 麦德维杰夫**：《独联体阿穆尔河下游地区的早期新石器时代》//《东亚的新石器文化》，首尔，1994年，第 147－150 页，朝文、英文。

Medvedev V.E. Early Neolithic of the Lower Cis－Amur // Neolithic Cultures of East Asia. — Seoul, 1994. — P. 147－150. — Кор. яз., англ. яз.

2755．**В.Е. 麦德维杰夫**：《阿穆尔河下游地区新石器时代的初、早期问题》//《1993 年西伯利亚、远东考古学者、民族学者、人类学者的田野、实验室研究成果评述》，新西伯利亚，1995年，第 228－237 页。

Медведев В.Е. К проблеме начального и раннего неолита на Нижнем Амуре // Обозрение результатов полевых и лабораторных исследований археологов, этнографов и антропологов Сибири и Дальнего Востока в 1993 году. — Новосибирск, 1995. — С. 228－237.

2756．**В.Е. 麦德维杰夫**：《阿穆尔河下游地区发掘》//《1994 年考古发现》，莫斯科，1995年，第 289－291 页。

Медведев В.Е. Раскопки на Нижнем Амуре // АО, 1994. — М., 1995. — С. 289－291.

2757．**В.Е. 麦德维杰夫**：《苏丘岛考察》//《1995 年考古发现》，莫斯科，1996年，第 350－351 页。

Медведев В.Е. Исследования на острове Сучу // АО, 1995. — М., 1996. — С. 350－351.

2758．**В.Е. 麦德维杰夫**：《阿穆尔河下游地区苏丘岛新石器时代的聚落（1993 年发掘)》//《韩国上古史学报》，首尔，1996 年 22 期，第 129－162 页，朝文。

Medvedev V.E. The Neolithic Settlement of Suchu Island in the Lower Amur Region (The Excavation of 1993) // Journal of Korean Ancient Historical Society. — Seoul, 1996. — No. 22. — P. 129－162. — Кор. яз.

2759．**В.Е. 麦德维杰夫、И.В. 菲拉托娃**：《关于（阿穆尔河沿岸）沃兹涅谢诺夫斯科耶村附近遗址文化层中出土的陶器对比》//《西伯利亚及其毗邻地区考古学、民族学、人类学问题·1997 年 12 月俄罗斯科学院西伯利亚分院考古与民族研究所第 5 次总结年会暨俄罗斯科学院西伯利亚分院成立 40 周年、俄罗斯科学院西伯利亚分院历史·语文·哲学研究所成立 30 周年会议资料》，第 3 卷，新西伯利亚，1997 年，第 117－122 页。

Медведев В.Е., Филатова И.В. О соотношении керамики из культурных слоев поселения у с. Вознесеновского (Приамурье) // Проблемы археологии, этнографии, антропологии Сибири и сопредельных территорий: Материалы V Годовой итог. сес. Ин-та археологии и этнографии СО РАН, посвящ. 40-летию Сиб. отд – ния РАН и 30-летию Ин-та истории, филологии и философии СО РАН. Дек. 1997 г. — Новосибирск, 1997. — Т. III. — С. 117－122.

2760. B.E. 麦德维杰夫、И.B. 菲拉托娃：《关于阿穆尔河沿岸马雷舍沃村附近新石器时代房址出土陶器的纹饰风格》//《西伯利亚及其毗邻地区的考古学、民族学、人类学问题·1998 年 12 月俄罗斯科学院西伯利亚分院考古与民族研究所第 6 次总结年会资料》，新西伯利亚，1998 年，第 4 卷，第 134－139 页。

Медведев В.Е., Филатова И.В. Об орнаментации глиняных сосудов из жилищ эпохи неолита у с. Малышево в Приамурье // Проблемы археологии, этнографии, антропологии Сибири и сопредельных территории: Материалы VI Годовой итог. сес. Ин-та археологии и этнографии СО РАН. Дек. 1998 г. — Новосибирск, 1998. — Т. IV. — С. 134－139.

2761. B.E. 麦德维杰夫：《关于阿穆尔河下游地区新石器的新资料》//《西伯利亚及其毗邻地区考古学、民族学、人类学问题·1999 年 12 月俄罗斯科学院西伯利亚分院考古与民族研究所第 7 次总结年会报告》，新西伯利亚，1999 年，第 5 卷，第 174－180 页。

Медведев В.Е. Новое о неолите Нижнего Амура // Проблемы археологии, этнографии, антропологии Сибири и сопредельных территорий: Материалы VII Годовой итог. сес. Ин-та археологии и этнографии СО РАН. Дек. 1999 г. — Новосибирск, 1999. — Т. V. — С. 174－180.

2762. B.E. 麦德维杰夫：《阿穆尔河下游新石器时代艺术的新主题及其相关的古代表象》//《欧亚大陆的考古学、民族学、人类学》，2000 年 3 期，第 56－69 页。

Медведев В.Е. Новые сюжеты в искусстве нижнеамурского неолита и связанные с ними представления древних // Археология, этнография и антропология Евразии. — 2000. — № 3. — С. 56－69.

2763. B.E. 麦德维杰夫：《阿穆尔河下游新石器时代艺术的新主题及其所反映出来的古代人类的思想》//《欧亚大陆的考古学、民族学、人类学》，2000 年 3 期，第 56－69 页。

Medvedev V.E. New Motifs of the Lower – Amur Neolithic Art and Associated Ideas of the Ancient People // Archaeology, Ethnology & Anthropology of Eurasia. — 2000. — No. 3. — P. 56－69.

2764. И.Б. 萨布诺夫、В.Г. 彼得罗夫、Б.С. 萨布诺夫、Г.П. 利托夫琴科：《格罗杰科沃村附近地点－阿穆尔河中游新的新石器遗址》//《西伯利亚及其毗邻地区的考古学、民族学、人类学问题·1998 年 12 月俄罗斯科学院西伯利亚分院考古与民族研究所第 6 次总结年会资料》，新西伯利亚，1998 年，第 4 卷，第 149－154 页。

Местонахождение у с. Гродеково — новый неолитический памятник на Среднем Амуре / И.Б. Сапунов, В.Г. Петров, Б.С. Сапунов, Г.П. Литовченко // Проблемы археологии, этнографии, антропологии Сибири и сопредельных территорий: Материалы VI Годовой итог. сес. Ин-та археологии и этнографии СО РАН. Дек. 1998 г. — Новосибирск, 1998. — Т. IV. — С. 149 – 154.

2765. **В.П.** 梅利尼科夫、**Л.Н.** 梅利尼科娃：《论（阿穆尔河下游）孔东新石器遗址房址复原与制陶业工艺学的相关问题》//《远东青年社会学者学术研究的现状与发展展望·1991 年 11 月 11 – 15 日远东青年社会学者学术会议报告纲要》，远东青年社会学者学会，预印本，符拉迪沃斯托克，1991 年，第 76 – 79 页。

Мыльников В.П., Мыльникова Л.Н. К вопросу о корреляции реконструкции жилищ и технологии гончарства неолитического поселения Кондон（Нижний Амур）// Современное состояние и перспективы развития научных исследований молодых обществоведов Дальнего Востока: Тез. докл. науч. конф. молодых обществоведов Дальнего Востока, сост. 11 – 15 нояб. 1991 г. / Дальневост. ассоц. молодых обществоведов. — Препр. — Владивосток, 1991. — С. 76 – 79.

2766. **Л.Н.** 梅利尼科娃：《（阿穆尔河下游）苏丘遗址新石器陶器纹饰的评述》//《北亚、东亚考古学问题》，新西伯利亚，1986 年，第 83 – 88 页。

Мыльникова Л.Н. К характеристике орнамента неолитической керамики пос. Сучу: ［Нижний Амур］ // Проблемы археологии Северной и Восточной Азии. — Новосибирск, 1986. — С. 83 – 88.

2767. **Л.Н.** 梅利尼科娃：《苏丘遗址新石器陶器的制陶传统》//《远东古代生产的工艺学》，苏联科学院远东分院历史·考古·民族研究所，预印本，符拉迪沃斯托克，1988 年，第 10 – 12 页。

Мыльникова Л.Н. Гончарные традиции в неолитической керамике поселения Сучу // Технология древних производств Дальнего Востока / АН СССР. ДВО. ИИАЭ. — Препр. — Владивосток, 1988. — С. 10 – 12.

2768. **Л.Н.** 梅利尼科娃：《孔东陶器的工艺学传统：论阿穆尔河下游地区新石器文化的分期》//《远东、西伯利亚石器时代、古金属时代遗存的研究问题》，苏联科学院远东分院历史·考古·民族研究所，预印本，符拉迪沃斯托克，1989 年，第 20 – 24 页。

Мыльникова Л.Н. О технологических традициях керамики Кондона: （К периодизации нижнеамурской неолитической культуры） // Проблемы изучения памятников каменного века и палеометалла Дальнего Востока и Сибири / АН СССР. ДВО. ИИАЭ. — Препр. — Владивосток, 1989. — С. 20 – 24.

2769. **Л.Н.** 梅利尼科娃：《阿穆尔河下游地区新石器陶器纹饰中螺旋曲线的演化》//《原始公社制时代的技术、社会进程：信息、资料》，斯维尔德洛夫斯克，1989 年，第 58 – 60 页。

Мыльникова Л.Н. Эволюция спирали в орнаментации неолитической керамики Нижнего Амура // Технический и социальный прогресс в эпоху первобытно-общинного строя: （Информ. материалы）. — Свердловск, 1989. — С. 58 – 60.

2770. **Л.Н.** 梅利尼科娃、**А.В.** 瓦列诺夫：《阿穆尔河下游地区、中国东北地区新石器文化的相互关系》//《中国的社会与国家·第 23 次学术会议报告纲要》，莫斯科，1991 年，第 1 卷，第 10 – 13 页。

Мыльникова Л.Н., Варенов А.В. Взаимосвязь неолитических культур Нижнего Амура с Северо-Восточным Китаем // Общество и государство в Китае: Тез. докл. XXIII науч. конф. — М., 1991. — Ч. 1. — С. 10 – 13.

2771. **Л.Н.** 梅利尼科娃：《论（阿穆尔河下游）孔东遗址新石器陶器的烧制温度问题》//《作为历

史资料的陶器·全苏考古学学术会议报告纲要》，古比雪夫，1991年，第63－65页。

Мыльникова Л.Н. К вопросу о температуре обжига неолитической керамики поселения Кондон (Нижний Амур) // Керамика как исторический источник: Тез. докл. Всесоюз. науч. археол. конф. — Куйбышев, 1991. — С.63－65.

2772．**Л.Н. 梅利尼科娃**：《论阿穆尔河下游地区新石器陶器的两种制陶传统》//《实验考古学：托博尔斯克师范学院实验考古学实验室通报》，托博尔斯克，1991年，第78－82页。

Мыльникова Л.Н. О двух гончарных традициях в неолитической керамике Нижнего Амура // Экспериментальная археология: Изв. лаборатории экспериментальной археологии Тобольского пединститута. — Тобольск, 1991. — С.78－82.

2773．**Л.Н. 梅利尼科娃**：《（阿穆尔河下游）孔东遗址新石器陶器的晾晒与烧制》//《物质文化与考古学构拟问题》，新西伯利亚，1991年，第93－103页。

Мыльникова Л.Н. Сушка и обжиг неолитической керамики поселения Кондон（Нижний Амур）// Материальная культура и проблемы археологической реконструкции. — Новосибирск, 1991. — С. 93－103.

2774．**Л.Н. 梅利尼科娃**：《阿穆尔河下游地区新石器时代部落的制陶业（根据孔东邮局遗址资料）》，历史学副博士论文作者文摘，俄罗斯科学院西伯利亚分院考古与民族研究所，新西伯利亚，1992年，16页。

Мыльникова Л.Н. Гончарство неолитических племен Нижнего Амура（По материалам поселения Кондон-Почта）: Автореф. дис. ... канд. ист. наук / РАН. СО. ИАЭ. — Новосибирск, 1992. — 16 с.

2775．**Л.Н. 梅利尼科娃**：《阿穆尔河下游地区陶器器表的加工》//《实验考古学》，托博尔斯克，1993年，第3集，第20－24页。

Мыльникова Л.Н. Обработка поверхности нижнеамурской керамики // Экспериментальная археология. — Тобольск, 1993. — Вып. 3. — С. 20－24.

2776．**Л.Н. 梅利尼科娃**：《孔东遗址出土的新石器时代的东方器具及阿穆尔河下游地区新石器时代研究的议题》//《韩国上古史学报》首尔，1994年，第17期，第287－323页。

Mylnikova L.N. Neolithic Eastern Ware the Kondon Site and the Issues of the Lower Amur Neolithic Studies // Journal of Korean Ancient Historical Society. — Seoul, 1994. — No. 17. — P. 287－323.

2777．**Л.Н. 梅利尼科娃**：《论（阿穆尔河下游地区）沃兹涅谢诺夫卡新石器文化的起源问题》//《西伯利亚土著：消逝的语言与文化的研究问题·国际学术会议报告纲要》，新西伯利亚，1995年，第2卷：《考古学与民族学》，第34－36页。

Мыльникова Л.Н. К вопросу о происхождении вознесеновской неолитической культуры（Нижний Амур）// Аборигены Сибири: проблемы изучения исчезающих языков и культур: Тез. междунар. науч. конф. — Новосибирск, 1995. — Т. 2: Археология. Этнография. — С. 34－36.

2778．**Л.Н. 梅利尼科娃**：《孔东邮局遗址的新石器陶器与阿穆尔河下游地区新石器时代的研究问题》//《考古学的昨天、今天、明天》，新西伯利亚，1995年，第19－25页。

Мыльникова Л.Н. Неолитическая керамика поселения Кондон-Почта и проблемы изучения неолита Нижнего Амура // Археология вчера, сегодня, завтра. — Новосибирск, 1995. — С.19－25.

2779．**Л.Н. 梅利尼科娃**：《阿穆尔河下游地区新石器时代部落的制陶业（根据孔东邮局遗址资料）》，新西伯利亚，俄罗斯科学院西伯利亚分院考古与民族研究所出版社，1999 年，159 页。

Мыльникова Л.Н. Гончарство неолитических племен Нижнего Амура（по материалам поселения Кондон-Почта）．— Новосибирск：Изд-во Ин-та археологии и этнографии СО РАН, 1999．— 159 с.

2780．**Ж.В. 安德列耶娃、И.С. 茹希霍夫斯卡娅、Н.А. 克柳耶夫、Н.А. 科诺年科**：《苏联远东南部新石器时代研究中的某些问题》//《第 15 次远东学术会议："苏共第 27 次代表大会和苏联远东及亚洲国家发展问题"·报告及议程纲要》，第 4 卷，第 3－7 页，符拉迪沃斯托克，1986 年。

Некоторые проблемы в изучении неолита на юге Дальнего Востока СССР /**Ж.В. Андреева, И.С. Жущиховская, Н.А. Клюев, Н.А. Кононенко** // XV Дальневост. науч. конф.《XXVII съезд КПСС и пробл. развития Дальнего Востока и зарубеж. государств Азии》：Тез. докл. и сообщ. — Владивосток, 1986．— Вып. 4．— С. 3－7.

2781．**В.П. 阿列克谢耶夫、Э.В. 阿列克谢耶娃、Ж.В. 安德列耶娃、Ю.Е. 沃斯特列佐夫、И.С. 茹希霍夫斯卡娅、Н.А. 克柳耶夫、Н.А. 科诺年科、Я.В. 库兹明、В.Д. 胡季克**：《远东南部新石器时代：鬼门洞洞穴古代遗址》，莫斯科，科学出版社，1991 年，224 页。

Неолит юга Дальнего Востока：Древнее поселение в пещере Чертовы Ворота /**В.П. Алексеев, Э.В. Алексеева, Ж.В. Андреева, Ю.Е. Вострецов, И.С. Горшкова, И.С. Жущиховская, Н.А. Клюев, Н.А. Кононенко, Я.В. Кузьмин, В.Д. Худик.** — М.：Наука, 1991．— 224 с.

评论：**А.В. 加尔科维克**，刊于《俄罗斯与亚洲太平洋地区》，1992 年 2 期，第 14－16 页。

Рец．：Гарковик А.В．// Россия и АТР．— 1992．— № 2．— С. 14－16.

2782．**А.П. 奥克拉德尼科夫**：《远东耕作业的起源》//《远东第 2 次历史学、考古学、民族学学术会议报告、议程纲要》，符拉迪沃斯托克，1960 年，第 6－7 页。

Окладников А.П. Возникновение земледелия на Дальнем Востоке // Вторая науч. конф. по истории, археологии и этнографии Дал. Востока：（Тез. докл. и сообщ.）．— Владивосток, 1960．— С. 6－7.

2783．**А.П. 奥克拉德尼科夫**：《北亚的渔业史：阿穆尔河域新石器时代的匙状假饵》//《民俗》，哥本哈根，1963 年，第 5 卷，第 256－258 页。

Okladnikov A.P. The History of Fishery in North-Asia：Neolithic Spoon-Bait on the Amur River // Folk．— Kobennhavn, 1963．— Vol. 5．— P. 256－258.

2784．**А.П. 奥克拉德尼科夫**：《阿穆尔河下游地区的新石器时代》//《古代的西伯利亚（1 卷本〈西伯利亚史〉）》，**Ж.В. 安德列耶娃、З.Я. 博亚尔希诺娃、Э.А. 万盖盖姆**等编，乌兰乌德，1964 年，第 195－214 页。

Окладников А.П. Неолит Нижнего Амура // Древняя Сибирь：（Макет 1 тома《Истории Сибири》）/ **Ж.В. Андреева, З.Я. Бояршинова, Э.А. Вангейгейм** и др. — Улан-Удэ, 1964．— С. 195－214.

2785．**А.П. 奥克拉德尼科夫**：《滨海地区北部地区的新石器时代》//《古代的西伯利亚（1 卷本〈西伯利亚史〉）》，**Ж.В. 安德列耶娃、З.Я. 博亚尔希诺娃、Э.А. 万盖盖姆**等编，乌兰乌德，1964 年，第 215－220 页。

Окладников А.П. Неолит Северного Приморья // Древняя Сибирь：（Макет 1 тома《Истории Сибири》）/ **Ж.В. Андреева, З.Я. Бояршинова, Э.А. Вангейгейм** и др. — Улан-Удэ, 1964．— С.

215－220.

2786．**А.П. 奥克拉德尼科夫**：《滨海地区南部的新石器时代》//《古代的西伯利亚（1 卷本〈西伯利亚史〉）》，**Ж.В. 安德列耶娃、З.Я. 博亚尔希诺娃、Э.А. 万盖盖姆**等编，乌兰乌德，1964 年，第 221－231 页。

Окладников А.П. Неолит Южного Приморья // Древняя Сибирь：（Макет 1 тома《Истории Сибири》）/ **Ж.В. Андреева, З.Я. Бояршинова, Э.А. Вангейгейм** и др. — Улан-Удэ, 1964. — С. 221－231.

2787．**А.П. 奥克拉德尼科夫**：《乌苏里河河口的沃兹涅谢诺夫卡村遗址》//《1966 年考古发现》，莫斯科，1967 年，第 175－178 页。

Окладников А.П. Поселение у с. Вознесеновка вблизи устья р. Уссури // АО, 1966. — М., 1967. — С. 175－178.

2788．**А.П. 奥克拉德尼科夫**：《阿穆尔民族艺术出现以前时期的基亚河、乌苏里河岩画》//《苏联考古学》，1968 年 4 期，第 46－57 页。

Окладников А.П. Из предыстории искусства амурских народов：（Петроглифы на р. Кия, Уссури）// СА. — 1968. — № 4. — С. 46－57.

2789．**А.П. 奥克拉德尼科夫、А.П. 杰列维扬科**：《远东的新石器时代》//《古今西伯利亚史》（5 卷本），**Ж.В. 安德列耶娃、З.Я. 博亚尔希诺娃、Э.Б. 瓦杰茨卡娅**等编著，列宁格勒，1968 年，第 1 卷：《古代的西伯利亚》，第 127－150 页。

Окладников А.П., Деревянко А.П. Неолит Дальнего Востока // История Сибири с древнейших времен до наших дней：В 5 т. / **Ж.В. Андреева, З.Я. Бояршинова, Э.Б. Вадецкая** и др. — Л., 1968. — Т. 1: Древняя Сибирь. — С. 127－150.

2790．**А.П. 奥克拉德尼科夫**：《阿穆尔河下游地区新石器时代及其与亚洲其他地区新石器文化的联系》，莫斯科，1968 年，13 页（第 8 届国际人类学及民族学大会·东京·1968 年 9 月）。

Okladnikov A.P. The Neolithic Period of the Lower Amur Region and Its Relations to Neolithic Cultures of Other Parts of Asia. — M., 1968. — 13 p. — （VIII Intern. Congr. of Anthropol. and Ethnogr. Sciences. Tokyo, Sept., 1968）.

2791．**А.П. 奥克拉德尼科夫**：《论远东、贝加尔湖地区部落间的文化接触问题：结雅河谷地出土的石杵》//《阿穆尔州方志博物馆论丛》，1970 年，第 6 卷，第 2 集，第 3－7 页。

Окладников А.П. К проблеме культурных контактов между племенами Дальнего Востока и Прибайкалья：каменные песты из долины Зеи // ЗАОМК. — 1970. — Т. 6, вып. 2. — С. 3－7.

2792．**А.П. 奥克拉德尼科夫、Р.С. 瓦西里耶夫斯基、А.П. 杰列维扬科**：《（阿穆尔州）奥西诺沃湖地区考古考察》//《远东考古考察团田野考察资料》，新西伯利亚，1971 年，第 2 集，第 323－392 页。

Окладников А.П., Васильевский Р.С., Деревянко А.П. Археологические исследования на Осиновом озере［в Амурской области］// Материалы полевых исследований Дальневост. археол. экспедиции. — Новосибирск, 1971. — Вып. 2. — С. 323－392.

2793．**А.П. 奥克拉德尼科夫、А.П. 杰列维扬科**：《格罗马图哈河流域的古代遗址（1965 年发掘）》//《远东考古考察团田野考察资料》，新西伯利亚，1971 年，第 2 集，第 285－322 页。

Окладников А.П., **Деревянко А.П.** Древнее поселение на р. Громатухе（раскопки 1965 года）// Материалы полевых исследований Дальневост. археол. экспедиции. — Новосибирск, 1971. — Вып. 2. — С. 285－322.

2794．**А.П. 奥克拉德尼科夫**：《1966 年阿穆尔河沃兹涅谢诺夫卡村附近古代遗址发掘报告》//《西伯利亚、远东考古学资料》，新西伯利亚，1972 年，第 2 卷，第 3－25 页。

Окладников А.П. Отчет о раскопках древнего поселения у села Вознесеновского на Амуре, 1966 г. // Материалы по археологии Сибири и Дальнего Востока. — Новосибирск, 1972. — Ч. 2. — С. 3－25.

2795．**А.П. 奥克拉德尼科夫**：《阿穆尔河下游新石器时代的新资料》//《1972 年考古发现》，莫斯科，1973 年，第 232－233 页。

Окладников А.П. Новые данные по неолиту Нижнего Амура // АО, 1972. — М., 1973. — С. 232－233.

2796．**А.П. 奥克拉德尼科夫**、**А.П. 杰列维扬科**：《阿穆尔河中游的奥西诺湖文化》//《苏联科学院远东科学中心历史・考古・民族研究所文集》，1973 年，第 9 卷：《远东史资料（历史、考古、民族、语文)》，第 33－42 页。

Окладников А.П., **Деревянко А.П.** Осиноозерская культура на Среднем Амуре // Тр. / АН СССР. ДВНЦ. ИИАЭ. — 1973. — Т. 9: Материалы по истории Дальнего Востока（история, археология, этнография, филология）. — С. 33－42.

2797．**А.П. 奥克拉德尼科夫**、**А.П. 杰列维扬科**：《格罗马图哈文化》，新西伯利亚，科学出版社西伯利亚分社，1977 年，211 页。

2797．**Окладников А.П.**, **Деревянко А.П.** Громатухинская культура. — Новосибирск: Наука. Сиб. отд－ние, 1977. — 211 с.

2798．**А.П. 奥克拉德尼科夫**：《（阿穆尔河沿岸）孔东古代遗址》，新西伯利亚，科学出版社西伯利亚分社，1983 年，160 页。

Окладников А.П. Древнее поселение Кондон（Приамурье）. — Новосибирск: Наука. Сиб. отд－ние, 1983. — 160 с.

评论：刊于《今日科学》，1984 年，第 12 集，第 107－110 页。

Рец.: Наука сегодня. — 1984. — Вып. 12. — С. 107－110.

2799．**А.П. 奥克拉德尼科夫**、**В.Е. 麦德维杰夫**：《阿穆尔尼古拉耶夫斯克市周边考察》//《1981 年考古发现》，莫斯科，1983 年，第 223－224 页。

Окладников А.П., **Медведев В.Е.** Исследования вблизи г. Николаевска－на－Амуре // АО, 1981. — М., 1983. — С. 223－224.

2800．**А.П. 奥克拉德尼科夫**：《（阿穆尔河沿岸）孔东古代遗址的陶器》，新西伯利亚，科学出版社西伯利亚分社，1984 年，123 页。

Окладников А.П. Керамика древнего поселения Кондон（Приамурье）. — Новосибирск: Наука. Сиб. отд－ние, 1984. — 123 с.

2801．**А.П. 奥克拉德尼科夫**、**В.Е. 麦德维杰夫**：《滨海地区南部的新石器时代：根据遗址发掘资料》//《亚洲的古代文化》，首尔，1995 年，第 601－619 页，朝文、俄文。

Окладников А.П., Медведев В.Е. Неолит Южного Приморья: по материалам раскопок поселений // Древние культуры Азии. — Сеул, 1995. — С. 601－619. — Кор. яз., рус. яз.

2802. **T. 奥梅利琴科：**《滨海地区新石器时代的纺纱、织造》//《西伯利亚、远东的考古学、民族学问题·纪念 H.K. 奥埃尔巴哈诞辰 100 周年暨区域性大学生考古会议报告简介》，克拉斯诺亚尔斯克，1991 年，第 1 卷，第 107 页。

Омельченко Т. Прядение и ткачество в неолите Приморья // Проблемы археологии и этнографии Сибири и Дальнего Востока: Посвящ. 100-летию Н.К. Ауэрбаха: Крат. содерж. докл. [регион. археол. студ. конф.]. — Красноярск, 1991. — Т. 1. — С. 107.

2803. **T.A. 奥梅利琴科：**《鬼门洞岩洞的纤维、编织物、纺织物》//《北太平洋的开发：纪念 Ф.Ф. 布谢——阿穆尔边疆区研究会第一任主席》，符拉迪沃斯托克，1996 年，第 55－60 页（《太平洋考古学》，第 8 集）。

Омельченко Т.А. Волокна, плетение, ткань в гроте Чертовы Ворота // Освоение Северной Пацифики: Посвящ. памяти Ф.Ф. Буссе — первого Председателя О－ва изуч. Амур. края. — Владивосток, 1996. — С. 55－60. — (Тихоокеан. археология; Вып. 8).

2804. **A.П. 杰列维扬科、赵由典、B.E. 麦德维杰夫、金圣培、尹根一、洪亨雨、郑焟培、B.A. 克拉明采夫、姜仁旭、A.P. 拉斯金：**《2000 年哈巴罗夫斯克边疆区乌利奇斯基地区苏丘岛发掘报告》，首尔，没有出版社，2000 年，565 页，朝文、俄文。

Отчет о раскопках на острове Сучу в Ульчском районе Хабаровского края в 2000 г. / **А.П. Деревянко, Ю－Чжон Чо, В.Е. Медведев, Сон-Тэ Ким, Кын-Ил Юн, Хён-У Хон, Сук－Бэ Чжун, В.А. Краминцев, Ин-Ук Кан, А.Р. Ласкин.** — Сеул: Б. и., 2000. — 565 с. — Кор. яз., рус. яз.

2805. **O.B. 波利亚科夫：**《哈巴罗夫斯克方志博物馆在奥波尔河谷地的调查》//《1993 年考古发现》，莫斯科，1994 年，第 182 页。

Поляков О.В. Разведка Хабаровского краеведческого музея в долине р. Обор // АО, 1993. — М., 1994. — С. 182.

2806. **A.H. 波波夫：**《博伊斯曼 2 号遗址——贝丘的陶器综合体》//《第 6 次纪念阿尔谢尼耶夫报告会·关于历史学、考古学、方志学问题区域学术会议报告纲要》，乌苏里斯克，1992 年，第 201－203 页。

Попов А.Н. Бойсмана－II — керамический комплекс раковинной кучи // VI Арсеньевские чтения: Тез. докл. и сообщ. регион. науч. конф. по пробл. истории, археологии и краеведения. — Уссурийск, 1992. — С. 201－203.

2807. **A.H. 波波夫：**《滨海地区博伊斯曼 2 号多层遗址的新石器时代墓葬综合体》//《西伯利亚人文科学》，1995 年 3 期，第 23－30 页。

Попов А.Н. Неолитический могильный комплекс на многослойном поселении Бойсмана－2 в Приморье // Гуманит. науки в Сибири. — 1995. — № 3. — С. 23－30.

2808. **A.H. 波波夫：**《滨海地区新石器时代最早的转动型的鱼镖头》//《1993 年西伯利亚、远东考古学者、民族学者、人类学者的田野、实验室研究成果评述》，新西伯利亚，1995 年，第 240－241 页。

Попов А.Н. Первые наконечники гарпунов поворотного типа в неолите Приморья // Обозрение результатов полевых и лабораторных исследований археологов, этнографов и антропологов Сибири и Дальнего Востока в 1993 году. — Новосибирск, 1995. — С. 240 – 241.

2809. **А.Н. 波波夫、Н.А. 科诺年科**：《博伊斯曼 2 号遗址底层的石器组成》//《韩国上古史学报》，首尔，1995 年 18 期，第 523 – 546 页。

Popov A.N., Kononenko N.A. Lithic Inventory of the Bottom Layer of Boisman II // The Journal of Korean Ancient Historical Society. — Seoul, 1995. — No. 18. — P. 523 – 546.

2810. **А.Н. 波波夫**：《滨海地区南部博伊斯曼 2 号多层遗址中的新石器时代墓地》//《北太平洋考古学》，符拉迪沃斯托克，1996 年，第 313 – 317 页。

Попов А.Н. Неолитический могильник на многослойном поселении Бойсмана – II в Южном Приморье // Археология Северной Пасифики. — Владивосток, 1996. — С. 313 – 317.

2811. **А.Н. 波波夫**：《滨海地区的早期新石器时代问题（博伊斯曼文化）》//《东亚、北美的旧石器晚期至新石器早期·国际会议资料》，符拉迪沃斯托克，1996 年，第 193 – 195 页。

Попов А.Н. Проблемы раннего неолита Приморья（бойсманская культура）// Поздний палеолит — ранний неолит Восточной Азии и Северной Америки（материалы междунар. конф.）. — Владивосток, 1996. — С. 193 – 195.

2812. **А.Н. 波波夫、Т.А. 奇基舍娃、Е.Г. 什帕科娃**：《滨海地区南部博伊斯曼考古学文化（根据博伊斯曼 2 号多层遗址资料）》，新西伯利亚，俄罗斯科学院西伯利亚分院考古与民族研究所出版社，1997 年，96 页。

Попов А.Н., Чикишева Т.А., Шпакова Е.Г. Бойсманская археологическая культура Южного Приморья（по материалам многослойного памятника Бойсмана – 2）. — Новосибирск: Изд – во Ин-та археологии и этнографии СО РАН, 1997. — 96 с.

2813. **А.Н. 波波夫**：《〈滨海边疆区南部博伊斯曼考古学文化〉一书的提要》//《北方文物》，1998 年 2 期，第 102 – 104 页，中文。

Попов А.Н. Бойсманская археологическая культура на юге Приморского края // Бэйфан вэньу. — 1998. — No 2. — С. 102 – 104. — Кит. яз.

2814. **А.Н. 波波夫、Ю.А. 米基申、О.Л. 莫列娃**：《博伊斯曼 2 号新石器时代遗址的新发现》//《1998 年考古发现》，莫斯科，2000 年，第 327 – 328 页。

Попов А.Н., Микишин Ю.А., Морева О.Л. Новые открытия на неолитической стоянке Бойсмана 2 // АО, 1998. — М., 2000. — С. 327 – 328.

2815. **А.Н. 波波夫、Ю.А. 米基申、О.Л. 莫列娃**：《博伊斯曼 2 号新石器时代遗址的新发现》//《日本海区域国家的历史与文化问题会议资料汇编》，鸟取，2000 年，第 34 – 36 页，日文。

Попов А.Н., Микишин Ю.А., Морева О.Л. Новые открытия эпохи неолита на памятнике Бойсмана – 2 // Сборник материалов конференции по вопросам истории и культуры стран бассейна Японского моря. — Тоттори, 2000. — С. 34 – 36. — Яп. яз.

2816. **Д.А. 萨普菲罗夫**：《滨海地区鲁德纳亚文化问题》//《1985 年 10 月 17 – 19 日纪念阿尔谢尼耶夫报告会·关于历史学、考古学、民族学、方志学问题区域会议报告纲要》，乌苏里斯克，1985 年，第 68 – 70 页。

Сапфиров Д.А. Проблемы руднинской культуры Приморья // Арсеньевские чтения: Тез. докл. регион. конф. по пробл. истории, археологии, этнографии и краеведения, 17 – 19 окт. 1985 г. — Уссурийск, 1985. — С. 68 – 70.

2817. Д.А. 萨普菲罗夫：《关于孔东遗址新石器资料的差异》//《方志学问题·纪念阿尔谢尼耶夫报告会会议报告纲要》，乌苏里斯克，1989 年，第 53 – 56 页。

Сапфиров Д.А. О различиях в неолитических материалах поселения Кондон // Проблемы краеведения: [Тез. докл. конф.] / Арсеньев. чтения. — Уссурийск, 1989. — С. 53 – 56.

2818. Д.А. 萨普菲罗夫：《关于新彼得罗夫卡文化“早期新石器时代”的年代（作者注明为中石器时代)》//《远东第 1 次青年历史学者会议》，符拉迪沃斯托克，1991 年，第 23 – 25 页。

Сапфиров Д.А. О《ранненеолитическом》возрасте новопетровской культуры [датируемой автором периодом мезолита] // Первая дальневост. конф. молодых историков. — Владивосток, 1991. — С. 23 – 25.

2819. Н.Е. 斯比热沃伊、И.Я. 舍夫科穆德：《阿穆尔河下游地区石器时代遗存调查》//《1994 年考古发现》，莫斯科，1995 年，第 303 页。

Спижевой Н.Е., Шевкомуд И.Я. Разведки памятников каменного века на Нижнем Амуре // АО, 1994. — М., 1995. — С. 303.

2820. В.А. 塔塔尔尼科夫：《滨海地区鬼门洞洞穴新石器时代的居住综合体》//《学术理论会议报告纲要·伊尔库茨克国立大学考古学会》，伊尔库茨克，1977 年，第 63 – 66 页。

Татарников В.А. Неолитический жилой комплекс пещеры Чертовы Ворота в Приморье // Тез. докл. науч. - теор. конф. / Иркут. гос. ун-т. Секция археологии. — Иркутск, 1977. — С. 63 – 66.

2821. В.А. 塔塔尔尼科夫：《论滨海地区孔东文化遗存的区分问题》//《西伯利亚东部的考古学、民族学·会议报告纲要》，伊尔库茨克，1978 年，第 66 – 68 页。

Татарников В.А. К вопросу о выделении памятников кондонской культуры в Приморье // Археология и этнография в Восточной Сибири: Тез. докл. конф. — Иркутск, 1978. — С. 66 – 68.

2822. В.А. 塔塔尔尼科夫：《（滨海边疆区）鬼门洞洞穴的陶器》//《考古学、民族学、史料学·会议报告纲要》，伊尔库茨克，1979 年，第 25 – 27 页。

Татарников В.А. Керамика пещеры Чертовы Ворота (Приморский край) // Археология. Этнография. Источниковедение: Тез. докл. конф. — Иркутск, 1979. — С. 25 – 27.

2823. В.А. 塔塔尔尼科夫：《滨海地区东北部的新石器时代》//《西伯利亚、中央亚细亚考古学与民族学问题·区域会议报告纲要·1980 年 3 月 25 – 27 日》，伊尔库茨克，1980 年，第 72 – 73 页。

Татарников В.А. Неолит Северо-Восточного Приморья // Проблемы археологии и этнографии Сибири и Центральной Азии: Тез. докл. к регион. конф., 25 – 27 марта 1980 г. — Иркутск, 1980. — С. 72 – 73.

2824. В.А. 塔塔尔尼科夫：《（滨海地区东北部）鬼门洞洞穴新石器时代遗址》//《更新世晚期、全新世早期亚洲与美洲的文化联系》，新西伯利亚，1983 年，第 110 – 127 页。

Татарников В.А. Неолитическая стоянка в пещере Чертовы Ворота (Северо-Восточное Приморье) // Позднеплейстоценовые и раннеголоценовые культурные связи Азии и Америки. — Новосибирск, 1983. —

С. 110－127.

2825. **В.А. 塔塔尔尼科夫**：《鬼门洞洞穴的地层学》// 《苏联远东南部及其毗邻地区古代和中世纪的考古学资料》，符拉迪沃斯托克，1983 年，第 41－46 页。

Татарников В.А. Стратиграфия пещеры Чертовы Ворота // Материалы по древней и средневековой археологии юга Дальнего Востока СССР и смежных территорий. — Владивосток, 1983. — С. 41－46.

2826. **Н.К. 李莫费耶娃**：《阿穆尔河中游地区石器时代的部落史（根据新彼得罗夫卡村附近新石器时代遗址资料）》// 《第 3 次大学生历史学、语文学、民族学学术会议纲要·新西伯利亚国立大学》，新西伯利亚，1965 年，第 39－41 页。

Тимофеева Н.К. К истории племен каменного века на Среднем Амуре: (По материалам неолит. поселения у с. Новопетровки) // Тез. 3－й науч. студ. конф. История, филология, этнография / НГУ. — Новосибирск, 1965. — С. 39－41.

2827. **И.В. 菲拉托夫**：《阿穆尔河沿岸图案装饰传统中的神话形象（根据沃兹涅谢诺夫卡考古学文化的陶器资料）》// 《文化背景下的文学·学术汇报会资料·人类、文学、社会组·1994 年 10 月 26－28 日》，阿穆尔共青城，1995 年，第 12－20 页。

Филатова И.В. Мифологические образы в орнаментальных традициях Приамурья (по керамическим материалам вознесеновской археологической культуры) // Литература в контексте культуры: Материалы науч.－практ. конф. 26－28 окт. 1994 г. Секция: Человек. Литература. Общество. — Комсомольск－на－Амуре, 1995. — С. 12－20.

2828. **А.О. 弗洛连采娃**：《阿穆尔河下游孔东遗址地层学、平面布局的观察结果》// 《北亚考古学问题·纪念 А.П. 奥克拉德尼科夫院士诞辰 80 周年·1988 年 3 月 28－30 日第 28 次大学生区域考古会议报告纲要》，赤塔，1988 年，第 159－161 页。

Флоренцева А.О. Наблюдения по стратиграфии и планиграфии нижнеамурского поселения Кондон // Проблемы археологии Северной Азии: (К 80-летию акад. А.П. Окладникова): Тез. докл. XXVIII Регион. археол. студ. конф. (28－30 марта 1988 г.). — Чита, 1988. — С. 159－161.

2829. **Л.П. 赫洛贝斯京**：《滨海地区、阿穆尔河沿岸的新石器时代》// 《欧亚大陆北部的新石器时代》，Т.Д. 别拉诺夫斯卡娅、В.В. 布扎尼娅、Н.Н. 古里娜等撰，莫斯科，1996 年，第 310－325 页（《古老时代至中世纪的考古学》）。

Хлобыстин Л.П. Неолит Приморья и Приамурья // Неолит Северной Евразии / Т.Д. Белановская, В.В. Бжания, Н.Н. Гурина и др. — М., 1996. — С. 310－325. — (Археология с древнейших времен до средневековья).

2830. **А.Г. 沙罗夫**：《阿穆尔河新石器时代的艺术》// 《第 2 次大学生学术会议纲要·新西伯利亚国立大学》，新西伯利亚，1964 年，第 3－4 页。

Шаров А.Г. Искусство амурского неолита // Тез. 2－й науч. студ. конф. / НГУ. — Новосибирск, 1964. — С. 3－4.

2831. **И.Я. 舍夫科穆德**：《阿穆尔河下游新石器时代考古学文化及其陶器综合体研究总结》// 《阿穆尔河沿岸的某些历史问题·第 2 次纪念 Г.И. 涅维利斯基报告会报告纲要·1990 年 9 月 19－23 日》，第 1 卷：《阿穆尔河沿岸史的某些问题》，哈巴罗夫斯克，1990 年，第 103－106 页。

Шевкомуд И.Я. Итоги изучения археологических культур эпохи неолита Нижнего Приамурья и их керамических комплексов // Некоторые вопросы истории Приамурья: Вторые чтения им. Г.И. Невельского. — Хабаровск, 1990. — Вып. 1. — С. 103－106.

2832. **И.Я.** 舍夫科穆德：《阿穆尔河沿岸孔东遗址的陶器、房址综合体：运用统计、结构图解方法分析陶器的尝试》//《作为历史资料的陶器·全苏考古学学术会议报告纲要》，古比雪夫，1991年，第70－73页。

Шевкомуд И.Я. Керамические и жилищные комплексы поселения Кондон в Приамурье：(Опыт применения статистического и планиграфического методов анализа керамики) // Керамика как исторический источник: Тез. докл. Всесоюз. науч. археол. конф. — Куйбышев, 1991. — С. 70－73.

2833. **И.Я.** 舍夫科穆德：《阿穆尔河下游新石器时代的新资料》//《俄罗斯科学院西伯利亚分院历史、语文、哲学通报》，1993年1期，第65页。

Шевкомуд И.Я. Новые данные по неолиту Нижнего Амура // ИСО РАН. История, филология и философия. — 1993. — № 1. — С. 65.

2834. **И.Я.** 舍夫科穆德：《关于阿穆尔河下游新石器时代早期沃兹涅谢诺夫卡综合体》//《第7次纪念阿尔谢尼耶夫报告会·关于历史学、考古学、方志学问题区域学术会议报告纲要》，乌苏里斯克，1994年，第263－266页。

Шевкомуд И.Я. О ранневознесеновских комплексах неолита Нижнего Амура // VII Арсеньевские чтения: Тез. докл. регион. науч. конф. по пробл. ист., археол. и краеведения. — Уссурийск, 1994. — С. 263－266.

2835. **И.Я.** 舍夫科穆德：《关于阿穆尔河下游地区具有曲线图案纹饰的新石器时代综合体的相对年代》//《远东第3次青年历史学者会议报告纲要》，符拉迪沃斯托克，1994年，第11－13页。

Шевкомуд И.Я. Об относительной хронологии неолитических комплексов с криволинейной орнаментикой на Нижнем Амуре // Третья Дальневост. конф. молодых историков: Тез. докл. — Владивосток, 1994. — С. 11－13.

2836. **И.Я.** 舍夫科穆德：《阿穆尔河下游地区新遗存考察》//《1994年考古发现》，莫斯科，1995年，第314－315页。

Шевкомуд И.Я. Исследования новых памятников на Нижнем Амуре // АО, 1994. — М., 1995. — С. 314－315.

2837. **И.Я.** 舍夫科穆德：《新石器时代的鞋形陶器》//《太平洋文化的古代艺术》，符拉迪沃斯托克，1996年，第100－104页（《太平洋考古学》，第9集）。

Шевкомуд И.Я. Керамическое изображение обуви эпохи неолита // Древнее искусство тихоокеанских культур. — Владивосток, 1996. — С. 100－104. — (Тихоокеан. археология; Вып. 9).

2838. **И.Я.** 舍夫科穆德：《关于阿穆尔河下游地区新石器时代晚期有机陶器文化的区分》//《"远东历史文化、自然遗产的研究与保护问题"暨阿穆尔州方志博物馆成立105周年学术汇报会报告纲要》，布拉戈维申斯克，1996年，第1卷，第14－18页。

Шевкомуд И.Я. О выделении культуры органогенной керамики в позднем неолите Нижнего Амура // Проблемы изучения и сохранения культурно-исторического и природного наследия Дальнего Востока: Тез.

докл. науч. － практ. конф., посвящ. 105 － летию Амур. обл. краевед. музея. — Благовещенск, 1996. — С. 14 － 18.

2839．**И.Я. 舍夫科穆德**：《时间关系（关于阿穆尔河下游地区新石器时代的艺术问题）》//《远东第 4 次青年历史学者会议报告纲要》，符拉迪沃斯托克，1996 年，第 21 － 23 页。

Шевкомуд И.Я. Связь времен (к вопросу о неолитическом искусстве Нижнего Амура) // Четвертая Дальневост. конф. молодых историков: Докл. и тез. — Владивосток, 1996. — С. 21 － 23.

2840．**И.Я. 舍夫科穆德**：《阿穆尔河下游地区新石器时代的弧形组合装饰品的相对年代研究》// 《北太平洋考古学》，符拉迪沃斯托克，1996 年，第 369 － 372 页。

Shevkomud I.Ya. On Relative Chronology of Neolithic Complexes with Curve － lined Ornament of the Lower Amur // Археология Северной Пасифики. — Владивосток, 1996. — С. 369 － 372.

2841．**И.Я. 舍夫科穆德**：《阿穆尔河沿岸新石器时代初期的陶器：有关该问题研究的某些资料》// 《俄罗斯与亚洲太平洋地区》，1998 年 1 期，第 80 － 89 页。

Шевкомуд И.Я. Керамика начального неолита Приамурья: Некоторые данные к проблеме ее исследования // Россия и АТР. — 1998. — № 1. — С. 80 － 89.

2842．**И.Я. 舍夫科穆德**：《阿穆尔河下游东北部地区的新石器晚期综合体，新石器晚期研究的主要问题》//《东北亚新石器文化的多样性、变化性研究》，筑波大学，1998 年，第 66 － 91 页。俄文。

Шевкомуд И.Я. Комплексы позднего неолита на северо-востоке Нижнего Приамурья. Основные проблемы исследования позднего неолита // Исследования многообразия и изменения неолитических культур Северо-Восточной Азии. — Цукуба, 1998. — С. 66 － 91. — Рус. яз.

2843．**И.Я. 舍夫科穆德**：《关于阿穆尔河下游地区新石器综合体出土的陶棒》//《远东、中央亚细亚的考古学与理论民族学》，符拉迪沃斯托克，1998 年，第 51 － 56 页。

Шевкомуд И.Я. О керамических стержнях из неолитических комплексов Нижнего Амура // Археология и этнология Дальнего Востока и Центральной Азии. — Владивосток, 1998. — С. 51 － 56.

2844．**И.Я. 舍夫科穆德**：《圆形编码式压印纹陶器》//《关于"北方文化交流研究项目"的初步报告集》，札幌，1998 年，第 101 － 108 页，日文。

Shevkomud I.Ya. Pottery with Circular Code － impression Patterns // Preliminary Reports on《Research Project of the Culture Exchange of the North》. — Sapporo, 1998. — P. 101 － 108. — Яп. яз.

2845．**И.Я. 舍夫科穆德**：《阿穆尔河下游东北部地区的晚期新石器时代：施梳状篦点纹、曲线纹陶器的遗存》，历史学副博士论文作者文摘，俄罗斯科学院西伯利亚分院考古与民族研究所，新西伯利亚，1999 年，19 页。

Шевкомуд И.Я. Поздний неолит северо-востока Нижнего Амура: памятники с гребенчато-пунктирной и криволинейной орнаментацией керамики: Автореф. дис. … канд. ист. наук / РАН. СО. ИАЭ. — Новосибирск, 1999. — 19 с.

2846．**И.Я. 舍夫科穆德**：《阿穆尔河下游东北部地区新石器晚期的陶器》//《格罗杰科沃博物馆馆刊》，哈巴罗夫斯克，2000 年，第 1 集，第 16 － 49 页。

Шевкомуд И.Я. Керамика позднего неолита на северо-востоке Нижнего Приамурья // Зап. Гродековского музея. — Хабаровск, 2000. — Вып. 1. — С. 16 － 49.

2847. **O.B. 扬希娜**：《滨海地区奥列尼 A 遗址第 3 层陶器的生产工艺学》//《西伯利亚、远东的考古学、民族学问题·纪念 H.K. 奥埃尔巴哈诞辰 100 周年暨区域性大学生考古会议报告简介》，克拉斯诺亚尔斯克，1991 年，第 1 卷，第 59－61 页。

Яншина О.В. Технология керамического производства поселения Олений А, слой 3 в Приморье // Проблемы археологии и этнографии Сибири и Дальнего Востока: Посвящ. 100-летию Н.К. Ауэрбаха: Крат. содерж. докл. [регион. археол. студ. конф.]. — Красноярск, 1991. — Т. 1. — С. 59－61.

2848. **И.Н. 亚兰采娃**：《滨海地区早期耕作文化的铲》//《第 5 次大学生学术会议报告纲要·新西伯利亚国立大学》，新西伯利亚，1967 年，第 245－246 页。

Яранцева И.Н. Мотыги раннеземледельческих культур Приморья // Тез. докл. 5 － й науч. студ. конф. / НГУ. — Новосибирск, 1967. — С. 245－246.

2849. **川口武彦**：《1998 年科尔沁 3 号遗址出土的石器》//《阿穆尔项目》，筑波，1999 年，第 24－26 页，英文。

Kawaguchi T. Stone Tools from Kol'chem 3 Site in 1998 Season // Project Amur. — Tsukuba, 1999. — P. 24－26.

另请参考以下著述：592、612、650、866－868、882、893、894、905－907、915－917、919－921、923、939、958、1038、1051、1060、1115、1201、1219、1225、1227、1239、1283、1284、1286、1307、1341、1359、1360、1362、1369、1412、1451、1461、1463、1479、1480、1486、1487、1489、1502、1510、1511、1557、1561、1624、1626、1627、1630-1632、1707、1711、1724、1726、1728、1733、1737、1738、1757、1758、1773、1796－1798、1802、1830、1833、1897、1898、1906、1936、1970、1989、1990、1992、2141、2169、2181、2190、2192－2194、2198、2223、2225、2226、2230、2240、2274、2278、2283、2286、2362、2363。

См. также № 592, 612, 650, 866－868, 882, 893, 894, 905－907, 915－917, 919－921, 923, 939, 958, 1038, 1051, 1060, 1115, 1201, 1219, 1225－1227, 1239, 1283, 1284, 1286, 1307, 1341, 1359, 1360, 1362, 1369, 1412－1451, 1461, 1463, 1479, 1480, 1486, 1487, 1489, 1502, 1510, 1511, 1557, 1561, 1624, 1626, 1627, 1630-1632, 1707, 1711, 1724, 1726, 1728, 1733, 1737, 1738, 1757, 1758, 1773, 1796－1798, 1802, 1830, 1833, 1897, 1898, 1906, 1936, 1970, 1989, 1990, 1992, 2141, 2169, 2181, 2190, 2192－2194, 2198, 2223, 2225, 2226, 2230, 2240, 2274, 2278, 2283, 2286, 2362, 2363.

(4) 古金属时代
ЭПОХА ПАЛЕОМЕТАЛЛА

2850. **Г.И. 安德列耶夫**：《贝丘文化的某些问题》//《苏联考古学》，1958 年 4 期，第 10－22 页。

Андреев Г.И. Некоторые вопросы культуры раковинных куч // СА. — 1958. — № 4. — С. 10－22.

2851. **Г.И. 安德列耶夫**：《乌苏里湾谢德洛维德内海角遗址》//《苏联科学院物质文化史研究所简报》，1959 年，第 74 集，第 124－130 页。

Андреев Г.И. Поселение на мысе Седловинном в Уссурийском заливе // КСИИМК. — 1959. — Вып. 74. — С. 124－130.

2852. **Г.И. 安德列耶夫**：《1960 年滨海地区南、东海岸考古考察》//《苏联科学院考古研究所简报》，1963 年，第 93 集，第 106－113 页。

Андреев Г.И. Археологические исследования на южном и восточном побережье Приморья в 1960 г. // КСИА. — 1963. — Вып. 93. — С. 106－113.

2853. **Г.И. 安德列耶夫**：《贝丘文化的某些问题》//《西伯利亚、远东考古学》，东京，1982 年，第 2 卷：《滨海地区》，第 203－220 页，日文。

Андреев Г.И. Некоторые вопросы культуры раковинных куч // Археология Сибири и Дальнего Востока. — Токио, 1982. — Т. 2: Приморье. — С. 203－220. — Яп. яз.

2854. **Г.И. 安德列耶夫**：《乌苏里湾谢德洛维德内海角遗址》//《西伯利亚、远东考古学》，东京，1982 年，第 2 卷：《滨海地区》，第 253－261 页。

Андреев Г.И. Поселение на мысе Седловинном в Уссурийском заливе // Археология Сибири и Дальнего Востока. — Токио, 1982. — Т. 2: Приморье. — С. 253－261.

2855. **Ж.В. 安德列耶娃**：《1955 年乌苏里湾谢德洛维德内海角与南镇之间区域的发掘》//《苏联科学院西伯利亚分院远东分部历史类著述》，1959 年，第 1 卷，第 117－125 页。

Андреева Ж.В. Раскопки между мысом Седловинным и поселком Южным в Уссурийском заливе в 1955 г. // Тр. / АН СССР. СО. ДВФ. Сер. ист. — 1959. — Т. 1. — С. 117－125.

2856. **Ж.В. 安德列耶娃**：《滨海边疆区奥利金斯基地区、拉佐地区的早期铁器时代遗址》//《苏联考古学资料与研究》，1960 年 86 期，第 127－135 页。

Андреева Ж.В. Поселения раннего железного века в Ольгинском и Лазовском районах Приморского края // МИА. — 1960. — № 86. — С. 127－135.

2857. **Ж.В. 安德列耶娃**：《滨海地区东部的早期铁器》//《远东第 3 次历史学、考古学、民族学学术会议·十月革命以前时期的历史学、考古学、民族学·报告、议程》，符拉迪沃斯托克，1962 年，第 2 集，第 6－8 页。

Андреева Ж.В. Раннее железо в Восточном Приморье // Третья науч. конф. по истории, археологии и этнографии Дальнего Востока: Докл. и сообщ. по истории доокт. периода, археологии и этнографии. — Владивосток, 1962. — Вып. 2. — С. 6－8.

2858. **Ж.В. 安德列耶娃**：《关于滨海地区铁器时代晚期的断代》//《苏联远东历史问题·第 4 次远东学术会议考古学、十月革命以前时期历史学、民族学、语文学会议报告、议程纲要》，符拉迪沃斯托克，1965 年，第 2 集，第 14－15 页。

Андреева Ж.В. О датировке последнего этапа железного века в Приморье // Вопросы истории советского Дальнего Востока: Тез. докл. и сообщ. на 4－й Дальневост. науч. конф. Секция археологии, истории доокт. периода, этнографии и филологии. — Владивосток, 1965. — Вып. 2. — С. 14－15.

2859. **Ж.В. 安德列耶娃**：《滨海地区铁器时代文化发展的主要阶段》//《苏联远东民族历史发展的一般规律与特征（从古至今）·苏联科学院西伯利亚分院远东分部关于 1964 年研究与学术组织工作总结方面的人文学术部分报告、议程纲要》，符拉迪沃斯托克，1965 年，第 63－69 页。

Андреева Ж.В. Основные этапы развития культур железного века в Приморье // Общие закономерности и особенности исторического развития народов советского Дальнего Востока (с древнейших времен до наших дней): Тез. докл. и сообщ. на секции гуманит. наук совета ДВФ СО АН СССР по итогам исслед. и науч.－организац. работы за 1964 г. — Владивосток, 1965. — С. 63－69.

2860. **Ж.В. 安德列耶娃**：《铁器时代滨海地区历史的某些问题》//《1966 年（苏联科学院）考古研究所全体会议：报告纲要》，莫斯科，1966 年，第 3 卷，第 1－2 页。

Андреева Ж.В. Некоторые проблемы истории Приморья в эпоху железного века // Пленум Ин-та археологии（АН СССР）1966 г.: Тез. докл. — М., 1966. — Ч. 3. — С. 1－2.

2861. **Ж.В. 安德列耶娃**：《滨海地区的铁器时代遗存》//《苏联地理学会滨海分会通讯》，1966 年，第 25 卷，第 136－140 页。

Андреева Ж.В. Памятники железного века в Приморье // ЗПФГО. — 1966. — Т. 25. — С. 136－140.

2862. **Ж.В. 安德列耶娃**：《青石崖遗址居址综合体的研究的主要结果（根据 1958－1965 年发掘资料）》//《苏联科学院西伯利亚分院远东分部历史类著述》，1967 年，第 7 卷：《远东的历史学、考古学、民族学》，第 18－22 页。

Андреева Ж.В. Основные итоги изучения жилых комплексов поселения 《Синие Скалы》（по материалам раскопок 1958－1965 гг.）// Тр. / АН СССР. СО. ДВФ. Сер. ист. — 1967. — Т. 7: История, археология и этнография Дальнего Востока. — С. 18－22.

2863. **Ж.В. 安德列耶娃**：《铁器时代滨海地区历史的某些问题》//《苏联科学院西伯利亚分院远东分部历史类著述》，1968 年，第 6 卷：《苏联十月革命以前时期历史中的苏联远东民族》，第 166－171 页。

Андреева Ж.В. Некоторые проблемы истории Приморья в эпоху железного века // Тр. / АН СССР. СО. ДВФ. Сер. ист. — 1968. — Т. 6: Народы советского Дальнего Востока в дооктябрьский период истории СССР. — С. 166－171.

2864. **Ж.В. 安德列耶娃**：《古代的滨海地区（铁器时代）》，莫斯科，科学出版社，1970 年，145 页。

Андреева Ж.В. Древнее Приморье（железный век）. — М.: Наука, 1970. — 145 с.

评论：**А. 丘卡列夫**，刊于《远东》，1971 年 6 期，第 151－154 页。

Рец.: Чукарев А. // ДВ. — 1971. — № 6. — С. 151－154.

2865. **Ж.В. 安德列耶娃**：《滨海地区小枕头山遗址》//《1969 年考古发现》，莫斯科，1970 年，第 204－206 页。

Андреева Ж.В. Поселение Малая Подушечка в Приморье // АО, 1969. — М., 1970. — С. 204－206.

2866. **Ж.В. 安德列耶娃**：《滨海地区小枕头山遗址发掘》//《1971 年考古发现》，莫斯科，1972 年，第 283 页。

Андреева Ж.В. Раскопки на поселении Малая Подушечка в Приморье // АО, 1971. — М., 1972. — С. 283.

2867. **Ж.В. 安德列耶娃**：《小枕头山上的古代墓地》//《苏联科学院远东科学中心历史·考古·民族研究所报告文摘》，符拉迪沃斯托克，1973 年，第 1 集，第 47－53 页。

Андреева Ж.В. Древний могильник на сопке Малая Подушечка // Реф. докл. и сообщ. / АН СССР. ДВНЦ. ИИАЭ. — Владивосток, 1973. — Вып. 1. — С. 47－53.

2868. **Ж.В. 安德列耶娃**：《滨海地区铁器时代的耕作业、畜牧业》//《远东民族的历史与文化·1971

年 12 月南萨哈林斯克第 2 次远东史讲演会报告、议程》，南萨哈林斯克，1973 年，第 233－242 页。

Андреева Ж.В. Земледелие и скотоводство в эпоху железного века в Приморье // История и культура народов Дальнего Востока：（Докл. и сообщ., прочитан. на 2－й сес. Дальневост. ист. чтений в Южно-Сахалинске в дек. 1971 г.）. — Южно-Сахалинск, 1973. — С. 233－242.

2869．**Ж.В. 安德列耶娃**：《瓦连京类型 "封土墓"》//《西伯利亚史资料·古代的西伯利亚》，新西伯利亚，1974 年，第 4 集：《西伯利亚的青铜时代、铁器时代》，第 120－125 页。

Андреева Ж.В.《Курганы》валентиновской группы памятников // Материалы по истории Сибири. Древняя Сибирь. — Новосибирск, 1974. — Вып. 4：Бронзовый и железный век в Сибири. — С. 120－125.

2870．**Ж.В. 安德列耶娃**：《滨海地区铁器时代青铜制品的作用》//《远东史资料》，符拉迪沃斯托克，1974 年，第 165－168 页。

Андреева Ж.В. Роль изделий из бронзы в железном веке Приморья // Материалы по истории Дальнего Востока. — Владивосток, 1974. — С. 165－168.

2871．**Ж.В. 安德列耶娃、А.В. 加尔科维克、О.В. 季亚科娃**：《滨海地区扬科夫斯基文化的新墓地》//《1974 年考古发现》，莫斯科，1975 年，第 187－188 页。

Андреева Ж.В., Гарковик А.В., Дьякова О.В. Новый могильник янковской культуры в Приморье // АО, 1974. — М., 1975. — С. 187－188.

2872．**Ж.В. 安德列耶娃**：《公元前 2 千纪时期滨海地区遗存中本地的冶金生产遗迹》//《北亚、中央亚细亚的考古学》，新西伯利亚，1975 年，第 104－109 页。

Андреева Ж.В. Следы местного металлургического производства в Приморье в памятниках II тыс. до н.э. // Археология Северной и Центральной Азии. — Новосибирск, 1975. — С. 104－109.

2873．**Ж.В. 安德列耶娃**：《铁器时代滨海地区古代居民历史发展的某些特征》//《苏联远东最新的考古学研究》，符拉迪沃斯托克，1976 年，第 14－21 页。

Андреева Ж.В. Некоторые особенности исторического развития древнего населения Приморья в железном веке // Новейшие археологические исследования на Дальнем Востоке СССР. — Владивосток, 1976. — С. 14－21.

2874．**Ж.В. 安德列耶娃**：《原始公社制时代·铁器时代的滨海地区（公元前 1 千纪 －公元 8 世纪)》，莫斯科，科学出版社，1977 年，240 页。

Андреева Ж.В. Приморье в эпоху первобытнообщинного строя. Железный век (1 тыс. до н.э. — VI-II в. н.э.）. — М.：Наука, 1977. — 240 с.

评论：**Д.Л. 布罗江斯基**，刊于《苏联考古学》，1981 年 2 期，第 311－316 页；答复：《苏联考古学》，1982 年 4 期，第 284－286 页。

Рец.：Бродянский Д.Л. // СА. — 1981. — № 2. — С. 311－316. Ответ // СА. — 1982. — № 4. — С. 284－286.

2875．**Ж.В. 安德列耶娃**：《原始公社制时代·铁器时代的滨海地区（公元前 1 千纪 －公元 8 世纪)》，历史学博士论文作者文摘，苏联科学院考古研究所，莫斯科，1978 年，29 页。

Андреева Ж.В. Приморье в эпоху первобытнообщинного строя. Железный век (1 тыс. до н.э. — VI-

II в. н.э.）：Автореф. дис. ... д-ра ист. наук / АН СССР. Ин-т археологии. — М., 1978. — 29 с.

2876．Ж.В. 安德列耶娃、А.В. 加尔科维克：《滨海地区本地青铜生产的新实例》//《1978 年考古发现》，莫斯科，1979 年，第 209 页。

Андреева Ж.В., Гарковик А.В. Новые факты местного бронзолитейного производства в Приморье // АО, 1978. — М., 1979. — С. 209.

2877．Ж.В. 安德列耶娃、И.С. 茹希霍夫斯卡娅：《奇罗克岬的发现：斯拉维亚卡 1 号扬科夫斯基文化遗址》//《苏联远东考古学资料》，符拉迪沃斯托克，1981 年，第 3－11 页。

Андреева Ж.В., Жущиховская И.С. Находки на мысе Чирок：（Поселение янковской культуры Славянка-1）// Материалы по археологии Дальнего Востока СССР. — Владивосток, 1981. — С. 3-11.

2878．Ж.В. 安德列耶娃：《滨海地区小枕头山遗址》//《西伯利亚、远东考古学》，东京，1982 年，第 2 卷：《滨海地区》，第 403－405 页，日文。

Андреева Ж.В. Поселение Малая Подушечка в Приморье // Археология Сибири и Дальнего Востока. — Токио, 1982. — Т. 2: Приморье. — С. 403-405. — Яп. яз.

2879．Ж.В. 安德列耶娃：《滨海地区小枕头山遗址发掘》//《西伯利亚、远东考古学》，东京，1982 年，第 2 卷：《滨海地区》，第 405 页，日文。

Андреева Ж.В. Раскопки на поселении Малая Подушечка в Приморье // Археология Сибири и Дальнего Востока. — Токио, 1982. — Т. 2: Приморье. — С. 405. — Яп. яз.

2880．Ж.В. 安德列耶娃、И.С. 茹希霍夫斯卡娅、Н.А. 科诺年科：《滨海地区铁器时代扬科夫斯基文化研究的某些视角》//《纪念阿尔谢尼耶夫报告会·报告、议程纲要》，哈巴罗夫斯克，1984 年，第 30－33 页。

Андреева Ж.В., Жущиховская И.С., Кононенко Н.А. Некоторые аспекты изучения янковской культуры железного века Приморья // Арсеньевские чтения: Тез. докл. и сообщ. — Хабаровск, 1984. — С. 30-33.

2881．Ж.В. 安德列耶娃、Ю.Е. 沃斯特列佐夫、Г.И. 伊万诺夫：《滨海地区南部克罗乌诺夫卡文化居民的经济适应性》//《全新世时期苏联土壤的发展史·全苏会议报告纲要》，普希诺，1984 年，第 237－238 页。

Андреева Ж.В., Вострецов Ю.Е., Иванов Г.И. Хозяйственная адаптация населения кроуновской культуры на юге Приморья // История развития почв СССР в голоцене: Тез. докл. Всесоюз. конф. — Пущино, 1984. — С. 237-238.

2882．Ж.В. 安德列耶娃：《滨海边疆区发达铁器时代的考古遗存：奥利加文化》//《北方文物》，1985 年 4 期，第 82－101 页，中文。

Андреева Ж.В. Археологические памятники развитого железного века в Приморском крае: Ольгинская культура // Бэйфан вэньу. — 1985. — № 4. — С. 82-101. — Кит. яз.

2883．Ж.В. 安德列耶娃、И.С. 茹希霍夫斯卡娅、Н.А. 科诺年科：《扬科夫斯基文化》，莫斯科，科学出版社，1986 年，第 216 页。

Андреева Ж.В., Жущиховская И.С., Кононенко Н.А. Янковская культура. — М.: Наука, 1986. — 216 с.

2884．**Ж.В. 安德列耶娃、Н.А. 克柳耶夫**：《阿努钦 1 号铁器时代遗址（根据 1986 年发掘资料）》//《远东南部原始社会考古学新资料》，苏联科学院远东分院历史·考古·民族研究所，预印本，符拉迪沃斯托克，1987 年，第 19－22 页。

Андреева Ж.В., Клюев Н.А. Поселение железного века Анучино-1 (по материалам раскопок 1986 г.) // Новые материалы по первобытной археологии юга Дальнего Востока / АН СССР. ДВО. ИИАЭ. — Препр. — Владивосток, 1987. — С. 19－22.

2885．**В.К. 阿尔谢尼耶夫**：《1921 年 В.К. 阿尔谢尼耶夫在沙碛半岛进行的考古发掘》//《苏联考古学资料与研究》，1963 年 112 期，第 329－335 页。

Арсеньев В.К. Археологические раскопки на полуострове Песчаном, произведенные В.К. Арсеньевым в 1921 г. // МИА. — 1963. — № 112. — С. 329－335.

2886．**Е.С. 博格达诺夫、С.В. 阿尔金、С.П. 涅斯捷罗夫**：《1996 年对乌斯季－塔拉坎村落遗址的考察》//《北方文物》，1998 年 3 期，第 101－102 页，中文。

Богданов Е.С., Алкин С.В., Нестеров С.П. Исследования на стоянке Усть－Талакан в 1996 г. // Бэйфан вэньу. — 1998. — № 3. — С. 101－102. — Кит. яз.

2887．**Д.П. 博洛京、С.В. 阿尔金**：《结雅河流域鄂尔多斯系青铜器的罕见发现》//《西伯利亚人文科学》，1996 年 3 期，《考古学、民族学系列》，第 107－112 页。

Болотин Д.П., Алкин С.В. Уникальная находка из серии ордосских бронз в бассейне р. Зея // Гуманит. науки в Сибири. — 1996. — № 3: Сер.: Археология и этнография. — С. 107－112.

2888．**Д.П. 博洛京、Б.С. 萨布诺夫、Н.Н. 扎伊采夫**：《阿穆尔河上游地区早期铁器时代的新遗存》//《西伯利亚及其毗邻地区考古学、民族学、人类学问题·1997 年 12 月俄罗斯科学院西伯利亚分院考古与民族研究所第 5 次总结年会暨纪念俄罗斯科学院西伯利亚分院成立 40 周年、俄罗斯科学院西伯利亚分院历史·语文·哲学研究所成立 30 周年会议资料》，新西伯利亚，1997 年，第 3 卷，第 155－159 页。

Болотин Д.П., Сапунов Б.С., Зайцев Н.Н. Новые памятники раннего железного века на Верхнем Амуре // Проблемы археологии, этнографии, антропологии Сибири и сопредельных территорий: Материалы V Годовой итог. сес. Ин-та археологии и этнографии СО РАН, посвящ. 40-летию Сиб. отд. — ния РАН и 30-летию Ин-та истории, филологии и философии СО РАН. Дек. 1997 г. — Новосибирск, 1997. — Т.III. — С. 155－159.

2889．**Д.П. 博洛京、Б.С. 萨布诺夫、Н.Н. 扎伊采夫**：《阿穆尔河上游早期铁器时代的新遗存》//《北方文物》，1999 年 2 期，第 108－110 页，中文。

Болотин Д.П., Сапунов Б.С., Зайцев Н.Н. Новые памятники раннего железного века на Верхнем Амуре // Бэйфан вэньу. — 1999. — № 2. — С. 108－110. — Кит. яз.

2890．**Д.Л. 布罗江斯基**：《彼得罗夫岛贝丘文化的防御性遗址》//《第 8 次远东青年学者会议·社会科学组报告、议程纲要》，符拉迪沃斯托克，1965 年，第 56－58 页。

Бродянский Д.Л. Укрепленное поселение культуры раковинных куч на острове Петрова // Восьмая конф. молодых ученых Дальнего Востока: Тез. докл. и сообщ. на секции обществ. наук. — Владивосток, 1965. — С. 56－58.

2891．**Д.Л. 布罗江斯基**：《锡杰米文化的迈欣变体（根据 1963－1965 年发掘资料）》//《苏联科学院西伯利亚分院远东分部历史类著述》，1968 年，第 6 卷：《苏联十月革命以前时期历史中的苏联远东民族》，第 172－178 页。

Бродянский Д.Л. Майхинский вариант культуры Сидеми: (по результатам раскопок 1963 — 1965 гг.) // Тр. / АН СССР. СО. ДВФ. Сер. ист. — 1968. — Т. 6: Народы советского Дальнего Востока в дооктябрьский период истории СССР. — С. 172－178.

2892．Д.Л. 布罗江斯基：《早期铁器时代的滨海地区南部（迈欣综合体遗址发掘的某些总结》// 《苏联科学院西伯利亚分院院刊》，1968 年 6 期：《社会科学系列》，第 2 集，第 98－103 页。

Бродянский Д.Л. Южное Приморье в эпоху раннего железа. (Некоторые итоги раскопок майхин. комплекса поселений) // ИСОАН СССР. — 1968. — № 6: Сер. обществ. наук, вып. 2. — С. 98－103.

2893．Д.Л. 布罗江斯基：《滨海地区早期铁器时代的新资料以及民族起源的某些问题》// 《北亚民族的族源·会议资料》，新西伯利亚，1969 年，第 1 集，第 112－114 页。

2893．Бродянский Д.Л. Новые материалы по раннему железному веку Приморья и некоторые проблемы этногенеза // Этногенез народов Северной Азии: Материалы конф. — Новосибирск, 1969. — Вып. 1. — С. 112－114.

2894．Д.Л. 布罗江斯基：《金属萌发时期的滨海地区南部（公元前第 2 千纪 － 公元前第 1 千纪）》，历史学副博士论文作者文摘，新西伯利亚国立大学，新西伯利亚，1969 年，20 页。

Бродянский Д.Л. Южное Приморье в эпоху освоения металла (II — I тыс. до н.э.): Автореф. дис. ... канд. ист. наук / НГУ. — Новосибирск, 1969. — 20 с.

2895．Д.Л. 布罗江斯基：《从南部通古斯语族的民族起源问题的角度看滨海地区早期铁器时代的新资料》// 《史料学、历史编纂学问题》，远东国立大学，符拉迪沃斯托克，1974 年，第 3 集，第 98－104 页。

Бродянский Д.Л. Новые материалы по раннему железному веку Приморья в свете проблемы этногенеза южных тунгусоязычных народностей // Вопросы источниковедения и историографии / ДВГУ. — Владивосток, 1974. — Вып. 3. — С. 98－104.

2896．Д.Л. 布罗江斯基：《论滨海地区早期铁器时代两种文化的相互关系》// 《西伯利亚史资料·古代的西伯利亚》，新西伯利亚，1974 年，第 4 集：《西伯利亚的青铜时代、铁器时代》，第 113－119 页。

Бродянский Д.Л. О соотношении двух культур раннего железа в Приморье // Материалы по истории Сибири. Древняя Сибирь. — Новосибирск, 1974. — Вып. 4: Бронзовый и железный век в Сибири. — С. 113－119.

2897．Д.Л. 布罗江斯基：《滨海地区的青铜时代（青树林文化）》// 《太平洋东北部的古金属时代·教学参考书》，А.В. 阿列克桑德罗夫、С.А. 阿鲁秋诺夫、Д.Л. 布罗江斯基等撰，符拉迪沃斯托克，1982 年，第 4－7 页。

Бродянский Д.Л. Бронзовый век Приморья (Синегайская культура) // А.В. Александров, С.А. Арутюнов, Д.Л. Бродянский. Палеометалл северо-восточной части Тихого океана: Учеб. пособие. — Владивосток, 1982. — С. 4－17.

2898．Д.Л. 布罗江斯基：《早期铁器时代的滨海地区南部》// 《西伯利亚、远东考古学》，东京，1982 年，第 2 卷：《滨海地区》，第 278－284 页，日文。

Бродянский Д.Л. Южное Приморье в эпоху раннего железного века // Археология Сибири и Дальнего Востока. — Токио, 1982. — Т. 2: Приморье. — С. 278－284. — Яп. яз.

2899. Д.Л. 布罗江斯基：《青树林文化的艺术品》//《古代文化的雕塑与花纹》，新西伯利亚，1983年，第98－104页（原始社会艺术）。

Бродянский Д.Л. Произведения искусства в синегайской культуре // Пластика и рисунки древних культур. — Новосибирск, 1983. — С. 98－104. — (Первобыт. искусство).

2900. Д.Л. 布罗江斯基：《滨海地区南部的早期铁器时代（扬科夫斯基文化）》//苏联《太平洋沿岸的古代文化·教学参考书》，Н.Н. 季科夫、Д.Л. 布罗江斯基、В.И. 季亚科夫等撰，符拉迪沃斯托克，1983年，第65－108、110－113页。

Бродянский Д.Л. Ранний железный век Южного Приморья (янковская культура) // Н.Н. Диков, Д.Л. Бродянский, В.И. Дьяков. Древние культуры тихоокеанского побережья СССР: Учеб.пособие. — Владивосток, 1983. — С. 65－108, 110－113.

2901. Д.Л. 布罗江斯基、В.И. 季亚科夫：《纪元之交的滨海地区》，符拉迪沃斯托克，远东国立大学出版社，1984年，76页。

Бродянский Д.Л., Дьяков В.И. Приморье у рубежа эр. — Владивосток: Изд-во Дальневост. ун-та, 1984. — 76 с.

2902. Д.Л. 布罗江斯基：《克罗乌诺夫卡－匈奴比较》//《古代的后贝加尔及其文化联系》，新西伯利亚，1985年，第46－50页。

Бродянский Д.Л. Кроуновско-хуннские параллели // Древнее Забайкалье и его культурные связи. — Новосибирск, 1985. — С. 46－50.

2903. Д.Л. 布罗江斯基：《彼得大帝湾的贝丘》//《西伯利亚、远东古代文化遗存研究》，新西伯利亚，1987年，第186－187页。

Бродянский Д.Л. Раковинные кучи залива Петра Великого // Исследования памятников древних культур Сибири и Дальнего Востока. — Новосибирск, 1987. — С.186－187.

2904. Д.Л. 布罗江斯基、В.А. 拉科夫：《作为太平洋西海岸史前时期经济分支之一的水产业》//《东北亚地区太平洋社会的发展摘要》，尤金，1998年，第1－2页。

Brodyanski D.L., Rakov V.A. Aquaculture in Prehistory as a Branch of Ancient Economy on the Western Coast of the Pacific // Development of Pacific Societies in Northeast Asia: Abstracts. — Eugene, 1988. — P. 1－2.

2905. Д.Л. 布罗江斯基、В.А. 拉科夫：《原始水产业的丰碑》//《水科学和渔业文摘：水产业摘要》，巴斯达，1998年，第5卷，第3期，第95页。

Brodyanski D.L., Rakov V.A. Monuments of the Pristine Aquaculture // ASFA: Aquaculture Abstracts. — Betheeda, 1988. — Vol. 5, No. 3. — P. 95.

2906. Д.Л. 布罗江斯基、В.А. 拉科夫：《太平洋西海岸原始时期的水产业》//《环太平洋史前史会议》，西雅图，1989年，第1－14页。

Brodianski D.L., Rakov V.A. Prehistoric Aquaculture on the Western Coast of the Pacific // Circum-Pacific Prehistory Conference. — Seatle, 1989. — P. 1－14.

2907．**Д.Л. 布罗江斯基、B.A. 拉科夫**：《太平洋西海岸原始时期的水产业》//《原始时期太平洋区的东北亚：猎人－渔夫－采集者，农民和社会政治精英》，普尔曼，1992 年，第 27－31 页。

Brodianski D.L.，**Rakov V.A.** Prehistoric Aquaculture on the Western Coast of the Pacific // Pacific Northeast Asia in Prehistory. Hunter－fisher－gathers, Farmers and Sociopolitical Elite. — Pullman, 1992. — P. 27－31.

2908．**Д.Л. 布罗江斯基**：《挹娄与沃沮之谜》//《考古学、民族学研究的一体化·全俄第 3 次学术讨论会暨纪念 С.И. 卢坚科诞辰 110 周年会议资料》，鄂木斯克，1995 年，第 1 集，第 40－45 页。

Бродянский Д.Л. Загадка илоу и воцзюй // Интеграция археологических и этнографических исследований: Материалы III Всерос. науч. семинара, посвящ. 110-летию со дня рожд. С.И. Руденко. — Омск, 1995. — Ч. 1. — С. 40－45.

2909．**Д.Л. 布罗江斯基、И.С. 茹希霍夫斯卡娅**：《基辅卡出土的多角塑像》//《俄罗斯科学院远东分院院刊》，1995 年 3 期，第 105－108 页。

Бродянский Д.Л.，**Жущиховская И.С.** Полиэйконическая фигурка из Киевки // Вестн. ДВО РАН. — 1995. — № 3. — С. 105－108.

2910．**Д.Л. 布罗江斯基**：《阿努钦文化》//《北太平洋的开发：纪念 Ф.Ф. 布谢——阿穆尔边疆区研究会第一任主席》，符拉迪沃斯托克，1996 年，第 110－134 页（《太平洋考古学》，第 8 集）。

Бродянский Д.Л. Анучинская культура // Освоение Северной Пацифики: Посвящ. памяти Ф.Ф. Буссе — первого Председателя О-ва изуч. Амур. края. — Владивосток, 1996. — С. 110－134. — (Тихоокеан. археология; Вып. 8).

2911．**Д.Л. 布罗江斯基**：《挹娄与沃沮：古老之谜的新视角》//《远东国立大学东方研究所通报》，1996 年 3 期，第 134－142 页。

Бродянский Д.Л. Илоу и воцзюй: Новый взгляд на старую загадку // Изв. Вост. ин-та ДВГУ. — 1996. — № 3. — С. 134－142.

2912．**Д.Л. 布罗江斯基**：《远东古金属时代的武器》//《北太平洋的开发：纪念 Ф.Ф. 布谢——阿穆尔边疆区研究会第一任主席》，符拉迪沃斯托克，1996 年，第 77－99 页（《太平洋考古学》，第 8 集）。

Бродянский Д.Л. Оружие дальневосточного палеометалла // Освоение Северной Пацифики: Посвящ. памяти Ф.Ф. Буссе — первого Председателя О-ва изуч. Амур. края. — Владивосток, 1996. — С. 77－99. — (Тихоокеан. археология; Вып. 8).

2913．**Д.Л. 布罗江斯基**：《早期铁器时代的俄罗斯滨海地区》//《东夷考古学》，东京，2000 年，第 127－177 页，日文。

Бродянский Д.Л. Русское Приморье в эпоху раннего железа // Археология мира восточных варваров. — Токио, 2000. — С. 127－177. — Яп. яз.

2914．**П.В. 沃尔科夫**：《苏希耶河汉 2 号遗址灶址附近的堆积（构拟的不同方法）》//《东亚的传统文化》，布拉戈维申斯克，1999 年，第 2 集，第 71－77 页。

Волков П.В. Приочажные скопления на памятнике Сухие Протоки－2（вариант реконструкции）// Традиционная культура востока Азии. — Благовещенск, 1999. — Вып. 2. — С. 71－77.

2915．**И.С. 沃罗宁**：《维亚泽姆斯基市中学生的考古工作》//《远东地理问题》，哈巴罗夫斯克，

1963 年，第 6 卷，第 287－291 页。

Воронин И.С. Археологические работы вяземских школьников // Вопросы географии Дальнего Востока. — Хабаровск, 1963. — Т. 6. — С. 287－291.

2916. **Ю.Е. 沃斯特列佐夫**：《青石崖遗址铁质武器的类型学》//《苏联远东考古学资料》，符拉迪沃斯托克，1981 年，第 26－34 页。

Вострецов Ю.Е. Типология железных предметов вооружения поселения Синие Скалы // Материалы по археологии Дальнего Востока СССР. — Владивосток, 1981. — С. 26－34.

2917. **Ю.Е. 沃斯特列佐夫**：《在滨海地区谢米皮亚特诺瓦山谷的工作》//《1982 年考古发现》，莫斯科，1984 年，第 193－194 页。

Вострецов Ю.Е. Работы в пади Семипятнова в Приморье // АО, 1982. — М., 1984. — С. 193－194.

2918. **Ю.Е. 沃斯特列佐夫**：《克罗乌诺夫卡文化：景观、经济、居民》//《1985 年 10 月 17－19 日纪念阿尔谢尼耶夫报告会·关于历史学、考古学、民族学、方志学问题会议报告纲要》，乌苏里斯克，1985 年，第 83－85 页。

Вострецов Ю.Е. Кроуновская культура: ландшафт, хозяйство, население // Арсеньевские чтения: Тез. докл. регион. конф. по пробл. истории, археологии, этнографии и краеведения, 17－19 окт. 1985 г. — Уссурийск, 1985. — С. 83－85.

2919. **Ю.Е. 沃斯特列佐夫**：《滨海地区基辅卡遗址克罗乌诺夫卡文化房址发掘》//《苏联科学院考古研究所简报》，1985 年，第 184 集，第 60－63 页。

Вострецов Ю.Е. Раскопки жилищ кроуновской культуры на поселении Киевка в Приморье // КСИА. — 1985. — Вып. 184. — С. 60－63.

2920. **Ю.Е. 沃斯特列佐夫**：《克罗乌诺夫卡文化发展的某些人口学观点》//《第 15 次远东学术会议："苏共第 27 次代表大会和苏联远东及亚洲国家发展问题"·报告及议程纲要》，第 4 卷，第 28－29 页，符拉迪沃斯托克，1986 年。

Вострецов Ю.Е. Некоторые демографические аспекты развития кроуновской культуры // XV Дальневост. науч. конф. 《XXVII съезд КПСС и пробл. развития Дальнего Востока СССР и зарубеж. государств Азии》: Тез. докл. и сообщ. — Владивосток, 1986. — Вып. 4. — С. 28－29.

2921. **Ю.Е. 沃斯特列佐夫**：《克罗乌诺夫卡 1 号遗址发掘》//《1984 年考古发现》，莫斯科，1986 年，第 170－171 页。

Вострецов Ю.Е. Раскопки поселения Кроуновка－1 // АО, 1984. — М., 1986. — С. 170－171.

2922. **Ю.Е. 沃斯特列佐夫**：《苏联远东南部地区铁器时代的房址、遗址（根据克罗乌诺夫卡文化资料）》，历史学副博士论文作者文摘，苏联科学院考古研究所列宁格勒分部，列宁格勒，1987 年，20 页。

Вострецов Ю.Е. Жилища и поселения железного века юга Дальнего Востока СССР (по материалам кроуновской культуры): Автореф. дис. ... канд. ист. наук / АН СССР. Ин-т археологии. Ленингр. отд-ние. — Л., 1987. — 20 с.

2923. **Ю.Е. 沃斯特列佐夫**：《滨海地区的克罗乌诺夫卡文化》//《滨海地区方志学问题·学术汇报会报告纲要·1987 年 3 月 23－27 日》，乌苏里斯克，1987 年，第 66－67 页。

Вострецов Ю.Е. Кроуновская культура в Приморье // Проблемы краеведения в Приморье: Тез. докл. науч. - практ. конф., 23 － 27 марта 1987 г. — Уссурийск, 1987. — С. 66 － 67.

2924. Ю.Е. 沃斯特列佐夫：《克罗乌诺夫卡文化发展的某些人口学观点》//《苏联远东考古学问题》，符拉迪沃斯托克，1987 年，第 34 － 42 页。

Вострецов Ю.Е. Некоторые демографические аспекты развития кроуновской культуры // Вопросы археологии Дальнего Востока СССР. — Владивосток, 1987. — С. 34 － 42.

2925. Ю.Е. 沃斯特列佐夫、И.С. 茹希霍夫斯卡娅：《滨海地区科尔萨科夫卡 2 号克罗乌诺夫卡文化遗址》//《远东南部原始社会考古学新资料》，苏联科学院远东分院历史·考古·民族研究所，预印本，符拉迪沃斯托克，1987 年，第 23 － 30 页。

Вострецов Ю.Е., Жущиховская И.С. Поселение кроуновской культуры Корсаковское － 2 в Приморье // Новые материалы по первобытной археологии юга Дальнего Востока / АН СССР. ДВО. ИИАЭ. — Препр. — Владивосток, 1987. — С. 23 － 30.

2926. Ю.Е. 沃斯特列佐夫、И.С. 茹希霍夫斯卡娅：《论滨海地区克罗乌诺夫卡文化遗存中炕的问题》//《苏联科学院考古研究所简报》，1990 年，第 199 集，第 74 － 79 页。

Вострецов Ю.Е., Жущиховская И.С. К вопросу о канах на памятниках кроуновской культуры Приморья // КСИА. — 1990. — Вып. 199. — С. 74 － 79.

2927. Ю.Е. 沃斯特列佐夫：《俄罗斯远东地区第一个国家出现之前的关键事件》//《第 1 届渤海文化国际研讨会·纪念渤海建国 1300 年》，符拉迪沃斯托克，1996 年，第 60 － 61 页。

Vostretsov Y. Events Preceding Appearing of the First State in the Far East of Russia // The First International Symposium of Bohai Culture (To the 1300 Anniversary of the Foundation of Bohai State) . — Vladivostok, 1996. — P. 60 － 61.

2928. А.В. 加尔科维克：《滨海地区东部新的遗存类型（公元前 3 千纪 － 公元前 2 千纪）》//《苏联科学院西伯利亚分院远东分部历史类著述》，1967 年，第 7 卷：《远东的历史学、考古学、民族学》，第 15 － 17 页。

Гарковик А.В. Новая группа памятников Восточного Приморья (III — II тыс. до н.э.) // Тр. / АН СССР. СО. ДВФ. Сер. ист. — 1967. — Т. 7: История, археология и этнография Дальнего Востока. — С. 15 － 17.

2929. А.В. 加尔科维克：《滨海地区饶有意思的遗址（叶夫斯塔菲 1 号遗址）》//《1968 年考古发现》，莫斯科，1969 年，第 226 － 228 页。

Гарковик А.В. Интересный памятник Приморья: [Поселение Евстафий － 1] // АО, 1968. — М., 1969. — С. 226 － 228.

2930. А.В. 加尔科维克：《青石崖山麓岩洞遗址》//《苏联科学院远东科学中心历史·考古·民族研究所文集》，1973 年，第 9 卷：《远东史资料（历史学、考古学、民族学、语文学）》，第 43 － 54 页。

Гарковик А.В. Поселение с гротами у подножья Синих Скал // Тр. / АН СССР. ДВНЦ. ИИАЭ. — 1973. — Т. 9: Материалы по истории Дальнего Востока (история, археология, этнография, филология) . — С. 43 － 54.

2931. А.В. 加尔科维克：《滨海地区饶有意思的遗址》//《西伯利亚、远东考古学》，东京，1982

年，第 2 卷：《滨海地区》，第 397－398 页，日文。

Гарковик А.В. Интересный памятник Приморья // Археология Сибири и Дальнего Востока. — Токио, 1982. — Т. 2. Приморье. — С. 397－398. — Яп. яз.

2932.　**A.B. 加尔科维克**：《滨海地区叶夫斯塔菲 1 号遗址》//《苏联远东南部及其毗邻地区古代和中世纪的考古学资料》，符拉迪沃斯托克，1983 年，第 16－24 页。

Гарковик А.В. Поселение Евстафий－1 в Приморье // Материалы по древней и средневековой археологии юга Дальнего Востока СССР и смежных территорий. — Владивосток, 1983. — С. 16－24.

2933.　**C.B. 格林斯基**：《（阿穆尔河沿岸）乌里尔、波尔采早期铁器时代遗址陶器纹饰的比较性评述》//《西伯利亚、远东民族的族源问题·全苏会议报告纲要》，新西伯利亚，1973 年，第 69－70 页。

Глинский С.В. Сравнительная характеристика орнаментации керамики с поселений раннего железного века［Приамурья］Урил и Польце // Проблемы этногенеза народов Сибири и Дальнего Востока: Тез. докл. Всесоюз. конф. — Новосибирск, 1973. — С. 69－70.

2934.　**Ан.B. 格列比翁希科夫**：《早期铁器时代阿穆尔河中游地区古代居民经济中的陶器》//《西伯利亚开发的历史经验·1986 年 10 月 14－16 日新西伯利亚 "西伯利亚研究与开发的历史经验" 全苏学术会议报告纲要》，新西伯利亚，1986 年，第 1 集，第 28－30 页。

Гребенщиков Ан.В. Керамика в хозяйстве древнего населения Среднего Амура в эпоху раннего железа // Исторический опыт освоения Сибири: Тез. докл. Всесоюз. науч. конф. 《Ист. опыт изуч. и освоения Сибири》, Новосибирск, 14－16 окт. 1986 г. — Новосибирск, 1986. — Вып. 1. — С. 28－30.

2935.　**Ан.B. 格列比翁希科夫**：《（阿穆尔州）米哈伊洛夫卡村附近遗址出土的乌里尔类型陶器》//《苏联亚洲部分地区的石器时代、古金属时代》，新西伯利亚，1988 年，第 101－110 页。

Гребенщиков Ан.В. Керамика урильского типа из поселения у с. Михайловка［в Амурской области］ // Эпоха камня и палеометалла азиатской части СССР. — Новосибирск, 1988. — С. 101－110.

2936.　**Ан.B. 格列比翁希科夫**：《关于旋转原理在阿穆尔河沿岸早期铁器时代制陶业中的利用》//《远东古代生产的工艺学》，苏联科学院远东分院历史·考古·民族研究所，预印本，符拉迪沃斯托克，1988 年，第 13－18 页。

Гребенщиков Ан.В. Об использовании принципа вращения в гончарстве Приамурья в раннем железном веке // Технология древних производств Дальнего Востока / АН СССР. ДВО. ИИАЭ. — Препр. — Владивосток, 1988. — С. 13－18.

2937.　**Ан.B. 格列比翁希科夫、H.A. 科诺年科、C.П. 涅斯捷罗夫**：《苏希耶河汉 2 号遗址－阿穆尔河中游流域早期铁器时代遗存的新类型》，苏联科学院西伯利亚分院历史·语文·哲学研究所，预印本，新西伯利亚，1988 年，57 页。

Гребенщиков Ан.В., Кононенко Н.А., Нестеров С.П. Сухие протоки－2 — новый тип памятников эпохи раннего железа в бассейне Среднего Амура / АН СССР. СО. ИИФФ. — Препр. — Новосибирск, 1988. — 57 с.

2938.　**Ан.B. 格列比翁希科夫**：《早期铁器时代阿穆尔河沿岸部落的制陶业（乌里尔文化）》，历史学副博士论文作者文摘，苏联科学院西伯利亚分院历史·语文·哲学研究所，新西伯利亚，1989 年，17 页。

Гребенщиков Ан.В. Гончарство племен Приамурья в эпоху раннего железа（урильская культура）:

Автореф. дис. ... канд. ист. наук / АН СССР. СО. ИИФФ. — Новосибирск, 1989. — 17 с.

2939．Ан.В. 格列比翁希科夫：《（早期铁器时代）阿穆尔河沿岸古代制陶业的原料基地》//《考古学资料研究的综合方法·1989 年 11 月 21－23 日第 5 次会议资料》，莫斯科，1989 年，第 1 卷，第 27－29 页。

Гребенщиков Ан.В. Сырьевая база древнего гончарства Приамурья: [Ранний жел. век] // Комплексные методы исследования археологических источников: Материалы к V совещ. 21－23 нояб. 1989 г. — М., 1989. — [Ч. I]. — С. 27－29.

2940．Ан.В. 格列比翁希科夫：《阿穆尔河沿岸古代制陶业的焙烧工艺学》//《远东、西伯利亚石器时代、古金属时代遗存的研究问题》，苏联科学院远东分院历史·考古·民族研究所，预印本，符拉迪沃斯托克，1989 年，第 33－37 页。

Гребенщиков Ан.В. Технология обжига в древнем гончарстве Приамурья // Проблемы изучения памятников каменного века и палеометалла Дальнего Востока и Сибири / АН СССР. ДВО. ИИАЭ. — Препр. — Владивосток, 1989. — С. 33－37.

2941．Ан.В. 格列比翁希科夫：《早期铁器时代阿穆尔河沿岸传统陶器纹饰中的不寻常的题材》//《古代形象的语义学》，新西伯利亚，1990 年，第 54－79 页（《原始社会艺术》）。

Гребенщиков Ан.В. Необычные сюжеты в орнаментике традиционного гончарства Приамурья в эпоху раннего железа // Семантика древних образов. — Новосибирск, 1990. — С. 54－79. — (Первобыт. искусство).

2942．Ан.В. 格列比翁希科夫：《阿穆尔河中游地区早期铁器时代日常陶器功能研究尝试》//《古代生产的工艺学问题》，新西伯利亚，1990 年，第 139－158 页。

Гребенщиков Ан.В. Опыт изучения функциональных свойств бытовой глиняной посуды эпохи раннего железа на Среднем Амуре // Проблемы технологии древних производств. — Новосибирск, 1990. — С. 139－158.

2943．Ан.В. 格列比翁希科夫：《阿穆尔河沿岸古代陶器纹饰的分类尝试（根据乌里尔岛早期铁器时代遗址资料）》//《西伯利亚古代陶器：类型学、工艺学、语义学》，新西伯利亚，1990 年，第 130－144 页。

Гребенщиков Ан.В. Опыт классификации орнамента древней керамики Приамурья (по материалам поселения раннего железного века на о-ве Урильском) // Древняя керамика Сибири: типология, технология, семантика. — Новосибирск, 1990. — С. 130－144.

2944．Ан.В. 格列比翁希科夫、Н.А. 科诺年科：《阿穆尔河（早期铁器时代初期）古代制陶业的工具组合》//《古代生产的工艺学问题》，新西伯利亚，1990 年，第 102－119 页。

Гребенщиков Ан.В., Кононенко Н.А. Орудийный набор древних гончаров Амура (начало эпохи раннего железа) // Проблемы технологии древних производств. — Новосибирск, 1990. — С. 102－119.

2945．Ан.В. 格列比翁希科夫：《早期铁器时代阿穆尔河沿岸陶器的纹饰风格（技术－功能视角）》//《物质文化与考古学构拟问题》，新西伯利亚，1991 年，第 104－118 页。

Гребенщиков Ан.В. Орнаментика приамурского гончарства раннего железного века (технико-функциональный аспект) // Материальная культура и проблемы археологической реконструкции. —

Новосибирск, 1991. — С. 104 – 118.

2946．**Ан.В. 格列比翁希科夫**：《从自然－经济适应问题的角度看阿穆尔河沿岸的原始社会制陶业》（根据乌里尔文化资料）//《作为历史资料的陶器·全苏考古学学术会议报告纲要》，古比雪夫，1991 年，第 58－61 页。

Гребенщиков Ан.В. Первобытное гончарство Приамурья в свете проблем природно-хозяйственной адаптации (по материалам урильской культуры) // Керамика как исторический источник: Тез. докл. Всесоюз. науч. археол. конф. — Куйбышев, 1991. — С. 58 – 61.

2947．**Ан.В. 格列比翁希科夫**：《论早期铁器时代阿穆尔河沿岸、滨海地区文化的一致性问题》//《俄罗斯东部地区开发的历史经验·国际学术会议报告、议程纲要》，符拉迪沃斯托克，1993 年，第 1 集，第 36－40 页。

Гребенщиков Ан.В. К проблеме культурного единства Приамурья и Приморья в раннем железном веке // Исторический опыт освоения восточных районов России: Тез. докл. и сообщ. междунар. науч. конф. — Владивосток, 1993. — Вып. 1. — С. 36 – 40.

2948．**Ан.В. 格列比翁希科夫**：《古代制陶业与文化起源问题（根据阿穆尔河沿岸资料）》//《俄罗斯远东考古学研究》，俄罗斯科学院远东分院历史·考古·民族研究所，预印本，符拉迪沃斯托克，1993 年，第 57－63 页。

Гребенщиков Ан.В. Палеогончарство и проблемы культурогенеза (на материалах Приамурья) // Археологические исследования на Дальнем Востоке России / РАН. ДВО. ИИАЭ. — Препр. — Владивосток, 1993. — С. 57 – 63.

2949．**Е.П. 杰尼索夫**：《滨海地区南部贝丘遗址的新发现》//《苏联地理学会滨海分会通讯》，1965 年，第 1 卷（24），第 114－115 页。

Денисов Е.П. Новая находка стоянки «раковинных куч» в Южном Приморье // ЗПФГО. — 1965. — Т. 1 (24). — С. 114 – 115.

2950．**А.П. 杰列维扬科**：《论铁器时代阿穆尔河中游地区的历史（根据 1963 年库克列沃村附近波尔采遗址发掘区资料）》//《西伯利亚史资料·古代的西伯利亚》，新西伯利亚，1966 年，第 2 集：《西伯利亚考古汇编》，第 229－242 页。

Деревянко А.П. К истории Среднего Амура в железном веке: (По раскопкам поселения в местности Польце у с. Кукелево, 1963 г.) // Материалы по истории Сибири. Древняя Сибирь. — Новосибирск, 1966. — Вып. 2: Сибирский археологический сборник. — С. 229 – 242.

2951．**А.П. 杰列维扬科**：《公元前 2 千纪至公元前 1 千纪时期阿穆尔河沿岸、滨海地区的部落》//《北亚民族的族源·会议资料》，新西伯利亚，1969 年，第 1 集，第 95－108 页。

Деревянко А.П. Племена Приамурья и Приморья во II — I тыс. до н.э. // Этногенез народов Северной Азии: Материалы конф. — Новосибирск, 1969. — Вып. 1. — С. 95 – 108.

2952．**А.П. 杰列维扬科**：《远东地区的青铜时代问题》//《苏联科学院西伯利亚分院院刊》，1969 年 6 期：《社会科学系列》，第 2 集，第 94－99 页。

Деревянко А.П. Проблема бронзового века на Дальнем Востоке // ИСОАН СССР. — 1969. — № 6: Сер. обществ. наук, вып. 2. — С. 94 – 99.

2953．**А.П. 杰列维扬科**：《库克列沃村附近早期铁器时代遗址发掘》//《1968 年考古发现》，莫斯科，1969 年，第 225－226 页。

Деревянко А.П. Раскопки поселений раннего железного века у с. Кукелево // АО, 1968. — М., 1969. — С. 225－226.

2954．**А.П. 杰列维扬科**：《有关阿穆尔河沿岸早期铁器时代部落社会关系构拟的资料》//《西伯利亚社会经济史、文化生活问题》，新西伯利亚，1971 年，第 1 卷，第 30－46 页。

Деревянко А.П. Материалы к реконструкции общественных отношений у племен раннего железного века Приамурья // Вопросы истории социально-экономической и культурной жизни Сибири. — Новосибирск, 1971. — Ч. 1. — С. 30－46.

2955．**А.П. 杰列维扬科**：《犹太自治州黄亚尔村附近早期铁器时代遗址》//《西伯利亚、远东考古学资料》，新西伯利亚，1972 年，第 1 卷，第 145－207 页。

Деревянко А.П., **Глинский С.В.** Поселение раннего железного века у села Желтый Яр Еврейской автономной области // Материалы по археологии Сибири и Дальнего Востока. — Новосибирск, 1972. — Ч. 1. — С. 145－207.

2956．**А.П. 杰列维扬科**：《在库克里沃村"油箱"地的乌里尔文化遗址》//《西伯利亚、远东考古学资料》，新西伯利亚，1972 年，第 1 卷，第 125－144 页。

Деревянко А.П. Поселение урильской культуры в с. Кукелево 《Бензобаки》 // Материалы по археологии Сибири и Дальнего Востока. — Новосибирск, 1972. — Ч. 1. — С. 125－144.

2957．**А.П. 杰列维扬科**：《远东早期铁器时代·教学参考书》，新西伯利亚，1972 年，第 2 卷，275 页。

Деревянко А.П. Ранний железный век Дальнего Востока: Учеб. пособие. — Новосибирск, 1972. — Ч. 2. — 275 с.

2958．**А.П. 杰列维扬科**：《阿穆尔河沿岸早期铁器时代》，新西伯利亚，科学出版社西伯利亚分社，1973 年，356 页。

Деревянко А.П. Ранний железный век Приамурья. — Новосибирск: Наука. Сиб. отд－ние, 1973. — 356 с.

2959．**А.П. 杰列维扬科、Е.И. 杰列维扬科**：《科奇科瓦特卡河流域库克列沃村早期铁器时代遗址发掘》//《西伯利亚、远东考古学资料》，新西伯利亚，1973 年，第 2 卷，第 259－302 页。

Деревянко А.П., **Деревянко Е.И.** Раскопки поселения раннего железного века на р. Кочковатке в с. Кукелево // Материалы по археологии Сибири и Дальнего Востока. — Новосибирск, 1973. — Ч. 2. — С. 259－302.

2960．**А.П. 杰列维扬科**：《论铁器时代阿穆尔河中游地区的历史（根据 1963 年库克列沃村附近波尔采遗址发掘区资料）》//《西伯利亚东北部考古学》，东京，1975 年，第 1 卷，第 332－353 页，日文。

Деревянко А.П. К истории Среднего Амура в железном веке (по раскопкам поселения в местности Польце у с. Кукелево в 1963 году) // Археология Северо-Востока Сибири. — Токио, 1975. — Т. 1. — С. 332－353. — Яп. яз.

2961．**А.П. 杰列维扬科**：《阿穆尔河沿岸（公元前第 1 千纪至今）》，新西伯利亚，科学出版社西伯利亚分社，1976 年，384 页。

Деревянко А.П. Приамурье（I тысячелетие до нашей эры）. — Новосибирск：Наука. Сиб. отд -
ние, 1976. — 384 с.

2962. **А.П. 杰列维扬科**：《远东青铜时代问题》//《西伯利亚、远东的考古学》，东京，1982 年，
第 2 卷：《滨海地区》，第 245－252 页，日文。

Деревянко А.П. Проблемы бронзового века Дальнего Востока // Археология Сибири и Дальнего
Востока. — Токио, 1982. — Т. 2：Приморье. — С. 245－252.

2963. **А.П. 杰列维扬科**：《远东青铜时代问题》//《北方文物》，1985 年 1 期，第 107－110、102
页，中文。

Деревянко А.П. Проблема бронзового века на Дальнем Востоке // Бэйфан вэньу. — 1985. - № 1.
— С. 107－110, 102. — Кит. яз.

2964. **А.П. 杰列维扬科**：《阿穆尔河流域的波尔采文化》，新西伯利亚，俄罗斯科学院西伯利亚分院
考古与民族研究所出版社，2000 年，68 页，俄文、英文。

Деревянко А.П. Польцевская культура на Амуре. — Новосибирск：Изд - во Ин-та археологии и
этнографии СО РАН, 2000. — 68 с. — Рус. яз., англ. яз.

2965. **А.П. 杰列维扬科**：《阿穆尔河流域的波尔采文化》//《东亚 1－3 世纪的考古学研究·第 9 届
国际文化财产研讨会》，首尔，2000 年，第 179－248 页，俄文、英文。

Деревянко А.П. Польцевская культура на Амуре // Archaeological Research on eastern Asia during the
1st — 3rd Centuries：International Symposium of Cultural Properties IX. — Seoul, 2000. — P. 179－248. —
Рус. яз., англ. яз.

2966. **Е.И. 杰列维扬科**、**李宪宗**：《远东的青铜时代、早期铁器时代》，首尔，1996 年，20 页。

Деревянко Е.И., **Ли Хонджон.** Бронзовый и ранний железный век Дальнего Востока. — Сеул,
1996. — 20 с.

2967. **Е.И. 杰列维扬科**：《阿穆尔河沿岸的早期铁器时代》//《东亚铁器文化：早期铁器时代的方
方面面·国际文化财产研讨会》，首尔，1996 年，101－127 页，朝文；第 128－133 页，俄文；第 134－
135 页，英文。

Деревянко Е.И. Ранний железный век Приамурья // Iron Culture of East Asia：Various Aspects of
Early Iron Age：International Symposium of Cultural Properties. — Seoul, 1996. — С. 101－127. — Кор.
яз.；С. 128－133. — Рус. яз.；С. 134－135. — Англ. яз.

2968. **В.А. 杰留金**：《（哈巴罗夫斯克市郊）贝斯特拉亚 2 号封土墓地考察的初步结果》//《远东、
中央亚细亚的考古学与理论民族学》，符拉迪沃斯托克，1998 年，第 85－91 页。

Дерюгин В.А. Предварительные результаты исследования грунтового могильника Быстрая - 2［у г.
Хабаровска］// Археология и этнология Дальнего Востока и Центральной Азии. — Владивосток, 1998. —
С. 85－91.

2969. **В.А. 杰留金**：《贝斯特拉亚 2 号早期铁器时代墓地考古发掘》//《阿穆尔项目》，筑波，1999
年，第 75－83 页，日文。

Дерюгин В.А. Археологические раскопки на могильнике раннего железного века Быстрая - 2 // Project Amur. — Tsukuba, 1999. — C. 75－83. — Яп. яз.

2970. **B.A. 杰留金**：《卑斯特拉亚－2 古墓地研究的初步成果》//《北方文物》，2000 年 4 期，第
102－107 页，中文。

Дерюгин B.A. Предварительные результаты изучения могильника Быстрая－2 // Бэйфан вэньу. —
2000. － № 4. — C. 102－107. — Кит. яз.

2971. **A.B. 德米特里延科**：《锡杰米文化捕鱼的技术与工具》//《第 8 次大学生历史学、语文学学
术年会资料·新西伯利亚国立大学》，新西伯利亚，1970 年，第 51－52 页。

Дмитриенко A.B. Техника и орудия рыболовства в культуре Сидеми // Материалы 8－й юбилейной
науч. студ. конф. История, филология / НГУ. — Новосибирск, 1970. — C. 51－52.

2972. **B.И. 季亚科夫**：《论早期铁器时代阿穆尔河中游地区部落的经济问题》//《第 8 次大学生历
史学、语文学学术年会资料·新西伯利亚国立大学》，新西伯利亚，1970 年，第 46－47 页。

Дьяков B.И. К вопросу об экономике племен Среднего Амура в раннем железном веке // Материалы
8－й юбилейнсй науч. студ. конф. История, филология / НГУ. — Новосибирск, 1970. — C. 46－47.

2973. **B.И. 季亚科夫、O.B. 季亚科娃**：《滨海地区北部发掘》//《1975 年考古发现》，莫斯科，
1976 年，第 237－238 页。

Дьяков B.И., Дьякова O.B. Раскопки в Северном Приморье // AO, 1975. — M., 1976. — C. 237
－238.

2974. **B.И. 季亚科夫、O.B. 季亚科娃**：《滨海地区斯特拉斯山岬的古代遗址》//《苏联考古学》，
1977 年 2 期，第 222－229 页。

Дьяков B.И., Дьякова O.B. Древнее поселение на мысе Страшном в Приморье // CA. — 1977. —
№ 2. — C. 222－229.

2975. **B.И. 季亚科夫**：《青铜时代的滨海地区》//《东西伯利亚的考古学与民族学·1978 年 4 月 5－
7 日区域会议报告纲要》，伊尔库茨克，1978 年，第 70－72 页。

Дьяков B.И. Приморье в эпоху бронзы // Археология и этнография Восточной Сибири: Тез. докл. к
регион. конф., 5－7 апр. 1978 г. — Иркутск, 1978. — C. 70－72.

2976. **B.И. 季亚科夫**：《青铜时代的锡霍特－阿林山脉：利多夫卡文化》，历史学副博士论文作者
文摘，苏联科学院西伯利亚分院历史·语文·哲学研究所，新西伯利亚，1978 年，18 页。

Дьяков B.И. Сихотэ－Алинь в эпоху бронзы. Лидовская культура: Автореф. дис. ... канд. ист.
наук / AH CCCP. CO. ИИФФ. — Новосибирск, 1978. — 18 c.

2977. **B.И. 季亚科夫**：《苏克派河岩画》//《苏联远东古代史的考古学资料》，符拉迪沃斯托克，
1978 年，第 31－32 页。

Дьяков B.И. Сукпайская писаница // Археологические материалы по древней истории Дальнего
Востока CCCP. — Владивосток, 1978. — C. 31－32.

2978. **B.И. 季亚科夫**：《日本海西北部沿海岸地区的古代遗存（利多夫卡文化）》//《西伯利亚、太
平洋流域的古代文化》，新西伯利亚，1979 年，第 145－157 页。

Дьяков B.И. Древние памятники [лидовской культуры] на северо-западном побережье Японского
моря // Древние культуры Сибири и Тихоокеанского бассейна. — Новосибирск, 1979. — C. 145－157.

2979. **В.И. 季亚科夫、Л.Е. 谢梅尼琴科**：《滨海地区克鲁格拉亚谷地遗址的下层堆积：论利多夫卡文化遗存的分布问题》//《古代的西伯利亚》，新西伯利亚，1979年，第50－56页。

Дьяков В.И., Семениченко Л.Е. Нижний слой поселения Круглая Долина в Приморье: (К вопросу о распространении памятников лидовской культуры) // Сибирь в древности. — Новосибирск, 1979. — С. 50－56.

2980. **В.И. 季亚科夫、Л.В. 科尼科娃**：《单刃双锋石质"短剑"之功能、年代、文化方面的意义》//《苏联远东考古学资料》，符拉迪沃斯托克，1981年，第35－42页。

Дьяков В.И., Конькова Л.В. Функциональное, хронологическое и культурное значение каменных《кинжалов》с односторонней противолежащей заточкой клинка // Материалы по археологии Дальнего Востока СССР. — Владивосток, 1981. — С. 35－42.

2981. **В.И. 季亚科夫**：《库尔辛斯卡亚遗址及其对于区分萨马尔加考古学文化的意义》//《北亚考古学》，新西伯利亚，1982年，第62－70页。

Дьяков В.И. Куксинская стоянка и ее значение для выделения самаргинской археологической культуры // Археология Северной Азии. — Новосибирск, 1982. — С. 62－70.

2982. **В.И. 季亚科夫**：《利多夫卡文化》//《苏联太平洋沿海岸的古代文化·教学参考书》，**Н.Н. 季科夫、Д.Л. 布罗江斯基、В.И. 季亚科夫**等撰，符拉迪沃斯托克，1983年，第26－64页。

Дьяков В.И. Лидовская культура // **Н.Н. Диков, Д.Л. Бродянский, В.И. Дьяков.** Древние культуры тихоокеанского побережья СССР: Учеб. пособие. — Владивосток, 1983. — С. 26－64.

2983. **В.И. 季亚科夫**：《滨海地区出土的"泥镜"（利多夫卡1号遗址）》//《苏联考古学》，1985年3期，第152－155页。

Дьяков В.И. Глиняное《зеркало》из Приморья: [Поселение Лидовка－1] // СА. — 1985. — № 3. — С. 152－155.

2984. **В.И. 季亚科夫**：《利多夫卡文化的新遗存》//《1985年10月17－19日纪念阿尔谢尼耶夫报告会·关于历史学、考古学、民族学、方志学问题会议报告纲要》，乌苏里斯克，1985年，第85－86页。

Дьяков В.И. Новые памятники лидовской культуры // Арсеньевские чтения: Тез. докл. регион. конф. по пробл. истории, археологии, этнографии и краеведения, 17－19 окт. 1985 г. — Уссурийск, 1985. — С. 85－86.

2985. **В.И. 季亚科夫**：《滨海地区考古学格局中的宗教仪式映象》//《1984年纪念列里霍夫斯基报告会·会议资料》，新西伯利亚，1985年，第262－267页。

Дьяков В.И. Ритуально-обрядовые изображения в археологических ансамблях Приморья // Рериховские чтения, 1984 г.: Материалы конф. — Новосибирск, 1985. — С. 262－267.

2986. **В.И. 季亚科夫、П.Л. 谢明**：《论利多夫卡文化与靺鞨文化的相互关系问题》//《第15次远东学术会议："苏共第27次代表大会和苏联远东及亚洲国家发展问题"·报告及议程纲要》，第4卷，第25－27页，符拉迪沃斯托克，1986年。

Дьяков В.И., Семин П.Л. К вопросу о соотношении лидовской и мохэской культур // XV Дальневост. науч. конф.《XXVII съезд КПСС и пробл. развития Дальнего Востока СССР и зарубеж. государств Азии》: Тез. докл. и сообщ. — Владивосток, 1986. — Вып. 4. — С. 25－27.

2987. **В.И. 季亚科夫、E.B. 丘帕希娜**：《滨海地区有关青铜时代的新资料》//《西伯利亚、远东古代文化的新资料》，新西伯利亚，1986 年，第 187－191 页。

Дьяков В.И., **Чупахина Е.В.** Новые данные об эпохе бронзы в Приморье // Памятники древних культур Сибири и Дальнего Востока. — Новосибирск, 1986. — С. 187－191.

2988. **В.И. 季亚科夫**：《滨海地区出土的青铜时代的类人陶塑》//《类人的形象》，新西伯利亚，1987 年，第 125－132 页（《原始社会艺术》）。

Дьяков В.И. Антропоморфные керамические скульптуры из Приморья эпохи бронзы // Антропоморфные изображения. — Новосибирск, 1987. — С. 125－132. — (Первобыт. искусство).

2989. **В.И. 季亚科夫**：《青铜时代的滨海地区》，符拉迪沃斯托克，远东国立大学出版社，1989 年，296 页。

Дьяков В.И. Приморье в эпоху бронзы. — Владивосток: Изд － во Дальневост. ун-та, 1989. — 296 с.

评论：**П.М. 科任**，刊于《苏联科学院远东分院院刊》，1991 年 1 期，第 118－121 页。

Рец.: **Кожин П.М.** // Вестн. ДВО АН СССР. — 1991. — № 1. — С. 118－121.

2990. **В.И. 季亚科夫**：《［哈巴罗夫斯克边疆区苏克派河］苏克派岩画萨满行巫术的情景》//《苏联岩画研究问题》，莫斯科，1990 年，第 229－230 页。

Дьяков В.И. Сцена шаманского камлания на Сукпайской писанице: ［р. Сукпай, Хабар. край］ // Проблемы изучения наскальных изображений в СССР. — М., 1990. — С. 229－230.

2991. **В.И. 季亚科夫**：《日本海西海岸青铜时代的分期》//《西伯利亚新兴的考古学、理论民族学·第 39 次区域考古－理论民族学会议报告集》，赤塔，1999 年，第 1 卷，第 122－125 页。

Дьяков В.И. Периодизация эпохи бронзы на западном побережье Японского моря // Молодая археология и этнология Сибири. XXXIX Регион. археолого-этнологическая конф.: Доклады. — Чита, 1999. — Ч. 1. — С. 122－125.

2992. **О.В. 季亚科娃、E.B. 西多连科**：《关于（滨海地区）新戈尔杰耶夫卡城址的利多夫卡－扬科夫斯基文化层》//《北亚考古学问题·纪念 А.П. 奥克拉德尼科夫院士诞辰 80 周年·1988 年 3 月 28－30 日第 28 次大学生区域考古会议报告纲要》，赤塔，1988 年，第 132－133 页。

Дьякова О.В., **Сидоренко Е.В.** О лидовско-янковском слое Новогордеевского городища ［в Приморье］ // Проблемы археологии Северной Азии: (К 80-летию академика А.П. Окладникова): Тез. докл. XXVIII Регион. археол. студ. конф. (28－30 марта 1988 г.). — Чита, 1988. — С. 132－133.

2993. **В.E. 叶尔马科夫**：《滨海地区铁器时代遗存中的金属武器、狩猎、渔猎工具》//《远东、西伯利亚石器时代、古金属时代的研究问题》，苏联科学院远东分院历史·考古·民族研究所，预印本，符拉迪沃斯托克，1989 年，第 37－41 页。

Ермаков В.Е. Металлические предметы вооружения, охоты и рыболовства на памятниках железного века Приморья // Проблемы изучения каменного века и палеометалла Дальнего Востока и Сибири / АН СССР. ДВО. ИИАЭ. — Препр. — Владивосток, 1989. — С. 37－41.

2994. **В.E. 叶尔马科夫**：《滨海地区奥利加考古学文化遗存中的青铜器》，苏联科学院远东分院历史·考古·民族研究所，预印本，符拉迪沃斯托克，1990 年，37 页。

Ермаков В.Е. Изделия из бронзы на памятниках ольгинской археологической культуры в Приморье / АН СССР. ДВО. ИИАЭ. — Препр. — Владивосток, 1990. — 37 с.

2995. И.С. 茹希霍夫斯卡娅：《论扬科夫斯基文化陶器的纹饰特征》//《苏联远东最新的考古学研究》，符拉迪沃斯托克，1976 年，第 27－32 页。

Жущиховская И.С. К характеристике орнамента янковской керамики // Новейшие археологические исследования на Дальнем Востоке СССР. — Владивосток, 1976. — С. 27–32.

2996. И.С. 茹希霍夫斯卡娅：《滨海地区早期铁器时代陶器的纹饰》//《苏联远东古代史的考古学资料》，符拉迪沃斯托克，1978 年，第 22－28 页。

Жущиховская И.С. Орнамент керамики раннего железного века Приморья // Археологические материалы по древней истории Дальнего Востока СССР. — Владивосток, 1978. — С. 22–28.

2997. И.С. 茹希霍夫斯卡娅：《滨海地区克罗乌诺夫卡文化的新遗存（基辅卡)》，苏联科学院远东科学中心历史·考古·民族研究所，预印本，符拉迪沃斯托克，1979 年，12 页。

Жущиховская И.С. Новый памятник кроуновской культуры в Приморье [Киевка] / АН СССР. ДВНЦ. ИИАЭ. — Препр. — Владивосток, 1979. — 12 с.

2998. И.С. 茹希霍夫斯卡娅：《论滨海地区早期铁器时代瓦连京、扬科夫斯基遗存的相互关系》，苏联科学院远东科学中心历史·考古·民族研究所，预印本，符拉迪沃斯托克，1979 年，18 页。

Жущиховская И.С. О корреляции валентиновских и янковских памятников раннего железного века Приморья / АН СССР. ДВНЦ. ИИАЭ. — Препр. — Владивосток, 1979. — 18 с.

2999. И.С. 茹希霍夫斯卡娅：《关于早期铁器时代阶段滨海地区陶器生产的机构》，苏联科学院远东科学中心历史·考古·民族研究所，预印本，符拉迪沃斯托克，1979 年，10 页。

Жущиховская И.С. Об организации производства керамической посуды в Приморье в период раннего железного века / АН СССР. ДВНЦ. ИИАЭ. — Препр. — Владивосток, 1979. — 10 с.

3000. И.С. 茹希霍夫斯卡娅：《滨海地区早期铁器时代的陶器（公元前 1 千纪)》，历史学副博士论文作者文摘，苏联科学院西伯利亚分院历史·语文·哲学研究所，新西伯利亚，1980 年，18 页。

Жущиховская И.С. Керамика раннего железного века Приморья (I тыс. до н.э.): Автореф. дис. ... канд. ист. наук / АН СССР. СО. ИИФФ. — Новосибирск, 1980. — 18 с.

3001. И.С. 茹希霍夫斯卡娅：《关于克罗乌诺夫卡文化遗存的地域性－时序性变体（根据陶器分析资料)》//《远东民族的考古学与民族学》，符拉迪沃斯托克，1984 年，第 72－77 页。

Жущиховская И.С. О локально-хронологических вариантах памятников кроуновской культуры (по данным анализа керамики) // Археология и этнография народов Дальнего Востока. — Владивосток, 1984. — С. 72–77.

3002. И.С. 茹希霍夫斯卡娅：《关于滨海地区早期铁器时代两种文化陶器传统的相互关系》//《1985 年 10 月 17－19 日纪念阿尔谢尼耶夫报告会·关于历史学、考古学、民族学、方志学问题会议报告纲要》，乌苏里斯克，1985 年，第 87－88 页。

Жущиховская И.С. О соотношении керамических традиций двух культур раннего железного века Приморья // Арсеньевские чтения: Тез. докл. регион. конф. по пробл. истории, археологии, этнографии и краеведения, 17–19 окт. 1985 г. — Уссурийск, 1985. — С. 87–88.

3003．**И.С. 茹希霍夫斯卡娅**：《论滨海地区扬科夫斯基文化的地域性、时间性变体问题》//《苏联远东考古学研究问题：第 13 届远东国内外历史编纂学问题学术会议资料》，符拉迪沃斯托克，1986 年，第 39－50 页。

Жущиховская И.С. К вопросу о локальных и временных вариантах янковской культуры Приморья (по данным анализа керамики) // Проблемы археологических исследований на Дальнем Востоке СССР: Материалы XIII Дальневост. науч. конф. по пробл. отеч. и зарубеж. историографии. — Владивосток, 1986. — С. 39－50.

3004．**И.С. 茹希霍夫斯卡娅**：《滨海地区科尔萨科夫卡遗址》//《1984 年考古发现》，莫斯科，1986 年，第 175－176 页。

Жущиховская И.С. Поселение Корсаковское в Приморье // АО, 1984. — М., 1986. — С. 175－176.

3005．**И.С. 茹希霍夫斯卡娅、Н.А. 科诺年科**：《克罗乌诺夫卡文化基辅卡遗址的石器组合》//《苏联远东考古学问题》，符拉迪沃斯托克，1987 年，第 4－12 页。

Жущиховская И.С., Кононенко Н.А. Каменный инвентарь поселения кроуновской культуры Киевка // Вопросы археологии Дальнего Востока СССР. — Владивосток, 1987. — С. 4－12.

3006．**И.С. 茹希霍夫斯卡娅**：《滨海地区克罗乌诺夫卡文化的黑色磨光陶器》//《方志学问题·纪念阿尔谢尼耶夫报告会会议报告资料》，乌苏里斯克，1989 年，第 19－21 页。

Жущиховская И.С. Чернолощенная керамика кроуновской культуры Приморья // Проблемы краеведения: [Тез. докл. конф.] / Арсеньев. чтения. — Уссурийск, 1989. — С. 19－21.

3007．**И.С. 茹希霍夫斯卡娅**：《滨海地区青铜时代遗址的系统化研究（陶器分析）》//《北太平洋考古学》，符拉迪沃斯托克，1996 年，第 317－322 页，英文。

Zhushchikhovskaya I.S. On the Systematization of Bronze Age's Sites in Primorye Region (Pottery Analysis) // Археология Северной Пасифики. — Владивосток, 1996. — С. 317－322. — Англ. яз.

3008．**Л.Н. 伊万耶夫**：《符拉迪沃斯托克市郊的考古发现》//《苏联考古学》，1952 年，第 16 卷，第 289－298 页。

Иваньев Л.Н. Археологические находки в окрестностях Владивостока // СА. — 1952. — Т. 16. — С. 289－298.

3009．**Л.Н. 伊万耶夫**：《滨海边疆区的贝丘》//《苏联科学院物质文化史研究所简报》，1952 年，第 47 集，第 135－137 页。

Иваньев Л.Н. Раковинные кучи Приморского края // КСИИМК. — 1952. — Вып. 47. — С. 135－137.

3010．**Г. 伊奥西福夫**：《阿穆尔省的考古发现》//《东方》，1925 年，第 15－16 期，第 269－271 页。

Иосифов Г. Археологические находки в Амурской губернии // Вост. студия. — 1925. — № 15－16. — С. 269－271.

3011．**Н.А. 克柳耶夫、В.Е. 叶尔马科夫**：《滨海地区铁器时代的新遗存（根据 1988 年考察资料）》//《苏联远东考古学、历史学研究》，苏联科学院远东分院历史·考古·民族研究所，预印本，符拉迪沃斯托克，1989 年，第 37－42 页。

Клюев Н.А., Ермаков В.Е. Новые памятники железного века в Приморье（по материалам исследований 1988 г.）// Археологические и исторические исследования на Дальнем Востоке СССР / АН СССР. ДВО. ИИАЭ. — Препр. — Владивосток, 1989. — С. 37 – 42.

3012. Н.А. 克柳耶夫、О.В. 扬希娜：《滨海地区古金属时代的新资料［格拉兹科夫卡 2 号遗址］》//《远东第 3 次青年历史学者会议·报告纲要》，符拉迪沃斯托克，1994 年，第 14 – 15 页。

Клюев Н.А., Яншина О.В. Новые данные по эпохе палеометалла Приморья（поселение Глазковка – 2）// Третья Дальневост. конф. молодых историков: Тез. докл. — Владивосток, 1994. — С. 14 – 15.

3013. Н.А. 克柳耶夫、О.В. 扬希娜：《滨海古金属时代的新资料——格拉兹科夫卡 2 号遗址》//《远东考古学、历史学、理论民族学问题》，符拉迪沃斯托克，1997 年，第 18 – 30 页。

Клюев Н.А., Яншина О.В. Новые материалы по эпохе палеометалла Приморья. Поселение Глазковка – 2 // Вопросы археологии, истории и этнологии Дальнего Востока. — Владивосток, 1997. — С. 18 – 30.

3014. Н.А. 克柳耶夫、Ю.Г. 尼基京：《论滨海地区的早期筑城设施问题》//《军事考古学：历史、社会远景下的武器、军事·1998 年 9 月 2 – 5 日国际会议资料》，圣彼得堡，1998 年，第 103 – 104 页。

Клюев Н.А., Никитин Ю.Г. К вопросу о ранних фортификационных сооружениях в Приморье // Военная археология: Оружие и военное дело в исторической и социальной перспективе: Материалы междунар. конф. 2 – 5 сент. 1998 г. — СПб., 1998. — С. 103 – 104.

3015. Н.А. 克柳耶夫、О.В. 扬希娜：《滨海地区的阿努钦诺 1 号遗址与阿努钦诺文化的区分问题》//《追溯过去·纪念 Ж.В. 安德列耶娃 70 周岁》，符拉迪沃斯托克，2000 年，第 174 – 194 页。

Клюев Н.А., Яншина О.В. Поселение Анучино-1 в Приморье и проблемы выделения анучинской археологической культуры // Вперед … в прошлое: К 70-летию Ж.В. Андреевой. — Владивосток, 2000. — С. 174 – 194.

3016. П.В. 孔德拉季耶夫：《论波尔采文化陶器的成型问题（根据彼得罗巴甫洛夫斯科耶村遗址考古遗存发掘资料）》//《第 6 次纪念阿尔谢尼耶夫报告会·关于历史学、考古学、方志学问题区域学术会议报告纲要》，乌苏里斯克，1992 年，第 173 – 176 页。

Кондратьев П.В. К вопросу о формовочных массах польцевской керамики（по материалам раскопок археологического памятника у с. Петропавловское）// VI Арсеньевские чтения: Тез. докл. и сообщ. регион. науч. конф. по пробл. истории, археологии и краеведения. — Уссурийск, 1992. — С. 173 – 176.

3017. Н.А. 科诺年科：《论小枕头山遗址磨制石刀的功能问题》//《苏联远东古代史的考古资料》，符拉迪沃斯托克，1978 年，第 14 – 21 页。

Кононенко Н.А. К вопросу о функциональном назначении каменных шлифованных ножей поселения Малая Подушечка // Археологические материалы по древней истории Дальнего Востока СССР. — Владивосток, 1978. — С. 14 – 21.

3018. Н.А. 科诺年科：《扬科夫斯基文化的石器、骨器》//《苏联科学院考古研究所简报》，1985 年，第 184 集，第 64 – 69 页。

Кононенко Н.А. Каменный и костяной инвентарь янковской культуры // КСИА. — 1985. — Вып. 184. — С. 64 – 69.

3019．**Н.А. 科诺年科、Ан.В. 格列比翁希科夫**：《阿穆尔河沿岸早期铁器时代石器组合的某些特征（乌里尔文化）》//《西伯利亚、远东的考古遗存》，新西伯利亚，1989年，第54-77页。

Кононенко Н.А.，Гребенщиков Ан.В. Некоторые особенности каменного инвентаря комплексов раннего железного века Приамурья（Урильская культура）// Археологические памятники Сибири и Дальнего Востока. — Новосибирск, 1989. — С. 54-77.

3020．**Н.А. 科诺年科、С.В. 阿尔金**：《滨海地区南部出土的"星状石锤"》//《西比利亚人文科学》，1994年3期，第54-58页。

Кононенко Н.А.，Алкин С.В. 《Звездчатые палицы》 из Южного Приморья // Гуманит. науки в Сибири. — 1994. — № 3. — С. 54-58.

3021．**Н.А. 科诺年科、С.В. 阿尔金**：《滨海地区南部出土的"星状石锤"》//《历史与考古信息·东北亚》，1995年2期，长春，第106-108页，中文。

Кононенко Н.А.，Алкин С.В. Звездчатые палицы, найденные в южной части Приморья // Информация по истории и археологии Северо-Восточной Азии. — Чанчунь, 1995. — № 2. — С. 106-108. — Кит. яз.

3022．**Л.В. 科尼科娃**：《远东地区最早的青铜器》//《北太平洋的开发：纪念 Ф.Ф. 布谢——阿穆尔边疆区研究会第一任主席》，符拉迪沃斯托克，1996年，第61-76页（《太平洋考古学》，第8集）。

Конькова Л.В. Первые бронзы на Дальнем Востоке // Освоение Северной Пацифики: Посвящ. памяти Ф.Ф. Буссе — первого Председателя О-ва изуч. Амур. края. — Владивосток, 1996. — С. 61-76. — (Тихоокеан. археология; Вып. 8).

3023．**В.Н. 科佩季科**：《哈巴罗夫斯克方志博物馆工作》//《1983年考古发现》，莫斯科，1985年，第211页。

Копытько В.Н. Работы Хабаровского краеведческого музея // АО, 1983. — М., 1985. — С. 211.

3024．**В.Н. 科佩季科**：《阿穆尔河下游地区早期铁器时代遗存》，历史学副博士论文作者文摘，苏联科学院西伯利亚分院历史·语文·哲学研究所，新西伯利亚，1988年，19页。

Копытько В.Н. Памятники раннего железного века Нижнего Амура: Автореф. дис. ... канд. ист. наук / АН СССР. СО. ИИФФ. — Новосибирск, 1988. — 19 с.

3025．**В.Н. 科佩季科**：《彼得罗巴甫洛夫卡——早期铁器时代墓地（波尔采文化）》//《苏联远东南部原始社会时代遗存的最新研究》，苏联科学院远东分院历史·考古·民族研究所，预印本，符拉迪沃斯托克，1988年，3-7页。

Копытько В.Н. Петропавловка — могильник раннего железного века（Польцевская культура）// Новейшие исследования памятников первобытной эпохи на юге Дальнего Востока СССР / АН СССР. ДВО. ИИАЭ. — Препр. — Владивосток, 1988. — С. 3-7.

3026．**В.А. 克拉明采夫**：《论波尔采遗址的铸钢问题》//《纪念戈罗杰科夫斯基报告会（哈巴罗夫斯克学术汇报会纲要·1996年12月19-20日）》，哈巴罗夫斯克，1996年，第3卷，第30-34页。

Краминцев В.А. К вопросу о литой стали Польцевского поселения // Гродековские чтения:（Тез. науч. - практ. конф.. 19-20 дек. 1996 г. г. Хабаровск）. — Хабаровск, 1996. — Ч. III. — С. 30-34.

3027．**В.А. 克拉明采夫**：《波尔采遗址的铸钢》//《西伯利亚考古学、民族学的最新发现·1996 年12 月俄罗斯科学院西伯利亚分院考古与民族研究所第 4 次总结年会资料》，新西伯利亚，1996 年，第 125－128 页。

Краминцев В.А. Литая сталь Польцевского поселения // Новейшие археологические и этнографические открытия в Сибири: Материалы IV Годовой итог. сес. Ин-та археологии и этнографии СО РАН. Дек. 1996 г. — Новосибирск, 1996. — С. 125－128.

3028．**А.А. 克鲁皮扬科、О.В. 扬希娜**：《苏沃罗沃 6 号遗址的陶器综合体及其对它的诠释问题》//《俄罗斯远东考古学考察》，苏联科学院远东分院历史·考古·民族研究所，预印本，符拉迪沃斯托克，1993 年，第 68－73 页。

Крупянко А.А.，Яншина О.В. Керамический комплекс памятника Суворово-6 и проблемы его интерпретации // Археологические исследования на Дальнем Востоке России / РАН. ДВО. ИИАЭ. — Препр. — Владивосток, 1993. — С. 68－73.

3029．**А.А. 克鲁皮扬科、Е.А. 波波娃、Т.В. 沙巴耶娃**：《滨海地区古金属时代的新资料》//《西伯利亚新兴的考古学、理论民族学·第 39 次区域考古－理论民族学会议报告集》，赤塔，1999 年，第 1 卷，第 135－137 页。

Крупянко А.А.，Попова Е.А.，Шабаева Т.В. Новые материалы эпохи палеометалла Приморья // Молодая археология и этнология Сибири. XXXIX Регион. археолого-этнологическая конф.: Доклады. — Чита, 1999. — Ч. 1. — С. 135－137.

3030、**А.М. 库兹涅佐夫**：《滨海边疆区哈桑地区某些已经断代的遗存》//《方志学问题·会议报告纲要·纪念阿尔谢尼耶夫报告会》，乌苏里斯克，1989 年，第 30－31 页。

Кузнецов А.М. Некоторые датированные памятники Хасанского района Приморского края // Проблемы краеведения: [Тез. докл. конф.] / Арсеньев. чтения. — Уссурийск, 1989. — С. 30－31.

3031．《贝丘》//《西伯利亚的苏联百科全书》，莫斯科，1931 年，第 2 卷，Стб1142－1143。

Кухонные кучи // Сибирская советская энциклопедия. — М., 1931. — Т. 2. — Стб. 1142－1143.

3032．**З.С. 拉普希娜**：《阿穆尔河下游地区的晚期新石器综合体》//《俄罗斯与亚洲太平洋地区》，2000 年 4 期，第 17－22 页。

Лапшина З.С. Постнеолитические комплексы Нижнего Амура // Россия и АТР. — 2000. — № 4. — С. 17－22.

3033．**В.Е. 拉里切夫**：《（滨海地区）野猪河地区的贝丘文化遗址》//《苏联考古学》，1958 年 1 期，第 141－146 页。

Ларичев В.Е. Стоянки культуры раковинных куч в районе бухты Тетюхэ [в Приморье] // СА. — 1958. — № 1. — С. 141－146.

3034．**Е.М. 洛桑**：《哈巴罗夫斯克边疆区尼古拉耶夫斯克地区调查》//《1984 年考古发现》，莫斯科，1986 年，第 189 页。

Лосан Е.М. Разведки в Николаевском районе Хабаровского края // АО, 1984. — М., 1986. — С. 189.

3035．**Е.М. 洛桑**：《兹梅伊卡 1 号遗址——阿穆尔河沿岸早期铁器时代的新遗存》//《苏联远东南部原始社会时代遗存的最新研究》，苏联科学院远东分院历史·考古·民族研究所，预印本，符拉迪沃斯托克，1988 年，第 7－10 页。

Лосан Е.М. Змейка － 1 — новый памятник раннего железного века Приамурья // Новейшие исследования памятников первобытной эпохи на юге Дальнего Востока СССР / АН СССР. ДВО. ИИАЭ. — Препр. — Владивосток, 1988. — С. 7－10

3036．Е.М. 洛桑：《兹梅伊卡河河口地区的遗存考察》//《1986 年考古发现》，莫斯科，1988 年，第 243－244 页。

Лосан Е.М. Исследование памятников в устье р. Змейка // АО, 1986. — М., 1988. — С. 243－244.

3037．А.И. 马津：《阿尔比岩画及其在阿穆尔河上游地区早期铁器时代岩画遗存断代中的意义》//《西伯利亚社会经济、文化生活概要》，新西伯利亚，1972 年，第 1 卷，第 33－44 页。

Мазин А.И. Арбинская писаница и ее значение в датировке памятников наскальной живописи раннего железного века Верхнего Приамурья // Очерки социально-экономической и культурной жизни Сибири. — Новосибирск, 1972. — Ч. 1. — С. 33－44.

3038．А.И. 马津：《（阿穆尔州）曾经的中纽克扎镇附近的岩画》//《西伯利亚、远东考古学资料》，新西伯利亚，1973 年，第 2 卷，第 303－323 页。

Мазин А.И. Писаница около бывшего пос. Средняя Нюкжа [в Амурской области] // Материалы по археологии Сибири и Дальнего Востока. — Новосибирск, 1973. — Ч. 2. — С. 303－323.

3039．В.П. 马尔加里托夫：《阿穆尔湾沿岸、锡杰米河附近发现的贝丘遗迹》，符拉迪沃斯托克，阿穆尔边疆区研究会出版社，1887 年，6 页。

Маргаритов В.П. Кухонные остатки, найденные на берегу Амурского залива, близ р. Сидеми. — Владивосток: Изд. О－ва изуч. Амур. края, 1887. — 6 с.

3040．В.Е. 麦德维杰夫：《波尔采遗址出土的劳动工具、装饰品》//《第 5 次大学生学术会议报告纲要·新西伯利亚国立大学》，新西伯利亚，1967 年，第 237－238 页。

Медведев В.Е. Орудия труда и украшения с поселения Польце // Тез. докл. 5 － й студ. конф. / НГУ. — Новосибирск, 1967. — С. 237－238.

3041．В.Е. 麦德维杰夫：《阿穆尔河中游的波尔采遗址》//《第 6 次大学生社会科学学术会议报告纲要·新西伯利亚国立大学》，新西伯利亚，1968 年，第 18－20 页。

Медведев В.Е. Поселение Польце на Среднем Амуре // Тез. докл. 6 － й науч. студ. конф. Обществ. науки / НГУ. — Новосибирск, 1968. — С. 18－20.

3042．В.Е. 麦德维杰夫：《关于阿穆尔河沿岸的早期城址》//《西伯利亚开发的历史经验·1986 年 10 月 14－16 日新西伯利亚 "西伯利亚研究与开发的历史经验" 全苏学术会议报告纲要》，新西伯利亚，1986 年，第 1 集，第 43－45 页。

Медведев В.Е. О ранних городищах Приамурья // Исторический опыт освоения Сибири: Тез. докл. Всесоюз. науч. конф. 《Ист. опыт изучения и освоения Сибири》, Новосибирск, 14 － 16 окт. 1986 г. — Новосибирск, 1986. — Вып. 1. — С. 43－45.

3043．В.Е. 麦德维杰夫：《苏联远东南部早期铁器时代遗存的新类型以及国家的萌芽问题》//《斯基泰－西伯利亚世界的考古学问题：社会结构与社会关系·全苏考古学会议纲要》，克麦罗沃，1989年，第1卷，第123－125页。

Медведев В.Е. Новый тип памятников раннего железного века и проблема зарождения государственности на юге советского Дальнего Востока // Проблемы археологии скифо-сибирского мира: (социальная структура и общественные отношения): Тез. Всесоюз. археол. конф. — Кемерово, 1989. — Ч. 1. — С. 123－125.

3044. **О.Л. 莫列娃**：《萨马尔加文化的陶器》//《西伯利亚、远东考古学问题·1985年4月3－6日第25次大学生区域考古会议报告纲要》，伊尔库茨克，1985年，第10－11页。

Морева О.Л. Керамика самаргинской культуры // Проблемы археологии Сибири и Дальнего Востока: Тез. докл. к XXV археол. студ. конф., 3－6 апр. 1985 г. — Иркутск, 1985. — С. 10－11.

3045. **С.П. 涅斯捷罗夫、Ан.В. 格列比翁希科夫**：《关于阿穆尔河沿岸乌里尔文化部落经济结构的新资料》//《西伯利亚开发历史经验研究的历史编纂学、史料·第1集·苏联以前时期·全苏学术会报告、议程纲要·1988年11月15－17日》，新西伯利亚，1988年，第50－52页。

Нестеров С.П., **Гребенщиков Ан.В.** Новые данные о структуре хозяйства племен урильской культуры в Приамурье // Историография и источники изучения исторического опыта освоения Сибири. Вып. 1: Досоветский период: Тез. докл. и сообщ. Всесоюз. науч. конф. (15－17 нояб. 1988 г.). — Новосибирск, 1988. — С. 50－52.

3046. **С.П. 涅斯捷罗夫**：《阿穆尔州塔拉坎类型组陶器》//《作为历史资料的陶器·报告纲要与会议资料》，托博尔斯克，1996年，第57－58页。

Нестеров С.П. Талаканская группа керамики в Амурской области // Керамика как исторический источник: Тез. докл. и материалы конф. — Тобольск, 1996. — С. 57－58.

3047. **С.П. 涅斯捷罗夫**：《阿穆尔河沿岸西部地区早期铁器时代遗存的塔拉坎类型组》//《西伯利亚考古学、民族学的最新发现·俄罗斯科学院西伯利亚分院考古与民族研究所第4次总结年会资料·1996年12月》，新西伯利亚，1996年，第202－205页。

Нестеров С.П. Талаканская группа памятников раннего железного века в Западном Приамурье // Новейшие археологические и этнографические открытия в Сибири: Материалы IV Годовой итог. сес. Ин-та археологии и этнографии СО РАН. Дек. 1996 г. — Новосибирск, 1996. — С. 202－205.

3048. **С.П. 涅斯捷罗夫、П.В. 沃尔科夫、Л.Н. 梅利尼科娃**：《阿穆尔河沿岸西部地区早期铁器时代遗存的塔拉坎类型组（论塔拉坎文化的区分问题）》//《远东、中央亚细亚的考古学与理论民族学》，符拉迪沃斯托克，1998年，第122－129页。

Нестеров С.П., **Волков П.В.**, **Мыльникова Л.Н.** Талаканская группа памятников раннего железного века в Западном Приамурье (к вопросу о выделении талаканской культуры) // Археология и этнология Дальнего Востока и Центральной Азии. — Владивосток, 1998. — С. 122－129.

3049. **С.П. 涅斯捷罗夫**：《阿穆尔河沿岸西部地区早期铁器时代遗存的塔拉坎类型组》//《北方文物》，1999年2期，第111－112页。

Нестеров С.П. Талаканская группа памятников раннего железного века в Западном Приамурье // Бэйфан вэньу. — 1999. — № 2. — С. 111－112. — Кит. яз.

3050．**С.П. 涅斯捷罗夫**：《公元 1－3 世纪阿穆尔河沿岸西部地区居民的民族文化史》//《1－3 世纪东亚的考古学研究》，2000 年，第 327－364 页，朝文。

Нестеров С.П. Этнокультурная история населения Западного Приамурья в I－III веках // Archaeological Research on Eastern Asia during the 1st — 3rd Centuries. — Seoul, 2000. — P. 327－364. — Кор. яз.

3051．**Ю.Г. 尼基京**：《（滨海地区）绥芬河谷地克罗乌诺夫卡文化遗存考察》//《追溯过去·纪念 Ж.В. 安德列耶娃 70 周岁》，符拉迪沃斯托克，2000 年，第 286－294 页。

Никитин Ю.Г. Исследование памятников кроуновской культуры в долине р. Суйфун [в Приморье] // Вперед … в прошлое: К 70-летию Ж.В. Андреевой. — Владивосток, 2000. — С. 286－294.

3052．**А.П. 奥克拉德尼科夫**：《公元前 1 千纪时期的滨海地区（根据贝丘遗址资料）》//《苏联考古学》，1956 年，第 26 卷，第 54－96 页。

Окладников А.П. Приморье в I тысячелетии до н.э. (по материалам поселений с раковинными кучами) // СА. — 1956. — Т. 26. — С. 54－96.

3053．**А.П. 奥克拉德尼科夫**：《滨海地区铁器时代的发端》//《苏联科学院西伯利亚分院远东分部历史类著述》，1959 年，第 1 卷，第 13－36 页。

Окладников А.П. Начало железного века в Приморье // Тр. / АН СССР. СО. ДВФ. Сер. ист. — 1959. — Т. 1. — С. 13－36.

3054．**А.П. 奥克拉德尼科夫、Э.В. 沙弗库诺夫**：《（滨海地区）麦河流域的青铜短剑墓》//《苏联考古学》，1960 年 3 期，第 282－288 页。

Окладников А.П., Шавкунов Э.В. Погребение с бронзовыми кинжалами на р. Майхэ (Приморье) // СА. — 1960. — № 3. — С. 282－288.

3055．**А.П. 奥克拉德尼科夫**：《符拉迪沃斯托克市沙碛半岛的古代遗址》//《苏联考古学资料与研究》，1963 年 112 期，第 355 页。

Окладников А.П. Древнее поселение на полуострове Песчаном у Владивостока // МИА. — 1963. — № 112. — 355 с.

3056．**А.П. 奥克拉德尼科夫**：《（滨海地区）格拉德卡亚河左岸的古代遗址》//《西伯利亚史资料·古代的西伯利亚》，新西伯利亚，1964 年，第 1 集：《远东的考古学与民族学》，第 118－122 页。

Окладников А.П. Древнее поселение на левом берегу р. Гладкой (Приморье) // Материалы по истории Сибири. Древняя Сибирь. — Новосибирск, 1964. — Вып. 1: Археология и этнография Дальнего Востока. — С. 118－122.

3057．**А.П. 奥克拉德尼科夫**：《（苏城河谷地）叶卡捷琳诺夫卡村石灰厂附近的古代遗址》//《西伯利亚史资料·古代的西伯利亚》，新西伯利亚，1966 年，第 2 集：《西伯利亚考古汇编》，第 131－147 页。

Окладников А.П. Древнее поселение у известкового завода вблизи с. Екатериновки (долина р. Сучан) // Материалы по истории Сибири. Древняя Сибирь. — Новосибирск, 1966. — Вып. 2: Сибирский археологический сборник. — С. 131－147.

3058．**А.П. 奥克拉德尼科夫**：《锡杰米文化时期滨海地区的文化－民族联系》//《苏联科学院西伯利亚分院院刊》，1969 年 11 期：《社会科学系列》，第 3 集，第 93－101 页。

Окладников А.П. Культурно-этнические связи Приморья в эпоху культуры Сидеми // ИСОАН СССР. — 1969. — № 11: Сер. обществ. наук, вып. 3. — С. 93－101.

3059．**А.П. 奥克拉德尼科夫、А.П. 杰列维扬科**：《波尔采——早期铁器时代遗址》//《远东考古考察团田野考察资料》，新西伯利亚，1970 年，第 1 集，第 5－304 页。

Окладников А.П., Деревянко А.П. Польце — поселение раннего железного века // Материалы полевых исследований Дальневост. археологической экспедиции. — Новосибирск, 1970. — Вып. 1. — С. 5－304.

3060．**А.П. 奥克拉德尼科夫、А.П. 杰列维扬科**：《公元前 2 千纪时期的阿穆尔地区、滨海地区》//《西伯利亚社会经济、文化生活史问题》，新西伯利亚，1971 年，第 1 卷，第 3－29 页。

Окладников А.П., Деревянко А.П. Приамурье и Приморье во II тыс. до н.э. // Вопросы истории социально-экономической и культурной жизни Сибири. — Новосибирск, 1971. — Ч. 1. — С. 3－29.

3061．**А.П. 奥克拉德尼科夫**：《扬科夫斯基文化的艺术》//《苏联科学院远东科学中心历史·考古·民族研究所文集》，1973 年，第 9 卷：《远东史资料（历史学、考古学、民族学、语文学）》，第56－60 页。

Окладников А.П. Искусство янковской культуры / Тр. / АН СССР. ДВНЦ. ИИАЭ. — 1973. — Т. 9: Материалы по истории Дальнего Востока (история, археология, этнография, филология). — С. 56－60.

3062．**А.П. 奥克拉德尼科夫、А.П. 杰列维扬科、И.В. 阿谢耶夫**：《1969 年结雅水电站淹没区发掘》//《西伯利亚、远东考古学资料》，新西伯利亚，1973 年，第 2 卷，第 224－258 页。

Окладников А.П., Деревянко А.П., Асеев И.В. О раскопках в районе затопления Зейской ГЭС в 1969 году // Материалы по археологии Сибири и Дальнего Востока. — Новосибирск, 1973. — Ч. 2. — С. 224－258.

3063．**А.П. 奥克拉德尼科夫、В.И. 季亚科夫**：《（滨海地区）哈林谷的青铜时代遗址》//《西伯利亚、远东考古学新发现》，新西伯利亚，1979 年，第 85－117 页。

Окладников А.П., Дьяков В.И. Поселение эпохи бронзы в пади Харинской [в Приморье] // Новое в археологии Сибири и Дальнего Востока. — Новосибирск, 1979. — С. 85－117.

3064．**А.П. 奥克拉德尼科夫**：《格拉德卡亚河左岸的古代遗址》//《西伯利亚、远东考古学》，东京，1982 年，第 2 集：《滨海地区》，第 196－202 页。

Окладников А.П. Древнее поселение на левом берегу реки Гладкой // Археология Сибири и Дальнего Востока. — Токио, 1982. — Т. 2: Приморье. — С. 196－202.

3065．**А.П. 奥克拉德尼科夫**：《亚卡捷琳诺夫卡村石灰厂附近的古代遗址》//《西伯利亚、远东考古学》，东京，1982 年，第 2 集：《滨海地区》，第 221－244 页，日文。

Окладников А.П. Древнее поселение у известкового завода в окрестностях села Екатериновки // Археология Сибири и Дальнего Востока. — Токио, 1982. — Т. 2: Приморье. — С. 221－244. — Яп. яз.

3066．**А.П. 奥克拉德尼科夫**：《锡杰米文化时期滨海地区居民的文化－民族联系》//《西伯利亚、远东考古学》，东京，1982 年，第 2 集：《滨海地区》，第 266－277 页，日文。

Окладников А.П. Культурно-этнические связи населения Приморья в эпоху культуры Сидеми // Археология Сибири и Дальнего Востока. — Токио, 1982. — Т. 2: Приморье. — С. 266－277. — Яп. яз.

3067. **А.П. 奥克拉德尼科夫、Д.Л. 布罗江斯基**：《克罗乌诺夫卡文化》//《西伯利亚南部、远东考古学》，新西伯利亚，1984 年，第 100－114 页。

Окладников А.П., Бродянский Д.Л. Кроуновская культура // Археология юга Сибири и Дальнего Востока. — Новосибирск, 1984. — С. 100－114.

3068. **А.П. 奥克拉德尼科夫、Д.Л. 布罗江斯基**：《克罗乌诺夫卡文化》//《历史与考古信息·东北亚》，长春，1986 年 5 期，第 27－36 页，中文。

Окладников А.П., Бродянский Д.Л. Кроуновская культура // Информация по истории и археологии Северо-Восточной Азии. — Чанчунь, 1986. — № 5. — С. 27－36. — Кит. яз.

3069. **Е.А. 波波娃**：《关于（滨海边疆区）苏沃罗沃 6 号遗址上层陶器综合体的文化诠释问题》//《西伯利亚、远东的考古学与民族学·第 38 次区域考古学－民族学会议报告纲要·纪念 А.П. 奥克拉德尼科夫院士诞辰 90 周年》，乌兰乌德，1998 年，第 65－66 页。

Попова Е.А. К вопросу о культурной интерпретации керамического комплекса верхнего слоя стоянки Суворово-6 （Приморский край） // Археология и этнография Сибири и Дальнего Востока: Тез. докл. XXXVIII регион. археол. － этногр. конф., посвящ. 90-летию акад. А.П. Окладникова. — Улан-Удэ, 1998. — С. 65－66.

3070. **Д.П. 博洛京、С.П. 涅斯捷罗夫、Б.С. 萨普诺夫、И.Б. 萨普诺夫、Н.Н. 扎伊采夫**：《阿穆尔州普里亚奇诺村附近早期铁器时代遗址》//《西伯利亚及其毗邻地区的考古学、民族学、人类学问题·1998 年 12 月俄罗斯科学院西伯利亚分院考古与民族研究所第 6 次总结年会资料》，新西伯利亚，1998 年，第 4 卷，第 207－213 页。

Поселение раннего железного века у с. Прядчино Амурской области / **Д.П. Болотин, С.П. Нестеров, Б.С. Сапунов, И.Б. Сапунов, Н.Н. Зайцев** // Проблемы археологии, этнографии, антропологии Сибири и сопредельных территорий: Материалы VI Годовой итог. сес. Ин-та археологии и этнографии СО РАН. Дек. 1998 г. — Новосибирск, 1998. — Т. IV. — С. 207－213.

3071. **П.В. 普里马克**：《犹太自治州比罗比詹地区调查》//《1998 年考古发现》，莫斯科，2000 年，第 329 页。

Примак П.В. Разведка в Биробиджанском районе Еврейской автономной области // АО, 1998. — М., 2000. — С. 329.

3072. **Г.И. 普罗尼娜、Ж.В. 安德列耶娃**：《公元前 1 千纪时期的滨海地区》//《古代西伯利亚（1 卷本，〈西伯利亚史〉）》，**Ж.В. 安德列耶娃、З.Я. 博亚尔希诺娃、Э.А. 万盖盖姆**等编，乌兰乌德，1964 年，第 537－552 页。

Пронина Г.И., Андреева Ж.В. Приморье в первом тысячелетии до н.э. // Древняя Сибирь: （Макет 1 тома 《Истории Сибири》） /**Ж.В. Андреева, З.Я. Бояршинова, Э.А. Вангейгейм** и др. — Улан-Удэ, 1964. — С. 537－552.

3073. **А.И. 拉津**：《乌苏里湾沿岸考古调查》//《苏联滨海地区》，1925 年 8 期，第 55－72 页。

Разин А.И. Археологическая разведка на берегу Уссурийского залива // Сов. Приморье. — 1925. — № 8. — С. 59 – 72.

3074. **А.И. 拉津**：《乌苏里湾沿岸石器时代遗址》//《苏联滨海地区》，1926 年 3 – 4 期，第 55 – 69 页。

Разин А.И. Стоянки каменного века на берегу Уссурийского залива // Сов. Приморье. — 1926. — № 3 – 4. — С. 55 – 69.

3075. **Д.А. 萨普菲罗夫**：《滨海地区青铜时代的某些陶器》//《西伯利亚、远东考古学问题与古代文化研究展望·会议报告纲要》，雅库茨克，1982 年，第 48 – 49 页。

Сапфиров Д.А. Некоторые керамические изделия эпохи бронзы Приморья // Проблемы археологии и перспективы изучения древних культур Сибири и Дальнего Востока: Тез. докл. ［конф.］. — Якутск, 1982. — С. 48 – 49.

3076. **П.Л. 谢明**：《（滨海边疆区）布拉戈达特诺耶 3 号遗址闭式考古综合体的区分》//《西伯利亚、远东考古学问题与古代文化研究展望·会议报告纲要》，雅库茨克，1982 年，第 49 – 50 页。

Семин П.Л. Выделение закрытого археологического комплекса на памятнике Благодатное – III: ［Прим. край］ // Проблемы археологии и перспективы изучения древних культур Сибири и Дальнего Востока: Тез. докл. ［конф.］. — Якутск, 1982. — С. 49 – 50.

3077. **П.Л. 谢明**：《（滨海地区）乌斯季－泽尔卡利纳亚 4 号青铜时代遗存综合体》//《1985 年 10 月 17 – 19 日纪念阿尔谢尼耶夫报告会·关于历史学、考古学、民族学、方志学问题区域会议报告纲要》，乌苏里斯克，1985 年，第 89 – 90 页。

Семин П.Л. Комплекс эпохи бронзы памятника Усть – Зеркальная – IV ［в Приморье］ // Арсеньевские чтения: Тез. докл. регион. конф. по пробл. истории, археологии, этнографии и краеведения, 17 – 19 окт. 1985 г. — Уссурийск, 1985. — С. 89 – 90.

3078. **П.Л. 谢明**：《（滨海地区青铜时代）利多夫卡 1 号遗址"工作面"资料的经济技术分析》//《苏联远东古代生产考古学研究中的自然科学方法》，符拉迪沃斯托克，1986 年，第 51 – 54 页。

Семин П.Л. Технико-экономический анализ материалов 《рабочей площадки》 на памятнике Лидовка – 1: ［Эпоха бронзы. Приморье］ // Методы естественных наук в археологическом изучении древних производств на Дальнем Востоке СССР. — Владивосток, 1986. — С. 51 – 54.

3079. **Е.В. 西多连科**：《关于扬科夫斯基文化的北界》//《远东、中央亚细亚的考古学与理论民族学》，符拉迪沃斯托克，1998 年，第 74 – 77 页。

Сидоренко Е.В. О северной границе янковской культуры // Археология и этнология Дальнего Востока и Центральной Азии. — Владивосток, 1998. — С. 74 – 77.

3080. **Г.Л. 西兰季耶夫**：《普里亚钦诺遗址：论远东南部地区玻璃、石头串珠的加工工艺》//《远东古代生产的工艺学》，苏联科学院远东分院历史·考古·民族研究所，预印本，符拉迪沃斯托克，1988 年，第 32 – 37 页。

Силантьев Г.Л. Прядчинское поселение: (К технологии изготовления стеклянных и каменных бус на юге Дальнего Востока) // Технология древних производств Дальнего Востока / АН СССР. ДВО. ИИАЭ. — Препр. — Владивосток, 1988. — С. 32 – 37.

3081．**Е.Э. 希涅利尼科娃**：《（滨海地区）乌斯季诺夫卡 4 号陶器出现以前时期遗址中的青铜时代综合体》//《1985 年 10 月 17－19 日纪念阿尔谢尼耶夫报告会·关于历史学、考古学、民族学、方志学问题会议报告纲要》，乌苏里斯克，1985 年，第 90－91 页。

Синельникова Е.Э. Комплекс эпохи бронзы на докерамическом памятнике Устиновка－4［в Приморье］// Арсеньевские чтения: Тез. докл. регион. конф. по пробл. истории, археологии, этнографии и краеведения, 17－19 окт. 1985 г. — Уссурийск, 1985. — С. 90－91.

3082．**А. 斯库利斯卡娅**：《滨海地区早期铁器的出现》//《第 8 次全苏大学生－考古工作者会议报告纲要》，列宁格勒，1962 年，第 14－15 页。

Скульская А. Появление раннего железа в Приморье // Тез. докл. на 8－й Всесоюз. конф. студентов －археологов. — Л., 1962. — С. 14－15.

3083．**Е.В. 丘帕希娜**：《（滨海地区）莫纳斯特尔卡 2 号遗址的宗教仪式综合体》//《1985 年 10 月 17－19 日纪念阿尔谢尼耶夫报告会·关于历史学、考古学、民族学、方志学问题区域会议报告纲要》，乌苏里斯克，1985 年，第 93－95 页。

Чупахина Е.В. Ритуальный комплекс памятника Монастырка－II［в Приморье］// Арсеньевские чтения: Тез. докл. регион. конф. по пробл. истории, археологии, этнографии и краеведения, 17－19 окт. 1985 г. — Уссурийск, 1985. — С. 93－95.

3084．**Е.В. 丘帕希娜**：《莫纳斯特尔卡 2 号遗址的陶器》//《远东第 15 次学术会议："苏共第 27 次代表大会和苏联远东及亚洲国家发展问题"·报告及议程纲要》，第 4 卷，符拉迪沃斯托克，1986 年，第 32－33 页。

Чупахина Е.В. Керамика памятника Монастырка－II // XV Дальневост. науч. конф. 《XXVII съезд КПСС и пробл. развития Дальнего Востока СССР и зарубеж. государств Азии》: Тез. докл. и сообщ. — Владивосток, 1986. — Вып. 4. — С. 32－33.

3085．**Т.В. 沙巴耶娃**：《（滨海地区）利多夫卡考古学文化背景下的苏沃罗沃 4 号遗址上层综合体的石器》//《西伯利亚、远东的考古学与民族学·第 38 次区域考古学、民族学会议报告纲要·纪念 А.П. 奥克拉德尼科夫院士诞辰 90 周年》，乌兰乌德，1998 年，第 78－79 页。

Шабаева Т.В. Каменный инвентарь верхнего комплекса памятника Суворово-VI в контексте лидовской археологической культуры（Приморье）// Археология и этнография Сибири и Дальнего Востока: Тез. докл. XXXVIII регион. археол.－этногр. конф., посвящ. 90-летию акад. А.П. Окладникова. — Улан-Удэ, 1998. — С. 78－79.

3086．**Э.В. 沙弗库诺夫**：《滨海地区南部出土的石质长锤》//《苏联考古学》，1974 年 3 期，第 246－248 页。

Шавкунов Э.В. Каменный чекан из Южного Приморья // СА. — 1974. — № 3. — С. 246－248.

3087．**Э.В. 沙弗库诺夫**：《滨海地区克罗乌诺夫卡文化的悬挂式灯盏》//《俄罗斯科学院远东分院院刊》，1994 年 5－6 期，第 249－250 页。

Шавкунов Э.В. Подвесной светильник кроуновской культуры Приморья // Вестн. ДВО РАН. — 1994. — № 5－6. — С. 249－250.

3088．**И.Я. 舍夫科穆德**：《阿穆尔河下游地区铁器时代的新遗存》//《远东第 2 次青年历史学者会议报告纲要》，符拉迪沃斯托克，1992 年，第 48－50 页。

Шевкомуд И.Я. Новые памятники железного века на Нижнем Амуре // Вторая Дальневост. конф. молодых историков: Тез. докл. — Владивосток, 1992. — С. 48－50.

3089. **А.М. 希波瓦洛夫**：《苏克派河地区的岩画》//《东亚的传统文化》，布拉戈维申斯克，1999 年，第 2 集，第 194－200 页。

Шиповалов А.М. Наскальные изображения на р. Сукпай // Традиционная культура востока Азии. — Благовещенск, 1999. — Вып. 2. — С. 194－200.

3090. **М.Г. 什图采夫**：《论斯拉维扬卡 1 号、2 号扬科夫斯基文化遗址磨制石质工具的类型学问题》//《苏联远东考古学、历史学研究》，苏联科学院远东分院历史·考古·民族研究所，预印本，符拉迪沃斯托克，1989 年，第 30－35 页。

Штуцев М.Г. К вопросу о типологии шлифованных каменных орудий поселений янковской культуры Славянка－1 и Славянка－2 // Археологические и исторические исследования на Дальнем Востоке СССР / АН СССР. ДВО. ИИАЭ. — Препр. — Владивосток, 1989. — С. 30－35.

3091. **М.Г. 什图采夫**：《扬科夫斯基文化早期时代制作木质工具的原料基地》//《西伯利亚、远东的考古学、民族学问题·纪念 Н.К. 奥埃尔巴哈诞辰 100 周年暨区域性大学生考古会议报告简介》，克拉斯诺亚尔斯克，1991 年，第 1 卷，第 103－104 页。

Штуцев М.Г. Сырьевая база для изготовления деревообрабатывающих орудий на раннем этапе янковской культуры // Проблемы археологии и этнографии Сибири и Дальнего Востока: Посвящ. 100-летию Н.К. Ауэрбаха: Крат. содерж. докл. [регион. археол. студ. конф.] . — Красноярск, 1991. — Т. 1. — С. 103－104.

3092. **Е.Б. 什图采娃**：《青树林的弓与铠甲》//《北太平洋的开发：纪念 Ф.Ф. 布谢——阿穆尔边疆区研究会第一任主席》，符拉迪沃斯托克，1996 年，第 100－109 页（《太平洋考古学》，第 8 集）。

Штуцева Е.Б. Лук и панцирь Синего Гая // Освоение Северной Пацифики: Посвящ. памяти Ф.Ф. Буссе — первого Председателя О－ва изуч. Амур. края. — Владивосток, 1996. — С. 100－109. — (Тихоокеан. археология; Вып. 8) .

3093. **А.В. 埃达科夫**：《（滨海地区）麦河 1 号遗址的上层建筑平面》//《第 4 次大学生历史学·语文学·经济学学术会议报告纲要·新西伯利亚国立大学》，新西伯利亚，1966 年，第 36－37 页。

Эдаков А.В. Верхний горизонт поселения Майхэ－1 [в Приморье] // Тез. докл. 4－й науч. студ. конф. История, филология, экономика / НГУ. — Новосибирск, 1966. — С. 36－37.

3094. **А.В. 埃达科夫**：《夹皮沟文化》//《第 5 次大学生学术会议报告纲要·新西伯利亚国立大学》，新西伯利亚，1967 年，第 247－248 页。

Эдаков А.В. Культура Чапигоу // Тез. докл. 5－й науч. студ. конф. / НГУ. — Новосибирск, 1967. — С. 247－248.

3095. **А.В. 埃达科夫**：《麦河－梅利尼察遗址的陶器》//《第 13 次学术会议资料·远东国立大学》，符拉迪沃斯托克，1968 年，第 1 集，第 98－101 页。

Эдаков А.В. Керамика поселения Майхэ－Мельница // Материалы 13－й науч. конф. / ДВГУ. — Владивосток, 1968. — Вып. 1. — С. 98－101.

3096．**А.В. 埃达科夫**：《关于早期铁器时代滨海地区居民的精神文化元素》//《远东的历史学、地理学、经济学问题·第 9 次青年学者会议资料》，符拉迪沃斯托克，1968 年，第 251－253 页。

Эдаков А.В. Об элементах духовной культуры населения Приморья в раннем железном веке // Вопросы истории, географии и экономики Дальнего Востока：（Материалы IX конф. молодых ученых）. — Владивосток, 1968. — С. 251－253.

3097．**А.В. 埃达科夫**：《夹皮沟河遗址上层的陶器》//《远东国立大学学报》，1970 年，第 28 卷，第 97－101 页。

Эдаков А.В. Керамика верхнего слоя поселения на р. Чапигоу // Учен. зап. / ДВГУ. — 1970. — Т. 28. — С. 97－101.

3098．**М.И. 扬科夫斯基**：《介于斯拉维扬卡湾、锡杰米河之间的阿穆尔海湾地区半岛上发现的贝丘遗迹、石质工具》//《俄罗斯地理学会东西伯利亚分会通报》，1881 年，第 12 卷，第 2－3 集，第 92－93 页。

Янковский М.И. Кухонные остатки и каменные орудия, найденные на берегу Амурского залива на полуострове, лежащем между Славянской бухтой и устьем р. Сидеми // ИВСОРГО. — 1881. — Т. 12, вып. 2－3. — С. 92－93.

3099．**О.В. 扬希娜**：《论莫里亚克雷博洛夫 1 号遗址（普松）晚期综合体的文化诠释问题》//《远东第 3 次青年历史学者会议报告纲要》，符拉迪沃斯托克，1994 年，第 16－17 页。

Яншина О.В. К вопросу о культурной интерпретации позднего комплекса поселения Моряк－Рыболов －1 (Пхусун) // Третья Дальневост. конф. молодых историков: Тез. докл. — Владивосток, 1994. — С. 16－17.

3100．**О.В. 扬希娜**：《论马尔加里托夫考古学文化的区分问题》//《远东、中央亚细亚的考古学与理论民族学》，符拉迪沃斯托克，1998 年，第 77－84 页。

Яншина О.В. К проблеме выделения маргаритовской археологической культуры // Археология и этнология Дальнего Востока и Центральной Азии. — Владивосток, 1998. — С.77－84.

3101．**О.В. 扬希娜**：《克罗乌诺夫卡遗址出土的陶质"牌饰"?》//《远东古代映像的世界：纪念 А.П. 奥克拉德尼科夫诞辰 90 周年》，符拉迪沃斯托克，1998 年，第 137－140 页（《太平洋考古学》，第 10 集）。

Яншина О.В. Керамическая《бляха》（?）с поселения Кроуновка // Мир древних образов на Дальнем Востоке: Девяностолетию светлой памяти А.П. Окладникова посвящ. — Владивосток, 1998. — С. 137－140. — (Тихоокеан. археология; Вып. 10）.

3102．**Н.А. 克柳耶夫、Н.Н. 克拉金、В.А. 伦沙、Ю.Г. 尼基京**：《北部滨海地区伊曼河流域铁器时代的聚落形态》//《仪式的生物社会学及社会群体认同：人类与动物行为的同源性：欧洲生物社会学会及东西方文化中人类观念和行为模式年会：各学科间的方法·卫星会议·国际会议记录》，莫斯科，1998 年，第 104 页。

The Iron Age Settlement Pattern in the Iman River, Northern Primorye Region / **N.A. Kliuev, N.N. Kradin, V.A. Lynsha, Yu.G. Nikitin** // Sociobiology of Ritual and Group Identity: A Homology of Animal and Human Behavior: Annual Meeting of the European Sociobiological Society and Concepts of Humans and Behavior Patterns in the Cultures of the East and the West: Interdisciplinary Approach: Satellite Meeting : Proceedings of International Conference. — Moscow, 1998. — P. 104.

3103. **Maddock.R**:《符拉迪沃斯托克地区的新石器时代工具、陶器与瑞士类似器物的比较（根据 1919－1920 年工作结果）》//《人类学》，日内瓦，1932 年，第 5 册，第 222－230 页。

Montadon G lnstrurments Néolithiques et Poteries de la Région de Vladivostok Compares Aux Objets Similaires de Suisse: ［По результатам работ в 1919－1920гг.］// D'anthropologie générale.—Genève, 1932.—T.V.—P.222－230.

另请参考以下著述：572、589、604、621、662、671、734、908、911－913、923、926、958、960、1016、1019、1020、1029、1045、1068、1070、1106、1140、1191、1201、1228、1247、1248、1272、1277、1288、1289、1307、1358、1361、1391、1436、1456、1457、1481、1510、1511、1513、1553、1630-1632、1640、1653、1654、1695、1707、1711、1724、1726、1728、1733、1737、1738、1773、1796－1798、1802、1824、1830、1838、1872、1897、1898、1906、1928、1970、2032、2080、2108、2125、2190、2198、2223、2225、2226、2240、2245、2263、2269、2362、2363。

См. также № 572, 589, 604, 621, 662, 671, 734, 908, 911－913, 923, 926, 958, 960, 1016, 1019, 1020, 1029, 1045, 1068, 1070, 1106, 1140, 1191, 1201, 1228, 1247, 1248, 1272, 1277, 1289, 1288, 1307, 1358, 1361, 1391, 1436, 1456, 1457, 1481, 1510, 1511, 1513, 1553, 1630-1632, 1640, 1653, 1654, 1695, 1707, 1711, 1724, 1726, 1728, 1733, 1737, 1738, 1773, 1796－1798, 1802, 1824, 1830, 1838, 1872, 1897, 1898, 1906, 1928, 1970, 2032, 2080, 2108, 2125, 2190, 2198, 2223, 2225, 2226, 2240, 2245, 2263, 2269, 2362, 2363.

(5) 中世纪时代
ЭПОХА СРЕДНЕВЕКОВЬЯ

3104. **А.В. 阿列克桑德罗夫**:《（苏联远东南部地区）渤海、女真时期的都市化进程》//《阿尔泰语系同一性民族的历史－文化联系·第 29 次国际定期阿尔泰会议报告纲要》，莫斯科，1986 年，第 1 卷，第 9－11 页。

Александров А.В. Процессы урбанизации в бохайское и чжурчжэньское время（в южной части Дальнего Востока СССР）// Историко-культурные контакты народов алтайской языковой общности: Тез. докл. 29－й сессии постоянной междунар. алтаистской конф. — М., 1986. — Ч. 1. — С. 9－11.

3105. **С.В. 阿尔金、Ан.В. 格列比翁希科夫**:《关于阿穆尔河沿岸靺鞨陶器中一件独一无二的器物》//《南西伯利亚、中国东北的古代文化》，新西伯利亚，1994 年，第 62－67 页。

Алкин С.В., Гребенщиков Ан.В. Об одном уникальном сосуде из коллекции мохэской керамики Приамурья // Древние культуры Южной Сибири и Северо-Восточного Китая. — Новосибирск, 1994. — С. 62－67.

3106. **Ж.В. 安德列耶娃、Э.В. 沙弗库诺夫**:《滨海地区境内最古老的国家》//《苏联滨海地区历史概要（从原始社会时代至今）·教学参考书》，**Ж.В. 安德列耶娃、В.М. 维什涅夫斯基、И.М. 贡恰连科**等著，符拉迪沃斯托克，1963 年，第 12－17 页。

Андреева Ж.В., Шавкунов Э.В. Древнейшие государства на территории Приморья // Очерки истории советского Приморья：（от эпохи первобытнообщинного строя до настоящего времени）：Учеб. пособие /**Ж.В. Андреева, В.М. Вишневский, И.М. Гончаренко** и др. — Владивосток, 1963. — С. 12－17.

3107. **Ж.В. 安德列耶娃**：《滨海地区古代木井的第一次发现（青石崖遗址）》//《1968 年考古发现》，莫斯科，1969 年，第 232－233 页。

Андреева Ж.В. Первая находка древнего деревянного колодца в Приморье［на поселении Синие Скалы］// АО, 1968. — М., 1969. — С. 232－233.

3108. **Ж.В. 安德列耶娃**：《滨海地区的第一座陶窑（特罗伊察湾）》//《1979 年考古发现》，莫斯科，1980 年，第 187－188 页。

Андреева Ж.В. Первая гончарная печь в Приморье［в бухте Троица］// АО, 1979. — М., 1980. — С. 187－188.

3109. **Ж.В. 安德列耶娃**：《滨海地区古代木井的第一次发现》//《西伯利亚、远东考古学》，东京，第 2 卷：《滨海地区》，第 408－409 页，日文。

Андреева Ж.В. Первая находка древнего деревянного колодца в Приморье // Археология Сибири и Дальнего Востока. — Токио, 1982. — Т. 2: Приморье. — С. 408－409. — Яп. яз.

3110. **Ж.В. 安德列耶娃、И.С. 茹希霍夫斯卡娅**：《（滨海边疆区哈桑地区）特罗伊察湾的陶窑》//《苏联远东古代生产考古学研究中的自然科学方法》，符拉迪沃斯托克，1986 年，第 68－76 页。

Андреева Ж.В., Жущиховская И.С. Гончарные печи в бухте Троицы［Хасанского района Приморского края］// Методы естественных наук в археологическом изучении древних производств на Дальнем Востоке СССР. — Владивосток, 1986. — С. 68－76.

3111. **Ю.В. 阿尔古佳耶娃**：《关于（滨海地区）某些中世纪陶器类型的断代》//《苏联科学院西伯利亚分院远东分部历史类著述》，1963 年，第 5 卷，第 149－153 页。

Аргудяева Ю.В. О датировке некоторых видов средневековой керамики［Приморья］// Тр. / АН СССР. СО. ДВФ. Сер. ист. — 1963. — Т. 5. — С. 149－153.

3112. **Ю.В. 阿尔古佳耶娃**：《女真的瓦（根据 1960 年考古调查资料）》//《西伯利亚史资料·古代的西伯利亚》，新西伯利亚，1964 年，第 1 集：《远东的考古学与民族学》，第 106－113 页。

Аргудяева Ю.В. Чжурчжэньская черепица（по материалам археологических разведок 1960 г.）// Материалы по истории Сибири. Древняя Сибирь. — Новосибирск, 1964. — Вып. 1: Археология и этнография Дальнего Востока. — С. 106－113.

3113. **Ю.В. 阿尔古佳耶娃**：《女真的瓦（根据 1960 年考古调查资料）》//《西伯利亚、远东的考古学》，东京，1982 年，第 2 卷：《滨海地区》，第 335－344 页，日文。

Аргудяева Ю.В. Чжурчжэньская черепица（по материалам археологических разведок 1960 г.）// Археология Сибири и Дальнего Востока. — Токио, 1982. — Т. 2: Приморье. — С. 335－344.

3114. **А.Р. 阿尔杰米耶夫**：《阿穆尔河下游地区 15 世纪的佛教寺庙》//《第 7 次纪念阿尔谢尼耶夫报告会·关于历史学、考古学、方志学问题区域学术会议报告纲要》，乌苏里斯克，1994 年，第 238－240 页。

Артемьев А.Р. Буддийский храм XV в. в низовьях Амура // VII Арсеньевские чтения: Тез. докл.

регион. науч. конф. по проблемам истории, археологии и краеведения. — Уссурийск, 1994. — С. 238－240.

3115. **A. P. 阿尔杰米耶夫**：《阿穆尔河下游地区 15 世纪的中国庙宇》//《中国、中国文明与世界：历史、现代、远景·第 5 次国际学术会议报告纲要》，莫斯科，1994 年，第 168－170 页。

Артемьев А. Р. Китайская кумирня XV века в низовьях Амура // Китай. Китайская цивилизация и мир. История, современность, перспективы: Тез. докл. V Междунар. науч. конф. — М., 1994. — С. 168－170.

3116. **A. P. 阿尔杰米耶夫**：《哈巴罗夫斯克边疆区尤尔契斯基地区提尔村 15 世纪寺庙的考古学调查》//北方欧亚学会：《时事通讯》第 5 期，东京，1995 年，第 1 页。

Artemiev A. R. Archaeological Investigation of Buddist Temple of XV Century in Tyr Village, Ul'chskii Region, Khabarovskii Krai // The Society of North－Eurasian Studies. Newsletter No. 5. — Tokyo, 1995. — P. 1.

3117. **A. P. 阿尔杰米耶夫、A. H. 萨兰采夫**：《阿穆尔考古队考察》//《1996 年考古发现》，莫斯科，1997 年，第 293－295 页。

Артемьев А. Р., Саранцев А. Н. Исследования Амурского отряда // АО, 1996. — М., 1997. — С. 293－295.

3118. **A. P. 阿尔杰米耶夫**：《哈巴罗夫斯克边疆区的佛教文化遗存》//《远东地区的文化与宗教：历史与现代·区域学术会议报告纲要》，哈巴罗夫斯克，1997 年，第 43－46 页。

Артемьев А. Р. Памятники буддийской культуры в Хабаровском крае // Культура и религия на Дальнем Востоке: история и современность: Тез. докл. регион. науч. конф. — Хабаровск, 1997. — С. 43－46.

3119. **A. P. 阿尔杰米耶夫**：《新土地发现者发现的 15 世纪的佛教文化遗存：当时与现在的诠释问题》//《俄罗斯、西伯利亚、东方国家民族的相互关系：历史与现代·第 2 次国际学术汇报会报告》，莫斯科、伊尔库茨克，1997 年，第 1 册，第 264－270 页。

Артемьев А. Р. Памятники буддийской культуры XV в., открытые землепроходцами: проблемы интерпретации тогда и сегодня // Взаимоотношения народов России, Сибири и стран Востока: история и современность: Докл. Второй Междунар. науч. - практ. конф. — М. — Иркутск; Тэгу, 1997. — Кн. 1. — С. 264－270.

3120. **A. P. 阿尔杰米耶夫**：《阿穆尔河下游地区 15 世纪的中国式佛教建筑遗存：新的发现》//《中国、中国的文明与世界：历史、现在、远景·第 8 次国际学术会议报告纲要》，莫斯科，1997 年，第 2 卷，第 48－51 页。

Артемьев А. Р. Памятники китайской буддийской архитектуры XV в. в низовьях Амура: новые открытия // Китай, китайская цивилизация и мир. История, современность, перспективы: Тез. докл. VIII Междунар. науч. конф. — М., 1997. — Ч. 2. — С. 48－51.

3121. **A. P. 阿尔杰米耶夫**：《阿穆尔河下游地区 15 世纪的佛教寺庙》//《俄罗斯科学院远东分院院刊》，1998 年 3 期，第 125－133 页。

Артемьев А. Р. Буддийские храмы XV в. в низовьях Амура // Вестн. ДВО РАН. — 1998. — № 3.

— C. 125－133

3122．**А.Р. 阿尔杰米耶夫**：《阿穆尔河下游地区15世纪佛教寺庙的考古考察》//《俄罗斯人文科学基金会通报》，2000年1期，第206－218页。

Артемьев А.Р. Археологические исследования буддийских храмов XV в. в низовьях Амура // Вест. РГНФ. — 2000. — № 1. — C. 206－218.

3123．**А.Р. 阿尔杰米耶夫、А.Н. 萨兰采夫**：《阿穆尔考古考察团的考察》//《1998年考古发现》，莫斯科，2000年，第267－270页。

Артемьев А.Р., Саранцев А.Н. Исследования Амурской экспедиции // АО, 1998. — М., 2000. — C. 267－270.

3124．**А.Р. 阿尔杰米耶夫**：《阿穆尔河下游的佛教文化遗存》//《历史问题》，2000年7期，第144－149页。

Артемьев А.Р. Памятники буддийской культуры в низовьях Амура // ВИ. — 2000. — № 7. — C. 144－149.

3125．**Н.Г. 阿尔杰米耶娃**：《赛加城址的宅院》//《阶级出现以前以及早期阶级社会的经济与文化·第3次苏联科学院考古研究所青年学者会议报告纲要》，莫斯科，1986年，第10－11页。

Артемьева Н.Г. Усадьбы Шайгинского городища // Хозяйство и культура доклассовых и раннеклассовых обществ: Тез. докл. III конф. мол. ученых Ин-та археологии АН СССР. — М., 1986. — C. 10－11.

3126．**Н.Г. 阿尔杰米耶娃**：《滨海地区女真人的房屋建筑（12－13世纪初期）》，历史学副博士论文作者文摘，苏联科学院考古研究所列宁格勒分部，列宁格勒，1987年，24页。

Артемьева Н.Г. Домостроительство чжурчжэней Приморья (XII — начало XIII в.): Автореф. дис. ··· канд. ист. наук / АН СССР. ЛОИА. — Л., 1987. — 24 с.

3127．**Н.Г. 阿尔杰米耶娃**：《滨海地区女真房址分类》//《苏联远东考古学问题》，符拉迪沃斯托克，1987年，第43－50页。

Артемьева Н.Г. Классификация жилищ чжурчжэней Приморья // Вопросы археологии Дальнего Востока СССР. — Владивосток, 1987. — C. 43－50.

3128．**Н.Г. 阿尔杰米耶娃**：《滨海地区的早期中世纪时代房址》//《苏联考古学》，1987年1期，第84－90页。

Артемьева Н.Г. Раннесредневековые жилища Приморья // СА. — 1987. — № 1. — C. 84－90.

3129．**Н.Г. 阿尔杰米耶娃**：《滨海地区女真的经济类建筑》//《历史－考古学研究的现实问题·第6次共和国青年考古学者会议报告纲要》，基辅，1987年，第12－13页。

Артемьева Н.Г. Хозяйственные постройки чжурчжэней Приморья // Актуальные проблемы историко-археологических исследований: Тез. докл. VI республ. конф. молодых археологов. — Киев, 1987. — C. 12－13.

3130．**Н.Г. 阿尔杰米耶娃**：《拉佐城址的房址》//《苏联考古学》，1988年3期，第215－224页。

Артемьева Н.Г. Жилища Лазовского городища // СА. — 1988. — № 3. — C. 215－224.

3131．**Н.Г. 阿尔杰米耶娃**：《女真人的制瓦生产》//《古代生产、手工业、贸易的考古学资料·第4

次苏联科学院考古研究所青年学者会议报告纲要》，莫斯科，1988 年，第 79 - 81 页。

Артемьева Н.Г. Черепичное производство у чжурчжэней // Древнее производство, ремесло и торговля по археологическим данным: Тез. докл. IV конф. молодых ученых Ин-та археологии АН СССР. — М., 1988. — С. 79 - 81.

3132. **Н.Г. 阿尔杰米耶娃**：《赛加城址的内部地形》//《苏联远东中世纪考古学新资料》，符拉迪沃斯托克，1989 年，第 53 - 59 页。

Артемьева Н.Г. Внутренняя топография Шайгинского городища // Новые материалы по средневековой археологии Дальнего Востока СССР. — Владивосток, 1989. — С. 53 - 59.

3133. **Н.Г. 阿尔杰米耶娃**：《论女真人家庭的人口特点》//《远东考古学新发现（中世纪资料）》，南萨哈林斯克，1989 年，第 18 - 21 页。

Артемьева Н.Г. К демографической характеристике чжурчжэньской семьи // Новое в дальневосточной археологии: (Материалы медиевистов). — Южно-Сахалинск, 1989. — С. 18 - 21.

3134. **Н.Г. 阿尔杰米耶娃**：《关于 12 - 13 世纪初期女真人家庭成员的数量构成》//《苏联远东中世纪考古学新资料》，符拉迪沃斯托克，1989 年，第 132 - 134 页。

Артемьева Н.Г. О количественном составе семьи чжурчжэней XII — начала XIII века // Новые материалы по средневековой археологии Дальнего Востока СССР. — Владивосток, 1989. — С. 132 - 134.

3135. **Н.Г. 阿尔杰米耶娃**：《滨海地区中世纪早期时代的住房》//《北方文物》，1989 年 3 期，第 45 - 49、44 页，中文。

Артемьева Н.Г. Раннесредневековые жилища Приморья // Бэйфан вэньу. — 1989. — № 3. — С. 45 - 49, 44. — Кит. яз.

3136. **Н.Г. 阿尔杰米耶娃**：《滨海边疆区考古考察》//《历史与考古信息·东北亚》，长春，1990 年 2 期，第 69 - 70 页，中文。

Артемьева Н.Г. Археологические исследования в Приморском крае // Информация по истории и археологии: Северо-Восточная Азия. — Чанчунь, 1990. — № 2. — С. 69 - 70. — Кит. яз.

3137. **Н.Г. 阿尔杰米耶娃**：《女真人的桩基结构》//《苏联远东中世纪考古学、历史学资料》，符拉迪沃斯托克，1990 年，第 148 - 152 页。

Артемьева Н.Г. Свайные конструкции чжурчжэней // Материалы по средневековой археологии и истории Дальнего Востока СССР. — Владивосток, 1990. — С. 148 - 152.

3138. **Н.Г. 阿尔杰米耶娃**：《滨海地区的佛教寺庙——渤海文化遗存》//《俄罗斯远东、亚洲太平洋地区国家的文化·东、西方·1994 年 3 月学术会议资料》，符拉迪沃斯托克，1994 年，第 1 集，第 38 - 41 页。

Артемьева Н.Г. Буддийские храмы в Приморье — памятники бохайской культуры // Культура Дальнего Востока России и стран АТР: Восток — Запад: Науч. конф., март 1994. — Владивосток, 1994. — Вып. 1. — С. 38 - 41.

3139. **Н.Г. 阿尔杰米耶娃**：《滨海地区境内佛教建筑的新类型》//《俄罗斯远东、亚洲太平洋地区国家的文化：东、西方·国际学术会议资料·1995 年 5 月 16 - 18 日》，符拉迪沃斯托克，1995 年，第 2 集，第 95 - 99 页。

Артемьева Н.Г. Новый тип буддийской постройки на территории Приморья // Культура Дальнего Востока России и стран АТР: Восток — Запад: Материалы междунар. науч. конф. (16 - 18 мая 1995 г.). — Владивосток, 1995. — Вып. 2, ч. 1. — С. 95 - 99.

3140．Н.Г. 阿尔杰米耶娃：《滨海边疆区乌苏里斯克地区克拉斯诺亚罗夫斯科耶城址考察》//《1995 年考古发现》，莫斯科，1996 年，第 311 - 314 页。

Артемьева Н.Г.，Хорев В.А. Исследования Краснояровского городища в Уссурийском районе Приморского края // АО, 1995. — М., 1996. — С. 311 - 314.

3141．Н.Г. 阿尔杰米耶娃、А.Л. 伊夫里耶夫：《有利于将克拉斯诺亚罗夫斯科耶城址视为东夏国上京的新事实》//《世界历史背景下的俄罗斯远东：从过去到未来·国际学术会议报告、议程纲要》，符拉迪沃斯托克，1996 年，第 101 - 102 页。

Артемьева Н.Г.，Ивлиев А.Л. Новые факты в пользу отождествления Краснояровского городища с Верхней столицей государства Восточное Ся // Дальний Восток России в контексте мировой истории: от прошлого к будущему: Тез. докл. и сообщ. междунар. науч. конф. — Владивосток, 1996. — С. 101 - 102.

3142．Н.Г. 阿尔杰米耶娃：《克拉斯诺亚罗夫斯科耶城的城内地形》//《第 1 届渤海文化国际研讨会文集·纪念渤海建国 1300 年》，符拉迪沃斯托克，1996 年，第 49 - 50 页。

Artemieva T. Inner Topography of Krasnojarovskoye Walled Town // The First International Symposium of Bohai Culture (To the 1300 Anniversary of the Foundation of Bohai State). — Vladivostok, 1996. — P. 49 - 50.

3143．Н.Г. 阿尔杰米耶娃、В.А. 霍列夫：《克拉斯诺亚罗夫斯科耶城址的考古考察》//《1996 年考古发现》，莫斯科，1997 年，第 295 - 296 页。

Артемьева Н.Г.，Хорев В.А. Археологические исследования Краснояровского городища // АО, 1996. — М., 1997. — С. 295 - 296.

3144．Н.Г. 阿尔杰米耶娃：《克拉斯诺亚罗夫斯科耶城址出土的铜镜》//《远东古代映像的世界·纪念 А.П. 奥克拉德尼科夫诞辰 90 周年》，符拉迪沃斯托克，1998 年，第 151 - 154 页（《太平洋考古学》，第 10 集）。

Артемьева Н.Г. Бронзовое зеркало с Краснояровского городища // Мир древних образов на Дальнем Востоке: Девяностолетию светлой памяти А.П. Окладникова посвящ. — Владивосток, 1998. — С. 151 - 154. — (Тихоокеан. археология; Вып. 10).

3145．Н.Г. 阿尔杰米耶娃：《滨海地区女真人的房屋建筑（12 - 13 世纪)》，符拉迪沃斯托克，远东新闻出版社，1998 年，302 页。

Артемьева Н.Г. Домостроительство чжурчжэней Приморья (XII — XIII вв.). — Владивосток: Дальпресс, 1998. — 302 с.

3146．Н.Г. 阿尔杰米耶娃：《滨海地区境内渤海时期的祭祀设施》//《俄罗斯考古学》，1998 年 4 期，第 174 - 191 页。

Артемьева Н.Г. Культовые сооружения бохайского времени на территории Приморья // Рос. археология. — 1998. — № 4. — С. 174 - 191.

3147．**Н.Г. 阿尔杰米耶娃、В.А. 霍列夫**：《滨海边疆区乌苏里斯克地区克拉斯诺亚罗夫斯科耶城址考察》//《1997 年考古发现》，莫斯科，1999 年，第 250－251 页。

Артемьева Н.Г.，Хорев В.А. Исследования Краснояровского городища в Уссурийском районе Приморского края // АО, 1997. — М., 1999. — С. 250－251.

3148．**Н.Г. 阿尔杰米耶娃**：《克拉斯诺亚罗夫斯科耶城址出土的防护武器》//《俄罗斯科学院远东分院院刊》，1999 年 5 期，第 36－41 页。

Артемьева Н.Г. Предметы защитного вооружения с Краснояровского городища // Вестн. ДВО РАН. — 1999. — No 5. — С. 36－41.

3149．**Н.Г. 阿尔杰米耶娃**：《克拉斯诺亚罗夫斯科耶城址出土的防护武器》//《俄罗斯与亚洲太平洋地区》，1999 年 4 期，第 115－120 页。

Артемьева Н.Г. Предметы защитного вооружения с Краснояровского городища // Россия и АТР. — 1999. — No 4. — С. 115－120.

3150．**Н.Г. 阿尔杰米耶娃、В.А. 霍列夫**：《滨海边疆区乌苏里斯克地区克拉斯诺亚罗夫斯科耶城址考察》//《1998 年考古发现》，莫斯科，2000 年，第 270－272 页。

Артемьева Н.Г.，Хорев В.А. Исследования Краснояровского городища в Уссурийском районе Приморского края // АО, 1998. — М., 2000. — С. 270－272.

3151．**Н.Г. 阿尔杰米耶娃、А.Л. 伊夫里耶夫**：《（滨海地区克拉斯诺亚罗夫斯科耶城址出土的"耶濑猛安"印》//《俄罗斯科学院远东分院院刊》，2000 年 2 期，第 109－114 页。

Артемьева Н.Г.，Ивлиев А.Л. Печать Еланьского мэнъяня ［из Краснояровского городища Приморья］// Вестн. ДВО РАН. — 2000. — No 2. — С. 109－114.

3152．**Н.Г. 阿尔杰米耶娃**：《克拉斯诺亚罗夫斯科耶城址的建筑平面》//《考古学、民族学研究的一体化·学术著述汇编》，符拉迪沃斯托克、鄂木斯克，2000 年，第 148－149 页。

Артемьева Н.Г. Строительные горизонты Краснояровского городища // Интеграция археологических и этнографических исследований: Сб. науч. тр. — Владивосток; Омск, 2000. — С. 148－149.

3153．**Н.Г. 阿尔杰米耶娃**：《克拉斯诺亚罗夫斯科耶城址的始建时期》//《21 世纪的历史－文化遗产：保护与利用的展望·2000 年 4 月 17－19 日国际遗产保护日会议报告集》，符拉迪沃斯托克，2000 年，第 16－18 页。

Артемьева Н.Г. Этапы застройки Краснояровского городища // Культурно-историческое наследие в XXI веке: перспективы сохранения и использования: Сб. докл. конф., посвящ. Междунар. дню охраны памятников 17－19 апр. 2000 г. — Владивосток, 2000. — С. 16－18.

3154．**Ю.И. 别尔谢涅夫**：《睡美人——中世纪的塑像还是赝品?》//《喀斯特洞穴》，苏联科学院远东科学中心太平洋地理研究所、苏联科学院地理学会滨海分会，预印本，符拉迪沃斯托克，1979 年，第 30－31 页。

Берсенев Ю.И. Спящая Красавица — средневековое изображение или подделка? // Карстовые пещеры / АН СССР. ДВНЦ. ТИГ; Прим. фил. Геогр. о-ва СССР. — Препр. — Владивосток, 1979. — С. 30－31.

3155．**В.И. 博尔金**：《论赛加城址出土的"矛"形工具的用途问题》//《苏联远东的最新考古学研究》，符拉迪沃斯托克，1976 年，第 135-139 页。

Болдин В.И. К вопросу о назначении《пиковидных》орудий с Шайгинского городища // Новейшие археологические исследования на Дальнем Востоке СССР. — Владивосток, 1976. — С. 135-139.

3156. **В.И. 博尔金**：《论赛加城址农具的特征》//《苏联远东最新的考古学研究》，符拉迪沃斯托克，1976 年，第 129-135 页。

Болдин В.И. К характеристике сельскохозяйственных орудий с Шайгинского городища // Новейшие археологические исследования на Дальнем Востоке СССР. — Владивосток, 1976. — С. 129-135.

3157. **В.И. 博尔金、Л.Е. 谢梅尼琴科**：《关于滨海地区尼古拉耶夫卡 2 号城址发掘》//《1975 年考古发现》，莫斯科，1976 年，第 219-220 页。

Болдин В.И., Семениченко Л.Е. О раскопках на городище Николаевка - II в Приморье // АО, 1975. — М., 1976. — С. 219-220.

3158. **В.И. 博尔金、Л.Е. 谢梅尼琴科**：《滨海地区尼古拉耶夫卡 2 号城址考察》//《1976 年考古发现》，莫斯科，1977 年，第 193-194 页。

Болдин В.И., Семениченко Л.Е. Исследования на Николаевском - II городище в Приморье // АО, 1976. — М., 1977. — С. 193-194.

3159. **В.И. 博尔金、Л.Е. 谢梅尼琴科**：《滨海地区新的渤海城址发掘》//《1977 年考古发现》，莫斯科，1978 年，第 211-212 页。

Болдин В.И., Семениченко Л.Е. Раскопки нового бохайского городища в Приморье // АО, 1977. — М., 1978. — С. 211-212.

3160. **В.И. 博尔金、Л.Е. 谢梅尼琴科**：《滨海地区尼古拉耶夫卡 2 号城址地层学与渤海文化的分期》//《苏联远东古代史的考古学资料》，符拉迪沃斯托克，1978 年，第 57-63 页。

Болдин В.И., Семениченко Л.Е. Стратиграфия городища Николаевка - II и периодизация бохайской культуры в Приморье // Археологические материалы по древней истории Дальнего Востока СССР. — Владивосток, 1978. — С. 57-63.

3161. **В.И. 博尔金、Э.В. 沙弗库诺夫**：《关于耕作在赛加城址居民经济中的特点与作用》//《苏联民族学》，1979 年 6 期，第 122-130 页。

Болдин В.И., Шавкунов Э.В. О характере и роли земледелия в хозяйстве населения Шайгинского городища // СЭ. — 1979. — № 6. — С. 122-130.

3162. **В.И. 博尔金、А.Л. 伊夫里耶夫**：《渤海的制瓦生产（根据克拉斯基诺城址资料）》//《西伯利亚南部、远东的考古学》，新西伯利亚，1984 年，第 142-151 页。

Болдин В.И., Ивлиев А.Л. Черепичное производство в Бохае：(По материалам Краскинского городища) // Археология юга Сибири и Дальнего Востока. — Новосибирск, 1984. — С. 142-151.

3163. **В.И. 博尔金**：《滨海地区渤海人、女真人的耕作工具》//《纪念阿尔谢尼耶夫报告会·关于历史学、考古学、民族学、方志学问题区域会议报告纲要》，乌苏里斯克，1985 年，第 96-97 页。

Болдин В.И. Пахотные орудия бохайцев и чжурчжэней Приморья // Арсеньевские чтения：Тез. докл. регион. конф. по пробл. истории, археологии, этнографии и краеведения. — Уссурийск, 1985. — С. 96-97.

3164．**В.И. 博尔金**：《滨海地区渤海人、女真人的耕作业与畜牧业（根据考古学考察材料）》，历史学副博士论文作者文摘，苏联科学院西伯利亚分院历史·语文·哲学研究所，新西伯利亚，1986 年，17 页。

Болдин В.И. Земледелие и животноводство у бохайцев и чжурчжэней Приморья（по материалам археологических исследований）：Автореф. дис. … канд. ист. наук / АН СССР. СО. ИИФФ. — Новосибирск, 1986. — 17 с.

3165．**В.И. 博尔金**：《滨海地区渤海人、女真人农业模式的异同》//《第 15 次远东学术会议："苏共第 27 次代表大会和苏联远东及亚洲国家发展问题"·报告及议程纲要》，第 4 卷，符拉迪沃斯托克，1986 年第 36－38 页。

Болдин В.И. Общее и особенное в сельскохозяйственном укладе бохайцев и чжурчжэней Приморья // XV Дальневост. науч. конф. 《XXVII съезд КПСС и пробл. развития Дальнего Востока СССР и зарубеж. государств Азии》：Тез. докл. и сообщ. — Владивосток, 1986. — Вып. 4. — С. 36－38.

3166．**В.И. 博尔金**：《关于滨海地区女真人储备、加工牲畜饲料的两种类型的工具》//《苏联远东考古学问题》，符拉迪沃斯托克，1987 年，第 160－163 页。

Болдин В.И. О двух видах орудий заготовки и переработки кормов для скота у чжурчжэней Приморья // Вопросы археологии Дальнего Востока СССР. — Владивосток, 1987. — С. 160－163.

3167．**В.И. 博尔金**：《克拉斯基诺城址的佛教寺庙址发掘》//《西伯利亚、远东古代文化遗存考察》，新西伯利亚，1987 年，第 189－190 页。

Болдин В.И. Раскопки буддийского храма на Краскинском городище // Исследования памятников древних культур Сибири и Дальнего Востока. — Новосибирск, 1987. — С. 189－190.

3168．**В.И. 博尔金**：《1986 年新戈尔杰耶夫卡城址发掘》//《关于远东中世纪民族文化与经济的新资料》，苏联科学院远东分院历史·考古·民族研究所，预印本，符拉迪沃斯托克，1987 年，第 17－21 页。

Болдин В.И. Раскопки на Новогордеевском городище в 1986 г. // Новые данные о культуре и хозяйстве средневековых народов Дальнего Востока / АН СССР. ДВО. ИИАЭ. — Препр. — Владивосток, 1987. — С. 17－21.

3169．**В.И. 博尔金**：《1987 年新戈尔杰耶夫卡城址渤海文化层的研究结果》//《苏联远东中世纪考古学新资料》，符拉迪沃斯托克，1989 年，第 86－91 页。

Болдин В.И. Итоги изучения бохайского слоя на Новогордеевском городище в 1987 году // Новые материалы по средневековой археологии Дальнего Востока СССР. — Владивосток, 1989. — С. 86－91.

3170．**В.И. 博尔金、А.Л. 伊夫里耶夫**：《关于新戈尔杰耶夫卡城址女真时期的建筑平面》//《远东考古学的新发现（中世纪资料）》，南萨哈林斯克，1989 年，第 3－7 页。

Болдин В.И., Ивлиев А.Л. О строительных горизонтах чжурчжэньского времени на Новогордеевском городище // Новое в дальневосточной археологии：（Материалы медиевистов）. — Южно-Сахалинск, 1989. — С. 3－7.

3171．**В.И. 博尔金**：《康斯坦丁诺夫卡村落址的地层学》//《远东、外贝加尔中世纪考古学资料》，苏联科学院远东分院历史·考古·民族研究所，预印本，符拉迪沃斯托克，1989 年，第 40－43 页。

Болдин В.И. Стратиграфия селища Константиновское－1 // Материалы по средневековой археологии

Дальнего Востока и Забайкалья / АН СССР. ДВО. ИИАЭ. — Препр. — Владивосток, 1989. — С. 40 – 43.

3172. **В.И.** 博尔金、**В.А.** 霍列夫：《关于什克利亚耶夫卡城址的两座房址》//《苏联远东中世纪考古学、历史学资料》，符拉迪沃斯托克，1990 年，第 160 – 165 页。

Болдин В.И., Хорев В.А. О двух жилищах Шкляевского городища // Материалы по средневековой археологии и истории Дальнего Востока СССР. — Владивосток, 1990. — С. 160 – 165.

3173. **В.И.** 博尔金：《滨海地区的渤海城址》//《俄罗斯与亚洲太平洋地区》，1992 年 2 期，第 58 – 69 页。

Болдин В.И. Бохайские городища в Приморье // Россия и АТР. — 1992. — № 2. — С. 58 – 69.

3174. **В.И.** 博尔金：《渤海的陶窑（根据科尔萨科夫卡 1 号村落址考古资料)》//《17 – 19 世纪阿穆尔河沿岸及滨海地区发现、定居、开发的历史经验·纪念 В.Д. 波亚尔科夫开始远征阿穆尔河沿岸 350 周年·国际学术会议报告、议程纲要》，符拉迪沃斯托克，1993 年，第 1 集，第 146 – 147 页。

Болдин В.И. Бохайские гончарные печи (по археологическим материалам Корсаковского-I селища) // Исторический опыт открытия, заселения и освоения Приамурья и Приморья в XVII — XIX вв. (К 350-летию начала похода В.Д. Пояркова на Амур): Тез. докл. и сообщ. междунар. науч. конф. — Владивосток, 1993. — Ч. 1. — С. 146 – 147.

3175. **В.И.** 博尔金：《滨海地区的渤海城址》//《历史与考古信息·东北亚》，长春，1993 年 1 – 2 期合刊，第 91 – 98 页，中文。

Болдин В.И. Бохайские городища Приморья // Информация по истории и археологии: Сев. – Вост. Азия. — Чанчунь, 1993. — № 1 – 2. — С. 91 – 98. — Кит. яз.

3176. **В.И.** 博尔金：《克拉斯基诺城址的佛教寺庙址》//《远东及其毗邻地区的民族文化史问题》，布拉戈维申斯克，1993 年，第 49 – 59 页。

Болдин В.И. Буддийский храм Краскинского городища // Проблемы этнокультурной истории Дальнего Востока и сопредельных территорий. — Благовещенск, 1993. — С. 49 – 59.

3177. **В.И.** 博尔金、**В.А.** 霍列夫：《论阿纳尼耶夫卡城址居民农业经济活动的特点》//《方志学通讯》，符拉迪沃斯托克，1993 年，第 1 集，第 87 – 91 页。

Болдин В.И., Хорев В.А. К характеристике сельскохозяйственной деятельности населения Ананьевского городища // Краевед. вестн. — Владивосток, 1993. — Вып. 1. — С. 87 – 91.

3178. **В.И.** 博尔金、**В.А.** 霍列夫：《阿纳尼耶夫卡城址发掘出土的农业经济资料》//《俄罗斯远东及其毗邻地区考古学新资料·第 5 次远东考古学者学术问题会议报告》，符拉迪沃斯托克，1993 年，第 3 – 8 页。

Болдин В.И., Хорев В.А. Материалы по сельскому хозяйству из раскопок Ананьевского городища // Новые материалы по археологии Дальнего Востока России и смежных территорий: (Докл. V сес. Науч. – пробл. совета археологов Дальнего Востока). — Владивосток, 1993. — С. 3 – 8.

3179. **В.И.** 博尔金、**В.А.** 霍列夫：《渤海的耕作业、渔猎业：根据滨海地区南部考古学资料》//《俄罗斯与亚洲太平洋地区》，1994 年 2 期，第 5 – 14 页。

Болдин В.И. Земледелие и промыслы Бохая: По археол. материалам южной части Приморья //

Россия и АТР. — 1994. — № 2. — С. 5－14.

3180. **В.И. 博尔金、А.Л. 伊夫里耶夫**：《滨海边疆区哈桑地区克拉斯基诺墓地田野考察报告》//《俄罗斯滨海地区渤海文化遗存发掘》，首尔，1994 年，第 251－333、445－448 页，朝文。

Болдин В.И., Ивлиев А.Л. Отчет о полевых исследованиях на Краскинском могильнике в Хасанском районе Приморского края // Раскопки памятников бохайской культуры Приморья России. — [Сеул], 1994. — С. 251－333, 445－448. — Кор. яз.

3181. **В.И. 博尔金**：《滨海地区的渤海遗址》//《俄罗斯与太平洋地区：文摘》，符拉迪沃斯托克，1994 年，第 85－93 页。

Boldin V.I. The Bohai Sites in Primorye // Russia and the Pacific: Digest. — Vladivostok, 1994. — P. 85－93.

3182. **В.И. 博尔金**：《结雅河流域弗拉基米罗夫卡文化墓地》//《东亚的传统文化·考古学、文化人类学》，布拉戈维申斯克，1995 年，第 60－64、227－229 页。

Болдин В.И. Могильники владимировской культуры на Зее // Традиционная культура Востока Азии. Археология и культурная антропология. — Благовещенск, 1995. — С. 60－64, 227－229 [ил.].

3183. **В.И. 博尔金、А.Л. 伊夫里耶夫**：《滨海地区克拉斯基诺墓地发掘》//《1993 年西伯利亚、远东考古学者、民族学者、人类学者的田野、实验室研究成果评述》，新西伯利亚，1995 年，第 247－249 页。

Болдин В.И., Ивлиев А.Л. Раскопки Краскинского могильника в Приморье // Обозрение результатов полевых и лабораторных исследований археологов, этнографов и антропологов Сибири и Дальнего Востока в 1993 году. — Новосибирск, 1995. — С. 247－249.

3184. **В.И. 博尔金**：《论滨海地区渤海遗存的断代问题》//《北太平洋考古学》，符拉迪沃斯托克，1996 年，第 76－81 页。

Болдин В.И. К вопросу о датировке бохайских памятников Приморья // Археология Северной Пасифики. — Владивосток, 1996. — С. 76－81.

3185. **В.И. 博尔金**：《渤海疆域－行政体系中的克拉斯基诺城址》//《古代、中世纪时代的滨海地区·区域考古会议资料》》，乌苏里斯克，1996 年，第 27－30 页。

Болдин В.И. Краскинское городище в территориально-административной системе Бохая // Приморье в древности и средневековье: (Материалы регион. археол. конф.). — Уссурийск, 1996. — С. 27－30.

3186. **В.И. 博尔金、А.Л. 伊夫里耶夫、Ю.Г. 尼基京**：《1994 年滨海边疆区渤海遗址的考古学调查》，北方欧亚学会：《时事通讯》第 8 期，东京，1996 年，第 9 页。

Boldin V.I., Ivliev A.L., Nikitin Yu.G. Archaeological Investigation of Bohai Sites in Primorski Territory in 1994 // The Society of North－Eurasian Studies. Newsletter No. 8. — Tokyo, 1996. — P. 9.

3187. **В.И. 博尔金**：《公元 8－10 世纪滨海地区南半部的人类谋生方式》//《第 1 届渤海文化国际研讨会文集·纪念渤海建国 1300 年》，符拉迪沃斯托克，1996 年，第 43－44 页。

Boldin V.I. Population Feed Model of the Southern Half of Primorye in VIII－X A.D. // The First International Symposium of Bohai Culture (To the 1300 Anniversary of the Foundation of Bohai State). — Vladivostok, 1996. — P. 43－44.

3188．**В.И. 博尔金、В.Э. 沙弗库诺夫**：《康斯坦丁诺夫卡 1 号村落址出土的武器》//《俄罗斯科学院远东分院院刊》，1997 年 1 期，第 71－81 页。

Болдин В.И., Шавкунов В.Э. Предметы вооружения с селища Константиновское 1 // Вестн. ДВО РАН. — 1997. — № 1. — С. 71－81.

3189．**В.И. 博尔金、А.Л. 伊夫里耶夫**：《渤海国统治体系下的克拉斯基诺城址》//北方欧亚学会：《时事通讯》第 9 期，东京，1997 年，第 8－9 页。

Boldin V, Ivliev A. Kraskino Ancient Town in Administrative System of Pohai State // The Society of North－Eurasian Studies. Newsletter No. 9. — Tokyo, 1997. — P. 8－9.

3190．**В.И. 博尔金**：《滨海地区的渤海古城堡遗址》//《东北亚考古资料译文集·渤海专号》，哈尔滨，1998 年，72－78 页，中文。

Болдин В.И. Бохайские городища в Приморье // Собрание переводных работ по археологии Северо-Восточной Азии. Бохайский вып. — Харбин, 1998. — С. 72－78. — Кит. яз.

3191．**В.И. 博尔金**：《1987 年新戈尔杰耶夫卡古城遗址中的渤海文化层的研究》//《东北亚考古资料译文集·渤海专号》，哈尔滨，1998 年，79－83 页，中文。

Болдин В.И. Об исследовании бохайского культурного слоя на Новогордеевском городище в 1987 году // Собрание переводных работ по археологии Северо-Восточной Азии. Бохайский вып. — Харбин, 1998. — С. 79－83. — Кит. яз.

3192．**В.И. 博尔金**：《康斯坦丁罗夫斯科耶村落遗址渤海文化层中出土的考古学材料》//北方欧亚学会：《时事通讯》第 11 期，东京，1998 年，第 14－16 页。

Boldin V.I. Archaeological Materials from Bohai Layer of Konstantinovskoye Rural Settlement // The Society of North－Eurasian Studies. Newsletter No. 11. — Tokyo, 1998. — P. 14－16.

3193．**В.И. 博尔金**：《克拉斯基诺城址考察的主要收获》//《古代渤海国与日本之间交流的考古学考察》，东京，1999 年，第 12－19 页，日文。

Болдин В.И. Основные результаты исследований на Краскинском городище // Археологическое исследование обмена между древним государством Бохай и Японией. — Токио, 1999. — С. 12－19. — Яп. яз.

3194．**В.И. 博尔金**：《阿穆尔州早期中世纪遗存的调查成果》//《东亚的文化传统》，布拉戈维申斯克，1999 年，第 2 集，第 177－184 页。

Болдин В.И. Результаты разведки ранних средневековых памятников Амурской области // Традиционные культуры Востока Азии. — Благовещенск, 1999. — Вып. 2. — С. 177－184.

3195．**В.И. 博尔金、Ю.Г. 尼基京**：《克拉斯基诺城址的渤海瓦窑》//《1999 年关于古代釉陶、瓷器国际科技大会文集》，上海，1999 年，第 338－346 页，英文、中文。

Boldin V., Nikitin Y. Bohai Roof Tile Kilns from Kraskinskoye Ancient Town // Собрание работ Международного научно-технического симпозиума по древней керамике и фарфору 1999 г. (ISAC'99). — Шанхай, 1999. — С. 338－346. — Англ. яз., кит. яз.

3196．**В.И. 博尔金**：《渤海的陶窑（根据科尔萨科夫卡村落址考古资料)》//《远东的历史学、考古学·Э.В. 沙弗库诺夫 70 周岁纪念》，符拉迪沃斯托克，2000 年，第 124－127 页。

Болдин В.И. Бохайские гончарные печи (по материалам Корсаковского селища) // История и археология Дальнего Востока. К 70-летию Э.В. Шавкунова. — Владивосток, 2000. — С. 124－127.

3197. **В.И. 博尔金**:《1999 年俄罗斯滨海边疆区境内锡涅利尼科沃城址考察》//《青山考古》, 2000 年 18 期, 第 189－225, 日文。

Болдин В.И. Исследования на городище Синельниково в 1999 году на территории Приморского края России // Аояма ко: го. — 2000. — № 18. — С. 189－225. — Яп. яз.

3198. **В.И. 博尔金、В.Э. 沙弗库诺夫**:《克拉斯基诺城址出土的镞》//《俄罗斯与亚洲太平洋地区》, 2000 年 2 期, 第 22－27 页。

Болдин В.И., **Шавкунов В.Э.** Наконечники стрел Краскинского городища // Россия и АТР. — 2000. — № 2. — С. 22－27.

3199. **Д.П. 博洛京**:《阿穆尔河沿岸地区中世纪时代的民族进程与室韦部落的迁徙问题》//《北亚考古学问题·纪念 А.П. 奥克拉德尼科夫院士诞辰 80 周年·1988 年 3 月 28－30 日第 28 次大学生区域考古会议报告纲要》, 赤塔, 1988 年, 第 141－142 页。

Болотин Д.П. Этнические процессы в эпоху средневековья на территории Приамурья и проблема расселения шивэйских племен // Проблемы археологии Северной Азии: (К 80-летию акад. А.П. Окладникова): Тез. докл. XXVIII Регион. археол. студ. конф. (28－30 марта 1988 г.). — Чита, 1988. — С. 141－142.

3200. **Д.П. 博洛京**:《论早期中世纪时期阿穆尔河流域的民族局势问题》//《大学生学术会议报告纲要·布拉戈维申斯克国立师范学院》, 布拉戈维申斯克, 1989 年, 第 29－31 页。

Болотин Д.П. К вопросу об этнической ситуации на Амуре в период раннего средневековья // Тез. докл. студ. науч. конф. / Благовещ. гос. пед. ин-т. — Благовещенск, 1989. — С. 29－31.

3201. **Д.П. 博洛京**:《论阿穆尔河沿岸上游地区中世纪晚期考古学文化问题》//《远东及其毗邻地区方志学问题·大学生区域学术会议与会者报告纲要·布拉戈维申斯克·1990 年 2 月 21－22 日》, 布拉戈维申斯克, 1990 年, 第 4－5 页。

Болотин Д.П. К вопросу об археологической культуре позднего средневековья Верхнего Приамурья // Проблемы краеведения Дальнего Востока и сопредельных территории: Тез. докл. участников регион. науч. студ. конф. (Благовещенск, 21－22 февр. 1990 г.). — Благовещенск, 1990. — С. 4－5.

3202. **Д.П. 博洛京、И.А. 博洛季娜**:《论滨海地区中世纪国家时期墓葬的发现问题》//《远东及其毗邻地区方志学问题·1990 年 2 月 21－22 日大学生区域学术会议与会者报告纲要·布拉戈维申斯克》, 布拉戈维申斯克, 1990 年, 第 5－7 页。

Болотин Д.П., **Болотина И.А.** К проблеме обнаружения средневековых захоронений государственного периода на территории Приморья // Проблемы краеведения Дальнего Востока и сопредельных территории: Тез. докл. участников регион. науч. студ. конф. (Благовещенск, 21－22 февр. 1990 г.). — Благовещенск, 1990. — С. 5－7.

3203. **Д.П. 博洛京、С.А. 库兹米娜**:《阿穆尔河上游流域中世纪晚期弗拉基米罗夫卡考古学文化的陶器》//《西伯利亚古代理论民族学·1990 年 3 月 29－31 日第 30 次大学生区域考古会议报告纲要》, 伊尔库茨克, 1990 年, 第 194－195 页。

Болотин Д.П., Кузьмина С.А. Керамика владимировской археологической культуры позднего средневековья бассейна Верхнего Амура // Палеоэтнология Сибири: Тез. докл. к XXX регион. археол. студ. конф. 29－31 мар. 1990 г. — Иркутск, 1990. — С. 194－195.

3204. Д.П. 博洛京：《论结雅河下游流域弗拉基米罗夫卡墓地的年代学属性问题》//《布拉戈维申斯克师范学院教师、学生学术汇报会报告纲要》，布拉戈维申斯克，1991 年，第 39－41 页。

Болотин Д.П. К вопросу о хронологической принадлежности Владимирского могильника бассейна Нижней Зеи // Тез. докл. итог. науч. конф. преподавателей и студентов Благовещенского пединститута. — Благовещенск, 1991. — С. 39－41.

3205. Д.П. 博洛京、Г.С. 诺维科夫－达乌尔斯基：《关于达斡尔人及其他们在阿穆尔河沿岸的文化遗存》//《阿穆尔方志学》，布拉戈维申斯克，1991 年 2 期，第 13－16 页。

Болотин Д.П., Новиков－Даурский Г.С. О даурах и памятниках их культуры в Приамурье // Амур. краевед. — Благовещенск, 1991. — № 2. — С. 13－16.

3206. Д.П. 博洛京、Б.С. 萨普诺夫：《关于阿穆尔河沿岸中世纪考古学文化民族诠释问题的讨论》//《阿穆尔州方志博物馆、方志学会论丛》，1992 年，第 7 集，第 32－42 页。

Болотин Д.П., Сапунов Б.С. К дискуссии по проблеме этнической интерпретации средневековых археологических культур Приамурья // ЗАОКМОК. — 1992. — Вып. 7. — С. 32－42.

3207. Д.П. 博洛京：《靺鞨（民族文化史简述）》//《阿穆尔方志学》，布拉戈维申斯克，1992 年 2 期，第 2－11 页。

Болотин Д.П. Мохэ (краткий очерк этнокультурной истории) // Амур. краевед. — Благовещенск, 1992. — № 2. — С. 2－11.

3208. Д.П. 博洛京：《阿穆尔河沿岸上游地区弗拉基米罗夫卡文化考古遗存地点的某些特征》//《远东第 2 次青年历史学者会议报告纲要》，符拉迪沃斯托克，1992 年，第 52－54 页。

Болотин Д.П. О некоторых особенностях местонахождения археологических объектов владимировской культуры Верхнего Приамурья // Вторая Дальневост. конф. молодых историков: Тез. докл. — Владивосток, 1992. — С. 52－54.

3209. Д.П. 博洛京、С.А. 希林：《关于阿穆尔河沿岸中世纪墓地资料中尖头器变化的某些态势》//《第 6 次纪念阿尔谢尼耶夫报告会·关于历史学、考古学、方志学问题区域学术会议报告纲要》，乌苏里斯克，1992 年，第 153－155 页。

Болотин Д.П., Шилин С.А. О некоторых тенденциях динамики наконечников в средневековом Приамурье по материалам могильников // VI Арсеньевские чтения: Тез. докл. регион. науч. конф. по пробл. истории, археологии и краеведения. — Уссурийск, 1992. — С. 153－155.

3210. Д.П. 博洛京、Б.С. 萨普诺夫：《阿穆尔河上游地区出土的佛教寺庙青铜铸像》//《远东及其毗邻地区的民族文化史问题》，布拉戈维申斯克，1993 年，第 106－111 页。

Болотин Д.П., Сапунов Б.С. Бронзовая статуэтка буддийского культа с Верхнего Амура // Проблемы этнокультурной истории Дальнего Востока и сопредельных территорий. — Благовещенск, 1993. — С. 106－111.

3211. Д.П. 博洛京：《阿穆尔河沿岸中世纪晚期的弗拉基米罗夫卡文化》//《远东及其毗邻地区民

族文化史问题》，布拉戈维申斯克，1993 年，第 84－105 页。

Болотин Д.П. Владимировская культура позднего средневековья в Приамурье // Проблемы этнокультурной истории Дальнего Востока и сопредельных территорий. — Благовещенск, 1993. — С. 84－105.

3212．**Д.П. 博洛京**：《论弗拉基米罗夫卡考古学文化居民的民族属性问题》//《俄罗斯远东及其毗邻地区考古学新资料·第 5 次远东考古学者学术问题会议报告》，符拉迪沃斯托克，1993 年，第51－56 页。

Болотин Д.П. К вопросу об этнической принадлежности носителей владимировской археологической культуры // Новые материалы по археологии Дальнего Востока России и смежных территорий：（Докл. V сес. Науч. － пробл. совета археологов Дальнего Востока）. — Владивосток, 1993. — С. 51－56.

3213．**Д.П. 博洛京**：《公元 1 千纪至 2 千纪阿穆尔河流域陶器生产动态的某些问题（根据墓葬资料）》//《17－19 世纪阿穆尔河沿岸及滨海地区发现、定居、开发的历史经验·纪念 B.Д. 波亚尔科夫开始远征阿穆尔河沿岸 350 周年·国际学术会议报告、议程纲要》，符拉迪沃斯托克，1993 年，第 1 集，第 150－152 页。

Болотин Д.П. Некоторые вопросы динамики керамического производства на Амуре в I — II тыс.（по материалам погребений）// Исторический опыт открытия, заселения и освоения Приамурья и Приморья в XVII — XIX вв.（К 350-летию начала похода В.Д. Пояркова на Амур）：Тез. докл. и сообщ. междунар. науч. конф. — Владивосток, 1993. — Ч. 1. — С. 150－152.

3214．**Д.П. 博洛京**：《女真（民族文化史简述）》//《阿穆尔方志学》，布拉戈维申斯克，1993 年 1 期，第 41－51 页。

Болотин Д.П. Чжурчжэни（краткий очерк этнокультурной истории）// Амур. кравед. — Благовещенск, 1993. — No 1. — С. 41－51.

3215．**Д.П. 博洛京、Б.С. 萨普诺夫**：《存在争论的问题（根据 Э.B. 沙弗库诺夫文章结论）》//《俄罗斯与亚洲太平洋地区》，1994 年 2 期，第 110－119 页。

Болотин Д.П., Сапунов Б.С. Есть спорные вопросы（по поводу статьи Э.В. Шавкунова）// Россия и АТР. — 1994. — No 2. — С. 110－119.

3216．**Д.П. 博洛京**：《阿穆尔河沿岸中世纪时代的民族与文化》//《印度、中国的文化传统·针对中小学老师的讲座》，布拉戈维申斯克，1994 年，第 43－64、77－80 页。

Болотин Д.П. Народы и культуры средневекового Приамурья // Культурные традиции Индии и Китая（лекции для учителей）. — Благовещенск, 1994. — С. 43－64, 77－80.

3217．**Д.П. 博洛京**：《13－17 世纪阿穆尔河沿岸的民族》//《阿穆尔方志学》，布拉戈维申斯克，1994 年 1 期，第 70－81 页。

Болотин Д.П. Народы Приамурья в XIII — XVII веках // Амур. краевед. — Благовещенск, 1994. — No 1. — С. 70－81.

3218．**Д.П. 博洛京、Б.С. 萨普诺夫**：《关于阿穆尔河沿岸地区中世纪考古文化民族解释问题的探讨》//《北方文物》，1995 年 4 期，第 103－105、102 页，中文。

Болотин Д.П., Сапунов Б.С. К дискуссии по проблеме этнической интерпретации средневековых археологических культур Приамурья // Бэйфан вэньу. — 1995. — No 4. — С. 103－105, 102. —

Кит. яз.

3219. Д.П. 博洛京、Б.А. 伊萨琴科：《阿穆尔州普里亚奇诺村附近中世纪晚期的集体墓地》//《东亚的传统文化·考古学与文化人类学》，布拉戈维申斯克，1995 年，第 49－54、220－222 页。

Болотин Д.П., **Исаченко Б.А.** Коллективное захоронение позднего средневековья у с. Прядчино Амурской области // Традиционная культура Востока Азии. Археология и культурная антропология. — Благовещенск, 1995. — С. 49－54, 220－222.

3220. Д.П. 博洛京、Г.П. 利托夫琴科、Н.Н. 扎伊采夫：《阿穆尔州境内新的早期中世纪城址》//《1993 年西伯利亚、远东考古学者、民族学者、人类学者的田野、实验室研究成果评述》，新西伯利亚，1995 年，第 242－244 页。

Болотин Д.П., **Литовченко Г.П.**, **Зайцев Н.Н.** Новое раннесредневековое городище на территории Амурской области // Обозрение результатов полевых и лабораторных исследований археологов, этнографов и антропологов Сибири и Дальнего Востока в 1993 году. — Новосибирск, 1995. — С. 242－244.

3221. Д.П. 博洛京：《关于古老的瑷珲的新资料》//《阿穆尔方志学》，布拉戈维申斯克，1995 年 2 期，第 80－83 页。

Болотин Д.П., **Сапунов Б.С.** Новые сведения о старом Айгуне // Амур. краевед. — Благовещенск, 1995. – № 2. — С. 80－83.

3222. Д.П. 博洛京：《经济特征（以阿穆尔河沿岸 1 千纪至 2 千纪时期民族为例谈考古文化取决于主导经济种类的问题）》//《俄罗斯与亚洲太平洋地区》，1995 年 4 期，第 5－8 页。

Болотин Д.П. По хозяйственному признаку (о проблеме зависимости археологических культур от доминирующих видов хозяйства на примере народов Приамурья I－II тыс.) // Россия и АТР. — 1995. — № 4. — С. 5－8.

3223. Д.П. 博洛京：《1 千纪至 2 千纪时期阿穆尔河沿岸民族的埋葬方式》//《东亚的传统文化·考古学、文化人类学》，布拉戈维申斯克，1995 年，第 122－136 页。

Болотин Д.П. Способы захоронения в погребальной практике народов Приамурья I — II тыс. // Традиционная культура Востока Азии. Археология и культурная антропология. — Благовещенск, 1995. — С. 122－136.

3224. Д.П. 博洛京：《中世纪晚期（13－17 世纪）阿穆尔河上游地区的民族文化情形》，历史学副博士论文作者文摘，俄罗斯科学院西伯利亚分院考古与民族研究所，新西伯利亚，1995 年，17 页。

Болотин Д.П. Этнокультурная ситуация на Верхнем Амуре в эпоху позднего средневековья (XIII — XVII века): Автореф. дис. ⋯ канд. ист. наук / РАН. СО. ИАЭ. — Новосибирск, 1995. — 17 с.

3225. Д.П. 博洛京：《弗拉基米罗夫卡考古学文化中的通古斯人、蒙古人成分》//《北太平洋考古学》，符拉迪沃斯托克，1996 年，第 85－92 页。

Болотин Д.П. Тунгусские и монгольские элементы во владимировской археологической культуре // Археология Северной Пасифики. — Владивосток, 1996. — С. 85－92.

3226. Д.П. 博洛京：《阿穆尔河沿岸米哈伊洛夫卡文化的起源问题》//《东亚的传统文化》，布拉戈维申斯克，1999 年，第 2 集，第 109－120 页。

Болотин Д.П. Проблемы генезиса михайловской культуры Приамурья // Традиционная культура востока Азии. — Благовещенск, 1999. — Вып. 2. — С. 109 - 120.

3227. **Д.П. 博洛京**：《14 - 17 世纪阿穆尔河上游地区民族的宗教观（根据考古学资料）》//《布拉戈维申斯克国立师范学院学报》，布拉戈维申斯克，1999 年第 18 卷第 2 集：《人文科学》，第 19 - 27 页。

Болотин **Д.П.** Религиозные воззрения этносов Верхнего Приамурья в XIV — XVII веках (по археологическим источникам) // Учен. зап. Благовещ. гос. пед. ун-та. — Благовещенск, 1999. — Т. 18, вып. 2: Гуманит. науки. — С. 19 - 27.

3228. **И.А. 博洛季娜、А.А. 克罗列维茨基**：《（阿穆尔州）奥西诺沃耶湖地区的靺鞨遗址》//《西伯利亚古代理论民族学·1990 年 3 月 29 - 31 日第 30 次大学生区域考古会议报告纲要》，伊尔库茨克，1990 年，第 190 - 192 页。

Болотина И.А., Кролевецкий А.А. Мохэское поселение у озера Осиновое: [Амур. обл.] // Палеоэтнология Сибири: Тез. докл. к XXX регион. археол. студ. конф. 29 - 31 марта 1990 г. — Иркутск, 1990. — С. 190 - 192.

3229. **Д.Л. 布罗江斯基**：《克拉斯诺亚罗夫斯科耶城址出土的神话题材铜镜》//《中世纪时代远东民族的民族文化关系资料》，符拉迪沃斯托克，1988 年，第 79 - 83 页。

Бродянский Д.Л. Бронзовое зеркало с мифологическим сюжетом из Краснояровского городища // Материалы по этнокультурным связям народов Дальнего Востока в средние века. — Владивосток, 1988. — С. 79 - 83.

3230. **Ю.М. 瓦西里耶夫、Э.В. 沙弗库诺夫**：《卢达尼科沃山岗墓地》//《1971 年考古发现》，莫斯科，1972 年，第 303 - 304 页。

Васильев Ю.М., Шавкунов Э.В. Могильник Луданникова Сопка // АО, 1971. — М., 1972. — С. 303 - 304.

3231. **Ю.М. 瓦西里耶夫**：《涅韦利斯克村附近柞树岗墓地》//《远东史资料》，符拉迪沃斯托克，1974 年，第 175 - 181 页。

Васильев Ю.М. Могильник Дубовая Релка у с. Невельского // Материалы по истории Дальнего Востока. — Владивосток, 1974. — С. 175 - 181.

3232. **Ю.М. 瓦西里耶夫**：《"卢达尼科沃山岗"墓地》//《1973 年考古发现》，莫斯科，1974 年，第 185 页。

Васильев Ю.М. Могильник 《Луданникова сопка》 // АО, 1973. — М., 1974. — С. 185.

3233. **Ю.М. 瓦西里耶夫、Т.А. 瓦西里耶娃**：《"卢达尼科沃山岗"墓地发掘》//《1974 年考古发现》，莫斯科，1975 年，第 193 - 194 页。

Васильев Ю.М., Васильева Т.А. Раскопки могильника 《Луданникова сопка》 // АО, 1974. — М., 1975. — С. 193 - 194.

3234. **Ю.М. 瓦西里耶夫、Т.А. 瓦西里耶娃**：《阿穆尔河下游地区考察》//《1975 年考古发现》，莫斯科，1976 年，第 225 页。

Васильев Ю.М., Васильева Т.А. Исследования на Нижнем Амуре // АО, 1975. — М., 1976. — С. 225.

3235. **Ю.М. 瓦西里耶夫、Т.А. 瓦西里耶娃**：《阿穆尔河下游地区考察》//《1977 年考古发现》，莫斯科，1978 年，第 214－215 页。

Васильев Ю.М., Васильева Т.А. Исследования на Нижнем Амуре // АО, 1977. — М., 1978. — С. 214－215.

3236．**Ю.М. 瓦西里耶夫**：《卢达尼科沃山岗墓地出土的镞》//《苏联远东古代史的考古资料》，符拉迪沃斯托克，1978 年，第 118－126 页。

Васильев Ю.М. Наконечники стрел из могильника Луданникова сопка // Археологические материалы по древней истории Дальнего Востока СССР. — Владивосток, 1978. — С. 118－126.

3237．**Ю.М. 瓦西里耶夫**：《阿纽伊河考察》//《1980 年考古发现》，莫斯科，1981 年，第 170 页。

Васильев Ю.М. Исследования на р. Анюй // АО, 1980. — М., 1981. — С. 170.

3238．**Ю.М. 瓦西里耶夫**：《早期中世纪时代阿穆尔河下游地区居民的葬式（根据卢达尼科沃山岗墓地资料)》//《苏联远东考古学资料》，符拉迪沃斯托克，1981 年，第 71－83 页。

Васильев Ю.М. Погребальный обряд у населения Нижнего Амура в эпоху раннего средневековья（по материалам могильника Луданникова сопка）// Материалы по археологии Дальнего Востока СССР. — Владивосток, 1981. — С. 71－83.

3239．**Ю.М. 瓦西里耶夫、Э.В. 沙弗库诺夫**：《卢达尼科沃山岗墓地》//《西伯利亚、远东考古学》，东京，1982 年第 2 卷：《滨海地区》，第 409－410 页，日文。

Васильев Ю.М., Шавкунов Э.В. Могильник Луданникова сопка // Археология Сибири и Дальнего Востока. — Токио, 1982. — Т. 2: Приморье. — С. 409－410. — Яп. яз.

3240．**Ю.М. 瓦西里耶夫**：《阿穆尔河下游地区考察》//《1981 年考古发现》，莫斯科，1983 年，第 191－192 页。

Васильев Ю.М. Исследования на Нижнем Амуре // АО, 1981. — М., 1983. — С. 191－192.

3241．**Ю.М. 瓦西里耶夫**：《论 11－12 世纪阿穆尔河沿岸居民的民族特征问题》//《苏联远东南部及其毗邻地区古代、中世纪考古学资料》，符拉迪沃斯托克，1983 年，第 141－153 页。

Васильев Ю.М. К вопросу об этнической характеристике населения Приамурья в XI — XII вв. // Материалы по древней и средневековой археологии юга Дальнего Востока СССР и смежных территорий. — Владивосток, 1983. — С. 141－153.

3242．**Ю.М. 瓦西里耶夫**：《阿纽伊、乌尔马河流域考察》//《1982 年考古发现》，莫斯科，1984 年，第 192－193 页。

Васильев Ю.М. Исследования на Анюе и Урми // АО, 1982. — М., 1984. — С. 192－193.

3243．**Ю.М. 瓦西里耶夫**：《贝斯特拉亚河支流的墓地》//《纪念阿尔谢尼耶夫报告会·报告、议程纲要》，哈巴罗夫斯克，1984 年，第 33－36 页。

Васильев Ю.М. Могильник на протоке Быстрая // Арсеньевские чтения: Тез. докл. и сообщ. — Хабаровск, 1984. — С. 33－36.

3244．**Ю.М. 瓦西里耶夫**：《阿穆尔河沿岸的波克罗夫卡文化》//《纪念阿尔谢尼耶夫报告会·历史学、考古学、民族学、方志学问题区域会议报告纲要》，乌苏里斯克，1985 年，第 97－99 页。

Васильев Ю.М. Покровская культура в Приамурье // Арсеньевские чтения: Тез. докл. регион. конф. по пробл. истории, археологии, этнографии и краеведения. — Уссурийск, 1985. — С. 97－99.

3245．**Ю.М. 瓦西里耶夫**：《是二次葬还是扰乱墓?》//《东亚、东南亚的历史与文化》，莫斯科，1986 年，第 2 卷，第 250－264 页。

Васильев Ю.М. Вторичный обряд или разрытые погребения? // История и культура Восточной и Юго-Восточной Азии. — М., 1986. — Ч. 2. — С. 250－264.

3246．**Ю.М. 瓦西里耶夫**：《论波克罗夫卡文化（9－12 世纪）的断代与分期问题》//《第 15 次远东学术会议："苏共第 27 次代表大会和苏联远东及亚洲国家发展问题"·报告及议程纲要》，第 4 卷，符拉迪沃斯托克，1986 年，第 47－49 页。

Васильев Ю.М. К вопросу о датировке и периодизации покровской культуры (IX — XII вв.) // XV Дальневост. науч. конф. «XXVII съезд КПСС и пробл. развития Дальнего Востока СССР и зарубеж. государств Азии»: Тез. докл. и сообщ. — Владивосток, 1986. — Вып. 4. — С. 47－49.

3247．**Ю.М. 瓦西里耶夫**：《（哈巴罗夫斯克边疆区）杰济诺湖墓地》//《1984 年考古发现》，莫斯科，科学出版社，1986 年，第 169 页。

Васильев Ю.М. Могильник Тезино озеро: [Хабаровский край] // АО, 1984. — М.: Наука, 1986. — С. 169.

3248．**Ю.М. 瓦西里耶夫**：《波克罗夫卡文化（9－12 世纪）的葬式》，历史学副博士论文作者文摘，莫斯科国立大学，莫斯科，1986 年，19 页。

Васильев Ю.М. Погребальный обряд покровской культуры (IX — XII вв.): Автореф. дис. ··· канд. ист. наук / МГУ. — М., 1986. — 19 с.

3249．**Ю.М. 瓦西里耶夫**：《克拉斯诺库罗夫卡墓地发掘》//《西伯利亚、远东古代文化遗存》，新西伯利亚、1986 年，第 178－182 页。

Васильев Ю.М. Раскопки Краснокуровского могильника // Памятники древних культур Сибири и Дальнего Востока. — Новосибирск, 1986. — С. 178－182.

3250．**Ю.М. 瓦西里耶夫**：《哈巴罗夫斯克边疆区考察》//《西伯利亚、远东古代文化遗存研究》，新西伯利亚，1987 年，第 191－193 页。

Васильев Ю.М. Исследования в Хабаровском районе // Исследования памятников древних культур Сибири и Дальнего Востока. — Новосибирск, 1987. — С. 191－193.

3251．**Ю.М. 瓦西里耶夫**：《阿穆尔河沿岸民族起源的某些问题》//《关于远东中世纪民族文化与经济的新资料》，苏联科学院远东分院历史·考古·民族研究所，预印本，符拉迪沃斯托克，1987 年，第 9－14 页。

Васильев Ю.М. Некоторые вопросы этногенеза народов Приамурья // Новые данные о культуре и хозяйстве средневековых народов Дальнего Востока / АН СССР. ДВО. ИИАЭ. — Препр. — Владивосток, 1987. — С. 9－14.

3252．**Ю.М. 瓦西里耶夫**：《阿穆尔河沿岸波克罗夫卡文化（9－13 世纪）的火葬》//《苏联远东中世纪考古学新资料》，符拉迪沃斯托克，1989 年，第 26－38 页。

Васильев Ю.М. Кремации в покровской культуре Приамурья (IX — XIII вв. н.э.) // Новые материалы по средневековой археологии Дальнего Востока СССР. — Владивосток, 1989. — С. 26－38.

3253．**Ю.М. 瓦西里耶夫**：《库尔河上游地区的波克罗夫卡文化新墓地》//《远东、外贝加尔中世纪考古学资料》，苏联科学院远东分院历史·考古·民族研究所，预印本，符拉迪沃斯托克，1989 年，第 23－25 页。

Васильев Ю. М. Новый могильник покровской культуры в верховьях р. Кур // Материалы по средневековой археологии Дальнего Востока и Забайкалья АН СССР. ДВО. ИИАЭ. — Препр. — Владивосток, 1989. — С. 23－25.

3254. Ю. М. 瓦西里耶夫：《波克罗夫卡文化的火葬》//《远东考古学的新资料（中世纪资料）》，南萨哈林斯克，1989 年，第 27－31 页。

Васильев Ю. М. Обряд сожжения гроба в покровской культуре // Новое в дальневосточной археологии：（Материалы медиевистов）. — Южно-Сахалинск, 1989. — С. 27－31.

3255. Ю. М. 瓦西里耶夫：《波克罗夫卡文化（9－13 世纪）的弓、箭筒构件、镞》//《苏联远东中世纪考古学、历史学资料》，符拉迪沃斯托克，1990 年，第 70－87 页。

Васильев Ю. М. Лук, детали колчанов и наконечники стрел покровской культуры（IX — XIII вв.）// Материалы по средневековой археологии и истории Дальнего Востока СССР. — Владивосток, 1990. — С. 70－87.

3256. Ю. М. 瓦西里耶夫：《作为历史资料的波克罗夫卡文化的皮带饰品》//《远东中世纪考古学问题：文化的起源、分期、断代》，符拉迪沃斯托克，1990 年，第 122－146 页。

Васильев Ю. М. Поясные наборы покровской культуры как исторический источник // Проблемы средневековой археологии Дальнего Востока：Происхождение, периодизация, датировка культур. — Владивосток, 1990. — С. 122－146.

3257. Ю. М. 瓦西里耶夫：《尤克塔坎 1 号墓地的葬式》//《俄罗斯远东及其毗邻地区考古学新资料·第 5 次远东考古学者学术问题会议报告》，符拉迪沃斯托克，1993 年，第 65－69 页。

Васильев Ю. М. Погребальный обряд могильника Юктакан-I // Новые материалы по археологии Дальнего Востока России и смежных территорий：（Докл. V сес. Науч. - пробл. совета археологов Дальнего Востока）. — Владивосток, 1993. — С. 65－69.

3258. Ю. М. 瓦西里耶夫：《9－12 世纪波克罗夫卡文化的葬俗》//《北方民族文化交流问题历史文化研究年报》，扎晃，1993 年，第 97－100 页，日文。

Васильев Ю. М. Похоронные обычаи покровской культуры IX — XII вв. // Ежегодные отчеты по историческим культурным исследованиям по вопросам культурного обмена с народами Севера. — Саппоро, 1993. — С. 97－100. — Яп. яз.

3259. Ю. М. 瓦西里耶夫：《9－12 世纪阿穆尔河沿岸居民的经济活动》//《俄罗斯东部地区开发的历史经验·国际学术会议报告、议程纲要》，符拉迪沃斯托克，1993 年，第 1 卷，第 97－101 页。

Васильев Ю. М. Хозяйственная деятельность населения Приамурья в IX — XII вв. // Исторический опыт освоения восточных районов России：Тез. докл. и сообщ. междунар. науч. конф. — Владивосток, 1993. — Ч. 1. — С. 97－101.

3260. Ю. М. 瓦西里耶夫、T. A. 瓦西里耶娃：《波克罗夫卡文化的新型房址》//《"远东专业学者代表大会"·历史学、方志学学术汇报会·纪念哈巴罗夫斯克方志博物馆成立 100 周年会议资料》，哈巴罗夫斯克，1994 年，第 2 卷，第 5－7 页。

Васильев Ю. М., **Васильева Т. А.** Новый тип жилища покровской культуры // Съезд сведущих людей Дальнего Востока: Материалы науч. – практ. ист. – краевед. конф., посвящ. 100-летию Хабаровского краевед. музея. — Хабаровск, 1994. — Т. II. — С. 5 – 7.

3261. **Ю. М. 瓦西里耶夫**：《波克罗夫卡文化（9 - 13 世纪）墓地出土的鞋的串珠》//《俄罗斯远东中世纪研究》，符拉迪沃斯托克，1994 年，第 80 – 86 页。

Васильев Ю. М. Обувные пронизки из могильников покровской культуры（IX — XIII вв.）// Медиевистские исследования на Дальнем Востоке России. — Владивосток, 1994. — С. 80 – 86.

3262. **Ю. М. 瓦西里耶夫**：《休金斯科耶遗址灰坑发掘》//《第 7 次纪念阿尔谢尼耶夫报告会·历史学、考古学、方志学问题区域学术会议报告纲要》，乌苏里斯克，1994 年，第 242 - 245 页。

Васильев Ю. М., **Васильева Т. А.** Раскопки мусорной ямы на Щукинском поселении // VII Арсеньевские чтения: Тез. докл. регион. науч. конф. по пробл. истории, археологии и краеведения. — Уссурийск, 1994. — С. 242 – 245.

3263. **Ю. М. 瓦西里耶夫**：《（滨海边疆区帕尔季赞斯克地区谢尔耶夫卡村）瓦窑址发掘》//《1994 年考古发现》，莫斯科，1995 年，第 256 - 257 页。

Васильев Ю. М. Раскопки печей для обжига черепицы［у с. Сергеевка в Партизанском районе Приморского края］// АО, 1994. — М., 1995. — С. 256 – 257.

3264. **Ю. М. 瓦西里耶夫**：《波克罗夫卡文化的马具》//《北太平洋考古学》，符拉迪沃斯托克，1996 年，第 180 - 187 页。

Васильев Ю. М. Снаряжение верхового коня в покровской культуре // Археология Северной Пасифики. — Владивосток, 1996. — С. 180 – 187.

3265. **Ю. М. 瓦西里耶夫**：《阿穆尔河沿岸考古学中的"萧条"时期》//《考古学、民族学研究的一体化》，符拉迪沃斯托克、鄂木斯克，2000 年，第 116 - 118 页。

Васильев Ю. М. 《Глухой》 период в археологии Приамурья // Интеграция археологических и этнографических исследований. — Владивосток; Омск, 2000. — С. 116 – 118.

3266. **Ю. М. 瓦西里耶夫**：《波克罗夫卡文化的冷兵器》//《远东的历史学、考古学·纪念 Э. В. 沙弗库诺夫 70 周岁》，符拉迪沃斯托克，2000 年，第 139 - 146 页。

Васильев Ю. М. Холодное оружие покровской культуры // История и археология Дальнего Востока. К 70-летию Э. В. Шавкунова. — Владивосток, 2000. — С. 139 – 146.

3267. **Т. А. 瓦西里耶娃**：《女真人的图腾崇拜遗迹》//《苏联远东的最新考古学研究》，符拉迪沃斯托克，1976 年，第 147 - 153 页。

Васильева Т. А. Пережитки тотемизма у чжурчжэней // Новейшие археологические исследования на Дальнем Востоке СССР. — Владивосток, 1976. — С. 147 – 153.

3268. **Т. А. 瓦西里耶娃**：《女真人的火祭祀》//《苏联远东古代史的考古学资料》，符拉迪沃斯托克，1978 年，第 94 - 98 页。

Васильева Т. А. Культ огня у чжурчжэней // Археологические материалы по древней истории Дальнего Востока СССР. — Владивосток, 1978. — С. 94 – 98.

3269. **Т. А. 瓦西里耶娃**：《卢达尼科沃山岗墓地陶器上的符号》//《苏联远东考古学资料》，符拉迪沃斯托克，1981 年，第 84 - 92 页。

Васильева Т. А. Тамгообразные знаки на керамике с могильника Луданникова сопка // Материалы по археологии Дальнего Востока СССР. — Владивосток, 1981. — С. 84 - 92.

3270. **Т. А. 瓦西里耶娃**：《关于赛加城址制陶业的新资料（根据 1979 年发掘资料）》//《苏联远东南部及其毗邻地区古代和中世纪的考古学资料》，符拉迪沃斯托克，1983 年，第 80 - 86 页。

Васильева Т. А. Новые данные о гончарстве на Шайгинском городище：(По материалам раскопок 1979 г.) // Материалы по древней и средневековой археологии юга Дальнего Востока СССР и смежных территорий. — Владивосток, 1983. — С. 80 - 86.

3271. **Т. А. 瓦西里耶娃**：《滨海边疆区戈尔内胡托尔斯科耶城址工作》//《1994 年考古发现》，莫斯科，1995 年，第 257 - 258 页。

Васильева Т. А. Работы на городище Горные Хутора в Приморском крае // АО, 1994. — М., 1995. — С. 257 - 258.

3272. **Т. А. 瓦西里耶娃**：《戈尔内胡托尔城址发掘》//《1996 年考古发现》，莫斯科，1997 年，第 305 - 307 页。

Васильева Т. А. Раскопки Горнохуторского городища // АО, 1996. — М., 1997. — С. 305 - 307.

3273. **Т. А. 瓦西里耶娃**：《戈尔内胡托尔城址出土的遗物》//《远东古代映像的世界·纪念 А. П. 奥克拉德尼科夫诞辰 90 周年》，符拉迪沃斯托克，1998 年，第 155 - 158 页（《太平洋考古学》，第 10 集）。

Васильева Т. А. Находки из Горнохуторского городища // Мир древних образов на Дальнем Востоке：Девяностолетию светлой памяти А. П. Окладникова посвящ. — Владивосток, 1998. — С. 155 - 158. — (Тихоокеан. археология; Вып. 10).

3274. **Т. А. 瓦西里耶娃**：《戈尔内胡托尔城址发掘》//《1997 年考古发现》，莫斯科，1999 年，第 262 - 263 页。

Васильева Т. А. Раскопки Горнохуторского городища // АО, 1997. — М., 1999. — С. 262 - 263.

3275. **Т. А. 瓦西里耶娃**：《叶卡捷琳诺夫斯科耶城址考察》//《21 世纪的历史文化遗产：保护与利用的展望·2000 年 4 月 17 - 19 日国际遗存保护日会议报告集》，2000 年，符拉迪沃斯托克，第 25 - 27 页。

Васильева Т. А. Исследования Екатериновского городища // Культурно-историческое наследие в XXI веке：перспективы сохранения и использования：Сб. докл. конф., посвящ. Междунар. дню охраны памятников 17 - 19 апр. 2000 г. — Владивосток, 2000. — С. 25 - 27.

3276. **Т. А. 瓦西里耶娃**：《1998 年叶卡捷琳诺夫斯科耶城址考察》//《方志学通讯·纪念纳霍德卡市建市 50 周年》，纳霍德卡，2000 年，第 1 集，第 4 - 8 页。

Васильева Т. А. Исследования Екатериновского городища в 1998 году // Краевед. вестник：50-летию г. Находки посвящается. — Находка, 2000. — Вып. 1. — С. 4 - 8.

3277. **Т. А. 瓦西里耶娃**：《叶卡捷琳诺夫斯科耶城址考察》//《考古学、民族学研究的一体化》，符拉迪沃斯托克、鄂木斯克，2000 年，第 149 - 151 页。

Васильева Т. А. Исследования на Екатериновском городище // Интеграция археологических и этнографических исследований. — Владивосток; Омск, 2000. — С. 149 - 151.

3278. **Т. А. 瓦西里耶娃**：《戈尔内胡托尔城址、叶卡捷琳诺夫斯科耶城址发掘》//《1998 年考古发现》，莫斯科，2000 年，第 280 – 281 页。

Васильева Т.А. Раскопки Горнохуторского и Екатериновского городищ // АО, 1998 . — М., 2000. — С. 280 – 281.

3279. **М.В. 沃罗比耶夫**：《（远东考古考察团）伏罗希洛夫工作队 1956 年的工作》//《苏联科学院物质文化史研究所简报》，1959 年，第 73 集，第 122 – 125 页。

Воробьев М.В. О работах Ворошиловского отряда [Дальневосточной археологической экспедиции] в 1956 г. // КСИИМК. — 1959. — Вып. 73. — С. 122 – 125.

3280. **М.В. 沃罗比耶夫**：《滨海地区 8 – 13 世纪的考古遗存》//《远东、西伯利亚史学术会议·西伯利亚、远东十月革命以前考古学、民族学、人类学及历史学分会·考古学、民族学、人类学分会报告、议程纲要》，伊尔库茨克，1960 年，第 11 – 15 页。

Воробьев М.В. Археологические памятники Приморья VIII — XIII вв. // Научная конф. по истории Сибири и Дальнего Востока. Секция археологии, этнографии, антропологии и истории Сибири и Дальнего Востока доокт. периода. Подсекция археологии, этнографии и антропологии: Тез. докл. и сообщ. — Иркутск, 1960. — С. 11 – 15.

3281. **М.В. 沃罗比耶夫**：《金建国以前女真人的经济与生活方式》//《苏联地理学会报告》，1965 年，第 14 集：民族学，第 3 – 27 页。

Воробьев М.В. Хозяйство и быт чжурчжэней до образования династии Цзинь // Докл. Геогр. о-ва СССР. — 1965. — Вып. 14: Этнография. — С. 3 – 27.

3282. **М.В. 沃罗比耶夫**：《女真人的宗教观》//《苏联地理学会报告》，1966 年，第 4 集：民族学，第 61 – 82 页。

Воробьев М.В. Религиозные верования чжурчжэней // Докл. Геогр. о-ва СССР. — 1966. — Вып. 4: Этнография. — С. 61 – 82.

3283. **М.В. 沃罗比耶夫**：《滨海地区克拉斯诺亚罗夫斯科耶城堡的宫殿废墟》//《历史学 – 语文学研究·纪念 Н.И. 孔拉达院士 75 周岁文集》，莫斯科，1967 年，第 430 – 435 页。

Воробьев М.В. Развалины дворца в Краснояровской крепости в Приморье // Историко-филологические исследования: Сб. ст. к 75 – летию акад. Н.И. Конрада. — М., 1967. — С. 430 – 435.

3284. **М.В. 沃罗比耶夫**：《中世纪的民族共同体（根据女真人民族起源资料）》//《苏联地理学会报告》，1967 年，第 3 集：《民族学》，第 58 – 73 页。

Воробьев М.В. Этнос в средние века: (На материале этногенеза чжурчжэней) // Докл. Геогр. о-ва СССР. — 1967. — Вып. 3: Этнография. — С. 58 – 73.

3285. **М.В. 沃罗比耶夫**：《作为筑城设施的女真人城址》//《苏联地理学会报告》，1968 年，第 5 集：《民族学》，第 60 – 73 页。

Воробьев М.В. Городища чжурчжэней как фортификационные сооружения // Докл. Геогр. о-ва СССР. — 1968. — Вып. 5: Этнография. — С. 60 – 73.

3286. **М.В. 沃罗比耶夫**：《滨海地区克拉斯诺亚罗夫斯科耶城堡两座带有炕的建筑》//《苏联科学院考古研究所简报》，1968 年，第 114 集，第 119 – 123 页。

Воробьев М.В. Два строения с канами в Краснояровской крепости в Приморье // КСИА. — 1968. —

Вып. 114. — С. 119－123.

3287. **M.B. 沃罗比耶夫**：《关于女真人某些习俗的起源》//《苏联地理学会报告》，1968 年，第 6 集：《民族学》，第 42－51 页。

Воробьев М.В. О происхождении некоторых обычаев чжурчжэней // Докл. Геогр. о-ва СССР. — 1968. — Вып. 6: Этнография. — С. 42－51.

3288. **O.C. 加拉克季奥诺夫**：《赛加城址的冶炼作坊》//《1966 年 4 月 4－9 日第 4 次大学生会议报告纲要·历史学、语文学、经济学·新西伯利亚国立大学》，新西伯利亚，1966 年，第 39－41 页。

Галактионов О.С. Плавильная мастерская на Шайгинском городище // Тезисы докл. IV студенческой конф., 4－9 апр. 1966. История. Филология. Экономика / НГУ. — Новосибирск, 1966. — С. 39－41.

3289. **O.C. 加拉克季奥诺夫**：《赛加城址角面堡发掘》//《1968 年考古发现》，莫斯科，1969 年，第 241－242 页。

Галактионов О.С. Раскопки редута на Шайгинском городище // АО, 1968. — М., 1969. — С. 241－242.

3290. **O.C. 加拉克季奥诺夫**：《赛加城址镞的特征》//《苏联科学院远东科学中心文集·历史系列》，1971 年，第 8 卷：《远东的历史学、社会学、语文学》，第 82－84 页。

Галактионов О.С. Характеристика наконечников стрел Шайгинского городища // Тр./ АН СССР. ДВНЦ. Сер. ист. — 1971. — Т. 8: История, социология и филология Дальнего Востока. — С. 82－84.

3291. **O.C. 加拉克季奥诺夫**：《女真的两座具有军事战略意义的城址》//《苏联远东的最新考古学研究》，符拉迪沃斯托克，1976 年，第 153－156 页。

Галактионов О.С. Два чжурчжэньских городища военно-стратегического назначения // Новейшие археологические исследования на Дальнем Востоке СССР. — Владивосток, 1976. — С. 153－156.

3292. **O.C. 加拉克季奥诺夫**：《滨海地区中世纪时代矛（标枪头）的特征》//《苏联远东古代史考古学资料》，符拉迪沃斯托克，1978 年，第 99－103 页。

Галактионов О.С. Характеристика средневековых наконечников копий Приморья // Археологические материалы по древней истории Дальнего Востока СССР. — Владивосток, 1978. — С. 99－103.

3293. **O.C. 加拉克季奥诺夫**：《赛加城址角面堡发掘》//《西伯利亚、远东考古学》，东京，1982 年，第 2 卷：《滨海地区》，第 412－413 页，日文。

Галактионов О.С. Раскопки редута на Шайгинском городище // Археология Сибири и Дальнего Востока. — Токио, 1982. — Т. 2: Приморье. — С. 412－413. — Яп. яз.

3294. **O.C. 加拉克季奥诺夫**：《关于"角面堡"的定名问题》//《苏联远东南部及其毗邻地区古代和中世纪的考古学资料》，符拉迪沃斯托克，1983 年，第 107－114 页。

Галактионов О.С. К вопросу о так называемых «редутах» // Материалы по древней и средневековой археологии юга Дальнего Востока СССР и смежных территорий. — Владивосток, 1983. — С. 107－114.

3295. **O.C. 加拉克季奥诺夫**：《滨海地区中部、北部考古调查》//《西伯利亚、远东古代文化遗存研究》，新西伯利亚，1987 年，第 187－189 页。

Галактионов О.С. Археологическая разведка в центральных и северных районах Приморья // Исследования памятников древних культур Сибири и Дальнего Востока. — Новосибирск, 1987. — С. 187

－189．

3296．**Е.И. 格尔曼**：《滨海边疆区女真城址出土的黑釉陶》//《中世纪时代远东民族的民族文化关系资料》，符拉迪沃斯托克，1988 年，第 41－58 页。

Гельман Е.И. Темнополивная посуда из чжурчжэньских городищ Приморского края // Материалы по этнокультурным связям народов Дальнего Востока в средние века. — Владивосток, 1988. — С. 41－58.

3297．**Е.И. 格尔曼**：《阿纳耶夫卡城址出土的瓷器》//《苏联远东中世纪考古学新资料》，符拉迪沃斯托克，1989 年，第 65－75 页。

Гельман Е.И. Фарфоровидная （ тонкокаменная ） посуда из Ананьевского городища // Новые материалы по средневековой археологии Дальнего Востока СССР. — Владивосток, 1989. — С. 65－75.

3298．**Е.И. 格尔曼**：《渤海的釉陶与瓷器》//《苏联远东中世纪考古学、历史学资料》，符拉迪沃斯托克，1990 年，第 133－141 页。

Гельман Е.И. Поливная керамика и фарфор Бохая // Материалы по средневековой археологии и истории Дальнего Востока СССР. — Владивосток, 1990. — С. 133－141.

3299．**Е.И. 格尔曼**：《滨海边疆区女真城址出土的中国影青瓷》//《远东第 1 次青年历史学者会议》，符拉迪沃斯托克，1991 年，第 33－35 页。

Гельман Е.И. Китайский фарфор инцин из чжурчжэньских городищ Приморского края // Первая Дальневост. конф. молодых историков. — Владивосток, 1991. — С. 33－35.

3300．**Е.И. 格尔曼**：《关于多布罗波利斯科耶遗址出土的釉陶、瓷器的收藏》//《方志学通讯》，符拉迪沃斯托克，1993 年，第 1 集，第 100－102 页。

Гельман Е.И. О коллекции поливной и фарфоровой посуды из Добропольевского поселения // Краевед. вестн. — Владивосток, 1993. — Вып. 1. — С. 100－102.

3301．**Е.И. 格尔曼、И.С. 茹希霍夫斯卡娅、В.Г. 扎利夏克**：《俄罗斯远东滨海地区渤海遗址出土的釉陶器（技术层面）》//《史前史、古代史》，首尔，1993 年，第 5 卷，第 10 期，第 167－182 页。

Gel'man E.I., Zhushchikhovskaya I.S., Zalishchak B.L. Glazed Pottery from Po－Hai Sites of Primorye Region of Far East（Technological Aspects）// Prehistory and Ancient History. — Seoul, 1993. — Vol. 5, No. 10. — P. 167－182.

3302．**Е.И. 格尔曼**：《滨海地区中世纪遗存的釉陶、瓷器》，历史学副博士论文作者文摘，俄罗斯科学院远东分院历史·考古·民族研究所，符拉迪沃斯托克，1996 年，26 页。

Гельман Е.И. Глазурованная керамика и фарфор средневековых памятников Приморья：Автореф. дис. … канд. ист. наук / РАН. ДВО. ИИАЭ. — Владивосток, 1996. — 26 с.

3303．**Е.И. 格尔曼**：《作为文化属性标志的女真遗存釉陶》//《世界史背景下的俄罗斯远东：从过去到未来·国际学术会议报告、议程纲要》，符拉迪沃斯托克，1996 年，第 103－105 页。

Гельман Е.И. Глазурованная посуда чжурчжэньских памятников как признак культурной принадлежности // Дальний Восток России в контексте мировой истории: от прошлого к будущему: Тез. докл. и сообщ. междунар. науч. конф. — Владивосток, 1996. — С. 103－105.

3304．**Е.И. 格尔曼**：《马里亚诺夫卡城址出土的陶器》//《第 1 届渤海文化国际研讨会文集·纪念渤海建国 1300 年》，符拉迪沃斯托克，1996 年，第 40－42 页。

Gelman E. Ceramics of Marianovskoye Ancient Town // The First International Symposium of Bohai Culture (To the 1300 Anniversary of the Foundation of Bohai State). — Vladivostok, 1996. — P. 40－42.

3305. **Е.И. 格尔曼**：《马里亚诺夫卡城址的陶器》//《远东、中央亚细亚的考古学与理论民族学》，符拉迪沃斯托克，1998 年，第 136－151 页。

Гельман Е.И. Керамика Марьяновского городища // Археология и этнология Дальнего Востока и Центральной Азии. — Владивосток, 1998. — С. 136－151.

3306. **Е.И. 格尔曼**：《渤海的釉陶及瓷器》//《东北亚考古资料译文集·渤海专号》，哈尔滨，1998 年，第 121－124 页，中文。

Гельман Е.И. Поливная керамика и фарфор Бохая // Собрание переводных работ по археологии Северо-Восточной Азии. Бохайский вып. — Харбин, 1998. — С. 121－124. — Кит. яз.

3307. **Е.И. 格尔曼**：《渤海的釉陶与瓷器》//《魅力亚洲》，东京，1999 年 6 期，第 6－13 页，日文。

Гельман Е.И. Глазурованная керамика и фарфор в Бохае // Intriguing Asia. — Tokyo, 1999. — № 6. — С. 6－13. — Яп. яз.

3308. **Е.И. 格尔曼**：《滨海地区中世纪遗存的釉陶与瓷器》，符拉迪沃斯托克，没有出版社，1999 年，222 页。

Гельман Е.И. Глазурованная керамика и фарфор средневековых памятников Приморья. — Владивосток: Б. и., 1999. — 222 с.

3309. **Е.И. 格尔曼**：《滨海地区中世纪遗存的釉陶与瓷器》//《魅力亚洲》，东京，1999 年 6 期，第 14－24 页，日文。

Гельман Е.И. Глазурованная керамика и фарфор средневековых памятников Приморья России // Intriguing Asia. — Tokyo, 1999. — № 6. — С. 14－24. — Яп. яз.

3310. **Е.И. 格尔曼**：《戈尔巴特卡城址考察》//《渤海与日本古代国家间关系的考古学研究》，东京，1999 年，第 24－29 页，日文。

Гельман Е.И. Исследования городища Горбатка // Археологическое исследование связей между древним государством Бохай и Японией. — Токио, 1999. — С. 24－29. — Яп. яз.

3311. **Е.И. 格尔曼**：《1995 年马里亚诺夫卡城址发掘出土的陶器》//《俄罗斯滨海边疆区考古考察简报》，首尔，1999 年，第 333－356 页。

Гельман Е.И. Керамика Марьяновского городища из раскопок 1995 года // Краткий отчет об археологических исследованиях в Приморском крае России. — Сеул, 1999. — С. 333－356.

3312. **Е.И. 格尔曼**：《俄罗斯滨海地区的渤海三彩》//《1999 年关于古代釉陶、瓷器国际科技大会文集》，上海，1999 年，第 318－321 页，英文、中文。

Gelman E. Bohai Sancai from Russian Primorie // Собрание работ международного научно-технического симпозиума по древней керамике и фарфору 1999 (ISAC' 99). — Шанхай, 1999. — С. 318－321. — Англ. и кит. яз.

3313. **Е.И. 格尔曼**：《滨海地区中世纪遗址中发现的釉陶器和瓷器》//《出光美术馆馆报》，第 105

号，第 4－36 页，1999 年，日文。

Gel'man E. I. Glazed Ceramics and Porcelain Excavated from Medieval Sites in Primorye // Idemitsu Museum of Arts. — 1999. — Bulletin 105. — P. 4－36. — Яп. яз.

3314. **Е.И. 格尔曼、Б.И. 博尔金、А.Л. 伊夫里耶夫**：《克拉斯基诺城址井址发掘》//《远东的历史学、考古学·纪念 Э.В. 沙弗库诺夫 70 周岁》，符拉迪沃斯托克，2000 年，第 153－165 页。

Гельман Е.И., Болдин В.И., Ивлиев А.Л. Раскопки колодца Краскинского городища // История и археология Дальнего Востока. К 70-летию Э.В. Шавкунова. — Владивосток, 2000. — С. 153－165.

3315. **Е. 贡索维奇**：《阿穆尔河沿岸的"帽儿山"》//《西伯利亚档案》，1913 年 12 期，第 505－522 页。

Гонсович Е. Гора Шапка на реке Амуре // Сиб. архив. — 1913. — № 12. — С. 505－522.

3316. **С.В. 贡恰鲁克**：《滨海地区阿布拉莫夫卡 3 号遗址考察》//《西伯利亚古代理论民族学·1990 年 3 月 29－31 日大学生区域考古学会议报告纲要》，伊尔库茨克，1990 年，第 201－202 页。

Гончарук С.В. Исследования поселения Абрамовка 3 в Приморье // Палеоэтнология Сибири: Тез. докл. к регион. археол. студ. конф. 29－31 марта 1990 г. — Иркутск, 1990. — С. 201－202.

3317. **Э.В. 沙弗库诺夫等**：《渤海国（698－926 年）及其俄罗斯远东部落》，莫斯科，科学出版社，1994 年，219 页。

Государство Бохай (698 — 926 гг.) и племена Дальнего Востока России / Н.Г. Артемьева, В.И. Болдин, Т.А. Васильева, Е.И. Гельман, О.В. Дьякова, А.Л. Ивлиев, Л.В. Конькова, Н.Н. Крадин, В.Д. Леньков, Н.В. Лещенко, Г.Л. Силантьев, В.Э. Шавкунов, Э.В. Шавкунов. — М.: Наука, 1994. — 219 с.

3318. **Э.В. 沙弗库诺夫**等《渤海国及其俄罗斯远东部落》，中译本，长春，东北师范大学出版社，1997 年，255 页，中文。

Государство Бохай и его племена на Дальнем Востоке России: Пер. с рус. — Чанчунь: Педагогический университет Северо-Восточного Китая, 1997. — 255 с. — Кит. яз.

3319. **Ан.В. 格列比翁希科夫、С.П. 涅斯捷罗夫**：《早期中世纪时代布列亚河谷地的居民》//《远东青年社会学者学术研究的现状与发展前景·1991 年 11 月 11－15 日远东青年社会学者学术会议报告纲要》，远东青年社会学者学会，预印本，符拉迪沃斯托克，1991 年，第 79－82 页。

Гребенщиков Ан.В., Нестеров С.П. Население долины Буреи в раннем средневековье // Современное состояние и перспективы развития науч. исслед. молодых обществоведов Дальнего Востока: Тез. докл. науч. конф. молодых обществоведов Дал. Востока, сост. 11－15 нояб. 1991 г. / Дальневост. ассоц. молодых обществоведов. — Препр. — Владивосток, 1991. — С. 79－82.

3320. **Ан.В. 格列比翁希科夫、С.П. 涅斯捷罗夫**：《布列亚河地区中世纪时代的开垦地（房址的复原）》//《物质文化与考古学构拟问题》，新西伯利亚，1991 年，第 119－137 页。

Гребенщиков Ан.В., Нестеров С.П. Средневековая заимка на р. Бурее (реконструкция жилищ) // Материальная культура и проблемы археологической реконструкции. — Новосибирск, 1991. — С. 119－137.

3321. **Ан.В. 格列比翁希科夫、С.В. 阿尔金**：《关于阿穆尔河沿岸地区靺鞨陶器藏品中"独一无二"

的一件容器》//《历史与考古信息·东北亚》，长春，1997 年 1 期，第 70-75 页，中文。

Гребенщиков Ан.В.，Алкин С.В. Об одном уникальном сосуде из коллекции мохэской керамики Приамурья // Информация по истории и археологии Северо-Восточной Азии. — Чанчунь, 1997. — № 1. — С. 70-75. — Кит. яз.

3322. **О.В. 格里巴列娃、Д.П. 博洛京**：《阿穆尔州因诺肯季耶夫卡村中世纪遗址中出土的铜镜》//《大学生学术会议报告纲要·布拉戈维申斯克国立师范学院》，布拉戈维申斯克，1989 年，第 31-33 页。

Грибалева О.В.，Болотин Д.П. Бронзовое зеркало из средневекового поселения у села Иннокентьевка Амурской области // Тез. докл. студ. науч. конф. / Благовещ. гос. пед. ин-т. — Благовещенск, 1989. — С. 31-33.

3323. **Л.Н. 古谢娃、Э.В. 沙弗库诺夫**：《关于女真人一种纹饰图案的来源》//《苏联远东的最新考古学研究》，符拉迪沃斯托克，1976 年，第 143-147 页。

Гусева Л.Н.，Шавкунов Э.В. О происхождении одного орнаментального мотива у чжурчжэней // Новейшие археологические исследования на Дальнем Востоке СССР. — Владивосток, 1976. — С. 143-147.

3324. **Л.Н. 古谢娃**：《关于女真艺术中某些纹饰图案的起源》//《苏联远东古代史的考古学资料》，符拉迪沃斯托克，1978 年，第 90-93 页。

Гусева Л.Н. Об истоках некоторых орнаментальных мотивов в искусстве чжурчжэней // Археологические материалы по древней истории Дальнего Востока СССР. — Владивосток, 1978. — С. 90-93.

3325. **Л.Н. 古谢娃**：《基于祖先神灵塑像分析的女真人的服饰特点》//《苏联远东考古学资料》，符拉迪沃斯托克，1981 年，第 122-127 页。

Гусева Л.Н. К характеристике одежды чжурчжэней на основе анализа фигурок духов - предков // Материалы по археологии Дальнего Востока СССР. — Владивосток, 1981. — С. 122-127.

3326. **Л.Н. 古谢娃**：《关于阿纳耶夫卡城址陶器的一种情节纹饰》//《苏联远东考古学资料》，符拉迪沃斯托克，1981 年，第 128-131 页。

Гусева Л.Н. Об одном сюжетном рисунке на сосуде с Ананьевского городища // Материалы по археологии Дальнего Востока СССР. — Владивосток, 1981. — С. 128-131.

3327. **Л.Н. 古谢娃**：《关于滨海地区女真陶器的情节图案》//《古代文化的雕塑与纹饰》，新西伯利亚，1983 年，第 122-130 页（原始社会艺术）。

Гусева Л.Н. О сюжетных рисунках на керамике чжурчжэней Приморья // Пластика и рисунки древних культур. — Новосибирск, 1983. — С. 122-130. — (Первобыт. искусство).

3328. **Л.Н. 古谢娃**：《12-13 世纪初期滨海地区女真人小型青铜质类人塑像》//《1984 年纪念列里哈报告会·Н.К. 列里哈 100 周年、С.Н. 列里哈 80 周年·会议资料》，新西伯利亚，1985 年，第 200-208 页。

Гусева Л.Н. Бронзовая антропоморфная скульптура малых форм у чжурчжэней Приморья в XII — начале XIII в. // Рериховские чтения 1984 г.: К 100-летию Н.К. Рериха и 80-летию С.Н. Рериха: Материалы конф. — Новосибирск, 1985. — С. 200-208.

3329．**Л.Н. 古谢娃**：《滨海地区女真艺术中的莲花题材》//《第 15 次远东学术会议："苏共第 27 次代表大会和苏联远东及亚洲国家发展问题"·报告及议程纲要》，第 4 卷，符拉迪沃斯托克，1986 年，第 44 - 45 页。

Гусева Л.Н. Мотив лотоса в искусстве чжурчжэней Приморья // XV Дальневост. науч. конф. 《XXVII съезд КПСС и пробл. развития Дальнего Востока СССР и зарубеж. государств Азии》: Тез. докл. и сообщ. — Владивосток, 1986. — Вып. 4. — С. 44 - 45.

3330．**Л.Н. 古谢娃**：《12 - 13 世纪初期滨海地区女真艺术中的芍药题材》//《古代、中世纪时代的东方》，莫斯科，1987 年，第 135 - 144 页。

Гусева Л.Н. Мотив пиона в искусстве чжурчжэней Приморья XII — начала XIII в. // Древний и средневековый Восток. — М., 1987. — С. 135 - 144.

3331．**Л.Н. 古谢娃**：《12 - 13 世纪初期滨海地区女真艺术中的莲花》//《古代、中世纪时代的东方》，莫斯科，1988 年，第 2 卷，第 257 - 265 页。

Гусева Л.Н. Лотос в искусстве чжуржэней Приморья в XII — начале XIII в. // Древний и средневековый Восток. — М., 1988. — Ч. 2. — С. 257 - 265.

3332．**Л.Н. 古谢娃**：《滨海地区女真艺术的马》//《苏联远东中世纪考古学新资料》，符拉迪沃斯托克，1989 年，第 120 - 126 页。

Гусева Л.Н. Конь в искусстве чжурчжэней Приморья // Новые материалы по средневековой археологии Дальнего Востока СССР. — Владивосток, 1989. — С. 120 - 126.

3333．**Л.Н. 古谢娃**：《关于赛加城址的铃铛》//《苏联远东中世纪研究的新发现》，苏联科学院远东分院历史·考古·民族研究所，预印本，符拉迪沃斯托克，1989 年，第 25 - 29 页。

Гусева Л.Н. О бубенчиках с Шайгинского городища // Новое в изучении эпохи средневековья Дальнего Востока СССР / АН СССР. ДВО. ИИАЭ. — Препр. — Владивосток, 1989. — С. 25 - 29.

3334．**Л.Н. 古谢娃**：《滨海地区女真艺术中的虎》//《苏联远东中世纪考古学、历史学资料》，符拉迪沃斯托克，1990 年，第 166 - 169 页。

Гусева Л.Н. Тигр в искусстве чжурчжэней Приморья // Материалы по средневековой археологии и истории Дальнего Востока СССР. — Владивосток, 1990. — С. 166 - 169.

3335．**А.П. 杰列维扬科、Е.С. 博格达诺夫、С.П. 涅斯捷罗夫**：《奈费尔德墓地》，新西伯利亚，俄罗斯科学院西伯利亚分院考古与民族研究所出版社，1999 年，96 页。

Деревянко А.П., Богданов Е.С., Нестеров С.П. Могильник Найфельд. — Новосибирск: Изд - во Ин-та археологии и этнографии СО РАН, 1999. — 96 с.

3336．**Е.И. 杰列维扬科**：《阿穆尔河中游（奥西诺沃湖沿岸）断代为靺鞨晚期的遗存》//《苏联科学院西伯利亚分院院刊》，1968 年 11 期：《社会科学系列》第 3 集，第 96 - 103 页。

Деревянко Е.И. Датированный позднемохэский памятник на Среднем Амуре [на берегу Осинового озера] // ИСОАН СССР. — 1968. — № 11: Сер. обществ. наук, вып. 3. — С. 96 - 103.

3337．**Е.И. 杰列维扬科**：《阿穆尔河地区的靺鞨遗存——远东通古斯满洲民族祖先史资料》//《北亚民族的族源·会议资料》，新西伯利亚，1969 年，第 1 集，第 119 - 124 页。

Деревянко Е.И. Мохэские памятники на Амуре — источник по истории предков тунгусо-маньчжурских народов Дальнего Востока // Этногенез народов Северной Азии: Материалы конф. — Новосибирск, 1969. — Вып. 1. — С. 119－124.

3338. **Е.И. 杰列维扬科**：《扎维塔亚河流域的靺鞨城址（米哈伊洛夫卡城址）》//《苏联科学院西伯利亚分院院刊》，1969 年 11 期：《社会科学系列》第 3 集，第 86－92 页。

Деревянко Е.И. Мохэское городище на р. Завитой: [Михайловское городище] // ИСОАН СССР. — 1969. — № 11: Сер. обществ. наук, вып. 3. — С. 86－92.

3339. **Е.И. 杰列维扬科**：《米哈伊洛夫卡村靺鞨城址发掘》//《1968 年考古发现》，莫斯科，1969 年，第 235－236 页。

Деревянко Е.И. Раскопки мохэского городища у с. Михайловки // АО, 1968. — М., 1969. — С. 235－236.

3340. **Е.И. 杰列维扬科**：《特洛伊茨基村的靺鞨墓地》//《1969 年考古发现》，莫斯科，1970 年，第 208－209 页。

Деревянко Е.И. Мохэский могильник у с. Троицкого // АО, 1969. — М., 1970. — С. 208－209.

3341. **Е.И. 杰列维扬科**：《4－13 世纪靺鞨部落的经济》//《阿穆尔州方志博物馆论丛》，1970 年，第 6 卷，第 2 集，第 28－32 页。

Деревянко Е.И. Хозяйство мохэских племен в IV－VIII вв. // ЗАОМК. — 1970. — Т. 6, вып. 2. — С. 28－32.

3342. **Е.И. 杰列维扬科**：《特洛伊茨基村的靺鞨墓地》//《1970 年考古发现》，莫斯科，1971 年，第 215－216 页。

Деревянко Е.И. Мохэский могильник у с. Троицкого // АО, 1970. — М., 1971. — С. 215－216.

3343. **Е.И. 杰列维扬科**：《特洛伊茨基村的靺鞨墓地》//《1970 年田野考察总结报告纲要》，第比利斯，1971 年，第 306－307 页。

Деревянко Е.И. Мохэский могильник у с. Троицкого // Тез. докл., посвящ. итогам полевых исслед. в 1970 г. — Тбилиси, 1971. — С. 306－309.

3344. **Е.И. 杰列维扬科**：《阿穆尔州特洛伊茨基村的靺鞨墓地》//《苏联科学院西伯利亚分院院刊》，1971 年 1 期：《社会科学系列》，第 1 集，第 97－104 页。

Деревянко Е.И. Мохэский могильник у с. Троицкого Амурской области // ИСОАН СССР. — 1971. — № 1: Сер. обществ. наук, вып. 1. — С. 97－104.

3345. **Е.И. 杰列维扬科**：《扎维塔亚河流域的城址》//《西伯利亚、远东考古学资料》，新西伯利亚，1972 年，第 1 卷，第 208－317 页。

Деревянко Е.И. Городище на реке Завитой // Материалы по археологии Сибири и Дальнего Востока. — Новосибирск, 1972. — Ч. 1. — С. 208－317.

3346. **Е.И. 杰列维扬科**：《靺鞨与突厥》//《考古学者、民族学者区域会议资料·报告、议程纲要》，托木斯克，1972 年，第 7－8 页。

Деревянко Е.И. Мохэ и тюрки // Материалы зонального совещания археологов и этнографов: Тез. докл. и сообщ. — Томск, 1972. — С. 7－8.

3347. **Е.И. 杰列维扬科**：《关于靺鞨部落在阿穆尔河流域通古斯－满洲民族起源中的作用》//《西

伯利亚社会经济、文化生活概要》，新西伯利亚，1972 年，第 1 卷，第 66 - 78 页。

Деревянко Е.И. О роли мохэских племен в этногенезе тунгусо-маньчжурских народов бассейна Амура // Очерки социально-экономической и культурной жизни Сибири. — Новосибирск, 1972. — Ч. 1. — С. 66 - 78.

3348. **Е.И. 杰列维扬科**：《阿穆尔河沿岸、外贝加尔地区的部落（鞑靼时期）》//《纪念外贝加尔地区从白卫军、外国武装干涉者手中解放 50 年》，赤塔，1972 年，第 81 - 89 页。

Деревянко Е.И. Племена Приамурья и Забайкалья［в мохэское время］// 50 лет освобождения Забайкалья от белогвардейцев и иностранных интервентов. — Чита, 1972. — С. 81 - 89.

3349. **Е.И. 杰列维扬科**：《古代鞑靼战争的武器》//《远东民族的历史学、考古学、民族学》，符拉迪沃斯托克，1973 年，第 1 集，第 144 - 148 页。

Деревянко Е.И. Вооружение древнего мохэского война // История, археология и этнография народов Дальнего Востока. — Владивосток, 1973. — Вып. 1. — С. 144 - 148.

3350. **Е.И. 杰列维扬科**：《特洛伊茨基村墓地的发掘资料》//《西伯利亚、远东考古学资料》，新西伯利亚，1973 年，第 2 卷，第 115 - 223 页。

Деревянко Е.И. Материалы раскопок могильника у с. Троицкого // Материалы по археологии Сибири и Дальнего Востока. — Новосибирск, 1973. — Ч. 2. — С. 115 - 223.

3351. **Е.И. 杰列维扬科**：《鞑靼人腰带饰物中的突厥成分》//《西伯利亚、远东民族的民族起源问题·全苏会议报告纲要》，新西伯利亚，1973 年，第 85 - 87 页。

Деревянко Е.И. Тюркские компоненты в наборном поясе мохэсцев // Проблемы этногенеза народов Сибири и Дальнего Востока: Тез. докл. Всесоюз. конф. — Новосибирск, 1973. — С. 85 - 87.

3352. **Е.И. 杰列维扬科**：《源自于阿穆尔河沿岸鞑靼部落的精神文化领域》//《西伯利亚史资料·古代的西伯利亚》，新西伯利亚，1974 年，第 4 集：《西伯利亚的青铜时代、铁器时代》，第 184 - 188 页。

Деревянко Е.И. Из области духовной культуры племен мохэ Приамурья // Материалы по истории Сибири. Древняя Сибирь. — Новосибирск, 1974. — Вып. 4: Бронзовый и железный век в Сибири. — С. 184 - 188.

3353. **Е.И. 杰列维扬科**：《论公元 1 千纪后半期远东部落与中央亚细亚游牧人的古代关系问题》//《实验室考古学研究通报·克麦罗沃国立大学》，1974 年，第 5 集，第 85 - 97 页。

Деревянко Е.И. К вопросу о древних связях племен Дальнего Востока с кочевниками Центральной Азии во второй половине 1 тыс. н.э. // Изв. лаб. археол. исслед. / Кемер. гос. ун-т. — 1974. — Вып. 5. — С. 85 - 97.

3354. **Е.И. 杰列维扬科**：《阿穆尔河中游沿岸的鞑靼墓地》，历史学副博士论文作者文摘，苏联科学院西伯利亚分院历史·语文·哲学学科学术委员会联合会，新西伯利亚，1974 年，25 页。

Деревянко Е.И. Мохэские могильники Среднего Приамурья: Автореф. дис. ... канд. ист. наук / АН СССР. СО. Объед. учен. совет по ист. - филол. и филос. наукам. — Новосибирск, 1974. — 25 с.

3355. **Е.И. 杰列维扬科**：《作为与突厥联系证据之一的鞑靼腰带饰物》//《苏联科学院西伯利亚分院院刊》，1974 年 6 期：《社会科学系列》，第 2 集，第 95 - 102 页。

Деревянко Е.И. Наборный пояс мохэсцев как одно из свидетельств контактов с тюрками // ИСОАН

CCCP. — 1974. — № 6: Сер. обществ. наук, вып. 2. — С. 95 - 102.

3356．**Е.И. 杰列维扬科**：《关于靺鞨部落的葬式（以特罗伊茨基墓地为例）》//《实验室考古学研究通报·克麦罗沃国立大学》，1974 年，第 5 集，第 98 - 112 页。

Деревянко Е.И. О погребальном обряде у мохэских племен (на примере Троицкого могильника) // Изв. лаб. археол. исслед. / Кемер. гос. ун-т. — 1974. — Вып.5. — С. 98 - 112.

3357．**Е.И. 杰列维扬科**：《特罗伊茨基墓地考察》//《1974 年考古发现》，莫斯科，1975 年，第 199 - 200 页。

Деревянко Е.И. Исследования Троицкого могильника // АО, 1974. — М., 1975. — С. 199 - 200.

3358．**Е.И. 杰列维扬科**：《论靺鞨战争的武器问题》//《北亚、中央亚细亚的考古学》，新西伯利亚，1975 年，第 192 - 203 页。

Деревянко Е.И. К вопросу о вооружении мохэского воина // Археология Северной и Центральной Азии. — Новосибирск, 1975. — С. 192 - 203.

3359．**Е.И. 杰列维扬科**：《阿穆尔河中游的靺鞨遗存》，新西伯利亚，科学出版社西伯利亚分社，1975 年，250 页。

Деревянко Е.И. Мохэские памятники Среднего Амура. — Новосибирск: Наука. Сиб. отд - ние, 1975. — 250 с.

3360．**Е.И. 杰列维扬科**：《阿穆尔河特洛伊茨基村的靺鞨墓地》//《西伯利亚东北部考古学》，东京，1975 年，第 1 卷，第 385 - 394 页，日文。

Деревянко Е.И. Мохэский могильник у села Троицкого на Амуре // Археология Северо-Востока Сибири. — Токио, 1975. — Т. 1. — С. 385 - 394. — Яп. яз.

3361．**Е.И. 杰列维扬科**：《阿穆尔河中游地区晚期靺鞨遗存的分期》//《西伯利亚东北部考古学》，东京，1975 年，第 1 卷，第 395 - 403 页，日文。

Деревянко Е.И. Периодизация позднемохэских памятников на Среднем Амуре // Археология Северо-Востока Сибири. — Токио, 1975. — Т. 1. — С. 395 - 403. — Яп. яз.

3362．**Е.И. 杰列维扬科**：《扎维塔亚河地区靺鞨的防御性遗址》//《西伯利亚东北部考古学》，东京，1975 年，第 1 卷，第 377 - 384 页，日文。

Деревянко Е.И. Укрепленное мохэское поселение на реке Завитой // Археология Северо-Востока Сибири. — Токио, 1975. — Т. 1. — С. 377 - 384. — Яп. яз.

3363．**Е.И. 杰列维扬科**：《特罗伊茨基墓地》，新西伯利亚，科学出版社西伯利亚分社，1977 年，223 页。

Деревянко Е.И. Троицкий могильник. — Новосибирск: Наука. Сиб. отд - ние, 1977. — 223 с.

3364．**Е.И. 杰列维扬科**：《阿穆尔河中游地区考察》//《1977 年考古发现》，莫斯科，1978 年，第 222 页。

Деревянко Е.И. Исследования на Среднем Амуре // АО, 1977. — М., 1978. — С. 222.

3365．**Е.И. 杰列维扬科**：《公元 1 千纪时期靺鞨部落葬式的突厥因素》//《阿尔泰、西西伯利亚的古代文化》，新西伯利亚，1978 年，第 118 - 129 页。

Деревянко Е.И. Тюркские элементы в погребальном обряде мохэских племен в I тыс. н.э. //

Древние культуры Алтая и Западной Сибири. — Новосибирск, 1978. — С. 118 – 129.

3366．**Е.И. 杰列维扬科**：《阿穆尔河中游沿岸的中世纪遗存（根据 1977 年考察）》//《考古学普查（北亚）》，新西伯利亚，1980 年，第 116 – 124 页。

Деревянко Е.И. Средневековые памятники Среднего Приамурья：（По исслед. 1977 г.）// Археологический поиск：(Сев. Азия). — Новосибирск, 1980. — С. 116 – 124.

3367．**Е.И. 杰列维扬科**：《公元 1 千纪时期阿穆尔河沿岸的部落·民族史与文化纲要》，新西伯利亚，科学出版社西伯利亚分社，1981 年，332 页。

Деревянко Е.И. Племена Приамурья I тыс. н.э.：（Очерки этн. истории и культуры）. — Новосибирск：Наука. Сиб. отд – ние, 1981. — 332 с

评论：**С.А. 阿鲁秋诺夫**，刊于《苏联民族学》，1984 年 3 期，第 170 – 172 页。

Рец.：Арутюнов С.А. // СЭ. — 1984. — No 3. — С. 170 – 172.

3368．**Е.И. 杰列维扬科**：《公元 1 千纪时期阿穆尔河沿岸的部落·民族史与文化纲要》，历史学博士论文作者文摘，苏联科学院以 Н.Н. 米克鲁哈·马克拉娅命名的民族研究所，新西伯利亚，1982 年，39 页。

Деревянко Е.И. Племена Приамурья в I тыс. н.э.：（Очерки этн. истории и культуры）：Автореф. дис. ... д – ра ист. наук / АН СССР. Ин-т этнографии им. Н.Н. Миклухо-Маклая. — Новосибирск, 1982. — 39 с.

3369．**Е.И. 杰列维扬科**：《靺鞨艺术中的兽形图案》//《西伯利亚民族生活方式、文化中的传统与创新》，新西伯利亚，1983 年，第 3 – 12 页。

Деревянко Е.И. Звериный стиль в искусстве мохэ // Традиции и инновации в быту и культуре народов Сибири. — Новосибирск, 1983. — С. 3 – 12.

3370．**Е.И. 杰列维扬科**、**С.П. 涅斯捷罗夫**：《（1981 年）"帽儿山"田野考察》//《西伯利亚石器时代、金属时代考古学》，新西伯利亚，1983 年，第 64 – 84 页。

Деревянко Е.И.，Нестеров С.П. Полевые исследования на горе Шапке（1981 г.）// Археология эпохи камня и металла Сибири. — Новосибирск, 1983. — С. 64 – 84

3371．**Е.И. 杰列维扬科**：《靺鞨人的马祭祀》//《19 – 20 世纪初期西伯利亚民族的传统观念与生活方式》，新西伯利亚，1987 年，第 92 – 97 页。

Деревянко Е.И. Культ коня у мохэ // Традиционные верования и быт народов Сибири. XIX — нач. XX вв. — Новосибирск, 1987. — С. 92 – 97.

3372．**Е.И. 杰列维扬科**：《阿穆尔河沿岸部落军事概要》，新西伯利亚，科学出版社西伯利亚分社，1987 年，224 页。

Деревянко Е.И. Очерки военного дела племен Приамурья. — Новосибирск：Наука. Сиб. отд – ние, 1987. — 224 с.

3373．**Е.И. 杰列维扬科**：《黑龙江沿岸的部落》，长春，吉林文史出版社，1987 年，386 页，中文。

Деревянко Е.И. Племена Приамурья. — Чанчунь：Цзилинь вэньши чубаньшэ, 1987. — 386 с. Кит. яз.

3374．**Е.И. 杰列维扬科**：《"帽儿山"城址》//《苏联亚洲部分地区的石器时代、金属时代》，新西伯利亚，1988 年，第 110－126 页。

Деревянко Е.И. Городище на горе 《Шапка》 // Эпоха камня и палеометалла азиатской части СССР. — Новосибирск, 1988. — С. 110－126.

3375．**E.И. 杰列维扬科**：《论远东地区国家的形成》//《原始社会的社会组织与社会起因·理论、方法及诠释·全俄会议资料》，克麦罗沃，1997 年，第 92－94 页。

Деревянко Е.И. К становлению государственности на Дальнем Востоке // Социальная организация и социогенез первобытных обществ: теория, методология, интерпретация: Материалы Всерос. конф. — Кемерово, 1997. — С. 92－94.

3376．**E.И. 杰列维扬科**：《渤海与阿穆尔河沿岸》//《远东的历史学、考古学·纪念 Э.В. 沙弗库诺夫 70 周岁》，符拉迪沃斯托克，2000 年，第 115－124 页。

Деревянко Е.И. Бохай и Приамурье // История и археология Дальнего Востока. К 70-летию Э.В. Шавкунова. — Владивосток, 2000. — С. 115－124.

3377．**B.A. 杰留金**：《"泰巴赫"类型陶器的初步分类与分期（6－9 世纪)》//《俄罗斯与亚洲太平洋地区》，1998 年 2 期，第 71－80 页。

Дерюгин В.А. Керамика 《тэбаховского типа》: предварительная классификация и периодизация: ［VI — IX вв.］ // Россия и АТР. — 1998. — № 2. — С. 71-80.

3378．**B.A. 杰留金**、**C.Ф. 科希特斯耶娜**：《阿穆尔河下游地区切尔亚 3 号遗址出土的装饰有阴刻骑马人图案的粘土陶器》//《阿穆尔项目》，筑波，1999 年，第 84－87 页。日文。

Deryugin V.A., Koshitsena S.F. On the Incised Decorated Clay Object with Horseman from Chlya－3, Lower Amur Basin // Project Amur. — Tsukuba, 1999. — P. 84－87. — Яп. яз.

3379．**B.A. 杰留金**：《阿穆尔河河口地带陶器的类型学与年代学》//《物质文化》，1999 年，第 66 期，第 20－30 页，日文。

Deryugin V. The Pottery Typology and Chronology of the Amur Estuary // Material Culture. — 1999. — No. 66. — P. 20－30. — Яп. яз.

3380．**B.A. 杰留金**：《1994－1995 年（哈巴罗夫斯克边疆区）波克罗夫卡 1 号遗址考察》//《俄罗斯与亚洲太平洋地区》，2000 年 4 期，第 9－17 页。

Дерюгин В.А. Исследования на поселении Покровка－1 ［в Хабаровском крае］ в 1994－1995 гг. // Россия и АТР. — 2000. — № 4. — С. 9－17.

3381．《阿穆尔边疆区的古迹［特尔斯克悬崖］》//《考古委员会通报》，1909 年，第 38 期增刊，第 98 页。

Древности Амурского края ［на Тырском утесе］ // ИАК. — 1909. — Прибавл. к вып. 38. — С. 98.

3382．**O.B. 季亚科娃**：《论靺鞨陶器的制作技术问题（根据奈费尔德墓地资料)》//《第 9 次大学生、研究生历史学、语文学学术会议报告纲要·新西伯利亚国立大学》，新西伯利亚，1971 年，第 5－6 页。

Дьякова О.В. К вопросу о технике изготовления мохэской керамики (по материалам могильника Найфельд) // Тез. докл. 9－й науч. конф. студентов и аспирантов. История. Филология / НГУ. — Новосибирск, 1971. — С. 5－6.

3383. **О.В. 季亚科娃**：《关于靺鞨陶器制作的两种传统（根据科奇科瓦特卡、奈费尔德墓地资料）》//《第 10 次大学生历史学·语文学学术会议报告纲要·新西伯利亚国立大学》，新西伯利亚，1972 年，第 73－74 页。

Дьякова О.В. О двух традициях в изготовлении мохэской керамики（по материалам могильников Кочковатка и Найфельд）// Тез. докл. 10-й науч. студ. конф. История. Филология / НГУ. — Новосибирск, 1972. — С. 73－74.

3384. **О.В. 季亚科娃、Э.В. 沙弗库诺夫**：《阿穆尔河下游地区铁器时代的新遗存：萨卡奇－阿梁城址》//《苏联考古学》，1975 年 3 期，第 158－171 页。

Дьякова О.В., Шавкунов Э.В. Новый памятник железного века на Нижнем Амуре — городище Сакачи-Алян // СА. — 1975. — № 3. — С. 158－171.

3385. **О.В. 季亚科娃**：《关于（阿穆尔河下游）别舍纳亚支流遗存的陶器标本》//《苏联远东的最新考古学研究》，符拉迪沃斯托克，1976 年，第 44－47 页。

Дьякова О.В. О коллекции сосудов с памятника Бешенная протока（Нижний Амур）// Новейшие археологические исследования на Дальнем Востоке СССР. — Владивосток, 1976. — С. 44－47.

3386. **О.В. 季亚科娃**：《论渤海遗存差异的原因》//《东西伯利亚的考古学与民族学·学术理论会议报告纲要》，伊尔库茨克，1978 年，第 68－69 页。

Дьякова О.В. О причинах различия бохайских памятников // Археология и этнография Восточной Сибири: Тез. докл. науч-теорет. конф. — Иркутск, 1978. — С. 68－69.

3387. **О.В. 季亚科娃、В.И. 博尔金**：《尼古拉耶夫卡 2 号城址纹饰陶的分类》//《古代的西伯利亚》，新西伯利亚，1979 年，第 114－118 页。

Дьякова О.В., Болдин В.И. Классификация орнаментов гончарной керамики городища Николаевское-II // Сибирь в древности. — Новосибирск, 1979. — С. 114－118.

3388. **О.В. 季亚科娃**：《关于滨海地区中世纪开放类型、封闭类型遗存的甄别》//《滨海地区的喀斯特洞穴》，苏联科学院远东科学中心太平洋地理研究所、苏联地理学会滨海地区分会，预印本，符拉迪沃斯托克，1979 年，第 24－25 页。

Дьякова О.В. О корреляции средневековых памятников открытого и закрытого типа Приморья // Карстовые пещеры Приморья / АН СССР. ДВНЦ. ТИГ; Прим. фил. Геогр. о-ва СССР. — Препр. — Владивосток, 1979. — С. 24－25.

3389. **О.В. 季亚科娃**：《作为历史资料的苏联远东地区中世纪早期陶器（4－10 世纪）》，历史学副博士论文作者文摘，苏联科学院西伯利亚分院历史·语文·哲学研究所，新西伯利亚，1979 年，16 页。

Дьякова О.В. Раннесредневековая керамика Дальнего Востока СССР как исторический источник（IV — X вв.）: Автореф. дис. ... канд. ист. наук / АН СССР. СО. ИИФФ. — Новосибирск, 1979. — 16 с.

3390. **О.В. 季亚科娃**：《关于远东地区中世纪时代文化的相互关系（问题的提出）》//《西伯利亚、中央亚细亚考古学与民族学问题·区域会议报告纲要》，伊尔库茨克，1980 年，第 73－75 页。

Дьякова О.В. О соотношении культур эпохи средневековья на Дальнем Востоке:（К постановке пробл.）// Проблемы археологии и этнографии Сибири и Центральной Азии: Тез. докл. регион. конф. — Иркутск, 1980. — С. 73－75.

3391. **O.B. 季亚科娃、E.И. 杰列维扬科**：《论"靺鞨类型"陶器问题》//《苏联远东考古学资料》，符拉迪沃斯托克，1981年，第61－65页。

Дьякова О.В., Деревянко Е.И. К вопросу о 《типично мохэских》 сосудах // Материалы по археологии Дальнего Востока СССР. — Владивосток, 1981. — С. 61－65.

3392. **O.B. 季亚科娃**：《渤海制陶业中的靺鞨传统》//《苏联远东考古学资料》，符拉迪沃斯托克，1981年，第51－60页。

Дьякова О.В. Мохэские традиции в гончарстве бохайцев // Материалы по археологии Дальнего Востока СССР. — Владивосток, 1981. — С. 51－60.

3393. **O.B. 季亚科娃**：《米哈伊洛夫卡城址陶器的类型学及其对遗存地层学的意义》//《北亚考古学》，新西伯利亚，1982年，第76－85页。

Дьякова О.В. Типология керамики Михайловского городища и ее значение для стратиграфии памятника // Археология Северной Азии. — Новосибирск, 1982. — С. 76－85.

3394. **O.B. 季亚科娃**：《关于苏联远东中世纪时期文化区分的标准》//《关于西伯利亚考古学、民族学问题学术理论会议报告纲要》，伊尔库茨克，1983年，第97页。

Дьякова О.В. О критериях выделения средневековых культур Дальнего Востока СССР // Тезисы докл. научно-теоретической конф. по проблемам археологии и этнографии Сибири. — Иркутск, 1983. — С. 97.

3395. **O.B. 季亚科娃、C.B. 格林斯基**：《结雅河上游格拉德科夫卡岗遗址》//《苏联远东南部及其毗邻地区古代和中世纪的考古学资料》，符拉迪沃斯托克，1983年，第134－140页。

Дьякова О.В., Глинский С.В. Поселение на Гладковском бугре в верхнем течении реки Зеи // Материалы по древней и средневековой археологии юга Дальнего Востока СССР и смежных территорий. — Владивосток, 1983. — С. 134－140.

3396. **O.B. 季亚科娃**：《作为4－10世纪历史资料的苏联远东中世纪早期陶器》，莫斯科，科学出版社，1984年，205页。

Дьякова О.В. Раннесредневековая керамика Дальнего Востока СССР как исторический источник IV — X вв. — М.: Наука, 1984. — 205 с.

3397. **O.B. 季亚科娃**：《关于1千纪末至2千纪初苏联远东南部地区的两种文化阶层》//《纪念阿尔谢尼耶夫报告会·关于历史学、考古学、民族学、方志学问题区域性学术会议报告纲要》，乌苏里斯克，1985年，第100－101页。

Дьякова О.В. О двух культурных пластах на юге Дальнего Востока СССР в конце I — начале II тысячелетия // Арсеньевские чтения: Тез. докл. регион. конф. по пробл. истории, археологии, этнографии и краеведения. — Уссурийск, 1985. — С. 100－101.

3398. **O.B. 季亚科娃**：《14－15世纪时期阿穆尔河沿岸的考古收集品》//《西伯利亚、远东的古代文化遗存》，新西伯利亚，1986年，第165－169页。

Дьякова О.В. Археологическая коллекция из Приамурья XIV — XV вв. // Памятники древних культур Сибири и Дальнего Востока. — Новосибирск, 1986. — С. 165－169.

3399. **O.B. 季亚科娃**：《13－17世纪阿穆尔河沿岸居民的物质文化》//《东亚、东南亚的历史与文化》，莫斯科，1986 年，第 2 卷，第 226－249 页。

Дьякова О.В. Материальная культура населения Приамурья в XIII — XVII вв. // История и культура Восточной и Юго-Восточной Азии. — М., 1986. — Ч. 2. — С. 226－249.

3400．O.B. 季亚科娃：《关于苏联远东南部中世纪时代的发端》//《第 15 次远东学术会议："苏共第 27 次代表大会和苏联远东及亚洲国家发展问题"·报告及议程纲要》，第 4 卷，第 35－36 页，符拉迪沃斯托克，1986 年。

Дьякова О.В. О начале эпохи средневековья на юге советского Дальнего Востока // XV Дальневост. науч. конф. 《XXVII съезд КПСС и пробл. развития Дальнего Востока СССР и зарубеж. государств Азии》: Тез. докл. и сообщ. — Владивосток, 1986. — Вып. 4. — С. 35－36.

3401．O.B. 季亚科娃、B.Д. 连科夫：《作为研究滨海地区女真人手工业生产资料的拉佐城址陶器的技术－工艺特征》//《苏联远东古代生产考古学研究中的自然科学方法》，符拉迪沃斯托克，1986 年，第 130－142 页。

Дьякова О.В., Леньков В.Д. Технико-технологическая характеристика керамики Лазовского городища как источник изучения ремесленного производства чжурчжэней Приморья // Методы естественных наук в археологическом изучении древних производств на Дальнем Востоке СССР. — Владивосток, 1986. — С. 130－142.

3402．O.B. 季亚科娃、B.И. 季亚科夫：《滨海地区的靺鞨考古学文化》//《欧亚大陆草原的考古学问题·会议报告纲要》，克麦罗沃，1987 年，第 2 卷，第 191－193 页。

Дьякова О.В., Дьяков В.И. Мохэская археологическая культура в Приморье // Проблемы археологии степной Евразии: Тез. докл. [конф.]. — Кемерово, 1987. — Ч. 2. — С. 191－193.

3403．O.B. 季亚科娃、B.И. 季亚科夫：《滨海地区靺鞨文化的葬式［根据莫纳斯特尔卡 3 号墓地资料]》//《关于远东中世纪民族文化与经济的新资料》，苏联科学院远东分院历史·考古·民族研究所，预印本，符拉迪沃斯托克，1987 年，第 3－7 页。

Дьякова О.В., Дьяков В.И. Погребальный обряд мохэской культуры Приморья (по материалам могильника Монастырка – III) // Новые данные о культуре и хозяйстве средневековых народов Дальнего Востока / АН СССР. ДВО. ИИАЭ. — Препр. — Владивосток, 1987. — С. 3－7.

3404．O.B. 季亚科娃：《苏联远东的早期中世纪时代房址（资料、复原、阐释）》//《远东考古学问题》，符拉迪沃斯托克，1987 年，第 51－66 页。

Дьякова О.В. Раннесредневековые жилища Дальнего Востока СССР (источники, реконструкции, интерпретации) // Вопросы археологии Дальнего Востока. — Владивосток, 1987. — С. 51－66.

3405．O.B. 季亚科娃：《关于阿穆尔河沿岸早期中世纪文化的相互关系》//《东方的物质文化》，莫斯科，1988 年，第 2 卷，第 221－233 页。

Дьякова О.В. О корреляции раннесредневековых культур Приамурья // Материальная культура Востока. — М., 1988. — Ч. 2. — С. 221－233.

3406．O.B. 季亚科娃：《靺鞨文化特罗伊茨基类型：产生与起源》//《西伯利亚开发历史经验研究的历史编纂学、史料·1988 年 11 月 15－17 日全苏学术会报告、议程纲要》，新西伯利亚，1988 年，第 52－53 页。

Дьякова О.В. Троицкая группа мохэской культуры: (происхождение и генезис) // Историография и источники изучения исторического опыта освоения Сибири: Тез. докл. и сообщ. Всесоюз. конф. (15 - 17 нояб. 1988 г.) . — Новосибирск, 1988. — С. 52 - 53.

3407. **O.B. 季亚科娃、П.Б. 科诺瓦洛夫**：《苏联远东中世纪制陶业中的匈奴传统》//《中世纪时代远东民族的民族文化关系资料》，符拉迪沃斯托克，1988 年，第 16 - 32 页。

Дьякова О.В., Коновалов П.Б. Хуннские традиции в средневековом гончарстве Дальнего Востока СССР // Материалы по этнокультурным связям народов Дальнего Востока в средние века. — Владивосток, 1988. — С. 16 - 32.

3408. **O.B. 季亚科娃**：《滨海地区出土的泥质陶轮》//《苏联考古学》，1991 年 2 期，第 248 - 252 页。

Дьякова О.В. Глиняный гончарный круг из Приморья // CA. — 1991. — № 2. — С. 248 - 252.

3409. **O.B. 季亚科娃**：《关于中世纪时代文化研究的特点》//《作为历史资料的陶器·全苏考古学学术会议报告纲要》，古比雪夫，1991 年，第 44 - 47 页。

Дьякова О.В. Об особенностях исследованиях средневековых культур // Керамика как исторический источник: Тез. докл. всесоюз. археол. конф. — Куйбышев, 1991. — С. 44 - 47.

3410. **O.B. 季亚科娃**：《远东地区中世纪早期的房址（资料、复原及阐释）》//《历史与考古信息·东北亚》，长春，1992 年 1 期，第 25 - 26 页，中文。

Дьякова О.В. Раннесредневековые жилища Дальнего Востока (источники, реконструкции, интерпретации) //Информация по истории и археологии: Северо-Восточная Азия. — Чанчунь, — 1992. - № 1. — С. 25 - 36. — Кит. яз.

3411. **O.B. 季亚科娃、С.А. 萨克马罗夫**：《滨海地区出土的第一件石质施纹工具》//《俄罗斯与亚洲太平洋地区》，1993 年 1 期，第 142 - 143 页。

Дьякова О.В., Сакмаров С.А. Первый каменный штамп из Приморья // Россия и АТР. — 1993. — № 1. — С. 142 - 143.

3412. **O.B. 季亚科娃**：《莫纳斯特尔卡 3 号靺鞨墓地》//《古代文化》，1995 年，第 47 卷 3 期，第 37 - 46 页，日文。

Дьякова О.В., Дьяков В.И. Мохэский могильник Монастырка - 3 // Кодай бунка. — 1995. — Т. 47, № 3. — С. 37 - 46. — Яп. яз.

3413. **O.B. 季亚科娃**：《滨海地区的莫纳斯特尔卡 3 号中世纪墓地》//《1993 年西伯利亚、远东考古学者、民族学者、人类学者的田野、实验室研究成果评述》，新西伯利亚，1995 年，第 245 - 246 页。

Дьякова О.В. Средневековый могильник Монастырка - 3 в Приморье // Обозрение результатов полевых и лабораторных исслед. археологов, этнографов и антропологов Сибири и Дальнего Востока в 1993 году. — Новосибирск, 1995. — С. 245 - 246.

3414. **O.B. 季亚科娃**：《滨海地区莫纳斯特尔卡 3 号中世纪墓地考察》//《1995 年考古发现》，莫斯科，1996 年，第 328 - 329 页。

Дьякова О.В. Исследование раннесредневекового могильника Монастырка 3 в Приморье // AO, 1995. — M., 1996. — С. 328 - 329.

3415. **O.B. 季亚科娃**：《莫纳斯特尔卡 3 号靺鞨墓地》//《俄罗斯与亚洲太平洋地区》，1996 年 2 期，第 58－65 页。

Дьякова О.В. Мохэский могильник Монастырка－3 // Россия и АТР. — 1996. — № 2. — С. 58－65.

3416. **O.B. 季亚科娃、C.A. 萨克马罗夫**：《远东南部的"岬"形防御工事与区域文化起源》//《世界史背景下的俄罗斯远东：从过去到未来·国际学术会议报告、议程纲要》，符拉迪沃斯托克，1996 年，第 106－107 页。

Дьякова О.В., Сакмаров С.А. «Мысовидные» укрепления юга Дальнего Востока и культурогенез региона // Дальний Восток России в контексте мировой истории: от прошлого к будущему: Тез. докл. и сообщ. междунар. науч. конф. — Владивосток, 1996. — С. 106－107.

3417. **O.B. 季亚科娃、C.A. 萨克马罗夫**：《防御性遗址的新类型》//《俄罗斯与亚洲太平洋地区》，1996 年 3 期，第 108－111 页。

Дьякова О.В., Сакмаров С.А. Новый тип укрепленных поселений // Россия и АТР. — 1996. — № 3. — С. 108－111.

3418. **O.B. 季亚科娃**：《关于中世纪文化的区分》//《北太平洋考古学》，符拉迪沃斯托克，1996 年，第 59－75 页。

Dyakova O.V. On Definition in Separating Mediaeval Cultures // Археология Северной Пасифики. — Владивосток, 1996. — С. 59－75.

3419. **O.B. 季亚科娃**：《中世纪考古学文化架构》//《北太平洋考古学》，符拉迪沃斯托克，1996 年，第 38－40 页。

Dyakova O.V. Structuring Mediaeval Archaeological Culture // Археология Северной Пасифики. — Владивосток, 1996. — С. 38－40.

3420. **O.B. 季亚科娃、П.M. 科任**：《靺鞨同一性居民点的原则：区域分区的分期》//《原始社会的社会组织与社会起源·全俄会议资料》，克麦罗沃，1997 年，第 94－97 页。

Дьякова О.В., Кожин П.М. Принципы расселения мохэской общности: регионально-ареальная периодизация // Социальная организация и социогенез первобытных обществ: теория, методология, интерпретация: Материалы Всерос. конф. — Кемерово, 1997. — С. 94－97.

3421. **O.B. 季亚科娃**：《滨海地区渤海文化的陶器》//《东北亚考古资料译文集·渤海专号》，哈尔滨，1998 年，第 91－120 页，中文。

Дьякова О.В. Глиняные сосуды бохайской культуры в Приморье // Собрание переводных работ по археологии Северо-Восточной Азии. Бохайский вып. — Харбин, 1998. — С. 91－120. — Кит. яз.

3422. **O.B. 季亚科娃**：《滨海地区的靺鞨遗存》，符拉迪沃斯托克，远东科学出版社，1998 年，318 页。

Дьякова О.В. Мохэские памятники Приморья. — Владивосток: Дальнаука, 1998. — 318 с.

3423. **O.B. 季亚科娃**：《中世纪晚期时代的远东（根据考古学资料）》//《考古学、民族学研究的一体化》，鄂木斯克，1999 年，第 159－160 页。

Дьякова О.В. Дальний Восток в эпоху позднего средневековья (по археологическим источникам) //

Интеграция археологических и этнографических исследований. — Омск, 1999. — С. 159 – 160.

3424. **О.В.** 季亚科娃：《靺鞨陶器的制造技术和工艺》// 《1999 年关于古代釉陶、瓷器国际科技大会文集》，上海，1999 年，第 48 – 50 页，英文、中文。

Dyakova O.V. The Technique and Manufacture Technology of the Mohe Pottery // Собрание работ международного научно-технического симпозиума по древней керамике и фарфору 1999 (ISAC' 99) . — Шанхай, 1999. — С. 48 – 50. — Англ. яз., кит. яз.

3425. **О.В.** 季亚科娃、**С.А.** 萨克马罗夫：《（滨海地区）库纳列伊斯科耶城址（Куналейское городище)》// 《考古学、民族学研究的一体化·学术著述汇编》，符拉迪沃斯托克、鄂木斯克，2000 年，第 147 – 148 页。

Дьякова О.В., Сакмаров С.А. Куналейское городище［в Приморье］// Интеграция археологических и этнографических исследований: Сб. науч. тр. — Владивосток; Омск, 2000. — С. 147 – 148.

3426. **В.В.** 叶夫休科夫、**С.А.** 科米斯萨罗夫：《依据于考古学资料的女真文化》// 《远东问题》，1983 年 2 期，第 186 – 189 页。

Евсюков В.В., Комиссаров С.А. Культура чжурчжэней по археологическим источникам // Пробл. Дал. Востока. — 1983. — № 2. — С. 186 – 189.

3427. **В.В.** 叶夫休科夫、**С.А.** 科米斯萨罗夫：《从考古学资料看女真族文化》// 《辽金契丹女真史译文集》，长春，1990 年，第 1 集，第 199 – 215 页，中文。

Евсюков В.В., Комиссаров С.А. Культура чжурчжэньского этноса по археологическим материалам // Собрание работ по истории Ляо, Цзинь, киданей и чжурчжэней. — Чанчунь, 1990. — Вып. 1. — С. 199 – 215. — Кит. яз.

3428. **О.В.** 叶梅利亚诺娃：《靺鞨部落的陶器》// 《第 8 次大学生学术会议周年纪念资料·历史学、语文学·新西伯利亚大学》，新西伯利亚，1970 年，第 47 – 48 页。

Емельянова О.В. Керамика мохэских племен // Материалы 8 – й юбил. науч. студ. конф. История, филология / НГУ. — Новосибирск, 1970. — С. 47 – 48.

3429. **В.Е.** 叶尔马科夫：《青石崖遗址出土的青铜透孔腰带牌饰》// 《1985 年 10 月 17 – 19 日纪念阿尔谢尼耶夫报告会·关于历史学、考古学、民族学、方志学问题会议报告纲要》，乌苏里斯克，1985 年，第 102 – 103 页。

Ермаков В.Е. Бронзовые ажурные поясные бляхи с поселения Синие Скалы // Арсеньевские чтения: Тез. докл. регион. конф. по пробл. истории, археологии, этнографии и краеведения, 17 – 19 окт. 1985 г. — Уссурийск, 1985. — С. 102 – 103.

3430. **В.Е.** 叶尔马科夫：《滨海地区特罗伊察 5 号遗址、新谢利谢 2 号遗址靺鞨遗存考察》// 《远东南部原始社会考古学新资料》，苏联科学院远东分院历史·考古·民族研究所，预印本，符拉迪沃斯托克，1987 年，第 30 – 33 页。

Ермаков В.Е. Исследование мохэских памятников Троица – 5 и Новоселище – 2 в Приморье // Новые материалы по первобытной археологии юга Дальнего Востока / АН СССР. ДВО. ИИАЭ. — Препр. — Владивосток, 1987. — С. 30 – 33.

3431. **Н.Н.** 扎别利娜：《（1954 年）伏罗希洛夫市（乌苏里斯克市）远东考古考察团的发掘》//

《苏联滨海地区》，1955 年 19 期，第 273－280 页。

　　Забелина Н.Н. Раскопки Дальневосточной археологической экспедиции в г. Ворошилове [Уссурийске] (1954 г.) // Сов. Приморье. — 1955. — № 19. — С. 273－280.

　　3432．**Н.Н. 扎别利娜**：《源自于远东中世纪艺术领域》//《苏联考古学资料与研究》，1960 年 86 期，第 214－224 页。

　　Забелина Н.Н. Из области средневекового искусства Дальнего Востока // МИА. — 1960. — № 86. — С. 214－224.

　　3433．**Н.Н. 扎别利娜**：《论乌苏里斯克市的地形史》//《远东地理问题》，符拉迪沃斯托克，1960 年，第 4 集，第 374－390 页。

　　Забелина Н.Н. К исторической топографии г. Уссурийска // Вопросы географии Дальнего Востока. — Владивосток, 1960. — Сб. 4. — С. 374－390.

　　3434．**Н.Н. 扎伊采夫**：《（阿穆尔州）康斯坦丁诺夫卡地区新彼得罗夫卡村的中世纪城址》//《纪念阿穆尔州方志博物馆成立 100 周年学术汇报会报告纲要》，布拉戈维申斯克，1991 年，第 48、52－54 页。

　　Зайцев Н.Н. Средневековое городище у с. Новопетровка Константиновского района [Амурской области] // Тез. докл. науч－практ. конф., посвящ. 100-летию Амур. обл. краевед. музея. — Благовещенск, 1991. — С. 48, 52－54.

　　3435．**А.Н. 泽宁**：《论阿穆尔河上游地区部落的武器问题》//《西伯利亚、远东区域大学生考古会议报告纲要》，克麦罗沃，1983 年，第 78－79 页。

　　Зенин А.Н. К вопросу о вооружении племен Верхнего Амура // Тез. докл. регион. археол. конф. студентов Сибири и Дальнего Востока. — Кемерово, 1983. — С.78－79.

　　3436．**А.М. 佐洛塔列夫、А.П. 奥克拉德尼科夫**：《渤海国、契丹国、金时期的远东》//《从古代至古俄罗斯国形成时期的苏联史》，莫斯科、列宁格勒，1939 年，第 3、4 卷合刊，第 498－509 页。

　　Золотарев А.М., Окладников А.П. Дальний Восток в период Бохайского, Киданьского и Цзиньского государств // История СССР с древнейших времен до образования Древнерусского государства. — М.; Л., 1939. — Ч. 3/4. — С. 498－509.

　　3437．**Л.Н. 伊万耶夫**：《滨海边疆区丘古耶夫卡村的古迹》//《苏联考古学》，1951 年，第 15 卷，第 296－298 页。

　　Иваньев Л.Н. Древности села Чугуевки в Приморском крае // СА. — 1951. — Т. 15. — С. 296－298.

　　3438．**А.Л. 伊夫里耶夫**：《结雅河下游流域考察》//《1977 年考古发现》，莫斯科，1978 年，第 234 页。

　　Ивлиев А.Л. Исследования в нижнем течении р. Зеи // АО, 1977. — М., 1978. — С. 234.

　　3439．**А.Л. 伊夫里耶夫、Ю.Г. 尼基京**：《麦斯基城址发掘》//《1978 年考古发现》，莫斯科，1979 年，第 227－228 页。

　　Ивлиев А.Л., Никитин Ю.Г. Раскопки Майского городища // АО, 1978. — М., 1979. — С. 227－228.

　　3440．**А.Л. 伊夫里耶夫**：《麦斯基城址的瓦》//《苏联远东考古学问题》，符拉迪沃斯托克，1987

年，第 108－119 页。

Ивлиев А.Л. Черепица Майского городища // Вопросы археологии Дальнего Востока СССР. — Владивосток, 1987. — С. 108－119.

3441．А.Л. 伊夫里耶夫：《关于滨海地区出土的中世纪时期青铜砝码的新资料》//《远东中世纪考古学问题：文化的起源、分期、断代》，符拉迪沃斯托克，1990 年，第 5－18 页。

Ивлиев А.Л. Новые материалы о средневековых бронзовых дисках из Приморья // Проблемы средневековой археологии Дальнего Востока: Происхождение, периодизация, датировка культур. — Владивосток, 1990. — С. 5－18.

3442．А.Л. 伊夫里耶夫：《关于滨海地区出土的中世纪时期青铜砝码的新资料》//《北方文物》，1992 年 4 期，第 97－102 页，中文。

Ивлиев А.Л. Новые материалы о средневековых бронзовых гирях из Приморья // Бэйфан вэньу. — 1992. — № 4. — С. 97－102. — Кит. яз.

3443．А.Л. 伊夫里耶夫：《阿穆尔州谢米奥泽尔卡村附近的晚期中世纪时期遗存》//《东亚的传统文化：考古学、文化人类学》，布拉戈维申斯克，1995 年，第 55－60、223－226 页。

Ивлиев А.Л. Позднесредневековые памятники в окрестностях с. Семиозерка Амурской области // Традиционная культура Востока Азии. Археология и культурная антропология. — Благовещенск, 1995. — С. 55－60, 223－226 [ил.].

3444．А.Л. 伊夫里耶夫：《渤海之后的滨海边疆区》//《第 1 届渤海文化国际研讨会文集·纪念渤海建国 1300 年》，符拉迪沃斯托克，1996 年，第 47－48 页。

Ivliev A.L. Primorski Territory after Bohai // The First International Symposium of Bohai Culture (To the 1300 Anniversary of the Foundation of Bohai State). — Vladivostok, 1996. — P. 47－48.

3445．А.Л. 伊夫里耶夫、В.И. 博尔金、Ю.Г. 尼基京：《关于渤海城址筑城技术的新资料》//《远东、中央亚细亚的考古学与理论民族学》，符拉迪沃斯托克，1998 年，第 152－156 页。

Ивлиев А.Л., Болдин В.И., Никитин Ю.Г. Новые сведения о фортификации бохайских городищ // Археология и этнология Дальнего Востока и Центральной Азии. — Владивосток, 1998. — С. 152－156.

3446．А.Л. 伊夫里耶夫、Н.Н. 克拉金、Э.В. 沙弗库诺夫：《中世纪时代（4－17 世纪）的滨海地区》//《俄罗斯滨海地区史·各种类型普通教育制 8－9 年级教学参考书》，Ю.В. 阿尔古佳耶娃、А.Р. 阿尔杰米耶夫、Н.А. 别利亚耶娃等编著，符拉迪沃斯托克，1998 年，第 21－38 页。

Ивлиев А.Л., Крадин Н.Н., Шавкунов Э.В. Приморье в средние века (IV —XVII вв.) // История российского Приморья: Учеб. пособие для 8 — 9 кл. общеобразовательных учреждений всех типов / Ю.В. Аргудяева, А.Р. Артемьев, Н.А. Беляева и др. — Владивосток, 1998. — С. 21－38.

3447．А.Л. 伊夫里耶夫：《根据日本编年史史料看赛加城址出土的令牌》//《远东的历史学、考古学·Э.В. 沙弗库诺夫 70 周岁纪念》，符拉迪沃斯托克，2000 年，第 181－184 页。

Ивлиев А.Л. Шайгинская пайцза в свете данных японской летописи // История и археология Дальнего Востока. К 70-летию Э.В. Шавкунова. — Владивосток, 2000. — С. 181－184.

3448．В.И. 博尔金、А.Л. 伊夫里耶夫、Н.Г. 阿尔杰米耶娃、Ю.Г. 尼基京等：《滨海边疆区克拉斯基诺城址佛教寺庙址考察》//《日本海地区的古代文化联系——日俄联合考察》，东京，1995 年，第 17－18、47 页，日文。

Исследование буддийского храма на Краскинском городище в Приморском крае / **В.И. Болдин, А.Л. Ивлиев, Н.Г. Артемьева, Ю.Г. Никитин** // Древние культурные контакты в районе Японского моря — совместные японско-российские исследования. — [Токио], 1995. — С. 17–18, 47. — Яп. яз.

3449．《滨海边疆区克拉斯基诺城址佛教寺庙综合体考察》//《1994 年考古发现》，莫斯科，1995 年，第 252－253 页。

Исследования буддийского храмового комплекса на Краскинском городище в Приморском крае / **В.И. Болдин, А.Л. Ивлиев, Н.Г. Артемьева, Ю.Г. Никитин** // АО, 1994. — М., 1995. — С. 252－253.

3450．**В.И. 博尔金、А.Л. 伊夫里耶夫、Ю.Г. 尼基京、Е.И. 格尔曼**：《滨海地区锡涅利尼科沃城址考察》//《1997 年考古发现》，莫斯科，1999 年，第 259－261 页。

Исследования на Синиловском городище в Приморье / **В.И. Болдин, А.Л. Ивлиев, Ю.Г. Никитин, Е.И. Гельман** // АО, 1997. — М., 1999. — С. 259–261.

3451．**А.И. 克鲁沙诺夫等**：《苏联远东史：从原始社会时代至今；四卷，第 1 卷，第 2 本·苏联远东及毗临地区中世纪的国家·（7－13 世纪初俄罗斯人开发远东土地的历史先决条件)》，符拉迪沃斯托克，1974 年，159 页。

История Дальнего Востока СССР: (От эпохи первобытнообщинных отношений до наших дней): В 4 т. Т. 1. Кн. 2. Средневековые государства Дальнего Востока СССР и смежных территорий Азии. Исторические предпосылки открытия русскими людьми дальневосточных земель (VII — начало XIII в.): Макет / **А.И. Крушанов, В.С. Кузнецов, В.Д. Леньков, Г.В. Мелихов, Э.В. Шавкунов, С.А. Школяр.** — Владивосток, 1974. — 159 с.

3452．**В.И. 博尔金、А.Л. 伊夫里耶夫、Ю.Г. 尼基京、Е.И. 格尔曼**：《普查总结：1997 年滨海地区渤海时代考古遗存考察》//《俄罗斯与亚洲太平洋地区》，1998 年 1 期，第 65－71 页。

Итоги поиска: исследования археологических памятников эпохи Бохая в Приморье в 1997 г. / **В.И. Болдин, А.Л. Ивлиев, Ю.Г. Никитин, Е.И. Гельман** // Россия и АТР. — 1998. — № 1. — С. 65–71.

3453．**Д.П. 博洛京、Б.С. 萨普诺夫、Н.Н. 扎伊采夫、В.Г. 彼得罗夫**：《论中世纪时代阿穆尔河沿岸的民族史问题（根据考古学资料)》//《阿穆尔州方志博物馆、方志学会论丛》，1992 年，第 7 集，第 25－32 页。

К вопросу этнической истории Приамурья эпохи средневековья (по археологическим данным) / **Д.П. Болотин, Б.С. Сапунов, Н.Н. Зайцев, В.Г. Петров** // ЗАОКМОК. — 1992. — Вып. 7. — С. 25–32.

3454．**А.А. 基姆**：《乌苏里斯克市中世纪时期综合体的特点》//《第 6 次纪念阿尔谢尼耶夫报告会·关于历史学、考古学、方志学问题区域学术会议报告纲要》，乌苏里斯克，1992 年，第 168－170 页。

Ким А.А. Характеристика средневекового комплекса г. Уссурийска // VI Арсеньевские чтения: Тез. докл. регион. науч. конф. по пробл. истории, археологии и краеведения. — Уссурийск, 1992. — С. 168–170.

3455. **И.А. 基谢列娃、Д.П. 博洛京**：《符拉基米罗夫卡 1 号墓地 1 号沙丘出土的中世纪晚期时代玻璃串珠》//《大学生学术会议报告纲要·布拉戈维申斯克国立师范学院》，布拉戈维申斯克，1989 年，第 33－34 页。

Киселева И.А., **Болотин Д.П.** Стеклянные бусы эпохи позднего средневековья из могильника Владимировка I дюна I // Тез. докл. студ. науч. конф. / Благовещ. гос. пед. ин-т. — Благовещенск, 1989. — С. 33－34.

3456. **И.В. 科尔祖诺夫**：《论杏山寺庙址瓦顶的复原问题》//《俄罗斯科学院远东分院院刊》，1995 年 2 期，第 108－113 页。

Колзунов И.В. К вопросу о реконструкции черепичной кровли Абрикосовского храма // Вестн. ДВО РАН. — 1995. — № 2. — С. 108－113.

3457. **И.В. 科尔祖诺夫**：《杏山寺庙址屋顶的复原》//《北太平洋考古学》，符拉迪沃斯托克，1996 年，第 119－126 页。

Колзунов И.В. Реконструкция кровли Абрикосовского храма // Археология Северной Пасифики. — Владивосток, 1996. — С. 119－126.

3458. **С.А. 科洛米耶茨、Ю.В. 克里武利亚**：《滨海地区早期中世纪时期房址复原的某些特点（根据阿布拉莫夫卡 3 号遗址资料)》//《远东及其毗邻地区方志学问题·大学生区域学术会议与会者报告纲要·1990 年 2 月 21－22 日·布拉戈维申斯克》，布拉戈维申斯克，1990 年，第 22－24 页。

Коломиец С.А., **Кривуля Ю.В.** Некоторые особенности реконструкции раннесредневековых жилищ Приморья（по материалам памятника Абрамовка － 3）// Проблемы краеведения Дальнего Востока и сопредельных территорий: Тез. докл. участников регион. науч. студ. конф.（Благовещенск, 21 － 22 февр. 1990 г.）. — Благовещенск, 1990. — С. 22－24.

3459. **Е.И. 科洛索娃**：《远东中世纪时代（4－13 世纪）马具中马衔、马镳的发展》//《北太平洋的开发：纪念 Ф.Ф. 布谢——阿穆尔边疆区研究会第一任主席》，符拉迪沃斯托克，1996 年，第 175－184 页（《太平洋考古学》，第 8 集）。

Колосова Е.И. Развитие удил и псалий в конском снаряжении дальневосточного средневековья（IV — XIII вв.）// Освоение Северной Пацифики: Посвящ. памяти Ф.Ф. Буссе — первого Председателя О-ва изуч. Амур. края. — Владивосток, 1996. — С. 175－184. —（Тихоокеан. археология; Вып. 8）.

3460. **Л.В. 科尼科娃**：《赛加城址的青铜箭》//《苏联远东中世纪考古学新资料》，符拉迪沃斯托克，1989 年，第 127－131 页。

Конькова Л.В. Бронзовые стрелы Шайгинского городища // Новые материалы по средневековой археологии Дальнего Востока СССР. — Владивосток, 1989. — С. 127－131.

3461. **Л.В. 科尼科娃**：《阿穆尔河谷考古遗址出土的青铜器》//《金属博物馆通报》，仙台，1999 年，第 31 期，第 64－77 页。

Kon'kova L.V. The Bronzes from the Archaeological Sites at the Amur Valley // Bulletin of the Metals Museum. — Sendai, 1999. — No. 31. — P. 64－77.

3462. **В.Н. 科佩季科**：《阿昌村博洛尼斯克墓地女真人战争的墓葬》//《苏联科学院西伯利亚分院院刊》，1978 年，第 3 集：《社会科学系列》，第 11 期，第 145－147 页。

Копытько В.Н. Погребение чжурчжэньского воина в Болоньском могильнике у с. Ачан // ИСОАН СССР. — 1978. — Вып. 3: Сер. обществ. наук, № 11. — С. 145－147.

3463．**В.Н. 科佩季科**：《泰巴赫文化：某些研究结果》//《远东、西伯利亚石器时代、古金属时代遗存的研究问题》，苏联科学院远东分院历史·考古·民族研究所，预印本，符拉迪沃斯托克，1989 年，第 24－28 页。

Копытько В.Н. Тебаховская культура: (Некоторые результаты исследований) // Проблемы изучения памятников каменного века и палеометалла Дальнего Востока и Сибири / АН СССР. ДВО. ИИАЭ. — Препр. — Владивосток, 1989. — С. 24－28.

3464．**Н.Н. 克拉金、О.Г. 茨维特科夫**：《关于阿穆尔河沿岸中世纪时期土墓的相互关系》//《关于远东中世纪民族文化与经济的新资料》，苏联科学院远东分院历史·考古·民族研究所，预印本，符拉迪沃斯托克，1987 年，第 7－9 页。

Крадин Н.Н.，Цветков О.Г. О корреляции средневековых грунтовых могильников Приамурья // Новые данные о культуре и хозяйстве средневековых народов Дальнего Востока / АН СССР. ДВО. ИИАЭ. — Препр. — Владивосток, 1987. — С. 7－9.

3465．**Н.Н. 克拉金、О.Г. 茨维特科夫**：《波克罗夫卡文化墓葬的墓向研究》//《远东考古学的新发现（中世纪资料）》，南萨哈林斯克，1989 年，第 32－35 页。

Крадин Н.Н.，Цветков О.Г. Исследование ориентировок погребений покровской культуры // Новое в дальневосточной археологии: (Материалы медиевистов). — Южно-Сахалинск, 1989. — С. 32－35.

3466．**Н.Н. 克拉金**：《中世纪时代的阿穆尔河沿岸是否曾存在国家体制?》//《远东第 2 次青年历史学者会议·报告纲要》，符拉迪沃斯托克，1992 年，第 7－9 页。

Крадин Н.Н. Существовала ли государственность в Приамурье в средние века? // Вторая Дальневост. конф. молодых историков: Тез. докл. — Владивосток, 1992. — С. 7－9.

3467．**Н.Н. 克拉金**：《13－16 世纪阿穆尔河沿岸史的有争议问题》//《17－19 世纪阿穆尔河沿岸及滨海地区发现、定居、开发的历史经验·纪念 В.Д. 波亚尔科夫开始远征阿穆尔河沿岸 350 周年·国际学术会议报告、议程纲要》，符拉迪沃斯托克，1993 年，第 1 集，第 135－137 页。

Крадин Н.Н. Спорные вопросы истории Приамурья XIII — XVI веков // Исторический опыт открытия, заселения и освоения Приамурья и Приморья в XVII — XIX вв. (К 350-летию начала похода В.Д. Пояркова на Амур): Тез. докл. и сообщ. междунар. науч. конф. — Владивосток, 1993. — Ч. 1. — С. 135－137.

3468．**Н.Н. 克拉金、Ю.Г. 尼基京**：《滨海地区渤海遗址空间分布的组织形态》//《第 1 届渤海文化国际研讨会文集·纪念渤海建国 1300 年》，符拉迪沃斯托克，1996 年，第 13－15 页。

Kradin N.，Nikitin Y. Space Organization of Bohai Sites in Primorye // The First International Symposium of Bohai Culture (To the 1300 Anniversary of the Foundation of Bohai State). — Vladivostok, 1996. — P. 13－15.

3469．**В.А. 克拉明采夫、А.Р. 拉斯金、С.Н. 基谢列夫**：《阿穆尔女真有色金属、黑金属加工的某些问题》//《远东古代生产的工艺学》，苏联科学院远东分院历史·考古·民族研究所，预印本，符拉迪沃斯托克，1988 年，第 21－26 页。

Краминцев В.А. Некоторые вопросы цветной и черной металлообработки амурских чжурчжэней // Технология древних производств Дальнего Востока / АН СССР. ДВО. ИИАЭ. — Препр. — Владивосток, 1988. — С. 21－26.

3470. **B.A. 克拉明采夫、A.P. 拉斯金、C.H. 基谢列夫**：《波克罗夫卡1号遗址的保护性发掘》// 《西伯利亚考古学、民族学的最新发现·1996年12月俄罗斯科学院西伯利亚分院考古与民族研究所第4次总结年会资料》，新西伯利亚，1996年，第129－132页。

Краминцев В.А., Ласкин А.Р., Киселев С.Н. Охранные раскопки поселения Покровка－1 // Новейшие археологические и этнографические открытия в Сибири: Материалы IV Годовой итог. сес. Ин-та археологии и этнографии СО РАН. Дек. 1996 г. — Новосибирск, 1996. — С. 129－132.

3471. **B.A. 克拉明采夫、A.P. 拉斯金、C.H. 基谢列夫**：《波克罗夫卡1号遗址的保护性发掘》// 《北方文物》，1998年3期，第103－104页，中文。

Краминцев В.А., Ласкин А.Р., Киселев С.Н. Охранные раскопки поселения Покровка－1 // Бэйфан вэньу. — 1998. － № 3. — С. 103－104. — Кит. яз.

3472. **田村晃一、小嶋芳孝、大贯静夫、足立拓朗、B.И. 博尔金、A.Л. 伊夫里耶夫、Ю.Г. 尼基京、H.B. 列先科、E.И. 格尔曼**：《俄罗斯滨海边疆区渤海时代遗存考察简报》// 《青山考古》，1997年14期，第87－98页，日文。

Краткий отчет об обследовании памятников бохайской эпохи в Приморском крае России / **К. Тамура, Е. Кодзима, С. Онуки, А. Такуро, В.И. Болдин, А.Л. Ивлиев, Ю.Г. Никитин, Н.В. Лещенко, Е.И. Гельман** //Аояма ко: го. — 1997. — № 14. — С. 87－98. — Яп. яз.

3473. **Ю.В. 克里武利亚**：《（滨海地区）兴凯湖沿岸低地的靺鞨遗存》// 《方志学问题·纪念阿尔谢尼耶夫报告会会议报告纲要》，乌苏里斯克，1989年，第26－27页。

Кривуля Ю.В. Мохэские памятники Приханкайской низменности ［в Приморье］ // Проблемы краеведения: ［Тез. докл. конф.］ / Арсеньев. чтения. — Уссурийск, 1989. — С. 26－27.

3474. **Ю.В. 克里武利亚**：《（滨海地区）阿布拉莫夫卡3号遗址考古学考察》// 《远东第1次青年历史学者会议》，符拉迪沃斯托克，1991年，第28－29页。

Кривуля Ю.В. Археологические исследования на памятнике Абрамовка－3 ［в Приморье］ // Первая дальневост. конф. молодых историков. — Владивосток, 1991. — С. 28－29.

3475. **Ю.В. 克里武利亚**：《滨海地区西南部中世纪早期遗存的考古学考察》// 《俄罗斯远东考古学考察》，俄罗斯科学院远东分院历史·考古·民族研究所，预印本，符拉迪沃斯托克，1993年，第8－14、85－87页。

Кривуля Ю.В. Археологические исследования на раннесредневековых памятниках Юго-Западного Приморья // Археологические исследования на Дальнем Востоке России / РАН. ДВО. ИИАЭ. — Препр. — Владивосток, 1993. — С. 8－14, 85－87 ［ил.］.

3476. **Ю.В. 克里武利亚**：《滨海地区的早期中世纪时代房址》// 《北太平洋的开发：纪念 Ф.Ф. 布谢——阿穆尔边疆区研究会第一任主席》，符拉迪沃斯托克，1996年，第155－174页（《太平洋考古学》，第8集）。

Кривуля Ю.В. Раннесредневековые жилища Приморья // Освоение Северной Пацифики: Посвящ.

памяти Ф.Ф. Буссе — первого Председателя О - ва изуч. Амур. края. — Владивосток, 1996. — С. 155
– 174. — (Тихоокеан. археология; Вып. 8).

3477. **А. 克罗列维茨基**：《阿穆尔河上、中游地区 13－17 世纪时期的釉陶》//《大学生学术会议报
告纲要·布拉戈维申斯克国立师范学院》，布拉戈维申斯克，1989 年，第 35 页。

Кролевецкий А. Поливная керамика XIII — XVII веков Верхнего и Среднего Амура // Тез. докл.
студ. науч. конф. / Благовещ. гос. пед. ин-т. — Благовещенск, 1989. — С. 35.

3478. **С.А. 库兹米娜**：《论阿穆尔河沿岸靺鞨、女真考古学文化起源的继承性问题（根据陶器生产
的资料）》//《西伯利亚、远东的考古学、民族学问题·纪念 Н.К. 奥埃尔巴哈诞辰 100 周年暨区域性大学
生考古会议报告简介》，克拉斯诺亚尔斯克，1991 年，第 2 卷，第 90－92 页。

Кузьмина С.А. К вопросу о генетической преемственности в археологических культурах мохэ и
чжурчженей Приамурья（по материалам керамического производства）// Проблемы археологии и
этнографии Сибири и Дальнего Востока：Посвящ. 100-летию Н.К. Ауэрбаха：Крат. содерж. докл.
［регион. археол. студ. конф.］. — Красноярск, 1991. — Т. 2. — С. 90－92.

3479. **Е.И. 克恰诺夫、Э.В. 沙弗库诺夫**：《13－16 世纪的远东》//《古代西伯利亚（1 卷本，〈西
伯利亚史〉）》，**Ж.В. 安德列耶娃、З.Я. 博亚尔希诺娃、Э.А. 万盖盖姆**等编，乌兰乌德，1964 年，第
639－648 页。

Кычанов Е.И., Шавкунов Э.В. Дальний Восток в XIII — XVI веках // Древняя Сибирь：(Макет 1
тома《Истории Сибири》) / **Ж.В. Андреева, З.Я. Бояршинова, Э.А. Вангейгейм** и др. — Улан-Удэ,
1964. — С. 639－648.

3480. **Е.И. 克恰诺夫、Э.В. 沙弗库诺夫**：《13－16 世纪的远东》//《古今西伯利亚史》（5 卷本），
Ж.В. 安德列耶娃、З.Я. 博亚尔希诺娃、Э.Б. 瓦杰茨卡娅等编著，列宁格勒，1968 年，第 1 卷：《古代
的西伯利亚》，第 402－408 页。

Кычанов Е.И., Шавкунов Э.В. Дальний Восток в XIII — XVI вв. // История Сибири с древнейших
времен до наших дней：В 5 т. / **Ж.В. Андреева, З.Я. Бояршинова, Э.Б. Вадецкая** и др. — Л., 1968.
— Т. 1：Древняя Сибирь. — С. 402－408.

3481. **В.Е. 拉里切夫**：《金帝国王公墓碑的碑额》//《西伯利亚史资料·古代的西伯利亚》，新西伯
利亚，1974 年，第 4 集：《西伯利亚的青铜时代、铁器时代》，第 205－225 页。

Ларичев В.Е. Навершие памятника князю Золотой империи // Материалы по истории Сибири.
Древняя Сибирь. — Новосибирск, 1974. — Вып. 4：Бронзовый и железный век в Сибири. — С.
205－225.

3482. **В.Д. 连科夫**：《赛加城址的陶器》//《苏联远东史问题·第 4 次远东学术会议·考古学、十月
革命以前的历史学、民族学、语文学会议报告、议程纲要》，符拉迪沃斯托克，1965 年，第 2 集，
第 16 页。

Леньков В.Д. Керамика Шайгинского городища // Вопросы истории советского Дальнего Востока：
(Тез. докл. и сообщ. на IV Дальневост. науч. конф. Секция археол., ист. доокт. периода, этногр. и
филол. Владивосток, 1965. — Вып. II. — С. 16.

3483. **В.Д. 连科夫**：《赛加城址的冶铁炉遗迹》//《远东第 8 次青年学者会议·报告、议程纲要·社

会科学组》，符拉迪沃斯托克，1965 年，第 58－60 页。

Леньков В.Д. Остатки железоплавильной печи на Шайгинском городище // Восьмая конф. молодых ученых Дальнего Востока: Тез. докл. и сообщ. на секции обществ. наук. — Владивосток, 1965. — С. 58－60.

3484．**В.Д. 连科夫**：《赛加城址冶炼炉研究的初步总结》//《苏联科学院西伯利亚分院远东分部历史类著述》，1967 年，第 7 卷：《远东的历史学、考古学、民族学》，第 23－25 页。

Леньков В.Д. Предварительные итоги исследования плавильной печи на Шайгинском городище // Тр. / АН СССР. СО. ДВФ. Сер. ист. — 1967. — Т. 7: История, археология и этнография Дальнего Востока. — С. 23－25.

3485．**В.Д. 连科夫**：《论赛加城址陶器的分类问题》//《苏联科学院西伯利亚分院远东分部历史类著述》，1968 年，第 6 卷：《苏联十月革命以前历史中的苏联远东民族》，第 192－195 页。

Леньков В.Д. К вопросу классификации керамики Шайгинского городища // Тр. / АН СССР. СО. ДВФ. Сер. ист. — 1968. — Т. 6: Народы советского Дальнего Востока в дооктябрьский период истории СССР. — С. 192－195.

3486．**В.Д. 连科夫**：《普拉霍特纽金斯科耶城址考察》//《1968 年考古发现》，莫斯科，1969 年，第 242－244 页。

Леньков В.Д. Исследования на Плахотнюкинском городище // АО, 1968. — М., 1969. — С. 242－244.

3487．**В.Д. 连科夫**：《12 世纪女真人的金属生产与加工（根据赛加城址考察资料)》，历史学副博士论文作者文摘，苏联科学院西伯利亚分院历史·语文·哲学学科学术委员会联合会，符拉迪沃斯托克，1971 年，25 页。

Леньков В.Д. Производство и обработка металлов у чжурчжэней в XII в. (По материалам исследований Шайгинского городища): Автореф. дис. ··· канд. ист. наук / АН СССР. СО. Объед. учен. совет по ист. - филол. и филос. наукам. — Владивосток, 1971. — 25 с.

3488．**В.Д. 连科夫**：《11－12 世纪女真人冶金生产发展的社会 - 经济的、政治的先决条件》//《苏联科学院远东科学中心文集·历史系列》，1971 年，第 8 卷：《远东的历史学、社会学、语文学》，第 77－80 页。

Леньков В.Д. Социально-экономические и политические предпосылки развития металлургического производства у чжурчжэней в XI - XII вв. // Тр. / АН СССР. ДВНЦ. Сер. ист. — 1971. — Т. 8: История, социология и филология Дальнего Востока. — С. 77－80.

3489．**В.Д. 连科夫**：《赛加城址出土的锻造 - 钳工工具分析》//《远东史资料》，符拉迪沃斯托克，1974 年，第 169－174 页。

Леньков В.Д. Анализ кузнечно-слесарного инструментария с Шайгинского городища // Материалы по истории Дальнего Востока. — Владивосток, 1974. — С. 169－174.

3490．**В.Д. 连科夫**：《12 世纪女真人的冶金工业与金属加工（根据赛加城址考察资料)》，新西伯利亚，科学出版社西伯利亚分社，1974 年，172 页。

Леньков В.Д. Металлургия и металлообработка у чжурчжэней в XII в.: (По материалам исследований Шайгинского городища）. — Новосибирск: Наука. Сиб. отд-ние, 1974. — 172 с.

3491. **В.Д. 连科夫、Л.Е. 谢梅尼琴科、В.А. 霍列夫**：《阿尔谢尼耶夫卡河谷地中世纪早期遗址中的冶金生产遗迹》//《远东民族的历史、文化问题》，符拉迪沃斯托克，1974 年，第 2 集，第96－103 页。

Леньков В.Д., Семениченко Л.Е., Хорев В.А. Следы металлургического производства на раннесредневековом поселении в долине р. Арсеньевки // Вопросы истории и культуры народов Дальнего Востока. — Владивосток, 1974. — Вып. 2. — С. 96-103.

3492. **В.Д. 连科夫**：《拉佐城址发掘》//《1974 年考古发现》，莫斯科，1975 年，第 217－218 页。

Леньков В.Д. Раскопки Лазовского городища // АО, 1974. — М., 1975. — С. 217-218.

3493. **В.Д. 连科夫**：《关于斯卡利斯托耶城址冶金综合体研究的结果》//《苏联远东最新的考古学研究》，符拉迪沃斯托克，1976 年，第 71－82 页。

Леньков В.Д. О результатах обследования металлургического комплекса на Скалистом городище // Новейшие археологические исследования на Дальнем Востоке СССР. — Владивосток, 1976. — С. 71-82.

3494. **В.Д. 连科夫、О.С. 加拉克季奥诺夫**：《拉佐城址发掘》//《1975 年考古发现》，莫斯科，1976 年，第 257－258 页。

Леньков В.Д., Галактионов О.С. Раскопки Лазовского городища // АО, 1975. — М., 1976. — С. 257-258.

3495. **В.Д. 连科夫、О.С. 加拉克季奥诺夫**：《叶卡捷林诺夫卡城址发掘》//《1976 年考古发现》，莫斯科，1977 年，第 216－217 页。

Леньков В.Д., Галактионов О.С. Раскопки на Екатериновском городище // АО, 1976. — М., 1977. — С. 216-217.

3496. **В.Д. 连科夫**：《拉佐城址考古考察》//《苏联远东古代史的考古资料》，符拉迪沃斯托克，1978 年，第 73－82 页。

Леньков В.Д. Археологические исследования на Лазовском городище // Археологические материалы по древней истории Дальнего Востока СССР. — Владивосток, 1978. — С. 73-82.

3497. **В.Д. 连科夫、О.С. 加拉克季奥诺夫、Г.Л. 西兰季耶夫**：《叶卡捷林诺夫卡城址发掘》//《1977 年考古发现》，莫斯科，1978 年，第 249－250 页。

Леньков В.Д., Галактионов О.С., Силантьев Г.Л. Раскопки Екатериновского городища // АО, 1977. — М., 1978. — С. 249-250.

3498. **В.Д. 连科夫**：《论 12－13 世纪女真手工业者铸铁制品的特点》//《西伯利亚、太平洋流域的古代文化》，新西伯利亚，1979 年，第 182－191 页。

Леньков В.Д. К характеристике чугунных изделий чжурчжэньских ремесленников XII — XIII вв. // Древние культуры Сибири и Тихоокеанского бассейна. — Новосибирск, 1979. — С. 182-191.

3499. **В.Д. 连科夫、О.С. 加拉克季奥诺夫、Г.Л. 西兰季耶夫**：《拉佐城址发掘》//《1978 年考古发现》，莫斯科，1979 年，第 241－242 页。

Леньков В.Д., Галактионов О.С., Силантьев Г.Л. Раскопки Лазовского городища // АО, 1978. — М., 1979. — С. 241-242.

3500．**В. Д.** 连科夫：《叶卡捷林诺夫卡城址、斯卡利斯托耶城址考察》//《1980 年考古发现》，莫斯科，1981 年，第 192 页。

Леньков В. Д. Исследования Екатерининского и Скалистого городищ // АО, 1980. — М., 1981. — С. 192.

3501．**В. Д.** 连科夫：《11 世纪末至 12 世纪时期女真物质文化的某些观点（根据叶卡捷林诺夫卡城址考古资料）》//《苏联远东南部及其毗邻地区古代和中世纪的考古学资料》，符拉迪沃斯托克，1983 年，第 58－69 页。

Леньков В. Д. Некоторые аспекты материальной культуры чжурчжэней конца XI — XII вв.：（По археологическим материалам Екатериновского городища）// Материалы по древней и средневековой археологии юга Дальнего Востока СССР и смежных территорий. — Владивосток, 1983. — С. 58－69.

3502．**В. Д.** 连科夫：《拉佐城址发掘》//《1982 年考古发现》，莫斯科，1984 年，第 213－214 页。

Леньков В. Д. Раскопки Лазовского городища // АО, 1982. — М., 1984. — С. 213－214.

3503．**В. Д.** 连科夫：《女真人经济中黑色冶金的作用》//《远东民族的考古学、民族学》，符拉迪沃斯托克，1984 年，第 43－50 页。

Леньков В. Д. Роль черной металлургии в хозяйстве чжурчжэней // Археология и этнография народов Дальнего Востока. — Владивосток, 1984. — С. 43－50.

3504．**В. Д.** 连科夫：《拉佐城址发掘》//《1983 年考古发现》，莫斯科，1985 年，第 221－222 页。

Леньков В. Д. Раскопки на Лазовском городище // АО, 1983. — М., 1985. — С. 221－222.

3505．**В. Д.** 连科夫：《1984 年滨海边疆区拉佐城址的考古考察》//《西伯利亚、远东的古代文化遗存》，新西伯利亚，1986 年，第 183－186 页。

Леньков В. Д. Археологические исследования на Лазовском городище в Приморском крае в 1984 году // Памятники древних культур Сибири и Дальнего Востока. — Новосибирск, 1986. — С. 183－186.

3506．**В. Д.** 连科夫：《拉佐城址考察》//《1984 年考古发现》，莫斯科，1986 年，第 188 页。

Леньков В. Д. Исследование Лазовского городища // АО, 1984. — М., 1986. — С. 188.

3507．**В. Д.** 连科夫：《13 世纪以前的女真人冶金业》//《辽金契丹女真史研究》，1986 年 2 期，第 61－65 页，中文。

Леньков В. Д. Металлургия у чжурчжэней до XIII в. // Исследования истории Ляо, Цзинь, киданей и чжурчжэней. — 1986. — № 2. — С. 61－65. — Кит. яз.

3508．**В. Д.** 连科夫：《拉佐城址生活、生产客体研究的某些总结》//《关于远东中世纪民族文化与经济的新资料》，苏联科学院远东分院历史·考古·民族研究所，预印本，符拉迪沃斯托克，1987 年，第 21－25 页。

Леньков В. Д. Некоторые итоги изучения жилых и производственных объектов Лазовского городища // Новые данные о культуре и хозяйстве средневековых народов Дальнего Востока / АН СССР. ДВО. ИИАЭ. — Препр. — Владивосток, 1987. — С. 21－25.

3509．**В. Д.** 连科夫：《拉佐城址工作》//《1985 年考古发现》，莫斯科，1987 年，第 256－257 页。

Леньков В. Д. Работы Лазовского отряда // АО, 1985. — М., 1987. — С. 256－257.

3510．**В. Д.** 连科夫：《拉佐城址发掘》//《西伯利亚、远东古代文化遗存研究》，新西伯利亚，1987

年，第 197－200 页。

Леньков В.Д. Раскопки Лазовского городища // Исследования памятников древних культур Сибири и Дальнего Востока. — Новосибирск, 1987. — С. 197－200.

3511．В.Д. 连科夫：《12－13 世纪女真人的黑色冶金业》//《太平洋考古学概要》，符拉迪沃斯托克，1988 年，第 163－182 页。

Леньков В.Д. Черная металлургия чжурчжэней в XII — XIII вв. // Очерки тихоокеанской археологии. — Владивосток, 1988. — С. 163－182.

3512．В.Д. 连科夫、Л.П. 霍德泽维奇：《12 世纪至 13 世纪初期滨海地区女真人金属加工工具》//《苏联远东中世纪研究的新发现》，苏联科学院远东分院历史·考古·民族研究所，预印本，符拉迪沃斯托克，1989 年，第 13－18 页。

Леньков В.Д., Ходзевич Л.П. Металлообрабатывающий инструментарий чжурчжэней Приморья в XII — начале XIII в. // Новое в изучении эпохи средневековья Дальнего Востока СССР / АН СССР. ДВО. ИИАЭ. — Препр. — Владивосток, 1989. — С. 13－18.

3513．В.Д. 连科夫：《渤海人的黑色冶金业与金属加工》//《远东、外贝加尔中世纪考古学资料》，苏联科学院远东分院历史·考古·民族研究所，预印本，符拉迪沃斯托克，1989 年，第 25－39 页。

Леньков В.Д. Черная металлургия и металлообработка у бохайцев // Материалы по средневековой археологии Дальнего Востока и Забайкалья / АН СССР. ДВО. ИИАЭ. — Препр. — Владивосток, 1989. — С. 25－39.

3514．В.Д. 连科夫：《拉佐城址考古学研究》//《历史与考古信息·东北亚》，长春，1990 年 1 期，第 105－106 页，中文。

Леньков В.Д. Археологические исследования на Лазовском городище // Информация по истории и археологии: Северо-Восточная Азия. — Чанчунь, 1990. — № 1. — С. 105－106. — Кит. яз.

3515．В.Д. 连科夫、Л.П. 霍德泽维奇：《12－13 世纪滨海地区女真人的金属加工工具》//《苏联远东中世纪考古学、历史学资料》，符拉迪沃斯托克，1990 年，第 36－59 页。

Леньков В.Д., Ходзевич Л.П. Металлообрабатывающий инструментарий чжурчжэней Приморья XII — XIII вв. // Материалы по средневековой археологии и истории Дальнего Востока СССР. — Владивосток, 1990. — С. 36－59.

3516．В.Д. 连科夫、В.Э. 沙弗库诺夫：《滨海地区渤海人的铁镞》//《南西伯利亚、远东居民的军事》，新西伯利亚，1993 年，第 214－226 页。

Леньков В.Д., Шавкунов В.Э. Железные наконечники стрел бохайцев Приморья // Военное дело населения юга Сибири и Дальнего Востока. — Новосибирск, 1993. — С. 214－226.

3517．В.Д. 连科夫：《作为女真史研究资料的拉佐城资料》//《17－20 世纪阿穆尔河沿岸、滨海地区发现、定居、开发的历史经验·国际学术会议报告、议程纲要》，符拉迪沃斯托克，1993 年，第 1 集，第 140－153 页。

Леньков В.Д. Материалы Лазовского городища как источник по изучению истории чжурчжэней // Исторический опыт открытия, заселения и освоения Приамурья и Приморья в XVII — XX вв.: Междунар. науч. конф.: Тез. докл. и сообщ. — Владивосток, 1993. — Ч. 1. — С. 140－143.

3518. **В.Д. 连科夫**：《关于女真城址的社会地形学（根据拉佐城址考察资料）》//《俄罗斯东部地区开发的历史经验·国际学术会议报告、议程纲要》，符拉迪沃斯托克，1993 年，第 1 集，第 50－53 页。

Леньков В.Д. О социальной топографии чжурчжэньских городищ (по материалам исследования Лазовского городища) // Исторический опыт освоения восточных районов России：Тез. докл. и сообщ. междунар. науч. конф. — Владивосток, 1993. — Вып. 1. — С. 50－53.

3519. **В.Д. 连科夫**：《渤海的黑色冶金业：论生产的组织与工艺问题》//《俄罗斯与亚洲太平洋地区》，1993 年 1 期，第 41－54 页。

Леньков В.Д. Черная металлургия Бохая：К вопросу организации и технологии производства // Россия и АТР. — 1993. — № 1. — С. 41－54.

3520. **В.Д. 连科夫、Д.Л. 布罗江斯基**：《锡涅戈里耶出土的小舞人：滨海地区中世纪时期陶器上的纹饰图案》//《俄罗斯科学院远东分院院刊》，1995 年 6 期，第 98－103 页。

Леньков В.Д., Бродянский Д.Л. Пляшущие человечки из Синегорья：Сюжетные рисунки на средневековых сосудах в Приморье // Вестн. ДВО РАН. — 1995. — № 6. — С. 98－103.

3521. **В.Д. 连科夫**：《12－13 世纪女真人手工业生产的主要类型（根据考古学研究资料）》//《北太平洋考古学》，符拉迪沃斯托克，1996 年，第 152－160 页。

Леньков В.Д. Основные виды ремесленных производств у чжурчжэней в XII — XIII вв. (по материалам археологических исследований) // Археология Северной Пасифики. — Владивосток, 1996. — С. 152－160.

3522. **В.Д. 连科夫**：《渤海人的黑色金属冶炼业和金属加工》//《东北亚考古资料译文集·渤海专号》，哈尔滨，1998 年，第 144－150 页，中文。

Леньков В.Д. Черная металлургия и металлообработка у бохайцев // Собрание переводных работ по археологии Северо-Восточной Азии. Бохайский вып. — Харбин, 1998. — С. 144－150.

3523. **Н.В. 列先科**：《赛加城址出土鱼钩的分类》//《苏联远东考古学问题》，符拉迪沃斯托克，1987 年，第 128－133 页。

Лещенко Н.В. Классификация рыболовных крючков из Шайгинского городища // Вопросы археологии Дальнего Востока СССР. — Владивосток, 1987. — С. 128－133.

3524. **Н.В. 列先科**：《12 世纪至 13 世纪初期女真人的兽皮加工与制革（根据民族学类比资料）》//《中世纪时代远东民族的民族文化关系资料》，符拉迪沃斯托克，1988 年，第 93－99 页。

Лещенко Н.В. Выделка шкур и обработка кож у чжурчжэней в XII — начале XIII века (в свете этнографических параллелей) // Материалы по этнокультурным связям народов Дальнего Востока в средние века. — Владивосток, 1988. — С. 93－99.

3525. **Н.В. 列先科**：《滨海地区（8－13 世纪初期）中世纪遗存的鱼网坠类型》//《苏联远东中世纪考古学新资料》，符拉迪沃斯托克，1989 年，第 108－112 页。

Лещенко Н.В. Типы рыболовных грузил со средневековых памятников Приморья (VIII — начало XIII в.) // Новые материалы по средневековой археологии Дальнего Востока СССР. — Владивосток, 1989. — С. 108－112.

3526. **Н.В. 列先科、В.И. 博尔金**：《滨海地区渤海遗存的骨、角制品》//《苏联远东中世纪考古学、历史学资料》，符拉迪沃斯托克，1990 年，第 60－69 页。

Лещенко Н.В., **Болдин В.И.** Изделия из кости и рога бохайских памятников Приморья // Материалы по средневековой археологии и истории Дальнего Востока СССР. — Владивосток, 1990. — С. 60－69.

3527．**Н.В. 列先科**、**Ю.Г. 尼基京**：《波西耶特岩洞中世纪层出土的骨制品（1988－1989 年考察）》//《远东第 2 次青年历史学者会议报告纲要》，符拉迪沃斯托克，1992 年，第 54－58 页。

Лещенко Н.В., **Никитин Ю.Г.** Костяные изделия из средневековых слоев Посьетского грота (исследования 1988 — 1989 гг.) // Вторая Дальневост. конф. молодых историков: Тез. докл. — Владивосток, 1992. — С. 54－58.

3528．**Н.В. 列先科**：《滨海地区渤海遗存出土的铁刀》//《远东及其毗邻地区的民族文化史问题》，布拉戈维申斯克，1993 年，第 60－66 页。

Лещенко Н.В. Железные ножи с бохайских памятников Приморья // Проблемы этнокультурной истории Дальнего Востока и сопредельных территорий. — Благовещенск, 1993. — С. 60－66.

3529．**Н.В. 列先科**：《滨海地区女真遗存出土铁刀的类型学》//《俄罗斯远东及其毗邻地区考古学新资料·第 5 次远东考古学者学术问题会议报告》，符拉迪沃斯托克，1993 年，第 40－46 页。

Лещенко Н.В. Типология железных ножей с чжурчжэньских памятников Приморья // Новые материалы по археологии Дальнего Востока России и смежных территорий: (Докл. V сес. Науч. - пробл. совета археологов Дальнего Востока). — Владивосток, 1993. — С. 40－46.

3530．**Н.В. 列先科**：《滨海地区渤海遗存出土的泥质制品》//《远东地区中世纪史研究》，符拉迪沃斯托克，1994 年，第 69－79 页。

Лещенко Н.В. Глиняные изделия с бохайских памятников Приморья // Медиевистские исследования на Дальнем Востоке. — Владивосток, 1994. — С. 69－79.

3531．**Н.В. 列先科**：《滨海地区中世纪时代的家庭手工业》//《北太平洋考古学》，符拉迪沃斯托克，1996 年，第 145－151 页。

Лещенко Н.В. Домашние ремесла средневекового населения Приморья // Археология Северной Пасифики. — Владивосток, 1996. — С. 145－151.

3532．**Н.В. 列先科**：《狩猎经济在中世纪滨海地区人类经济结构中占据首位》//北方欧亚学会：《时事通讯》第 8 期，东京，第 11－15 页。

Leschenko N.V. Hunting in the Economic Structure of People of Primorye at Medieval Times // The Society of North－Eurasian Studies. Newsletter No. 8. — Tokyo, 1996. — P. 11－15

3533．**Н.В. 列先科**：《手工业在渤海经济结构中的地位》//《第 1 届渤海文化国际研讨会文集·纪念渤海建国 1300 年》，符拉迪沃斯托克，1996 年，第 45－46 页。

Leschenko N. The Place of Handicraft in Bohai Economy Structure // The First International Symposium of Bohai Culture (To the 1300 Anniversary of the Foundation of Bohai State). — Vladivostok, 1996. — P. 45－46.

3534．**Н.В. 列先科**、**В.И. 博尔金**：《滨海地区渤海遗存出土的骨器和角器》//《东北亚考古资料译文集·渤海专号》，哈尔滨，1998 年，第 136－143 页。

Лещенко Н.В., Болдин В.И. Изделия из кости и рога из бохайских памятников Приморья // Собрание переводных работ по археологии Северо-Восточной Азии. Бохайский вып. — Харбин, 1998. — С. 136－143.

3535. **Н.В. 列先科**：《女真人经济与生活中的木器、骨器》//《远东的历史学与考古学·纪念 Э.В. 沙弗库诺夫 70 周岁》，符拉迪沃斯托克，2000 年，第 174－180 页。

Лещенко Н.В. Предметы из дерева и кости в хозяйстве и быту чжурчжэней // История и археология Дальнего Востока. К 70-летию Э.В. Шавкунова. — Владивосток, 2000. — С. 174－180.

3536. **Г. 利托夫琴科**：《（阿穆尔州）托木河流域的考古遗存》//《大学生学术会议报告纲要·布拉戈维申斯克国立师范学院》，布拉戈维申斯克，1989 年，第 36－38 页。

Литовченко Г. Археологические памятники бассейна р. Томь［в Амурской области］// Тез. докл. студ. науч. конф. / Благовещ. гос. пед. ин-т. — Благовещенск, 1989. — С. 36－38.

3537. **Е.М. 洛桑**：《论泰巴赫文化的分期问题》//《北太平洋考古学》，符拉迪沃斯托克，1996 年，第 372－378 页。

Лосан Е.М. К вопросу о периодизации тэбаховской культуры // Археология Северной Пасифики. — Владивосток, 1996. — С. 372－378.

3538. **В.Е. 麦德维杰夫**：《肯楚河、大柞树河谷地的城址》//《1968 年考古发现》，莫斯科，1969 年，第 237 页。

Медведев В.Е. Городища в долинах рек Кенцухе и Тадуши // АО, 1968. — М., 1969. — С. 237.

3539. **В.Е. 麦德维杰夫**：《大柞树河流域肯楚河 2 号中世纪城址》//《苏联科学院西伯利亚分院院刊》，1969 年 11 期：《社会科学系列》，第 3 集，第 124－126 页。

Медведев В.Е. Средневековое городище Кенцухе II на р. Тадуши // ИСОАН СССР. — 1969. — № 11: Сер. обществ. наук, вып. 3. — С. 124－126.

3540. **В.Е. 麦德维杰夫**：《女真墓地发掘》//《1970 年考古发现》，莫斯科，1971 年，第 216－217 页。

Медведев В.Е. Раскопки чжурчжэньских могильников // АО, 1970. — М., 1971. — С. 216－217.

3541. **В.Е. 麦德维杰夫**：《哈巴罗夫斯克边疆区的女真遗存》//《新西伯利亚国立大学大学生第 10 次历史学、语文学学术会议报告纲要》，新西伯利亚，1972 年，第 70－71 页。

Медведев В.Е. Памятники чжурчжэней в Хабаровском крае // Тез. докл. 10-й науч. студ. конф. История. Филология / НГУ. — Новосибирск, 1972. — С. 70－71.

3542. **В.Е. 麦德维杰夫**：《女真陶器中的靺鞨传统》//《西伯利亚、远东民族的民族起源问题·全苏会议报告纲要》，新西伯利亚，1973 年，第 95－96 页。

Медведев В.Е. Мохэские традиции в керамике чжурчжэней // Проблемы этногенеза народов Сибири и Дальнего Востока: Тез. докл. Всесоюз. конф. — Новосибирск, 1973. — С. 95－96.

3543. **В.Е. 麦德维杰夫**：《10 世纪末至 11 世纪时期的阿穆尔女真文化（根据土坑墓资料）》，历史学副博士论文作者文摘，苏联科学院西伯利亚分院历史·语文·哲学学科学术委员会联合会，新西伯利亚，1975 年，23 页。

Медведев В.Е. Культура амурских чжурчжэней в конце X — XI веков: (По материалам грунтовых могильников）: Автореф. дис. ⋯ канд. ист. наук / АН СССР. СО. Объед. учен. совет по ист. - филол. и филос. наукам. — Новосибирск, 1975. — 23 с.

3544．**В.Е. 麦德维杰夫**：《纳杰日金斯科耶村墓地发掘资料》//《东亚的历史与文化》，新西伯利亚，1975 年，第 3 卷，第 113－142 页。

Медведев В.Е. Материалы раскопок могильника у с. Надеждинского // История и культура Востока Азии. — Новосибирск, 1975. — Т. 3. — С. 113－142.

3545．**В.Е. 麦德维杰夫**：《论阿穆尔女真的葬式》//《西伯利亚古代文化与毗邻地区文化的相互关系》，新西伯利亚，1975 年，第 296－309 页。

Медведев В.Е. О погребальных обрядах амурских чжурчжэней // Соотношение древних культур Сибири с культурами сопредельных территорий. — Новосибирск, 1975. — С. 296－309.

3546．**В.Е. 麦德维杰夫**：《纳杰日金斯科耶墓地的腰带》//《北亚、中央亚细亚的考古学》，新西伯利亚，1975 年，第 211－219 页。

Медведев В.Е. Пояса Надеждинского могильника // Археология Северной и Центральной Азии. — Новосибирск, 1975. — С. 211－219.

3547．**В.Е. 麦德维杰夫**：《关于斯米多维奇遗址两种封土墓类型的断代》//《苏联远东的最新考古学研究》，符拉迪沃斯托克，1976 年，第 121－129 页。

Медведев В.Е. О датировке двух курганных групп у пос. Смидович // Новейшие археологические исследования на Дальнем Востоке СССР. — Владивосток, 1976. — С. 121－129.

3548．**В.Е. 麦德维杰夫**：《10 世纪末至 11 世纪时期的阿穆尔女真文化（根据土坑墓资料）》，新西伯利亚，科学出版社西伯利亚分社，1977 年，224 页。

Медведев В.Е. Культура амурских чжурчжэней. Конец X — XI век: (По материалам грунтовых могильников). — Новосибирск: Наука. Сиб. отд - ние, 1977. — 224 с.

3549．**В.Е. 麦德维杰夫、В.Н. 科佩季科**：《阿穆尔河沿岸地区发掘》//《1976 年考古发现》，莫斯科，1977 年，第 223 页。

Медведев В.Е., Копытько В.Н. Раскопки в Приамурье // АО, 1976. — М., 1977. — С. 223.

3550．**В.Е. 麦德维杰夫**：《阿穆尔河沿岸中世纪考古学的新资料》//《苏联科学院西伯利亚分院院刊》，1978 年 11 期：《社会科学系列》，第 3 集，第 84－95 页。

Медведев В.Е. Новые данные по средневековой археологии Приамурья // ИСОАН СССР. — 1978. — № 11: Сер. обществ. наук, вып. 3. — С. 84－95.

评论：《科学与人类》，莫斯科，1980 年，第 374－375 页。

Рец.: Наука и человечество. — М., 1980. — С. 374－375.

3551．**В.Е. 麦德维杰夫**：《乌苏里岛工作》//《1977 年考古发现》，莫斯科，1978 年，第 258 页。

Медведев В.Е. Работы на о-ве Уссурийском // АО, 1977. — М., 1978. — С. 258.

3552．**В.Е. 麦德维杰夫**：《阿穆尔河流域考察》//《1978 年考古发现》，莫斯科，1979 年，第 251－252 页。

Медведев В.Е. Исследования на Амуре // АО, 1978. — М., 1979. — С. 251－252.

3553．**В.Е. 麦德维杰夫、В.Н. 科佩季科**：《阿穆尔河沿岸的奇尔卡墓地》//《1978 年考古发现》，莫斯科，1979 年，第 253 页。

Медведев В.Е., Копытько В.Н. Могильник Чирки в Приамурье // АО, 1978. — М., 1979. — С. 253.

3554. **В.Е. 麦德维杰夫**：《关于阿穆尔河下游地区女真文化的某些发现》//《西伯利亚、远东考古学的新资料》，新西伯利亚，1979 年，第 207－215 页。

Медведев В.Е. О некоторых находках чжурчжэньской культуры на Нижнем Амуре // Новое в археологии Сибири и Дальнего Востока. — Новосибирск, 1979. — С. 207－215.

3555. **В.Е. 麦德维杰夫**：《8 世纪末期至 11 世纪阿穆尔河沿岸通古斯语居民与突厥》//《西伯利亚及其毗邻地区突厥族的民族起源与民族历史·州会议报告纲要》，鄂木斯克，1979 年，第 94－99 页。

Медведев В.Е. Тунгусоязычное население Приамурья в конце VIII — XI вв. и тюрки // Этногенез и этническая история тюркоязычных народов Сибири и сопредельных территорий: Тез. докл. обл. конф. — Омск, 1979. — С. 94－99.

3556. **В.Е. 麦德维杰夫**：《科尔萨科沃墓地》//《1979 年考古发现》，莫斯科，1980 年，第 219－220 页。

Медведев В.Е. Корсаковский могильник // АО, 1979. — М., 1980. — С. 219－220.

3557. **В.Е. 麦德维杰夫**：《杜博沃耶村墓地——阿穆尔河中游沿岸早期女真遗存》//《（北亚）考古普查》，新西伯利亚，1980 年，第 137－192 页。

Медведев В.Е. Могильник у с. Дубового — памятник ранних чжурчжэней Среднего Приамурья // Археологический поиск: (Сев. Азия). — Новосибирск, 1980. — С. 137－192.

3558. **В.Е. 麦德维杰夫**：《1976 年乌苏里岛墓地发掘的某些结果》//《北亚考古学资料（1935－1976 年）》，新西伯利亚，1980 年，第 138－171 页。

Медведев В.Е. Некоторые результаты раскопок могильника на о-ве Уссурийском в 1976 г. // Источники по археологии Северной Азии (1935 — 1976 гг.). — Новосибирск, 1980. — С. 138－171.

3559. **В.Е. 麦德维杰夫**：《关于阿穆尔河中世纪居民艺术中的斯基泰－西伯利亚兽形图案的传统》//《斯基泰－西伯利亚历史文化的一致性·第 1 次全苏考古学会议资料》，克麦罗沃，1980 年，第 311－318 页。

Медведев В.Е. О традициях скифо-сибирского звериного стиля в искусстве средневекового населения Амура // Скифо-сибирское культурно-историческое единство: Материалы I Всесоюз. археол. конф. — Кемерово, 1980. — С. 311－318.

3560. **В.Е. 麦德维杰夫**：《科尔萨科沃墓地与阿穆尔河沿岸女真文化阐释的某些问题》//《苏联科学院西伯利亚分院院刊》，1981 年 1 期：《社会科学系列》，第 1 集，第 94－102 页。

Медведев В.Е. Корсаковский могильник и некоторые проблемы интерпретации чжурчжэньской культуры в Приамурье // ИСОАН СССР. — 1981. — № 1: Сер. обществ. наук, вып. 1. — С. 94－102.

3561. **В.Е. 麦德维杰夫**：《关于中世纪战争的头盔（科尔萨科沃墓地盔甲遗迹的隐秘）》//《西伯利亚、中央亚细亚古代部落的军事》，新西伯利亚，1981 年，第 172－184 页。

Медведев В.Е. О шлеме средневекового воина: (Тайник с остатками доспеха в Корсаковском могильнике) // Военное дело древних племен Сибири и Центральной Азии. — Новосибирск, 1981. — С.

172 – 184.

3562. **В.Е. 麦德维杰夫**：《7 – 17 世纪阿穆尔河中游平原的开发》//《过去、现在、未来的西伯利亚·全苏学术会议报告、议程纲要》，新西伯利亚，1981 年，第 3 集，第 27 – 29 页。

Медведев В.Е. Освоение среднеамурской равнины в VII — XVII вв. // Сибирь в прошлом, настоящем и будущем: Тез. докл. и сообщ. Всесоюз. науч. конф. — Новосибирск, 1981. — Вып. 3. — С. 27 – 29.

3563. **В.Е. 麦德维杰夫**：《女真文化：它的变体及其与女真民族共同体的关系（阿穆尔河沿岸）》//《西西伯利亚考古学、民族学研究的方法论观点》，托木斯克，1981 年，第 78 – 80 页。

Медведев В.Е. Чжурчжэньская культура: ее варианты и связь с чжурчжэньским этносом: (Приамурье) // Методологические аспекты археологических и этнографических исследований в Западной Сибири. — Томск, 1981. — С. 78 – 80.

3564. **В.Е. 麦德维杰夫**：《大柞树河、肯楚河谷地的城址》//《西伯利亚、远东考古学》，东京，1982 年，第 2 卷：《滨海地区》，第 402 页，日文。

Медведев В.Е. Городища в долинах рек Тадуши и Кенцухе // Археология Сибири и Дальнего Востока. — Токио, 1982. — Т. 2: Приморье. — С. 402. — Яп. яз.

3565. **В.Е. 麦德维杰夫**：《阿穆尔河沿岸中世纪考古学新资料》//《黑龙江文物丛刊》，1982 年 1 期，第 114 – 119、113 页，中文。

Медведев В.Е. Новые материалы по средневековой археологии Приамурья // Хэйлунцзян вэньу цункань. — 1982. — № 1. — С. 114 – 119, 113. — Кит. яз.

3566. **В.Е. 麦德维杰夫**：《乌苏里岛中世纪遗存》，新西伯利亚，科学出版社西伯利亚分社，1982 年，218 页。

Медведев В.Е. Средневековые памятники острова Уссурийского. — Новосибирск: Наука. Сиб отд – ние, 1982. — 218 с.

3567. **В.Е. 麦德维杰夫**：《伊恩河中世纪时期封土墓发掘》//《更新世晚期、全新世早期亚洲与美洲的文化联系》，新西伯利亚，1983 年，第 141 – 150 页。

Медведев В.Е. Раскопки средневековых курганов на р. Ин // Позднеплейстоценовые и раннеголоценовые культурные связи Азии и Америки. — Новосибирск, 1983. — С. 141 – 150.

3568. **В.Е. 麦德维杰夫**：《公元 1 千纪末期至 2 千纪前四分之一期的阿穆尔河中、下游沿岸·女真时代》，历史学博士论文作者文摘，苏联科学院西伯利亚分院历史·语文·哲学学研究所，新西伯利亚，1983 年，38 页。

Медведев В.Е. Среднее и Нижнее Приамурье в конце I — первой четверти II тыс. н. э. (чжурчжэньская эпоха): Автореф. дис. ⋯ д – ра ист. наук / АН СССР. СО. ИИФФ. — Новосибирск, 1983. — 38 с.

3569. **В.Е. 麦德维杰夫**：《阿穆尔河沿岸的封土墓》//《1982 年考古发现》，莫斯科，1984 年，第 221 页。

Медведев В.Е. Курганы Приамурья // АО, 1982. — М., 1984. — С. 221.

3570. **В.Е. 麦德维杰夫**：《阿穆尔河女真文化的一些发现》//《黑龙江文物丛刊》，1984 年 2 期，第

106－112、91 页，中文。

Медведев В.Е. О некоторых находках чжурчжэньской культуры на Амуре // Хэйлунцзян вэньу цункань. — 1984. — № 2. — С. 106－112, 91. — Кит. яз.

3571. **В.Е.** 麦德维杰夫：《女真人的腰带及其萨满仪式中的匈奴因素》//《斯基泰－西伯利亚世界（艺术与意识形态）·第 2 次考古学会议报告纲要》，克麦罗沃，1984 年，第 115－117 页。

Медведев В.Е. Пояса чжурчжэней и некоторые хуннские элементы в их шаманской атрибутике // Скифо-сибирский мир：(Искусство и идеология)：Тез. докл. 2－й археол. конф. — Кемерово, 1984. — С. 115－117.

3572. **В.Е.** 麦德维杰夫：《科尔萨科沃墓地及阿穆尔河沿岸地区女真人文化说明的某些问题》//《北方文物》，1985 年 3 期，第 97－103 页，中文。

Медведев В.Е. Корсаковский могильник и некоторые проблемы интерпретации чжурчжэньской культуры в Приамурье // Бэйфан вэньу. — 1985. — № 3. — С. 97－103. — Кит. яз.

3573. **В.Е.** 麦德维杰夫：《女真时期腰带的复原尝试》//《考古学的复原问题》，新西伯利亚，1985 年，第 154－159 页。

Медведев В.Е. Опыт реконструкции поясов чжурчжэньского времени // Проблемы реконструкций в археологии. — Новосибирск, 1985. — С. 154－159.

3574. **В.Е.** 麦德维杰夫：《1978 年乌苏里岛的保护性发掘》//《西伯利亚考古遗存的保护问题》，新西伯利亚，1985 年，第 89－105 页。

Медведев В.Е. Охранные раскопки на о-ве Уссурийском в 1978 г. // Проблемы охраны археологических памятников Сибири. — Новосибирск, 1985. — С. 89－105.

3575. **В.Е.** 麦德维杰夫：《阿穆尔河沿岸哈巴罗夫斯克地区的工作》//《1983 年考古发现》，莫斯科，1985 年，第 226－227 页。

Медведев В.Е. Работы в Хабаровском Приамурье // АО, 1983. — М., 1985. — С. 226－227.

3576. **В.Е.** 麦德维杰夫：《阿穆尔河沿岸的城址》//《1984 年考古发现》，莫斯科，1986 年，第 192－193 页。

Медведев В.Е. Городища Приамурья // АО, 1984. — М., 1986. — С. 192－193.

3577. **В.Е.** 麦德维杰夫：《公元 1 千纪末期至 2 千纪初期的阿穆尔河沿岸·女真时代》，新西伯利亚，科学出版社西伯利亚分社，1986 年，206 页。

Медведев В.Е. Приамурье в конце I — начале II тысячелетия (чжурчжэньская эпоха). — Новосибирск：Наука. Сиб. отд－ние, 1986. — 206 с.

3578. **В.Е.** 麦德维杰夫：《女真遗存研究》//《西伯利亚、远东古代文化遗存研究》，新西伯利亚，1987 年，第 175－177 页。

Медведев В.Е. Исследование чжурчжэньских памятников // Исследования памятников древних культур Сибири и Дальнего Востока. — Новосибирск, 1987. — С. 175－177.

3579. **В.Е.** 麦德维杰夫：《莫尔恰尼哈墓地研究》//《阿穆尔河中游地区金属时代新遗存》，新西伯利亚，1987 年，第 3－22 页。

Медведев В.Е. Исследования могильника Молчаниха // Новые памятники эпохи металла на Среднем

Амуре. — Новосибирск, 1987. — С. 3 – 22.

3580．**В.Е. 麦德维杰夫**：《阿穆尔河、霍尔河地区考察》//《1985 年考古发现》，莫斯科，1987 年，第 264 – 265 页。

Медведев В.Е. Исследования на Амуре и Хоре // АО, 1985. — М., 1987. — С. 264 – 265.

3581．**В.Е. 麦德维杰夫**：《论女萨满问题（女真人的女萨满）》//《原始社会的宗教观念·会议报告纲要》，莫斯科，1987 年，第 229 – 231 页。

Медведев В.Е. К проблеме женского шаманства: (Женщины – шаманки у чжурчжэней) // Религиозные представления в первобытном обществе: Тез. докл. конф. — М., 1987. — С. 229 – 231.

3582．**В.Е. 麦德维杰夫**：《阿穆尔河沿岸中世纪时代女真的某些问题》//《欧亚大陆草原的考古学问题》，克麦罗沃，1987 年，第 2 卷，第 188 – 190 页。

Медведев В.Е. Некоторые вопросы чжурчжэньского средневековья Приамурья // Проблемы археологии степной Евразии. — Кемерово, 1987. — Ч. 2. — С. 188 – 190.

3583．**В.Е. 麦德维杰夫**：《关于阿穆尔河沿岸中世纪时期房屋建筑业的新资料》//《苏共第 27 次会议决议的苏联考古学的任务·全苏会议报告纲要》，莫斯科，1987 年，第 167 – 168 页。

Медведев В.Е. Новые данные о средневековом домостроительстве в Приамурье // Задачи советской археологии в свете решений XXVII съезда КПСС: Тез. докл. Всесоюз. конф. — М., 1987. — С. 167 – 168.

3584．**В.Е. 麦德维杰夫**：《阿穆尔河沿岸、滨海地区女真时代某些武器种类的共性与特性》//《北亚古代居民的军事》，新西伯利亚，1987 年，第 205 – 219 页。

Медведев В.Е. Общее и особенное в некоторых видах вооружения чжурчжэньской эпохи Приамурья и Приморья // Военное дело древнего населения Северной Азии. — Новосибирск, 1987. — С. 205 – 219.

3585．**В.Е. 麦德维杰夫**：《关于女真考古学文化的分布区及其有代表性的综合体》//《西伯利亚开发历史经验研究的历史编纂学、史料·会议报告纲要》，新西伯利亚，1988 年，第 1 集，第 44 – 46 页。

Медведев В.Е. Об ареале чжурчжэньской археологической культуры и ее характерных комплексах // Историография и источники изучения исторического опыта освоения Сибири: Тез. докл. конф. — Новосибирск, 1988. — Вып. 1. — С. 44 – 46.

3586．**В.Е. 麦德维杰夫**：《女真时代的阿穆尔河沿岸》//《太平洋考古学概要》，符拉迪沃斯托克，1988 年，第 139 – 162 页。

Медведев В.Е. Приамурье в чжурчжэньскую эпоху // Очерки тихоокеанской археологии. — Владивосток, 1988. — С. 139 – 162.

3587．**В.Е. 麦德维杰夫**：《基于阿穆尔河沿岸中世纪时代居民的某些人口学资料》//《西伯利亚社会－人口发展的历史经验·1989 年 12 月 12 – 14 日全苏学术会议报告、议程纲要》，新西伯利亚，1989 年，第 1 集：《封建社会、资本主义社会时代西伯利亚的古人口学、人口状况的进程》，第 35 – 36 页。

Медведев В.Е. Некоторые демографические данные по средневековому населению Приамурья // Исторический опыт социально-демографического развития Сибири: Тез. докл. и сообщ. Всесоюз. науч. конф. (12 – 14 дек. 1989 г.). — Новосибирск, 1989. — Вып. I: Палеодемография и демографические процессы в Сибири в эпоху феодализма и капитализма. — С. 35 – 36.

3588．**В.Е. 麦德维杰夫**：《乌苏里岛的中世纪遗存》，长春，社会科学院，1990 年，52 页，中文。

Медведев В.Е. Средневековые памятники острова Уссурийского. — Чанчунь: Академия обществ. наук, 1990. — 52 с. — Кит. яз.

3589．**В.Е. 麦德维杰夫**：《科尔萨科沃墓地：年代学与资料》，新西伯利亚，科学出版社西伯利亚分社，1991 年，173 页。

Медведев В.Е. Корсаковский могильник: хронология и материалы. — Новосибирск: Наука. Сиб. отд－ние, 1991. — 173 с.

3590．**В.Е. 麦德维杰夫**：《阿穆尔河中游独特的墓地》//《俄罗斯科学院西伯利亚分院院刊》，1992 年 3 期：《历史学、语文学、哲学系列》，第 3 集，第 63－64 页。

Медведев В.Е. Оригинальный могильник на Среднем Амуре // ИСО РАН. — 1992. — № 3: Сер. ист., филол. и филос., вып. 3. — С. 63－64.

3591．**В.Е. 麦德维杰夫、В.А. 克拉明采夫**：《女真时代的矛（标枪头）》//《南西伯利亚、远东居民的军事》，新西伯利亚，1993 年，第 197－204 页。

Медведев В.Е., Краминцев В.А. Наконечники копий чжурчжэньской эпохи // Военное дело населения юга Сибири и Дальнего Востока. — Новосибирск, 1993. — С. 197－204.

3592．**В.Е. 麦德维杰夫**：《新的说法？关于 Э.В. 沙弗库诺夫〈阿穆尔女真——神话还是事实?〉》//《俄罗斯与亚洲太平洋地区》，1994 年 2 期，第 106－109 页。

Медведев В.Е. Новая версия? По поводу статьи Э.В. Шавкунова《Амурские чжурчжэни — миф или реальность?》// Россия и АТР. — 1994. — № 2. — С. 106－109.

3593．**В.Е. 麦德维杰夫**：《莫尔恰尼哈墓地研究》//《北方文物》，1995 年 3 期，第 145－149 页，中文。

Медведев В.Е. Исследование могильника Молчаниха // Бэйфан вэньу. — 1995. — № 3. — С. 145－149. — Кит. яз.

3594．**В.Е. 麦德维杰夫**：《博隆湖沙岸的罕见发现》//《东亚的传统文化：考古学、文化人类学》，布拉戈维申斯克，1995 年，第 64－70、230－231 页。

Медведев В.Е. Уникальные находки на песчаном берегу вблизи озера Болонь // Традиционная культура Востока Азии. Археология и культурная антропология. — Благовещенск, 1995. — С. 64－70, 230－231 [ил.].

3595．**В.Е. 麦德维杰夫**：《（阿穆尔河沿岸）女真文化封土墓上出现凹坑的原因及其解释》//《考古学、民族学研究的一体化》，新西伯利亚、鄂木斯克，1996 年，第 11 卷，第 51－56 页。

Медведев В.Е. Причина появления западин на курганах чжурчжэньской культуры и их трактовка (Приамурье) // Интеграция археологических и этнографических исследований. — Новосибирск; Омск, 1996. — Ч. 1. — С. 51－56.

3596．**В.Е. 麦德维杰夫**：《滨海地区的渤海寺庙址》，首尔，学研文化社，1998 年，477 页，俄、朝文。

Медведев В.Е. Бохайская кумирня в Приморье. — Сеул: Хак Ён, 1998. — 477 с. — Рус. яз., кор. яз.

3597．**В.Е. 麦德维杰夫**：《阿穆尔河沿岸的封土墓》，新西伯利亚，俄罗斯科学院西伯利亚分院考古与民族研究所出版社，1998 年，144 页。

Медведев В.Е. Курганы Приамурья. — Новосибирск: Изд－во Ин－та археологии и этнографии СО РАН, 1998. — 144 с.

3598．**В.Е. 麦德维杰夫**：《远东中世纪景象的细节（关于鄂霍次克海沿岸、阿穆尔河下游的古迹）》//《1994－1996 年西伯利亚、远东考古学者、民族学者田野、实验室研究成果述评》，新西伯利亚，2000 年，第 159－165 页。

Медведев В.Е. Штрихи к дальневосточной средневековой картине（об охотоморских и нижнеамурских древностях）// Обозрение результатов полевых и лабораторных исследований археологов и этнографов Сибири и Дальнего Востока в 1994－1996 годах. — Новосибирск, 2000. — С. 159－165.

3599．**Э.В. 沙弗库诺夫、Е.Б. 克里维列维奇、Б.Д. 利辛斯基、А.М. 霍多夫**：《渤海、女真人金朝时期的医学》//《从萨满铃鼓到激光射线·滨海地区医学史概要》，符拉迪沃斯托克，1997 年，第 1 卷，第 29－54 页。

Медицина во время Бохая и Золотой империи чжурчжэней / Э.В. Шавкунов, Е.Б. Кривелевич, Б.Д. Лищинский, А.М. Ходов // От шаманского бубна до луча лазера:（Очерки по истории медицины Приморья）. — Владивосток, 1997. — Ч. 1. — С. 29－54.

3600．**А.Л. 梅津采夫**：《滨海地区北部最大的遗存（新波克罗夫卡 2 号城址）》//《北太平洋考古学》，符拉迪沃斯托克，1996 年，第 109－114 页。

Мезенцев А.Л. Крупнейший памятник Северного Приморья［Новопокровское－2 городище］// Археология Северной Пасифики. — Владивосток, 1996. — С. 109－114.

3601．**Я.Е. 莫尔古诺娃**：《马里亚诺夫卡城址的陶器》//《俄罗斯远东与太平洋地区国家的文化：东－西方·会议报告纲要》，符拉迪沃斯托克，1999 年，第 4 集，第 112－114 页。

Моргунова Я.Е. Керамика Марьяновского городища // Культура Дальнего Востока России и стран АТР: Восток — Запад: Тез. докл. конф. — Владивосток, 1999. — Вып. 4. — С. 112－114.

3602．**С.П. 涅斯捷罗夫**：《"帽儿山"墓地》//《1983 年考古发现》，莫斯科，1985 年，第 233 页。

Нестеров С.П. Могильник Шапка // АО, 1983. — М., 1985. — С. 233.

3603．**С.П. 涅斯捷罗夫、С.Г. 罗斯利亚科夫、Ю.В. 捷捷林**：《"帽儿山"墓地－阿穆尔河中游的中世纪时代遗存（根据 1983 年发掘资料）》//《阿穆尔河中游地区古金属时代的新遗存》，新西伯利亚，1987 年，第 46－72 页。

Нестеров С.П., Росляков С.Г., Тетерин Ю.В. Могильник Шапка — памятник эпохи средневековья на Среднем Амуре（по материалам раскопок 1983 г.）// Новые памятники эпохи палеометалла на Среднем Амуре. — Новосибирск, 1987. — С. 46－72.

3604．**С.П. 涅斯捷罗夫**：《"帽儿山"墓地发掘》//《西伯利亚、远东古代文化遗存研究》，新西伯利亚，1987 年，第 174－175 页。

Нестеров С.П. Раскопки могильника《Шапка》// Исследования памятников древних культур Сибири и Дальнего Востока. — Новосибирск, 1987. — С. 174－175.

3605．**С.П. 涅斯捷罗夫**：《"帽儿山"墓地的陶器》//《西伯利亚古代陶器：类型学、工艺学、语义学》，新西伯利亚，1990 年，第 157－171 页。

Нестеров С.П. Керамика могильника Шапка // Древняя керамика Сибири：типология，технология，семантика. — Новосибирск，1990. — С. 157－171.

3606. **С.П. 涅斯捷罗夫**、**C.M. 马克西莫夫**：《谢列姆贾河出土的中世纪宝藏》//《北亚、中央亚细亚古代、中世纪时代居民的军事》，新西伯利亚，1990 年，第 121－128 页。

Нестеров С.П.，Максимов С.М. Средневековый клад с р. Селемджи // Военное дело древнего и средневекового населения Северной и Центральной Азии. — Новосибирск，1990. — С. 121－128.

3607. **С.П. 涅斯捷罗夫**：《"帽儿山"墓地的陶器》//《考古学研究》，1991 年 6 期，第 107－119 页，日文。

Нестеров С.П. Керамика могильника Шапка // Кокогаку кэнсю. — 1991. — № 6. — С. 107－119. — Яп. яз.

3608. **С.П. 涅斯捷罗夫**、**С.Г. 罗斯利亚科夫**、**Ю.В. 捷捷林**：《"帽儿山"墓地－阿穆尔河中游的中世纪时代遗存》//《历史与考古信息·东北亚》，1992 年 1 期，长春，第 37－44 页，中文。

Нестеров С.П.，Росляков С.Г.，Тетерин Ю.В. Могильник Шапка — памятник эпохи средневековья на Среднем Амуре // Каогу. — 1992. — № 1. — С. 37－44. — Кит. яз.

3609. **С.П. 涅斯捷罗夫**、**И.Ю. 斯柳萨连科**：《"帽儿山"墓地出土的铠甲、头盔》//《南西伯利亚、远东居民的军事》，新西伯利亚，1993 年，第 189－196 页。

Нестеров С.П.，Слюсаренко И.Ю. Панцирь и шлем из могильника Шапка // Военное дело населения юга Сибири и Дальнего Востока. — Новосибирск，1993. — С. 189－196.

3610. **С.П. 涅斯捷罗夫**：《中世纪时代阿穆尔河沿岸的民族－地理地区》//《俄罗斯远东及其毗邻地区考古学新资料·第 5 次远东考古学者学术问题会议报告》，符拉迪沃斯托克，1993 年，第 69－75 页。

Нестеров С.П. Этно-географические районы Приамурья в эпоху средневековья // Новые материалы по археологии Дальнего Востока России и смежных территорий：(Докл. V сес. Науч. - пробл. совета археологов Дальнего Востока). — Владивосток，1993. — С. 69－75.

3611. **С.П. 涅斯捷罗夫**：《室韦部落：历史考古学评论》//《韩国上古史学报》，首尔，1994 年，第 17 期，第 391－412 页。

Nesterov S.P. The Shiwei Tribes：Historic－Archaeological Review // Journal of Korean Ancient Historical Society. — Seoul，1994. — No. 17. — P. 391－412.

3612. **С.П. 涅斯捷罗夫**：《阿穆尔河沿岸的北室韦》//《东亚的传统文化·考古学、文化人类学》，布拉戈维申斯克，1995 年，第 105－122、244－250 页。

Нестеров С.П. Северные шивэй в Приамурье // Традиционная культура востока Азии. Археология и культурная антропология. — Благовещенск，1995. — С. 105－122，244－250 [ил.].

3613. **С.П. 涅斯捷罗夫**：《早期中世纪时代阿穆尔河沿岸的民族》，新西伯利亚，俄罗斯科学院西伯利亚分院考古与民族研究所出版社，1998 年，184 页。

Нестеров С.П. Народы Приамурья в эпоху раннего средневековья. — Новосибирск：Изд - во Ин - та археологии и этнографии СО РАН，1998. — 184 с.

3614. **С.П. 涅斯捷罗夫**：《阿穆尔河沿岸地区的北室韦》//《北方文物》，1998 年 1 期，第 100－

111 页，中文。

Нестеров С. П. Северные шивэй в Приамурье // Бэйфан вэньу. — 1998. — No 1. — C. 100 - 111. — Кит. яз.

3615. **С. П. 涅斯捷罗夫**：《阿穆尔河沿岸西部地区北室韦的米哈伊洛夫卡文化的起源问题》//《西伯利亚及其毗邻地区的考古学、民族学、人类学问题·俄罗斯科学院西伯利亚分院考古与民族研究所第 7 次总结年会资料·1999 年 12 月》，新西伯利亚，1999 年，第 5 卷，第 472 - 477 页。

Нестеров С. П. Проблема происхождения михайловской культуры северных шивэй Западного Приамурья // Проблемы археологии, этнографии, антропологии Сибири и сопредельных территорий. Материалы VII Годовой итог. сес. Ин - та археологии и этнографии СО РАН, дек. 1999 г. — Новосибирск, 1999. — Т. V. — C. 472 - 477.

3616. **Ю. Г. 尼基京**：《1986 年奥西诺夫卡中世纪遗址发掘》//《关于远东中世纪民族文化与经济的新资料》，苏联科学院远东分院历史·考古·民族研究所，预印本，符拉迪沃斯托克，1987 年，第 28 - 31 页。

Никитин Ю. Г. Раскопки на Осиновском средневековом поселении в 1986 г. // Новые данные о культуре и хозяйстве средневековых народов Дальнего Востока / АН СССР. ДВО. ИИАЭ. — Препр. — Владивосток, 1987. — C. 28 - 31.

3617. **Ю. Г. 尼基京**：《滨海地区中世纪时期的村落遗址（以奥西诺夫卡遗址为例）》//《滨海地区方志学问题·1987 年 3 月 23 - 27 日学术汇报会报告纲要》，乌苏里斯克，1987 年，第 67 - 69 页。

Никитин Ю. Г. Сельские средневековые поселения Приморья (на примере Осиновского поселения) // Проблемы краеведения Приморья: Тез. докл. науч. - практ. конф., 23 - 27 мар. 1987 г. — Уссурийск, 1987. — C. 67 - 69.

3618. **Ю. Г. 尼基京、В. А. 霍列夫**：《滨海地区阿纳尼耶夫卡城址研究的某些人口学观点》//《西伯利亚社会－人口发展的历史经验·1989 年 12 月 12 - 14 日全苏学术会议报告、议程纲要》，新西伯利亚，1989 年，第 1 集：《封建社会、资本主义社会时代西伯利亚的古人口学、人口统计学的进程》，第 41 - 42 页。

Никитин Ю. Г., Хорев В. А. Некоторые демографические аспекты изучения Ананьевского городища в Приморье // Исторический опыт социально-демографического развития Сибири: Тез. докл. и сообщ. Всесоюз. науч. конф. (12 - 14 дек. 1989 г.). — Новосибирск, 1989. — Вып. 1: Палеодемография и демографические процессы в Сибири в эпоху феодализма и капитализма. — C. 41 - 42.

3619. **Ю. Г. 尼基京**：《滨海边疆区康斯坦丁诺夫卡村周边考古考察结果》//《苏联远东中世纪考古学新资料》，符拉迪沃斯托克，1989 年，第 140 - 146 页。

Никитин Ю. Г. Результаты археологических исследований в окрестностях села Константиновка в Приморском крае // Новые материалы по средневековой археологии Дальнего Востока СССР. — Владивосток, 1989. — C. 140 - 146.

3620. **Ю. Г. 尼基京、Ф. П. 特里古布**：《切尔尼戈夫卡地区的中世纪村落址》//《远东考古学新发现（中世纪资料）》，南萨哈林斯克，1989 年，第 13 - 17 页。

Никитин Ю. Г., Тригуб Ф. П. Средневековые селища Черниговского района // Новое в дальневосточной археологии: (Материалы медиевистов) . — Южно - Сахалинск, 1989. — C. 13 - 17.

3621. **Ю. Г. 尼基京、B. A. 霍列夫**：《阿纳耶夫卡城址出土的铁质带具配件》//《苏联远东中世纪考古学、历史学资料》，符拉迪沃斯托克，1990 年，第 88 - 102 页。

Никитин Ю.Г., Хорев B.A. Железная наременная гарнитура Ананьевского городища // Материалы по средневековой археологии и истории Дальнего Востока СССР. — Владивосток, 1990. — C. 88 - 102.

3622. **Ю. Г. 尼基京**：《奥西诺夫卡村落址考察的某些总结》//《远东中世纪考古学问题：文化的起源、分期、断代》，符拉迪沃斯托克，1990 年，第 79 - 91 页。

Никитин Ю.Г. Некоторые итоги исследования Осиновского селища // Проблемы средневековой археологии Дальнего Востока: Происхождение, периодизация, датировка культур. — Владивосток, 1990. — C. 79 - 91.

3623. **Ю. Г. 尼基京**：《格拉佐夫卡港湾的中世纪墓地》//《远东第 1 次青年历史学者会议》，符拉迪沃斯托克，1991 年，第 29 - 33 页。

Никитин Ю.Г. Средневековый могильник в бухте Глазковка // Первая Дальневост. конф. молодых историков. — Владивосток, 1991. — C. 29 - 33.

3624. **Ю. Г. 尼基京**：《罗希诺村附近的中世纪墓地考察》//《东北亚考古资料译文集·俄罗斯专号》，哈尔滨，1996 年，第 52 - 62 页，中文。

Никитин Ю.Г. Исследования средневекового могильника близ с. Рощино // Собрание переводных работ по археологии Северо - Восточной Азии. Рос. вып. — Харбин, 1996. — C. 52 - 62. — Кит. яз.

3625. **Ю.Г. 尼基京、H.A. 克柳耶夫、A.B. 梅尔兹利亚科夫**：《罗希诺村墓地》//《俄罗斯与亚洲太平洋地区》，1998 年 4 期，第 102 - 112 页。

Никитин Ю.Г., Клюев Н.А., Мерзляков А.В. Могильник у села Рощино // Россия и АТР. — 1998. — № 4. — C. 102 - 112.

3626. **Ю. Г. 尼基京、B.Э. 沙弗库诺夫**：《罗希诺墓地的武器》//《远东、中央亚细亚的考古学与理论民族学》，符拉迪沃斯托克，1998 年，第 130 - 136 页。

Никитин Ю.Г., Шавкунов В.Э. Предметы вооружения Рощинского могильника // Археология и этнология Дальнего Востока и Центральной Азии. — Владивосток, 1998. — C. 130 - 136.

3627. **Ю. Г. 尼基京、E.И. 格尔曼**：《绥芬河流域中世纪早期的墓地》//北方欧亚学会：《时事通讯》第 10 期，东京，1998 年，第 11 - 16 页。

Nikitin Yu.G., Gel'man E.I. Burial Ground of Early Medieval Epoch in the Basin of Suifun River // The Society of North - Eurasian Studies. Newsletter No. 10. — Tokyo, 1998. — P. 11 - 16

3628. **Ю. Г. 尼基京**：《绥芬河谷地的靺鞨－渤海墓地》//《渤海与日本古代国家之间交流的考古学研究》，东京，1999 年，第 20 - 23 页，日文。

Никитин Ю.Г. Мохэ - бохайский могильник в долине р. Суйфун // Археологическое исследование обмена между древним государством Бохай и Японией. — Токио, 1999. — C. 20 - 23. — Яп. яз.

3629. **Г.C. 诺维科夫－达乌尔斯基**：《关于"达斡尔类型"城址的新资料》//《阿穆尔州方志博物馆论丛》，1961 年，第 5 卷，第 102 - 107 页。

Новиков - Даурский Г.C. Новое о городищах《даурского типа》// ЗАОМК. — 1961. — T. 5. — C.

102－107.

3630. **Д.П. 博洛京、Б.С. 萨普诺夫、Н.Н. 扎伊采夫、И.Б. 萨普诺夫**：《阿穆尔河沿岸中世纪时代的新墓地》（米哈依洛夫卡村与谢尔盖耶夫卡村之间）//《西伯利亚及其毗邻地区考古学、民族学、人类学问题·1997年12月俄罗斯科学院西伯利亚分院考古与民族研究所第5次总结年会暨纪念俄罗斯科学院西伯利亚分院成立40周年、俄罗斯科学院西伯利亚分院历史·语文·哲学研究所成立30周年会议资料》，新西伯利亚，1997年，第3卷，第160－163页。

Новый могильник эпохи средневековья в Приамурье [между селами Михайловка и Сергеевка] / **Д.П. Болотин, Б.С. Сапунов, Н.Н. Зайцев, И.Б. Сапунов** // Проблемы археологии, этнографии, антропологии Сибири и сопредельных территорий: Материалы V Годовой итог. сес. Ин－та археологии и этнографии СО РАН, посвящ. 40-летию Сиб. отд－ния РАН и 30-летию Ин－та истории, филологии и философии СО РАН. Дек. 1997 г. — Новосибирск, 1997. — Т. III. — С. 160－163.

3631. **Д.П. 博洛京、Б.С. 萨普诺夫、И.Б. 萨普诺夫、Е.Б. 克罗比**：《阿穆尔河中游地区新的中世纪时期墓地》//《西伯利亚及其毗邻地区考古学、民族学、人类学问题·1999年12月俄罗斯科学院西伯利亚分院考古与民族研究所第7次总结年会报告》，新西伯利亚，1999年，第5卷，第275－282页。

Новый средневековый могильник на Среднем Амуре / **Д.П. Болотин, Б.С. Сапунов, И.Б. Сапунов, Е.Б. Коробий** // Проблемы археологии, этнографии, антропологии Сибири и сопредельных территорий. Материалы VII годовой итог. сес. Ин－та археологии и этнографии СО РАН, дек. 1999 г. — Новосибирск, 1999. — Т. V. — С. 275－282.

3632. **В.И. 博尔金、А.Л. 伊夫里耶夫、В.А. 霍列夫、В.Э. 沙弗库诺夫**：《滨海地区渤海房址的新类型》//《苏联远东中世纪考古学、历史学资料》，符拉迪沃斯托克，1990年，第153－159页。

Новый тип бохайского жилища в Приморье / **В.И. Болдин, А.Л. Ивлиев, В.А. Хорев, В.Э. Шавкунов** // Материалы по средневековой археологии и истории Дальнего Востока СССР. — Владивосток, 1990. — С. 153－159.

3633. **В.И. 博尔金、А.Л. 伊夫里耶夫、В.А. 霍列夫、В.Э. 沙弗库诺夫**：《滨海地区渤海住房的新类型》//《东北亚考古资料译文集·俄罗斯专号》，哈尔滨，1996年，第40－44页，中文。

Новый тип бохайского жилища в Приморье / **В.И. Болдин, А.Л. Ивлиев, В.А. Хорев, В.Э. Шавкунов** // Собрание переводных работ по археологии Северо－Восточной Азии. Рос. вып. — Харбин, 1996. — С. 40－44. — Кит. яз.

3634. **А.П. 奥克拉德尼科夫**：《远东民族》//《苏联史概要·9－15世纪封建社会时期》，2卷本，莫斯科，1953年，第1卷，第746－751页。

Окладников А.П. Народы Дальнего Востока // Очерки истории СССР. Период феодализма IX — XV вв.: В 2 ч. — М., 1953. — Ч. 1. — С. 746－751.

3635. **А.П. 奥克拉德尼科夫、А.П. 杰列维扬科**：《犹太自治州奈费尔德村的靺鞨墓地》//《西伯利亚史资料·古代的西伯利亚》，新西伯利亚，1966年，第2集：《西伯利亚考古汇编》，第243－258页。

Окладников А.П., Деревянко А.П. Мохэский могильник в пос. Найфельд Еврейской автономной области // Материалы по истории Сибири. Древняя Сибирь. — Новосибирск, 1966. — Вып. 2: Сибирский археологический сборник. — С. 243－258.

3636．**А.П. 奥克拉德尼科夫、B.E. 麦德维杰夫**：《博洛尼湖地区的古代墓地 － 阿穆尔河下游地区的女真文化遗存》//《苏联科学院西伯利亚分院院刊》，1970 年 11 期：《社会科学系列》，第 3 集，第 112－115 页。

Окладников А.П., Медведев В.Е. Древний могильник на озере Болонь — памятник чжурчжэньской культуры на Нижнем Амуре // ИСОАН СССР. — 1970. — № 11: Сер. обществ. наук, вып. 3. — С. 112－115.

3637．**А.П. 奥克拉德尼科夫、B.E. 麦德维杰夫**：《关于哈巴罗夫斯克边疆区西南部地区的两处中世纪墓地》（初步信息）//《苏联科学院西伯利亚分院院刊》，1973 年 1 期：《社会科学系列》，第 1 集，第 126－128 页。

Окладников А.П., Медведев В.Е. О двух средневековых могильниках на юго－западе Хабаровского края: (Предварит. сообщ.) // ИСОАН СССР. — 1973. — № 1: Сер. обществ. наук, вып. 1. — С. 126－128.

3638．**А.П. 奥克拉德尼科夫、B.E. 麦德维杰夫**：《依据于考古学资料的阿穆尔河沿岸女真》//《远东问题》，1974 年 4 期，第 118－128 页。

Окладников А.П., Медведев В.Е. Чжурчжэни Приамурья по данным археологии // Пробл. Дал. Востока. — 1974. — № 4. — С. 118－128.

3639．**А.П. 奥克拉德尼科夫**：《滨海地区出土的两件渤海时期的青铜铸像》//《东亚的历史与文化》，新西伯利亚，1975 年，第 3 卷，第 46－52 页。

Окладников А.П. Две бронзовые статуэтки бохайского времени из Приморья // История и культура Востока Азии. — Новосибирск, 1975. — Т. 3. — С. 46－52.

3640．**А.П. 奥克拉德尼科夫、B.E. 麦德维杰夫**：《博洛尼湖地区的古代墓地——阿穆尔河下游地区的女真文化遗存》//《西伯利亚东北部地区考古学》，东京，1975 年，第 1 卷，第 404－411 页，日文。

Окладников А.П., Медведев В.Е. Древний могильник на озере Болонь — памятник чжурчжэньской культуры на Нижнем Амуре // Археология Северо－Востока Сибири. — Токио, 1975. — Т. 1. — С. 404－411. — Яп. яз.

3641．**А.П. 奥克拉德尼科夫、A.П. 杰列维扬科**：《犹太自治州奈费尔德村的靺鞨墓地》//《西伯利亚东北部考古学》，东京，1975 年，第 1 卷，第 354－376 页，日文。

Окладников А.П., Деревянко А.П. Мохэский могильник у пос. Найфельд в Еврейской автономной области // Археология Северо－Востока Сибири. — Токио, 1975. — Т. 1. — С. 354－376. — Яп. яз.

3642．**А.П. 奥克拉德尼科夫、B.E. 麦德维杰夫**：《（哈巴罗夫斯克边疆区）通古斯卡河河口的女真遗址》//《考古学普查（北亚）》，新西伯利亚，1980 年，第 125－136 页。

Окладников А.П., Медведев В.Е. Чжурчжэньские поселения в устье Тунгуски [в Хабаровском крае] // Археологический поиск: (Сев. Азия). — Новосибирск, 1980. — С. 125－136.

3643．**А.П. 奥克拉德尼科夫、B.E. 麦德维杰夫**：《乌苏里岛出土的佛像》//《古代文化的雕塑与图案》，新西伯利亚，1983 年，第 117－121 页（原始社会艺术）。

Окладников А.П., Медведев В.Е. Буддийская статуэтка с острова Уссурийского // Пластика и рисунки древних культур. — Новосибирск, 1983. — С. 117－121. — (Первобыт. искусство)

3644．**В.И. 博尔金、А.Л. 伊夫里耶夫、Ю.Г. 尼基京、天野哲也**：《滨海地区渤海、女真时期的主要考古遗存》//《鄂霍次克文化与靺鞨、渤海、女真文化关系研究》，札幌，1996 年，第 16－27 页，日文。

Основные археологические памятники бохайского и чжурчжэньского времени в Приморье / **В.И. Болдин, А.Л. Ивлиев, Ю.Г. Никитин, Т. Амано** // Исследование связей охотской культуры с культурами мохэ, бохайцев и чжурчжэней. — Саппоро, 1996. — С. 16－27. — Яп. яз.

3645．**Э.В. 沙弗库诺夫、Н.Г. 阿尔杰米耶娃、Т.А. 瓦西里耶娃、Е.И. 格尔曼、С.М. 图比季娜**：《1993 年滨海边疆区乌苏里斯克地区考古考察报告》//《俄罗斯滨海地区渤海遗存发掘》，首尔，1994 年，第 335－420 页。

Отчет об археологических исследованиях в Уссурийском районе Приморского края в 1993 году / **Э.В. Шавкунов, Н.Г. Артемьева, Т.А. Васильева, Е.И. Гельман, С.М. Тупикина** // Раскопки памятников бохайской культуры Приморья России. — Сеул, 1994. — С. 335－420.

3646．**М.З. 帕尼奇基娜**：《关于阿穆尔河流域因诺肯季耶夫斯基车站附近出土遗物的断代》（1 千纪中期）//《苏联民族学》，1935 年 4－5 期合刊，第 211－216 页。

Паничкина М.З. О датировке находки у ст. Иннокентьевской на Амуре：[Середина 1 тыс. н.э.] // СЭ. — 1935. — № 4－5. — С. 211－216.

3647．**В.Г. 彼得罗夫**：《阿穆尔州的中世纪陶器》//《西伯利亚、远东区域大学生考古会议报告纲要》，克麦罗沃，1983 年，第 79－81 页。

Петров В.Г. Средневековая керамика Амурской области // Тез. докл. регион. археологической конф. студентов Сибири и Дальнего Востока. — Кемерово, 1983. — С. 79－81.

3648．**В.В. 波波夫**：《关于特尔遗存的新资料》//《萨哈林博物馆馆刊：萨哈林州方志博物馆年鉴》，南萨哈林斯克，1996 年 3 期，第 414－419 页。

Попов В.В. Новое о Тырских памятниках // Вестн. Сахалинского музея：Ежегодник Сахалинского обл. краевед. музея. — Южно-Сахалинск, 1996. — № 3. — С. 414－419.

3649．**П.С. 波波夫**：《论特尔遗存》//《俄罗斯考古学会东方部会刊》，1905 年，第 16 卷，第 1 集，第 14－20 页。

Попов П.С. О Тырских памятниках // ЗВОРАО. — 1905. — Т. 16, вып. 1. — С. 14－20.

3650．《俄罗斯滨海边疆区与渤海史》（译自 Э.В. 沙弗库诺夫等：《渤海国（698－926 年）及其俄罗斯远东部落》），首尔，1996 年，341 页，朝文（见№3317）。

Приморский край России и история Бохая：Пер. с рус. — Сеул：Минымса, 1996. — 341 с. — Кор. яз.：[См. № 3317].

3651．**Ю. 皮扬科夫**：《赛加城址出土的钱形护身符》//《第 11 次大学生历史学学术会议资料·新西伯利亚国立大学》，新西伯利亚，1973 年，第 39－40 页。

Пьянков Ю. Монетовидный амулет Шайгинского городища // Материалы 11-й науч. студ. конф. История / НГУ. — Новосибирск, 1973. — С. 39－40.

3652．**В.И. 博尔金、А.Л. 伊夫里耶夫、Ю.Г. 尼基京、Н.Г. 阿尔杰米耶娃、Н.В. 列先科**：《滨海地区克拉斯基诺城址渤海寺庙综合体发掘》//《1994－1996 年西伯利亚、远东考古学者、民族学者田野、实验室考察研究成果述评》，新西伯利亚，2000 年，第 149 – 152 页。

Раскопки бохайского буддийского комплекса на Краскинском городище в Приморье / **В.И. Болдин,**
А.Л. Ивлиев, Ю.Г. Никитин, Н.Г. Артемьева, Е.И. Гельман, Н.В. Лещенко // Обозрение
результатов полевых и лабораторных исслед. археологов и этнографов Сибири и Дальнего Востока в 1994 –
1996 годах. — Новосибирск, 2000. — С. 149 – 152.

3653. **Д.П.博洛京、С.П. 涅斯捷罗夫、Б.С. 萨普诺夫、Н.Н. 扎伊采夫、И.Б. 萨普诺夫**：《阿
穆尔州普里亚奇诺村附近城址、墓地的考察结果》//《西伯利亚及其毗邻地区的考古学、民族学、人类
学问题·1998 年 12 月俄罗斯科学院西伯利亚分院考古与民族研究所第 6 次总结年会报告》，新西伯利亚，
1998 年，第 4 卷，第 201 – 206 页。

Результаты исследований городища и могильника у с. Прядчино Амурской области / **Д.П. Болотин,**
С.П. Нестеров, Б.С. Сапунов, Н.Н. Зайцев, И.Б. Сапунов // Проблемы археологии, этнографии,
антропологии Сибири и сопредельных территорий: Материалы VI Годовой итог. сес. Ин – та археологии и
этнографии СО РАН. Дек. 1998 г. — Новосибирск, 1998. — Т. IV. — С. 201 – 206.

3654. **В.И. 博尔金、Е.И. 格尔曼、А.Л. 伊夫里耶夫、Ю.Г. 尼基京**：《滨海边疆区渤海国时代遗
存考察结果》//《1998 年考古发现》，莫斯科，2000 年，第 275 – 277 页。

Результаты исследований памятников эпохи государства Бохай в Приморском крае //**В.И. Болдин,**
Е.И. Гельман, А.Л. Ивлиев, Ю.Г. Никитин // АО, 1998 . — М., 2000. — С. 275 – 277.

3655. **В.И. 博尔金、Е.И. 格尔曼、А.Л. 伊夫里耶夫、Ю.Г. 尼基京**：《1998 年克拉斯基诺发掘结
果》//《俄罗斯与亚洲太平洋地区》，1999 年 3 期，第 118 – 123 页。

Результаты раскопок в Краскино в 1998 году / **В.И. Болдин, Е.И. Гельман, А.Л. Ивлиев, Ю.Г.**
Никитин // Россия и АТР. — 1999. — № 3. — С. 118 – 123.

3656. **А.М. 列舍托夫**：《远东地区的维吾尔人（公元 1 千纪末期至 2 千纪初期）》//《第 3 次全苏突
厥学会议报告纲要·文艺学与历史学》，塔什干，1980 年，第 150 – 151 页。

Решетов А.М. Уйгуры на Дальнем Востоке. (Конец I — начало II тыс. н.э.) // Тез. докл. 3 – й
Всесоюз. тюркологической конф. Литературоведение и история. — Ташкент, 1980. — С. 150 – 151.

3657. **Н.Г. 鲁布连科**：《滨海地的中世纪纺轮》//《远东南部及其毗邻地区古代、中世纪时代考
古资料》，符拉迪沃斯托克，1983 年，第 98 – 106 页。

Рубленко Н.Г. Средневековые пряслица Приморья // Материалы по древней и средневековой
археологии юга Дальнего Востока и смежных территорий. — Владивосток, 1983. — С. 98 – 106.

3658. **С.А. 萨克马罗夫**《关于滨海地区中世纪时期城堡的建筑传统》//《远东及其毗邻地区的民族
文化史问题》，布拉戈维申斯克，1993 年，第 67 – 73 页。

Сакмаров С.А. О строительных традициях средневековых крепостей в Приморье // Проблемы
этнокультурной истории Дальнего Востока и сопредельных территорий. — Благовещенск, 1993. — С. 67
– 73.

3659. **Б.С. 萨普诺夫、Д.П. 博洛京**：《阿穆尔河上游地区晚期中世纪时期的物质文化》//《远东、
外贝加尔中世纪考古学资料》，苏联科学院远东分院历史·考古·民族研究所，预印本，符拉迪沃斯托
克，1989 年，第 43 – 47 页。

Сапунов Б.С., Болотин Д.П. Материальная культура позднего средневековья на Верхнем Амуре // Материалы по средневековой археологии Дальнего Востока и Забайкалья / АН СССР. ДВО. ИИАЭ. — Препр. — Владивосток, 1989. — С. 43 – 47.

3660．**Б.С. 萨普诺夫、Н.Н. 扎伊采夫**：《阿穆尔州乌杰斯内湖的中世纪城址》//《远东及其毗邻地区方志学问题·大学生区域学术会议与会者报告纲要·1990 年 2 月 21 – 22 日·布拉戈维申斯克》，布拉戈维申斯克，1990 年，第 45 – 48 页。

Сапунов Б.С., Зайцев Н.Н. Средневековое городище у оз. Утесное Амурской области // Проблемы краеведения Дальнего Востока и сопредельных территорий: Тез. докл. участников регион. науч. студ. конф. (Благовещенск, 21 – 22 февр. 1990 г.). — Благовещенск, 1990. — С. 45 – 48.

3661．**Б.С. 萨普诺夫、Н.Н. 扎伊采夫**：《阿穆尔州博物馆藏品中的弓》//《远东及其毗邻地区的民族文化史问题》，布拉戈维申斯克，1993 年，第 121 – 126 页。

Сапунов Б.С., Зайцев Н.Н. Лук из коллекции Амурского областного музея // Проблемы этнокультурной истории Дальнего Востока и сопредельных территорий. — Благовещенск, 1993. — С. 121 – 126.

3662．**Б.С. 萨普诺夫、Н.Н. 扎伊采夫**：《（阿穆尔州）谢米奥泽尔斯科耶城址》//《17 – 19 世纪阿穆尔河沿岸及滨海地区发现、定居、开发的历史经验·纪念 В.Д. 波亚尔科夫开始远征阿穆尔河沿岸 350 周年·国际学术会议报告、议程纲要》，符拉迪沃斯托克，1993 年，第 1 集，第 143 – 146 页。

Сапунов Б.С., Зайцев Н.Н. Семиозерское городище [в Амурской области] // Исторический опыт открытия, заселения и освоения Приамурья и Приморья в XVII — XIX вв. (К 350 – летию начала похода В.Д. Пояркова на Амур): Тез. докл. и сообщ. междунар. науч. конф. — Владивосток, 1993. — Ч. 1. — С. 143 – 146.

3663．**Б.С. 萨普诺夫、Н.Н. 扎伊采夫**：《阿穆尔州的中世纪城址》//《俄罗斯远东及其毗邻地区考古学新资料·远东第 5 次考古学者学术问题会议报告》，符拉迪沃斯托克，1993 年，第 46 – 51 页。

Сапунов Б.С., Зайцев Н.Н. Средневековые городища Амурской области // Новые материалы по археологии Дальнего Востока России и смежных территорий: (Докл. V сес. Науч. – пробл. совета археологов Дальнего Востока). — Владивосток, 1993. — С. 46 – 51.

3664．**Б.С. 萨普诺夫、Н.Н. 扎伊采夫**：《阿穆尔州的中世纪城址》//《远东及其毗邻地区的民族文化史问题》，布拉戈维申斯克，1993 年，第 112 – 120 页。

Сапунов Б.С., Зайцев Н.Н. Средневековые городища Амурской области // Проблемы этнокультурной истории Дальнего Востока и сопредельных территорий. — Благовещенск, 1993. — С. 112 – 120.

3665．**Б.С. 萨普诺夫、Д.П. 博洛京、Н.Н. 扎伊采夫**：《阿穆尔河上游弗拉基米罗夫卡考古学文化的铁（镞、矛）头》//《俄罗斯远东中世纪研究》，符拉迪沃斯托克，1994 年，第 87 – 93 页。

Сапунов Б.С., Болотин Д.П., Зайцев Н.Н. Железные наконечники Владимирской археологической культуры Верхнего Приамурья // Медиевистские исследования на Дальнем Востоке России. — Владивосток, 1994. — С. 87 – 93.

3666．**Ю.А. 谢姆**：《帕尔季赞斯克谷地的女真墓地》//《苏联科学院远东科学中心 历史·考古·民族研究所文集》，1973 年，第 9 卷：《远东史资料（历史学、考古学、民族学、语文学）》，第 126－131 页。

Сем Ю.А. Чжурчжэньский могильник в долине Партизанска // Тр. / АН СССР. ДВНЦ. ИИАЭ. — 1973. — Т. 9: Материалы по истории Дальнего Востока (история, археология, этнография, филология). — С. 126－131.

3667．**Л.Е. 谢梅尼琴科、Э.В. 沙弗库诺夫**：《圆丘发掘》//《1971 年考古发现》，莫斯科，1972 年，第 301－302 页。

Семениченко Л.Е., Шавкунов Э.В. Раскопки на Круглой Сопке // АО, 1971. — М., 1972. — С. 301－302.

3668．**Л.Е. 谢梅尼琴科**：《滨海地区圆丘附近的早期中世纪遗址》//《1972 年考古发现》，莫斯科，1973 年，第 238－239 页。

Семениченко Л.Е. Раннесредневековое поселение близ Круглой сопки в Приморье // АО, 1972. — М., 1973. — С. 238－239.

3669．**Л.Е. 谢梅尼琴科**：《滨海边疆区渤海遗存考察》//《1973 年考古发现》，莫斯科，1974 年，第 222－223 页。

Семениченко Л.Е. Исследование бохайских памятников в Приморском крае // АО, 1973. — М., 1974. — С. 222－223.

3670．**Л.Е. 谢梅尼琴科**：《论滨海地区圆丘城址、马里亚诺夫卡城址地层的断代问题》//《远东民族的历史与文化问题·研究生学术报告（远东历史·考古·民族研究所）》，符拉迪沃斯托克，1974 年，第 2 集，第 112－124 页。

Семениченко Л.Е. К вопросу о датировке слоев городища на Круглой сопке и Марьяновского городища Приморья // Вопросы истории и культуры народов Дальнего Востока: Науч. докл. аспирантов [Ин－та истории, археологии и этнографии народов Дальнего Востока]. — Владивосток, 1974. — Вып. 2. — С. 112－124.

3671．**Л.Е. 谢梅尼琴科**：《论靺鞨－渤海人的民族文化关系问题（根据考古学研究资料）》//《苏联远东最新的考古学研究》，符拉迪沃斯托克，1976 年，第 88－98 页。

Семениченко Л.Е. К вопросу об этнокультурных связях мохэ－бохайцев (по материалам археологических исследований) // Новейшие археологические исследования на Дальнем Востоке СССР. — Владивосток, 1976. — С. 88－98.

3672．**Л.Е. 谢梅尼琴科**：《8－10 世纪时期滨海地区镞的特点》//《苏联远东的最新考古学研究》，符拉迪沃斯托克，1976 年，第 98－111 页。

Семениченко Л.Е. Характеристика наконечников стрел Приморья в VIII — X вв. // Новейшие археологические исследования на Дальнем Востоке СССР. — Владивосток, 1976. — С. 98－111.

3673．**Л.Е. 谢梅尼琴科**：《渤海国时期（8－10 世纪）滨海地区居民的物质文化》，历史学副博士论文作者文摘，苏联科学院西伯利亚分院历史·语文·哲学研究所，新西伯利亚，1981 年，24 页。

Семениченко Л.Е. Материальная культура населения Приморья в период государства Бохай. (VIII — X вв.): Автореф. дис. ⋯ канд. ист. наук / АН СССР. СО. ИИФФ. — Новосибирск, 1981. — 24 с.

3674．**Л.Е. 谢梅尼琴科、В.И. 博尔金**：《关于滨海地区渤海人农业经济的新资料（根据考古学研资料）》//《苏联远东考古学资料》，符拉迪沃斯托克，1981 年，第 66－70 页。

Семениченко Л.Е., Болдин В.И. Новые данные о сельском хозяйстве бохайцев Приморья（по материалам археологических исследований）// Материалы по археологии Дальнего Востока СССР. — Владивосток, 1981. — С. 66－70.

3675. Л.Е. 谢梅尼琴科、Э.В. 沙弗库诺夫：《圆丘发掘》//《西伯利亚、远东考古学》，东京，1982 年，第 2 卷：《滨海地区》，第 411 页，日文。

Семениченко Л.Е., Шавкунов Э.В. Раскопки на Круглой сопке // Археология Сибири и Дальнего Востока. — Токио, 1982. — Т. 2: Приморье. — С. 411. — Яп. яз.

3676. Л.Е. 谢梅尼琴科：《关于滨海地区渤海人的制陶业》//《远东南部及其毗邻地区古代、中世纪时代考古学资料》，符拉迪沃斯托克，1983 年，第 47－57 页。

Семениченко Л.Е. О гончарстве бохайцев Приморья // Материалы по древней и средневековой археологии юга Дальнего Востока и смежных территорий. — Владивосток, 1983. — С. 47－57.

3677. П.Л. 谢明：《乌斯季 － 泽尔卡利纳亚 4 号遗址的靺鞨综合体》//《东亚、东南亚的历史与文化》，莫斯科，1986 年，第 2 卷，第 219－225 页。

Семин П.Л. Мохэский комплекс памятника Усть － Зеркальная － IV // История и культура Восточной и Юго － Восточной Азии. — М., 1986. — Ч. 2. — С. 219－225.

3678. П.Л. 谢明：《滨海地区莫纳斯特尔卡 3 号墓地墓葬的结构》//《北亚考古学问题·纪念 А.П. 奥克拉德尼科夫院士诞辰 80 周年·1988 年 3 月 28－30 日第 28 次大学生区域考古会议报告纲要》，赤塔，1988 年，第 157－159 页。

Семин П.Л. Погребальные конструкции могильника Монастырка － III в Приморье // Проблемы археологии Северной Азии: （К 80 － летию акад. А.П. Окладникова）: Тез. докл. XXVIII регион. археол. студ. конф. （28－30 марта 1988 г.）. — Чита, 1988. — С. 157－159.

3679. П.Л. 谢明、С.А. 科洛米耶茨：《再论"靺鞨类型"陶器》//《西伯利亚古代理论民族学·1990 年 3 月 29－31 日第 30 次大学生区域考古会议报告纲要》，伊尔库茨克，1990 年，第 202－203 页。

Семин П.Л., Коломиец С.А. Еще раз к вопросу о《типично мохэском》сосуде // Палеоэтнология Сибири: Тез. докл. к XXX регион. археол. студ. конф. 29－31 марта 1990 г. — Иркутск, 1990. — С. 202－203.

3680. П.Л. 谢明、С.А. 科洛米耶茨：《莫纳斯特尔卡 3 号墓地的陶器综合体》//《苏联远东中世纪考古学、历史学资料》，符拉迪沃斯托克，1990 年，第 116－132 页。

Семин П.Л., Коломиец С.А. Керамический комплекс могильника Монастырка － III // Материалы по средневековой археологии и истории Дальнего Востока СССР. — Владивосток, 1990. — С. 116－132.

3681. П.Л. 谢明、В.Э. 沙弗库诺夫：《莫纳斯特尔卡 3 号墓地金属制品》//《苏联远东中世纪考古学、历史学资料》，符拉迪沃斯托克，1990 年，第 103－115 页。

Семин П.Л., Шавкунов В.Э. Металлические изделия могильника Монастырка － III // Материалы по средневековой археологии и истории Дальнего Востока СССР. — Владивосток, 1990. — С. 103－115.

3682. Р.А. 谢罗日季诺夫：《佩列亚斯拉夫斯基地区 12－13 世纪的铜镜》//《"远东专业学者代表大会"·历史学、方志学学术汇报会·纪念哈巴罗夫斯克方志博物馆成立 100 周年会议资料》，哈巴罗夫斯克，1994 年，第 2 卷，第 24 页。

Серожидинов Р.А. Бронзовое зеркало XII — XIII вв. (Переяславский район) // Съезд сведущих людей Дальнего Востока: Материалы науч. － практ. ист. － краевед. конф., посвящ. 100 － летию Хабаровского краевед. музея. — Хабаровск, 1994. — Т. II. — С. 24.

3683. **Г.Л. 西兰季耶夫**：《滨海地区中世纪遗存调查》//《1980 年考古发现》，莫斯科，1981 年，第 210 页。

Силантьев Г.Л. Разведки средневековых памятников Приморья // АО, 1980. — М., 1981. — С. 210.

3684. **Г.Л. 西兰季耶夫**：《苏联远东南部中世纪时期玻璃制品的工艺学分类》//《远东民族的考古学与民族学》，符拉迪沃斯托克，1984 年，第 56－66 页。

Силантьев Г.Л. Технологическая классификация средневековых стеклянных изделий юга Дальнего Востока СССР // Археология и этнография народов Дальнего Востока. — Владивосток, 1984. — С. 56－66.

3685. **Г.Л. 西兰季耶夫**：《苏联远东南部中世纪时期玻璃加工生产的发展水平》//《第 15 次远东学术会议："苏共第 27 次代表大会和苏联远东及亚洲国家发展问题"·报告及议程纲要》，第 4 卷，符拉迪沃斯托克，1986 年，第 41－42 页。

Силантьев Г.Л. Уровень развития средневекового стеклообрабатывающего производства на юге Дальнего Востока СССР // XV Дальневост. науч. конф. 《XXVII съезд КПСС и пробл. развития Дальнего Востока СССР и зарубеж. государств Азии》: Тез. докл. и сообщ. — Владивосток, 1986. — Вып. 4. — С. 41－42.

3686. **Г.Л. 西兰季耶夫**：《苏联远东南部中世纪时代的玻璃加工生产》，历史学副博士论文作者文摘，莫斯科国立大学历史系，莫斯科，1987 年，17 页。

Силантьев Г.Л. Стеклообрабатывающее производство на юге Дальнего Востока СССР в средние века: Автореф. дис. ⋯ канд. ист. наук / МГУ. Ист. фак. — М, 1987. — 17 с.

3687. **Г.Л. 西兰季耶夫**：《远东中世纪时代的玻璃》//《第 15 次国际玻璃大会文集·古代计量》，莫斯科，1989 年，第 13－18 页。

Силантьев Г.Л. Средневековое стекло Дальнего Востока // Труды XV Междунар. конгресса по стеклу. Археометрия. — М., 1989. — С. 13－18.

3688. **Г.Л. 西兰季耶夫**：《阿穆尔州弗拉基米罗夫卡 1 号晚期中世纪墓地玻璃装饰品的特点》//《远东、外贝加尔中世纪考古学资料》，苏联科学院远东分院历史·考古·民族研究所，预印本，符拉迪沃斯托克，1989 年，第 54－58 页。

Силантьев Г.Л. Характеристика стеклянных украшений позднесредневекового могильника Владимирка － I Амурской области // Материалы по средневековой археологии Дальнего Востока и Забайкалья / АН СССР. ДВО. ИИАЭ. — Препр. — Владивосток, 1989. — С. 54－58.

3689. **М.В. 西涅利尼科娃**：《论阿穆尔州境内波克罗夫卡文化（阿穆尔女真）遗存的扩展问题》//《远东第 2 次青年历史学者会议报告纲要》，符拉迪沃斯托克，1992 年，第 50－52 页。

Синельникова М.В. К вопросу о распространении памятников покровской (амурских чжурчжэней) культуры на территории Амурской области // Вторая Дальневост. конф. молодых историков: Тез. докл. — Владивосток, 1992. — С. 50 – 52.

3690．**И.Ю. 斯柳萨连科**：《公元 1 千纪时期远东地区防卫武装发展的某些问题》//《第 23 次全苏大学生学术会议资料·历史学》，新西伯利亚，1985 年，第 9 – 12 页。

Слюсаренко И.Ю. Некоторые вопросы развития защитного вооружения на Дальнем Востоке в I тыс. н.э. // Материалы XXIII Всесоюз. науч. студ. конф. История. — Новосибирск, 1985. — С. 9 – 12.

3691．**А.В. 斯莫亚克**：《关于 16 世纪至 17 世纪初期滨海地区的历史问题》//《苏联民族学》，1968 年 6 期，第 52 – 57 页。

Смоляк А.В. К вопросу об истории Приморья в XVI — начале XVII века // СЭ. — 1968. – № 6. — С. 52 – 57.

3692．**Н.Е. 斯比热沃伊**：《关于阿穆尔河河口地区新的泰巴赫文化遗存》//《纪念戈罗杰科夫斯基报告会·哈巴罗夫斯克学术汇报会纲要·1996 年 12 月 19 – 20 日》，哈巴罗夫斯克，1996 年，第 3 卷，第 34 – 37 页。

Спижевой Н.Е. О новых памятниках тэбаховской культуры в устье р. Амур // Гродековские чтения: (Тез. науч. – практ. конф. . 19 – 20 дек. 1996 г. г. Хабаровск). — Хабаровск, 1996. — Ч. III. — С. 34 – 37.

3693．**С.Е. 斯塔罗斯坚科**：《滨海地区（12 世纪至 13 世纪初期）女真人的石质、玻璃质头部饰品》//《西伯利亚、远东的考古学、古生态学、理论民族学·第 36 次区域大学生考古会议报告纲要》，伊尔库茨克，1996 年，第 2 卷，第 150 – 151 页。

Старостенко С.Е. Головные ювелирные украшения из камня и стекла чжурчжэней Приморья (XII — начало XIII вв.) // Археология, палеоэкология и этнология Сибири и Дальнего Востока: (Тез. докл. к XXXVI РАСК). — Иркутск, 1996. — Ч. 2. — С. 150 – 151.

3694．**С.Е. 斯塔罗斯坚科**：《（12 世纪至 13 世纪初期）滨海地区女真人的石质腰带配件》//《西伯利亚考古学 275 周年·西伯利亚、远东高校大学生第 37 次区域考古学、民族学会议资料》，克拉斯诺亚尔斯克，1997 年，第 93 – 94 页。

Старостенко С.Е. Поясная гарнитура из камня у чжурчжэней Приморья (XII — нач. XIII вв.) // 275 лет сибирской археологии: Материалы XXXVII Регион. археол. – этногр. студ. конф. вузов Сибири и Дальнего Востока. — Красноярск, 1997. — С. 93 – 94.

3695．**С.Е. 斯塔罗斯坚科**：《（12 世纪至 13 世纪初期）女真瓦当纹饰》//《西伯利亚、远东的考古学、民族学·纪念 А.П. 奥克拉德尼科夫院士诞辰 90 周年暨第 38 次区域大学生考古学、民族学会议报告纲要》，乌兰乌德，1998 年，第 107 – 108 页。

Старостенко С.Е. Мотивы концевых дисков чжурчжэньской черепицы (XII — нач. XIII вв.) // Археология и этнография Сибири и Дальнего Востока: Тез. докл. XXXVIII регион. археол. – этногр. конф., посвящ. 90 – летию акад. А.П. Окладникова. — Улан – Удэ, 1998. — С. 107 – 108.

3696．**Л.М. 斯捷帕纽克**：《滨海地区卢扎诺夫卡墓地研究》//《西伯利亚古代理论民族学·区域大学生考古会议报告纲要·1990 年 3 月 29 – 31 日》，伊尔库茨克，1990 年，第 200 – 201 页。

Степанюк Л.М. Исследования Лузановского могильника в Приморье // Палеоэтнология Сибири:

Тез. докл. к регион. археол. студ. конф. 29 – 31 марта 1990 г. — Иркутск, 1990. — С. 200 – 201.

3697. **Г.Г. 斯特拉塔诺维奇**：《大杜拉尔景区出土的中国碗》// 《苏联民族学》，1951 年，第 15 卷，第 302 – 307 页。

Стратанович Г.Г. Китайская чаша из урочища Большой Дурал // СА. — 1951. — Т. 15. — С. 302 – 307.

3698. **В.В. 苏希赫、Д.П. 博洛京**：《弗拉基米罗夫卡 1 号晚期中世纪时期墓地 1 号沙丘的掘尸仪式（根据 1988 年发掘资料）》// 《远东、外贝加尔中世纪考古学资料》，苏联科学院远东分院历史·考古·民族研究所，预印本，符拉迪沃斯托克，1989 年，第 47 – 50 页。

Сухих В.В., Болотин Д.П. Обряд эксгумации на позднесредневековом могильнике Владимировка 1 дюна 1 (по материалам раскопок 1988 года) // Материалы по средневековой археологии Дальнего Востока и Забайкалья / АН СССР. ДВО. ИИАЭ. — Препр. — Владивосток, 1989. — С. 47 – 50.

3699. **В.А. 塔塔尔尼科夫**：《关于"睡美人"洞穴雕塑的真实性》// 《喀斯特洞穴》，苏联科学院远东科学中心太平洋地理研究所、苏联地理学会滨海地区分会，预印本，符拉迪沃斯托克，1979 年，第 27 – 29 页。

Татарников В.А. О подлинности скульптур пещеры 《Спящая Красавица》 // Карстовые пещеры / АН СССР. ДВНЦ. ТИГ; Прим. фил. Геогр. о-ва СССР. — Препр. — Владивосток, 1979. — С. 27 – 29.

3700. **Е.И. 季莫费耶夫**：《阿穆尔河中游沿岸的中世纪遗存》// 《1966 年（苏联科学院）考古研究所全体会议·"早期铁器时代"组报告纲要》，莫斯科，1966 年，第 2 卷，第 25 – 26 页。

Тимофеев Е.И. Средневековые памятники Среднего Приамурья // Пленум Ин-та археологии (АН СССР) 1966 г. Секция 《Ранний железный век》: Тез. докл. — М., 1966. — [Ч. 2]. — С. 25 – 26.

3701. **Ф.П. 特里古布**：《切尔尼戈夫卡地区中世纪时代发现》// 《苏联远东中世纪研究新发现》，苏联科学院远东分院历史·考古·民族研究所，预印本，符拉迪沃斯托克，1989 年，第 22 – 25 页。

Тригуб Ф.П. Находки эпохи средневековья в Черниговском районе // Новое в изучении эпохи средневековья Дальнего Востока СССР / АН СССР. ДВО. ИИАЭ. — Препр. — Владивосток, 1989. — С. 22 – 25.

3702. **С.М. 图比季娜**：《作为女真史资料的赛加城址陶器》// 《远东民族的历史学、考古学、民族学》，符拉迪沃斯托克，1973 年，第 1 集，第 141 – 143 页。

Тупикина С.М. Керамика Шайгинского городища как источник по истории чжурчжэней // История, археология и этнография народов Дальнего Востока. — Владивосток, 1973. — Вып. 1. — С. 141 – 143.

3703. **С.М. 图比季娜**：《1967 年赛加城址发掘出土陶器的统计学分析》// 《苏联科学院远东科学中心历史·考古·民族研究所文集》，1973 年，第 9 卷：《远东史资料（历史学、考古学、民族学、语文学）》，第 108 – 122 页。

Тупикина С.М. Статистический анализ керамики из раскопок на Шайгинском городище в 1967 г. // Тр. / АН СССР. ДВНЦ. ИИАЭ. — 1973. — Т. 9: Материалы по истории Дальнего Востока (история, археология, этнография, филология). — С. 108 – 122.

3704. **С.М. 图比季娜**：《女真人的陶器与陶器生产（根据赛加城址资料）》// 《远东史资料》，符拉迪沃斯托克，1974 年，第 182 – 185 页。

Тупикина С.М. Керамика и керамическое производство у чжурчжэней: (По материалам Шайгинского городища) // Материалы по истории Дальнего Востока. — Владивосток, 1974. — С. 182 – 185.

3705. **С.М. 图比季娜**：《关于赛加城址女真陶器上的纹饰》//《远东民族的历史与文化问题》，符拉迪沃斯托克，1974 年，第 2 集，第 103 – 112 页。

Тупикина С.М. Об орнаменте на чжурчжэньской керамике с Шайгинского городища // Вопросы истории и культуры народов Дальнего Востока. — Владивосток, 1974. — Вып. 2. — С. 103 - 112.

3706. **С.М. 图比季娜**：《12 世纪至 13 世纪初期女真经济中陶器的地位、作用及其利用》//《苏联远东最新的考古学研究》，符拉迪沃斯托克，1976 年，第 83 – 88 页。

Тупикина С.М. Место керамической посуды, ее назначение и использование в хозяйстве чжурчжэней в XII — начале XIII в. // Новейшие археологические исследования на Дальнем Востоке СССР. — Владивосток, 1976. — С. 83 – 88.

3707. **С.М. 图比季娜**：《12 世纪至 13 世纪初期的女真陶器及其分类》//《苏联远东古代史的考古学资料》，符拉迪沃斯托克，1978 年，第 64 – 72 页。

Тупикина С.М. Керамика чжурчжэней XII — начала XIII в. и ее классификация // Археологические материалы по древней истории Дальнего Востока СССР. — Владивосток, 1978. — С. 64 – 72.

3708. **С.М. 图比季娜**：《12 世纪至 13 世纪初期滨海地区的女真陶器》，历史学副博士论文作者文摘，苏联科学院西伯利亚分院历史·语文·哲学研究所，新西伯利亚，1981 年，18 页。

Тупикина С.М. Керамика чжурчжэней Приморья XII — начала XIII в.: Автореф. дис. ⋯ канд. ист. наук / АН СССР. СО. ИИФФ. — Новосибирск, 1981. — 18 с.

3709. **С.М. 图比季娜**：《陶器上的标记（根据赛加城址资料）》//《苏联远东南部及其毗邻地区古代和中世纪的考古学资料》，符拉迪沃斯托克，1983 年，第 115 – 119 页。

Тупикина С.М. Знаки на керамике: (По материалам Шайгинского городища) // Материалы по древней и средневековой археологии юга Дальнего Востока СССР и смежных территорий. — Владивосток, 1983. — С. 115 – 119.

3710. **С.М. 图比季娜**：《关于女真与中央亚细亚陶器标识的某些相似性》//《第 15 次远东学术会议："苏共第 27 次代表大会和苏联远东及亚洲国家发展问题"·报告及议程纲要》，第 4 卷，符拉迪沃斯托克，1986 年，第 45 – 46 页。

Тупикина С.М. О центральноазиатской параллели некоторым знакам на чжурчжэньской керамике // XV Дальневост. науч. конф. 《XXVII съезд КПСС и пробл. развития Дальнего Востока СССР и зарубеж. государств Азии》: Тез. докл. и сообщ. — Владивосток, 1986. — Вып. 4. — С. 45 – 46.

3711. **С.М. 图比季娜**：《女真陶器某些形制、纹饰的历史比较分析》//《中世纪时代远东民族的民族文化关系资料》，符拉迪沃斯托克，1988 年，第 33 – 40 页。

Тупикина С.М. Историко - сравнительный анализ некоторых форм и орнаментов чжурчжэньской керамики // Материалы по этнокультурным связям народов Дальнего Востока в средние века. — Владивосток, 1988. — С. 33 – 40.

3712. **С.М. 图比季娜**：《论滨海地区古代居民的民族文化联系问题》//《苏联远东中世纪研究的新发现》，苏联科学院远东分院历史·考古·民族研究所，预印本，符拉迪沃斯托克，1989 年，第 30 – 33 页。

Тупикина С.М. К вопросу об этнокультурных связях древнего населения Приморья // Новое в изучении эпохи средневековья Дальнего Востока СССР / АН СССР. ДВО. ИИАЭ. — Препр. — Владивосток, 1989. — С.30－33.

3713. **С.М. 图比季娜**：《赛加城址的手制陶器》//《苏联远东中世纪考古学新资料》，新西伯利亚，符拉迪沃斯托克，1989 年，第 74－79 页。

Тупикина С.М. Лепная керамика Шайгинского городища // Новые материалы по средневековой археологии Дальнего Востока СССР. — Владивосток, 1989. — С. 74－79.

3714. **С.М. 图比季娜**：《独特形制的女真陶器及其用途》//《苏联远东中世纪考古学、历史学资料》，符拉迪沃斯托克，1990 年，第 142－147 页。

Тупикина С.М. Чжурчжэньские керамические изделия оригинальных форм и их назначение // Материалы по средневековой археологии и истории Дальнего Востока СССР. — Владивосток, 1990. — С. 142－147.

3715. **С.М. 图比季娜、В.Л. 霍列夫**：《阿纳尼耶夫卡城址的陶器》//《17－20 世纪阿穆尔河沿岸、滨海地区发现、定居、开发的历史经验·国际学术会议报告、议程纲要》，符拉迪沃斯托克，1993 年，第 1 集，第 148－150 页。

Тупикина С.М., Хорев В.А. Керамика Ананьевского городища // Исторический опыт открытия, заселения и освоения Приамурья и Приморья в XVII — XX вв.: Междунар. науч. конф.: Тез. докл. и сообщ. — Владивосток, 1993. — Ч. 1. — С. 148－150.

3716. **С.М. 图比季娜、В.И. 博尔金**：《克拉斯基诺城址的陶器》//《俄罗斯远东中世纪研究》，符拉迪沃斯托克，1994 年，第 100－109 页。

Тупикина С.М., Болдин В.И. Керамика Краскинского городища // Медиевистские исследования на Дальнем Востоке России. — Владивосток, 1994. — С. 100－109.

3717. **С.М. 图比季娜**：《12 世纪至 13 世纪初期滨海地区的女真陶器（根据赛加城址考古学考察资料）》，符拉迪沃斯托克，远东科学出版社，1996 年，120 页。

Тупикина С.М. Керамика чжурчжэней Приморья XII — начала XIII в. (по материалам археологических исследований Шайгинского городища). — Владивосток: Дальнаука, 1996. — 120 с.

3718. **С.М. 图比季娜**：《独特形制的陶器及其用途》//《北太平洋考古学》，符拉迪沃斯托克，1996 年，第 187－195 页。

Тупикина С.М. Керамические изделия оригинальных форм и их назначение // Археология Северной Пасифики. — Владивосток, 1996. — С. 187－195.

3719. **С.М. 图比季娜**：《女真陶器制作的传统》//《第 1 届渤海文化国际研讨会文集·纪念渤海建国 1300 年》，符拉迪沃斯托克，1996 年，第 53－54 页。

Tupikina S. Pottery Making Traditions of Jurghen Ceramics // The First International Symposium of Bohai Culture (To the 1300 Anniversary of the Foundation of Bohai State). — Vladivostok, 1996. — P. 53－54.

3720. **С.М. 图比季娜**：《赛加陶器曲线纹饰中的海洋题材》//《远东古代映像的世界·纪念 А.П. 奥克拉德尼科夫诞辰 90 周年》，符拉迪沃斯托克，1998 年，第 159－162 页（《太平洋考古学》，第 10 集）。

Тупикина С.М. Морские сюжеты в графике шайгинской керамики // Мир древних образов на Дальнем Востоке: Девяностолетию светлой памяти А.П. Окладникова посвящ. — Владивосток, 1998. — С. 159－162. — (Тихоокеан. археология; Вып. 10).

3721．**А.З. 费多罗夫**：《尼科尔斯克－乌苏里斯克市及其周邻地区的古代遗存》，尼科尔斯克－乌苏里斯克，1916 年，24 页。

Федоров А.З. Памятники старины в г. Никольск－Уссурийском и его окрестностях. — Никольск－Уссурийский, 1916. — 24 с.

3722．**А.З. 费多罗夫**：《考古学意义上的尼科尔斯克－乌苏里斯克市及其周邻地区》//《俄罗斯地理学会阿穆尔河沿岸分部南乌苏里斯克分会通报》，1922 年，第 4 集，第 77－78 页。

Федоров А.З. Город Никольск－Уссурийский и его окрестности в археологическом отношении // ИЮж.－УсОПОРГО. — 1922. — Вып.4. — С. 77－78.

3723．**Е.Я. 费利德曼**：《女真文化陶器》//《西伯利亚、远东考古学问题与古代文化研究展望·会议报告纲要》，雅库茨克，1982 年，第 128－129 页。

Фельдман Е.Я. Керамика чжурчжэньской культуры // Проблемы археологии и перспективы изучения древних культур Сибири и Дальнего Востока: Тез. докл. [конф.] — Якутск, 1982. — С. 128－129.

3724．**Е.Я. 费利德曼**：《靺鞨、渤海、女真制陶生产的共同传统》//《西伯利亚、远东大学生区域考古会议报告纲要》，克麦罗沃，1983 年，第 81－82 页。

Фельдман Е.Я. Общие традиции в гончарном производстве мохэ, Бохай и чжурчжэней // Тез. докл. регион. археол. конф. студентов Сибири и Дальнего Востока. — Кемерово, 1983. — С. 81－82.

3725．**Л.П. 霍德泽维奇**：《关于拉佐城址出土的一件独一无二的腰带饰件的题材来源》//《中世纪时代远东民族的民族文化联系资料》，符拉迪沃斯托克，1988 年，第 84－92 页。

Ходзевич Л.П. О происхождении сюжета на одной уникальной поясной гарнитуре из Лазовского городища // Материалы по этнокультурным связям народов Дальнего Востока в средние века. — Владивосток, 1988. — С. 84－92.

3726．**Л.П. 霍德泽维奇**：《铁器鎏金的方法（以赛加城址出土物为例)》//《苏联远东中世纪考古学新资料》，新西伯利亚，1989 年，第 135－139 页。

Ходзевич Л.П. Приемы нанесения золота на железные изделия (на примере находок из Шайгинского городища) // Новые материалы по средневековой археологии Дальнего Востока СССР. — Владивосток, 1989. — С. 135－139.

3727．**Л.П. 霍德泽维奇、Э.В. 沙弗库诺夫**：《远东火镰的分类与断代》//《远东中世纪考古学问题：文化的起源、分期、断代》，符拉迪沃斯托克，1990 年，第 109－121 页。

Ходзевич Л.П., Шавкунов Э.В. Классификация и датировка дальневосточных кресал // Проблемы средневековой археологии Дальнего Востока: Происхождение, периодизация, датировка культур. — Владивосток, 1990. — С. 109－121.

3728．**Л.П. 霍德泽维奇**：《关于中世纪时期黑色金属制品艺术加工的某些方法》//《俄罗斯远东及其毗邻地区考古学新资料·远东考古学者第 5 次学术问题会议报告》，符拉迪沃斯托克，1993 年，第 37－

40 页。

Ходзевич Л.П. О некоторых приемах художественной обработки средневековых изделий из черных металлов // Новые материалы по археологии Дальнего Востока России и смежных территорий: (Докл. V сес. Науч. - пробл. совета археологов Дальнего Востока). — Владивосток, 1993. — С. 37 - 40.

3729. **В.А. 霍列夫、Э.В. 沙弗库诺夫**：《关于 1972－1974 年阿南因斯基（阿纳尼耶夫卡）城址考古学考察结果》//《苏联远东最新的考古学研究》，符拉迪沃斯托克，1976 年，第 112－120 页。

Хорев В.А., Шавкунов Э.В. О результатах археологических исследований на Ананьинском [Ананьевском] городище в 1972 — 1974 гг. // Новейшие археологические исследования на Дальнем Востоке СССР. — Владивосток, 1976. — С. 112 - 120.

3730. **В.А. 霍列夫**：《阿南因斯基城址考察》//《1976 年考古发现》，莫斯科，1977 年，第 250－251 页。

Хорев В.А. Исследования на Ананьинском городище // АО, 1976. — М., 1977. — С. 250 - 251.

3731. **В.А. 霍列夫**：《阿纳耶夫卡古城的考察》//《1977 年考古发现》，莫斯科，1978 年，第 282－283 页。

Хорев В.А. Исследования на Ананьевском городище // АО, 1977. — М., 1978. — С. 282 - 283.

3732. **В.А. 霍列夫、Л.Н. 古谢娃**：《阿纳耶夫卡城址考察》//《1978 年考古发现》，莫斯科，1979 年，第 280 页。

Хорев В.А., Гусева Л.Н. Исследования Ананьевского городища // АО, 1978. — М., 1979. — С. 280.

3733. **В.А. 霍列夫**：《阿纳耶夫卡城址考察》//《1979 年考古发现》，莫斯科，1980 年，第 238－239 页。

Хорев В.А. Исследования Ананьевского городища // АО, 1979. — М., 1980. — С. 238 - 239.

3734. **В.А. 霍列夫、В.Э. 沙弗库诺夫**：《阿纳耶夫卡城址的镞》//《苏联远东考古学资料》，符拉迪沃斯托克，1981 年，第 111－117 页。

Хорев В.А., Шавкунов В.Э. Наконечники стрел Ананьевского городища // Материалы по археологии Дальнего Востока СССР. — Владивосток, 1981. — С. 111 - 117.

3735. **В.А. 霍列夫**：《关于阿纳耶夫卡城址房址的某些结构特征》//《苏联远东南部及其毗邻地区古代和中世纪的考古学资料》，符拉迪沃斯托克，1983 年，第 87－91 页。

Хорев В.А. О некоторых конструктивных особенностях жилищ Ананьевского городища // Материалы по древней и средневековой археологии юга Дальнего Востока СССР и смежных территорий. — Владивосток, 1983. — С. 87 - 91.

3736. **В.А. 霍列夫**：《阿纳耶夫卡城址考古学考察》//《东北亚·历史与考古信息》，长春，1984 年 3 期，第 31－32 页，中文。

Хорев В.А. Археологические исследования на Ананьевском городище // Информация по истории и археологии: Северо - Восточная Азия. — Чанчунь, 1984. — № 3. — С. 31 - 32. — Кит. яз.

3737. **В.А. 霍列夫、Ю.Г. 尼基京**：《关于克拉斯诺亚尔斯科耶城址新的考古学资料（1984 年发掘）》//《纪念阿尔谢尼耶夫报告会·关于历史学、考古学、民族学、方志学问题区域学术会议报告纲要》，乌苏里斯克，1985年，第108－109页。

Хорев В.А.，Никитин Ю.Г. Новые археологические данные о Краснояровском городище（раскопки 1984 г.）// Арсеньевские чтения: Тез. докл. регион. конф. по пробл. истории, археологии, этнографии и краеведения. — Уссурийск, 1985. — С. 108－109.

3738．**В.А. 霍列夫**：《阿纳耶夫卡城址考察》//《1985年考古发现》，莫斯科，1987年，第289页。

Хорев В.А. Исследования на Ананьевском городище // АО, 1985. — М., 1987. — С. 289.

3739．**В.А. 霍列夫**：《阿纳耶夫卡城址的锻造作坊（1986年发掘）》//《关于远东中世纪民族文化与经济的新资料》，苏联科学院远东分院历史·考古·民族研究所，预印本，符拉迪沃斯托克，1987年，第25－28页。

Хорев В.А. Кузнечная мастерская на Ананьевском городище（раскопки 1986 г.）// Новые данные о культуре и хозяйстве средневековых народов Дальнего Востока / АН СССР. ДВО. ИИАЭ. — Препр. — Владивосток, 1987. — С. 25－28.

3740．**В.А. 霍列夫**：《阿纳耶夫卡城址附近的陶窑》//《苏联远东中世纪研究的新发现》，苏联科学院远东分院历史·考古·民族研究所，预印本，符拉迪沃斯托克，1989年，第19－22页。

Хорев В.А. Гончарная печь близ Ананьевского городища // Новое в изучении эпохи средневековья Дальнего Востока СССР / АН СССР. ДВО. ИИАЭ. — Препр. — Владивосток, 1989. — С. 19－22ае .

3741．**В.А. 霍列夫、Т.А. 瓦西里耶娃**：《阿纳耶夫卡城址的要塞壁垒》//《远东考古学新发现（中世纪资料）》，南萨哈林斯克，1989年，第8－12页。

Хорев В.А.，Васильева Т.А. Крепостной вал Ананьевского городища // Новое в дальневосточной археологии:（Материалы медиевистов）. — Южно－Сахалинск, 1989. — С. 8－12.

3742．**В.А. 霍列夫**：《阿纳耶夫卡城址的锻造作坊》//《苏联远东中世纪考古学新资料》，符拉迪沃斯托克，1989年，第99－107页。

Хорев В.А. Кузнечная мастерская Ананьевского городища // Новые материалы по средневековой археологии Дальнего Востока СССР. — Владивосток, 1989. — С. 99－107.

3743．**В.А. 霍列夫**：《阿纳耶夫卡城址考察》//《历史与考古信息·东北亚》，长春，1990年2期，第84－85页，中文。

Хорев В.А. Исследования на Ананьевском городище // Информация по истории и археологии: Северо－Восточная Азия. — Чанчунь, 1990. — № 2. — С. 84－85. — Кит. яз.

3744．**В.А. 霍列夫**：《关于阿纳耶夫卡城址的建筑平面》//《远东中世纪考古学问题：文化的起源、分期、断代》，符拉迪沃斯托克，1990年，第51－72页。

Хорев В.А. О строительных горизонтах Ананьевского городища // Проблемы средневековой археологии Дальнего Востока: Происхождение, периодизация, датировка культур. — Владивосток, 1990. — С. 51－72.

3745．**В.А. 霍列夫**：《苏联滨海边区阿纳耶夫卡古城的锻造作坊》//《北方文物》，1993年4期，第93－95页，中文。

Хорев В.А. Кузнечная мастерская на Ананьевском городище в Приморском крае СССР // Бэйфан вэньу. — 1993. — № 4. — С. 93－95. — Кит. яз.

3746. B.A. 霍列夫：《阿纳耶夫卡城址——滨海地区南部女真人的军事－农耕遗址》//《北太平洋考古学》，符拉迪沃斯托克，1996年，第114－119页。

Хорев В.А. Ананьевское городище — военно－земледельческое поселение чжурчжэней на юге Приморья // Археология Северной Пасифики. — Владивосток, 1996. — С. 114－119.

3747. B.A. 霍列夫：《阿纳耶夫卡城址：13世纪初滨海地区的女真文化遗址》//《第1届渤海文化国际研讨会文集·纪念渤海建国1300年》，符拉迪沃斯托克，1996年，第51－52页。

Khorev V.A. Ananyevskoye Ancient Town — Jurghen Culture Site of the Beginning of XIII Century in Primorye // The First International Symposium of Bohai Culture (To the 1300 Anniversary of the Foundation of Bohai State). — Vladivostok, 1996. — P. 51－52.

3748. B.A. 霍列夫：《阿纳耶夫卡城址附近的陶窑》//《东北亚考古资料译文集·渤海专号》，哈尔滨，1998年，第133－135页，中文。

Хорев В.А. Гончарная печь возле Ананьевского городища // Собрание переводных работ по археологии Северо－Восточной Азии. Бохайский вып. Харбин, 1998. — С. 133－135. — Кит. яз.

3749. B.A. 霍列夫、O.C. 加拉克季奥诺夫：《阿纳耶夫卡城址出土武器中的特殊物品》//《远东的历史学、考古学·纪念Э.B. 沙弗库诺夫70周岁》，符拉迪沃斯托克，2000年，第185－186页。

Хорев В.А., Галактионов О.С. Необычный предмет оружия с Ананьевского городища // История и археология Дальнего Востока. К 70－летию Э.В. Шавкунова. — Владивосток, 2000. — С. 185－186.

3750. H.Л. 切尔内舍娃：《关于赛加城址出土玻璃串珠的分类问题》//《苏联科学院远东科学中心文集·历史系列》，1971年，第8卷：《远东的历史学、社会学、语文学》，第81－82页。

Чернышева Н.Л. К вопросу о классификации стеклянных бусин с Шайгинского городища // Тр. / АН СССР. ДВНЦ. Сер. ист. — 1971. — Т. 8: История, социология и филология Дальнего Востока. — С. 81－82.

3751. B.Э. 沙弗库诺夫：《女真人的合成矛》//《远东南部及其毗邻地区古代、中世纪时代考古学资料》，符拉迪沃斯托克，1983年，第92－97页。

Шавкунов В.Э. Комбинированные копья чжурчжэней // Материалы по древней и средневековой археологии юга Дальнего Востока и смежных территорий. — Владивосток, 1983. — С. 92－97.

3752. B.Э. 沙弗库诺夫：《女真的防护面具》//《苏联科学院西伯利亚分院院刊》，1984年3期：《历史学、语文学、哲学系列》，第1集，第60－63页。

Шавкунов В.Э. Чжурчжэньские маски // ИСОАН СССР. — 1984. — № 3: Сер. ист., филол. и филос, вып. 1. — С. 60－63.

3753. B.Э. 沙弗库诺夫：《女真人的砍砸工具》//《纪念阿尔谢尼耶夫报告会·关于历史学、考古学、民族学、方志学问题区域学术会议报告纲要》，乌苏里斯克，1985年，第109－111页。

Шавкунов В.Э. Рубящие орудия чжурчжэней // Арсеньевские чтения: Тез. докл. регион. конф. по пробл. истории, археологии, этнографии и краеведения. — Уссурийск, 1985. — С. 109－111.

3754. B.Э. 沙弗库诺夫：《滨海地区女真人的武器》，历史学副博士论文作者文摘，苏联科学院西伯利亚分院历史·语文·哲学研究所，新西伯利亚，1986年，17页。

Шавкунов В.Э. Вооружение чжурчжэней Приморья: Автореф. дис. … канд. ист. наук / АН СССР.

CO. ИИФФ. — Новосибирск, 1986. — 17 c.

3755．**В.Э. 沙弗库诺夫**：《论女真人的弓》//《北亚古代居民的军事》，新西伯利亚，1987 年，第 199－205 页。

Шавкунов В.Э. К вопросу о луке чжурчжэней // Военное дело древнего населения Северной Азии. — Новосибирск, 1987. — С. 199－205.

3756．**В.Э. 沙弗库诺夫**：《关于赛加城址出土陶器上的帆船图形》//《苏联远东中世纪考古学新资料》，符拉迪沃斯托克，1989 年，第 147－149 页。

Шавкунов В.Э. Об изображении парусника на сосуде из Шайгинского городища // Новые материалы по средневековой археологии Дальнего Востока СССР. — Владивосток, 1989. — С. 147－149.

3757．**В.Э. 沙弗库诺夫**：《赛加城址的中央大门》//《苏联远东中世纪考古学新资料》，符拉迪沃斯托克，1989 年，第 60－64 页。

Шавкунов В.Э. Центральные ворота Шайгинского городища // Новые материалы по средневековой археологии Дальнего Востока СССР. — Владивосток, 1989. — С. 60－64.

3758．**В.Э. 沙弗库诺夫**：《为了可靠地防御：赛加城址的筑城学》//《俄罗斯与亚洲太平洋地区》，1992 年 2 期，第 49－57 页。

Шавкунов В.Э. Для надежной обороны: Фортификация Шайгинского городища // Россия и АТР. — 1992. — № 2. — С. 49－57.

3759．**В.Э. 沙弗库诺夫**：《12－13 世纪女真人的武器》，符拉迪沃斯托克，远东科学出版社，1993 年，185 页。

Шавкунов В.Э. Вооружение чжурчжэней XII — XIII вв. — Владивосток: Дальнаука, 1993. — 185 c.

评论：**Ю.С. 胡佳科夫**，刊于《俄罗斯与亚洲太平洋地区》，1994 年 1 期，第 169－172 页。

Рец.：**Худяков Ю.С** // Россия и АТР. — 1994. － № 1. — С. 169－172.

3760．**В.Э. 沙弗库诺夫、А.Л. 梅津采夫**：《女真头盔》//《方志学通讯》，符拉迪沃斯托克，1993 年，第 1 集，第 94－99 页。

Шавкунов В.Э., Мезенцев А.Л. Чжурчжэньский шлем // Краевед. вестн. — Владивосток, 1993. — Вып. 1. — С. 94－99.

3761．**В.Э. 沙弗库诺夫**：《阿纳尼耶夫卡城址出土的火药器械》//《俄罗斯与亚洲太平洋地区》，1997 年 1 期，第 45－48 页。

Шавкунов В.Э. Пороховой снаряд с Ананьевского городища // Россия и АТР. — 1997. — № 1. — С. 45－48.

3762．**В.Э. 沙弗库诺夫**：《11－12 世纪滨海地区的女真人（论考古学文化特征问题）》//《远东、中央亚细亚的考古学与理论民族学》。符拉迪沃斯托克，1998 年，第 157－159 页。

Шавкунов В.Э. Чжурчжэни Приморья в XI — XII вв. (к вопросу об археолого－культурной характеристике) // Археология и этнология Дальнего Востока и Центральной Азии. — Владивосток, 1998. — С. 157－159.

3763．**В.Э. 沙弗库诺夫**：《奥洛夫斯基要塞发掘》// 北方欧亚学会：《时事通讯》第 10 期，东京，

1998 年，第 16－19 页。

Shavkunov V.E. The Excavations of Aurovsky Fortress // The Society of North－Eurasian Studies. Newsletter No. 10. — Tokyo, 1998. — P. 16－19.

3764. **В.Э. 沙弗库诺夫**：《滨海地区渤海人的骨镞》//《俄罗斯与亚洲太平洋地区》，1999 年 4 期，第 110－114 页。

Шавкунов В.Э. Костяные наконечники стрел бохайцев Приморья // Россия и АТР. — 1999. — № 4. — С. 110－114.

3765. **В.Э. 沙弗库诺夫**：《奥罗夫斯科耶城址发掘》//《1997 年考古发现》，莫斯科，1999 年，第 333－334 页。

Шавкунов В.Э. Раскопки Ауровского городища // АО, 1997. — М., 1999. — С. 333－334.

3766. **В.Э. 沙弗库诺夫**：《滨海边疆区南部的中世纪城址》//《远东的历史学、考古学·纪念 Э.В. 沙弗库诺夫 70 周岁》，符拉迪沃斯托克，2000 年，第 166－173 页。

Шавкунов В.Э. Средневековые городища южной части Приморского края // История и археология Дальнего Востока. К 70－летию Э.В. Шавкунова. — Владивосток, 2000. — С. 166－173.

3767. **Э. В. 沙弗库诺夫**：《7－12 世纪滨海地区、阿穆尔河沿岸历史的某些问题》//《远东史论文汇编》，莫斯科，1958 年，第 151－156 页。

Шавкунов Э.В. Некоторые вопросы истории Приморья и Приамурья в VII—XII вв. // Сборник ст. по истории Дальнего Востока. — М., 1958. — С. 151－156.

3768. **Э. В. 沙弗库诺夫**：《关于滨海地区中世纪遗存的断代问题》//《西伯利亚和远东历史学术会议·报告、议程纲要》，伊尔库茨克，1960 年，第 59－62 页。

Шавкунов Э.В. К вопросу о датировке средневековых памятников Приморья // Научная конф. по истории Сибири и Дальнего Востока: Тез. докл. и сообщ. — Иркутск, 1960. — С. 59－62.

3769. **Э. В. 沙弗库诺夫**：《关于滨海地区中世纪遗存的断代问题》//《苏联科学院西伯利亚分院布里亚特综合科学研究所文集·东方学系列》，1960 年，第 3 集，第 174－193 页。

Шавкунов Э.В. К вопросу о датировке средневековых памятников Приморья // Тр. Бурят. компл. НИИ СО АН СССР. Сер. востоковедения. — 1960. — Вып. 3. — С. 174－193.

3770. **Э. В. 沙弗库诺夫**：《女真铜镜的珍品》//《苏联考古学资料与研究》，1960 年 86 期，第 231－237 页。

Шавкунов Э.В. Клад чжурчжэньских зеркал // МИА. — 1960. — № 86. — С. 231－237.

3771. **Э. В. 沙弗库诺夫**：《关于滨海地区发现的青铜砝码、印的断代问题》//《东方铭文学》，1961 年，第 14 集，第 114－120 页。

Шавкунов Э.В. О датировке бронзовых дисков и печати, обнаруженных в Приморском кр// Эпиграфика Востока. — 1961. — Вып. 14. — С. 114－120.

3772. **Э. В. 沙弗库诺夫**：《关于 1958 年斯拉维扬卡地区考古考察结果》//《苏联科学院西伯利亚分院远东分部历史类著述》，1961 年，第 2 卷，第 173－186 页。

Шавкунов Э.В. О результатах археологических исследований в Славянском районе в 1958 году // Тр. / АН СССР. СО. ДВФ. Сер. ист. — 1961. — Т. 2. — С. 173－186.

3773．Э. В. 沙弗库诺夫、Ю.В. 阿尔古佳耶娃：《3 世纪的高句丽陶器（滨海地区出土）》//《苏联考古学》，1963 年 3 期，第 228－231 页。

Шавкунов Э.В.，Аргудяева Ю.В. // Когуреский сосуд III века［из Приморья］// СА. — 1963. — № 3. — С. 228－231.

3774．Э. В. 沙弗库诺夫：《滨海地区的渤海遗存（根据 1960 年考察）》//《西伯利亚史资料·古代的西伯利亚》，新西伯利亚，1964 年，第 1 集：《远东的考古学与民族学》，第 84－105 页。

Шавкунов Э.В. Бохайские памятники Приморья（по исследованиям 1960 г.）// Материалы по истории Сибири. Древняя Сибирь. — Новосибирск, 1964. — Вып. 1：Археология и этнография Дальнего Востока. — С. 84－105.

3775．Э. В. 沙弗库诺夫：《渤海国（698－926 年）》//《古代西伯利亚（1 卷本，〈西伯利亚史〉）》，Ж.В. 安德列耶娃、З.Я. 博亚尔希诺娃、Э.А. 万盖盖姆等编，乌兰乌德，1964 年，第 567－578 页。

Шавкунов Э.В. Государство Бохай（698 — 926 гг.）// Древняя Сибирь：（Макет 1 тома《Истории Сибири》）/Ж.В. Андреева, З.Я. Бояршинова, Э.А. Вангейгейм и др. — Улан - Удэ, 1964. — С. 567－578.

3776．Э. В. 沙弗库诺夫：《关于滨海地区中世纪遗存的分期、分类问题》//《苏联远东史问题·第 4 次远东学术会议考古学、十月革命以前的历史学、民族学、语文学会议报告、议程纲要》，符拉迪沃斯托克，1965 年，第 2 集，第 17－19 页。

Шавкунов Э.В. К вопросу о периодизации и классификации средневековых памятников Приморья // Вопросы истории советского Дальнего Востока：Тез. докл. и сообщ. На IV Дальневост. науч. конф.：Секция археологии, истории доокт. периода, этнографии и филологии. — Владивосток, 1965. — Вып. 2. — С. 17－19.

3777．Э. В. 沙弗库诺夫：《女真时代遗存苏城综合体研究的主要结果》//《（从古至今）苏联远东民族历史发展的普遍规律与特点·1964 年苏联科学院西伯利亚分院远东分院研究工作与学术组织工作总结会议·人文科学组报告、议程纲要》，符拉迪沃斯托克，1965 年，第 2 集，第 69－75 页。

Шавкунов Э.В. Основные итоги изучения сучанского комплекса памятников эпохи чжурчжэней // Общие закономерности и особенности исторического развития народов советского Дальнего Востока（с древнейших времен до наших дней）：Тез. докл. и сообщ. на секции гуманит. наук Совета Дальневост. фил. СО АН СССР по итогам исслед. и науч. - орг. работы за 1964 г. — Владивосток, 1965. — С. 69－75.

3778．Э. В. 沙弗库诺夫：《滨海地区蒙古人居住地遗迹》//《苏联地理学会滨海分会通讯》，1965 年，第 1 卷（24），第 116－118 页。

Шавкунов Э.В. Следы пребывания монголов в Приморье // ЗПФГО. — 1965. — Т. 1（24）. — С. 116－118.

3779．Э. В. 沙弗库诺夫：《滨海地区克拉斯基诺镇附近的渤海城址》//《苏联地理学会滨海分会通讯》，1966 年，第 25 卷，第 141－144 页。

Шавкунов Э.В. Бохайское городище вблизи пос. Краскино в Приморье // ЗПФГО. — 1966. — Т. 25. — С. 141－144.

3780. Э. В. 沙弗库诺夫：《（1960－1962 年）尼古拉耶夫卡城址发掘》//《西伯利亚史资料·古代的西伯利亚》，新西伯利亚，1966 年，第 2 集：《西伯利亚考古汇编》，第 286－296 页。

Шавкунов Э.В. Раскопки на Николаевском городище（1960 — 1962 гг.）// Материалы по истории Сибири. Древняя Сибирь. — Новосибирск, 1966. — Вып. 2: Сибирский археологический сборник. — С. 286－296.

3781. Э. В. 沙弗库诺夫：《1960－1965 年考古发掘资料中的滨海地区女真文化》//《苏联科学院西伯利亚分院远东分部历史类著述》，1967 年，第 7 集：《远东的历史学、考古学、民族学》，第 26－31 页。

Шавкунов Э.В. Культура чжуржэней Приморья по материалам археологических раскопок 1960 — 1965 гг. // Тр. / АН СССР. СО. ДВФ. Сер. ист. — 1967. — Т. 7: История, археология и этнография Дальнего Востока. — С. 26－31.

3782. Э. В. 沙弗库诺夫：《关于滨海地区中世纪遗存的分期与断代》//《苏联科学院西伯利亚分院远东分部历史类著述》，1968 年，第 6 集：　《苏联十月革命以前时期历史中的苏联远东民族》，第 186－191 页。

. **Шавкунов Э.В.** О периодизации и классификации средневековых памятников Приморья // Тр. /АН СССР. СО. ДВФ. Сер. ист. — 1968. — Т. 6: Народы советского Дальнего Востока в дооктябрьский период истории СССР. — С. 186－191.

3783. Э. В. 沙弗库诺夫：《关于女真小型石雕的用途》//《苏联科学院西伯利亚分院院刊》，1969 年 6 期：《社会科学系列》，第 2 集，第 91－93 页。

Шавкунов Э.В. О назначении чжурчжэньских миниатюрных скульптурок из камня // ИСОАН СССР. — 1969. — № 6: Сер. обществ. наук, вып. 2. — С. 91－93.

3784. Э. В. 沙弗库诺夫：《赛加城址发掘》//《1968 年考古发现》，莫斯科，1969 年，第 239－240 页。

Шавкунов Э.В. Раскопки на Шайгинском городище // АО, 1968. — М., 1969. — С. 239－240.

3785. Э. В. 沙弗库诺夫、В.Д. 连科夫、С.М. 图比季娜：《赛加城址发掘》//《1969 年考古发现》，莫斯科，1970 年，第 211－212 页。

Шавкунов Э.В. , **Леньков В.Д.** , **Тупикина С.М.** Раскопки на Шайгинском городище // АО, 1969. — М., 1970. — С. 211－212.

3786. Э. В. 沙弗库诺夫：《滨海地区境内的中世纪国家，14 世纪至 17 世纪前半期乌苏里斯克边疆区的民族》//《苏联滨海地区史·滨海边疆区学校 7－10 年级学生教学参考书》，**Ж.B. 安德列耶娃**、**A.B. 博利布赫**、**B.M. 维什涅夫斯基**等著，符拉迪沃斯托克，1970 年，第 13－21 页。

Шавкунов Э.В. Средневековые государства на территории Приморья. Народы Уссурийского края в XIV — первой половине XVII вв. // История советского Приморья: Учеб. пособие для учащихся VII－X кл. школ Прим. края / **Ж.B. Андреева, A.B. Больбух, B.M.** Вишневский и др. — Владивосток, 1970. — С. 13－21.

3787. Э. В. 沙弗库诺夫：《关于 1969 年秋季滨海边疆区、哈巴罗夫斯克边疆区中世纪遗存的初步考察结果》//《苏联科学院远东科学中心文集·历史系列》，1971 年，第 8 卷：《远东的历史学、社会学、语文学》，第 73－77 页。

Шавкунов Э.В. О результатах предварительных обследований средневековых памятников в Приморском и Хабаровском краях осенью 1969 г. // Тр. / АН СССР. ДВНЦ. Сер. ист. — 1971. — Т. 8: История, социология и филология Дальнего Востока. — С. 73－77.

3788. **Э. В. 沙弗库诺夫**：《滨海边疆区赛加城址考古学考察》//《1971 年田野考察总结会议报告纲要》，莫斯科，1972 年，第 299－300 页。

Шавкунов Э.В. Археологические исследования на Шайгинском городище в Приморском крае // Тез. докл. на секциях, посвящ. итогам полевых исследований 1971 г. — М., 1972. — С. 299－300.

3789. **Э. В. 沙弗库诺夫**：《赛加城址考察》//《1971 年考古发现》，莫斯科，1972 年，第 304－305 页。

Шавкунов Э.В. Исследования на Шайгинском городище // АО, 1971. — М., 1972. — С. 304－305.

3790. **Э. В. 沙弗库诺夫**：《关于赛加城址出土陶器上的语义学标记及某些纹饰种类》//《苏联考古学》，1972 年 3 期，第 128－133 页。

Шавкунов Э.В. О семантике тамгообразных знаков и некоторых видов орнамента на керамике с Шайгинского городища // СЭ. — 1972. — № 3. — С. 128－133.

3791. **Э. В. 沙弗库诺夫、В.Д. 连科夫**：《赛加城址和萨卡奇－阿梁地区的考察》//《1972 年考古发现》，莫斯科，1973 年，第 250 页。

Шавкунов Э.В., Леньков В.Д. Исследования на Шайгинском городище и в районе Сикачи－Аляна // АО, 1972. — М., 1973. — С. 250.

3792. **Э. В. 沙弗库诺夫**：《论滨海地区古代金矿的断代问题》//《苏联科学院远东科学中心历史·考古·民族研究所文集》，1973 年，第 9 卷：《远东史资料（历史学、考古学、民族学、语文学）》，第 123－125 页。

Шавкунов Э.В. К вопросу о датировке древних золотых разработок Приморья // Тр. / АН СССР. ДВНЦ. ИИАЭ. — 1973. — Т. 9: Материалы по истории Дальнего Востока (история, археология, этнография, филология). — С. 123－125.

3793. **Э. В. 沙弗库诺夫**：《根据 1963－1966 年考古学考察资料论女真房址的特点》//《苏联科学院远东科学中心历史·考古·民族研究所文集》，1973 年，第 9 卷：《远东史资料（历史学、考古学、民族学、语文学）》，第 72－89 页。

Шавкунов Э.В. К характеристике жилищ чжурчжэней по материалам археологических исследований 1963—1966 гг. // Тр. / АН СССР. ДВНЦ. ИИАЭ. — 1973. — Т. 9: Материалы по истории Дальнего Востока (история, археология, этнография, филология). — С. 72－89.

3794. **Э. В. 沙弗库诺夫**：《苏联滨海地区民族最古老的历法遗物》//《苏联科学院远东科学中心历史·考古·民族研究所文集》，1973 年，第 9 卷：《远东史资料（历史学、考古学、民族学、语文学）》，第 132－135 页。

Шавкунов Э.В. Находка древнейшего календаря народов советского Приморья // Тр. / АН СССР. ДВНЦ. ИИАЭ. — 1973. — Т. 9: Материалы по истории Дальнего Востока (история, археология, этнография, филология). — С. 132－135.

3795. **Э. В. 沙弗库诺夫**：《关于赛加城址出土的青铜坠鱼、鹿角的用途》//《苏联考古学》，1973 年 1 期，第 264－270 页。

Шавкунов Э.В. О назначении подвесных бронзовых рыбок и оленьего рога с Шайгинского городища // СА. — 1973. — No 1. — С. 264－270.

3796. **Э. В. 沙弗库诺夫**：《女真微型石雕》//《国际装饰艺术品收集者协会会刊》，1973 年，第 3 卷，第 2 期，第 30－33 页。

Shavkunov E.V. Chzhurchzhenian Miniature Stone Sculptures // The Journal of the International Netsuke Collectors Society. — 1973. — Vol. 3, No. 2. — P. 30－33.

3797. **Э. В. 沙弗库诺夫、В.А. 霍列夫、В.Д. 连科夫**：《滨海边疆区考察》//《1973 年考古发现》，莫斯科，1974 年，第 234－235 页。

Шавкунов Э.В., Хорев В.А., Леньков В.Д. Исследования в Приморском крае // АО, 1973. — М., 1974. — С. 234－235.

3798. **Э. В. 沙弗库诺夫**：《类人的青铜塑像坠饰与女真人的祖先祭祀》//《苏联民族学》，1975 年 4 期，第 110－120 页。

Шавкунов Э.В. Антропоморфные подвесные фигурки из бронзы и культ предков у чжурчжэней // СЭ. — 1975. — No 4. — С. 110－120.

3799. **Э. В. 沙弗库诺夫、В.А. 霍列夫**：《赛加城址考察》//《1974 年考古发现》，莫斯科，1975 年，第 242－243 页。

Шавкунов Э.В., Хорев В.А. Исследования на Шайгинском городище // АО, 1974. — М., 1975. — С. 242－243.

3800. **Э. В. 沙弗库诺夫**：《女真的装饰扣》//《国际装饰艺术品收集者协会会刊》，1975 年，第 3 卷，第 2 期，第 26－36 页。

Shavkunov E.V. The Chzhurchzhenian Netsuke // The Journal of the International Netsuke Collectors Society. — 1975. — Vol. 3, No. 2. — P. 26－36.

3801. **Э. В. 沙弗库诺夫、В.А. 霍列夫**：《赛加城址考察》//《1975 年考古发现》，莫斯科，1976 年，第 287－288 页。

Шавкунов Э.В., Хорев В.А. Исследования на Шайгинском городище // АО, 1975. — М., 1976. — С. 287－288.

3802. **Э. В. 沙弗库诺夫、В.И. 博尔金**：《女真人加工粮食的工具以及粮食的保存方式》//《苏联民族学》，1976 年 2 期，第 118－124 页。

Шавкунов Э.В., Болдин В.И. Орудия обработки зерна и способы хранения его у чжурчжэней // СЭ. — 1976. — No 2. — С. 118－124.

3803. **Э. В. 沙弗库诺夫、В.Д. 连科夫**：《滨海地区境内中世纪时期的国家》//《苏联滨海地区史·滨海边疆区学校 7－10 年级学生教学参考书》，**Ж.В. 安德列耶娃、А.И. 克鲁沙诺夫、Г.С. 库奇**等著，再版，修订本，符拉迪沃斯托克，1976 年，第 10－19 页。

Шавкунов Э.В., Леньков В.Д. Средневековые государства на территории Приморья // История советского Приморья: Учеб. пособие для учащихся VII — X кл. школ Прим. края / **Ж.В. Андреева,**

А.И. Крушанов, Г.С. Куцый и др. — 2 - е изд., перераб. и доп. — Владивосток, 1976. — С. 10 - 19.

3804. Э. В. 沙弗库诺夫：《赛加考古队工作》//《1976 年考古发现》，莫斯科，1977 年，第 253 -
254 页。

Шавкунов Э.В. Работа Шайгинского отряда // // АО, 1976. — М., 1977. — С. 253 - 254.

3805. Э. В. 沙弗库诺夫、Л.Н. 古谢娃：《关于女真人马具扣环纹饰的语义学》//《苏联远东古代
史的考古学资料》，符拉迪沃斯托克，1978 年，第 132 - 137 页。

Шавкунов Э.В., Гусева Л.Н. О семантике орнамента на сбруйных пряжках чжурчжэней //
Археологические материалы по древней истории Дальнего Востока СССР. — Владивосток, 1978. — С.
132 - 137.

3806. Э. В. 沙弗库诺夫：《女真艺术中"兽形图案"的表现形式》//《苏联远东古代史的考古学资
料》，符拉迪沃斯托克，1978 年，第 83 - 89 页。

Шавкунов Э.В. Проявление 《 звериного стиля 》 в искусстве чжурчжэней // Археологические
материалы по древней истории Дальнего Востока СССР. — Владивосток, 1978. — С.83 - 89.

3807. Э. В. 沙弗库诺夫：《赛加城址的第 15 年考察》//《1977 年考古发现》，莫斯科，1978 年，第
284 - 285 页。

Шавкунов Э.В. Пятнадцатый год исследований на Шайгинском городище // АО, 1977. — М.,
1978. — С. 284 - 285.

3808. Э. В. 沙弗库诺夫、А.М. 佩夫诺夫、А.Л. 伊夫里耶夫：《赛加城址出土的女真人的银质牌
符》//《苏联远东古代史的考古学资料》，符拉迪沃斯托克，1978 年，第 127 - 131 页。

Шавкунов Э.В., Певнов А.М., Ивлиев А.Л. Серебряная верительная пластина чжурчжэней с
Шайгинского городища // Археологические материалы по древней истории Дальнего Востока СССР. —
Владивосток, 1978. — С. 127 - 131.

3809. Э. В. 沙弗库诺夫：《赛加城址发掘》//《1978 年考古发现》，莫斯科，1979 年，第 282 页。

Шавкунов Э.В. Раскопки на Шайгинском городище // АО, 1978. — М., 1979. — С. 282.

3810. Э. В. 沙弗库诺夫：《赛加城址发掘》//《1979 年考古发现》，莫斯科，1980 年，第
241 - 242 页。

Шавкунов Э.В. Раскопки на Шайгинском городище // АО, 1979. — М., 1980. — С. 241 - 242.

3811. Э. В. 沙弗库诺夫：《滨海边疆区出土铜镜的概述及其断代》//《苏联远东考古学资料》，符拉
迪沃斯托克，1981 年，第 93 - 110 页。

Шавкунов Э.В. Описание бронзовых зеркал из Приморского края и их датировка // Материалы по
археологии Дальнего Востока СССР. — Владивосток, 1981. — С. 93 - 110.

3812. Э. В. 沙弗库诺夫：《女真的文字印章》//《苏联远东考古学资料》，符拉迪沃斯托克，1981
年，第 118 - 121 页。

Шавкунов Э.В. Письменные клейма чжурчжэней // Материалы по археологии Дальнего Востока
СССР. — Владивосток, 1981. — С. 118 - 121.

3813. Э. В. 沙弗库诺夫：《苏联滨海边疆区渤海文化的考古遗存》//《东北历史与考古》，北京，
1982 年，第 1 辑，第 231 - 243 页，中文。

Шавкунов Э.В. Археологические памятники бохайской культуры в Приморском крае СССР // Археология и история Северо－Восточного Китая. — Пекин, 1982. — Ч. 1. — С. 231－243. —Кит. яз.

3814．Э. В. 沙弗库诺夫：《滨海地区的渤海遗存》//《西伯利亚、远东考古学》，东京，1982 年，第 2 卷：《滨海地区》，第 296－321 页，日文。

Шавкунов Э.В. Бохайские памятники Приморья // Археология Сибири и Дальнего Востока. — Токио, 1982. — Т. 2: Приморье. — С. 296－321. — Яп. яз.

3815．Э. В. 沙弗库诺夫：《赛加城址考察》//《西伯利亚、远东考古学》，东京，1982 年，第 2 卷：《滨海地区》，第 416－417 页，日文。

Шавкунов Э.В. Исследования на Шайгинском городище // Археология Сибири и Дальнего Востока. — Токио, 1982. — Т. 2: Приморье. — С. 416－417. — Яп. яз.

3816．Э. В. 沙弗库诺夫：《关于赛加城址出土的青铜坠鱼、鹿角的用途》//《西伯利亚、远东考古学》，东京，1982 年，第 2 卷：《滨海地区》，第 354－362 页，日文。

Шавкунов Э.В. О назначении подвесных бронзовых рыбок и оленьего рога с Шайгинского городища // Археология Сибири и Дальнего Востока. — Токио, 1982. — Т. 2: Приморье. — С. 354－362. —Яп. яз.

3817．Э. В. 沙弗库诺夫：《关于女真小型石质塑像的用途》//《西伯利亚、远东考古学》，东京，1982 年，第 2 卷：《滨海地区》，第 350－353 页，日文。

Шавкунов Э.В. О назначении чжурчжэньских миниатюрных скульптурок из камня // Археология Сибири и Дальнего Востока. — Токио, 1982. — Т. 2: Приморье. — С. 350－353. — Яп. яз.

3818．Э. В. 沙弗库诺夫：《（1960－1962 年）尼古拉耶夫卡城址发掘》//《西伯利亚、远东考古学》，东京，1982 年，第 2 卷：《滨海地区》，第 322－334 页，日文。

Шавкунов Э.В. Раскопки на Николаевском городище (1960 — 1962 гг.) // Археология Сибири и Дальнего Востока. — Токио, 1982. — Т. 2: Приморье. — С. 322－334. — Яп. яз.

3819．Э. В. 沙弗库诺夫：《赛加城址发掘》//《西伯利亚、远东考古学》，东京，1982 年，第 2 卷：《滨海地区》，第 413－414 页，日文。

Шавкунов Э.В. Раскопки на Шайгинском городище // Археология Сибири и Дальнего Востока. — Токио, 1982. — Т. 2: Приморье. — С. 413－414. — Яп. яз.

3820．Э. В. 沙弗库诺夫、В.Д. 连科夫、С.М. 图比季娜：《赛加城址发掘》//《西伯利亚、远东考古学》，东京，1982 年，第 2 卷：《滨海地区》，第 415 页，日文。

Шавкунов Э.В., Леньков В.Д., Тупикина С.М. Раскопки на Шайгинском городище // Археология Сибири и Дальнего Востока. — Токио, 1982. — Т. 2: Приморье. — С. 415. — Яп. яз.

3821．Э. В. 沙弗库诺夫：《赛加令牌》//《历史问题》，1982 年 8 期，第 187－189 页。

Шавкунов Э.В. Шайгинская пайцза // ВИ. — 1982. — № 8. — С. 187－189.

3822．Э. В. 沙弗库诺夫：《赛加城址出土的铜质骑士塑像及其用途》//《古代文化的雕塑与花纹》，新西伯利亚，1983 年，第 131－143 页（原始社会艺术）。

Шавкунов Э.В. Медные фигурки всадников с Шайгинского городища и их назначение // Пластика и рисунки древних культур. — Новосибирск, 1983. — С. 131－143. — (Первобыт. искусство).

3823．Э. В. 沙弗库诺夫：《赛加城址发掘》//《东北亚·历史与考古信息》，长春，1984 年 3 期，第

32－33 页，中文。

Шавкунов Э.В. Раскопки на Шайгинском городище // Информация по истории и археологии: Северо－Восточная Азия. — Чанчунь, 1984. — No 3. — С. 32－33. — Кит. яз.

3824. **Э. В. 沙弗库诺夫、В.Д. 连科夫**：《滨海地区境内的中世纪时期国家》//《苏联滨海地区史·滨海边疆区学校 7－10 年级学生教学参考书》，**Ж.В. 安德列耶娃、Ал.П. 杰列维扬科、А.И 克鲁沙诺夫**等著，符拉迪沃斯托克，1984 年，第 12－18 页。

Шавкунов Э.В., Леньков В.Д. Средневековые государства на территории Приморья // История советского Приморья: Учеб. пособие для учащихся VII — X кл. школ Прим. края / **Ж.В. Андреева, Ал.П. Деревянко, А.И. Крушанов** и др. — Владивосток, 1984. — С. 12－18.

3825. **Э. В. 沙弗库诺夫**：《渤海国及其在滨海边疆区的文化遗存》//《黑河学刊》，1985 年 1 期，第 95－102 页，中文。

Шавкунов Э.В. Государство Бохай и памятники его культуры в Приморском крае // Хэйхэ сюэкань. — 1985. — No 1. — С. 95－102. — Кит. яз.

3826. **Э. В. 沙弗库诺夫**：《滨海边疆区的渤海文化遗存》//《白山学报》，1985 年 30－31 期合刊，第 197－207 页，朝文。

Шавкунов Э.В. Памятники культуры Бохая в Приморском крае // Пэксан хакпо. — 1985. — No 30－31. — С. 197－207. — Кор. яз.

3827. **Э. В. 沙弗库诺夫**：《关于女真镜的价值》//《古代、中世纪时代的东方》，莫斯科，1985 年，第 1 卷，第 224－235 页。

Шавкунов Э.В. О стоимости зеркал у чжурчжэней // Древний и средневековый Восток. — М., 1985. — Ч. 1. — С. 224－235.

3828. **Э. В. 沙弗库诺夫**：《渤海、女真文化中的索格狄亚那（粟特）－伊朗人成分》//《西伯利亚古代文化问题》，新西伯利亚，1985 年，第 146－155 页。

Шавкунов Э.В. Согдийско－иранские элементы в культуре бохайцев и чжурчжэней // Проблемы древних культур Сибири. — Новосибирск, 1985. — С. 146－155.

3829. **Э. В. 沙弗库诺夫**：《1984 年滨海边疆区赛加城址考古考察》//《西伯利亚、远东的古代文化遗存》，新西伯利亚，1986 年，第 195－200 页。

Шавкунов Э.В. Археологические исследования на Шайгинском городище в Приморском крае в 1984 году // Памятники древних культур Сибири и Дальнего Востока. — Новосибирск, 1986. — С. 195－200.

3830. **Э. В. 沙弗库诺夫**：《黑水的地理定位与"阿穆尔女真"的民族属性问题》//《苏联远东考古学研究问题：第 13 届远东国内外历史编纂学问题学术会议资料》，符拉迪沃斯托克，1986 年，第 51－62 页。

Шавкунов Э.В. Локализация гидронима Хэйшуй и проблема этнической принадлежности 《амурских чжурчжэней》 // Проблемы археологических исследований на Дальнем Востоке СССР: Материалы XIII Дальневост. науч. конф. по пробл. отеч. и зарубеж. историографии. — Владивосток, 1986. — С. 51－62.

3831. **Э. В. 沙弗库诺夫、Л.В. 科尼科娃、В.A. 霍列夫**：《阿纳耶夫卡城址的铜镜》//《苏联远东考古学问题》，符拉迪沃斯托克，1987 年，第 80－95 页。

Шавкунов Э.В., **Конькова Л.В.**, **Хорев В.А.** Бронзовые зеркала Ананьевского городища // Вопросы археологии Дальнего Востока СССР. — Владивосток, 1987. — С. 80－95.

3832．Э. В. 沙弗库诺夫：《赛加城址研究》//《西伯利亚、远东古代文化遗存研究》，新西伯利亚，1987 年，第 193－197 页。

Шавкунов Э.В. Исследования Шайгинского городища // Исследования памятников древних культур Сибири и Дальнего Востока. — Новосибирск, 1987. — С. 193－197.

3833．Э. В. 沙弗库诺夫：《赛加城址发掘》//《1985 年考古发现》，莫斯科，1987 年，第 293 页。

Шавкунов Э.В. Раскопки на Шайгинском городище // АО, 1985. — М., 1987. — С. 293.

3834．Э. В. 沙弗库诺夫：《关于滨海地区偶然发现的两面铜镜的来源》//《中世纪时代远东民族的民族文化联系资料》，符拉迪沃斯托克，1988 年，第 59－69 页。

Шавкунов Э.В. О происхождении двух бронзовых зеркал из случайных находок в Приморье // Материалы по этнокультурным связям народов Дальнего Востока в средние века. — Владивосток, 1988. — С. 59－69.

3835．Э. В. 沙弗库诺夫：《关于中世纪时期金属镜的四瓣花结装饰的语义学》//《古代、中世纪时代的东方》，莫斯科，1988 年，第 2 卷，第 352－363 页。

Шавкунов Э.В. О семантике декора из четырех лепестковых розеток на средневековых металлических зеркалах // Древний и средневековый Восток. — М., 1988. — Ч. 2. — С. 352－363.

3836．Э. В. 沙弗库诺夫：《8－10 世纪时期滨海地区的索格狄亚那人移民区》//《中世纪时代远东民族的民族文化联系资料》，符拉迪沃斯托克，1988 年，第 100－105 页。

Шавкунов Э.В. Согдийская колония VIII — X веков в Приморье // Материалы по этнокультурным связям народов Дальнего Востока в средние века. — Владивосток, 1988. — С. 100－105.

3837．Э. В. 沙弗库诺夫：《尼古拉耶夫卡城址出土的鱼形青铜牌符》//《苏联考古学》，1989 年 1 期，第 267－270 页。

Шавкунов Э.В. Бронзовая верительная бирка в виде рыбки из Николаевского городища // СА. — 1989. — No 1. — С. 267－270.

3838．Э. В. 沙弗库诺夫、Д.П. 博洛京：《阿穆尔州出土的带有弧形鳞片纹饰的青铜装饰品》//《远东考古学新发现（中世纪资料）》，南萨哈林斯克，1989 年，第 36－43 页。

Шавкунов Э.В., **Болотин Д.П.** Бронзовые украшения с сегментовидно－чешуйчатым орнаментом из Амурской области // Новое в дальневосточной археологии：(Материалы медиевистов). — Южно－Сахалинск, 1989. — С. 36－43.

3839．Э. В. 沙弗库诺夫：《基什涅夫卡村附近出土的带有颅骨面孔的石质器端》//《苏联远东中世纪考古学新资料》，符拉迪沃斯托克，1989 年，第 113－119 页。

Шавкунов Э.В. Каменное навершие с личиной－черепом из－под села Кишиневка // Новые материалы по средневековой археологии Дальнего Востока СССР. — Владивосток, 1989. — С. 113－119.

3840．Э. В. 沙弗库诺夫：《依据于最新考古学研究的女真人文化起源的某些观点》//《苏联远东中世纪考古学新资料》，符拉迪沃斯托克，1989 年，第 5－11 页。

Шавкунов Э.В. Некоторые аспекты культурогенеза чжурчжэней в свете новейших археологических исследований // Новые материалы по средневековой археологии Дальнего Востока СССР. — Владивосток, 1989. — С. 5–11.

3841. **Э. В. 沙弗库诺夫、Ю. М. 瓦西里耶夫**：《阿穆尔河沿岸的波克罗夫卡文化：断代与民族阐释问题》//《远东、外贝加尔中世纪考古学资料》，苏联科学院远东分院历史·考古·民族研究所，预印本，符拉迪沃斯托克，1989 年，第 16－22 页。

Шавкунов Э.В., **Васильев Ю.М.** Покровская культура Приамурья: проблемы датировки и этнической интерпретации // Материалы по средневековой археологии Дальнего Востока и Забайкалья / АН СССР. ДВО. ИИАЭ. — Препр. — Владивосток, 1989. — С. 16–22.

3842. **Э. В. 沙弗库诺夫**：《关于中世纪时代滨海地区的航行》//《苏联远东中世纪考古学、历史学资料》，符拉迪沃斯托克，1990 年，第 28－35 页。

Шавкунов Э.В. О судоходстве Приморья в средние века // Материалы по средневековой археологии и истории Дальнего Востока СССР. — Владивосток, 1990. — С. 28–35.

3843. **Э. В. 沙弗库诺夫**：《赛加城址发掘》//《历史与考古信息·东北亚》，长春，1990 年 2 期，第 85 页，中文。

Шавкунов Э.В. Раскопки Шайгинского городища // Информация по истории и археологии: Северо-Восточная Азия. — Чанчунь, 1990. — № 2. — С. 85. — Кит. яз.

3844. **Э. В. 沙弗库诺夫**：《滨海边疆区发现的渤海的青铜质牌符》//《韩国古代史文集》，首尔，1991 年，第 3 集，第 419－423 页，朝文。

Шавкунов Э.В. Бохайская верительная бирка из бронзы, обнаруженная в Приморском крае // Сборник работ по древней истории Кореи. — Сеул, 1991. — Вып. 3. — С. 419–423. — Кор. яз.

3845. **Э. В. 沙弗库诺夫**：《带有兽形题材的渤海屋顶瓦》//《苏联考古学》，1991 年 1 期，第 269－271 页。

Шавкунов Э.В. Бохайская кровельная черепица с зооморфным мотивом // СА. — 1991. — № 1. — С. 269–271.

3846. **Э. В. 沙弗库诺夫、А. Л. 伊夫里耶夫**：《滨海地区出土的带有佛教庙宇造型的渤海的浮雕金属牌饰》//《苏联考古学》，1991 年 4 期，第 245－248 页。

Шавкунов Э.В., **Ивлиев А.Л.** Бохайская плакетка из Приморья с изображением буддийской кумирни // СА. — 1991. — № 4. — С. 245–248.

3847. **Э. В. 沙弗库诺夫**：《苏联尼古拉耶夫斯克遗址出土的鱼形青铜牌符》//《北方文物》，1991 年 1 期，第 102－103 页，中文。

Шавкунов Э.В. Находка в Советском Союзе на Николаевском городище бронзовой верительной бирки в форме рыбки // Бэйфан вэньу. — 1991. — № 1. — С. 102–103. — Кит. яз.

3848. **Э. В. 沙弗库诺夫**：《关于女真人的个人卫生（根据考古发掘资料）》//《远东地区居民健康保健的社会医疗问题》，符拉迪沃斯托克，1991 年，第 100－104、105－108 页。

Шавкунов Э.В., **Гусева Л.Н.** О личной гигиене чжурчжэней (по материалам археологических раскопок) // Медико-социальные проблемы охраны здоровья населения на Дальнем Востоке. —

Владивосток, 1991. — С. 100－104, 105－108.

3849. **Э. В. 沙弗库诺夫**：《女真人的外科工具（根据赛加城址发掘资料）》//《远东地区居民健康保健的社会医疗问题》, 符拉迪沃斯托克, 1991 年, 第 92－99 页。

Шавкунов Э.В., Лищинский Б.Д., Ходов А.М. Хирургические инструменты чжурчжэней (по материалам раскопок Шайгинского городища) // Медико－социальные проблемы охраны здоровья населения на Дальнем Востоке. — Владивосток, 1991. — С. 92－99.

3850. **Э. В. 沙弗库诺夫、А.Л. 伊夫里耶夫**：《滨海地区出土的带有佛教庙宇造型的渤海的浮雕金属牌饰》//《艺术资料》, 首尔, 1992 年 50 期, 第 112－116 页, 朝文。

Шавкунов Э.В., Ивлиев А.Л. Бохайская плакетка с изображением Будды, обнаруженная в Приморье // Материалы по искусству. — [Сеул], 1992. — № 50. — С. 112－116. — Кор. яз.

3851. **Э. В. 沙弗库诺夫**：《黑水的地理定位与“阿穆尔女真”的民族属性问题》//《黑河学刊》, 1992 年 1 期, 第 61－69 页, 中文。

Шавкунов Э.В. Географическое положение 《хэйшуй》 и вопрос об этнической принадлежности 《амурских чжурчжэней》 // Хэйхэ сюекань. — 1992. — № 1. — С. 61－69. — Кит. яз.

3852. **Э. В. 沙弗库诺夫、В.А. 霍列夫、Ф.П. 特里古布**：《滨海边疆区中世纪镜的新发现》//《俄罗斯考古学》, 1992 年 2 期, 第 221－228 页。

Шавкунов Э.В., Хорев В.А., Тригуб Ф.П. Новые находки средневековых зеркал в Приморском крае // Рос. археология. — 1992. — № 2. — С. 221－228.

3853. **Э. В. 沙弗库诺夫**：《带有“不死鸟”造型的渤海纹饰瓦》//《艺术资料》, 首尔, 1992 年 50 期, 第 107－111 页, 朝文。

Шавкунов Э.В. Орнаментированная бохайская черепица с изображением 《неумирающей птицы》 // Материалы по искусству. — [Сеул], 1992. — № 50. — С. 107－111. — Кор. яз.

3854. **Э. В. 沙弗库诺夫**：《女真人的兔祭祀》//《方志学通讯》, 符拉迪沃斯托克, 1993 年, 第 1 集, 第 91－94 页。

Шавкунов Э.В. Культ зайца у чжурчжэней // Краевед. вестн. — Владивосток, 1993. — Вып. 1. — С. 91－94.

3855. **Э. В. 沙弗库诺夫、В.Д. 连科夫、В.А. 沙弗库诺夫**：《1990 年赛加城址考古学考察的某些总结》//《俄罗斯远东及其毗邻地区考古学新资料·第 5 次远东考古学者学术问题会议报告》, 符拉迪沃斯托克, 1993 年, 第 31－37、82－85 页。

Шавкунов Э.В., Леньков В.Д., Шавкунов В.Э. Некоторые итоги археологических исследований на Шайгинском городище в 1990 г. // Новые материалы по археологии Дальнего Востока России и смежных территорий: (Докл. V сес. Науч. － пробл. совета археологов Дальнего Востока). — Владивосток, 1993. — С. 31－37, 82－85.

3856. **Э. В. 沙弗库诺夫、Ю.М. 瓦西里耶夫**：《阿穆尔河沿岸的波克罗夫卡文化：断代与民族阐释问题》//《北海道考古》, 1993 年 29 期, 第 29－33 页, 日文。

Шавкунов Э.В., Васильев Ю.М. Покровская культура Приамурья: проблемы датировки и этнической интерпретации // Хоккайдо кокогаку. — 1993. — № 29. — С. 29－33. — Яп. яз.

3857．Э. В. 沙弗库诺夫：《阿穆尔女真——神话还是事实?》//《俄罗斯与亚洲太平洋地区》，1994年1期，第5－14页。

Шавкунов Э.В. Амурские чжурчжэни — миф или реальность?：Полем. заметки по поводу одной затянувшейся дискуссии // Россия и АТР. — 1994. — № 1. — С. 5–14.

3858．Э. В. 沙弗库诺夫：《渤海》//《我国的古代至1917年历史·百科全书》，莫斯科，1994年，第1卷，第281页。

Шавкунов Э.В. Бохай // Отечественная история с древнейших времен до 1917 года：Энцикл. — М., 1994. — Т. 1. — С. 281.

3859．Э. В. 沙弗库诺夫：《滨海地区的渤海遗存》//《重建中国东北地区及俄罗斯远东地区的朝鲜族历史》，首尔，1994年，第47－55，57－64页，朝文、俄文。

Шавкунов Э.В. Бохайские памятники Приморья // The Reconstruction of Korean History in the North –Eastern Region in China and Far–Eastern Region in Russia. — Seoul, 1994. — P. 47–55, 57–64. — Кор. яз., рус. яз.

3860．Э. В. 沙弗库诺夫：《从最新考古研究成果看女真文化源流的某些问题》//《北方文物》，1994年2期，第100－102、117页，中文。

Шавкунов Э.В. Некоторые вопросы культурогенеза чжурчжэней в свете новейших археологических исследований // Бэйфан вэньу. — 1994. — № 2. — С. 100–102, 117. — Кит. яз.

3861．Э. В. 沙弗库诺夫：《关于渤海人的萨满教》//《俄罗斯远东中世纪研究》，符拉迪沃斯托克，1994年，第48－56页。

Шавкунов Э.В. О шаманстве бохайцев // Медиевистские исследования на Дальнем Востоке России. — Владивосток, 1994. — С. 48–56.

3862．Э. В. 沙弗库诺夫：《女真－通古斯关系的第一个考古学证据》//《俄罗斯远东中世纪研究》，符拉迪沃斯托克，1994年，第94－99页。

Шавкунов Э.В. Первое археологическое свидетельство чжуржэньско–тангутских связей // Медиевистские исследования на Дальнем Востоке России. — Владивосток, 1994. — С. 94–99.

3863．Э. В. 沙弗库诺夫：《1993年俄罗斯－韩国考古考察团的初步总结》//《俄罗斯科学院远东分院院刊》，1994年2期，第105－110页。

Шавкунов Э.В. Предварительные итоги российско–корейских археологических исследований 1993 года // Вестн. ДВО РАН. — 1994. — № 2. — С. 105–110.

3864．Э. В. 沙弗库诺夫：《杏山寺庙址附近石灯幢基座的发现》//《俄罗斯科学院远东分院院刊》，1995年3期，第109－111页。

Шавкунов Э.В. Находка постамента каменного фонаря вблизи Абрикосовской кумирни // Вестн. ДВО РАН. — 1995. — № 3. — С. 109–111.

3865．Э. В. 沙弗库诺夫：《关于渤海文化形成的独特性》//《俄罗斯科学院远东分院院刊》，1995年1期，第92－96页。

Шавкунов Э.В. О специфических особенностях формирования культуры Бохая // Вестн. ДВО РАН. — 1995. — № 1. — С. 92–96.

3866．**Э. В. 沙弗库诺夫**：《马蹄山发掘》//《俄罗斯科学院远东分院院刊》，1995 年 2 期，第 103－107 页。

Шавкунов Э.В. Раскопки на сопке Копыто // Вестн. ДВО РАН. — 1995. — № 2. — С. 103－107.

3867．**Э. В. 沙弗库诺夫**：《渤海屋顶瓦的纹饰及其分类》//《北太平洋考古学》，符拉迪沃斯托克，1996 年，第 127－144 页。

Шавкунов Э.В. Декор бохайской кровельной черепицы и его классификация // Археология Северной Пасифики. — Владивосток, 1996. — С. 127－144.

3868．**Э. В. 沙弗库诺夫**：《作为社会多民族性、多阶层性反映的渤海宗教的多样性》//《世界史背景中的俄罗斯远东：从过去到未来·国际学术会议报告提纲》，符拉迪沃斯托克，1996 年，第 108－110 页。

Шавкунов Э.В. Многообразие религий Бохая как отражение полиэтничности и многоукладности общества // Дальний Восток России в контексте мировой истории: от прошлого к будущему: Тез. докл. и сообщ. междунар. науч. конф. — Владивосток, 1996. — С. 108－110.

3869．**Э. В. 沙弗库诺夫**：《阿尔谢尼耶夫卡河谷地发现的阿拉伯阿拔斯王朝的迪尔亨姆银币》//《俄罗斯科学院远东分院院刊》，1996 年 4 期，第 145－146 页。

Шавкунов Э.В. Находка аббасидской драхмы в долине реки Арсеньевка // Вестн. ДВО РАН. — 1996. — № 4. — С. 145－146.

3870．**Э. В. 沙弗库诺夫**：《从最新的考古研究对女真文化起源提出的一些看法》//《东北亚考古资料译文集·俄罗斯专号》，哈尔滨，1996 年，第 45－51 页，中文。

Шавкунов Э.В. Некоторые аспекты культурогенеза чжурчжэней в свете новейших археологических исследований // Собрание переводных работ по археологии Северо－Восточной Азии. Рос. вып. — Харбин, 1996. — С. 45－51. — Кит. яз.

3871．**Э. В. 沙弗库诺夫**：《关于滨海地区中世纪时期瓦当纹饰的宗教礼仪本质》//《太平洋文化的古代艺术》，符拉迪沃斯托克，1996 年，第 121－139 页（《太平洋考古学》，第 9 集）。

Шавкунов Э.В. О сакральной сущности декора концевых дисков средневековой черепицы Приморья // Древнее искусство тихоокеанских культур. — Владивосток, 1996. — С. 121－139. — (Тихоокеан. археология; Вып. 9).

3872．**Э. В. 沙弗库诺夫**：《关于渤海国与新罗关系的首要考古证据》//《北太平洋考古学》，符拉迪沃斯托克，1996 年，第 104－109 页。

Шавкунов Э.В. Первые археологические свидетельства о связях Бохая с государством Силла // Археология Северной Пасифики. — Владивосток, 1996. — С. 104－109.

3873．**Э. В. 沙弗库诺夫**：《马里亚诺夫卡城址出土的独一无二的火镰夹子》//《俄罗斯科学院远东分院院刊》，1996 年 2 期，第 71－74 页。

Шавкунов Э.В. Уникальный держатель от кресала из Марьяновского городища // Вестн. ДВО РАН. — 1996. — № 2. — С. 71－74.

3874．**Э. В. 沙弗库诺夫**：《马里亚诺夫卡城址发掘的主要成果（1995 年）》//《第一届渤海文化国际研讨会文集·纪念渤海建国 1300 周年》，符拉迪沃斯托克，1996 年，第 38－39 页。

Shavkunov E. V. The Main Results of Maryanovskoye Ancient Town Excavations (1995) // The First International Symposium of Bohai Culture（To the 1300 Anniversary of the Foundation of Bohai State）. — Vladivostok, 1996. — P. 38－39.

3875. **Э. В. 沙弗库诺夫**：《1996 年杏山村落址考察》//《俄罗斯科学院远东分院院刊》，1997 年 1 期，第 82－85 页。

Шавкунов Э. В. Исследования на Абрикосовском селище в 1996 г. // Вестн. ДВО РАН. — 1997. — № 1. — С. 82－85.

3876. **Э. В. 沙弗库诺夫**：《滨海地区出土铜镜综述及断代（上）》//《北方文物》，1997 年 1 期，第 96－98 页，中文。

Шавкунов Э. В. Описание бронзовых зеркал из Приморского края и их датировка // Бэйфан вэньу. — 1997. — № 1. — С. 96－98. — Кит. яз.

3877. **Э. В. 沙弗库诺夫**：《滨海地区出土铜镜综述及断代（下）》//《北方文物》，1997 年 3 期，第 104－108 页，中文。

Шавкунов Э. В. Общее описание и периодизация бронзовых зеркал, найденных в Приморском крае // Бэйфан вэньу. — 1997. – № 3. — С. 104－108. — Кит. яз.

3878. **Э. В. 沙弗库诺夫、Л. Е. 谢梅尼琴科**：《渤海时代的滨海边疆区》//《日本海对岸国家有关渤海研究汇编》，富山，1997 年，第 13－30 页，日文。

Шавкунов Э. В., Семениченко Л. Е. Приморский край в эпоху Бохая // Сборник работ по исследованию Бохая в странах противоположного берега [Японского моря]. — Тояма, 1997. — С. 13－30. — Яп. яз.

3879. **Э. В. 沙弗库诺夫、В. Э. 沙弗库诺夫、Н. Б. 阿优申**：《女真遗存出土的骰子》//《俄罗斯与亚洲太平洋地区》，1998 年 1 期，第 75－79 页。

Шавкунов Э. В., Шавкунов В. Э., Аюшин Н. Б. Из чжурчжэньских памятников Шахматные фишки // Россия и АТР. — 1998. — № 1. — С. 75－79.

3880. **Э. В. 沙弗库诺夫**：《马里亚诺夫卡城址的镞》//《俄罗斯与亚洲太平洋地区》，1998 年 3 期，第 107－113 页。

Шавкунов Э. В. Наконечники стрел Марьяновского городища // Россия и АТР. — 1998. — № 3. — С. 107－113.

3881. **Э. В. 沙弗库诺夫、В. Э. 沙弗库诺夫**：《新发现·1997 年奥罗夫斯科耶城址、杏山寺庙庭院的发掘》//《俄罗斯与亚洲太平洋地区》，1998 年 1 期，第 72－74 页。

Шавкунов Э. В., Шавкунов В. Э. Новые находки. Раскопки на дворе Абрикосовской кумирни и на Ауровском городище в 1997 г. // Россия и АТР. — 1998. — № 1. — С. 72－74.

3882. **Э. В. 沙弗库诺夫**：《论中世纪滨海地区的航运》//《东北亚考古资料译文集·渤海专号》，哈尔滨，1998 年，第 155－158 页，中文。

Шавкунов Э. В. О судоходстве в средние века в Приморском крае // Собрание переводных работ по археологии Северо－Восточной Азии. Бохайский вып. — Харбин, 1998. — С. 155－158. — Кит. яз.

3883. **Э. В. 沙弗库诺夫**：《关于滨海地区渤海人、女真人萨满教的考古学资料》//《古代的渤海国与日本国之间交流的考古学研究：附录》，东京，1999年，第1－11页，日文。

Шавкунов Э.В. Данные археологии о шаманизме бохайцев и чжурчжэней Приморья // Археологическое исследование обмена между древним государством Бохай и Японией：Прил. — Токио, 1999. — С. 1－11. — Яп. яз.

3884．Э. В. 沙弗库诺夫：《1993年关于阿布拉莫夫卡3号古代遗址的考古学考察》//《俄罗斯滨海边疆区考古学考察简报》，首尔，1999年，第297－303页。

Шавкунов Э.В. Об археологических исследованиях на древнем поселении Абрамовка－III в 1993 г. // Краткий отчет об археологических исследованиях в Приморском крае России. — Сеул, 1999. — С. 297－303.

3885．Э. В. 沙弗库诺夫：《1995年滨海边疆区境内考古学考察报告》//《俄罗斯滨海边疆区考古学考察简报》，首尔，1999年，第305－332页。

Шавкунов Э.В. Отчет об археологических исследованиях на территории Приморского края в 1995 году // Краткий отчет об археологических исследованиях в Приморском крае России. — Сеул, 1999. — С. 305－332.

3886．Э. В. 沙弗库诺夫：《根据考古学资料看渤海人、女真人的萨满教》//《俄罗斯与亚洲太平洋地区》，1999年2期，第70－80页。

Шавкунов Э.В. Шаманство у бохайцев и чжурчжэней по материалам археологических источников // Россия и АТР. — 1999. — № 2. — С. 70－80.

3887．Э. В. 沙弗库诺夫、Н.А. 科诺年科：《女真人的铜镜：加工工艺》//《俄罗斯与亚洲太平洋地区》，2000年4期，第5－9页。

Шавкунов Э.В., Кононенко Н.А. Бронзовые зеркала у чжурчжэней: к технологии обработки // Россия и АТР. — 2000. — № 4. — С. 5－9.

3888．Э. В. 沙弗库诺夫：《渤海陶器上的五角星及其含义》//《俄罗斯与亚洲太平洋地区》，2000年2期，第5－8页。

Шавкунов Э.В. Пентаграммы на бохайской керамике и их назначение // Россия и АТР. — 2000. — № 2. — С. 5－8.

3889．Э. В. 沙弗库诺夫、А.Л. 舒姆科娃：《阿列克谢耶－尼克利斯克村附近出土的宗教石》//《俄罗斯与亚洲太平洋地区》，2000年1期，第93－96页。

Шавкунов Э.В., Шумкова А.Л. Ритуальный камень из окрестностей с. Алексей－Никольского // Россия и АТР. — 2000. — № 1. — С. 93－96.

3890．А.М. 扬科夫斯基：《贾拉河城址》//《西伯利亚、远东考古学问题与古代文化研究展望·会议报告纲要》，雅库茨克，1982年，第129－130页。

Янковский А.М. Джаринское городище // Проблемы археологии и перспективы изучения древних культур Сибири и Дальнего Востока: Тез. докл.［конф.］— Якутск, 1982. — С. 129－130.

3891．K. 班尼可夫、N. 莫西布：《靺鞨居住址》//《第八届关于狩猎采集社会，采集社会和后采集社会：历史、政治与未来的国际会议摘要·1998年10月26－30日·大阪；10月21－25日·青森；10月30－31日·北海道》，第一章，第50页。

Bannikov K., Messib N. The Settlement of Mohe // 8th International Conference on Hunting and Gathering Societies. Foraging and Post－Foraging Societies: History, Politics, and Future. Osaka, October 26－30, Aomori, October 21－25, Hokkaido, October 30－31: Abstracts. — S. l., 1998. — P. 50.

3892. **E.И. 格尔曼、А.Л. 伊夫里耶夫、Ю.Г. 尼基京**：《1997 年滨海边疆区渤海时期遗址的考古研究成果》//北方欧亚学会：《时事通讯》第 11 期，东京，1998 年，第 9－13 页。

Results of Archaeological Research of Bohai Epoch Sites in Primorski Territory in 1997 / **V.I. Boldin, E.I. Gelman, A.L. Ivliev, Yu.G. Nikitin** // The Society of North－Eurasian Studies. Newsletter No. 11. — Tokyo, 1998. — P. 9－13.

3893. **臼杵勳**：《靺鞨文化的年代及其区域类型》//《北太平洋考古学》，符拉迪沃斯托克，1996 年，第 81－84 页。

Usuki I. The Date and Regional Varieties of the Mokhe Culture // Археология Северной Пасифики. — Владивосток, 1996. — C. 81－84.

3894. **臼杵勳**：《靺鞨－女真类型的矩形带饰》//《远东的历史学、考古学·纪念Э. В. 沙弗库诺夫 70 周岁》，符拉迪沃斯托克，2000 年，第 186－191 页。

Usuki I. Mokhe－Jurchen Type Rectangular Belt Ornaments // История и археология Дальнего Востока. К 70－летию Э.В. Шавкунова. — Владивосток, 2000. — C. 186－191.

另请参考以下著述：575、587、588、590、630－641、648、666、667、670、679、681、682、689、692、782、783、793、794、847、853－865、875、876、886、888、892、895－897、902、927、928、943、945、948、949、956、1009－1014、1031、1041、1049、1057、1091－1102、1104、1122－1126、1132、1136－1139、1141、1145、1157、1187、1191、1128、1241、1245、1246、1249、1256－1260、1281、1282、1285、1288、1289、1298、1301、1303、1320－1334、1368、1392、1394－1396、1414、1439、1447、1448、1450、1464－1476、1482、1512、1529－1531、1562、1563、1570、1571、1602－1604、1614－1620、1695、1698、1782－1788、1869、1875、1908－1917、1923、1924、1952－1955、2011－2020、2022、2035、2056、2057、2059－2061、2067、2068、2071、2099、2102、2105、2106、2108、2117、2125、2126、2263、2279、2313、2320、2321、2326－2331、2338、2347、2349。

См. также № 575, 587, 588, 590, 630－641, 648, 666, 667, 670, 679, 681, 682, 689, 692, 782, 783, 793, 794, 847, 853－865, 875, 876, 886, 888, 892, 895－897, 902, 927, 928, 943, 945, 948, 949, 956, 1009－1014, 1031, 1041, 1049, 1057, 1091－1102, 1104, 1122－1126, 1132, 1136－1139, 1141, 1145, 1157, 1187, 1191, 1228, 1241, 1245, 1246, 1249, 1256－1260, 1281, 1282, 1285, 1288, 1289, 1298, 1301, 1303, 1320－1334, 1368, 1392, 1394－1396, 1414, 1439, 1447, 1448, 1450, 1464－1476, 1482, 1512, 1529－1531, 1562, 1563, 1570, 1571, 1602－1604, 1614－1620, 1695, 1698, 1782－1788, 1869, 1875, 1908－1917, 1923, 1924, 1952－1955, 2011－2020, 2022, 2035, 2056, 2057, 2059－2061, 2067, 2068, 2071, 2099, 2102, 2105, 2106, 2108, 2117, 2125, 2126, 2263, 2279, 2313, 2320, 2321, 2326－2331, 2338, 2347, 2349.

（6）17 世纪俄罗斯居民遗存
ПАМЯТНИКИ РУССКОГО НАСЕЛЕНИЯ XVII В.

3895. **А.Р. 阿尔杰米耶夫**：《关于库马尔尖柱寨堡的位置》//《方志学问题·纪念阿尔谢尼耶夫报告会会议报告纲要》，乌苏里斯克，1989 年，第 5－6 页。

Артемьев А.Р. О местонахождении Кумарского острога // Проблемы краеведения：［Тез. докл. конф.］/ Арсеньев. чтения. — Уссурийск, 1989. — С. 5－6.

3896. **А.Р. 阿尔杰米耶夫**：《库马尔尖柱寨堡防御设施的特点描述的尝试》//《苏联远东考古学、历史学研究》，俄罗斯科学院远东分院历史·考古·民族研究所，预印本，符拉迪沃斯托克，1989 年，第 17－21 页。

Артемьев А.Р. Опыт характеристики оборонительных сооружений Кумарского острога по описанию // Археологические и исторические исследования на Дальнем Востоке СССР / АН СССР. ДВО. ИИАЭ. — Препр. — Владивосток, 1989. — С. 17－21.

3897. **А.Р. 阿尔杰米耶夫、А.Ю. 库德林**：《阿尔巴津尖柱寨堡研究的新发现》//《第 2 次纪念涅维利斯基报告会·报告纲要》，哈巴罗夫斯克，1990 年，第 17－22 页。

Артемьев А.Р., Кудрин А.Ю. Новое в изучении Албазинского острога // Вторые чтения имени Г.И. Невельского: Тез. докл. — Хабаровск, 1990. — С. 17－22.

3898. **А.Р. 阿尔杰米耶夫**：《阿穆尔河上游地区俄罗斯先驱者的遗存》//《苏联远东中世纪考古学、历史学新资料》，符拉迪沃斯托克，1990 年，第 170－175 页。

Артемьев А.Р. Новый памятник русских первопроходцев на Верхнем Амуре // Материалы по средневековой археологии и истории Дальнего Востока СССР. — Владивосток, 1990. — С. 170－175.

3899. **А.Р. 阿尔杰米耶夫**：《俄罗斯人开发远东的历史遗存：考古学研究问题》//《苏联科学院远东分院院刊》，1990 年 4 期，第 113－119 页。

Артемьев А.Р. Памятники истории освоения русскими Дальнего Востока: проблемы археологического изучения // Вестн. ДВО АН СССР. — 1990. — № 4. — С. 113－119.

3900. **А.Р. 阿尔杰米耶夫、А.Ю. 库德林**：《1991 年阿尔巴津尖柱寨堡考古学考察》//《阿穆尔方志学》，布拉戈维申斯克，1991 年 2 期，第 18－20 页。

Артемьев А.Р., Кудрин А.Ю. Археологические исследования Албазинского острога в 1991 г. // Амур. краевед. — Благовещенск, 1991. — № 2. — С. 18－20.

3901. **А.Р. 阿尔杰米耶夫**：《阿尔巴津－阿穆尔河沿岸第一个俄罗斯人的历史、文化中心》//《远东第 2 次青年历史学者会议报告纲要》，符拉迪沃斯托克，1992 年，第 84－86 页。

Артемьев А.Р. Албазин — первый исторический и культурный центр русского Приамурья // Вторая Дальневост. конф. молодых историков: Тез. докл. — Владивосток, 1992. — С. 84－86.

3902. **А.Р. 阿尔杰米耶夫**：《阿尔巴津尖柱寨堡 － 17 世纪阿穆尔河沿岸俄罗斯先驱者开发史中最古老的遗存》//《阿穆尔州方志博物馆、方志学会论丛》，1992 年，第 7 集，第 6－7 页。

Артемьев А.Р. Албазинский острог — старейший памятник истории освоения русскими землепроходцами Приамурья в XVII в. // ЗАОКМОК. — 1992. — Вып. 7. — С. 6－17.

3903．**А. Р. 阿尔杰米耶夫**：《远东地区最早的俄罗斯先驱者遗址的考古学研究》//《大洋会议记录·17 世纪的北太平洋》，波特兰，1992 年，第 2 卷，第 130－150 页。

Artemiev A. R. Archaeological Research of Earliest Russian Explorer's Sites in the Far East // Proceedings of the Great Ocean Conferences. The North Pacific in the Seventeenth Century. — Portland, 1992. — Vol. 2. — P. 130－150.

3904．**А. Р. 阿尔杰米耶夫**：《关于 1685、1686－1687 年阿尔巴津尖柱寨堡英勇防御的新资料》//《俄罗斯科学院远东分院院刊》，1993 年 4－5 合期，第 129－137 页。

Артемьев А. Р. Новые материалы о героической обороне Албазинского острога в 1685 и 1686 — 1687 гг. // Вестн. ДВО РАН. — 1993. — № 4－5. — С. 129－137.

3905．**А. Р. 阿尔杰米耶夫、А. Ю. 库德林、А. Ю. 洛巴诺夫**：《1671－1685 年阿尔巴津救主修道院》//《第 7 次纪念阿尔谢尼耶夫报告会——关于历史学、考古学、方志学问题区域学术会议报告纲要》，乌苏里斯克，1994 年，第 7－8 页。

Артемьев А. Р., Кудрин А. Ю., Лобанов А. Ю. Албазинский Спасский монастырь 1671 — 1685 гг. // VII Арсеньевские чтения: Тез. докл. регион. науч. конф. по пробл. истории, археологии и краеведения. — Уссурийск, 1994. — С. 7－8.

3906．**А. Р. 阿尔杰米耶夫**：《阿尔巴津尖柱寨堡及其周边地区考察》//《1993 年考古发现》，莫斯科，1994 年，第 159 页。

Артемьев А. Р. Исследования Албазинского острога и его округи // АО, 1993. — М., 1994. — С. 159.

3907．**А. Р. 阿尔杰米耶夫、Н. Г. 阿尔杰米耶娃**：《阿尔巴津尖柱寨堡的陶器》//《17－19 世纪远东地区的俄罗斯人先驱者（历史考古学考察）》，符拉迪沃斯托克，1994 年，第 1 卷，第 165－170 页。

Артемьев А. Р., Артемьева Н. Г. Керамика Албазинского острога // Русские первопроходцы на Дальнем Востоке в XVII — XIX вв. (ист. - археол. исследования). — Владивосток, 1994. — Т. 1. — С. 165－170.

3908．**А. Р. 阿尔杰米耶夫**：《阿尔巴津尖柱寨堡的历史学、考古学》//《17－19 世纪远东地区的俄罗斯人先驱者（历史考古学考察）》，符拉迪沃斯托克，1995 年，第 2 卷，第 55－89 页。

Артемьев А. Р. История и археология Албазинского острога // Русские первопроходцы на Дальнем Востоке в XVII — XIX вв. (ист. - археол. исследования). — Владивосток, 1995. — Т. 2. — С. 55－89.

3909．**А. Р. 阿尔杰米耶夫**：《阿尔巴津的教会史、文化遗迹》//《俄罗斯远东、亚洲太平洋地区国家的文化：东、西方·国际学术会议资料》，符拉迪沃斯托克，1995 年，第 1 卷，第 107－110 页。

Артемьев А. Р. Церковно - исторические и культурные древности Албазина // Культура Дальнего Востока России и стран АТР: Восток — запад: Материалы междунар. науч. конф. — Владивосток, 1995. — Ч. 1. — С. 107－110.

3910．**А. Р. 阿尔杰米耶夫**：《源自于阿尔巴津尖柱寨堡英勇防御史》//《远东问题》，1996 年 3 期，第 118－122 页。

Артемьев А. Р. Из истории героической обороны Албазинского острога // Пробл. Дал. Востока. —

1996. — № 3. — C. 118－122.

3911. **А.Р. 阿尔杰米耶夫**：《阿尔巴津尖柱寨堡没有入葬的保卫者的遗骸》//《俄罗斯考古学》，1996 年 1 期，第 185－196 页。

Артемьев А.Р. Останки непогребенных защитников Албазинского острога // Рос. археология. — 1996. — № 1. — C. 185－196.

3912. **А.Р. 阿尔杰米耶夫、А.Н. 萨兰采夫**：《阿穆尔考察队考察》//《1997 年考古发现》，莫斯科，1998 年，第 249－250 页。

Артемьев А.Р., Саранцев А.Н. Исследования Амурской экспедиции // АО, 1997. — М., 1998. — C. 249－250.

3913. **А.Р. 阿尔杰米耶夫**：《阿穆尔考古勘探队的考察结果》//《北方文物》，1998 年 1 期，第 112 页，中文。

Артемьев А.Р. Результаты разведки Амурского археологического отряда // Бэйфан вэньу. — 1998. — № 1. — C. 112. — Кит. яз.

3914. **А.Р. 阿尔杰米耶夫**：《阿尔巴津尖柱寨堡》//《塔利齐》，伊尔库茨克，1999 年 2 期，第 37－41 页。

Артемьев А.Р. Албазинский острог // Тальцы. — Иркутск, 1999. — № 2. — C. 37－41.

3915. **Н.Б. 阿优申**：《夺取阿尔巴津尖柱寨堡战役的炮兵》//《17－19 世纪远东地区的俄罗斯人先驱者（历史考古学考察)》，符拉迪沃斯托克，1998 年，第 3 卷，第 107－114 页。

Аюшин Н.Б. Артиллерия в борьбе за Албазинский острог // Русские первопроходцы на Дальнем Востоке в XVII — XIX вв. (ист. - археол. исследования). — Владивосток, 1998. — Т. 3. — C. 107－114.

3916. **С.В. 格林斯基、В.В. 苏希赫**：《根据考古学资料及已发表资料对阿尔巴津城堡要塞设施的复原》//《阿穆尔州方志博物馆、方志学会论丛》，1992 年，第 7 集，第 17－25 页。

Глинский С.В., Сухих В.В. Реконструкция крепостных сооружений Албазинской крепости по археологическим источникам и опубликованным материалам // ЗАОКМОК. — 1992. — Вып. 7. — C. 17－25.

3917. **А.Ю. 库德林**：《17 世纪阿穆尔河沿岸俄罗斯居民捕鱼业的发展》//《远东第 2 次青年历史学者会议报告纲要》，符拉迪沃斯托克，1992 年，第 86－88 页。

Кудрин А.Ю. Развитие рыболовства у русского населения Приамурья в XVII в. // Вторая Дальневост. конф. молодых историков: Тез. докл. — Владивосток, 1992. — C. 86－88.

3918. **В.В. 苏希赫**：《关于阿穆尔河上游流域、结雅河地区 17 世纪考古学遗存的地点》//《苏联科学院西伯利亚分院院刊》，1976 年 1 期：《社会科学系列》，第 1 集，第 89－93 页。

Сухих В.В. О месторасположении памятников археологии XVII в. в верхнем течении Амура и Зеи // ИСОАН СССР. — 1976. — № 1: Сер. обществ. наук, вып. 1. — C. 89－93.

3919. **В.В. 苏希赫**：《17 世纪时期俄罗斯人对阿穆尔河沿岸的经济开发》//《阿穆尔河沿岸上游地区地理学》，布拉戈维申斯克，1977 年，第 8－42 页。

Сухих В.В. Хозяйственное освоение Приамурья русскими в XVII веке // География Верхнего

Приамурья. — Благовещенск, 1977. — С. 8 – 42.

3920. **В.В. 苏希赫**:《阿尔巴津城堡的半地穴房址》// 《苏联远东古代史的考古学资料》,符拉迪沃斯托克,1978 年,第 138 – 144 页。

Сухих В.В. Полуземлянки Албазинской крепости // Археологические материалы по древней истории Дальнего Востока СССР. — Владивосток, 1978. — С. 138 – 144.

3921. **В.В. 苏希赫**:《17 世纪时期俄罗斯人对阿穆尔河沿岸的经济开发(根据阿尔巴津城堡发掘资料)》,历史学副博士论文作者文摘,苏联科学院西伯利亚分院历史·语文·哲学研究所,新西伯利亚,1980 年,15 页。

Сухих В.В. Хозяйственное освоение Приамурья русскими в XVII в. (по материалам раскопок Албазинской крепости): Автореф. дис. ··· канд. ист. наук / АН СССР. СО. ИИФФ. — Новосибирск, 1980. — 15 с.

另请参考以下著述:576 – 580、789、1664 – 1683、2036。

См. также № 576 – 580, 789, 1664 – 1683, 2036.

第三部分　索引指南

Именной указатель
一、人名索引

Аблаев А.Г. 阿布拉耶夫 1629.

Абрамов Б.А. 阿布拉莫夫 2611.

Абрамова З.А. 阿布拉莫娃 563, 1622, 2201, 2203, 2205.

Аввакум 阿夫瓦库姆 875.

Авилов С.А. 阿维洛夫 2249.

Адамчик К.А. 阿达姆奇克 2323.

Азадовский М.К. 阿扎多夫斯基 1623.

Ай Шэньу 艾生武 2279.

Айзава М. 相沢正信 2552.

Акулов М.Р. 阿库洛夫 565.

Александров А.В. 亚历山德罗夫 1－4, 2271, 2897, 3104.

Алексеев А.Н. 阿列克谢耶夫 5－8, 1565（рец.）.

Алексеев В.П. 阿列克谢耶夫 876－878, 1884, 2781.

Алексеев М.Н. 阿列克谢耶夫 879－881.

Алексеева Л.И. 阿列克谢耶娃 2249.

Алексеева Э.В. 阿列克谢耶娃 9－12, 882－899, 923, 1057, 1316, 2781.

Алин В.Н. 阿林 900.

Алкин С.В. 阿尔金 724, 1346, 1624－1627, 1694, 1883, 2121, 2123, 2124, 2126, 2127, 2680, 2886, 2887, 3020, 3021, 3105, 3321.

Альфтан Н. 阿利弗坦 1628.

Амано Т. 天野哲也 3644.

Анджиев М. 安德日耶夫 1593（рец.）.

Андреев Г.И. 安德列耶夫 13－17,（567）, 568,（659）, 1630－1635, 1638, 1649, 2612－2617, 2850－2854.

Андреева Ж.В. 安德列耶娃 14, 15, 18－40, 569－572,（573）,（683）, 694,（714）,（717）,（721）, 741, 775, 776, 901, 1515, 1633, 1636－1656, 1957, 1958, 1961, 2067, 2068, 2172, 2182, 2186, 2236,

Глуздовский В.Е. 格卢兹多夫斯基 1812, 1813.

Глушков И.Г. 格卢什科夫 1048.

Глушкова Т.Н. 格卢什科娃 2236, 2678.

Голубев В.А. 戈卢别夫 1958.

Голубева Л.В. 戈卢别娃 879, 1044.

Гонсович Е. 贡索维奇 3315.

Гончаренко А.М. 贡恰连科 1961, 3106.

Гончаренко И.М. 贡恰连科 1637, 1961.

Гончарова С.В. 贡恰罗娃 651, 1814.

Гончарук А.В. 贡恰鲁克 2255, 2410.

Гончарук С.В. 贡恰鲁克 3316.

Гопман В. 戈普曼 1593 (рец.) .

Горбаренко С.А. 戈尔巴连科 1315, 1500.

Горбунов С.В. 戈尔布诺夫 1030, 1958 (рец.), 2062, 2502.

Горкавенко Н.Л. 戈尔卡文科 652 – 656, 2238.

Горшкова И.С. 格尔什科娃 1815, 2781.

Гохман И.И. 戈希曼 877.

Гребенщиков Ал.В. 格列比翁希科夫 657, 658, 1816 – 1818.

Гребенщиков Ан.В. 格列比翁希科夫 156 – 159, 389, 1045 – 1048, 1528, 1819, 1820, 1883, 2420, 2679, 2680, 2934 – 2948, 3019, 3045, 3105, 3319 – 3321.

Грибалева О.В. 格里巴列娃 3322.

Григоренко Б.Г. 格里格连科 1821.

Григорова Л.С. 格尔格洛娃 1822, 1823.

Григорьев В.В. 格里戈里耶夫 2411.

Гричан Ю.В. 格里昌 2412.

Гришин Ю.С. 格里西 568, 659.

Грязнов М.П. 格里亚兹诺夫 1824.

Губко Е.Д. 古布科 2080.

Гумилев Л.Н. 古米列夫 925.

Гурина Н.Н. 古丽娜 1979, 2829.

Гусев С.В. 古谢夫 2240 (рец.) .

Гусева Л.Н. 古谢娃 1049, 1529 – 1531, 3323 – 3334, 3732, 3805.

Дедяхин О.Ю. 杰佳欣 1825.

Денисов Е.П. 杰尼索夫 1826, 2949.

Деревянко А.П. 杰列维扬科 160 – 182, (564), 645, 661 – 665, 777, (788), (819), (820), 1050 – 1055, 1141, 1308, 1345, 1416, 1532 – 1550, 1589 – 1591, 1687, 1827 – 1856, 1884, 1957, 1958, 2180, 2183 (рец.), 2185, 2200, 2327, 2329, 2413 – 2429, 2537, 2541, 2542, 2681 – 2699, 2708, 2789, 2792,

2793, 2796, 2797, 2804, 2950－2965, 3059, 3060, 3062, 3335, 3635, 3641.

Деревянко Ал.П. 杰列维扬科 1651, 3824.

Деревянко Е.И. 杰列维扬科 164, 166, 183－186, 666－672, 1056, 1450, 1830, 1857－1875, 1884, 1958, 2959, 2966, 2967, 3336－3376, 3391.

Дерюгин В.А. 杰留金 187－195, 1057, 1876－1882, 2235, 2968－2970, 3377－3380.

Джалл Э.Дж.Т. 驹奥 1058, 1212, 1221, 1230, 1231, 1296, 1314, 1343, 1345, 1347, 1350, 1352, 1353, 1356, 1412, 1449, 1485, 1487, 1489－1491, 1501, 1503－1511.

Джонс Г.А. 德容斯 932, 1059, 1221, 1488, 1497, 1509.

Диков Н.Н. 季科夫 1957, 1958, 2182, 2900, 2982.

Дмитриенко А.В. 德米特里延科 22971.

Довбыш О.В. 多夫贝什 2430.

Долуханов П.М. 多卢哈诺夫 1060, 1979.

Дорофеев О.Н. 多罗费耶夫 1061.

Дорофеева Н.А. 多罗费耶娃 1978.

Дрожжин В.М. 德罗日任 1355.

Дуванская Н.А. 杜万斯卡娅 1062.

Дьяков В.И. 季亚科夫 196－220, 222, 673－678, 1063－1067, 1552－1554, 1560, 1689, 1885－1907, 1918, 2239, 2253, 2433－2437, 2700－2705, 2900, 2901, 2972－2991, 3063, 3402, 3403, 3412.

Дьякова (Емельянова) О.В. 季亚科娃 197, 215, 221－229, 674, 679, 680, 948, 1107, 1279, 1498, 1689, 1697, 1699, 1885, 1886, 1888, 1891, 1900, 1907－1918, 1953, 2253, 2871, 2973, 2974, 2992, 3317, 3382－3425, 3428.

Дэвлет Е.Г. 代弗列特 1919.

Дэвлет М.А. 代弗列特 1920.

Евдокимов В.С. 叶甫多基莫夫 1921.

Евсеев Г.А. 叶甫谢耶夫 1279, 1498.

Евсюков В.В. 叶甫休科夫 681, 682, 1923, 1924, 3426, 3427.

Елисеев А.В. 叶利谢耶夫 1925, 1926.

Ермаков В.Е. 叶尔马科夫 230－233, 1800, 2993, 2994, 3011, 3429, 3430.

Ермолова Н.М. 叶尔莫洛娃 1068.

Есипенко Л.П. 叶希品科 957.

Ёкояма Ю. 梶原洋 2367, 2368, 2431, 2432, 2551, 2552, 2571－2573.

Жалковский В.И. 扎尔科夫斯基 1927.

Жеревчук Л.П. 热列夫丘克 2238.

Журавлев Ю. 卢拉夫列夫 628.

Журавлева А.Д. 茹拉夫列娃 1928.

Жущиховская И.С. 茹希霍夫斯卡娅 32, 234－240, 684, 685, 704, 712, 715, 901, 1015, 1019, 1041, 1048, 1069－1085, 1345, 1374, 1695, 1790, 1929－1948, 1958, 1970, 2236, 2240, 2250, 2395,

2397, 2438 – 2444, 2650, 2706, 2745, 2780, 2781, 2877, 2880, 2883, 2909, 2925, 2926, 2995 – 3007, 3110, 3301.

Забелина Н.Н. 扎别利娜 1949, 3431 – 3433.

Заверткина Е.М. 扎维尔特基娜 1950.

Загорулько А.В. 扎戈鲁利科 2240.

Зайцев В.И. 扎伊采夫 1030.

Зайцев Н.Н. 扎伊采夫 241, 1608, 2264, 2529, 2565, 2888, 2889, 3070, 3220, 3434, 3453, 3630, 3653, 3660 – 3665.

Залищак Б.Л. 扎利夏克 1041, 1042, 1070 – 1072, 1074, 1080, 1085, 3301.

Залищак В.Б. 扎利夏克 1086.

Заруднева Н.В. 扎鲁德涅娃 1103, 1127, 1303, 1442, 1496.

Зенин А.Н. 泽宁 2445, 3435.

Зенин В.Н. 泽宁 1087, 1345, 2424, 2427, 2446 – 2450.

Золотарев А.М. 佐罗塔耶夫 242, 1088, 1951, 3436.

Зольников И.Д. 佐利尼科夫 1273, 1310, 1311.

Зуев В.Ф. 祖耶夫 686.

Иванов Г.И. 伊万诺夫 2881.

Иванов М.И. 伊万诺夫 2707.

Иванов С.В. 伊万诺夫 1090, 2194（рец.）.

Иваньев Л.Н. 伊万耶夫 687,（706）, 3008, 3009, 3437.

Иващенко Л.Я. 伊万先科 1956.

Ивлев А.М. 伊夫列夫 1313.

Ивлиев А.Л. 伊夫里耶夫 243 – 245, 688 – 692, 865, 897, 902, 1091 – 1095, 1555, 1698, 1952 – 1955, 1960, 1971, 3141, 3151, 3162, 3170, 3180, 3183, 3186, 3189, 3314, 3317, 3438 – 3450, 3452, 3472, 3632, 3633, 3644, 3652, 3654, 3655, 3808, 3846, 3850, 3892.

Ивочкина Н.В. 伊沃奇基娜 693, 1096 – 1102.

Ионин А.С. 伊奥宁 1297.

Иосифов Г. 伊奥西福夫 3010.

Исаченко Б.А. 伊萨琴科 3219.

Ито Ш. 伊藤慎二 1346.

Йонеда М. 米田穰 1225, 1239, 1369, 1502.

Қадзивара Х. 梶原洋 727, 959, 1110, 1120, 2367, 2368, 2399, 2431, 2432, 2452, 2456, 2551, 2552, 2571 – 2573, 2608, 2609.

Қалашников С.В. 卡拉什尼科夫 2247.

Қалинин В.А. 卡利宁 1963.

Қан Ин – Ук 姜仁旭 2708, 2804.

Қаплин П.А. 卡普林 1297.

2501, 2574, 2737, 2738, 3030.

Кузнецов А.С. 库兹涅佐夫（1746），2055.

Кузнецов В.С. 库兹涅佐夫 2056, 2057, 3451.

Кузнецова Н.А. 库兹涅佐娃 2058.

Кузьмин Я.В. 库兹明 755, 904, 932, 940, 1030, 1043, 1058, 1059, 1152－1239, 1273, 1288, 1289, 1296, 1307, 1309－1311, 1314, 1343, 1345－1350, 1352－1354, 1369, 1412, 1421－1424, 1449, 1450, 1461, 1485－1495, 1497, 1501－1512, 1514, 1803, 1883, 2125, 2452（рец.），2574, 2781.

Кузьмина Н.Н. 库兹米娜 1240.

Кузьмина С.А. 库兹米娜 3203, 3478.

Кузьминова Н.Н. 库兹米诺娃 1483.

Кузьминых С.В. 库兹米内赫 2003（рец.）.

Кумаки Т. 熊木俊朗 2235.

Кундо Л.П. 孔多 1298, 1447, 1448, 1482.

Кундышев А.С. 昆德舍夫 958, 960－963.

Куцый Г.С. 库奇 1645, 3803.

Кычанов Е.И. 克恰诺夫 756, 1241, 2059－2061, 2157（рец.），3479, 3480.

Кюнер Н.В. 丘涅尔 1242－1244.

Кякшто Н.Б. 基亚克什托 2739.

Лапшина З.С. 拉普希娜 316－325, 1345, 1504, 1505, 2062－2066, 2502－2514, 2740, 3032.

Ларин В.Л. 拉林 757－760.

Ларичев В.Е. 拉里切夫 586, 628,（695），761－766, 799, 1245－1249, 1561－1565, 1600, 1884, 2067－2071, 2146, 2157（рец.），2741, 2742, 3033, 3481.

Ларькин В.Г. 拉里金 1253（рец.）.

Ласкин А.Р. 拉斯金 326－329, 2708, 2804, 3470, 3471.

Лбов Г.С. 勒博夫 1056.

Лебедев В. 列别杰夫 1593（рец.）.

Лебедев В.Д. 列别杰夫 1295.

Левин М.Г. 列温 1250－1253.

Левинтов М.Е. 列温托夫 1254, 1255, 1313.

Леньков В.Д. 连科夫 330－345, 525, 526, 542－546,（605），（617），767－769,（811），（812），1256－1260, 1688, 1689, 1958, 2250, 3317, 3401, 3451, 3482－3522, 3785, 3791, 3797, 3803, 3820, 3824, 3855.

Лерх Н. 列尔赫 2743.

Лешок Е.Г. 列绍克 1566－1568.

Лещенко Н.В. 列先科 1958, 3317, 3472, 3523－3535, 3652.

Ли Хонджон 李宪宗 978, 980, 982, 983, 986, 1054, 1262, 2425, 2429, 2515, 2966.

Ливеровский Ю.А. 利维罗夫斯基 1108.

Матсумото Ш. 马特苏莫托 1346.

Матющенко В.И. 马秋先科 778－780, 2101.

Махинов А.Н. 马西诺夫 1274.

Мачинский А.В. 马钦斯基 361,（666）.

Медведев В.Е. 麦德维杰夫 362－383, 428, 434, 440, 605, 670, 781－784, 1298, 1345, 1447, 1448, 1482, 1504, 1505, 1595（рец.）, 1788（рец.）, 1845, 1849－1854, 2102－2109, 2198, 2206, 2222, 2225, 2228, 2229, 2426, 2524, 2525, 2694, 2697, 2699, 2708, 2751－2763, 2799, 2801, 2804, 3040－3043, 3538－3598, 3636－3638, 3640, 3642, 3643.

Медведев В.С. 麦德维杰夫 1297.

Медведев Г.И. 麦德维杰夫 1979.

Медведев Ю.П. 麦德维杰夫（595）.

Мезенцев А.Л. 梅津采夫 384－386, 2110, 2111, 3600, 3760.

Мелихов Г.В. 马里赫夫 3451.

Мельниченко Е.П. 梅利尼钦科 1822.

Мерзляков А.В. 梅尔兹利亚科夫 387, 753, 1275, 2112, 2526, 3625.

Меркушев Л.И. 梅尔库舍夫 1276.

Мещерикова И.М. 梅谢里科娃 1277.

Микишин Ю.А. 米基申 906, 1315, 1353, 1356, 1499, 1500, 2814, 2815.

Миколуцкий И. 米科卢茨基 2554.

Милибанд С.Д. 米利班特 785－787.

Милютин К.И. 米留金 2725.

Мирошников Л. 米罗什尼科夫 1569.

Михайленко А.Г. 米哈伊连科 2527.

Можейко И.В. 莫热伊科 1570, 1571.

Молодин В.И. 莫洛金 665, 788, 789, 803, 1884, 2113, 2114.

Момот Б.П. 莫莫特 1278.

Моргунова Я.Е. 莫尔古诺娃 3601.

Морева О.Л. 莫列娃 739, 1486, 2242, 2814, 2815, 3044.

Морита М. 森田昌敏 1369, 1502.

Москаленко И.В. 莫斯卡连科 1280.

Мочанов Ю.А. 莫恰诺夫 2115.

Мудрак О.А. 穆德拉克 1281, 1282.

Мурзин А.А. 库兹明 904.

Мыльников В.П. 梅利尼科夫 1283, 2765.

Мыльникова Л.Н. 梅利尼科娃 732, 1284, 1883, 2116, 2752, 2765－2779, 3048.

Мысник В.Г. 梅斯尼克 1285, 2117.

Мялк А.В. 米亚尔克 790, 791.

Надаров И.П. 纳达罗夫 2118.

Надток А.А. 纳德托克 1572.

Назаренко А.А. 那扎连科 1286.

Накадзава К. 中沢研 2552.

Наумов Д.В. 纳乌莫夫 926.

Начасова Е.И. 纳恰索娃 940.

Нестеренко С.П. 涅斯捷连科 2119, 2267.

Нестеров С.П. 涅斯捷罗夫 388 – 398, 793, 1141, 1207, 1228, 1287 – 1289, 1314, 1352, 1450, 1464, 1694, 1819, 1883, 2120 – 2127, 2886, 2937, 3045 – 3050, 3070, 3319, 3320, 3335, 3370, 3602 – 3615, 3653.

Нечаев В.А. 涅恰耶夫 885, 893.

Никитин Ю.Г. 尼基京 77, 399 – 406, 719, 904, 1076, 1136, 1555, 1968, 2021, 2023, 2128 – 2132, 2247, 2317, 3014, 3051, 3102, 3186, 3195, 3439, 3445, 3448 – 3450, 3452, 3468, 3472, 3527, 3616 – 3628, 3644, 3652, 3654, 3655, 3737, 3892.

Никитина М.И. 尼基季娜 （622）.

Николаев С.Н. 尼古拉耶夫 2133, 2134.

Никольская В.В. 尼科利斯卡娅 1108, 1290 – 1294.

Никольский Г.В. 尼科利斯基 1295.

Новиков А.В. 诺维科夫 789.

Новиков (Новиков – Даурский) Г.С. 诺维克夫 407, 408, （844）, 1573, （1607）, 2135 – 2137, 3205, 3629.

Новоградский И.В. 诺沃格拉德茨基 2247, 2528.

Оводов Н.Д. 奥沃多夫 1299, 1300, 1525, 2214, 2536.

Овсянников Н.В. 奥夫相尼科夫 908, 1256, 1301.

Овсянникова И.А. 奥夫相尼科娃 1298, 1447, 1448, 1482.

Окладников А.П. 奥克拉德尼科夫 409 – 440, （563）, （566）, （586）, （591）, （592）, （609）, （611）, （612）, （642 – 644）, （646）, （672）, （686）, （746）, （761）, （763）, （764）, （766）, （774）, 777, （784）, 794 – 808, （810）, （850）, 1032, 1253 （рец.）, 1302, 1313, （1518）, （1537 – 1539）, （1541）, （1542）, （1558）, （1560）, 1574 – 1600, 1758, 1824, 1957, 1958, 2136 （рец.）, 2139 – 2230, （2244）, 2530 – 2550, 2782 – 2801, 3052 – 3068, 3436, 3634 – 3643.

Окладникова Е.А. 奥克拉德尼科娃 1598, 1601, 2211, 2231 – 2233.

О’Малли Ж.М. 奥马尔利 1345, 1350, 1485, 1487, 1490, 1491, 1501, 1508.

Омельченко Т.А. 奥梅利琴科 2802, 2803.

Оно А. 小野昭 1346.

Онуки С. 大贯静夫 2370, 3472.

Оримо К. 折茂克哉 1346.

Орлова Л.А. 奥尔洛娃 1105, 1209, 1215, 1222, 1233, 1238, 1273, 1288, 1289, 1304 – 1311, 1314,

Попова А.Т. 波波娃 2244.

Попова Е.А. 波波娃 2245, 3029, 3069.

Поротов А.В. 波洛托夫 1344.

Постнов Ю. 波斯特诺夫 1575（рец.）.

Пошивалов Н. 波希瓦洛夫 2246.

Примак П.В. 普里马克 3071.

Прокофьев М.М. 普罗科菲耶夫 1958（рец.）.

Пронина Г.И. 普罗尼娜 1640, 3072.

Пряхин А.Д. 普利亚欣 819, 820.

Пузыревская О.Н. 普济列夫斯卡娅 821.

Пьянков Ю. 皮扬科夫 3651.

Разин А.И. 拉津 446, 1357, 2251, 2252, 3073, 3074.

Разов В.И. 拉佐夫 1335.

Разова Г.Г. 拉佐娃 1335.

Раков В.А. 拉科夫 923, 936, 939, 1029, 1062, 1077, 1078, 1220, 1271, 1315, 1335, 1341, 1343, 1353, 1356, 1358－1368, 1412, 1438, 1488, 1489, 1497, 1500, 1519, 1605, 1690, 1723, 2240, 2631, 2635, 2640, 2904－2907.

Ревуцкая Г.К. 列武茨卡娅 1298, 1482.

Решетов А.М. 列舍托夫 822, 3656.

Ринне Т.С. 林涅 1349.

Рогинский Я.Я. 罗金斯基 1253（рец.）.

Рожков С.В. 罗日科夫 2119, 2292, 2295.

Розов Г.М. 罗佐娃 1104, 2071.

Романова Е.Н. 罗马诺娃 1355.

Рончевский А.Д. 罗恩切夫斯基 823.

Росликова В.И. 罗斯利科娃 1370.

Росляков С.Г. 罗斯利亚科夫 3603, 3608.

Ростовцев П.С. 罗斯托夫采夫 1055, 1308, 1416.

Рубан Н.И. 鲁班 824.

Руденко Л.Л. 鲁坚科 1135.

Руденко С.И. 鲁坚科 1355.

Рыбаков Б.А. 雷巴科夫 642.

Рыбалко А.Г. 雷巴尔科 1376, 2255, 2410, 2559－2562.

Рыбина Е.В. 雷比娜 1054, 1056.

Рыжая А.А. 雷扎亚 1371.

Рябов Н.И. 里亚博夫 2157（рец.）, 2256.

Рянский Ф.Н. 良斯基 1372, 1373.

Хорев В.А. 霍列夫 54 − 56, 489 − 506, 531, 532, 605, 847, 1259, 1688, 1689, 1794, 2250, 2318, 2319, 2676, 3140, 3143, 3147, 3150, 3172, 3177, 3178, 3491, 3618, 3621, 3632, 3633, 3715, 3729 − 3749, 3797, 3799, 3802, 3801, 3831, 3852.

Хохлов А.Н. 霍赫洛夫 848.

Хрипченко В.В. 赫里普钦科 849.

Худик В.Д. 胡季克 1451, 2781.

Худяков Г.И. 胡佳科夫 2371.

Худяков Ю.С. 胡佳科夫 1287, 1884, 3759（рец.）.

Цалкин В.И. 察尔金 941.

Цветков О.Г. 茨维特科夫 3464, 3465.

Цейтлин С.М. 采伊特林 1452 − 1455.

Цепкин Е.А. 采普金 1456 − 1458.

Чебоксаров Н.Н. 切博克萨罗夫 1459.

Чемеков Ю.Ф. 切梅科夫 881, 1460.

Черемных Н. 切列姆内赫 850.

Черепанова М.В. 切列巴诺娃 1314.

Чернавская В.Н. 切尔纳夫斯卡娅 1958.

Чернышева Н.Л. 切尔内舍娃 3750.

Чернюк А.В. 切尔纽克 1162, 1174, 1184, 1186, 1191, 1201, 1207, 1226, 1227, 1229, 1261, 1314, 1461, 1462, 1883.

Чжань Цзюнь 张钧 2320.

Чжуан Янь 庄严 2279.

Чжун Сук − Бэ 2708, 2804.

Чжэн Индэ 郑英德 2321.

Чикишева Т.А. 奇基希娃 1369, 1463, 1464, 1502, 2812.

Чо Ю − Чжон 赵由典 2708, 2804.

Чукарев А. 丘卡列夫 2864（рец.）.

Чхиквадзе В.М. 奇希克瓦德 898.

Шабаева Т.В. 沙巴耶娃 3029, 3085.

Шавкунов В.Э. 沙弗库诺夫 508 − 511, 3188, 3198, 3317, 3516, 3626, 3632, 3633, 3681, 3734, 3751 − 3766, 3856, 3880, 3882.

Шавкунов Э.В. 沙弗库诺夫 512 − 551, 570,（581）, 628,（718）,（720）, 743, 745, 746,（768）,（769）, 852 − 865,（873）, 884, 1142, 1279, 1390, 1465 − 1476, 1498, 1560, 1614 − 1620, 1688, 1957, 1958, 2035, 2323 − 2350, 2493, 3054, 3086, 3087, 3106, 3161, 3230, 3239, 3317, 3323, 3384, 3446, 3451, 3479, 3480,（3592）, 3599, 3645, 3667, 3675, 3727, 3729, 3767 − 3889.

Шаров А.Г. 沙罗夫 866 − 868, 2830.

Шаров Л. 沙罗夫 1621.

Шахматова Н.М. 沙赫马托娃 564.

Шевкомуд И.Я. 舍夫科穆德 552－559，1058，1231，1964，1965，2351－2356，2431，2522，2523，2552，2602－2608，2819，2831－2846，3088.

Шекли М.С. 舍克里 1030，1043，1342，1492－1495.

Шестаков А.В. 舍斯塔科夫 560，2357－2359.

Шибата Я. 柴田裕实 1369，1502.

Шилин С.А. 希林 3209.

Шиповалов А.М. 希波瓦洛夫 3089.

Широкогоров С.М. 希罗科瓦罗夫（792），（822）.

Шишкина В.А. 希什基娜 1477，1478.

Шкарбоненко В. 什卡尔博年科 628.

Школяр С.А. 什科利亚尔 1958，3451.

Шкуркин П.В. 什库尔金 2360.

Шлемченко С.Д. 什列姆钦科 1260.

Шлюков А.И. 什柳科夫 1351.

Шнейдер Е.Р. 什涅伊杰尔 561.

Шорников Е.И. 绍尔尼科夫 1315，1500.

Шостакович С.В. 绍斯塔科维奇 565.

Шпакова Е.Г. 什帕科娃 1369，1463，1479，1480，1502，2812.

Штейн М.Г. 什捷因 2157（рец.），2256.

Штернберг Л.Я. 什德尔恩别尔格（797），（804）.

Штуцев М.Г. 什图采夫 1481，3090，3091.

Штуцева Е.Б. 什图采娃 3092.

Шубин В.О. 舒比 562.

Шубина О.А. 舒比娜 1030，1958（рец.）.

Шульгина Т.С. 舒利吉娜 869－871.

Шумкова А.Л. 舒姆科娃 3889.

Шумова Г.М. 舒莫娃 1158，1422.

Шушань Линь 林树山 872.

Щапова Ю.Л. 夏波娃 2236.

Щека С.А. 谢卡 1258.

Эверестов С.И. 埃维列斯托夫 2361.

Эдаков А.В. 埃达科夫 1704，3093－3097.

Юн Кын－Ил 尹根一 2708，2804.

Янковский А.М. 扬科夫斯基 3890.

Янковский М.И. 扬科夫斯基（604），（621），3098.

Янушевич З.В. 扬乌舍维奇 1483，1484.

Географический указатель
二、地名索引

Амур, р. 阿穆尔河 163, 214, 242, 266, 350, 409, 419, 486, 513, 561, 562, 587, 792, 793, 866－868, 875, 946, 1126, 1160, 1272, 1274－1276, 1290, 1295, 1444, 1477, 1478, 1485, 1528, 1532, 1533, 1577, 1579, 1595, 1600, 1623, 1855, 1872, 1951, 2064, 2066, 2139, 2140, 2143, 2183, 2202, 2219, 2231, 2235, 2246, 2369, 2413, 2426, 2514, 2537, 2541, 2542, 2608, 2696, 2708, 2743, 2753, 2783, 2944, 2964, 2965, 3114, 3115, 3120－3122, 3124, 3200, 3213, 3315, 3337, 3347, 3360, 3379, 3461, 3552, 3559, 3570, 3580, 3646, 3693, 3919.

Нижний Амур 阿穆尔河下游 268, 732, 794, 804, 910, 1058, 1231, 1249, 1283, 1284, 1337, 1401－1407, 1433, 1757, 1809, 1886, 1964, 1965, 1999, 2000, 2007, 2010, 2062, 2104, 2107, 2195, 2221, 2228, 2229, 2275, 2276, 2353, 2355, 2356, 2365, 2502, 2506, 2510, 2512, 2588, 2602, 2603, 2606, 2620, 2647, 2722－2732, 2750－2752, 2754－2756, 2758, 2761, 2763, 2765, 2766, 2769－2774, 2776－2779, 2784, 2790, 2795, 2819, 2833－2836, 2838－2840, 2843, 2845, 3024, 3032, 3088, 3234, 3235, 3238, 3240, 3378, 3384, 3385, 3554, 3636, 3640.

Средний Амур 阿穆尔河中游 418, 589, 666, 1063, 1487, 1827－1829, 1831, 1839, 1840, 2175, 2208, 2564, 2656, 2657, 2661, 2680－2682, 2684－2688, 2690, 2692, 2696, 2764, 2796, 2826, 2934, 2937, 2942, 2950, 2960, 2972, 3041, 3336, 3359, 3361, 3364, 3477, 3590, 3603, 3608, 3631.

Верхний Амур 阿穆尔河上游 155, 1378, 2529, 2565, 2567, 2888, 2889, 3203, 3210, 3224, 3435, 3477, 3659, 3899.

Бикин, р. 比金河 1628, 2247.

Сихотэ－Алинь, горная страна 锡霍特—阿林山脉 956, 1034, 1316, 1460, 1552, 1567, 1568, 1597, 1887, 1894, 2579, 2976.

Татарский пролив 鞑靼海峡 199, 1880, 1882, 1888, 1891, 1892.

Уссури, р. 乌苏里江 482, 724, 1628, 2081, 2092, 2104, 2202, 2267, 2303, 2741, 2742, 2787, 2788.

Японское море 日本海 575, 917, 918, 922, 932, 1022, 1025, 1026, 1028, 1083, 1152, 1153, 1220, 1240, 1338, 1364－1367, 1382, 1418, 1419, 1717, 1719, 1721, 1745, 1781, 1792, 1892, 1938, 1943, 1948, 2367, 2435, 2440, 2978, 2991.

Приморский край 滨海边疆区

Алексей－Никольское, с. 阿列克谢耶—尼克利斯克村 3889.

Амгу, р., пос. 阿姆古镇 399, 2306.

Амурский зал. 阿穆尔海岸线 1033, 3039, 3098.

Анучинский р－н 阿努钦诺地区 79, 132, 454－456, 551, 1974.

Арму, р. 阿尔穆河 475.

Арсеньев, г. 阿尔谢尼耶夫市 1746, 2058.

Суйфун（Раздольная），p. 绥芬河 2128，2131，2132，2312，3051，3627，3628.

Сучан（Партизанск），г. 苏城 1245.

Сучан（Партизанская），p.，苏城河 518，1703，2225，3057.

Сучанская долина（долина p. Партизанской）苏城河谷 430，2198.

Тадуши（Зеркальная），p. 大柞树河 427，977，2390，2391，2411，2527，2535，2538，2539，2548，2549，3538，3539，3564.

Тернейский р-н 捷尔涅伊地区 196，197，221，228，246，316，399，462，485，1915.

Тетюхе（Рудная），б. 野猪河 3033.

Улахэ（Уссури），p. 乌拉河 1752.

Уссурийск，г. 乌苏里斯克市 120，305，510，902，903，2110，3433，3454.

Уссурийский зал. 乌苏里湾 403，405，446，2851，2854，2855，3073，3074.

Уссурийский р-н 乌苏里斯克地区 54，56，65，77，84，240，280，288，294，306，384－386，547，551，3140，3147，3150，3645.

Ханка，оз. 兴凯湖 889，890，2298.

Ханкайский р-н 哈桑地区 122，123，232，233，244，245，252，261，477.

Хасанский р-н 哈桑地区 14，15，32，35，74，130，230，231，247，295，298，299，309，386，401，404，444，445，453，477，1798，2027，2252，2614，3030，3180.

Хорольский р-н 霍罗利地区 255，289，293，294.

Чандалаз（Лозовый），хр. 昌答腊兹山脉 9，10.

Чапигоу（Кроуновка），c.，p. 夹皮沟河 515，516，3097.

Черниговский р-н 切尔尼戈夫卡地区 313，1611，3620，3702.

Чугуевка，c. 丘古耶夫卡村 3437.

Чугуевский р-н 丘古耶夫卡地区 18，77，154.

Шкотовка，p. 什科托夫卡河 1.

Шкотовский р-н 什科托沃地区 1－4，87，88，240，249，402，463，509，2252.

Яковлевский р-н 雅科夫列夫卡地区 508.

Хабаровский край и Еврейская автономная область 哈巴罗夫斯克边疆区、犹太自治州

Амгунь，p. 阿姆贡河 2008，2009，2115，2352，2354.

Амурский р-н 阿穆尔地区 258，326.

Анюй，p. 阿纽伊河 3237，3242.

Ачан，c. 阿昌村 3462.

Биджан，p. 比占河 2024.

Бикинский р-н 比金地区 193，194，258，327，328，560，2358，2359.

Бира，p. 比拉河 486，560，2357.

Биробиджан，г. 比罗比詹市 486.

Биробиджанский р-н 比罗比詹地区 3071.

Болонь，оз. 博隆湖 3594，3636，3640.

Тарабаровы о - ва 塔拉巴尔维岛 195, 1878.

Тунгуска, р. 通古斯卡河 3642.

Тыр, с. 50, 提尔村 3116.

Тэбах, с. 泰巴赫村 1621.

Удыль, оз. 乌德利湖 1965.

Ульчский р - н 乌里奇斯基地区 50, 275, 319, 466, 552 - 557, 559, 2351, 2545, 2804, 3116.

Урми, р. 乌尔马河 3242.

Уссурийский, о - в 乌苏里岛 3551, 3558, 3566, 3574, 3588, 3643.

Хабаровск, г. 哈巴罗夫斯克市 193, 214, 1808, 1822, 2168, 2968.

Хабаровский сельский р - н, 哈巴罗夫斯克农业区 89, 93 - 95, 98, 99, 101, 103, 104, 108, 270, 272, 322, 360, 368, 369, 442, 443, 557 - 559, 3250.

Хайл, с. 海尔村 105.

Хор, р. 霍尔河 2103, 3580.

Хумми, оз. 胡米湖 2513.

Чукчагирское оз. 丘克恰吉尔斯科耶湖 2115.

Амурская область 阿穆尔州

Амуро - Зейский р - н 阿穆尔—结雅地区 2135.

Архаринский р - н 阿尔哈拉地区 184, 2262.

Благовещенск - на - Амуре, г. 布拉戈维申斯克市 2135.

Благовещенский р - н 布拉戈维申斯克地区 80 - 83, 184, 241, 347, 471, 1701.

Бурейский р - н 布列亚地区 184, 394.

Бурея, р. 布列亚河 156, 390, 1191, 1207, 1287, 1314, 1819, 1883, 2121 - 2123, 3319, 3320.

Владимировка, с. 弗拉基米罗夫卡村 471.

Гродеково, с. 格罗杰科沃村 2764.

Екатериновка, с. 叶卡捷琳诺夫卡村 2135.

Завитая, р. 扎维塔亚河 3338, 3345, 3362.

Зейский р - н 结雅地区 1921.

Зея, р. 结雅河 408, 418, 2175, 2208, 2259, 2260, 2532, 2533, 2540, 2648, 2733, 2791, 2887, 3182, 3204, 3395, 3438, 3919.

Ивановский р - н 伊万诺夫卡地区 177, 361.

Игнатьевка, с. 伊格纳季耶夫卡村 2135.

Иннокентьевка, с. 因诺肯季耶夫卡村 3322, 3646.

Константиновский р - н 康斯坦丁诺夫卡地区 451, 3434.

Магдачинский р - н 马格达加奇地区 82.

Марково, с. 马尔科沃村 2135.

Михайловка, с. 米哈伊洛夫卡村 347, 2935, 3339, 3630.

Николаевка, с. 尼古拉耶夫卡村 1093.

Указатель литературы по смежным дисциплинам и специальным

работам по истории хозяйства и техники

三、学科及研究领域索引

Палеоантропология 古人类学 876－878, 905, 1250－1253, 1459, 1463, 1464, 1479, 1480, 1502.

Палеоботаника и палеозоология 古生物学 882－899, 911－923, 929, 931, 936, 939, 941, 942, 954－957, 961, 1018, 1029, 1044, 1057, 1062, 1068, 1142, 1216, 1217, 1269－1271, 1273, 1277, 1279, 1286, 1295, 1299, 1300, 1316－1318, 1335, 1341, 1357－1368, 1391－1393, 1412, 1435－1438, 1451, 1456－1458, 1483, 1484, 1498, 1513, 1525, 1526, 2214.

Палеогеография и четвертичная геология 古地理学、第四纪地质 879－881, 930, 932, 958－960, 962－966, 1030, 1032－1036, 1040, 1043, 1060, 1065, 1087, 1108, 1153, 1154, 1158, 1161, 1162, 1165－1167, 1169, 1170, 1172, 1174, 1180, 1181, 1186, 1188, 1190, 1191, 1193, 1194, 1197, 1199, 1205, 1207, 1209, 1215, 1218－1220, 1224, 1226, 1229, 1234, 1240, 1254, 1255, 1261, 1274, 1280, 1287, 1290, 1291, 1294, 1297, 1313－1315, 1337, 1338, 1344, 1356, 1372, 1373, 1378, 1382, 1383, 1417, 1421－1423, 1452－1455, 1460－1462, 1488, 1499, 1500.

Палеоэкология и палеодемография 古生态学、古人类学 755, 906, 907, 952, 1015－1017, 1019－1026, 1028, 1037, 1067, 1107, 1120, 1160, 1171, 1176, 1178, 1179, 1182, 1184, 1188, 1192, 1198－1203, 1206, 1208, 1211, 1227, 1232, 1292, 1293, 1384, 1418－1420, 1440, 1441, 1660, 1663, 1695, 1725, 1761, 1764, 1765, 1774, 1792, 1987, 1997, 2029, 2128, 2132, 2240, 2293, 2491, 2492, 2918, 2920, 2924, 3104, 3133, 3134, 3587, 3618.

Применение методов естественных и технических наук 自然科技方法的应用 631, 640, 908, 926, 940, 947, 951, 1031, 1041－1043, 1048, 1053－1056, 1058, 1059, 1064, 1069－1075, 1077－1080, 1083, 1085, 1086, 1103, 1105, 1106, 1121－1134, 1137－1141, 1155, 1157, 1159, 1163, 1164, 1168, 1173, 1174, 1185, 1187, 1195, 1204, 1209, 1210, 1212, 1213, 1221－1223, 1225, 1228, 1230, 1231, 1233－1236, 1238, 1239, 1256－1260, 1263, 1272, 1273, 1284, 1288, 1289, 1296, 1298, 1301, 1303－1309, 1311, 1314, 1340, 1343, 1345－1355, 1369, 1394－1397, 1423, 1424, 1442, 1447－1450, 1482, 1485－1497, 1501－1512, 1514.

Топонимика 地名学 1408－1410, 1475, 3831.

Нумизматика и бонистика 古钱学 693, 900, 903, 1003－1008, 1010, 1012, 1093, 1096－1102, 1109, 1278, 1380, 1381, 1465, 1467, 1469, 1473, 1474, 3869.

Сфрагистика 印章学 1785, 3151, 3722, 3812.

Лингвистика и эпиграфика 语言学、铭文学 875, 902, 943, 944, 946, 1009, 1011, 1091, 1092, 1094, 1245, 1281, 1282, 1319－1334, 1414, 1466, 1468, 1470－1472, 1476, 3447, 3808, 3821.

Медицина 医学 1804, 3599, 3848, 3849.

Религия и культы 宗教、祭祀 622, 910, 949, 1275, 1386, 1387, 1415, 1699, 1682, 1720, 1722, 1726, 1730, 1742, 1743, 1859, 1919, 1950, 2086, 2213, 2282, 2283, 2285, 2286, 2289, 2294, 2296,

2297, 2333, 2336, 2625, 2646, 2694, 2753, 2762, 2763, 2827, 2985, 2990, 3083, 3114－3124, 3138, 3139, 3146, 3167, 3176, 3210, 3227, 3229, 3267, 3268, 3282, 3287, 3371, 3448, 3449, 3571, 3581, 3596, 3643, 3648, 3649, 3652, 3798, 3850, 3853, 3854, 3861, 3868, 3871, 3881, 3883, 3886, 3889, 3905, 3909.

Погребальный обряд 葬俗 948, 1385, 3223, 3238, 3245, 3248, 3252, 3254, 3257, 3258, 3356, 3365, 3403, 3465, 3545, 3678, 3698.

Специальные работы по истории хозяйства и техники: 经济技术史研究 общие работы 基础研究 1695, 1706, 1708, 1709, 1725, 1731, 1759, 1762, 1763, 1855, 1931, 1981, 1984, 1987, 1994, 2026, 2041, 2188, 2462, 2463, 2636, 2687, 2716, 3259, 3281, 3341, 3521, 3531; военное дело（оружие и вооружение）军事史 2912, 2916, 2993, 3092, 3148, 3149, 3188, 3198, 3209, 3236, 3255, 3266, 3290, 3292, 3349, 3358, 3372, 3435, 3460, 3462, 3516, 3561, 3584, 3591, 3609, 3626, 3661, 3665, 3681, 3690, 3749, 3751－3755, 3759－3761, 3880, 3915; горное дело 矿业 1557, 1597, 2306, 2650, 2714, 3792; домостроительство 房屋建筑 1685, 1710, 1857, 1858, 1861, 1862, 1866, 1867, 1870, 1899, 2435, 2508, 2675, 2820, 2832, 2862, 2919, 2922, 3125－3130, 3135, 3137, 3145, 3172, 3260, 3283, 3286, 3320, 3404, 3410, 3458, 3476, 3508, 3583, 3632, 3633, 3735, 3793, 3920; животноводство 畜牧业 886, 888, 897, 2748, 2868, 3164, 3165, 3177, 3178; земледелие 农业 708, 1024, 1028, 1189, 1211, 1221, 1391－1393, 1413, 1484, 1532, 1627, 1731, 1871, 2006, 2023, 2165, 2188, 2782, 2868, 3155, 3156, 3161, 3163－3166, 3177－3179, 3674, 3802; керамическое производство 制陶业 668, 1041, 1042, 1045－1048, 1069－1075, 1077－1084, 1284, 1301, 1374, 1439, 1486, 1909－1913, 1928, 1930－1941, 1943－1948, 1953, 1977, 2113, 2116, 2255, 2362, 2363, 2366, 2368, 2395, 2397, 2402, 2426, 2438－2444, 2485, 2506, 2510－2512, 2522－2525, 2593, 2609, 2706, 2712, 2725, 2726, 2752, 2759, 2760, 2765－2769, 2771－2776, 2778, 2779, 2800, 2822, 2827, 2832, 2838, 2841, 2844, 2846, 2847, 2933－2936, 2938－2946, 2948, 2995, 2996, 2999－3003, 3006, 3016, 3028, 3044, 3069, 3084, 3095, 3097, 3105, 3108, 3110－3113, 3162, 3174, 3195, 3196, 3203, 3269, 3270, 3296－3309, 3311－3313, 3321, 3326, 3327, 3377, 3379, 3382, 3383, 3385, 3387, 3389, 3391－3393, 3396, 3401, 3407, 3408, 3421, 3424, 3428, 3440, 3477, 3482, 3485, 3520, 3542, 3601, 3605, 3607, 3647, 3676, 3679, 3680, 3695, 3702－3711, 3713－3720, 3723, 3724, 3740, 3748, 3773, 3790, 3845, 3853, 3867, 3871, 3888, 3907; металлургия и металлообработка 冶金业和金属加工 733, 926, 1031, 1103, 1121－1134, 1137－1141, 1189, 1256－1260, 1298, 1303, 1442, 1447, 1448, 1482, 1496, 1532, 1602, 1865, 1868, 1931, 2001－2006, 2872, 2876, 3026, 3027, 3288, 3469, 3483, 3484, 3487－3491, 3493, 3498, 3503, 3507, 3511－3513, 3515, 3519, 3521, 3522, 3727, 3729, 3740, 3743, 3746, 3888; обработка камня 石器加工 945, 969. 970, 972, 973, 977, 993, 994, 997, 1050, 1106, 1110, 1111, 1147, 1150, 1267, 1268, 1428－1431, 1756. 1760, 1931, 1934, 1988, 1990－1992, 1994, 1996, 2033, 2043, 2045, 2046, 2054, 2281, 2372, 2381, 2393, 2404, 2409, 2422, 2449, 2450, 2458, 2462－2465, 2468, 2477－2479, 2484, 2490, 2491, 2507, 2521, 2528, 2553, 2563, 2575－2577, 2579, 2581－2583, 2595, 2707, 2716, 2721, 3078, 3091; обработка дерева, кости и рога 木器、骨器、角器加工 1057, 1982, 1983, 3018, 3091, 3092, 3107, 3109, 3526, 3527, 3534, 3535, 3661, 3755, 3764; охота, рыболовство и прибрежное собирательство （аквакультура）狩猎、渔猎、采集业 883，888，913 – 919，922，936，976，1142，1279，1335，1357，1366，1433，1498，1515，1519，1528，1605，1683，1717，1719，1721，1723，1755，1759，1762，1771，1779，1959，2023，2036，2041，2240，2265，2361，2635，2640，2657，2661，2720，2783，2808，2904 – 2907，2971，2972，2993，3179，3523，3525，3532，3917；средства передвижения и пути сообщения 交通运输 1617，1619，2005，2290，2334，2341 – 2343，2345，2346，2348，2350，3264，3459，3756，3822，3842，3882；стеклоделие 玻璃器制作 1394 – 1396，3080，3455，3684 – 3688，3693，3750；ткачество и прядение，одежда и обувь 纺织，服饰 1530，1634，2678，2802，2803，2837，3261，3325，3524，3531，3657.

Прикладное и изобразительное искусство 实用与造型艺术 669，738，1049，1061，1029，1143 – 1145，1275，1443 – 1446，1477，1478，1522，1524，1531，1533，1536，1545，1552，1561，1575，1577，1580，1583，1588，1595，1595，1601，1609，1628，1720，1742 – 1744，1747，1750，1751，1758，1806，1919，1927，2030，2063，2082 – 2085，2158，2167，2177，2183，2189，2191，2193 – 2195，2202，2207，2209 – 2211，2213，2218，2221，2231，2233，2278，2281 – 2283，2285 – 2288，2310 – 2312，2332，2339，2369，2374，2425，2505，2620，2622，2625，2626，2629，2630，2632 – 2634，2636 – 2638，2641，2642，2644，2651，2671，2675，2677，2709 – 2711，2727，2731，2732，2739，2740，2746 – 2750，2762，2763，2788，2830，2837，2839，2899，2909，2977，2988，2990，3037，3038，3061，3089，3210，3324，3326 – 3332，3334，3369，3432，3559，3639，3643，3695，3720，3757，3783，3795，3796，3798，3800，3806，3816，3817，3822，3845，3850，3853.

Архитектура 建筑学 Общие вопросы 基础研究 576，1665 – 1667，1676，1677，1680，1681；оборонительные сооружения 防御工事 3014，3285，3289，3293，3294，3416，3417，3445，3658，3741，3758，3896，3916.

后 记

2004 年 10 月，俄罗斯科学院远东分院远东民族历史·考古·民族研究所学术代表团访问吉林省期间，H.A. 克柳耶夫先生将其新作《19－20 世纪俄罗斯远东南部地区考古学》赠送给笔者。当时的第一感觉是，此书是了解俄罗斯远东南部地区考古学信息的一个窗口，应该向中国学术界开启这扇窗口。但因忙于西古城城址发掘及考古报告的编写工作，只好暂且搁置了此念头。2007 年 10 月，随着《西古城》考古报告出版，翻译《19－20 世纪俄罗斯远东南部地区考古学》的念头再次牵扯笔者"不安分的心"。但毕竟已经事隔 3 年，当年的冲动已经趋于平态，随之而来的是一种疑虑：毕竟此书仅仅属于文献的目录索引，即使翻译成中文，恐怕我国学者也无从查询其中的具体内容。带着这种困惑，笔者回到母校吉林大学同自己的一些授业老师谈及此书的内容及本人的想法，反馈回来的多是肯定性的支持意见。由此，最终促成了此书中文版的问世。当然，其中也包括原书作者 H.A. 克柳耶夫先生对其著作中文版权的慷慨转让。在中译本序言中，H.A. 克柳耶夫先生已经谈及本书的意义，对此，无需赘言。中文版《19－20 世纪俄罗斯远东南部地区考古学》的译文初稿完成于 2008 年 11 月，它是集体合作的结晶：解峰先生承担了"中译本序言"的翻译工作；张桂兰女士承担了本书第一部分"学者传记"的翻译工作；笔者与刘玉成先生共同承担了本书第二部分"文献索引"的翻译工作（笔者——俄文部分、刘玉成——英文部分）；杨春女士承担了"索引指南"的翻译、核对工作。其中，刘玉成、解峰、杨春是笔者的同事，属于"志同道合"；毕业于吉林大学俄语专业的张桂兰女士介入此事，则完全是碍于笔者的"老乡情面"而援手相助。在翻译过程中，一些难点问题得到了俄罗斯学者 A.Л. 伊夫里耶夫副博士、日本学者小嶋芳孝教授、韩国首尔大学宋基豪教授、辽宁省社会科学院杨振福研究员等学长的"答疑解惑"；应笔者之邀，吉林大学冯恩学教授、李有骞博士对初稿的俄文部分、余静博士对文稿的英文部分进行了校对工作。在准备将书稿交付文物出版社之际，考虑到本书的索引性质，为了便于学术界查询每一条文献的准确出处，又临时决定将文献原文逐条附于中译文之后，并委托谢峰先生完成了此项枯燥难耐的著录工作。同时，为了尽可能地保证译文的质量，避免在有识之士面前裸露出过多的纰缪，笔者再次求助于张桂兰女士，恳请她对俄文条目进行了重新校对。种种缘由，致使本书拖至今天方始面世，有愧于 H.A. 克柳耶夫先生的信任与嘱托。

最后，希望中文版的《19－20 世纪俄罗斯远东南部地区考古学》能够让我国学术界感受到些许的"窗口"作用，我们的一切努力仅此而已。

宋玉彬

2010 年 10 月